KB174150

2판

운영 관리

수요와 공급의 일치

Operations Management, 2nd Edition

1 2 3 4 5 6 7 8 9 10 GMS 20 20

Original: Operations Management, 2nd Edition © 2020
By Gérard Cachon, Christian Terwiesch
ISBN 978-1-260-23887-7

This authorized Korean translation edition is published by Gyomoonsa in arrangement with McGraw-Hill Education Korea, Ltd. This edition is authorized for sale in the Republic of Korea.

This book is exclusively distributed by Gyomoonsa.

When ordering this title, please use ISBN 978-89-363-2083-6

Printed in Korea

Gérard Cachon · Christian Terwiesch 지음
김길선 옮김

2판

운영 관리

수요와 공급의 일치

교문사

저자 소개

Gérard Cachon

Ge'rard Cachon은 University of Pennsylvania에 소재한 Wharton 경영대학 내 Operations, Information, and Decisions 학과의 Fred R. Sullivan 기금교수이자 마케팅 교수로 재임하고 있다. Cachon 교수의 연구는 운영전략 분야에 초점을 두고 있으며 특히 신기술이 새로운 비즈니스 모델을 통해 경쟁역학을 변화시키는 과정에 관심을 두고 있다. Cachon 교수는 Operations, Information, and Decisions 학과의 학과장, INFORMS의 종신회원, Manufacturing and Service Operations Management(MSOM) 학회의 전직 회장이자 종신회원, 그리고 *Management Science* 저널과 *Manufacturing & Service Operations Management* 저널의 편집위원장을 역임했다.

Cachon 교수의 논문들은 *Harvard Business Review, Management Science, Manufacturing & Service Operations Management, Operations Research, Marketing Science*와 *Quarterly Journal of Economics* 외 다수의 저널들에 출간되었다. 그는 Wharton의 학부과정에서 운영관리 과목을 강의하고 있고, MBA와 최고경영자 MBA 과정에서는 운영전략에 관한 선택과목을 강의하고 있다.

Cachon 교수는 1995년 Wharton 경영대학에서 박사학위를 취득한 뒤 Duke University에 소재한 Fuqua 경영대학의 교수로 재직하다가 2000년 7월부터 Wharton 경영대학에서 재직하고 있다. 그는 자전거를 이용해 출퇴근(종종 본 교재의 공저자인 Terwiesch 교수와 함께)하고 있으며 사진 찍기, 등산, 스쿠버 다이빙을 즐긴다.

저자 소개

Christian Terwiesch

Christian Terwiesch는 University of Pennsylvania에 소재한 Wharton 경영대학의 Andrew M. Heller 기금교수이다. 그는 Wharton의 Operations, Information, and Decisions 학과의 교수이자, Penn's Mack Institute for Innovation Management의 공동 디렉터이며, Penn's Perelman 약학대학에 소속되어 있기도 하다.

Terwiesch 교수의 논문은 *Management Science, Production and Operations Management, Operations Research,* 그리고 *The Journal of Operations Management*와 같은 운영관리저널에서부터, *The Journal of General Internal Medicine, Medical Care, Annals of Emergency Medicine,* 그리고 *The New England Journal of Medicine*과 같이 저명한 의학저널들에까지 게재되었다.

Terwiesch 교수가 현재 진행하고 있는 연구들 중 상당수는 운영관리의 원리들을 이용한 의료서비스 개선과 관련이 있다. 예를 들어, VA 병원 시스템에서 환자 중심의 치료절차를 디자인하거나, Penn Medicine의 붐비는 응급실이 미치는 영향을 조사하거나, 종합적 환자진료체계 구축과 원격 환자 모니터링의 이점을 계량화하는 것 등이 있다. 그는 운영관리 외에도 개인과 기업의 혁신에 관심을 갖고 있는데, 그의 저서 『*Innovation Tournaments*(Harvard Business School Press)』는 혁신을 만들어내기 위한 프로세스 기반의 새로운 접근법을 제안하면서 전 세계의 기업들에게 혁신 토너먼트의 개념을 소개하고 있다. Terwiesch 교수는 Wharton 경영대학의 MBA와 최고경영자과정에서 강의하고 있으며, 2012년에는 Coursera를 통해 첫 번째로 대형 온라인 경영학과목(MOOC) 강의를 시작하기도 했다. 또한 전국적인 라디오 방송국인 Sirius XM's Business Radio 채널에서 진행자를 맡기도 했다.

Terwiesch 교수는 독일에 소재한 University of Mannheim을 졸업한 뒤, 프랑스의 Fontainebleau에 소재한 INSEAD에서 박사학위를 받았다. 그는 자전거로 출퇴근하는데, Cachon 교수와 출퇴근 길이 상당히 겹치기 때문에 이 책의 많은 주제들은 그들의 자전거 위에서 이야기가 시작된 것들이다. 철인경기를 15년 동안 하고 난 뒤, 이제는 조정경기 스포츠로 갈아타는 중이다. 불행히도 이 변화는 생각보다 어려운 것 같다.

저자 서문

본 교재는 입문 단계의 교재로서 운영관리의 토대를 제공하고자 하는 목적으로 쓰였다. 이 책은 우리 두 저자가 학부와 온·오프라인 MBA 강의 그리고 연구와 컨설팅을 통해 얻은 영감을 바탕으로 하고 있으며 여기에 쓰인 우리 두 저자의 총 시간은 약 50년에 해당한다.

현대적 운영관리란 30~40년 전의 내용이 아닌 오늘날의 세계에서 필요한 내용들을 가르치는 것이다. 따라서, "서비스"와 "글로벌"은 어느 특정 장에서만 언급되는 것이 아니라 책 전반에 걸쳐 다루어지고 있다. 제조 또한 빼놓을 수 없지만, 이 또한 학생들과 관련 있고 접근 가능한 현재의 이슈들에 초점을 맞추었다. 예를 들어, 학생들은 프로세스 내에서 병목지점을 어떻게 찾아낼 수 있는지, 그리고 Toyota 생산시스템에서 얻은 아이디어를 이용하여 어떻게 성능을 개선할 수 있는지를 배워야 한다. 또한, 계약생산이 무엇인지, 왜 그것이 이토록 빠르게 성장하고 있는지에 대해서도 알아야 한다. 간단히 말하면, 우리는 학생들이 운영기능의 이해를 통해 하루하루의 일상에서 경험하는, 공항에서의 보안검색 대기줄, 자신이 주문한 샌드위치의 품질, 병원에서 건강진단을 받을 때 경험하는 지연과 같은 것들이 초래하는 영향을 이해하고 설명할 수 있기를 바란다.

큰 그림에서의 운영관리란 학생들에게 수리적 계산 이상의 것들을 가르치는 것을 의미한다. 따라서, 초점은 운영에 관한 분석들이 조직의 성공전략과 어떠한 연관관계를 갖고 있는가를 이해하는 데 맞추어져 있다. 예를 들어, 재고를 어떻게 관리하는지를 이해하는 것도 중요하지만 더욱 중요한 것은 Amazon.com이 어떻게 엄청나게 많은 종류의 제품을 제공할 수 있는지를 이해하는 것이다. 또한 학생들은 병원에서의 대기시간을 계산할 수 있어야 하지만 동시에 환자를 어느 의사에게 배정하는지가 고객 서비스에 영향을 미칠 수도 있다는 것을 이해해야 한다. 다시 말해, 큰 그림에서의 운영관리는 학생들이 매일매일 상호작용하는 기업이나 시장을 바라보는 새롭고 넓은 시야를 가져다 줄 것이다.

우리는 운영관리가 경영대학에서 가르치는 다른 그 어떤 과목만큼이나 학생들의 미래와 직접적으로 관련되어 있다고 굳게 믿는다. 새로운 기업들과 사업 모델들은 운영관리의 개념들을 중심으로 만들어진다. 기존 회사들의 흥망은 수요와 공급을 맞추기 위해 자원을 관리하는 능력에 달려 있다. 운영관리에 대한 이해가 없다면 오늘날의 비즈니스들이 어떻게 이루어지는지 절대로 알 수 없다. 조금 구어체적으로 표현하자면 이것은 "멋진 것"이고, 학생들이 운영관리의 중요성을 금방 이해할 것이기 때문에 관심과 열정을 갖고 공부하기를 바란다. 우리는 수업시간 중에 학생들이 이러한 경험을 하는 것을 지켜보았기 때문에 이 경험이 어떤 학생에게나 충분히 일어날 수 있다고 생각한다.

감사의 글

이 교재를 만드는 프로젝트는 우리가 수십 년간 운영관리를 배우고 가르친 경험들이 축적된 결과물이다. 따라서 우리가 이 흥미로운 분야를 탐험하고 발견할 수 있도록 다양한 방식으로 도와준 많은 분들에게 감사를 표한다.

먼저 강의실에서 또는 온라인 수업을 통해 우리에게 강의를 들었던 수천 명의 학생들에게 감사를 표한다. 이들을 통해 학생들이 어떻게 영감을 얻는지 이해할 수 있었다. 학생들과 더불어, 우리의 자료들을 검토해주고 귀중한 조언을 해 준 동료 교수들, Morris Cohen, Marshall Fisher, Ruben Lobel, Simone Marinesi, Nicolas Reinecke, Sergei Savin, Bradley Staats, Xuanming Su, 그리고 Senthil Veeraraghavan에게 감사를 표한다.

우리는 본 교재를 신중하게 살펴보아준 검토자들로부터 큰 도움을 얻었다. Bernd Terwiesch는 많은 분량의 초기 원고들을 일일이 검토해주었고 Danielle Graham은 모든 페이지를 꼼꼼히 교정하면서 우리가 생각하지도 못했던 실수들을 찾아주는 수고를 했다. 수백 개의 문제은행 질문들을 확인하고 검토해준 Kohei Nakazato에게도 감사 인사를 전한다.

“실제 운영관리”는 “실제” 사람들 사이에서만 일어날 수 있다. 현장에서 수요와 공급을 맞추는 일을 하면서 우리에게 자신의 경험들을 기꺼이 나누어 준 사람들에게도 감사 인사를 전한다. Jeff Salomon과 그의 팀(Pennsylvania Hospital System의 인터벤션 영상의학 부서), Karl Ulrich(Novacruz), Allan Fromm(Anser), Frederic Marie와 John Grossman(Medtronic), Michael Mayer(Johnson & Johnson), 그리고 Brennan Mulligan (Timbuk2).

우리가 이 일을 시작하고 계속해서 동기부여 될 수 있도록 도와 준 McGraw-Hill의 오랜 친구 Colin Kelley에 감사 드리고, 우리의 생각을 구체적인 성과물로 탈바꿈시켜준 헌신적인 팀원들, Christina Holt, Dolly Womack, Britney Hermsen, Doug Ruby, Kathryn Wright, Bruce Gin, 그리고 Debra Kubiak에게 감사 드린다.

마지막으로, 우리의 가족에게 감사 인사를 전한다. 그들의 공헌은 자로 재듯이 측정할 수는 없지만 깊게 느끼고 있다.

Grard Cachon

Christian Terwiesch

본 교재를 살펴보고 통찰력 있는 피드백, 유익한 제안, 그리고 건설적인 비평을 해준 다음의 교수들에게도 감사 인사를 전한다.

Ajay Das, *CUNY*
Kurt Engement, *Iona College*
Ross L. Fink, *Bradley University*
Warren W. Fisher, Stephen *F. Austin State Univeristy*
Joseph Richard Goldman, *University of Minnesota*
Alisha B Horky, *Elon University*
Seung-Lae Kim, *Drexel University*
Anita Lee-Post, *University of Kenturky*
Yang Li, California State *University-Sacremento*
Philip F. Musa, *The University of Alabama at Birmingham*
Ahmet Ozkul, *University of New Haven*
William Petty, *University of Alabama*
Roger Solano, *Slippery Rock University*
Larry R. Taube, *University of North Carolina at Greensboro*

역자 소개

김길선 교수

서강대학교에서 경영학 학사학위를 그리고 미국 어바나 샴페인 소재 일리노이 주립대학교에서 MBA와 경영학 박사학위를 취득했다. 주요 강의 및 연구 분야는 생산운영관리, 공급체인관리, 기술경영과 신제품개발이다. 미들테네시 주립대학교 경영대학 교수와 일리노이 주립대학교 경영대학 방문교수를 역임하고 현재 서강대학교 경영대학 교수로 재직하고 있다.

한국생산관리학회 최우수논문상, 제19차 과학기술우수논문상과 STX 최우수학술상, 한국경영학회 KBR 우수논문상, 한국서비스경영학회 우수논문상을 수상하였고, 공인회계사시험 경영학분야 출제위원을 역임했으며, 저서와 역서로는 『생산시스템과 SCM(법문사)』, 『기술경영과 혁신전략(맥그로힐 코리아)』 그리고 『파괴적 혁신: 실행매뉴얼(옥당)』이 있다.

주요 논문들이 *Management Science, Marketing Science, Journal of Product Innovation Management, European Journal of Operational Research, IIE Transactions, International Journal of Production Research, Journal of Business Ethics, OMEGA, International Journal of Technology Management, International Journal of Research in Marketing, Management and Organization Review*, 경영학연구지, *Korea Business Review*, 생산관리학회지, 기술혁신지 등에 게재되었다.

역자 서문

기존의 생산관리 또는 운영관리 과목을 강의하면서 강의주제들이 상당히 폭넓지만 과목 전체를 관통하는 하나의 이론적 틀이 명료하지 않다는 생각을 오랫동안 해 왔다. 더욱 심각한 문제는 과연 이 과목이 오늘날의 학생들에게 어떠한 영감을 줄 수 있을까라는 고민을 계속해 왔다는 것이다. 아마도 이 고민은 이 과목을 강의하는 많은 강의자들이 공통적으로 품고 있는 것이리라 감히 생각한다. 이런 고민의 이유 중 하나는 아마도 운영관리가 제조업 또는 서비스업의 구분을 떠나 우리의 실생활과 어떤 연관이 있는지를 체계적으로 보여주기 어려웠기 때문이라 생각된다. 특히 학부 학생들의 경우에는 기존의 생산운영관리 교재들에서 사용되는 많은 예들이 아직 경험하지 못한 기업의 맥락에서 전개되기 때문에 과목과 자신 간의 연관성을 찾기가 더욱 어렵고 강의자의 개인적인 강의력에 의존하여 이러한 아쉬움을 일부 해소하지 않았을까 생각된다.

저자들은 본 교재를 Matching Supply with Demand라는 기존 교재의 학부 학생용 버전이라고 소개하고 있다. "수요와 공급의 일치"를 운영관리의 핵심적인 목표로 간주하는 입장은 일관되게 유지하면서 실생활과 연관된 다양한 예시들을 좀 더 직관적이고 친절하게 풀어내는 과정이 매우 인상적이다. 특히 본 교재에서는 1장부터 마지막 20장까지 하나의 스토리가 전개되는 듯한 느낌이 들 정도로 교재 전체를 관통하는 일관성이 두드러진다. 아마도 이 배경에는 1) Little's Law라는 프로세스의 흐름에 관한 간단한 법칙을 일관되게 사용하고 2) 수요와 공급의 일치를 어렵게 하는 세 가지 저해요소(변동성, 경직성 그리고 낭비)를 어떻게 파악하고 해결할지를 다양한 관점들을 사용하면서 일관되게 다루고 있기 때문이 아닐까 생각된다. 사실, 운영관리의 기본은 사물에 흐르는 흐름(flow)을 볼 줄 알고 나아가 이 흐름이 원만하지 못한 이유들을 이해하고 개선하는 것이 아닐까 감히 생각한다. 이 과정에서 저자들은 제조업 중심의 주제들은 과감히 정리하고 실생활 중심의 현대적인 주제들을 엄격한 방법론을 바탕으로 한 수리적 직관과 통찰을 이용하여 단단하고 풍부하게 설명하고 있다.

본 역서를 준비하면서 먼저 저자들의 의도를 곡해하지 않도록 노력하였고 저자들의 수리적 직관과 통찰을 이용한 풍부한 설명방식을 살리기 위해 노력하였으나 혹, 의미 전달이 매끄럽지 못하거나 잘못된 부분이 있을 수 있다는 생각에 걱정스러운 마음이 있다. 나름대로 최선을 다하였으나 부족한 부분은 향후 독자들의 피드백을 받아 개선할 수 있는 기회가 있으리라 생각된다. 아무쪼록 본 교재가 학생들의 입장에서 운영관리를 좀 더 흥미롭게 이해하고 영감을 얻어가는 데 도움이 되기를 바란다.

이번 2판에서는 초판과 비교할 때 4개의 간략하고 흥미로운 사례들이 추가되었으며, 프로세스에서 각기 성격이 다른 복수의 흐름을 다루기에 까다롭게 느껴지던 4장과 5장의 내용들이 보다 직관적으로 이해될 수 있도록 정리되었으며, 무엇보다도 많은 오탈자들이 수정되고 모자란 부분들이 보충되었다. 따라서 가독성이 나아졌기를 기대하며, 이 과정에서 역자로부터 수업을 들으며 많은 피드백을 제공해준 학부 학생들에게 고마움을 표하고 싶다.

김 길 선

차례

차례

차례

차례

차례

차례

차례

1 운영관리에 대한 소개

학습목표

1-1 고객 효용을 결정하는 요인들을 파악할 수 있다.

1-2 비효율성을 설명하고 기업이 효율적 경계선 상에 있는지 파악할 수 있다.

1-3 세 가지 시스템 저해요소를 설명할 수 있다.

1-4 운영관리 업무가 어떤 것들인지 설명할 수 있다.

1-5 수요와 공급을 일치시키기 위해 기업이 내려야 할 핵심 의사결정 내용들을 설명할 수 있다.

이 장의 개요

© *Photodisc/Getty Images*

공급 기업이 고객에게 제공하는 제품이나 서비스

수요 고객이 원하는 제품이나 서비스

소개

기업이나 비영리기관은 고객에게 제품이나 서비스를 제공한다. 렌터카를 제공하고, 옷을 팔고, 감기약을 처방하는 것과 같이 제품과 서비스를 제공하는 것을 **공급(supply)**이라고 부른다. 반면, **수요(demand)**는 고객에 의해 만들어지는데 간단히 말하면 고객이 원하는 제품과 서비스이다. 고객은 한 지점에서 다른 지점으로 이동하기 위해 렌터카가 필요할 수도 있고 34사이즈의 검은색 양복을 원할 수도 있으며 성가신 기침을 멈추고 싶어할 수도 있다.

기업이 성공하려면 고객이 원하는 것을 제공해야 한다. 만약 Jamison 씨가 화요일부터 금요일까지 사용할 중형 승용차(수요)를 Chicago의 O'Hare 국제공항에서 수령하기 원한다면, 우리가 할 일은 정확히 그 차량을 제 시간에 Jamison 씨에게 공급하는 것이다. 반드시 (미니밴이 아닌) 중형 세단을 (수요일이 아닌) 화요일에 (New York이 아닌 Chicago의) O'Hare 국제공항에 준비해서 (다른 사람이 아닌) Jamison 씨에게 전달할 수 있어야 한다.

만약 Sandy가 토요일에 Los Angeles에 있는 의류 매장에서 M사이즈의 초록색 드레스를 구매하려 한다면, 우리가 할 일은 정확히 그 물건을 제 시간에 그녀에게 공급하는 것이다. 반드시 (지난 주 금요일이 아닌) 토요일에 (사이즈 L이나 빨강색이 아닌) M사이즈의 초록색 드레스가 (San Francisco가 아닌) Los Angeles 매장에 있도록 해야 한다.

만약 Terrance가 축구를 하다가 왼쪽 무릎을 다쳐서 내일 Philadelphia에서 45분짜리의 반월판 수술을 받아야 한다면, 우리가 할 일은 Terrance에게 정확히 그것을 제공하는 것이다. 반드시 수술실에 (30분이 아닌) 45분짜리 수술을 예약하고 (치과의사나 심장병 전문의가 아닌) 정형외과와 마취과 전문의들이 (6주 후가 아닌) 내일까지 준비돼 있어야 하고 집도의는 분명히 (오른쪽이 아닌) 왼쪽 무릎에 수술을 해야 한다.

"우리는 고객들이 원하는 것을 제공한다"를 다른 말로 표현하면 "우리는 수요와 공급을 일치시킨다"이다. 수요와 공급을 일치시킨다는 것은 고객들이 원하는 것을 제공하는 동시에 이윤을 만드는 것을 의미한다. 수요와 공급을 일치시키는 것이 운영관리의 목적이다.

본 교재는 수요와 공급을 더 잘 일치시키기 위해 기업의 운영프로세스를 어떻게 디자인할 것인지에 관한 책이다. 즉 고객이 원하는 것을 제공하는 방법에 대한 책이다. 수요와 공급을 더 잘 일치시킬 수 있는 기업은 경쟁자를 상대로 중요한 경쟁우위를 얻을 수 있으며 본 교재에서 다루는 의사결정 모델들과 운영전략들이 더 나은 일치를 달성하는 데 도움이 될 것이다.

이 장에서는 먼저 수요와 공급을 일치시키는 것이 어려운 이유를 살펴본다. 이를 이해하기 위해 "수요, 즉 고객은 무엇을 원하는가?"에 대해 생각해보아야 한다. 수요를 이해하고 나면, 이를 만족시켜야 하는 기업의 관점에서 공급 프로세스를 살펴보아야 한다. 그리고 난 뒤 고객이 원하는 것을 저렴한 가격에 제공하기 위해 기업이 어떠한 운영상의 의사결정을 해야 하는지에 대해 논의한다. 일반적으로 고객들은 저렴하고 좋은 제품을 원하지만 현실에서 이는 쉽지 않은 일이다. 따라서 이어지는 절에서는 저렴한 가격에 좋은 제품을 제공하는 것을 어렵게 만드는 운영상의 세 가지 저해요소를 소개하고, 운영관리는 이 저해요소들을 극복하는 것 이외에도 저렴하고 좋은 제품과 같은 서로 상충되는 복수의 목표들 간의 상쇄관계를 이해하고 이들 간의 균형을 이루고자 하는 것임을 설명한다. 본 장의 나머지 부분에서는 운영관리와 관련된 일들이 어떠한 형태를 띠는지 소개하고 운영관리 전반에 대한 간결한 개요를 제공하면서 이 장을 마무리한다.

1.1 세상을 보는 고객의 관점

배가 고픈데 냉장고에는 아무것도 없어서 먹을 것을 사기 위해 밖으로 나가기로 결정했다고 하자. 어디로 갈 것인가? 길 아래에 있는 McDonald's는 저렴하고 몇 분 이내에 끼니를 해결할 수 있다. 길 건너 반대편 끝에는 Subway도 있다. 그곳은 다양한 샌드위치들을 만

© John Flournoy/McGraw-Hill Education

드는데 내가 원하는 것을 만들어주기도 한다. 원한다면 채식주의자용 샌드위치에 이탈리안 소시지를 얹어 달라고 할 수도 있다. 그리고 또 조금 비싸고 지난 번에는 음식이 나오기까지 15분이나 기다려야 했지만 훌륭한 음식을 파는 새로 생긴 유기농 식당이 있다. 당신은 어디로 갈 것인가?

학습목표 1-1
고객 효용을 결정하는 요인들을 파악할 수 있다.

경제학 이론에 따르면 여러 대안들이 있을 경우 우리는 가장 높은 **효용(utility)**을 얻을 수 있는 의사결정을 한다. 우리가 각 대안으로부터 누리는 효용은 각 대안을 얼마나 선호하는가에 따라 달라지는데 효용이라는 개념은 제품이나 서비스에 대한 우리의 욕구를 측정한 것이다. 그럼, 우리의 효용이 식당에 따라 달라지는 이유는 무엇일까? 우리가 누리는 효용은 소비에 따른 소비효용, 가격, 그리고 불편함, 이 세 가지 요소들로 구성되어 있다고 생각할 수 있다.

이 세 가지 요소들 각각에 대해 좀 더 자세히 생각해보자. **소비효용(consumption utility)**부터 시작해보자. 소비효용은 가격(누군가가 당신을 식당에 초대해 준다고 상상)이나 제품과 서비스를 얻는 과정의 불편함(음식을 바로 받을 수 있고 식당은 길 바로 건너편에 있다고 상상)을 고려하지 않은 상태에서 우리가 제품이나 서비스를 얼마나 좋아하는지를 측정한 것이다. 소비효용은 제품이나 서비스의 여러 가지 속성(attribute)들로부터 발생한다. 예를 들어, "소금기"(음식), "재미"(영화), "무게"(자전거), "화소 수"(카메라), "옷감의 부드러움"(옷), 그리고 "공감"(의사)과 같은 것들이다. 다양한 속성들이 있지만 구매하려는 제품이나 서비스에 따라 효용에 영향을 미치는 속성들은 각기 다를 것이다. 그러나, 모든 속성들은 성능과 적합성이라는 두 부류로 나뉠 수 있다. 이 기준에 따라 소비효용도 그 두 부류로 나뉜다고 생각할 수 있다.

효용 제품이나 서비스에 대한 고객 선호도를 측정한 것으로 소비자들은 효용을 최대화할 수 있는 제품이나 서비스를 구매한다.

소비효용 소비자가 제품이나 서비스를 얼마나 좋아하는지를 측정하는 것으로, 제품이나 서비스의 가격이나 구매하는 과정의 불편함은 배제한 개념이다.

성능 일반적인 소비자가 제품이나 서비스를 얼마나 바람직하다고 생각하는지를 측정한 소비효용의 하위 구성요소

적합성 제품이나 서비스가 특정 소비자의 고유한 성향들과 얼마나 잘 일치되는지를 측정하는 소비효용의 하위 구성요소

이질적인 선호 모든 소비자들이 각기 다른 효용함수를 갖는다는 것을 의미

가격 제품을 소유하거나 서비스를 제공받는 데 따르는 총 비용

- **성능(performance)**: 성능에 관한 속성은 대부분의 사람들이 더 낫다고 동의할 수 있는 제품이나 서비스의 특성을 의미한다. 예를 들어, 소비자들은 냉동되었다가 전자레인지로 구워진 연어 스테이크보다 세계 최상급의 요리사가 완벽하게 요리한 익힌 연어를 선호한다. 또한 소비자들은 비행기의 이코노미석보다는 일등석을 선호하는 경향이 있다. 다시 말해서, 소비자들이 성능이라는 관점에서 제품들 간에 매기는 순위는 유사하게 나온다. 우리는 모두 "더 깨끗한", "더 내구성이 있는", "더 친근한", "더 많은 저장용량", "더 널찍한", 그리고 "더 효율적인" 것을 선호한다.
- **적합성(fit)**: 어떤 속성들의 경우에는 소비자들 간에 무엇이 최고인지에 관해 의견이 다를 수 있다. 구운 연어는 맛있게 들리지만 이는 우리가 채식주의자가 아니기 때문일 것이다. 제품과 서비스에서 발생되는 효용의 크기는 고객에 따라 크게 달라질 수 있는데(우리는 이를 고객들이 **이질적인 선호(heterogeneous preferences)**를 가졌다고 표현한다), 바로 이 때문에 슈퍼마켓에 20가지 다른 맛의 시리얼, 의류매장에 수백 개의 넥타이, 그리고 iTunes에 수백만 개의 노래들이 진열되어 있다. 일반적으로, 이질적인 선호도가 존재하는 데에는 여러 가지 이유가 있겠지만 고객들이 선호하는 입맛, 색 혹은 사이즈가 각기 다르기 때문에 발생한다.

고객이 누리는 효용의 두 번째 구성요소는 **가격(price)**이다. 가격은 소비자가 제품을 소

유하거나 서비스를 제공받기 위해 치러야 하는 총 비용을 의미한다. 따라서, 가격은 물건의 배송이나 자금 조달에 관련된 비용 그리고 가격할인과 같이 가격과 관련된 다양한 변수들을 포함하는 의미이다. 당연한 이야기이겠지만, 다른 모든 조건들이 동일하다면 소비자들은 낮은 가격을 선호한다.

고객 효용함수의 세 번째이자 마지막 구성요소는 제품과 서비스를 제공받는 과정에서의 **불편함(inconvenience)**이다. 경제학자들은 이 요소를 흔히 **거래비용(transaction costs)**이라고 부른다. 다른 모든 조건들이 동일하다면, 우리는 음식을 (5킬로미터 떨어진 곳보다는) 바로 이 자리에서, 그리고 (30분간 기다리기보다는) 지금 받는 것을 선호한다. 다음은 불편함을 발생시키는 두 가지 주요 하위요소들이다.

불편함 제품이나 서비스를 얻는 데 따르는 노력 때문에 발생하는 효용의 감소 정도

거래비용 제품이나 서비스를 얻는 데 따르는 불편함을 지칭하는 다른 용어

입지 소비자가 제품이나 서비스를 얻을 수 있는 장소

구매소요시간 소비자가 제품이나 서비스를 주문하고 받는 데까지 소요되는 시간

수요 특정한 제품이나 서비스가 최선의 선택인 고객들을 의미하기도 함(효용을 극대화하는 선택이라고도 불림)

- **입지(location)**: 미국에는 14,000개 이상의 McDonald's 매장이 있기 때문에 미국에 산다면 주변에서 McDonald's 매장을 쉽게 발견할 수 있다. 다른 식당들처럼 McDonald's도 소비자가 쉽게 접근할 수 있는 입지를 선정한다. 소비자가 자동차나 자전거를 타고 혹은 걸어서 더 멀리 가야 할수록 구매 과정은 더 불편할 것이다.
- **구매소요시간(timing)**: 식당에 가면 음식을 기다려야 한다. 패스트푸드도 마찬가지이다. 미국의 드라이브 스루 식당에 관한 최근 연구에 따르면 고객들은 Wendy's에서 평균 2분 9초, McDonald's에서 3분 8초 그리고 Burger King에서 3분 20초를 기다린다고 한다. 이 세 곳 모두 앞서 언급된 20분을 기다려야 하는 구운 연어(충분히 기다릴 가치가 있다고 생각하지만)의 경우보다는 훨씬 빠르게 음식을 받을 수 있다.

그림 1.1은 제품과 서비스에 대한 소비자 효용을 구성하는 3가지 요소들과 그 하위 구성요소들을 정리한 내용이다.

소비자들은 효용을 최대화할 수 있는 제품이나 서비스를 구매한다. 이를 위해 아무 것도 하지 않는 것(직접 점심을 만들거나 굶거나)을 포함하여 모든 선택 가능한 대안들을 살펴본다. 따라서 우리는 기업의 수요를 소비자가 원하는, 즉 효용을 극대화시키는 제품이나 서비스라고 정의할 수 있으며, **수요(demand)**는 제품이나 서비스에 대한 소비효용, 가격 그리고 소비 과정에서의 불편함에 따라 달라진다. McDonald's의 경우, 그 식당에 발생하는 수요는 소비효용, 가격 그리고 불편함을 다 따져 본 후 최선의 선택이 McDonald's라고 생각한 소비자들이라고 볼 수 있다. 다수의 소비자들이 존재하므로, 수요는 "화요일 점심시간에 Miami에서 190개의 치즈버거 수요가 있다"라는 식으로 표현할 수 있다. 소비자가

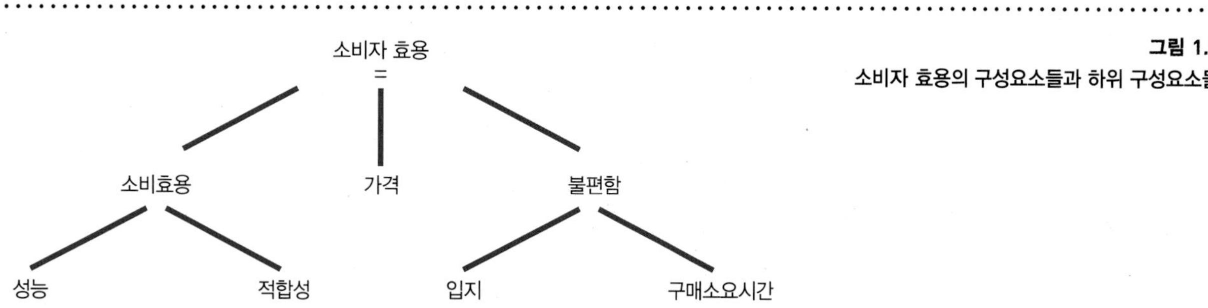

그림 1.1
소비자 효용의 구성요소들과 하위 구성요소들

마케팅 소비자가 제품이나 서비스로부터 어떻게 효용을 얻는지에 관해 이해하고 이에 관해 영향을 미치는 것에 대한 학문 영역

제품이나 서비스에서 어떻게 효용을 얻는가를 이해하는 것이 **마케팅(marketing)**의 핵심이다. 마케터들은 일반적으로 제품이나 서비스를 그림 1.1과 같은 방식으로 이해한다. 하지만 기업의 입장에서는 소비자들을 이해하는 것만으로는 충분하지 않고 그들이 원하는 제품과 서비스를 제공해야만 한다.

© Rob Melnychuk/Digital Vision/Exactostock/SuperStock

이해도 확인하기 1.1

질문 San Francisco에서 호텔 룸을 고를 때 당신의 효용을 결정하는 요소들은 무엇인가?

답 다음의 각 항목을 고려해보자.

- 소비와 연관된 성능 속성은 호텔 내 편의시설의 개수와 방의 크기 같은 것들이다(2성급 호텔과 5성급 호텔을 비교해 보라). 반면, 소비와 연관된 적합성 속성은 개인적인 선호도에 따라 효용의 정도가 달라지는 속성으로서 예를 들어, 어떤 사람들은 고전적인 장식을 좋아하는 데 반해 다른 이들은 현대적인 스타일을 좋아하고, 어떤 사람들은 시끄럽고 바쁜 분위기를 좋아하지만 어떤 사람들은 가라앉고 조용한 분위기를 선호할 수 있다.
- 가격은 소비자가 호텔에 지불해야 하는 금액이다.
- 불편함은 소비자의 여행 계획에 맞추어 호텔이 얼마나 가용한 가와 같은 요소이다. 예를 들어, 소비자는 7월에 여행을 하려고 하는데 특정 호텔은 이때 방이 없을 수 있다. 이는 시간 측면에서의 불편함이라 볼 수 있다. 불편함은 입지와도 관련될 수 있다. 만약 시내 관광을 원하는 소비자라면 San Francisco의 Fisherman's Wharf 주변에 있는 호텔에 비해 공항 옆 호텔은 더 불편할 것이다.

따라서, 효용은 소비효용, 가격 그리고 불편함에 따라 달라진다.

1.2 기업의 전략적 상쇄관계

모든 것이 완벽히 돌아가는 세상에서는 각 고객의 차별화된 니즈에 맞추어 아주 저렴하고 가장 뛰어난 제품과 서비스가 고객이 원하는 시간과 장소에 맞추어 정확히 배달될 것이다. 그러나 현실에서 이런 일은 좀처럼 일어나지 않는다. 스포츠를 예로 들면, 한 운동 선수가 수영, 체조, 달리기, 펜싱, 골프 그리고 마장 마술 등 모든 종목에서 뛰어난 선수일 확률은 아주 낮다. 마찬가지로 기업도 모든 면에서 다 잘할 수는 없다. 한 기업이 특정 영역에서는 잘할 수 있는 **역량(capabilities)**이 있을 수는 있어도 소비자 효용함수를 구성하는 모든 하위요소들에 대해 다 잘할 수 있는 것은 아니다. 기업의 역량은 소비자 효용함수를 구성하는 각 차원을 잘 수행할 수 있는 능력이라고 정의할 수 있다.

역량 기업이 고객 효용함수를 구성하는 차원을 수행할 수 있는 능력

식품업과 서비스업의 다음 예시들을 생각해보자.

- McDonald's는 고객에게 3분 내에 서비스를 제공할 수 있다. 이것이 가능한 이유 중 하나는 고객들이 주문하기 전에 햄버거를 미리 만들어 놓기 때문이다. 여러 개의 햄버거를 한번에 대량으로 만들면 비용을 낮추고 고객의 대기시간을 줄일 수 있다. 하지만 고객이 주문하기 전에 햄버거를 만들기 놓기 때문에 당신이 원하는 맞춤 햄버

거를 주문해 먹을 수는 없다.

- 반면, Subway의 고객은 자신이 원하는 대로 샌드위치를 주문해 먹을 수 있기 때문에 가격이 조금 더 비싸고 조금 더 기다리는 것을 개의치 않는다. 이러한 접근법은 사전에 미리 준비될 수 있는 재료(미리 다듬어진 채소, 치즈, 고기 등)들을 사용하는 경우에는 적합하지만 햄버거와 같이 고기를 구워야 하는 경우에는 적합하지 않을 것이다.
- Starbucks는 매장의 화려한 분위기 때문에 학생들이 공부하기 좋아하는 장소이다. 또한 개인의 기호에 따라 다양한 종류의 커피를 제공한다. 하지만, McDonald's의 커피와 비교할 때 상당한 가격 프리미엄을 받는다.

상기 예에서처럼 기업은 모든 면에서 다 잘할 수 없으므로 비즈니스에서 **상쇄관계(trade-offs)**에 직면하게 된다. 예를 들어, 기업은 소비에 따른 효용과 가격 간의 상쇄관계에 직면하기도 하고, 불편함과 가격 간의 상쇄관계에 직면하기도 한다. 그리고 McDonald's와 Subway의 예시에서처럼 효용함수를 구성하는 하위요소들 간의 상쇄관계(나만의 샌드위치, 즉 적합성에 수반되는 긴 대기시간)에 직면하기도 한다.

상쇄관계 한 역량을 향상시키려면 다른 역량이 희생되는 관계

그림 1.2에는 소비자가 중요하게 생각하는 두 가지 차원을 기준으로 두 개의 패스트푸드 식당 간의 상쇄관계가 묘사되어 있다. y축은 각 식당이 고객주문에 얼마나 빠르게 대응하는지를 나타내는데 y축의 위쪽은 높은 대응성(짧은 대기시간)을, 아래쪽은 낮은 대응성(긴 대기시간)을 의미한다. 가격은 소비자가 중시하는 또 다른 차원으로서 높은 가격을 선호하는 고객은 당연히 없을 것이다. 각 식당이 모든 비용을 제하고 얻는 단위당 이익이 $2로 동일하다고 잠시 가정해보자. 그러면 이익이 동일하기 때문에 비용을 낮추어 저렴한 가격을 제시하는 식당이 경쟁력 있는 식당일 것이다. 그림 1.2에서 x축은 식당이 고객 한 명을 서비스하는 데 드는 비용을 나타내며 이는 곧 식당의 비용 경쟁력을 의미한다. x축을 따라 오른쪽으로 갈수록 비용이 감소하면서 비용 경쟁력이 증가하는 것을 의미한다.

A식당을 먼저 살펴보자. 식당이 제공하는 식사의 평균 비용은 $4이다. 고객은 A식당에서 식사를 하기 위해 10분을 기다려야 하고 식사비로 평균 $6을 낸다(비용 $4 + 이익 $2).

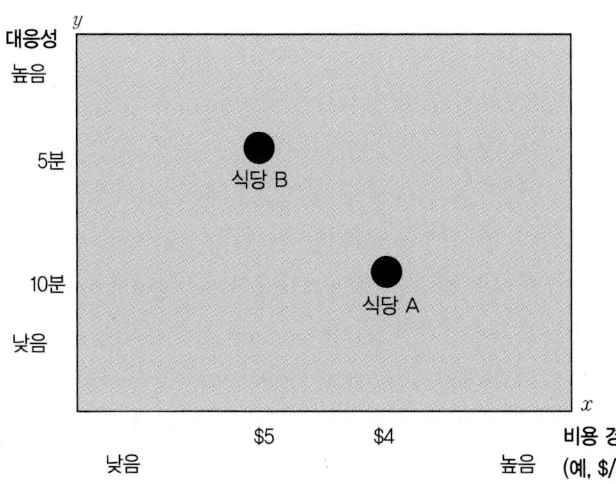

그림 1.2
대응성과 비용 경쟁력 간의 전략적 상쇄관계

반면, B식당은 5분 내에 고객에게 식사를 제공할 수 있다. 이 식당은 고객에게 빠르게 대응하기 위해 추가 직원을 고용했고 고성능의 장비를 구매하는 등 추가적인 자원에 투자하면서 추가 비용이 발생하기 때문에 고객당 평균 비용이 더 높아지면서 비용 경쟁력이 낮아진다고 볼 수 있다. B식당의 경우 고객당 평균 비용이 $5이라면 A식당과 같이 $2의 이익을 남기려면 고객에게 $7을 받아야 한다.

두 식당이 소비자 효용함수를 구성하는 다른 모든 면(조리 기술, 메뉴 선택, 위치, 입지, 식당의 분위기 등)에서는 동일하다고 가정하면, 당신은 소비자로서 어떤 식당을 선택할 것인가? 이는 분명 당신의 경제력과 음식을 얼마나 빨리 먹고 싶은지에 달려있겠지만, 중요한 것은 각 식당을 선호하는 어느 정도의 고객들이 각각 존재할 것이라는 점이다.

그림 1.2는 두 식당이 직면한 핵심적인 상쇄관계를 보여준다. 배고픈 고객들의 필요에 더 잘 대응하려면 더 많은 자원(추가 직원과 더 좋은 장비)이 필요하고 이는 비용을 상승시킨다. 아마도 B식당은 직원을 감원하여 비용을 절감하는 것을 고려할 수도 있지만 그러면 대응성도 떨어질 것이다. A식당도 직원을 추가로 고용하고 더 나은 장비에 투자한 뒤 가격을 올릴 수 있을지 고민할 수 있다. 이와 같은 대응성과 비용 경쟁력 간의 상쇄관계를 **전략적 상쇄관계**라고 부른다. 즉 기업이 투입물과 자원을 선택할 때 특정 측면에서 더 나은 결과를 가져다 주는 선택을 할 수는 있지만 모든 측면에서 더 나은 결과를 가져다 주는 선택을 할 수는 없다는 것이다.

두 식당 중 어떤 식당이 더 성공적일까? 낮은 비용(그리고 낮은 가격)과 낮은 대응성 또는 높은 비용(높은 가격)과 높은 대응성? 다시 한 번 두 식당이 다른 모든 측면에서는 동일하다고 가정하면, 두 식당 중 성능을 구성하는 두 측면 모두에서 우월한 식당은 존재하지 않으므로 고객의 관점에서 절대적으로 우월한 선택은 존재하지 않는다. 어떤 고객은 빠른 서비스를 선호하고 그에 대한 프리미엄을 지불할 용의가 있는 반면 다른 고객은 그 프리미엄을 지불할 형편이 되지 않거나 추가적인 지불을 원하지 않기 때문에 기다린다. 이 때문에 시장에는 두 개의 각기 다른 **소비자 세분시장(market segments)**이 존재하게 된다. 어느 식당이 돈을 더 많이 벌까? 이에 대한 답은 각 세분시장의 크기와 시장 내 역학관계에 달려 있다. 어느 지역(비용에 민감한 학생들이 많은 지역)에서는 A식당이 매력적인 반면 다른 지역(높은 급여를 받는 은행원이나 변호사가 근무하는 사무용 빌딩)에서는 B식당이 더 매력적일 수 있다.

소비자 세분시장 유사한 효용함수를 갖는 소비자들의 군집

파레토 열위 어느 기업의 제품이나 서비스가 하나 혹은 다수의 경쟁자들에 비해 소비자 효용함수의 모든 구성 차원에서 열등하다는 것을 의미한다.

효율적 경계선 파레토 열위에 있지 않은 기업들의 군집

이제 그림 1.3에 있는 C식당을 보자. C식당에서는 고객이 15분을 기다려야 하고 고객당 평균 $6의 비용이 든다(따라서 식사의 가격은 $8). 이 식당은 더 느리고(낮은 대응성, 즉 더 긴 대기시간) 비용도 더 높다. C식당이 왜 그렇게 운영되는지 알 수 없지만 (다시 한번 다른 모든 것들은 동일하다고 가정한다면) 대부분의 소비자는 이 식당은 열등하다고 생각하고 A식당이나 B식당을 선택할 것이다. C식당을 보면 A식당이나 B식당보다 가격도 비싸고 더 느리기 때문에 미래가 밝아 보이지 않는다. 누가 C식당에 가고 싶겠는가? 이때 C식당은 A식당이나 B식당 각각에 비해 **파레토 열위(pareto dominated)**에 있다고 이야기할 수 있다. A식당 또는 B식당은 C식당에 비해 고객 효용함수의 모든 면에서 동일하거나 더 나은 성능을 보인다. 간단히 말해서, 그들이 더 낫다.

산업의 **효율적 경계선(efficient frontier)**은 동종업계에서 파레토 열위에 있지 않은 기업들

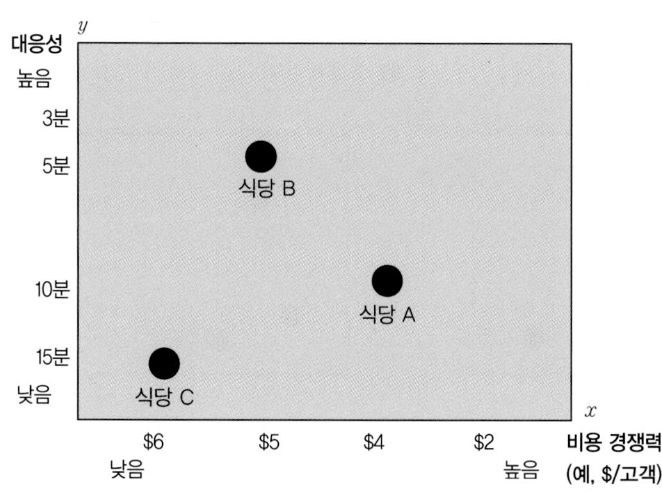

그림 1.3
열등한 운영(C식당)

의 군집으로 정의된다. 다시 말해, 효율적 경계선 상에 있는 기업들은 자신보다 우상향 쪽에 위치한 기업이 존재하지 않는 기업들로서, 즉 모든 측면에서 자신보다 더 나은 기업이 존재하지 않는 기업들이다. 그림 1.3에서 효율적 경계선은 A식당과 B식당으로 구성된다. 경계선 상의 식당들은 서로 다른 전략적 상쇄관계상의 선택을 하고 서로 다른 세분시장에 집중하지만 서로 간에 어느 기업도 다른 기업에 비해 파레토 우위에 있지 않다.

비효율성 기업의 현 위치와 효율적 경계선 간의 격차

C식당과 같은 기업은 경계선 상에 있지 않다. 같은(혹은 더 낮은) 비용으로 더 나은(혹은 동일한) 고객 효용을 제공하는 식당이 존재한다는 것은 C식당이 **비효율적(inefficient)**이라는 것을 의미한다. 이 비효율적이라는 개념을 해당 기업의 현재 위치와 효율적 경계선 사이의 거리로 시각화할 수 있으며 그림 1.4는 이러한 효율적 경계선의 정의를 보여주고 있다.

학습목표 1-2
비효율성을 설명하고 기업이 효율적 경계선 상에 있는지 파악할 수 있다.

그림 1.2와 1.3은 운영관리에서 "수요와 공급의 일치"라는 목표를 달성하는 두 가지 방법을 보여준다. 첫째, 운영관리는 세분시장의 수요에 적합한 제품과 서비스를 공급하는 운영방식을 디자인할 수 있다. 식당의 경우에 관리자는 전략적 상쇄관계상의 선택을 통해 이를 달성할 수 있다. A식당과 같이 운영하길 원하는가 아니면 B식당과 같이 운영하길 원하는가? 운영관리는 그 세분시장에 적합한 운영방식을 디자인하여 전략을 실행한다. 두 번째로, 운영관리는 투입물과 자원을 최대한으로 활용하는 방법을 모색할 수 있다. C식당은 A식당과 B식당에 비해 더 높은 가격으로 더 나쁜 고객 경험(느린 대응성)을 만들어 내고 있기 때문에 투입물과 자원의 잠재력을 충분히 구현하지 못하고 있다고 볼 수 있다. C식당에 운영관리를 적용한다는 것은 비효율성을 제거하면서 이 식당을 효율적 경계선 쪽으로 이동시키는 것을 의미한다. 이는 현재의 투입물과 자원을 바꾸는 것을 의미할 수도 있고 그 투입물과 자원을 좀 더 효율적으로 관리하는 것을 의미할 수도 있다.

그리고 운영관리를 통해 "수요와 공급의 일치"라는 목표를 달성하는 세 번째이자 가장 중요한 방법이 있다. 그림 1.5에 표시된 D식당을 보자. D식당은 3분 이내에 식사를 제공하고 고객당 평균 $3의 비용(따라서 가격은 $5)으로 운영되므로 더 빠르고(높은 대응성) 비용도 더 낮은 식당이다! 업계의 다른 식당들과 비교할 때 이 식당은 모든 면에서 자신의

그림 1.4
효율적 경계선의 정의

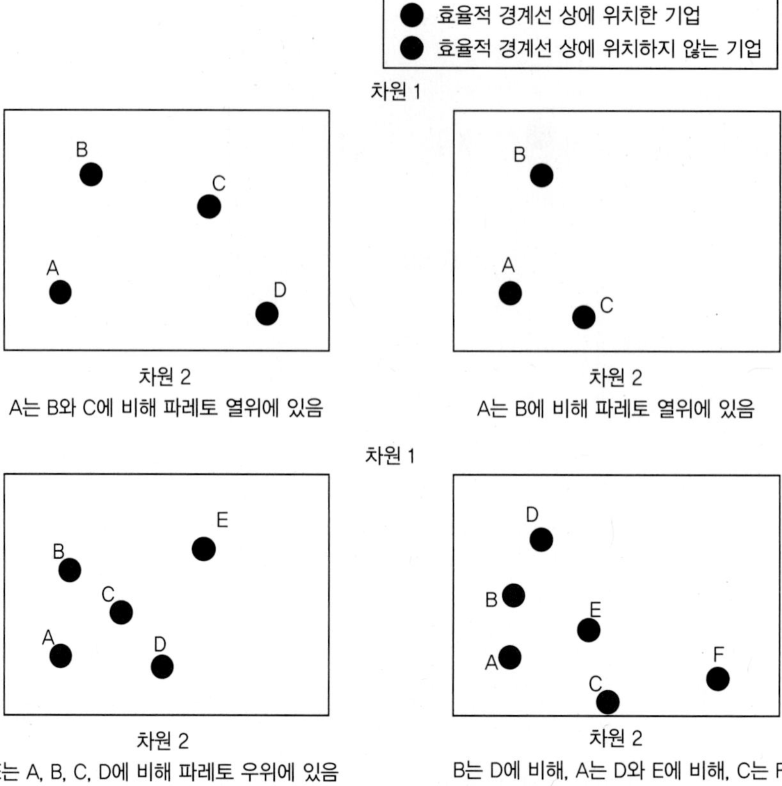

자원으로부터 더 많은 것을 얻어내고 있다. 이 식당은 뭔가 더 똑똑한 방법을 이용하고 있는 것이다. 예를 들어, D식당은 같은 음식을 더 적은 노동시간을 들여 만드는 방법을 찾았을 수도 있다. McDonald's가 작은 식당으로 시작해서 수십억 달러의 회사로 성장하는 과정에서 만들어 낸 초기 혁신들 중 하나는 미숙련 직원이 빠른 속도로 작업하면서도 항상 일정한 양의 소스가 뿌려지도록 설계된 소스용기의 발명이었다. 이는 동일한 양의 자원으

그림 1.5
고성과 기업(D식당)의 시장 진입

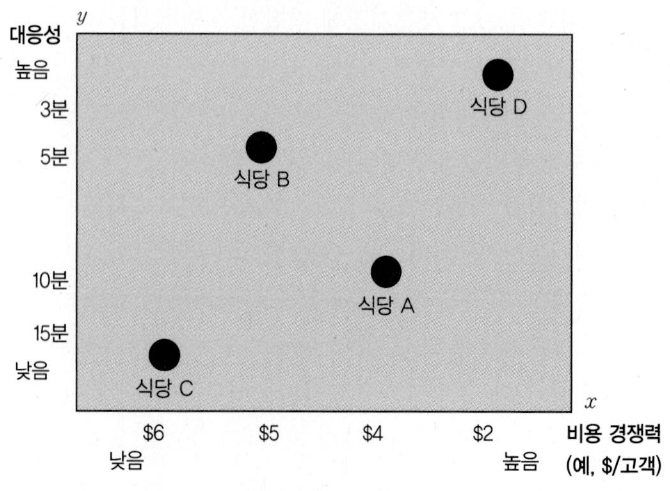

로 이루어 낼 수 있는 산출량을 지속적으로 증가시킨 많은 혁신들 중 하나이다.

식당들을 둘러싼 다른 모든 조건들이 동일하다고 가정할 때, 대부분의 소비자들은 D식당을 최우선으로 선택할 것이고 이는 D식당의 미래와 수익성에 좋은 일이다. 따라서 운영관리가 "수요와 공급을 일치"시키는 세 번째 방법은 효율적 경계선 자체를 바깥쪽으로 계속해서 이동시키는 혁신을 하는 것이다. D식당은 비효율성을 제거하면서 효율적 경계선 쪽으로 이동하는 것 이상을 해내면서 기존의 비용－대응성 상쇄관계를 파괴했다고 볼 수 있다. 이와 같이 훌륭한 운영관리자는 절대로 오늘의 성공에 안주하지 않는다. 운영관리는 주어진 방식대로 운영하는 것에 머무르지 않고 현재의 운영방식을 지속적으로 개선하여 비즈니스를 수행하는 새로운 방식을 찾아내는 것이다. 이러한 혁신은 McDonald's의 소스용기와 같이 점진적으로 이루어질 수도 있고 그보다 더 급진적으로 이루어질 수도 있다. 어느 쪽이든 이러한 혁신은 기업의 시장 경쟁력을 더욱 강화시킨다.

요약하자면, 수요와 공급을 일치시키는 과정에서 운영관리를 통해 비즈니스를 향상시킬 수 있는 다음의 세 가지 방법이 존재한다.

- 성능의 여러 차원들 간의 상쇄관계에 따른 선택을 한다.
- 기업이 여타 성능 차원을 희생시키지 않으면서도 효율적 경계선 쪽으로 이동할 수 있도록 비효율성을 감소시킨다.
- 운영을 개선하고 혁신하여 효율적 경계선 자체를 더 나은 방향으로 이동시킨다.

이해도 확인하기 1.2

질문 다른 모든 조건들은 동일하면서 연비(갤런당 마일, mpg로 측정)와 가격 면에서 경쟁하는 네 자동차 회사들이 있다.

- A회사: 가격=$40,000; mpg=50
- B회사: 가격=$50,000; mpg=60
- C회사: 가격=$30,000; mpg=40
- D회사: 가격=$45,000; mpg=45

이 회사들 중 효율적 경계선 상에 위치한 기업은 어느 기업들인가?

답 파레토 열위에 있는 유일한 회사는 D회사이며 나머지 기업들은 모두 효율적 경계선 상에 위치한다. D회사는 A회사에 비해 비싸고($45,000 대 $40,000) 연비도 낮기(45mpg 대 50mpg) 때문에 A회사에 비해 파레토 열위에 있다.

© Blend Images/Getty Images

연관 사례: 항공사

© *Kevin Clark/Alamy*

항공산업은 기업이 성공하기 어려운 산업으로 많은 기업들이 파산했다. Delta와 United 항공사와 같이 파산상황에서 회생한 기업들도 있지만, 한때 업계에서 큰 손이었던 TWA나 PanAm 항공사들은 영원히 사라졌다. 그림 1.6(a)에 있는 데이터는 미국 항공사들이 지불하는 1$당 비행 마일($x$축) 대비 승객들에게 부과하는 비행 마일당 수익(y축)을 보여준다.

예를 들어, **American Airlines**가 마일당 약 20센트의 요금을 승객에게 부과하는 반면 비용 $1당 5마일 이상(정확히는 5.1마일) 비행할 수 있음을 알 수 있다. 그림은 효율적 경계선의 개념을 보여주고 있다. 2012년에는 다른 항공사를 압도하면서 파레토 우위를 점하는 항공사는 없다. 항공사는 고객 서비스(높은 비용과 가격으로 이어질 수 있는)와 효율성(비용 $1당 더 많은 비행 마일) 간의 상쇄관계에 직면하고 있었던 것이다.

항상 이런 식은 아니었다. **Southwest Airlines**은 오랫동안 가장 효율적인 항공사였다. 예를 들어, 그림 1.6(b)에서 보듯이 Southwest Airlines은 America West Airlines에 비해 파레토 우위에 있었는데 America West Airlines는 나중에 US Airways에 의해 인수되었다.

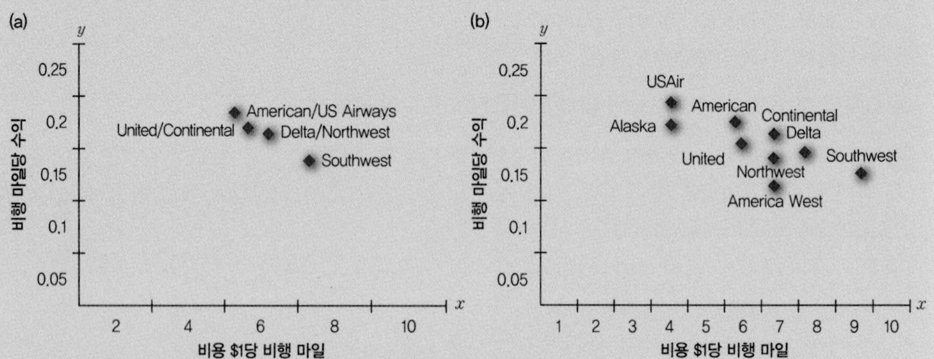

그림 1.6 x축은 비용 $1당 비행 마일을 나타내고, y축은 비행 마일당 수익을 나타낸다. 왼쪽의 그림 1.6(a)는 2012년의 상황이고, 오른쪽의 그림 1.6(b)는 2000년의 상황을 보여준다.

1.3 비효율성의 극복: 세 가지 시스템 저해요소

학습목표 1-3
세 가지 시스템 저해요소를 설명할 수 있다.

기업은 제품이나 서비스를 제공하는 데 들어가는 비용을 충당할 만큼의 가격을 매겨야 하는데 고객이 이 가격을 지불할 용의가 있을 때 성공할 수 있다. 기업이 얻는 수익과 수익을 내느라고 들어간 비용 간의 차이가 **이익**이다. 비용에는 두 종류가 있다.

- **투입물에 대한 비용**: 투입물은 기업이 구매하는 것들이다. 패스트푸드점은 고기, 샐러드, 빵, 음료수 등을 구매해야 한다. 자동차 제조업자는 철, 좌석, 그리고 타이어를 구매해야 하며 컴퓨터 제조업자는 모니터, 칩 그리고 전원장치를 구매해야 한다. 그리고 병원은 약품, 붕대 그리고 식품을 구매해야 한다.
- **자원에 대한 비용**: 자원은 기업이 투입물을 고객의 수요에 맞추어 산출물로 변환하는데 사용된다. 패스트푸드점에는 여러 가지 자원이 필요하지만 그중에서도 주방기구, 매장, 그리고 직원 등을 예로 들 수 있다. 자동차와 컴퓨터 제조업자는 공장, 창고 그리고 직원, 병원은 의사, 간호사, 그리고 건물을 구하기 위해 비용을 지불해야 한다.

기업은 비효율성을 줄이면서(효율적 경계선으로 이동) 고객의 효용을 증가시키거나(따라서 더 높은 가격을 매길 수 있고) 비용을 감소시킬 수 있다. 때로는 비효율성을 줄이면서 가격을 올리는 동시에 비용을 낮출 수도 있다. 어떤 경우이든지 간에 비효율성을 줄이면 기업의 이익이 증가한다. 그런데 왜 모든 기업들이 우상단에 위치하지 못할까? 비효율적인 운영을 하면서 파레토 열위에 처한 기업이 존재하는 이유는 무엇인가? 그리고 비효율성은 현장에서 어떤 모습을 띠고 있을까?

마지막 질문부터 따져보자. 비효율성을 눈으로 확인하기 위해 Subway나 McDonald's에서 하루를 보낸다고 생각해보자. 비효율성을 기업의 현재 위치와 효율적 경계선 사이의 격차라고 한 종전의 정의가 다소 추상적이므로 비효율성을 낭비, 변동성 그리고 경직성이라고 하는 세 가지 요소의 조합이라고 생각하면 도움이 된다. 이들을 **세 가지 시스템 저해요소**라고 부르고 하나씩 구체적으로 정의해보자.

낭비(waste)는 고객 가치 창출에 도움이 되지 않는 투입물과 자원의 소비를 의미한다. 낭비는 투입물과 자원을 소비하기 때문에 비용이 발생하지만 소비자에게는 가치가 발생하지 않기 때문에 이에 대한 대가를 받을 수 없다. 이 책의 전반에 걸쳐 낭비에 대해 많은 논의를 하겠지만 본 장에서는 외식업계의 다음 예시들을 간략히 살펴보자.

낭비 고객에게 가치를 더해주지 않는 투입물과 자원의 소비

- 샌드위치를 3겹 포장하는 배달 전문 식당. 2겹 포장만으로도 고객들이 중시하는 속성, 내용물 보존 또는 온도 측면에서 문제가 없다면 3번째 포장에 들어간 자재와 노동은 낭비이다.
- 불필요한 노동은 가장 흔한 형태의 낭비이다. McDonald's의 소스용기는 이미 언급한 바 있다. 식당의 내부 배치도 낭비를 초래할 수 있는데, 장비와 작업장들의 배치가 잘못되어 작업자들이 매번 이리저리로 뛰어다녀야 한다면 이 또한 노동의 낭비일 뿐이다.

- 또 다른 형태의 낭비는 고객들이 원하지 않는 것을 제공하기 위한 프로세스를 만드는 것이다. 만약 대다수의 손님들이 튀김을 원한다면 긴 사이드 디쉬 메뉴가 왜 필요한가? 그리고 고객들이 스스로 음식을 받아올 의사가 있다면 왜 종업원에게 음식을 날라준다고 팁을 줘야 하는가? 최근 급격히 인기를 끌고 있는 식당체인 Chipotle의 예를 들어보자. Chipotle의 고객들은 브리또와 음료수를 위해 $10가량 내지만 메뉴가 적다거나 스스로 음식을 받아와야 한다고 불만스러워 하지 않는다.

이어지는 장들에서 낭비의 다양한 원천들을 보게 될 것이다. 특히, 나중에 보게 될 lean 방식의 운영에 관한 이야기는 낭비를 줄이는 것에 대한 이야기이다.

변동성 수요 혹은 공급 프로세스에서의 예측 가능하거나 예측 불가능한 변화

두 번째 시스템 저해요소는 **변동성(variability)**이다. 변동성은 시간에 따른 수요나 공급의 변화를 의미한다. 고객의 수요와 관련된 변동성에 대해 먼저 생각해보자. 수요 변동성은 다음과 같은 형태를 띨 수 있다.

- **고객의 도착시간**: 고객은 하루 중 각기 다른 시간에 도착한다. 이러한 변동성의 일부는 어느 정도 예측이 가능한데, 예를 들어 식당의 수요는 오후 3시보다 정오에 더 많다. 하지만, 매일매일 다르기 때문에 사전에 완벽하게 예측할 수는 없다.
- **고객의 주문**: 특정일에 도착하는 고객의 수를 알 수 없을 뿐만 아니라 고객이 어떤 메뉴를 주문할지도 알 수가 없다.
- **고객의 행위**: 같은 시간에 도착한 두 명의 고객이 모두 치킨샐러드 샌드위치를 주문한다고 가정해보자. 동일한 시간에 한 동일한 주문이므로 같은 비용이 들까? 그러나 만약 한 명이 계산대에서 신용카드를 찾느라 일 분을 보낸다면? 만약 한 명이 주문 전에 메뉴에 대해 많은 질문을 한다면? 한 명이 패스트푸드점에는 음식이 주는 즐거움이 없다고 매니저에게 항의한다면?

기업 또한 공급 과정에서 변동성을 경험한다. 이는 기업 내부에서 발생하는 변동성으로 다음과 같은 형태를 보일 수 있다.

- **고객 응대 시간**: 고객들이 각기 다른 것처럼 직원들도 그럴 수 있다. 어떤 직원은 빠르고 다른 직원은 느리다. 평소 빠른 직원이라도 피로나 주의산만으로 인해 조금 느려질 수도 있다. 인간은 로봇이 아니기 때문에 직원으로부터 발생하는 변동성이 있을 수 있다.
- **불규칙적 혼란**: 직원의 작업속도는 빠를 수도 있고 느릴 수도 있으며 때로는 출근하지 않을 때도 있다. 질병, 나쁜 날씨, 낮은 동기 등 직원이 결근할 수 있는 이유는 많다. 이와 유사하게, 장비가 고장 나거나 컴퓨터 시스템이 느려지거나 재부팅해야 할 수도 있다.
- **불량**: 비즈니스를 하다 보면 잘못되는 일들이 생길 수 있다. 웨이터가 주문을 잘못 넣을 수도, 음식이 타버릴 수도, 계산서가 엉망이 될 수도 있다. 이 모든 것들 또한 프로세스에서의 변동성을 초래한다.

운영과정에 변동성이 존재한다는 것을 감안한다면 변동성에 대응할 방안도 마련하는 것이 좋을 것이다. 점심시간 동안에는 더 많은 고객을 받을 수 있도록 식당의 크기를 두 배로 늘리고 오후에는 너무 많은 임대료를 내지 않도록 원래의 크기로 되돌릴 수 있다면 좋을 것이다. 요리사가 결근하는 날에는 웨이터도 요리를 할 수 있다면 좋을 것이다. 더 좋기로는 여분의 소고기가 있는데 생선요리 주문이 들어올 경우 소고기가 연어로 변할 수 있다면 더 좋을 것이다. 이처럼 **유연성**은 변동성에 대처할 수 있는 운영능력이라고 정의할 수 있다. 세 번째 시스템 저해요소인 **경직성(inflexibility)**은 새로운 정보에 대해 빠르고 경제적으로 대처할 수 있는 능력이 없음을 의미한다.

경직성 공급 프로세스의 변화나 고객 수요의 변화에 대응하여 적응하지 못함

이와 같이 비효율성은 낭비, 변동성, 경직성과 같은 세 가지 시스템 저해요소들 때문에 생기는 결과이며 이 시스템 저해요소들과는 지속적으로 싸워야 한다. 체육관에 한 번 간다고 바로 탁월한 운동선수가 될 수는 없는 것처럼 지속적으로 낭비, 변동성 그리고 경직성의 부정적인 영향을 줄이기 위해 노력해야 한다. 그리고 동료들보다 더 나은 운동선수가 항상 있듯이 이 세 가지 저해요소들을 더 잘 다루는 기업도 존재한다. 세 가지 저해요소의 예시들이 표 1.1에 정리되어 있다.

표 1.1 수요-공급 불일치의 예

	패스트푸드점	렌터카 회사	의류 매장	응급실
낭비	남은 음식	주차장에 남아도는 차	사계절 내내 매장에 남아 있는 옷	응급하지 않은 환자에게 들인 시간
변동성	고객 수요의 변화	차량의 반납을 지연시키는 나쁜 날씨	유행에 따라 변하는 소비자의 수요	독감 시즌에 따른 환자 수의 갑작스런 증가
경직성	엄격한 직원 고용수준의 유지	렌터카 지점 간 차량 이동이 안 됨	해외로부터 물건을 조달하는 데 오래 걸림	침대 부족으로 인한 환자 수용 불능

이해도 확인하기 1.3

© Rubberball/Getty Images

질문 **최근에 식료품점의 계산대에서 줄을 섰던 기억을 회상해보자. 시스템 저해요소라고 생각되는 것들이 있는가?**

답 다음은 세 가지 시스템 저해요소들에 대한 예시들이다.

- 낭비: 일이 없어 노는 직원들, 유통기한이 지나 폐기되는 음식물들, 창고에서 물건을 가져다가 선반에 물건들을 채우기 위해 비효율적인 움직임을 반복하는 직원들
- 변동성: 연휴 직전의 긴 줄
- 경직성: 계산대의 노는 직원들을 선반에 물건 채우는 일로 전환 배치하지 못하는 것

1.4 현장에서의 운영관리

© dpa picture alliance archive/Alamy

지금 이 책을 읽고 있는 당신은 왜 운영관리를 공부하는가? 운영관리 분야의 직업은 어떠한 것들이 있는가? 그리고 그런 직업은 어디에 있는가? 이러한 질문에 답하기 전에 먼저 다소 폭넓은 표현을 해보겠다. 모든 일에는 운영(operations)이라는 기능이 필요하다. Operations라는 단어는 opus라는 라틴어에서 유래한 것이고 opus는 "일"을 의미한다. 따라서, 어휘의 정의상 운영은 일에 대한 것이다. "운영"이 일에 관한 것이라면 "운영관리"는 사람들이 일하는 방식을 개선하는 것에 관한 것이다. 훌륭한 운영의 예로서 종종 언급되고 본 교재에서도 자세히 언급될 Toyota는 "모두에게 두 가지 책임이 있다. (1) 주어진 일을 하는 것과 (2) 그 일을 개선하는 것"이라고 말하고 있다.

이 책을 읽는 독자의 장래 직업과 관련하여 운영관리의 중요성을 생각한다면 두 가지 경우로 나누어 생각해야 할 것이다. 첫째, (그리고 경험상 대부분의 경우) 당신이 운영관리와 관련된 일을 하지 않을 경우이다. 당신은 소프트웨어 개발자가 될 수도 있고 의사, 변호사, 회계사, 기술자가 될 수도 있지만 당신의 직업에 관한 설명은 운영이라는 단어를 포함하지 않을 가능성이 높다. 이 경우에 당신은 직무를 수행하기 위해 다른 종류의 학술적인 그리고 비학술적인 훈련을 받게 될 것이다(의대를 가거나, 인턴을 하거나, 프로그래밍 언어를 배우는 등). 하지만, 이것이 당신이 일하는 데 운영관리가 중요하지 않다는 의미는 아니다. 결국, 당신도 주어진 일을 하고 그 일을 향상시킬 두 가지 책임이 있을 것이기 때문이다. 이 책에서 다루는 도구들이 당신의 업무를 개선시키는 데 도움이 될 것이다.

학습목표 1-4
운영관리 업무가 어떤 것들인지 설명할 수 있다.

두 번째로, 어떤 직업은 운영관리와 직접적으로 연관되어 있다. 대체로 이러한 직업은 두 가지로 분류될 수 있다.

- 기업에는 고객을 위해 투입물을 확보하고 자원을 관리할 직원과 관리자가 필요하다. 여기에는 렌터카 차량 관리, 콜센터의 적절한 직원 고용수준 결정, 제조 프로세스에서의 품질 확보, 또는 새로운 제품과 서비스를 디자인하는 것 등이 포함된다.
- 기업은 종종 업무 방식을 개선하기 위해 외부의 도움을 받는다. 주로 컨설팅 회사들이 이러한 도움을 주는데 1인 부티크 컨설팅 회사에서부터 Deloitte나 McKinsey & Co.와 같은 글로벌 컨설팅 회사까지 운영관리에 관한 일을 하는 많은 컨설팅 회사들이 존재한다.

따라서 당신이 의사이든 경영컨설턴트이든지 간에 자신 또는 다른 사람의 일하는 방식을 개선하면서 돈을 벌게 된다. 개선은 어떻게 이루어지는가? 앞서 설명한 세 가지 시스템 저해요소들, 즉 낭비를 제거하고 변동성을 줄이고 경직성을 극복하면서 개선이 이루어진다. 개선을 통해 더 많은 이윤을 만들기 위해 지속적인 관심을 기울이게 된다. 낮은 품질, 긴 대기시간, 유휴 자원 혹은 쌓여 있는 재고는 의사로 치면 외부로 드러난 상처와 같고 무언가를 더 낫게 만들 수 있는 기회인 것이다. 바로 이것이 세계에서 가장 큰 운영관리 전문가 조직이 운영관리를 "더 나은 것을 위한 과학"이라고 정의하는 이유이다.

1.5 운영관리: 교재의 개요

학습목표 1-5
수요와 공급을 일치시키기 위해 기업이 내려야 할 핵심 의사결정 내용들을 설명할 수 있다.

아주 큰 관점에서 바라본다면 운영관리는 수요와 공급을 일치시키는 것, 즉 고객이 원하는 것을 제공하면서 이윤을 남기는 것이다. 수요와 공급을 일치시키면서 이익을 창출하는 일은 세 가지 시스템 저해요소들 때문에 복잡해진다. 우리는 공급과정에서 투입물과 자원을 낭비할 수 있고, 수요와 공급에서의 변동성은 수요와 공급을 일치시키는 것 자체를 어렵게 한다. 그리고 수요는 변화하는 반면 공급은 종종 경직되어 있어서 수요에 공급을 일치시키는 것이 어려워진다.

우리가 직면하는 운영상의 모든 문제들을 해결할 수 있는 단 하나의 마법 같은 공식은 존재하지 않으며 비즈니스의 여러 단계와 많은 분야에서 수요와 공급을 일치시키는 여러 행위들이 일어나야 한다. 어떠한 분야에서 일하는 관리자이든지 간에 세 가지의 시스템 저해요소들을 항상 직면하겠지만 낭비, 변동성, 그리고 경직성의 실제적인 모습은 업무 환경에 따라 각기 다른 형태를 띨 것이다. 따라서 운영관리를 제대로 하려면 하나의 도구만이 아닌 전체적인 도구들을 모두 다룰 수 있는 능력이 필요하다. 이 교재에서는 관리자가 직면할 수 있는 운영상의 문제를 네 가지 모듈로 나누어 다루고 있다.

- 프로세스 분석과 개선
- 프로세스 생산성과 품질
- 고객 수요의 예측
- 고객 수요에 대한 대응

각 모듈은 수요와 공급을 일치시키는 과정에서 발생하는 다양한 문제 해결에 도움을 주면서 종국에는 각 문제에 내재한 비효율성을 극복하는 데 도움이 될 것이다. 위 모듈들은 비교적 서로 독립적이다. 각 모듈 내에서 읽어야 할 내용들 역시 거의 독립적이어서 다른 모듈에 속한 내용을 반드시 읽지 않아도 크게 문제되지는 않을 것이다.

각 모듈을 차례로 살펴보자. 첫 번째 모듈은 "프로세스 분석과 개선"이다. 이 모듈에서는 다음과 같은 질문을 다룰 것이다.

- **고객에게 제공하는 상품과 서비스를 어떻게 생산해야 하는가?** 우리는 개인적으로 요리를 해보거나 친구나 가족을 위해 샌드위치를 만들어보기도 한다. 그러나 McDonald's의 한 매장에서만 하루 1,000개가 넘는 샌드위치를 제공하며 McDonald's매장들 전체로 보면 매초마다 수십 개의 샌드위치가 만들어지고 있다. 적은 수량의 제품을 만드는 장인정신으로 시작하여 프로세스에 기반한 운영으로 변화해가는 과정을 이해하는 것이 이 모듈의 핵심이다.
- **프로세스를 어떻게 개선할 수 있는가?** 프로세스를 구축하는 것과 좋은 프로세스를 구축하는 것은 다른 일이다. 고객은 높은 가격을 좋아하지 않고 일부 경쟁자들은 저가로 가격경쟁을 펼치려 할 것이기 때문에 우리의 프로세스를 개선할 필요가 있다.

이 책의 두 번째 모듈은 "프로세스 생산성과 품질"이다. Lean 방식의 운영이 이 모듈의 핵심 주제이다. 앞으로 우리가 자세히 살펴보겠지만 lean 방식의 운영은 앞서 소개한 세 가지 시스템 저해요소들에 대한 대응책이다. 본 교재에서는 한 장을 lean 방식의 운영을 이해하는 데 할애하고 있지만 "lean"의 개념은 이 모듈뿐만이 아니라 사실상 본 교재 전반에 걸친 핵심 개념이다. 특히, 두 번째 모듈은 다음과 같은 질문을 다루고 있다.

- **프로세스의 생산성을 어떻게 개선하는가?** 어떤 기업은 저렴한 비용으로 고객들에게 동일한 효용을 제공할 수 있는 반면 비효율성 때문에 그렇게 하지 못하는 기업도 존재한다. 이러한 기업들 간의 성과 차이는 자원을 생산적으로 사용할 수 있는 능력의 차이 때문에 발생한다.
- **생산성을 과도하게 희생하지 않으면서 고객들의 이질적인 선호에 대응하는 방법이 있는가?** 일반적으로는 대량생산을 하려면 변화를 주지 않는 것이 낫다. McDonald's는 고객에게 햄버거를 어느 정도로 익힐 것인지 물어보지 않는다. 왜일까? 10가지 종류보다 한 가지 종류의 빅맥을 만드는 것이 훨씬 쉽고 빠르기 때문이다. 그러나 고객 효용함수(그림 1.1)를 구성하는 고객 적합성을 향상시키려고 다양한 선택사항들을 제공하다 보면 변동성이 증가하게 된다.
- **어떻게 일관된 제품과 서비스를 제공할 것인가?** Volkswagen, GM 그리고 Toyota와 같은 자동차 회사들은 매년 수백만 대의 자동차를 생산하고 패스트푸드점은 매일 수백만 명의 고객을 상대한다. 고객들에게 높은 품질의 제품을 제공하기 위해서 가능한 한 일관되게 업무를 수행하는 것이 중요하다.

McDonald's는 고객이 주문을 하기도 전에 음식을 준비하고 일부 구매 의사결정도 해야 한다. McDonald's의 각 매장은 정확히 몇 개의 햄버거가 팔릴지 모르는 상태에서 재료를 구매하고 음식을 준비해야 한다. 음식을 너무 많이 준비하면 남은 음식을 버려야 하는 위험에 처하게 되는 반면 음식을 너무 적게 준비하면 다른 식당으로 가버리는 고객들이 발생한다. 이 의사결정에서의 핵심은 재고관리이다. 세 번째 모듈인 "고객 수요의 예측"에서는 재고관리를 다루면서 다음과 같은 질문을 짚어볼 것이다.

- **제품을 얼마나 생산하고 몇 명의 고객을 받아야 할까?** 고객이 주문을 내지 않은 상태에서 생산하는 것은 위험하다. 팔리지 않을 햄버거를 준비하게 될 수도 있기 때문이다. 반대로, 음식을 충분하게 준비하지 않는다면 매출의 기회를 잃고 고객 불만족으로 이어질 수 있다.
- **공급체인과 물류시스템을 어떻게 디자인할 것인가?** 오늘날의 운영시스템은 창고, 공급자, 그리고 공급자가 거느린 하위 공급자를 포함한 하나의 커다란 네트워크 전체가 연관될 정도로 복잡하다.
- **수요를 어떻게 예측할 수 있을까?** 변동성이 존재하는 세상에서 수요를 사전에 완벽하게 알 수는 없지만 예측을 시도해 보는 것이 수요예측에 관한 핵심이다.

재고관리는 세 번째 모듈의 핵심이다. 일반적으로 우리는 수요를 예측하고 재고를 생산한 뒤 그것을 판매한다. 그러나 대부분의 서비스 분야에서는 이렇게 실제 수요가 발생하기 전에 생산하는 접근법은 사용될 수 없다. 환자의 다리가 골절되기 전에 환자의 다리를 수술할 수는 없지 않은가? 따라서 네 번째이자 마지막 모듈은 고객의 수요에 대응하는 것을 다루고 있다. 여기에서는 다음과 같은 질문들을 다룬다.

- **단 한 명의 고객의 수요에 빠르게 반응하는 방법은 무엇인가?** 미국의 대통령(혹은 영국의 여왕)이 Subway 매장에 걸어 들어오는 것을 상상해보자(좀 이상한 예시이긴 하지만). 그 고객이 요구하는 샌드위치를 제공하기 위해 직원들은 최대한 빠르게 가능한 모든 것을 할 것이다. 얼마나 걸릴까? 고객이 단 한 명일지라도 공급 프로세스가 즉각적으로 일어나지는 않는다. 고객이 대통령이나 여왕이라도 빵을 자르고 토스트기에 넣고 재료들을 얹어야 한다. 프로젝트 관리는 단 하나의 고유한 일을 진행하기 위해 업무를 계획하는 것이다.
- **많은 고객들의 수요에 어떻게 빠르게 반응할 수 있을까?** Subway는 주문을 받고 샌드위치를 만들어 고객에게 전달하기까지 2.5분이 걸린다. 그러나 일반적인 고객은 대통령이나 여왕이 아닌 이상 매장에서 좀 더 오랜 시간을 기다려야 한다. 앞서 도착한 다른 고객들이 있을 수 있으므로 당신 차례가 될 때까지 기다려야 하기 때문이다. 이 모듈에서는 고객들의 대기시간(그리고 고객들이 그 기다림에 어떻게 반응하는지)에 대한 이론적인 모델을 다룰 것이다.
- **어떤 제품과 서비스가 고객들의 필요를 가장 잘 충족시킬까?** McDonald's의 햄버거 조리법이든, BMW 스포츠카의 제품사양이든, 콜센터나 병원의 서비스 업무 표준이든지

간에, 기업은 고객의 필요에 어떻게 대처할 것인지 결정해야 한다.

수요와 공급을 일치시키는 것은 모든 장들에 걸친 공통된 주제이다. 그리고 이는 낭비, 변동성 그리고 경직성이라는 세 가지 시스템 저해요소들을 극복해야만 가능한 일이다. 교재의 전반에 걸쳐 병원에서 스쿠터 공장, 은행에서 자동차 회사, 그리고 패스트푸드점에서 의류에 이르기까지 다양한 산업에서 발췌된 예시들을 이용하려 한다. 이 모든 예시들은 실제 상황을 바탕으로 하고 있다.

본 교재에서 모든 산업과 기업의 예시들을 다 다룰 수는 없지만 이 교재에서 다루는 운영상의 질문, 기법, 그리고 전략은 광범위하게 적용될 수 있다. 이 책을 읽는 의사와 간호사는 불쾌해할 수 있지만 병원 응급실의 관리는 패스트푸드점의 관리와 공통점이 많다. 앞의 내용을 상기해보자. "일을 하기" 위한 도구와 훈련내용은 요리사와 의사 간에 차이가 있겠지만 운영을 개선하기 위해 필요한 도구들은 놀라울 정도로 비슷하다. 배고픈 학생들이 먹고 싶은 음식을 적당한 가격에 가까운 곳에서 구하기를 바라는 것처럼, 환자들도 필요한 치료를 과도하지 않은 치료비로 빠르게 받기를 원한다.

표 1.2는 기업이 운영과정에서 내려야 할 의사결정들을 요약하고 앞서 언급한 고객 효용함수의 구성요소들에 따라 분류한 것이다. 첫 두 줄은 소비효용에 해당하고, 다음 두 줄은 가격(그리고 비용), 그리고 마지막 두 줄은 편의성에 해당한다. 표에는 식당 체인, 렌터카 대리점, 의류 소매점 그리고 응급실에서 내려야 할 의사결정들이 정리되어 있다.

표 1.2 운영관리에서의 핵심 질문들

	패스트푸드점	렌터카 회사	의류 매장	응급실
What: 제품 혹은 서비스가 무엇인가?	조리법과 요리방식 정의	제공할 차량들의 선택	소비자들이 흥미 있을 다양한 의류 선택	특정 치료를 위한 관리절차를 구성
Who: 고객은 누구이며 어떠한 다양한 요구사항을 갖고 있는가?	고객들이 선택할 수 있는 메뉴를 만들고 개별화된 주문의 가능성 제공	제공할 차량 유형의 선택	사이즈와 색상을 결정	각 환자가 필요로 하는 치료를 파악하고 적절한 치료 제공
How much: 가격을 얼마로 할 것인가?	다양한 메뉴들의 가격 책정	가격 책정, 사전예약에 따른 가격할인 가능성 고려	가격 책정, 시즌이 끝날 무렵의 가격할인가능성 고려	의료수가 파악
How efficiently: 제품이나 서비스가 얼마나 효율적으로 전달되는가?	장비를 얼마나 구매할지, 직원채용 수준, 주방과 계산대의 배치 결정	적정량의 차량이 항상 가용하도록 관리	각 의류별로 적정 물량 확보	의사와 간호사의 고용수준 결정, 응급실에서의 환자 흐름 절차 결정
Where: 수요를 어디에서 충족시킬 것인가?	식당의 위치, 테이크아웃 혹은 배달 서비스의 가능성 고려	영업점의 위치 결정, 고객 픽업 서비스 제공 가능성 고려	매장 위치 선정	병원의 위치, 외래 환자에 대한 서비스 제공 가능성 고려
When: 수요를 언제 충족시킬 것인가?	고객이 주문하기 전에 음식을 준비할 것인지 결정, 빠른 서비스가 이루어지도록 관리	빠른 서비스가 가능하도록 적절한 수의 직원배치 수준 결정	계산대에 긴 대기 줄이 발생하지 않도록 관리	위급 환자를 위한 짧은 대기시간 관리, 응급수준에 따른 환자 분류 프로세스 결정

이해도 확인하기 1.4

© Dougal Waters/Getty Images

질문 **당신은 친구들과 더불어 SAT와 ACT를 준비하는 고등학생들에게 과외 서비스를 제공하는 새로운 벤처 사업을 시작하려고 한다. 이를 위해 어떠한 운영상의 의사결정을 해야 하는가?**

답
- What: 제품이나 서비스는 무엇인가? 우리가 SAT와 ACT를 제공하는 것인가? 과목별 SAT 시험을 준비하는 학생들을 도와주는 것인가?
- Who: 고객은 누구이며 그들 각각의 요구는 어떻게 다른가? 우리는 모든 학생들을 상대할 것인가 아니면 고득점을 목표로 하는 학생들만 상대할 것인가? 공부를 어려워하는 고객들에게는 어떻게 대처할 것인가?
- How much: 가격은 얼마로 할 것인가? 준비하는 데 드는 시간과 노력에 대한 가격은 얼마로 할 것인가?
- How efficiently: 제품이나 서비스는 얼마나 효율적으로 전달할 것인가? 몇 명의 과외 교사들을 고용할 것인가? 우리만의 건물을 사용할 것인가? 수업 규모는 어떻게 되는가? 자동화된 온라인 과제시스템을 준비할 것인가?
- Where: 어디에서 수요를 충족시킬 것인가? 학생들이 우리에게 오게 할 것인가 아니면 우리가 학생들을 방문할 것인가?
- When: 언제 수요를 충족시킬 것인가? 고정된 스케줄에 따라 운영할 것인가 아니면 고객들이 서비스를 필요로 할 때마다 서비스를 제공할 것인가?

결론

운영관리의 목적은 투입물과 자원을 잘 활용하여 고객들이 원하는 것을 제공하면서 이윤을 낼 수 있을 만큼 비용을 낮게 관리하는 것이다. 이윤을 만들어 내면서 수요와 공급을 일치시킨다는 것은 세 가지의 시스템 저해요소 때문에 쉽지 않은 일이다. 이 책의 다른 장들을 읽으면서도 이 기본적인 틀을 명심하기 바란다. 항상 스스로에게 고객들이 정말 무엇을 원하는지, 이윤이 날 정도로 비용을 낮추면서 수요와 공급을 일치시키는 일이 어려운 이유가 무엇인지 질문하길 바란다.

학습목표의 요약

학습목표 1-1 고객 효용을 결정하는 요인들을 파악할 수 있다.

고객 효용은 소비효용, 가격 그리고 불편함의 정도에 따라 달라진다. 소비에 따른 효용의 정도는 제품과 서비스의 절대적인 성능과 고객에 대한 적합성에 따라 달라진다. 가격은 제품이나 서비스와 관련된 모든 비용을 포함한다. 거래비용이라고도 불리는 불편함의 정도는 시간과 입지에 따라 달라진다.

학습목표 1-2 비효율성을 설명하고 기업이 효율적 경계선 상에 있는지 파악할 수 있다.

효율적 경계선은 파레토 열위에 있지 않은 모든 기업들의 위치로 결정된다. 파레토 열위에 있는 기업은 경쟁자에 비해 제품이나 서비스에 대한 고객 효용 구성요소의 모든 면에서 열등하다는 것을 의미한다.

학습목표 1-3 세 가지 시스템 저해요소를 설명할 수 있다.

기업의 현재 위치와 효율적 경계선과의 격차가 그 기업이 지닌 비효율성의 정도를 나타낸다. 이러한 비효율성은 세 가지 시스템 저해요소인 낭비, 변동성 그리고 경직성들이 합쳐진 결과이다.

학습목표 1-4 운영관리 업무가 어떤 것들인지 설명할 수 있다.

운영(operations)이라는 단어의 어원은 "일"이라는 뜻을 가지는 라틴어 opus이다. 운영관리는 사람들이 일하는 것을 돕는 것이기도 하지만 그들이 직면하는 비효율성을 극복하고 일하는 방식을 개선하도록 돕는 것이기도 하다.

학습목표 1-5 수요와 공급을 일치시키기 위해 기업이 내려야 할 핵심 의사결정 내용들을 설명할 수 있다.

기업은 운영상의 많은 의사결정들을 내려야 한다. 이러한 의사결정에는 다음과 같은 것들이 포함된다: (a) 제품 혹은 서비스가 무엇인가? (b) 고객은 누구인가? (c) 가격은 얼마로 할 것인가? (d) 얼마나 효율적으로 제품이나 서비스를 전달할 것인가? (e) 어디에서 수요를 충족시킬 것인가? (f) 언제 수요를 충족시킬 것인가?

핵심 용어

1.1 세상을 보는 고객의 관점

공급 기업이 고객에게 제공하는 제품이나 서비스

수요 고객이 원하는 제품이나 서비스

효용 제품이나 서비스에 대한 고객 선호도를 측정한 것으로 소비자들은 효용을 최대화할 수 있는 제품이나 서비스를 구매한다.

소비효용 소비자가 제품이나 서비스를 얼마나 좋아하는지를 측정하는 것으로써, 제품이나 서비스의 가격이나 구매하는 과정의 불편함은 배제한 개념이다.

성능 일반적인 소비자가 제품이나 서비스를 얼마나 바람직하다고 생각하는지를 측정한 소비효용의 하위 구성요소

적합성 제품이나 서비스가 특정 소비자의 고유한 성향들과 얼마나 잘 일치되는지를 측정하는 소비효용의 하위 구성요소

이질적인 선호 모든 소비자들이 각기 다른 효용함수를 갖는다는 것을 의미

가격 제품을 소유하거나 서비스를 제공받는 데 따르는 총 비용

불편함 제품이나 서비스를 얻는 데 따르는 노력 때문에 발생하는 효용의 감소 정도

거래비용 제품이나 서비스를 얻는 데 따르는 불편함을 지칭하는 다른 용어

입지 소비자가 제품이나 서비스를 얻을 수 있는 장소

구매소요시간 소비자가 제품이나 서비스를 주문하고 받는 데까지 소요되는 시간

수요 특정한 제품이나 서비스가 최선의 선택인 고객들을 의미하기도 함(효용을 극대화하는 선택이라고도 불림)

마케팅 소비자가 제품이나 서비스로부터 어떻게 효용을 얻는지에 관해 이해하고 이에 관해 영향을 미치는 것에 대한 학문 영역

1.2 기업의 전략적 상쇄관계

역량 기업이 고객 효용함수를 구성하는 차원을 수행할 수 있는 능력

상쇄관계 한 역량을 향상시키려면 다른 역량이 희생되는 관계

소비자 세분시장 유사한 효용함수를 갖는 소비자들의 군집

파레토 열위 어느 기업의 제품이나 서비스가 하나 혹은 다수의 경쟁자들에 비해 소비자 효용함수의 모든 구성 차원에서 열등하다는 것을 의미한다.

효율적 경계선 파레토 열위에 있지 않은 기업들의 군집

비효율성 기업의 현 위치와 효율적 경계선 간의 격차

1.3 비효율성의 극복: 세 가지 시스템 저해요소

낭비 고객에게 가치를 더해주지 않는 투입물과 자원의 소비

변동성 수요 혹은 공급 프로세스에서의 예측 가능하거나 예측 불가능한 변화

경직성 공급 프로세스의 변화나 고객 수요의 변화에 대응하여 적응하지 못함

개념 문제

학습목표 1-1

1. 다음은 광고에 쓰이는 다양한 슬로건들이다. 각 슬로건은 소비자 효용을 구성하는 어떠한 요소를 강조하고 있는가?

a. 우리는 당신의 눈에 맞추어 당신만의 렌즈를 설계합니다.

b. 당신의 햄버거를 1분 안에 드리겠습니다. 그렇지 않으면, 공짜로 드립니다.

c. 우리의 가격은 누구보다도 저렴합니다.

d. 당신이 어디에 있든지 간에 우리의 대리점은 항상 당신 곁에 있습니다.

e. 세상에서 가장 빠른 인터넷

2. 다음 중 소비자 효용함수를 구성하는 차원 혹은 하위 차원이 <u>아닌</u> 것은?

a. 편리함

b. 가격

c. 입지

d. 소비자 만족

e. 성능

학습목표 1-2

3. 효율적 경계선은 업계에서 가장 저렴한 기업들에 의해 구성된다. 맞는가 틀리는가?

4. 효율적 경계선 상에는 세 개 이상의 기업들은 존재할 수 없다. 맞는가 틀리는가?

5. 다른 모든 조건들은 동일한데, 비용과 매장의 분위기를 가지고 경쟁하는 두 소매업자가 있다고 하자. 소매업자 A는 소매업자 B보다 저렴하다. 소매업자 A는 매장 분위기도 더 좋다. 소매업자 A는 효율적 경계선 상에 있는가? 예/아니오

학습목표 1-3

6. 다음 중 세 가지 시스템 저해요소가 아닌 것은?
   a. 낭비
   b. 변동성
   c. 피로
   d. 경직성

7. 다음 중 시스템 저해요소의 예는 무엇인가?
   a. 소비자가 새로 구매하는 트럭에 비 가림막을 추가로 설치한다.
   b. 응급실의 의사는 현재 환자가 없다.
   c. 재무상담사가 고객에게 은퇴 상품을 설명하고 있다.
   d. 다음 고객을 위해 휴양지 펜션을 청소한다.

학습목표 1-4

8. 다음 중 운영관리와 관련된 질문이 아닌 것은?
   a. 언제 수요를 충족시킬 것인가?
   b. CEO는 얼마의 급여를 받을 것인가?
   c. 고객이 누구인가?
   d. 제품이나 서비스가 얼마나 효율적으로 전달되는가?
   e. 어디에서 수요를 충족시킬 것인가?
   f. 제품이나 서비스는 무엇인가?

9. 다음 중 유기농을 이용한 양 사육장의 운영관리와 가장 관련이 깊은 것은 무엇인가?
   a. 이 사육장 브랜드 로고의 색상
   b. 사육장의 크기
   c. 은행 대출금
   d. 소유자의 지배구조

예시 문제와 해답

학습목표 1-1

1. 다음은 고객들의 불평들을 모은 목록이다. 각 불평은 소비자 효용을 구성하는 어떤 요소와 관련

되는가?

a. 점원과 이야기하기 위해 27분을 기다려야 했다.

b. 이 차는 연비 효율성이 매우 좋지 않다.

c. 놀이공원에서 화장실을 이용하기 위해 거의 1마일을 걸어가야 했다.

d. 이 맞춤양복은 어깨가 너무 넓다.

답 각 불평과 연관되는 소비자 효용의 구성요소

a. 시간

b. 성능

c. 입지

d. 적합성

학습목표 1-2

2. 대도시에 4개의 택시회사들이 있다. 가격은 모두 동일한데 각 회사는 (a) 고객의 호출에 대한 반응시간과 (b) 택시의 깨끗함과 기사의 친절함으로 경쟁한다. 다음 표는 과거 성과 자료이다.

택시 회사	반응시간	친절함 (1: 매우 낮음 … 5: 매우 높음)
1	6분	3
2	9분	5
3	3분	2
4	11분	2

이 택시회사들 중 효율적 경계선 상에 있지 않은 회사는 어느 회사인가?

답 회사 4가 회사 1과 2에 비해 파레토 열위에 있다. 그 외 다른 회사들은 파레토 열위에 있지 않다.

3. 음식의 가격과 품질로 경쟁하는 다섯 식당들이 있다(음식의 품질은 각 식당이 고객후기에서 받은 별*의 개수로 측정되는데 별 5개가 최고점수이다).

식당	품질	가격
1	***	$30
2	**	$25
3	*****	$50
4	***	$20
5	*	$5

이 중 효율적 경계선 상에 있는 식당은 어느 곳인가?

답 식당 3, 4, 5는 효율적 경계선 상에 있다. 식당 4는 식당 1과 2에 비해 파레토 우위에 있다.

4. Lunch@Work는 사무실 근로자를 위해 점심을 사무실까지 배달해주는 학생 벤처기업이다. 이 벤처기업이 내려야 할 운영상의 의사결정들은 무엇이 있는가?

답 다음과 같은 질문들이 있다:

- 서비스는 무엇인가? 어떤 음식을 제공할 것인지 결정해야 한다.

- 고객은 누구인가? 식단 조절이 필요한 고객이 있는지 파악하고 이 경우 어떻게 대처할 것인지 결정해야 한다.
- 가격은 얼마로 할 것인가? 가격을 결정해야 한다.
- 얼마나 효율적으로 서비스가 이루어지는가? 몇 명이 음식을 만들고, 주방을 어떻게 운영하고, 음식을 어떻게 사무실로 배달할 것인지 결정해야 한다.
- 수요를 어디에서 충족시킬 것인가? 어디로 배달할지 결정해야 한다(우편번호, 건물 명).
- 수요를 언제 충족시킬 것인가? 기다리는 시간이 너무 길지 않도록 해야 한다.

학습목표 1-3

5. 친구들과의 피자파티를 준비하는데 10~20명 정도의 친구들이 올 것을 예상하고 15인분의 음식을 주문하기로 했다. 수요와 공급 간의 어떤 불일치를 예상할 수 있는가? 이러한 불일치와 관련되는 비용은 무엇인가?

답 몇 명의 손님들이 오고 그들이 얼마나 먹고 싶어 할지에 따라 다음의 두 가지 중 한 가지 사례가 발생할 수 있다.

- 과도한 수요: 예상보다 많은 친구들이 오는 경우이다. 이 경우, 일부 친구들은 먹을 게 없어 당신에게 화를 낼 수도 있다. 또는 당신이 음식을 더 주문해야 할 수도 있는데 이 경우 시간이 길어지고 음식의 질이 떨어질 수 있다.
- 과도한 공급: 친구들이 먹고 싶어하는 것보다 더 많이 주문하는 경우이다. 이 경우, 당신이 돈을 썼지만 필요 없이 남는 음식들이 생기게 된다.

6. 응급차량들을 관리하는 관리자에게 수요-공급 불일치는 무엇을 의미하는가? 어떠한 경제적 그리고 사회적 비용을 예상할 수 있는가?

답 특정 시점에 응급차량이 너무 많거나(관련된 자원의 비용이 발생) 너무 적을 수 있다(환자들이 응급차량을 기다리느라 더 높은 위험에 처하게 되는 비극적인 비용이 발생).

응용 문제

학습목표 1-1

1. 소비자 효용함수에서 불편함을 구성하는 하위 요소는 무엇인가?

a. 입지와 가격
b. 가격과 수량
c. 입지와 시간
d. 시간과 성능

2. 주문 제작되는 창문은 특정 건물의 특별한 필요에 의해서 설계되고 생산된다. "주문 제작"의 개념에서 특히 강조되는 소비자 효용함수의 구성요소는 무엇인가?

a. 성능

b. 적합성

c. 가격

d. 입지

3. 다음 중 소비자 효용함수에서 소비효용의 하위 구성요소는 무엇인가?

a. 성능

b. 입지

c. 시간

d. 가격

4. Chicago의 O'Hare 국제공항 내에 앉아서 먹을 수 있는 체인 식당이 개업하였다. 앉아서 식사하는 공간 옆에 여행자들이 샌드위치와 샐러드 그리고 음료와 간식을 포장 주문해 갈 수 있는 공간도 만들어졌다. 이 "포장" 구간에서는 소비자 효용함수의 어떤 구성요소가 강조되었는가?

a. 성능

b. 적합성

c. 가격

d. 시간

5. 자동차 제조업체가 인기 높은 투 도어 스포츠 자동차의 "특별 한정판"을 만들었다. 이 특별 한정판은 표준 모델에 비하여 마력과 주행 중 쿠션 기능이 강화되었다. 이 특별 한정판 자동차에서는 소비자 효용함수의 어떤 면이 강조되었는가?

a. 성능

b. 적합성

c. 가격

d. 시간

6. 가격(일일 숙박비)과 편의시설(고객평가에서 받은 별*의 개수로 측정된)로 경쟁하는 네 개의 호텔들이 있다.

호텔 A: 가격 = 일박에 $200; 평가: ***

호텔 B: 가격 = 일박에 $150; 평가: ****

호텔 C: 가격 = 일박에 $300; 평가: *****

호텔 D: 가격 = 일박에 $80; 평가: **

이 호텔들 중 효율적 경계선 상에 있는 것은 어느 곳인가? 복수 응답 가능

학습목표 1-2

7. Kentucky 주의 Lexington 시에서 Illinois 주의 Springfield 시 사이를 이동하는 네 개의 운송회사들이 있다. 네 회사 모두 화물을 이틀 만에 배송할 수 있다고 한다. 네 회사들은 다음의 표에서처럼 가격과 서비스로 서로 경쟁한다. 표에 제시된 가격은 Lexington에서 Springfield로 600파운드의 화물을 보낼 때의 가격이다. 각 회사의 서비스 품질은 회사의 화물 분실과 망실에 관한 기록들을 반영하여 0부터(낮은 품질) 100까지(높은 품질)의 점수로 평가되었다.

운송회사	가격	서비스 품질평가
A	$103.90	95
B	$98.50	91
C	$127.20	98
D	$111.40	94

운송회사들 중 효율적 경계선 상에 있는 회사는 어디인가?

8. Ohio 주의 Dayton 시에 가격과 서비스 속도 측면에서 경쟁하는 네 개의 동네 세탁소들이 있다. 각 세탁소의 서비스 품질은 대동소이하다. 다음 표는 각 세탁소가 투피스 정장 한 벌을 세탁하는 데 부과하는 가격과 서비스에 걸리는 시간을 보여준다.

세탁소	가격	소요시간(일)
A	$8.00	3
B	$9.50	3
C	$9.00	2
D	$7.50	4

효율적 경계선 상에 있지 않은 세탁소는 어느 곳인가?

학습목표 1-3

9. 다음 중 청량음료 제조업체의 운영에서 투입물로 고려될 항목은 어느 것인가?
   a. 브랜드 이미지
   b. 음료주입 기계
   c. 빈 병
   d. 근로자

10. 다음 중 청량음료 제조업체의 운영에서 자원으로 고려될 항목은 어느 것인가?
   a. 물
   b. 음료주입 기계
   c. 빈 병
   d. 설탕 그리고/혹은 농축액

11. 다음 중 병원 운영에서 투입물로 고려될 만한 항목은 어느 것인가?
   a. 진찰대
   b. 간호사
   c. 주삿바늘
   d. 청진기

12. 다음 중 영화관 운영에서 자원으로 고려될 만한 항목은 어느 것인가?
   a. 팝콘
   b. 영사기 프로젝터
   c. 프린터 잉크
   d. 탄산 음료

13. 식료품점을 운영하는 과정에서 발생하는 다음의 비효율성들 중 경직성으로 인해 초래되는 것은 어떤 것인가?

a. 팔고 남은 과일과 채소
b. 창고로부터의 배송 지연
c. 갑자기 밀려 오는 손님
d. 일주일 전에 정해진 직원들의 근무 스케줄

14. 은행을 운영하는 과정에서 발생하는 다음의 비효율성들 중 변동성으로 인해 초래된 것은 어떤 것인가?

a. 직원들이 같은 정보를 두 번 입력하는 것
b. 고객들에게 신용거래에 대한 각 조항을 읽어주는 직원들
c. 고객들이 서류에 정보를 부정확하게 기입하는 것
d. 일주일 전에 정해진 직원들의 근무 스케줄

학습목표 1-5

15. 다음 운영상의 의사결정들 중 소비자 효용함수에서 편의성 요소와 관련되는 것은 어떤 것인가? (복수 응답 가능)

a. 언제 수요를 충족시킬 것인가?
b. 얼마나 효율적으로 제품이나 서비스를 전달할 것인가?
c. 전달되어야 하는 제품이나 서비스는 무엇인가?
d. 어디서 수요를 충족시킬 것인가?

16. 다음 운영상의 의사결정들 중 소비자 효용함수에서 가격 요소와 관련되는 것은 어떤 것인가? (복수 응답 가능)

a. 언제 수요를 충족시킬 것인가?
b. 고객들이 지불해야 하는 배송비는 얼마인가?
c. 전달되어야 하는 제품이나 서비스는 무엇인가?
d. 어디서 수요를 충족시킬 것인가?

17. 다음 운영상의 의사결정 중 소비자 효용함수에서 소비효용 요소와 관련되는 것은 어떤 것인가? (복수 응답 가능)

a. 언제 수요를 충족시킬 것인가?
b. 얼마나 효율적으로 제품이나 서비스를 전달할 것인가?
c. 전달되어야 하는 제품이나 서비스는 무엇인가?
d. 어디에서 수요를 충족시킬 것인가?

프로세스의 소개

학습목표

2-1 프로세스 분석을 위한 적절한 흐름단위를 선정할 줄 안다.

2-2 세 가지 핵심 프로세스 성과지표(흐름률, 흐름시간, 재고)를 구분하고 입장 및 퇴장에 관한 자료를 이용하여 평균 흐름률과 평균 흐름시간을 계산할 줄 안다.

2-3 리틀의 법칙을 사용하여 세 가지 핵심 프로세스 성과측정지표를 평가할 줄 안다.

이 장의 개요

© Corbis Super/Alamy

소개

우리는 한 프로세스에서 다른 프로세스로 옮겨가며 살아간다. 운전면허를 따는 프로세스, 학위를 받는 프로세스, 의사와 상담하기 위해 거치는 프로세스 등과 같이 말이다. 우리는 프로세스를 바라볼 때 일반적으로 소비자의 관점을 취한다. 다시 말해, 제품과 서비스를 받는 입장에서 프로세스를 바라보고 생각한다. 하지만 다른 관점도 있다. 프로세스의 일부로서 또는 프로세스를 받아들이는 관점이 아니라 프로세스를 관찰하고 관리하는 관점이다. 이 관점이 이 장과 책 전반에 걸쳐 우리가 취하고자 하는 관점이다.

프로세스 관리자가 생각해보아야 하는 두 가지 주요 질문이 있다. (i) 프로세스가 제대로 수행되고 있는가 그리고 (ii) 어떻게 하면 프로세스가 더 개선될 수 있는가이다. 어찌 보면, 프로세스 관리자는 운동 팀의 코치와 상당히 비슷하다. 일단 코치는 선수들의 성과를 어떻게 평가할 것인지 결정해야 한다. 예를 들어, 농구팀의 코치라면 먼저 슛의 횟수, 어시스트의 횟수, 게임당 득점을 기록하려 할 것이다. 그리고 난 뒤 어떻게 하면 각 선수의 능력을 더 잘 발휘하게 할 수 있을지 특히 팀을 어떻게 더 잘하게 할 수 있을지 알아내야 할 것이다. 첫 번째 단계(프로세스의 측정)는 두 번째 단계(프로세스의 개선)를 위해 아주 중요하다. 만약 프로세스를 어떻게 측정해야 하는지 모른다면 어떻게 개선시켜야 하는지 알아내기 어렵다. 심지어는 개선했는지조차 모를 수도 있다.

이번 장에서 우리는 첫 번째 질문에 집중할 것이다. 프로세스가 제대로 운영되고 있는지를 판단하기 위해 관리자는 무엇을 측정해야 할까? 두 번째 질문인 "어떻게 하면 프로세스를 더 개선할 수 있을까?"는 이어지는 장들에서 광범위하게 논의될 것이다. 이 장에서는 의료서비스의 예시를 통해 세 가지 프로세스 핵심 측정지표들이 있다는 것을 보여줄 것이다. 이 측정지표들을 파악한 뒤 리틀의 법칙(Little's Law)을 통해 이 지표들이 어떻게 연결되어 있는지를 살펴볼 것이다. 그리고 마지막으로 이 측정법들이 조직에 왜 중요한지를 설명할 것이다.

2.1 프로세스의 정의, 범위, 그리고 흐름단위

프로세스란 일정한 투입물들을 가지고 특정 일이나 활동을 수행하여 일정한 산출물을 만들어 내는 일련의 활동을 의미한다. 예를 들어, Philadelphia에 있는 Presbyterian Hospital의 영상의학과에서는 환자(투입물)를 받아 실시간 X-ray, 초음파, X선 단층 사진촬영 그리고 자기공명영상과 같은 최첨단의 영상장비를 통해 필요한 정보를 파악한 뒤 환자들을 더 건강한 상태로 집으로 보낸다(산출물). 이는 매우 복잡한 프로세스라고 느껴질 수 있다. 이 프로세스에는 환자뿐만 아니라, 접수 담당직원, 간호사, 의사 그리고 실험실 기사와 같이 많은 사람들이 연관되어 있으며 수많은 복잡한 장비들과 대기실, 촬영실을 포함한 다수의 방들도 연관되어 있다. 영상의학과의 프로세스가 복잡하기는 하지만 한 걸음 뒤로 물러나 생각해보면 그 복잡성은 그림 2.1과 같이 요약될 수 있다.

프로세스 일정한 투입물에 대해 특정 일이나 활동들을 수행한 뒤 일정한 산출물을 만들어 내는 일련의 활동들

프로세스 흐름도 프로세스를 시각적으로 표현한 것. 사각형은 자원, 화살표는 흐름, 그리고 삼각형은 재고의 위치를 나타내기 위해 사용한다.

그림 2.1은 프로세스를 그림으로 표현하고 있기 때문에 **프로세스 흐름도**(process flow diagram)라고 불린다. 여기에는 여러 구성요소들이 있다. 프로세스에서 투입물은 프로세

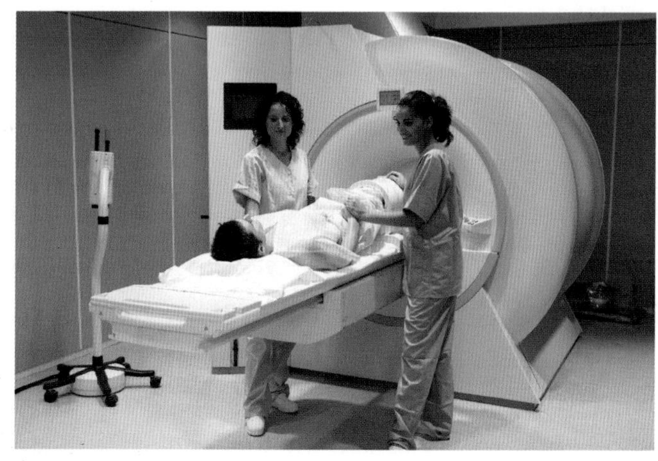

© Pixtal/AGE Fotostock

환자들 → 영상의학과 → 진료된 환자들

그림 2.1
Presbyterian Hospital의 영상의학과를 묘사한 간단한 프로세스 흐름도

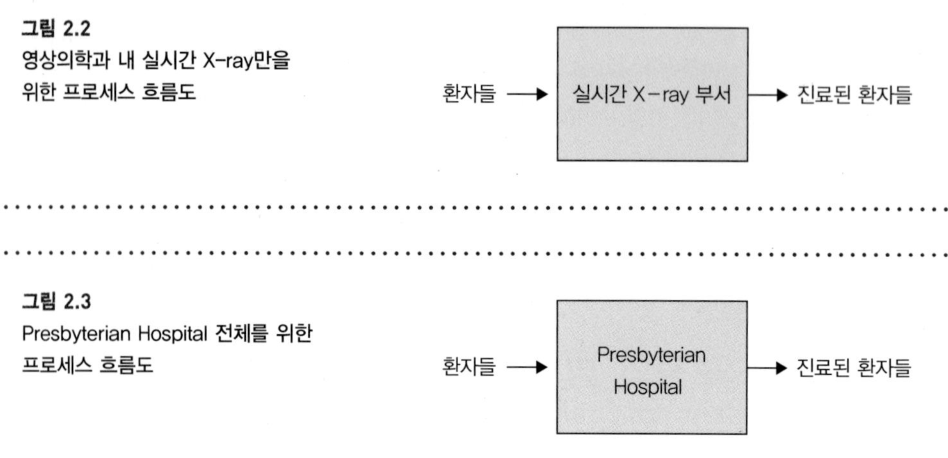

그림 2.2
영상의학과 내 실시간 X-ray만을 위한 프로세스 흐름도

그림 2.3
Presbyterian Hospital 전체를 위한 프로세스 흐름도

자원 투입물을 산출물로 변환시키는 인력이나 장비

프로세스의 범위 프로세스에 포함된 일련의 활동들과 하위 프로세스들

흐름단위 프로세스 분석 시 사용하는 분석의 단위. 예를 들어, 병원의 환자들, 킥 스쿠터 공장의 스쿠터들, 그리고 콜센터의 문의전화

스로 향하는 화살표로 그리고 산출물은 프로세스에서 나오는 화살표로 표시되어 있다. 프로세스 흐름도 내에 있는 상자는 **자원(resources)**을 의미한다. 자원이란 투입물을 산출물로 변환시키는 사람이나 장비의 무리를 뜻한다. 그림 2.1에는 단 하나의 자원, 즉 영상의학과가 있는데 나중에 보면 알겠지만 프로세스 흐름도에는 여러 개의 자원이 있을 수 있으며 특정 자원의 산출물이 다른 자원의 투입물이 되기도 한다. 그래서 단순하게 묘사하면 영상의학과는 환자를 투입물로 받아들여 환자에게 일련의 작업을 하고 난 뒤 치료받은 환자를 산출물로 내보낸다. 이는 영상의학과라는 프로세스에서 벌어지는 일련의 활동들을 묘사한 것으로 **프로세스의 범위(process scope)**라고 부른다.

프로세스의 범위를 영상의학과 전체를 포함하는 것으로 정의했을 때 이 정의는 분석자가 영상의학과 전체에 대해 책임이 있고 전체적으로 과가 어떻게 굴러가고 있는지 계속해서 파악해야 한다면 적절한 정의이다. 하지만 관점에 따라 프로세스의 범위를 다르게 정의하는 것도 가능하다. 예를 들어, 실시간 X-ray 촬영을 담당하는 기술자라면 영상의학과 전체보다는 자신이 담당하는 실시간 X-ray 촬영에 대해서만 관심을 가질 수 있다. 이 경우에는 프로세스 흐름도를 그림 2.2와 같이 그릴 수 있는데 동일한 투입물과 산출물이라도 프로세스의 범위는 한 종류의 작업에만 한정되고 있다. 이처럼 프로세스의 범위가 좁혀질 수도 있지만 반대로 확장될 수도 있다. 예를 들어, 병원의 CEO라면 당연히 병원 전체가 관심사가 되고 분석하려는 프로세스의 범위도 그림 2.3에서처럼 "포괄적"이 될 것이다.

> **학습목표 2-1**
> 프로세스 분석을 위한 적절한 흐름단위를 선정할 줄 안다.

프로세스의 범위 내에서 프로세스를 잘 이해하고 분석하려면 흐름의 단위를 잘 정의해야 한다. **흐름단위(flow unit)**는 프로세스를 타고 움직이는 가장 기본적인 단위를 의미한다. 이는 일반적으로 프로세스의 산출물과 관련된다. 영상의학과의 경우 기본적인 흐름의 단위는 "환자"이다. 그 이유는 영상의학과의 목적이 환자를 치료하는 데 있기 때문이다.

그림 2.4는 세 개의 각기 다른 프로세스와 각 프로세스에서 분석하고자 하는 흐름단위를 보여주고 있다. 각 상황에서 제시된 흐름단위 이외에 다른 흐름단위를 설정할 수도 있다. 예를 들어, 헌혈 센터의 흐름단위는 "헌혈자"가 될 수도 있다. 하지만 만약에 우리가 특히 AB형 혈액이라는 산출물에 관심이 있다면 아마 "파인트 단위의 AB형 혈액"이 더 적

그림 2.4
세 개의 각기 다른 프로세스와 분석 가능한 흐름단위들의 예시

절한 흐름단위일 것이다. 가공처리 공장에서는 "갤런 단위의 우유"를 흐름단위로 사용할 수도 있다. 하지만 대체로 투입물보다는 산출물의 단위로 흐름단위를 정의하는 것이 더 타당하다. 극장이라는 프로세스의 경우에는 즐거워하는 "사람"들이 프로세스를 타고 흐르지만 아마도 극장은 "$"로 표시되는 이익이라는 산출물에 더 관심이 있을 것이다.

요약하자면, 흐름단위를 결정하는 데 있어 몇 가지 중요한 원칙이 있다.

1. 프로세스에 관해서 파악하고 측정하고 싶은 것을 흐름단위로 선택해야 한다.
2. 선택한 흐름단위를 계속해서 사용해야 한다. 초반에는 우유가공 프로세스의 흐름단위로 "갤런으로 측정된 우유"를 사용하다가, 나중에 "파운드로 측정된 우유 파우더"로 바꾸지 말아야 한다. 각기 다른 단위로 측정되는 것들을 합친다는 것은 말이 되지 않는다.
3. 프로세스 내의 모든 활동들을 측정하고 묘사할 수 있도록 흐름단위를 정해야 한다. 운동경기를 예시로 들자면 "이동거리"는 수영, 자전거 타기, 달리기를 해야 하는 철인 3종 경기자의 활동들을 측정하는 데 가장 좋지 않은 방법일 것이다. 사람들은 대체로 수영보다 자전거를 타고 더 먼 거리를 갈 수 있기 때문이다. 좀 더 통합된 흐름단위는 아마 "분 단위로 측정된 총 경기시간"이거나 조금 더 정교하게 "소모된 칼로리의 양"(또는 힘을 측정하는 다른 단위)이 될 수 있다. 비즈니스의 관점에서 보면 통화(유로, 달러, 아니면 엔)가 프로세스의 모든 활동들을 포괄할 수 있는 공통의 흐름단위가 될 수 있다.

프로세스의 범위와 흐름단위를 결정하고 나면 프로세스의 주요 성과지표들을 분석하고 측정할 수 있다.

© Ilene MacDonald/Alamy

이해도 확인하기 2.1

질문 다음 중 놀이공원 롤러코스터의 흐름단위로 가장 적합한 것은 무엇인가?

a. 롤러코스터 좌석
b. 탑승자
c. 직원들
d. 시간당 이동거리(롤러코스터의 속도)
e. 운행시간(일일 운행되는 시간)

답 롤러코스터는 탑승자에게 신나는 탑승경험을 제공하는 프로세스다. 이 서비스를 받는 것은 탑승자들이지 좌석이나 직원들이 아니다. 속도나 운행시간은 프로세스가 어떻게 흘러가는지 이해하는 데 도움이 될 수는 있겠지만 그 자체가 프로세스의 투입물이나 산출물은 아니다. 따라서 정답은 b이다.

2.2 세 가지 프로세스 성과지표: 재고, 흐름률, 그리고 흐름시간

프로세스 성과지표 프로세스 성과나 역량을 나타내는 규모나 척도

재고 프로세스 내에 있는 흐름단위의 수

흐름률 흐름단위가 프로세스를 이동하는 속도로서 단위시간당 수량으로 표시

흐름시간 시작부터 끝까지 흐름단위가 프로세스의 시작 지점에서 끝 지점을 통과할 때까지의 소요시간

프로세스 성과지표(process metric)란 우리가 측정함으로써 특정 프로세스의 성과와 역량에 관한 정보를 주는 것들을 의미한다. 프로세스 관리자나 설계자가 알아야 할 세 가지 핵심 프로세스 성과지표는 다음과 같다.

- **재고**(inventory)란 프로세스 내에 있는 흐름단위의 수를 의미한다. 프로세스 내의 "총 달러", "총 킬로그램", 또는 "총 인원수"가 그 예가 될 수 있다.
- **흐름률**(flow rate)이란 흐름단위가 프로세스를 이동하는 속도를 의미한다. 여기서 속도란 "단위시간당 흐르는 흐름단위의 수"로 측정되는데 예를 들면, "주당 달러", "시간당 킬로그램" 또는 "월당 인원수"가 될 수 있다. 속도에 있어 핵심은 항상 단위시간당 어떤 수량 측정 단위(예를 들어 상자의 수나 달러의 양)로 표현된다는 것이다. 만약 "단위시간"의 개념이 표현에서 빠져 있다면 그것은 재고에 불과하다.
- **흐름시간**(flow time)은 흐름단위가 프로세스의 시작 지점에서부터 끝 지점을 통과할 때까지 소요되는 시간을 의미한다. 일반적인 측정 단위는 분, 시간, 일, 주, 달 또는 연이 된다.

학습목표 2-2
세 가지 핵심 프로세스 지표(흐름률, 흐름시간, 재고)를 구분하고 입장 및 퇴장에 관한 자료를 이용하여 평균 흐름률과 평균 흐름시간을 계산할 수 있다.

재고는 현재 프로세스에 "물건이" 얼마나 있는지를 보여준다. 재고는 대개 공간을 차지하고 비용을 발생시키기 때문에 알아놓으면 유익하다. 예를 들어, 영상의학과에 있는 환자의 평균 재고가 증가하면 영상의학과는 나중에 더 큰 건물이 필요할 수도 있는데 이는 비용이 드는 일이다. 만약 유통업자가 가게에 비치한 제품의 수량을 늘려야 한다면 이는 더 큰 가게와 더 높은 임대료를 의미하고 더 많은 재고를 구매하기 위한 더 많은 현금이 필요할 것이다. 흐름률은 단위시간 동안 얼마나 많은 수량이 프로세스를 타고 이동하는지를 의미한다. 프로세스를 타고 이동하는 수량이 많을수록 바람직한데 이는 프로세스의 존

표 2.1 하루 동안 영상의학과의 환자 입장과 퇴장 내역

환자	입장	퇴장	흐름시간(분)
1	7:35	8:50	75
2	7:45	10:05	140
3	8:10	10:10	120
4	9:30	11:15	105
5	10:15	10:30	15
6	10:30	13:35	185
7	11:05	13:15	130
8	12:35	15:05	150
9	14:30	18:10	220
10	14:35	15:45	70
11	14:40	17:20	160
평균			125

재 이유가 산출물을 생산하는 데 있기 때문이다. 흐름시간은 흐름단위가 프로세스에서 얼마나 많은 시간을 보내는지를 의미한다. 영상의학과의 환자라면 당연히 내가 이곳에서 시간을 얼마나 보내게 될지, 즉 흐름시간에 대해 관심을 갖게 될 것이다. 흐름시간이 환자의 만족감에 영향을 끼치기 때문에 영상의학과의 관리자는 흐름시간에 관심을 갖게 된다.

영상의학과의 경우 프로세스 성과지표들이 어떻게 측정되는지 알려면 표 2.1에서처럼 환자들이 프로세스에 언제 들어오고 언제 나가는지에 대한 자료를 모으면 된다. 표에 따르면, 하루 동안 11명의 환자가 있었다. 이 자료를 이용하면 세 개의 프로세스 성과지표 중 각 환자의 흐름시간을 측정하는 것은 간단하다. 그저 환자가 과를 떠난 시간에서 과에 도착한 시간을 빼면 된다. 표에 따르면 흐름시간은 짧게는 15분, 길게는 220분까지 다양하다. 환자들의 평균 흐름시간은 125분으로 대략 2.08시간이다.

그 다음으로 평가하기 쉬운 프로세스 성과지표는 흐름률이다. 첫 번째 환자가 오전 7:35분에 도착하고 마지막 환자가 18:10분, 즉 오후 6:10분에 떠났다. 그 두 사건 사이의 시간간격은 635분 또는 10.58시간이다. 하루 동안 11명의 환자가 있었으므로 평균 흐름률은 11환자/10.58시간 = 시간당 1.04명의 환자이다. 이 흐름률은 프로세스 전반에 적용될 수 있다. 예를 들어, 환자는 프로세스에 시간당 1.04명의 속도로 들어가고 시간당 1.04명의 속도로 떠난다. 입장속도와 퇴장속도가 매 순간 일치해야 하는 것은 아니지만(예를 들어, 오전에는 나가는 환자보다 들어오는 환자가 더 많다) 장기적인 관점에서는 두 수치가 일치해야 한다. "들어온 것은 반드시 나가야" 하기 때문이다.

마지막으로, 표 2.1의 자료를 활용하면 특정 시간에 영상의학과에 있는 환자의 재고를 측정할 수 있다. 예를 들어, 7:35부터 7:45까지는 한 명의 환자가 있고 7:45부터 8:10까지는 두 명의 환자가 있다. 세 번째 환자가 8:10에 도착하지만 8:50에 환자의 재고는 다시 둘로 떨어진다. 그때 첫 번째 환자가 떠나기 때문이다. 그림 2.5는 환자 재고의 변화를 보여준다. 평균 흐름시간과 흐름률의 계산이 상대적으로 쉽다면 평균 재고를 계산하는 것은

그림 2.5
영상의학과에서의 하루 중 시간에 따른 환자의 재고 수

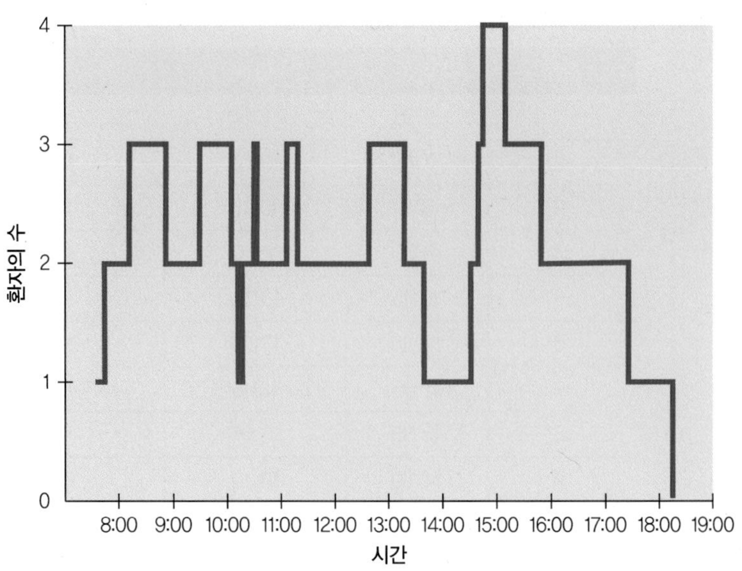

좀 더 복잡하다. 그림 2.5를 보면 영상의학과의 어느 시간대를 봐도 평균적으로 두 명의 환자가 있는 것처럼 보이지만 환자 재고의 정확한 평균을 계산하는 것은 그리 간단하지 않다. 다행히 다음 절에서 설명하는 것처럼 매우 간단한 방법이 있다.

이해도 확인하기 2.2

질문 치과의사는 하루 8시간 동안 24명의 환자를 치료한다. 이 경우, 이 치과의 시간당 환자 흐름률은 얼마인가?

답 흐름률 = 24명의 환자/8시간 = 시간당 3명의 환자

질문 오전 5시부터 오전 6시까지 4명이 안내데스크로 전화를 걸었다. 전화를 건 사람들은 각각 2, 5, 3, 그리고 10분을 통화했다. 이 안내데스크에서 전화를 건 사람들이 소요한 평균 흐름시간은 얼마인가?

답 사람들의 평균 흐름시간은 (2+5+3+10)/4 = 5분이다.

2.3 리틀의 법칙을 통한 프로세스 성과지표들의 연결

학습목표 2-3
리틀의 법칙을 사용하여 세 가지 핵심 프로세스 성과측정지표를 평가할 줄 안다.

리틀의 법칙 세 가지 핵심 프로세스 성과지표, 즉 재고, 흐름률, 흐름시간 사이의 관계를 설명하는 법칙

어떤 프로세스에서든지 세 가지 핵심 프로세스 성과지표들은 **리틀의 법칙**(Little's Law)이라고 알려진 다음의 관계식으로 연결되어 있다.

$$\text{재고} = \text{흐름률} \times \text{흐름시간}$$

(**연관 사례: 리틀의 법칙** 참조) 이 관계식은 프로세스 분석에서 핵심적이기 때문에 다음과 같은 수식으로도 표시된다.

$$I = R \times T$$

언뜻 보기에 리틀의 법칙은 간단해 보이지만 동시에 매우 강력한 법칙이다. 이 법칙이 우리에게 시사하는 점은 우리가 프로세스 성과지표 중 어느 두 지표의 값을 안다면 나머지 한 지표의 값을 수식을 통해 알아낼 수 있다는 것이다. 또한 우리가 프로세스를 변화시켜 첫 번째 지표의 값을 변화시킨다면 두 번째 지표의 값이 고정되었다는 전제하에 세 번째 지표의 값이 어떻게 변하는지를 수식을 통해 알 수 있다는 것도 의미한다. 리틀의 법칙을 영상의학과에 적용시켜보자. 표 2.1의 데이터 값에 따르면 흐름시간 T=2.08시간이고 흐름률 R=1.04명의 환자/시간이다. 따라서 리틀의 법칙에 의하면 하루 동안의 평균 환자 재고는 다음과 같다.

$$I = 1.04\,\frac{\text{환자}}{\text{시간}} \times 2.08\text{시간} = 2.16\text{환자}$$

리틀의 법칙이 아름다운 이유는 모든 프로세스에 적용 가능하기 때문이다. 예를 들어, 우리가 Stockholm 시의 Vastraskogen 전철역에 있는 220피트(67미터)짜리 에스컬레이터에 올라타고 있는 사람(우리의 흐름단위)을 보고 있다고 하자. 바쁜 출퇴근 시간대라서 초당 2.5명(R=2.5/초)이 에스컬레이터에 올라탄다고 하자. 그 다음 직접 에스컬레이터에 올라타서 아래에서부터 위까지 가는 데 88초(T=88초)가 걸리는 것을 잰다. 에스컬레이터를 타고 있는 동안 함께 타고 있는 사람들의 수(이 프로세스의 재고)를 세어보려 하지만 너무 많은 사람들이 타고 있어서 쉽지 않다. 하지만 걱정할 필요는 없다. 리틀의 법칙을 이용하면 에스컬레이터에 타고 있는 사람들의 평균 재고를 알 수 있다.

$$\begin{aligned}\text{재고} &= R \times T \\ &= 2.5\text{명}/\text{초} \times 88\text{초} \\ &= 220\text{명}\end{aligned}$$

핵심을 다시 한 번 강조하자면 우리가 두 개의 프로세스 지표값을 알면 리틀의 법칙을 이용해 세 번째 지표값을 계산할 수 있다. 다른 (좀 특이한) 예로 미국 하원을 그림 2.6에서처럼 하나의 프로세스로 정의해보자.

정치인들이 하원에 들어와서 일정 시간을 보낸 뒤 하원을 떠나면 퇴직의원이 된다. 우리는 법에 따라 하원에 435명의 의원 재고, 즉 I=435명이 있다는 것을 안다. 과거의 자료를 보면 평균적으로 선거가 있는 해에 52명의 새로운 의원들이 선출되어 하원에 들어가고 선거가 없는 해에는 0명의 새로운 의원이 생긴다는 것을 알 수 있다(하원의원의 임기는 2년으로 하원의 모든 의석은 2년에 한번씩 선거에 붙여진다). 따라서, 평균적으로, 하원에는 매년 52/2=26명의 새로운 의원들이 진입한다. 이것이 흐름률, R=1년에 26명이다. 그렇다면 평균적인 의원이 하원에 신규 진입하여 퇴직할 때까지 하원의원으로 보내는 시간은 얼마일까? 리틀의 법칙을 통해 알아보자.

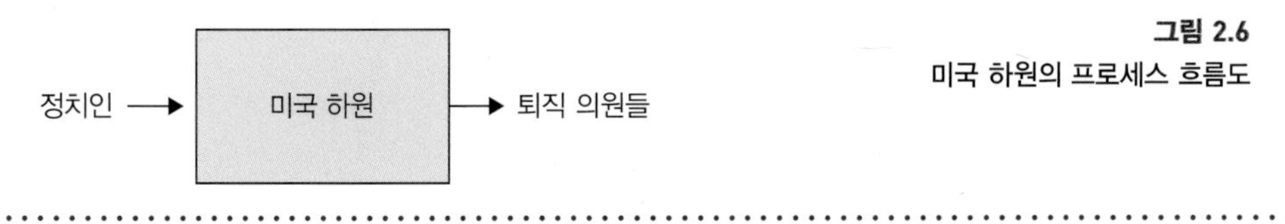

그림 2.6
미국 하원의 프로세스 흐름도

$$I = R \times T$$

$$435\text{명} = 1\text{년에 } 26\text{명} \times T$$

$$T = \frac{435}{26}$$

$$= 16.73\text{년}$$

당신이 정치꾼이라면 위의 답에 대해 "그런데 John Dingell은 16.73년보다 더 오래 일하지 않았나요? 무려 55년 이상을 하원의원으로 지냈어요!"와 같은 반응을 보일지도 모른다. 당신의 말이 옳다. 리틀의 법칙은 특정 흐름단위가 프로세스에서 얼마나 오랜 시간을 보냈는지 알려주지는 않는다. 대신, 흐름단위가 프로세스에서 보내는 평균적인 시간을 알려준다. John Dingell과 같은 몇몇 사람들은 의회에서 55년 이상 근무하지만 다른 이들은 16.73년보다 짧은 기간을 보낼 수 있다. 하지만 만약 435개의 하원의석이 있고 매년 26명의 새로운 의원들이 들어온다고 하면 모든 하원의원들에 걸친 평균 재임기간은 16.73년이다. 실제로 리틀의 법칙에 사용된 세 가지 지표들은 단지 평균에 불과하다. 예를 들어, 특정 시간에 영상의학과에 두 명 혹은 세 명의 환자가 있을 수는 있지만 정확히 2.16명의 환자들이 머무르는 경우는 없다. 평균적으로는 2.16명의 환자가 있을 수는 있지만 말이다. (첫 번째나 두 번째 환자가 되는 것은 상관 없겠지만 누가 과연 0.16번째 환자가 되고 싶을까?) 이와 비슷하게 영상의학과 환자의 평균 흐름시간은 2.08시간이지만 더 적게 있을 수도, 더 오래 있을 수도 있는 일이다. 하원의 예와 관련하여 이런 생각을 할 수도 있다. "2년마다 선거가 열린다면 의원의 재임기간은 2의 배수가 되어야 하는데 누구도 의회에서 정확히 16.73년을 보낼 순 없지 않나요?" 이번에도 당신이 옳다. 비록 모두의 재임기간이 2의 배수(사임을 비롯하여 임기를 채우지 못하는 다른 이유들을 모두 무시한다면)일지라도 모든 의원들의 평균 재임기간은 16.73년처럼 2의 배수가 아닐 수도 있다. 다시 말해 정수들의 평균이 꼭 정수일 필요는 없다. 표 2.2에 프로세스 성과지표들이 측정되고 리틀의 법칙을 통해 연결된 사례들이 정리되어 있다.

표 2.2 흐름률, 흐름시간, 그리고 재고의 예시들

	미국 출입국관리소	샴페인 산업	학부 프로그램	태블릿 제조사
흐름단위	비자 신청서류	샴페인 병	학생	태블릿
흐름률	매년 6백만 개의 서류	매년 2억 5천만 개의 병	매년 5,000명	하루에 2만 개
흐름시간	9개월	3.5년	4년	10일
재고	450만 개의 서류	8억 7,500만 개의 병	2만 명의 학생	20만 개의 태블릿

이해도 확인하기 2.3

© Foodcollection/Getty Images

질문 어느 금요일, West End Donut 상점은 하루 10시간 동안 2,400명의 고객들을 받고 고객은 가게에서 평균 5분의 시간을 보낸다. 평균적으로, 어느 특정 시간에 가게에 머무르고 있는 고객의 수는 얼마인가?

답 흐름률 $= \frac{2{,}400\text{명의 고객}}{10\text{시간}} = 240\frac{\text{고객}}{\text{시간}} = 4\frac{\text{고객}}{\text{분}}$, 흐름시간 = 5분

$I = R \times T = 4\frac{\text{고객}}{\text{분}} \times 5\text{분} = 20\text{명의 고객}$

질문 하루 8시간 동안 학부상담실에 평균 5명의 학생이 있고 각 학생은 상담자와 평균 10분을 보낸다. 학생이 상담실에 도착하는 흐름률은 얼마인가(시간당 학생 수)?

답 평균 재고 I는 5이고 평균 흐름시간 T는 10분 $= \frac{1}{6}$시간이다. 리틀의 법칙에 따르면, $R = \frac{I}{T}$

따라서, $R = \frac{5}{(1/6)}$ = 시간당 30명이다.

연관 사례: 리틀의 법칙

© John D. Little

운영관리 분야에서의 중요도를 생각한다면 왜 "큰 법칙"이나 "대 법칙"이라고 부르지 않을까? 그 이유는 이 법칙이 Massachusetts Institute of Technology 대학의 John Little 교수가 1961년에 발표한 논문에서 증명되었기 때문이다.* 앞으로 이 교재에서 계속 보겠지만 운영관리분야에서 리틀의 법칙이 적용되는 곳은 수없이 많으며 이 법칙은 의료나 컴퓨터 공학과 같은 다양한 분야로 확장 적용되었다. 프로세스 내 흐름단위의 평균 수량은 오직 평균 흐름률과 평균 흐름시간에만 의존한다는 이 법칙은 놀라울 정도로 단순하다. 이 법칙은 우리가 관련 있다고 생각하는 몇 가지 요소들을 배제하고 있는데, 예를 들면 흐름단위들의 도착시간이나 처리시간이 무작위인지 아닌지(예를 들어, 고객들이 스키리프트에 도착하는 시간간격이 시간에 따라 변하는지 아니면 리프트의 운행속도가 시간에 따라 달라지는지) 또는 흐름단위가 처리되는 순서(예를 들어, 의사가 도착 순서에 따라 환자 진료를 하는 건지 아니면 환자의 고통과 같은 우선순위에 따라 진료를 하는 건지)와 같은 것들은 고려되지 않고 있다. 이 모든 세세한 내용들은 프로세스 내 흐름단위의 평균 수량이나 평균 흐름률 그리고 프로세스 내에서 보내는 평균 흐름시간과는 상관이 없다.

* Little, J.D.C. 1961. A proof for the queuing formula: $L = \lambda W$. *Operations Research.* 9(3): 383-387.

결론

프로세스란 유용한 산출물을 생산하기 위해 투입물에 수행되는 일련의 활동들을 의미한다. 프로세스의 관리자는 먼저 성과를 평가한 다음 그 성과를 향상시키고 싶어한다. 성과를 추적 평가할 수 있어야지만 개선이 가능하다. 어느 프로세스에서나 성과를 평가하기 위한 세 개의 기본적인 성과지표들, 즉 재고, 흐름률, 그리고 흐름시간이 있다. 이 지표들

은 리틀의 법칙, 재고 = 흐름률 × 흐름시간을 통해 연결되어 있다. 따라서 만약 우리가 어느 두 개의 지표값을 안다면 세 번째 지표값 또한 알아낼 수 있다.

학습목표의 요약

학습목표 2-1 프로세스 분석을 위한 적절한 흐름단위를 선정할 줄 안다.

당신이 추적 분석하고 싶어하는 것을, 통상적으로 프로세스의 산출물, 흐름단위로 정의하라. 흐름단위를 선택하고 나면 프로세스 내내 그 흐름단위를 사용하도록 한다. 그리고 반드시 프로세스의 모든 활동들에 적용될 수 있는 흐름단위를 선택하도록 한다.

학습목표 2-2 세 가지 핵심 프로세스 성과지표(흐름률, 흐름시간, 재고)를 구분하고 입장 및 퇴장에 관한 자료를 이용하여 평균 흐름률과 평균 흐름시간을 계산할 줄 안다.

세 가지 핵심 프로세스 지표는 재고, 흐름률, 그리고 흐름시간이다. 재고는 프로세스에 평균적으로 존재하는 흐름단위의 수를 의미한다. 흐름률은 프로세스를 이동하는 흐름단위의 속도를 의미한다. 속도는 "하루당 마시는 우유 갤런 수"처럼 "단위시간당 흐름단위"로 나타내야 한다. 흐름시간은 흐름단위가 프로세스에서 보내는 시간을 의미한다. 여기서 시간은 흐름률을 표현할 때 사용되는 시간단위와 같은 단위가 사용되어야 한다. 예를 들어, 흐름률이 "하루당 마시는 우유 갤런 수"라면 흐름시간은 "일"로 표현되어야 한다.

학습목표 2-3 리틀의 법칙을 사용하여 세 가지 핵심 프로세스 성과측정지표를 평가할 줄 안다.

리틀의 법칙은 재고 = 흐름률 × 흐름시간 혹은 $I = R \times T$와 같이 세 가지 핵심 지표를 연결한다. 만약에 당신이 세 지표 중 어느 두 지표의 값을 안다면 리틀의 법칙을 이용해 세 번째 지표값을 계산할 수 있다. 모든 경우에서 각 지표값은 평균값을 의미한다. 예를 들어, 주유소 저장탱크에 저장된 휘발유의 평균값이 10,601갤런이라 할지라도 항상 그만큼의 양을 가지고 있다는 의미는 아니다.

핵심 용어

2.1 프로세스의 정의, 범위, 그리고 흐름단위

프로세스 일정한 투입물에 대해 특정 일이나 활동들을 수행한 뒤 일정한 산출물을 만들어 내는 일련의 활동들

프로세스 흐름도 프로세스를 시각적으로 표현한 것. 사각형은 자원, 화살표는 흐름, 그리고 삼각형은 재고의 위치를 나타내기 위해 사용한다.

자원 투입물을 산출물로 변환시키는 인력이나 장비

프로세스의 범위 프로세스에 포함된 일련의 활동들과 하위 프로세스들

흐름단위 프로세스 분석 시 사용하는 분석의 단위. 예를 들어, 병원의 환자들, 킥 스쿠터 공장의 스쿠터들, 그리고 콜센터의 문의전화

2.2 세 가지 프로세스 성과지표: 재고, 흐름률, 그리고 흐름시간

프로세스 성과지표 프로세스 성과나 역량을 나타내는 규모나 척도

재고 프로세스 내에 있는 흐름단위의 수

흐름률 흐름단위가 프로세스를 이동하는 속도로서 단위시간당 수량으로 표시

흐름시간 시작부터 끝까지 흐름단위가 프로세스의 시작 지점에서 끝 지점을 통과할 때까지의 소요시간

2.3 리틀의 법칙을 통한 프로세스 성과지표들의 연결

리틀의 법칙 세 가지 핵심 프로세스 성과지표, 즉 재고, 흐름률, 흐름시간 사이의 관계를 설명하는 법칙

주요 공식

학습목표 2-3 리틀의 법칙을 사용하여 세 가지 핵심 프로세스 성과측정지표를 평가할 줄 안다.

재고 = 흐름률 × 흐름시간

개념 문제

학습목표 2-1

1. 프로세스 분석의 관점에서 다음 중 철물점의 흐름단위로 적절한 것은 어느 것인가?

a. 직원의 수

b. 금전 등록기의 수

c. 고객의 수

d. 공급 회사의 수

2. 다음 중 한 달간의 병원 프로세스 분석을 위한 흐름단위로 가장 적절한 것은 어느 것인가?

a. 의사의 수

b. 침상의 수

c. 병원의 면적

d. 환자의 수

학습목표 2-2

3. 한 유람선 터미널에서 하루 평균 1,000명의 승객들이 배에 승선한다고 한다. 평균적으로, 승객은 유람선에서 5일의 시간을 보낸 뒤 터미널로 돌아온다. 만약에 흐름단위가 승객이라면 이 프로세스의 흐름률과 흐름시간은 각각 얼마인가?

4. 선거 날에 10시간 동안 1,800명의 유권자가 투표소에서 투표하였다. 당일 투표소에는 평균 15명의 유권자가 있고 이들은 투표하는 데 평균 5분을 사용한다. 유권자의 재고, 흐름률, 그리고 평균

흐름시간은 어떻게 되는가?

5. 하루 동안, NASCAR 공연장에 팬들이 시간당 8,000명의 속도로 쏟아져 들어간다. 공연장을 떠나는 팬들의 평균 흐름률은 얼마인가?
   a. 시간당 8,000명보다 적어야 한다.
   b. 정확히 시간당 8,000명이어야 한다.
   c. 시간당 8,000명보다 많아야 한다.
   d. 시간당 대략 8,000명 정도이다.

6. 한 콜센터는 24시간 동안 1,200통의 전화를 처리하는데, 12시 현재 50통의 전화 상담이 진행 중이다(상담사와 통화중이거나 통화를 위해 대기 중). 당일 6번째 전화는 상담사와 2.5분을 소요하였다. 다음 중 재고를 나타내는 수치는 무엇인가?
   a. 1,200
   b. 50
   c. 2.5

7. 선물 가게에 3시간 동안 6명의 고객이 들어왔다. 가게에는 평균 0.25명의 고객이 있으며 각 고객은 가게에서 평균 7.5분을 소요한다. 다음 수치들 중 고객의 흐름률과 가장 직접적으로 연관된 수치는 무엇인가?
   a. 6
   b. 0.25
   c. 7.5

8. 90분당 40명의 고객이라는 정보는 다음 중 무엇을 의미하는가?
   a. 재고
   b. 흐름률
   c. 흐름시간

학습목표 2-3

9. 한 컴퓨터 서버의 정보 처리 요구량은 시간에 따라 큰 변동을 보이고 있다. 이러한 변동성 때문에 리틀의 법칙은 적용될 수 없다. 이는 참인가 거짓인가?

10. 리틀의 법칙은 매우 일반적이라서 흐름률과 흐름시간이 동일한 시간단위를 사용할 필요는 없다. 이는 참인가 거짓인가?

11. 만약 재고가 kg으로 측정된다면, 리틀의 법칙을 적용하여 측정된 흐름률의 단위는 다음 중 무엇인가?
    a. kg당 단위 수
    b. kg당 분
    c. 초당 kg
    d. km당 kg

예시 문제와 해답

학습목표 2-2

표 2.3 주립공원에 도착하고 떠난 시간

자동차	도착시간	떠난 시간
1	7:00	15:00
2	7:30	10:30
3	8:00	12:00
4	8:00	17:00
5	8:30	10:30
6	9:30	15:30
7	11:00	16:00
8	11:30	18:30
9	13:30	18:30
10	15:30	18:30

1. 주립공원은 오전 7시부터 오후 6시 30분까지 개장한다. 표 2.3에는 하루 동안 공원에 들어오고 나가는 자동차들에 대한 도착시간과 떠난 시간이 나타나 있다. 이 공원에서의 평균 흐름시간은 얼마인가?

답 각 자동차의 흐름시간을 계산한 후에 전체 자동차들에 걸친 평균을 구한다. 예를 들어, 자동차 1은 15−7=8시간을 공원에서 보냈다. 10개 자동차의 흐름시간은 각각 8, 3, 4, 9, 2, 6, 5, 7, 5, 그리고 3시간이다. 평균 흐름시간은 5.2시간이다.

2. 주립 공원은 오전 7시부터 오후 6시 30분까지 개장한다. 표 2.3에는 하루 동안 공원에 들어오고 나가는 자동차들에 대한 도착시간과 떠난 시간이 나타나 있다. 이 공원에서의 평균 흐름률은 얼마인가?

답 공원은 18:30−7:00=11.5시간 동안 개장한다. 그 시간 동안 10대의 자동차들이 도착했다. 따라서 흐름률은 자동차 10대/11.5시간=0.87대/시간이다.

학습목표 2-3

3. 러시아워 때, 초당 2명이 에스컬레이터에 올라탄다. 에스컬레이터의 최하단에서 최상단으로 사람을 이동시키는 데 소요되는 시간은 30초이다. 러시아워 때 에스컬레이터를 타고 있는 사람은 평균 몇 명인가?

답 리틀의 법칙을 이용하면 된다. 질문은 에스컬레이터를 타고 있는 사람의 재고를 묻고 있다(즉, 흐름단위는 사람이다). 에스컬레이터의 흐름시간 T=30초이고, 흐름률 R=초당 2명이므로, $I=R\times T$=초당 2명 × 30초=60명이다.

4. 한 콜센터에서 분당 평균 25통의 전화를 받는다고 한다. 전화를 건 소비자는 평균적으로 1분을 대기한 뒤 상담자와 3.5분을 상담한다고 한다. 평균적으로, 몇 명의 소비자(대기 중이거나 서비스 상담자와 통화 중인 소비자들을 의미)가 콜센터 시스템 안에 있는가?

답 리틀의 법칙을 이용하면 된다. 흐름단위는 전화를 거는 소비자이고 흐름률 $R=$ 분당 25명의 소비자이다. 흐름시간 $T=1+3.5=4.5$분이다. 따라서 평균적으로 콜센터 시스템에 있는 소비자의 수 $I=R\times T=25\times 4.5=112.5$명이다.

5. **한 선박회사는 각각 5,000개의 컨테이너를 적재할 수 있는 컨테이너 선박 10척을 가지고 항구 사이를 운행하고 있다. 회사는 일주일에 20,000개의 컨테이너를 취급하고 싶어한다. 각 선박은 언제나 컨테이너를 가득 실은 채로 운행한다고 가정한다면 주당 20,000개의 컨테이너를 취급한다는 목표가 가능할 수 있는 항구들 사이의 가장 긴 평균 운행시간은 얼마인가?**

답 리틀의 법칙을 이용하면 된다. 흐름단위는 컨테이너이다. 평균적으로, $10\times 5{,}000=50{,}000$개의 컨테이너가 선박에 적재되어 항구 사이를 이동하고 있다. 희망 흐름률 $R=$ 주당 20,000개의 컨테이너이다. $I=R\times T$를 재배열하면 $T=\frac{I}{R}$이므로 그 흐름률을 수용할 수 있는 가장 긴 평균 운행시간 $T=\frac{50{,}000\text{개의 컨테이너}}{\text{주당 }20{,}000\text{개의 컨테이너}}$ $=2.5$주이다.

6. **한 가구업체는 Adirondack 나무의자를 만들기 위해 일주일에 1,200kg의 나무를 구입한다. 각 의자의 제작에는 25kg의 나무가 사용된다. 어느 특정 시간에, 평균 300개의 의자가 생산 프로세스의 여러 단계에서 만들어지고 있다. 나무가 의자 제조를 위해 업체에 도착하는 시간에서부터 의자가 제조되기까지는 평균 얼마의 시간이 걸리는가?**

답 리틀의 법칙을 이용하면 된다. 흐름단위는 의자이다.

흐름률 $R=\frac{\text{주당 }1{,}200\text{kg}}{\text{의자당 }25\text{kg}}=$ 주당 48개의 의자이다. 재고 $I=300$개의 의자이다.

따라서 흐름시간 $T=\frac{I}{R}=\frac{300\text{개의 의자}}{\text{주당 }48\text{개의 의자}}=6.25$주이다.

응용 문제

학습목표 2-1

1. **다음 중 커피전문점의 프로세스 분석을 위한 흐름단위로 가장 적절한 것은 무엇인가?(복수 응답 가능)**

a. 가게의 평수
b. 한 주에 근무하는 직원의 수
c. 한 주에 가게가 운영되는 시간의 수
d. 한 주에 방문하는 손님의 수

2. **다음 중 회계사무소의 프로세스 분석을 위한 흐름단위로 가장 적절한 것은 무엇인가?(복수 응답 가능)**

a. 한 주에 일하는 회계사의 수
b. 한 주에 완료된 세금신고서

c. 연체 청구서를 가지고 온 고객의 수

d. 공급 회사에서 보낸 사무용 종이용지 상자의 수

3. 다음 중 주유소의 프로세스 분석을 위한 흐름단위로 가장 적절한 것은 무엇인가?(복수 응답 가능)

a. 판매액($)

b. 주유 펌프의 수

c. 하루에 일하는 직원의 수

d. 하루 동안 방문하는 고객의 수

학습목표 2-2

표 2.4 오전 8시에서 8시 20분까지 여객선 예약 데스크에 전화를 건 8명의 시간 기록

전화 건 사람	전화 온 시각	전화 끊은 시각
1	8:01	8:05
2	8:02	8:07
3	8:06	8:08
4	8:09	8:12
5	8:10	8:15
6	8:12	8:20
7	8:16	8:19
8	8:17	8:19

4. 표 2.4의 자료에 의하면 오전 8시에서 8시 20분까지 전화를 건 사람들의 흐름률은 얼마인가?

5. 표 2.4의 자료에 의하면 오전 8시에서 8시 20분까지 전화를 건 사람들의 흐름시간은 얼마인가?

표 2.5 오전 9시에서 10시까지 은행 지점을 방문한 고객 10명의 시간 기록

고객	입장 시간	퇴장 시간
1	9:01	9:07
2	9:06	9:21
3	9:08	9:20
4	9:14	9:19
5	9:20	9:28
6	9:26	9:33
7	9:31	9:39
8	9:40	9:46
9	9:44	9:59
10	9:53	9:57

6. 표 2.5의 자료에 의하면 오전 9시에서 10시까지 고객들의 흐름률은 얼마인가?

7. 표 2.5의 자료에 의하면 오전 9시에서 10시까지 고객들의 흐름시간은 얼마인가?

표 2.6 오후 3시 30분에서 4시까지 콜센터 통화기록

고객 ID	콜센터에서의 소요시간(분)
A1	2
A2	10
A3	12
A4	1
A5	5

8. 표 2.6의 자료에 의하면 오후 3시 30분에서 4시까지 고객들의 흐름률은 얼마인가?

9. 표 2.6의 자료에 의하면 오후 3시 30분에서 4시까지 고객들의 흐름시간은 얼마인가?

학습목표 2-3

10. 대학 구내 샌드위치 판매점은 바쁜 점심시간인 오전 11시 30분부터 오후 1시 30분까지 300명의 고객을 맞이한다. 줄을 서서 기다리는 고객과 주문을 하고 있는 고객의 수는 대략적으로 평균 10명이라고 한다. 한 고객이 프로세스에서 보내는 평균 흐름시간은 얼마인가?

11. Rhode Island 사는 국내외 교회들이 사용하는 성찬용 빵을 생산한다. 이 회사는 매해 수억 개의 많은 빵을 생산하는데 생산 프로세스는 초당 100개의 속도로 빵을 생산한다. 생산과정에서, 빵은 15분 동안 냉각관을 거치면서 식혀야 한다. 평균적으로, 생산과정 중의 냉각관에는 몇 개의 빵이 있는가?

12. 스키리조트에 있는 리프트는 시간당 1,800명의 스키어들을 언덕 정상에 내려준다. 스키 슬로프 아래에서 정상까지 이동하는 데 12분이 걸린다고 하면 특정 시간에 리프트를 타고 있는 사람들은 총 몇 명인가?

13. 작년 한 국립공원에는 3,400,000명의 방문객이 있었고 각 방문객은 공원에서 평균 22시간을 보냈다고 한다. 작년 특정 시간에 공원을 방문하고 있는 방문객들의 수는 평균 몇 명인가?

14. 심각한 여드름 환자들은 6개월 동안 약을 복용하는데 매달 150,000명의 새로운 환자들이 생겨나고 있다. 지금 이 시간, 평균 몇 명의 환자들이 약을 복용하고 있는가?

15. CodeDeskInc에서는 프로그래머들을 프리랜스 업무에 배치하여 짝을 지어주는 역할을 하고 있다. 회사에는 온라인 채팅 방에서 일하는 30명의 직원이 있는데, 그들은 평균적으로 시간당 240개의 채팅 질문들을 받고 평균 채팅 시간은 5분(즉, 채팅의 처음부터 끝까지)이라고 한다. 평균적으로 몇 개의 채팅들이 진행 중인가(즉, 시작은 했지만 아직 끝나지는 않고 현재 진행 중인 채팅의 수)?

16. 한 빵집에서 식품점 체인에 납품할 빵을 생산하기 위해 새로운 생산 프로세스를 설계하고 있다. 빵을 굽는 데 12분이 걸린다면 이 빵집이 시간당 4,200개의 빵을 구워내기 위해서는 얼마나 큰 오븐이 필요한가(동시에 구울 수 있는 빵의 개수로 측정됨)?

17. La Villa는 Italian Alps에 있는 마을이다. 이곳은 스위스, 독일, 오스트리아 그리고 이탈리아에서

많은 사람들이 스키를 타기 위해 방문하는 매우 인기 있는 장소인데 겨울 시즌에는 모든 방들이 항상 예약되어 있고 마을에는 평균적으로 1,200명의 스키 타는 사람들이 머무르고 있으며 사람들은 스키를 타기 위해 La Villa 마을에 평균 10일 정도 머무른다. 그렇다면 하루 평균 몇 명의 사람들이 스키를 즐기기 위해 La Villa 마을에 도착하는가?

18. 작은 항공사의 수하물 수속 프로세스를 생각해보자. 자료에 따르면 오전 9시에서 오전 10시까지 240명의 승객이 탑승수속을 밟았다고 한다. 게다가 줄에서 기다리는 사람들까지 세어 보니 탑승수속을 밟기 위해 기다리고 있는 사람이 평균 30명이라는 것을 공항 관리자가 알게 되었다. 그렇다면 승객이 탑승수속을 밟기 위해 줄에서 기다리는 시간은 평균 얼마인가?

19. 한 컨설팅 회사는 이직을 했거나 퇴직한 자리를 채우기 위해 매년 15명의 새로운 직원을 고용해야 한다. 이 회사에는 모두 120명의 직원이 근무하고 있는데, 이 회사 직원의 평균 근속연수는 얼마인가?

20. Eagle Super Bowl 우승 퍼레이드가 진행되는 동안 평균 700,000명이 Ben Franklin Parkway 시가지에 존재한다. 이 행사는 4시간 동안 진행되는데, 각 참석자는 평균 2.5시간 동안 행사에 참여한다. 행사가 진행되는 4시간 동안의 총 참석자 수는 얼마인가?

21. 50개의 병상을 보유한 한 병원은 평균 40개의 병상을 사용한다. 하루 평균 30명의 환자가 퇴원한다면, 이 병원의 환자가 평균적으로 병원에 머무르는 시간(일)은 얼마인가?

22. 작은 건축사무소인 Streefkerk는 다양한 주택시공 프로젝트를 진행한다. 각 프로젝트는 평균 18개월이 소요되며 $60,000의 이윤을 남긴다. 이 사무소가 연간 $600,000의 이윤을 목표로 한다면 특정 시점에서 평균 몇 개의 프로젝트를 진행해야 하는가?

사례 Cougar Mountain

스키나 보드를 타는 사람이라면 어떤 리조트가 "고속" 탈착식 리프트를 가지고 있는지 알 것이다. 이 리프트들은 "분리가능"하다고 불리는데 그 이유는 승객을 내리기 전에 리프트가 케이블 선에서 분리되기 때문이다. 승객들이 "탑승"하면 리프트는 본 케이블 선에 다시 장착되어 전통적인 "고정식 그립" 리프트보다 더 빠른 속도로 꼭대기까지 "치솟는다."

중간 사이즈의 수익성 있는 스키리조트인 Cougar Mountain은 현재 고객들을 산아래 숙박시설에서부터 산꼭대기까지 데려다 주는 전통적인 고정식 그립 리프트를 운영하고 있다. Cougar Mountain의 주인인 Jessica Powder는 지형의 우수함이나 친절한 서비스에 자부심을 갖고 있기는 하지만 전통적인(즉, 느린) 리프트가 그들의 단골 고객을 실망시킬까 봐 고민하고 있다. 이제는 전통적인 리프트를 탈착식 고속리프트로 바꿔야 할지 고민해 보아야 한다. Jessica는 그녀의 최고 운영책임자인 Doug Bowl에게 현재의 리프트와 새로운 리프트에 대한 자료를 수집하라고 지시했다. 그가 표 2.7에 정리된 자료를 다 수집한 뒤 Jessica와 Cougar의 수익과 광고를 책임지고 있는 Mark Ketting과 회의를 시작했다.

Mark는 다음과 같은 말로 대화를 시작했다. "고객들은 새로운 리프트로 인해 탑승시간이 반으로 줄어든다면 무척 좋아할 거야. 하지만 Doug의 자료에는 문제가 있는 것 같아. 만약에 새 리프트가 스키어들이 산꼭대기로 이동하는 시간을 두 배 빨리 해준다면 산 꼭대기에 더 많은 사람들을 더 빠른 속도로 내리게 해줄 수 있다는 이야기잖아! 그러니까 리프트의 용량 또한 두 배가 되어야 하지 않겠어?" Doug는 대답했다. "나는 표 2.7의 자료가 맞다고 생각해. 내가 관찰한 바에 따르면 사람들이 리프트를 승하차하는 데 드는 시간에는 차이가 없거든." 그러자 Jessica가 뛰어들었다. "Doug, 네 말이 맞다면 그럼 결국 고정식 리프트와 탈착식 리프트의 차이점은 속도뿐이라는 거야?"

© Glowimages/Getty Images

1. Mark(리프트의 용량 또한 두 배로 증가한다)와 Doug (두 리프트는 같은 용량을 가지고 있다) 중 누가 옳다고 생각되는가?
2. Jessica에게 어떤 답변을 줄 수 있는가? 두 개의 리프트 간 다른 차이는 없는가?

표 2.7 Cougar Mountain의 현재 고정식 리프트와 제안된 탈착식 리프트의 성과 자료

	고정식	탈착식
리프트의 길이(미터)	700	700
의자당 승객 수	4	4
아래에서 위로 이동하는 시간(초)	250	125
하차 용량(시간당 스키어 수)	2,400	2,400

memo

3 프로세스 분석

학습목표

3-1 프로세스 흐름도를 그릴 수 있다.

3-2 단일단계 프로세스의 처리능력을 알아낼 수 있다.

3-3 프로세스의 흐름률, 활용률, 그리고 사이클타임을 알아낼 수 있다.

3-4 다단계 프로세스에서의 병목지점을 찾아내고 프로세스의 처리능력을 알아낼 수 있다.

3-5 특정 주문량을 생산하는 데 시간이 얼마나 걸리는지 알아낼 수 있다.

이 장의 개요

© *Andersen Ross/Getty Images*

소개

당신이 식당의 운영을 맡고 있다고 하자. 식당이 잘 운영되고 있는지 어떻게 알 수 있는가? 당신이 회계사라면 식당의 매출과 비용을 따져 본 뒤 매출이 비용보다 높다면 안심하고 직원에게 식당 운영을 맡길 수도 있다. 물론 돈도 중요하고 많은 이윤도 중요하다. 그러나 운영전문가로서 좀 다른 시각을 가져보기를 바란다. 매일매일 이윤을 만들어 내고, 고객을 기쁘게 하고, 다른 식당들과의 경쟁에서 장기적인 성공을 보장받기 위해서는 식당의 "블랙박스"를 들여다보아야 한다. 매출과 비용을 추적하는 것 외에 식당 운영에 대해 무엇을 더 알아야 할까? 다음과 같은 질문들을 생각해보자.

- 하루에 고객이 얼마나 되는가? 고객을 더 많이 받지 못하는 이유는 무엇인가?
- 식당 직원들은 얼마나 바쁜가?
- 일정 수의 고객을 응대하는 데 얼마의 시간이 걸리는가?

이러한 질문들에 대한 답을 알고 있다면 더 나은 식당 운영이 가능할 것이다. 만약 당신이 고객을 더 많이 받을 수 있다면 매출은 더 올라갈 것이다. 또한, 모든 직원들이 하루 종일 바쁘다면 추가 직원을 뽑아야 할지도 모르지만 직원들이 하루 중 절반을 Angry Birds 게임을 하면서 보내고 있다면 인건비를 줄일 수 있는 여지가 있을 것이다. 그리고 만약 10명의 고객들을 응대하는 데 3시간 정도가 소요된다면 당신은 이 고객들을 인근 다른 식당들에게 빼앗길 위험에 있다고 할 수도 있다.

3.1 프로세스 흐름도를 어떻게 그리는가

이번 장의 주제인 **프로세스 분석(process analysis)**은 방금 전 질문들에 대한 대답뿐만이 아니라 비즈니스의 구체적인 운영을 이해할 수 있는 엄격한 분석의 틀을 제공해준다. 프로세스 분석은 운영이라는 블랙박스를 열어주고 한 단위의 수요를 맞추기 위해 혹은 한 단위의 공급을 하기 위해 필요한 모든 활동들을 확인하고 분석하면서 블랙박스의 내부를 들여다보게 해준다. 이 장에서는 프로세스 분석을 어떻게 하는지를 다룰 것인데 프로세스 분석이 끝나면 그것을 개선할 줄도 알게 된다. 더 많은 고객에게 서비스를 제공하고 적절한 직원 수를 찾아내고 빠른 시간 내에 고객이 원하는 것을 제공할 수 있다. 즉, 현재의 프로세스를 더 나은 프로세스로 만들 수 있다.

© Andrew Resek/McGraw-Hill Education

프로세스 분석은 비즈니스를 수행하는 모든 사람들이 사용할 수 있는 분석의 틀이다. 식당 주인, 관리자, 직원, 그리고 식당 운영을 컨설팅해주는 사람도 사용할 수 있다. 작은 규모의 식당이라면 이 일은 주인의 책임일 것이다. 더 큰 규모의 식당이나 체인점에서는 "운영(operations)"이라는 용어가 사용되는 많은 직무들이 있다(Vice President of Operations, Chief Operating Officer, Director of Operations, Operations Expert 등). 그러나 비즈니스의 운영을 이해하는 것은 누구에게나 중요하다. 비즈니스의 구성원 누구나 더 나은 비즈니스를 하는 데 관심 있지 않은가?

프로세스 분석 비즈니스의 세부적인 운영을 이해하기 위한 엄격한 분석의 틀로서, 특히 단위시간당 얼마나 많은 흐름 단위들이 처리될 수 있는지(프로세스 처리능력), 프로세스의 자원들이 얼마나 사용되고 있는지(활용률)를 알 수 있다.

프로세스 흐름도 프로세스를 도식화하여 표현하는 방법으로서 자원은 네모로, 흐름은 화살표로, 재고의 위치는 세모를 사용해서 표시한다.

당연한 이야기이겠지만, 이 책과 이 장은 식당에 대한 이야기만을 하는 것은 아니다. 의사와 간호사는 불쾌하게 생각할지도 모르겠지만 프로세스 분석이 제공하는 틀은 식당뿐만이 아니라 병원에서도 가치가 있다. 더 많은 환자들에게 서비스를 제공하는 것, 적정 수의 의사와 간호사를 고용하는 것, 환자를 너무 오래 기다리지 않게 하는 것 등 의료서비스의 운영을 개선하기 위해서도 프로세스 분석은 필요하다. 따라서 식당, 병원 또는 어떠한 비즈니스에서도 프로세스 분석의 목적은 비즈니스를 개선하는 데 있다.

프로세스 분석을 시작하는 데 가장 좋은 방법은 **프로세스 흐름도(process flow diagram)**를 그려보는 것이다. 프로세스 흐름도는 프로세스를 도식화하여 표현하는 방법으로서 우리가 프로세스를 이해하기 위해 수집한 정보들을 구조화하는 데 도움이 된다. 이 방법론을 소개하기 위해 Subway 식당의 사례를 활용할 것이다. 식당은 대부분의 사람들이 방문해본 경험이 있기 때문에 좋은 예시가 될 것이고 이를 통해 우리는 학술적인 내용을 실생활과 연결지어 볼 수 있을 것이다.

학습목표 3-1
프로세스 흐름도를 그릴 수 있다.

표 3.1 샌드위치 레시피(고객 응대 포함)

활동
고객 응대
주문 접수
빵 준비
빵 자르기
고기 추가
치즈 추가
양파 추가
양상추 추가
토마토 추가
오이 추가
피클 추가
피망 추가
올리브 추가
할라피뇨 추가
소스 추가
포장
세트 메뉴 권유
쿠키 권유
계산

크게 보면 식당은 고객, 직원(Subway에서는 이들을 "Sandwich artists"라고 부르기도 한다), 작업장, 계산대로 구성되어 있다. 우리가 특정 요리를 위한 레시피를 가지고 있는 것처럼 Subway도 샌드위치를 위한 레시피를 가지고 있다. 샌드위치 레시피는 샌드위치를 어떻게 만드는지에 대한 구체적인 지침을 제공해주는데 표 3.1에 상세한 내용이 정리되어 있다. 표에 제시된 각 단계를 **활동(activity)**이라고 부른다. 표 3.1에 표시된 활동들은 샌드위치 만드는 것과 직접적으로 관련이 있는 활동(예를 들어, 빵 자르기) 이외에도 고객 맞이하기부터 계산하기까지 고객을 응대하는 상황에서 해야 하는 것들에 대한 활동도 포함하고 있다.

레시피가 요리하는 데는 유용하지만 식당의 운영에 대해서는 어떠한 정보도 주지 않는다. 고객은 기다려야 하는가? 식당이 임대료와 임금을 지불할 수 있을 정도로 충분히 많은 고객을 받고 있는가? 우리가 이를 알아낼 수 있는 유일한 방법은 고객에게 서비스를 제공하는 프로세스를 살펴보는 것이다. 고객은 우리가 수행하는 분석의 기본 단위로서 프로세스의 흐름단위가 된다. 또한 우리는 프로세스 내의 고객을 재고라고 부를 것이다.

만약 우리가 점심시간 같이 바쁜 시간에 식당을 방문한다면 가장 먼저 보게 될 것이 차례를 기다리는 손님들의 대기줄일 것이다. 프로세스 흐름도를 그릴 때 아직 응대가 이루어지지 않은 채 프로세스 내에서 대기하고 있는 흐름단위의 위치는 세모로 표현한다. 이 대기하고 있는 흐름단위들을 일반적으로 **완충재고(buffer inventory)**라고 부른다. 대기열에서 기다리던 어느 고객의 차례가 되면 첫 번째 직원이 그 고객에게 인사를 한다. 직원은 고객의 주문을 받고 샌드위치를 준비하기 시작한다. 우리는 이 직원을 자원이라고 부른다. **자원(resources)**은 흐름단위가 투입물에서 산출물로 변환되도록 돕는 역할을 한다.

자원 투입물을 산출물로 변환시키는 인력이나 장비

흐름단위 프로세스 분석에서 다루는 분석의 단위. 예를 들어 병원의 환자들, 스쿠터 공장의 스쿠터, 콜센터의 문의전화

프로세스 흐름도에서는 **흐름단위(flow unit)**가 투입에서 산출까지 이동하는 경로를 표시하기 위해 화살표가 달린 직선을 사용한다. 우리가 사용하는 예시에서 흐름단위는 기다리던 대기열(재고)에서 나온 뒤 첫 번째 자원으로 이동하였다. 자원은 프로세스 흐름도에서 네모로 표현된다. 따라서 프로세스 흐름도는 세모, 화살표, 네모로 구성된다(그림 3.1 참조).

첫 번째 직원이 자신의 일을 마치면 두 번째 직원이 빵 위에 야채(양파, 양상추, 토마토 등)를 올리고 샌드위치를 완성한다. 그리고 샌드위치를 봉투에 담아준다. 두 번째 직원은 흐름단위를 위해 다른 종류의 활동을 맡고 있기 때문에 이를 표현하기 위해 두 번째 네모를 만들고 첫 번째 네모에서부터 연결되는 화살표로 연결해 주어야 한다. 직원 1이 직원

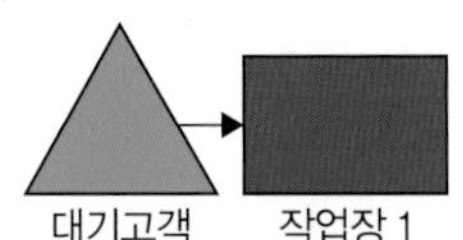

그림 3.1
화살표는 흐름을,
세모는 재고를, 네모는 활동을 의미한다.

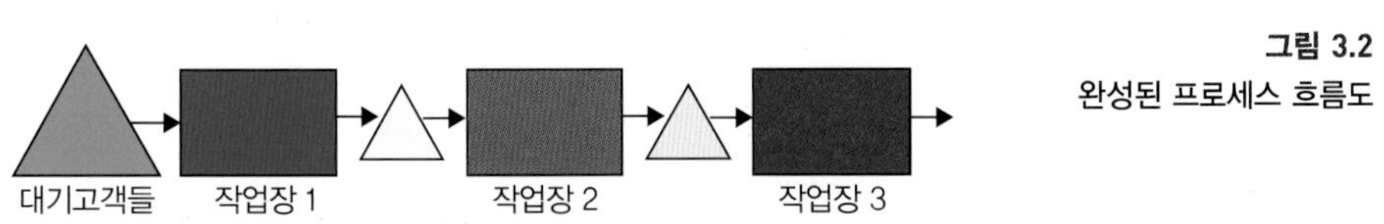

그림 3.2
완성된 프로세스 흐름도

2에 비해 얼마나 빠른가에 따라 두 작업장 사이에 재고라고 부르는 줄이 형성될 수도 있다. 따라서 프로세스 흐름도에서 직원 1과 2 사이에 재고의 발생 가능성과 위치를 보여주기 위해 세모를 표기한다. 직원 2에 이어, 직원 3은 고객에게 추가 메뉴를 권하는 것과 계산하는 것을 맡는다. 다시 한 번 프로세스 흐름도에 직원 3을 표현하는 네모 하나를 추가하고 직원 2와 3 사이에 한 개의 세모 그리고 이들을 연결하는 두 개의 화살표를 추가한다. 이제 고객이 샌드위치를 받으면서 프로세스 흐름도도 완료된다. 그림 3.2는 완성된 흐름도를 보여준다.

프로세스 흐름도는 프로세스 흐름의 방향성을 보여준다. 이를 염두에 두고 흐름의 시작부분을 **프로세스의 상단(upstream)**이라 부르고 끝나는 부분을 **프로세스의 하단(downstream)**이라 부른다. 이 과정에서 우리는 상단에 위치한 자원이 미완성된 샌드위치를 하단에 위치한 자원에게 전달하는 것을 보게 된다. 다시 말해 작업장 2를 작업장 1의 고객이라고 생각할 수 있다.

프로세스의 상단 프로세스 흐름의 시작부분

프로세스의 하단 프로세스 흐름의 끝부분

프로세스 흐름도 하나만으로는 프로세스의 흐름률(단위시간당 식당을 방문하는 고객의 수)에 대한 정보를 얻을 수 없지만 그 자체로 몇 가지의 유용한 정보를 파악할 수 있으며 추후 이어지는 더 많은 계량적 분석이 가능해진다. 그러나 숫자에 대해 이야기하기 전에 그림 3.3(a) ~ (d)에 묘사된 세 가지 다른 형태의 프로세스 흐름도에 대해 살펴보자.

- 그림 3.3(a)는 각각의 대기열을 따로 가지고 있는 3개의 병렬적인 프로세스를 보여주고 있다. 대기열의 구성을 보면 슈퍼마켓의 계산대를 연상할 수 있는데 여기에서 각 흐름단위는 하나의 네모만 거치는 것을 볼 수 있다. 이는 각 자원이 주문을 받고 계산하기까지 고객에게 제공하는 모든 활동을 책임지고 있다는 것을 의미한다. 달리 말하면, 이 프로세스 흐름도는 각 자원이 전체 활동 중 특정 활동만을 전담하는 것이 아니라 각 고객에게 모든 서비스를 제공한다는 것을 표현하고 있다.
- 그림 3.3(b)는 3개의 병렬적 자원들이 단 하나의 공통 대기열을 갖는 상황을 표현하고 있다. 이는 공항에서 여행객들이 수화물을 맡기는 과정과 유사하다(우선권이 있는 대기열이나 공항 밖의 수화물위탁 등은 무시하자). 대기열의 첫 번째에 있는 고객은 작업이 가능한 다음 자원에 의해 순차적으로 서비스를 받게 된다.
- 마지막으로 그림 3.3(c)는 그림 3.2에 담긴 프로세스 흐름도처럼 세 단계로 구성된

그림 3.3
서로 다른 대안을 나타내는 프로세스 흐름도

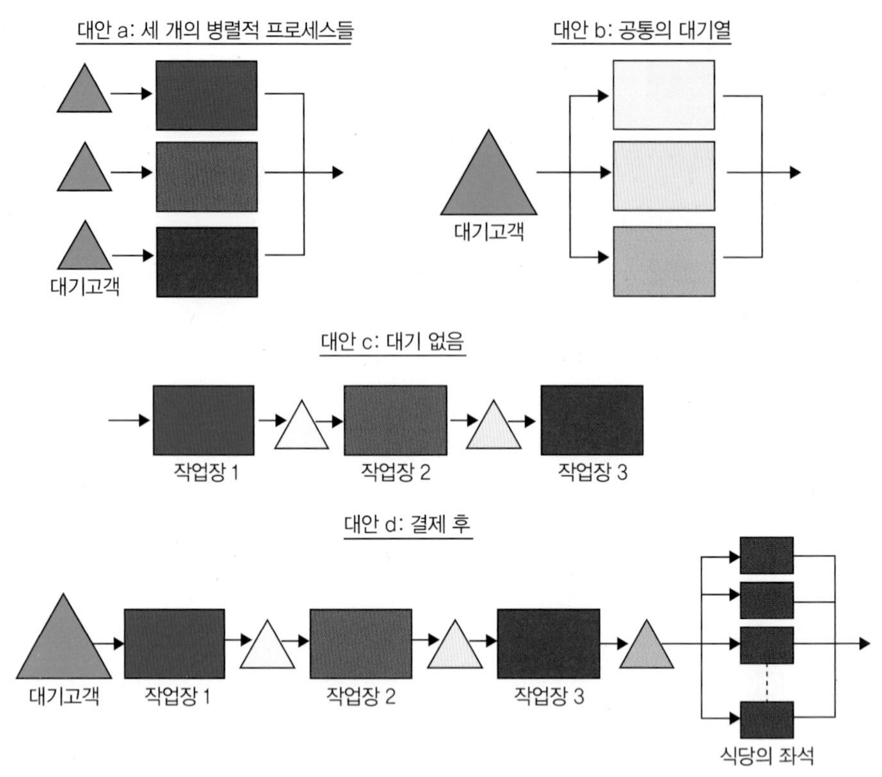

프로세스이지만 흐름의 시작부분에 세모가 없다는 것이 다른 점이다. 이는 프로세스의 시작부분에서 대기하는 재고가 전혀 없다는 것을 의미한다. 예를 들어 기다리는 차량이 대기할 장소가 없는 드라이브 스루 식당이 이러한 구조라고 할 수 있다. 고객 입장에서 운이 좋으면 첫 번째 작업장으로 바로 진입하는 것이고 그렇지 않다면 못하는 것이다(고객은 계속해서 방황하다가 다른 곳으로 갈 수도 있다).

- 만약 우리가 고객이 결제를 한 이후에 관해서도 묘사하고 싶다면 프로세스 흐름도를 그림 3.3(d)와 같이 확장하면 된다. 그림 3.3(d)에는 프로세스 내 추가적인 자원으로서 식당의 좌석이 표시되어 있다. 혹자는 식당에서 샌드위치를 먹는 고객들도 또 다른 형태의 재고이므로 프로세스 흐름도에서 네모로 표시하기보다는 세모로 표시하는 것이 맞는다고 주장할 수도 있다. 우리는 식사장소를 제공하는 것 역시 Subway가 수행하는 서비스의 일부라고 생각하기 때문에 네모를 선택했다. 세모는 고객이 세모에 해당하는 부분을 놓치더라도 고객의 만족도에 별 영향이 없을 때만 사용되어야 한다.

프로세스 분석을 시작하기 전에 프로세스 흐름에 대해 충분히 이해하고 있어야 하기 때문에 이를 위해 제일 먼저 프로세스 흐름도를 그려 보아야 한다. 특히 강조할 부분은, Subway 식당에서 일어나는 프로세스 흐름은 다양할 수 있으며 고객 이외에 다른 것을 흐름단위로 정할 수도 있다는 점이다. 예를 들어 식당에서 일어나는 빵의 흐름이나 치즈의 흐름을 분석할 수도 있다. 심지어 직원의 흐름이나 직원채용과 근무 프로세스를 그려볼 수도 있다.

흐름단위를 달리 설정하면 프로세스 흐름도도 당연히 달라지게 된다.

지금까지 살펴본 것처럼 프로세스 흐름도는 아주 다양하게 만들어질 수 있으므로 누구나 분석하고 싶은 프로세스를 자유롭게 설정할 수 있다. 잠시 McDonald's의 사례를 보자. 우리가 고객을 흐름단위로 설정한다면 대기고객이라는 재고(세모)를 표시해야 한다. 그러나 햄버거를 흐름단위로 설정한다면 음식이 재고가 될 것이다. 따라서 재고는 공급을 기다리는 수요(배고픈 고객)가 될 수도 있고 때로는 수요를 기다리는 공급(따뜻하게 유지해야 하는 햄버거)이 될 수도 있다. 두 경우 모두 재고는 수요와 공급 간의 불일치이기 때문에 왜 재고가 존재하는지를 명확히 이해해야 한다.

이 장의 나머지 부분에서는 고객을 흐름단위로 하여 세 개의 프로세스 흐름도를 분석할 것이다. 첫 번째는 한 명의 직원이 고객들을 응대하는 프로세스이고, 두 번째는 그림 3.3(a)와 같이 세 명의 직원이 병렬적으로 일하는 프로세스이며, 세 번째는 그림 3.2와 같이 세 명의 직원이 각자 특화된 업무를 수행하면서 샌드위치를 만드는 프로세스이다.

이해도 확인하기 3.1

© David R. Frazier Photolibrary, Inc.

질문 공항의 보안검색 프로세스는 (1단계) 신원과 탑승권을 확인하고, (2단계) 금속탐지기를 이용하여 탑승객이 금속물질을 들고 있지는 않은지 검사하고, (3단계) 짐을 X-ray 기계에 통과시키는 것으로 이루어져 있다. 1단계 전에는 탑승객들의 대기열이 길지만 때로는 대기열이 2단계와 3단계에도 존재한다. 2단계와 3단계는 병렬적으로 진행된다. 즉 탑승객의 짐이 X-ray 기계를 통과하는 동안 탑승객은 금속탐지기를 통과한다. 이 프로세스에 대한 프로세스 흐름도를 그려보자.

답 그림 3.4 참조

그림 3.4
공항의 보안검색 프로세스

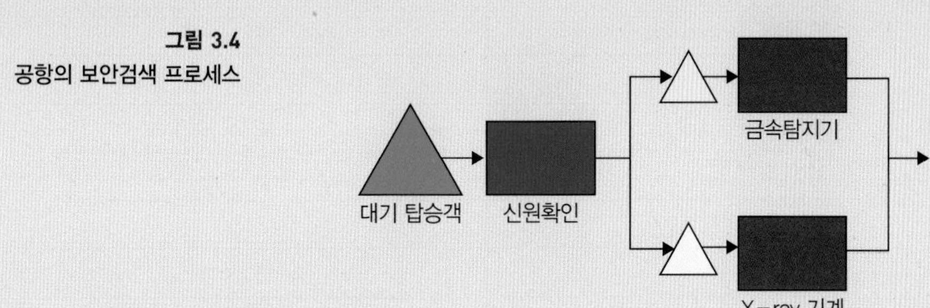

3.2 단일단계 프로세스의 처리능력

학습목표 3-2
단일단계 프로세스의 처리능력을 알아낼 수 있다.

당신은 샌드위치 하나를 어떻게 만드는가? 그림 3.3의 프로세스와 레시피를 따라 할 것이다. 그러면 100개의 샌드위치는 어떻게 만드는가? 이제 제품 자체(샌드위치)에서 프로세스로 초점을 바꾸어야 한다. 프로세스에 초점을 맞춘다는 것은 프로세스 흐름을 어떻게 구성할지 결정한다는 것이고 이전에 다룬 다양한 프로세스 흐름도 중 선택을 해야 한다는 것이다. 당분간, 한 직원이 고객주문의 모든 것을 수행하는 단일단계 프로세스를 사용한다고 가정하자.

하나의 고객 주문을 처리하기 위해서는 고객 응대부터 계산까지 많은 활동들이 필요한데, 표 3.2는 각 활동이 고객당 얼마나 시간이 걸리는지를 보여준다. 모든 활동들의 소요시간들을 더하면 고객당 120초가 걸린다. 이 시간을 **처리시간(processing time)**이라고 부른다. 자원의 처리시간은 이 자원이 하나의 흐름단위를 처리하는 데 드는 시간을 의미한다. 표 3.3은 다양한 상황별 처리시간의 예를 보여주고 있다.

처리시간 한 자원이 하나의 흐름단위를 처리하는 데 드는 시간

이제 측정 단위를 조심스럽게 정의해보자. 우리의 예에서 처리시간의 측정 단위는 고객당 처리시간(초), 즉 초/고객이다. 될 수 있으면 측정 단위를 간결하게 표시하는 것이 좋다. 마치 고등학교 물리수업 시간에서 그랬던 것처럼 물리학에서 미터라는 측정 단위는 1초당 미터라는 측정 단위와는 다르다. 이와 유사하게 운영관리에서도 초는 고객당 초와는 다른 측정 단위이다.

향후 계산과정에서 우리는 처리시간이 표 3.2에 표기된 시간과 정확히 같다고 가정할 것이다. 이는 강한 가정이다. 모든 고객이 샌드위치에 할라피뇨를 넣지는 않을 것이기 때문에 표 3.2에 표기된 몇몇 활동들의 처리시간은 고객에 따라 다를 수도 있다. 그러나 표 3.2의 데이터를 이해하는 한 가지 방법은 이 숫자가 여러 고객들에 걸친 평균 처리시간이라고 생각하는 것이다. 예를 들어 할라피뇨를 샌드위치에 올리는 데 고객당 10초가 걸리

표 3.2 고객당 총 120초의 처리시간이 소요되는 샌드위치 제작에 필요한 활동시간들

활동	활동시간[초/고객]
고객 응대	4
주문 접수	5
빵 준비	4
빵 자르기	3
고기 추가	12
치즈 추가	9
양파 추가	3
양상추 추가	3
토마토 추가	4
오이 추가	5
피클 추가	4
피망 추가	4
올리브 추가	3
할라피뇨 추가	2
소스 추가	5
포장	13
세트 메뉴 권유	3
쿠키 권유	14
계산	20
총 처리시간	120

표 3.3 일반적인 상황별 처리시간

활동	처리시간
심장수술(double-bypass 수술)	4시간/환자
자동차 조립라인에서 백미러 설치	50초/차량
소액대출건의 심사	40분/대출
은행 콜센터의 간단한 통화	5분/통화
간호 서비스	15분/환자

지만 10명 중 2명만 할라피뇨를 원할 수 있다. 이 경우 평균적으로 고객당 2초가 소요된다고 생각할 수 있다. 또한 직원은 로봇이 아닌 사람이므로 때로는 빠르고 때로는 느리게 작업한다고 생각할 수 있다. 역시 평균의 관점에서 생각하는 것이 도움이 된다. 이 교재의 나중 부분에서 이 강한 가정을 완화하면서 변동성이 존재하는 흐름에 대한 모델을 구성하는 방법을 살펴볼 것이다. 그러나 지금 당장은 이 가정이 도움이 될 것이다.

다음으로 단일 자원(직원)의 **처리능력(capacity)**을 단위시간당 자원이 처리할 수 있는 흐름단위들의 최대량이라고 정의한다.

처리능력 단위시간 동안 자원이 처리할 수 있는 흐름단위의 최대량

프로세스 처리능력 단위시간당 프로세스가 처리할 수 있는 최대 흐름률로서 프로세스의 최대 공급량을 결정한다. 프로세스 처리능력은 프로세스에 속해 있는 모든 자원들의 개별 처리능력 중 최소 처리능력과 동일하다.

샌드위치를 만드는 프로세스의 경우에는

$$\begin{aligned}\text{처리능력} &= \frac{1}{\text{처리시간}} \\ &= \frac{1}{120}\text{고객/초} \\ &= 0.008333\text{고객/초}\end{aligned}$$

0.008333명의 고객이 어떻게 생겼는지에 대해 논쟁의 여지가 있을 수 있다. 그러나 1초는 아주 짧은 시간이다. 시간의 측정 단위를 바꾸면,

$$\begin{aligned}\text{처리능력} &= 0.008333\frac{\text{고객}}{\text{초}} \times 60\frac{\text{초}}{\text{분}} \\ &= 0.5\frac{\text{고객}}{\text{분}} \times 60\frac{\text{분}}{\text{시간}} = 30\frac{\text{고객}}{\text{시간}}\end{aligned}$$

따라서 우리는 0.008333고객/초 또는 0.5고객/분 또는 30고객/시간이라고 처리능력을 표현할 수 있는데 이 세 가지 표현은 모두 같은 의미이다. 자원의 처리능력은 단위시간당 자원이 처리할 수 있는 흐름단위의 최대량을 의미한다.

현재의 예시에서는 한 명의 직원이 프로세스의 유일한 자원이므로 **프로세스의 처리능력(process capacity)**이 30고객/시간이라고 말할 수 있다. 다시 한 번, 우리가 어떠한 시간단위를 사용하든지 간에, 프로세스 처리능력은 단위시간당 프로세스가 처리할 수 있는 최대의 흐름률을 의미한다. 따라서 이는 프로세스의 최대 공급량을 의미한다.

ⓒ sturti/Getty Images

이해도 확인하기 3.2

질문 컬러프린터로 큰 포스터를 출력하는 데 10초가 걸린다. 프린터의 처리능력을 시간당 포스터의 개수로 표기하면 얼마인가?

답 프린터의 처리능력은 1포스터/10초 또는 360포스터/시간이다.

질문 한 명의 직원이 콜센터에 걸려오는 전화 한 통화를 처리하는 데 6분이 걸린다. 콜센터의 처리능력을 시간당 전화 처리 수로 표현한다면 얼마인가?

답 콜센터의 처리능력은 전화 1통/6분, 즉 10통/시간이다.

3.3 흐름률, 활용률, 사이클타임을 어떻게 계산하는가

수요율 단위시간당 고객들이 원하는 흐름단위의 수

처리능력 제약상태 수요가 공급을 초과하여 흐름률이 프로세스 처리능력과 동일한 상황

수요 제약상태 프로세스 처리능력이 수요를 초과하여 흐름률이 수요율과 동일한 상황

산출량 흐름률과 동일한 의미이며 단위시간당 프로세스를 통과하는 흐름단위의 수

이제 우리의 **수요율(demand rate)**이

$$\text{수요} = 40\,\frac{\text{단위}}{\text{시간}}$$

라고 가정해보자. 수요율은 단위시간당 고객이 원하는 흐름단위의 개수이다. 따라서 고객이 시간당 40개의 샌드위치를 원하지만 우리는 30개의 샌드위치를 만들 수 있는 처리능력밖에 가지지 못했다. 우리는 흐름률을 다음과 같이 정의할 수 있다.

$$\begin{aligned}\text{흐름률} &= \text{최소}\{\text{수요, 프로세스 처리능력}\}\\ &= \text{최소}\left\{40\,\frac{\text{고객}}{\text{시간}},\ 30\,\frac{\text{고객}}{\text{시간}}\right\} = 30\,\frac{\text{고객}}{\text{시간}}\end{aligned}$$

학습목표 3-3
프로세스의 흐름률, 활용률, 그리고 사이클타임을 알아낼 수 있다.

이 경우에 흐름률을 제한하는 요인은 프로세스 처리능력이다. 이처럼 수요가 공급을 초과하여 흐름률이 프로세스 처리능력과 동일한 상황을 **처리능력 제약상태(capacity-constrained)**라고 부른다. 만약 프로세스 처리능력이 수요를 초과하여 흐름률이 수요율과 동일하다면 이는 **수요 제약상태(demand-constrained)**라고 부른다. 흐름률 대신 **산출량(throughput)**이라는 용어를 쓰는 경우도 있는데 우리의 관점에서는 흐름률과 산출량은 동일한 의미를 가진 용어들이다.

활용률 흐름률(프로세스가 현재 얼마나 빠르게 돌아가는지)과 프로세스 처리능력(쉬지 않고 프로세스가 돌아갈 만큼 충분한 수요가 있을 때 프로세스가 얼마나 빠르게 운영될 수 있는지) 간의 비율. 활용률은 개별 자원의 차원에서 또는 전체 프로세스의 차원에서 계산할 수 있다.

다음으로 프로세스의 **활용률(utilization)**을 흐름률(프로세스가 현재 얼마나 빠르게 돌아가는지)과 프로세스 처리능력(쉬지 않고 프로세스가 돌아갈 만큼 충분한 수요가 있을 때 프로세스가 얼마나 빠르게 운영될 수 있는지) 간의 비율로 정의한다. 따라서,

$$\text{활용률} = \frac{\text{흐름률}}{\text{처리능력}} = \frac{30}{30} = 1$$

활용률은 개별 자원의 차원에서 또는 전체 프로세스의 차원에서 계산될 수 있다. 현재 우리가 사용하는 예시에서는 한 명의 직원만을 자원으로 갖고 있으므로 그러한 구분은 차이가 없다.

사이클타임 연이은 두 흐름단위 사이의 시간간격

마지막으로 프로세스의 **사이클타임(cycle time)**은 다음과 같이 정의된다.

$$\text{사이클타임} = \frac{1}{\text{흐름률}} = 0.0333\frac{\text{시간}}{\text{고객}} = 120\frac{\text{초}}{\text{고객}}$$

사이클타임은 두 명의 연이은 고객이 계산을 마치는 시간간격을 의미한다. 계산대의 오래된 금전출납기가 열릴 때마다 "따르릉" 하고 소리를 내는 가게를 상상해보라. 사이클타임은 그 두 소리 사이의 시간간격을 의미한다. 소리가 울릴 때마다 돈을 벌 수 있으므로 우리에게는 음악과 같을 것이다.

이제 수요가 시간당 20단위라고 가정해보자. 이 경우에 흐름률(수요와 처리능력 중 최소치)은 시간당 20단위이고 프로세스는 수요 제약상태이다. 따라서, 활용률은 다음과 같다.

$$\text{활용률} = \frac{\text{흐름률}}{\text{처리능력}} = \frac{20}{30} = 0.6667$$

반면 사이클타임은 다음과 같이 증가한다.

$$\text{사이클타임} = \frac{1}{\text{흐름률}} = 0.05\frac{\text{시간}}{\text{고객}} = 180\frac{\text{초}}{\text{고객}}$$

계산대의 벨 소리는 우리가 120초마다 돈을 벌다가 이제는 돈 버는 데 180초가 걸린다는 것을 알려준다. 따라서 사이클타임이 늘어난다는 것은 흐름이 느려졌다는 것을 의미한다.

이제 수요가 시간당 100명으로 증가했다고 상상해보자. 만약 우리가 계속해서 시간당 30명의 고객을 처리할 수 있는 한 명의 직원에만 의존한다면 시간당 70명의 고객은 처리하지 못하게 된다. 그러므로 한 명의 직원이 아닌 3명의 직원을 고용했다고 생각해보자. 나아가 지금부터는 이 3명의 직원이 그림 3.5에서처럼 병렬적으로 설치된 작업장을 운영한다고 가정해보자. 그림 3.5에는 두 개의 프로세스 흐름도가 있다. 왼쪽 흐름도에는 병렬적으로 배치된 세 개의 자원이 하나의 공통 대기줄로부터 고객이라는 재고를 공급받고 있는 것을 볼 수 있다. 오른쪽 흐름도는 하나의 자원이 3명의 직원으로 구성된 것을 표현한 것이다. 이 두 프로세스 흐름도는 동일하며 오른쪽 흐름도는 왼쪽 흐름도를 간결하게 표현한 것이다. 따라서 우리가 수행하는 계산의 결과도 이 두 프로세스 흐름도 모두에 대해 동일할 것이다.

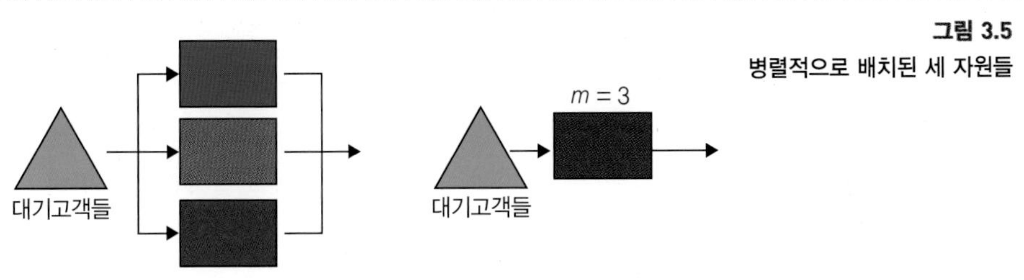

그림 3.5
병렬적으로 배치된 세 자원들

이제 우리가 3명의 직원을 고용하고 있으므로 직원이 한 명일 때에 비해 3배의 처리능력을 가지게 되었다는 것을 직관적으로 알 수 있다. 더 정형화하여 복수(m)의 직원이 작업하는 자원의 처리능력은 다음과 같이 표현할 수 있다.

$$\text{처리능력} = \frac{m}{\text{처리시간}} = \frac{3}{120\text{초}/\text{고객}}$$
$$= \text{초당 } 0.025\text{고객}$$
$$= \text{시간당 } 90\text{고객}$$

수요와 처리능력이 증가하면 흐름률은 다음과 같이 증가한다.

$$\text{흐름률} = \text{최소}\{\text{수요, 프로세스 처리능력}\}$$
$$= \text{최소}\{100, 90\}$$
$$= 90\text{고객}/\text{시간}$$

또한 활용률을 다음과 같이 계산할 수 있다.

$$\text{활용률} = \frac{\text{흐름률}}{\text{처리능력}} = \frac{90}{90} = 1$$

사이클타임은 다음과 같이 감소한다.

$$\text{사이클타임} = \frac{1}{\text{흐름률}} = 0.0111\frac{\text{시간}}{\text{고객}} = 40\frac{\text{초}}{\text{고객}}$$

운영관리에 경험이 많은 사람도 사이클타임과 리드타임이라는 용어를 헷갈려 한다. **사이클타임(cycle time)**은 1/흐름률이라고 정의하고 단위당 시간단위로 표현된다.

리드타임 고객이 주문을 한 시점부터 주문이 완료된 시점까지의 처리시간. 프로세스의 리드타임은 종종 프로세스의 흐름시간을 대체하는 용어로 사용된다.

반면, **리드타임(lead time)**은 고객이 주문을 한 시점부터 주문이 완료된 시점까지의 소요시간을 의미한다. 따라서 리드타임은 흐름시간(흐름단위가 프로세스를 통과하는 데 소요되는 시간이라고 정의했던)과 같은 의미이다. 리드타임(흐름시간)은 단위시간으로 표현된다. 사이클타임이 흐름률에 의해 계산되고 리드타임은 흐름시간과 같기 때문에 당신은 아마 사이클타임과 리드타임이 리틀의 법칙으로 연결되었음을 눈치챘을 것이다. $I = R \times T$이고 사이클타임 $= 1/R$이므로 $I \times$ 사이클타임 = 흐름시간이라는 것을 알 수 있다. 다음의 예를 생각해보자. 당신이 병원에 갔는데 거기에 당신을 포함해 10명의 환자가 있다. 잠시 상황을 지켜본 당신은 의사가 환자를 맞이하고 내보내기까지 15분의 주기로 업무를 본다는 것을 알아냈다. 당신이 병원에 머무르게 될 총 시간은 얼마일까? 답은 흐름시간 = 재고 × 사이클타임 = 10명의 환자 × 15분/환자 = 150분이다.

이 용어들 간의 차이를 숙지해야 하고 혹시라도 혼란스러우면 질문하는 것을 두려워하지 말아야 한다. 운영관리 용어는 산업마다 아주 다르게 쓰일 수 있어서 한 산업에서는 리드타임이라고 부르는 것을 다른 산업에서는 사이클타임이라고 부르기도 한다. 측정 단위를 명확하게 한다면(고객과 시간당 고객, 시간과 단위당 시간) 오해를 피할 수 있다. 그러므로 우리가 사용하는 단위를 항상 신경 써야 한다.

이해도 확인하기 3.3

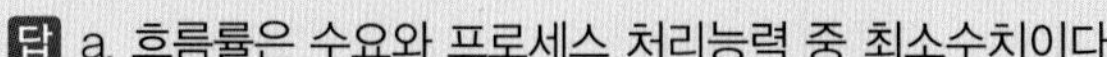

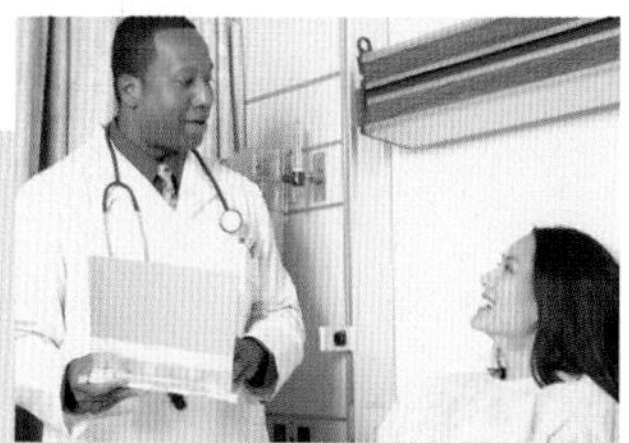

© Plush Studios/Blend Images/Getty

질문 의사가 하루에 16명의 환자를 진료할 수 있는 처리능력을 가지고 있다. 하지만 수요율은 하루에 12명의 환자뿐이다.

a. 흐름률은 얼마인가?
b. 의사의 활용률은 얼마인가?
c. 하루에 10시간을 일한다고 가정하면 사이클타임은 얼마인가?

답 a. 흐름률은 수요와 프로세스 처리능력 중 최소수치이다.

$$\begin{aligned}\text{흐름률} &= \text{최소}\{\text{수요, 프로세스 처리능력}\}\\ &= \text{최소}\{12, 16\}\\ &= 12\frac{\text{환자}}{\text{일}}\end{aligned}$$

b. 활용률은 흐름률과 처리능력 간의 비율이다.

$$\text{흐름률} = \frac{\text{흐름률}}{\text{처리능력}} = \frac{12}{16} = 75\%$$

c. 사이클타임은 1/흐름률이다. 10시간의 근무시간 동안 12명의 환자를 돌본다면 사이클타임은 다음과 같다.

$$\text{사이클타임} = \frac{1}{\text{흐름률}} = \frac{1}{12}\text{일/환자}$$

이는 다음과 같이 표현될 수도 있다.

$$\text{사이클타임} = \frac{1}{12}\text{일/환자} \times 10\frac{\text{시간}}{\text{일}} = \frac{10}{12}\text{시간/환자}$$

3.4 어떻게 다단계 프로세스를 분석하고 병목지점을 찾아내는가

세 명의 직원이 각자 고객을 처음부터 끝까지(고객맞이부터 계산까지) 응대하는 것 대신에 이번 장의 시작부분에 언급한 다른 프로세스 흐름도 생각해볼 수 있다. 세 직원이 고객에게 서비스를 제공하는데 첫 번째 직원은 샌드위치에 치즈를 얹는 것까지, 두 번째 직원은 양파를 얹고 샌드위치 포장까지, 세 번째 직원은 쿠키를 제안하고 계산하는 것까지 맡는 것이다. 수요율은 시간당 100명의 고객으로 동일하다고 가정해보자.

이 프로세스의 흐름률은 얼마인가? 같은 수의 직원 그리고 동일한 수요… 흐름률도 변하지 않고 그대로일 것이라고 생각할 수도 있다. 그러나 3명의 직원이 한 자원을 사용하는 상황에서 3명의 직원이 3개의 자원을 각각 사용하는 상황으로 변했기 때문에 전체적인 상황은 좀 더 복잡해졌다. 특히, 120초/고객의 처리시간이 아니라 세 가지의 처리시간이 존재한다. 더 구체적으로 처리시간은 이제 다음과 같다.

$$\begin{aligned}\text{처리시간}(1) &= 37\frac{\text{초}}{\text{고객}}\\ \text{처리시간}(2) &= 46\frac{\text{초}}{\text{고객}}\\ \text{처리시간}(3) &= 37\frac{\text{초}}{\text{고객}}\end{aligned}$$

이전과 마찬가지로 각 자원의 처리능력은 다음과 같이 계산된다.

$$\text{처리능력} = \frac{1}{\text{처리시간}}$$

세 개의 자원 각각에 대해 한 명의 직원이 배치되어 있으므로

$$\text{처리능력}(1) = \frac{1}{\text{처리시간}(1)} = \frac{1}{37} = \text{초당 } 0.027\text{고객} = \text{시간당 } 97.3\text{고객}$$

$$\text{처리능력}(2) = \frac{1}{\text{처리시간}(2)} = \frac{1}{46} = \text{초당 } 0.022\text{고객} = \text{시간당 } 78.3\text{고객}$$

$$\text{처리능력}(3) = \frac{1}{\text{처리시간}(3)} = \frac{1}{37} = \text{초당 } 0.027\text{고객} = \text{시간당 } 97.3\text{고객}$$

여러 개의 자원이 존재하는 프로세스(순차적으로 네모들이 연결된 프로세스 흐름)에서는 각 자원의 처리능력은 각기 다르다. 전체 프로세스의 처리능력을 계산하려면

$$\text{프로세스 처리능력} = \text{최소}(\text{처리능력}(i)) = \text{시간당 } 78.3\text{고객}$$

학습목표 3-4
다단계 프로세스에서의 병목지점을 찾아내고 프로세스의 처리능력을 알아낼 수 있다.

병목자원 전체 프로세스에서 가장 낮은 처리능력을 가진 자원

따라서 프로세스 전체에서 처리능력이 가장 적은 지점을 찾아서 프로세스 처리능력을 파악할 수 있다. 결국 전체 사슬은 가장 약한 연결고리만큼의 강도를 갖는 것이다. 우리는 이 가장 약한 연결고리, 즉 처리능력이 가장 낮은 자원을 프로세스의 **병목자원(bottleneck)**으로 정의한다. 병목자원이 가진 처리능력 이상으로 고객을 받으면서 전체적인 프로세스를 운영하는 것은 불가능하다.

병목자원의 위치를 알아내는 것은 프로세스를 개선하기 위해 중요하다. 공항검색대의 예를 들어보자. 일반적으로 공항검색 프로세스는 1) 신원과 탑승권 확인, 2) 탑승객이 금속을 가지고 있는지 탐지기를 통해 탐지, 3) X-ray 기계에 짐 통과시키기로 이루어져 있다. 우리들 중 대부분은 공항검색대를 생각하면 그 앞에서 오래 기다려야 한다고 연상하는데 실제로 공항에 가면 공항검색의 긴 대기열을, 즉 아직 첫 단계도 시작하지 못한 고객들의 줄을 보게 된다. 그렇다면 1단계(신원과 탑승권확인)가 병목지점인가? 분명 그렇게 보이긴 한다. 그러나 병목자원의 정의를 다시 한 번 생각해보자. 자원이 프로세스의 처음에 있든 마지막에 있든 그것은 중요하지 않다. 중요한 것은 자원의 처리능력이다. 대부분의 공항에서 마지막 3단계(X-ray 검사)가 프로세스를 느리게 하는 주된 원인인데 재고(대기고객)는 프로세스의 시작부분인 상단에서 주로 관찰된다. 공항검색대의 예는 또 다른 포인트를 보여준다. 종종 2단계와 3단계가 동시에 병렬적으로 진행되는 곳도 있는데 이렇게 하면 프로세스의 처리능력이 올라가는가? 답은 절대 아니라는 것이다. 전체 공항검색대의 처리능력은 병목자원에 의해 결정되고 이는 세 자원 중 가장 적은 처리능력을 가진 자원이 위치한 지점이다. 병렬적으로 자원을 운영하는 것이 흐름시간을 줄일 수는 있지만 프로세스의 처리능력을 증가시키지는 않는다.

그림 3.6은 처리시간들을 시각적으로 비교하고 있다. 비교를 통해 직원 2가 병목자원이고 가장 할 일이 많다는 것을 분명하게 알 수 있다. 그러나 일반적인 처리시간만으로 병목지점이 어디라고 바로 결론 내리지는 말기 바란다. 예를 들어, 두 번째 자원에 두 명의 직원들이 배치된 프로세스 형태도 있을 수 있는데, 이 경우에는 비록 자원 2의 처리시간이

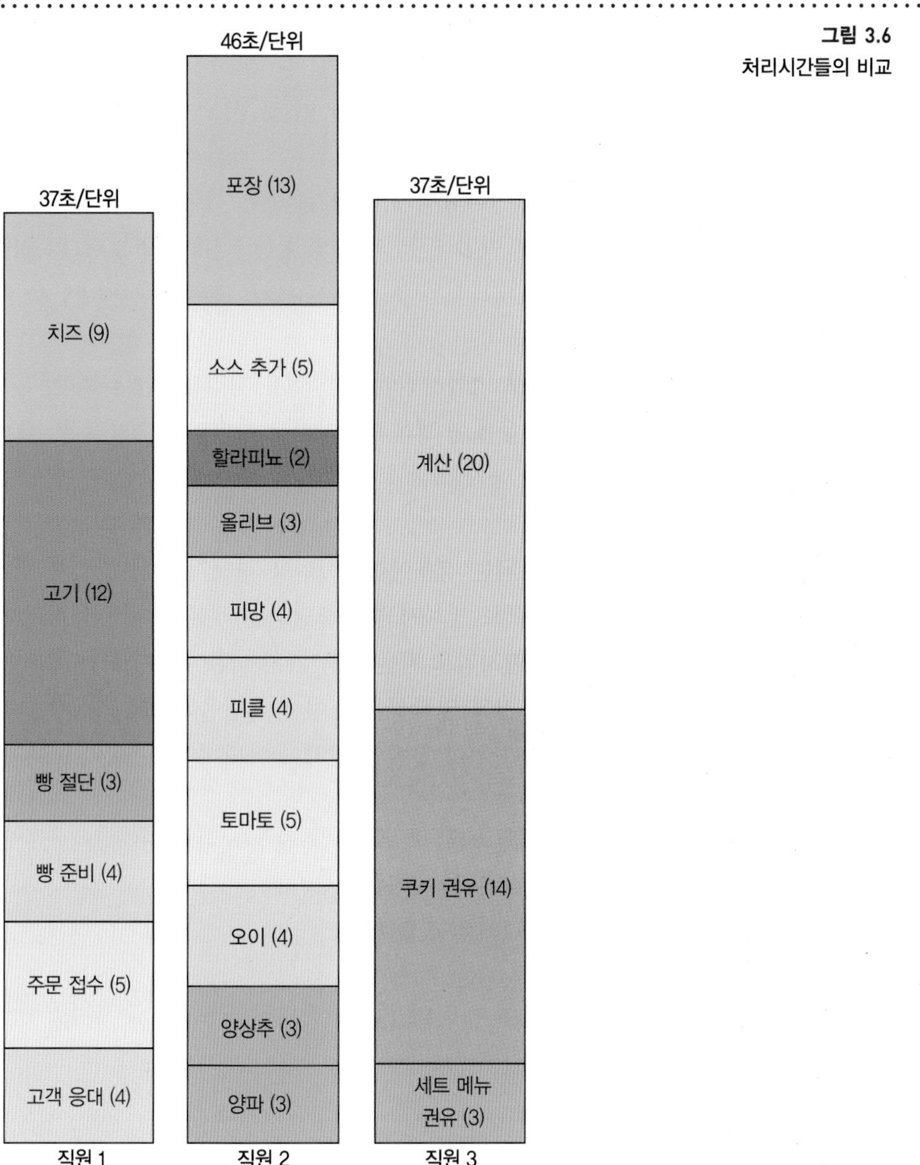

그림 3.6
처리시간들의 비교

가장 길지만 처리능력은 2/46고객/초로서 자원 1이나 자원 3의 처리능력보다 높을 수도 있다.

이제 흐름률을 구해 보자. 흐름률을 계산하려면 지금까지 하던 것처럼 수요와 처리능력 중 최소값을 구하면 된다.

$$\begin{aligned}\text{흐름률} &= \text{최소}\{\text{수요, 프로세스 처리능력}\}\\ &= \text{최소}\{100,\ 78.3\} = 78.3\,\frac{\text{고객}}{\text{시간}}\end{aligned}$$

이 경우에 프로세스는 수요가 아니라 병목자원의 처리능력에 의해 제약되고 있다. 따라서 병목자원은 아래의 활용률 계산에서 보듯이 쉴 새 없이 항상 바쁘게 돌아갈 것이다.

$$\text{활용률}(1) = \frac{\text{흐름률}}{\text{처리능력}(1)} = \frac{78.3}{97.3} = 0.804$$

$$\text{활용률}(2) = \frac{\text{흐름률}}{\text{처리능력}(2)} = \frac{78.3}{78.3} = 1$$

$$\text{활용률}(3) = \frac{\text{흐름률}}{\text{처리능력}(3)} = \frac{78.3}{97.3} = 0.804$$

참고로 병목자원이 아닌 자원들은 처리능력에 여유가 있다. 즉 병목자원은 활용률이 100%에 달하는 반면 병목자원이 아닌 비병목자원의 활용률은 100%보다 낮다. 그 이유는 다음과 같다.

- 비병목지점의 자원은 그 정의대로 병목자원에 비해 여유 처리능력을 갖는다.
- 수요 제약상태의 프로세스의 경우에는 병목자원이라고 하더라도 활용률은 100%가 안 될 수도 있다.

만약 프로세스가 수요에 의해 제약되는 경우에는 수요 그 자체가 병목이 되는 경우이다. 이 경우에는 어떤 자원도 실질적으로 병목자원에 해당하는 것은 없다고 생각할 수도 있으나 수요 제약상태의 프로세스라 할지라도 자원들 중 가장 낮은 처리능력을 보이는 자원을 병목자원이라고 부르는 것이 용어의 일관성을 높여서 혼란을 줄이는 데 도움이 된다. 따라서 병목자원의 제한된 처리능력이 실질적인 제약이 아니더라도 모든 프로세스는 병목자원을 가지고 있다고 정의한다.

프로세스의 사이클타임 계산 또한 지금까지 사용한 방식과 동일하다. 따라서,

$$\text{사이클타임} = \frac{1}{\text{흐름률}} = 0.012778\frac{\text{시간}}{\text{고객}} = 46\frac{\text{초}}{\text{고객}}$$

이제 드디어 첫 번째 프로세스 분석을 모두 끝마쳤다. 지금까지의 계산을 요약한 내용이 그림 3.7에 정리되어 있다.

그림 3.7
주요 계산들의 정리

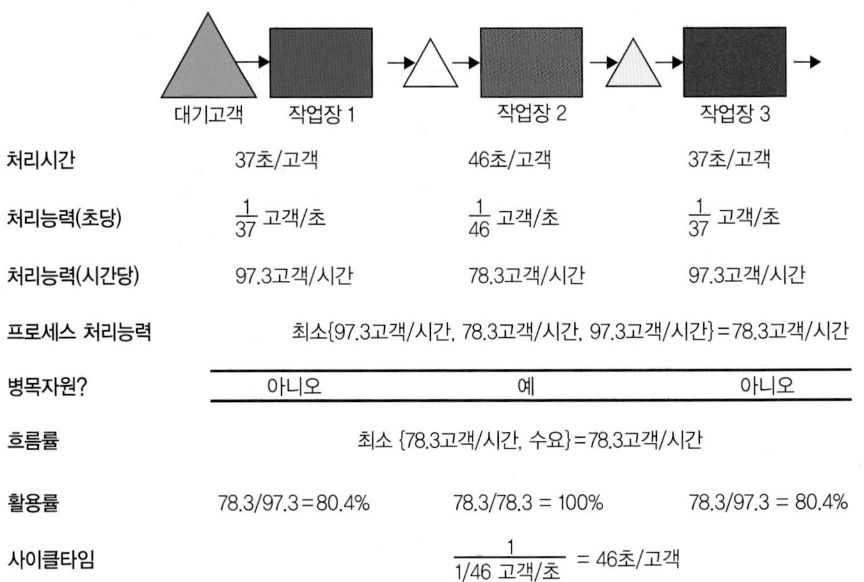

세 명의 직원이 각각 고객주문의 일부를 맡아 처리하는 프로세스는 전에 살펴본 세 명의 직원들이 병렬적으로 일하는 프로세스에 비해 느리다는 것에 주목하라. 이는 프로세스 처리능력을 비교해보면 바로 알 수 있다(시간당 78.3고객 대비 시간당 90고객). 그러나 왜 이런 결과가 발생하는가? 그 반대의 결과를 예상하지 않았던가? 개별 직원이 고객에 관한 모든 업무를 수행하는 병렬적 구조의 핵심 장점은 활용률이다. 수요가 충분하다면 3명의 직원이 100%로 활용된다. 그러나 직원 각자의 업무가 특화된 프로세스에서는 직원 중 한 명만이 완전히 가동되며(병목자원인 직원 2), 다른 직원들은 충분히 가동되지 않은 상태로 여유 처리능력을 갖게 된다. 특정 활동의 처리시간은 두 프로세스에서 동일하다고 가정했지만, 바로 이 사용되지 못하는 여유 처리능력 때문에 프로세스 처리능력에 차이가 나게 되는 것이다.

이해도 확인하기 3.4

© Ryan McVay/Photodisc/Getty Images

질문 **세 단계로 구성된 공항검색대의 사례를 다시 한 번 생각해보자. 첫 번째 단계인 신원과 탑승권 확인(ID)은 고객당 30초가 소요된다. 두 번째 단계인 금속탐지기 검색은 고객당 10초가 소요된다. 세 번째 단계인 수하물들의 X-ray 검색은 고객당 60초가 소요된다. 프로세스를 위해 대기하는 고객들이 많다고 가정하자.**

a. 어떤 자원이 병목자원인가?
b. 프로세스의 처리능력은 얼마인가?
c. 흐름률은 얼마인가?
d. 금속탐지기의 활용률은 얼마인가?
e. 사이클타임은 얼마인가?

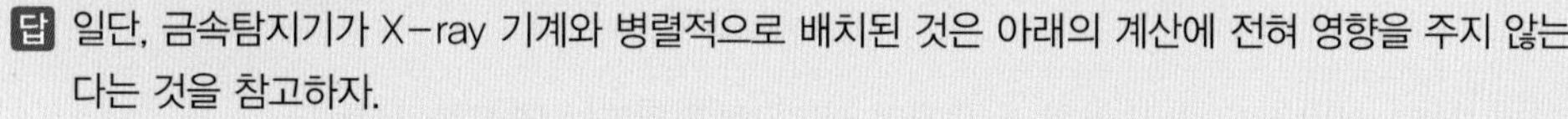

답 일단, 금속탐지기가 X-ray 기계와 병렬적으로 배치된 것은 아래의 계산에 전혀 영향을 주지 않는다는 것을 참고하자.

처리능력의 계산은 다음과 같다.

처리능력(ID) = $\frac{1}{30}$고객/초; 처리능력(금속탐지기) = $\frac{1}{10}$고객/초; 처리능력(X-ray) = $\frac{1}{60}$고객/초.

따라서 X-ray 기계의 처리능력이 가장 낮으므로 병목자원이 되고 전체 프로세스의 처리능력은 $\frac{1}{60}$고객/초가 된다.

흐름률은 수요와 처리능력 중 최소값인데 많은 고객들이 대기하고 있으므로 프로세스는 처리능력 제약상태이고 흐름률은 프로세스의 처리능력, 즉 $\frac{1}{60}$고객/초 또는 분당 1고객으로 계산된다.

금속탐지기의 활용률은

$$\text{활용률} = \frac{\text{흐름률}}{\text{처리능력}} = \frac{1/60}{1/10} = \frac{10}{60} = 0.1666$$

이며, 사이클타임은 $\frac{1}{\text{흐름률}}$이므로 60$\frac{\text{초}}{\text{고객}}$이다.

3.5 특정 수량을 생산하는 데 필요한 시간

© Comstock/PictureQuest/Getty Images

학습목표 3-5
특정 주문량을 생산하는 데 시간이 얼마나 걸리는지 알아낼 수 있다.

Subway 식당의 수요가 갑자기 늘었다고 생각해보자. 20명의 배고픈 학생들이 스쿨버스에서 내린 뒤 식당 안으로 돌진하여 모두 샌드위치를 주문한다. 이 수요를 만족시키려면 시간이 얼마나 걸릴까? 두 가지 경우가 있을 수 있는데, 하나는 학생들이 도착했을 때 식당이 비어 있거나 아니면 다른 고객들이 먼저 기다리고 있는 경우이다. 본 절에서는 학생 20명이 도착했을 때 식당이 비어 있다고 가정해보자.

먼저 Subway에 직원이 한 명뿐이라고 가정해보자. 이전에 논의한 것처럼 한 명의 직원에 의한 프로세스 처리시간은 120초/고객이고 식당의 처리능력은 분당 0.5고객이다. 수요가 갑자기 늘었으므로 식당은 처리능력 제약상태일 것이고 흐름률은 프로세스의 처리능력에 의해 결정된다.

$$\text{흐름률} = \text{최소}\{\text{수요, 처리능력}\} = \frac{1}{120}\text{고객/초} = 0.5\text{고객/분}$$

또한 직원이 한 명인 프로세스의 사이클타임은

$$\text{사이클타임} = \frac{1}{\text{흐름률}} = 120\,\frac{\text{초}}{\text{고객}}$$

이다. 이제 샌드위치 20개를 만드는 데 드는 시간은

$$\text{사이클타임} \times 20\text{고객} = 120\,\frac{\text{초}}{\text{고객}} \times 20\text{고객} = 2{,}400\text{초}$$

이다. 보다 일반적으로 표현하면, **Q개의 샌드위치를 만드는 데 드는 시간**은

$$Q\text{ 단위를 만들기 위한 시간} = \text{사이클타임} \times Q$$

라고 표현할 수 있다.

자, 이제 3명의 직원이 각자 특화된 업무를 맡아 진행하는 프로세스(그림 3.7 참조)를 살펴보자. 이 프로세스에서는 작업장 2가 병목지점이었으므로 프로세스의 처리능력이 1/46 고객/초 또는 시간당 78.3고객이었고 사이클타임은 46초/고객이었다. 이미 알고 있듯이 가능한 한 많은 샌드위치를 만드는 시스템이라고 한다면 이 프로세스는 처리능력 제약상태이고 흐름률은 병목자원의 처리능력에 의해 결정된다. 따라서 사이클타임은 종전에 계산한대로 고객당 46초이다. 상황을 아주 단순하게 생각한다면,

$$\begin{aligned}\text{20개를 만들기 위해 소요되는 시간} &= \text{사이클타임} \times 20\text{고객}\\ &= 46\,\frac{\text{초}}{\text{고객}} \times 20\text{고객} = 920\text{초}\end{aligned}$$

이다. 그러나 이 아주 단순한 분석은 100% 정확한 것은 아니다. 이 계산은 직원들이 작업을 즉시 시작할 수 있다고 가정하고 있기 때문이다. 단일단계 프로세스에서는 직원이 작업을 바로 시작하는 데 문제가 없으나 세 명의 직원이 일렬로 작업하는 경우에는 샌드위

그림 3.8
세 작업장을 가진
기계 주도의 프로세스 흐름도

치가 세 번째 직원의 작업장에 도착하기 전까지 그 직원은 기다려야 하는 상황이 될 수 있다. 따라서 첫 번째 샌드위치가 비어 있는 프로세스를 지나는 데 소요되는 시간을 계산에 반영해야 한다.

현재의 시스템은 각 직원이 자유롭게 각자의 속도로 일할 수 있기 때문에 **작업자가 흐름을 주도(worker-paced)**하는 프로세스라고 불린다. 만약 첫 번째 직원이 다음 직원이 받을 준비되기 전에 작업을 마치면 첫 번째 직원은 샌드위치를 자신과 두 번째 직원 사이에 위치한 재고지점에 놓아둔다. 바로 이 지점이 프로세스 흐름도에서 삼각형으로 표시된 지점이다.

작업자 주도의 프로세스 각 자원이 각자의 속도로 자유롭게 일하는 프로세스로서, 다음 자원이 받을 준비가 되기 전에 정해진 작업을 마치면 해당 작업물은 두 자원 사이에 위치한 재고지점으로 이동한다.

기계 주도의 프로세스 모든 작업단계들이 컨베이어 벨트로 연결되어 더 큰 처리능력을 가진 단계가 있다고 하더라도 모든 단계들은 같은 속도로 작업한다.

최초 흐름단위의 시스템 통과시간 최초의 흐름단위가 재고가 전혀 없이 비어 있는 시스템을 통과하는 데 소요되는 시간

첫 번째 고객의 주문은 세 직원이 37초+46초+37초에 걸쳐 그들의 작업을 모두 마치면 완료될 것이다. 만약 작업들이 병렬적으로 진행된다면 이 계산은 달라질 것이다. 예를 들어 만약 모든 작업들이 병렬적으로 그리고 동시에 독립적으로 진행될 수 있다면, 첫 고객을 응대하는 데 걸리는 시간은 가장 긴 처리시간에 의해 결정될 것이다. 따라서, 병렬적으로 일하면 첫 번째 고객이 기다리는 시간을 줄이는 데는 도움이 되지만 이전에 설명했듯이 처리능력과 흐름시간이 달라지지는 않는다.

작업자가 흐름을 주도하는 프로세스와 비교되는 프로세스로 그림 3.8에 묘사된 것처럼 **기계가 흐름을 주도(machine-paced)**하는 프로세스가 있다. 기계가 흐름을 주도하는 프로세스에서는 모든 단계들이 컨베이어 벨트로 연결되어 그중 더 큰 처리능력을 가진 단계가 있다고 하더라도 모든 단계들은 같은 속도로 작업한다. 스시식당을 제외하면 기계가 흐름을 주도하는 프로세스를 가진 식당을 본 적은 없으나 이는 전자제품이나 자동차의 생산공장에서는 흔하다.

예를 들어 300개의 조립 작업장들이 일렬로 연결되어 가동되는 자동차 공장을 상상해보자. 이 공장의 프로세스 흐름도는 중간에 삼각형이 전혀 없이 300개의 사각형들만이 연결되어 구성될 것이다(실제로는 자동차 공장에도 약간의 완충재고가 있는 경우도 있는데 이는 나중에 다루도록 한다). 이 상황에서 중요한 것은 모든 자원들이 완벽한 조화를 이루며 작업해야 한다는 것이다. 이를 위해 각 흐름단위는 각 자원에서의 실제 처리시간이 단위당 20초이든 46초이든지 간에 상관없이 사전에 정해진 사이클타임 동안만 각 자원에 머물러야 한다. 이러한 상황에서 **최초의 흐름단위가 비어 있는 시스템을 통과하는 시간(time through the empty system)**은 다음과 같이 결정된다.

최초 단위의 시스템 통과시간 = 작업장의 수 × 사이클타임

이제 이전에 다루었던 작업자 주도의 순차적 프로세스로 돌아가보자. 비어 있는 프로세스를 통과하는 데 드는 시간은,

비어 있는 작업자 주도의 프로세스를 통과하는 시간 = 모든 처리시간들의 합

으로서, 우리의 경우에 37+46+37=120초이다. 첫 번째 주문은 120초에 완료된다. 즉 20명의 배고픈 고객들 중 첫 번째 고객을 배불리 만든 것이다. 남은 19명은 얼마나 더 걸릴 것인가? 고객 2는 120+46=166초 이후에 서비스를 제공받을 것이다. 고객 3은 120+46+46 이런 식으로 계속 나아간다. 매 46초마다 추가적인 고객의 주문을 완수하는 것이다. 따라서 19고객×46초/고객만큼의 시간이 더 필요하다.

비어 있는 시스템에서 시작하여 X개의 수량을 생산하는 데 필요한 시간 프로세스에 재고가 전혀 없이 비어 있는 상태에서 시작하여 일정 수량을 생산하는 데 드는 시간

일반적으로, **비어 있는 시스템에서 시작하여 X개의 수량을 생산하는 데 필요한 시간(time that is required to produce a given quantity X starting with an empty system)**을 다음과 같이 계산할 수 있다.

비어 있는 프로세스에서 X 단위를 완성하는 데 걸리는 시간
　= 최초의 흐름단위가 비어 있는 프로세스를 통과하는 시간 + [(X − 1) × 사이클타임]

이해도 확인하기 3.5

질문 이해도 확인하기 3.1에서 사용된 세 단계로 구성된 공항검색대 사례를 다시 생각해보자(그림 3.4 참조). 첫 번째 단계인 신원과 탑승권 확인은 고객당 30초가 걸린다. 두 번째 단계인 탑승객의 금속탐지기 검색은 고객당 10초가 걸린다. 세 번째 단계인 수하물의 X-ray 검색은 고객당 60초가 걸린다. 아침 7시에 30명의 탑승객들이 도착했을 때 프로세스는 비어 있었다. 30명의 고객들을 모두 처리하는 데는 시간이 얼마나 걸리는가?

답 프로세스는 비어 있는 상태이므로 일단 첫 번째 고객이 처리되기까지의 시간을 계산해야 한다. 첫 번째 고객은 신원확인에 30초, X-ray 기계에서 60초가 걸릴 것이다. 금속탐지기에서의 소요시간은 작업이 X-ray 기계와 병렬적으로 이루어지므로 중요하지 않다. 따라서 첫 고객이 처리되기까지는 90초=1.5분이 걸린다. 이후, 매 분마다 고객이 처리된다. 남은 29명의 고객들의 처리에는 29분이 걸리므로 총 1.5+29=30.5분이 소요될 것이다. 이전에 소개된 공식을 사용하면 계산은 다음과 같다.

비어 있는 프로세스에서 X 단위를 완료하는 데 걸리는 시간
= 최초의 흐름단위가 빈 프로세스를 통과하는 시간+[(X−1)×사이클타임]

비어 있는 프로세스에서 30단위를 완료하는 데 걸리는 시간
= 1.5분+[29×1분] = 30.5분

결론

이번 장에서는 프로세스 분석을 위한 틀을 다루었다. 프로세스를 블랙박스로 보고 단순히 재고, 흐름률, 흐름시간만을 추적하기보다는 프로세스가 어떻게 작동하는가를 이해하길 바란다. 프로세스 흐름도는 흐름을 시각적으로 보여주는 데 유용하다. 프로세스 흐름도는 지도와 같은 역할을 하면서 재고는 삼각형으로, 흐름단위의 움직임은 화살표로, 자원은 사각형으로 표현한다. 또한 우리는 같은 작업(샌드위치 만들기)이라도 다른 방식으로 구성될 수 있다는 것을 보았는데 수행해야 하는 활동들이 동일하더라도 다른 방식들로 프로세스 흐름을 구성할 수 있다. 그러나 프로세스 흐름도는 전체적인 이야기의 일부만을 설

명해줄 뿐이다. 지도가 당신에게 얼마나 많은 차량들이 도로에 있는지 또는 교통 체증이 어디에서 발생하는지 말해주지 않듯이 프로세스 흐름도만 보아서는 프로세스를 통과하는 흐름단위가 얼마나 되는지 알 수 없다.

흐름률을 이해하려면 우선 프로세스의 처리능력을 알아야 한다. 병목자원이 프로세스의 처리능력을 결정하므로 가장 적은 처리능력을 가진 자원을 찾아내면 프로세스 전체의 처리능력을 알아낼 수 있다. 그리고 흐름률은 수요와 처리능력 중 최소값에 의해 결정된다. 흐름률은 단위시간 동안 얼마나 많은 흐름단위들이 프로세스를 통과하는지를 알려주는 반면 처리능력은 수요의 제약이 없다는 가정하에 단위시간 동안 얼마나 많은 흐름단위들이 프로세스를 통과할 수 있는가를 나타낸다. 프로세스의 흐름률과 처리능력 사이의 비율로 프로세스의 활용률을 나타낸다. 또한 개별 자원에서의 흐름률과 처리능력 사이의 비율을 계산하여 해당 자원의 활용률을 계산할 수도 있다. 자원이 비병목자원이거나 프로세스가 수요에 의해서 제약되는 경우에는 해당 자원의 활용률이 100%에 미치지 못할 수도 있다.

마지막으로 흐름률을 통해 프로세스의 사이클타임을 계산할 수 있다. 프로세스의 사이클타임은 생산의 "리듬"을 보여준다. 만약 사이클타임이 고객당 46초라면 46초마다 계산대의 벨이 울리면서 돈을 번다는 것을 의미한다. 사이클타임의 개념은 프로세스 개선을 다루는 다음 장에서 소개하는 다수의 계산들을 위해 꼭 이해해야 하는 중요한 개념이다. 프로세스 흐름도를 이용한 계산과 관련 개념들이 도표 3.1에 정리되어 있다.

도표 3.1

주요 계산방식들의 정리

처리시간	특정 자원에서 하나의 흐름단위를 처리하기 위해 필요한 모든 활동들을 수행하는 데 소요되는 시간
자원의 처리능력	특정 자원에서 일하는 작업자의 수/처리시간
프로세스의 처리능력	모든 자원들의 처리능력 중 최소값
병목자원	가장 적은 처리능력을 보유한 자원
흐름률	최소값{수요, 프로세스 처리능력}
자원의 활용률	흐름률/자원의 처리능력
프로세스의 활용률	흐름률/프로세스의 처리능력
사이클타임	1/흐름률
X 단위를 처리하는 데 소요되는 시간(프로세스가 흐름단위들로 이미 채워져 있는 경우)	X × 사이클타임
X 단위를 처리하는 데 소요되는 시간(작업자 주도의 프로세스가 비어 있는 경우)	처리시간들의 합 + [(X−1) × 사이클타임]
X 단위를 처리하는 데 소요되는 시간(기계 주도의 프로세스가 비어 있는 경우)	작업장의 수 × 사이클타임 + [(X−1) × 사이클타임]

학습목표의 요약

학습목표 3-1 프로세스 흐름도를 그릴 수 있다.

프로세스 흐름도는 프로세스를 표현하는 도식화된 방법이다. 프로세스 흐름도를 그릴 때는 투입물이 최초 투입되는 지점부터 마지막으로 산출되는 지점까지 흐름단위의 흐름을 포착한다. 자원은 사각형으로, 흐름은 화살표로, 재고는 삼각형으로 표시한다. 프로세스 흐름도는 마치 프로세스의 지도와 같이 유용한 역할을 하지만 이것만으로 모든 정보를 파악할 수는 없다.

학습목표 3-2 단일단계 프로세스의 처리능력을 알아낼 수 있다.

프로세스의 처리능력은 단위시간 동안 자원을 통과할 수 있는 흐름단위의 최대 수치이다. 만약 프로세스의 단계가 하나뿐인 단일단계 프로세스라면 프로세스의 처리능력은 그 단계를 수행하는 자원의 처리능력과 같다. 이 처리능력을 알아내기 위해서는 기계나 작업자의 총수를 처리시간으로 나누면 된다.

학습목표 3-3 프로세스의 흐름률, 활용률, 그리고 사이클타임을 알아낼 수 있다.

프로세스의 흐름률은 프로세스의 처리능력과 프로세스의 수요 중 최소치에 의해 결정된다. 프로세스 전체의 활용률은 흐름률(프로세스가 얼마나 빨리 돌아가는가)과 프로세스 처리능력(만약 수요가 충분하다면, 프로세스가 얼마나 빠르게 돌아가는가)의 비율로 계산할 수 있다. 또한 활용률은 개별 자원 수준에서도 계산할 수 있다. 사이클타임을 알아내기 위해서는 흐름률의 역수를 사용한다. 프로세스가 시간당 4단위를 만들어낸다고 표현하는 것 대신 매 1/4시간당 한 단위를 만들어낸다고 말할 수 있다. 사이클타임은 두 개의 연속적인 단위들이 완성되는 시간간격을 의미한다.

학습목표 3-4 다단계 프로세스에서의 병목지점을 찾아내고 프로세스의 처리능력을 알아낼 수 있다.

사슬은 사슬을 구성하는 연결고리들 중 가장 약한 연결고리만큼의 강도를 갖는다. 프로세스의 자원들 중 가장 낮은 처리능력을 갖는 자원을 병목자원이라고 부른다. 병목자원의 정의상 병목자원의 처리능력이 전체 프로세스의 처리능력을 결정한다.

학습목표 3-5 특정 주문량을 생산하는 데 시간이 얼마나 걸리는지 알아낼 수 있다.

특정 주문량을 생산하는데 걸리는 시간을 계산할 때, 우선 프로세스가 비어 있는 상황인지 아니면 프로세스에 이미 재고(고객)가 존재하는 상황인지를 파악해야 한다. 만약 프로세스가 이미 가동되고 있는 상황이라면 사이클타임과 수량을 곱해서 걸리는 시간을 알아낼 수 있다. 만약 프로세스가 비어 있다면 첫 번째 단위가 만드는 데 걸리는 시간을 더해 주어야 한다.

핵심 용어

3.1 프로세스 흐름도를 어떻게 그리는가

프로세스 분석 비즈니스의 세부적인 운영을 이해하기 위한 엄격한 분석의 틀로서, 특히 단위시간당 얼마나 많은 흐름단위들이 처리될 수 있는지(프로세스 처리능력), 프로세스의 자원들이 얼마나 사용되고 있는지(활용률)를 알 수 있다.

프로세스 흐름도 프로세스를 도식화하여 표현하는 방법으로서 자원은 네모로, 흐름은 화살표로, 재고의 위치는 세모를 사용해서 표시한다.

자원 투입물을 산출물로 변환시키는 인력이나 장비

흐름단위 프로세스 분석에서 다루는 분석의 단위. 예를 들어 병원의 환자들, 스쿠터 공장의 스쿠터, 콜센터의 문의전화

프로세스의 상단 프로세스 흐름의 시작부분

프로세스의 하단 프로세스 흐름의 끝부분

3.2 단일단계 프로세스의 처리능력

처리시간 한 자원이 하나의 흐름단위를 처리하는 데 드는 시간

처리능력 단위시간 동안 자원이 처리할 수 있는 흐름단위의 최대량

프로세스 처리능력 단위시간당 프로세스가 처리할 수 있는 최대 흐름률로서 프로세스의 최대 공급량을 결정한다. 프로세스 처리능력은 프로세스에 속해 있는 모든 자원들의 처리능력들 중 최소 처리능력과 동일하다.

3.3 흐름률, 활용률, 그리고 사이클타임을 어떻게 계산하는가

수요율 단위시간당 고객들이 원하는 흐름단위의 수

처리능력 제약상태 수요가 공급을 초과하여 흐름률이 프로세스 처리능력과 동일한 상황

수요 제약상태 프로세스 처리능력이 수요를 초과하여 흐름률이 수요율과 동일한 상황

산출량 흐름률과 동일한 의미이며 단위시간당 프로세스를 통과하는 흐름단위의 수

활용률 흐름률(프로세스가 현재 얼마나 빠르게 돌아가는지)과 프로세스 처리능력(쉬지 않고 프로세스가 돌아갈 만큼 충분한 수요가 있을 때 프로세스가 얼마나 빠르게 운영될 수 있는지) 간의 비율. 활용률은 개별 자원의 차원에서 또는 전체 프로세스의 차원에서 계산할 수 있다.

사이클타임 연이은 두 흐름단위 사이의 시간간격

리드타임 고객이 주문을 한 시점부터 주문이 완료된 시점까지의 처리시간. 프로세스의 리드타임은 종종 프로세스의 흐름시간을 대체하는 용어로 사용된다.

3.4 어떻게 다단계 프로세스를 분석하고 병목지점을 찾아내는가

병목자원 전체 프로세스에서 가장 낮은 처리능력을 가진 자원

3.5 특정 수량을 생산하는 데 필요한 시간

작업자 주도의 프로세스 각 자원이 각자의 속도로 자유롭게 일하는 프로세스로서, 다음

자원이 받을 준비가 되기 전에 정해진 작업을 마치면 해당 작업물은 두 자원 사이에 위치한 재고지점으로 이동한다.

기계 주도의 프로세스 모든 작업단계들이 컨베이어 벨트로 연결되어 더 큰 처리능력을 가진 단계가 있다고 하더라도 모든 단계들은 같은 속도로 작업한다.

최초 흐름단위의 시스템 통과시간 최초의 흐름단위가 재고가 전혀 없이 비어 있는 시스템을 통과하는 데 소요되는 시간

비어 있는 시스템에서 시작하여 X개의 수량을 생산하는 데 필요한 시간 프로세스에 재고가 전혀 없이 비어 있는 상태에서 시작하여 일정수량을 생산하는 데 드는 시간

개념 문제

학습목표 3-1

1. 다음 중 대학 입학처의 프로세스 분석을 위한 질문으로 가장 적절한 것은 무엇인가?

a. 대학이 언제 세워졌는가?

b. 지원서를 처리하는 데 걸리는 시간은 얼마인가?

c. 대학의 연간 등록금이 얼마인가?

d. 보통의 학생이 대학을 마치려면 얼마의 시간이 걸리는가?

2. 다음 중 식당의 자원으로 간주될 수 있는 것은 무엇인가?

a. 음식 조리법

b. 음식

c. 브랜드 이미지

d. 요리사

3. 식당 직원이 당신에게 주문한 음식을 가져다 주었다. 당신이 식당 프로세스에서의 흐름단위라면 다음 중 당신의 현재 프로세스상의 위치를 기준으로 프로세스 하단에 해당되는 단계는 무엇인가?

a. 주문하려고 기다리기

b. 테이블에 앉기

c. 계산하기

d. 메뉴 보기

학습목표 3-2

4. 자원의 처리시간과 처리능력의 관계는 무엇인가?

a. 동일하다.

b. 서로의 역수이다.

c. 서로의 배수이다.

d. 관계가 없다.

5. 공항검색대에서 긴 대기열을 발견했다. 이 프로세스의 현재 상태는?

a. 처리능력 제약상태이다.

b. 수요 제약상태이다.

c. 제약상태가 아니다.

d. 선형적인 제약상태이다.

학습목표 3-3

6. 은행을 관찰하던 당신은 고객들이 매 5분마다 은행을 나가는 것을 보았다. 이 고객들 사이의 5분은?

a. 프로세스의 처리능력이다.

b. 마지막 자원의 처리시간이다.

c. 사이클타임이다.

d. 리드타임이다.

7. 자원이 달성할 수 있는 최대 활용률은 얼마인가?

a. 수요와 동일하다.

b. 처리능력과 동일하다.

c. 제한이 없다.

d. 1.00

학습목표 3-4

8. 병목자원의 처리능력은 프로세스의 처리능력보다 어떠한가?

a. 크다.

b. 같다.

c. 작다.

d. 프로세스에 따라 다르다.

학습목표 3-5

9. 스마트폰은 40단계로 구성된 조립 프로세스를 거치면서 만들어진다. 모든 단계들은 컨베이어 벨트로 연결되어 있고 각 단계별로 처리능력이 다르다고 할지라도 모든 단계들은 같은 속도로 작업해야 한다. 이 프로세스는 기계가 흐름을 주도하는 프로세스인가 아니면 작업자가 흐름을 주도하는 프로세스인가?

a. 기계 주도 프로세스

b. 작업자 주도 프로세스

10. 시청의 차량 등록부서 직원은 아침 9시에 일을 시작하는데, 당신이 아침 9시 정각에 도착한 첫 번째 고객이다. 당신이 비어 있는 프로세스를 통과하는 데 걸리는 시간은 이후에 도착하는 고객이 경험하는 평균적인 흐름시간에 비해 얼마나 걸리는가?

a. 평균 흐름시간보다 길게 걸린다.

b. 평균 흐름시간보다 짧게 걸린다.

예시 문제와 해답

학습목표 3-1

1. Penn 지역의 한 치과대학은 Philadelphia의 주민들에게 치과 진료서비스를 제공한다. 고객은 먼저 개인 건강기록이나 보험과 같은 정보를 접수담당자들에게 제시하고 담당자는 이 정보를 의사가 참조할 수 있도록 컴퓨터 시스템에 입력한다. 그리고 난 뒤 보조사가 환자의 X-ray를 찍고 나면 의사는 진료를 하고 환자와 이야기를 나눈다. 환자는 그날그날의 상황에 따라 이러한 자원들 중 어느 곳에서도 대기할 수 있다. 이 치과서비스 프로세스의 흐름도를 그려보아라.

답 프로세스에 네모 박스로 표시된 세 가지의 자원들, 접수담당자, 보조사, 의사가 있다. 환자는 프로세스의 어느 지점에서라도 대기할 수 있으므로 그림 3.9처럼 모든 사각형 앞에 삼각형을 그려 넣는다.

그림 3.9

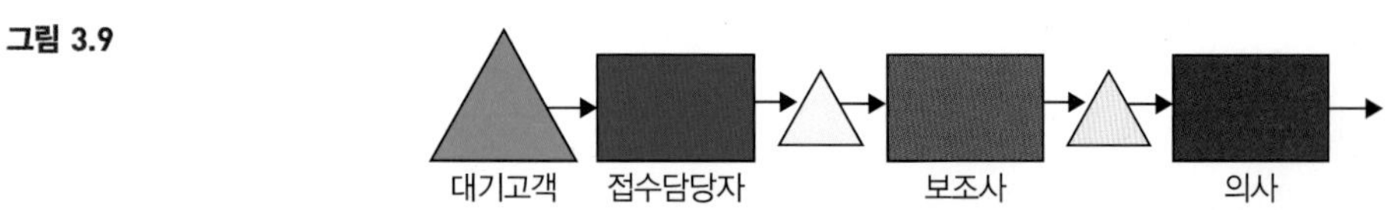

학습목표 3-2

2. 치과의사가 한 명의 환자를 보려면 20분이 소요된다. 시간당 고객으로 표시된 치과의사의 처리능력은 얼마인가?

답 치과의사는 분당 $\frac{1}{20}$고객, 시간당 3명의 고객을 다룰 처리능력을 갖고 있다.

3. 하수도 수리업체는 8명의 직원을 고용하고 있다. 직원이 한 작업을 완수하는 데 2시간(이동시간과 휴식시간 포함)이 걸린다. 이 하수도 수리업체의 하루 10시간 동안의 처리능력은 얼마인가?

답 각 직원들은 시간당 $\frac{1}{2}$건의 처리능력을 가지고 있다. 8명의 직원은 $8\times\frac{1}{2}=$시간당 4건의 처리능력을 가지므로10시간 동안 40건을 처리할 수 있다.

학습목표 3-3

4. 푸드트럭은 시간당 20끼를 만들어 낼 수 있다. 그러나 수요율은 시간당 15끼뿐이다.
   (a) 흐름률은 얼마인가?
   (b) 푸드트럭의 활용률은 얼마인가?
   (c) 사이클타임은 얼마인가?

답 (a) 흐름률 = 최소{수요, 처리능력} = 최소{15, 20} = 시간당 15끼

(b) $\text{활용률} = \frac{\text{흐름률}}{\text{처리능력}} = \frac{15}{20} = 0.75$

(c) $\text{사이클타임} = \frac{1}{\text{흐름률}} = \frac{1}{15}$ 시간/끼 = 4분/끼

학습목표 3-4

5. Mr. K는 아주 유명한 미장원이다. 이 가게는 고품질의 헤어 스타일링과 편안한 서비스를 합리적인 가격에 제공하고 있어서 항상 무한정의 수요를 가지고 있다. 서비스 프로세스는 일련의 5개 활동들로 이루어져 있다. 활동 1: 고객을 응대한 뒤 허브티 제공(10분), 활동 2: 머리 감고 말리기(10분), 활동 3: 목, 어깨, 등 마사지(10분), 활동 4: 헤어스타일 상담 및 스타일링(25분), 활동 5: 계산하기(5분).

   각 활동은 그것을 전담하는 한 명의 직원에 의해 수행된다. 무한정의 수요가 있다고 가정하고 활동 1을 담당하는 직원은 병목자원의 처리속도로 새 고객을 받는다고 가정하자.

   (a) 어떤 자원이 병목자원인가?

   (b) 프로세스의 처리능력은 얼마인가?

   (c) 흐름률은 얼마인가?

   (d) 활동 3을 담당하는 직원의 활용률은 얼마인가?

   (e) 사이클타임은 얼마인가?

   답 (a) 각 직원의 처리능력 $= \dfrac{1}{\text{처리시간}}$이다. 가장 낮은 처리능력은 활동 4로, $\dfrac{1}{25}$고객/분이다.

   (b) 프로세스의 처리능력 $= \dfrac{1}{25}$고객/분 $= \dfrac{60}{25}$고객/시간 $= 2.4$고객/시간이다.

   (c) 무한정의 수요가 있으므로 흐름률은 시간당 2.4고객인 프로세스 처리능력과 같다.

   (d) 직원 3의 처리능력 $= \dfrac{1}{10}$ 고객/분 또는 6고객/시간이다.

   $$\text{활용률} = \frac{\text{흐름률}}{\text{처리능력}} = \frac{2.4}{6} = 0.4$$

   (e) 사이클타임 $= \dfrac{1}{\text{흐름률}} = \dfrac{1}{2.4}$시간/고객 $= 25$분/고객

6. 5번 문제에서 언급한 서비스 프로세스에서, 만약 이 프로세스가 비어 있는 상태에서 고객을 받기 시작한다면 5명의 고객에게 서비스를 제공하는 데에 얼마의 시간이 걸리겠는가?

   답 우선 첫 번째 고객을 처리하는 데 얼마의 시간이 걸리는지를 알아내야 한다. 이 프로세스는 작업자가 흐름을 주도하는 프로세스이므로 첫 고객은 $10+10+10+25+5=60$분이 소요된다. 그리고 남은 고객들을 처리해야 한다. 따라서, 5명의 고객들을 처리하는 데 드는 시간 $= 60$분 $+ [4 \times 25\text{분/고객}] = (60+100)$분 $= 160$분

응용 문제

1. 이발사가 한 명의 고객을 상대하는 데 15분이 걸린다.

   (a) 시간당 고객으로 표시된 이발사의 처리능력은 얼마인가? [학습목표 3-2]

   (b) 수요가 시간당 2명이라고 한다면 흐름률은 얼마인가? [학습목표 3-3]

(c) 수요가 시간당 2명이라고 한다면 활용률은 얼마인가? [학습목표 3-3]

(d) 수요가 시간당 2명이라고 한다면 사이클타임은 얼마인가? [학습목표 3-3]

2. 한 보건소의 간호팀은 12명의 간호사들로 이루어져 있다. 간호사가 한 명의 환자를 처리하는 데 1.5시간(이동 시간과 휴식 포함)이 걸린다.

(a) 하루 9시간의 근무시간을 가정하면 간호팀의 처리능력은 얼마인가? [학습목표 3-2]

(b) 하루에 60명 환자의 수요가 있다면 간호팀의 활용률은 얼마인가? [학습목표 3-3]

(c) 하루에 60명 환자의 수요가 있다면 사이클타임은 얼마인가? [학습목표 3-3]

3. 세 자원으로 구성된 프로세스가 무한정의 수요를 갖고 있다고 하자.

- 자원 1의 처리시간은 단위당 6분이다.
- 자원 2의 처리시간은 단위당 3분이다.
- 자원 3의 처리시간은 단위당 5분이다.

각 자원은 한 명의 직원이 담당하고 있다.

(a) 이 프로세스의 흐름도를 그려보아라. [학습목표 3-1]

(b) 자원 2의 처리능력은 얼마인가? [학습목표 3-2]

(c) 프로세스의 병목자원은 무엇인가? [학습목표 3-4]

(d) 자원 2의 활용률은 얼마인가? [학습목표 3-3]

(e) 작업자가 흐름을 주도하는 프로세스임을 가정하고 비어 있는 프로세스에서 시작하여 200단위를 생산하기까지 시간이 얼마나 걸리는가? [학습목표 3-5]

4. Asian 회사는 Yoggo라고 불리는 음료를 만들고 있다. 제조 프로세스는 플라스틱 병에 음료를 담은 뒤 10병 단위의 상자로 포장한다. 프로세스는 다음 네 단계로 이루어져 있다: 1) 병에 음료를 채움(1초), 2) 병 뚜껑을 닫음(3초), 3) 병에 상표 부착(3초), 4) 병을 상자에 담음(4초). 그리고 상자가 10병으로 채워지면 포장담당 작업자가 가득 찬 상자를 빈 상자로 교체한다. 작업자가 상자를 교체하는 시간은 무시할 수준이므로 프로세스의 처리능력에는 영향이 없다고 가정하자. 문제 데이터는 다음 표에 정리되어 있다.

프로세스 단계	기계 대수	병당 처리시간(초)
음료 채움	1	1
뚜껑 닫기	1	3
상표 부착	1	3
포장	1	4

(a) 프로세스 흐름도를 그려보아라. [학습목표 3-1]

(b) 뚜껑을 닫는 단계에서 사용되는 자원의 처리능력(병/시간)은 얼마인가? [학습목표 3-2]

(c) 프로세스의 병목지점은 어디인가? [학습목표 3-4]

(d) 무한정의 수요를 가정할 때 흐름률은 얼마인가? [학습목표 3-3]

(e) 무한정의 수요를 가정할 때 뚜껑 닫기에 사용되는 자원의 활용률은 얼마인가? [학습목표 3-3]

(f) 수요가 분당 12병이라면, 뚜껑 닫기에 사용되는 기계의 활용률은 얼마인가? [학습목표 3-3]

(g) 수요가 분당 12병이라면, 프로세스의 사이클타임(초)은 얼마인가? [학습목표 3-3]

(h) 기계가 프로세스의 흐름을 주도한다고 가정하고, 이 프로세스가 비어 있는 상태에서 시작한다고 가정하자. 500병을 생산하는 데 얼마의 시간이 걸리는가? [학습목표 3-5]

5. Glenn 치과는 Philadelphia의 주민들에게 치과서비스를 제공하고 있다. 치과는 고객들에게 대기시간이 너무 길다는 불평을 듣고 있어서 당신에게 이 문제를 해결할 수 있는지를 조사해달라고 부탁했다.

고객이 도착하면 우선 접수담당자로부터 일련의 서류들을 받아 개인 건강기록이나 보험회사와 같은 관련 정보를 기입한다. 그리고 난 뒤 서류를 접수담당자에게 전달하고 담당자는 이를 의사가 볼 수 있도록 컴퓨터 시스템에 입력한다. 보조사가 환자의 X-ray 촬영을 하고 나면 의사가 진료를 하고 환자와 이야기를 나눈다. 병원 직원들과의 대화를 통해 프로세스에 대한 다음의 정보들이 수집되었다.

- 고객이 서류를 작성하는 데 5분이 걸린다.
- 접수담당자가 컴퓨터에 정보를 입력하고 과거의 기록을 확인하는 데에 5분이 걸린다. 접수담당자는 2명이다.
- 치과 보조사가 X-ray를 찍는 데 평균 15분이 걸린다. 3명의 보조사들이 있다.
- 병원에는 10명의 의사가 있다. 각 진료는 평균 30분이 걸린다.

아래의 표는 수집된 프로세스 자료를 요약한 것이다.

자원	단계	담당자의 수	처리시간(분/환자)
셀프서비스	서류 기입	-	5
접수담당자	데이터 입력	2	5
치과 보조사	X-ray 촬영	3	15
치과의사	진료	10	30

(a) 프로세스 흐름도를 그려보아라. [학습목표 3-1]

(b) 치과의사의 처리능력(환자/시간)은 얼마인가? [학습목표 3-2]

(c) 프로세스의 병목지점은 어디인가? [학습목표 3-4]

(d) 수요에 제한이 없다고 가정하면, 흐름률은 얼마인가? [학습목표 3-3]

(e) 수요에 제한이 없다고 가정하면, 접수담당자의 활용률은 얼마인가? [학습목표 3-3]

(f) 수요가 시간당 15명의 환자라면, 사이클타임(분)은 얼마인가? [학습목표 3-3]

(g) 수요가 시간당 11명의 환자라면, 사이클타임(분)은 얼마인가? [학습목표 3-3]

(h) 프로세스가 비어 있는 상태라고 가정하자. 20명의 환자들을 처리하는 데 얼마의 시간이 걸리는가? [학습목표 3-5]

6. 비스킷을 만드는 생산 프로세스를 생각해보자. 프로세스의 첫 단계는 모든 재료들을 정확한 비율로 섞어 반죽을 만드는 단계이다. 다음 단계에서 반죽은 얇게 펴지고 굽기 작업을 위해 적절한 크기로 잘린다. 잘린 반죽들은 비스킷으로 구워지고 식혀진다. 마지막 단계는 고객을 위해 비스킷을 포장하는 것이다. 프로세스의 각 단계와 단계별 처리시간이 아래 표에 정리되어 있다. 프로세스는 자동화되어 있으므로 프로세스는 각 단계별로 전담기계가 존재하는 기계가 흐름을 주도

하는 프로세스라고 가정하자.

프로세스 단계	배치당 처리시간(분)
반죽 혼합	15
반죽 자르기	10
굽기	12
식히기	18
포장	10

(a) 굽기 단계의 처리능력(시간당 배치의 수)은 얼마인가? [학습목표 3-2]

(b) 프로세스의 병목지점은 어디인가? [학습목표 3-4]

(c) 수요에 제한이 없다고 가정하면, 프로세스 흐름률(시간당 배치의 수)은 얼마인가? [학습목표 3-3]

(d) 수요에 제한이 없다고 가정하면, 반죽혼합 단계의 활용률은 얼마인가? [학습목표 3-3]

(e) 수요가 시간당 3개라면, 포장단계의 활용률은 얼마인가? [학습목표 3-3]

(f) 수요가 시간당 3개라면, 프로세스의 사이클타임(분)은 얼마인가? [학습목표 3-3]

(g) 프로세스가 현재 처리 중인 재고로 가득 차있는 상태라고 하면, 50배치의 비스킷을 만드는 데 시간이 얼마나 걸리는가? [학습목표 3-5]

7. 작은 부동산 담보 대출회사에 한 명의 접수담당자, 네 명의 대출심사 담당자와 두 명의 관리자들이 있다. 대출 신청자가 신규 대출을 신청하려면 먼저 접수담당자와 함께 서류를 작성한다. 그리고 신청자는 대출심사 담당자 중 한 명을 만나 필요사항에 대해 의논한다. 대출심사 담당자는 신청자가 사무실을 떠난 이후에도 신청서 처리를 위해 추가적인 시간을 사용해야 한다. 마지막으로 관리자가 대출신청서를 검토한 뒤 승인한다. 각 단계별 처리시간이 아래 표에 정리되어 있다. 사무실은 하루에 8시간, 한 주에 5일간 운영된다.

자원	직원의 수	처리시간(시간/신청서)
접수담당자	1	1
대출심사자	4	7
관리자	2	4

(a) 프로세스의 병목지점은 어디인가? [학습목표 3-4]

(b) 수요에 제한이 없다고 가정할 때 프로세스의 흐름률(주당 대출 건수)은 얼마인가? [학습목표 3-5]

(c) 만약 고객의 수요가 주당 18건이라면 관리자의 활용률은 얼마인가? [학습목표 3-3]

(d) 수요가 주당 18건이라면, 프로세스의 사이클타임(시간)은 얼마인가? [학습목표 3-3]

(e) 수요가 주당 24건이라면, 대출심사자의 활용률은 얼마인가? [학습목표 3-3]

(f) 수요가 주당 24건이라면, 프로세스의 사이클타임(시간)은 얼마인가? [학습목표 3-3]

(g) 사무실이 현재 밀린 업무가 전혀 없다고 가정하면, 10개의 대출신청서를 처리하는 데 얼마의 시간이 걸리겠는가? [학습목표 3-5]

8. 일련의 네 단계로 구성된 프로세스를 생각해보자. 각 단계별 처리시간은 아래와 같다. 각 단계마다 한 대의 기계가 있고 프로세스는 기계가 흐름을 주도하는 프로세스다.

- 1단계: 단위당 25분
- 2단계: 단위당 15분
- 3단계: 단위당 30분
- 4단계: 단위당 20분

프로세스가 비어 있는 상태에서 시작한다고 가정하면, 105단위를 완성하는 데 얼마의 시간이 걸리겠는가? [학습목표 3-5]

9. 일련의 네 단계로 구성된 프로세스를 생각해보자. 각 단계별 작업자의 수와 처리시간은 아래 표에 정리되어 있다.

프로세스 단계	작업자의 수	고객당 처리시간(분)
1	1	5
2	5	15
3	3	10
4	1	3

프로세스가 비어 있는 상태로 시작되고 작업자가 흐름을 주도하는 프로세스라고 가정하면, 20명의 고객을 처리하는 데에 얼마의 시간(분)이 걸릴 것인가? [학습목표 3-5]

10. 한 조립공정의 사이클타임은 45초이고 100개의 작업장들로 구성되어 있다. 프로세스기 비어 있는 상태로 시작되고 기계가 흐름을 주도하는 프로세스라고 한다면, 50단위를 처리하는 데 얼마의 시간(분)이 걸릴 것인가? [학습목표 3-5]

11. 차량 자동세척서비스는 다음의 5단계로 진행된다: 사전처리, 세척, 린스, 왁스, 그리고 수동건조. 마지막 단계를 제외한 각 단계는 단계별 전담 기계장비가 있으며, 마지막 단계인 차량의 수동건조는 3명의 직원 중 한 명이 작업을 하게 된다. 각 단계별 처리시간은 다음과 같다.

- 사전처리: 차량당 1분
- 세척: 차량당 5분
- 린스: 차량당 2분
- 왁스: 차량당 3분
- 수동건조: 차량당 8분

(a) 이 프로세스의 병목지점은 어떤 단계인가? [학습목표 3-4]
(b) 만약 차량세척에 대한 수요가 시간당 15대라면, 프로세스의 흐름률은 얼마인가? [학습목표 3-3]
(c) 만약 차량세척에 대한 수요가 시간당 15대라면, 왁스작업을 하는 기계의 활용률은 얼마인가? [학습목표 3-3]
(d) 수요가 시간당 차량 10대라면, 수동건조 기계의 활용률은 얼마인가? [학습목표 3-3]
(e) 수요가 시간당 차량 10대라면, 프로세스의 사이클타임(분)은 얼마인가? [학습목표 3-3]
(f) 프로세스가 비어 있는 상태에서 시작한다면(각 단계는 독립적으로 작업된다고 가정), 차량 5대를 세척하는 데 소요되는 시간은 얼마인가?

12. 운전면허센터는 다음의 세 단계를 거쳐 면허를 갱신한다. 첫 번째 단계에서 담당자는 고객에게 신청서를 받아 데이터베이스에 있는 고객정보를 업데이트한다. 이 첫 단계는 고객당 2분이 걸린다. 그리고 난 뒤, 고객은 갱신수수료를 내기 위해 2명의 계산원 중 한 명에게 간다. 여기에서 계산원은 컴퓨터로 몇 가지 서류를 출력하고 고객의 서명을 받는데, 이는 고객당 8분이 걸린다. 마지막으로 고객은 세 곳의 면허증교부 작업장 중 한 곳을 방문하여 사진을 찍고 면허증을 발급받는다. 이 마지막 단계는 고객당 15분이 걸린다.

(a) 수요에 제한이 없다고 가정하면, 시간당 고객으로 표현한 프로세스의 흐름률은 얼마인가? [학습목표 3-3]

(b) 수요가 시간당 고객 8명이라면, 신청서를 접수하는 담당자의 활용률은 얼마인가? [학습목표 3-4]

(c) 수요가 시간당 고객 8명이라면, 프로세스의 사이클타임(분)은 얼마인가? [학습목표 3-4]

(d) 프로세스가 비어 있는 상태에서 시작하고 작업자가 흐름을 주도한다면, 고객 10명을 처리하는 데 소요되는 시간은 얼마인가? [학습목표 3-5]

(e) 수요에 제한이 없다고 가정하고 센터가 병목자원에 작업자 한 명을 추가로 배치한다면 새로운 흐름률은 얼마인가? [학습목표 3-4]

사례 TESLA

인기있는 고급 차종 중 하나인 Tesla의 Model S는 California에 있는 Tesla의 Freemont 공장에서 생산된다. 생산 프로세스는 다음의 5가지 세부 프로세스로 구성된다.

- **스탬핑**: 스탬핑 프로세스에서는 알루미늄 코일을 풀어 평평한 금속판으로 자른 뒤에 스탬핑 기계에 넣어서 Model S의 외관을 잡는다. 기계가 금속판의 모양을 잡는 데까지 6초의 시간이 걸린다.
- **스탬핑된 부품들의 조립**: 다양한 금속조각들이 용접과 접착을 통해 결합된다. 이를 통해 차체를 구성한다.
- **도색**: 차체는 도색장으로 이동된다. 도색이 끝나면 차체는 350도의 오븐에서 도색보호작업이 이루어지고, 이후 깔끔한 외관을 위해 마감작업이 이루어진다.
- **일반조립**: 도색 이후 차체는 마지막 조립장으로 이동된다. 조립작업자와 로봇들은 와이어링, 대시보드, 파워트레인, 모터, 배터리 팩, 시트와 같은 다양한 하위조립품을 조립한다.
- **품질점검**: 조립된 차량은 고객에게 배송되기 전에 품질점검을 받는다. 이 작업은 실제 도로 위 주행을 모방한 차량용 러닝머신인 롤링 로드에서 이루어진다.

전체적으로 프로세스는 160개의 로봇과 3,000명의 직원들에 의해 이루어진다. 프로세스는 주당 500대의 차량을 만들어낸다. 프로세스의 시작에서 끝까지는 3~5일이 소요된다.

© Paul Sakuma/AP Images

질문

Tesla 공장을 견학한다고 상상하고 간단한 프로세스 흐름도를 그려보자.

1. 프로세스의 사이클타임은 얼마인가?(하루에 8시간짜리 2교대근무가 진행되고 주당 5일 동안 작업한다고 가정하자)
2. 흐름시간은 얼마인가?
3. 프로세스의 어떤 지점에서 재고가 발생할 거라고 예측하는가?
4. 프로세스 전체에서 재공품재고 차량은 몇 대가 될 것이라고 생각하는가?

출처: http://www.wired.com/2013/07/tesla-plant-video
http://www.forbes.com/sites/greatspeculations/2014/09/26/fremont-factory-delays-shouldnt-affect-teslas-sales-this-quarter

참고 문헌

Subway의 활동과 처리시간에 관한 자료는 회사의 교육자료에서 발췌하였다.

4 프로세스 개선

학습목표

4-1 직접 노무비, 노동량, 유휴시간, 그리고 평균 노동활용률을 계산할 수 있다.

4-2 프로세스의 택트타임을 계산하고 이를 이용하여 목표인력수준을 산출할 수 있다.

4-3 병목지점의 부하를 줄여 프로세스 효율성을 제고할 수 있다.

4-4 업무의 재분배를 통해 프로세스의 균형을 맞출 수 있다.

4-5 분업의 이점과 한계를 설명할 수 있다.

4-6 프로세스 개선에 따른 재정적 이익을 평가할 수 있다.

이 장의 개요

Courtesy of Library of Congress Prints and Photographs Division [LC-USZ62-50219]

소개

1886년 Carl Benz가 최초의 내연기관을 이용한 자동차를 만들었을 당시 그는 생산 프로세스에 대해서는 별로 신경 쓰지 않았을 것이다. 그의 관심은 자동차 그 자체였으니까. 그의 아내 Bertha Benz가 이 사업의 핵심 투자자였는데 그녀는 남편의 발명품으로 독일 Mannheim에서 Pforzheim까지 약 100km의 유의미한 거리를 처음으로 운전한 사람이다. 재미있는 것은 Bertha Benz가 운전하던 도중 연료가 떨어졌는데, 당연히 당시에는 주유소가 없었기 때문에 주변 약국에서 연료를 구입해서 무사히 Mannheim으로 돌아가면서 그녀와 그녀의 남편이 자동차의 역사에 족적을 남길 수 있게 된 것이다.

30년 후 Henry Ford는 조립식 생산라인을 고안했다. 하지만 Ford는 Carl Benz 같은 자동차 전문가 수천 명을 고용한 것이 아니라 길거리의 미숙련 노동자들을 고용했다. 각 노동자는 단 몇 초 동안 수행할 작업만 숙달하면 되기 때문에 노동력은 저렴했고 넘쳐났다. Carl Benz는 자동차 한 대를 수 개월에 걸쳐 만들었지만 Henry Ford는 수천 대의 자동차를 하루에 생산했다. 그는 낮은 비용으로 더 많은 자동차를 생산한 업적으로 비즈니스의 역사에 족적을 남길 수 있었다.

Henry Ford는 미숙련 노동력을 이용하여 주어진 시간 내에 생산량을 증가시키는 법을 알고 있었다. 저비용으로 높은 생산성을 이루는 것은 효율성의 핵심으로서 지난 3장의 핵심 내용이기도 하다. 이번 장에서는 먼저 효율성의 측정 지표들을 소개하고자 한다. 하지만 효율성의 세부적인 내용으로 넘어가기 전에 효율성이 운영성과의 여러 측면 중 하나일 뿐이라는 것과 기업이 효율성을 유일한 목표로 세우면 안 된다는 것을 명심해야 한다. 사실, 윤리적 고려사항들을 잠시 접어두고 재무의 세계를 좀 단순화시키면 대부분 기업들의 주목적인 **이윤 극대화(profit maximization)**는 다음과 같이 표현될 수 있다.

이윤 극대화 기업의 목표로서 수익과 비용의 차이를 극대화하는 것

이윤 = 흐름률 × (평균 가격 – 평균 비용)

이어지는 절들에서는 프로세스의 효율성을 개선하는 다양한 방법에 대해 논의할 것이다. 그리고 난 뒤 이러한 개선들이 운영 이익에 어떠한 영향을 미치는지 논의할 것이다. 이 논의는 다음의 단계들을 거치면서 이루어진다.

1. 먼저 효율성의 측정 지표들을 정의한다. 어쨌든, 측정할 수 없는 것은 관리할 수 없다.
2. 다음으로 주어진 고객 수요를 바탕으로 필요한 작업자의 수를 파악한다. 수요보다 높은 처리능력을 갖고 있다고 해서 흐름률이 높아지진 않는다. 그러나 임금을 지불해야 하기 때문에 높은 처리능력은 비용을 증가시킨다. 반면, 수요보다 처리능력이 낮으면 흐름률이 낮아지면서 수익을 감소시킨다.
3. 병목자원의 처리능력을 향상시킬 방안을 모색한다. 처리능력이 가장 낮은 자원이 프로세스의 처리능력을 결정하기 때문에 프로세스의 처리능력이 올라가면 흐름률도 높아진다.
4. 다음으로 프로세스 내 작업자들에게 업무를 균형 있게 배분한다. 이를 통해 충분히 활용되지 못하는 노동력에 대한 불필요한 임금 지불을 줄이면서 흐름률도 높일 수 있다.
5. 효율성을 높이기 위한 다음 방법은 분업을 하는 것이다. 작업자가 하나 내지 둘 정도의 활동에만 집중할 수 있는 프로세스를 디자인한다면 작업시간을 줄이면서 추가적인 처리능력을 확보할 수 있다. 분업을 통해 임금을 낮추면서 비용을 낮추는 것이다.
6. 마지막으로, 프로세스의 개선이 운영이익에 미치는 영향을 평가할 것이다. 가장 중요한 점은 프로세스의 처리능력이 한계에 이르렀을 때 사소한 효율성 개선이라도 상당한 재정적 이익으로 연결될 수도 있다는 것이다.

효율성이 운영이익에 직접적인 영향을 미치기 때문에 운영효율성 관리는 매우 중요한 기술이다. 당신이 다섯 명으로 구성된 신생기업에서 일하든 수십억 달러짜리 기업에서 일하든 효율성(그리고 이윤)은 모든 경영환경에서 중요하다. 또한 이 효율성의 개념이 제조업 노동자에게만 적용된다는 생각은 잘못된 것이다. 병원도 의사와 간호사를 효율적으로 활용하려 하고 에너지 회사도 발전소를 효율적으로 운영하려 한다. 마케팅 관리자도 판매인력을 효율적으로 이용하려 하고 사회 전체로 볼 때도 물, 토지, 에너지와 같은 자원을 효율적으로 사용하려 한다. 따라서 우리 삶의 많은 부분에서 효율성이란 핵심적인 개념이다.

효율성의 개념을 설명하기 위해 Subway 음식점을 예로 들어 분석하고자 한다. 그리고 Henry Ford의 정신을 살려 분업의 개념을 활용한 프로세스 디자인에 초점을 맞출 것이다. 즉, 한 작업자가 손님을 맞이하는 것부터 계산하는 것까지 모든 활동을 담당하는 것이 아니라 여러 작업자들이 다양한 활동에 각각 특화되어 고객을 맞는 프로세스를 고려할 것이다.

4.1 프로세스 효율성의 측정 지표

학습목표 4-1
직접 노무비, 노동량, 유휴시간, 그리고 평균 노동활용률을 계산할 수 있다.

Subway는 고객 맞춤 샌드위치를 제공한다. 그림 4.1에 묘사된 3단계 서비스 프로세스를 보면 첫 번째 작업자("작업장")가 고객을 맞이하고 샌드위치에 치즈를 얹는 과정까지의 활동을 수행하는 데 37초가 걸린다. 이후, 작업자 2가 양파를 얹고 랩으로 싸서 포장하는 일까지 수행하는 데 고객당 평균 46초가 소요된다. 마지막으로 작업자 3이 쿠키와 함께 세트 메뉴를 권유하고 계산을 하는 데 고객당 37초가 소요된다. 이어지는 분석에서는 이 시간들이 정확하다고, 즉 각 작업자가 주어진 활동을 수행하는 데 앞서 말한 시간들이 변

그림 4.1
한 명의 고객을 처리하기 위한 프로세스의 흐름(3명의 작업자의 경우)

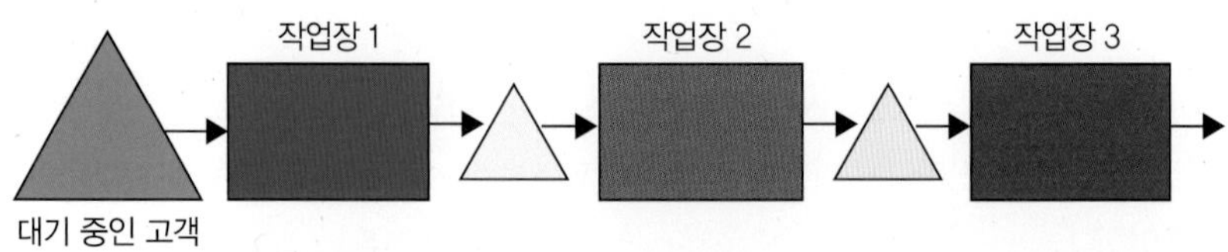

처리시간	37초/고객	46초/고객	37초/고객

	활동	활동시간[초/고객]
작업장 1	고객 응대	4
	주문 접수	5
	빵 준비	4
	빵 자르기	3
	고기	12
	치즈	9
작업장 2	양파	3
	상추	3
	토마토	4
	오이	5
	피클	4
	피망	4
	올리브	3
	할라피뇨	2
	소스	5
	포장	13
작업장 3	세트메뉴 권유	3
	쿠키 권유	14
	계산	20
	총 시간	120

동 없이 정확히 소요된다고 가정하자. 또한, 모든 고객이 샌드위치에 모든 재료를 얹어달라고 요구한다고 가정하자. 이러한 가정들은 현실을 단순화시키는 것이지만 분석의 좋은 출발점이 될 것이다.

"효율성"의 정의는 사전에 따라 조금씩 다르지만 "특정 효과를 내기 위해 직접적으로 행동하는 것", "최소의 낭비, 비용 또는 불필요한 노력으로 효과적인 행동 또는 생산을 하는 것", 그리고 "투입 대비 가장 높은 산출을 얻는 것"이라고 찾을 수 있다. 이 정의들에 공통되는 내용은 비즈니스에서 흔히 이야기하는 "들어간 돈 대비 가장 큰 가치"이다. 따라서 프로세스 분석의 맥락에서 프로세스가 **효율적(efficient)**이라는 것은 적은 자원으로 높은 흐름률을 달성할 수 있음을 의미한다. Subway의 경우에는 분석의 초점을 오븐이나 부동산이 아닌 핵심 자원인 작업자(노동)에 맞출 것이다. 따라서 여기에서 이야기하는 효율성은 모든 것에 대한 효율성이 아니라 노동 효율성이 된다.

효율성 프로세스가 효율적이라는 것은 적은 자원으로 높은 흐름률을 달성할 수 있음을 의미한다.

직접 노무비 한 명의 고객을 처리하는 데 드는 인건비로서 시간당 총 인건비를 흐름률로 나눈 수치이다.

노동의 효율성을 측정하기 위한 첫 번째 측정 지표는 한 명의 고객을 처리하는 데 드는 인건비이다. 이를 **직접 노무비(cost of direct labor)**라 한다. 직접 노무비의 계산은 다음과 같다.

$$\text{직접 노무비} = \frac{\text{단위시간당 총 임금}}{\text{흐름률}}$$

그림 4.1에 묘사된 프로세스가 몇 명의 고객을 처리할 수 있을까? 첫 번째 작업장은 초당 1/37명, 두 번째는 초당 1/46명, 그리고 세 번째는 초당 1/37명의 처리능력을 갖고 있

다. 따라서 두 번째 작업장이 가장 낮은 처리능력을 가진 병목지점이다. 수요가 충분히 존재한다면 프로세스는 초당 1/46명에게 샌드위치를 제공하면서 시간당으로는 3,600초를 곱하여 78.3명을 처리한다. 현재 프로세스에는 세 명의 작업자가 있고 시간당 그들에게 $12을 지불한다고 가정하면,

$$\text{직접 노무비} = \frac{3 \times \$12/\text{시간}}{78.3\text{고객}/\text{시간}} = \$0.46/\text{고객}$$

투입과 산출(또는 들어간 돈 대비 가치)로 생각하면, 작업자에게 지불하는 임금은 프로세스에 대한 투입물이며 이들이 생산하는 샌드위치의 수가 산출물이라고 볼 수 있다. 따라서 직접 노무비의 정의는 산출물 대비 투입물의 비율을 의미한다. 이는 사전적 의미에서의 투입 대비 산출 비율과는 살짝 다르다는 것을 알아둘 필요가 있다. 직접 노무비가 높으면 노동 효율성은 당연히 낮다는 의미이므로 우리가 사용하는 이 측정 지표는 사전적 정의의 역수이다.

임금과 흐름률 간의 비율이 투입 대비 산출의 유일한 계산법은 아니다. 예를 들어, 고객 한 명을 처리하는 데 들어가는 노동을 프로세스에 대한 투입으로 볼 수 있고 그 고객을 처리하는 것 자체를 산출로 볼 수도 있다. 이런 관점에서, 두 번째 효율성의 측정 지표로 **노동량(labor contents)**을 정의할 수 있다.

노동량 한 명의 고객(또는 흐름단위)을 처리하는 데 들어가는 일의 총량으로서 노동이 동반되는 처리시간들의 합으로 계산된다.

평균 노동활용률 모든 자원들에 대한 활용률의 평균

$$\text{노동량} = \text{노동을 수반하는 처리시간들의 합}$$

노동량은 하나의 흐름단위를 처리하는 데 소요되는 노동의 총량을 의미한다. 직접 노무비를 계산할 때처럼, 다른 조건들은 동일하다고 가정할 때, 높은 숫자는 낮은 숫자보다 바람직하지 않으므로 두 번째 측정 지표도 산출 대비 투입의 비율이 사용된다. Subway 사례에 적용하면,

$$\begin{aligned}\text{노동량} &= 37\frac{\text{초}}{\text{고객}} + 46\frac{\text{초}}{\text{고객}} + 37\frac{\text{초}}{\text{고객}} \\ &= 120\frac{\text{초}}{\text{고객}}\end{aligned}$$

노동 효율성의 세 번째 측정 지표는 프로세스 내 작업자들의 활용 정도를 측정하는 것이다. 수요가 충분하다고 가정할 때, 프로세스의 흐름률은 시간당 78.3명임을 파악했었다. 세 작업장은 초당 1/37명, 1/46명, 1/37명의 처리능력을 가지고 있고 시간당으로는 각각 97.3명, 78.3명, 97.3명의 처리능력을 가지고 있다. 자원 활용률이란 흐름률과 처리능력 간의 비율을 나타내므로 각 작업장의 활용률은 각각 80.4%, 100%, 80.4%라고 계산할 수 있다. 따라서 프로세스 내 **평균 노동활용률(average labor utilization)**을 다음과 같이 계산할 수 있다.

$$\begin{aligned}\text{평균 노동활용률} &= \text{모든 작업자들에 대한 노동활용률의 평균} \\ &= \text{평균}(80.4\%, 100\%, 80.4\%) = 87.0\%\end{aligned}$$

세 명의 작업자를 상대로 평균 활용률을 계산하는 것은 그리 까다롭지 않지만, 작업자의 수가 많아지면 좀 까다로워진다. 이때는 수식을 사용하면 좀 쉬어진다.

$$평균\ 노동활용률 = \frac{노동량}{사이클타임 \times 작업자의\ 수}$$

Subway 프로세스의 사이클타임은 46초이고 세 명의 작업자가 있으며 노동량은 120초이다.

$$평균\ 노동활용률 = \frac{120초}{46초 \times 3} = 87.0\%$$

상기의 좀 더 단순한 수식이 동일한 결과를 가져다 주는 이유를 이해하기 위해 매 46초마다 샌드위치가 만들어진다는 것을 상기하자. 즉 사이클타임은 46초이다. 이 46초 동안 3명의 작업자들이 들이는 총 시간은 3 × 46초 = 138초인 데 반해 샌드위치 하나를 만드는 데 드는 노동량은 120초이다. 따라서 3명의 작업자들은 138초에서 120초만을 샌드위치를 만드는 데 사용한 것이고, 이는 전체 시간의 120/138 = 87% 동안 작업을 했다는 의미이며, 이것이 노동활용률의 의미이다.

작업자들이 일을 하든 일이 없든 간에 임금은 지불해야 하기 때문에 평균 노동활용률은 효율성의 측정 지표가 된다. 따라서 미활용된 노동력은 불필요한 비용을 발생시키며 효율적인 프로세스는 평균 노동활용률이 최대한 높은 프로세스를 의미한다.

유휴시간 각 흐름단위별로 개별 작업자가 실제 일하지 않는데도 임금이 지불되는 시간

총 유휴시간 각 흐름단위별로 프로세스 내 모든 작업자의 유휴시간을 합한 시간

반면, 작업자가 할 일이 없는데도 임금이 지불되는 시간을 **유휴시간(idle time)**이라 한다. 프로세스의 **총 유휴시간(total idle time)**은 다음과 같이 계산한다.

$$총\ 유휴시간 = 사이클타임 \times 작업자의\ 수 - 노동량$$

Subway 프로세스의 총 유휴시간은 46초 × 3명 − 120초 = 18초이다. 따라서 프로세스가 처리하는 매 고객마다 18초의 유휴시간이 발생한다.

이해도 확인하기 4.1

질문 **3단계로 구성된 프로세스에서 첫 단계는 단위당 20분, 두 번째 단계는 단위당 10분, 세 번째 단계는 단위당 15분이 소요된다. 각 단계에는 한 명의 작업자가 배치되어 있다. 이 프로세스의 노동량은 얼마인가?**

답 노동량은 20 + 10 + 15 = 45분/단위이다.

질문 **수요가 무한이라 가정할 때, 평균 노동활용률은 얼마인가?**

답 먼저 첫 번째 단계가 병목지점임을 확인할 필요가 있다. 이 단계의 처리능력은 가장 낮은 분당 1/20단위이므로, 프로세스의 처리능력은 분당 1/20단위이다. 수요가 무한정이라면 흐름률 또한 분당 1/20단위이며 사이클타임은 1/흐름률 = 20분/단위이다.

$$평균\ 노동활용률 = \frac{45분}{20분 \times 3} = 75\%$$

질문 **각 작업자가 시간당 $15의 임금을 받는다면, 직접 노무비는 얼마인가?**

답 이미 알고 있듯이 흐름률은 분당 1/20단위 또는 시간당 3단위이다. 세 명의 작업자가 있으므로, 3 × 시간당 $15 = 시간당 $45. 따라서, 직접 노무비 = 시간당 $45/시간당 3단위 = 단위당 $15

4.2 수요 충족을 위한 고용수준 결정

학습목표 4-2
프로세스의 택트타임을 계산하고 이를 이용하여 목표인력수준을 산출할 수 있다.

수요와 공급을 맞추는 과정은 통상적으로 수요는 주어진 것으로 가정하고 이를 맞추기 위해 필요한 자원을 확보하는 방식으로 진행된다. Subway의 수요가 시간당 100명이라고 가정해보자. 시간당 100명의 고객들을 처리하려면 매 36초마다 한 명의 고객을 처리해야 한다. 이를 프로세스의 **택트타임(takt time)**이라 한다.

택트타임 가용시간과 수요를 처리하기 위해 필요한 생산량 간의 비율

$$\text{택트타임} = \frac{1}{\text{수요율}} = \frac{1}{\text{100명의 고객/시간}}$$
$$= \frac{0.01\text{시간}}{\text{고객}} \times 3{,}600\frac{\text{초}}{\text{시간}} = 36\frac{\text{초}}{\text{고객}}$$

택트타임은 온전히 수요에 의해 결정되는 측정 지표이다. 우리가 이 절에서 하고자 하는 것은 이 수요율과 정확히 일치하는 프로세스 흐름을 디자인하는 것이다. 택트는 독일어다. 음악에서 택트는 연주가가 어떤 템포(속도)에 맞춰 악기를 연주해야 하는지 알려준다. 음악 악보에서의 템포는 일반적으로 분당 비트의 수 혹은 분당 연주되어야 할 1/4박자의 개수를 말한다(참고로, 음악에서 분당 100비트 이하의 템포는 일반적으로 느리다고 하고 100비트 이상의 템포는 빠르다고 한다). 택트가 음악 용어라는 것은 흥미롭다. 연주가가 박자를 무시하고 자신의 마음대로 음악을 연주하면 안 되듯이 프로세스 역시 개별 자원의 흐름이 아닌 수요율에 따라 운영되어야 한다.

택트타임에 대해 앞서 계산한 것을 보면, 수요가 수요율의 형태, 즉 단위시간당 수량으로 표현되어 있다. 하지만 때때로 수요는 "100개"처럼 수요량으로 표현될 수 있다. 이 경우 택트타임은 다음과 같이 계산할 수 있다.

$$\text{택트타임} = \frac{\text{가용시간}}{\text{요구 수량}}$$

상기 수식에서 가용시간은 프로세스가 일정 수량을 생산하는 데 사용할 수 있는 시간의 양이다. 예를 들어, 8시간 동안에 120개의 물량을 생산하려면 다음의 택트타임에 맞춰 생산을 해야 한다.

$$\text{택트타임} = \frac{\text{가용시간}}{\text{요구 수량}} = \frac{8 \times 60\text{분}}{120\text{개}}$$
$$= 4\frac{\text{분}}{\text{개}}$$

이러한 택트타임의 정의는 앞서 사용한 택트타임의 수식, 즉 1/수요율(가용시간이 1단위 시간으로 설정된)을 일반화한 표현이다.

택트타임과 사이클타임의 차이를 아는 것이 매우 중요하다. 알다시피 사이클타임은 1/흐름률이다(그리고 흐름률은 수요와 처리능력 중 최소치이다). 따라서 사이클타임은 처리능력에 따라 달라지지만 택트타임은 그렇지 않다. 택트타임은 수요율에 의해서만 결정되고 사이클타임, 즉 1/흐름률은 현재의 프로세스 흐름을 나타낸다. 수요와 공급을 맞추려면 사이클타임을 택트타임에 최대한 맞춰야 하는 것이다. 만일 고객들이 매 36초마다 샌드위치를 주문하면 우리의 목표는 당연히 36초마다 샌드위치를 생산하는 것이 되어야 한다.

사이클타임을 택트타임과 맞추는 대신 처리능력을 수요율에 맞추는 방법을 생각할 수도 있다. 이 두 접근법은 동일하다. 두 경우 모두 고용수준을 조정해야 한다. 만일 현재의 처리능력이 모자란다면 작업자를 추가로 고용해야 한다. 더 많은 작업자들은 더 높은 처리능력을 의미하며 높은 처리능력은 흐름률을 높이면서 사이클타임을 줄일 것이다. 만일 현재 프로세스의 처리능력에 비해 수요가 별로 없다면 작업자의 수를 줄여야 할 것이다. 작업자의 수가 줄면 처리능력이 줄어들면서 수요율과 가까워질 것이다. 이 경우, 작업자 수가 준다고 해서 사이클타임에 피해가 가지는 않을 것이다. 왜냐하면 현재 상황에서는 처리능력이 아닌 수요율에 의해 흐름률이 결정되기 때문이다.

Subway의 사례에서 수요율이 시간당 100명인 반면 현재의 3단계 프로세스(처리시간은 각각 단위당 37, 46, 37초)의 흐름률은 시간당 78.3명이므로 처리능력이 모자라는 상태이다. 따라서 시간당 21.7명의 고객을 처리하지 못하고 돌려보내야 하는 상황이다. 이를 해결하려면 몇 명의 작업자를 더 고용해야 하는가? 이 문제를 생각해보기 위해 모든 작업자들이 완전히 활용될 것이라 가정하자(이는 매우 극단적인 가정이지만 이것에 대해서는 추후에 논의하기로 하자). 필요한 고용수준을 **목표인력(target manpower)** 공식으로 계산할 수 있다.

목표인력 노동량과 택트타임 간의 비율로서 수요를 충족하기 위해 필요한 자원의 최소 수치를 의미한다. 이 수치는 정수가 아닐 수 있으며 모든 자원이 완전히 활용된다는 가정을 하고 있다.

$$\text{목표인력} = \frac{\text{노동량}}{\text{택트타임}}$$

앞서 계산했듯이,

$$\text{택트타임} = \frac{1}{\text{수요율}} = \frac{1}{\text{시간당 100명}}$$
$$= 0.01\,\frac{\text{시간}}{\text{고객}} \times 3{,}600\,\frac{\text{초}}{\text{시간}} = 36\,\frac{\text{초}}{\text{고객}}$$

따라서 목표인력은,

$$\text{목표인력} = \frac{\text{노동량}}{\text{택트타임}}$$
$$= \frac{\text{고객당 120초}}{\text{고객당 36초}} = 3.333$$

모든 작업자들이 완전하게 활용된다는 가정하에 수요를 충족하려면 3.33명을 고용해야 한다. 사람을 분수로 고용할 수 없기 때문에 올림하여 네 명을 고용해야 한다. 표기의 편의를 위해 목표인력을 3.333이라 하고 고용수준을 4로 표현한다. 다시 말해, 목표인력은 소수로 표현될 수 있으나 고용수준은 정수로 표현되어야 한다.

고용수준을 항상 올림하여 표현해야 하는가? 목표인력이 3.0001인 경우에는? 이 질문의 대답은 당신의 목표에 달려 있다. 당신의 목표가 수요를 완전히 충족하는(고객을 한 명도 놓치지 않는) 것이라면 올림을 해야 한다. 그러나 당신의 목표가 이윤을 극대화하는 것이라면 판단은 조금 복잡할 수 있다. 이 경우에는 내림한 고용수준과 올림한 고용수준 각각을 기준으로 이윤을 비교한 뒤(본 장의 후반부에서 다룰 것이다) 조금이라도 더 많은 이윤이 생기는 고용수준을 선택해야 한다.

이제 수요가 시간당 160개의 샌드위치로 증가했다고 가정해보자. 이는 규모가 큰 Subway 매장에게도 매우 높은 수요율이다. 수요율이 높아졌다는 것은 택트타임이 낮아졌다는 이야기다. 음악의 템포가 빨라졌으니 수요의 박자를 따라가기 위해 더 빠른 사이클 타임으로 일해야 한다. 이젠 몇 명의 작업자가 필요한가? 택트타임부터 다시 계산해보자.

$$\text{택트타임} = \frac{1}{\text{수요율}} = \frac{1}{\text{시간당 160명}}$$
$$= 0.00625\frac{\text{시간}}{\text{고객}} \times 3{,}600\frac{\text{초}}{\text{시간}} = 22.5\frac{\text{초}}{\text{고객}}$$

이제 목표인력 공식을 이용하여 필요한 고용수준을 찾아보면,

$$\text{목표인력} = \frac{\text{노동량}}{\text{택트타임}}$$
$$= \frac{\text{고객당 120초}}{\text{고객당 22.5초}} = 5.333$$

따라서 수요 증가는 택트타임의 감소를 의미하며 택트타임의 감소는 동일한 노동량을 다루기 위해 더 많은 작업자가 필요하다는 것을 의미한다. 앞서 설명했듯이 택트타임에 기반하여 고용수준을 계산할 수도 있지만 우리는 스스로에게 물어볼 수도 있다. 시간당 160명의(수요율) 고객을 처리하려면 몇 명을 추가로 고용해야 하는가? 작업자 수를 m이라고 하면 m명의 작업자로부터 얻는 처리능력은 다음과 같다.

$$\text{처리능력} = \frac{m}{\text{처리시간}} = \frac{m}{\text{고객당 120초}} = \frac{3{,}600 \times m}{\text{시간당 120명}}$$

처리능력을 시간당 160단위로 치환하면,

$$\text{시간당 160명} = \frac{3{,}600 \times m}{\text{시간당 120명}} \Longleftrightarrow 160 = 30 \times m \Longleftrightarrow m = 5.333$$

이해도 확인하기 4.2

© sot/Getty Images

질문 어느 노트북 제조업체는 8시간 2교대로 운영되고 있어 생산 가용시간이 16시간이다. 이 업체의 목표는 하루에 노트북 480대를 생산하는 것이다. 이 제조업자가 맞추어야 하는 택트타임을 구하시오.

답 $\text{택트타임} = \frac{\text{가용시간}}{\text{요구 수량}} = \frac{\text{하루 16시간}}{\text{하루 480대의 노트북}}$

$= 0.0333\frac{\text{시간}}{\text{노트북}}$

$= 2\frac{\text{분}}{\text{노트북}}$

질문 노트북 한 대를 조립하는 데 20분의 노동이 필요하다면 목표인력은 얼마인가?

답 $\text{목표인력} = \frac{\text{노동량}}{\text{택트타임}} = \frac{\text{노트북당 20분}}{\text{노트북당 2분}} = 10$

그림 4.2
수요 평탄화와 고용수준의 결정

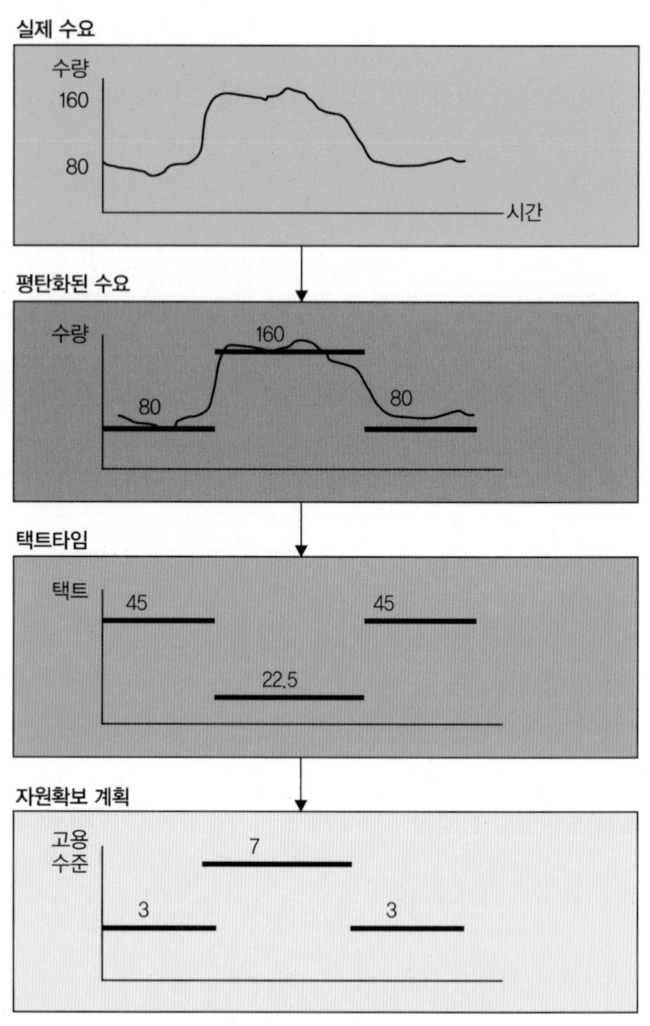

따라서 해답은 동일하므로 목표인력수준을 처리능력을 수요율에 맞춰 계산하든지 사이클타임을 택트타임에 맞춰 계산하든지 각자가 선택하기 바란다. 앞으로 보게 될 계산들은 택트타임을 이용할 때 좀 더 이해하기 쉬울 것이므로 택트타임을 주로 활용할 것이다.

대부분의 비즈니스에서 수요는 시간단위로, 일 단위로, 그리고 연중 계속해서 변하는데 수요가 변한다고 고용수준을 그때그때 조정할 수는 없는 일이다. 따라서 운영관리자가 계획과정에서 가장 먼저 하는 일이 **수요를 평탄화(level the demand)**하는 것이다. 즉, 정해진 기간(가령 Subway에서 한 시간) 동안 예상되는 수요율을 정하는 것이다. 그리고 난 뒤 평탄화된 수요를 기준으로 택트타임을 산정하고(수요가 높으면 택트타임이 낮아야 한다는 것을 잊지 말자) 택트타임으로 고용수준을 도출한다. 이렇게 해야 수요에 맞추어 고용수준을 결정할 수 있다. 그림 4.2는 운영관리자가 시간에 따라 변하는 수요를 평탄화하면서 고용수준을 조정하는 과정을 보여준다.

수요 평탄화 특정 기간 동안 적정한 고용수준을 파악하기 위해 예상되는 수요율을 정하는 것

고객당 22.5초의 택트타임을 기준으로 그 수요의 비트에 맞춘 프로세스를 만들어 보자. 일단 각 활동이 한 명의 작업자에 의해 수행된다고 가정하자. 주어진 택트타임을 맞추려면 모든 활동의 처리시간을 고객당 22.5초 이하로 유지해야 한다. 다시 말해, 한 작업자가

수행하는 활동이 고객당 22.5초를 초과하면 안 된다. 이는 시간당 160명의 고객 흐름률(초당 1/22.5명)을 달성하려면 프로세스 내 모든 자원이 각자 시간당 최소 160명(초당 1/22.5명)을 처리할 수 있어야 함을 의미한다. 나아가, 프로세스의 활동들이 그림 4.1에 표시된 순서대로 진행되어야 한다고 가정해보자. 이제 작업자에게 활동(들)을 배정할 때, 첫 번째 작업자(자원)부터 순차적으로 활동(들)을 배정하되 작업자의 처리시간이 고객당 22.5초를 넘지 않는 범위 내에서 활동(들)을 배정하면 된다. 다시 말해 작업자가 담당해야 할 활동(들)의 총 처리시간이 고객당 22.5초를 넘게 되면 배정된 활동들 중 마지막 활동은 배정을 취소하고 다음 작업자에게 배정하면 된다. 좀 복잡하게 들리겠지만 실제로 그렇지는 않다. 직접 계산해 보자.

- 프로세스 내 첫 번째 작업자는 고객을 맞이한다(고객당 4초). 여기에 소요되는 시간은 택트타임보다 낮기에 이 작업자에게 주문을 접수하는 작업을 추가로 배정한다(고객당 5초). 이 두 활동의 처리시간은 4+5=고객당 9초이므로 목표인 택트타임 22.5초보다 현저히 낮다. 따라서 빵을 준비하는 업무(고객당 4초)와 빵을 자르는 업무(고객당 3초)를 추가 배정한다. 이제 4+5+4+3=고객당 16초다. 다음 활동은 고기를 추가하는 것인데 고객당 12초가 소요된다. 하지만 16+12=28>22.5이므로 이 작업자가 고객당 22.5초의 사이클 안에서 이 업무까지 수행하기에는 업무가 과중하다. 따라서 첫 번째 작업자는 고객을 맞고 빵을 가져온 뒤 그것을 자르는 일까지만 활동들을 배정받아서 고객당 16초의 업무를 담당하게 한다.
- 두 번째 작업자는 첫 번째 작업자의 처리시간이 22.5초를 초과하게 만들 뻔한 활동인 고기 추가하기를 먼저 배정받는다. 작업자 2가 치즈(고객당 9초)도 담당하면 총 처리시간은 12+9=21<22.5이 된다. 하지만 거기까지다. 다음 활동(양파, 고객당 3초)는 작업자 3이 해야 할 일이다.
- 작업자 3은 양파(고객당 3초)로 시작하여 상추(고객당 3초), 토마토(고객당 4초), 오이(고객당 5초) 그리고 피클(고객당 4초)을 수행하여 총 처리시간이 3+3+4+5+4=고객당 19초가 된다.
- 작업자 4는 이제 피망, 올리브, 할라피뇨를 각각 고객당 4, 3, 2초 동안 다룰 것이다. 4+3+2=고객당 9초는 목표치인 고객당 22.5초보다 현저히 낮기에 소스(고객당 5초)도 추가로 담당하게 하여 고객당 총 14초를 처리하게 한다.
- 작업자 5는 포장을 담당하고 세트 메뉴를 권유하여 13+3=고객당 16초의 처리시간을 배정한다.
- 작업자 6은 쿠키를 제공할 수 있으나 현금등록기에서 계산까지 하기에는 시간이 모자라므로 고객당 14초를 배정한다.
- 마지막으로 작업자 7은 계산을 담당하게 하여 고객당 20초의 처리시간을 배정한다.

일곱 명의 작업자들에게 활동들을 배분한 결과가 그림 4.3에 나타나 있다. 그림의 각 상자는 특정 활동을 의미하며 상자의 높이는 각 활동의 처리시간을 나타낸다. 따라서 상자들이 쌓인 높이는 각 작업자의 총 처리시간을 의미한다. 일곱 명 각자의 처리시간과 더불

그림 4.3
7명의 작업자들로 구성된 Subway의 샌드위치 라인

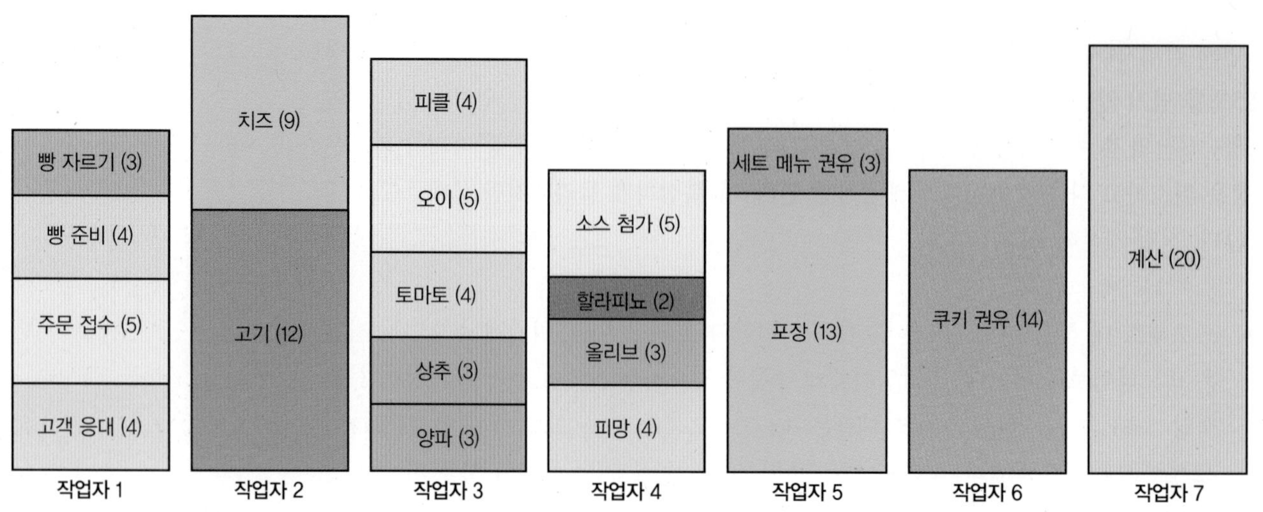

어 이 그림에는 택트타임이 표시되어 있다. 각 작업자의 처리시간이 모두 택트타임보다 낮으므로 이 프로세스가 수요율에 맞춰 운영될 수 있음을 알 수 있다.

그런데 잠깐! 왜 작업자가 7명이나 되는가? 종전에 고객당 22.5초의 택트타임을 맞추려면 5.333명의 작업자가 필요하다고 하지 않았는가? 고용수준을 여섯 명으로 올림하면 충분한 것 같은데 지금 일곱 명의 작업자는 전혀 효율적이지 않아 보인다. 왜 이런 비효율성이 발생했는가? 이유는 유휴시간에 있다. 목표인력 계산은 모든 자원이 100% 활용되는 것을 가정한 계산인데 이는 프로세스 내에 유휴시간이 없어야 한다는 뜻이다. 하지만 일반적으로 이런 경우는 드물다. 그리고 곧 보겠지만, 세 명의 작업자로 샌드위치를 만들 때보다 유휴시간이 더 많아졌다. 이를 확인하기 위해 7단계 프로세스를 면밀히 분석해보자. 각 자원의 처리능력을 계산하면 병목지점을 발견할 수 있다. 이후 수요와 프로세스 처리능력 중 최소치로 흐름률을 계산한다. 이 수치들을 이용하여 활용률과 사이클타임을 구할 수 있다. 분석 결과가 그림 4.4에 정리되어 있다.

그림 4.4를 보면 고객당 21초의 처리시간, 즉 초당 1/21명의 처리능력을 가진 작업장 2가 병목지점임을 알 수 있다. 또한 이 프로세스가 시간당 160명의 수요율과 시간당 171.4명의 처리능력을 가지고 있다는 점에 비추어 볼 때 수요에 의해 제약된 프로세스임을 알 수 있다. 이는 시간당 160명의 흐름률과 고객당 22.5초의 사이클타임을 의미한다.

본 장의 시작부분에서 다루었듯이 이 프로세스의 활용률은 다음과 같이 계산할 수 있다.

$$\text{평균 노동활용률} = \frac{120\text{초}}{22.5\text{초} \times 7} = 76.2\%$$

참고로 이 수치는 세 명의 작업자를 기준으로 계산한 노동활용률인 87.0%보다 낮다. 이 같은 효율성의 저하는 직접 노무비에서도 나타난다.

그림 4.4
7명의 작업장으로 구성된 Subway 라인의 프로세스 분석

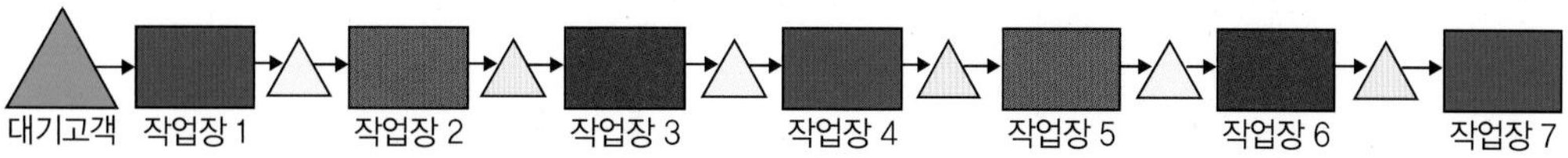

대기고객 → 작업장 1 → 작업장 2 → 작업장 3 → 작업장 4 → 작업장 5 → 작업장 6 → 작업장 7

	작업장 1	작업장 2	작업장 3	작업장 4	작업장 5	작업장 6	작업장 7
단위당 처리시간	16초	21초	19초	14초	16초	14초	20초
처리능력(초당)	1/16개	1/21개	1/19개	1/14개	1/16개	1/14개	1/20개
처리능력(시간당)	225개	171.4개	189.5개	257.1개	225개	257.1개	180개
프로세스 처리능력	최소{225, 171.4, 189.5, 257.1, 225, 257.1, 280}=171.4개/시간						
병목자원?	아니오	예	아니오	아니오	아니오	아니오	아니오
흐름률 최소	{171.4개/시간, 수요}=160개/시간						
활용률	71.1%	93.3%	84.4%	62.2%	71.1%	62.2%	88.9%
사이클타임	$\frac{3,600초/시간}{160개/시간}$ = 22.5초/단위						

$$직접\ 노무비 = \frac{단위시간당\ 임금}{흐름률}$$

세 명의 작업자로 구성된 프로세스에서 직접 노무비는 고객당 $0.46이었는데, 프로세스가 일곱 명의 작업자로 구성된 지금은,

$$직접\ 노무비 = \frac{7 \times 시간당\ \$12}{시간당\ 160명} = \frac{\$0.525}{고객}$$

따라서 7명의 작업자로 프로세스를 더 빠르게 돌리면서 실질적으로 비용이 증가한 것이다. 왜 이러한 결과가 나타났을까? 비용 증가의 원인을 파악하기 위해 평균 노동활용률을 다시 생각해보자. 작업자가 세 명일 때 평균 노동활용률은 87.0%였으나 현재 이는 76.2%로 감소했다. 여기에는 두 가지 이유가 있다.

- 첫째, 시간당 100명의 고객과 시간당 78명의 처리능력이 있을 때는 처리능력에 제약이 있었다. 즉, 병목자원(작업자 2)이 100% 활용되고 있었다는 것이다. 반대로, 현재 병목자원(비록 담당 활동들도 다르고 처리시간도 줄었지만 여전히 병목자원은 작업자 2이다)의 활용률은 100% 미만이다(수요에 의해 제약받는 상황이기 때문이다). 따라서 처리능력이 수요에 비해 남아돌게 되었다.
- 둘째, 활동들을 더 많은 자원(작업자)들에 배분하면서 프로세스의 균형을 맞추기가 더욱 어려워졌다. 한 명의 작업자가 모든 활동을 담당하는 극단적인 경우를 생각해보자. 수요가 충분하다고 가정하면 해당 자원의 평균 노동활용률은 100%일 것이다. 한 명의 작업자로 구성된 프로세스는 완전하게 균형을 이룰 수 있지만, 작업자의 수가 늘어날수록 활동들을 더 많은 작업자들에게 배분해야 하면서 프로세스의 균형을 맞추는 것이 더 힘들어진다.

하지만 운영관리의 목적이 노동활용률을 극대화하는 것이 아님을 명심하자. 작업자를

추가하면서 효율성이 어느 정도 떨어지기는 했지만(평균 노동활용률의 몇 퍼센트 포인트와 약간의 직접 노무비) 프로세스의 흐름률은 크게 상승했다. Subway 샌드위치는 약 $6에 판매되는 반면 재료비는 이에 비해 상당히 낮기 때문이며 이윤은 증가했을 것이다.

4.3 병목지점의 처리능력 향상

© *My Good Images/Shutterstock*

앞 절에서 우리는 수요에 걸맞은 적절한 고용수준을 결정하는 방법에 대해 알아보았다. 고용수준을 적절히 정하면 처리능력이 지나치게 남아돌지(유휴시간과 높은 직접 노무비를 초래) 않으면서도 수요를 충족시킬 수 있게 된다(고객을 놓침으로써 발생하는 손실을 줄임). 이제 프로세스 효율성을 제고하기 위한 다른 방법들에 대해 알아보자.

1984년에 Eli Goldratt은 『*The Goal*』이라는 매우 인기 있는 책을 썼다. 믿기 어렵겠지만 이 책은 소설 형식으로 쓰여져 수백만 권이 판매된 운영관리 교과서이다. 이 책의 주인공은 Alex라는 이름을 가진 가상의 공장관리자인데 소설 전반에 걸쳐 일련의 프로세스 분석의 원리를 발견해 내는 인물이다. Alex는 보이스카우트 대원들을 이끌고 숲속 하이킹을 하면서 깨달음의 순간을 경험한다. 이 그룹은 처음에는 일렬종대로 서로 가까이 붙어서 이동을 시작했지만 행진이 길어지면서 대원들 간의 간격이 벌어지게 된다. 걸음이 빠른 아이들이 선두에 서서 자신들의 페이스로 걸어가면서 나머지 아이들은 점점 더 뒤처지게 된다. 특히, 몸이 무거운 Herbie는 앞사람과 수백 미터 떨어진 상태이고 그 뒤로는 대원들이 비좁은 길 때문에 Herbie를 추월도 못하고 투덜거리며 걷고 있었다. Alex는 이 하이킹이 운영 프로세스와 많이 닮았음을 깨닫는다. 그는 전체 그룹이 움직이는 속도를 공장의 흐름률과 연관 짓는다. 공장이 병목자원보다 빠르게 생산할 수 없듯이 보이스카우트 대원들도 Herbie보다 빠르게 걸을 수 없다. Alex는 **Herbie** 뒤에 몰려 있는 아이들이 공장의 병목자원 앞에 쌓인 재고와 비슷함을 알게 된다.

Herbie Eli Goldratt의 소설 『*The Goal*』의 주인공. Herbie는 보이스카우트 대원들 중 걷는 속도가 가장 느린데, 마치 병목지점이 전체 프로세스를 지체시키는 것처럼, 전체 대원들의 속도를 지체시킨다.

이 책이 출판된 이후로 많은 운영전문가들이 병목지점을 Herbie라 부르기 시작했다. 보이스카우트의 사례는 어떤 프로세스 개선을 하든지 간에 개선은 병목지점에서부터 시작해야 함을 알려준다. 샌드위치에 고기를 올리는 시간(고객당 12초)을 줄일 수 있을 것이다. 예를 들어, 필요시 샌드위치에 고기를 바로 올릴 수 있도록 플라스틱 포일에 고기를 미리 준비해 놓으면 이 활동의 처리시간을 고객당 5초로 줄일 수 있을 것이다. 하지만 이 개선 그 자체는 값어치가 없다. 작업자 1이 병목지점이 아니기 때문에 이 개선은 작업자 1의 유휴시간을 증가시킬 뿐이다. 이러한 개선은 발 빠른 대원을 더욱 빨리 걷게 하여 다음 캠프 장소에서 Herbie를 기다리게 하는 것과 같다.

모든 프로세스 개선은 병목지점을 파악하는 것으로부터 시작해야 한다. Herbie의 경우, Alex는 Herbie의 느린 속도가 신체적 한계 때문만이 아니라 그가 맨 간식이 잔뜩 든 크고 무거운 배낭 때문이기도 하다는 것을 곧 알아챘다. Alex는 그룹의 하이킹 속도를 높이기 위해 빨리 걷는 대원들로 하여금 Herbie의 가방 속 짐을 나누어 매게 했다. 빠른 대원들의 속도는 좀 줄어들었지만 중요한 것은 Herbie의 속도가 빨라졌다는 것이다.

일반적으로 병목지점의 업무를 다른 곳으로 분산 이동시키는 개선 전략을 **병목지점의 부하절감(off-loading the bottleneck)**이라 한다. 다양한 방식으로 병목지점의 부하를 줄일 수 있다.

학습목표 4-3
병목지점의 부하를 줄여 프로세스 효율성을 제고할 수 있다.

- 처리능력이 높은 다른 자원에 활동을 재분배한다. 이를 라인균형화라고 부르며 다음 절에서 다루도록 한다.
- 기술을 이용해 병목지점에서 시간을 소요하는 활동의 일부를 자동화한다. 예를 들어 포장종이의 배급을 자동화하여 작업자 2의 처리시간을 줄일 수 있다.
- 병목지점에서 시간을 소요하는 활동의 일부를 아웃소싱한다. 근무시간 시작 전에 소스를 미리 포장용 봉투에 넣어놓거나 아예 포장용 봉투 내에 소스가 포함된 것을 구매하는 것을 상상해 보라. 작업자 2가 병목지점이라면 이는 그의 처리시간을 줄일 것이며 프로세스의 처리능력을 향상시킬 것이다.

병목지점의 부하를 줄이는 것과 더불어 작업자를 추가로 고용하여 프로세스의 처리능력을 높일 수 있다. 작업자 한 명(또는 일반적으로 처리능력 한 단위)을 추가 고용하면 그를 어디에 배치할 것인가? 정답은 병목지점이다. 왜냐하면 병목지점이 프로세스를 제약하는 원인이며 사슬은 가장 약한 고리만큼의 힘을 갖기 때문이다. 병목지점에 작업자를 추가하는 것은 Herbie의 신체를 강화하는 것과 같다. 작업자를 추가하는 것과 더불어 병목자원을 더 오래 가동(잔업)하거나 병목자원에 일 처리속도가 빠른 숙련된 작업자를 배치하여 병목지점의 처리능력을 향상시킬 수도 있다.

4.4 프로세스의 균형

학습목표 4-4
업무의 재분배를 통해 프로세스의 균형을 맞출 수 있다.

라인균형화 모든 자원을 유사한 수준으로 활용하기 위해 프로세스 내 자원들에게 프로세스의 활동들을 최대한 동등하게 배분하는 행위

작업순서가 고정된 활동들의 균형화 사전에 정해진 순서대로 수행되어야 하는 활동들의 균형화

작업순서가 고정되지 않은 활동들의 균형화 사전에 정해진 순서가 없는 활동들을 균형화하는 것으로 일반적으로 작업순서가 고정된 활동들을 균형화할 때보다 노동활용률이 높다.

프로세스의 전체적인 균형을 맞추기 위해 프로세스 내 활동들을 각 자원에게 최대한 균등하게 배분한다. 대부분의 방법론은 조립라인관리에 그 이론적 뿌리를 두고 있기 때문에 프로세스 균형화보다 **라인균형화(line balancing)**라는 용어를 사용한다. 실무적으로는, 라인균형화에는 두 가지의 경우가 있다.

- **작업순서가 고정된 활동들의 균형화(balancing for a fixed sequence of activities)**: 이 경우는 정해진 순서대로 활동을 수행해야 하는 상황이다. 맨 처음 수행해야 하는 활동, 그 다음 수행해야 하는 활동 등. 이는 세 명의 작업자들로 구성된 라인을 일곱 명의 작업자들로 구성된 라인으로 전환하기 위해 업무를 재배치했던 과정에서 경험한 것이다. 우선 택트타임을 계산하고 이를 초과하지 않는 범위 내에서 일련의 순서가 정해진 활동들을 차례로 작업자들에게 배정한다. 이를 모든 활동들이 작업자들에게 다 배정될 때까지 수행한다.
- **작업순서가 고정되지 않은 활동들의 균형화(balancing for activities with no fixed sequence)**: 샌드위치가 만들어지기 전에 포장할 수는 없다. 하지만 피클을 놓기 전에 할라피뇨를 놓을 수 있을까? 가능하다. 어떤 경우에는 프로세스 내 활동들의 순서를 재조정할 수 있다. 이 경우에는 어느 정도 유연성이 생기면서 보다 쉽게 활동들을 균형되게 배치할 수 있고 평균 노동활용률을 높이면서 직접 노무비를 낮출 수 있다.

라인균형화의 개념이 어떻게 적용되는지를 보려면 그림 4.5를 참고하라. 그림 4.5는 세 명의 작업자가 있는 프로세스를 기준으로 그려졌다. 또한 수요가 시간당 80명이라고 가정하자. 시간당 80명의 고객이라면 택트타임은 3,600/80 = 고객당 45초다. 샌드위치를 만드는 데 필요한 전 과정을 보면 고객 응대부터 샌드위치에 양파를 얹는 활동까지 작업자 1을 배치할 수 있다. 이는 4+5+4+3+12+9+3 = 고객당 40초의 처리시간에 해당한다. 양파 얹기가 작업자 2에서 작업자 1의 활동으로 바뀌었으므로 기존의 활동배정과는 다르다. 이어 작업자 2가 상추를 얹는 것부터 포장까지의 활동을 담당하면서 고객당 43초의 새로운(낮은) 처리시간이 배정된다. 작업자 3의 업무는 그대로다. 작업자 각각 고객당 40, 43, 그리고 37초의 시간을 소요하므로 고객당 45초의 택트타임을 달성할 수 있다. 이제 평균 노동활용률은 증가했으며 시간당 80개의 고객 수요를 처리할 수 있게 되었다.

그림 4.5에서 우측의 프로세스가 더 높은 노동활용률을 보이고 있다. 수요율이 시간당 80명(고객당 45초의 택트타임)일 때 유휴시간은 각각 고객당 5, 2, 그리고 8초로 총 유휴시간은 고객당 15초가 된다. 그림 4.5 좌측의 프로세스에서 고객당 46초의 처리시간을 가진 작업자 2가 병목지점임을 감안하면 프로세스는 처리능력에 제약이 있으며 사이클타임이 고객당 46초였을 것이고 유휴시간은 9+0+9 = 고객당 18초일 것이다. 따라서 프로세스를 다시 균형화함으로써 노동활용률을 개선했고 처리능력과 흐름률을 증가시킬 수 있다.

그림 4.5
병목지점에서 다른 지점으로 활동들을 분산 재배치하면서 처리능력 향상

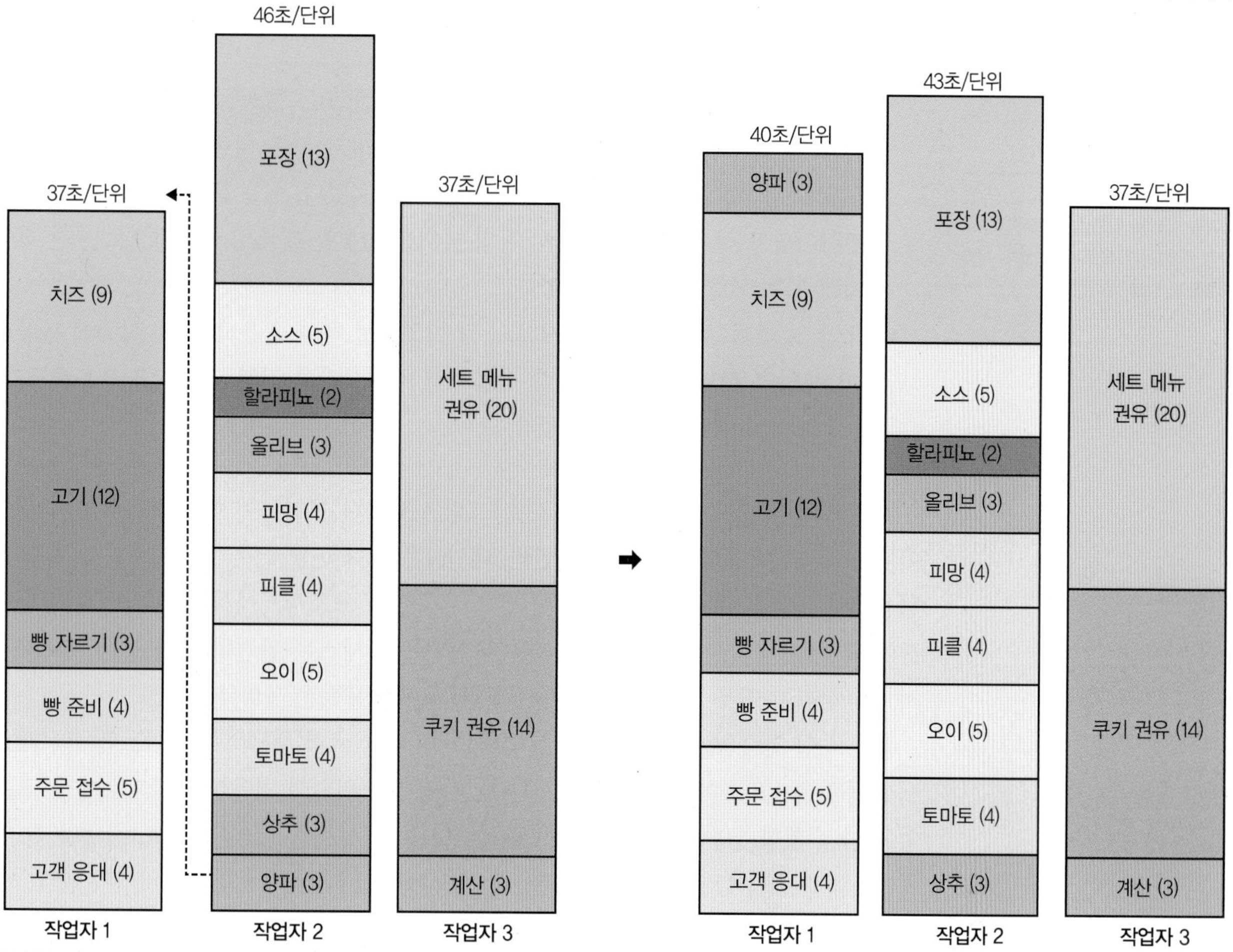

작업자 1 (37초/단위)	작업자 2 (46초/단위)	작업자 3 (37초/단위)
치즈 (9)	포장 (13)	세트 메뉴 권유 (20)
고기 (12)	소스 (5)	쿠키 권유 (14)
빵 자르기 (3)	할라피뇨 (2)	계산 (3)
빵 준비 (4)	올리브 (3)	
주문 접수 (5)	피망 (4)	
고객 응대 (4)	피클 (4)	
	오이 (5)	
	토마토 (4)	
	상추 (3)	
	양파 (3)	

➡

작업자 1 (40초/단위)	작업자 2 (43초/단위)	작업자 3 (37초/단위)
양파 (3)	포장 (13)	세트 메뉴 권유 (20)
치즈 (9)	소스 (5)	쿠키 권유 (14)
고기 (12)	할라피뇨 (2)	계산 (3)
빵 자르기 (3)	올리브 (3)	
빵 준비 (4)	피망 (4)	
주문 접수 (5)	피클 (4)	
고객 응대 (4)	오이 (5)	
	토마토 (4)	
	상추 (3)	

이해도 확인하기 4.3

질문 어떤 조립공정은 A1부터 A6까지의 순서대로 여섯 개의 활동을 수행해야 한다. A1은 단위당 3분, A2는 단위당 2분, A3는 단위당 6분, A4는 단위당 1분, A5는 단위당 2분, 그리고 A6는 단위당 1분이 소요된다. 현재, 여섯 개 활동은 세 명의 작업자에게 다음과 같이 배정되어 있다. 첫 번째 작업자는 A1과 A2를, 두 번째 작업자는 A3와 A4를, 세 번째 작업자는 A5와 A6를 담당한다. 라인균형화를 통해 프로세스를 개선할 수 있을까?

답 먼저 병목지점을 찾는다. 작업자 1은 3+2=단위당 5분의 처리시간에 따라 분당 1/5단위의 처리능력을 갖는다. 작업자 2는 6+1=단위당 7분의 처리시간에 따라 분당 1/7단위의 처리능력을 갖는다. 작업자 3은 2+1=단위당 3분의 처리시간에 따라 분당 1/3단위의 처리능력을 갖는다. 따라서 작업자 2가 병목지점이다. 활동 A4를 작업자 3에게 재분배하여 병목지점의 부하를 줄일 수 있다. 재분배 이후 노동활용률은 증가하고 직접노무비는 감소할 것이다.

© Digital Vision/Getty Images

4.5 분업의 장단점

학습목표 4-5
분업의 이점과 한계를 설명할 수 있다.

통합 작업 각 작업자가 수행하는 작업의 범위를 늘리는 것으로 극단적인 경우에는 각 작업자가 프로세스 전체 작업을 수행하는 것을 의미한다.

작업자들에게 활동을 분배하는 다음의 방법들을 비교해보자.

- 대안 1: 각 작업자가 고객을 처리하는 데 필요한 모든 활동들을 수행한다. 이 경우에는 각 작업자가 고객을 응대하는 일부터 계산까지 모든 일을 담당한다. 처리능력이 수요와 일치할 때까지 이 프로세스를 반복할 수 있다. 이는 **통합 작업(integrate work)** 전략이라고 하는데 각 작업자의 작업 범위를 넓히는 것으로 극단적으로는 한 작업자에게 모든 작업을 맡길 수도 있다.
- 대안 2: 앞의 절에서 했던 것으로서 각 작업자를 하나 혹은 몇 가지 활동에 특화시킨다. 분업의 정도를 높일수록 각 작업자의 처리시간이 점점 단축되고 프로세스가 더 높은 처리능력을 갖게 할 수 있다.

일곱 명의 작업자로 구성된 프로세스(그림 4.3)에서 보았듯이 대안 2는 유휴시간이 늘어나면서 노동활용률이 떨어진다. 반면, 대안 1은 보다 균형 잡힌 프로세스가 되면서 노동활용률이 올라갈 수 있다. 작업자 한 명으로 구성된 프로세스에서는 그 작업자가 병목지점이 되는데, 정의상 한 명의 작업자로 구성된 프로세스는 완전히 균형 잡힌 프로세스로서 유휴시간이 매우 낮으면서(0에 수렴한다) 노동활용률은 높다(100%).

통합 작업 전략(대안 1)을 좀 더 분석해보자. Subway의 샌드위치를 만드는 프로세스에서 노동량은 120초이다. 만약 한 명의 작업자가 샌드위치의 처음부터 마지막까지 모든 작업을 다 수행한다면 샌드위치를 만드는 데 드는 총 시간은 120초이므로, 작업자 한 명의 처리능력은 초당 1/120 샌드위치 또는 시간당 3,600/12 = 30개의 샌드위치가 된다. 세 명의 작업자를 이런 식으로 활용한다면 각 작업자는 다른 작업자들로 인해 방해받는 일이 없을 것이며 시간당 3인 × 시간당 30개/인 = 시간당 90개의 샌드위치를 만들어 낼 수 있게 된다. 일반적으로 대안 1을 사용하는 프로세스의 처리능력은 다음과 같다.

$$\text{통합 작업하에서의 처리능력} = \frac{\text{작업자의 수}}{\text{노동량}}$$

요약하면, 3명이 분업으로 작업하던 최초의 프로세스에서는 시간당 78.2개의 샌드위치를 만들어 낼 수 있었다. 그리고 작업의 재분배를 통해 프로세스의 균형을 향상시키면 처리능력을 시간당 약 83.7개로까지 증가시킬 수 있었다. 그리고, 마지막으로 동일한 숫자의 작업자들이지만 각 작업자로 하여금 모든 작업을 수행하도록 작업을 통합하면 처리능력을 시간당 90개로 증가시킬 수 있다. 따라서, 프로세스의 처리능력은 단지 작업자의 수나 처리시간에만 의존하는 것이 아니라 활동들이 작업자들에게 어떻게 분배되는가에 따라서도 달라진다. 활동들을 현명하게 분배하면 시간당 임금을 증가시키지 않으면서도 산출량을 증가시킬 수 있다.

통합 작업전략은 동일한 숫자의 작업자와 처리시간을 가지고 프로세스의 처리능력을 최대화하므로 매우 효과적이다. 그런데 왜 모든 프로세스를 이런 식으로 구성하지 않는가? 이 전략의 단점은 (i) 처리시간이 동일하고, (ii) 작업이 진행되는 동안 작업자들 간의 방해가 없다는 가정에 있다. 현실에서는 이 가정들이 완전히 성립하기는 어렵다. 특히 첫 번째 가정(처리시간의 불변)은 우리가 이미 오랫동안 알고 있는 특화의 장점, 즉 좁은 범위의 작업을 수행하다 보면 모든 범위의 작업을 수행할 때보다 해당 작업에 더욱 능숙해진다는 것과는 맞지 않는다. 예를 들어, Adam Smith는 1700년대에 핀 공장을 관찰한 뒤 특화(즉, 통합의 반대)의 장점에 관한 기록을 남겼다(이후 **연관 사례 참조**). 이 장점들은 오늘날에도 유효하다.

- **셋업 제거로 인한 처리시간 감소**: 작업자가 적은 수의 활동들에 특화되면 다양한 활동들을 수행하느라 보내는 시간이 줄어들면서 처리능력이 증가할 수 있다. 예를 들어 모든 활동을 담당하는 한 명의 작업자는 샌드위치를 만드는 일과 계산대에서의 업무를 오가는 과정에 장갑을 탈착해야 하므로 처리시간이 늘어날 것이다. 반면 계산대 업무만 보는 작업자는 이러한 불편을 겪을 일이 없을 것이다. 이러한 업무의 전환 때문에 끊어지는 시간들을 셋업시간이라고 부르며 이후의 장에서 더욱 깊이 다룰 것이다.
- **학습으로 인한 처리시간 감소**: 하루에 토마토 1,000개를 자르면 이 일에 능숙해진다. 쉽게 말해서 연습은 완벽을 만들고 덕분에 처리시간은 줄어든다. 이는 학습효과를 다루는 장에서 더 논의될 것이다.
- **저숙련 노동**: 분업의 정도가 높을수록 업무가 단순해져 훈련기간이 짧아지고 임금도 낮아지는 경향이 있다. 작업자에게 백미러를 조립하는 방법을 가르치는 것이 자동차를 통째로 조립하는 법을 가르치는 것보다 시간과 노력이 적게 든다. 경우에 따라 분업이 총 처리시간을 단축시키지는 못하더라도 급여율을 낮춰 직접 노무비(임금) 총액을 감소시킬 가능성이 있다.
- **장비 중복**: 분업화된 프로세스의 또 다른 장점은 프로세스를 가동하는 데 필요한 장비의 수가 상대적으로 적을 수 있다는 것이다. 각 작업자가 모든 활동들을 담당하는 경우에는 각 작업장마다(비싼 계산대를 포함해서) 모든 활동들의 수행에 필요한 모든 기계들이 배치되어야 한다. 그렇지 않으면 여러 명의 작업자들이 같은 재료나 기계를 동시에 사용하려 하면서 혼선(주방에 주방장들이 너무 많을 때처럼)이 빚어질 수 있다.

셋업 제거로 인한 처리시간 감소 분업을 통한 특화가 셋업을 불필요하게 함으로써 효율성을 증가시키는 것

학습으로 인한 처리시간 감소 작업자가 분업에 이은 특화를 통해 특정 활동을 반복적으로 수행하면서 효율성이 증가되는 것

저숙련 노동 복수의 다양한 활동들을 수행할 수 없어서 매우 짧은 처리시간 동안 단순작업을 수행하는 노동력

장비 중복 특화되지 않은 작업장에서 일하는 작업자에게 추가적인 장비들을 제공하게 되면 장비의 전반적인 활용률이 낮아지게 된다.

업무 셀 소수의 작업자들로 구성된 작은 팀들이 하나의 흐름단위와 관련된 일을 처음부터 끝까지 담당하게 하는 업무 구성 방식

지금까지 분업과 특화의 장점에 초점을 두고 살펴보았지만, 작업자가 다양한 활동들을 수행하는 데 필요한 능력들을 개발하면서 누릴 수 있는 장점들이 있을 수 있다. Hackman과 Oldham의 작업자 동기부여에 관한 고전적 연구는 작업자들을 몰두하게 하고 동기를 부여하는 업무의 특징을 다루고 있는데, 작업자가 다양한 활동을 수행하는 것이 동기부여 수준이 높은 작업장들의 특성이라는 연구결과가 있다. 이 연구결과에 고무된 많은 회사들은 업무를 **업무 셀(work cell)** 단위로 조직하여 소수의 작업자들로 구성된 작은 팀들이 하나의 흐름단위와 관련된 일을 처음부터 끝까지 담당하게끔 하였다. 업무 셀로 업무를 조직하는 것은 분업을 통한 특화의 개념과는 완전히 반대의 개념이다. 요약하면, 관리자는 프로세스의 전반적인 맥락을 고려하여 작업자의 업무 범위를 좁게(특화) 또는 넓게(통합) 가져가는 것들 간의 상쇄관계를 먼저 이해할 필요가 있으며, 이 둘 간의 최적 균형을 달성할 수 있도록 프로세스를 디자인해야 할 것이다.

© Inti St Clair/Blend Images LLC

이해도 확인하기 4.4

질문 **Bill과 Mary는 학교 모금행사의 일환으로 팬케이크를 판매하고 있다. 주문을 받고 계산을 하는 데 약 1분이 소요된다. 팬케이크를 만드는 데는 주문당 1.5분이 소요된다. 두 학생은 어떠한 접근방법이 처리능력을 향상시킬 지에 대해 토론하는데, Bill은 특정 활동에 특화할 수 있도록 분업하는 것이 노동활용률을 높인다고 주장한다. 그가 옳은가?**

답 아니오. 일반적으로 분업은 라인균형화를 어렵게 하여 노동활용률을 감소시킨다.

질문 **그럼에도 불구하고 Mary도 분업에 찬성한다. 하지만 그녀는 분업의 처리시간을 단축시켜 이득이 될 것이라고 한다. 왜 이것이 가능할까?**

답 분업이 처리시간을 단축시키는 이유는 다음과 같다:

- 셋업을 감소시킨다.
- 학습효과를 촉진시킬 것이다.

질문 **각 작업의 처리시간이 동일하다면, 작업들이 특화 또는 통합되었을 경우의 처리능력은 각각 얼마인가?**

답 특화된 프로세스의 처리능력은 "주문과 계산"에 분당 1팬케이크이며 "팬케이크 생산"에 분당 1/1.5 = 2/3팬케이크이다. 전체 프로세스의 병목지점은 "팬케이크 생산"으로서 분당 2/3이다. 노동량은 1+1.5 = 2.5분이다. 통합된 프로세스의 처리능력은 분당 2/2.5 = 4/5팬케이크로서 특화된 프로세스보다 훨씬 높다. 그러나 이 계산은 두 프로세스에서의 처리시간이 동일하다는 전제에서 이루어진 것이다.

연관 사례: 분업과 특화의 역사

1776년 스코틀랜드 경제학자인 Adam Smith는 『*The Wealth of Nations(국부론)*』이라는 꽤 두꺼운 책을 저술했다. 책의 대부분은 경제학에 대한 내용이지만 Smith는 비즈니스 운영에도 많은 관심이 있었던 것 같다. 운영관리라는 분야가 생기기 이전에 이 책을 집필한 Smith는 핀 공장에서 관찰한 내용을 아래와 같이 기록했다.

> 한 사람이 철선을 꺼내고 다음 사람이 이를 곧게 펴면 세 번째 사람이 자르고 네 번째 사람이 방향을 잡은 후 다섯 번째 사람이 머리 부분을 조립할 수 있도록 상단부를 간다. 핀의 머리 부분을 만들기 위해서는 별개의 작업들이 필요하다. 머리 부분을 조립하는 것은 나름대로의 기술이 필요하고, 표백하는 일은 또 다른 기술이 필요하다. [···] 나는 남성 열 명이 일하는 작은 공장을 본적이 있는데, [···] 그들이 작정하고 달려들면 하루에 핀 12파운드를 생산할 수 있다. 중간 크기의 핀 4,000개 이상이 1파운드에 해당하므로 그 열 명이 하루에 48,000개 이상의 핀을 만들 수 있다. [···] 하지만 그들이 이 일에 대한 별도의 훈련을 받지 않은 채 각자 따로 떨어져 독립적으로 일한다면 그들은 혼자 하루에 스무 개는커녕 한 개도 만들지 못할 것이다[···].*

스코트랜드의 철학자이자 경제학자, 1723–1790.

Courtesy of Library of Congress Prints and Photographs Division [LC-USZ62-17407]

Adam Smith는 우리가 요즘 프로세스 분석이라고 부르는 것을 하고 있는데, 그는 노동자들이 분업한 뒤 특화하면 프로세스가 개선될 수 있음을 제안하고 있다.

*Adam Smith, An Inquiry into the Nature and Causes of the Wealth of Nations, ed. Edwin Cannan, 5th ed. (London: Methuen & Co., 1904), http://www.econlib.org/library/Smith/smWN1.html

4.6 프로세스 개선의 재정적 효과 이해

학습목표 4-6
프로세스 개선에 따른 재정적 이익을 평가할 수 있다.

수요에 고용수준 맞추기, 라인 균형 맞추기, 병목지점 제거하기, 혹은 작업자의 특화, 이 모든 개선의 공통점은 효율성을 높일 수 있다는 것이다. 고객당 1초의 절감, 노동활용률의 1% 향상, 또는 직접 노무비의 10원 절감, 모두 환영할 만한 일이지만 이러한 변화들이 정말 중요할까? 프로세스를 개선하는 것은 어려운 일이므로 더 나아가기 전에 이 질문에 대해 진지하게 생각해보자. "이 과일을 더 쥐어짜야 할 만큼 즙이 가치 있을까?" 다르게 말하면 "이 책이 읽을 만한 가치가 있을까?" 앞서 논의했듯이, 대부분 운영관리의 목표는 이윤을 창출하는 것이다. 우리가 살펴보았듯이

$$\text{이윤} = \text{흐름률} \times (\text{평균 가격} - \text{평균 비용})$$

당분간 모든 고객이 지불하는 가격이 $6로 동일하다고 가정하자. 식당을 비롯한 모든 프로세스에는 고정비용과 변동비용이 존재한다. **고정비용(fixed costs)**은 기업이 얼마나 생산하고 판매하는 지와 관계없이 지불해야 하는 비용이다. 레스토랑 임대료, 마케팅 캠페인, 보험, 공과금 모두 고정비용이다. 반대로 **변동비용(variable costs)**은 판매량에 따라 증가한다. 음식을 위한 재료비, 포장재 구매비용 등이 변동비용의 예다. 따라서 이윤을 다음과 같이 고쳐 쓸 수 있다.

고정비용 기업이 얼마나 생산하고 판매하는지와 상관없이 지불해야 하는 비용

변동비용 기업이 생산하고 판매하는 정도와 비례하는 비용

$$\text{이윤} = \text{흐름률} \times (\text{평균 가격} - \text{변동비용}) - \text{고정비용}$$

일반적으로, 고정비용과 변동비용의 경계는 명확하지 않다. 때론 이 구분이 의사결정을 내리는 시점에 달려 있기도 하다. 정오에 레스토랑에서 근무하는 여섯 명의 작업자가 있을 때, 이들의 임금을 고정비용이라고 생각할 수 있다. 이들을 더욱 생산적으로 만들어 (가령 라인균형화를 통해) 샌드위치를 추가 판매한다 해도 노무비가 증가하지는 않을 것이다. 그러나 다음 주 화요일에 몇 명의 작업자를 근무시킬지 결정할 때의 인건비는 수요에 맞춘 고용수준을 생각하는 것이기 때문에 변동비용에 해당한다.

이어지는 계산에서는 인건비가 4명 × 시간당 $12 = 시간당 $48로 고정되어 있다고 가정하자. 또한 여러 간접비용들을 고려했을 때, 고정 간접비용은 시간당 $250이라고 가정하자. 이러한 비용들이 어떻게 계산되는지는 다소 모호한 상태로 놔두자. 대부분의 경우 고정비용은 회계 규칙에 따라 처리되기 때문에 고정비용에 대해 이런저런 다른 의견들이 나올 수 있다. 예를 들어, 어떤 사람은 레스토랑의 한 달 임대료를 30일/월 × 24시간/일에 따라 균일하게 배분되어야 한다고 주장할 수 있다. 하지만, 우리는 새벽 3시에는 영업을 하지 않으므로 한 달 내 모든 시간대에 임대료를 동일하게 배분하는 것이 반드시 옳은 일이 아니다. 더 현실적으로, 어떤 사람은 임대료를 시간당 판매된 샌드위치의 수에 비례하여 배분할 수도 있다. 요점은 시간당 $250의 비용을 도출하는 방법은 많을 수 있지만 지금 당장은 이를 주어진 값으로 받아들이자는 것이다.

재료비의 경우, 고객주문당 평균 $1.50의 재료비가 들며 고객주문은 평균 $6에 판매된다고 가정하자. 표 4.1은 수요율이 시간당 100명이라는 가정 아래 세 명의 작업자가 라인(처리시간은 각각 고객당 37, 46, 그리고 37초)에서 일하며 한 명이 재료 통 채우기, 빵 만들기, 전화 받기, 청소 등의 모든 간접 노동을 담당한다고 가정할 때 프로세스의 이윤이 얼

표 4.1 수요가 높은 상황에서 다양한 프로세스 개선들에 따른 이윤의 변화

	기준 사례	10% 낮은 재료비	10% 낮은 고정비용	병목지점에서 10% 빨라짐	단위
작업자 2의 처리시간	47	47	47	42.3	초/고객
수요율	100	100	100	100	고객/시간
고객당 평균 수익	6	6	6	6	$/고객
고객당 평균 재료비	1.5	1.35	1.5	1.5	$/고객
작업자 수	4	4	4	4	
임금	12	12	12	12	$/시간
고정비용	250	250	225	250	$/시간
프로세스 처리능력	76.6	76.6	76.6	85.1	고객/시간
흐름률	76.6	76.6	76.6	85.1	고객/시간
수익	459.6	459.6	459.6	510.6	$/시간
재료비	114.9	103.4	114.9	127.7	$/시간
작업자의 수	48	48	48	48	$/시간
고정비용	250	250	225	250	$/시간
이윤	46.68	58.17	71.68	84.98	$/시간
기준 사례 대비 이윤 증가		25%	54%	82%	

마가 나는지를 보여준다. 이 프로세스(기준 사례)는 현재 처리능력이 제약되어 있으며(작업장 2의 처리시간 때문에 시간당 76.6명의 프로세스 처리능력 보유) 수익은 시간당 76.6명 × 고객당 $6 = 시간당 $459.6이다. 재료비는 흐름률에 비례하나 고정비용은 노무비와 앞서 언급한 시간당 $250이 든다. 결과적으로, 기준 사례에서는 시간당 $46.68의 공헌 이익이 발생한다.

표 4.1에서 기준 사례 다음의 세 열 들은 세 가지 운영 개선의 재정적 효과를 각각 보여준다. 첫째, 재료비를 10% 감소시킬 경우의 효과를 보자. 수익과 다른 비용들은 동일하고 시간당 $114.9이 발생하는 재료비의 10% = $11.49의 감소는 이윤의 25%를 증가시킨다. 둘째, 고정비용을 10% 감소시킬 경우의 효과를 보자. 시간당 $250이 발생하는 제비용의 10% = $25의 감소는 54%의 이윤 증가를 가져온다. 고정비용이 재료비에 비해 전체 비용의 많은 비중을 차지하기 때문에 10% 감소가 더 큰 재정적 효과를 가져온다. 마지막으로, 작업자 2의 처리시간을 10%(고객당 47초에서 고객당 42.3초로) 단축하는 것이 가져오는 효과를 보자. 처리시간을 고객당 4.7초 감소시킴으로써 이윤이 80% 증가한다! 어떻게 이런 일이 발생할까? 어떻게 몇 초가 이렇게 큰 효과를 발생시키는가?

이윤 상승은 세 가지 효과가 합쳐져서 매우 크게 나타난다. 먼저, 작업자 2는 병목지점

표 4.2 수요가 낮은 상황에서 다양한 프로세스 개선에 따른 이윤의 변화

	기준 사례	10% 낮은 재료비	10% 낮은 고정비용	병목지점에서 10% 빨라짐	단위
작업자 2의 처리시간	47	47	47	42.3	초/고객
수요율	70	70	70	0	고객/시간
고객당 평균 수익	6	6	6	6	$/고객
고객당 평균 재료비	1.5	1.35	1.5	1.5	$/고객
작업자 수	4	4	4	4	
임금	12	12	12	12	$/시간
고정비용	250	250	225	250	$/시간
프로세스 처리능력	76.6	76.6	76.6	85.1	고객/시간
흐름률	70.0	70.0	70.0	70.0	고객/시간
수익	420.0	420.0	420.0	420.0	$/시간
재료비	105.0	94.5	105.0	105.0	$/시간
작업자의 수	48	48	48	48	$/시간
고정비용	250	250	225	250	$/시간
이윤	17.00	27.50	42.00	17.00	$/시간
기준 사례 대비 이윤 증가		62%	147%	0%	

으로서 여기에서 이루어지는 모든 개선은 전체 프로세스에 대한 개선으로 이어진다. 병목지점의 처리능력이 곧 프로세스의 처리능력이기 때문이다. 작업자 1이 고객당 4.7초를 절약한다면 이는 이윤에 아무런 영향을 미치지 못했을 것이다.

둘째로, 이 프로세스는 현재 처리능력에 제약이 있다. 따라서 처리능력을 증가시키면 흐름률을 향상시킬 수 있다. 만약 수요에 제약이 있었다면 상황이 매우 달랐을 것이다. 표 4.2는 수요가 낮은 환경에서 이전과 동일한 개선들이 가져오는 효과를 평가하고 있다. 기준 사례의 이윤이 매우 낮은 이유는 고정비용은 그대로지만 수익이 적기 때문이다. 또한 재료비와 고정비용의 절감이(%로) 이전보다 더 큰 효과를 나타내고 있다. 그 이유는 기준 사례의 이윤이 적기 때문인데, 10%의 고정비용 절감은 여전히 시간당 $25을 절약하는 반면 고객수요가 줄었기 때문에 10%의 재료비 절감 효과는 표 4.1에 비해 살짝 적은 정도이다. 하지만 처리시간 단축 효과는 0이다. 프로세스가 수요에 의해 제약되는 상태이기 때문에 추가 처리능력(병목지점에서도)은 차이를 만들지 못한다.

표 4.1에서 상당히 큰 이윤 증가가 발생하는 세 번째 이유는 레스토랑의 비용구조와 관련이 있다. 이 레스토랑은 비교적 높은 **매출 총 이익률(gross margin)**을 가지고 있는데 이는 가격과 변동비용 간 비율이 크기 때문이다(주문당 $6의 수익 대비 주문당 $1.50의 재료비

매출 총 이익률 매출 대비 이익의 비율

로 4 : 1의 비율을 나타내며 75%의 마진율을 갖는다). 따라서 추가 고객을 한 명 더 처리할 때마다 $4.50의 이윤이 발생한다. 이러한 상황은 고정비용이 높고 변동비용이 비교적 낮은 서비스 산업에서 흔히 일어나는 일이다. 마진율이 20% 이하인 대부분의 제조업 환경에서는 추가 주문이 이윤에 주는 영향은 적다.

따라서 모든 것이 중요하다. 운영관리에서는 프로세스 내 다양한 변수들에 대한 작은 개선이라도 큰 재무적 효과를 일으킬 수 있다. 그리고 이러한 효과는 프로세스와 산업에 따라 천차만별일 수 있다. 수요 제약 대비 처리능력 제약, 고마진 대비 저마진, 병목지점 대비 비병목지점 등의 다양한 변수들이 문제가 될 수 있다. 이러한 점들 때문에 회사의 재무상태 분석을 단순히 회계사나 재무관리자에게만 맡길 수는 없는 것이고 우리 스스로가 비즈니스 운영이 어떠한 재무적 결과를 초래하는지 이해할 필요가 있다.

© Monty Rakusen/Getty Images

이해도 확인하기 4.5

질문 10명의 작업자로 구성된 프로세스는 현재 수요에 의한 제약이 있다. 제품은 최신이며 마진이 굉장히 높다. 경영진은 노동량을 10% 절감할 새로운 장비구입을 고려 중이다. 수익과 이윤에 미치는 영향은 무엇일까?

답 프로세스에 수요 제약이 있기 때문에 처리시간 단축 또는 노동량 절감은 수익에 영향을 미치지 않는다. 노동량 절감은 목표인력에 영향을 미치고 노무비를 절감시킬 것이다. 이는 노동량의 감소분이 프로세스를 아홉 명의 작업자로도 운영할 수 있을 만큼 큰지의 여부에 달려 있다.

질문 학교 모금행사를 위해 팬케이크를 판매하는 Bill과 Mary를 다시 생각해보자. 주문을 접수하고 계산을 하는 데 1분이 소요됨을 기억하라. 팬케이크를 만드는 데 소요되는 시간은 주문당 1.5분이다. Bill과 Mary는 단위당 $1에 팬케이크를 판매하고 있으며 재료비는 단위당 $0.25이고 고정비용은 없다. 그들은 한 시간 동안만 팬케이크를 만들고 판매해야 하는데, Bill의 사촌에게 팬케이크 제조시간을 단위당 1.5분, 즉 단위당 90초를 단위당 80초로 단축시킬 팬케이크 기계가 있다. 하지만 그의 사촌은 팬케이크 기계를 빌려주는 것에 대해 $5을 요구한다. 순전히 재무적인 관점에서 Bill과 Mary는 이 제안을 받아들여야 하는가?

답 현재 프로세스에서 두 학생은 단위당 1.5분의 흐름률에 따라 생산을 하고 있다(처리능력에 제약이 있는 상태). 따라서 시간당 40단위를 생산하고 있다(그리고 한 시간밖에 없기 때문에 이것이 그들의 총 매출이다). 그들의 이윤은 다음과 같다.

이윤 = 흐름률 × (평균 가격 − 변동비용) − 고정비용
= 시간당 40단위 × (단위당 $1 − 단위당 $0.25) − 0 = 시간당 $30

이들이 Bill의 사촌이 갖고 있는 팬케이크 기계를 사용한다면 팬케이크를 80초마다 만들 수 있는데 이는 초당 1/80단위의 처리능력을 의미한다. 하지만 이제 시간당 $5의 고정비용이 추가로 발생하므로 이윤은 다음과 같다.

이윤 = 시간당 45단위 × (단위당 $1 − 단위당 $0.25) − 시간당 $5
= 시간당 $33.75 − 시간당 $5 = 시간당 $28.75

따라서 재무적으로 볼 때 그들은 팬케이크 기계를 사용해서는 안 된다. 하지만 그들은 추가로 다섯 명의 학생에게 팬케이크를 제공할 수 있을 것이다.

결론

어떤 조직이든 효율성 개선은 중요한 이슈이다. 같거나 더 적은 투입량으로 더 많은 산출량을 얻을 수 있다면 이윤을 얻을 것이다. 이는 비용 절감의 형태로 나타날 수도 있고 혹은 처리능력에 제약이 있었다면 수익 증대로도 나타날 수 있다. 우리는 본 장에서 효율성을 다양하게 정의할 수 있음을 살펴보았다. 직접 노무비를 시간단위당 지불한 총 임금과 흐름률의 비율로 정의했다. 노동량은 노동을 수반하는 작업들의 처리시간의 합으로 정의했고 노동활용률을 인력이 유휴 상태가 아닌 노동하는 시간의 비율로 정의했다. 모든 계산은 도표 4.1에 요약되어 있다.

경영진은 운영의 효율성을 제고하기 위해 다양한 방법으로 프로세스 흐름을 조정할 수 있다.

- **택트타임을 이용하여 수요와 공급을 맞춘다.** 처리능력이 너무 적으면 수요를 충족하지 못하기 때문에 손해이다. 처리능력이 너무 많으면 이를 유지하는 데 비용이 발생하는 반면 유휴시간은 이윤에 도움이 되지 않는다. 따라서 프로세스의 처리능력을 수요에 맞추는 것은 매우 중요하다. 목표인력 수식은 완벽히 균형 잡힌 라인을 달성하기 위한 고용수준을 제시하고 있으며, 나아가 목표인력수준이 수요를 충족시킬 수 있는 최소한의 고용수준임을 보여주고 있다. 실제 고용은 정수 단위로 이루어지기 때문에 실제 고용수준은 목표인력수준보다 높다. 또한 일반적으로, 고용된 자원을 100% 활용하지 못하기 때문에 활용률의 불균형이 발생하므로 실제 고용수준은 더 높아야 할 것이다.
- **병목지점에서의 처리능력 증가.** 사슬은 가장 약한 고리만큼 강하다. 처리능력을 기준으로 생각하면 프로세스 내 가장 약한 연결 부위는 병목지점이며 프로세스가 병목지점이 가진 처리능력 이상의 수량을 처리할 수는 없다. 따라서 처리능력에 제약이 있다면 병목지점의 처리능력을 어떻게 향상시킬지 고민해야 한다. 자원의 처리능력은 작업자의 수를 처리시간으로 나누어 계산하기 때문에 처리능력을 증대시키는 방법은 두 가지다. 병목지점에서의 고용수준을 높이거나(병목 자원이 장비라면 추가 설치를

도표 4.1

다양한 효율성의 계산 방식들과 프로세스 개선 전략들

효율성 측정 지표	계산
직접 노무비	(작업자의 수 × 임금률)/흐름률
노동량	처리시간들의 합
평균 노동활용률	자원들의 평균 활용률 또는 노동량/(사이클타임 × 작업자의 수)
프로세스 개선 전략	수요에 맞는 고용수준 병목지점의 부하 줄이기 라인균형화 분업과 특화의 수준 결정

한다) 처리시간을 줄여야 한다(병목지점의 작업량을 줄여야 한다).

- **라인균형화를 통해 내부 공급과 내부 수요를 일치시킨다.** 전체 프로세스가 최종 소비자의 수요를 충족하듯 프로세스 내 각 개별 자원이 후행 자원의 수요를 충족시키는 역할을 한다고 생각할 수 있다. 작업자 3을 작업자 2의 내부 고객이라고 생각할 수 있다는 것이다. 우리가 전체 프로세스 차원에서 수요와 공급을 맞추려 하듯 프로세스 내에서도 수요와 공급을 맞춰야 한다. 내부적인 수요와 공급의 불균형은 프로세스 흐름의 불균형을 가져오며 유휴시간의 발생으로 인한 낮은 활용률로 이어진다. 라인의 균형을 개선함으로써 처리능력을 향상시키거나, 고용수준을 감소시켜 불필요한 인건비를 줄일 수 있다. 따라서 효율성이 제고된다.
- **적절한 분업 수준을 찾는다.** 마지막으로, 적절한 분업의 수준을 파악하여 프로세스 개선을 이룰 수 있다. 일반적으로 분업을 통해 미숙련 노동자를 고용할 수 있는 여지가 생기며 고가장비의 중복구매 여지가 줄어들고 노동량을 줄일 수 있다. 반면, 분업으로 인해 라인에서의 균형이 어려워질 수 있다. 1인 프로세스의 균형을 맞추는 일은 매우 쉬우나(정의상 이미 균형 상태이므로) 프로세스가 길어질수록 높은 노동활용률을 달성하기 더욱 어려워진다. 또한 분업은 작업자 동기부여 측면에서 부정적 효과를 줄 수 있어 효율성 저하를 초래할 수 있다.

어떤 방식의 프로세스 개선이 옳을까? 만병통치약은 존재하지 않으며 프로세스 개선을 위한 보편적인 전략 또한 없다. 모든 프로세스에는 고유한 문제점이 존재하며 제대로 된 프로세스 분석을 통해 꼭 필요한 개선 전략을 도출할 수 있다. 프로세스 개선을 평가할 때 수익성을 잊지 않는 것이 중요하다. 효율성을 증진시키는 것 자체가 목표가 아니라 이윤을 높이는 것이 목표다. 우리는 프로세스 내 작은 개선이 큰 재정적 효과를 불러일으키는 것을 보았다. 또한 효율성 개선은 단순히 비용만을 절감시키고자 하는 일이 아니다. 프로세스의 처리능력이 한계지점에 이르렀다면 병목지점에서의 처리시간을 단축하거나 또는 더 나은 라인 균형을 통해 흐름률을 향상시키면서 수익을 증가시킬 수 있다.

학습목표의 요약

학습목표 4-1 직접 노무비, 노동량, 유휴시간, 그리고 평균 노동활용률을 계산할 수 있다.

프로세스의 흐름률을 파악한 뒤 임금을 흐름률로 나누면 직접 노무비를 계산할 수 있다. 이후 노동을 수반하는 모든 처리시간들을 더해 노동량을 계산한다. 노동량 외에도 작업자의 유휴시간에 대해서도 임금을 지불해야 하는데, 흐름단위를 기준으로 따져 보면 유휴시간은 처리시간과 프로세스 사이클타임 간의 차이다(사이클타임은 1/흐름률). 평균 노동활용률은 노동을 요하는 모든 자원들의 활용률을 평균하여 구하거나 노동량과 유휴시간의 합에 대한 노동량의 비율로 구할 수 있다.

학습목표 4-2 프로세스의 택트타임을 계산하고 이를 이용하여 목표인력수준을 산출할 수 있다.

프로세스의 택트타임은 가용시간을 필요한 산출량으로 나누어 구한다. 이는 두 연속되는 흐름단위를 완료해야 하는 시간간격을 의미한다. 노동량을 택트타임으로 나누면, 프로세스가 완전히 균형 상태에 있다고 가정할 때, 택트타임을 맞추기 위해 몇 명의 작업자가 필요한지 알 수 있다.

학습목표 4-3 병목지점의 부하를 줄여 프로세스 효율성을 제고할 수 있다.

병목지점은 프로세스 내 모든 자원 중 활용률이 가장 높은 지점이다. 병목지점의 부하를 줄인다는 개념은 병목지점의 처리시간을 단축하여 처리능력을 향상시키는 것이다. 이는 병목지점의 업무를 다른 자원으로 재배치하거나, 업무를 자동화하거나, 외주를 줌으로써 달성할 수 있다.

학습목표 4-4 업무의 재분배를 통해 프로세스의 균형을 맞출 수 있다.

프로세스는 병목지점의 처리능력보다 빠르게 운용될 수 없기에 비병목지점의 남아도는 처리능력은 낭비일 뿐이다. 프로세스의 균형을 이룬다는 것은 병목지점의 업무를 줄이고 (따라서 프로세스 처리능력을 향상시키고) 이 업무를 프로세스 내 미사용 처리능력으로 옮기는 것이다. 이를 통해 프로세스 내 평균 노동활용률도 높아질 것이다.

학습목표 4-5 분업의 이점과 한계를 설명할 수 있다.

분업에 이은 특화는 노동자로 하여금 동일한 작업을 반복적으로 수행하게 하여 셋업을 감소시키고 학습효과를 일으킨다. 분업된 작업에 필요한 직무 훈련시간은 상대적으로 짧아서 기업이 미숙련 노동을 고용할 수 있게끔 한다. 분업의 또 다른 장점은 일반적으로 장비의 중복 투자를 피할 수 있다는 것이다. 분업의 단점은 업무를 단순 반복적인 것으로 만들어 의욕 저하를 불러 일으킬 수 있다는 점이다.

학습목표 4-6 프로세스 개선에 따른 재정적 이익을 평가할 수 있다.

일반적으로 운영관리는 이윤을 창출하기 위해 존재한다. 따라서 프로세스 개선은 이윤의 증가 가능성에 따라 평가되어야 한다. 프로세스가 처리능력에 의한 제약이 있다면 개선이 수익을 증대시키는 데 도움이 될 수 있다. 프로세스가 높은 이윤 구조를 갖고 있다면 이러한 개선은 특히 가치 있을 것이다. 그렇지 않은 경우라도 프로세스 개선이 단위당 비용을 절감시키는 데 도움이 된다.

핵심 용어

소개

이윤 극대화 기업의 목표로서 수익과 비용의 차이를 극대화하는 것

4.1 프로세스 효율성의 측정 지표

효율성 프로세스가 효율적이라는 것은 적은 자원으로 높은 흐름률을 달성할 수 있음을 의미한다.

직접 노무비 한 명의 고객을 처리하는 데 드는 인건비로서 시간당 총 인건비를 흐름률로 나눈 수치이다.

노동량 한 명의 고객(또는 흐름단위)을 처리하는 데 들어가는 일의 총량으로서 노동이 동반되는 처리시간들의 합으로 계산된다.

평균 노동활용률 모든 자원들에 대한 활용률의 평균

유휴시간 각 흐름단위별로 개별 작업자가 실제 일하지 않는데도 임금이 지불되는 시간

총 유휴시간 각 흐름단위별로 프로세스 내 모든 작업자의 유휴시간을 합한 시간

4.2 수요를 충족하기 위한 고용인력수준 결정

택트타임 가용시간과 수요를 처리하기 위해 필요한 생산량 간의 비율

목표인력 노동량과 택트타임 간의 비율로서 수요를 충족하기 위해 필요한 자원의 최소 수치를 의미한다. 이 수치는 정수가 아닐 수 있으며 모든 자원들이 완전히 활용된다는 가정을 하고 있다.

수요 평탄화 특정 기간 동안 적정한 고용수준을 파악하기 위해 예상되는 수요율을 정하는 것

4.3 병목지점의 처리 능력 향상

Herbie Eli Goldratt의 소설 『*The Goal*』의 주인공. Herbie는 보이 스카우트 대원들 중 걷는 속도가 가장 느린데, 마치 병목지점이 전체 프로세스를 지체시키는 것처럼, 전체 대원들의 속도를 지체시킨다.

4.4 프로세스의 균형

라인균형화 모든 자원을 유사한 수준으로 활용하기 위해 프로세스 내 자원들에게 프로세스의 활동들을 최대한 동등하게 배분하는 행위

작업순서가 고정된 활동들의 균형화 사전에 정해진 순서대로 수행되어야 하는 활동들의 균형화

작업순서가 고정되지 않은 활동들의 균형화 사전에 정해진 순서가 없는 활동들을 균형화하는 것으로 일반적으로 작업순서가 고정된 활동들을 균형화할 때보다 노동활용률이 높다.

4.5 분업의 장단점

통합 작업 각 작업자가 수행하는 작업의 범위를 늘리는 것으로 극단적인 경우에는 각 작업자가 프로세스 전체 작업을 수행하는 것을 의미한다.

셋업 제거로 인한 처리시간 감소 분업을 통한 특화가 셋업을 불필요하게 함으로써 효율성을 증가시키는 것

학습으로 인한 처리시간 감소 작업자가 분업에 이은 특화를 통해 특정 활동을 반복적으로 수행하면서 효율성이 증가되는 것

저숙련 노동 복수의 다양한 활동들을 수행할 수 없어서 매우 짧은 처리시간 동안 단순

작업을 수행하는 노동력

장비 중복 특화되지 않은 작업장에서 일하는 작업자에게 추가적인 장비들을 제공하게 되면 장비의 전반적인 활용률이 낮아지게 된다.

업무 셀 소수의 작업자들로 구성된 작은 팀들이 하나의 흐름단위와 관련된 일을 처음부터 끝까지 담당하게 하는 업무 구성 방식

4.6 프로세스 개선의 재정적 효과 이해

고정비용 기업이 얼마나 생산하고 판매하는지와 상관없이 지불해야 하는 비용

변동비용 기업이 생산하고 판매하는 정도와 비례하는 비용

매출 총 이익률 매출 대비 이익의 비율

주요 공식

소개

이윤 = 흐름률 × (평균 가격 − 평균 비용)

학습목표 4-1 직접 노무비, 노동량, 유휴시간, 그리고 평균 노동활용률을 계산할 수 있다.

$$\text{직접 노무비} = \frac{\text{단위시간당 임금}}{\text{흐름률}}$$

노동량 = 노동을 수반하는 처리시간들의 합계

$$\text{평균 노동활용률} = \frac{\text{노동량}}{(\text{사이클타임} \times \text{작업자의 수})}$$

학습목표 4-2 프로세스의 택트타임을 계산하고 이를 이용하여 목표인력수준을 산출할 수 있다.

$$\text{택트타임} = \frac{\text{가용시간}}{\text{요구 수량}}$$

개념 문제

학습목표 4-1

1. 어떤 프로세스가 임금이 50%가량 낮은 다른 국가에서도 똑같이 실행되고 있다. 고용수준과 처리시간은 동일하다. 직접 노무비에 대한 영향은 어떠한가?

a. 직접 노무비는 50% 낮을 것이다.

b. 직접 노무비는 동일할 것이다.

c. 직접 노무비는 50% 높을 것이다.

d. 주어진 정보로는 알 수 없다.

2. 당신과 친구 세 명이 모금행사의 일환으로 세차를 한다. 현재 세차에는 차량당 40분이 소요된다.

당신의 행사가 매우 잘되어 도와줄 친구 4명을 더 불렀다. 이는 노동량에 어떠한 영향을 미치는가?

a. 노동량이 증가한다.

b. 노동량이 불변한다.

c. 노동량이 하락한다.

d. 주어진 정보로는 판단할 수 없다.

3. 비병목지점의 작업자는 현재 단위당 20초의 유휴시간을 갖고 있다. 수요가 많기 때문에 회사는 병목지점에 처리능력을 추가하여 프로세스를 개선하려 한다. 이 개선은 이 비병목지점의 작업자에게 어떠한 영향을 미치는가?

a. 유휴시간이 단축된다.

b. 유휴시간은 변하지 않는다.

c. 유휴시간이 늘어난다.

d. 주어진 정보로는 판단할 수 없다.

4. 한 작업자 그룹이 굉장히 열심히 일하고 있다. 사실, 그들은 너무 열심히 일한 나머지 그중 한 명이 그룹의 평균 노동활용률이 120퍼센트라고 주장한다. 이것이 가능한가?

a. 예

b. 아니오

5. 프로세스 내 병목지점의 유휴시간이 가장 적다. 참인가 거짓인가?

a. 참

b. 거짓

학습목표 4-2

6. 다음 중 택트타임과 사이클타임에 대한 올바른 문장을 고르시오.

a. 택트타임은 처리능력이 아닌 수요에만 의존한다. 사이클타임은 처리능력에 의존한다.

b. 택트타임은 수요가 아닌 처리능력에만 의존한다. 사이클타임은 수요에 의존한다.

c. 택트타임과 사이클타임은 처리능력에만 의존한다.

d. 택트타임과 사이클타임은 수요에만 의존한다.

7. 택트타임이 사이클타임보다 짧다면, 프로세스는 더 빨라져야 한다. 참인가 거짓인가?

a. 참

b. 거짓

8. 수요율이 증가하면 택트타임이 어떻게 변하는가?

a. 택트타임이 증가한다.

b. 택트타임은 변하지 않는다.

c. 택트타임이 감소한다.

d. 주어진 정보로는 판단할 수 없다.

9. 수요율이 증가하면 목표인력은 어떻게 변하는가?

a. 목표인력은 증가한다.

b. 목표인력은 불변한다.

c. 목표인력은 감소한다.

d. 주어진 정보로는 판단할 수 없다.

10. **노동량이 두 배로 늘어나면 목표인력은 어떻게 되는가?**

a. 목표인력이 50% 증가한다.

b. 목표인력이 두 배가 된다.

c. 목표인력이 50% 감소한다.

d. 목표인력이 절반이 된다.

학습목표 4-3

11. **다음 중 병목지점의 부하감소와 관련이 없는 행동을 고르시오.**

a. 다른 비병목자원에 활동들을 재배치한다.

b. 병목지점의 활동들 중 일부를 자동화한다.

c. 생산 작업자들의 임금을 인상한다.

d. 병목지점의 활동들 중 일부를 아웃소싱한다.

학습목표 4-4

12. **프로세스 균형화를 통해 프로세스 처리능력을 향상시킬 수 있다. 참인가 거짓인가?**

a. 참

b. 거짓

13. **작업순서가 사전에 고정된 활동들의 균형화는 작업순서가 고정되지 않은 활동들의 균형화보다 더 높은 평균 노동활용률을 얻을 수 있다. 참인가 거짓인가?**

a. 참

b. 거짓

학습목표 4-5

14. **특화된 작업자가 더 높은 임금을 요구할 것이므로 분업은 직접 노무비를 증가시킨다. 참인가 거짓인가?**

a. 참

b. 거짓

15. **분업과 특화는 평균 노동활용률을 증가시킨다. 참인가 거짓인가?**

a. 참

b. 거짓

학습목표 4-6

16. **어느 프로세스의 고정비용은 높고 변동비용은 낮다. 프로세스가 현재 처리능력에 제약이 있는 상태라면, 효율성 향상의 영향이 작을 것인가 클 것인가?**

a. 작다.

b. 크다.

17. 17. 어느 프로세스의 고정비용은 낮고 변동비용은 높다. 프로세스가 현재 처리능력에 제약이 있는 상태라면, 효율성 향상이 작을 것인가 클 것인가?

a. 작다.

b. 크다.

18. 프로세스의 효율성을 향상시키면, 수익은 그대로 유지되는 반면 비용은 절감될 것이다. 참인가 거짓인가?

a. 참

b. 거짓

예시 문제와 해답

학습목표 4-1

1. 3단계로 구성된 공항검색대의 예를 생각해보자. 첫 단계에서 신분증과 탑승권 확인은 승객당 30초가 소요된다. 두 번째 단계에서 금속탐지기로 승객을 검색하는 데 승객당 10초가 소요된다. 세 번째 단계에서 수하물을 X-ray 기계로 검색하는 데 승객당 60초가 소요된다. 많은 고객들이 대기하고 있고 각 작업자는 시간당 $15을 받는다고 가정하자.

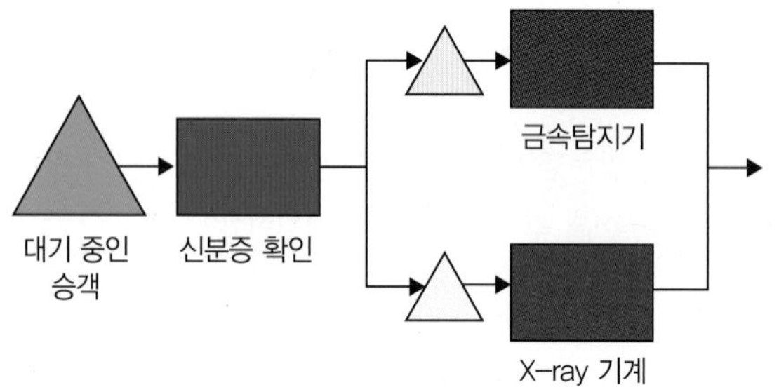

(a) 직접 노무비는 얼마인가?

(b) 노동량은 얼마인가?

(c) 평균 노동활용률은 얼마인가?

답 (a) 먼저 각 단계의 처리능력을 계산해보면, 처리능력(신분증 확인) = 초당 $\frac{1}{30}$승객, 처리능력(금속탐지기) = 초당 $\frac{1}{10}$승객, 처리능력(X-ray) = 초당 $\frac{1}{60}$승객이다. 처리능력이 가장 낮은 X-ray 기계가 병목지점으로서, 프로세스 처리능력 = 초당 $\frac{1}{60}$승객이 된다. 사이클타임 = $\frac{1}{1/60초}$ = 60초이다.

흐름률은 수요와 처리능력 중 작은 수치다. 많은 승객들이 기다리고 있으므로 프로세스는 현재 처리능력에 제약이 있으며 흐름률은 프로세스 처리능력에 따라 초당 $\frac{1}{6}$승객 혹은 분당 승객 1명 혹은 시간당 승객 60명이다. 3명의 작업자에게 3 × 시간당 $15 = 시간당 $45을 지불해야 하므로

$$직접\ 노무비 = \frac{\$45/시간}{60명/시간} = 고객당\ \$0.75$$

(b) 노동량은 단순히 처리시간들의 합이다. 노동량 = 30초 + 10초 + 60초 = 100초

(c) $평균\ 노동활용률 = \frac{노동량}{사이클타임 \times 작업자의\ 수} = \frac{100초}{60초 \times 3} = 55.6\%$

2. 여섯 개의 작업장으로 구성된 프로세스는 기계가 흐름을 주도하는 프로세스이며 각 작업장에서의 처리시간은 단위당 30, 20, 25, 28, 22 그리고 24초이다. 이 프로세스는 처리능력에 제약이 있으며 단위당 30초의 사이클타임으로 운영된다.

(a) 평균 노동활용률을 구하라.

(b) 여섯 작업장의 총 유휴시간을 구하라.

답 (a) 노동량은 30 + 20 + 25 + 28 + 22 + 24 = 149초이다.

$$평균\ 노동활용률 = \frac{노동량}{사이클타임 \times 작업자의\ 수} = \frac{149초}{30초 \times 6} = 82.8\%$$

(b) 총 유휴시간 = 사이클타임 × 작업자의 수 − 노동량 = 30 × 6 − 149 = 31초

3. One Hour Loan은 맞춤형 대출 서비스를 제공한다. 고객들은 수신자 부담 전화로 대출신청을 하고 한 시간 이내에 응답을 받게 된다. One Hour Loan의 업무는 사전에 정해진 다음의 다섯 가지 활동들을 통해 이루어진다(각 활동별 처리시간은 괄호 안에 표시됨).

- 활동 1: 고객 전화를 받고 주요 정보를 녹음한다(대출당 4분)
- 활동 2: 분석을 위한 서류와 정보(신용평점, 고객 맞춤 정보) 수집(대출당 5분)
- 활동 3: 신용도 확인 후 대출금액 결정 및 연이율 제시를 위한 정보 분석(대출당 7분)
- 활동 4: 대출제공에 관한 최종 확인 수행(대출당 2분)
- 활동 5: 고객에게 전화를 걸어 신규대출 제공과 종료(대출당 4분)

전체 프로세스는 세 명의 작업자로 구성되어 실행된다. 각 작업자에게 할당된 업무는 다음과 같다. 작업자 1은 활동 1을, 작업자 2는 활동 2와 3을, 작업자 3은 활동 4와 5를 담당한다. 각 작업자는 시간당 $20을 지급받는다. 수요는 무한하고 대출신청은 프로세스 병목지점의 처리 속도에 따라 접수된다고 가정하자.

(a) 프로세스의 병목지점을 찾으시오.

(b) 직접 노무비를 구하시오.

(c) 노동량을 구하시오.

(d) 세 작업자의 평균 노동활용률을 구하시오.

답 (a) 우선 세 작업자의 처리능력은 각각 분당 1/4, 1/12, 그리고 1/6대출신청이다. 따라서 대출신청당 12분(5 + 7)의 처리시간을 가진 작업자 2가 병목지점이다.

(b) 수요가 무한하므로 프로세스의 처리능력을 통해 흐름률을 계산할 수 있다. 프로세스의 처리능력은 분당 1/12건의 대출신청 또는 시간당 5건의 대출신청이다. 직접 노무비는 다음과 같이 구할 수 있다.

$$직접\ 노무비 = \frac{임금}{흐름률} = \frac{시간당\ \$60}{시간당\ 5대출} = 대출당\ \$12$$

(c) 노동량은 처리시간들의 합으로 4+5+7+2+4= 대출당 22분이다.

(d) 평균 노동활용률 $= \frac{\text{노동량}}{\text{사이클타임} \times \text{작업자의 수}} = \frac{22\text{분}}{12\text{분} \times 3\text{명}} = 61.1\%$

학습목표 4-2

4. One Hour Loan의 사례에서 수요율이 시간당 20건의 대출신청이라고 가정하자.

(a) 프로세스의 택트타임은 얼마인가?

(b) 목표인력은 얼마인가?

답 (a) 택트타임 $= \frac{1}{\text{수요율}} =$ 대출신청당 $\frac{1}{20}$시간 = 대출신청당 3분

(b) 목표인력은 다음과 같이 계산된다.

목표인력 $= \frac{\text{노동량}}{\text{택트타임}} = \frac{\text{대출신청당 } 22\text{분}}{\text{대출신청당 } 3\text{분}} = 7.333$

학습목표 4-3

5. One Hour Loan의 사례에서 수요에 제한이 없다고 가정하자. 만약 다른 작업자를 도와줄 수 있는 추가적인 작업자 한 명이 더 충원된다면, 어떤 작업자에게 그를 배치할 것인가?

답 병목지점에 있는 작업자 2에게 배치한다.

학습목표 4-4

6. 다시 One Hour Loan을 생각해보자. 활동 1은 대출신청당 4분, 활동 2는 대출신청당 5분, 활동 3은 대출신청당 7분, 활동 4는 대출신청당 2분, 활동 5는 대출신청당 4분이 걸린다. 작업자에게 할당된 활동은 다음과 같다. 작업자 1은 활동 1, 작업자 2는 활동 2와 3을, 작업자 3은 활동 4와 5를 맡는다. 다섯 활동들이 정해진 순서대로 이루어져야 한다면, 프로세스 처리능력을 어떻게 최대화할 수 있는가?

답 현재 병목지점의 처리시간은 12분이고 작업자 2가 병목지점이다. 따라서 작업자 2의 업무 일부를 다른 누군가에게 줄 수 있을지 고민해 보아야 한다.

- 대출신청당 5분이 소요되는 활동 2를 작업자 1에게 줄 수 있다. 이 경우 작업자 1의 처리시간은 대출신청당 9분이 되고 작업자 2는 대출신청당 7분, 작업자3은 대출신청당 6분이 된다. 새로운 프로세스의 처리능력은 분당 1/9대출신청이 된다.
- 반면, 대출신청당 7분이 소요되는 활동 2를 작업자 3에게 재배정 할 수도 있다. 그러나 작업자 3은 이미 대출신청당 6분의 처리시간을 갖고 있으므로 그의 새로운 처리시간은 대출신청당 13분이 될 것이다. 따라서 이 경우 프로세스의 처리능력은 오히려 낮아지게 된다.

그러므로 가장 좋은 대안은 활동 2를 작업자 1에게 주는 것이다.

학습목표 4-5

7. 주방용 캐비닛을 만드는 제조회사에서 작업자들을 어떻게 배치할지 고민하고 있다. 한 가지 방법

은 각 작업자가 절단, 표면처리, 도색 등 조립과 설치까지 전 과정을 책임지는 것이다. 다른 대안은 각 작업자가 특정 활동에 특화되도록 분업하는 것이다. 한 작업자는 절단에, 두 번째 작업자는 표면처리에, 세 번째 작업자는 도색에 그리고 별도의 특화된 팀이 전체 조립과 설치의 공정을 책임지는 것이다. 두 대안들의 장단점은 무엇이 있는가?

답 특화에 따른 주요 장점들은 다음과 같다.

- 셋업시간이 없어져서 처리시간들이 감소함: 작업자는 하루 종일 표면처리 작업만 하게 되어 여러 다른 기계들을 다룰 필요가 없어진다.
- 학습효과로 인한 처리시간의 감소: 특정 작업의 누적 활동량이 커질수록 작업자가 작업을 더 빠르게 할 수 있게 되고 처리시간을 감소시킬 수 있다.
- 저숙련 노동력 활용 가능: 전체 공정을 다룰 수 있는 작업자에게 주어야 하는 임금보다 절단처럼 한 작업만 할 수 있는 노동자에게 줘야 하는 임금이 더 적다.
- 장비 중복 없음: 만일 각 작업자가 모든 공정을 수행한다면, 이들이 일하는 작업 셀마다 모든 장비가 필요할 것이다.

특화에 따른 주요 단점들은 다음과 같다.

- 라인균형화: 만일 각 작업자가 특화되어 있다면 라인을 균형화하기가 어렵다. 반면, 각 작업자가 모든 공정을 맡는다면 균형화는 쉽다.
- 반복적인 업무는 동기부여와 자극이 낮다.

학습목표 4-6

8. 다시 한 번 One Hour Loan의 사례와 활동 1은 4분/대출신청, 활동 2는 5분/대출신청, 활동 3은 7분/대출신청, 활동 4는 2분/대출신청, 활동 5는 4분/대출신청인 처음의 프로세스 설계를 생각해보자. 작업자에게 배정된 활동도 전과 동일하게, 작업자 1은 활동 1을, 작업자 2는 활동 2와 3을, 작업자 3은 활동 4와 5를 맡는다.

One Hour Loan이 성사시킨 대출에 대해 건당 $50씩 번다고 가정하자. 회사는 각 작업자에게 시간당 $20의 인건비를 포함하여 하루 8시간의 업무시간 동안 $1,200의 고정비용을 지출한다. 종이와 우편에 대한 변동비용은 대출신청 건당 $5 정도로 추산된다. 만약 활동 3의 처리시간이 7분에서 5분으로 줄어든다면, One Hour Loan의 이익은 얼마나 증가할 것인가? 수요에는 제한이 없다고 가정하고 작업자에게 배정된 활동은 동일하다고 가정하자.

답 우리는 이전에 흐름률이 분당 1/12대출신청 = 시간당 5건의 대출신청인 것을 계산했다.

이익 = 흐름률 × (평균 가격 − 변동비용) − 고정비용

만약 일일 $1,200의 고정비용을 8로 나누면 시간당 $150의 고정비용이 된다. 이것은 우리에게 다음과 같은 사실을 알려준다.

이익 = 시간당 5건의 대출신청 × (대출신청당 $50 − 대출신청당 $5) − 시간당 $150
= 시간당 $75

만약 우리가 처리시간을 5분까지 감소시킨다면 작업자 2는 분당 1/10대출신청 = 시간당 6건의 대출신청이라는 처리능력을 갖게 된다. 이 경우에 이익은 다음

과 같이 바뀐다.

이익 = 시간당 6건의 대출신청 × (대출신청당 $50 − 대출신청당 $5) − 시간당 $150
= 시간당 $120

따라서 이익은 시간당 $45 또는 120/75 = 1.6, 즉 60% 증가한다.

응용 문제

1. 변호사가 한 명의 고객을 처리하는 데 120분이 걸린다. 수요는 하루 8시간당 2명의 고객이다. 변호사가 시간당 $200의 임금을 받고 있다.
   (a) 고객당 $로 표현된 변호사의 직접 노무비는 얼마인가? [학습목표 4-1]
   (b) 변호사의 노동활용률은 얼마인가? [학습목표 4-1]

2. 세 자원으로 구성된 프로세스를 생각해보자. 수요에는 제한이 없다고 가정하자.
   - 자원 1의 처리시간은 단위당 6분이다.
   - 자원 2의 처리시간은 단위당 3분이다.
   - 자원 3의 처리시간은 단위당 5분이다.

   각 자원은 한 명의 작업자가 맡고 있고 각 작업자는 시간당 $12을 받는다.
   (a) 직접 노무비는 얼마인가? [학습목표 4-1]
   (b) 노동량은 얼마인가? [학습목표 4-1]
   (c) 평균 노동활용률은 얼마인가? [학습목표 4-1]
   (d) 수요율이 시간당 20단위라면, 택트타임은 얼마인가? [학습목표 4-2]
   (e) 수요율이 시간당 20단위라면, 목표인력은 얼마인가? [학습목표 4-2]
   (f) 만약 작업자 한 명을 추가로 고용하여 자원들 중 하나에 배정한다면, 프로세스의 처리능력(시간당 단위)은 얼마가 되는가? [학습목표 4-3]
   (g) 만약 한 자원의 처리시간을 1분 줄이고 다른 자원의 처리시간을 1분 증가시킬 수 있다면(따라서 노동량은 동일), 프로세스의 새로운 처리능력은 얼마가 되는가? [학습목표 4-4]
   (h) 만약 작업들을 통합시켜 각 작업자가 모든 작업을 수행한다면, 프로세스의 처리능력(시간당 단위)은 얼마가 되는가? [학습목표 4-5]

3. Glenn 치과는 Philadelphia의 주민들에게 치과 진료 서비스를 제공하고 있다. 병원은 고객들로부터 대기시간이 너무 길다는 불만을 듣고 있어서 당신에게 이 문제가 해결될 수 있는지를 조사해 달라고 부탁했다.
   고객들이 도착하면 우선 접수담당자로부터 일련의 서류를 받아 개인 건강기록이나 보험회사와 같은 관련 정보를 기입한다. 그리고 난 뒤 서류를 접수담당자에게 제출하고 담당자는 이를 의사가 볼 수 있도록 컴퓨터 시스템에 입력한다. 보조사가 환자의 X-ray 촬영을 하고 난 뒤 의사가 진료를 하고 환자와 이야기를 나눈다.
   병원 직원과의 대화를 통해 프로세스에 대한 다음의 정보들이 수집되었다.

- 고객이 서류를 작성하는 데 5분이 걸린다.
- 접수담당자가 컴퓨터에 정보를 입력하고 과거의 기록을 확인하는 데 5분이 걸린다. 접수담당자는 2명이다.
- 보조사가 X-ray를 찍는 데 평균 15분이 걸린다. 3명의 보조사가 있다.
- 병원에는 10명의 의사가 있으며, 각 진료에는 평균 30분이 걸린다.

아래의 표는 수집된 프로세스 자료를 요약한 것이다.

자원	단계	담당자의 수	처리시간(분/환자)
셀프 서비스	서류 작성	–	5
접수담당자	데이터 입력	2	5
보조사	X-ray 촬영	3	15
의사	진료	10	30

수요에는 제한이 없다고 가정하자. 의사는 시간당 $100을 받고 접수담당자와 보조사는 시간당 $30을 받는다.

(a) 노동량은 얼마인가? [학습목표 4-1]

(b) 직접 노무비는 얼마인가? [학습목표 4-1]

(c) 접수담당자의 노동활용률은 얼마인가? [학습목표 4-1]

(d) 보조사의 노동활용률은 얼마인가? [학습목표 4-1]

(e) 병원의 평균 노동활용률은 얼마인가? [학습목표 4-1]

(f) 만약 병원이 3명의 직원을 추가로 고용하여 각 직원을 4 자원 중 하나에 배정한다면, 처리능력(시간당 환자)은 얼마가 되는가? [학습목표 4-3]

(g) 병원이 보조사와 의사의 작업을 통합한다면, 이 프로세스의 처리능력(시간당 환자)은 얼마가 되는가? 즉, 13명이 X-ray 촬영과 진료의 통합 작업을 45분의 총 처리시간으로 처리하는 것이다. [학습목표 4-5]

4. Mr. K는 아주 유명한 미용실이다. 이곳은 합리적인 가격에 고품질의 헤어 스타일링과 편안한 서비스를 제공하기 때문에 항상 수요가 넘쳐난다. 서비스 프로세스는 다음에 나오는 다섯 활동들이 정해진 순서대로 진행된다.

- 활동 1: 고객 응대와 허브티 제공(10분)
- 활동 2: 머리 감기고 말리기(10분)
- 활동 3: 목, 어깨, 등 마사지(10분)
- 활동 4: 헤어스타일 상담 및 스타일링(25분)
- 활동 5: 계산(5분)

세 작업자(S1, S2, S3)들이 작업자가 흐름을 주도하는 프로세스로 서비스를 제공한다. 업무의 배정은 다음과 같다: S1은 활동 1, S2는 활동 2와 3, S3는 활동 4와 5를 맡는다.

(a) 노동량은 얼마인가? [학습목표 4-1]

(b) 평균 노동활용률은 얼마인가? [학습목표 4-1]

(c) 시간당 $20의 임금이라면, 고객당 직접 노무비는 얼마인가? [학습목표 4-1]

(d) Mr. K는 기존의 작업자가 맡고 있는 일을 도울 신규 작업자를 고용하려 한다. 이 신규 작업자는 단 한 명의 기존 작업자만을 도울 수 있으며 업무배정에는 변화가 없다고 가정하자. 이로 인해 Mr. K의 직접 노무비가 어떻게 달라지는가? [학습목표 4-1]

(e) Mr. K는 작업자들 간의 업무배정에 변화를 주는 것도 고려하고 있다. 활동 5를 S3에서 S1에게 재배정한다면, 직접 노무비는 어떻게 바뀌겠는가? [학습목표 4-1]

(f) Mr. K는 프로세스에 한명의 작업자를 추가하는 것을 고려하고 있다. 이 작업자는 기존 작업자들 중 하나와 동일한 작업을 수행할 것이다. 예를 들어, 이 작업자는 S2처럼 활동 2와 3을 수행할 수 있다. 이 경우 프로세스의 처리능력(시간당 고객)은 얼마가 되는가?

(g) 만약 활동 4의 처리시간 중 4분이 활동 3으로 재배정될 수 있다면(업무의 배정은 변하지 않은채로), 이 새로운 프로세스의 처리능력(시간당 고객)은 얼마가 되는가? [학습목표 4-4]

(h) 만약 각 작업자가 모든 업무를 수행할 수 있도록 훈련되고 각자가 독립적으로 작업을 수행할 수 있다면, 이 프로세스의 처리능력(시간당 고객)은 얼마가 되는가? [학습목표 4-5]

5. The Geneva Watch Corporation 제조사는 여섯 개의 작업장을 연결하는 컨베이어 벨트로 시계를 생산하고 있다. 각 작업장에는 한 명의 작업자가 다음의 업무들을 수행하고 있다.

작업장	업무	처리시간(초)
A 준비	1. 열처리를 통해 홈에 렌즈 삽입 2. 홈 점검 3. 스위치 구멍 청소 4. 홈에 스위치 세트 설치 총 처리시간(A)	14 26 10 18 68
B 준비 2	5. 스위치 작동 체크 6. 홈 내부 청소 7. 홈에 모듈 설치하기 총 처리시간(B)	23 12 25 60
C 배터리 설치	8. 모듈에 배터리클립 설치 9. 모듈에 배터리클립 열처리 10. 모듈에 배터리 2개 설치 11. 스위치 체크 총 처리시간(C)	20 20 22 8 70
D 밴드 설치	12. 밴드 설치 13. 밴드 점검 총 처리시간(D)	45 13 58
E 포장 준비	14. 외관 점검 15. 최종 점검 총 처리시간(E)	4 71 75
F 시계 포장	16. 전시용 박스에 시계와 장식헝겊 놓기 17. 박스 안에 덮개 씌우기 18. 설명서 첨부하고 박스를 상자에 넣음 총 처리시간(F)	20 14 30 64

작업자는 시간당 $10을 받는다. 하루 작업이 시작되는 동안이나 마무리되는 동안에 불가피하게 발생하는 작업자들의 유휴시간은 무시해도 좋다.

(a) 노동량은 얼마인가? [학습목표 4-1]

(b) 시간당 시계 50개의 수요율을 가정해보자. 택트타임은 얼마인가? [학습목표 4-2]

(c) 시간당 시계 50개의 수요율을 가정해보자. 목표인력은 얼마인가? [학습목표 4-2]

(d) 외부 공급자가 배터리가 미리 설치된 배터리 모듈을 공급하겠다고 제안해서 10번째 업무는 생략될 수 있게 되었다. 프로세스 처리능력은 어떻게 변하겠는가? [학습목표 4-3]

(e) 프로세스 처리능력을 높이기 위해 업무들을 어떻게 재배정할 수 있겠는가? [학습목표 4-4]

(f) 만약 3명의 작업자들이 각각 현재 작업장 A, B, C에 배정된 업무들을 통합처리하고 또 다른 3명의 작업자들이 각각 현재 작업장 D, E, F에 배정된 업무들을 통합처리한다면, 이 프로세스의 처리능력(시간당 시계)은 얼마가 되는가? 각 업무의 처리시간은 동일하며 각 작업자는 독립적으로 작업을 수행할 수 있다고 가정하자. [학습목표 4-5]

6. Imagine US는 고화질 3D 태아용 초음파 서비스를 제공하는 신생 의료기관이다. 이 서비스에는 다음의 5가지 활동들이 다음의 순서로 제공되며 각 활동에 소요되는 시간은 괄호 안에 제공되어 있다.

- 활동 1: 고객 응대와 절차 소개(8분)
- 활동 2: 고객 준비(즉, 진료실로 이동, 초음파용 젤 도포 등)(5분)
- 활동 3: 영상 촬영(14분)
- 활동 4: 영상 분석(10분)
- 활동 5: 고객과 진단 내용 상담(18분)

(a) 이 기관은 현재 3명의 작업자들이 근무하고 있다. 상기의 활동들이 각 작업자에게 배정되어서, 각 활동은 한 명의 작업자에게만 배정되며 각 작업자는 연속되는 활동들만을 배정받을 수 있다고 한다면, 이 프로세스의 최대 처리능력(시간당 고객)은 얼마가 되겠는가? [학습목표 4-4]

(b) 만약 3명의 작업자 각각이 복수의 활동을 수행할 수 있으며 활동들 간의 순서는 무시할 수 있다면, 이 프로세스의 최대 처리능력(시간당 고객)은 얼마가 되겠는가? [학습목표 4-5]

7. The White Tooth Device 사는 전동 치솔기 제조업체이다. 전동 치솔기의 제조에는 일련의 조립 공정이 필요하며 여기에는 5명의 작업자들이 근무하고 있다. 각 작업자는 2개의 활동을 담당하고 있으며, 이들은 시간당 $15의 임금을 받고 있다.

작업자	활동	처리시간(초)
A	T1	40
A	T2	25
B	T3	20
B	T4	15
C	T5	10
C	T6	15
D	T7	10
D	T8	20
E	T9	25
E	T10	35

(a) 전동 치솔기의 노동량(초)은 얼마인가? [학습목표 4-1]

(b) 전동 치솔기의 직접 노무비($)는 얼마인가? [학습목표 4-1]

(c) 작업자 A의 활용률(%)은 얼마인가? [학습목표 4-1]

(d) 이 프로세스의 평균 노동활용률은 얼마인가? [학습목표 4-1]

(e) 수요가 시간당 전동 치솔기 40개라고 한다면, 택트타임(초)은 얼마인가? [학습목표 4-2]

(f) 택트타임이 50초라면, 목표인력은 얼마인가? [학습목표 4-2]

(g) 한 명의 작업자가 추가로 고용되었다고 가정해보자. 예를 들어, 이 신규 작업자는 (작업자 A처럼) 활동 1과 2를 수행할 수도 있고 (작업자 D처럼) 활동 7과 8을 수행할 수도 있다. 한 명의 작업자가 추가되면 프로세스의 처리능력(시간당 치솔)은 얼마가 되는가? [학습목표 4-3]

(h) 회사가 처리능력을 최대로 하기 위해 활동들을 다시 배정한다고 생각해보자. 각 활동은 한 명의 작업자에게 배정되며 각 작업자는 연속되는 활동들만을 배정받는다는 원칙은 그대로 유지된다면, 프로세스의 처리능력(시간당 치솔)은 얼마가 되는가? [학습목표 4-4]

(i) 회사가 처리능력을 최대로 하기 위해 활동들을 다시 배정한다고 생각해보자. 활동들은 여러 작업자들에게 배정될 수 있으며 활동들 간의 순서는 무시될 수 있다면, 프로세스의 처리능력(시간당 치솔)은 얼마가 되는가? [학습목표 4-5]

8. Atlas Inc.는 Lance Armstrong이 Tour de France 경주에서 처음 우승할 때 탔던 자전거를 축소한 5인치 버전의 장난감 자전거를 만드는 회사이다. Atlas Inc.의 조립라인은 일곱 개의 작업장으로 구성되고 각 작업장은 한 단계만을 수행한다. 각 작업장과 처리시간은 다음과 같다.

- 1단계(30초): 프레임용 플라스틱 튜브를 사이즈에 맞춰 자른다.
- 2단계(20초): 튜브를 조립한다.
- 3단계(35초): 프레임을 이어 붙인다.
- 4단계(25초): 프레임을 닦는다.
- 5단계(30초): 프레임을 칠한다.
- 6단계(45초): 바퀴를 조립한다.
- 7단계(40초): 다른 부분들도 프레임에 조립한다.

현재의 프로세스에서 작업자는 다음과 같이 배치되어 있다:

- 작업자 1: 1, 2단계
- 작업자 2: 3, 4단계
- 작업자 3: 5단계
- 작업자 4: 6단계
- 작업자 5: 7단계

작업자는 시간당 $15을 받는다고 가정하자. 각 자전거는 $6에 팔리고 이에 필요한 모든 부품들은 $1에 구입된다. 회사는 시간당 $200의 고정비용이 든다. Lance Armstrong이 약물사용을 자백했음에도 불구하고 Atlas의 자전거에 대한 수요는 상당히 많다.

(a) 자전거의 직접 노무비는 얼마인가? [학습목표 4-1]

(b) 시간당 회사가 만들어 내는 이익은 얼마인가? [학습목표 4-6]

(c) 만약 단위당 10% 저렴하게 부품을 공급받을 수 있다면($0.9/단위) 시간당 이익은 얼마가 될

것인가? [학습목표 4-6]

(d) 만약 고정비용을 10% 낮출 수 있다면(시간당 $180) 시간당 이익은 얼마가 될 것인가? [학습목표 4-6]

(e) 만약 병목지점의 처리시간을 단위당 5초 줄일 수 있다면, 시간당 이익은 얼마가 될 것인가? [학습목표 4-6]

사례 XOOTR

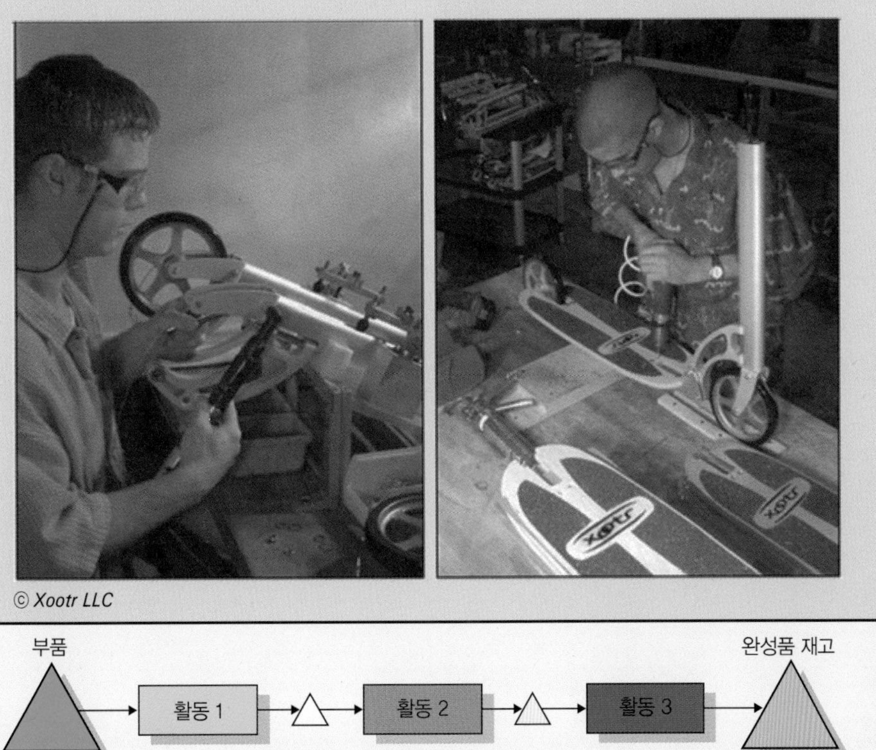

© Xootr LLC

Xootr LLC는 최고급 킥 스쿠터인 Xootr("zooter"로 발음함)를 만드는 회사이다. Xootr의 기본 모델인 Ultra Cruz는 $200 이상의 가격에 판매되고 있다.

회사는 위 그림에서처럼 세 단계로 구성된 조립 프로세스를 가지고 있다. 세 명의 작업자가 Xootr을 조립한다. 첫 번째 작업자의 처리시간은 단위당 13분, 두 번째 작업자는 단위당 11분, 세 번째 작업자는 단위당 8분이다. 조립생산은 주당 35시간 동안 이루어지고 작업자의 임금은 평균적으로 시간당 $12이다.

Xootr에 대한 수요가 증가함에 따라 회사는 프로세스 처리능력을 늘리기 위해 조립공정을 개선할 필요성을 느끼고 조언을 해줄 두 명의 전문가를 고용했다. 첫 전문가는 다음과 같이 말했다. "사업이 성장할수록 작업자를 적은 수의 일에 특화시켜 이익을 얻어야 합니다. 현재 가장 긴 처리시간은 단위당 13분인데, 만약 Xootr가 프로세스 처리능력을 두 배로 늘리고자 한다면 각 활동을 두 개의 하위 활동으로 나누면 됩니다. 그러면 여섯 명의 작업자들이 매 6.5분마다 한 단위를 만들어낼 수 있어요."

그러나 다른 전문가는 동의하지 않았다. 그녀는 다음과 같이 자신이 관찰한 바를 말했다. "분업은 작업자들에게 업무의 단조로움과 좌절을 가져옵니다. 작업자를 적은 수의 일에 특화시키기보다는 Xootr는 그 반대로 해야 한다고 생각해요. 한 작업자가 프로세스의 처음부터 끝까지 모든 활동들을 다 수행한다고 생각해보죠. 라인균형화의 문제는 없어지

[계속]

면서 노동활용률도 올라갈 거예요. 그리고 작업자가 모든 작업과정들을 알게 되면서 좀 더 의미 있는 생산 경험을 하게 될 겁니다. 만약 여섯 작업자를 이 방식으로 활용한다면 처리능력도 더 올라갈 겁니다."

두 전문가들의 발언에 대해 어떻게 생각하는가?

1. 각 전문가의 제안을 반영하는 프로세스 흐름도를 그려보자.
2. 각 제안에 대해 프로세스 처리능력, 노동활용률, 직접 노무비를 계산해보자. 첫 번째 전문가의 제안평가에서는 각 활동이 동일한 처리시간을 가진 두 개의 하위활동으로 구성된다고 가정하라(예를 들어, 활동 1은 단위당 6.5분이 소요되는 2개의 하위활동들로 구성).
3. 두 제안들 간에 다른 차이점들은 없는지 생각해보자.

참고 문헌

http://www.econlib.org/library/Smith/smWN1.html

memo

5 복수의 흐름을 가진 프로세스의 분석

학습목표

5-1 여러 종류의 제품 또는 고객을 처리하는 프로세스에서 자원 요구량을 계산할 줄 안다.

5-2 실질활용률을 계산하여 일반적인 프로세스에서 병목지점을 찾을 줄 안다.

5-3 흐름의 유형에 따라 처리시간이 달라지는 프로세스를 분석할 줄 안다.

5-4 프로세스의 수율을 계산하고 수율의 손실이 발생하는 프로세스를 분석할 줄 안다.

5-5 재작업이 발생하는 프로세스를 분석할 줄 안다.

이 장의 개요

소개

프로세스는 생각보다 복잡할 수 있다. 때로는 각기 다른 유형의 흐름단위들을 처리해야 할 수도 있으며, 이 흐름단위들이 프로세스를 따라 거치는 경로도 각기 다를 수 있다. 다음 예시들은 프로세스 분석에 따르는 이러한 어려움들을 보여준다.

1. 신약 개발과정에서 화학적 화합물들은 여러 단계의 시험을 거쳐야 한다. 임상 전 시험 그리고 이어지는 1·2·3단계 임상 시험을 거쳐야 하는데, 각 단계에서 시험을 통과하지 못한 화합물은 향후 시험에서 제외되기 때문에 흐름이 복잡해진다. 이로 인해 지금까지 우리가 분석했던 프로세스처럼 하나가 아닌 여러 개의 출구를 갖는 프로세스 흐름이 생겨나게 된다.
2. 자동차의 생산과 조립과정에서 각 자동차는 품질기준에 부합하는지 여부를 검사받는다. 기준을 충족하지 못한 단위들은 일련의 추가적인 작업을 거쳐 결함을 수리하는 재작업 과정을 거쳐야 한다. 반면, 기준에 부합한 자동차들은 프로세스의 출구로 이동하게 된다.
3. 응급환자들은 직접 걸어서 도착하거나 응급차를 통해 그리고 헬리콥터 수송 등 여러 경로를 통해 응급실에 도착한다. 또한 각 환자는 증상에 따라 각기 다른 진단서비스와 치료가 필요하기 때문에 흐름의 유형이 복잡해

진다. 예를 들어, 총상을 입은 환자는 신속히 외과 외상의사에게 보내져야 하며, 발목을 접질린 환자는 X-ray 촬영실로 보내져야 하고, 감기 환자는 약물을 처방받아야 하지만 의사의 치료가 필요하지 않을 수도 있다.

이 세 가지 예시들은 우리가 지금까지 경험한 것보다 프로세스 흐름이 더욱 복잡할 수 있음을 보여준다. 5장에서는 이러한 흐름들을 어떻게 분석하는지를 다룬다. 먼저 프로세스 흐름도를 좀 더 정교하게 작성하는 것을 다룬 뒤, 여러 유형의 흐름들이 존재하는 프로세스에서 병목지점을 찾는 방법과 흐름률을 계산하는 방법을 다룬다. 병목지점을 파악하고 나면 해당 지점의 자원에 처리능력을 추가하는 것을 고려할 수 있다. 그리고 이러한 복잡한 흐름들의 공통적인 패턴에 대해 논의한다. 마지막으로 이러한 프로세스들을 개선하는 일반적인 방법들을 다루면서 이 장을 마무리한다.

5.1 일반적인 프로세스 흐름의 패턴들

이 장의 소개에서 살펴본 대로, 각 흐름단위가 모든 자원을 거치는 선형적 형태의 프로세스 흐름이 일반적이지는 않다. 다음 금융서비스업계에서의 예를 생각해보자. Capital One은 미국 내 규모가 큰 금융서비스회사 중 하나이다.[1] 이 회사의 소비자 및 소기업 대출부문의 마케팅부서는 잠재 고객들에게 다양한 대출상품들을 소개하는 우편 또는 이메일을 보내면서 홍보활동을 한다. 이 활동의 일환으로 대출을 원하는 고객에게 정보카드를 작성하여 회사로 보내 줄 것을 요청하는데 고객은 이 카드에 자신의 이름과 관심 있는 대출상품 그리고 전화번호와 연락하기 좋은 시간 등의 정보를 기입하여 보낼 수 있다. 회사가 고객이 보낸 정보를 받으면 대출승인심사를 시작하게 된다. 각 대출신청서는 다음의 5단계로 이루어진 프로세스를 거친다.

- 직원이 고객이 필요한 금융서비스에 대해 인터뷰한다.
- 심사는 대출 프로세스에서 가장 복잡한 활동으로서 대출 여부가 결정되는 단계이다.
- 품질검수자가 심사자가 준비한 모든 서류를 검토한다.
- 마무리를 담당하는 직원이 모든 관련 서류를 인쇄하여 고객에게 보낼 서류를 준비한 뒤 고객에게 전화로 대출이 승인되었음을 알린다.
- 관리자가 최종 서류에 서명을 하고 대출금 수표를 발급한다.

대출을 신청한 모든 고객들이 대출을 받는 것은 아니다. 사실 누가 대출을 받을 자격이 되는지를 알아내는 것이 심사과정의 핵심으로서 전체 대출신청의 약 52%가 심사단계 후에 거절된다. 다시 말해, 이 흐름단위들은 인터뷰와 심사단계를 거치기는 하지만 심사 이후 단계로 이동하지 않고 프로세스를 떠난다.

대출이 심사단계에서 거부된 경우 이외에도 인터뷰와 심사단계를 거친 신청서가 마무리단계로까지 이동하지 못하는 또 다른 경우가 있다. 가끔 Capital One의 경쟁자로부터

[1] 본 절에서의 분석은 Aravind Immaneni와 Christian Terwiesch가 작성한 사례에 근거하고 있다.

대출을 받은 고객이 자신의 신청을 취소하곤 한다. 만약 100건의 인터뷰가 진행된다면, 52건은 심사단계에서 대출이 거절되고 남은 48건 중 14.6건은 품질검수단계에 도달하기 전에 고객에 의해 취소된다. 따라서 처음 접수된 신청서들 중 33.4건만이 품질검수단계에 도달한다. 이 33.4건들 중 추가적으로 7건이 마무리단계에서 서류 준비 후 고객과 통화하는 과정에서 고객에 의해 취소되어 단 26.4건의 신청서만이 관리자의 최종 서명을 받게 된다. 이 과정이 그림 5.1에 정리되어 있다. 대출이 거절되었든지 아니면 고객이 스스로 신청을 취소했든지 간에 최종 서명 전에 프로세스를 벗어나는 흐름단위들을 **감쇄손실(attrition losses)**이라 부른다.

대출신청서가 어느 단계에서 프로세스를 벗어나는가에 따라 신청서를 다음의 4가지 유형으로 구분할 수 있다.

- **유형 1(최종 실행된 대출신청)**: 프로세스 내 모든 자원을 거친다.
- **유형 2(마무리단계 이후 취소된 신청)**: 프로세스 내 관리자를 제외한 모든 자원을 거친다.
- **유형 3(심사 이후 취소)**: 고객이 대출신청을 취소하므로 인터뷰와 심사단계의 작업만을 거친다.
- **유형 4(심사 과정에서 거절된 대출신청)**: 대출신청이 거절되므로 인터뷰와 심사단계의 작업만을 거친다.

학습목표 5-1
여러 종류의 제품 또는 고객을 처리하는 프로세스에서 자원 요구량을 계산할 줄 안다.

제품 믹스 프로세스를 통과하는 서로 다른 흐름들의 조합

이렇듯 프로세스를 타고 흐르는 각기 다른 흐름들의 조합을 **제품 믹스(product mix)**라고 부른다.

그림 5.1에 나타난 자료를 바탕으로 4가지 유형별 비율을 계산해볼 수 있다.

- 유형 1(최종 승인된 대출신청) = 26.4%
- 유형 2(마무리단계 이후 취소된 신청) = 7.0%
- 유형 3(심사 이후 취소) = 14.6%
- 유형 4(심사 과정에서 거절된 대출신청) = 52.0%

그림 5.1
대출신청 프로세스에서의 감쇄손실

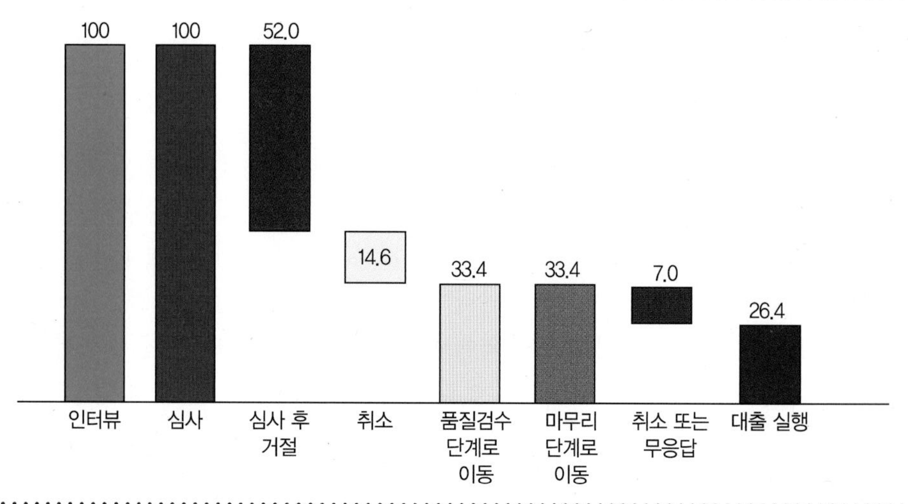

표 5.1 4가지 유형별 대출신청서 수

유형	내용	수요율
1	대출 실행(110 × 0.264)	29.04
2	마무리단계 후 취소(110 × 0.07)	7.7
3	심사단계 후 취소(110 × 0.146)	16.06
4	대출 거절(110 × 0.52)	57.2
	총 수요율	**110**

이제 Capital One이 하루 110건의 대출신청을 처리한다고 생각해보자. 이는 매일 110건에 대해 인터뷰와 대출심사가 이루어져야 한다는 의미한다. 하지만(대출 거절과 고객 취소로 인한) 감쇄손실로 인해 품질검수단계와 마무리단계에서 처리해야 할 대출신청건수는 줄어들며 관리자가 처리해야 할 신청건수는 더욱 줄어든다. 표 5.1은 하루 110건의 대출신청이 유형별로 어떻게 분포하는지 보여준다. 예를 들어, 14.6%의 대출신청이 심사 이후 취소(유형 3)되었다. 따라서 이 유형의 일일 신청건수는 110 × 0.146 = 16.06/일이다.

이 프로세스 흐름과 지난 장들에서 분석한 프로세스 흐름 간의 차이에 주목하자. 모든 대출신청 건들이 모든 자원들을 거치는 것은 아니며 이들은 프로세스 흐름도상의 각기 다른 경로를 거친다. 이는 프로세스의 병목지점을 포함한 제반 계산에 매우 중요한 의미를 갖는다. 따라서 프로세스 흐름도에 여러 유형의 흐름을 신중히 묘사하는 것이 매우 중요하다.

한 가지 유형의 흐름으로 이루어진 프로세스 흐름도와 여러 유형의 흐름들로 이루어진 프로세스 흐름도 간의 주요 차이점은 서로 다른 흐름을 표시하기 위해 각기 다른 화살표를 사용한다는 것이다. 이 화살표들은 서로 다른 색깔로 표시되거나 그림 5.2(상단)에서처럼 화살표 옆에 흐름단위의 이름표를 붙이는 방식으로 표시된다. 참고로 본 예시는 서비스 프로세스를 다루고 있고 실제로 대기 중인 고객은 없지만 자원들 사이에는 재고가 있으므로 이는 삼각형으로 표시한다. 이 재고들은 프로세스상에 신청서가 처리를 기다리며 쌓여있는 것을 의미하는데 실제로는 종이서류 형태일 수도 있고 전자서류 형태일 수도 있다. 여하튼 간에 현재 자원이 다루고 있지 않은 흐름단위들이 머무는 지점은 프로세스상

그림 5.2
감쇄손실이 발생하는 프로세스의 흐름도

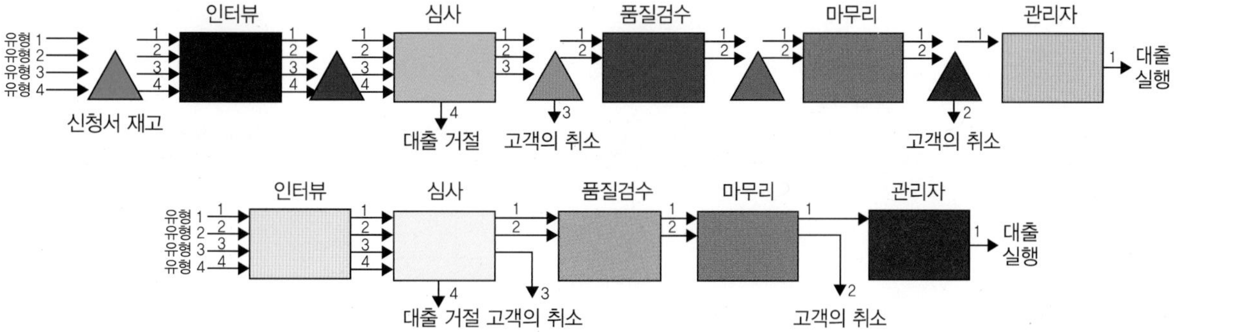

에 삼각형으로 표시된다. 그림 5.2 상단에 그려진 프로세스 흐름도는 다소 복잡한데 이는 프로세스의 여러 곳에 재고가 축적될 수 있기 때문이다. 프로세스 흐름도에서 이 삼각형들을 빼면 그림 5.2의 하단에서처럼 그림이 좀 단순해진다.

이제 전체 수요(대출신청서들)를 각 자원에 대한 수요로 재해석할 필요가 있다. 몇몇 자원(예를 들어 인터뷰를 진행하는 직원)은 모든 유형의 대출신청서 처리에 필요하며 어떤 자원(예를 들어 관리자)은 오직 한 유형의 대출신청서 처리에만 필요하다. 이는 프로세스 흐름도에 명료하게 나타나 있다. 예를 들어, 하루 29.04개의 유형 1 신청서가 인터뷰단계를 거치는데 이들은 프로세스의 모든 단계를 거치므로 마지막 단계인 관리자는 하루 29.04개의 유형 1 신청서를 처리해야 한다. 반면 하루 57.2개의 유형 4 신청서가 인터뷰단계를 거치지만 이들은 심사단계에서 대출이 거절되므로 관리자까지 도달하지는 못한다.

수요 테이블 프로세스에서 발생하는 자원(행)과 수요의 흐름(열)을 정리한 테이블

이 프로세스와 연관된 모든 데이터들을 정리하기 위해 그림 5.2에서 나타난 프로세스 흐름도에 나타난 세부사항들을 이용하여 **수요 테이블(demand table)**을 만드는 것이 도움이 된다. 이 테이블에서 각 행은 자원을 의미하며 각 열은 흐름단위 유형을 나타내는데, 테이블에서 각 자원과 흐름단위의 조합별로 흐름의 양을 기입한다. 만약 특정 흐름단위 유형이 특정 자원을 이용하지 않는다면 "0"을 기입한다. 마지막으로 각 행별로 모든 수치들을 더해서 특정 자원에 대한 총 수요를 계산한다. 완성된 내용이 아래 수요테이블에 정리되어 있다.

수요 테이블 Capital One의 수요 테이블

자원	유형 1	유형 2	유형 3	유형 4	총 수요
인터뷰	29.04	7.7	16.06	57.2	110
심사	29.04	7.7	16.06	57.2	110
품질검수	29.04	7.7	0	0	36.74
마무리	29.04	7.7	0	0	36.74
관리자	29.04	0	0	0	29.04

이해도 확인하기 5.1

질문 3개의 자원으로 구성된 프로세스와 두 가지 유형의 흐름단위가 있다. 첫 유형의 흐름단위는 하루 10개의 수요가 있으며 두 번째 유형의 흐름단위는 하루 30개의 수요가 있다. 첫 유형의 흐름단위는 3개의 자원을 모두 거치며 두 번째 유형의 흐름단위는 첫 번째와 세 번째 자원만을 거친다. 이 프로세스의 수요 테이블은 어떻게 구성되는가?

답

수요 테이블

자원	유형 1	유형 2	총 수요
자원 1	10	30	40
자원 2	10	0	10
자원 3	10	30	40

이 프로세스에서 발생하는 수요를 정리하였으므로 다음 절에서는 공급의 측면을 분석하도록 한다.

5.2 복수의 흐름이 존재하는 프로세스에서 병목지점 찾기

프로세스상의 각 자원이 수행해야 할 작업량을 파악하면서 프로세스의 수요 측면을 이해하고 난 후에는 프로세스의 공급 측면을 살펴볼 수 있다. 공급 측면은 각 자원이 어느 정도의 작업을 처리할 수 있는지를 나타낸다. 우리의 목표는 (a) 병목지점을 찾고, (b) 최대 흐름률을 파악한 뒤, 이를 통해 (c) 프로세스 전반에 걸친 실제 흐름률을 계산하는 것이다. 프로세스 개선의 관점에서 보면 병목지점을 찾는 것이 가장 중요하다. 처리능력을 추가하여 프로세스의 흐름을 증가시키고자 한다면 제일 먼저 병목지점의 처리능력을 증가시켜야 하기 때문이다.

한 유형의 흐름단위가 일련의 자원들을 거치는 "단순"한 프로세스에서는 처리능력이 가장 적은 자원이 병목지점이 된다. 모든 자원들의 수요가 동일하기 때문에 각 자원의 처리능력에서만 차이가 발생하기 때문이다. 그러나 Capital One 같이 보다 일반적인 프로세스에서는 각 자원은 처리능력뿐만이 아니라 감당해야 하는 수요에서도 차이가 있다. 따라서 우리는 프로세스에서 가장 많은 제약이 걸리는 지점을 파악하기 위해 수요와 공급 양 측면을 살펴보아야 하는데, 바로 이 것이 우리가 이 절에서 다루고자 하는 부분이다.

Capital One의 경우, 각 자원에서 일하는 직원의 수와 대출신청서 한 건을 처리하는 데 걸리는 시간은 다음과 같다.

- 인터뷰단계에는 7명의 직원이 작업하며 한 고객을 인터뷰하는 데 건당 평균 23분의 시간이 걸린다.
- 심사단계에서는 8명의 직원이 작업하며 건당 평균 40분이 걸린다.
- 품질검수단계에서는 2명의 직원이 작업하며 건당 평균 25분이 걸린다.
- 마무리단계에서는 6명의 직원이 작업하며 건당 평균 70분이 걸린다.
- 한 명의 관리자가 건당 5분의 작업을 한다.

먼저 다섯 자원(단계)의 처리능력을 계산해보자. 전에 했던 것처럼, 여러 명이 작업하는 자원의 처리능력은

$$\text{처리능력} = \frac{\text{직원의 수}}{\text{처리시간}}$$

이므로, 각 단계에서의 처리능력은 다음과 같다.

$$\text{처리능력(인터뷰)} \quad = \frac{7}{23} = 0.304\frac{\text{건}}{\text{분}}$$

$$\text{처리능력(심사)} \quad = \frac{8}{40} = 0.2\frac{\text{건}}{\text{분}}$$

$$처리능력(품질검수) = \frac{2}{25} = 0.08\frac{건}{분}$$

$$처리능력(마무리) = \frac{6}{70} = 0.086\frac{건}{분}$$

$$처리능력(관리자) = \frac{1}{5} = 0.2\frac{건}{분}$$

이 처리능력들은 표 5.2에 요약되어 있다. 모든 직원이 하루 400분을 일한다고 가정하면(직원은 회의 참석, 교육, 휴식과 다른 일들을 하는 데에도 시간이 필요하다). 각 자원의 일일 처리능력은 표 5.2의 마지막 열에서처럼 분당 처리능력에 400을 곱해서 구할 수 있다.

상기 계산에 따르면 품질검수단계의 처리능력이 가장 적음을 알 수 있다. 하지만 처리능력만 가지고 품질검수가 병목지점이라고 할 수는 없다. 병목지점을 찾기 위한 상기 접근 방식의 문제점은 각 자원이 모든 대출신청서를 처리하지는 않는다는 사실이 반영되지 않았다는 점이다. 예를 들어, 수요 테이블에 따르면 유형 3과 유형 4 대출신청은 심사단계에서 대출이 거절되거나 심사 후 취소되기 때문에 품질검수단계를 거칠 필요가 없다. 품질검수단계의 처리능력이 가장 낮기는 하지만 모든 대출신청서가 이 자원을 거치는 것은 아니기 때문에 처리능력만 보고 반드시 이 단계가 전체 흐름을 저해한다고 단정할 수는 없다. 극단적인 경우에, 심사단계에서 모든 대출신청들이 거절되면 품질검수단계에서 처리할 신청서 자체가 없기 때문에 품질검수단계를 병목지점이라 부를 이유가 없을 것이다. 따라서 병목지점을 파악하려면 다른 접근 방식이 필요하다.

병목지점의 개념을 좀 더 정교하게 정의하기 위해 처리능력 자체를 절대적인 수치로 보기보다는 자원의 처리능력을 자원을 필요로 하는 수요와 비교하여 생각할 필요가 있다. 이를 위해, **실질활용률(implied utilization)**을 다음과 같이 정의한다.

실질활용률 처리능력에 대한 수요의 비율로서, 실질활용률=자원의 수요/자원의 처리능력. 실질활용률은 수요와 처리능력 간의 차이를 포착한다.

$$실질활용률 = \frac{자원의\ 총\ 수요}{자원의\ 처리능력}$$

실질활용률은 자원이 처리해야 할 양(수요)과 자원이 처리할 수 있는 양(처리능력) 간의 차이를 포착하고 있다.

활용률과 실질활용률 간의 차이에 주목하자. 활용률의 정의에 따르면(흐름률과 처리능력 간의 비율로서 흐름률은 수요와 처리능력 중 최소값) 활용률은 100%를 초과할 수 없다. 따라서 100% 미만의 활용률은 초과 처리능력이 얼마인지를 알려줄 뿐이며 그 정의상 수요가 프로세스의 처리능력을 얼마나 초과하는지는 알 수 없다. 이 때문에 실질활용률이

표 5.2 Capital One의 처리능력

자원	처리능력(분)	처리능력(일)
인터뷰	0.30	121.74
심사	0.20	80.00
품질검수	0.08	32.00
마무리	0.09	34.29
관리자	0.20	80.00

라는 또 다른 측정지표가 필요하다. 표 5.3은 표 5.2의 처리능력에 관한 정보와 지난 절에서 계산한 수요 테이블(Capital One의 수요 테이블)에서의 수요정보를 결합하여 각 자원의 수요와 처리능력을 보여주며, 마지막 열은 각 자원의 실질활용률 값을 보여준다. 표에 따르면, 심사단계의 실질활용률이 가장 높으므로 이 단계를 병목지점으로 정한다. 표의 몇 부분들은 추가적인 설명이 필요하다.

표 5.3 대출신청서 처리 프로세스의 실질활용률 계산

자원	일일 처리능력(a)	일일 총 수요(b)	실질활용률(b/a)
인터뷰	121.74	110.00	0.90
심사	80.00	110.00	1.38
품질검수	32.00	36.74	1.15
마무리	34.29	36.74	1.07
관리자	80.00	29.04	0.36

- 활용률과 달리 실질활용률은 100%를 넘을 수 있다. 실질활용률이 100%를 넘어간다는 것은 자원이 수요를 모두 처리할 능력을 갖지 못함을 의미한다.
- 실질활용률이 100%를 넘어간다는 것만으로 해당 단계를 병목지점이라고 할 수는 없는데, 표 5.3에서 보듯이 실질활용률이 100%가 넘는 자원이 여러 개 있을 수 있기 때문이다. 하지만, 프로세스에는 병목지점이 단 하나만 존재한다! 따라서 실질활용률이 가장 높은 지점이 병목지점이다. 왜 품질검수단계를 "두 번째 병목지점"이라고 부르지 못하는가? 하루 80건의 대출신청 건들만이 심사단계를 거치고 있는데 이는 이 자원이 처리할 수 있는 최대치이기 때문이다(심사단계의 처리능력). 이 80건 중에서 (거절되거나 취소된 건수를 제외하면) 오직 $80 \times 0.335 = 26.72$건/일만이 품질검수단계에 도달하는데 이는 품질검수단계의 처리능력 (32건/일)에 비해 현저하게 낮다.
- 지금까지 이야기한 것에 비추어 보면 심사단계의 처리능력을 확장할 계획이 있다면 품질검수단계의 처리능력도 같이 확장하는 것이 가치 있을 수 있다. 사실, 추가 비용과 이윤을 따져봐야 하겠지만 실질활용률이 100%를 초과하는 모든 자원들에 대해 처리능력을 추가하는 것도 생각해볼 수도 있다. 달리 말하면, 현재의 병목지점에 처리능력을 추가하더라도 새로운 프로세스는 (새로운 병목지점으로 인해) 여전히 처리능력이 제약된 상태일 수 있으므로 다른 자원의 처리능력도 증가시키는 것이 타당할 수 있다는 것이다.

> **학습목표 5-2**
> 실질활용률을 계산하여 일반적인 프로세스에서 병목지점을 찾을 줄 안다.

우리는 지금까지의 분석을 통해 실질활용률이 138%인 심사단계가 병목지점임을 알아냈다. 다르게 표현하면, 수요가 프로세스의 처리능력을 38% 초과하고 있다는 것이다. 병목지점을 알아냈으니 이제 프로세스의 흐름률에 관한 2가지 추가적인 지표, 즉 최대 흐름률(maximum flow rate)과 실제 흐름률(actual flow rate)을 알아낼 차례이다.

프로세스에 복수의 흐름 유형들이 있으므로 각 흐름별로 최대 흐름률을 계산해야 한다.

이 질문에 대한 대답은 우리가 처리능력을 각 흐름별로 어떻게 배분하는가에 일정부분 달려있다. 예를 들어, 프로세스가 처리능력 측면에서 제약을 받고 있는 상태라서 실질활용률이 100% 이상인 자원이 하나 이상 존재한다고 해보자. 처리능력이 제약된 상태이므로 모든 수요의 흐름을 만족시킬 수는 없다. 그러나 한 유형의 수요를 희생하여 다른 유형의 수요를 모두 만족시킬 수는 있다. 예를 들어, 콜센터가 시간당 80통의 전화를 처리할 수 있는데, 시간당 25통의 특별 고객과 75통의 일반 고객 전화가 걸려온다고 하자. 특별 고객에게 우선권을 준다면 시간당 특별 고객의 전화는 모두 처리하고 남은 처리능력으로 80−25=55통만의 일반 고객 전화를 처리할 수 있다. 아니면, 두 종류의 고객을 동등하게 처리할 수도 있는데, 25%가 특별 고객이고 75%가 일반 고객이므로 시간당 80×0.25=20명의 특별 고객 그리고 80×0.75=60명의 일반 고객을 처리할 수도 있다. 이 장의 전반에 걸쳐 평등주의에 입각한 두 번째 접근법을 사용하면서 처리능력은 수요의 비중에 따라 배분된다고 가정하겠다. 물론 관리자가 특정 고객에서 우선권을 주는 상황도 있을 수 있으나, 이는 다른 경우에 해당하는 것으로 간주한다.

이제 각 흐름별로 최대 흐름률을 파악하는 문제로 돌아가보자. 이를 위해 흐름별 수요율과 프로세스의 최대 실질활용률을 사용하여 다음과 같이 계산할 수 있다.

$$\text{특정 흐름의 최대 흐름률} = \frac{\text{해당 흐름의 수요}}{\text{프로세스의 최대 실질활용률}}$$

만약 프로세스가 처리능력에 의해 제약된 상태라면, 최대 실질활용률은 100% 이상이 될 것이며 각 흐름을 다루는 처리능력이 수요 또는 처리능력이 제약된 상황보다 적다는 것은 프로세스가 모든 수요를 처리할 수 없다는 것을 의미한다. 그러나 만약 프로세스가 수요에 의해 제약된 상황이라면 최대 실질활용률은 100% 이하이며 각 흐름의 처리능력이 수요보다 큰 경우로서 프로세스는 수요보다 더 많은 양을 처리할 수 있다.

Capital One의 경우 최대 실질활용률은 1.38인데 이는 프로세스가 처리능력에 의해 제약된 상태임으로 의미한다. 각 흐름별로 최대 흐름률은 다음과 같다.

$$\text{최대 흐름률(대출 승인)} = \frac{29.04}{1.38} = 21.12\text{건/일}$$

$$\text{최대 흐름률(마무리 이후 취소)} = \frac{7.7}{1.38} = 5.6\text{건/일}$$

$$\text{최대 흐름률(심사 이후 취소)} = \frac{16.06}{1.38} = 11.68\text{건/일}$$

$$\text{최대 흐름률(대출 거절)} = \frac{29.04}{1.38} = 41.6\text{건/일}$$

상기의 모든 흐름률이 동일한 단위(건/일)로 측정되고 있으므로 이 수치들을 모두 더하면 모든 흐름단위들에 대한 프로세스의 최대 흐름률을 구할 수 있다.

$$\text{최대 흐름률(모든 흐름단위)} = 21.12 + 5.6 + 11.58 + 41.6\text{건/일} = 80\text{건/일}$$

따라서 프로세스가 매일 110건의 대출신청건들을 처리하면 좋겠지만 현재의 처리능력으로는 단 80건만을 처리할 수 있다.

이번 절의 마지막은 실제 흐름률을 구하는 것이다. 만약 프로세스가 처리능력에 의해 제약된 상태라면 실제 흐름률은 최대 흐름률과 동일하다.

$$\text{실제 흐름률(처리능력이 제약된 경우)} = \frac{\text{흐름의 수요}}{\text{프로세스의 최대 실질활용률}}$$

그러나 프로세스가 수요에 의해 제약된 상태라면 모든 수요를 처리할 충분한 처리능력이 있는 상태이므로 이 경우의 실제 흐름률은 수요율과 동일하다.

$$\text{실제 흐름률(수요가 제약된 경우)} = \text{흐름의 수요}$$

도표 5.1은 복수의 흐름들이 존재하는 프로세스의 분석을 단계별로 요약한 것이다.

도표 5.1

복수의 흐름들이 존재하는 프로세스에서 병목지점의 파악과 흐름률 계산

1단계: 수요 테이블을 작성한다. 각 행은 자원을 의미하며 각 열은 각기 다른 흐름을 의미한다. 마지막 열은 모든 행에 걸친 총 수요율 정보를 담는다.

2단계: 각 자원의 처리능력을 계산한다. 처리능력은 수요율과 동일한 단위로 측정되어야 한다. 예를 들어, 수요가 일당 대출 신청건수로 표기된다면 처리능력 또한 일당 대출 신청건수로 표기되어야 한다.

3단계: 각 자원의 실질활용률을 계산한다.

$$\text{실질활용률} = \frac{\text{자원의 총 수요}}{\text{자원의 처리능력}}$$

실질활용률이 가장 높은 자원이 병목자원이다.

4단계: 각 흐름 유형별 처리능력(처리능력이 수요의 비중에 따라 배정된다는 가정하에)은 각 흐름의 수요를 가장 큰 실질활용률로 나눈 수치이다. 각 흐름의 실제 흐름률은 프로세스가 수요에 의해 제약된 상태인지 처리능력에 의해 제약된 상태인지에 따라 달라진다.

- 가장 높은 실질활용률이 100% 이하라면 흐름률은 수요율과 같다.
- 가장 높은 실질활용률이 100%를 초과한다면 각 흐름별 수요율을 가장 높은 실질활용률로 나누어준다.

이해도 확인하기 5.2

질문 한 프로세스에 3개의 자원과 두 유형의 흐름이 있다. 첫 번째 흐름은 하루 10단위의 수요가 있으며 두 번째 흐름은 하루 30단위의 수요가 있다. 첫 번째 흐름 유형은 세 자원 모두를 거쳐야 하는 반면 두 번째 흐름 유형은 첫 번째와 세 번째 자원만을 거친다. 첫 번째 자원의 처리능력은 하루 30단위이며, 두 번째 자원의 처리능력은 하루 20단위, 세 번째 자원의 처리능력은 하루 40단위이다. 어떤 자원이 병목자원인가? 나머지 두 흐름 유형 간 상대적인 비중이 일정하다고 가정한다면, 두 흐름 유형 각각의 실제 흐름률과 최대 흐름률은 얼마인가?

[계속]

답 도표 5.1에서 소개된 5단계를 통해 구한다.

1단계: 다음과 같이 수요 테이블을 계산한다.

자원	유형 1	유형 2	총 수요
자원 1	10	30	40
자원 2	10	0	10
자원 3	10	30	40

2단계: 각 자원의 처리능력을 계산한다. 이 경우에는 문제에 정보가 주어져 있다. 첫 번째 자원은 하루 30단위, 두 번째 자원은 하루 20단위, 세 번째 자원은 하루 40단위를 처리할 수 있다.

3단계: 각 자원의 총 수요율을 해당 자원의 처리능력으로 나누어 실질활용률을 구한다.

$$\text{실질활용률(자원 1)} = \frac{40}{30} = 1.33$$

$$\text{실질활용률(자원 2)} = \frac{10}{20} = 0.5$$

$$\text{실질활용률(자원 3)} = \frac{40}{40} = 1$$

자원 1의 실질활용률이 가장 높으므로 자원 1이 병목자원이다.

4단계: 100%를 초과하는 실질활용률 값이 있으므로, 이 프로세스는 처리능력에 제약을 받고 있다. 실제 흐름률들을 구하기 위해 각 수요율을 병목자원의 실질활용률, 즉 1.33으로 나누어 준다.

$$\text{흐름률(유형 1)} = \frac{10}{1.33} = 7.5\text{단위/일}$$

$$\text{흐름률(유형 2)} = \frac{30}{1.33} = 22.5\text{단위/일}$$

상기 두 흐름률을 볼 때, 이 프로세스는 처리능력을 최대치로 활용하고 있으며 따라서 이 값들이 처리능력이기도 하다.

5.3 흐름 유형에 따라 달라지는 처리시간

여러 유형의 제품이나 고객을 상대해야 하는 다음의 예들을 생각해보자. 긴급치료센터에서는 아프지만 바로 예약을 잡을 수 없는 환자에게 의료서비스를 제공한다. 이 병원은 상태가 매우 위중한 경우는 취급하지 않는데 이런 환자들은 병원의 응급실로 바로 가기 때문이다. 하지만 센터는 X-ray와 같은 기초적 영상진단과 간단한 분석을 수행할 수 있다. 이곳에는 환자접수와 분류를 담당하는 간호사 한 명, 임상간호사 두 명, 의사 한 명, X-ray 기사 한 명, 그리고 행정직원 한 명이 근무한다.

지금까지 이 곳을 방문한 환자들은 다음의 5가지 유형으로 분류할 수 있다.

- 유형 1의 환자는 가벼운 증상을 가진 환자로 임상간호사가 치료한다.
- 유형 2의 환자는 임상간호사가 처리하지만 의사의 추가적인 진료가 필요하다.
- 유형 3의 환자는 의사가 진료한다.

© Slobodan Vasic/Getty Images

- 유형 4의 환자는 의사의 진료를 받은 뒤 추가적인 진단을 위한 검사를 받는다.
- 유형 5의 환자는 의사의 진료를 받은 뒤 추가적인 X－ray 검사를 받는다.

모든 환자는 접수와 분류를 담당하는 간호사를 거쳐야 하며, 진료가 끝난 모든 환자는 수납을 담당하는 행정직원을 거치면서 프로세스를 마치게 된다. 이 흐름이 그림 5.3에 묘사되어 있다.

다섯 유형 환자들의 수요율을 알면 각 자원에 대한 수요를 알아낼 수 있다. 하지만 이 센터의 경우에는 처리능력을 계산하는 데 있어 까다로운 부분이 있다. 의사와 임상간호사가 환자를 진료하는 데 드는 처리시간이 환자의 유형에 따라 다른 것이다. 구체적으로는 다음과 같다.

- 임상간호사가 유형 1의 환자를 진료하는 데 20분이 걸린다. 하지만 임상간호사가 (의사의 조언을 구해야 하는) 유형 2 환자를 진료하는 데는 30분이 소요된다.
- 의사가 유형 2 환자를 진료하기는 비교적 쉬워서 임상간호사의 협력하에 환자당 5분이 소요된다. 의사가 유형 3 환자를 진료하는 데는 15분이 들지만, 추가적인 진단과 영상촬영이 필요한 유형 4과 유형 5의 환자의 경우에는 추가적인 조정 때문에 20

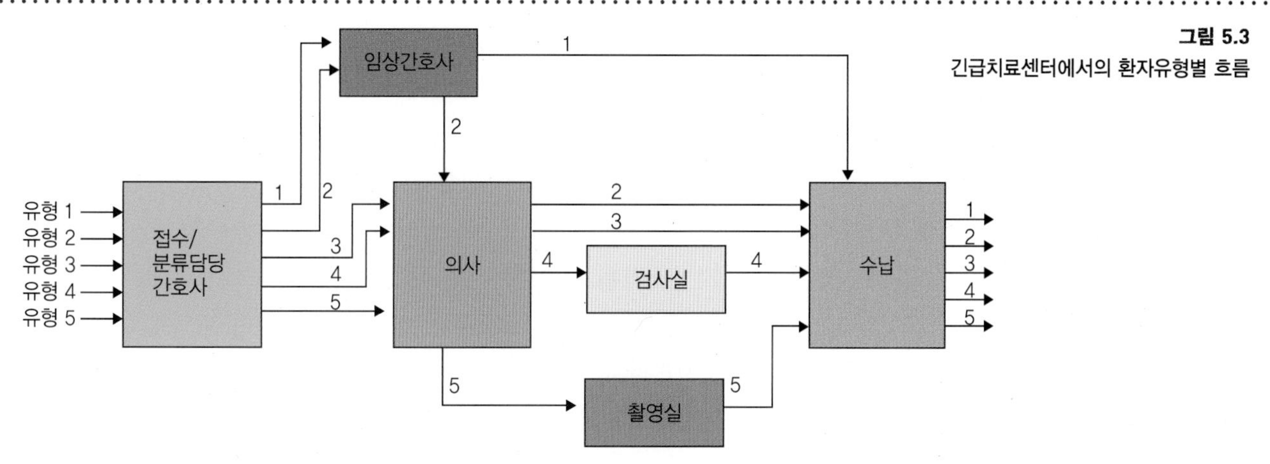

그림 5.3
긴급치료센터에서의 환자유형별 흐름

분이 필요하다.

- 상기에 언급된 것 이외의 다른 모든 업무의 처리시간은 환자유형과 관계없이 환자 접수와 분류에 환자당 6분의 시간이 들며 수납에 환자당 4분이 걸린다. 추가적인 진단은 환자당 5분이 소요되며 영상촬영은 환자당 20분이 소요된다.

학습목표 5-3
흐름의 유형에 따라 처리시간이 달라지는 프로세스를 분석할 줄 안다.

흐름 유형에 따라 달라지는 처리시간 흐름의 유형에 따라 처리시간이 달라지는 것을 의미한다.

따라서 이 경우에 우리는 **흐름의 유형에 따라 처리시간이 달라지는(flow-dependent processing time) 상황**을 보고 있다. 처리시간이 흐름의 유형에 따라 달라질 수 있다는 사실은 프로세스 분석도 달라져야 한다는 의미인데, 특히 처리능력을 계산하려면 "어떤 유형의 환자인가?"를 파악해야 하기 때문에 "환자 한 명또는 환자당"이라는 말은 더 이상 의미가 명료하지 않다. "환자 한 명"이라는 흐름단위는 각 자원에서의 수요를 표현할 수 있지만, 각 자원의 처리능력이 환자유형에 따라 달라지므로 자원들의 처리능력을 일관성 있게 표현하기는 어렵다. 이렇게 흐름 유형에 따라 달라지는 처리시간을 적절히 분석하려면 흐름단위를 바꿔야 한다.

환자를 흐름단위로 사용하는 대신, 이제 흐름의 기본단위를 "1분의 작업량"으로 정의한다. 이 정의가 처음에는 헷갈릴 수도 있으므로 좀 더 설명이 필요하다. 의사의 관점에서 생각해보자.

- 유형 2의 환자가 도착한다는 것은 의사가 5분 동안의 작업량을 받는 것과 같다.
- 유형 3의 환자가 도착한다는 것은 의사가 15분 동안의 작업량을 받는 것과 같다.
- 유형 4나 유형 5의 환자가 도착한다는 것은 의사가 20분 동안의 작업량을 받는 것과 같다.

환자유형별로 처리시간이 다르다는 것은 환자라는 개념이 흐름단위로서 바람직하지 않다는 뜻이다. 각 환자가 필요한 작업량이 다른데 환자를 분류하는 간호사가 의사에게 "환자가 왔다"고 말하는 것은 의미가 모호하다. 이 경우에는 간호사가 의사에게 유형 4의 환자가 왔다고 말하는 것이 좀 더 의미가 분명하다. 의사는 유형 4 환자가 찾아 왔다고 들었을 때 어떤 생각을 하겠는가? 아마도 "20분의 일감이 생겼군…"이라고 생각할 가능성이 높을 것이다. 따라서 매 흐름단위는 자원에 대한 작업량과 함께 찾아온다. 따라서 이제부터는 적절한 비교를 위해 흐름단위로 환자유형을 설정하는 것이 아니라 특정 유형의 환자가 특정 자원을 필요로 하는 시간의 개념으로 대체한다.

우리가 "1분의 작업량"을 기본 단위로 사용하고자 하는 것은 여러 품목들의 믹스를 평가하기 위해 화폐 단위를 사용하는 것과 동일한 이유이다. 예를 들어, $30,000짜리 자동차와 $300짜리 차량용 실내 매트를 파는 자동차 딜러의 경우에 화폐 단위를 이용하여 두 품목을 합산하는 것은 자연스러운 일이라서 자동차 2대와 10개의 매트는 (2 × $30,000) + (10 × $300) = $63,000 어치의 재고라고 평가할 것이다. 이 방식이 재고에 12가지 제품들이 있다고 이야기하는 것보다 훨씬 도움이 될 것이다. 마찬가지로 "1분의 작업량"은 작업대상이 무엇이든지 간에 1분의 작업량을 의미한다. 따라서 조금만 생각해보면 이를 기본 단위로 사용하는 것이 직관적이다.

자, 이제 수요와 처리능력을 새로운 흐름단위를 이용하여 정의해보자. 처리능력의 경우에는 각 작업자가 시간당 60분의 작업량을 처리할 수 있다(당연한 이야기지만…). 따라서 각 자원의 처리능력은 다음과 같다.

$$\text{자원 } i\text{에서 시간당 사용 가능한 분으로 나타낸 처리능력} = \text{작업자 수}(i) \times 60\frac{\text{분}}{\text{시간}}$$

예를 들어 두 명의 임상간호사가 있다고 하자. 이들이 가진 처리능력의 합은 시간당 $2 \times 60 = 120$분의 작업이다(10시간 동안 일한다면, 한 작업자의 처리능력은 600분의 작업시간이 될 것이다). 이런 식으로 프로세스상의 6개 자원 각각의 처리능력을 계산하면, 임상간호사들은 시간당 120분의 작업을, 그 외 나머지 다른 작업자는 시간당 60분의 작업을 처리할 수 있는 능력이 있다고 평가할 수 있다.

"1분의 작업량"을 기본적인 흐름단위로 사용하면서 각 작업자가 시간당 몇 분 분량의 작업을 할 수 있을지 평가하는 것은 합리적이지만, 다른 시간 단위를 사용하는 것도 가능하다. 예를 들어, 처리시간이 시간 단위로 측정된다면 기본적인 흐름단위를 "1시간의 작업량"으로 하여 각 작업자가 시간당 또는 10시간의 근무시간당 몇 시간 분량의 작업량을 처리할 능력이 있는지 평가할 수 있을 것이다. 비슷한 논리로, "1초의 작업량"을 기본 흐름단위로 하여 콜센터에 걸려오는 통화를 분석하기 위해 각 작업자가 시간당 몇 초 분량의 작업량(이 경우, 시간당 60분 그리고 분당 60초임으로 3,600초)을 처리할 수 있는지 평가할 수 있을 것이다.

이제 수요를 보자. 과거 자료에 따르면 센터에는 보통 하루 20명의 유형 1 환자, 5명의 유형 2 환자, 15명의 유형 3 환자, 15명의 유형 4 환자, 그리고 8명의 유형 5 환자들이 방문한다. 표 5.4는 이 일일 수요량을 일일 10시간이라는 총 근무시간으로 나눈 시간당 수요량을 보여주고 있다.

이제 전체 프로세스의 수요(도착하는 환자들)를 각 개별자원에게 요구되는 작업량으로 해석해보자. 몇몇 자원들(예를 들면 접수와 분류 담당 간호사)은 모든 환자가 다 사용하는 반면 어떤 자원(예를 들면 진단검사실)은 한 유형의 환자만 사용한다. 이는 프로세스 흐름도를 살펴보면 명확할 것이다. 그리고 특정 자원에서의 처리시간은 환자유형에 따라 달라질 수 있다.

접수와 분류를 담당하는 간호사를 생각해보자. 매 시간당 6.3명의 환자가 접수되고 각

표 5.4 진료 수요(하루 10시간 근무)

환자유형	일일 환자 수	시간당 환자 수
1: 간호사만 진료	20	2
2: 간호사와 의사가 진료	5	0.5
3: 의사만 진료	15	1.5
4: 의사와 진단검사실	15	1.5
5: 의사와 영상촬영실	8	0.8
전체	63	6.3

표 5.5 긴급치료센터 프로세스의 실질활용률 계산

자원	m	처리능력 (분으로 표시된 작업량/시간)	환자유형별 수요(분으로 표시된 작업량)					총 수요	실질활용률
			1	2	3	4	5		
접수/분류 간호사	1	60	2×6	0.5×6	1.5×6	1.5×6	0.8×6	37.8	0.63
임상간호사	2	120	2×20	0.5×30	0	0	0	55	0.458333
의사	1	60	0	0.5×5	1.5×15	1.5×20	0.8×20	71	1.183333
진단검사실	1	60	0	0	0	1.5×5	0	7.5	0.125
영상촬영실	1	60	0	0	0	0	0.8×20	16	0.266667
수납	1	60	2×4	0.5×4	1.5×4	1.5×4	0.8×4	25.2	0.42

환자를 처리하는 데 6분이 걸린다. 따라서 담당 간호사는 시간당 6.3×6=37.8분의 작업량이 발생된다.

다음으로 임상간호사의 경우를 생각해보자. 유형 1 환자는 시간당 2명이 들어오는데 각 환자는 20분의 작업을 필요로 한다. 추가로 유형 2 환자는 시간당 0.5명이 들어오는데 각 환자는 30분의 작업을 필요로 한다. 따라서 임상간호사들에게 요구되는 전체 작업시간은 다음과 같다.

$$2\frac{\text{명}}{\text{시간}} \times 20\frac{\text{분}}{\text{명}} + 0.5\frac{\text{명}}{\text{시간}} \times 30\frac{\text{분}}{\text{명}} = 55\frac{\text{분}}{\text{시간}}$$

이런 방식으로 각 자원과 환자 유형별로 작업량을 계산할 수 있다. 이 작업을 체계적으로 진행하기 위해 표 5.5와 같은 방식을 사용할 수 있는데 각 행은 자원을 의미하며 각 열은 자원의 처리능력과 총 수요(분으로 표시된 작업량을 단위로 사용)를 파악하는 데 사용할 수 있다.

분으로 표시된 작업량을 단위로 하여 각 자원의 수요와 처리능력을 파악하고 나면, 각 자원의 실질활용률은 이 둘 간의 비율로 정해진다.

$$\text{실질활용률} = \frac{\text{수요율(분으로 표시된 작업량)}}{\text{처리능력(분으로 표시된 작업량)}}$$

표 5.5의 마지막 열에 실질활용률이 정리되어 있다. 수요율은 각 열 내에서 항상 고정되어 있음에 주목하라(예를 들어, 유형 1 환자의 수요율은 항상 2이다). 처리시간은 흐름단위의 유형에 따라 다르므로 같은 행에서도 값이 다를 수 있다. 또한 의사의 실질활용률이 1.1833으로 100%를 초과하고 있으므로 현재의 프로세스는 처리능력에서 제약을 받고 있는 상태이다. 어떤 환자들은 진료를 받지 못하고 다른 곳에서 진료를 받아야 할 것이다.

프로세스의 실제 흐름률을 파악하려면, 제품 믹스가 주어져 있고 서로 다른 흐름단위들 간의 상대적인 비중도 주어져 있다고 생각해야 한다. 우리의 경우, 시간당 2명의 유형 1 환자, 0.5명의 유형 2 환자, 1.5명의 유형 3과 유형 4 환자, 그리고 0.8명의 유형 5 환자를 받는 것을 의미한다(표 5.4 참조).

다음으로, 흐름단위들의 수요율을 가장 높은 실질활용률인 1.1833으로 나누어준다. 이 계산은 다음과 같다.

표 5.6 "1분의 작업량"을 흐름단위로 하여 Capital One의 실질활용률(표 5.3) 재계산하기

자원	직원	처리능력 (분으로 표시된 작업량/시간)	유형별 수요(분으로 표시된 작업량)				총 수요	실질활용률
			1	2	3	4		
인터뷰	7	2,800	29.04 × 23	7.7 × 23	16.06 × 23	57.2 × 23	2,530	0.90
심사	8	3,200	29.04 × 40	7.7 × 40	16.06 × 40	57.2 × 40	4,400	1.375
품질검수	2	800	29.04 × 25	7.7 × 25	0	0	918.5	1.15
마무리	6	2,400	29.04 × 70	7.7 × 70	0	0	2,571.8	1.07
관리자	1	400	29.04 × 5	0	0	0	145.2	0.36

$$\text{흐름률(유형 1 – 간호사만 진료)} = \frac{2}{1.1833} = \text{시간당 1.69명의 환자}$$

$$\text{흐름률(유형 2 – 간호사와 의사의 진료)} = \frac{0.5}{1.1833} = \text{시간당 0.42명의 환자}$$

$$\text{흐름률(유형 3 – 의사만 진료)} = \frac{1.5}{1.1833} = \text{시간당 1.27명의 환자}$$

$$\text{흐름률(유형 4 – 의사와 진단검사실)} = \frac{1.5}{1.1833} = \text{시간당 1.27명의 환자}$$

$$\text{흐름률(유형 5 – 의사와 영상촬영실)} = \frac{0.8}{1.1833} = \text{시간당 0.68명의 환자}$$

여기에서는 프로세스가 처리능력에 의해 제약된 상태(최대 실질활용률이 100% 초과)이므로 최대 흐름률은 실제 흐름률과 동일하다.

도표 5.2

흐름의 유형에 따라 처리시간이 달라지는 프로세스에서 병목지점과 흐름률 구하기

1단계: 각 자원에 대한 수요의 유형별로 작업량을 파악한다. 각 유형의 수요로 인해 특정 자원에 발생하는 작업량은 해당 수요의 처리시간에 수요율을 곱해서 구한다.

2단계: 각 자원별로 모든 수요 유형에 걸친 작업량을 합산한다.

3단계: 각 자원의 처리능력(즉, 활용가능시간)을 계산한다. 이는 각 자원에서의 작업자의 수를 시간당 60분으로 곱해서 구할 수 있다.

4단계: 각 자원의 실질활용률을 계산한다.

$$\text{실질활용률} = \frac{\text{수요율(분으로 표시된 작업량)}}{\text{처리능력(분으로 표시된 작업량)}}$$

실질활용률이 가장 높은 자원이 병목자원이다.

5단계: 각 흐름별 최대 흐름률은 수요율을 프로세스의 최대 실질활용률로 나눈 것과 같다. 각 흐름별 실제 흐름률은 다음과 같이 계산한다.

- 가장 높은 실질활용률 값이 100% 이하이면, 실제 흐름률은 수요율과 같다.
- 가장 높은 실질활용률 값이 100%를 초과하면, 실제 흐름률은 각 흐름별 수요율을 가장 높은 실질활용률 값으로 나누어서 구한다.

이 절에서 소개한 프로세스 분석방식은 범용적으로 사용될 수 있다. 처리시간이 흐름단위에 따라 달라지지 않는 경우에도 사용될 수 있다는 뜻이다. 표 5.6은 이 장의 도입에서 다루었던 Capital One의 예를 다시 다루고 있다. 하지만 이번에는 이 절에서 설명한 "분으로 표시되는 작업량"의 접근방식을 이용하여 실질활용률이 계산되어 있다. 표 5.6의 자료와 표 5.3의 자료를 비교해보면, 모든 실질활용률 값은 동일하다. 당연한 이야기겠지만 "1분의 작업량"을 흐름단위로 사용하는 이 계산은 작업량을 분이 아닌 다른 시간단위, 즉 초, 시간, 일 등으로 표시해도 동일한 방식으로 적용된다. 도표 5.2는 복수의 흐름단위가 있는 프로세스를 분석할 때 거쳐야 할 단계들을 요약하고 있다.

이해도 확인하기 5.3

질문 **세 유형의 고객을 처리하는 2단계의 프로세스를 생각해보자. 각 자원은 한 명의 직원에 의해 관리된다. 유형 1 고객은 자원 1에서 5분간 처리되고 자원 2에서 2분간 처리된다. 유형 2 고객들은 자원 1에서 5분간 처리되고 자원 2에서 10분간 처리된다. 마지막으로 유형 3 고객들은 자원 1에서는 시간을 전혀 사용하지 않고 자원 2에서만 8분간 처리된다. 시간당 10명의 유형 1 고객, 4명의 유형 2 고객, 2명의 유형 3 고객이 수요로 발생한다. 이 프로세스의 병목지점은 어디인가? 각 고객유형별 실제 흐름률과 최대 흐름률은 얼마인가?**

답 도표 5.2에서 설명한 5단계 과정을 따른다.

1단계: 다음과 같이 각 자원별로 요구되는 작업량을 분으로 표시된 작업량으로 계산한다.

자원	유형 1	유형 2	유형 3
1	5×10=50	5×4=20	0×2=0
2	2×10=20	10×4=40	8×2=16

2단계: 각 자원의 작업량을 합산한다.

자원	총 수요
1	50+20+0=70
2	20+40+16=76

3단계: 각 자원에서 처리능력을 계산한다. 각 자원은 한 명의 직원이 담당하기 때문에 각 자원은 매 시간 60분의 작업이 가용하다.

4단계: 각 자원의 실질활용률을 계산한다.

$$\text{실질활용률(자원 1)} = \frac{\text{자원 1의 작업량}}{\text{자원 1의 가용시간}} = \frac{70}{60} = 1.166$$

$$\text{실질활용률(자원 2)} = \frac{\text{자원 2의 작업량}}{\text{자원 2의 가용시간}} = \frac{76}{60} = 1.266$$

자원 2의 실질활용률이 더 높기 때문에 자원 2가 병목자원이다.

5단계: 각 흐름별 흐름률을 계산한다. 실질활용률 값이 1.266이기 때문에 현재 프로세스는 처리능력에 제약을 받고 있다. 시간당 10, 4, 2명의 고객인 수요율을 1.266으로 나누면 다음과 같은 흐름률을 얻는다.

$$\text{흐름률(유형 1)} = \frac{10}{1.266} = 7.90\text{명/시간}$$

$$\text{흐름률(유형 2)} = \frac{4}{1.266} = 3.16\text{명/시간}$$

$$\text{흐름률(유형 3)} = \frac{2}{1.266} = 1.58\text{명/시간}$$

5.4 감쇄손실, 수율, 폐기율

감쇄손실(attrition loss)이 발생하는 프로세스의 경우, 모든 흐름단위는 같은 지점에서 시작하지만 각기 다른 지점에서 프로세스를 빠져나간다(혹은 프로세스 중 적극적으로 제거되기도 한다). 감쇄손실이 발생하는 시스템은 전 절에서 설명한 복수의 흐름을 분석하는 방식을 사용하여 분석될 수도 있다. 그러나 일반적으로 특정 흐름의 분석에 관심 있는 경우가 많으므로 전체 프로세스에 걸쳐 적용될 수 있는 흐름단위를 잘 선택한다면 이러한 유형의 시스템에도 일반적인 분석의 틀을 적용할 수 있다. 바로 이것이 이 절의 초점이다.

감쇄손실은 이 장의 시작부분에서 언급한 바 있는 신약개발 프로세스 이외에도 다른 비즈니스 프로세스에서도 일반적으로 발생하는 현상이다.

감쇄손실 감쇄손실이 발생하는 프로세스에서는 모든 흐름단위가 같은 자원에서 시작되지만 각기 다른 지점에서 프로세스를 빠져나간다(혹은 프로세스 도중 적극적으로 제거되기도 한다).

폐기 프로세스 도중 결함이 있는 흐름단위를 제거하는 것

수율 특정 자원의 수율은 해당 자원에서 처리된 양호한 흐름단위의 비율을 의미한다.

- 채용/구직과정에서 수백 개의 이력서가 제출되지만 인터뷰에 이르는 지원자는 수십 명 그리고 최종적으로 합격되는 지원자는 단 한 명으로 줄어든다.
- 판매과정에서 수백 번의 사전접촉을 통해 수십 번의 고객방문이 이루어지고 이는 다시 최종적으로 단 한 번의 구매로 이어진다.
- 감쇄손실은 많은 교육 프로세스에서도 일어난다(많은 학생들이 수강 신청을 하지만 모두가 수강을 완료하는 것은 아니다).
- 많은 생산 프로세스에서 불량이 발생하는데 이들은 프로세스 도중 제거된다.

이제 소개할 용어들은 제조공정에서 일반적으로 사용되는 것들이지만 흐름에 관한 분석 방식은 어느 프로세스에서나 사용될 수 있다. 중요한 것은 양호한 단위들은 프로세스를 순조롭게 거쳐가지만 결함이 있는 단위들은 프로세스 중간에 제거된다는 것인데 이를 **폐기(scrapping)**가 일어난다고 부른다.

전 절에서 다룬 Capital One 프로세스는 감쇄손실이 발생하는 프로세스의 한 예가 되는데, 모든 대출신청서들이 프로세스의 동일한 지점(인터뷰)에서 진입하지만 신청서가 거부되는 경우 프로세스의 각기 다른 지점에서 프로세스를 빠져 나간다. 따라서, 이 절에서는 Capital One의 프로세스를 다른 관점, 즉 감쇄의 관점에서 분석해보고자 한다. 그러나 예상하듯이 결과는 동일할 것이다.

학습목표 5-4
프로세스의 수율을 계산하고 수율의 손실이 발생하는 프로세스를 분석할 줄 안다.

먼저, 자원의 **수율(yield)**은 다음과 같이 정의한다.

$$\text{자원의 수율} = \frac{\text{자원에서 양호한 산출물의 흐름률}}{\text{투입물의 흐름률}} = 1 - \frac{\text{자원에서 불량 산출물의 흐름률}}{\text{투입물의 흐름률}}$$

따라서 자원의 수율은 자원이 처리한 양호한 흐름단위의 비율을 나타낸다. 비슷한 방식으로 전체 프로세스 수준에서의 수율을 다음과 같이 정의할 수 있다.

$$\text{프로세스 수율} = \frac{\text{프로세스에서 양호한 산출물의 흐름률}}{\text{프로세스 투입물의 흐름률}}$$

$$= 1 - \frac{\text{프로세스에서 불량 산출물의 흐름률}}{\text{프로세스 투입물의 흐름률}}$$

불량 흐름단위가 제거되고 양호한 흐름단위만이 모든 자원을 거치는 프로세스라면 프로세스 수율은 다음과 같이 계산된다.

$$\text{프로세스 수율} = y_1 \times y_2 \times y_3 \times \cdots \times y_m$$

이때 m은 프로세스 내 자원의 수를 의미하며 y_i는 i번째 자원의 수율을 의미한다.

Capital One의 경우, 인터뷰단계의 수율은 100%이고 심사단계의 수율은 33.4%(거절과 취소된 대출신청들은 모두 폐기된다)이며 품질검수단계의 수율은 100% 그리고 마무리단계의 수율은(33.4건의 대출신청 중 26.4건의 대출신청이 취소되지 않았으므로) 79.04%이다. 따라서 전체 프로세스의 수율은 다음과 같다.

$$\text{프로세스 수율} = 1 \times 0.334 \times 1 \times 0.7904 \times 1 = 0.264$$

Q개의 양호한 산출물을 얻기 위해 처리해야 하는 흐름단위의 수 폐기가 발생하는 프로세스에서 Q개의 양호한 산출물을 얻기 위해 처리해야 하는 흐름단위의 수=Q/프로세스 수율

만약 우리가 **특정 수량의 양호한 산출물 Q를 얻기 위해 처리해야 하는 흐름단위의 수(number of flow units that have to be processed to get a certain output Q)**를 구하려 한다면 다음과 같이 계산할 수 있다.

$$Q\text{개의 양호한 산출물을 얻기 위해 처리해야 하는 흐름단위의 수} = \frac{Q}{\text{프로세스 수율}}$$

예를 들어, 100건의 (취소되거나 거절되지 않은) 대출실행건수를 달성하려면 얼마나 많은 수의 인터뷰가 이루어져야 하는가?

$$\text{100건의 대출을 실행하기 위해 필요한 인터뷰 건수} = \frac{100}{0.264} = 378.79\text{건}$$

폐기가 발생하는 프로세스는 큰 깔때기를 닮았다. 프로세스의 시작부분에 넓은 입구가 있고 폐기 때문에 프로세스 끝부분의 구멍은 작아진다. 하지만 깔때기의 경우에는 한쪽 입구로 밀어 넣은 것들은 모두 반대쪽 입구로 나오게 되어 있기 때문에 비유가 완전하지는 않다. 따라서 역학적 관점에서 폐기가 발생하는 프로세스는 상단에서 하단으로 움직이면서 더욱 촘촘해지는 일련의 필터들을 통과하는 것과 유사하다.

Capital One의 프로세스로 다시 돌아가서 수율에 관한 정보를 활용하여 (i) 다시 한 번

이해도 확인하기 5.4

질문 2단계로 구성된 프로세스에서 1단계의 수율은 80%이고 2단계의 수율은 60%이다. 전체 프로세스의 수율은 얼마인가?

답 전체 프로세스의 수율은 $0.8 \times 0.6 = 0.48$이다.

질문 Q개의 양호한 산출물을 얻기 위한 수량은 얼마인가?

답 $Q\text{개의 양호한 산출물을 얻기 위한 수량} = \frac{Q}{\text{프로세스 수율}} = \frac{50}{0.48} = 104.166\text{단위}$

프로세스의 병목지점을 파악하고, (ii) 현재의 처리능력을 기준으로 최대 산출량을 계산한 뒤, (iii) 필요한 최종 산출물을 달성하기 위하여 필요한 각 자원의 처리능력을 계산해보자.

Capital One의 경우에는 4가지 유형의 흐름이 있었다. 예를 들어, 유형 1은 프로세스 전체를 통과하는 신청서이고, 유형 2는 고객이 취소하는 바람에 프로세스를 중도에 빠져나가는 경우이다. 하지만 지금부터는 4가지 유형이 아니라 단 한 가지 유형의 흐름만을 이용하여 프로세스를 분석해보자. 우리가 관심 있는 신청서는 최종적으로 대출 실행된 신청서이므로, 우리의 흐름단위를 "프로세스를 모두 통과하여 최종적으로 대출 실행된 신청서"라고 정의하고 각 자원의 처리능력을 "대출 실행된 신청서"를 기준으로 계산해보자.

첫 단계는 "신청서" 관점에서의 수율을 "대출 실행된 신청서"관점의 수율로 전환하는 것이다. m개의 자원들 중 i번째 자원에서의 수율 계산을 위해 다음 수식을 사용할 수 있다.

$$\text{자원 } i\text{의 수율 (대출 실행된 신청서)} = y_i \times y_{i+1} \times \cdots \times y_m$$

말로 표현하면, 대출 실행된 신청서를 기준으로 특정 자원의 수율은 해당 자원의 수율을 프로세스 하단에 위치한 모든 자원들의 수율들과 곱하여 구할 수 있다. 예를 들어, 관리자의 "대출 실행된 신청서"에 관한 수율은 관리자의 "신청서"에 관한 수율과 같다. 마무리 단계의 "대출 실행된 신청서"에 관한 수율은 마무리 단계의 "신청서"에 관한 수율 곱하기 관리자의 "신청서"에 관한 수율로서, $0.7904 \times 1.0 = 0.7904$이다. 심사 단계의 "대출 실행된 신청서"에 관한 수율은 $0.334 \times 1.0 \times 0.7904 \times 1.0 = 0.2640$이다. 표 GA의 네 번째 열에 "대출 실행된 신청서"에 관한 단계별 수율이 정리되어 있다. 현재 우리가 대출 실행된 신청서를 흐름단위로 사용하고 있기 때문에 일관성을 유지하기 위해서 이어지는 계산에서도 대출 실행된 신청서에 관한 수율에 초점을 둘 필요가 있다.

참고로, 우리가 일전에 계산한 프로세스의 수율(0.2640)은 대출 실행된 신청서를 기준으로 계산한 첫 번째 자원의 수율과 동일하며 이는 프로세스상의 모든 자원들의 수율을 곱한 것과 같다.

이제 분당 처리 가능한 "신청서"의 수를 기준으로 표시되었던 처리능력을 분당 처리가능한 "대출 실행된 신청서"의 수를 기준으로 한 처리능력으로 표시해보자.

$$\text{처리능력(대출 실행된 신청서/분)} = \text{처리능력(신청서/분)} \times \text{수율}$$

예를 들어, 심사단계는 분당 0.2개의 신청서를 처리할 수 있는데 대출 실행된 신청서를 기준으로 한 수율은 0.2640이다. 따라서, 이 단계는 분당 최대 $0.20 \times 0.2640 = 0.0528$개의

표 GA "대출실행된 신청서"를 기준으로 계산한 수율과 처리능력

자원	수율	처리능력 (신청서/분)	수율 (대출 실행된 신청서)	처리능력 (대출 실행된 신청서/분)
인터뷰	1.0	0.304	0.2640	0.0803
심사	0.334	0.200	0.2640	0.0528
품질검수	1.0	0.080	0.7904	0.0632
마무리	0.7904	0.086	0.7904	0.0680
관리자	1.0	0.200	1.0	0.200

대출 실행된 신청서를 처리할 수 있다(단위들 간의 혼선이 있다면, 수율의 단위를 "신청서 당 대출 실행된 신청서"라고 생각하면 도움이 된다).

표 GA의 다섯 번째 열은 대출 실행된 신청서를 기준으로 계산한 각 자원의 처리능력을 보여주고 있다. 이제 병목지점은 대출 실행된 신청서를 기준으로 가장 처리능력이 낮은 자원을 고르기만 하면 된다. 병목지점은 분당 0.0528개의 대출 실행된 신청서를 처리할 수 있는 심사단계이다. 당연히 이는 실질활용률을 이용하여 파악한 병목지점과 일치한다. 하루 400분의 작업시간을 기준으로, 우리의 프로세스는 400분/일 × 0.0528개의 대출 실행된 신청서/분 = 21.12개의 대출 실행된 신청서/일이 된다. 참고로, 대출 실행된 신청서를 기준으로 각 자원의 실질활용률을 계산할 필요는 없는데 그 이유는 우리가 지금은 대출 실행된 신청서를 흐름단위로 하는 단일 흐름을 염두에 두고 분석하고 있기 때문이며 이 대출 실행된 신청서의 수요는 모든 자원들에 걸쳐 동일하기 때문이다.

이제 우리가 다룰 마지막 질문은 하루 특정 수량의 대출 실행된 신청서를 처리하기 위해 필요한 각 자원의 처리능력이다. 다음의 수식을 이용하여 이 수치를 계산할 수 있다.

$$\text{처리능력(신청서/분)} = \frac{\text{수요(대출실행된 신청서/분)}}{\text{수율}}$$

여기에서 주의할 점은 상기 수식에서 수율은 대출 실행된 신청서를 기준으로 한 수율을 의미한다는 점이다.

우리가 하루 100개의 대출 실행된 신청서(이 수치는 현재의 처리능력을 상당히 초과하는 수치이다)를 얻고자 한다고 해보자. 상기 수식을 인터뷰 단계에 적용하면, 이 자원은 하루 100개의 대출 실행된 신청서/0.2640 = 하루 378.8개의 일반 신청서를 처리할 능력이 필요하다. 표 GA2는 하루 100건의 대출 실행된 신청서를 처리하기 위해 각 자원이 필요한 처리능력(신청서 개수/일)을 나타내고 있다.

지금까지의 내용을 정리하면, 우리는 현재의 처리능력과 수율을 이용하여 병목지점을 파악하고, 대출 승인된 신청서를 처리하는 프로세스의 처리능력(21.12개)을 파악하였으며, 특정 수량의 대출 승인된 (좋은) 신청서를 처리하기 위해 필요한 각 자원의 처리능력을 파악하였다. 단일 흐름(좋은 신청서)에 초점을 둔 이 분석방법을 이용하면, 병목지점을 파악하기 위해 모든 흐름들에 걸친 총 수요를 파악할 필요가 없으며 실질활용률을 계산할 필요도 없다. 그러나 본 절의 앞단에서도 언급하였듯이, 우리가 다양한 흐름들의 수요를 알고 있고 실질활용률을 이용하여 병목지점을 찾고자 한다면 그 방법도 감쇄손실이 발생하는 프로세스를 분석하는 데 사용될 수 있다.

표 GA2 하루 100건의 대출 승인된 신청서를 산출하기 위해 필요한 처리능력(신청서/일)

자원	수율(대출 실행된 신청서)	처리능력(신청서/일)
인터뷰	0.2640	378.8
심사	0.2640	378.8
품질검수	0.7904	126.5
마무리	0.7904	126.5
관리자	1.0	100

연관 사례: TV 프로그램

Game of Thrones이나 Survivors 같은 새로운 TV 프로그램 아이디어가 어떻게 탄생되는지 궁금해 본적이 있는가? 창의적인 제작자의 천재적인 순간의 결과물일 것 같은 이 프로그램들은 사실 정교하게 설계된 프로세스에 의해 탄생하는데, 이는 상당한 감쇄손실이 발생하는 과정이기도 하다. 새로운 프로그램을 만드는 과정은 매년 초여름 경에 작가들이 pitch를 준비하면서부터 시작된다. pitch란 프로그램의 핵심 아이디어에 대한 짧은 설명문이다. 예를 들어, "동화로부터 영감을 받은 등장인물들의 세계에 대한 어둡지만 환상적인 경찰 드라마"라는 pitch는 NBC 프로그램 Grimm을 탄생시킨 아이디어였다. Pitching은 비교적 비용이 적게 들어서 큰 방송국은 매년 약 500여 개의 pitch를 받는다. 이 중 70개 정도가 대본작업에 들어가고 그중 가장 낫다고 판단되는 20개의 대본이 실제 배우들을 배정하여 실험 제작되지만, 단 4~8개정도의 새 시리즈물만이 실제로 방영된다. 그리고 그중 한두 개의 제일 인기 좋은 프로그램만이 몇 시즌에 걸쳐 방영된다. 따라서, 이 예술적인 프로세스는 500개의 pitch로부터 시작하여 해를 넘겨 방영되는 한두 개의 최종적인 프로그램으로 끝이 나게 된다. 이 과정이 그림 5.4에 묘사되어 있다.

매년 빅 4 방송사들이 거치는 프로그램 개발 프로세스

그림 5.4
새로운 프로그램 만들기

500개의 pitch
방송 작가들은 대략적인 줄거리 혹은 업계에서 "elevator pitch"라고 부르는 것들을 전달한다.

이 중 방송국은 70개의 대본을 구성 의뢰한다.
작가들은 등장인물의 배경이 되는 뒷이야기와 프로그램이 전개될 수 있는 개요를 제공한다.

이들을 추려 20개의 실험 제작물을 만든다.
모든 제작자들이 동시에 자신의 실험제작물에 출연할 배역을 캐스팅하기 때문에 여기에 출연할 수 있는 배우들의 구성이 시작된다.

4~8개의 새로운 시리즈물이 만들어진다.
새로운 시리즈물의 숫자는 방송국의 스케줄에 따라 달라질 수 있다.

하지만 여러 시즌에 걸쳐 방영되는 것은 오직 1~2개의 프로그램뿐이다.
방송국과 제작스튜디오는 프로그램을 신선하게 유지하기 위해 계속해서 새로운 볼거리를 만들어낸다.

출처: Wall Street Journal(2011년 5월 12일)

이해도 확인하기 5.5

질문 **2단계로 구성된 프로세스에서, 1단계의 처리시간은 단위당 10분이며 80%의 수율을 갖고 있고 2단계의 처리시간은 단위당 15분이며 60%의 수율을 갖고 있다. 프로세스에서 병목지점은 어디인가? 프로세스의 수율은 얼마인가?**

답 각 단계별로 처리능력(시간당 단위수)을 계산하면, 1단계 = (60분/시간)/10분 = 6단위/시간이며, 2단계 = (60분/시간)/15분 = 4단위/시간이다.

각 단계에서의 수율을 양호한 산출물을 기준으로 계산하기 위해, 프로세스의 맨 하단에서 시작하여 상단으로 이동하면서 단계별 수율을 계산한다. 2단계의 수율은 0.6이며 1단계의 수율은 0.8 × 0.6 = 0.48이다.

이제 양호한 산출물을 기준으로 각 단계의 처리능력을 계산하면, 1단계의 처리능력 = 6단위/시간 × 0.48 = 2.88개의 양호한 산출물/시간이며, 2단계의 처리능력은 4단위/시간 × 0.6 = 2.4개의 양호한 산출물/시간이다.

질문 **프로세스가 시간당 4개의 양호한 산출물을 생산하려면 1단계에서 필요한 처리능력은 얼마인가?**

답 (4개의 양호한 산출물/시간)/0.48 = 8.33단위/시간

5.5 재작업

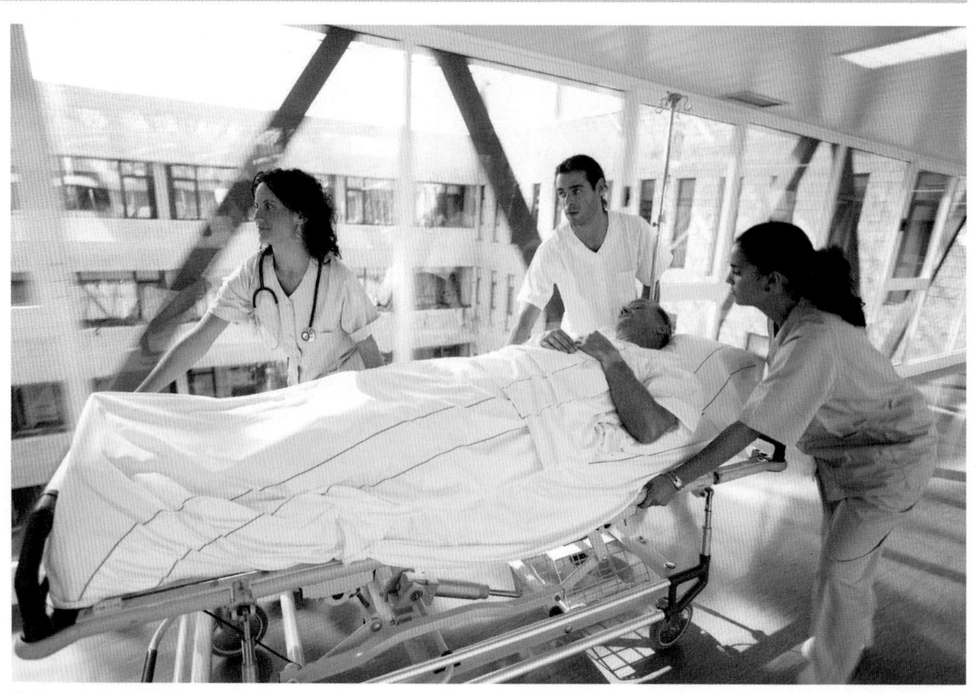
© Pixtal/AGE Fotostock

학습목표 5-5
재작업이 발생하는 프로세스를 분석할 줄 안다.

종종, 일정한 품질기준을 맞추지 못한 흐름단위를 그냥 버릴수는 없기 때문에 프로세스 내에서 처리가 되풀이되곤 한다. 병원의 경우를 보면 중환자실에서 퇴원하여 내과 병실로 입원한 환자가 합병증 때문에 다시 중환자실로 재입원해야 경우가 있다. 또한 병원에서 퇴원한 환자의 건강상태가 악화되어 재입원해야 하는 경우가 자주 있다. 이와 같이 결함이 있는 흐름단위가 정상적인 흐름단위로 복원되기 위해 거쳐야 하는 작업 혹은 일련의 작업들의 반복을 **재작업(rework)**이라고 한다.

재작업 결함이 있는 흐름단위가 정상적인 흐름단위로 복원되기 위해 거쳐야 하는 작업 혹은 추가적인 일련의 작업들의 반복

한 대형병원 심장병 중환자실의 상황을 생각해보자. 이 중환자실에는 12개의 병상이 있고 심장병동에는 18개의 병상이 있다. 일일 1.2명의 환자가 수술실에서 중환자실로 이동하고, 이동한 환자가 별다른 합병증이 없다면 5일을 머무른다. 그러나 중환자실로 이동한 환자의 20%에게서 합병증이 발생하는데, 이 환자들은 중환자실에서 13일 동안 머무른다. 즉, 중환자실에서 8일을 더 머무르면서 "재작업을 거쳐야" 하는 것이다. 중환자실에서 퇴원한 환자는 병동으로 옮겨진다. 이곳에서 그들은 평균 4일을 보낸다. 참고로, 이어지는 분석에서는 "재작업된 환자가 다시 재작업"되어야 하는 상황은 없다고 가정한다. 즉, 환자가 중환자실에서 최대로 머무는 기간은 13일로 가정한다.

지난 절에서 분석한 긴급치료센터에서처럼, 이 프로세스에도 복수의 흐름(중환자실을 다시 방문할 필요가 없는 환자 그리고 재작업되어 중환자실을 다시 방문해야 하는 환자)이 있고 흐름별로 처리시간이 다르다. 우리가 이전에 사용한 해법은 흐름단위로 "1분의 작업량"을 사용하는 것이었다. 이 흐름단위를 이번에도 사용할 수는 있지만, 이 절에서는 다른 접근법을 소개하고자 한다.

그림 5.5에는 상기에 언급된 프로세스의 흐름도가 묘사되어 있다. 병동의 분석은 어렵

그림 5.5
재작업이 발생하는 환자의 흐름

지 않다. 수요는 매일 1.2명의 환자이며 처리능력은 18개의 병상 × 환자당 1/4일 = 4.5환자/일이다. 실질활용률은 수요와 처리능력 간 비율로서 병동의 실질활용률은 1.2/4.5 = 0.27이다.

까다로운 자원은 2가지 유형의 환자 흐름이 발생하는 중환자실이다. 환자의 80%가 중환자실에서 5일을 소요하며 20%는 13일을 소요한다. 이 환자의 믹스를 고려하면 환자의 평균 처리시간은 0.8 × 5일 + 0.2 × 13일 = 6.6일/환자로 계산할 수 있다. 중환자실의 처리능력은 12개의 병상 × 환자당 1/6.6일 = 1.82환자/일이므로, 실질활용률은 일일 1.2환자/일일 1.82환자 = 0.66이다. 실질활용률이 더 높은 중환자실이 병목지점이 된다.

중환자실의 처리능력은 각기 다른 유형의 환자들에게 소요되는 처리시간을 가중평균하여 구할 수 있다. 이와 같이 80%가 중환자실을 한 번 방문하고 20%가 두 번 방문하는 것처럼 각 흐름의 상대적 비중을 사전에 알고 있다면 이 방법이 효과적일 수 있다. 그러나 이번 분석에는 "분으로 표시되는 작업량"의 개념을 이용하려고 하는데, 특히 이번 프로세스에는 환자별로 "일단위로 표시되는 작업량"이 주어져 있기 때문에 분석이 훨씬 용이할 수 있다.

"일단위로 표시되는 작업량"이라는 개념을 어떻게 활용할 수 있을지 이해하기 위해, 중환자실의 환자를 5일이 소요되는 일반 환자와 13일이 소요되는 재작업 환자의 2유형으로 나누어 보자. 그러면 매일 중환자실에는 0.8 × 1.2환자/일 = 0.96명의 일반 환자와 0.2 × 1.2환자/일 = 0.24명의 재작업 환자의 수요가 있다. 중환자실에 요구되는 작업량의 총 일수는 (0.96 × 5일의 작업량/일반 환자) + (0.24 × 13일의 작업량/재작업 환자) = 7.92일 분량의 작업량/일이 된다. 하나의 병상이 시간당 60분의 작업량을 제공하는 것처럼 중환자실의 각 병상은 매일 하루 분량의 작업량을 제공할 수 있다. 따라서, 중환자실 내 12개의 병상은 매일 12일 분량의 작업량을 제공할 수 있다. 수요를 처리능력으로 나눈 실질활용률은 매일 7.92일 분량의 작업량/매일 12일 분량의 작업량 = 0.66이 된다. 이 수치는 우리가 종전에 계산한 수치와 당연히 일치한다.

12개의 병상이 매일 12일 분량의 작업량(그리고 시간당 60분)을 제공하는 것은 명백하지만, 환자의 관점에서 처리능력을 이해하는 데는 별로 도움이 되지 않는다. 중환실의 일일 환자 처리능력을 계산하기 위해, 우리가 방금 계산한 실질활용률과 이미 알고 있는 수요를 사용할 수 있다.

$$\text{처리능력} = \frac{\text{수요}}{\text{실질활용률}} = \frac{\text{1.2명의 환자}}{0.66} = \text{1.82명의 환자/일}$$

상기의 수식은 실질활용률 = 수요/처리능력 이라는 수식과 동일한 내용의 수식이다. 어떤 접근법이 더 나은가? 처리시간을 가중평균하는 방식 또는 "분 또는 일로 표시된 작업

도표 5.3

재작업이 발생하는 프로세스에서 병목지점과 처리능력의 파악

1단계: 재작업이 발생하는 각 자원에서, 처리시간의 가중평균을 구한다. 예를 들어 70%가 2시간을 소요하고 30%가 5시간을 소요한다면, 처리시간의 가중평은 $0.7 \times 2 + 0.3 \times 5 = 2.9$시간이다.

2단계: 각 자원의 처리능력을 계산한다. 이는 1/처리시간이다.

3단계: 각 자원의 실질활용률을 계산한다. 실질활용률은 수요/처리능력이다. 실질활용률이 가장 높은 자원이 병목자원이다.

량"과 같은 작업량의 단위를 사용하여 흐름단위를 정의한 방식? 어떤 방식을 사용하더라도 답은 동일하므로, 본인이 좀 더 이해하기 좋은 방식을 사용하면 될 것이다.

수율이라는 개념처럼 재작업의 개념은 제조업의 세계에 그 기원을 두고 있다. 그림 5.6은 재작업이 발생하는 두 가지 프로세스 흐름도의 예를 보여주고 있다(편의상 재고의 위치는 표시하지 않음). 그림의 상단에는 결함이 있는 단위들이 정규 프로세스에서 제거되어 별도의 재작업 공정으로 옮겨지고 있다. 이러한 형태는 자동조립라인과 같은 생산과정에서 흔히 존재한다. 그림의 하단에서는 좀 전에 논의한 병원의 예처럼 결함이 있는 단위가 방금 전 그 단위를 처리한 자원으로 돌아가 재작업을 받고 있다. 재작업이 항상 완벽히 이루어진다면 프로세스의 수율은 100%가 된다.

재작업이 존재한다는 것은 자원이 더 많은 흐름단위를 처리해야 함을 의미하는데, 이는 특정 자원의 수요율이 재작업이 존재하지 않는 경우보다 상대적으로 더 높음을 의미한다. 수요율이 더 높아지면, 재작업 때문에 병목지점의 위치가 바뀔 수 있다. 따라서 수율(그리고 재작업)이 프로세스 처리능력에 미치는 영향을 분석할 때, 병목자원과 비병목자원을 구분할 필요가 있다.

재작업이 여유시간이 많은 비병목자원에서만 수행된다면 이는 전체 프로세스 처리능력에 영향을 미치지 않을 수 있다. 그러나 많은 경우 재작업은 특정 자원을 병목자원으로 만들 정도로 심하게 발생할 수도 있다(심지어 재작업이 병목자원에서 수행되는 경우도 있다). 병목자원의 처리능력이 전체 프로세스의 처리능력을 결정짓는 경우라면 병목지점에

그림 5.6
재작업이 발생하는 두 가지 프로세스의 예

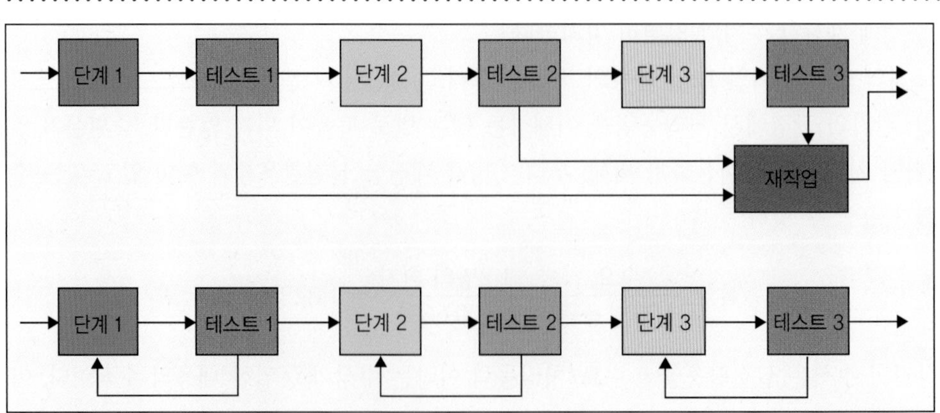

이해도 확인하기 5.6

질문 재작업이 발생하는 3단계 프로세스에서 자원 1이 단위당 5분, 자원 2는 단위당 3분, 자원 3은 단위당 2분이 소요된다. 3단계 이후, 모든 흐름단위의 60%는 재작업을 거쳐야 한다. 재작업을 거치는 흐름단위는 자원 2와 3을 다시 거쳐야 하며, 이 경우 처리시간은 처음과 같다. 그리고 재작업을 거친 흐름단위는 다시 재작업을 거치지는 않는다. 수요는 분당 1.8단위이다. 병목지점은 어디이며, 프로세스의 처리능력은 얼마인가?

답 도표 5.3에서 설명된 분석의 틀을 따라 간다.

1단계: 재작업이 발생하는 각 자원에서, 처리시간의 가중평균을 구한다. 자원 1의 처리시간은 5분이며, 자원 2는 흐름단위의 40%를 3분에 처리하고 나머지 60%는 이 자원 2를 두 번 거치므로 총 6분을 소요한다. 따라서 자원 2의 처리시간은 0.4 × 3분 + 0.6 × 6분 = 4.8분이다. 자원 3의 처리시간은 0.4 × 2분 + 0.6 × 4분 = 3.2분이다.

2단계: 자원 1의 처리능력은 분당 1/5단위이다. 자원 2의 처리능력은 분당 1/4.8단위 = 분당 0.2083이다. 자원 3의 처리능력은 분당 1/3.2단위 = 분당 0.3125이다.

3단계: 각 자원의 실질활용률은 자원 1이 분당 0.18단위/분당 0.2단위 = 0.9이며, 자원 2는 분당 0.18단위/분당 0.2083단위 = 0.86이고, 자원 3은 분당 0.18단위/분당 0.3125단위 = 0.576이다.

가장 높은 실질활용률을 보이는 자원 1이 병목지점이다. 프로세스의 처리능력은 자원 1의 처리능력과 동일하며, 분당 0.2단위이다.

서 재작업에 사용된 처리능력은 전체 프로세스의 관점에서 보면 전체 프로세스의 처리능력이 없어지는 것과 같다.

결론

이 장에서는 좀 더 복잡한 프로세스 흐름을 다루기 위해 프로세스 분석의 틀을 확장해 보았다. 제품 믹스의 개념에 대해 논의하였으며 폐기와 재작업의 의미도 확인할 수 있었다. 또한 좀 더 일반적인 프로세스 흐름을 이해하게 되면서 이 흐름을 어떻게 개선할 수 있는지에 대해서도 생각할 수 있게 되었다. 이 시점에서 우리가 지난 장에서 다루었던 프로세스 개선에 관한 모든 것들이 이 장에서도 유효하다는 것을 기억할 필요가 있다. 만약 프로세스가 처리능력에 제약이 있다면 병목지점에 처리능력을 더하는 것을 고려해야 한다. 따라서 프로세스의 균형을 맞추고 일을 표준화하도록 노력해야 한다.

운영관리에서 흔히 하는 말 중에 "처음에 제대로 하라"가 있다. 이전에 보았듯이 재작업은 자원의 처리능력을 감소시킨다. 재작업이 병목지점에서 일어난다면 이는 전체 프로세스의 처리능력을 감소시키는 결과를 초래한다. 또한 재작업은 비병목자원을 병목자원으로 만들기도 한다. 이후 장들에서도 보겠지만 재작업은 프로세스의 흐름에 바람직하지 않은 다른 결과들도 초래할 수 있다. 재작업은 줄일 수 있으며 적절한 표준을 사용하고 흐름단위가 프로세스 하단의 자원으로 이동하기 전에 명확한 기준을 가지고 흐름단위를 통제한다면 재작업을 원천적으로 없앨 수도 있다.

우리가 재작업을 피하고 싶어하듯이 폐기를 통한 감쇄현상도 피할 수 있다면 좋을 것이다. 하지만, Capital One의 사례에서 보았듯이 폐기는 종종 우리의 통제 밖에 있는 외부적 요인으로 인해 발생하기도 한다. 따라서 많은 경우 폐기는 운영의 일부라고 생각할 수도 있다(심사작업, 신약개발, 검색과정 등). 엄격히 말하면 폐기는 프로세스의 시작에서부터 흐름단위의 결함이 발견되어 폐기되는 지점까지의 모든 중간 작업들이 재작업된 특별한 경우라고 볼 수도 있다. 결함을 발견한 시점까지의 모든 작업들이 재작업되는 것이라고 본다면 프로세스에서 결함을 빨리 발견하여 제거할수록 처리능력을 낭비하지 않고 유지하는 효과를 볼 수 있다. 따라서 될 수 있으면 프로세스의 상단에서 결함을 발견할 수 있는 능력이 중요하다. 특히, 결함이 병목지점의 처리능력을 소모하기 전에 이를 발견한다면 프로세스 처리능력을 많이 향상시킬 수 있을 것이다. 예를 들어, Capital One에서 초기 인터뷰단계에서 일부 신청을 거절할 수 있다면 전체 대출승인 프로세스의 처리능력을 어느 정도 증가시킬 수 있을 것이다.

학습목표의 요약

학습목표 5-1 여러 종류의 제품 또는 고객을 처리하는 프로세스에서 자원 요구량을 계산할 줄 안다.

여러 유형의 흐름(제품 믹스)이 있는 프로세스를 다룰 때 먼저 어떤 흐름이 어떤 자원을 거치는지 파악해야 한다. 각 흐름이 유형별로 표시되는 프로세스 흐름도가 이러한 흐름을 파악하는 데 도움이 된다. 그런 다음, 수요 테이블을 이용하여 각 자원이 처리해야 하는 각 유형의 수요를 파악할 수 있다. 각 자원이 처리해야 하는 서로 다른 흐름 유형들의 수요들을 더하면 해당 자원의 총 수요율을 구할 수 있다.

학습목표 5-2 실질활용률을 계산하여 일반적인 프로세스에서 병목지점을 찾을 줄 안다.

제품 믹스가 존재하는 경우의 병목지점을 찾기 위해 각 자원별로 수요율과 가용한 처리능력 간의 비율을 계산한다. 이 비율이 실질활용률이며 이 수치가 가장 높은 자원이 병목자원이다.

학습목표 5-3 흐름의 유형에 따라 처리시간이 달라지는 프로세스를 분석할 줄 안다.

제품이나 고객의 유형에 따라 특정 자원에서의 처리시간이 달라지는 프로세스에서의 병목지점을 찾기 위해서는 분석의 단위를 바꿔야 한다. 수요의 단위를 흐름단위로 사용하는 대신에 1분간의 작업량을 흐름단위로 선택한다. 각 제품과 고객을 각 자원에 대한 작업량의 개념으로 재정의한 뒤 이 수치를 작업량 테이블에 정리할 수 있다. 작업량 테이블의 행들을 모두 더하면 각 자원이 처리해야 하는 총 작업량을 알 수 있으며, 이 수치를 각 자원의 처리능력과 비교하여 각 자원의 실질활용률을 구할 수 있고, 이 수치가 가장 높은 자원이 병목자원이다.

학습목표 5-4 프로세스의 수율을 계산하고 수율의 손실이 발생하는 프로세스를 분석할 줄 안다.

프로세스의 수율은 간단히 말해 양호하게 생산된 단위들의 비율이다. 수율 손실이 발생하는 프로세스는 여러 종류의 흐름이 존재하는 프로세스와 유사한 방식으로 분석된다. 병목지점을 찾으려면 먼저 각 자원에서 하나의 양호한 단위를 얻기 위해 얼마나 많은 단위를 처리해야 하는지 파악해야 한다. 그런 후 각 자원의 실질활용률을 계산하고 이 수치가 가장 높은 자원이 병목자원이다.

학습목표 5-5 재작업이 발생하는 프로세스를 분석할 줄 안다.

재작업은 어떤 흐름단위가 동일한 자원에 의해 몇 번씩 반복적으로 처리되어야 함을 의미한다. 각 자원에서의 가중평균된 처리시간을 구하고 그 수치를 이용하여 각 자원의 처리능력을 구한다. 각 자원의 수요와 처리능력 간의 비율이 실질활용률이며 이 수치가 가장 높은 자원이 병목자원이다.

핵심 용어

5.1 일반적인 프로세스 흐름의 패턴들

제품 믹스 프로세스를 통과하는 서로 다른 흐름들의 조합

수요 테이블 프로세스에서 발생하는 자원(행)과 수요의 흐름(열)을 정리한 테이블

5.2 복수의 흐름이 존재하는 프로세스에서 병목지점 찾기

실질활용률 처리능력에 대한 수요의 비율로서, 실질활용률 = 자원의 수요/자원의 처리능력. 실질활용률은 수요와 처리능력 간의 차이를 포착한다.

5.3 흐름 유형에 따라 달라지는 처리시간

흐름 유형에 따라 달라지는 처리시간 흐름의 유형에 따라 처리시간이 달라지는 것을 의미한다.

5.4 감쇄손실, 수율, 폐기율

감쇄손실 감쇄손실이 발생하는 프로세스에서는 모든 흐름단위가 같은 자원에서 시작되지만 각기 다른 지점에서 프로세스를 빠져나간다(혹은 프로세스 도중 적극적으로 제거되기도 한다).

폐기 프로세스 도중 결함이 있는 흐름단위를 제거하는 것

수율 특정 자원의 수율은 해당 자원에서 처리된 양호한 흐름단위의 비율을 의미한다.

***Q*개의 양호한 산출물을 얻기 위해 처리해야 하는 흐름단위의 수** 폐기가 발생하는 프로세스에서 Q개의 양호한 산출물을 얻기 위해 처리해야 하는 흐름단위의 수 = Q/프로세스 수율

5.5 재작업

재작업 결함이 있는 흐름단위가 정상적인 흐름단위로 복원되기 위해 거쳐야 하는 작업 혹은 추가적인 일련의 작업들의 반복

개념 문제

학습목표 5-1

1. 한 프로세스에 6가지의 자원과 세가지 유형의 흐름단위가 있다. 수요 테이블에는 몇 개의 행이 필요한가?

   a. 2

   b. 3

   c. 6

   d. 18

2. 한 프로세스에 10가지의 자원과 두가지 유형의 흐름단위가 있다. 수요 테이블에는 몇 개의 열이 필요한가?

   a. 2

   b. 5

   c. 10

   d. 20

3. 특정 자원의 총 수요율은 그 자원이 처리해야 하는 개별 수요율들의 합이다. 이 문장은 참인가 거짓인가?

   a. 참

   b. 거짓

4. 총 수요율이 가장 높은 자원이 병목자원이다. 이 문장은 참인가 거짓인가?

   a. 참

   b. 거짓

학습목표 5-2

5. 실질활용률은 절대 100%를 초과할 수 없다. 이 문장은 참인가 거짓인가?

   a. 참

   b. 거짓

6. 한 자원의 실질활용률이 150%로 프로세스 내에서 가장 높은 수치이다. 이는 이 자원이 병목자원임을 의미한다. 이 문장은 참인가 거짓인가?

   a. 참

   b. 거짓

학습목표 5-3

7. 프로세스의 처리시간이 흐름의 유형에 따라 달라진다면, 다음의 흐름단위 중 어떤 것이 가장 적절하겠는가?

   a. 화폐로 표시된 수익

   b. 고객

c. 각기 다른 완제품

d. 분 또는 시간으로 표시된 작업량

8. 작업량 테이블과 수요 테이블의 행과 열의 개수는 정확히 일치한다. 이 문장은 참인가 거짓인가?

a. 참

b. 거짓

9. 흐름 유형 *j* 가 자원 *i* 를 전혀 사용하지 않는다면 작업량 테이블에서의 해당 셀에는 0이 기입된다. 이 문장은 참인가 거짓인가?

a. 참

b. 거짓

학습목표 5-4

10. 한 자원의 수율은 50%이다. 이 자원이 일일 40단위의 정상적인 산출물을 내보내기 위해서는 얼마나 많은 단위를 처리해야 하는가?

a. 10

b. 20

c. 80

d. 90

11. 특정 프로세스가 달성할 수 있는 가장 높은 수율은 얼마인가?

a. 95%

b. 100%

c. 200%

d. 프로세스에 따라 다르다.

12. 감쇄손실이 발생하는 프로세스에서 병목자원을 찾으려면 처리능력이 가장 낮은 자원을 찾으면 된다. 이 문장은 참인가 거짓인가?

a. 참

b. 거짓

13. 프로세스의 감쇄손실이 증가하면 수율에는 어떤 일이 일어나는가?

a. 수율은 증가한다.

b. 수율은 그대로이다.

c. 수율은 감소한다.

d. 주어진 정보로는 알 수 없다.

학습목표 5-5

14. 재작업은 운영비용을 증가시키지만 프로세스의 처리능력에는 영향을 미치지 않는다. 이 문장은 참인가 거짓인가?

a. 참

b. 거짓

15. **재작업이 발생하는 프로세스와 폐기가 발생하는 프로세스 간의 차이점은 다음 중 무엇인가?**

a. 폐기가 발생하는 프로세스의 처리능력이 낮다.

b. 폐기가 발생하는 프로세스의 처리능력의 실질활용률이 더 높다.

c. 프로세스에는 폐가 또는 재작업이 발생할 수 있지만, 둘 다 발생하지는 않는다.

d. 폐기가 발생하는 프로세스에서는 특정 자원을 여러 번 사용하는 일이 발생하지 않지만, 재작업이 발생하는 프로세스에서는 그럴 수 있다.

16. **재작업이 발생하는 프로세스에서 실질활용률이 가장 높은 자원이 병목자원이다. 이 문장은 참인가 거짓인가?**

a. 참

b. 거짓

예시 문제와 해답

1. **Old City의 cobblestone street에 위치한 Old City Photographics(OCP)는 한때 지배적인 사진 매체였으나 디지털 사진술로 인해 이제는 희귀 제품이 된 35mm 필름의 현상 처리에 특화되어 있다. OCP는 고객들에게 세 가지 패키지를 제공한다. Standard 패키지는 고객에게 6인치×4인치 사진을 제공한다. Deluxe 패키지에는 Standard 패키지에 사진을 고화질로 스캔한 것들이 추가된다. 마지막으로 Pro 패키지는 고화질 스캔과 밀착인화본을 제공한다.**

OCP의 작업 흐름은 그림 5.7에 나타나 있다(s=standard, d=deluxe, p=pro; 흐름단위는 필름 한 롤이다).

OCP는 시간당 평균 15건의 주문을 받으며 그중 50%가 standard 패키지, 30%가 deluxe 패키지, 그리고 20%가 pro 패키지의 주문이다.

그림 5.7
OCP프로세스의 각 단계별로 한 명씩의 직원이 배치되어 있다.

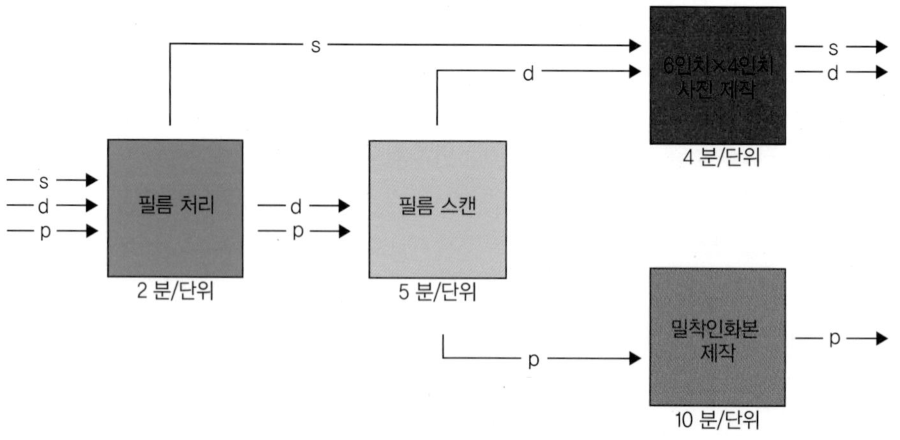

(a) **프로세스의 각 단계별로 시간당 몇 개의 주문을 처리해야 하는가?** [학습목표 5-1]

답 먼저 전체 프로세스의 총 수요율을 계산한다. 시간당 15개의 작업들 중에서, 50%=시간당 7.5개의 s유형 주문, 30%=시간당 4.5개의 d유형 주문, 그리고 20%=시간당 3개의 p유형 주문으로 구성된다. 다음으로 각 행에 자원을 그리고 각 열에 흐름을 표시한 수요 테이블을 구성한다.

자원	s	d	p	총
필름 처리	7.5	4.5	3	15
필름 스캔	0	4.5	3	7.5
6×4 제작	7.5	4.5	0	12
밀착인화본 제작	0	0	3	3

따라서 필름 처리 단계는 시간당 15건, 필름스캔 단계는 시간당 7.5건, 6×4 제작 단계는 시간당 12건, 밀착인화본 제작단계는 시간당 3건의 수요를 처리해야 한다.

(b) 병목지점은 어디인가? [학습목표 5-2]

답 각 자원의 처리능력은 1/처리시간이다. 따라서, 필름 처리 단계의 처리능력은 분당 1/2개, 필름스캔 단계의 처리능력은 분당 1/5개, 6×4제작 단계의 처리능력은 분당 1/4개, 밀착인화본 제작 단계의 처리능력은 분당 1/10개이다. 시간당 처리능력을 구하기 위해 60으로 곱하면 필름 처리 단계의 처리능력은 시간당 30개, 필름스캔 단계의 처리능력은 시간당 12개, 6×4 제작 단계의 처리능력은 시간당 15개, 밀착인화본 제작 단계의 처리능력은 시간당 6개이다.

특정 자원의 실질활용률은 수요와 처리능력 간의 비율이다. 수요는 수요 테이블의 마지막 열에 주어져 있다. 실질활용률은 15/30(필름 처리), 7.5/12(필름 스캔), 12/15(6×4 제작), 그리고 3/6(밀착인화본 제작)이다. 가장 높은 실질활용률은 12/15이기 때문에 6×4제작 단계가 병목지점이다.

(c) 각 주문 유형별로 실질 흐름률과 최대 흐름률은 얼마인가? [학습목표 5-2]

답 가장 높은 실질활용률은 12/15=0.8<1이다. 프로세스가 수요에 의해 제약되었으므로 실제 흐름률은 수요율과 동일하여, s=7.5/시간, d=4.5/시간 그리고 p=3/시간이다.

각 주문 유형별 최대 흐름률을 구하기 위해 수요율을 가장 높은 실질활용률인 0.8로 나누어주면 다음과 같다.

$$s: \frac{75}{0.8}=9.375$$

$$d: \frac{4.5}{0.8}=5.625$$

$$p: \frac{75}{0.8}=3.75$$

2. 고용검증대행사는 컨설팅회사에 지원한 구직자의 신상정보를 검증하는 서비스를 제공한다. 이 대행사의 프로세스 흐름도가 그림 5.8에 묘사되어 있다. 세 가지 유형의 고객 모두가 프로세스의 첫 단계와 마지막 단계를 거치지만(접수와 확인서 송부) 다른 단계들에서는 차이가 있다.

- **인턴십 지원자들에 대해서, 대행사는 지원자가 현재 등록되어 있는 법학전문대학원과 경영전문대학원의 정보를 제공하며 지원자가 졸업한 고등교육 기관들의 정보도 제공하는데 가능하**

다면 지원자의 과목수강내용과 수상경력 정보까지 제공한다.

- 일반 직원 채용의 경우, 대행사는 과거 고용주에게 연락하여 그들의 추천서를 분석한다.
- 컨설턴트 채용의 경우, 대행사는 이전 고용주와 더불어 과거 재학했던 학교의 교수진에게까지 연락을 시도하며 과거 고용주로부터의 추천서를 분석한다.

그림 5.8
복수의 흐름단위들

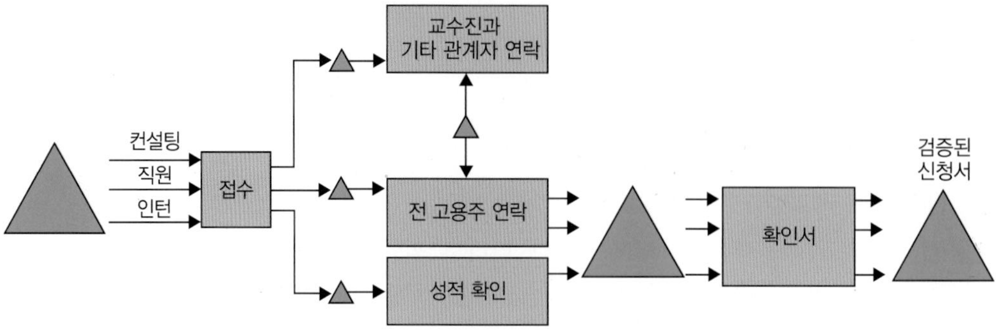

수요 측면에서 이 프로세스는 시간당 3건의 컨설턴트, 11건의 직원, 4건의 인턴 신청서를 받는다. 구직 유형과 상관없이, 접수는 지원자당 3분이 소요되며 교수진 접촉은 건당 20분, 과거 고용주 접촉은 컨설턴트 채용의 경우에는 20분, 그리고 직원 채용의 경우에는 10분이 걸린다. 그리고 성적확인은 8분이 걸린다. 마지막으로, 확인서 작성의 경우 컨설턴트는 4분, 직원은 3분, 인턴의 경우는 2분이 걸린다.

작업별로 신청서 접수에 1명, 교수진 연락에 2명, 전 고용주 연락에 3명, 성적확인에 2명, 확인서 송부에 1명의 작업자가 각각 배정되어 있다.

(a) 프로세스의 병목지점은 어디인가? [학습목표 5-3]

답 흐름단위로 "분으로 표시한 작업량"을 사용해보자. 시간당 요구되는 작업량을 계산한 테이블을 아래와 같이 작성한다.

자원	컨설팅	직원	인턴	총(시간당 분)
접수	3×3=9	11×3=33	4×3=12	54
교수진 연락	3×20=60	0	0	60
고용주 연락	3×20=60	11×10=110	0	170
성적 확인	0	0	4×8=32	32
확인서	3×4=12	11×3=33	4×2=8	53

공급을 보면, 각 작업자는 시간당 60분 분량의 작업량을 제공할 수 있다. 따라서, 접수 단계와 확인서 단계의 처리능력은 각각 1명의 작업자가 60분 분량의 작업량을 처리할 수 있다. 교수진 연락 단계와 성적 확인 단계는 각각 2명의 작업자가 120분 분량의 작업량을 처리할 수 있다. 그리고 전 고용주연락 단계는 3명의 작업자가 180분 분량의 작업량을 처리할 수 있다.

실질활용률은 수요와 처리능력 간의 비율인데 그 값들이 아래의 테이블에 정리되어 있다.

자원	수요(분으로 표시된 수요/시간)	처리능력 (분/시간)	실질활용률
접수	54	60	54/60=0.9
교수진 연락	60	120	60/120=0.5
고용주 연락	170	180	170/180=0.94
성적 확인	32	120	32/120=0.27
확인서	53	60	53/60=0.88

실질활용률이 가장 높은 자원은 전 고용주연락 단계로서 94%이다. 따라서 이 단계가 병목지점이다.

(b) **각 유형별 실제 흐름률과 최대 흐름률은 얼인가?** [학습목표 5-3]

답 가장 높은 실질활용률이 100% 미만이므로 프로세스는 수요에 의해 제약된 상태이다. 따라서 실제 흐름률은 수요율과 동일하며 시간당 3건의 컨설턴트 구직 신청서, 시간당 11건의 정규직 구직 신청서, 그리고 시간당 4건의 인턴쉽 구직 신청서이다. 신청서들의 구성비율이 일정하다는 가정하에, 각 수요율을 가장 높은 실질활용률인 0.944로 나누어 최대 흐름률을 구하면 아래와 같다.

$$\text{컨설턴트}: \frac{3}{0.944} = \text{시간당 } 3.176$$

$$\text{직원}: \frac{11}{0.944} = \text{시간당 } 11.647$$

$$\text{인턴}: \frac{4}{0.944} = \text{시간당 } 4.235$$

3. Experience the Tour de France(ETF)는 프로 사이클링 선수들의 경기가 진행되기 하루 전 아마추어 사이클링 선수들에게 동일한 코스를 개방하여 Tour de France 사이클경기를 체험할 수 있게 해준다. 이 행사에 관심 있는 고객은 온라인으로 신청서를 작성한다. 신청서를 접수한 ETF는 다음 4단계의 절차를 거쳐 고객들에게 연락을 취한다.

1단계: 한 명의 영업 직원이 잠재 고객과 20분간의 전화 통화를 통해 고객의 프로필을 수집한다. 전화 통화 후 수집된 프로필은 코치에게 전달된다.

2단계: 코치는 사이클리스트의 프로필을 검토한 뒤 각 고객에게 전화를 건다. 이 과정은 일반적으로 프로필당 40분의 시간이 소요된다. 코치에게서 부적격 판정을 받은 고객과 더 이상 관심이 없는 고객을 제외하면 고객 프로필 중 20%만이 ETF 회계사에게 전달된다.

3단계: ETF의 회계 상담사가 고객당 20분간 금융 옵션을 안내한다.

4단계: 마지막으로, 보조코치가 고객에게 전화를 걸어 행사 참가를 확인하고 행사일정을 알려준다. 이 과정은 고객당 평균 50분이 소요된다. 이 단계에서 안타깝게도 3분의 2가량의 고객이 행사에 참여하지 않기로 결정한다. 나머지 3분의 1은 최종등록을 하고 여정을 확정한다.

모든 직원은 하루 8시간 근무한다.

(a) 하루 2명의 고객을 행사에 최종 등록시키는 것을 목표로 한다면, ETF는 콜센터를 통해 얼마나 많은 고객에게 연락을 취해야 하는가? [학습목표 5-4]

답 상기의 네 단계에서 각 단계별 수율은 1, 0.2, 1 그리고 0.333이므로 프로세스의 전체 수율은 $1 \times 0.2 \times 1 \times 1/3 = 1/15$이다. 하루 2명의 고객을 행사에 최종 등록시키려면 $2/(1/15) = 30$명의 고객에게 연락을 취해야 한다.

(b) 병목지점은 어디인가? [학습목표 5-4]

답 병목지점을 파악하기 위해, 흐름단위를 "등록"으로 정의해보자. 각 단계의 처리능력을 최종 등록의 관점에서 평가해야 하는데, 이를 위해 고객의 관점에서 정의된 각 단계의 처리능력을 활용할 수 있다.

자원	처리능력 (고객/일)	수율 (고객)	수율 (등록)	처리능력 (등록)
영업	480/20 = 24	1	$1 \times 0.2 \times 1 \times 1/3 = 1/15$	$24 \times 1/15 = 1.6$
코치	480/40 = 12	0.2	$0.2 \times 1 \times 1/3 = 1/15$	$12 \times 1/15 = 0.8$
상담사	480/20 = 24	1	$1 \times 1/3 = 1/3$	$24 \times 1/3 = 8$
보조코치	480/50 = 9.6	1/3	1/3	$9.6 \times 1/3 = 3.2$

등록을 기준으로 영업 직원의 처리능력은 하루 1.6개의 등록이다. 코치의 처리능력이 하루 0.8개의 등록으로 가장 적다. 따라서 코치가 병목지점이다.

(c) 프로세스가 하루에 기대할 수 있는 최종 등록은 최대 몇 개인가? [학습목표 5-4]

답 이에 대한 대답은 병목지점(코치)의 처리능력에 달려있으므로, 하루 0.8개이다.

4. 품질문제를 지닌 3단계 조립 프로세스가 있다. 프로세스상의 모든 자원은 각각 한 명의 직원이 배치되어 있다.

- **첫 번째 자원의 처리시간은 단위당 7분이다.**
- **두 번째 자원의 처리시간은 단위당 6분이다.**
- **세 번째 자원의 처리시간은 단위당 5분이다.**

세 번째 자원을 통과한 흐름단위가 재작업을 거칠 확률은 40%이다. 재작업이 필요하다고 판단되면, 두 번째와 세 번째 자원에서의 작업들이 다시 이루어져야 한다. (a) 재작업이 필요한 흐름단위의 경우 재작업은 단 한 차례만 필요하다고 가정하며(즉, 재작업된 흐름단위가 다시 재작업될 필요는 없다), (b) 재작업에 소요되는 시간은 일반적인 흐름단위와 같다고 가정한다.

이 프로세스의 처리능력은 얼마인가? [학습목표 5-5]

답 재작업이 발생하는 이 프로세스에는 두 유형의 흐름이 있다고 생각할 수 있으며 각 자원에서의 가중평균된 처리시간을 이용하여 처리능력을 구할 수 있다. 자원 1은 모든 흐름단위가 한 번 통과하기 때문에 처리시간은 7분이다. 자원 2에서는 흐름단위의 60%가 한 번 통과하고 40%는 재작업으로 인해 두 번 통과하기 때문에 처리시간은 0.6×6분$+ 0.4 \times 12$분$=8.4$분이다. 이와 유사하게, 자원 3의 처리시간은 0.6×5분$+ 0.4 \times 10$분$=7$분이다. 자원 1의 처리능력은 60분/시간 $\times$ 1/7분/단위=8.57단위/시간이다. 자원 2의 처리능력은 60분/시간 $\times$ 1/8.4분/단위=7.14단위/시간이다. 자원 3의 처리시간 또한 7분이므로 처리능력은 8.57단위/시간이다. 자원2의 처리능력이 가장 적으므로 이 자원이 병목지점이되며 프로세스의 처리능력 또한 시간당 7.14단위이다.

응용 문제

1. GV는 부자들의 연말 세금정산 작업을 도와주는 소규모 회계법인이다. 매년 12월, GV는 고객들에게 짧은 질문지를 보내 연말정산을 위한 정보를 수집한다. GV는 50년간의 경험을 바탕으로 고객을 다음의 두 집단으로 나누고 있다.

   - 그룹 1(신규 고객): 20%의 경우
   - 그룹 2(재방문 고객): 80%의 경우

   올해에는 매주 50건의 세금신고서가 들어온다. 이를 처리하기 위하여 GV는 주당 40시간을 근무하는 아래 3명의 직원(자원)이 활동을 수행한다.

   - 한 명의 행정직원이 모든 세금신고서를 접수하고 분류한다.
   - 한 명의 선임회계사가 신규 고객들의 세금신고서를 전담하여 처리한다.
   - 한 명의 초급회계사가 재방문 고객들의 세금신고서를 전담하여 처리한다.

   (a) 각 자원의 총 수요율은 얼마인가? [학습목표 5-1]

   (b) 각 자원의 처리시간이 아래 테이블에 제시된 것과 같다면, 병목지점은 어떤 자원인가? [학습목표 5-2]

그룹	행정직원(분/단위)	선임회계사(분/단위)	초급회계사(분/단위)
1	20	40	해당 없음
2	20	해당 없음	15

   (c) 신규 고객과 재방문 고객의 비율이 20:80이라면, 흐름률은 얼마이고 처리능력은 얼마인가? [학습목표 5-2]

2. 유명한 샌드위치 가게인 Panini는 익힌 야채, 익힌 치킨, 그리고 패스트라미 세 종류의 샌드위치를 제공한다. 각 샌드위치의 시간당 수요는 익힌 야채 25개, 익힌 치킨 15개, 그리고 패스트라미 10개이다. 샌드위치 제작은 종류에 따라 최대 5단계까지 필요하며 처리시간은 아래와 같다.

단계	익힌 야채	익힌 치킨	패스트라미
빵 자르기	0.75분	0.75분	0.75분
익히기	1.4분	1.4분	–
고기 절단	–	–	3분
빵 굽기	2분	2분	2분
포장	0.5분	0.5분	0.5분

   메뉴에 관계없이 전체 고객의 50%가 샌드위치 빵을 구워달라고 요구한다. Panini는 각 단계별로 한 명의 작업자를 고용하고 있다.

   (a) 프로세스상 각 단계별 실질활용률은 얼마인가? [학습목표 5-2]

   (b) 샌드위치 종류별로 실제 흐름률과 최대 흐름률은 얼마인가? [학습목표 5-2]

3. 한 지방 면허시험장은 운전면허의 신규발급과 갱신을 진행하는데, 진행 프로세스는 다음 그림과 같다.

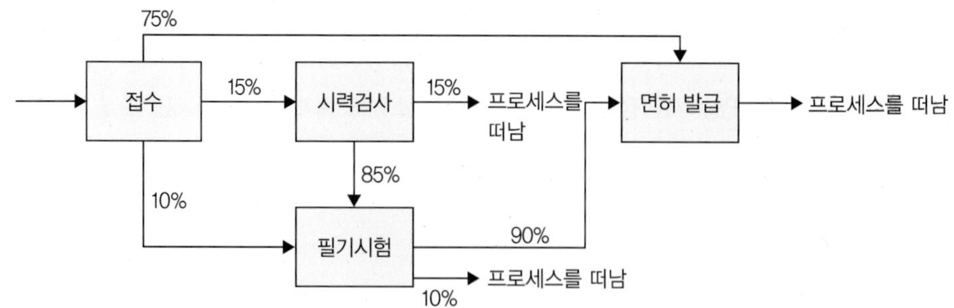

면허시험장은 시간당 110명의 고객을 접수하며, 모든 고객은 먼저 접수 담당 직원을 거쳐야 한다. 접수 담당 직원은 고객에 따라 다음의 3가지 경로로 고객을 안내한다. 75%의 고객은 9명의 직원이 근무하는 면허발급 단계로 바로 이동하여 사진을 찍고 면허를 받는다. 15%의 고객은 1명의 직원이 근무하는 시력검사장으로 이동하여 시력검사를 받아야 한다. 그리고 10%의 고객은 3대의 컴퓨터가 마련된 필기시험장으로 이동하여 한 대의 컴퓨터를 배정받아 시험을 치뤄야 한다. 시력검사를 받은 고객 중 85%는 검사를 통과하여 필기시험장으로 이동하고 나머지 15%는 검사를 통과하지 못해 프로세스를 이탈하게 된다. 필기시험을 치른 고객 중 90%는 시험을 통과하여 면허를 발급받고 시험을 통과하지 못한 나머지 10%는 프로세스를 이탈한다.
각 단계의 처리시간은 아래 표와 같다.

단계	직원의 수	처리시간(분)
접수	1	0.4
시력검사	1	5
필기시험	3	15
면허발급	9	6

각 단계의 실질활용률은 얼마인가? [학습목표 5-2]

4. 취업박람회에 참석하는 구직자는 직장경력이 없는 신입 구직자와 직장경력이 있는 경력 구직자 두 유형이 있는데, 시간당 70명의 신입 구직자와 30명의 경력 구직자들이 박람회에 참석한다. 신입 구직자는 먼저 상담사를 만나서 이력서를 같이 검토하고 면접요령을 얻는다. 상담에는 10분이 소요되고 11명의 상담사가 근무하고 있다. 경력 구직자는 상담은 하지 않고 잠재 채용자들과 바로 면접을 진행한다. 40명의 잠재 채용자들이 참석하여 면접을 진행하고 있으며, 신입 구직자의 면접은 15분이 소요되고 경력 구직자의 면접은 30분이 소요된다.
   (a) 이 프로세스에서 각 단계의 실질활용률(%)은 얼마인가? [학습목표 5-3]
   (b) 각 구직자 유형별로 실제 흐름률과 최대 흐름률은 시간당 얼마인가? [학습목표 5-3]

5. Rockin' Rocks는 저난도와 고난도 두 종류의 실내 암벽등반 시설을 제공하고 있다. 고객도 일반인과 전문인의 두 유형이 있는데, 일반인은 저난도 암벽을 오르는 데 10분이 소요되고 고난도 암벽은 30분이 소요된다. 전문인은 고난도 암벽만을 이용하는데 여기에는 15분이 소요된다. 시간당 일반인은 7명 그리고 전문인은 3명이 이 시설에 입장한다.
   (a) 각 암벽의 실질활용률은 얼마인가? [학습목표 5-3]
   (b) 일반인과 전문인 각각의 실제 흐름률과 최대 흐름률은 얼마인가? [학습목표 5-3]

6. 하루 8시간 5개의 자원으로 운영되는 프로세스는 A, B, C 세 종류의 제품을 생산한다.

자원	작업자 수	A 처리시간(분)	B 처리시간(분)	C 처리시간(분)
1	2	5	5	5
2	2	4	4	5
3	1	15	0	0
4	1	0	3	3
5	2	6	6	4

제품 A는 하루 40개, 제품 B는 하루 50개, 그리고 제품 C는 하루 60개의 수요가 있다.

(a) 병목자원은 무엇인가? [학습목표 5-3]

(b) 각 제품의 수요는 상기 비율대로 충족되어야 한다고 가정할 때(즉, 제품 A 4개마다 제품 B 5개 그리고 제품 C 6개가 충족되어야 함), 각 흐름단위의 흐름률은 얼마인가? [학습목표 5-3]

7. 미국계 회사에서 신입직원을 위한 입사 절차는 다음의 2단계를 거친다. 먼저 신입직원은 인적사항 관련 서류와 필요시 취업비자 발급을 위한 서류를 작성한다. 그리고 난 뒤, 회사의 각종 내규를 교육받기 위한 인사교육과정에 참가한다. 각 단계에는 9명의 직원들이 각각 근무하고 있으며 신입직원은 (1) 정규직을 수행할 미국 시민권 소유자, (2) 계약직을 수행할 미국 시민권 소유자, (3) 정규직을 수행할 미국 시민권 비소유자 의 3가지 유형이 있다.

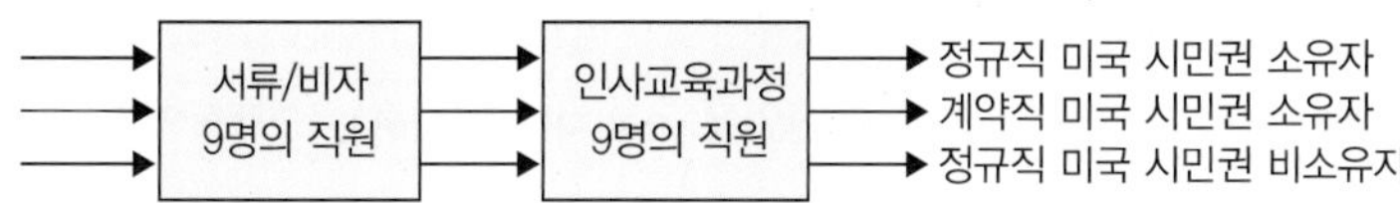

각 유형별 처리시간은 아래 표와 같다.

		처리시간(분)		
		서류/비자	인사교육과정	수요 (시간당 인원)
미국 시민권 소유자	정규직	30	45	6
미국 시민권 소유자	계약직	15	10	7
미국 시민권 비소유자	정규직	90	35	3

(a) 서류/비자 단계의 실질활용률(%)은 얼마인가? [학습목표 5-3]

(b) 인사교육과정 단계의 실질활용률(%)은 얼마인가? [학습목표 5-3]

(c) 각 신입직원 유형별로 시간당 실제 흐름률과 최대 흐름률은 얼마인가? [학습목표 5-3]

8. St Francis 병원의 MRI 부서는 2대의 MRI 장비를 가지고 2종류의 고객들을 대상으로 영상서비스를 제공하고 있다. 일반 환자는 영상촬영전 특별한 별도의 준비가 필요하지 않지만 상세 환자는 보다 선명한 이미지를 위해 촬영전 조영제를 투여받는다. 일반 환자는 촬영에 15분이 소요되며 상세 환자는 25분이 소요된다. 하루 8시간 동안 25명의 일반 환자와 5명의 상세 환자가 병원에 도착한다.

(a) MRI 부서의 실질활용률(%)은 얼마인가? [학습목표 5-3]

(b) MRI 부서의 실제 흐름률과 최대 흐름률은 얼마인가(시간당 환자수)? [학습목표 5-3]

9. 한 건축사무소는 3유형의 건물주들을 상대하는데, 이들은 건축 경험이 전혀 없는 건물주(G), 고

난이도 건축 경험이 있는 건물주(EC), 그리고 저난이도 건축 경험이 있는 건물주(ES)로 구분된다. 이 3유형의 건물주들이 요구하는 프로젝트의 진행 흐름도와 각 단계별 직원의 수는 아래 그림과 같다.

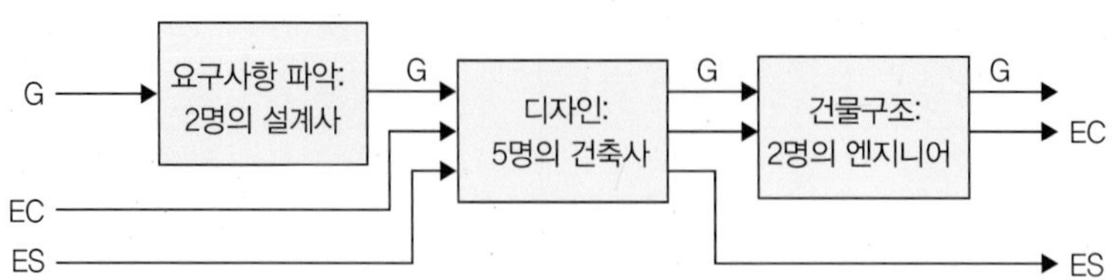

각 프로젝트별 단계별 처리시간(일)은 아래 표와 같다.

수요(고객 수/일)		처리시간(일)		
		요구사항 파악	디자인	엔지니어링
G	0.25	7	15	2
EC	0.10		25	8
ES	0.05		10	

(a) 각 단계별 실질활용률(%)은 얼마인가? [학습목표 5-3]

(b) 각 고객 유형별 실제 흐름률과 최대 흐름률은 얼마인가(일당 고객 수)? [학습목표 5-3]

10. Triple Stacks의 고객센터는 고품질 산업용 스위치를 구매하는 고객들의 전화를 응대한다. 고객센터는 2그룹으로 나누어지는데, Frontline 그룹에는 5명 그리고 Solver 그룹에는 3명의 직원이 근무한다. 고객의 전화는 Routine, Stumper, 그리고 Nasty의 3종류로 나누어지는데, 일단 모든 고객의 전화는 먼저 Frontline 그룹에 속한 직원이 응대한다. Frontline 직원은 Routine 고객을 응대하는 데 10분을 소요한다. Frontline 직원은 Stumper나 Nasty 고객의 응대에도 10분을 소요하지만, 이 시간 내 문제 해결이 불가능하기 때문에 10분이 지나면 이 고객들의 전화를 Solver 그룹으로 전달한다. Solver 그룹에 속한 직원은 Stumper 고객을 응대하는데 15분 그리고 Nasty 고객을 응대하는데 30분을 소요한다. 아래 표는 처리시간, 그룹별 직원 수, 그리고 고객 유형별 시간당 전화건수를 보여주고 있다.

고객 유형	처리시간(분)		시간당 전화 수
	Frontline 그룹	Solver 그룹	
Routine	10	해당 없음	20
Stumper	10	15	5
Nasty	10	30	2

그룹	직원 수
Frontline	5
Solver	3

(a) 각 그룹별 실질활용률(%)은 얼마인가? [학습목표 5-3]

(b) 각 고객 유형별 실제 흐름률과 최대 흐름률은 얼마인가(시간당 통화 수)? [학습목표 5-3]

11. 운전면허증을 따려면 몇 가지 단계를 거쳐야 한다. 먼저, 신원확인 절차를 거치고, 그리고 난 뒤

필기시험을 통과해야 하고, 마지막으로 주행시험을 통과해야 한다. 각 단계에서, 10%, 15%, 40%의 지원자들이 탈락한다. 필기시험을 치려면 신원확인을 해야만 하고 주행시험을 치르려면 필기시험을 통과해야만 한다.

각 단계는 각각 5분, 3분, 20분이 소요된다. 현재, 운전면허 시험장에는 4명의 직원이 신청서를 처리하며, 2명이 필기시험을 관리하고, 15명이 주행시험을 관리한다. 운전면허 시험장 직원들은 하루 8시간을 근무한다.

(a) 현재 상태에서 어느 단계가 병목지점인가? [학습목표 5-4]

(b) (일일 최종 면허발급건수로 표시된) 프로세스의 처리능력은 얼마인가? [학습목표 5-4]

12. 한 제약회사는 다음의 4단계를 거쳐 한 물질을 만들어낸다.

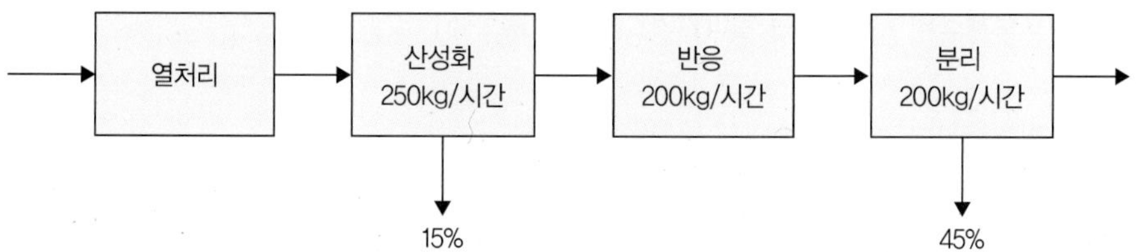

일부 단계의 수율은 100% 미만이다. 산성화 단계 이후 15%의 물질이 폐기되며 분리 단계 이후 45%의 물질이 폐기된다. 마지막 세 단계의 처리능력은 상기 그림에 표시되어 있다.

(a) 프로세스의 수율은 얼마인가? [학습목표 5-4]

(b) 프로세스가 최종적으로 시간당 100kg의 물질을 만들어내려면, 첫 번째 열처리 단계의 최소 처리능력(kg/시간)은 얼마가 되어야 하는가? [학습목표 5-4]

13. 노광장치는 웨이퍼를 생산하는 반도체 제조공정에서 사용되는 장비이다. 노광장치를 최초로 통과하는 웨이퍼는 이 장치에서 15분을 소요하는데, 40%의 웨이퍼만이 한번에 노광장치를 통과하여 완성되고 나머지 60%의 웨이퍼는 노광장치를 한 번 더 통과해야 완성된다. 웨이퍼가 노광장치를 두 번째 통과할 때는 40분이 소요된다. 노광장치는 시간당 몇 개의 완성된 웨이퍼를 생산하는가? [학습목표 5-5]

14. 환자는 병원에 완치를 기대하며 입원하지만, 불행히도 퇴원한 환자의 15%는 이후 재발이나 합병증으로 인해 다시 입원해야 한다. 30개의 병상을 보유한 병원이 하루 24시간 운영된다고 하자. 처음 병원에 입원하는 환자는 18시간 동안 병상을 사용하지만, 재입원한 환자의 경우에는 50시간동안 병상을 사용한다. 이 병원은 하루 몇 명의 환자를 다룰 수 있는가? 병원에 재입원하는 환자는 2명이 아닌 1명으로 간주된다. [학습목표 5-5]

15. David O' Bannon은 부동산 관련 강의를 제공하는데, 각 강의는 3시간 동안 진행되며 25개의 좌석을 보유한 호텔에서 진행된다. David는 강의에 만족하지 못한 수강생에게는 한 번 더 강의를 들을 수 있는 기회를 제공한다. 재수강을 하는 수강생이 차지하는 좌석은 다른 수강생이 사용할 수는 없다. 수강생 중 75%가 강의를 한 번만 수강하며 나머지 25%는 재수강한다. 3시간 강좌에서 수강생을 "졸업"시킬 수 있는 David의 처리능력은 얼마인가? 강의를 재수강하는 학생은 2명이 아닌 1명으로 간주된다. [학습목표 5-5]

16. 품질문제가 있는 4단계 조립 프로세스가 있다. 프로세스상의 각 단계에는 한 명의 작업자가 배치

되어 있다.

- 첫 번째 자원의 처리시간은 단위당 5분이다.
- 두 번째 자원의 처리시간은 단위당 6분이다.
- 세 번째 자원의 처리시간은 단위당 3분이다. 세 번째 자원의 처리를 거친 흐름단위는 30%의 확률로 재작업을 거쳐야 한다. 이 경우, 자원 1, 2, 3의 작업들이 반복된다. (a) 재작업은 늘 성공적이다(즉, 재작업을 거친 흐름단위가 다시 재작업을 거치는 일은 없다). 그리고 (b) 재작업을 거치는 단위의 처리시간은 일반적인 흐름단위의 처리시간과 같다.
- 네 번째 자원의 처리시간은 단위당 4분이다.

(a) 프로세스의 병목지점은 어디인가? [학습목표 5-5]

(b) 프로세스의 처리능력은 얼마인가? [학습목표 5-5]

사례 공항 보안

미국 출입국관리소는 미국 내 공항에 도착하는 하루 평균 25만 명의 여행객과 승무원의 입국프로세스를 관리한다. 이 프로세스는 오랫동안 다음과 같이 운영되어 왔다. 여행객은 착륙 후 출입국관리직원에게 이동한다. 이후 여행객은 신분에 따라 미국 시민권자와 영주권자를 위한 대기줄에 서거나 외국 국적의 방문객들을 위한 별도의 대기줄에 선다. 모든 외국인 방문객은 일일이 지문조회가 진행되기 때문에 대기시간이 시민권자/영주권자들보다 길고, 그날그날의 상황에 조금씩 차이가 있긴 하지만, 시민권자/영주권자들도 상당한 대기시간을 경험할 수 있다.

2000년대 초반에, 미국과 캐나다는 NEXUS 프로그램을 도입했다. 이 프로그램은 국적과 관계없이 사전 선별 과정을 거쳐 NEXUS 멤버십 카드를 소지한 적격한 여행객은 대기줄을 거치지 않고 NEXUS 키오스크 부스에서 셀프서비스로 처리되게끔 디자인되었다. 여행자는 부스에서 몇 개의 질문에 답을 하고 여권과 NEXUS 멤버십 카드 그리고 지문을 대조한 뒤 사진을 촬영하고 수하물 수취장으로 바로 이동할 수 있다. 그러나 이 과정에서 무작위로 선별된 일부 여행자는 대기줄에 서서 출입국관리자의 인터뷰를 거쳐야 한다.

2014에 Los Angeles 공항(LAX)을 포함한 20여 개의 미국 내 공항들은 미국 시민권자와 영주권자 그리고 미국과 비자면제협정을 맺은 38개국 출신 여행자들의 출입국절차를 간소화하는 추가적인 기술을 도입하여 세 번째 흐름을 만들었다. 이 공항들에서는 적격한 여행자가 무인 셀프서비스 키오스크 부스에서 출입국절차를 마칠 수 있다. NEXUS와 유사하게, 여행객들은 부스에서 몇 개의 질문에 답한 뒤 여권인식을 하고, 미국 시민권자나 영주권자가 아닌 경우에는 지문인식을 한 뒤 사진을 촬영한다. 마지막으로 부스가 출력하는 유인물을 받아 출입국관리자에게 개별적으로 제출하면 된다. 부스를 거친 여행객들 모두가 출입국관리자와 인터뷰를 진행해야 하지만 인터뷰 시간이 짧아지면서 전반적인 대기시간이 감소하고 출입국관리소의 처리능력이 향상된다.

© alexsl/Getty Images

추가적인 분석을 위해 다음의 사항들을 가정한다.

- 출입국관리직원이 외국 국적의 여행객을 처리하는 시간은 미국 시민권자나 영주권자를 처리할 때보다 두 배 더 오래 걸린다. 이는 기존의 전통적인 프로세스, NEXUS 프로세스에서 임의로 선별되어 인터뷰를 거

[계속]

쳐야 하는 탑승객들, 그리고 새로운 무인 셀프서비스 키오스크기반 프로세스 모두에 해당한다.

- 전체 여행객 중 80%가 기존의 전통적인 프로세스, 10%가 NEXUS 프로세스, 그리고 나머지 10%가 새로운 키오스크 부스를 이용한다. 각각의 프로세스에서 미국 시민권자/영주권자의 비율은 약 50%이고 외국 국적 소지자가 나머지 50%이다.
- NEXUS 프로세스에서 무작위로 선별되어 인터뷰를 거쳐야 하는 경우에는 기존의 전통적인 프로세스에서와 동일한 인터뷰 시간이 걸리지만, 무작위로 선별된 경우가 아니라면 인터뷰를 전혀 거치지 않는다. 이 프로세스를 선택한 여행객들의 5%는 국적과 관계없이 무작위로 선별되어 인터뷰를 거쳐야 한다.
- 기존의 전통적인 프로세스와 비교하면 새로운 셀프서비스 무인 키오스크 기반 시스템을 이용하는 여행객은 시간이 50% 적게 든다(이 경우에도 미국 시민권자와 영주권자는 외국인 방문객에 비해 절반의 시간이 든다).

질문: 새로운 셀프서비스 무인 키오스크 시스템의 사용이 미치는 영향을 평가하라. 이를 위해, 먼저 (기존의 전통적인 프로세스, NEXUS 프로그램, 새로운 무인 부스) 세 가지 다른 흐름이 포함된 프로세스 흐름도를 그려라. 그리고, 새로운 무인 키오스크 시스템의 사용이 현재에 비해 두 배 증가하였을 때(즉 전통적인 프로세스, NEXUS 프로그램, 새로운 무인 키오스크 시스템들 간의 상대적 사용 비중이 현재의 80%, 10%, 10%에서 70%, 10%, 20%로 되었을 때) 출입국 관리직원의 작업량이 몇 퍼센트나 줄어들지를 계산하라.

출처: http://www.latimes.com/local/la-me-passport-readers-20140925-story.html

http://www.cbp.gov/newsroom/local-media-release/2014-09-24-000000/lax-unveils-new-automated-passport-control-kiosks
http://www.cbp.gov/newsroom/stats/on-typical-day-fy2011

참고 문헌

Immaneni, Aravind, and Christian Terwiesch, "Loan Processing at Capital One," Case at The Wharton School.

6 학습곡선

학습목표

6-1 다양한 형태의 학습곡선을 구분할 줄 안다.

6-2 학습률과 경험치가 주어졌을 때 프로세스의 단위당 비용을 결정할 줄 안다.

6-3 비용에 관한 데이터를 활용하여 학습률을 추정할 줄 안다.

6-4 LCC 방법과 학습곡선을 직접적으로 이용하여 단위당 비용을 예측할 줄 안다.

6-5 LCC 방법을 이용하여 누적비용을 예측할 줄 안다.

6-6 직원 이직률과 평균 재직기간을 계산할 줄 안다.

6-7 문서화와 표준화의 효용을 이해한다.

6-8 자율적 학습, 유도된 학습, 그리고 PDCA 사이클과 같은 학습에 관한 핵심 동인들을 이해한다.

이 장의 개요

© *Tim Pannell/Corbis*

소개

Malcolm Gladwell의 베스트셀러 Outlier는 Anders Ericsson의 연구에 기반하여 "10,000시간의 법칙"[1]이 무엇인지 소개하면서 성공을 이루기 위해서는 상당한 양의 연습이 필요하다고 강조하고 있다. 예를 들어, 음악 그룹 Beatles는 정상에 오르기까지 1960~1964년 사이에 독일 Hamburg에서 1,200번의 라이브 연주를 통해 10,000시간의 연습시간을 가졌다. Microsoft의 창업자 Bill Gates도 소프트웨어 개발부문에서 경력을 시작하기 전에 고등학교 재학 시절 10,000시간 동안 컴퓨터 프로그래밍을 했다고 알려져 있다.

우리 대부분은 인생의 한 영역에 10,000시간을 투자할 시간이나 에너지가 아직 없긴 하지만 어떤 일을 완전히 익히려면 어느 정도의 시간과 노력을 투자해야 한다는 생각에는 익숙하다. SAT나 ACT 시험 준비를 할 때든, 학교 대표팀이나 교내 경기에 참가할 때든, 또는 예술작품을 창작할 때든 연습이 완벽을 만든다. 이는 사업의 세계에서도 마찬가지이다. 직원 개개인, 기업들 또는 산업 그 자체도 자신이 하는 일에 탁월해지기 위해서는 연습을 해야 한다. 다음의 예들을 생각해보자.

- 개인 수준: 유통분야의 거인 Amazon은 매년 11월 연휴 기간 배송량이 급증하는 운영상의 문제에 직면한다. Amazon은 이 기간 급증하는 수요에 대응하기 위해 수천 명의 임시 직원을 고용하지만 이들

---

[1] Malcolm Glad well, *Outliers: The Story of Success* (Back Bay Books, 2008).

은 이런 일을 처음 하는 사람들이다. 그러나 6~8주 정도의 기간을 거치면서 이들의 생산성은 200% 이상 증가한다. 다른 말로 표현하면, 신규직원은 근무 8주 차가 되면 첫 주에 처리했던 작업량의 세 배에 해당하는 양을 처리할 수 있다. 이와 유사하게, 관련 연구에 따르면 전립선 암을 수술하는 의사들은 250회의 수술 경험이 쌓일 때까지 수술결과가 계속해서 향상된다고 한다(CNN 보도).

- 회사 수준: 디스크 드라이브 산업에서 생산시스템이 구축되는 초기 과정을 보면 시스템의 불량률, 처리시간, 생산량이 목표수준에 이르러 안정화되기까지 통상 한두 달이 걸리고 이후 시스템이 잔여 제품수명주기에 걸쳐 안정적으로 운영된다고 한다.[2] 이 기간 동안 20%(올바르게 처리된 디스크 드라이브의 비율) 이상의 품질 향상과 2배 이상의 생산량 증가는 일반적이다. 이와 유사하게, 자동차 공장이 양산체제를 구축하는 2~4개월의 기간 동안 불량률은 80%까지 감소하고 노동생산성은 3배까지 향상된다.[3]
- 산업 수준: 박막 광전지 산업에서 와트당 비용은 계속해서 감소해왔다. 2006년에는 와트당 비용이 2달러였으나 2010년에는 약 5,000메가와트가 생산되면서 비용은 와트당 70센트로 감소했다.

시간이 지나면서 성과가 향상하는 현상을 **학습곡선(learning curve)** 또는 **경험곡선(experience curve)**이라 부른다. 이 장에서는 운영관리자가 이러한 경험효과로부터 어떠한 이득을 얻을 수 있고 이 효과가 프로세스의 생산성을 어떻게 주도하는지에 대해 다룬다.

학습곡선 특정 활동의 반복 횟수로 측정된 학습과 성과측정지표 간의 관계를 포착하는 함수

경험곡선 학습곡선의 유의어. 경험이라는 용어는 학습이 경험에 의해 가능해짐을 의미한다.

- 먼저 성과측정지표에 따라 다양한 형태의 학습곡선을 파악한다.
- 이어지는 절들에서는 원가기반의 학습곡선에 초점을 맞추면서, 프로세스의 누적산출량이 2배에 이를 때마다 산출물의 단위당 비용이 고정된 비율로 감소함을 살펴볼 것이다. 특히 학습률을 어떻게 측정하며 미래 비용의 추정이 어떻게 가능한지 살펴본다.
- 학습에 관한 조직차원에서의 동인에 대해 논의하면서 이 장을 마친다. 특히, 학습의 중요한 동인으로서 직원 유지와 표준화에 초점을 맞출 것이다.

---

[2] Christian Terwiesch and Roger E. Bohn, "Learning and Process Improvement during Production Ramp-up," *International Journal of Production Economics* 70, no. 1 (2001), pp. 1-19.

[3] Steven D. Levitt, John A. List, and Chad Syverson, "Toward an Understanding of Learning by Doing: Evidence from an Automobile Assembly Plant," *Journal of Political Economy* 121, no. 4 (August 2013), pp. 643-81.

6.1 다양한 형태의 학습곡선

학습목표 6-1
다양한 형태의 학습곡선을 구분할 줄 안다.

경험곡선이라고도 불리는 **학습곡선**은 특정 활동의 반복횟수가 늘어날수록 그 활동이 이루어내는 성과가 달라지는 관계를 포착한다. 특정 활동에 대한 누적된 경험의 양이 증가하면 성과도 증가한다. 가장 일반적인 형태의 학습곡선은 y축에 성과측정지표로서 처리시간, 노동량 또는 단위비용을 사용하고, x축에는 프로세스의 경험을 표시한다. 처리시간, 노동량, 불량률 혹은 단위비용이든 간에 수치가 작을수록 더 나은 성과를 의미한다면 학습곡선은 아래로 기울어진다. 그러나 생산 수율, 흐름률 또는 고객만족수치와 같은 성과측정지표의 경우에는 학습곡선은 경험의 양이 증가할수록 위로 기울어진다.

학습곡선이 위로 가는가 아래로 가는가는 성과를 어떻게 측정하느냐에 달린 문제이다. 예를 들어, 한 단위의 산출물을 생산하는 데 일주일이 걸리는데 이 작업을 매번 반복할 때

그림 6.1
경험의 함수로 묘사된 처리시간과 처리능력의 변화

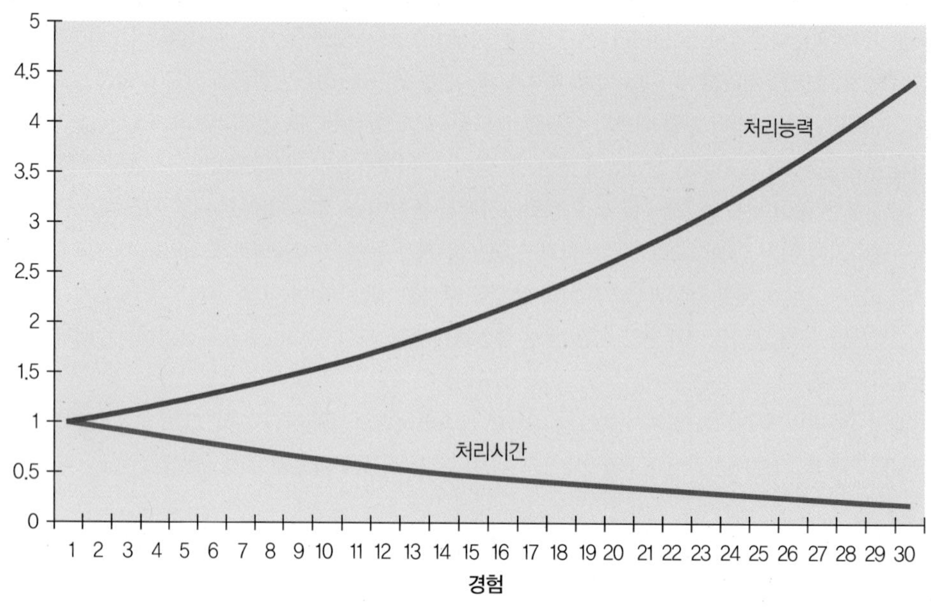

마다 처리시간은 5%씩 줄어든다고 하자. 처리시간을 성과측정지표로 사용한다면 아래로 기울어지는 학습곡선을 보게 된다. 하지만 만약 시간에 따른 프로세스의 처리능력(처리능력=1/처리시간)을 성과측정지표로 삼는다면 위로 기울어지는 학습곡선을 보게 될 것이다. 이 예의 경우, 경험이 증가함에 따라 프로세스가 어떤 형태로 향상되는지 그림 6.1에 나타나 있는데 한 곡선은 처리시간을 나타내고 다른 곡선은 처리능력을 나타내고 있다. 두 곡선의 기본이 되는 학습의 양은 동일하지만 경험치가 증가할수록 처리시간은 변화의 양이 점점 줄어드는 반면 처리능력은 변화의 양이 점점 늘어나는 것처럼 보인다는 것을 주목하자. 눈대중으로 데이터를 확인하고 결과를 해석하면 종종 오해의 소지가 생기기 때문에 이 장의 뒷부분에서는 학습곡선을 추정하는 일반적인 방법을 다룬다.

기하급수적인 성장 시간이나 경험에 따라 개선율이 증가하는 개선 궤적

프로세스에 따라 개선이 발생하는 비율도 다를 수 있다. 프로세스나 기술에 따라 어떤 개선은 기하급수적으로 일어나기도 한다. 아마도 가장 많이 알려진 **기하급수적 성장(exponential growth)**의 예는 집적회로의 트랜지스터 숫자가 매 2년마다 2배씩 늘어난다고 하는 Moore의 법칙일 것이다. Moore의 법칙이 몇십 년 동안 사실이었지만 이는 자연법칙은 아니고 단순히 경험적 규칙임을 이해하는 것이 중요하다. 이는 모든 학습곡선 분석에 있어 유의해야 할 점이다. 원론적으로 볼 때, 학습곡선은 지금까지의 개선결과를 반영할 뿐이며 미래도 과거와 같을 것이라고 주장하는 것은 아니다. 이렇게 말하기는 했지만, 과거는 데이터를 수집할 수 있는 유일한 곳이므로 개선의 과거 궤적을 기반으로 추정하는 것은 미래를 예측하는 가장 좋은 방법이다.

Moore의 법칙과 같이 기하급수적으로 발생하는 개선과는 달리 개선이 수확 체감의 형태로 발생하는 경우도 있다. 예를 들어 생산 수율, 즉 정상적으로 처리되는 흐름단위들의 비율을 생각해보자. 그 정의상, 수율은 100%를 넘어설 수 없으므로 기하급수적으로 개선되는 프로세스란 없을 것이다. 대신, 100%에 점진적으로 접근하는 형태의 개선을 보게 된다. 이와 유사하게 불량의 수나 고객 불만의 수는 0보다 작을 수 없으므로 이 수치는 0보

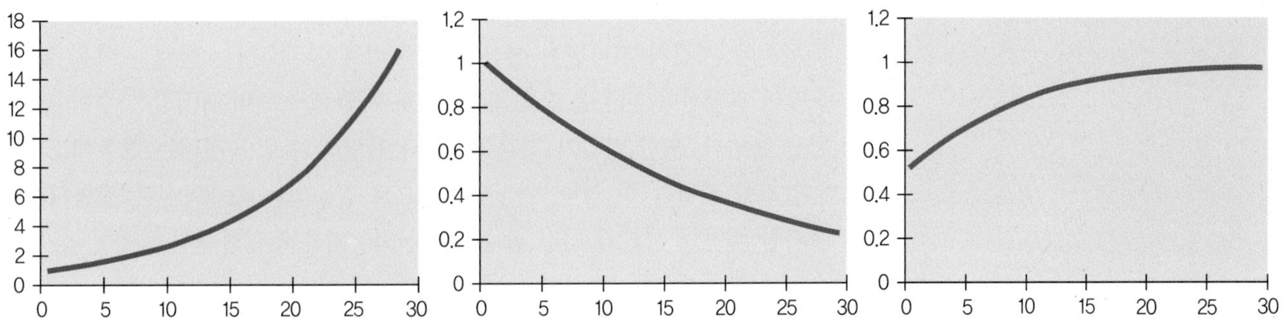

그림 6.2 학습곡선의 3가지 형태

다 조금 높은 수준에서 안정화되어 간다. 이러한 **수확 체감(diminishing returns)**의 경우를 보면 개선은 기하급수적 성장 패턴을 따르지 않는다. 대신, 성과가 향상되는 폭, 즉 **성과 격차(performance gap)**가 기하급수적으로 줄어든다고 볼 수 있다. 성과 격차는 현재 성과와 이상적인 성과 수치(100퍼센트의 수율 또는 0건의 고객 불만) 간의 차이로 정의한다.

수확 체감 시간이나 경험에 따라 개선율이 감소하는 성과 궤적

성과 격차 현재 프로세스 성과와 목표 혹은 최적치와의 차이

그림 6.2는 3가지 형태의 학습곡선을 보여준다. 이 예들은 프로세스가 경험을 축적함에 따라 성과가 특정 비율로 변화한다는 공통점을 지니면서 학습곡선에 3가지 뚜렷한 유형이 있음을 보여준다.

- **기하급수적 증가**: 그림 6.2의 왼쪽 그래프는 기하급수적 성장을 보여준다. Moore의 법칙처럼 성과 향상의 비율이 시간에 따라 증가한다. 이러한 기하급수적 증가 모델은 여러 다른 분야에서도 존재할 수 있는데 마케팅에서 시간에 따른 소비자의 제품 인지도 증가가 이러한 형태를 띤다. 기하급수적으로 성장하는 학습곡선은 경험치가 두 배로 늘어날 때마다 성과가 어떤 함수로 개선되는지를 수치화하면서 설명할 수

이해도 확인하기 6.1

질문 다음의 각 성과측정지표별로 학습곡선의 형태를 추정하라.

- 운영프로세스를 설명하는 인기 있는 유튜브 동영상을 시청한 소비자의 수
- 배송회사가 올바르게 실행한 배달건수의 비율
- 항공사 화물 처리 작업 중 분실된 수하물의 수

답 먼저 실제 학습곡선의 형태는 학습이 이루어지는 환경에 상당히 의존하므로 이 문제는 정답이나 오답이 있는 것은 아님을 참조하기 바란다. 아래의 답안을 고려할 수 있다.

- 동영상: 이 경우는 기하급수적으로 성장하는 프로세스를 생각해볼 수 있으며 특히 유튜브의 동영상이 입 소문을 타고 급속도로 유행하는 경우라면 더욱 그러하다.
- 배달: 경험이 누적됨에 따라 프로세스가 개선되고 실수가 적어진다. 하지만 100%보다 높은 비율을 올바르게 배송할 수는 없으므로 현재의 성과비율과 목표치인 100% 간의 격차를 점진적으로 줄여 나가게 된다. 이 경우는 수확 체감의 프로세스이다.
- 분실 수화물: 마찬가지로, 경험이 누적되면서 프로세스가 개선되고 실수가 줄어든다. 하지만, 실수 횟수를 그래프에 표시하다 보면 이 수치가 줄어드는 비율이 기하급수적으로 감소하면서 0으로 접근하는 점근선의 형태를 보게 될 것이다.

있다. 이 함수가 1보다 커야지만 학습곡선이 위로 증가하는 형태가 될 것이다.

- **기하급수적 감소**: 그림 6.2의 중간 그래프는 기하급수적으로 감소하는 형태의 학습곡선을 보여준다. 시간이 지나면서 성과의 개선 비율이 감소하는 형태는 비용 절감의 경우에 많이 관찰된다. 비용은 음의 값이 나올 수 없으므로 비용 절감은 수확 체감하는 경향을 보인다. 또한 성과가 고객불만이나 불량의 수로 측정되는 경우에도 기하급수적 감소를 관찰할 수 있다. 기하급수적으로 감소하는 학습곡선은 경험치가 두 배로 증가할 때마다 성과가 어떤 함수로 개선되는지를 수치화해서 설명할 수 있다. 이 함수는 1보다 작은데 이는 가장 널리 사용되는 학습곡선의 형태이며 이 장 전체에서 다루고자 하는 학습곡선의 형태이다.
- **수확 체감하는 성장**: 그림 6.2의 오른쪽 그래프는 경험이 누적되면서 차츰 평평해지며 점진적으로 특정 값에 수렴하는 형태의 그래프이다. 생산 수율의 향상 과정이 이러한 형태를 따른다. 일반적인 효율성 증가 과정이 이러한 형태를 띠는데 경험이 쌓이면서 기준치 대비 폐기물의 양이 점점 줄어드는 과정도 이러한 형태를 띤다. 예를 들어, 난방시스템은 100퍼센트가 넘는 에너지 효율성을 달성할 수 없다. 이 경우에는 학습곡선을 묘사하기 위해 지수함수를 쓸 수 있다. 예를 들어, 경험이 누적되면서 실제 발생하는 학습곡선과 어떤 수치를 향해 수렴하는 이상적인 형태의 점근선과의 격차가 줄어드는 과정은 기하급수적인 감소과정으로 묘사할 수도 있다.

연관 사례: 스포츠에서의 학습곡선

© Digital Vision/Getty Images

자메이카의 단거리 주자이자 올림픽 금메달리스트인 Asafa Powell의 기록 향상에 대해 생각해보자. 그림 6.3의 자료는 100m 단거리경기에서 그의 개인 최고기록들을 보여준다. 자료는 수확 체감하는 부드러운 형태의 학습곡선이 발생하고 있음을 보여준다. 이러한 개선은 훈련을 통해 누적된 경험으로 인해 나타났다고 볼 수 있다. 그러나 불행하게도 이 결과들은 금지약물 복용의 결과일 수

[계속]

도 있다. Powell은 도핑검사 결과 금지약물인 Oxilofrine에 양성 판정을 받았다.

그림 6.3

연도	시간	풍속	도시	일지
2000	11.45	−2.3	Kingston	3월 13일
2001	10.50	0.40	Kingston	6월 22일
2002	10.12	1.30	Rovereto	8월 28일
2003	10.02	0.80	Brussels	9월 5일
2004	9.87	0.20	Brussels	9월 3일
2005	9.77	1.60	Athens	6월 14일
2006	9.77	1.00	Zürich	8월 15일
2007	9.74	1.70	Rieti	9월 9일
2008	9.72	0.20	Lausanne	9월 2일
2009	9.82	1.40	Szczecin	9월 15일
2010	9.82	0.60	Rome	6월 10일
2011	9.78	1.00	Lausanne	6월 30일

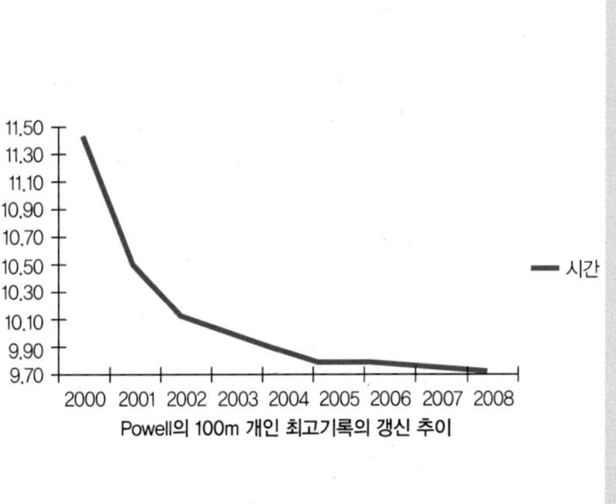

Powell의 100m 개인 최고기록의 갱신 추이

출처: https://en.wikipedia.org/wiki/Asafa_Powell

6.2 멱 법칙

학습목표 6-2
학습률과 경험치가 주어졌을 때 프로세스의 단위당 비용을 결정할 줄 안다.

가장 일반적인 형태의 학습곡선은 단위당 비용을 종속변수(y축)로 사용하고 누적경험을 독립변수(x축)로 사용하는 것이다. 누적경험은 특정 시점까지 생산된 총량으로 측정하는데 이를 누적산출량이라 부른다. 또한 누적경험의 양이 2배가 될 때마다 성과가 고정된 비율로 개선된다고 가정한다. 이렇듯 누적경험의 양이 2배가 될 때마다 성과가 고정된 비율로 향상하는 것을 **멱 법칙(power law)**에 따른 향상이라고 부른다. 누적산출량이 2배가 될 때마다 성과 향상에 미치는 영향을 포착하기 위해 몇 가지 수식을 사용하고자 한다. $c(i)$를 프로세스에서 i번째 산출물을 만드는 데 드는 비용이라고 하자. 누적산출량이 2배로 늘어날 때마다, $c(i)$에 **학습률(learning rate)** 또는 간단히 줄여서 LR이라 부르는 1보다 작은 양수를 곱한다.

학습률 누적경험이 배가될 때마다 프로세스 성과에 곱해지는 수. 학습률(LR)은 0에서 1 사이의 값으로서 숫자가 높을수록 학습이 느림을 의미한다. 1−LR은 누적경험이 배가될 때마다 성과가 개선되는 비율을 의미한다.

예를 들어, 신제품의 첫 단위를 제작하는 데 단위당 $100의 비용이 든다고 가정하자.

$$c(1) = 100$$

더 나아가 학습률 LR = 0.8이라고 가정하자. 즉, 누적산출량이 배가하면 비용은 이전 단위 비용의 80%가 된다. 두 번째 산출물을 생산하면 누적산출량이 1에서 2로 2배 늘어남으로써 비용은 다음과 같다.

$$c(2) = c(1) \times \text{LR} = 100 \times 0.8 = 80$$

비슷하게, 다음 비용들을 계산할 수 있다.

$$c(4) = c(2) \times \text{LR} = c(1) \times \text{LR} \times \text{LR} = 100 \times \text{LR}^2 = 100 \times 0.8^2 = 64$$

$$c(8) = c(4) \times \text{LR} = c(1) \times \text{LR} \times \text{LR} \times \text{LR} = 100 \times \text{LR}^3 = 100 \times 0.8^3 = 51.2$$
$$c(16) = c(8) \times \text{LR} = c(1) \times \text{LR} \times \text{LR} \times \text{LR} \times \text{LR} = 100 \times \text{LR}^4 = 100 \times 0.8^4 = 40.96$$
$$c(32) = c(16) \times \text{LR} = c(1) \times \text{LR} \times \text{LR} \times \text{LR} \times \text{LR} \times \text{LR} = 100 \times \text{LR}^5 = 100 \times 0.8^5 = 32.768$$

이 예에서 단위당 비용은 누적산출량이 배가할 때마다 20%씩 줄어든다. 일반적으로 누적산출량이 배가할 때마다 단위당 비용은 (1 − LR)%만큼 줄어든다. 이 예시는 누적산출량을 배가할 때마다 고정비율로 개선되는 학습곡선은 수확 체감의 특징을 갖는다는 것을 보여준다. 단위당 비용을 64에서 51.2로(즉, 12.8만큼) 줄이는 데는 4개를 더 생산하면 되었지만, 51.2에서 40.96으로(즉, 10.24만큼) 줄이는 데는 8개를 더 생산해야 했다.

일반적으로 단위당 비용은 누적산출량의 함수로서 다음과 같이 나타낼 수 있다.

$$c(\text{누적산출량을 } n\text{번 배가한 후}) = c(1) \times \text{LR}^n$$

그림 6.4는 이 학습곡선을 보여주며 이 곡선은 누적경험이 배가될 때마다 단위당 비용이 고정비율로 감소하는 수확 체감의 모습을 명확하게 보여준다.

지금까지 단위비용 추정을 위한 학습곡선은 첫 번째, 두 번째, 네 번째, 여덟 번째, 열여섯 번째, 서른두 번째 등의 단위들에 제한되어 있었다. 하지만 29번째 산출물의 비용은 얼마가 될 것인가? 29번째 산출물에 도달하기 위해서는 산출량을 4번보다 많이($2^4 < 29$), 그러나 5번보다는 적게($2^5 > 29$) 배가해야 한다. 달리 표현하면, 29번째 단위에 도달하기 위해 누적산출량을 배가해야 하는 횟수는 정수가 아니다. 이 경우에는 로그를 이용하여 누적산출량이 배가되어야 하는 횟수를 구할 수 있다.

그림 6.4
누적경험의 함수로서 단위당 비용의 변화추이
(최초 산출물의 단위당 비용이 $100)

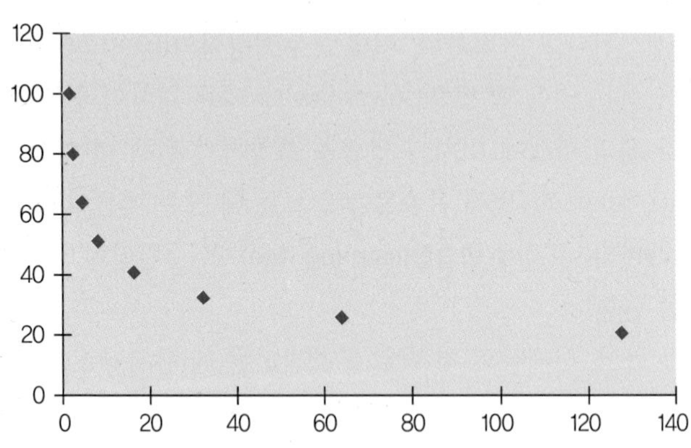

이해도 확인하기 6.2

질문 첫 단위의 단위비용이 $40인 프로세스를 생각해보자. 즉, $c(1)=40$이며 학습률 LR=0.9이다. 16번째 단위의 단위비용은 얼마가 될 것인가?

답 16번째 단위에 도달하기 위해서는 누적산출량을 4번 배가해야 한다(1에서 2로, 2에서 4로, 4에서 8로, 8에서 16으로). 따라서,

$$c(\text{누적산출량을 4번 배가한 후}) = c(1) \times \text{LR}^4 = 40 \times 0.94^4 = 26.244$$

$$29\text{를 얻기 위해 산출량을 배가해야 하는 횟수} = \log_2(29) = \frac{\ln(29)}{\ln(2)} = 4.85799$$

이때 $\log_2(x)$는 밑이 2인 x의 로그이며 $\ln(x)$는 x의 자연로그다. 대수 과목에서 $\log_a(b) = \ln(b)/\ln(a)$를 배웠던 기억이 날 것이다. 기억이 나지 않아도 걱정하지 말라. 우리가 말한 것을 믿고 아래의 공식으로 N번째$_1$ 산출물의 단위당 비용을 계산하면 된다.

$$c(N) = c(1) \times LR^{\log_2 N} = c(1) \times LR^{\frac{\ln(N)}{\ln(2)}}$$

ln(2)의 값은 0.6931이므로 상기의 수식은 아래와 같이 다시 쓸 수 있다.

$$c(\mathrm{N}) = c(1) \times LR^{\frac{\ln(N)}{0.6931}}$$

이해도 확인하기 6.3

질문 **첫 단위의 단위비용이 $40인 프로세스를 생각해보자. 즉, $c(1) = 40$이며 학습률 LR=0.9이다. 19번째 단위의 단위비용은 얼마가 될 것인가?**

답 공식을 바로 사용할 수 있다.

$$c(19) = c(1) \times LR^{\log_2 19} = c(1) \times LR^{\frac{\ln(19)}{\ln(2)}} = 40 \times 0.9^{4.248} = 25.567$$

지수 4.248은 생산을 배가해야 하는 횟수가 4번보다 많지만(4번 배가하면 16) 5번보다는 적음을 의미한다(5번 배가하면 32).

6.3 선형 로그-로그 그래프를 이용한 학습곡선 추정

학습목표 6-3
비용에 관한 데이터를 활용하여 학습률을 추정할 줄 안다.

지금까지의 예에서, 산출물이 한 단위 늘 때마다 단위비용의 절대적 감소량은 점점 줄어들지만 매번 누적산출량이 배가되는 지점에서의 감소 비율은 일정했다. 이는 학습곡선의 변화율(LR)이 0.8로 일정하다고 정한 우리의 가정 때문이다. 누적산출량이 배가할 때마다 일정한 비율로 성과가 향상되는 것을 확인하는 방법은 그림 6.4의 구성방식을 바꿔보는 것이다. x축에 누적산출량을 표시하고 y축에 단위당 비용을 표시하는 대신에, x축에 누적산출량의 로그값을 표시하고 y축에 단위당 비용의 로그값을 표시해본다. 표 6.1은 LR=0.8이고 첫 번째 산출물의 단위당 비용이 $100인 경우의 계산을 보여주며 그 결과가 그림 6.5에 그래프로 나타나 있다. 이 그래프는 **로그-로그 그래프(log-log plot)**라고도 알려져 있다.

로그-로그 그래프 x와 y변수의 로그값을 도면에 표시한 그래프

그림 6.5에는 개선의 궤적이 일직선으로 나타나고 있는데 이는 학습률이 고정적임을 보여주고 있다. 이 직선의 기울기인 b값은 대수를 통해 찾을 수 있다. 일반적으로 대수에서는, 함수 $f(x) = bx + c$에서 직선의 기울기를 계산하기 위해 먼저 x축의 두 값 $x_1 < x_2$을 고른 후 다음을 계산한다.

표 6.1 경험의 양과 비용 자료의 로그 변환; ln(*x*)는 *x*의 자연로그를 의미

경험	비용	ln(누적경험량)	ln(단위당 비용)
1	100	0.000	4.605
2	80	0.693	4.382
4	64	1.386	4.159
8	51.2	2.079	3.936
16	40.96	2.773	3.713
32	32.768	3.466	3.489
64	26.2144	4.159	3.266
128	20.97152	4.852	3.043

$$기울기\ b = \frac{[f(x_2) - f(x_1)]}{[x_2 - x_1]}$$

이 공식은 x축의 한 단위 변화(산출물의 배가)에 대해 y축의 값이 얼마나 변하는지(비용의 절감)를 보여준다. 선의 기울기는 항상 일정하므로 선 위의 아무 점을 골라도 기울기를 계산할 수 있다. 누적산출량의 값으로 16과 64를 골라보자. 이 경우 $f(x)$가 ln(c(생산량))이고 x가 ln(생산량)이므로 기울기 값은 다음과 같다.

$$기울기\ b = \frac{[\ln(c(x_2)) - \ln(c(x_1))]}{[\ln(x_2) - \ln(x_1)]} = \frac{[\ln(c(64)) - \ln(c(16))]}{[\ln(64) - \ln(16)]}$$

표 6.1에서 제시된 값들 ($\ln(c(16)) = 3.713$, $\ln(c(64)) = 3.266$, $\ln(16) = 2.773$, $\ln(64) = 4.159$)을 활용하면,

$$기울기\ b = \frac{[3.266 - 3.713]}{[4.159 - 2.773]} = -\ 0.3219$$

따라서 로그-로그 그래프에서 학습곡선을 나타내는 직선의 기울기 값 $b = -0.3219$로 아래로 기울어진다.

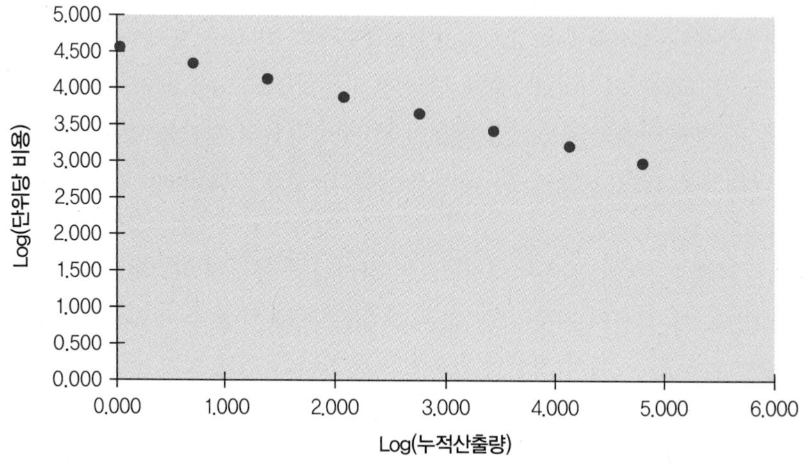

그림 6.5
학습률이 0.8인 학습곡선의 로그-로그 그래프

로그 – 로그 그래프로 표현한 학습곡선의 기울기는 앞서 소개한 학습률인 LR 값에 의해 전적으로 결정된다. 우리가 사용하는 예에서는 학습률 LR = 0.8이므로 이에 대응하는 기울기 $b = -0.3219$이다. 학습이 느리게 진행된다면 학습률 LR의 값은 1에 가까워지며 하향 기울기는 덜 가팔라지는 반면, 학습이 더 빠르게 진행된다면 학습률 LR 값은 작아지고 기울기는 가팔라진다. 로그 – 로그 함수에서 학습곡선의 기울기를 결정하는 유일한 변수가 학습률 LR이므로 학습률과 기울기 간에 일대일 관계가 형성된다. 학습률이 주어지면 기울기를 구할 수 있으며 반대로 기울기가 주어지면 학습률을 구할 수 있다. 표 6.2는 학습률 LR과 로그 – 로그 그래프에서의 학습곡선의 기울기 간의 일대일 관계를 보여준다. 이전의 정의에 기반하여 이 관계를 대수적으로 다음과 같이 나타낼 수 있다.

$$\text{LR} = 2^{\text{기울기}}$$

이 지점에서, 당신은 왜 복잡하게 학습률 LR을 이용하여 로그 – 로그 그래프로 표현된 (선형) 학습곡선의 기울기를 찾아야 하는지 의아해할 수도 있다. 학습률은 시작할 때부터 알려진 것이고 이해하기도 쉬웠고 이를 이용한 계산도 명료했다. 그런데 왜 이제 와서 로그 변환과 직선의 기울기를 신경 써야 하는가? 로그 – 로그 버전의 학습곡선을 다루는 주요한 이유는 실무에서는 학습률이 알려져 있지 않기 때문이다. 하지만, 이제는 지금까지 소개한 방법을 이용하여 현장에서 수집한 자료만으로 학습률을 추정할 수 있다. 그 방법은 아래와 같이 요약할 수 있다.

1. 로그 – 로그 그래프로 학습곡선을 표시한다(이때의 학습곡선이 선형인지 확인하라).
2. 임의의 두 점 x_1과 $x_2(x_1 < x_2)$ 그리고 기울기를 구하는 수식 $b = [\ln(c(x_2)) - \ln(c(x_1))]/[\ln(x_2) - \ln(x_1)]$ 를 이용하여 로그 – 로그 그래프의 기울기 b를 추정한다.
3. 표 6.2에서 기울기 b 값을 이용하여 학습률 LR 값을 찾는다.

표 6.2 학습률 LR과 로그 – 로그 그래프에서 학습곡선의 기울기(LR = $2^{\text{기울기}}$에 기반한 계산)

학습률	기울기	학습률	기울기	학습률	기울기	학습률	기울기	학습률	기울기
0.5	– 1	0.6	– 0.73697	0.7	– 0.51457	0.8	– 0.32193	0.9	– 0.152
0.51	– 0.97143	0.61	– 0.71312	0.71	– 0.49411	0.81	– 0.30401	0.91	– 0.13606
0.52	– 0.94342	0.62	– 0.68966	0.72	– 0.47393	0.82	– 0.2863	0.92	– 0.12029
0.53	– 0.91594	0.63	– 0.66658	0.73	– 0.45403	0.83	– 0.26882	0.93	– 0.1047
0.54	– 0.88897	0.64	– 0.64386	0.74	– 0.4344	0.84	– 0.25154	0.94	– 0.08927
0.55	– 0.8625	0.65	– 0.62149	0.75	– 0.41504	0.85	– 0.23447	0.95	– 0.074
0.56	– 0.8365	0.66	– 0.59946	0.76	– 0.39593	0.86	– 0.21759	0.96	– 0.05889
0.57	– 0.81097	0.67	– 0.57777	0.77	– 0.37707	0.87	– 0.20091	0.97	– 0.04394
0.58	– 0.78588	0.68	– 0.55639	0.78	– 0.35845	0.88	– 0.18442	0.98	– 0.02915
0.59	– 0.76121	0.69	– 0.53533	0.79	– 0.34008	0.89	– 0.16812	0.99	– 0.0145

그림 6.6
누적경험의 함수로서의 태양광전지 발전 비용;

출처: Paul Maycock, Bloomberg New Energy Finance 제공

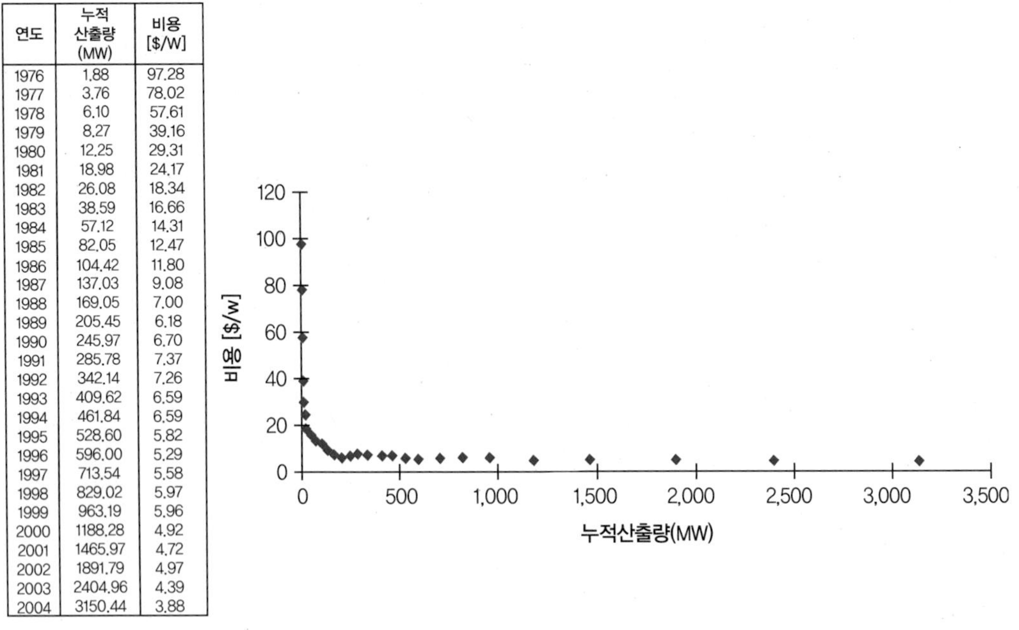

연도	누적 산출량 (MW)	비용 [$/W]
1976	1.88	97.28
1977	3.76	78.02
1978	6.10	57.61
1979	8.27	39.16
1980	12.25	29.31
1981	18.98	24.17
1982	26.08	18.34
1983	38.59	16.66
1984	57.12	14.31
1985	82.05	12.47
1986	104.42	11.80
1987	137.03	9.08
1988	169.05	7.00
1989	205.45	6.18
1990	245.97	6.70
1991	285.78	7.37
1992	342.14	7.26
1993	409.62	6.59
1994	461.84	6.59
1995	528.60	5.82
1996	596.00	5.29
1997	713.54	5.58
1998	829.02	5.97
1999	963.19	5.96
2000	1188.28	4.92
2001	1465.97	4.72
2002	1891.79	4.97
2003	2404.96	4.39
2004	3150.44	3.88

이제 이 방법을 태양광패널 생산공정에서의 단위당 생산비용 분석에 적용해보자(Paul Maycock, Bloomberg New Energy Finance 자료 제공). 그림 6.6에 지난 30여 년간의 태양광패널 생산비용이 제시되어 있다. 표의 첫 번째 열은 연도를, 두 번째 열은 메가와트 단위로 표시된 누적산출량을 (예전에 생산된 모든 패널들이 특정 연도에 얼마나 많은 메가와트의 전력을 생산하는지를) 보여준다. 세 번째 열은 와트당 달러로 표시된 패널 생산비용을 보여준다.

와트당 비용은 분명히 감소하고 있지만 학습률은 얼마인가? 그리고 2년 후에는 와트당 비용이 얼마가 될 것이라고 예상할 수 있는가? 데이터를 육안으로만 관찰하면 학습의 효과가 사라졌고 2000년도 이후에는 단위당 비용에 별 변화가 없다고 생각할 수도 있다. 이 질문에 대답하기 위해 다음의 순서로 계산을 진행한다. 먼저, x축과 y축 모두를 자연로그(ln(x))를 취해 변환하여 준다. 누적산출량과 단위당 비용에 자연로그를 취한 값들의 그래프가 그림 6.7에 나타나 있다. 로그-로그 그래프로 표현된 학습곡선이 비교적 선형형태로 감소하고 있음을 확인할 수 있다. ln(산출량) = 5.2 데이터 포인트 주변에서 예외적인 돌출부가 있기는 하지만 개선율은 상대적으로 거의 일정하다.

다음으로, 기존에 설명한 공식을 이용하여 로그-로그 그래프로 표현된 학습곡선의 기울기를 계산한다.

$$\text{기울기 } b = \frac{[\ln(c(x_2)) - \ln(c(x_1))]}{[\ln(x_2) - \ln(x_1)]}$$

상기 계산을 위해서 임의의 두 점 x_1과 $x_2(x_1 < x_2)$를 선택해야 하는데 어떤 점들을 선택할 것인가? 그래프가 선형이므로 단순히 제일 첫 데이터와 마지막 데이터(즉, 1976년과 2004년의 자료)를 선택해보자. 2004년도의 데이터를 x_2로 선택한다면,

연도	누적 산출량 (MW)	비용 [$/W]	ln (산출량)	ln (비용)
1976	1.88	97.28	0.631	4.578
1977	3.76	78.02	1.325	4.357
1978	6.10	57.61	1.809	4.054
1979	8.27	39.16	2.112	3.668
1980	12.25	29.31	2.505	3.378
1981	18.98	24.17	2.943	3.185
1982	26.08	18.34	3.261	2.909
1983	38.59	16.66	3.653	2.813
1984	57.12	14.31	4.045	2.661
1985	82.05	12.47	4.407	2.523
1986	104.42	11.80	4.648	2.468
1987	137.03	9.08	4.920	2.206
1988	169.05	7.00	5.130	1.945
1989	205.45	6.18	5.325	1.822
1990	245.97	6.70	5.505	1.902
1991	285.78	7.37	5.655	1.997
1992	342.14	7.26	5.835	1.982
1993	409.62	6.59	6.015	1.886
1994	461.84	6.59	6.135	1.885
1995	528.60	5.82	6.270	1.762
1996	596.00	5.29	6.390	1.665
1997	713.54	5.58	6.570	1.719
1998	829.02	5.97	6.720	1.786
1999	963.19	5.96	6.870	1.785
2000	1188.28	4.92	7.080	1.593
2001	1465.97	4.72	7.290	1.551
2002	1891.79	4.97	7.545	1.604
2003	2404.96	4.39	7.785	1.480
2004	3150.44	3.88	8.055	1.356

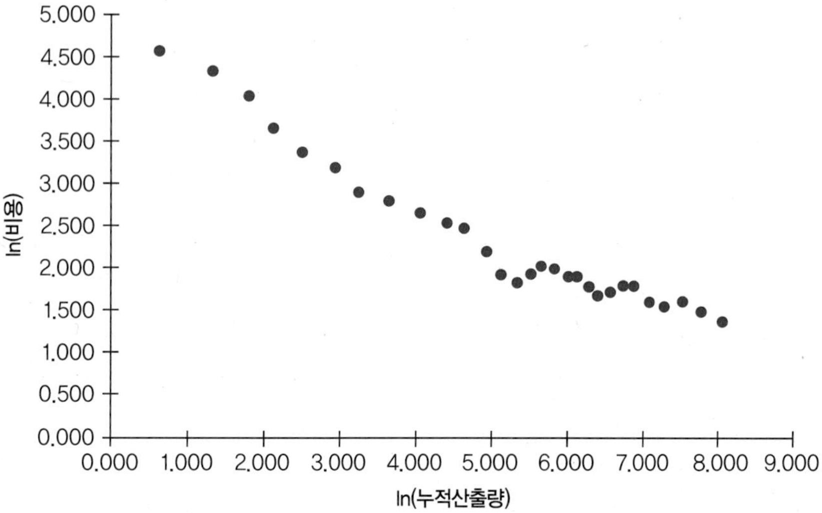

그림 6.7
태양광전지 발전의 데이터와
학습곡선의 로그-로그 그래프

$$\ln(\text{비용}) = \ln(3.88) = 1.356, \text{ 그리고}$$
$$\ln(\text{누적산출량}) = \ln(3{,}150.44) = 8.055$$

비슷하게, 1976년도의 데이터를 x_1으로 선택한다면,

$$\ln(\text{비용}) = \ln(97.28) = 4.578, \text{ 그리고}$$
$$\ln(\text{누적산출량}) = \ln(1.88) = 0.631$$

기울기는

$$\text{기울기 } b = \frac{[\ln(c(x_2)) - \ln(c(x_1))]}{[\ln(x_2) - \ln(x_1)]}$$
$$= \frac{[1.356 - 4.578]}{[8.055 - 0.631]} = \frac{-3.222}{7.424} = -0.434$$

따라서 로그-로그 그래프로 표현된 학습곡선의 기울기 $b = -0.434$이다.

고급통계 과목을 수강했다면 회귀분석 기법에 익숙할 것이다. **회귀분석(regression analysis)**을 사용하면 통계적으로 더 엄밀하게 선형 직선의 기울기를 구할 수 있다. 하지만 방금 사용한 방식처럼 Δx에 대한 상대적인 Δy를 보면서 기울기를 구하는 방식도 잘 작동하며 이해하기도 훨씬 더 쉽다. 마지막으로 표 6.2를 이용하여 이 기울기를 학습률로 전환하면 -0.434의 기울기는 74%의 학습률로 전환된다. 다시 말해, 누적산출량이 배가될 때마다 단위당 비용이 26% 감소한다고 판단할 수 있다.

이해도 확인하기 6.4

질문 2000년에 회사의 누적산출량은 2,000단위이고 단위당 생산비용은 $30이다. 2014년에 회사의 누적산출량은 7,000단위에 도달했고 회사의 단위당 생산비용은 $22이다. 로그-로그 그래프의 학습곡선이 선형이라고 한다면, 회사가 누적산출량을 배가할 때마다 단위당 비용을 얼마나 절감할 수 있는가?

답 x_2를 2014년의 누적산출량으로 선택하면,

$$\ln(\text{비용}) = \ln(22) = 3.091,\ \text{그리고}$$
$$\ln(\text{누적산출량}) = \ln(7{,}000) = 8.854$$

비슷하게, x_1를 2000년의 누적산출량으로 선택하면,

$$\ln(\text{비용}) = \ln(30) = 3.401,\ \text{그리고}$$
$$\ln(\text{누적산출량}) = \ln(2{,}000) = 7.601$$

따라서, 기울기는

$$\text{기울기 } b = \frac{[\ln(c(x_2)) - \ln(c(x_1))]}{[\ln(x_2) - \ln(x_1)]} = \frac{[3.09 - 3.401]}{[8.853 - 7.601]} = \frac{-0.310}{1.253} = -0.248$$

다음으로 표 6.2에서 기울기 $b = -0.248$에 대응하는 학습률은 0.84와 0.85 사이에 있다. 그러므로 프로세스는 매번 누적생산량을 배가할 때마다 비용을 15~16%씩 절감한다. 표 6.2를 사용하는 대신, 수식 $\text{LR} = 2^{\text{기울기}}$를 사용하여 $\text{LR} = 2^{-0.248} = 0.842$를 얻을 수도 있다.

6.4 학습곡선 계수를 이용한 비용 예측

이 장의 앞부분에서 초기 비용이 $c(1)$이고 학습률이 LR인 프로세스에서 N번째 단위의 생산비용을 다음과 같이 계산했다.

$$c(N) = c(1) \times \text{LR}^{\log_2 N}$$

이 수식은 다음과 같이 다시 적을 수 있다.

$$c(N) = c(1) \times \text{LR}^{\log_2 N} = c(1) \times \text{LR}^{\frac{\ln(N)}{\ln(2)}}$$

이 수식은 당연한 것일 수도 있지만 비용이 초기 비용 $c(1)$의 배수로 표현된다는 것을 보여준다. 다음의 두 프로세스를 비교해보자. 프로세스 A는 초기 비용이 $c(1) = 100$이고 프로세스 B는 초기 비용이 $c(1) = 1{,}000$이다. 두 프로세스의 학습률은 동일하다. 최초 단위의 생산비용이 10배 더 높은데 두 프로세스의 학습률이 동일하므로, 프로세스 B의 생산비용은 2번째, 16번째, 29번째, 3943번째 단위까지도 프로세스 A에 비해 항상 10배 더 높을 것이다.

이 패턴을 이용하면 초기 비용 $c(1) = 1$인 일반적인 프로세스를 기준으로 비용 추정을 단순화시킬 수 있다. 그런 다음, 이 $1짜리를 기준으로 서로 다른 학습률과 서로 다른 누적산출량을 적용하여 다양한 비용을 계산한 뒤 표로 정리할 수 있다. 이 수치들이 표 6.3

에 나타나 있다. 이 표는 일정 범위의 누적산출량(행)과 일정 범위의 학습률(열)에 대해 작성되어 있으며, 표의 각 수치는 특정 학습률을 기준으로 초기 비용이 $c(1) = 1$인 프로세스에서 특정 누적단위를 생산하는 데 드는 비용을 나타낸다. 예를 들어, 초기 비용이 $c(1) = 1$인 프로세스에서 학습률 LR = 0.85일 때, 30번째 단위의 생산비용은 0.450471이다.

표 6.3에 제시된 수치들을 **학습곡선 계수(learning curve coefficients)**라고 부르고 줄여서 LCC라고도 부른다. LCC를 다음과 같이 정의한다.

학습목표 6-4
LCC 방법과 학습곡선을 직접적으로 이용하여 단위당 비용을 예측할 줄 안다.

$$\text{LCC}(x, \text{LR}) = \text{초기 비용이 } c(1) = 1\text{이고 학습률이 LR인 프로세스에서 } x\text{번째 단위를 생산하는 데 드는 비용}$$

학습곡선 계수 초기 비용이 $c(1)=1$이고 학습률이 LR인 프로세스에서 x번째 단위를 생산하는 데 드는 비용

초기 비용이 $c(1) = 7.5$이고 학습률 LR = 0.85인 프로세스에서, 30번째 단위를 생산하는 데 드는 비용을 계산하려면, 먼저 표 6.3에서 학습곡선 계수 LCC(30, 0.85)를 확인해야 한다.

표 6.3 학습률과 누적생산량을 기준으로 한 학습곡선 계수

생산량	LR						
	0.65	0.7	0.75	0.8	0.85	0.9	0.95
1	1	1	1	1	1	1	1
2	0.65	0.7	0.75	0.8	0.85	0.9	0.95
3	0.505213	0.56818	0.633836	0.702104	0.772915	0.846206	0.921919
4	0.4225	0.49	0.5625	0.64	0.7225	0.81	0.9025
5	0.367789	0.436846	0.512745	0.595637	0.685671	0.782987	0.88772
6	0.328389	0.397726	0.475377	0.561683	0.656978	0.761585	0.875823
7	0.298388	0.367397	0.445916	0.5344449	0.633656	0.743948	0.865889
8	0.274625	0.343	0.421875	0.512	0.614125	0.729	0.857375
9	0.25524	0.322829	0.401748	0.49295	0.597397	0.716065	0.849935
10	0.239063	0.305792	0.384559	0.47651	0.58282	0.704688	0.843334
11	0.225313	0.291157	0.369643	0.462111	0.569941	0.694553	0.837407
12	0.213453	0.278408	0.356533	0.449346	0.558431	0.685427	0.832032
13	0.203094	0.267174	0.344883	0.437916	0.548048	0.677138	0.827118
14	0.193952	0.257178	0.334437	0.427592	0.538608	0.669553	0.822595
15	0.185812	0.248208	0.324996	0.418199	0.529965	0.662568	0.818406
20	0.155391	0.214055	0.288419	0.381208	0.495397	0.634219	0.801167
25	0.135268	0.190835	0.262907	0.354784	0.470145	0.613068	0.788046
30	0.120778	0.173745	0.243747	0.334559	0.450471	0.596311	0.777485
50	0.087924	0.133584	0.19718	0.283827	0.399623	0.551761	0.748644
100	0.057151	0.093509	0.147885	0.227062	0.33968	0.496585	0.711212
200	0.037148	0.065456	0.110914	0.181649	0.288728	0.446927	0.675651
500	0.021019	0.040849	0.075827	0.135246	0.232908	0.38882	0.631356
1,000	0.013663	0.028594	0.056871	0.108197	0.197972	0.349938	0.599789

이해도 확인하기 6.5

질문 **초기 비용이 $c(1)=24$, 학습률 LR=0.8, 누적산출량이 200개인 프로세스에서, LCC 방법을 사용할 때 단위당 비용은 얼마이겠는가?**

답 표 6.3에서 누적산출량 200, 학습률 LR=0.8에 대한 학습곡선 계수는 LCC(200, 0.8)=0.181649이다. 따라서, 단위당 비용은 다음과 같다.

c(200단위의 누적산출량, LR = 0.8, $c(1)$ = 24) = 24 × LCC(200, 0.8) = \$4.3596

이 계수는 LCC(30, 0.85) = 0.450471이다. $c(1) = 7.5$를 감안하면, 비용은,

c(30번째 단위의 생산비용, LR = 0.85, $c(1)$ = 7.5) = 7.5 × LCC(30, 0.85) = 3.3785

따라서 학습곡선 계수 또는 LCC 방법의 기본 아이디어는 첫 단위의 생산비용과 학습률의 함수로서 특정 누적 생산 단위의 비용을 계산할 수 있다는 것이다.

학습곡선에 관한 문제에서는 다음의 절차에 따라 필요한 계산을 수행하면 된다.

1. 앞 절에서 설명한대로, 로그-로그 그래프에서의 학습곡선의 기울기 b를 추정한다.
2. 표 6.2를 이용하여 기울기 b를 학습률 LR로 변환한다.
3. 누적산출량과 학습률 LR에 근거하여, 표 6.3의 학습곡선 계수, LCC를 확인한다.
4. 초기 비용 $c(1)$에 학습곡선 계수 LCC를 곱한다.

상기의 방법이 쉽긴 하지만 이전에 소개한 아래 수식을 통해서도 비용을 바로 계산할 수 있다는 것도 잊지 말기 바란다.

$$c(N) = c(1) \times \text{LR}^{\log_2 N} = c(1) \times \text{LR}^{\frac{\ln(N)}{\ln(2)}}$$

앞 절에서 설명했듯이 상기 수식은 로그-로그 그래프에서 학습곡선의 기울기 b의 함수를 이용하여 표현할 수도 있다.

$$c(N) = c(1) \times \text{LR}^{\log_2 N} = c(1) \times \text{LR}^{\frac{\ln(N)}{\ln(2)}} = c(1) \times N^b$$

이 계산은 두 단계만 거치면 되기 때문에 계산이 좀 더 빠를 수 있다.

1. 앞 절에서 설명한대로, 로그-로그 그래프에서 학습곡선의 기울기 b를 추정한다.
2. $c(1) \times N^b$를 이용하여 비용을 계산한다.

단위당 비용을 계산할 때 $c(1) \times N^b$으로 계산하거나 또는 LCC 방법을 사용하는 것 중 어떤 방식을 사용해야 하는가? 일반적으로는, 특히 로그-로그 그래프에서 학습곡선의 기울기 b를 이미 알고 있는 경우에는 단위당 비용을 바로 계산하는 것을 더 낫다. 그러나 LCC 방법의 장점은 특정 단위의 생산비용만을 예측하는 상황이 아닌 여러 단위들의 생산

이해도 확인하기 6.6

질문 초기 비용이 $c(1)=24$, 로그-로그 그래프에서 학습곡선의 기울기 $b=-0.32193$이고, 누적산출량이 200인 프로세스가 있다고 하자. LCC 방법을 사용하지 않고 학습곡선 함수를 바로 사용하면 단위당 비용은 얼마인가?

답 단위당 비용은 다음과 같이 바로 계산할 수 있다.

$c(1) \times N^b = 24 \times 200^{-0.32193} = \$4.3596$

비용을 예측하는 상황에서도 도움이 된다는 것이다. 이것이 다음 절의 주제이다.

6.5 학습곡선 계수를 이용한 누적비용 예측

학습목표 6-5
LCC 방법을 이용하여 누적비용을 예측할 줄 안다.

당신이 공급업체로부터 부품을 사려한다고 생각해보자. 공급업자는 부품 한 개의 가격으로 \$19,000을 제시한다. 하나가 아니라 20개를 산다고 생각해보자. 공급업자가 학습곡선을 경험할 터인데 20개의 가격으로 $20 \times \$19,000 = \$380,000$을 제안하는 것은 너무 순진한 생각일 것이다. 결국, 생산이 계속되면 학습이 일어나므로 20번째 단위를 생산할 때의 단위당 비용은 처음의 \$19,000보다 낮을 것이다.

공급업자의 학습률이 0.85라고 가정해보자. LCC 방법을 사용하여 20번째 단위의 생산비용을 $c(20) = \$19,000 \times 0.495397 = \$9,412$로 추정할 수 있다. 하지만, 우리가 공급업자에게 $20 \times \$9,412$을 제안한다면 이 가격은 너무 낮은 가격일 것이다. 어쨌든 처음 19개는 더 높은 단위당 비용으로 생산되었을 테니까. 이 경우에 학습효과로 인해 각 단위당 생산비용이 계속 달라진다는 것을 반영하여 20개의 총 생산비용을 계산해 볼 필요가 있다. 이 계산은 다음과 같다.

$$\text{총 비용}(20) = c(1) + c(2) + \cdots + c(20)$$

N개를 생산하는 데 드는 총 비용에 대한 계수는 표 6.3의 계수들을 계산하던 방식과 비슷하게 계산할 수 있다. 계산된 계수들이 표 6.4에 정리되어 있다. 표 6.4의 정보를 이용하면, 초기 비용이 $c(1) = 1$이며 학습률이 0.85인 프로세스에서 20개를 생산할 때 드는 총 비용의 계수는 12.40228이다. 우리의 예에서, 총 생산비용을 다음과 같이 계산할 수 있다.

$$\text{학습효과가 있을 때의 20단위 생산비용} = \$19,000 \times 12.40228 = \$235,643$$

이 비용은 초기 단위의 생산비용에 20을 곱한 순진한 추정치보다 훨씬 낮으며, 20번째 단위의 단위당 생산비용을 20으로 곱한 공격적인 추정치보다 훨씬 높다. 일반적으로 **누적 학습곡선 계수(cumulative learning curve coefficient)**, CLCC는 다음과 같이 정의된다.

누적 학습곡선 계수 초기 비용이 $c(1)=1$이고 학습률이 LR인 프로세스가 x개를 생산하는 데 드는 비용

$$\text{CLCC}(x, \text{LR}) = \text{초기 비용이 } c(1) = 1\text{이고}$$
$$\text{학습률이 LR인 프로세스가 } x\text{개를 생산하는 데 드는 비용}$$

이는 다시 다음과 같이 적을 수 있다.

학습효과가 있을 때 x개를 생산하는 데 드는 누적비용 = 첫 단위 생산비용 × CLCC(x, LR)

표 6.4 특정 수량의 누적 생산비용에 대한 학습곡선 계수

생산량	LR						
	0.65	0.7	0.75	0.8	0.85	0.9	0.95
1	1	1	1	1	1	1	1
2	1.65	1.7	1.75	1.8	1.85	1.9	1.95
3	2.155213	2.26818	2.383836	2.502104	2.622915	2.746206	2.871919
4	2.577713	2.751118	2.946336	3.142104	3.345415	3.556206	3.774419
5	2.945502	3.195027	3.459081	3.737741	4.031086	4.339193	4.662139
6	3.27389	3.592753	3.934457	4.299424	4.688064	5.100778	5.537962
7	3.572278	3.96015	4.380373	4.833914	5.32172	5.844726	6.403851
8	3.846903	4.30315	4.802248	5.345914	5.935845	6.573726	7.261226
9	4.102144	4.625979	5.203996	5.838863	6.533242	7.289791	8.11116
10	4.341206	4.931771	5.588554	6.315373	7.116063	7.994479	8.954494
11	4.56652	5.222928	5.958198	6.777484	7.686003	8.689031	9.7919
12	4.779972	5.501336	6.314731	7.226831	8.244434	9.374458	10.62393
13	4.983066	5.768511	6.659614	7.664746	8.792483	10.0516	11.45105
14	5.177018	6.025688	6.99405	8.092338	9.331091	10.72115	12.27364
15	5.36283	6.273896	7.319046	8.510537	9.861056	11.38372	13.09205
20	6.194963	7.406536	8.828351	10.48494	12.40228	14.60776	17.13024
25	6.908642	8.404015	10.19069	12.3086	14.80073	17.71323	21.09545
30	7.539799	9.305035	11.44577	14.019189	17.09066	20.72689	25.00317
40	8.631226	10.90242	13.72316	17.19346	21.42516	26.54271	32.68379
50	9.565429	12.30688	15.77609	20.12171	25.51311	32.14196	40.22385
100	13.03445	17.79071	24.17858	32.65081	43.75387	58.14102	76.58639

이해도 확인하기 6.7

질문 초기 비용이 $c(1)$ = 24이고 학습률이 LR = 0.8인 프로세스가 있다고 하자. 10단위를 생산하는 데 드는 총 비용은 얼마인가?

답 표 6.4에서 생산량이 10이고 학습률 LR = 0.8일 때의 누적 학습곡선의 계수를 찾아보면,

$$\text{CLCC}(10, 0.8) = 6.315373$$

따라서, 10 단위를 만드는 데 드는 총 비용은,

CC(10단위 생산, LR = 0.8, $c(1)$ = 24) = 24 × CLCC(10, 0.8) = 24 × 6.315373 = $151.569

6.6 직원 이직률이 학습에 미치는 영향

© Elenathewise/Getty Images

> 학습목표 6-6
> 직원 이직률과 평균 재직기간을 계산할 줄 안다.

직원들은 경험을 쌓으면서 성과를 개선할 잠재력이 있다. 또한 직원들이 학습함에 따라 이들을 고용한 회사도 학습을 하게 된다. 하지만 직원이 회사를 떠나면 경험은 어떻게 되는가? 이는 어려운 질문이다. 고효율 에너지시스템을 설치하는 A와 B 두 회사를 생각해보자. 두 회사 모두 100명의 직원을 고용하고 있고 경험이 전혀 없는 직원이 시스템을 설치하는 데 $c(1) = 500$시간이 걸린다고 가정하자. 직원이 경험을 축적함에 따라 학습률 90%에 따라 이 설치시간은 줄어든다. 현재, 회사 A는 상대적으로 직원 고용상태가 안정적이지만, 회사 B는 매년 상당수의 직원이 회사를 떠나는 문제로 시달리고 있다. 각 회사가 신규 직원을 고용해서 전체 인력수준을 100%로 유지할 수 있기는 하지만, 이 신규 직원은 시스템 설치에 대한 경험이 전무한 상태에서 일을 시작한다. 이들의 학습곡선은 새로이 시작되는 것이다.

회사의 **직원 이직률(employee turnover)**은 다음과 같이 정의한다.

$$\text{직원 이직률} = \frac{\text{연간 신규 채용되는 직원의 수}}{\text{평균 직원 수}}$$

> **직원 이직률** 직원 이직률 = 연간 신규 채용되는 직원의 수/평균 직원 수. 직원 이직률이 높을수록, 평균적인 직원이 자신의 업무에 대해 가지고 있는 경험은 줄어든다.

직원 이직률이 높을수록 평균적인 직원이 보유한 경험은 적어지며 직원 근속기간도 낮아진다. 이는 리틀의 법칙을 통해서도 확인할 수 있는 부분이다. 이제 직원의 이직률을 계산해보자. 핵심적인 차이는 높은 재고회전율은 좋은 것이지만 높은 직원 이직률은 나쁜 것이라는 것이다. 그러나 두 수치 모두 한 단위가 회사에 머무는 평균적인 시간을 의미한다. 일반적으로, 제품은 회사에서 짧은 시간을 보낼수록 좋고 직원은 회사에서 긴 시간을 보낼수록 좋다.

리틀의 법칙과의 연관성을 보기 위해 아래의 식을 상기하자.

$$\text{재고} = \text{흐름률} \times \text{흐름시간}$$

직원을 흐름단위라고 하면, 이는 다음과 같이 변환될 수 있다.

$$\text{평균 직원 수} = \text{연간 신입직원의 수} \times \text{직원들의 평균 근속기간}$$

이제 이직률을 다음과 같이 계산할 수 있다.

$$\text{직원 이직률} = \frac{1}{\text{직원들의 평균 근속기간}}$$

회사 A의 고용상태가 더 안정적이므로 회사 A의 직원 이직률이 20%이고 회사 B의 직원 이직률이 50%라고 가정하자. 이는 회사 A의 직원은 평균적으로 다음의 기간 동안 근속함을 의미한다.

$$\text{직원들의 평균 근속 기간} = \frac{1}{\text{직원 이직률}} = \frac{1}{\text{연간 } 0.2} = 5\text{년}$$

평균 재직기간 현재 고용 중인 직원의 평균 근속기간=1/(2×직원 이직률)

달리 말하면, 직원은 평균적으로 채용된 지 5년 만에 회사를 떠난다는 것이다. 이 기간은 현재 근무하는 직원의 **평균 재직기간(average tenure)**의 개념과 혼동되지 말아야 한다. 어느 특정 시점에, 어떤 직원은 상대적으로 신참이며 다른 이들은 근속기간이 더 길다. 회사 A에 현재 고용상태인 모든 직원들에 걸친 평균을 구한다면 이들의 평균 재직기간은 2.5년이다.

$$\text{평균 재직기간} = \frac{1}{2} \times \text{직원들의 평균 근속기간} = \frac{1}{2 \times \text{직원 이직률}}$$

우리의 예에서 회사 A에 근무하는 직원의 평균 재직기간은 다음과 같다:

$$\text{평균 재직기간} = \frac{1}{2 \times \text{직원 이직률}} = \frac{1}{2 \times 0.2} = 2.5\text{년}$$

같은 수식을 이용하면 회사 B에 근무하는 직원의 평균 재직기간은 다음과 같다.

$$\text{평균 재직기간} = \frac{1}{2 \times \text{직원 이직률}} = \frac{1}{2 \times 0.5} = 1\text{년}$$

이 직원은 그의 경력 동안 얼마나 많은 시스템을 설치해 보았는가? 수요가 충분하다고 가정하면(즉, 상당기간 동안 직원들이 노는 시간 없이 설치 작업을 연달아 했다고 가정하면) 아래의 수식은 우리가 이미 알고 있는 부분이다.

$$\text{학습효과가 있는 } x\text{개의 누적 생산시간} = \text{첫 단위의 생산에 필요한 시간} \times \text{CLCC}(x, \text{LR})$$

여기에서 CLCC(x, LR)은 표 6.4에서 구할 수 있는 누적 학습곡선 계수이다.

회사 A의 경우에 우리는 평균적인 직원이 경험을 축적할 2.5년의 시간이 있음을 알고 있다. 연간 250근무일과 일일 8시간 근무를 가정하면 이는 연 2,000시간의 경험을 의미하며 이는 평균적인 직원이 5,000시간의 재직기간을 갖는다는 것을 의미한다. 추가로 첫 단

이해도 확인하기 6.8

질문 Costco는 67,600명의 직원을 고용하고 있는데 직원 이직률은 연 17%로 추정된다. 매년 Costco는 몇 명의 신입직원을 고용해야 하며 직원의 평균 재직기간은 얼마나 되는가?

답 직원 이직률은 다음과 같이 계산될 수 있다.

$$\text{직원 이직률} = \frac{\text{연간 신규 채용되는 직원의 수}}{\text{평균 직원의 수}}$$

상기 수식에 수치들을 대입하면,

$$0.17 = \frac{\text{연간 신규 채용되는 직원의 수}}{67{,}600}$$

따라서,

$$\text{연간 신규 채용되는 직원의 수} = 0.17 \times 67{,}600 = 11{,}492$$

다음으로,

$$\text{평균 재직기간} = \frac{1}{2 \times \text{직원 이직률}} = \frac{1}{2 \times 0.17} = 2.94\text{년}$$

Costco 자료 출처: http://hbr.org/2006/12/the-high-cost-of-low-wages/ar/1

위의 설치에는 500시간이 걸리고 학습률이 90%임을 기억하라. 이 수치들을 상기의 수식에 대입하면 다음과 같다.

$$\text{학습효과가 있는 } x\text{개의 누적 생산시간} = \text{첫 단위의 생산에 필요한 시간} \times \text{CLCC}(x, \text{LR})$$
$$5{,}000\text{시간} = 500\text{시간} \times \text{CLCC}(x, 0.9)$$
$$\text{CLCC}(x, 0.9) = 10$$

따라서 CLCC가 10이라는 것이 얼마나 많은 경험을 의미하는지 표 6.4의 열을 보고 찾아야 한다. 이를 위해, 90% 학습률에 해당하는 열에서 10에 가까운 숫자에 도달할 때까지 열을 따라 내려가면 다음의 수치들을 보게 된다.

$$\text{CLCC}(12, 0.9) = 9.374459$$
$$\text{CLCC}(13, 0.9) = 10.0516$$
$$\text{CLCC}(14, 0.9) = 10.72115$$

이는 회사 A의 평균적인 직원이 12번째 단위의 설치를 마칠 시간이 있었고 이제 13번째 단위의 설치를 하고 있다는 것을 의미한다. 다음으로 표 6.4를 이용하여 직원이 13번째 설치를 실행하기 위해 얼마의 시간이 필요한지 계산할 수 있다.

$$\text{13번째 단위 생산에 걸리는 시간} = \text{첫 번째 단위 생산에 걸리는 시간} \times \text{LCC}(13, 0.9)$$
$$= 500 \times 0.677138 = 338.569\text{시간}$$

이제 이 수치를 회사 B의 평균적인 직원과 비교하자. 평균 재직기간이 1년인 이 직원은 2,000시간 동안 일하게 된다. 이 직원은 그의 재직기간 동안 얼마나 많은 시스템 설치 작업을 해보았는가? 다음을 기억하라.

학습효과가 있는 x개의 누적 생산시간 = 첫 단위의 생산에 필요한 시간 × CLCC(x, LR)

따라서,

$$2{,}000\text{시간} = 500\text{시간} \times \text{CLCC}(x,\ 0.9)$$
$$\text{CLCC}(x,\ 0.9) = 4$$

다시 한번, 표 6.4의 열을 확인하면서 CLCC 값이 4라는 것이 얼마나 많은 경험을 의미하는지 찾아야 한다. 이를 위해, 90% 학습률에 해당하는 열을 따라 4에 가까운 숫자가 나올 때까지 내려가면 다음의 숫자들을 만나게 된다.

$$\text{CLCC}(4,\ 0.9) = 3.556206$$
$$\text{CLCC}(5.\ 0.9) = 4.339193$$

따라서 회사 B의 평균적인 직원은 4번째 시스템 설치를 마치고 5번째 작업을 하고 있는 중일 것이다. 회사 A의 경우에서처럼, 표 6.4를 이용하여 이 직원이 5번째 시스템을 설치하는데 걸리는 시간을 계산할 수 있다.

5번째 단위 생산에 걸리는 시간 = 첫 번째 단위 생산에 걸리는 시간 × LCC(5,0.9)
= 500 × 0.782987 = 391시간

이는 회사 A와 비교하면 14% 불리한 것이다(338/391 = 0.86). 높은 직원 이직률은 학습곡선 효과 때문에 프로세스의 생산성에 매우 불리한 영향을 미친다.

6.7 "재학습"을 피하기 위한 방법으로서의 표준화

학습목표 6-7
문서화와 표준화의 효용을 이해한다.

프로세스 표준화 이미 경험한 것을 매번 다시 하느라 시간을 낭비하지 않도록 프로세스 활동을 세심하게 문서화하는 작업. 표준화는 표준적인 작업 계획표를 만드는 형태를 취할 수 있다.

표준작업표 활동에 대한 처리시간, 활동을 구성하는 모든 단계들의 작업 순서 그리고 자원에서의 재고 표준량을 표기한 표준화 양식

모든 작업자가 학습곡선을 경험할 때까지 기다리는 대신 작업자가 경험하는 학습의 일부를 문서화하여 프로세스의 일부로 만든다면 도움이 될 것이다. 이를 통해 기존 작업자가 떠나더라도 새로운 작업자는 처음부터 학습을 새로 시작하지 않아도 될 것이고 전임자의 누적된 경험을 통해 이득을 얻을 수 있을 것이다. 이것이 **프로세스 표준화(process standardization)**의 기본 아이디어이다. 지식이 암묵적이고 몇몇 개인의 머릿속에서만 존재했던 장인의 시대와는 달리, 오늘날의 작업 활동은 "이미 경험한 것을 반복하느라 쓸데없이 시간을 낭비하지 않도록" 주의 깊은 문서화와 표준화(따분하게 들리겠지만)가 필요하다.

표준들은 표준 작업계획표를 이용하여 문서화된다. **표준작업표(standard work sheet)**는 프로세스에서 특정 활동을 시행하는 가장 좋은 방법을 기록한다. 이를 통해 과거 발생했지만 프로세스 개선을 통해 제거된 불량, 사고, 실수의 재발을 피할 수 있다. 그러므로, 표준작업표는 프로세스에 대한 거대한 지식 저장고이다.

8장에서 설명할 Toyota 생산시스템의 창시자인 Taichi Ohno에 따르면 표준작업표는 다음의 내용을 포함해야 한다.

1. 활동의 처리시간
2. 활동을 구성하는 모든 단계들의 작업 순서

3. 각 자원에서의 표준적인 재고량

관리자는 신입 작업자가 표준작업표에 따라 편안하게 작업할 수 있도록 도와야 할 책임이 있다. Ohno가 제시하는 표준화에 대한 개념적 틀이 제조업의 세계에서도 다소 독특하다고 볼 수도 있다. 또한 재고의 표준량이라는 개념이 특정 업무환경에는 잘 적용되지 않는다고 느낄 수도 있다. 그러한 생각이 들 수 있다. Ohno는 표준의 개념에 대한 높은 기준을 제시하고 있으며, 표준 활동처리시간과 표준 재고량의 개념들도 제조업에 있어서는 다소 독특한 것이다. 반면, 서비스 환경에서의 재고는 사람이라서 재고의 표준을 정하는 것은 더욱 복잡할 수 있다. 처리시간의 경우도 그러하다. 서비스 환경에서 처리시간은 고객에 의해 매우 달라진다. 전화상담센터를 통해 항공권을 예약하는 경우를 생각해보면, 직원이 고객을 처리할 때마다 100% 일관되게 작업을 한다 하더라도 고객마다의 처리시간은 달라질 수 있다. 어떤 고객은 기내식에 대해 특별 요구가 있을 수 있고, 다른 고객은 통화 중에 고객우대카드를 찾느라 시간을 소모할 수 있으며, 또 다른 고객은 연결 항공편에 대해 질문이 있을 수 있다. 따라서 서비스 환경에서 처리시간의 표준을 설정하려면 이러한 가변성을 현실로 인정하고 반영해야 한다.

Ohno의 틀에서 표준 재고와 표준 처리시간을 제외하면 무엇이 남는가? 업무순서가 남는다. 업무순서는 특정 활동을 올바르게 실행하기 위해 완료해야 하는 모든 업무들을 알려준다. 이것이 체크리스트라고 불리는 것이다. 체크리스트는 "표준 광원"으로 생각할 수 있으며 현장에서 벌어지는 하루하루의 삶과 운영에 매우 유용하다. 우리의 일상 생활에서 체크리스트는 여행갈 때 가져가고 싶은 물건들의 목록(여권에서 칫솔 그리고 속옷에서 신용카드까지)이라고 생각할 수 있다. 이런 목록은 작성하는 데 별 비용이 들지 않고 한 번 만들어지면 쉽게 공유될 수 있다. 사실, 어떤 사람은 요리책에 나오는 많은 요리법들이 기본적으로 체크리스트라고 주장할 수도 있다. 그런데 체크리스트는 칫솔 이상으로 중요한 도움이 될 수 있다. 그림 6.8에 표기된 정보를 보자. 이 그림은 세계보건기구에서 제작한 것으로 병원이 수술 전후에 확인해야 할 항목들을 보여준다. 유사한 체크리스트(종종 훨씬 긴 체크리스트)가 항공산업에서도 사용된다. 체크리스트는 어떤 조종사가 비행기를 조종하든지 간에 조종사의 경험에 의존하기보다는 작업이 동일한 안전기준하에서 실행되도록 해준다.

이해도 확인하기 6.9

질문 다음 중 표준작업표에 나타나는 내용이 아닌 것은 무엇인가?

a. 활동에 대한 처리시간
b. 모든 단계들의 작업 순서
c. 관리자의 임금
d. 재고의 표준량

답 c

그림 6.8 세계보건기구에서 제공하는 수술 체크리스트

마취 → **피부절개 전** → **환자가 수술실에서 나가기 전**

마취

(간호사, 마취전문의 같이 작성)

환자가 본인의 신분, 시술 위치, 절차, 그리고 수술 동의 여부를 확인했는가?
- ☐ 그렇다

시술 위치가 표시되었는가?
- ☐ 그렇다
- ☐ 해당 없음

마취 기계와 약물의 확인이 완료되었는가?
- ☐ 그렇다

환자에게 산소포화도 측정기가 부착되고 작동하는가?
- ☐ 그렇다

환자가 다음에 해당하는가?

알레르기 환자
- ☐ 아니오
- ☐ 예

기도 상태가 좋지 않거나 호흡이 어려운가?
- ☐ 아니오
- ☐ 예, 그리고 보조 장비가 준비됨

500mL를 초과하는 혈액소실의 위험이 있는가? (아동의 경우 7mL/kg)
- ☐ 아니오
- ☐ 예, 그리고 두 정맥 주사 장치/중심혈관접근 장치와 혈액이 준비되어 있음

피부절개 전

(간호사, 마취전문의, 수술의가 같이 작성)

- ☐ 모든 수술팀원들이 자신의 이름과 역할을 소개했음을 확인
- ☐ 환자의 이름과 절차, 그리고 절개장소가 확인됨

항생 프로필락시스가 60분 이내 전에 투입되었는가?
- ☐ 예
- ☐ 해당 없음

예상되는 중대 사건

수술의:
- ☐ 어떤 것들이 중요하거나 평상시와 다른 절차들인가?
- ☐ 시술이 얼마나 걸리는가?
- ☐ 예상되는 출혈량은 얼마인가?

마취전문의:
- ☐ 환자만의 특이사항이 있는가?

간호팀:
- ☐ (지표 결과를 포함한) 무균상태가 확인되었는가?
- ☐ 장비 또는 다른 문제 사항은 없는가?

주요 영상들이 보이는가?
- ☐ 예
- ☐ 해당 없음

환자가 수술실에서 나가기 전

(간호사, 마취전문의, 수술의가 같이 작성)

간호사는 구두로 다음을 확인한다:
- ☐ 절차의 명칭
- ☐ 기구, 스펀지, 바늘의 수 확인
- ☐ 시료의 라벨(시료 라벨을 환자의 이름까지 포함하여 크게 소리 내어 읽는다)
- ☐ 언급해야 할 장비문제가 있는지의 여부

수술의, 마취전문의, 간호사:
- ☐ 이 환자의 회복과 관리에 가장 중요한 사안들은 무엇인가?

출처: http://www.safesurg.org/uploads/1/0/9/0/1090835/surgical_safety_checklist_production.pdf

연관 사례: Intel의 프로세스 표준화

© asharkyu/Shutterstock

표준화가 프로세스 개선을 어떻게 도울 수 있는지를 보여주는 한 예가 반도체의 생산공정이다. 새로운 프로세스가 시작되는 초기에는 상당한 수율 손실이 발생하다가 경험이 쌓이면서 생산 수율은 향상된다. 그림 6.9(a)는 Intel의 생산 시설(Fabs라고도 알려진)이 어떻게 향상되는지를 보여준다.

[계속]

특정 프로세서가 디자인되면 시간이 흐르면서 점점 많은 제조공장들이 가동에 들어간다. 이때 각 제조공장이 동일한 시작 과정을 반복하는 것을 보게 된다. 늦게 가동을 시작하는 제조공장은 개선 궤적이 다소 가파르기는 하지만 각 공장이 목표 수율에 이르기까지 몇 달이 소요된다. 1990년대 Intel은 CopyExactly!라는 전략을 만들었다. 기본 아이디어는 특정 디자인의 제품을 제작하기 위해 추가되는 각 공장이 개별적으로 학습곡선을 거치는 대신에 모든 공장에 걸쳐 프로세스를 표준화하는 것이다.* 오늘날의 반도체 제작은 프로세스에서의 사소한 변동이 극적인 차이를 만들어낼 수도 있는 고도로 복잡한 프로세스이다. Intel의 CopyExactly! 전략에서는 프로세스들이 표준화되고 공장은 굉장히 상세한 수준으로 복제된다. 여기에는 건물의 페인트(페인트는 생산품을 오염시킬 수 있는 입자를 공기 중에 남긴다)와 심지어 화장실의 위치(파이프를 통해 흐르는 물은 진동을 일으킨다)까지 포함된다. 구체적인 사항들에 대한 Intel의 관심 덕분에 그림 6.9(b)에서 보듯이 프로세스들이 성과를 내고 있다. 신규 공장은 개별적으로 헛된 노력을 하지 않고 함께 모여 학습하고 동일한 성과를 내는 실질적인 하나의 공장을 형성했다.

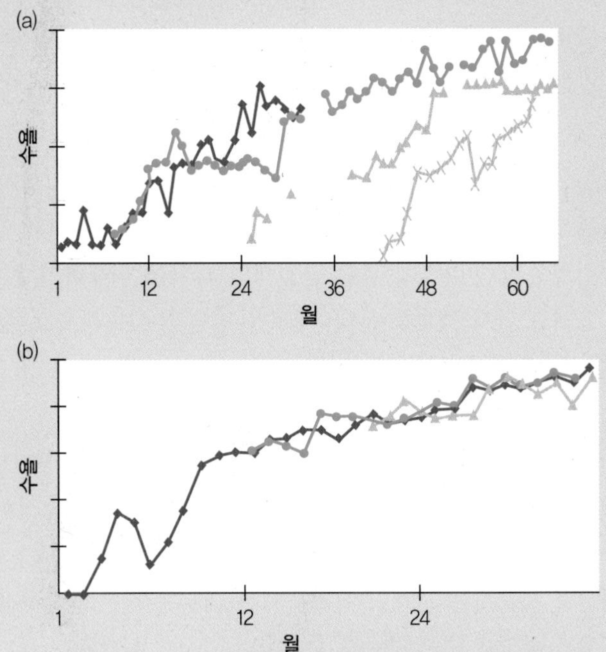

그림 6.9 CopyExactly! 방법의 (a) 도입 전, (b) 도입 후의 Intel 생산 수율 궤적(Terwiesch와 Xu)

*Christian Terwiesch and Yi Xu, "The Copy-Exactly Ramp-up Strategy: Trading-off Learning with Process Change," *IEEE Transactions on Engineering Management* 51, no. 1(2004), pp. 70-84.

6.8 학습의 동인들

쿠키 굽는 일을 생각해보자. 쿠키를 구우면 구울수록 쿠키를 굽는 실력이 좋아질 것이다. 일반적으로 두 유형의 학습을 구분하여 생각하는 것이 도움이 된다. 직원의 작업 중 학습에 따른 개선을 **자율적 학습(autonomous learning)**이라고 부른다. 자율적 학습은 그냥 일어나는 것이며 관리 차원의 개입이 필요하지 않다. 우리가 쿠키를 여러 번 굽다 보면 반죽이 쟁반에 눌러 붙지 않게 하는 법을 알게 되고, 오븐을 예열하는 데 시간이 얼마나 걸리는지

학습목표 6-8
자율적 학습, 유도된 학습, 그리고 PDCA 사이클과 같은 학습에 관한 핵심 동인들을 이해한다.

자율적 학습 직원이 업무를 수행하면서 자연적으로 발생하는 개선

파악하게 되며, 쿠키가 타는 것을 피하기 위해 어떻게 쿠키들을 눈으로 검사하는지를 학습하게 될 것이다. 자율적 학습은 더 큰 조직에서도 동일한 방식으로 일어난다. 팀원들이 함께 일하고 더 많은 활동을 더 자주 할수록 팀원들 간의 조정에는 더 적은 시간이 소요된다. 직원들은 고장 난 장비를 수리하는 법을 학습하고 고객과 더 나은 상호작용을 하게 된다. 특히 샌드위치를 만들거나 부품을 조립하는 등의 육체 노동의 경우, 직원은 작업시간을 줄이는 기술(근육 기억)을 형성하게 된다.

유도된 학습 의도적으로 행동을 고안하고 시간과 재료와 같은 자원을 투자하는 것

PDCA 사이클 계획–실행–확인–행동 사이클; 한 조직이 프로세스를 개선하기 위해 행해야 하는 단계들의 순서

Deming 사이클 PDCA 사이클의 동의어

William Edwards Deming 많은 현대적 품질 관리에서 선구자적 역할을 한 20세기의 통계학자

자율적 학습과 대조되는 것으로 **유도된 학습(induced learning)**이 있다. 유도된 학습은 의도적인 행동과 시간이나 재료형태의 자원 투자가 필요하다. 유도된 학습이라는 개념의 핵심은 "학습률이 향상될 수 있는가?"라는 질문이다. 쿠키를 굽는 사람이 나 혼자가 아니라 다른 경쟁자 10명이 더 있다고 생각해보자. 모두가 동일한 학습률로 학습을 하게 되는가 아니면 다른 이들보다 더 빠르게 학습하기 위해 할 수 있는 것이 있는가? 쿠키의 예에서, 학습을 일으키는 한 방법은 쿠키를 직접 맛보거나 쿠키를 먹어본 사람들로부터 피드백을 받아 작업방식과 결과 간에 인과 관계를 알아내는 것이다. 예를 들어, 반죽에 초콜릿을 얼마나 넣는가 또는 쿠키를 오븐에서 얼마 동안 굽는가와 고객 만족도와 같은 성과지표 간의 관계를 알아내는 것이다. 고객으로부터 그러한 피드백을 받을 기회가 없다면 학습을 하고 개선할 능력은 제한될 것이다. 유도된 학습은 의도적인 과정이다. 단기 성과를 최적화하기보다는 작업 활동의 밑바탕에 깔린 근원적인 과학을 이해하기 위해 실험을 한다. 무언가를 해보고 그리고 나서 결과를 본다. 새로운 방법을 시도해보고 결과를 본다. 이러한 반복은 일반적으로 4단계에 걸쳐 일어난다.

- **계획(plan)**: 작업 활동과 가장 관련 있는 성과측정지표를 설정한다. 이는 처리시간, 단위당 비용, 혹은 고객만족 수치가 될 수도 있다. 프로세스를 조정하여 어떻게 성과를 개선할지 생각한다.
- **실행(do)**: 개선을 시도하는 단계이다(처음에는 대부분 작은 규모로 실행한다). 이 과정에서 프로세스 성과에 대한 자료를 수집한다.
- **확인(check)**: 수집한 성과 결과들을 분석하고 실제로 프로세스가 개선됐는지 과거 자료와 비교한다.
- **행동(act)**: 새로운 지식에 따라 프로세스를 조정한다. 개선의 아이디어였던 것이 이제 새로운 업무 표준이 된다.

상기 4단계의 반복은 **PDCA 사이클(PDCA cycle)**로 불리는데, PDCA는 plan-do-check-act의 약자를 의미한다. PDCA 사이클은 품질개선 분야의 선구자인 **William Edwards Deming**의 업적을 기려 **Deming 사이클(Deming cycle)**이라고도 부른다. Deming은 학습과 실험에 대한 통계적으로 엄격한 접근법을 운영관리 영역에 도입하는 데 중요한 역할을 했다. 자료 분석에 기반한 다른 학문분야들처럼 성공적으로 프로세스를 개선하려면 이론만이 아닌 실증적 검증이 필요하다.

품질과 통계적 프로세스관리를 다루는 9장에서 투입 변수와 산출 변수의 개념을 다룰 것이다. PDCA 접근방식을 활용하여 산출 변수에서 바람직한 변화를 달성하기 위해 투입

변수를 조정하고 작업 활동을 섬세하게 조정하려 할 것이다. 하지만, 투입 변수만이 산출 변수에 영향을 미치는 유일한 요인은 아니다. 프로세스 도중에서 **통계적 잡음(statistical noise)**이 발생할 수 있기 때문이다. 쿠키를 생산할 때마다 오븐의 온도가 변한다면 쿠키를 굽는 시간이 쿠키의 식감에 미치는 영향을 어떻게 알아낼 수 있는가? 우리처럼 취미로 쿠키를 굽는 사람들은 실험을 위해 하나의 투입 변수를 조정할 때 이 변수 외에 다음에서처럼 다른 것들도 변할 수 있음을 알아야 한다.

통계적 잡음 프로세스의 결과에 예측할 수 없는 방식으로 영향을 미치는 변수들

신호 대 잡음비 프로세스상에서 효과의 크기와 통계적 잡음 간의 관계. 이 비율이 커야지만 프로세스상에서 효과를 확인할 수 있다.

- **다른 투입 변수의 변화**: 우리가 쿠키 굽는 시간의 영향에 관심을 두고 오븐에서 12분 동안 굽는 것과 13분 동안 굽는 것을 비교한다고 하자. 하지만 우리가 쿠키를 오븐에 넣을 때마다 이 쿠키들은 동일한 쿠키인가? 쿠키들의 크기와 무게가 정확히 동일한가? 쿠키를 준비할 때 사용한 반죽이 정확히 동일한가? 매번 쿠키를 구울 때의 온도는 어떠한가?
- **환경변수의 변화**: 우리의 통제 밖에 있는 다른 변수들도 실험에 영향을 미칠 수 있다. 습도와 온도 그리고 반죽을 만들기 위해 구매한 재료들이 여기에 해당된다.

투입 변수들과 환경 변수들이 뒤섞여 실험 결과에 통계적 잡음을 함께 발생시킬 수 있다. 이 경우, 쿠키에 대한 고객만족도가 변하더라도 이것이 우리의 실험(굽는 시간의 변화)에 의해 초래된 것인지 아니면 다른 변수들의 무작위적인 변화에 의한 것인지 확신할 수 없다. 따라서 학습이 일어나기 위해서는 강력한 **신호 대 잡음비(signal-to-noise ratio)**가 필요하다. 즉, 개선을 위한 좋은 아이디어(성과측정지표가 확실히 움직일 정도로 강력한 신호를 보낼 수 있는)가 필요하고, 결과에 영향을 미칠 수 있는 다른 모든 변수들의 잡음을 최소화할 필요가 있는 것이다.

이해도 확인하기 6.10

질문 John과 Mary는 철인 3종 경기에 참가하기 위해 수영실력을 향상시키고 싶어한다. John은 매일 한 시간씩 수영을 하기로 결정했다. Mary는 이와 반대로, 수영법의 다양한 부분들을 따로 떼어 각 부분을 집중적으로 연습하는 방식으로 코치와 함께 연습한다. 두 선수 중 누가 자율적 학습을 하고 있으며, 누가 유도된 학습을 하고 있는가?

답 John은 자율적 학습을 하고 있다. 그는 그냥 수영을 하고 수영의 양을 쌓는다. Mary는 수영기법에 투자할 시간을 따로 떼어 놓았다. 그 시간 동안, 그녀는 상대적으로 적게 움직이기 때문에 수영의 양은 더 적을 것이다. 그럼에도 불구하고 이 기법훈련은 그녀에게 영법을 가르쳐 준다.

© Corbis

결론

연습이 완벽을 만든다. 이 과목의 기말고사를 준비하며 공부할 때나, 테니스에서 서브하는 법을 배우거나, 피아노 연주하는 법을 익힐 때에도 경험을 쌓을수록 성과가 올라간다. 이는 직원, 회사, 산업의 경우에도 마찬가지다. 이 장에서 우리는 학습곡선이라는 렌즈를

통해 운영활동의 종적 성과를 측정할 수 있는 방법을 다루었다. 또한 경험이 축적되면서 발생하는 개선의 수리적 모델을 살펴보았고 자료의 로그 – 로그 전환을 통해 학습률을 추정하는 방법에 대해 다루었다. 학습곡선이 자연의 법칙이 아니라 경험적 규칙성에 근거한다는 것을 이해하는 것이 중요하다. 학습곡선은 지금까지 발생한 개선의 경과를 보여주지만 미래가 과거와 같으리라는 보장은 없다. 그래도 과거는 우리가 자료를 수집할 수 있는 유일한 곳이며 과거 개선의 궤적을 추정하는 것이 일반적으로 미래에 대한 가장 좋은 예측 방법이다.

우리는 또한 학습곡선의 관리적 의미에 대해서도 살펴보았다. 특히, 우리는 수식이나 학습계수를 이용하여 누적경험의 함수를 이용하여 성과를 추정하는 방법을 살펴보았다. 이 방법은 특정 단위(예를 들어, 27번째 단위)를 생산하는 데 드는 단위당 비용(시간)을 추정하는 데 적용될 수 있다. 나아가 단위당 비용(시간)이 최초 단위부터 마지막 단위까지 계속해서 변하는 가운데 더 많은 양을 생산하는 데 드는 비용(시간)도 분석할 수 있다. 마지막으로 우리는 직원 이직률의 영향을 분석했다. 직원 이직률의 계산은 우리가 2장에서 계산한 재고회전율의 계산과 유사하다. 평균적인 직원이 회사에서 떠나기 전까지 회사에 얼마나 오래 머무는지 계산할 수 있고 또한 특정 직원의 누적경험에 중요한 직원의 평균 재직기간도 계산할 수 있다. 학습은 스스로 일어나지 않는다. 이 장에서 우리는 학습 과정의 기저에 있는 정확한 발생 메커니즘에 대해서는 다소 모호했다. 회사마다 학습률이 다르다는 것은 어떤 회사는 다른 회사보다 학습 과정을 더 잘 관리한다는 것을 의미한다.

학습목표의 요약

학습목표 6-1 다양한 형태의 학습곡선을 구분할 줄 안다.

학습곡선은 시간에 따른 프로세스의 성과 개선을 보여준다. 프로세스가 (프로세스의 누적 산출량을 증가시켜) 더 많은 산출물을 생산하면서 경험을 축적함에 따라, 비용이 감소하고, 불량률이 감소하며, 처리시간이 줄어들고, 산출이 증가하는 등 하나 이상의 성과지표들이 개선된다. 이 개선은 기하급수적으로 증가하거나, 기하급수적으로 감소하거나, 증가율이 체감하는 양상을 보일 수 있다. 비용은 기하급수적으로 감소하는 경향을 보이는데 비용은 산출이 배가될 때마다 고정된 비율로 감소한다.

학습목표 6-2 학습률과 경험치가 주어졌을 때 프로세스의 단위당 비용을 결정할 줄 안다.

우리는 누적산출량이 배가될 때마다 단위당 비용이 일정한 비율로 감소한다고 가정한다. 비용이 20%씩 감소한다면 학습률 LR = 0.8이다. 학습률과 초기 비용 $c(1)$을 알고 있을 때 N개째 단위의 생산비용을 계산할 수 있다.

학습목표 6-3 비용에 관한 데이터를 활용하여 학습률을 추정할 줄 안다.

누적산출량이 배가될 때마다 단위당 비용이 고정된 비율로 감소하는 학습곡선은 기하급수적으로 감소하는 형태를 지닌다. 누적산출량과 단위당 비용에 로그를 취하는 로그 – 로그 변환을 하면 학습곡선은 직선의 형태를 띤다. 간단한 대수를 통해 이 직선의 기울기를 추정할 수 있으며 계산된 기울기는 다시 학습률로 변환할 수 있다.

학습목표 6-4 LCC 방법과 학습곡선을 직접적으로 이용하여 단위당 비용을 예측할 줄 안다.

N번째로 생산된 단위의 비용은 첫 번째로 생산된 단위의 배수로 표현되기 때문에 첫 단위를 생산하는 데 $1이 드는 일반적인 프로세스를 염두에 두고 비용 계산과정을 일반화시킬 수 있다. 다음으로 학습률과 누적산출량에 따라 초기 비용을 조정하기 위해 학습곡선 계수 표를 사용할 수 있다. 또는 단위당 비용을 바로 계산하기 위해 지수 표현을 사용할 수도 있다.

학습목표 6-5 LCC 방법을 이용하여 누적비용을 예측할 줄 안다.

우리는 한 단위의 생산비용뿐만 아니라 여러 단위들로 이루어진 주문의 총 생산비용을 계산하고 싶을 수도 있다. 이 경우 프로세스가 주문의 첫 번째 단위부터 마지막 단위까지 생산하면서 계속해서 개선이 이루어지기 때문에 비용 산정이 어려울 수 있다. 그러나 학습률과 첫 번째 단위 생산비용이 주어져 있다면 누적 학습곡선 계수를 사용하여 주문에 따른 총 비용을 추정할 수 있다.

학습목표 6-6 직원 이직률과 평균 재직기간을 계산할 줄 안다.

직원 이직률은 조직의 학습에 지장을 줄 수 있다. 직원 이직률 계산은 리틀의 법칙이 적용되는 한 예이다: 직원 이직률 = 새로 채용한 신입직원 수/직원의 평균 수. 직원의 평균 재직기간을 예측하기 위해 직원 이직률을 이용할 수 있는데 이는 1/(2× 직원 이직률)이다.

학습목표 6-7 문서화와 표준화의 효용을 이해한다.

직원이 조직을 떠나면 지식도 사라지는 상황을 막고 신입직원을 훈련시키기 위해 축적된 지식을 문서화할 수 있다. 이는 표준작업표와 체크리스트를 통해 이루어질 수 있다.

학습목표 6-8 자율적 학습, 유도된 학습, 그리고 PDCA 사이클과 같은 학습에 관한 핵심 동인들을 이해한다.

학습은 여러 요인들에 의해 유발될 수 있다. 자율적 학습은 프로세스 중 자연적으로 발생되는 학습을 의미하며 이는 관리적 개입 없이도 일어난다. 반면, 유도된 학습은 의도적인 학습 노력을 필요로 한다. 유도된 학습은 단기간에는 해로울 수도 있다. 어떤 종류의 학습이건 간에 학습은 Deming 사이클로도 불리는 계획 – 실행 – 확인 – 행동 사이클의 패턴을 따른다.

핵심 용어

6.1 다양한 형태의 학습곡선

학습곡선 특정 활동의 반복 횟수로 측정된 학습과 성과측정지표 간의 관계를 포착하는 함수

경험곡선 학습곡선의 유의어. 경험이라는 용어는 학습이 경험에 의해 가능해짐을 의

미한다.

기하급수적인 성장 시간이나 경험에 따라 개선율이 증가하는 개선 궤적

수확 체감 시간이나 경험에 따라 개선율이 감소하는 성과 궤적

성과 격차 현재 프로세스 성과와 목표 혹은 최적치와의 차이

6.2 멱 법칙

학습률 누적경험이 배가될 때마다 프로세스 성과에 곱해지는 수. 학습률(LR)은 0에서 1 사이의 값으로서 숫자가 높을수록 학습이 느림을 의미한다. 1 – LR은 누적경험이 배가될 때마다 성과가 개선되는 비율을 의미한다.

6.3 선형 로그–로그 그래프를 이용한 학습곡선의 추정

로그–로그 그래프 x와 y변수의 로그값들을 도면에 표시한 그래프

6.4 학습곡선 계수를 이용한 비용 예측

학습곡선 계수 초기 비용이 $c(1) = 1$이고 학습률이 LR인 프로세스에서 x번째 단위를 생산하는 데 드는 비용

6.5 학습곡선 계수를 이용한 누적비용 예측

누적 학습곡선 계수 초기 비용이 $c(1) = 1$이고 학습률이 LR인 프로세스가 x개를 생산하는 데 드는 비용

6.6 직원 이직률이 학습에 미치는 영향

직원 이직률 직원 이직률 = 연간 채용되는 새로운 직원 수/평균 직원 수. 직원 이직률이 높을수록, 평균적인 직원이 자신의 업무에 대해 가지고 있는 경험은 줄어든다.

평균 재직기간 현재 고용 중인 직원의 평균 근속기간 = 1/(2 × 직원 이직률)

6.7 "재학습"을 피하기 위한 방법으로서의 표준화

프로세스 표준화 이미 경험한 것을 매번 다시 하느라 시간을 낭비하지 않도록 프로세스 활동을 세심하게 문서화하는 작업. 표준화는 표준적인 작업 계획표를 만드는 형태를 취할 수 있다.

표준작업표 활동에 대한 처리시간, 활동을 구성하는 모든 단계들의 작업 순서 그리고 자원에서의 재고 표준량을 표기한 표준화 양식

6.8 학습의 동인들

자율적 학습 직원이 업무를 수행하면서 자연적으로 발생하는 개선

유도된 학습 의도적으로 행동을 고안하고 시간과 재료와 같은 자원을 투자하는 것

PDCA 사이클 계획 – 실행 – 확인 – 행동 사이클; 한 조직이 프로세스를 개선하기 위해 행해야 하는 단계들의 순서

Deming 사이클 PDCA 사이클의 동의어

William Edwards Deming 많은 현대적 품질 관리에서 선구자적 역할을 한 20세기의 통계학자

통계적 잡음 프로세스의 결과에 예측할 수 없는 방식으로 영향을 미치는 변수들

신호 대 잡음비 프로세스상에서 효과의 크기와 통계적 잡음 간의 관계. 이 비율이 커야지만 프로세스상에서 효과를 확인할 수 있다.

주요 공식

학습목표 6-2 학습률과 경험치가 주어졌을 때 프로세스의 단위당 비용을 결정할 줄 안다.

c(누적산출량을 n번 배가한 후) $= c(1) \times \text{LR}^n$

$$c(N) = c(1) \times \text{LR}^{\frac{\ln(N)}{\ln(2)}}$$

학습목표 6-3 비용에 관한 데이터를 활용하여 학습률을 추정할 줄 안다.

$$\text{기울기 } b = \frac{[\ln(c(x_2)) - \ln(c(x_1))]}{[\ln(x_2) - \ln(x_1)]}$$

학습목표 6-4 LCC 방법과 학습곡선을 직접적으로 이용하여 단위당 비용을 예측할 줄 안다.

$$c(N) = c(1) \times \text{LR}^{\log_2 N} = c(1) \times \text{LR}^{\frac{\ln(N)}{\ln(2)}} = c(1) \times N^b$$

학습목표 6-5 LCC 방법을 이용하여 누적비용을 예측할 줄 안다.

학습효과가 있을 때 x개를 생산하는 데 드는 누적 시간 = 첫 단위 생산 시간 × CLCC (x, LR)

학습목표 6-6 직원 이직률과 평균 재직기간을 계산할 줄 안다.

$$\text{직원 이직률} = \frac{\text{연간 채용되는 새로운 직원 수}}{\text{평균 직원 수}}$$

$$\text{평균 재직기간} = \frac{1}{2} \times \text{직원들의 평균 근속기간} = \frac{1}{2 \times \text{직원 이직률}}$$

개념 문제

학습목표 6-1

1. 한 은행이 소규모 사업자를 위한 대출을 해주고 있다. 은행이 자체적으로 감사한 바에 의하면 약 5%의 대출결정이 제대로 이루어지지 않은 것으로 밝혀졌다. 은행은 이 숫자를 1%로 줄이려 한다. 어떤 형태의 개선 궤적이 가장 나타날 만한가?

a. 기하급수적 증가

b. 기하급수적 감소

c. 수확 체감하는 성장

2. 빵집이 쿠키를 만드는 과정에서 불량품이 생산되어 종종 부서지거나 탄 쿠키가 나온다. 현재, 프로세스의 수율은 90%이다(즉, 10개의 쿠키 중 9개가 제대로 된 쿠키이다). 빵집이 99%의 수율

을 달성하려고 할 때 어떤 형태의 개선 궤적이 가장 나타날 만한가?

a. 기하급수적 증가

b. 기하급수적 감소

c. 수확 체감하는 성장

3. 한 철도 회사가 기차의 연착을 줄이고 싶어한다. 현재, 70%의 기차가 제시간에 도착하는데 회사는 이 수치를 95%로 향상하려 한다. 어떤 형태의 개선 궤적이 가장 나타날 만한가?

a. 기하급수적 증가

b. 기하급수적 감소

c. 수확 체감하는 성장

4. 신참내기 조정경기 선수가 노 젓기 연습기계로 2,000미터 테스트를 위한 연습을 하고 있다. 그는 현재 2,000미터를 주파하는 데 7분 10초가 걸리는데 좋은 대학에 입학하기 위해 6분 30초 만에 주파하는 것을 목표로 연습하고 있다. 어떤 형태의 개선 궤적이 가장 나타날 만한가?

a. 기하급수적 증가

b. 기하급수적 감소

c. 수확 체감하는 성장

학습목표 6-2

5. 멱 함수는 성과가 기하급수적으로 성장하는 학습 프로세스를 묘사한다. 참인가 거짓인가?

a. 참

b. 거짓

6. 멱 함수를 따르는 학습곡선을 가정하자. 제품의 초기 단위 생산비용 $c(1)$이 2배 증가했다고 한다면, 21번째 단위의 생산비용은?

a. 그대로이다.

b. 50퍼센트 감소한다.

c. 배가한다.

d. ln(2)의 배수로 증가한다.

7. 초기 비용 $c(1)=20$인 두 프로세스 A와 B가 있다고 하자. 프로세스 A의 학습률 LR=0.95이며 프로세스 B의 학습률 LR=0.8이다. 20단위 생산 후에는?

a. 프로세스 A의 생산비용이 더 낮다.

b. 프로세스 B의 생산비용이 더 낮다.

c. 두 프로세스의 생산비용은 같다.

d. 주어진 정보로는 알 수 없다.

학습목표 6-3

8. 멱 함수를 따르는 학습곡선은 로그-로그 그래프에서 어떤 형태를 취하는가?

a. 기하급수적으로 증가

b. 기하급수적으로 감소

c. 선형적으로 증가

d. 선형적으로 감소

9. **로그-로그 그래프에서 선의 기울기를 추정하려면 좌표 (x_1, y_1)와 (x_2, y_2)의 두 점을 골라야 한다. 다음 중 어느 문장이 참인가?**

a. x_1은 x_2보다 정확히 한 단위 더 커야 한다.

b. x_2는 우리가 자료를 가지고 있는 자료 중 마지막 기간에 해당하는 x축의 값이어야 한다.

c. y_1은 초기 비용 $c(1)$에 대응하는 y축의 값이어야 한다.

d. 선의 기울기는 음일 수도 있고 양일 수도 있다. 하지만 학습률의 값이 양의 값이라면 기울기는 항상 음의 값이다.

10. **학습률이 낮으면 학습곡선의 로그-로그 그래프의 기울기는 가파르다. 이 문장은 참인가 거짓인가?**

a. 참

b. 거짓

11. **한 회사의 학습률이 거의 1에 가깝다면(1보다 아주 약간 작다), 로그-로그 그래프에서의 기울기는 어떠할 것인가?**

a. 기울기는 0에 가깝다.

b. 기울기는 -1에 가깝다.

c. 기울기는 1에 가깝다.

d. 주어진 정보로는 알 수 없다.

학습목표 6-4

12. **다음 중 학습곡선 계수 LCC(10, 0.8)의 의미로 올바른 것은 무엇인가?**

a. $c(1) = 1$, 누적산출량이 10, 학습률이 0.8인 프로세스가 1단위를 생산하는 데 드는 비용

b. $c(1) = 10$, 누적산출량이 1, 학습률이 0.8인 프로세스가 1단위를 생산하는 데 드는 비용

c. $c(1) = 1$, 누적산출량이 1, 학습률이 0.8인 프로세스가 10단위를 생산하는 데 드는 비용

d. $c(1) = 1$, 누적산출량이 10, 학습률이 0.8인 프로세스가 10단위를 생산하는 데 드는 비용

13. **학습률 LR의 값이 높아지면 학습곡선 계수 LCC(x, LR)의 값은 낮아진다. 이 문장은 참인가 거짓인가?**

a. 참

b. 거짓

14. **학습곡선 계수 방법을 사용하는 대신, 로그-로그 그래프로 표현된 학습곡선의 기울기 b를 이용하여 N번째 단위의 생산비용을 $c(N)=c(1)\times N^b$로 계산할 수 있다. 이 문장은 참인가 거짓인가?**

a. 참
b. 거짓

학습목표 6-5

15. 누적 학습곡선 계수 CLCC(x, LR)은 모든 $x(x>1)$ 값에 대해 학습곡선 계수 LCC(x, LR)보다 크다. 이 문장은 참인가 거짓인가?

a. 참
b. 거짓

16. 누적 학습곡선 계수 CLCC(20, 0.8)의 정의로 올바른 것은 무엇인가?

a. $c(1) = 1$, 학습률이 0.8인 프로세스가 20단위를 생산하는 데 드는 비용
b. $c(1) = 20$, 학습률이 0.8인 프로세스가 1단위를 생산하는 데 드는 비용
c. $c(1) = 1$, 학습률이 0.8^{20}인 프로세스가 1단위를 생산하는 데 드는 비용
d. $c(1) = 1$, 학습률이 0.8인 프로세스가 20번째 단위를 생산하는 데 드는 비용

17. 멱 함수를 따르는 학습곡선을 가정하자. 제품의 초기단위 생산비용 $c(1)$이 2배로 증가했다면, 20단위의 주문을 생산하기 위한 비용은?

a. 그대로이다.
b. 50% 감소한다.
c. 배가한다.
d. 주어진 정보로는 알 수 없다.

학습목표 6-6

18. 직원의 평균 재직기간과 평균 근속기간 사이의 관계는 무엇인가?

a. 이들은 같은 개념이다.
b. 평균 재직기간은 평균 근속기간의 두 배이다.
c. 평균 재직기간은 평균 근속기간의 절반이다.
d. 평균 재직기간은 평균 근속기간과 반비례 관계에 있다.

19. 이직률의 계산 방식은 무엇인가?

a. 매년 채용되는 신입직원의 수/평균 직원 수
b. 평균 직원 수/매년 채용되는 신입직원의 수
c. $1/2 \times$ 직원의 평균 근속기간

20. 직원 이직률이 증가하면, 회사의 직원 평균 재직기간은?

a. 증가한다.
b. 감소한다.
c. 그대로이다.
d. 주어진 정보로는 알 수 없다.

학습목표 6-7

21. 직원 이직률이 높은 환경에서는 이직률이 낮은 환경에서보다 표준이 덜 중요하다. 이 문장은 참

인가 거짓인가?

a. 참

b. 거짓

22. 다음 중 표준작업표의 일부가 아닌 것은?

a. 활동의 처리시간

b. 활동을 담당하는 사람의 이름

c. 활동을 구성하는 모든 단계들의 작업 순서

d. 자원에서의 재고 표준량

학습목표 6-8

23. John은 3년간 자전거를 수리해 왔다. 그는 정확히 이유는 모르지만 경험이 늘면서 자전거를 더 잘 고치게 되었다는 것을 알고 있다. John의 학습은 자율적 학습의 형태일 가능성이 가장 높다. 이는 참인가 거짓인가?

a. 참

b. 거짓

24. 다음 활동 중 Deming 사이클의 일부가 아닌 것은 무엇인가?

a. 계획

b. 실행

c. 확인

d. 개선

e. 행동

25. 높은 신호 대 잡음비는 학습을 더욱 어렵게 만든다. 이는 참인가 거짓인가?

a. 참

b. 거짓

예시 문제와 해답

학습목표 6-1

1. 자살위험이 적절히 검토되지 않은 우울증 환자들의 비율을 보여주는 궤적을 생각해보자. 의사의 업무는 이 비율을 점차 감소시키는 것이다. 이 경우 학습곡선은 어떠한 형태를 띠겠는가?

a. 기하급수적 증가

b. 기하급수적 감소

c. 수확 체감하는 성장

답 b

2. 스마트폰에 저장할 수 있는 사진의 수를 나타내는 궤적을 생각해보자. 이 경우 학습곡선은 어떠한 형태를 띠겠는가?

a. 기하급수적 증가

b. 기하급수적 감소

c. 수확 체감하는 성장

답 a

3. 직원이 컴퓨터에 올바르게 입력한 환자기록의 비율을 보여주는 궤적을 생각해보자. 이 경우 학습곡선은 어떠한 형태를 띠겠는가?

a. 기하급수적 증가

b. 기하급수적 감소

c. 수확 체감하는 성장

답 c

학습목표 6-2

4. LED 조명을 제작하는 프로세스는 첫 단위를 $30의 단위당 비용으로 생산했다. 즉, $c(1)=30$이다. 그리고 학습률은 LR=0.90이다. 64번째 단위의 단위당 비용은 얼마가 되겠는가?

답 64번째 단위에 도달하려면 누적산출량을 6번 배가해야 한다(1에서 2로, 2에서 4로, 4에서 8로, 8에서 16으로, 16에서 32로, 그리고 32에서 64로). 그 다음 아래의 수식을 사용할 수 있다:

$$c(\text{누적 산출을 6번 배가한 후}) = c(1) \times \text{LR}^6 = 30 \times 0.9^6 = 15.943$$

5. 쇼핑 카트를 제작하는 프로세스는 첫 단위를 $20의 단위당 비용으로 생산했다. 즉, $c(1)=20$이다. 그리고 학습률은 LR=0.95이다. 29번째 단위의 단위당 생산비용은 얼마가 되겠는가?

답 $c(29) = c(1) \times \text{LR}^{\log_2 29} = c(1) \times \text{LR}^{\frac{\ln(29)}{\ln(2)}} = 20 \times 0.95^{4.858} = 15.589$

학습목표 6-3

6. 경험 많은 고등학교 교사가 학생들의 대학입학 추천서를 쓰고 있다. 교사는 2008년에 150번째 추천서를 작성했는데 당시 한 장의 추천서를 작성하는 데 45분이 걸렸던 것으로 추정한다. 2013년에 교사는 250번째 추천서를 작성하면서 한 통을 작성하는 데 33분이 걸렸다. 로그-로그 그래프로 표현된 학습곡선은 선형으로 보인다. 교사가 작성하는 추천서의 양이 배가 될 때마다 추천서 한 통의 작성시간이 얼마나 단축될 수 있는가?

답 우리는 x_2를 2013년에 작성한 추천서의 누적 통수로 정하고 아래와 같이 계산할 수 있다.

$$\ln(\text{처리시간}) = \ln(33) = 3.497, \text{ 그리고}$$
$$\ln(\text{작성한 추천서의 누적 통수}) = \ln(250) = 5.521$$

비슷하게, x_1을 2008년에 작성한 추천서의 누적 통수로 정하면 다음과 같이 계산할 수 있다.

$$\ln(\text{처리시간}) = \ln(45) = 3.807, \text{ 그리고}$$
$$\ln(\text{작성한 추천서의 누적 통수}) = \ln(150) = 5.011$$

따라서, 로그-로그 그래프로 표현된 학습곡선의 기울기를 다음과 같이 계산한다.

$$\text{기울기 } b = \frac{[\ln(c(x_2)) - \ln(c(x_1))]}{[\ln(x_2) - \ln(x_1)]}$$
$$= \frac{[3.497 - 3.807]}{[5.521 - 5.011]} = \frac{-0.310}{0.511} = -0.607$$

다음으로 표 6.2를 이용하여 상기 기울기에 대응하는 값이 0.65와 0.66 사이인 학습률 LR을 찾을 수 있다. 따라서, 교사는 누적산출량을 배가할 때마다 처리시간을 34~35% 감축할 수 있었다.

학습목표 6-4

7. 분사식 제설기의 생산 프로세스에서 프로세스의 초기 비용 $c(1)$=104, 학습률 LR=0.9이며, 프로세스의 누적산출량은 1,000단위에 도달했다. LCC 방법을 사용할 때, 단위당 생산비용은 얼마이겠는가?

답 표 6.3에서 누적산출량이 1,000이고 학습률 LR=0.9일 때의 학습곡선 계수를 찾아보면,

$$\text{LCC}(1{,}000,\ 0.9) = 0.349938$$

다음으로 비용을 아래와 같이 계산한다.

$$c(1{,}000\text{단위의 누적 산출 후, LR} = 0.9,\ c(1) = 104)$$
$$= 104 \times \text{LCC}(1{,}000,\ 0.9) = 36.39355$$

따라서, \$36.39355의 단위당 비용을 예상할 수 있다.

8. 분사식 제설기의 생산 프로세스에서 초기 비용 $c(1)$=104, 학습률 LR=0.9이며, 프로세스의 누적산출량은 1,000에 도달했다. LCC 방법을 사용하지 않으면서, 단위당 비용을 얼마로 예측할 수 있는가?

답 먼저 학습률 LR이 주어졌을 때의 학습곡선의 기울기 b를 찾아야 한다. 표 6.2에서, LR=0.9에 대해 기울기 $b=-0.152$임을 알 수 있다. 다음과 같이 비용을 바로 계산할 수 있다.

$$c(1) \times N^b = 104 \times 1{,}000^{-0.152}$$
$$= 36.3943$$

따라서, 단위당 비용이 \$36.3943일 것을 예측할 수 있다. 이는 7번 문제의 답과 비교할 때 오차 범위 내에 들어 있다.

학습목표 6-5

9. Mike와 Tom은 고급 경주용 자전거를 조립하는 작은 자전거 가게를 시작했다. 그들은 인근 대학에서 학교 운동선수가 탈 자전거 20대를 주문받았다. Mike와 Tom은 자전거를 조립하면서 상당한 생산성 향상이 있을 것으로 기대한다. 그들의 조립비용 $c(1)$=120이며 학습률 LR=0.9가 될 것으로 예상한다. 20대 자전거의 조립비용은 모두 합쳐 얼마가 되겠는가?

답 표 6.4에서 생산량이 20이고 학습률 LR=0.9일 때의 학습곡선 계수를 찾아보면,

$$\text{CLCC}(20, 0.9) = 14.60776$$

이제 20대를 생산하는 비용을 다음과 같이 계산한다.

$$\begin{aligned}\text{CC}(20\text{대 생산}, \text{LR} = 0.9, c(1) = 120) &= 120 \times \text{CLCC}(20, 0.9) \\ &= 120 \times 14.60776 = 1{,}752.931\end{aligned}$$

따라서 누적 총 생산비용이 $1,752.931일 것으로 기대한다.

학습목표 6-6

10. 한 회사의 직원은 1,500명이며 연간 평균 500명의 직원을 채용한다. 직원 이직률은 얼마이며 직원의 평균 재직기간은 얼마인가?

답 직원 이직률은,

$$\text{직원 이직률} = \frac{\text{연간 채용되는 신입직원의 수}}{\text{평균 직원의 수}} = \frac{500}{1{,}500} = \frac{1}{3}$$

다음으로, 평균 재직기간은 다음과 같다.

$$\text{평균 재직기간} = \frac{1}{(2 \times \text{직원 이직률})} = \frac{1}{2 \times \frac{1}{3}} = 1.5\text{년}$$

학습목표 6-7

11. 표준작업표의 세 가지 요소는 무엇인가?

a. 활동의 처리시간, 활동을 구성하는 모든 단계의 업무 순서, 그리고 자원에서의 표준 재고량이다.

b. 활동의 처리시간, 책임 있는 운영자, 그리고 자원에서의 표준 재고량이다.

c. 활동의 불량률, 활동을 구성하는 모든 단계의 업무 순서, 그리고 자원에서의 표준 재고량이다.

d. 위 답안 중 아무 것도 해당되지 않는다.

답 a

학습목표 6-8

12. 다음 중 어떤 문장이 참인가?

a. 자율적 학습은 온전히 경험에 기반하여 일어난다. 반면, 유도된 학습은 의도적인 노력을 요구한다.

b. 유도된 학습은 오로지 경험에 기반하여 일어난다. 반면, 자율적 학습은 의도적인 노력을 요구한다.

c. 유도된 학습의 양은 자율적 학습의 양보다 항상 작다.

답 a

13. Deming 사이클의 4단계는 무엇인가?

a. 계획 – 실행 – 시행 – 수행

b. 계획 – 실행 – 확인 – 행동

c. 임무 – 비전 – 전략 – 수행

d. 위 답안들 중 아무 것도 해당되지 않는다

답 b

응용 문제

학습목표 6-1

1. 식당에서 올바르게 처리된 주문의 비율을 보여주는 궤적을 생각해보자. 이 경우 학습곡선은 어떠한 형태를 띠겠는가?

a. 기하급수적 증가

b. 기하급수적 감소

c. 수확 체감하는 성장

2. 항공사가 한 회의 비행에서 분실하는 수하물의 숫자를 보여주는 궤적을 생각하라. 이 경우 학습곡선은 어떠한 형태를 띠겠는가?

a. 기하급수적 증가

b. 기하급수적 감소

c. 수확 체감하는 성장

3. 매년 평균적인 PC에 장착되는 데이터 저장공간의 양을 보여주는 궤적을 생각하라. 이 경우 학습곡선은 어떠한 형태를 띠겠는가?

a. 기하급수적 증가

b. 기하급수적 감소

c. 수확 체감하는 성장

학습목표 6-2

4. 스케이트보드에 부착되는 고급 판을 만드는 프로세스는 첫 단위의 생산에 $20의 비용이 발생한다. 즉, $c(1)=20$이다. 그리고 학습률은 LR=0.95이다. 128번째 단위의 단위당 생산비용은 얼마가 되겠는가?

5. 테니스 채를 만드는 프로세스는 첫 단위의 생산에 $10의 비용이 발생한다. 즉, $c(1)=10$이다. 그리고 학습률은 LR=0.9이다. 35번째 단위의 단위당 생산비용은 얼마가 되겠는가?

학습목표 6-3

6. 경험 많은 자동차 정비사가 배기장치를 교환하는 작업을 하고 있다. 그녀는 2010년에 100번째 작업을 수행했다. 그녀는 당시 배기장치를 하나 교환하는 데 평균 80분이 걸렸던 것으로 추정한다. 2014년에 220번째 배기장치를 교환할 때는 55분이 걸렸다. 로그–로그 그래프로 표현된 학습곡선은 선형으로 보인다. 정비사가 매번 누적생산량을 배가할 때마다 한 작업을 처리하는 시간이 얼마나 단축되었는가?

학습목표 6-4

7. 연말세금정산서의 준비 프로세스의 초기 비용 $c(1)=45$, 학습률 LR=0.95이며, 누적산출량은 100에 도달했다. LCC 방법을 사용할 때 100번째 단위의 단위당 비용은 얼마이겠는가?

8. 연말세금정산서의 준비 프로세스의 초기 비용 $c(1)=45$, 학습률 LR=0.95이며, 누적산출량은 100에 도달했다. LCC 방법을 사용하지 않을 때, 100번째 단위의 단위당 비용은 얼마이겠는가?

학습목표 6-5

9. Will은 정년퇴임 파티용 특별 케이크를 제작하는 작은 회사를 창업했다. 그는 인근 회사로부터 케이크 5개의 큰 주문을 받았다. Will은 케이크를 만들어가면서 상당한 생산성 향상이 있을 것으로 기대한다. 그의 현재 제조 비용은 $c(1)=40$이며 학습률 LR=0.85가 될 것으로 예상한다. 케이크 5개의 총 제조비용은 얼마가 되겠는가?

학습목표 6-6

10. 한 회사에 평균 2,200명의 직원이 근무하고 있고 연 평균 300명의 직원을 채용한다. 이 회사의 직원 이직률은 얼마인가?

11. 한 회사에 평균 2,200명의 직원이 근무하고 있고 연 평균 300명의 직원을 채용한다. 이 회사 직원의 평균 재직기간은 얼마인가?

학습목표 6-7

12. 표준작업표의 세 가지 구성요소는 무엇인가?
    a. 활동의 처리시간, 활동을 구성하는 모든 단계의 업무 순서, 그리고 자원에서의 표준 재고량이다.
    b. 활동의 처리시간, 실패의 가장 흔한 원인, 그리고 자원에서의 표준 재고량이다.
    c. 활동의 불량률, 활동을 구성하는 모든 단계의 업무 순서, 그리고 자원에서의 표준 재고량이다.
    d. 활동의 처리시간, 실패의 가장 흔한 원인, 그리고 활동의 불량률이다.

학습목표 6-8

13. GPS가 없는 두 택시 기사의 길 찾는 실력을 생각해보자. 기사 1은 고객의 지시대로 길을 찾아 운전을 하며 지역에 대한 이해를 향상시킨다. 기사 2는 의도적으로 시간을 따로 내서 새로운 지름길을 탐색한다. 기사 1은 유도된 학습에 의존하고 있으며 기사 2는 자율적 학습에 의존하고 있다. 이는 참인가 거짓인가?
    a. 참
    b. 거짓

14. PDCA 사이클과 Deming 사이클의 차이점은 무엇인가?
    a. PDCA 사이클은 4단계(계획–실행–확인–행동)로 구성되는 반면 Deming 사이클은 6단계로 구성된다.
    b. Deming 사이클은 오직 제조업에만 적용이 된다.

c. PDCA 사이클은 품질 향상을 위한 방법인 반면 Deming 사이클은 제품개발 프로세스에 적용된다.

d. 두 접근 방식에는 차이가 없다.

사례 Ford의 Highland 공장

1908년 10월, Henry Ford는 Model T를 선보이기 직전에 "나는 대중을 위한 자동차를 만들 것이다."라고 선언했다. 이후 19년 동안 Ford는 1,500만 대의 T Model 자동차를 만들었다. Model T의 성공은 수천 명의 작업자들이 고된 조건에서 자동차를 조립해야 하는 컨베이어 시스템의 개발 덕분이었다. 미숙련 노동자들의 인건비는 저렴해서 초기에 작업자들은 9시간 근무하고 $2.30을 받았다.

공장의 거친 작업환경을 감안할 때 잦은 결근은 중요한 문제였다. 13,000명의 공장 작업자들 중 평균 1,000명이 결근하는 상황이었고 Ford의 Highland Park 공장의 직원 이직률은 370%에 달했다. 작업자를 신규로 고용하기는 점점 힘들어졌고 대부분의 작업자가 이민자인 까닭에 공장은 이들의 영어 실력으로 인한 소통 문제로 괴로움을 겪었다.

이 문제를 극복하기 위해 1914년 1월에 임금은 일일 $5로 두 배가 되었고 근무시간은 8시간으로 제한되었다. 급여 인상과 더불어, Ford는 작업자에게 영어를 배우고 건강을 돌보고 집을 사기 위해 저축할 것을 요구했다.

산업의 많은 전문가들은 Ford의 움직임이 미친 짓이고 그가 높아진 인건비를 감당할 수 없을 것이라고 생각했다. 하지만 Ford는 그들이 틀렸음을 증명해 보였다. 1908년 가을, 신형 Model T는 $850에 제작되었다(2013년 기준으로 $20,763에 해당). 1927년, Ford는 신형 Model T를 매 27초마다 생산했고 대당 비용은 $260(2013년 기준으로 $3,372에 해당)이었다.

Source: Library of Congress

질문

1. 1913년, 작업자의 평균 근속기간은 얼마였는가?
2. 작업자의 평균 재직기간은 얼마였는가?
3. 1916년에 100만 번째의 자동차가 $8,084(2013년 미국 달러 기준)에 생산되었다고 가정한다면, Ford가 1916년에서 1927년까지 누적산출량을 배가할 때마다 비용을 얼마나 절감했는가?

출처: Henry Ford Heritage Association, http://hfha.org/the-ford-story/henry-ford-an-impact-felt/

참고 문헌

Chase, Jenny. *The PV Experience Curve*. Bloomberg | New Energy Finance, February 2011.

Dutton, John M., and Annie Thomas. "Treating Progress Functions as a Managerial Opportunity." *The Academy of Management Review* 9, no. 2 (April 1984), pp. 235–47.

Gladwell, Malcolm. Outliers: *The Story of Success*. Back Bay Books, 2008.

Lapré, Michael A., and Ingrid M. Nembhard. "Inside the Organizational Learning Curve: Understanding the Organizational Learning Process." *Foundations and Trends® in Technology, Information and Operations Management* 4, no. 1 (2010), pp. 1–103.

Levitt, Steven D., John A. List, and Chad Syverson. "Toward an Understanding of Learning by Doing: Evidence from an Automobile Assembly Plant." *Journal of Political Economy* 121, no. 4 (February 2013), pp. 643–81. Accessed September 10, 2013, http://www.jstor.org/stable/10.1086/671137

"Study Tracks 'Learning Curve' in Prostate Surgery." July 24, 2007. http://www.cnn.com/2007/HEALTH/conditions/07/24/cancer.prostate.reut/

Terwiesch, Christian, and Roger E. Bohn. "Learning and Process Improvement during Production Ramp-up." *International Journal of Production Economics* 70, no. 1 (2001), pp. 1–19.

Terwiesch, Christian, and Yi Xu. "The Copy-Exactly Ramp-up Strategy: Trading-off Learning with Process Change." *IEEE Transactions on Engineering Management* 51, no. 1 (2004), pp. 70–84.

memo

7 프로세스와 셋업

학습목표

7-1 프로세스에서 셋업시간을 파악할 줄 안다.

7-2 셋업시간 후 정해진 배치 사이즈를 생산하는 자원의 처리능력을 측정할 줄 안다.

7-3 셋업시간이 필요한 자원의 활용률을 측정할 줄 안다.

7-4 셋업시간이 필요한 자원이 생산한 제품의 평균 재고량을 측정할 줄 안다.

7-5 프로세스의 흐름을 제약하지 않으면서 재고를 최소화하는 배치 사이즈를 결정할 줄 안다.

7-6 모든 수요를 충족하는 동시에 재고를 최소화하기 위한 제품별 생산량을 찾을 줄 안다.

7-7 셋업시간이 필요한 프로세스를 관리하는 방법을 설명할 줄 안다.

이 장의 개요

소개

Henry Ford가 1900년대 초반에 Ford Motor Company를 설립한 뒤 20년 후 회사는 세계에서 가장 큰 자동차 제조업체가 되었다. Ford의 성장은 회사가 생산한 자동차 모델 중 하나인 Model T의 성공에 크게 힘입었다. Model T는 단단하고 견고해서 당시의 포장되지 않은 거친 도로에 적합한 것이었다. 또한 가격도 비교적 저렴했다. Ford는 그의 조립라인 작업자들도 살수 있을 만한 자동차를 원했다. 하지만 Model T는 한 가지 색으로만 생산되었으므로 화려하지는 않았다. 실제로 Ford는 한때 "소비자는 자신이 원하는 어떤 색이든 선택할 수 있다. 그 색깔이 검은색인 한"과 같은 말을 했다고 전해진다. 물론 그러한 경영 철학은 오늘날의 소비자들에게는 통하지 않는다. 그런데 왜 그때는 그러한 경영 철학이 통했을까? 이번 장에서는 이 질문에 대해 알아볼 것이다.

Ford의 제한된 색깔을 이해하기 위해 대부분의 프로세스에서 발생하는 유감스러운 현실을 이해할 필요가 있다. 이상적인 프로세스는 부드럽게 흐르면서 일정한 시간간격으로 흐름단위들을 내보낸다고 상상할 수 있겠지만, 현실의 많은 프로세스들은 생산 도중에 흐름이 끊어지면서 다른 종류의 작업들이 새로이

Courtesy of Library of Congress Prints & Photographs Division [LC-USZ62-78374]

시작되곤 하는 변덕스러운 흐름으로 이어진다. 즉, 프로세스들은 음악의 메트로놈처럼 일정한 박자에 맞추어 지속적으로 작동하기보다는 러시아워의 교통흐름처럼 자주 멈추면서 흐르는 것처럼 보일 수 있다.

이 장에서 우리는 프로세스의 흐름이 끊기는 여러 이유들 중에서 셋업이라는 개념에 초점을 맞출 것이다. 셋업을 정의한 다음 셋업이 필요한 프로세스가 만든 제품인 Xootr를 소개하고 Xootr의 생산 프로세스를 처리능력, 활용률, 그리고 재고와 같은 몇 가지 주요한 프로세스 성과지표를 이용해 측정할 것이다. 다음으로, Xootr의 제조 프로세스를 어떻게 해야 가장 잘 관리할 수 있는지 살펴보고, 셋업이 존재하는 프로세스의 경우 왜 여러 종류의 제품(여러 색깔의 자동차와 같이)을 만들어내는 것이 어려운지에 대해서 알아볼 것이다. 마지막으로 Ford 이전에는 셋업이 어떻게 관리되어 왔는지 그리고 Ford 이후로는 어떻게 관리되어 왔는지를 살펴보면서 셋업에 대한 약 500여 년의 역사를 살펴보고자 한다.

7.1 셋업시간

당신이 빵집을 열어 컵케이크를 만든다고 생각해보자. 초콜릿과 바닐라 맛의 단 두 종류만을 다룰 것이다. 컵케이크를 만들려면 반죽을 섞어야 하는데 자금제약 때문에 반죽을 섞는 그릇이 하나밖에 없다고 가정해보자. 따라서 초콜릿 컵케이크를 만들고 난 뒤 바닐라 컵케이크를 만들려면 그릇을 씻어야 한다. 당신이 특정 맛의 컵케이크를 5개 만들었든 50개 만들었든지 간에 그릇을 씻는 데 걸리는 시간은 동일하다. 그리고 그것을 2분이라고 하자. 이렇게 그릇을 씻어내는 과정이 셋업이고 2분이라는 시간은 셋업시간이다.

컵케이크의 예를 일반화하면, **셋업(setup)**은 (i) 일정한 생산량을 산출하기 위해 필요한 일련의 과업으로서 (ii) 이 과업을 완수하는 데 걸리는 시간은 셋업 후 생산해야 할 생산량과는 직접적으로 관련은 없다. 예를 들어, 바닐라 컵케이크를 만들고 나서 초콜릿 컵케이크를 만들려면 반죽 그릇을 씻는 과정이 필요한데 그전에 적은 양의 반죽이 사용되었건 많은 양의 반죽이 사용되었건 간에 그릇을 씻는 데 걸리는 시간이 동일하다. 다시 한 번 강조하자면, 셋업의 가장 핵심적인 특징은 셋업에 소요되는 시간이 제조하려는 양과 직접적으로 연관이 없다는 것이다. 이 점이 셋업이 "통상적인" 프로세스 과업과 다른 점이다. 예를 들어, 컵케이크의 꼭대기에 당의를 얹는 것은 "컵케이크당 몇 초"라고 묘사될 수 있다. 만들어진 컵케이크들 위에 당의를 얹는 데 소요되는 총 시간은 얼마나 많은 양의 컵케이크에 당의가 얹어야 하는가에 따라 달라지기 때문에 당의를 얹는 작업은 셋업이 아니다. 반면에, 실제로 컵케이크를 굽는 작업은 셋업이다. 오븐에서 컵케이크를 구우려면 1개를 굽든 24개를 굽든 혹은 72개를 굽든 간에 40분이 걸리는데 이는 컵케이크들이 함께 구워지기 때문이다. 빵을 굽는 데 걸리는 시간이 컵케이크의 개수에 달려 있지 않으므로 빵을 굽는 작업은 셋업이다.

> 학습목표 7-1
> 프로세스에서 셋업시간을 파악할 줄 안다.

셋업 (i) 제품을 생산하는 데 요구되는 일련의 과업으로서 (ii) 이러한 과업들을 완수하는 데 소요되는 시간은 생산하려는 제품의 수량과는 직접적으로 관련이 없다.

이제 Xootr LLC 사가 친환경 도시 교통수단으로 만든 튼튼하고 야무진 킥보드인 Xootr에 초점을 맞춰보자(사진 7.1 참조). Xootr는 사용자가 빠르고 편하게 도시 내 1～2마일을 돌아다닐 수 있게 해주는데 이 제품으로 이동하면 걷는 것보다 빠르고 자전거보다 더 편리하다. Xootr 제품에 사용되는 두 가지 부품은 밀링머신으로 만들어진다: (1) 하나는 조향축으로서 손잡이와 킥보드의 몸체를 연결시키는 역할을 하며, (2) 두 번째는 데크지

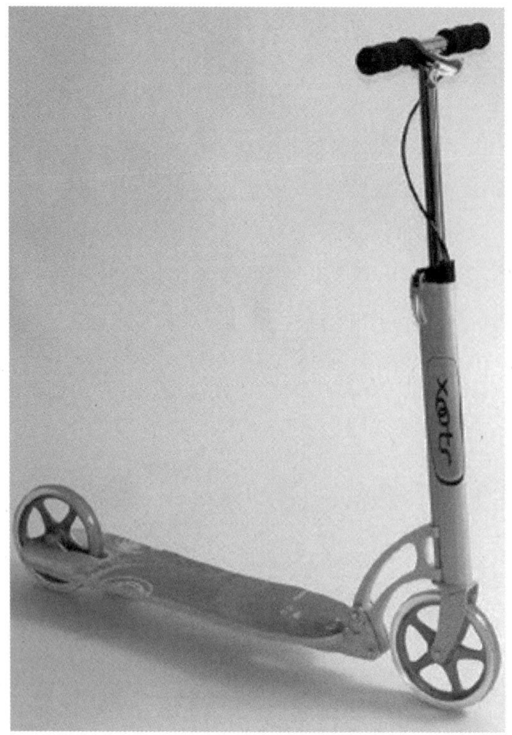

사진 7.1 Xootr

© Xootr LLC

사진 7.2 Xootr의 밀링머신(위)과 조향축 재고(아래)

지판으로서 보드에 올라탄 사용자의 무게를 구조적으로 지지하는 역할을 한다. 각 Xootr는 조향축 하나와 데크지지판 두 개가 사용된다. 두 개의 데크지지판은 “지지판 한 쌍”으로 불리며 조향축 한 개와 데크지지판 한 쌍을 “부품 세트”라 부른다. 각 Xootr의 제작에는 하나의 부품 세트가 필요하다. Xootr는 값비싼 밀링머신 하나를 가지고 있는데 밀링머신과 조향축의 재고가 사진 7.2에 나타나 있다.

부품 제작의 첫 단계는 밀링머신을 셋업하는 것이다. 작업자는 60분간의 셋업시간 동안 (i) 특정 부품을 만들기 위해 필요한 공구를 설치하고, (ii) 부품의 규격에 맞추어 장비의 작업 수치를 조정해야 한다. 지지판과 조향축을 번갈아 가며 생산하기에 60분간의 셋업시간은 **전환시간(changeover time 또는 switchover time)**으로도 불린다. 이는 한 종류의 부품 생산에서 다른 종류의 부품생산으로 전환하거나 바꾸는 데 걸리는 시간이다. 밀링머신이 특정 부품(지지판 또는 조향축)을 생산하도록 셋업되면 부품을 비교적 빠르게 생산할 수 있다. 밀링머신이 조향축 하나를 만드는 데 1분이 소요되고 한 쌍의 지지판을 만드는 데 역시 1분이 소요된다. 따라서, 밀링머신이 Xootr 한 개를 만드는 데 필요한 부품들을 생산하는 데 총 2분이 필요하다.

전환시간 한 종류의 제품에서 다른 종류의 제품으로 생산을 교체하는 셋업 시간

밀링머신이 Xootr의 핵심 부품들을 만들기는 하지만 Xootr를 완성하기 위해서는 외부에서 구매되는 다양한 부품들을 최종적으로 조립해야 한다. 조립 프로세스에는 3명의 작업자가 근무하는데 각 작업자는 80개의 부품들을 12분 안에 조립하여 하나의 Xootr를 생산할 수 있다(사진 7.3 참고). 작업자 3명의 총 처리능력은 분당 1/4 Xootr이다(총 3명의 작업자/각 작업자가 한 대의 Xootr에 12분 작업)이다. 따라서, 조립 프로세스의 처리능력

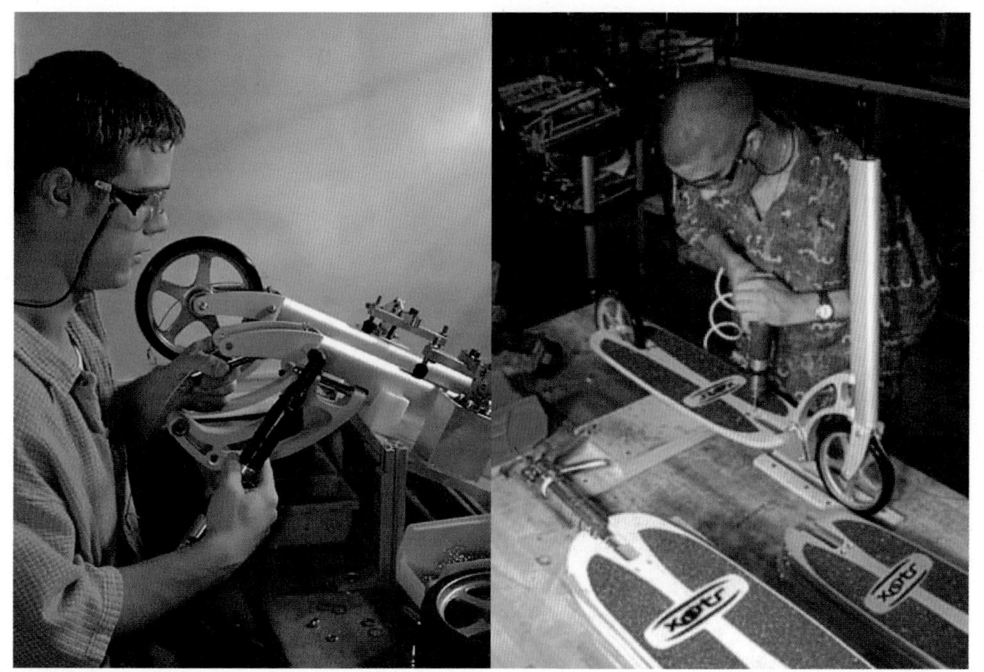

© Xootr LLC

사진 7.3 Xootr의 조립 프로세스

그림 7.1
Xootr의 생산 프로세스 흐름도

표 7.1 Xootr의 작업 데이터

밀링 – 조향축:	
셋업시간(분)	60
처리시간(분)	1
밀링 – 지지판:	
셋업시간(분)	60
처리시간(분)	1
조립:	
처리시간(분)	12
작업자의 수	3
처리능력(Xootr/분)	0.25

을 감안하면 매 4분마다 한 대의 Xootr가 만들어질 수 있다. 그림 7.1은 Xootr가 사용하는 프로세스 흐름도를 간략하게 보여주고 있으며 표 7.1은 Xootr의 핵심 작업 데이터를 요약하고 있다.

이해도 확인하기 7.1

질문 **병원의 혈액 검사기계가 각 샘플을 분석하는 데 30초가 걸리는데, 매 50개의 샘플을 분석하고 나면 5분 동안 기계의 정비와 점검이 필요하다. 이 프로세스의 셋업시간은 얼마인가?**

답 셋업시간은 샘플 분석을 준비하는 데 필요한 시간으로서 이 시간 동안에는 샘플 분석이 이루어지지 않는다. 이 프로세스의 셋업시간은 5분이다.

7.2 셋업이 필요한 프로세스의 처리능력

밀링머신의 처리능력은 얼마인가? 이는 밀링머신이 어떻게 사용되느냐에 달려 있다. 다음의 경우(바람직하지는 않지만)를 생각해보자. 조향축 하나를 만들고(1분) 밀링머신을 지지판 생산모드로 전환한 뒤(60분) 지지판 한 쌍을 만들고(1분) 밀링머신을 다시 조향축 생산모드로 바꾼다고 해보자(60분). 122분 동안 밀링머신은 부품 세트 하나를 만들어냈다. 이런 속도라면 조립라인의 작업자들은 상당 시간을 빈둥거리며 보내게 된다. 이들은 매 4분마다 하나의 속도로 조립할 수 있지만 밀링머신은 122분 간격으로 Xootr 생산에 필요한 부품 세트를 작업자들에게 전해주고 있다! 이러한 작업방식은 말도 안 된다는 것은 두말할 나위가 없다. 조향축 생산에서 지지판 생산으로 전환하는 데만 60분이 걸린다면 동일한 부품을 대량으로 생산해서 밀링머신이 셋업에 너무 많은 시간을 낭비하지 않도록 해야 한다.

7.2.1 배치와 생산사이클

생산사이클 셋업시간, 생산시간, 그리고 유휴시간을 포함하는 반복되는 일련의 생산과정

배치 흐름단위들의 집합

배치 프로세스 단위들이 배치형태로 생산되는 생산 프로세스의 한 종류

밀링머신의 처리능력을 좀 더 정확하게 파악하기 위해 흐름단위를 먼저 정의해보자. 고객은 (조향축이나 지지판이 아닌) Xootr를 구매하므로 흐름단위를 Xootr라고 하자. 따라서, 밀링머신의 처리능력을 분당 생산하는 부품 세트의 수 또는 Xootr의 수(Xootr당 하나의 부품 세트가 필요하므로)로 측정하는 것이 바람직하다. 이제 핵심 용어를 정의하자. **생산사이클(production cycle)**은 생산하는 단위들이 반복적으로 거쳐야 하는 일련의 과정이다. 예를 들어, 밀링머신이 조향축을 만들기 위한 셋업을 한 뒤 90개의 조향축을 생산하고 나서, 다시 지지판을 만들기 위한 셋업을 한 뒤 90개의 지지판 쌍(즉, 180개의 지지판)을 만든다고 하자. 이는 반복되는 일련의 과정이기 때문에 하나의 생산사이클이 된다. 생산사이클이 끝나면 이 일련의 과정이 다시 시작된다. 그리고 각 사이클별로 이 패턴이 실행되면 90개의 Xootr 생산에 필요한 부품들이 만들어진다.

그림 7.2에 셋업과 생산의 패턴이 나타나 있는데 어두운 블록은 셋업시간을 나타내고 밝은 블록은 흐름단위 한 **배치(batch)**의 생산을 나타낸다. 배치는 흐름단위들의 집합 또는 모음이다. 이러한 종류의 생산 프로세스를 **배치 프로세스(batch process)**라고 부르는데 이는 제품들이 배치단위로 만들어지기 때문이다. 밀링머신은 조향축의 배치와 지지판의 배치를 번갈아 가면서 생산한다. 하나의 생산사이클 동안 밀링머신은 90개로 구성된 Xootr

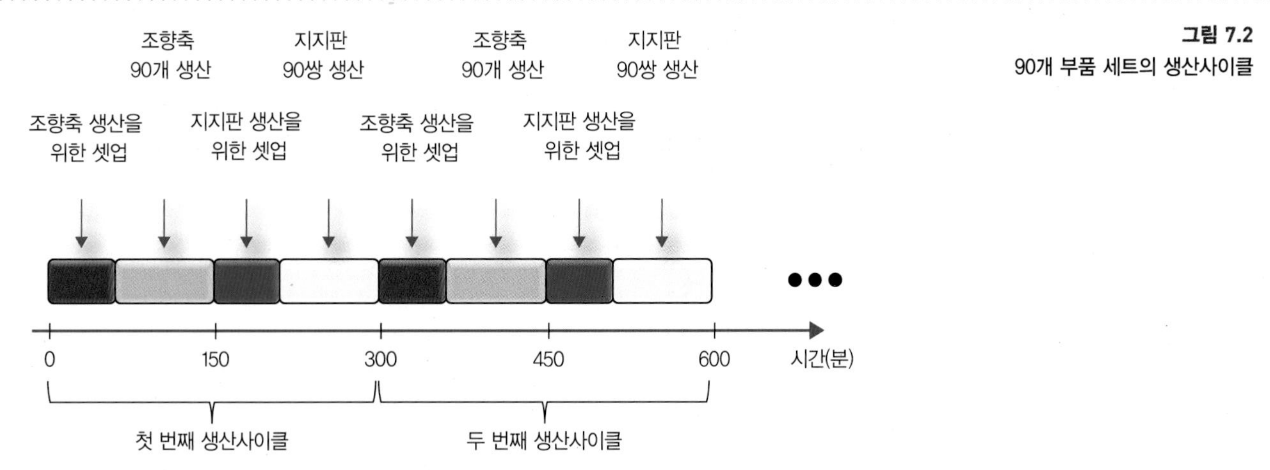

그림 7.2
90개 부품 세트의 생산사이클

한 배치를 만든다(전에 언급했듯이 밀링머신은 실제로는 90개의 부품 세트를 만들지만 이는 90개의 Xootr를 만드는 것과 같다).

7.2.2 셋업 자원의 처리능력

90개로 이루어진 Xootr의 배치를 생산하는 생산사이클을 염두에 두고 주요 질문에 대해 다시 생각해보자. 밀링머신의 처리능력은 얼마인가? 특히, 밀링머신은 평균적으로 분당 몇 개의 Xootr를 생산할 수 있는가? 3장의 프로세스 분석에서는 한 명의 작업자가 근무하는 자원의 처리능력을 다음과 같이 정의했다.

학습목표 7-2
셋업시간 후 정해진 배치 사이즈를 생산하는 자원의 처리능력을 측정할 줄 안다.

$$\text{한 명의 작업자가 근무하는 자원의 처리능력} = \frac{1}{\text{처리시간}}$$

좀 더 일반적으로, 프로세스의 처리능력은 다음과 같이 직관적으로 표시할 수 있다.

$$\text{처리능력} = \frac{\text{생산량}}{\text{생산소요시간}}$$

예를 들어 조립라인이 90개의 Xootr를 조립한다고 하자. Xootr 90개를 조립하는 데 얼마나 걸릴까? 3명의 작업자들이 있으므로 각자 30개의 Xootr를 조립해야 한다. 그리고 각 Xootr를 조립하려면 12분이 필요하므로 각 작업자는 30개의 Xootr를 조립하기 위해 $12 \times 30 = 360$분이 필요하다. 따라서 조립 프로세스의 처리능력은 다음과 같다.

$$\begin{aligned}\text{처리능력} &= \frac{\text{생산량}}{\text{생산소요시간}} \\ &= \frac{\text{90개의 Xootr}}{\text{360분}} \\ &= \text{분당 } \frac{1}{4}\text{Xootr}\end{aligned}$$

이제 상기의 처리능력을 구하는 일반적인 수식을 셋업이 필요한 배치 프로세스에 적용해 볼 수 있다. "생산량"은 배치 사이즈 또는 말 그대로 생산사이클에서 생산된 단위들의 수이다. "생산소요시간"은 한 생산사이클을 마치는 데 걸리는 시간으로서 생산사이클 동안의 셋업시간과 모든 생산시간을 합한 총 시간이다. 따라서 셋업이 필요한 배치 프로세스의 처리능력을 측정하기 위한 수식은 다음과 같다.

$$\text{처리능력} = \frac{\text{배치 사이즈}}{\text{총 셋업시간} + (\text{처리시간} \times \text{배치 사이즈})}$$

이 수식에서 분자는 각 생산사이클에서 생산된 양을 나타내는 배치 사이즈이다. 예를 들어, 배치 사이즈는 Xootr 90개가 된다. 이 수식에서 분모는 두 파트로 나뉜다. 첫 번째 파트는 각 생산사이클에서 총 셋업시간이다. 밀링머신의 경우에는 두 가지 다른 부품을 번갈아 가며 생산하기 때문에 각 생산사이클에 두 번의 셋업이 있다. 따라서 총 셋업시간은 120분(60+60)이다. 이 분모의 두 번째 파트는 실제 생산에 들어가는 시간이다. 각 Xootr에 대한 처리시간은 2분(조향축 하나를 만드는 데 1분 그리고 지지판 한 쌍을 만드는 데 1분)이다. 이러한 내용들을 종합하면 그림 7.2에 나타난 생산사이클에서 부품 세트를 만들기 위한 밀링머신의 처리능력은 다음과 같다.

$$\text{처리능력} = \frac{\text{90개의 Xootr}}{\text{120분} + (\text{Xootr당 2분} \times \text{90개의 Xootr})} = \text{분당 0.3개의 Xootr}$$

분당 0.3개의 Xootr는 적절한 처리능력인가? 대답에 대한 힌트를 얻기 위해 셋업시간이 없다면 밀링머신이 얼마나 생산할 수 있을지를 생각해보자. 셋업시간이 없다면 밀링머신은 매 2분마다 Xootr 하나 또는 분당 0.5개의 Xootr를 생산해 낼 수 있다. 따라서 셋업시간이 없다면 밀링머신은 분당 0.5개의 Xootr를 생산해 내지만, 셋업시간과 90개의 배치 사이즈라는 조건이 있다면 밀링머신은 분당 0.3개의 Xootr만을 생산해 낸다. 이는 90개의 Xootr라는 배치 사이즈 때문에 발생하는 셋업시간 때문에 분당의 0.2개(0.5−0.3)의 Xootr 처리능력이 줄어듦을 의미한다.

이해도 확인하기 7.2

질문 **15분의 셋업과 45분의 생산사이클로 가동되는 기계가 있다. 생산하는 동안에 이 기계는 분당 2개의 부품을 생산해낸다. 이 기계의 처리능력은 분당 얼마인가?**

답 이 기계는 매 15+45=60분마다 45×2=90개의 부품을 생산해내므로, 90개의 부품/60분=분당 1.5개의 부품을 만들어낸다.

Xootr는 셋업시간 때문에 줄어드는 처리능력을 어떻게 피할 수 있을까? 이 질문에 대한 직관적인 답은 셋업의 수를 줄여야 한다는 것이다. 밀링머신의 처리능력을 높이려면 배치 사이즈를 늘리고 셋업 횟수를 줄여야 한다. 그림 7.3은 이 점을 보여주고 있다. 그림 7.3을 보면 배치 사이즈를 140으로 증가시킬 경우 밀링머신의 처리능력은 분당 0.35 Xootr로 상승됨을 알 수 있다. 하지만 배치 사이즈를 두 배로 증가시켜 180 Xootr로 하더라도 처리능력은 분당 0.38 Xootr로 올라가면서 처리능력을 25%만 상승시킨다. 사실, 처리능력을 분당 0.3 Xootr에서 분당 0.45 Xootr로 50% 상승시키려면 배치 사이즈를 600%나 증가시켜 540 Xootr로 만들어야 한다. 이것이 의미하는 바는, 배치 사이즈를 늘리면 처리능력이 증

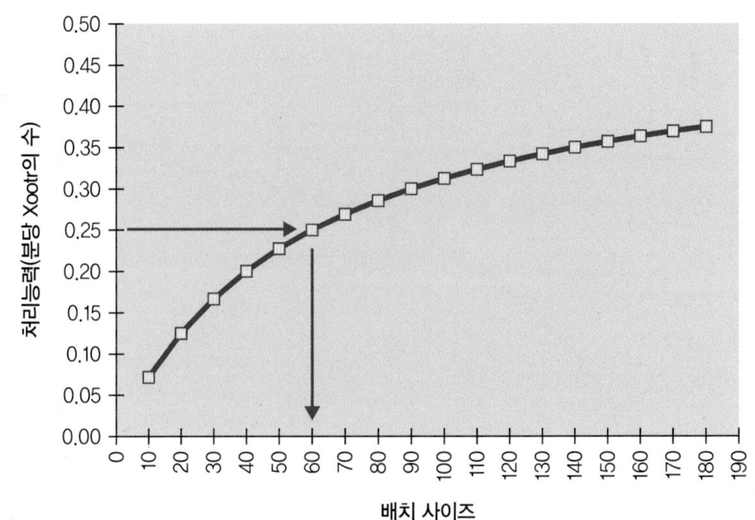

그림 7.3
배치 사이즈에 따른 밀링머신의 처리능력 (분당 Xootr). 화살표는 배치 사이즈가 60인 경우 분당 0.25 Xootr의 처리능력이 달성됨을 의미한다.

가하지만 배치 사이즈가 더 커질수록 처리능력은 더 느리게 증가한다는 것이다. 다른 식으로 생각해보면, 처리능력을 조금만 증가시키려 해도 배치 사이즈가 훨씬 더 많이 증가해야 한다는 것이다.

그림 7.3은 또 다른 중요한 점을 보여준다. 적은 배치 사이즈로 작업하면 처리능력의 상당한 양을 잃게 된다. 배치 사이즈가 10개의 Xootr인 경우 밀링머신은 분당 0.071개의 Xootr 또는 매 14분마다 하나의 Xootr를 생산해낸다(1/0.071). 이 수치를 밀링머신의 최고 산출량인 분당 0.5 Xootr와 비교해보면 14%밖에 되지 않는다! 결론적으로, 배치 사이즈를 증가시키면 처리능력은 상대적으로 매우 적게 증가하는 반면 배치 사이즈를 줄이면 처리능력은 상당히 줄어든다.

7.2.3 프로세스의 처리능력과 흐름률

밀링머신의 처리능력은 배치 사이즈에 달려 있다. 반면 조립공정의 처리능력은 분당 0.25 Xootr로 고정되어 있고 이는 배치 사이즈와는 무관하다. 그렇다면 전체 프로세스의 처리능력은 얼마인가? 프로세스 분석을 다룰 때 프로세스의 처리능력은 병목지점의 처리능력과 같으며 병목지점은 처리능력이 가장 적은 자원임을 배웠다. 동일한 개념이 이 상황에서도 적용된다.

그림 7.1에서 보았듯이, 이 프로세스에는 두 가지 자원, 밀링머신과 조립공정만이 존재한다. 따라서 병목지점을 찾으려면 이 두 자원의 처리능력을 비교해야 한다. 조립공정의 처리능력은 항상 분당 0.25 Xootr이다. 하지만 그림 7.3에 나타난 대로, 밀링머신의 처리능력은 배치 사이즈에 따라 달라진다. 만일 배치 사이즈가 60개보다 적으면 밀링머신의 처리능력은 분당 0.25 Xootr보다 적어진다. 따라서 이 작업이 병목지점이 된다. 반면, 배치 사이즈가 60개보다 크면 밀링머신의 처리능력은 분당 0.25개보다 크므로 조립공정이 병목지점이 된다. 달리 말하면, 배치 사이즈에 따라서 병목지점은 밀링머신이 될 수도 조립공정이 될 수도 있다. 그림 7.4가 이를 보여주고 있다.

우리는 또한 3장 프로세스 분석에서 프로세스의 흐름률이 수요와 프로세스 처리능력 중

그림 7.4
밀링머신의 처리능력과 프로세스의 처리능력

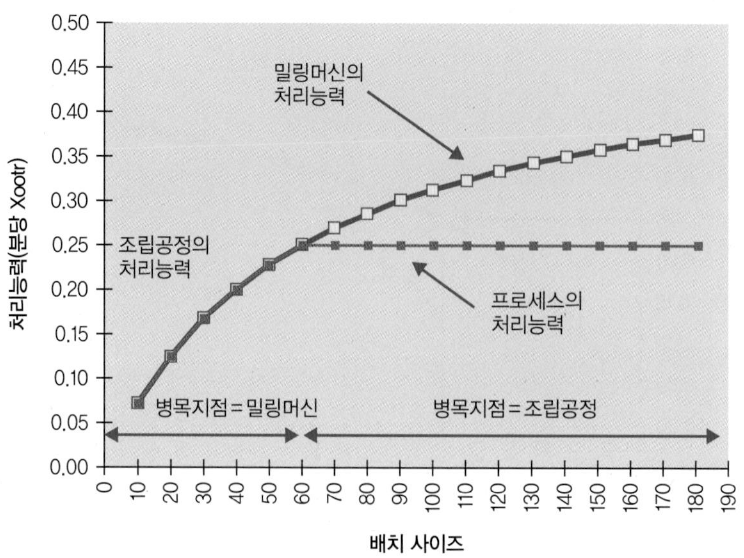

최소치와 동일하다는 것을 배웠다. 만일 수요가 프로세스의 처리능력보다 적다면, 흐름률은 수요와 같고 이 경우 우리는 프로세스가 수요에 의해 제약되어 있다고 말한다. 반면, 만일 수요가 프로세스의 처리능력보다 크다면, 흐름률은 프로세스의 처리능력과 같고 이 경우 우리는 프로세스는 처리능력에 의해 제약되었다고 한다.

이해도 확인하기 7.3

질문 기계의 셋업시간은 30분이고 처리시간은 단위당 5분이다. 이 기계가 생산하는 부품은 시간당 8개의 처리능력을 가진 조립 프로세스에서 사용된다.

a. 만일 배치 사이즈가 6개라면, 프로세스의 (시간당) 처리능력은 얼마인가?

답 기계의 분당 처리능력은 $\frac{6}{(30+5\times 6)}=\frac{1}{10}$개이다. 시간당으로 보면 분당 $\frac{1}{10}\times 60$분/시간 = 6개/시간을 생산해낸다. 이 수치는 조립 프로세스의 처리능력보다 적기 때문에 이 기계가 병목지점으로서 전체 프로세스의 처리능력을 결정한다. 따라서 전체 프로세스의 처리능력은 시간당 6개이다.

b. 만일 배치 사이즈가 30개라면, 프로세스의 (시간당) 처리능력은 얼마인가?

답 기계의 분당 처리능력은 $\frac{6}{(30+5\times 6)}=\frac{1}{6}$개이다. 시간당으로 보면 분당 $\frac{1}{6}\times 60$분/시간 = 10개/시간을 생산해낸다. 이 수치는 조립 프로세스의 처리능력보다 크기 때문에 조립 프로세스가 병목지점으로서 전체 프로세스의 처리능력을 결정한다. 따라서 프로세스의 처리능력은 시간당 8개이다.

7.3 셋업이 필요한 프로세스의 활용률

셋업시간이 필요한 프로세스는 가끔씩 셋업을 해야 하기 때문에 항상 생산 중일 수는 없다. 그리고 프로세스가 아무것도 하지 않는 **유휴시간(idle time)**이 있을 수 있다. 셋업을 요하는 장비들은 구매하고 유지하는 데 돈이 많이 들 수 있기 때문에 유휴시간의 존재는 프로세스 관리자에게 곤혹스러울 수 있다. 따라서 관리자는 프로세스의 활용률, 즉 장비가 생산모드에 있는 시간 비율을 추적하면서 관리하는데, 만약 활용률이 너무 낮으면 관리자가 그 이유를 알기 위해 개입할 수 있다(**연관 사례: 미국의 활용률**에서 미국 기업들의 활용률 데이터 참조).

유휴시간 생산을 하거나 셋업을 수행하는 시간이 아닌 시간

활용률은 자원이 산출물을 생산해내는 시간의 비율이다. 3장의 프로세스 분석에서 셋업시간이 필요하지 않은 자원의 활용률은 다음과 같았다.

학습목표 7-3
셋업시간이 필요한 자원의 활용률을 측정할 줄 안다.

$$\text{활용률} = \frac{\text{흐름률}}{\text{처리능력}}$$

활용률에 대한 위의 수식은 셋업이 없는 프로세스에서는 잘 작동하지만 이 수식을 셋업이 필요한 프로세스에도 적용하려면 좀 더 일반화할 필요가 있다. 구체적으로, 셋업이 필요한 경우에 프로세스의 활용률은 다음과 같다.

$$\text{활용률} = \frac{\text{흐름률}}{\text{생산 중일 때의 산출률}}$$

위의 두 수식은 본질적으로 크게 다르지 않다. 두 수식 모두 흐름단위가 프로세스를 타고 흐르는 속도를 나타내는 흐름률을 분자로 갖고 있다. 첫 번째 수식의 분모는 "처리능력"인데, 이는 자원이 늘 생산 가능하다는 것을 전제로 하고 있다. 두 번째 수식의 분모는 "생산 중일 때의 산출률"인데, 이 역시 자원이 산출물을 내기 위해 작동하고 있을 때 자원의 평균 산출량이다. 하지만 셋업이 필요한 자원은 배치들 사이에 셋업을 해야 하기 때문에 항상 산출물을 생산할 수는 없다. 따라서 셋업이 필요한 자원의 처리능력은 "생산 중일 때의 산출률"보다 (셋업시간을 반영한 만큼) 적다. 3장의 프로세스 분석에서는 셋업이 필요하지 않은 자원만 다루었다. 그때 자원의 처리능력은 생산 중일 때의 산출률과 같다.

그렇다면 "생산 중일 때의 산출률"은 대체 무엇인가? 이는 처리시간과 직접적으로 연관되어 있다.

$$\text{생산 중일 때의 산출률} = \frac{1}{\text{처리시간}}$$

예를 들어, 밀링머신의 처리시간은 Xootr당 2분이다. 따라서 밀링머신의 생산 중 산출률은 분당 1/2 Xootr이다. 더 나아가, 이제 활용률을 흐름률과 처리시간을 이용하여 계산할 수 있다.

$$\text{활용률} = \text{흐름률} \times \text{처리시간}$$

사실, 활용률에 대한 위 수식은 한 명의 작업자가 근무하는 셋업시간이 필요하지 않은 자원에도 적용할 수 있다(왜냐하면 셋업이 필요하지 않고 한 명의 작업자가 있는 자원의 처

리능력은 1/처리시간과 같기 때문이다).

이제 밀링머신의 활용률을 측정해보자. 전술한대로 처리시간은 Xootr당 2분이다. 이제 활용률 수식에서 다른 용어인 흐름률에 대해 생각해보자. 우선, 밀링머신을 프로세스의 유일한 자원인 것처럼 가정하고 밀링머신에만 초점을 맞춰보자. 그리고 난 뒤 흐름률을 전체 프로세스라는 더 넓은 맥락에서 고려해보자.

밀링머신이 유일한 자원이고 프로세스는 처리능력에 의해 제약되어 있다고 가정해보자. 즉, 수요는 충분해서 Xootr는 만들어지는대로 팔린다고 가정하면, 흐름률은 밀링머신이 Xootr를 만들어내는 속도인데 이는 밀링머신의 처리능력이다. 그리고 이는 배치 사이즈에 달려 있다. 그림 7.3에서 배치 사이즈가 90개라면 밀링머신은 Xootr를 분당 0.3개의 속도로 만들게 된다. 따라서 활용률은 $0.3 \times 2 = 0.6$인데 이는 배치 사이즈가 90개일 때 밀링머신이 작업시간의 60% 동안 생산을 한다는 의미이다. 하지만 만약 배치 사이즈가 40개라면 흐름률은 분당 겨우 0.2개이다. 이 경우에 활용률은 $0.2 \times 2 = 0.4$ 또는 40%이다.

그림 7.5는 프로세스에 밀링머신만 있고 수요가 충분하다고 가정할 때 배치 사이즈에 따른 밀링머신의 활용률을 보여준다. 그림 7.3에서처럼 배치 사이즈가 증가하면 활용률도 증가한다. 배치 사이즈가 커질수록 밀링머신은 셋업에 상대적으로 더 적은 시간을 쓰고 실제 생산하는 데 더 많은 시간을 쓰게 된다.

그림 7.5는 각 배치 사이즈별로 밀링머신의 최대 활용률을 보여준다. 이는 밀링머신이 프로세스의 유일한 자원이고 수요가 충분하다고 했을 때의 활용률로서 가장 낙관적인 상황을 가정한 것이다. 이러한 낙관적인 상황을 유지하기 위해, 수요는 정말로 충분하다고 가정하자. 즉, 우리가 만드는 모든 Xootr를 항상 팔 수 있다. 그러나 우리는 밀링머신이 유일한 자원이 아니라는 사실을 안다. 다른 자원은 조립공정이다. 이전에 논의했듯이 프로세스에 다수의 자원이 존재하는 경우 흐름률은 병목지점의 처리능력과 같으며 병목지점은 처리능력이 가장 낮은 자원이다. 그림 7.4에서 보았듯이 Xootr 프로세스의 경우 배치 사이즈가 60개보다 작으면 밀링머신이 병목지점이고 배치 사이즈가 60개보다 크면 조립공정이 병목지점이다.

배치 사이즈가 40개인 경우에는 밀링머신이 병목지점이고 흐름률은 밀링머신의 분당

그림 7.5

밀링머신에 대한 수요 또는 다른 자원의 제약이 없다는 가정하에서 밀링머신의 활용률(즉, 밀링머신에서의 흐름률이 밀링머신의 처리능력과 같다)

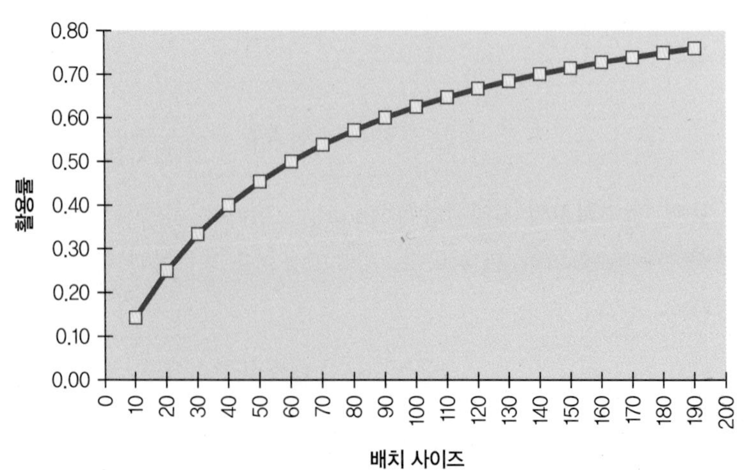

0.2개인 처리능력과 같다. 따라서 밀링머신만을 고려했을 때 밀링머신의 활용률은 0.20 Xootr/분 × 2분/Xootr = 40%이다. 그러나 배치 사이즈가 90개라면 상황은 달라진다. 이제 조립공정이 병목지점이고 흐름률은 분당 0.25 Xootr/분이며, 밀링머신의 활용률은 0.25 Xootr/분 × 2분/Xootr = 50%로서 이는 밀링머신만 작동되었을 때보다 낮다. 그림 7.5에서 배치 사이즈가 90개일 때 밀링머신의 활용률은 60%이다. 활용률은 왜 떨어졌을까?

밀링머신의 배치 사이즈가 60개를 초과하면 밀링머신은 조립공정보다 빠른 속도로 생산할 수 있다. 예를 들어, 배치 사이즈가 90개일 경우 밀링머신은 분당 0.3개를 생산할 수 있는 반면 조립공정은 분당 겨우 0.25개를 처리한다. 밀링머신이 이 속도를 유지한다면 분당 0.30 − 0.25 = 0.05개가 조립공정 앞에서 재고로 쌓일 것이다. 이 수치는 별것 아닌 것처럼 보이겠지만 결과적으로는 분당 0.05개도 상당한 양의 재고가 될 수 있다. 이는 매 20분마다 Xootr 한 개, 시간당 3개, 혹은 8시간당 24개이다. 결국 조립을 기다리고 있는 부품들이 너무 많은 공간을 차지하게 되면 누군가가 밀링머신에게 멈추라고 할 것이다. 달리 말하면, 배치 사이즈가 60개를 초과하면 밀링머신은 잠시 동안 속도조절을 해야 하며 장기적으로는 분당 평균 0.25개를 넘지 않도록 조절되어야 할 것이다.

그림 7.6은 흐름률이 조립공정에 의해 제약된다는 가정하에, 배치 사이즈별로 밀링머신의 흐름률과 활용률을 보여준다. 우리가 논의한대로, 배치 사이즈가 적으면 밀링머신이 병목지점이 되어 흐름률을 결정하게 되고 따라서 밀링머신의 활용률은 나빠진다. 배치 사이즈가 증가하면 밀링머신의 처리능력이 증가하면서 흐름률과 활용률을 증가시킨다. 그러나 배치 사이즈가 특정 임계값(이 경우 60개의 Xootr)에 도달하면 배치 사이즈를 추가로 늘려도 흐름률에는 아무런 영향이 없게 되는데 이는 병목지점이 다른 자원(조립공정)으로 옮겨가기 때문이다. 큰 배치 사이즈에서는 흐름률이 일정하게 유지되듯이 활용률도 그러하다.

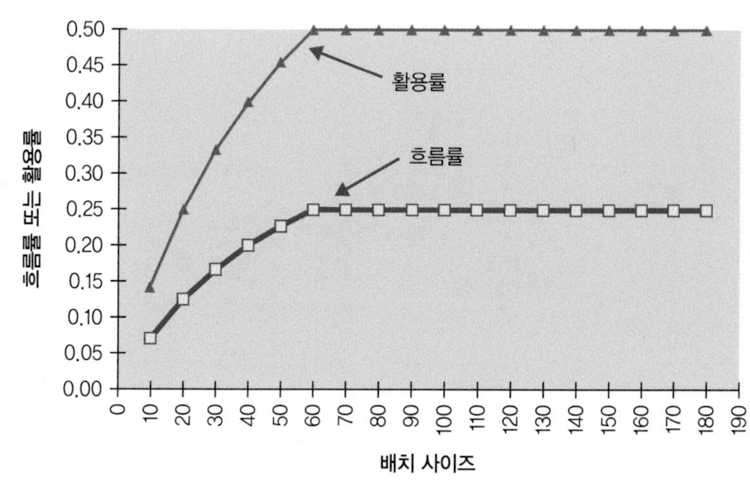

그림 7.6
배치 사이즈에 따른 Xootr 프로세스의 흐름률과 밀링머신의 활용률

이해도 확인하기 7.4

질문 **물 샘플들이 테스트를 받기 위해 시간당 2개의 비율로 도착한다. 일단 테스트를 위한 셋업이 이루어지면, 테스트 장비는 시간당 3개의 샘플을 검사할 수 있다. 만약 프로세스가 수요에 의해 제약된 상태라면 테스트 장비의 활용률은 얼마인가?**

답 프로세스의 수요가 제약되었기 때문에 흐름률은 시간당 2단위이다. 처리시간은 $\frac{1}{3}$시간이다. 활용률 = 흐름률 × 처리시간 = 시간당 2개 × $\frac{1}{3}$시간 = $\frac{2}{3}$. 따라서 테스트 장비의 활용률은 $\frac{2}{3}$이다.

질문 **선반기계는 20분의 셋업시간이 필요하고 각 단위를 생산하는 데 3분이 필요하다. 이 기계는 20단위의 배치를 생산한다. 프로세스의 다른 자원은 조립공정인데 이는 매 5분마다 한 단위를 생산할 수 있다. 수요는 매 4분마다 한 단위이다.**

a. 이 프로세스의 흐름률은 시간당 얼마인가?

답 수요는 시간당 15단위이다. 조립공정의 처리능력은 시간당 12단위이다. 선반기계의 처리능력은 $\frac{20}{(20+3\times20)}$ = 분당 $\frac{1}{4}$ 단위 또는 시간당 15단위이다. 이 경우에 조립공정이 병목지점이므로 흐름률은 시간당 12단위이다.

b. 이 선반의 활용률은 0에서 1사이의 숫자로 표현하자면 얼마인가?

답 활용률 = 흐름률 × 처리시간. 흐름률 = 시간당 12단위이고 역시 시간으로 표현된 처리시간은 $\frac{1}{20}$시간(3분/시간당 60분)이다. 따라서 활용률은 시간당 12단위 × $\frac{1}{20}$시간 = 0.60이다.

연관 사례: 미국의 활용률

통상적인 활용률은 얼마일까? 산업별로 차이가 있지만 그림 7.7은 1992~2017년 사이의 미국 내 전 산업에 걸친 평균적인 활용률을 보여준다. 그림에서 보듯이 활용률은 일반적으로 0.75~0.80 범위에 있지만, 1990년대 중반과 2000년대처럼 경제가 빠르게 성장하고 있을 때는 80% 이상

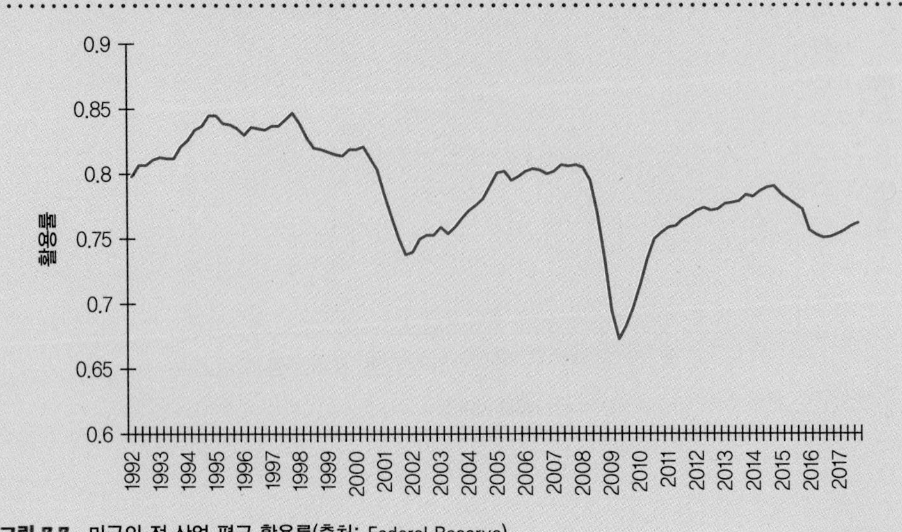

그림 7.7 미국의 전 산업 평균 활용률(출처: Federal Reserve)

[계속]

까지 올랐다. 그러한 상황에서는 수요가 기업의 처리능력의 증가보다 더 빠르게 성장하는 경향이 있는데 이 때문에 기업들은 그들의 처리능력을 더 높은 수준에서 활용해야만 한다. 역사적으로, 활용률은 전쟁기간 동안에만 90% 이상의 수치를 보인다.

그림 7.7은 경제 침체의 효과도 명백히 보여준다. 그림에서처럼, 미국은 2000년대 초반에 경제 침체기를 겪었고 활용률은 0.75 아래를 찍었다. 그때만큼이나 나빴던 2008~2009년의 "대 경제침체" 기간에는 활용률이 70%보다 한참 아래로 떨어졌다. 이는 그 기간 동안 수요가 기업들이 처리능력을 줄인 것보다 더 빨리 떨어졌기 때문에 기업들이 보유한 처리능력의 단 2/3만이 실제로 이용되었다는 의미이다. 이 경기침체 후에 이어진 활용률의 상승은 두 가지 요인 때문이다. 수요가 천천히 회복되기 시작했고 기업들은 새로운 현실에 맞는 수준으로 그들의 처리능력을 줄였다. 따라서, 활용률이 변동하긴 했지만 좁은 범위 내에서 변동하는 경향을 보인다. 굉장히 높은(0.85 이상) 혹은 굉장히 낮은(0.70 이하) 활용률이 오랫동안 지속되지는 않았다. 하지만 이는 산업 전반에 걸친 관찰이며, 개별 기업들은 운이 좋아 성장을 지속한다면 오랜 시간 동안 상당히 높은 수준의 활용률을 경험할 수도 있다. 반면, 개별 기업도 매우 낮은 수준의 활용률을 오랫동안 경험할 수 있는데 이러한 상황이 지속되면 파산에 이르는 경우도 있다.

7.4 셋업이 필요한 프로세스의 재고

배치 사이즈가 커질수록 밀링머신의 처리능력과 활용률 모두 증가한다. 더 많은 처리능력과 더 높은 활용률은 모두 좋은 것이므로 배치 사이즈를 아주 크게 늘리면 어떤가? 그렇다. 우리는 밀링머신의 활용률이 50% 이상으로는 증가하지 않는 것을 보았다. 아무리 큰 배치라도 말이다. 밀링머신이 흐름률을 제약하지 않는다는 것을 보여주기 위해서라도 배치 사이즈를 아주 크게 늘리면 안 되는 것인가? 이유는 간단하다. 재고 때문이다.

두 가지 다른 경우를 생각해보자. 첫 번째 경우에는 배치 사이즈가 60개이고 두 번째 경우에는 배치 사이즈가 180개이다. 다음으로, 밀링머신과 조립공정 사이에 얼마나 많은 부품 재고가 발생하는지 데이터를 수집한다. 마지막으로, 시간에 따른 재고량을 도표로 구성하면 그림 7.8과 같은 그래프를 얻게 된다. 차이가 보이는가? 배치 사이즈가 큰 경우 더 많은 재고가 발생한다. 바로 이 점이 우리가 배치 사이즈에 따라 프로세스의 재고가 어떻게 달라지는지 이해해야 하는 이유이다.

학습목표 7-4
셋업시간이 필요한 자원이 생산한 제품의 평균 재고량을 측정할 줄 안다.

Xootr의 부품 재고에 대해 생각해보기 위해 유사한 상황에서 재고가 어떻게 작동하는지 생각해보자. 부엌의 싱크대를 예로 들면, 싱크대는 물이라는 재고를 갖고 있다. 수도꼭지로부터 물의 유입이 있고 배수구로의 유출이 있다. 수도꼭지에는 싱크대로 흘려보낼 수 있는 물의 최대 흐름률이 있고, 배수구에는 물을 아래로 내려보낼 수 있는 최대 흐름률이 있다. 수도꼭지가 배수구가 감당할 수 있는 것보다 빠른 속도로 물을 흘려보내면 싱크대에 있는 물의 높이가 높아진다. 비슷하게, 만일 수도꼭지가 물을 내려 보내는 속도보다 더 빠르게 배수구로 물이 내려가면 싱크대의 물 높이는 낮아진다. 싱크대로 유입되는 모든 물이 종국에는 싱크대를 떠난다고 가정하면, 싱크대 내 물의 양은 수도꼭지와 배수구가 작동하는 흐름률의 차이만큼 많아지거나 줄어든다. 예를 들어, 만일 수도꼭지가 물을 분당 1갤런의 비율로 내보내는데 배수구가 분당 0.8갤런 만큼만을 빨아들이면 싱크대의 물

그림 7.8
배치 사이즈가 60개(상단) 또는 180개(하단)일 경우의 조향축 재고(파란색)와 지지판 재고(녹색)

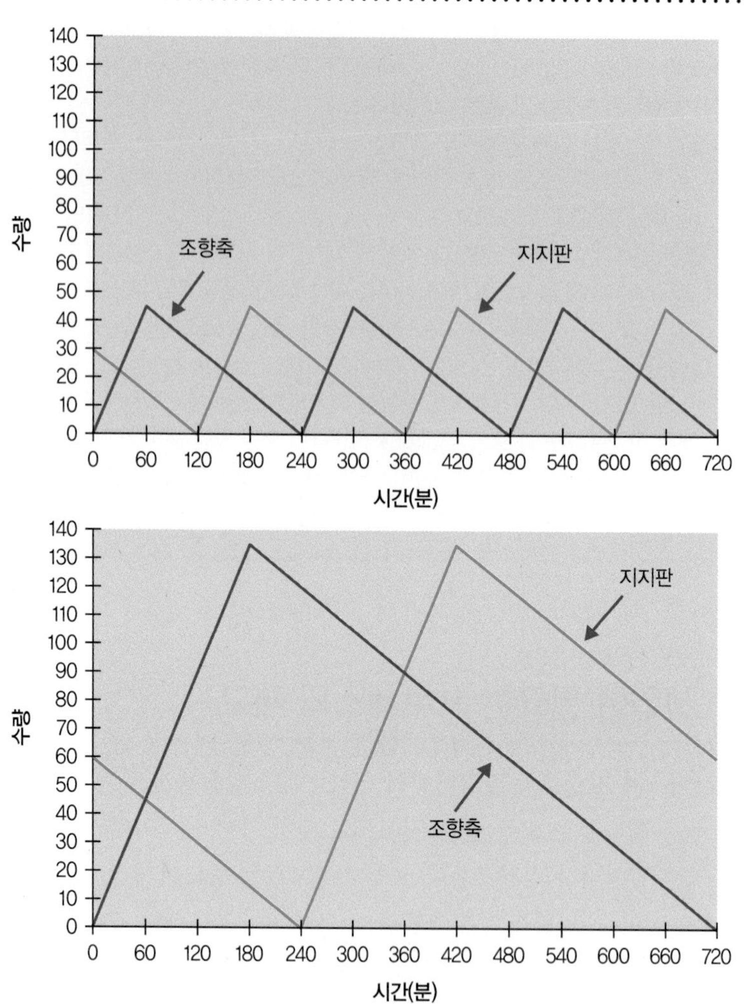

의 양은 분당 0.2갤런의 비율로 증가한다(1 − 0.8 = 0.2).

밀링머신과 조립공정 사이의 재고는 싱크대의 물과 같은 원리로 작동한다. 밀링머신은 수도꼭지처럼 가끔씩 재고에 부품을 더하고 가끔은 꺼져 있기도 하다. 조립공정은 배수구처럼 작동하면서 재고를 소진한다. 밀링머신의 부품 생산속도가 조립공정의 부품 사용속도보다 빠르면 재고는 쌓이고 그 반대라면 재고량은 줄어든다.

흐름량을 조절할 수 있는 수도꼭지와는 달리 밀링머신은 두 가지 모드를 가지고 있다. 한 모드에서, 밀링머신은 조향축이나 지지판을 분당 최고 속도로 생산한다. 다른 모드에서, 밀링머신은 셋업 중이거나 유휴시간이라서(셋업 중도 아니고 생산 중도 아닌) 아무것도 생산하지 않는다. 반면, 조립공정은 병목지점이기 때문에 분당 0.25 조향축 또는 0.25 지지판 쌍이라는 최고 속도로만 작업을 한다.

그림 7.8에서 배치 사이즈가 180개인 경우를 다시 한 번 살펴보자. 각 종류의 재고가 시간에 따라 증가하고 감소하지만 각 종류의 재고가 최고점 또는 최저점을 찍는 시점들은 정확히 일치하지 않는다. 밀링머신이 조향축들을 생산하는 중에는 조향축의 재고는 상승하지만 지지판의 재고는 하락한다. 반면, 밀링머신이 지지판을 만드는 중에는 지지판 재고와 조향축의 재고가 반대방향으로 움직인다. 따라서, 모든 재고를 살펴보기보다는 일단

조향축의 재고만 집중해보자.

그림 7.8을 보면 초기에는 조향축 재고가 없다. 그때 밀링머신은 즉시 조향축의 생산을 시작해야 한다. 그렇지 않으면 조향축이 부족해서 조립공정에서 Xootr를 조립할 수 없다. 밀링머신이라는 "수도꼭지"가 켜진 상태에서 분당 하나의 속도로 조향축이 생산되어 재고로 보내진다. 하지만 조립공정은 분당 0.25개의 비율로 조향축을 "배수"해내고 있다. 따라서 재고는 분당 0.75개의 속도로 쌓이게 된다(분당 1개가 들어오지만 분당 0.25개가 빠져나감으로). 밀링머신이 매 분마다 조향축 한 개를 만들어낼 수 있고 각 생산사이클에서 180분 동안 조향축을 만들어내기 때문에 180분 동안 분당 0.75개의 속도로 재고가 쌓인다. 따라서 조향축의 재고는 135개 = 180분 × 0.75 단위/분에서 최고점을 찍는다.

밀링머신이 생산을 멈추면 조향축의 재고는 줄어들기 시작한다. 조립공정이 여전히 조향축을 분당 0.25개의 속도로 "배수"해내고 있어서 재고는 분당 0.25개의 속도로 줄어든다. 재고가 135개에서 최고점이었음을 감안하면, 조향축의 재고가 0으로 떨어지기까지 135개/(0.25개/분) = 540분이 걸린다. 이 시간 동안, 밀링머신은 지지판을 생산하기 위한 셋업을 수행하고, 지지판을 생산하며, 다시 조향축을 만들기 위한 셋업을 완수한 뒤 약간의 유휴시간을 거친다(왜냐하면 배치 사이즈가 180개일 때는 밀링머신의 처리능력이 흐름률보다 크기 때문이다). 만일 모든 것들이 순조롭게 잘 흘러가면 180 + 540 = 720분 지점에서 조향축의 재고가 0으로 떨어지고 밀링머신은 다시 조향축을 생산하기 시작한다. 그 지점에서 재고 상승과 하락의 패턴이 다시 시작된다. 이러한 재고 패턴의 흐름을 "톱니 모양의" 재고 패턴이라고 부른다.

지금까지 살펴본 것처럼 재고 프로세스의 "수도꼭지"와 "배수구"를 주의 깊게 관찰하면 조향축의 최대 재고량을 계산해낼 수 있다. 좀 다른 방식인 다음의 수식을 통해서도 좀 더 직접적으로 조향축의 최대 재고량을 측정해낼 수도 있다.

$$\text{최대 재고량} = \text{배치 사이즈} \times \text{처리시간}\left(\frac{1}{\text{처리시간} - \text{흐름률}}\right)$$

첫 번째 파트인, 배치 사이즈 × 처리시간은 배치를 생산하는 데 걸리는 시간의 양이다. 수식의 두 번째 파트는 생산기간 동안 재고가 쌓이는 속도이다. 위 수식을 아래와 같이 더 간단한 형태로 나타낼 수도 있다.

$$\text{최대 재고량} = \text{배치 사이즈} \times [1 - (\text{흐름률} \times \text{처리시간})]$$

수식을 확인해보기 위해 배치 사이즈가 180개인 경우의 조향축 재고에 대해 이 수식을 적용해보자. 처리시간은 조향축 하나당 1분이다. 이 계산에서는 조향축의 재고를 따지고 있기 때문에 부품 세트가 아닌 조향축의 처리시간을 이용해야 한다. 흐름률은 분당 0.25개의 조향축인데 이는 병목지점인 조립공정이 분당 Xootr 0.25개만을 조립할 수 있기 때문이다. 이 값들을 수식에 넣으면,

$$\text{최대 재고량} = 180\text{개} \times [1 - (0.25/\text{분} \times 1\text{분}/\text{단위})] = 135\text{개}$$

그런데 최대 재고량을 왜 알아야 할까? 우리는 원래 평균 재고량에 관심이 있지 않았던가? 평균 재고량을 계산하려면 여러 시간대에서의 재고량을 기록하고 그 값들의 평균을

그림 7.9
배치 사이즈에 따른 조향축의 최대 재고량

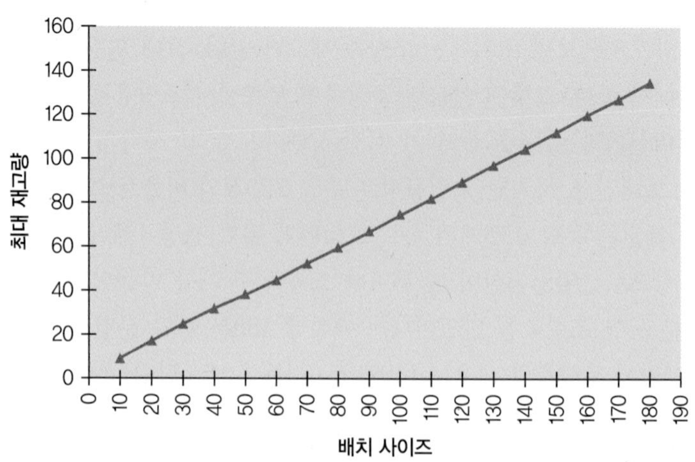

계산해야 하는 것 아니었나? 물론 그렇게 할 수도 있겠지만 그러려면 일이 너무 많다. 그림 7.8을 보면 재고는 시간에 따라 상당히 달라지는데 만일 우리가 매 5분마다 관찰을 한다면 720분의 생산사이클 동안만 해도 144개의 관찰값들이 필요할 것이다. 얼마나 힘든 작업인가. 다행히 더 나은 방법이 있다.

시간에 따른 재고의 양이 톱니 모양의 패턴을 따른다면 평균 재고는 간단히 최대 재고량의 절반이다.

$$\text{평균 재고} = \frac{\text{최대 재고량}}{2}$$
$$= \frac{1}{2} \times \text{배치 사이즈} \times [1 - (\text{흐름률} \times \text{처리시간})]$$

따라서 일단 최대 재고량을 알면 이를 간단히 2로 나누어 평균 재고량을 알 수 있다. 즉, 배치 사이즈가 180개라면 조향축의 평균 재고량은 67.5단위(135/2)이다. 67.5단위가 너무 많은 건지 적은 건지 혹은 적절한 양인지 판단할 수는 없지만, 재고를 줄이려면 최대 재고량을 줄여야 하고 최대 재고량을 줄이려면 배치 사이즈를 줄여야 한다. 같은 논리로, 배치 사이즈를 늘리면 최대 재고량과 평균 재고량이 증가한다. 따라서 배치 사이즈는 그림 7.9에 나타난 것처럼 프로세스의 재고량에 상당한 영향을 준다.

이해도 확인하기 7.5

질문 **한 기계가 두 가지 부품을 생산하는데 부품들 간의 셋업시간은 10분이다. 그 프로세스는 수요에 의해 제약되어 있고 시간당 20개의 비율로 수요가 발생한다. 기계는 다른 부품으로 생산을 전환하기 전에 한 종류의 부품을 180개 생산한다. 처리시간은 부품당 1분이다. 한 부품의 평균 재고량은 얼마인가?**

답 배치 사이즈는 180이고 흐름률은 시간당 20 또는 분당 $\frac{1}{3}$이다. 처리시간은 부품당 1분이므로,

$$\text{최대 재고량} = \text{배치 사이즈} \times [1-(\text{흐름률} \times \text{처리시간})] = 180 \times \left[1-\left(\frac{1}{3} \times 1\right)\right] = 120$$

$$\text{평균 재고량} = \frac{\text{최대 재고량}}{2} = \frac{120}{2} = 60\text{개}$$

7.5 셋업이 필요한 프로세스에서의 배치 사이즈 결정

학습목표 7-5
프로세스의 흐름을 제약하지 않으면서 재고를 최소화하는 배치 사이즈를 결정할 줄 안다.

Xootr의 배치 사이즈는 밀링머신의 처리능력(그림 7.3 참조), 활용률(그림 7.6 참조), 그리고 프로세스 내 재고의 양(그림 7.9 참조)에 영향을 미친다. 그렇다면 배치 사이즈를 어떻게 정해야 하는가? 만일 배치 사이즈가 "너무 작다"면 밀링머신이 셋업 모드에서 상당한 시간을 써야 하므로 밀링머신의 처리능력 역시 줄어들 것이다. 만일 밀링머신의 처리능력이 줄어든다면 이 지점이 전체 프로세스의 병목지점이 될 가능성이 높아지면서 흐름률을 제약하게 될 것이다. 이는 바람직하지 않으며 특히 프로세스가 처리능력에 의해 제약되는 경우라면 더욱 그러하다.

프로세스를 제약하는 것을 피하기 위해 "큰" 배치 사이즈를 선택할 수 있다. 이를 통해 밀링머신의 처리능력을 높이면서 조립공정의 처리능력보다 더 높게 할 수도 있다. 배치 사이즈가 커지면 밀링머신은 프로세스의 병목지점이 아니며 더 이상 프로세스의 흐름률을 제약하지 않게 된다. 그러나 배치 사이즈가 커질수록 프로세스 내의 재고는 증가한다. 재고는 비용을 발생시키고 프로세스의 흐름시간을 증가시키는데 둘 중 어느 것도 바람직하지 않다. 따라서 "너무 큰" 배치 사이즈 역시 바람직하지 못하다.

"적절한" 배치 사이즈는 처리능력과 재고 간의 상쇄관계를 통해 결정된다. 밀링머신의 처리능력이 충분히 커지면 프로세스의 흐름률을 제약하지 않게 되지만 배치 사이즈가 그 이상으로 커지면 프로세스에 필요 이상의 재고가 쌓이게 된다. 요약하자면, 우리는 밀링머신이 프로세스의 흐름률을 감소시키지 않는 최소한의 처리능력, 즉 목표 처리능력을 달성하기를 바란다. 우리가 현재 분석하고 있는 Xootr의 전체 프로세스에서 목표 처리능력은 분당 0.25개이다. 만일 밀링머신이 분당 0.25개의 처리능력을 갖는다면 밀링머신은 프로세스의 흐름률을 제약하지 않게 된다. 일반적으로 목표 처리능력은 다음과 같이 결정된다. 만일 프로세스가 수요로 인해 제약되었다면(즉, 수요율이 병목지점의 처리능력보다 적다면) 목표 처리능력은 수요율이다. 프로세스의 처리능력이 수요율보다 높을 필요는 없기 때문이다. 반면 프로세스가 처리능력에 의해 제약된 상태라면(즉, 수요율이 병목지점의 처리능력보다 크다면) 목표 처리능력은 병목지점의 처리능력이다.

그림 7.3에서의 화살표를 통해 배치 사이즈가 60개일 때 분당 0.25개라는 목표 처리능력이 달성됨을 알 수 있다. 이렇게 그래프를 통해 목표 처리능력을 달성할 수 있는 배치 사이즈를 찾아낼 수도 있겠지만 이 방법은 다소 불편하다. 대신, 셋업이 필요한 프로세스의 처리능력에 대한 수식을 이용할 수 있다.

$$\text{목표 처리능력} = \frac{\text{배치 사이즈}}{\text{총 셋업시간} + (\text{배치 사이즈} \times \text{처리시간})}$$

위 수식을 배치 사이즈를 찾기 위한 수식으로 재정렬한다면,

$$\text{배치 사이즈} = \frac{\text{목표 처리능력} \times \text{총 셋업시간}}{1 - (\text{목표 처리능력} \times \text{처리시간})}$$

이 수식이 그래프를 분석할 때와 같은 답을 주는지 알아보자. 각 생산사이클의 총 셋업시간은 120분이고, 목표 처리능력은 분당 0.25개이며 처리시간은 개당 2분이다. 따라서,

$$\text{배치 사이즈} = \frac{0.25\text{단위/분} \times 120\text{분}}{1-(0.25\text{단위/분} \times 2\text{분/단위})} = 60\text{개}$$

만일 밀링머신이 60개의 배치 사이즈로 운영된다면 회사는 프로세스의 흐름률을 최대화하는 동시에 가장 적은 재고량을 갖게 된다. 만일 재고를 더 줄이려면 배치 사이즈를 더 줄여야 하고 그러면 밀링머신은 흐름률을 제약하게 될 것이다. 만일 더 많은 재고를 갖고자 한다면 배치 사이즈는 늘려야 하지만 프로세스의 흐름률은 변화가 없다. 활용률이나 흐름률을 증가시키지 못하면서 배치 사이즈를 늘리면 재고가 증가하면서 흐름시간만 증가하기 때문에 전혀 바람직하지 않다.

이해도 확인하기 7.6

질문 **한 기계가 생산사이클당 세 번의 셋업을 한다. 각 셋업에는 15분이 필요하다. 처리시간은 개당 0.75분이다. 시간당 40개의 처리능력을 달성하려면 배치 사이즈가 얼마가 되어야 하는가?**

답 목표 처리능력은 시간당 40개 또는 분당 $\frac{40}{60} = \frac{2}{3}$개이다. 처리시간은 개당 $\frac{3}{4}$분이다. 총 셋업시간은 3 × 15 = 45분이다. 따라서 바람직한 배치 사이즈는

$$\left(\frac{2}{3}\text{개/분} \times 45\text{분}\right) / \left[1-\left(\frac{2}{3}\text{개/분} \times \frac{3}{4}\text{분/개}\right)\right] = 60\text{개}$$

7.6 셋업시간과 제품 다양성

학습목표 7-6
모든 수요를 충족하는 동시에 재고를 최소화하기 위한 제품별 생산량을 찾을 줄 안다.

Xootr의 생산 프로세스에서처럼 셋업시간은 한 종류의 산출물에서 다른 종류의 산출물로 생산을 전환해야 할 때 발생한다. 밀링머신의 경우에는 두 종류의 산출물들이 하나의 제품(한 대의 Xootr)으로 결합한다. 그러나 각기 다른 산출물이 별도의 제품으로 팔릴 수도 있다. 이는 다음과 같은 질문을 제기한다. 제품 다양성이 셋업이 필요한 프로세스에 미치는 영향은 무엇인가? 이 질문을 생각해보기 위해, 두 종류의 수프－치킨 누들 수프와 토마토 수프－를 만드는 간단한 프로세스를 생각해보자.

치킨 누들 수프에 대한 수요는 시간당 100갤런이고 토마토 수프에 대한 수요는 시간당 75갤런이다. 한 종류에서 다른 종류의 수프 생산으로 전환하려면 수프 맛이 섞이지 않도록 생산 장비를 30분간 청소해야 한다. 일단 생산이 시작되면, 프로세스는 수프 종류에 상관없이 300갤런을 만들어낼 수 있다. 밀링머신의 경우처럼, 수프 프로세스의 처리능력은 우리가 그것을 어떻게 관리하느냐에 달려 있다. 배치 사이즈가 작으면 잦은 셋업이 일어나며 따라서 처리능력이 낮아진다. 배치 사이즈가 커지면 처리능력은 커지지만 재고량도 늘어난다. 따라서 우리는 수프 생산 프로세스가 흐름률을 제약하지 않으면서 흐름률을 최대로 하지만 필요한 재고 이상은 갖지 않는 수준인 목표 처리능력을 달성하게끔 운영하고자 한다.

Xootr는 처리능력이 제약되어 있는데 이는 자신이 만드는 모든 것을 팔 수 있음을 의미한다. 이는 또한 조립공정의 처리능력인 분당 0.25 Xootr 이상은 팔 수 없음을 의미한다.

수프 생산 프로세스의 경우에는 생산이 자원이 아닌 수요 그 자체에 의해 제약된다. 다른 말로 하면 수프 생산 프로세스는 수요에 의해 제약된 상태이다. 따라서 시간당 175갤런 이상을 팔 수 없다(100갤런의 치킨 누들과 75갤런의 토마토). 따라서 수프 생산 프로세스의 목표 처리능력은 시간당 175갤런이다. 만일 수프 생산 프로세스가 정확히 시간당 175갤런을 생산해내면 흐름률을 최대화하는 동시에 재고를 최소화하게 된다. 이 상황에서 자연스러운 흐름단위는 "갤런의 수프"이며 생산사이클 동안 생산된 수프의 일부는 치킨 누들이고 일부는 토마토이다. 사실, 매 100갤런의 치킨 누들 수프를 생산할 때마다 75갤런의 토마토 수프가 만들어져야만 시장의 수요를 만족시킬 수 있다.

수프의 생산사이클은 두 번의 셋업과 두 번의 배치 생산으로 구성되어 있다. 토마토 수프를 만들기 위해 반드시 셋업을 해야 하고 토마토 수프를 만든 뒤 치킨 누들 수프를 만들기 위해서는 셋업을 해야 한다. 각 셋업시간은 0.5시간이므로 생산사이클 동안의 총 셋업시간은 1시간이다. 생산 프로세스는 시간당 300갤런을 만들어낼 수 있는데 이는 갤런당 1/300시간의 처리시간을 의미한다.

밀링머신이 조향축 하나를 만드는 데 1분, 그리고 지지판 한 쌍을 만드는 데 1분이 필요하기 때문에 Xootr 한 단위를 생산하는 데 2분이 소요됨을 기억하자. 밀링머신의 경우에는 두 처리시간을 합쳤지만 수프 생산 프로세스의 경우에는 그렇게 하지 않을 것이다. 왜냐하면 처리시간은 흐름단위 하나를 생산하기 위한 총 시간이 되어야 하는데 밀링머신의 경우 흐름단위는 Xootr 한 단위(더 정확히는 하나의 부품 세트)이고 밀링머신이 Xootr 한 개를 위한 부품을 만드는 데 총 2분이 걸리는 반면 수프의 경우 흐름단위는 한 갤런의 수프이다. 그리고 한 갤런의 수프를 만드는 데 1/300시간만 필요하다. 다시 말해, 하나의 흐름단위를 구성하기 위해 치킨 누들과 토마토 수프를 합칠 필요가 없다는 뜻이다. 반면, 밀링머신의 경우에는 하나의 흐름단위를 만들기 위해 두 부품을 결합해야 한다.

이제 시간당 175갤런이라는 목표 처리능력을 달성하는 데 필요한 배치 사이즈를 결정할 수 있다.

$$\text{배치 사이즈} = \frac{\text{목표 처리능력} \times \text{총 셋업시간}}{1-(\text{목표 처리능력} \times \text{처리시간})}$$

$$= \frac{175\text{갤런/시간} \times 1\text{시간}}{1-\left(175\text{갤런/시간} \times \dfrac{1}{300}\text{시간/갤런}\right)}$$

$$= 420\text{갤런}$$

각 생산사이클에서 420갤런의 수프를 만들어야 하는데 특정 맛의 수프 생산이 수요와 일치해야 하므로 생산된 175갤런마다 100갤런은 치킨 수프, 그리고 75갤런은 토마토 수프여야 한다. 따라서 420갤런 중에서 $420 \times 100/(100+75) = 240$갤런은 치킨 수프여야 하고 나머지 $420-240 = 180$갤런은 토마토 수프여야 한다.

또한 흐름률, 활용률 그리고 재고량을 측정할 수 있다. 처리능력을 수요에 맞추기 위한 배치 사이즈를 선택했으므로 흐름률은 시간당 175갤런인 수요율과 같다. 따라서, 활용률은

$$활용률 = 흐름률 \times 처리시간$$
$$= 175갤런/시간 \times \frac{1}{300}시간/갤런 = 0.58$$

치킨 수프의 최대 재고량을 측정하기 위해 배치 사이즈로 240갤런 그리고 흐름률로 시간당 100갤런을 사용하면,

$$최대\ 재고량 = 배치\ 사이즈 \times [1-(흐름률 \times 처리시간)]$$
$$= 240갤런 \times \left[1-\left(100갤런/시간 \times \frac{1}{300}시간/갤런\right)\right]$$
$$= 160갤런$$

따라서 평균 재고량은 최대 재고량의 절반인 160/2 = 80갤런이다. 이러한 결과들은 표 7.2에 시나리오 I이라고 이름 붙인 열 아래에 요약되어 있다.

제품의 다양성이 프로세스에 미치는 영향을 이해하기 위해 세 번째 종류의 수프인 양파 수프를 추가로 생산한다고 가정해보자. 다행히, 마케팅 부서는 양파 수프에 대한 추가적인 수요가 있어서 다른 수프들의 수요에 영향을 미치지는 않을 것이며 따라서 양파 수프가 수프에 대한 총 수요를 증가시킬 것이라고 생각한다고 하자. 따라서, 시간당 100갤런의 치킨 누들 수프와 시간당 75갤런의 토마토 수프에 대한 수요는 계속되지만, 이제 시간당 30갤런이라는 양파 수프에 대한 추가적인 수요가 있어서 세 종류의 수프로 시간당 총 205갤런(100 + 75 + 30)을 팔 수 있다. 흐름단위는 여전히 "한 갤런의 수프"이다. 따라서 처리시간은 갤런당 1/300시간으로 동일하다. 그러나, 생산사이클당 총 셋업시간은 이제 1.5시간이다(세 종류의 수프를 생산하기 때문에 세 번의 셋업이 발생한다). 수요를 만족시키면서 재고량을 최소화하는 배치 사이즈는 다음과 같다.

표 7.2 세 가지 시나리오에서의 성과지표들; 시나리오 II와 III에서는 양파 수프를 추가하여 다양성을 확장한 시나리오들

		시나리오 I	시나리오 II	시나리오 III
수요(갤런/시간)	치킨	100	100	80
	토마토	75	75	65
	양파		30	30
	합	175	205	175
생산사이클 내 배치 사이즈(갤런)	치킨	240	474	288
	토마토	180	355	234
	양파		142	108
	합	420	971	630
활용률		58%	68%	58%
평균 재고량(갤런)	치킨	80.0	157.9	105.6
	토마토	67.5	133.2	91.7
	양파		63.9	48.6
	합	147.5	355.1	245.9

$$\text{배치 사이즈} = \frac{\text{목표 처리능력} \times \text{총 셋업시간}}{1-(\text{목표 처리능력} \times \text{처리시간})}$$

$$= \frac{205\text{갤런/시간} \times 1.5\text{시간}}{1-\left(205\text{갤런/시간} \times \frac{1}{300}\text{시간/갤런}\right)}$$

$$= 971\text{갤런}$$

표 7.2는 이 시나리오에서 발생하는 각 수프별 생산량, 활용률, 그리고 평균 재고량을 두 번째 열(시나리오 II)에서 정리하고 있다.

제품 라인에 양파 수프를 추가하면서 무엇이 변했는가? 간단히 말하면, 상당량의 추가 재고가 발생하였는데 971갤런을 생산해야 하는 생산사이클에서는 420갤런을 생산하는 생산사이클에 비해 더 많은 재고가 발생한다. 구체적으로 말하자면, 두 종류의 제품을 다룰 때는 수프의 평균 재고는 147.5갤런이었는데, 양파 수프가 추가되면서 평균 재고는 141% 증가하여 355.1갤런이 되었다.

양파 수프를 추가하면서 왜 재고가 상승했을까? 셋업시간이 그 원인이다. 제품의 다양성이 증가하면 각 생산사이클 내에 더 많은 셋업들이 필요해지고 (셋업 중에는 어떠한 수프도 만들어지지 않으므로) 이는 생산사이클의 처리능력을 감소시킨다. 필요한 흐름률(더 높아진)에 처리능력을 맞추기 위해 배치 사이즈를 늘려야 하고 더 길어진 생산사이클은 더 많은 재고를 낳는다.

혹자는 양파 수프의 추가가 다른 수프에 대한 수요를 감소시키지 않는다는 가정은 너무 낙관적인 것이 아니냐며 양파 수프를 추가하면 다른 수프들에 대한 수요가 줄어야 한다고 말할 수 있다. 그러나 그 경우에도 우리가 발견한 기본적인 내용의 본질(다양성이 증가하면 재고도 증가함)은 변하지 않는다. 이를 이해하기 위해 양파 수프의 추가가 총 수요에 영향을 주지 않으며 단지 다른 수프의 수요를 줄인다고 가정해보자. 양파 수프가 있건 없건 간에 총 흐름률은 시간당 175갤런으로 동일하고, 양파 수프가 있을 때는 치킨 누들, 토

이해도 확인하기 7.7

질문 **한 기계에서 다섯 종류의 직물이 만들어진다. 이 기계는 직물 생산을 전환하는 데 2시간의 셋업시간이 필요하며 일단 생산이 시작되면 기계는 시간당 60미터의 직물을 만들어 낸다. 다섯 종류의 직물에 대한 수요는 각각 시간당 10, 10, 8, 8 그리고 4미터이다. 각 생산사이클에서 얼마나 많은 양(미터)의 직물이 만들어져야 하는가?**

답 총 셋업시간은 $5 \times 2 = 10$시간이다. 처리시간은 미터당 $\frac{1}{160}$시간이다. 총 수요는 시간당 $10 + 10 + 8 + 8 + 4 = 40$미터이다. 생산사이클의 배치 사이즈는 $\frac{40 \times 10}{1-(40/60)} = 1{,}200$미터이다.

질문 **첫 번째 종류의 직물이 얼마나 만들어져야 하는가?**

답 첫 번째 직물은 $\frac{10}{40}$ = 총 수요의 $\frac{1}{4}$이다. 따라서 첫 번째 직물의 생산은 생산사이클에서 사용되는 배치 사이즈의 $\frac{1}{4}$이어야 하므로, $\frac{1}{4} \times 1{,}200$미터 = 300미터이다.

마토, 양파 수프에 대한 수요율은 각각 시간당 80, 65, 그리고 30갤런이라고 하자. 이 세 번째 시나리오의 분석결과가 표 7.2의 세 번째 열(시나리오 III)에 정리되어 있다. 재고량은 양파 수프가 총 수요를 증가시킨다고 가정할 때만큼은 아니지만 여전히 상당량 증가한다. 147.5갤런에서 245.9갤런으로 67% 증가이다!

지금까지의 분석으로부터의 결론은 셋업시간과 제품 다양성은 별로 좋지 않은 조합이라는 것이다(이 문제에 직면한 회사의 예인 **연관 사례: Lego** 참조). 만일 셋업이 필요한 프로세스에 제품 다양성이 증가하면서 프로세스가 더 많은 셋업을 해야 한다면 배치 사이즈가 늘어나야만 한다. 더 큰 배치 사이즈는 더 많은 재고를 낳고 리틀의 법칙에서 보았듯이 재고가 많아지면 흐름시간이 더 길어진다.

연관 사례: LEGO

© Cr-Management GmbH & Co. KG/Getty Images

LEGO는 자동차, 동물, 빌딩 그리고 기계 등으로 변신할 수 있는 플라스틱 브릭(brick)(회사는 "elements"라고 부르는)을 만드는 유명한 회사이다. 실제로, 같은 색깔의 6개 LEGO 브릭을 조합할 수 있는 9억 1,500만 가지의 방법들이 있다! 2014년에 회사가 제작한 550억 개의 브릭으로 만들어 낼 수 있는 조합의 수를 상상해보라! 그리고 회사가 50가지 다른 색깔로 3,000가지 다른 유형의 브릭을 만들어내기 위해 직면할 프로세스상의 어려움을 생각해보라. 각 브릭은 독특한 주형으로 만들어지고 한 종류의 브릭이 만들어지는 각 배치마다 셋업시간이 필요하다. 하루하루 매 시간의 매 분마다 105,000가지 브릭을 만들어내야 하기 때문에 회사는 생산 전환과정에 너무 많은 시간을 쓸 수는 없다.

소비자들에게 제품 다양성을 제공하는 것은 LEGO의 분명한 전략이다. 한 브릭이 한 색깔만으로 제공된다면 이는 어린아이들(혹은 어른들)의 상상력을 오래 붙잡고 있지 못할 것이다. 그렇다고 해서 LEGO가 디자이너들이 상상하는 모든 것을 반드시 만들어야 한다는 뜻은 아니다. 실제로 그들은 2004년에 그런 식으로 했다가 회사를 거의 파산 직전에 몰아넣었다. 브릭의 유형이 너무 많아지면 비용이 증가하여 가격이 지나치게 상승하게 된다. 3,000개의 브릭들이 너무 많아 보일 수도 있겠지만, 이는 판매되고 있는 키트들의 다양성을 고려하면 실제로 굉장히 합리적인 숫자였다. 장기적인 관점에서 보자면 3,000개의 유형으로 매해 생산된 550억 개의 브릭들은 각 유형별로 보면 1,800만 개가 되는데 이는 상당한 양이다. 그리고 가장 중요한 점은 이 전략이 잘 작동하고 있다는 것이다. 2004~2013년 사이 10년 동안 회사의 매출은 4배가 되었고 수익성도 가장 좋았다.

출처: Hansegard, J. "What It Takes to Build a Lego Hobbit (and Gollum and More)." The Wall Street Journal, December 19, 2012.

The Lego Group. "A Short Presentation 2014." http://aboutus.lego.com/en-us/lego-group/company-profile.

7.7 셋업시간이 필요한 프로세스의 관리

지금까지 우리는 셋업시간 동안에 프로세스가 산출물을 생산하지 못하기 때문에 셋업시간이 그다지 바람직하지 않다고 생각해왔다. 셋업시간 때문에 프로세스는 배치로 작업해야 하고 배치들은 재고를 낳는다. 소비자들이 다양성을 중시한다고 해도 셋업시간이 필요한 프로세스에 다양성이 더해질수록 재고량은 상당히 크게 늘어난다.

7.7.1 왜 셋업시간이 필요한가: 인쇄기

> **학습목표 7-7**
> 셋업시간이 필요한 프로세스를 관리하는 방법을 설명할 줄 안다.

셋업에 대한 모든 단점을 감안하면 왜 굳이 셋업이 필요한 자원을 프로세스에 사용하는가? 이 질문에 답하기 위해 대안을 생각해보자. 예를 들어, 만일 Xootr가 조향축과 지지판을 만들 밀링머신을 가지고 있지 않았더라면 회사는 그 부품들을 어떻게 만들어낼까? 가능할지는 모르겠지만 아마도 각 부품을 "수작업으로" 만들어야 했을 것이다. 수작업으로 이루어지는 프로세스에는 대개 셋업시간이 필요 없긴 하지만 직사각형의 금속 조각으로 일 분 또는 한 시간 내에 조향축을 만들어낼 수 있는 작업자를 찾아내려면 운이 좋아야 할 것이다. 셋업 때문에 밀링머신이 매 생산사이클 중 2시간 동안 아무것도 생산하지 못하기는 하지만, 배치 사이즈만 충분히 크게 한다면 이어지는 조립공정이 원활히 돌아갈 수 있을 정도의 빠른 속도로 조향축과 지지판을 만들어낼 수 있다. 바로 이 때문에 셋업이 필요한 자원들이 사용되는 것이다. 셋업에는 부정적인 결과들도 따르기는 하지만 셋업이 필요한 자원은 일반적으로 다른 대안들보다 훨씬 빠른 속도로 작업을 해냄으로써 셋업의 단점을 뛰어넘는다.

인쇄기는 셋업의 단점과 빠른 처리시간 간의 상쇄관계를 보여주는 좋은 예이다(그림 7.10 참조). Johannes Gutenberg가 1440년경 이동 가능한 인쇄기와 활자를 발명하기 전까지 책은 시간이 상당히 소요되는 수작업으로 만들어졌다. 수작업에는 셋업이 필요하진 않지만 각 페이지마다 긴 작업시간이 필요했다. 반면, Gutenberg는 인쇄기와 활자를 이용하여 훨씬 효율적으로 책을 생산해낼 수 있었다. 인쇄기가 한 페이지를 프린트하려면 셋

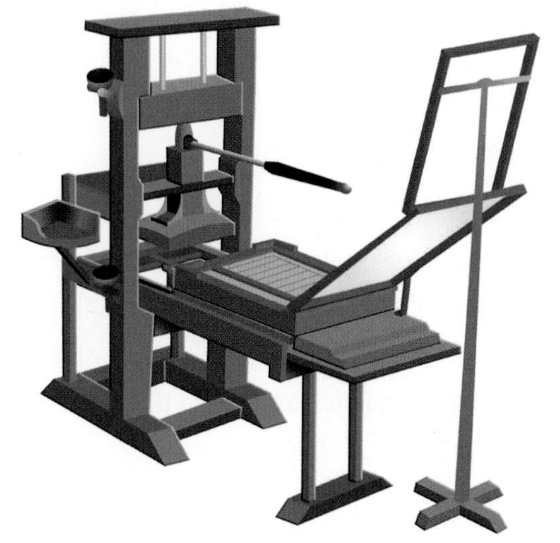

그림 7.10
초창기 인쇄기의 형태

업(금속활자들을 틀에 배열하여 페이지의 내용을 만드는 작업)에 시간이 걸리기는 하지만 일단 셋업이 끝나면 많은 페이지를 상대적으로 쉽게 인쇄할 수 있었다. 이 발명품의 중요성은 아무리 강조해도 지나치지 않다. 인쇄비가 극적으로 감소하면서 더 많은 사람들이 책을 읽게 되었고 지식의 공유가 촉진되면서 결과적으로 르네상스가 가능해졌다. 이 모든 변화가 셋업을 이용한 발명품이 처리시간을 줄이면서 가능해진 것이었다.

당신은 아마도 빠른 프로세스를 위해 셋업시간이라는 비용을 지불해야 한다는 사실에 공감하겠지만, 이 문제에 대한 몇 가지 해결책들이 있다. 첫 번째는 명백하다. 한 대가 아닌 몇 대의 기계가 있다면 셋업을 피할 수 있다. 예를 들어, Xootr가 두 번째 밀링머신을 구매했다고 하자. 첫 번째 밀링머신은 조향축을 생산을 전담하고, 두 번째 기계는 지지판 생산을 전담한다. 각 부품별로 기계가 지정되었기 때문에 각 기계는 전환을 위한 셋업이 필요 없어진다. 만일 밀링머신이 저렴하다면 이는 굉장히 좋은 해결책이다. 불행히도 밀링머신은 저렴하지 않다. 일반적으로 셋업이 필요한 자원은 저렴하지 않다. 게다가 셋업이 필요한 대부분의 자원은 단 두세 개의 제품이 아닌 훨씬 다양한 제품을 만들기 위해 사용된다. Gutenberg가 만들고자 하는 모든 책들의 각 페이지를 위해 인쇄기를 마련하는 게 얼마나 힘들지 상상해보라! 그래서 만일 여러 자원을 구매해서 셋업시간을 피할 수 있다면 그러라고 권할 수는 있겠지만 대부분의 경우에는 실행 가능하지 않은 방법이다.

7.7.2 다양성을 줄이거나 셋업을 줄여라: SMED

Gutenberg 이후 약 450년 후인 1900년대 초반에 Henry Ford는 셋업 문제에 대한 다른 해결책을 제시했다. 이 장의 시작부분에 소개한 인용을 떠올려 보자: "소비자는 검은색이라면 원하는 어떤 색이든 가질 수 있다." Ford는 다른 색상의 페인트를 사용하면 프로세스에 셋업이 발생해야 한다는 것을 알고 있었다. 그리고 Ford는 셋업과 다양성이 잘 조화되지 않는다는 것을 알고 있었고, 만일 그가 셋업이 필요한 프로세스에서 다양성을 제공하려고 했다면 중산층이 구매할 만한 자동차를 만들고자 하는 그의 공격적인 목표를 달성할 수 없을 것이다. 그래서 셋업과 다양성이라는 문제에 대한 Ford의 간단한 해결책은 다양성을 없애는 것이었다.

그 후 50년이 지나 셋업에 대한 또 다른 접근법이 다른 대륙에서 등장했다. Shigeo Shingo는 1960년대 후반에 Toyota에서 근무하던 엔지니어였다. 그는 금속 부품을 찍어내는 데 사용하는 거대한 금형을 교체하는 데 반 나절 또는 몇 시간이면 된다는 것을 알아차렸다. 금형 기계의 작동은 상대적으로 간단하다. 매우 무거운 형판을 평평한 금속판 위로 올린 뒤 금속을 원하는 형태로 바꿀만한 충분한 힘으로 떨어뜨린다. 각 부품의 제작에는 특정한 형판이 필요하므로 다른 부품을 생산하려면 형판을 교체해야 한다. 그러나 이미 언급했듯이 이 형판들은 무겁고 크며 다루기 어려워서 형판을 다른 것으로 교체하는 데는 시간, 즉 셋업시간이 걸렸다. Shingo의 해결책은 형판을 개량하여 9분 미만의 시간 내에 교체될 수 있도록 하는 것이었다. 이 원리는 **Single-Minute Exchange of Die** 혹은 약어로 **SMED**로 알려지게 되었고, 셋업을 개선해서 9(한 자릿수) 혹은 그 미만의 시간 내에 셋업이 이루어지게 한다는 의미를 갖는다. 일단 셋업시간이 짧아지면 프로세스는 전체적인 흐름을 제약하지 않으면서도 셋업을 자주 할 수 있게 된다. 잦은 셋업은 적은 배치 사이즈를

Single-Minute Exchange of Die (SMED) 셋업시간을 한 자릿수로 줄이고자 하는 목표(즉, 9분 혹은 그 미만)

Courtesy of Library of Congress, Prints and Photographs Division [LC-USZ62-21222]

사진 7.4
1908년 초기 Ford 자동차

의미하고 이는 재고비용이 줄어듦을 의미한다. 요약하자면 셋업과 다양성 간의 긴장에 대한 Toyota의 해결책은 다양성을 제거하는 것이 아니라 성가시지 않을 수준으로 셋업시간을 "없애버리는" 것이었다.

셋업시간을 줄이는 것이 프로세스에 좋다는 것을 알게 되었다면 어떻게 그것을 해낼 것인가가 다음 문제다. 이를 위해 셋업과 관련된 다양한 작업을 두 종류로 나누어 생각하는 것이 도움이 된다. **내부 셋업(internal setups)**과 **외부 셋업(external setups)**이 그것이다. 셋업과 관련된 내부 작업들은 실제 셋업시간 동안에만 수행될 수 있다. 즉, 기계가 작동 중이 아닐 때 말이다. 외부 작업들은 생산 도중에도 수행될 수 있다. 예를 들어 기계가 가동 중일 때는 선광기를 밀링머신 위에 올릴 수 없다. 따라서 이는 내부 셋업이다. 선광기를 재배열하여 다음 부품을 만들 준비를 하는 것은 선광기가 기계에 붙어 있지 않더라도 실행 가능하다. 따라서 이는 외부 셋업이다.

내부 셋업 기계가 작동하지 않는 실제 셋업시간 동안에만 수행될 수 있는 작업들

외부 셋업 기계가 작동 중이어도 수행될 수 있는 셋업 관련 과업들

일단 셋업과 관련된 내부와 외부 작업이 구분되면, 모든 외부 작업은 당연히 셋업시간 이전에 수행되어야 한다. 이를 통해 총 셋업시간을 내부 작업만을 위한 시간으로 감소시킬 수 있다. 더 나아가 내부 작업을 외부 작업으로 바꾸어 셋업시간을 추가로 줄일 수 있다. 예를 들어 만약에 도구를 작동시키기 위해 특정한 압력이 필요하면 셋업시간 동안에 압력을 올리기보다는 셋업시간 전에 미리 압력을 올려놓을 수 있다(외부 작업). 마지막으로, 그래도 남아 있는 내부 작업을 더 줄여서 간단히 하거나 혹은 제거될 수 있는지 생각해보라. 일단 이 모든 단계들을 다 거친다면(내부 대 외부 작업을 구분하고, 내부 작업을 외부 작업으로 전환하고 내부 작업을 줄이는 것) 셋업시간을 상당량 줄일 수 있을 것이다. 내부 대 외부 셋업에 대한 더 많은 예를 위해 **연관 사례: Formula 1**을 참조하라.

7.7.3 흐름을 평탄하게 하라: Heijunka

Toyota는 형판 교체와 관련된 셋업뿐만이 아니라 배치방식의 생산이 공급업자들의 효율성에 어떠한 영향을 미치는지에 대해서도 관심을 가졌다. 그림 7.8에서 큰 배치 사이즈를 다룬 아래쪽 그래프를 다시 보자. 배치 사이즈가 크다는 것은 같은 부품을 생산하는 시간의 간격이 길다는 것을 의미한다. 조향축은 처음 180분 동안 만들어지고 그 다음 540분 동안에는 다시 만들어지지 않는다. 조향축의 재료인 알루미늄 블록의 공급업자 입장에서

생각해보자. 밀링머신은 매 4분마다 한 블록씩 부드럽게 연속적으로 가공하는 게 아니라 처음 180분 동안에는 매 분마다 한 블록을 사용하다가(평균 흐름의 4배) 그 다음 540분 동안에는 전혀 블록을 사용하지 않는다. 잔칫날이거나 굶는 것이다! Toyota는 배치 사이즈가 커질수록 공급업자에게 부과되는 수요가 평탄하지 않음을 깨달았다. 그러한 불규칙적인 수요는 공급업자의 비용을 증가시킬 것이고 공급업자는 수익을 내야 하기 때문에 결과적으로 Toyota의 비용도 증가시킬 것이다. 굉장히 간단하지만 실제 적용하기에는 아주 까다로운 해결책이 있다. 각 종류의 제품들 간의 생산비율을 최대한 제품들 간의 수요비율에 가깝게 만드는 것이다. 예를 들어, Toyota는 매 4주마다 10,000개의 중형 자동차를 만드는데 그중 75%는 세단, 나머지 25%는 SUV이어야 한다고 하자. Toyota는 3주간 7,500대의 세단을 만들고 그 다음 한 주간은 2,500대의 SUV를 만드는 것으로 생산 스케줄을 짤 수 있을 것이다. 그리고 다음 3주간은 다시 7,500대의 세단을 만들고, 이 패턴을 반복할 수 있다. 그런데 이 경우 SUV 부품의 공급업자에 대한 수요는 매 4주의 기간 동안 겨우 한 주간만 발생한다. 이제 이 상황을 다음의 계획과 비교해보자. 매일 75%의 자동차들은 세단이고 25%는 SUV이다. 이 계획은 SUV 부품 공급업자가 수요를 매일 조금씩 일정하게 받을 수 있기 때문에 바람직하다. 여기에서 한 걸음 더 나갈 수도 있다. 사실, 조립라인에서 연속적으로 조립되어 나가는 모든 4대의 차에 대해서 그중 3대는 세단으로, 그리고 한 대는 SUV으로 한다면 SUV의 공급업자는 매시간 조금씩의 일정한 수요를 갖게 될 것이다.

모델 믹스 조립전략 짧은 기간 동안일지라도 모델별 생산비율을 실제 수요비율과 유사하게 만들려는 전략. Heijunka로도 알려져 있다.

Heijunka 수요 변동이나 배치 사이즈를 크게 하려는 의지에서 비롯된 작업 스케줄의 변동성을 줄임으로써 생산을 평탄화하는 것. 이는 생산을 수요의 실제 비율과 일치시키고자 하는 Toyota 생산 시스템의 원칙이다.

적은 배치로 각기 다른 제품을 조립하는 전략을 **모델 믹스 조립전략(mixed-model assembly)**이라 부른다. Toyota는 제품모델별 생산 비율을 제품모델별 수요비율과 최대한 가깝게 하는 전략을 **heijunka**라고 부른다. 앞서 언급되었듯이, heijunka는 간단한 아이디어이지만 실행하기는 쉽지 않다. 우선, 만일 제품 간 전환에 상당한 셋업시간이 필요하다면 heijunka는 비효율적인 프로세스가 된다. 셋업시간이 존재하는데 제품 종류를 이리저리 전환하면 활용률이 낮아지면서 실제 생산시간이 상당히 줄기 때문이다. 그래서 heijunka를 적용하려면 먼저 셋업시간을 부담이 되지 않는 수준으로까지 줄여야만 한다.

그림 7.11은 지금까지 논의한 상쇄관계에 대해 묘사하고 있다. 긴 셋업이 필요한 프로세스도 상당한 다양성을 제공할 수는 있지만 효율성은 매우 낮을 것이다. 따라서 해당 프로세스는 상쇄관계 커브의 좌상 측에 놓이게 될 것이다. Ford의 해결책은 다양성을 극적으

그림 7.11
다양성과 효율성 간의 상쇄관계와 SMED와 heijunka를 이용한 상쇄관계 커브의 이동

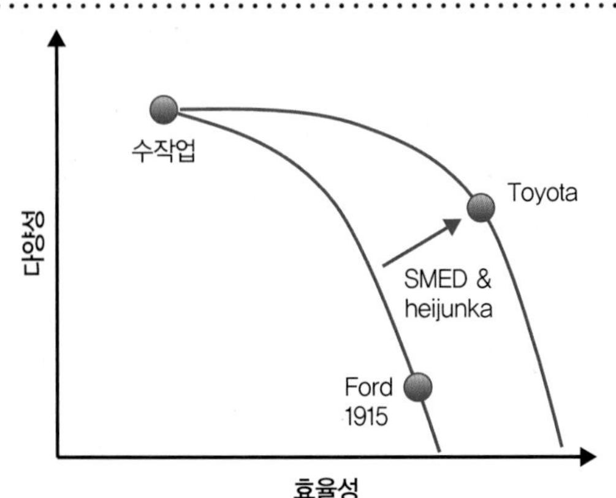

로 줄여서 효율성을 올리는 것이었다. 실제로 Ford는 상쇄관계 곡선 자체를 아래쪽으로 내려버렸다. Toyota는 SMED와 heijunka라는 아이디어들을 이용하여 상쇄관계 커브를 밖으로 그리고 오른쪽으로 밀어내면서 다양성과 효율성 모두를 증진시킬 수 있었다. 이는 중요한 혁신이었는데, Toyota는 실제로 생산성을 향상시키기 위한 더 많은 효과적인 아이디어를 발견하고 적용했다. 사실, 다음에 이어지는 8장은 Toyota 생산시스템의 다양한 면을 다루고 있다.

연관 사례: Formula 1

© *Flying Colours Ltd/Getty Images*

Formula 1 레이싱은 자동차들이 시속 350km까지 이르는 빠른 속도로 커브가 많은 도로(측면가속도가 중력의 5배까지 이름)를 달리는 경주로서 때로는 Monaco Grand Prix와 같은 도심 거리를 주행하기도 한다. 경주는 단 몇 초 차이로 승패가 갈리므로 이기려면 고도의 정밀함이 필요하다. 이러한 사실은 자동차들이 레이스 도중 타이어 교체, 연료 주입, 그리고 기타 서비스를 위해 한 번 이상은 멈춰야 하는 피트 스톱(pit stop)에서 더욱 중요하다.

그렇다면 Formula 1 레이싱은 셋업시간과 어떤 연관이 있을까? 간단하다. 각 피트 스톱은 레이싱에 필수적이지만(자동차는 멈추지 않고 계속 달릴 수 없다) 실제로는 어떤 레이싱도 일어나지 않는 시간이라는 점에서 셋업시간과 같다(차량은 피트 스톱에서는 앞으로 이동하지 않는다). 그리고 SMED의 개념처럼 셋업시간이 필요하다면 가능한 한 셋업시간을 줄이기 위해 최대한 노력해야 한다. 이런 면에서 보면 Formula 1의 피트 작업자들은 최고의 장인들이다. 당신 차의 모든 타이어를 단 몇 초만에 교체하는 모습을 상상해보라!

Formula 1의 피트 작업자들과 같은 과업들을 해야 하는 조직은 별로 없겠지만, 우리 모두는 그들로부터 셋업시간을 줄이는 것에 대한 몇 가지 원리를 배울 수 있다. 예를 들어, 타이어 교체는 주행 중에 이루어질 수 없으므로 명백히 내부 작업이다. 하지만, 타이어들을 데우는 것은 외부 작업이 될 수 있다. 차가운 타이어를 끼우면 타이어가 최고 성능에 이르기까지 시간이 걸리는데 레이스 자동차가 피트 스톱에 오기 전에 타이어를 데워서 장착하면 곧바로 최고 성능을 발휘할 수 있다.

다음으로, Formula 1 팀은 셋업 내에 수행되어야 하는 작업의 양을 줄이는 데 늘 혈안이 되어 있다. 예를 들어, Formula 1 자동차는 휠 너트가 세 번 회전으로 조여지도록 설계되어 있다. 각 휠 너트의 회전 수를 줄이는 것은 사소해 보이지만 레이스 자동차가 피트에 머물러야 하는 시간을 십 분의 일초라도 줄이는 것은 매우 중요하다.

출처: http://www.autosport.com/news/report.php/id/108724

결론

이상적인 프로세스는 빠르고 일관된 속도로 작동된다. 하지만 모든 자원이 그렇게 일할 수 있는 것은 아니다. 몇몇 자원은 빠르게 작업을 수행하지만 셋업시간이 필요한데 이 시간은 생산을 위해 반드시 필요한 시간이지만 비생산적인 시간이며 셋업에 이어 생산되는 수량과는 무관하다.

자원이 셋업시간을 필요로 한다면 "자원의 처리능력은 얼마인가?" 하는 질문에 대한 간단한 답은 없다. 그것은 자원이 어떻게 관리되느냐에 달려 있다. 만일 자원이 적은 배치로 생산하면서 셋업이 잦다면 자원의 처리능력은 낮을 것이다. 반대로 자원이 큰 배치로 생산하면서 셋업이 잦지 않다면 처리능력은 더 클 것이다. 따라서 적은 배치 사이즈는 활용률을 낮추며 큰 배치 사이즈는 활용률을 올린다. 따라서 만일 목표가 단순히 처리능력이나 활용률을 높이는 것이라면 관리자는 큰 배치로 작업하는 것을 선택해야 한다. 하지만 이에 따른 비용이 있다. 배치 사이즈가 증가할수록 프로세스의 평균 재고량도 증가한다. 재고는 비용을 발생시키며 프로세스 흐름시간을 길게 하는데 둘 다 바람직하지 않다. 그래서 관리자는 "적절한" 배치 사이즈를 골라야 한다. 즉, 흐름을 제약하지 않을 만큼 충분히 큰 배치 사이즈를 골라야 한다. 그러나 그보다 배치 사이즈가 크면 흐름률은 좋아지지 않으면서 재고만 증가할 수 있다.

단 한 번의 셋업만이 필요한 자원이라면 셋업시간이 그리 큰 문제가 되지 않을 수도 있다. 그러나 셋업이 필요한 대부분의 자원은 각기 다른 부품이나 제품을 빠르게 처리하도록 설계되어 있다. 따라서 자원이 생산해야 하는 제품 믹스에 다양성이 추가되면 모든 제품의 배치 사이즈도 더불어 증가해야 하면서 재고가 상당히 증가한다.

셋업시간과 다양성 사이의 긴장관계를 해소하기 위한 두 가지의 접근법이 있다. Henry Ford의 해결책은 다양성을 최대한 제거하는 것이었다. 다양성이 줄어들면 (혹은 없어지면) 셋업은 자주 수행될 필요가 없어지고 따라서 더 이상 문제되지 않는다. 그러나 소비자들은 다양성을 원한다. 그렇다면 기업은 어떻게 소비자들이 지불 가능한 가격에 원하는 다양성을 제공하면서 수익을 내는가? Toyota의 해결책은 셋업 프로세스를 교체하여 극적으로 셋업시간을 줄이는 것이었다. 셋업시간이 적으면 자원은 처리능력을 잃지 않으면서 작은 배치들을 처리할 수 있다. 적은 셋업시간이라는 이상적인 환경에서 기업은 재고비용을 증가시키지 않으면서 다양성을 제공할 수 있다.

아마도 이 장에서 다른 어떤 장보다도 더 빈번하게 1장에서 논의한 변동성, 낭비, 그리고 경직성이라는 세 가지 운영관리의 저해요소를 다루었다. 부품 혹은 제품 다양성은 셋업을 초래하면서 변동성을 발생시킨다. 셋업시간 동안은 산출물을 생산하지 못하기 때문에 소비자를 위한 가치를 직접 만들어낼 수 없어서 프로세스의 낭비로 여겨질 수 있다. 프로세스 내의 재고에 대해서도 같은 말을 할 수 있다. 고객은 재고에 가치를 두지 않는데 재고는 비용을 발생시킨다. 낭비에 대한 간단한 해결책은 그것을 감소시키거나 없애는 것이다. 마지막으로 셋업은 명백히 프로세스의 경직성을 초래한다. 셋업이 필요 없는 프로세스는 빠르고 저렴하게 산출물들을 전환하는 유연함을 갖는다. 하지만 셋업이 필요한 유연하지 않은 프로세스는 배치로 작업을 해야 하기 때문에 재고가 발생하고 산출물 전환이 어려워진다. 항상 그렇듯이 운영관리자는 프로세스의 유연함을 증진시키도록 노력해야 하는데 이때 분명한 전략은 셋업시간을 줄이는 것이다.

학습목표의 요약

학습목표 7-1 프로세스에서 셋업시간을 파악할 줄 안다.

셋업은 생산을 위한 준비과정이지만 실제 생산은 일어나지 않는 일련의 활동들의 세트이다. 이러한 활동들을 완수하는 데 드는 시간은 실제 생산하는 수량과는 무관하다.

학습목표 7-2 셋업시간 후 정해진 배치 사이즈를 생산하는 자원의 처리능력을 측정할 줄 안다.

생산사이클은 정해진 배치들의 생산이 반복적으로 일어나는 과정이다. 생산사이클의 길이는 배치들의 크기가 커질수록 길어진다. 반면, 생산 배치들의 사이즈를 증가시키면 셋업이 필요한 자원들의 처리능력이 증가된다. 프로세스의 처리능력은 병목지점의 처리능력에 의해 결정되는데 배치 사이즈가 작으면 셋업이 필요한 자원은 병목지점이 될 가능성이 높다. 하지만 배치 사이즈가 증가할수록 자원의 처리능력도 증가하므로 병목지점이 프로세스의 다른 자원으로 옮겨갈 수 있다.

학습목표 7-3 셋업시간이 필요한 자원의 활용률을 측정할 줄 안다.

활용률은 자원이 생산을 하는 데 쓰는 시간의 비율이다. 셋업이 필요한 자원은 셋업을 수행해야 하기 때문에 100% 가동될 수는 없다. 하지만, 활용률은 처리능력처럼 생산 배치의 사이즈에 크게 의존한다. 병목자원이라면 이 자원이 프로세스의 흐름률을 결정하기 때문에 배치 사이즈가 클수록 자원은 더 많이 활용될 것이다. 일단 배치 사이즈가 특정 크기가 되면 자원은 더 이상 병목지점이 아니게 된다. 그 지점을 지나면 배치 사이즈의 증가는 자원의 처리능력을 증가시키지만 프로세스의 흐름률이나 자원의 활용률을 증가시키지는 않는다.

학습목표 7-4 셋업시간이 필요한 자원이 생산한 제품의 평균 재고량을 측정할 줄 안다.

셋업이 필요한 자원과 관련된 평균 재고량은 배치 사이즈에 달려 있다. 배치 사이즈가 클수록 평균 재고량도 커진다.

학습목표 7-5 프로세스의 흐름을 제약하지 않으면서 재고를 최소화하는 배치 사이즈를 결정할 줄 안다.

처리능력과 재고량 사이에는 상쇄관계가 존재한다. 배치 사이즈가 커지면 처리능력은 증가하지만 재고량 또한 증가한다. 게다가, 일단 배치 사이즈가 임계점에 도달하면 배치 사이즈의 추가적인 증가는 처리능력에 아무런 영향을 주지 않으면서 재고량만 늘린다. 따라서 이상적인 배치 사이즈는 흐름률을 제한하지 않으면서 시스템의 평균 재고량을 최소화하는 양이다. 그 배치 사이즈는 자원의 처리능력을 수요 또는 프로세스 내 병목자원의 흐름률과 일치하게끔 해준다.

학습목표 7-6 모든 수요를 충족하는 동시에 재고를 최소화하기 위한 제품별 생산량을 찾을 줄 안다.

제품 다양성과 셋업시간은 잘 어울리지 못한다. 셋업이 필요한 자원에 다양성이 더해지면 그 자원이 생산하는 모든 제품의 평균 재고가 증가한다.

학습목표 7-7 셋업시간이 필요한 프로세스를 관리하는 방법을 설명할 줄 안다.

셋업은 프로세스의 중단을 초래하므로 바람직하지 않다. 그럼에도 불구하고, 셋업이 필요한 자원은 일반적으로 처리시간이 짧기 때문에 바람직할 수 있다. 최초의 인쇄기가 좋은 예이다. 한 페이지를 인쇄하기 위해 셋업하는 데 상당한 시간이 걸리지만, 일단 셋업이 되면 이 페이지는 매우 빨리 인쇄될 수 있다. 셋업시간을 관리하는 한 전략은 생산되는 제품의 다양성을 제한하는 것이었다. Henry Ford의 선언에 드러나듯 "검은색이라면 당신이 원하는 색깔을 가질 수 있다." 반면 셋업시간과 다양성에 대한 Toyota의 접근법은 다양성 대신 셋업시간을 줄이는 것이었다. 셋업시간이 짧은 프로세스는 큰 비용 증가 없이 다양성을 생산해낼 수 있다.

핵심 용어

7.1 셋업시간

셋업 (i) 제품을 생산하는 데 요구되는 일련의 과업으로서 (ii) 이러한 과업들을 완수하는 데 소요되는 시간은 생산하려는 제품의 수량과는 직접적으로 관련이 없다.

전환시간 한 종류의 제품에서 다른 종류의 제품으로 생산을 교체하는 셋업시간

7.2 셋업이 필요한 프로세스의 처리능력

생산사이클 셋업시간, 생산시간, 그리고 유휴시간을 포함하는 반복되는 일련의 생산과정

배치 흐름단위들의 집합

배치 프로세스 단위들이 배치형태로 생산되는 생산 프로세스의 한 종류

7.3 셋업이 필요한 프로세스의 활용률

유휴시간 생산을 하거나 셋업을 수행하는 시간이 아닌 시간

7.7 셋업시간이 필요한 프로세스의 관리

Single-Minute Exchange of Die(SMED) 셋업시간을 한 자릿수로 줄이고자 하는 목표(즉, 9분 혹은 그 미만)

내부 셋업 기계가 작동하지 않는 실제 셋업시간 동안에만 수행될 수 있는 작업들

외부 셋업 기계가 작동 중이어도 수행될 수 있는 셋업 관련 과업들

모델 믹스 조립전략 짧은 기간 동안일지라도 모델별 생산비율을 실제 수요비율과 유사하게 만들려는 전략. Heijunka로도 알려져 있다.

Heijunka 수요 변동이나 배치 사이즈를 크게 하려는 의지에서 비롯된 작업 스케줄의

변동성을 줄임으로써 생산을 평탄화하는 것. 이는 생산을 수요의 실제 비율과 일치시키고자 하는 Toyota 생산시스템의 원칙이다.

주요 공식

학습목표 7-2 셋업시간 후 정해진 배치 사이즈를 생산하는 자원의 처리능력을 측정할 줄 안다.

$$처리능력 = \frac{배치\ 사이즈}{총\ 셋업시간 + (처리시간 \times 배치\ 사이즈)}$$

학습목표 7-3 셋업시간이 필요한 자원의 활용률을 측정할 줄 안다.

$$활용률 = 흐름률 \times 처리시간$$

학습목표 7-4 셋업시간이 필요한 자원이 생산한 제품의 평균 재고량을 측정할 줄 안다.

$$최대\ 재고량 = 배치\ 사이즈 \times [1 - (흐름률 \times 처리시간)]$$

$$평균\ 재고 = \frac{최대\ 재고량}{2} = \frac{1}{2} \times 배치\ 사이즈 \times [1 - (흐름률 \times 처리시간)]$$

학습목표 7-5 프로세스의 흐름을 제약하지 않으면서 재고를 최소화하는 배치 사이즈를 결정할 줄 안다.

$$배치\ 사이즈 = \frac{목표\ 처리능력 \times 총\ 셋업시간}{1 - (목표\ 처리능력 \times 처리시간)}$$

개념 문제

학습목표 7-1

1. 화학적인 프로세스는 다양한 요소들을 큰 통에 넣은 후 요소들을 반응시켜 최종 화합물을 만드는 과정이다. 그 통의 용량은 1,000갤런이며 화학 요소들은 분당 4.5갤런의 속도로 통에 더해진다. 일단 요소들이 통에 첨가되면 요소들의 화학적 반응은 실제 전체 갤런 수와는 상관없이 85분이 걸린다. 배치가 완료되면 통은 깨끗이 비워져야 하는데, 이 작업은 15분이 걸린다. 이 프로세스의 셋업시간은 얼마인가?
   a. 15분
   b. 85분
   c. 100분
   d. 222.22분

학습목표 7-2

2. 어느 기계는 자이로스코프에 쓰이는 세 가지 부품을 만든다. 이 부품을 A, B, C라고 하자. 다음의 스케줄로 부품들이 반복적으로 만들어진다: A를 100단위 만들고, B를 50단위 만들고, C를

200단위 만든다. 생산사이클에서 얼마나 많은 부품이 만들어지는가?

a. 50

b. 100

c. 200

d. 350

3. 선반기계가 제품의 구성에 필요한 네 종류의 부품을 만든다. 이 부품을 A, B, C, D라고 하자. 제품은 A 1단위, B 2단위, C 4단위, 그리고 D 8단위를 요구한다. 다음의 어느 생산사이클이 가장 적절한가?

a. A:100, B:100, C:100, D:100

b. A:101, B:102, C:104, D:108

c. A:100, B:150, C:200, D:400

d. A:100, B:200, C:400, D:800

4. 셋업이 필요한 자원의 배치 사이즈를 증가시키면 자원의 처리능력도 항상 증가한다. 참인가 거짓인가?

a. 참

b. 거짓

5. 셋업이 필요한 자원의 배치 사이즈를 증가시키면 프로세스의 처리능력도 항상 증가한다. 참인가 거짓인가?

a. 참

b. 거짓

6. 셋업이 필요한 자원에서 배치 사이즈가 3배로 늘었다. 자원의 처리능력에는 어떠한 영향이 있는가?

a. 1/3 감소

b. 1/3 미만 감소

c. 300% 미만 증가

d. 300% 증가

학습목표 7-3

7. 프로세스의 흐름률이 증가하면 셋업시간이 필요한 자원의 활용률 또한 반드시 증가한다. 참인가 거짓인가?

a. 참

b. 거짓

8. 다음 중 어느 것이 셋업이 필요한 자원의 활용률을 증가시키는가?

a. 흐름률 증가

b. 처리시간 감소

c. 배치 사이즈 감소

d. 셋업시간 증가

학습목표 7-4

9. 한 관리자가 셋업에 너무 많은 시간이 사용되어 생산에 사용되는 시간이 적다는 걱정을 하고 있다. 관리자는 모든 배치 사이즈를 2배로 늘리기로 결정했다. 이 변화는 수요에 아무런 영향을 미치지 않는다. 이 결정이 프로세스의 평균 재고에 어떤 영향을 미치는가?
   a. 자원의 처리능력이 상승하기 때문에 평균 재고는 감소할 것이다.
   b. 수요가 변하지 않기에 평균 재고는 그대로 유지될 것이다.
   c. 더 큰 배치를 생산하는 데 더 많은 시간이 필요하므로 평균 재고는 상승할 것이다.
   d. 주어진 정보로는 판단할 수 없다.

학습목표 7-5

10. 만일 배치 사이즈가 굉장히 크다면 다음 중 어느 것이 문제가 될까?
   a. 흐름률은 너무 높아질 것이다.
   b. 활용률은 너무 높아질 것이다.
   c. 재고량이 너무 많아질 것이다.
   d. 제품 전환에 너무 많은 시간이 쓰일 것이다.

11. 배치 사이즈가 증가하고 재고가 증가하면 흐름단위들이 프로세스에서 더 오랜 시간을 보낼 것이다. 참인가 거짓인가?
   a. 참
   b. 거짓

학습목표 7-6

12. 어떤 자원이 생산하는 제품을 바꿀 때마다 셋업시간이 필요하다고 하자. 이 자원에 새로운 제품을 추가하는 것은 프로세스에 어떠한 영향을 미치는가?
   a. 기존 제품들의 재고는 동일하게 유지되지만 프로세스는 이제 새로운 제품의 재고도 갖게 된다.
   b. 모든 제품들의 재고량은 증가할 것이다.
   c. 프로세스가 새로운 제품의 재고를 갖는다고 해도 기존 제품들의 재고는 감소한다.
   d. 짧은 셋업시간이 필요한 제품들의 재고는 감소하고 긴 셋업시간이 필요한 제품들의 재고는 증가할 것이다.

학습목표 7-7

13. Henry Ford는 Model T에 대해서 선언하길 "검은색이라면 어느 색이든 원하는 것을 가질 수 있다"고 했다. 다음 중 이러한 입장에 대한 그의 동기를 가장 잘 반영하는 것은?
   a. 그는 고객들이 실제로 다른 색깔들을 좋아하지 않는다고 믿었고 그래서 다른 색깔의 자동차를 만들 필요가 없다고 생각했다.
   b. 한 가지 이상의 색상을 사용하면 프로세스에 전환시간이 발생하고 이는 전체 프로세스의 활용률을 낮출 것이다.
   c. 그는 당시 "검은색" 자동차를 회사의 브랜드 이미지로 만들고 싶어했다.
   d. 검정색이 아닌 자동차를 조립하는 것은 검은색 자동차보다 오래 걸렸다.

e. 그는 프로세스에서 재고량이 늘면 프로세스 내의 흐름시간이 더 길어진다고 생각했다.

14. "Single-Minute Exchange of Die" 철학의 주요 목적은 무엇인가?

a. 자원의 셋업시간 감소
b. 프로세스의 흐름률 증가
c. 프로세스의 활용률 감소
d. 셋업시간이 필요한 자원의 제거

예시 문제와 해답

1. Precision Test(PTest)는 인근 병원에 수액검사 서비스를 제공한다. 소변검사 프로세스의 경우, 각 샘플은 테스트하는 데 12초가 걸리지만 300개의 샘플을 테스트한 후에는 검사기계의 재정비가 이루어져야 한다. 30분이 걸리는 재정비 동안에는 어떤 샘플도 검사할 수 없다. 이 회사는 시간당 150개의 샘플을 접수한다.

(a) 이 프로세스의 셋업시간은 얼마인가? [학습목표 7-1]

답 30분. 재정비에 30분이 소요되며 이는 배치 사이즈와는 관련이 없다.

(b) PTest의 소변 샘플 테스트를 위한 처리능력(시간당 샘플 수)은 얼마인가? [학습목표 7-2]

답 200. 셋업시간은 $\frac{1}{2}$시간이고 처리시간은 시간당 $\frac{12초}{3{,}600초}$이다.

$$처리능력 = \frac{300샘플}{\frac{1}{2}시간 + \left[\left(\frac{12초}{3{,}600초/시간}\right) \times 300샘플\right]} = 200샘플/시간$$

(c) 소변검사 기계의 활용률은 얼마인가? [학습목표 7-3]

답 0.50. 처리능력(시간당 200샘플)이 수요(시간당 150샘플)를 초과하므로 흐름률은 시간당 150샘플이다.

$$활용률 = 흐름률 \times 처리시간 = \frac{150샘플/시간 \times 12초}{3{,}600초/시간} = 0.50$$

(d) 분당 2.5개의 소변 샘플들이 테스트를 받아야 한다고 가정하자. 프로세스가 처리능력에 의해 제약된 상태가 아님을 보장하는 가장 작은 배치 사이즈(재정비 사이에 검사되는 샘플의 수)는 얼마인가? [학습목표 7-5]

답 150. 분당 2.5샘플이라는 흐름률을 달성하는 가장 작은 배치 사이즈는

$$\frac{2.5 \times 30}{1 - (12/60 \times 2.5)} = 150샘플$$

2. 금속 창틀은 각인과 조립이라는 2단계 프로세스로 제조된다. 각 창틀은 세 가지 부품의 세트로 구성된다: 하나의 바닥(한 개의 부품 A)과 두 측면들(두 개의 부품 B). 각인 기계가 두 부품을 만드는데 두 부품 간 생산을 전환하려면 50분의 셋업시간이 필요하다. 일단 기계가 셋업되면 모든 부품에 대한 처리시간은 (A이든 B이든) 12초이다. 완성된 부품 세트는 각인기계에서 조립단계로 이동되어 수작업으로 제품이 완성된다. 최종 완제품 하나를 만들기 위해서는 한 단위의 바닥(부

품 A)과 두 단위의 측면(부품 B) 그리고 다수의 구매품들이 필요하다. 각 완제품의 조립에는 10분이 소요되며 12명의 작업자가 조립을 담당하고 프로세스가 만들어낸 모든 창틀은 충분한 수요가 있다.

(a) 생산사이클이 250개의 부품 세트로 구성되면, 각인 기계의 처리능력(분당 부품 세트의 수)은 얼마인가? [학습목표 7-2]

답 1. 생산사이클당 두 번의 셋업이 있어서 생산사이클당 총 셋업시간은 100분이다. 부품 세트를 위한 처리시간 = 3 × 12초 = 36초 또는 $\frac{36초}{60초/분}$ = 0.6분. 처리능력 $= \frac{250}{100 + (0.6 \times 250)}$ = 1부품 세트/분

(b) 만일 생산사이클이 500개의 부품 세트로 구성된다면 프로세스의 흐름률은 얼마인가(분당 창틀의 개수)? [학습목표 7-2]

답 1.2. 생산사이클당 두 번의 셋업이 있으므로 생산사이클당 총 셋업시간은 100분이다. 부품 세트의 처리시간 = 3 × 12초 = 36초, 또는 $\frac{36초}{60초/분}$ = 0.6분

처리능력 $= \frac{500}{100 + (0.6 \times 500)}$ = 1.25부품 세트/분. 조립단계의 처리능력 = 12명/1명당 창틀당 10분 = 1.2창틀/분. 조립단계의 처리능력이 더 낮으므로 조립단계가 병목지점이고, 흐름률은 분당 1.2창틀이다.

(c) 만일 생산사이클이 500개의 부품 세트로 구성된다면 각인 기계의 활용률은 얼마인가? [학습목표 7-3]

답 0.72. 파트 (b)에서 흐름률은 분당 1.2창틀이다. 각인 기계의 활용률은 흐름률 × 처리시간 = 1.2창틀/분 × 0.6분/창틀 = 0.72

(d) 만일 생산사이클이 500개의 부품 세트로 구성된다면 부품 A의 평균 재고량은 얼마인가? [학습목표 7-4]

답 190. 부품 A의 배치 사이즈는 500이다(왜냐하면 창틀당 하나의 부품 A가 필요하기 때문). 처리시간은 12초 또는 0.2분이다. 흐름률은 분당 1.2인데 이는 프로세스의 흐름률이 분당 1.2창틀이기 때문이고(파트 (b) 참조) 창틀당 하나의 부품 A가 필요하기 때문이다. 따라서, 최대 재고량 = 500 × [1 − (1.2 × 0.2)] = 380. 평균 재고량은 최대 재고량의 절반인 $\frac{380}{2}$ = 190

(e) 프로세스의 흐름률을 최대화하면서 프로세스의 재고를 최소화하려면 배치 사이즈(부품 세트의 수)가 얼마가 되어야 하는가? 가장 가까운 정수로 반올림하라. [학습목표 7-5]

답 429. 목표 처리능력은 조립단계의 처리능력인 분당 1.2창틀이다. 총 셋업시간은 100분이고 처리시간은 0.6분이다.

따라서 배치 사이즈 $= \frac{1.2 \times 100}{1 - (1.2 \times 0.6)}$ = 429창틀

3. Cadbury는 New Zealand, Dunedin에 초콜릿 공장을 갖고 있다. 회사는 부활절용 두 종류의 "부활절 달걀"을 만든다: 밀크 초콜릿과 다크 초콜릿. 회사는 두 종류의 계란을 번갈아 가며 생산한

다. 표 7.3에 이 두 제품에 대한 정보가 요약되어 있다.

표 7.3 Dunedin 초콜릿 공장에 대한 데이터

제품	밀크	다크
수요(파운드/시간)	500	200
전환시간(분)	60	30
시간당 생산량	800	800

예를 들어, 밀크에서 다크 초콜릿으로 생산을 전환하는 데 30분이 걸리는데, 다크에서 밀크 초콜릿으로 전환할 때는 생산라인의 청소가 좀 더 세심하게 이루어져야 하기 때문에 더 오랜 시간인 60분이 걸린다. 밀크 초콜릿에 대한 수요가 더 높지만(시간당 500파운드 대 시간당 200파운드) 생산라인의 작업 중에는 두 종류의 초콜릿을 각각 시간당 800파운드라는 동일한 속도로 생산한다.

(a) Cadbury가 각 생산사이클별로 2,500파운드의 밀크 초콜릿과 1,000파운드의 다크 초콜릿을 만들어낸다고 가정하자. Cadbury는 시간당 얼마나 많은 초콜릿(파운드)을 생산하는가? [학습목표 7-2]

답 596. 배치 사이즈는 3,500파운드이고, 셋업시간은 1.5시간이다. 처리시간은 파운드당 $\frac{1}{800}$시간. 처리능력 $= \dfrac{3{,}500}{1.5+\left[\left(\frac{1}{800}\right)\times 3{,}500\right]} = 596$

(b) Cadbury가 각 생산사이클별로 3,000파운드의 밀크 초콜릿과 1,200파운드의 다크 초콜릿을 생산한다고 가정하자. 이 프로세스의 활용률은 얼마인가(프로세스가 실제로 제품을 생산하는 시간의 비율)? [학습목표 7-3]

답 0.78. 프로세스의 처리능력 $= \dfrac{4{,}200}{1.5+\left[\left(\frac{1}{800}\right)\times 4{,}200\right]} = 622$파운드

수요는 시간당 700파운드이므로 프로세스는 공급에 의해 제약된 상태이다.
따라서, 흐름률은 시간당 622파운드이고, 활용률 = 흐름률 × 처리시간 = 622파운드/시간 × $\frac{1}{800}$시간/파운드 = 0.78

(c) Cadbury가 각 생산사이클별로 8,000파운드의 밀크 초콜릿, 3,200파운드의 다크 초콜릿을 생산한다고 가정하자. 밀크 초콜릿의 평균 재고(파운드)는 얼마이겠는가? [학습목표 7-4]

답 1,500. 배치 사이즈는 11,200파운드다. 처리능력 $= \dfrac{11{,}200}{1.5+\left[\left(\frac{1}{800}\right)\times 11{,}200\right]} =$ 723파운드/시간. 수요는 시간당 700이므로 프로세스는 수요에 의해 제약된 상태이다. 밀크초콜릿의 경우, 배치 사이즈는 8,000파운드이고 흐름률은 500파운드/시간. 따라서,

최대 재고량 = 배치 사이즈 × [1 − (흐름률 × 처리시간)]

$$= 8{,}000 \times \left[1-\left(500\times\frac{1}{800}\right)\right] = 3{,}000\text{파운드}$$

평균 재고량 = 최대 재고량의 절반인 $\frac{1}{2} \times 3{,}000 = 1{,}500$

(d) 수요를 만족시키면서 재고를 최소화하려면 각 생산사이클(한 배치의 밀크와 한 배치의 다크) 별로 얼마나 많은 밀크와 다크 초콜릿이 생산되어야 하는가? [학습목표 7-5]

답 8,400파운드. 처리시간 $= \dfrac{1\text{시간}}{800\text{파운드}}$

목표 처리능력은 수요로서 $500 + 200 = 700$파운드/시간

$$\text{배치 사이즈} = \frac{\text{처리능력} \times \text{셋업시간}}{1 - (\text{처리능력} \times \text{처리시간})}$$

$$= \frac{700\text{파운드/시간} \times 1.5\text{시간}}{1 - \left(700\text{파운드/시간} \times \dfrac{1}{800}\text{시간/파운드}\right)} = 8{,}400\text{파운드}$$

응용 문제

1. 셋업이 필요한 자원에서 배치 사이즈가 절반이 되었다. 자원의 처리능력에 어떠한 영향이 있는가? [학습목표 7-2]

a. 50% 이상 감소

b. 50% 감소

c. 50% 미만 감소

d. 아무 영향 없음

2. 어느 기계가 A와 B라는 두 종류의 부품을 만든다. 부품 유형 간에 생산을 전환하는 데 250초가 걸리고 그 시간 동안에는 아무런 생산도 일어나지 않는다. 생산에 들어가면 A 또는 B의 각 단위는 0.5초의 처리시간이 필요하다. 두 부품 A와 B는 조립공정에서 조립되어 완제품인 C를 만들어 낸다. 조립공정에서는 두 부품은 매 2초 혹은 분당 30단위의 속도로 하나의 완제품으로 만들어진다.

(a) 기계가 A부품 1,000단위의 한 배치와 B부품 1,000단위의 한 배치를 번갈아 가며 생산한다고 가정하자. 이 경우에 부품 한 쌍, 즉 A 한 단위와 B 한 단위를 만들어내는 기계의 처리능력은 얼마인가? [학습목표 7-2]

(b) 기계가 A부품 1,000단위의 한 배치와 B부품 1,000단위의 한 배치를 번갈아 가며 생산한다고 가정하자. 기계의 활용률은 얼마인가? [학습목표 7-3]

(c) 기계가 A부품 1,000단위의 한 배치와 B부품 1,000단위의 한 배치를 번갈아 가며 생산한다고 가정하자. B 부품의 평균 재고는 얼마인가? [학습목표 7-4]

(d) 만일 프로세스의 재고를 최소화하는 것을 목표로 생산 계획이 수립된다면 부품 A의 배치 사이즈는 얼마가 되어야 하는가? 부품 B의 배치 사이즈도 같다고 가정하라. [학습목표 7-5]

3. 경영대학 근처의 Yum & Yee 푸드트럭은 점심시간에 고객의 주문을 받아 신선한 볶음요리의 배치를 만들어 제공한다. 점심시간 동안의 메뉴는 단 한 가지라서 Y & Y는 고객의 수를 최대화할 수 있다. 각 고객이 점심시간 동안 한 번만 주문하고 모든 주문은 동일한 사이즈라고 하자. 볶음

요리를 만드는 작업방식은 다음과 같다. 우선, 요리사가 큰 조리냄비에 한 배치의 주문을 동시에 요리한다. 요리의 양은 그 배치에 속한 주문의 수에 달려 있다. 주문 하나를 요리하는 데 3분이 들지만 주문이 하나 더 늘 때마다 0.5분이 더 걸린다. 따라서, 한 배치에서 주문 2개를 요리하는 데는 3.5분이 걸리고 주문 3개를 요리하는 데는 4분이 걸리는 식이다. 다른 작업은 요리를 포장하고 대금을 받는 작업인데(다른 작업자에 의해 수행됨) 이는 주문당 0.80분이 걸린다.

(a) 이 프로세스의 셋업시간은 얼마인가? [학습목표 7-1]

(b) Y&Y가 6단위의 배치 사이즈로 운영된다면 그들의 프로세스 처리능력(분당)은 얼마인가? [학습목표 7-2]

(c) Y&Y가 10단위의 배치 사이즈로 운영된다면 조리냄비의 활용률은 얼마인가? [학습목표 7-3]

(d) 수요는 충분하다고 가정하고, 전체 흐름률을 최대로 하는 배치 사이즈를 계산하라. 배치 사이즈를 반올림할 필요는 없다(즉, 정수가 아닌 배치 사이즈가 가능하다고 가정하라). [학습목표 7-5]

4. 인쇄된 회로보드(PCB) 기계는 보드에 통합회로를 설치한다. PCB 기계는 보드를 생산하기 전에 20분의 셋업이 필요하다. 생산이 시작되면 PCB 기계는 보드당 0.15분을 소요한다.

(a) PCB 기계의 배치 사이즈가 500개라면, PCB 기계의 처리능력(분당 보드의 수)은 얼마인가? [학습목표 7-2]

(b) PCB 기계의 배치 사이즈가 500개라면, PCB 기계의 활용률은 얼마인가? [학습목표 7-3]

(c) PCB 기계는 배치 사이즈가 200개이고 수요는 분당 보드 2개라면, PCB 기계에서 보드의 평균 재고는 얼마인가? [학습목표 7-4]

(d) 보드에 대한 수요는 분당 2개의 속도로 발생한다. PCB 기계가 프로세스의 흐름률을 제약하지 않는 범위에서 선택할 수 있는 가장 작은 배치 사이즈는 얼마인가? [학습목표 7-5]

5. Keuka Studies는 말을 포함한 여러 동물들의 금속상을 주문받아 제작한다. 말의 금속상에는 여러 부품들이 들어가는데, 회사는 선반을 이용하여 두 종류의 부품을 생산한다. Body 부품은 말의 몸체를 구성하는 데 사용되며 Leg 부품은 다리들을 구성하는 데 사용된다. 말 금속상별로 Body 부품 1개와 Leg 부품 4개가 필요하다. 부품 간 생산을 전환하는 데에는 25분이 소요되며, 일단 셋업이 이루어지면 Body 부품 하나를 생산하는 데 4분 그리고 Leg 부품 하나를 생산하는 데 2분이 소요된다. 선반은 이 두 부품을 생산하는 데에만 사용된다. 아래 질문들에 답할 때, 이 회사가 한 생산사이클에 100개의 Body 부품과 400개의 Leg 부품을 생산한다고 전제하고 선반이 병목지점이라고 가정한다.

(a) Keuka가 시간당 최대로 생산할 수 있는 말 금속상은 몇 개인가? [학습목표 7-2]

(b) 선반의 활용률(%)은 얼마인가? [학습목표 7-3]

(c) 이 회사가 수요에 의해 제약된 상태이고 말 금속상을 조립하는 데 16분을 소요하는 1명의 작업자가 있다고 하자. Body 부품의 평균 재고는 얼마인가? [학습목표 7-4]

(d) 이 회사가 수요에 의해 제약된 상태이고 말 금속상을 조립하는 데 16분을 소요하는 1명의 작업자가 있다고 하자. Leg 부품의 평균 재고는 얼마인가? [학습목표 7-4]

(e) 이 회사가 수요에 의해 제약된 상태이고 말 금속상을 조립하는 데 16분을 소요하는 1명의 작업자가 있다고 하자. 만약 이 회사가 선반을 위한 생산사이클을 다시 디자인한다면, 조립공정

에서의 흐름을 제약하지 않으면서 재고를 최소화하기 위해 각 배치별로 몇 개의 Body 부품을 만들어야 하는가?(소수점의 답안을 반올림이나 반내림할 필요는 없음) [학습목표 7-5]

(f) 이 회사가 수요에 의해 제약된 상태이고 말 금속상을 조립하는 데 16분을 소요하는 1명의 작업자가 있다고 하자. 만약 이 회사가 선반을 위한 생산사이클을 다시 디자인한다면, 조립공정에서의 흐름을 제약하지 않으면서 재고를 최소화하기 위해 각 배치별로 몇 개의 Leg 부품을 만들어야 하는가?(소수점의 답안을 반올림이나 반내림할 필요는 없음) [학습목표 7-5]

6. Sarah의 유기농 비누 회사는 네 종류의 유기농 액체 비누를 만든다: "regular", "lavender". "cirtus", 그리고 "tea tree". 네 가지 향에 대한 수요는 각각 시간당 150, 120, 75, 50kg이다. Sarah의 생산 프로세스는 비누의 종류와 관계없이 시간당 450kg의 속도로 생산할 수 있지만 향들 사이를 전환하려면 1.5시간의 셋업시간이 필요하다. 셋업시간 동안에는 비누를 생산하지 않는다. Sarah는 (i) 한 생산사이클에서 네 종류의 향을 번갈아 가면 생산하며, (ii) 전체적인 수요를 만족시키고, (iii) 재고량을 최소화하는 생산 계획을 수립하려고 한다.

(a) Sarah가 배치당 12,000kg의 regular, 9,600kg의 lavendor, 6,000kg의 citrus, 4,000kg의 tea tree를 생산한다고 하자. Sarah가 시간당 생산할 수 있는 비누는 몇 kg인가? [학습목표 7-2]

(b) Sarah가 배치당 12,000kg의 regular, 9,600kg의 lavendor, 6,000kg의 citrus, 4,000kg의 tea tree를 생산한다고 하자. 프로세스의 활용률은 얼만인가? [학습목표 7-3]

(c) Sarah가 배치당 12,000kg의 regular, 9,600kg의 lavendor, 6,000kg의 citrus, 4,000kg의 tea tree를 생산한다고 하자. 이 프로세스에서 lavendor 향 비누의 평균 재고는 얼마인가? [학습목표 7-4]

(d) 다른 향으로 전환하기전 Sarsh가 생산해야 하는 "regular" 향 비누의 양(kg)은 얼마가 되어야 하는가? [학습목표 7-6]

7. JCL Inc.는 반도체 칩 생산회사인데 Dell이나 Gateway와 같은 컴퓨터 제조회사에 제품을 납품한다. 회사의 칩 생산은 세 단계 작업을 거친다: 침전, 패턴화, 새기기.

- 침전: 화학적 증기 침전(CVD)기술을 이용하여 웨이퍼 표면에 절연 물질을 침전시켜 칩에 고형의 얇은 층을 생성한다.
- 패턴화: 웨이퍼 표면에 빛에 민감한 마이크로 회로 패턴을 투사하는데 이 작업은 칩에 여러 번 반복된다.
- 새기기: 칩에서 불필요한 물질을 제거하여 제품의 구조를 만든다.

표 7.4에 각 단계에서의 처리시간과 셋업시간에 대한 정보가 정리되어 있다. 각 단계들 사이에는 거의 무제한의 완충재고를 쌓을 수 있는 공간적 여유가 있다. 생산단위는 칩들이 생성되는 웨이퍼라고 가정하라.

표 7.4

프로세스 단계	침전	패턴화	새기기
셋업시간(분)	45.00	30.00	20.00
처리시간(분)	0.15	0.25	0.2

(a) 배치 사이즈가 100개의 웨이퍼라면 시간당 프로세스 처리능력은 얼마인가? [학습목표 7-2]
(b) 배치 사이즈가 100개의 웨이퍼라면 침전단계의 활용률은 얼마인가? [학습목표 7-3]

8. Kinga Doll 사는 Shari라는 인기 있는 소녀 인형의 여덟 가지 유형을 만든다. 회사는 주당 40시간 동안 작업한다. 여덟 가지 유형은 인형의 피부, 머리카락, 그리고 눈동자의 색 등에서 서로 다르게 제작되어 어떤 어린이라도 자신과 유사한 외모를 가진 인형을 고를 수 있다. 회사는 주당 4,000개의 인형(여덟 가지 유형별로 고르게 제작)을 판매한다. 제조과정은 3가지의 기본적인 작업을 거치는데 몸체와 머리카락을 주조한 뒤, 얼굴에 색을 입히고, 인형에 옷을 입힌다. 유형별로 전환할 때는 다양한 색깔 때문에 주조 작업과 색칠 작업에서 셋업이 필요하다. 표 7.5에는 셋업시간과 각 작업단계에서의 단위당 처리시간이 정리되어 있다.

표 7.5

프로세스 단계	주조	색조페인팅	옷 입히기
셋업시간(분)	15.00	30.00	셋업 안 함
처리시간(분)	0.25	0.15	0.30

(a) 배치 사이즈가 500개라면, 시간당 인형으로 프로세스 처리능력은 얼마인가? [학습목표 7-2]
(b) 배치 사이즈가 800개라면, 주조작업단계의 활용률은 얼마인가? [학습목표 7-3]
(c) 프로세스 처리능력을 줄이지 않으면서 재고를 최소화하는 배치 사이즈는 얼마인가? [학습목표 7-5]
(d) 현재의 흐름률을 줄이지 않으면서 재고를 최소화하는 배치 사이즈는 얼마인가? [학습목표 7-5]

9. Bruno Fruscalzo는 Sydney에 젤라토를 만드는 작은 공장을 세워 인근 식당에 디저트 메뉴로 제공하려고 한다. 회사는 세 가지 맛의 젤라토를 제공한다: 딸기, 초콜릿, 그리고 헤이즐넛. 회사의 제품별 수요와 셋업시간은 표 7.6에 정리되어 있다.

표 7.6

제품	딸기	초콜릿	헤이즐넛
수요(kg/시간)	10	15	5
셋업시간(시간)	3/4	1/2	1/6

Bruno는 처음에 한 배치의 딸기 맛을, 그 다음에는 한 배치의 초콜릿 맛을, 그 후엔 한 배치의 헤이즐넛 맛을 생산하고, 이 순서에 따라 반복적으로 작업을 한다. 예를 들어, 헤이즐넛 맛을 생산하다가 딸기 맛으로 전환하려면 45분의 셋업시간이 필요하지만, 초콜릿 맛에서 헤이즐넛 맛으로 전환하는 데는 10분의 셋업시간만이 필요하다. 기계가 생산에 들어가면 맛과 관계없이 시간당 50kg의 속도로 생산한다.

(a) 한 생산사이클에서 150kg을 생산한다고 가정하자(딸기 맛 50kg, 초콜릿 맛 75kg, 헤이즐넛 맛 25kg). 프로세스의 처리능력은 얼마인가(시간당 kg)? [학습목표 7-2]
(b) 한 생산사이클에서 150kg을 생산한다고 가정하자(딸기 맛 50kg, 초콜릿 맛 75kg, 헤이즐넛 맛 25kg). 프로세스의 활용률은 얼마인가(시간당 kg)? [학습목표 7-3]
(c) 한 생산사이클에서 150kg을 생산한다고 가정하자(딸기 맛 50kg, 초콜릿 맛 75kg, 헤이즐넛

맛 25kg). 초콜릿 맛 젤라토의 평균 재고는 얼마인가? [학습목표 7-4]

(d) Bruno가 각 맛에 대한 수요는 만족시키면서 한 생산사이클에서 생산되는 각 맛의 양을 최소화하고 싶어한다고 가정하자(각 맛별로 배치의 크기를 달리할 수 있다). 각 맛의 배치 사이즈가 한 번의 생산에서 만들어지는 양이라고 한다면, 각 배치별로 몇 kg을 생산해야 하는가? [학습목표 7-5]

(e) (d)에서 제시한 당신의 답에 따르면, 딸기 맛의 배치 사이즈는 얼마가 되어야 하는가? [학습목표 7-5]

10. Wavy Wood Works는 Oregon, Portland에 있는 공장에서 해안의 부목을 이용하여 여러 종류의 나무 그릇을 만든다. 그릇을 만들기 위한 첫 번째 단계는 부목을 씻는 것이다. 각 부목은 그릇 하나를 만드는 데 사용된다. 부목을 씻는 청소기가 하나 있는데, 각 부목을 탑재하는 데 40초가 걸리고 청소기는 부목 35개까지 탑재할 수 있다. 일단 모든 부목들이 청소기에 탑재되면, 그 세트를 청소하는 데 45분이 소요된다(청소시간과 탑재된 부목의 수는 관련이 없다). 일단 부목들이 청소되면 15명의 숙련공들이 그릇을 만든다. 한 사람이 그릇 하나를 생산하는 데 평균 100분이 걸린다. 만들어진 그릇은 채색되어야 하는데, 각 그릇을 채색 기계에 탑재하는 데 30초가 걸린다. 채색 기계는 그릇 35개까지 탑재할 수 있다. 모든 그릇이 채색 기계에 탑재되면 그릇은 80분간 채색된다. 채색 후에 그릇은 건조기로 옮겨진다. 건조기에는 충분한 공간이 있다.

(a) 이 프로세스의 최대 처리능력(시간당 그릇의 수)은 얼마인가? [학습목표 7-2]

(b) Wavy가 동일한 크기의 배치 사이즈로 청소작업과 채색작업을 진행하려 한다고 가정하자. 예를 들어, 만일 30개의 배치 사이즈로 청소작업을 하면 역시 30개의 배치 사이즈로 채색작업을 한다. 프로세스의 흐름률을 최대로 하면서 재고를 최소화하는 배치 사이즈는 얼마인가? [학습목표 7-5]

11. Aquatica는 다이버들을 위한 수중 카메라 집을 만든다. 생산 프로세스는 고체의 알루미늄 블록으로 시작하는데 하나의 블록을 가공하여 한 단위의 카메라 집을 만든다. CNC 머신은 블록 안으로 드릴을 넣어 카메라집의 금속 프레임을 만든다. 각 블록은 15분의 드릴 작업이 필요하다. 그 뒤 프레임은 화학적으로 처리된다. 이 화학처리 단계에는 충분한 처리능력이 있다. 마지막으로 작업자가 수작업으로 프레임에 여러 버튼과 부품을 조립한다. 이 조립작업은 한 작업자가 프레임당 120분이 걸리고 회사에는 이 작업을 수행할 6명의 숙련된 작업자가 있다. CNC 머신은 배치의 생산이 시작되기 전 30분의 셋업이 필요하다.

(a) 만일 CNC 머신의 배치 사이즈가 14개의 프레임이라면, 기계의 처리능력은 얼마인가? [학습목표 7-2]

(b) 프로세스가 공급에 의해 제약되고 있다면, 배치 사이즈가 14개의 프레임일 때 CNC 머신의 활용률(%)은 얼마인가? [학습목표 7-3]

(c) 프로세스가 공급에 의해 제약되고 있다면, 배치 사이즈가 14개의 프레임일 때, 프레임의 평균 재고는 얼마인가? [학습목표 7-4]

(d) Aquatica는 실제로 다섯 종류의 프레임을 만들고 있다. 앞서 언급됐듯이 CNC 머신은 프레임을 전환할 때마다 30분간 셋업되어야 한다. CNC 머신이 각 종류의 프레임을 만드는 데 15분이 걸린다. 각 유형의 프레임에 대한 수요는 표 7.7에 정리되어 있다.

표 7.7

프레임 유형	수요율(시간당 프레임)
D7000	0.4
5DS Mark III	0.5
AN−5n	0.6
D300	0.7
T2i	0.8

만일 회사가 수요를 만족시키면서 재고를 최소화하려 한다면, D7000 프레임의 배치 사이즈는 얼마가 되어야 하는가? [학습목표 7-5]

사례 Bonaire Salt[1]

Bonaire는 베네수엘라의 해변가에 있는 작은 네덜란드령 섬인데 스쿠버 다이빙과 플라밍고로 잘 알려져 있다. Bonaire의 유일한 수출품인 소금은 섬의 남단에 있는 Bonaire Salt (BS)라고 불리는 공장에서 태양열 증발을 통해 생산된다. 거대 다국적 기업의 대표자인 Bas Tol은 Bonaire Salt를 인수하는 데 관심을 두고 Bonaire를 방문하여 Bonaire Salt의 관리자인 Bart Snelder와 만났다.

Bart는 16개 염전들의 위치가 표시된 공장의 지도를 탁자에 펼쳐놓았다. 각 염전은 약 300 × 350미터의 직사각형 땅이다. 각 염전은 바닷물로 채워진 뒤 바닷물이 시간에 따라 증발하면서 바다 소금의 두꺼운 층을 남긴다. 염전의 절반은 일단 "고농도 소금물"을 만드는 데 사용되고 있는데 일반적인 바닷물의 소금 비중은 3.5%인 데 반해 이 소금물의 소금 비중은 25% 정도이다. 이 염전들에서 만들어진 고농도 소금물이 나머지 여덟 개의 다른 염전들로 옮겨지면 프로세스가 완료된다. 구체적으로, 이 고농도 소금물로 채워진 여덟 개의 염전들이 43주간 완전히 건조되고 나면 30센치 두께의 소금 층으로 염전이 뒤덮이게 된다. 이때 소금들은 수확된다.

염전의 소금은 불도저로 수확되어 덤프 트럭들을 통해 큰 야적장에 원뿔형으로 쌓이게 된다. 그 후 소금은 컨베이어를 통해 야적장 인근에 위치한 항만으로 옮겨지고 전 세계 시장으로 운송하기 위해 선박에 옮겨지게 된다. 한 대의 불도저가 한 염전을 10주에 거쳐 수확할 수 있다. 여러 대의 불도저들이 수확에 이용되는데 수확시간은 불도저의 대수에 비례한다. 예를 들어, Bonaire Salt는 현재 두 대의 불도저가 있는데 두 대가 같은 염전에서 수확에 동원된다면 염전의 수확에는 5주가 걸린다. 회사는 많은 수의 덤프트럭을 보유하고 있어서 트럭의 가용성이 문제가 되지는 않는다.

한 번 수확할 때마다, 8개의 각 염전에서 40,000톤의 소금을 수확한다. 컨베이어 시스템은 주당 20,000톤의 속도로 소금을 선박에 적재할 수 있다. 야적장은 15개의 원뿔을 수용할 수 있으며, 각 원뿔은 높이가 18미터, 지름이 40미터이면서 9,600톤의 소금을 담고 있다.

Bas는 Bonaire Salt의 소금이 시장에서 톤당 25달러에

© kbfmedia/Getty Images

팔리고 있다는 것을 알고 있다. 그가 Bonaire Salt에 거래조건을 제시하기 전에 이 회사의 현재 산출량과 잠재 산출량을 더 잘 이해할 필요가 있었다.

1. 현재 Bonaire Salt는 평균적으로 주당 몇 톤의 소금을 생산할 수 있는가?
2. Bart는 불도저 한 대를 추가로 구입하면 생산량을 증가시킬 수 있다고 주장하고 있다. 만일 그런다면, 주당 소금 생산량은 얼마가 되겠는가?
3. Bas는 산출량을 증가시킬 수 있는 다른 아이디어가 있다. 그는 현재 소금을 생산하는 8개의 각 염전을 반으로 나누어 총 16개의 염전으로 만들어야 한다고 주장했다. 그는 이렇게 해도 생산 공간이 줄어들지 않을 것이며 작은 염전의 두 개가 적어도 큰 염전 하나만큼 소금을 생산할 수 있을 것이라 생각했다. 그렇다고 해도, Bart는 평균 주당 산출량이 증가하지는 않을 것이라고 생각했는데 실제로 생산되는 소금의 양이 달라지지는 않기 때문이다. 누가 옳은가?
4. 산출량을 늘리기 위한 세 번째 아이디어도 논의되었다. 염전을 더 많이 추가하는 것이다. Bas는 현재 소금을 생산하는 8개인 염전에 세 개를 추가해야 한다고 생각했다 (그리고 현재 소금물을 생산하는 염전에는 이 세 개의 추가적인 염전을 감당할만한 충분한 처리능력이 있다). 이 경우 Bonaire Salt의 평균 주당 산출량은 얼마나 증가하겠는가?

[1] 사례는 실제 시설과 데이터를 이용하여 가공된 사례이다.

8 Lean 방식의 운영과 Toyota 생산시스템

학습목표

8-1 운영과정에서 낭비가 발생할 수 있는 두 가지 이유를 설명할 줄 안다.

8-2 낭비와 비부가가치 작업, 부가가치 작업을 구분하고 특정 자원에서 수행되는 부가가치 작업의 비율을 결정할 줄 안다.

8-3 총 흐름시간 중 부가가치가 발생하는 흐름시간의 비율을 결정할 줄 안다.

8-4 Toyota 생산시스템의 주요 구성요소를 설명할 줄 안다.

8-5 개별단위 흐름, pull, kanban 그리고 적시생산의 개념들을 설명하고 kanban 카드의 적절한 수를 계산할 줄 안다.

8-6 택트타임을 계산하고 평탄화 생산계획을 수립할 줄 안다.

8-7 Jidoka를 설명하고 정보소요시간을 계산할 줄 안다.

8-8 Toyota 생산시스템의 기본 용어를 정의할 줄 안다.

이 장의 개요

소개

Louis Vuitton은 세계에서 가장 고급스러운 브랜드 중 하나이다. 토트백 "Reade"와 같이 원가가 $500 이상이며 판매가는 수천 불에 달하는 제품을 흔하게 볼 수 있다(사진 8.1 참조). Reade와 같은 가방 하나를 만드는 데 20~30명의 장인들이 작업에 투입된다. 가방을 만드는 각 단계에 특화된 장인들은 가죽 조각들을 바느질하거나, 접착제로 선을 잡거나, 손잡이를 붙이는 작업들을 수행한다. 이 공정은 8일에 걸쳐 진행된다.

역사적으로 LVMH(Louis Vuitton 브랜드의 모기업)의 경영진은 제품 디자인과 브랜드를 회사의 주요 역량으로 강조했다. 그러나 저렴하고 고객들의 수요에 더 빨리 반응하는 Zara나 H&M과 같은 상표들로부터 압박을 받은 회사는 제품을 생산하는 방식을 재조직했다.

자동차 제조업체인 Toyota에 영감을 받고 McKinsey 컨설팅사의 도움을 받아 Louis Vuitton은 제조공정을 전반적으로 재설계했다. 결과는 어땠을까? 이제는 6~12명의 장인들로 구성된 그룹별로 가방을 만들어 내고 있다. 각 작업자는 두 가지 이상의 일에 능숙해지도록 교차훈련을 받고 복수의 생산 단계들을 수행한다. 과거 작업이 많은 부서들에 걸쳐 진행되면서 고비용의 긴 이동과정이 존재했던 것에 비해 공정의 흐름은 단순하게 정렬되었고 모든 작업은 U자 모양의 작업장에서 진행된다. 이제 가방 하나를 만드는 데 하루도 걸리지 않게 되었고 덕분에 재고도 낮아지고 회사가 시장 수요의 변동에 빠르게 대처할 수 있게 되었다.

Louis Vuitton의 이야기는 이번 장에서 다룰 **lean 방식의 운영**이라는 주제에 잘 맞는 사례들 중 하나이다. 이 장에서 우리는 공정의 비효율성을 파악하고 개선하여 공정을 가볍고 효과적으로 만드는 많은 도구들을 다룰 것이다. 이번 장은 다음의 순서로 전개된다.

첫 번째 절에서는 lean이라는 용어를 정의할 것이다. 다음 두 절에서는 특정 자원의 낭비시간과 흐름단위의 낭비시간이라는 개념들을 다룰 것이다. 또한 이러한 두 유형의 낭비를 측정하는 방법을 논할 것이다. 다음 절은 Toyota 생산시스템(TPS)에 대한 전반적인 개요를 다룬다. Toyota는 lean이라는 개념의 탄생지로 널리 알려져 있다. 그 후 "개별단위의 흐름"과 적시(just-in-time; JIT)생산이라는 개념들이 소개되는데 이 개념들은 TPS라는 개념을 받쳐주는 두 기둥 중 첫 번째 기둥이다. 여기에는 수요-pull, 택트타임, 수요 평탄화, 그리고 kanban과 같은 개념들이 포함된다. 마지막 절에서 다루는 TPS의 두 번째 기둥은 프로세스의 운영방식에 내재된 품질의 개념이다. 이는 이 책의 다음 장들에서 다룰 품질의 개념과 연결되며 발견-중지-알림, 근본적인 원인에 기반한 문제 해결, 그리고 실수 예방과 같은 개념들을 다룬다.

© Chris Ratcliffe/Bloomberg/Getty Images

사진 8.1
영국 런던의 New Bond 거리에 위치한 LVMH Moet Hennessy Louis Vuitton SA "maison" 매장에 전시된 Louis Vuitton

8.1 Lean 방식의 운영이란 무엇인가?

학습목표 8-1
운영과정에서 낭비가 발생할 수 있는 두 가지 이유를 설명할 줄 안다.

James Womack International Motor Program과 후에는 Lean Enterprise Institute을 설립한 MIT의 교수

Toyota 생산시스템(TPS) 처리능력의 낭비와 흐름시간의 낭비를 줄이려는 목표 아래 공급과 수요를 적시에 일치시키려는 관리체계

자원의 시간 낭비 자원의 관점에서 본 시간의 낭비로서 자원의 처리능력을 감소시킨다.

흐름단위의 시간 낭비 흐름단위의 관점에서 본 시간의 낭비로서 고객의 시각에서 필요하다고 판단되는 시간보다 더 오랜 시간을 소요하게 만든다.

"Lean"이라는 용어는 경영학자인 **James Womack**의 세계 자동차 산업 전반에 대한 연구 이후 특히 **Toyota 생산시스템(TPS)**의 성공을 바탕으로 만들어졌다. Lean이라는 용어는 시스템에서 낭비를 제거하고자 하는 운영목표를 담고 있다. 이 장의 전반에 걸쳐 여러 유형의 낭비에 대해 자세히 논의하겠지만, 두 유형의 낭비를 구분하여 이해하는 것이 많은 도움이 된다. 자원의 시간 낭비와 흐름단위의 시간 낭비가 그것이다.

- **자원의 시간 낭비(waste of time at a resource)**: 이는 노동력이나 생산설비와 같은 자원의 관점에서의 낭비를 의미한다. 자원의 처리능력은 유휴시간(앞선 장들 참조) 때문에 낭비된다. 또한 자원의 처리능력은 우리가 비부가가치 작업과 낭비라고 규정하는 것에 의해 낭비되기도 한다. 예를 들어, Louis Vuitton 공장에서 생산한 $1,000짜리 Tikal 가방의 약 50%는 내부 솔기의 불량으로 반환되곤 했다. 또한 작업자들이 작업 중인 가방을 카트에 담아 공장에서 이리저리 이동하느라고 작업시간을 낭비하곤 했다.
- **흐름단위의 시간 낭비(waste of time of a flow unit)**: 다른 종류의 낭비는 흐름단위의 관점에서 발생한다. Louis Vuitton 사례에서는 핸드백의 관점일 것이다. 흐름시간은 8일이었지만 이제는 동일한 제품을 하루 만에 생산할 수 있게 되었다. 이는 주로 흐름시간을 줄인 결과이다. 리틀의 법칙에 따르면 재고 = 흐름률 × 흐름시간인데 각 단위시간 동안 생산되는 가방의 수가 대략 일정하게 유지되었기 때문에 흐름시간이 짧아지면서 재고량도 줄어들었다.

따라서 lean 방식의 운영은 흐름시간과 처리능력에 존재하는 낭비요소를 줄이는 것이다. Lean 방식의 생산이 자동차 업계, 특히 Toyota의 관행으로 잘 알려진 TPS에 뿌리를 두고 있기 때문에 "lean"이라는 용어와 TPS라는 용어는 상호 교환적으로 사용되고 있다. 위에서 언급했듯이 이 장에서 논의될 많은 개념들은 이 책의 다른 곳에서 더욱 상세히 다뤄질 것이다. 운영의 관점에서 "lean 생산"은 "좋은 생산"과 크게 다르지 않기 때문에 우리는 lean 아이디어를 이 책의 모든 장들에 "내재"시키려 한다. 눈치 있는 독자라면 다른 장

© Pixtal/AGE Fotostock

이해도 확인하기 8.1

질문 한 환자가 병원 대기실에서 한 시간 동안 의사를 기다린 후에 관리자에게 불평을 쏟아냈다. 관리자는 의료비용에 대한 압박 때문에 이제 진료가 lean한 방식으로 관리되고 있다고 설명한다. 병원이 의사, 간호사, 장비를 효율적으로 활용하려고 이 자원들의 유휴시간을 최소화하다 보니 환자들이 기다리는 일이 벌어진다는 것이다. 이 병원은 lean 방식의 운영에서 어느 부분을 간과하고 있는가?

답 Lean 방식의 운영은 프로세스의 자원(의사, 간호사, 장비)에 대해서만 신경을 쓰는 게 아니라 흐름단위들이 프로세스에서 시간을 어떻게 쓰고 있는지도 신경을 쓴다. 그래서 lean은 의사의 시간을 생산적으로 쓰는 것만큼이나 환자의 시간을 생산적으로 쓰는 것과도 관련이 있다.

에서 Toyota를 언급한 것을 기억할 것이고 이 장에서 언급한 많은 내용들이 이 책의 다른 장에서도 언급되는 것을 보게 될 것이다. 따라서 이 장은 우리가 지금까지 논의한 운영에 관한 많은 핵심요소들이 통합되어 다루어지는 캡스톤 핵심 장이라고 볼 수 있다.

8.2 자원의 낭비 시간

과학적 관리법(Scientific Management)의 아버지인 **Frederick Winslow Taylor**는 그의 유명한 책 『*The Principles of Scientific Management*』에서 다음과 같이 기술하고 있다. "우리는 재료의 낭비는 보고 느낄 수 있어요. 그러나 이상하고 비효율적이거나 잘못 지시된 작업자들의 움직임 때문에 그 뒤에서 벌어지는 일들은 전혀 볼 수도 만질 수도 없죠." Taylor는 여러 가지 관점에서 운영관리라는 학문분야를 개척한 사람이라고 볼 수 있다. 그러나 **테일러즘(Taylorism)**은 (좋든 나쁘든) 어떻게 하면 lean 방식의 운영을 하지 않을 것인가에 대한 상징이 되어버렸다. Lean 방식의 운영이라는 큰 흐름에서 Taylor의 인기가 떨어지는 이유는 다음과 같다. Taylor는 과학적 원리에 따라 작업을 설계하는 것을 신봉했기 때문에 Taylor의 정신을 따르는 기업은 작업자의 작업순서와 동선을 연구하는 산업 엔지니어를 대규모로 고용했다. 이들의 목표는 간단히 말하자면 작업자의 생산성을 마지막 한 방울까지 짜내는 것이었다. 이는 상당한 조직적인 결과를 냈다. 그런데 똑똑한 직원이라면, 생산성 향상에 대한 아이디어가 궁극적으로 표준 작업시간을 단축시키고 표준 산출량을 증가시키면서 작업자들을 더 열심히 일하게끔 만든다면, 이 아이디어를 산업 엔지니어들과 솔직하게 공유하겠는가? 비슷한 논리로, 만일 작업자가 단순히 산출량에 따라서만 보상받는다면 그들이 품질과 불량에 대해 신경을 쓰겠는가?

과학적 관리법 Frederick Winslow Taylor에 의해 고안된 관리체계로서 효율성과 최적화를 강조한다.

Frederick Winslow Taylor 19세기 말에 과학적 관리의 개념을 창시한 엔지니어

Taiichi Ohno 낭비를 줄이는 원칙들을 중심으로 Toyota 생산시스템을 창시한 엔지니어

낭비 고객들에게 가치를 더하지 못하는 투입물과 자원의 소비

우리는 Taylor가 "운영관리 명예의 전당"에 오를 만큼 운영관리 분야를 깊이 있게 다듬었다고 믿고 있지만 그는 작업장에서 일하는 사람들과의 관계에서는 어려움을 겪고 있었다. 사실, Taylor는 그의 저서에서 자신이 상당한 관심을 기울였던 용광로에서 나온 조악한 선철을 삽질하는 노동자들의 잠재력 향상에 대해 다음과 같이 기술했다. "이 작업은 너무나 거칠고 기초적인 것이라서 필자는 똑똑한 고릴라를 훈련시키면 사람보다 더 나을 것이라고 확신한다." Taylor에게 노동자는 엔지니어가 원하는 대로 작업하기 위해 지시되고 조련되어야 하는 동물과도 같았다. Taylor는 그들의 뇌가 아닌 근육을 원했다. 이 장의 후반부에서도 언급되겠지만 이는 그의 근본적인 오류였고 불행히도 이 오류는 오늘날까지 관리자가 공장 노동자를 다루는 방식에 지울 수 없는 자국을 남기고 있다.

Toyota의 수석 엔지니어이자 TPS의 창시자인 **Taiichi Ohno** 또한 작업자가 시간을 어떻게 사용하는지에 대해 깊은 관심을 갖고 있었다. Ohno는 작업 활동에 관해 "움직인다고 일하는 것은 아니다"라고 코멘트 했는데, 이 말은 F. W. Taylor가 들었다면 당연히 동의할 것이다. Ohno는 작업자의 움직임을 두 가지 유형으로 구분했다.

학습목표 8-2
낭비와 비부가가치 작업, 부가가치 작업을 구분하고 특정 자원에서 수행되는 부가가치 작업의 비율을 결정할 줄 안다.

- **낭비(muda)**: 이는 그가 규정하길 즉시 제거되어야 하는 시간과 노동의 무의미한 사용이다. 예를 들어 장비의 유휴시간이나 수리시간이 낭비에 해당한다.

비부가가치 작업 고객의 관점에서 가치를 더하지는 않지만 공정의 현재 상황에서 생산이 이루어지기 위해 반드시 완수되어야 하는 작업

부가가치 작업 흐름단위를 투입물로부터 고객이 원하는 산출물로 전환하기 위해 반드시 필요하기 때문에 고객들이 중요시하는 작업

- **작업**: Ohno는 작업을 비부가가치 작업과 부가가치 작업으로 구분했다. **비부가가치 작업(non-value added work)**은 고객의 관점에서 가치가 더해지지는 않지만 현재의 작업환경에서 생산을 완료하려면 반드시 수행해야 하는 움직임이다. 예를 들어, 고객은 작업자가 한 기계에서 다른 기계로 이동하는 것에 대해 가치를 부여하지 않지만 이 움직임은 현재의 프로세스에서는 필수적일 수 있다. 반면 **부가가치 작업(value-added work)**은 흐름단위를 투입물로부터 고객이 원하는 산출물로 전환하기 위해 반드시 필요하기 때문에 고객들이 중요시하는 움직임이다.

그림 8.1은 작업자가 사용하는 총 시간을 낭비, 비부가가치 작업, 그리고 부가가치 작업으로 나누어 놓은 것이다. 이들 간의 구분이 가끔 모호할 수 있지만, 그럼에도 불구하고 이 구분은 비즈니스의 운영을 관찰하는 데 매우 유용한 시각을 제공한다. 또한 그림 8.1은 운영의 현재 상태를 평가하고 개선 가능성을 파악하기 위한 좀 더 정량적인 분석의 시작점이 될 수도 있다. 보다 구체적으로 말하면, 우리의 목표는 기계 또는 작업자의 처리능력 중 몇 퍼센트가 생산적으로 사용되는가를 측정하고 이를 통해 개선의 가능성을 파악하는 것이다. 만일 기업의 프로세스가 수요에 의해 제약된 상태라면 이러한 개선을 통해 자원의 재구성과 활용을 이루면서 비용을 낮추는 노력을 취할 수 있으며, 수요가 아닌 처리능력이 제약된 상태라면 이 개선을 통해 흐름률을 증가시키는 형태를 취할 수 있다.

의료서비스에 대한 다음의 예를 생각해보자. 의사들은 오전 8시부터 오후 6시까지 계속해서 이어지는 30분짜리 예약시스템을 운영하고 있다. 의사는 하루 한 시간 반을 의료기록을 작성하는 데 사용하고 30분을 보험료 청구나 의료 보험에 관련된 질문을 처리하면서 보낸다. 의사들이 운영하고 있는 예약 가능한 시간의 75%가 예약되기는 하는데 상당수의 예약이 오래전에 이루어지기 때문에 예약이 취소되는 상황이 자주 벌어지곤 한다. 대략 예약 환자 여섯 명 중 한 명 꼴로 예약시간에 나타나지 않는다. 또한 30분 단위로 예약시

그림 8.1
부가가치가 창출되는 시간과 작업(Ohno, 1988)

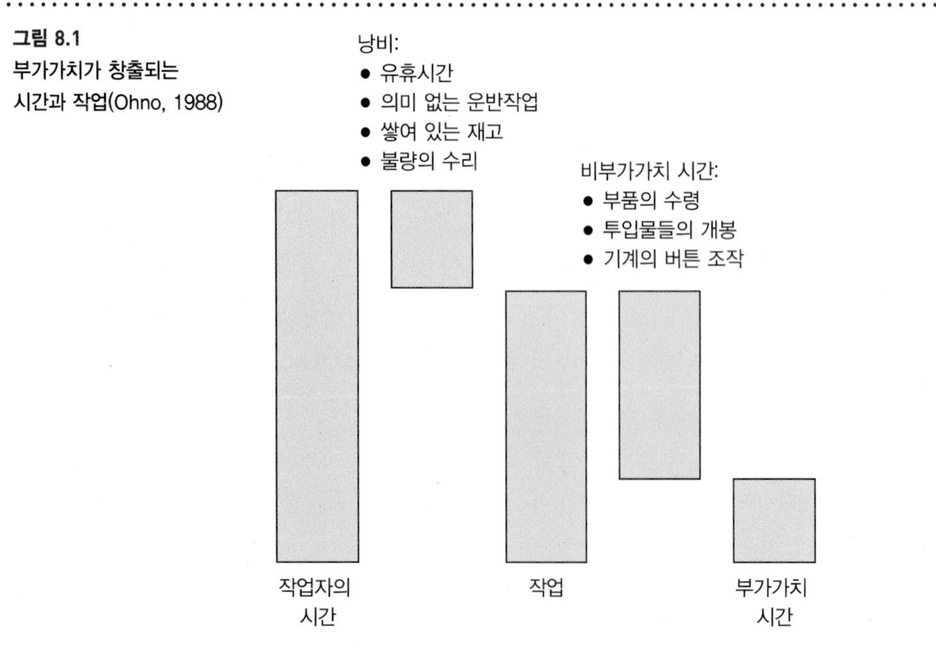

간이 설정되기는 하지만 의사는 평균적으로 23분만을 진료 혹은 환자가 진료실을 떠난 후 환자와 관련된 사무를 처리하느라 사용한다. 그 23분 중 약 5분은 간호사에 의해서도 충분히 처리될 수 있는 시간이다.

현재의 진료방식은 분명히 여러 가지 개선이 가능하다. 그러나 의사의 업무 중 부가가치가 발생하는 것은 얼마나 되는가? 이를 이해하는 데 Ohno가 제시한 프레임이 도움이 된다. 먼저 의사가 진료하는 시간을 생각해보자. **총 가용시간(total available time)**은 다음과 같다.

총 가용시간 자원이 수요를 충족시키기 위해 사용할 수 있는 시간의 총량

$$\text{총 가용시간} = 60\frac{\text{분}}{\text{시간}} \times 10\frac{\text{시간}}{\text{일}} = 600\frac{\text{분}}{\text{일}}$$

이제 이 600분 동안 실제로 무슨 일이 일어나는지 살펴보자. 의사는 의료 기록과 보험 문제로 하루에 2시간을 써야 하므로 의사가 진료를 위해 쓸 수 있는 시간은 하루에 8시간(480분)이고 이는 하루에 16개의 예약을 받을 수 있음을 의미한다. 게다가,

- 진료 예약이 안 된 시간 = 의사가 진료예약을 할 수 있는 480분의 25%, 즉 120분은 예약이 되지 않았으므로 이는 유휴시간이 된다(16개의 진료 예약이 가능하지만 평균적으로 그중 4개가 비어 있음).
- 환자 여섯 명 중 한 명 꼴로 예약이 취소되므로 하루 12개의 진료 예약 중 2개의 예약은 취소로 인한 낭비가 되고 이는 총 60분(30분 × 2)의 낭비를 의미한다.
- 진료가 일찍 끝나면서 시간이 낭비된다. 예약된 진료시간은 30분이지만 전술한대로 실제 진료는 23분간만 이루어지면서 7분이 낭비되고 있다. 하루 중 실제 진료가 이루어지는 것은 10건이므로 매일 70분의 유휴시간이 발생한다.

이 모든 것들이 의사의 유휴시간이 되는데 이 시간은 순전히 낭비이다. 이 낭비되는 시간 이외에도, 의사는 현재의 업무흐름에서는 필요하지만 고객(환자)의 관점에서는 가치를

이해도 확인하기 8.2

© Image Source

질문 **한 레스토랑 직원은 고객의 주문을 기다리고, 주문을 받고, 주문을 주방에 전달하고, 주방이 주문을 확인하는 것을 기다리고, 음식을 고객에게 전해주고, 고객을 서빙하고, 계산을 한다. 이 활동들 중 어느 것이 낭비이고, 어느 것이 비부가가치 작업 또는 부가가치 작업인가?**

답
- 고객의 주문 기다리기: 이는 직원에게 유휴시간이고 따라서 낭비이다.
- 주문받기: 이는 부가가치 시간이다.
- 주문을 주방에 전달하기: 이는 주문받기와 조리작업이 분리된 현재의 프로세스 설계에 따르면 반드시 필요한 일이지만 고객에게는 중요하지 않다.
- 주방이 주문 확인하기를 기다리기: 다시 한 번, 이는 유휴시간이고 낭비이다.
- 고객에게 음식 전달하기: 이는 일종의 운송이므로 비부가가치 작업이다.
- 고객 서빙하기: 이는 부가가치 작업이다.
- 계산하기: 이는 일반적으로 부가가치 작업으로 생각되지만, 새로운 모바일 결제시스템 덕분에 형식적인 계산과정 없이도 레스토랑에서 식사가 가능해졌다(Uber가 운송시장에서 하는 것처럼).

더해주지 않는 과업을 수행하는 데 시간을 사용한다. 예를 들어,

- 의사가 매일 2시간씩 의료 기록의 전산처리와 보험처리에 사용하는 시간.
- 간호사가 수행할 수 있는 업무에 의사가 쓰는 시간. 매 진료 시간 중 5분은 간호사가 처리할 수도 있는 시간으로 고임금 의사의 시간을 낭비하는 것으로 볼 수도 있다(10 × 5 = 50분).

지금까지의 내용을 정리하면, 의사는 하루에 10건의 예약진료를 처리하는데 각 진료는 18분의 부가가치 업무로 이루어진다. 따라서 의사의 하루 중 총 가용시간을 낭비, 부가가치 작업, 비부가가치 작업으로 나누어 본 내용이 그림 8.2에 정리되어 있다.

전체 설비 효과성(OEE) 총 시간 중 고객에게 부가가치를 더해주는 데 사용되는 시간의 비율

그림 8.2에는 McKinsey를 비롯한 컨설팅 회사들이 사용하고 있는 **전체 설비 효과성(overall equipment effectiveness; OEE)**이라는 체계가 담겨 있다. 이 체계의 목표는 자원의 전체 가용시간 중 몇 퍼센트가 진정으로 부가가치를 만들어내고 있고 몇 퍼센트가 낭비되고 있는지를 파악하는 것이다. 이를 통해 낭비를 본격적으로 줄이는 작업에 들어가기 전에 프로세스 개선 가능성에 대한 좋은 추정치를 구할 수 있다.

$$\text{OEE} = \frac{\text{부가가치 시간}}{\text{총 가용시간}}$$

물론, 정확한 분석을 위해서는 의사가 시간을 어떻게 보내는지 조심스럽게 살펴보아야 한다. 예를 들어, 만일 의사가 예약이 없는 시간에 행정업무를 보고 있다면 그림 8.2에 제시된 분석은 낭비의 양을 과대평가하게 된다. 작업자(의사 또는 조립라인 근로자)가 시간을 실제로 어떻게 보내는지를 알아내는 것은 현실적으로 굉장히 어렵다. F. W. Taylor가 앞서 관찰했듯이 "관리자는 특정 작업에 시간이 얼마나 걸릴지 판단할 때 (종종 나이를 먹으면서 흐릿해지는) 자기 자신의 경험을 바탕으로 하거나 근로자에 대한 비체계적이고 비공식적인 관찰을 통해 하거나 아니면 잘해보아야 기록물들을 바탕으로 한다…."

앞서 소개된 OEE 체계는 좀 더 체계적인 관찰과 분석방법을 제공한다. 관찰은 좋은(그리고 lean한) 운영을 위한 핵심 요소이다. Ohno는 관찰하는 관리자와 근로자 간의 앞서

그림 8.2
의사의 생산성 분석

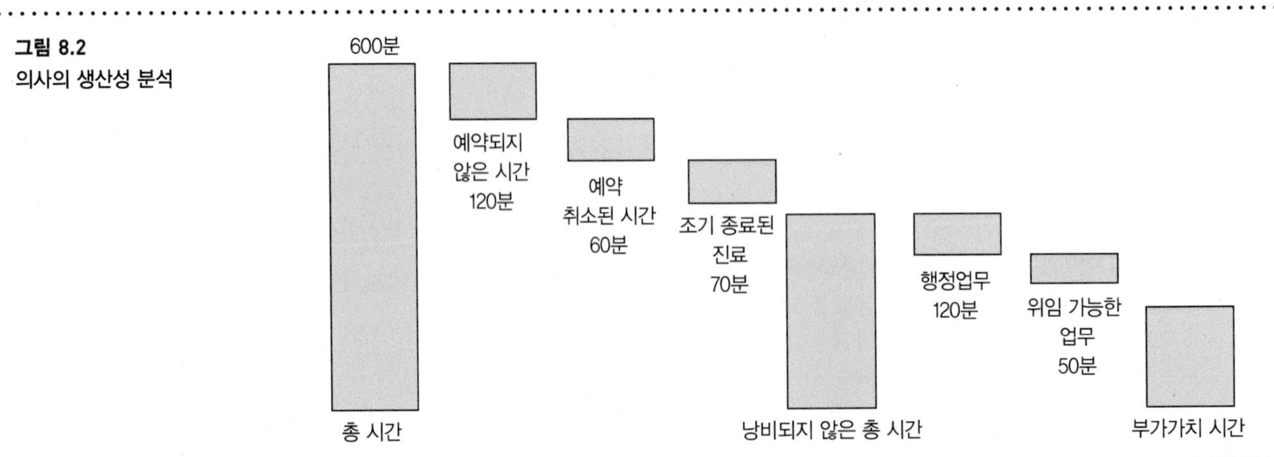

언급된 갈등을 피하기 위해 작업을 수행하는 사람이 관찰과 업무개선을 같이 수행하는 운영방식을 지향했다. 바로 이것이 **genchi genbutsu**("현장에 직접 가서 봐라.")와 **kaizen**(프로세스 개선)의 핵심 아이디어다. 프로세스의 개선은 현장 근로자에게서 나오는 것이지 프로세스를 모르는 따라서 프로세스의 실제운영에 관한 자료도 없고 현장에서 개선 아이디어를 빠르게 적용해 볼 기회도 없는 사람들이 고안해낼 수 있는 게 아니다.

Ohno는 낭비의 감소를 비즈니스에서 제일 중요한 목표로 보았다. 그는 근로자와 관리자가 낭비를 볼 수 있도록 **일곱 가지 형태의 생산 낭비(seven sources of production waste)**를 파악하여 분류했다.

Kaizen 낭비를 제거하기 위해 프로세스에 작은 변화들을 주는 과정

일곱 가지 형태의 생산 낭비 Ohno에 따르면 자원은 일곱 가지 형태, 즉 대기(시간), 초과생산, 재고, 운송, 초과처리, 재작업 그리고 불필요한 움직임으로 이들은 처리능력을 낭비할 수 있다.

적시(JIT) 생산 필요할 때 필요한 곳의 수요를 만족시키면서 불필요한 재고를 피하는 것

- **대기(시간)**: 만일 작업자가 프로세스의 이전 단계로부터의 투입물을 기다리고 있다면 그는 쉬고 있는 것이다. 따라서 유휴시간은 노동활용률의 관점에서 보면 가장 명백한 형태의 낭비이다. 또 다른 형태의 유휴시간은 기계가 돌아가는 동안 옆에서 기다리는 기계의 담당자다(마치 인쇄물이 나오기를 기다리며 프린터 옆에 서있는 것처럼).
- **초과생산**: 이 장의 뒷부분에 다루겠지만 TPS는 고객이 요구한 수량만을 생산하고자 한다. TPS의 목표는 고객이 원하는 것을 원하는 때에 생산하는 것으로 이 원리는 **적시생산(just-in-time(JIT) production)**으로 알려져 있다. 너무 많은 양을 너무 일찍 생산하는 것은 처리능력의 낭비이다. 산출물에 대한 당장의 수요가 없다면, 처리능력은 실제 수요를 생산하는 데 사용되거나 그렇지 않으면 비용을 줄이기 위해 프로세스가 좀 천천히 운영되어야 한다.
- **재고**: 재고는 초과 생산으로 인해 발생하는데 이는 이 교재 전체를 통해 언급하듯이 가장 가시적인 형태의 수요-공급 간 불일치이다. 재고가 축적된다는 것은 JIT 방법이 아직 올바르게 적용되지 않았음을 의미한다. 재고는 현재 초과생산이 벌어지고 있다는 신호일 뿐만 아니라 추가적인 자재관리, 저장 그리고 운송을 유발하면서 추가적인 낭비를 초래한다. 게다가 재고는 프로세스 흐름에서 상호의존적이어야 할 여러 단계들을 실질적으로 분리시키면서 작업자가 인지해야 할 프로세스상의 여타 문

이해도 확인하기 8.3

질문 **하루 24시간 가용되는 기계가 있다고 하자. 기계는 하루 10단위를 생산하는데, 각 단위가 기계에서 사용하는 총 60분 중 40분은 가공 그리고 20분은 셋업에 드는 시간이다. 생산된 단위들 중 절반 정도는 재작업을 거쳐야 하는데, 이 경우 셋업시간과 가공시간 모두가 반복되어야 한다. 이외의 시간 동안 기계는 유휴상태이다. 기계의 전체 설비 효과성은 얼마인가?**

답 기계는 하루 24시간 가용된다. 이 중 실제 부가가치 시간은 10단위 × 40분/단위 = 400분이다. 기계는 하루 9시간 유휴상태이며 하루 5시간을 재작업에 사용하는데 이 둘 다 낭비이다. 10단위 × 20분/단위의 셋업시간은 비부가가치 시간으로 볼 수 있다. 따라서 기계의 전체 설비 효과성은,

$$\text{OEE} = \frac{\text{부가가치 시간}}{\text{총 가용시간}} = \frac{400}{24 \times 60} = 0.2777$$

제점을 덮어버리는 결과를 초래한다.

- **운송**: 아직 완성되지 않은 재공품을 이리저리 운반하는 것, 병원 내에서 환자를 휠체어에 태워 이동하는 것, 보험료 청구 파일을 가지고 돌아다니는 것과 같은 내부 이동은 처리능력의 추가적인 낭비에 해당한다. 프로세스의 물리적 배열은 흐름단위가 프로세스를 통해 이동하는 거리를 최소화하게끔 디자인되어야 한다.
- **초과처리 또는 부정확한 처리**: 처리시간을 자세히 분석하다 보면 종종 작업자가 흐름단위에 필요 이상의 시간을 사용하는 것을 관찰하게 된다. 작업자가 막 생산한 금속의 표면을 과도하게 닦거나, 의사가 간호사가 5분 전에 했던 같은 질문을 환자에게 다시 묻는 것들이 여기에 해당한다.
- **재작업**: Toyota 생산시스템과 이와 연관된 제반 품질관리에서 많이 알려진 격언은 "처음에 제대로 하라"이다. Louis Vuitton 핸드백 사례에서 언급했던 것처럼 재작업은 특정 작업을 반복하면서 정규 프로세스에 쓰일 수 있는 귀중한 시간을 소모하게 한다.
- **불필요한 동작과 움직임**: 조립작업에서 볼트를 조이거나 환자를 휠체어에서 병실 침대로 옮기는 것과 같은 특정 작업을 수행하는 데에는 여러 방법이 있을 수 있다. 하지만 앞서 언급된 F. W. Taylor를 포함한 산업혁명 시기의 초기 선구자들에 따르면, 단 한 가지의 "올바른 방법"밖에 없다. 모든 과업은 조심스럽게 분석되어야 하고 인체공학적으로 만들어진 도구들을 이용해서 최적화되어야 한다. 그렇게 하지 않는 것은 낭비이다.

표 8.1 서비스 프로세스에서의 낭비에 대한 예

낭비의 형태	의료서비스	금융서비스
빈 시간/유휴시간	• 빈 수술실 • 환자를 기다리는 의료진	• 일이 없는 보험부서 • 콜센터의 고객전화를 기다리는 인력
초과생산	• 불필요한 절차의 수행 • "서비스당 요금"제도(환자가 필요로 하는지의 여부와 관계없이 의료진이 제공한 서비스를 기준으로 의료급여가 지급되는 제도) 때문에 발생하는 추가적인 방문들	대출문의를 하였으나 결국 다른 곳에서 대출받을 고객들을 위해 대출을 준비하는 것
운송	환자 운송	(문서 혹은 전산 자료화된) 파일들을 나르는 작업자들
초과처리 또는 부정확한 처리	환자가 필요로 하지 않는 추가적인 검사를 시행하는 것	잘못 준비된 질문 때문에 발생하는 콜센터의 긴 통화시간
재고	응급실 혹은 수술실에서 기다리는 환자들	처리 중이지만 현재 아무런 작업이 진행되지 않는 대출신청서들
이동	• 주사기나 약품의 위치를 찾는 행위 • 병원을 돌아다니는 것	• 불필요한 서류를 준비하는 것 • 문서를 인쇄하고 파일에 넣는 데 소요되는 시간
결함/재작업	• 환자가 너무 빨리 퇴원해서 재입원시키는 상황 • 합병증 때문에 환자를 재입원시키는 상황	• 대출신청에 필요한 추가정보를 얻기 위해 고객을 다시 접촉하는 것 • 부정확하게 혹은 불완전하게 처리된 대출신청을 다시 검토하는 것
지능의 낭비	간호사나 간호조무사, 그리고 기타 직원들에게 프로세스 개선의 기회를 주지 않는 것	콜센터 직원이나 고객 서비스 직원들에게 프로세스 개선의 기회를 주지 않는 것

상기한 일곱 가지 형태의 낭비들 이외에도, TPS의 학자들은 이제 작업자가 지닌 지능의 낭비를 낭비의 여덟 번째 형태로 공통적으로 언급한다. 이전에 언급되었듯 산업혁명기 전반에 걸친 Taylorism은 작업자를 생산자원으로만 강조할 뿐 프로세스 개선을 위한 창의성의 원천으로 간주하지는 않는다. 프로세스의 최전선에서 일하는 작업자의 통찰을 이용하고 그들로 하여금 프로세스를 개선시키는 것이 TPS의 중요한 요소이다. 우리가 지금까지 생산 프로세스의 낭비에 대해 언급한 모든 것들은 서비스 환경에서도 적용된다. 표 8.1은 의료기관과 금융기관에서 벌어지는 낭비의 예들을 보여주고 있다.

8.3 흐름단위의 낭비 시간

지금까지 우리는 자원에 초점을 맞추어 낭비를 다루었다. 그러나 프로세스의 자원이 아닌 흐름단위의 관점에서 보면 또 다른 형태의 시간 낭비가 존재한다. "가방 하나를 만드는 데 왜 그렇게 많은 작업시간이 필요한가?"라고 묻는 대신 "가방 하나 만드는 시간(작업량)이 몇 주(흐름시간)에 걸쳐 퍼져 있는 이유가 무엇인가?"라고 물을 수 있다.

Ohno의 관점에서 보면 흐름단위는 인내심이 많지 않다. 이들은 부가가치가 발생하지 않는 재고 상태로 흐름시간을 낭비하는 것을 원치 않는다. 우리의 목표는 프로세스로 들어오는 원재료와 다른 모든 투입물들을 최대한 빠르게 고객 수요를 만족시키도록 전환하는 것이다. 그림 8.3은 주조, 기계작업, 그리고 조립으로 이루어진 세 단계 프로세스 흐름도를 보여준다. 참고로 흐름도 그 자체는 특정 흐름단위가 프로세스의 어디에서 왜 시간을 보내는지를 보여주지는 않는다. 이는 그림의 아래쪽에 묘사되어 있는데, 전체 흐름시간 중 아주 적은 시간만이 생산적으로 쓰이는 것을 볼 수 있다(세 가지 처리시간의 총합은 주조, 기계작업, 조립에 들어가는 시간을 의미한다). 반면 재고로 머무르는 시간, 운송시간

그림 8.3
생산 프로세스에서 흐름시간의 구성요소들

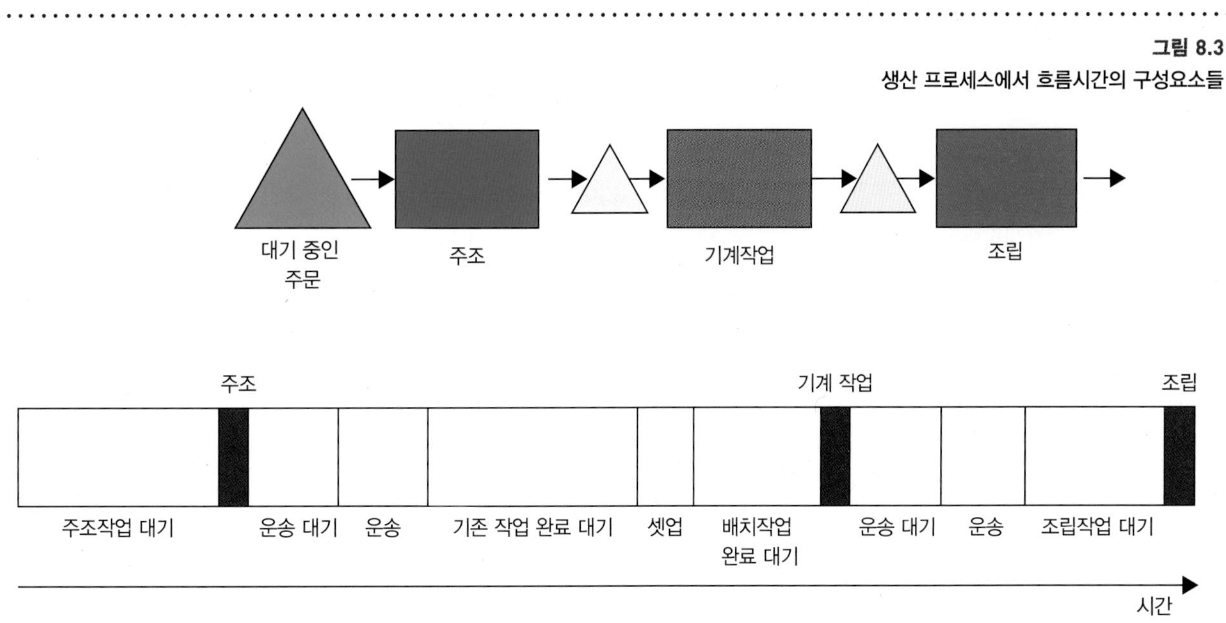

이해도 확인하기 8.4

질문 자동차 부품 공급업체의 스탬핑 공정에서 금속물의 흐름시간은 8시간이 조금 넘는다. 스탬핑 공정의 시간은 다음과 같이 사용된다. 스탬핑 기계 앞에서 배치가 시작하길 기다리는 데 3시간, 기계의 셋업을 기다리는 데 1시간, 배치 내 다른 금속물들이 스탬핑 공정을 통과하는 것을 기다리는 데 1시간, 스탬핑 기계에서 1분, 그리고 운송을 기다리면서 3시간. 흐름시간 중 부가가치가 발생하는 시간의 비율은 얼마인가?

답 정확한 흐름시간은 8:01시간이지만 이 중에서 단 1분만이 부가가치 시간이다. 그러므로 부가가치가 발생하는 시간의 비율은 다음과 같다.

$$\frac{\text{흐름단위의 부가가치 시간}}{\text{흐름시간}} = \frac{\text{1분}}{\text{481분}} = 0.0021 = 0.21\%$$

그리고 셋업시간 등은 모두 낭비되는 시간들이다.

TPS와 연관은 없지만 현자인 Benjamin Franklin은 "잃어버린 시간은 절대 되찾을 수 없다"라고 했다. 낭비된 시간은 흔적을 남기지 않기에 드러나지 않은 채 쉽게 묻혀버린다. 그러나 낭비된 흐름시간은 다음의 두 가지 방법으로 가시화될 수 있다.

- **흐름단위의 관점 취하기**: 프로세스 분석과정에서 한 번쯤 흐름단위의 관점을 취하는 것이 도움이 된다. 그림 8.3과 같이 간단한 타임라인을 만들고 흐름단위가 각 시간대별로 무엇을 하는지 기록하라.
- **재고 관찰하기**: 흐름단위의 관점을 취하지 않는다면 시간 그 자체를 관찰하기는 어렵지만 흐름시간을 간접적으로 계산해볼 수는 있다. 리틀의 법칙에 따르면, 흐름률을 고정시키면 흐름시간이 프로세스 내 재고량에 비례한다. 따라서 흐름시간을 살펴보는 대신 재고를 보면 되는데 이게 관찰하기 더 쉬울 수 있다.

우리가 OEE 체계를 이용하여 자원의 총 가용시간 중 부가가치 작업에 사용된 시간의 비율을 정량화했던 것처럼 이제 흐름단위를 추적하면서 흐름시간 중 부가가치 작업에 사용된 흐름시간의 비율을 알아볼 수 있다.

학습목표 8-3
총 흐름시간 중 부가가치가 발생하는 흐름시간의 비율을 결정할 줄 안다.

부가가치 작업 비율(value-added percentage)은 다음과 같이 정의한다.

$$\text{부가가치 작업 비율} = \frac{\text{흐름단위의 부가가치 시간}}{\text{흐름시간}}$$

부가가치 작업 비율 총 흐름시간 중 부가가치 작업에 사용된 흐름시간의 비율

흐름단위의 부가가치 시간은 작업량의 개념과 동일하지는 않지만 연관되어있다. 작업량(또는 노동량)의 개념은 처리시간들의 합임을 상기하라. 이 측정치들은 서로 연관되어 있는데, 이는 두 측정치가 모두 흐름단위 중심의 개념들이고 흐름단위가 재고로 보내는 시간(일반적으로 상당한 시간일 수 있다)은 반영하지 않기 때문이다. 반면, 모든 처리시간이 가치를 더하지는 않기 때문에 이 측정치들은 서로 다르다.

다른 모든 조건들이 동일하다면, 흐름시간을 줄이는 것은 우리가 특정 프로세스를 lean하게 향상시키는 것과 직접적으로 연관된다. 우리가 이전에 1/흐름시간 을 재고회전율로

정의했기 때문에 프로세스가 얼마나 lean한지를 진단하는 추가적인 도구로 재고회전율을 사용할 수 있다. 재고가 적거나 아예 없는 빠른 흐름은, 우리가 다음 절에서 보듯이 TPS를 구성하는 주요 기둥들 중 하나이다. 따라서 요약하자면 처리능력의 낭비가 적고 흐름단위가 시스템에서 보내는 시간이 적은 프로세스를 lean하다고 이야기할 수 있다.

8.4 Toyota 생산시스템의 구조

학습목표 8-4
Toyota 생산시스템의 주요 구성 요소를 설명할 줄 안다.

TPS가 주로 JIT, kanban 그리고 kaizen과 같은 용어들과 함께 쓰이기는 하지만 이러한 개념들을 단순히 적용한다고 해서 Toyota에서처럼 운영이 우수해질 것이라고 생각해서는 안 된다. TPS는 다양한 운영상의 문제에 대한 정형화된 해결책이 아니라 인적자원의 관리부터 생산 프로세스의 관리에 이르기까지 다양한 절차들의 복잡한 융합이다. Liker의 저서 『*The Toyota Way*』와 Fujimoto의 저서 『*The Evolution of a Manufacturing System at Toyota*』는 Toyota가 어떻게 일개 자동차 부품 제조업체에서 세계에서 가장 큰 자동차 회사로 부상하게 되었는지를 잘 설명하고 있다. Liker는 Toyota의 생산 우수성을 뒷받침하는 **4가지 원칙(4Ps)**를 다음과 같이 제시했다.

Toyota의 4Ps Toyota가 강조하는 4가지 원칙들로서 철학, 프로세스, 사람 그리고 문제 해결을 의미한다.

TPS의 집 집 모양의 도식을 통해 Toyota 생산시스템을 묘사한 것으로, 지붕은 TPS의 주요 목표인 낭비 감소를 의미하고 두 기둥들은 JIT 흐름과 내재된 품질을 의미하며 토대는 프로세스의 개선을 의미한다.

- **철학(Philosophy)**: 단기적인 재무적 목표가 아닌 장기적인 품질과 역량을 중시하는 접근
- **프로세스(Processes)**: 흐름시간과 처리능력의 낭비를 감소시키면서 공급을 수요와 일치시키는 연속적인 프로세스 흐름
- **사람과 파트너들(People and partners)**: 기술 발전과 성장을 강조하면서 직원과 파트너를 존중하는 상호관계
- **문제 해결(Problem solving)**: 현장 직원의 경험을 활용하는 프로세스의 지속적 향상

이 교재는 운영관리 교재이기에 이 장에서의 강조점은 계속해서 프로세스에 있다. 하지만 TPS는 단순한 운영 그 이상이기에 연관 자료들을 찾아보고 읽어 볼 것을 권한다. 이 장에서 논의한 TPS의 구조가 그림 8.4에 정리되어 있다. 이 "집 모양"의 그림은 널리 사용되고 있다. 꼭대기(지붕)에는 낭비 감소와 수요와 공급의 일치라는 원칙이 제시되어 있다. 지붕은 개별단위 흐름에 기반한 적시생산과 내재된 품질이라는 두 개념들이 지지하고 있다. 집의 토대는 프로세스 개선의 문화와 최소한의 변동성으로 구성된 안정적인 환경이다. 앞서 언급되었듯이, 이러한 개념들의 대부분은 이 책의 다른 장에서도 다루어진다. 그림 8.4는 연관된 장들을 언급하면서 이 장에서 소개할 새로운 방법들을 미리 보여주고 있다. 지금까지는 **TPS의 집(TPS house)**에서 지붕을 구성하는 요소들(흐름시간과 처리능력의 낭비 감소)에 대해 논의했으므로 이어지는 절들에서는 두 기둥을 다룰 것이다.

그림 8.4
Toyota 생산시스템의 개요

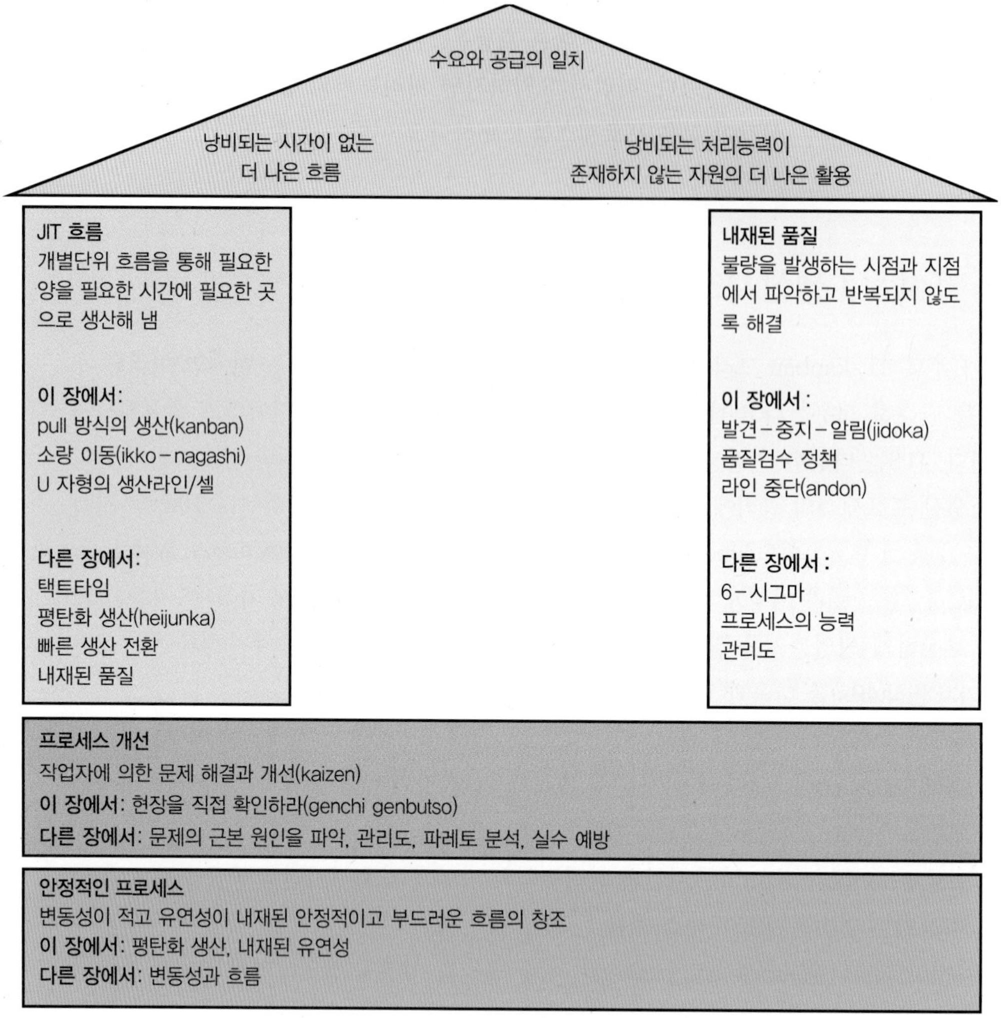

8.5 TPS의 기둥 1: 개별단위 흐름과 적시생산

Toyota 생산시스템의 핵심 아이디어는 평탄하고 연속적인 흐름을 만드는 것으로써 정확한 부품을 정확한 양으로 정확한 시간에 생산하는 것을 지향한다. 요약하자면, 프로세스가 공급을 수요에 일치시키는 것이다. Taiichi Ohno는 평탄한 흐름의 이점들을 묘사하기 위해 두 가지 비유를 사용했다.

토끼가 아닌 거북이처럼 달려라 Ohno가 사용한 고대 우화로서 느리더라도 꾸준하게 작업하는 것이 빠르게 일하다가 아무 움직임이 없는 시간들이 이어지는 것보다 낫다는 것을 의미한다.

- **토끼가 아닌 거북이처럼 달려라(run like the tortoise, not the hare)**: 이 이야기는 토끼와 거북이 간의 경주를 묘사하는 고대 우화에 기반하고 있다. 토끼는 자신에게 도전하는 느린 거북이를 조롱한다. 토끼는 빠르게 앞서가다가 경주 중간에 낮잠을 자는 여유를 부리고, 거북이는 힘들지만 꾸준한 속도로 경주를 이어간다. 토끼가 잠에서 깼을 때 토끼는 뒤쳐져서 거북이의 승리를 지켜봐야 했다.
- **배를 젓는 데에는 여덟 사람이 필요하다**: 여덟 명의 아마추어 팀원들 중 한 사람이 빠르

고 전문적인 팀원으로 대체되면 전체적인 속도는 느려질 것이다. 배는 코스를 벗어나게 될 것이고 역설적으로 가장 빠른 팀원이 팀 전체에 해를 끼친다.

두 이야기 모두 같은 교훈을 담고 있다. 꾸준하고 일정한 속도를 유지하면 꾸준하지 않거나 (토끼처럼) 고르지 못한 팀(한 사람의 프로가 포함된 아마추어 팀)을 이기게 된다. 만일 고객이 하루에 500단위를 요구하면 우리는 하루에 500단위를 만들어야 한다. 만일 우리가 하루 24시간 계속 일한다면 하루에 $24 \times 60 = 1{,}440$분이 있으므로 매 $1{,}400/500 = 2.88$분마다 한 단위를 만들어야 한다. 사실, 프로세스상의 모든 자원은 이 속도로 운영되어야 한다. 바로 이 속도가 (유휴시간이 없는) 균형을 창조하고 공급과 수요를 일치시키는 속도이다.

이러한 계산은 독자들에게 새로운 것은 아니다. 사실, 이는 우리가 4장에서 다룬 **택트타임(takt time)**의 개념이다. 음악에서의 택트타임은 연주자에게 특정 작품을 어떤 템포(속도)로 연주해야 하는지를 알려준다는 것을 상기하자. 오케스트라 내의 각 연주자가 각자 선택한 속도로 연주하면 안 되는 것처럼, 프로세스도 각 자원이 개별적으로 선택한 흐름으로 돌아가서는 안 된다. 대신에 전체적인 흐름의 속도는 수요의 속도에 맞추어져야 한다.

학습목표 8-6
택트타임을 계산하고 평탄화 생산계획을 수립할 줄 안다.

택트타임 총 가용시간과 수요를 감당하기 위해 생산되어야 하는 수량 간의 비율

Louis Vuitton 가방이나 Toyota 자동차와 같은 대부분의 제품들에 대한 수요는 한번에 하나씩 발생하는 경향이 있다. 그런데 생산을 좀 더 용이하게 하려고 복수의 흐름단위들을 묶어 일괄 생산하는 배치방식의 작업을 하다 보면 공급이 수요와 불일치하게 된다. 수요와 일치하는 **개별단위 흐름(single-unit flow, ikko-nagashi)**으로 전환하는 것은 TPS의 핵심적인 흐름 개념이고 낭비를 줄이는 데 도움이 된다. 한 단위 위주의 흐름이 낭비를 발견하고 줄일 수 있는 이유는 여러 가지가 있는데 가장 중요한 이유들은 다음과 같다.

개별단위 흐름 흐름단위들이 한 자원에서 다른 자원으로 이동할 때 배치단위로 이동하기보다는 한번에 하나씩 이동하도록 운영하는 방식의 흐름

학습목표 8-5
개별단위 흐름, pull, kanban 그리고 적시생산의 개념들을 설명하고 kanban 카드의 적절한 수를 계산할 줄 안다.

- **더 적은 재고**: 수요에 맞추어 생산하면서 완제품 재고를 줄일 수 있다. 또한 라인의 균형을 통해 재공품 재고(work-in-process; WIP)의 양을 줄일 수 있는데 이 두 가지 모두는 재고회전율에 도움이 되며 운전자본금 측면에서도 유익하다.
- **수요에 대한 더 짧은 반응시간(더 짧은 흐름시간)**: 리틀의 법칙에 따르면 재고량이 적으면 흐름시간도 짧아진다. 우리가 주문생산을 하든 신제품을 출시하든지 간에 재고가 적다면 시장에 좀 더 잘 반응할 수 있다.
- **더 빠른 피드백**: 만약 불량이 발생하면 빨리 발견하는 것이 좋다. 그런데 재공품의 문제점은 특정 단계에서 처리된 재공품이 재고더미에 묻혀버리면 불량 여부를 바로 파악할 수 없다는 점이다. 이 재공품이 다음 단계 작업자의 손에 들어가야만 불량 여부를 파악하게 되므로 될 수 있으면 재공품을 다음 단계로 빨리 이동시켜야 불량을 빠르게 파악하고 문제점을 해결할 수 있다(이 부분은 내재된 품질에 관한 다음 절에서 더 논의될 것이다).
- **더 단순하고 유연한 직원관리**: 우리가 전체 프로세스에 걸쳐 일정한 속도로 생산하면 모든 자원은 택트타임 대비 처리속도에 따라 필요한 수의 인원을 배정받을 것이다. 4장에서 다루었던 인력 계산을 떠올려 보라. 만일 특정 자원의 단위당 처리시간이 50초이고 택트타임은 단위당 10초라면, 해당 자원에 5명의 인력이 필요하다. 수요가

올라가면 택트타임은 내려가고 더 많은 인력이 필요해진다. 수요가 줄어들면 택트타임은 올라가고 필요한 인력의 수는 줄어든다. 수요를 예측할 필요도 없고 추측할 필요도 없이 그저 수요에 맞춰 생산하면 된다.
- **더 짧은 처리시간**: 연구에 따르면 프로세스에 큰 버퍼가 있다는 심리적 안정감이 있으면 작업자들이 느려진다고 한다.[1] 작업자들이 느려지더라도 그 큰 버퍼가 프로세스의 하단을 보호하기 때문에 아무 일도 일어나지 않으면서 문제를 인식하지 못하게 된다. 만약 그러한 버퍼가 없다면, 작업속도가 느리면 프로세스 하단의 누군가가 일감이 없어서 멈추는 일이 발생하므로 바로 피드백을 받게 되어 처리시간을 좀 더 빠르게 조정하게 된다.
- **더 높은 투명성**: 앞으로도 더 논의하겠지만, 재고는 "결함과 불균형"을 보이지 않게 만든다. 자원들 사이에 재고가 아주 없거나 거의 없다면 자원들 간의 속도 불균형이나 불량은 더 빨리 파악될 것이다.

따라서 평탄한 개별단위들의 흐름은 많은 바람직한 특성들을 가지고 있지만 이를 실현하려면 프로세스상 몇 가지 변화가 필요하다. 가장 중요한 프로세스의 변화는 다음과 같다.

- Pull 시스템의 적용
- 배치 방식의 이동이 아닌 개별흐름단위별 이동을 구현하려면 설비의 재배치가 필요할 수 있다.
- 택트타임에 맞추어 운영하기
- 수요율을 평탄화해서 택트타임이 지속적으로 변화하지 않으면서도 한 제품의 다양한 버전을 만들어낼 수 있도록 프로세스상의 유연성을 제공하는 것

다음 이어지는 절들에서는 이 네 가지 항목을 더 자세히 다룰 것이다.

8.5.1 Pull 시스템

택트타임을 통해 총 수요를 맞추는 것은 개별단위 흐름을 통한 적시생산을 실현하는 데 중요한 단계이다. 그러나 재고는 완제품 수준에서만 존재하는 것이 아니라 프로세스 전체(재공품 재고)에 걸쳐서도 존재하며, 일부 프로세스는 자원들 사이에 일정한 재고를 보유한 작업자의 속도에 맞춰 돌아갈 가능성이 높다. 이제 우리는 프로세스상의 재고를 통제하기 위해 자원들과 협응하는 시스템, 즉 pull 시스템을 설계하고자 한다.

Pull 시스템 프로세스의 최하단에 위치한(즉, 시장에 가장 가까운) 자원은 시장 수요의 속도에 맞추어 운영된다. 이 자원은 자신의 생산을 통해 수요 정보를 프로세스의 상단에 위치한 다음 자원에 전달함으로써 상단에 위치한 자원 또한 수요의 속도에 맞추어 운영될 수 있도록 해준다. 즉, 수요가 있을 때만 한 단위의 생산 혹은 보충이 일어나는 생산시스템이다.

Pull 시스템(pull system)에서는 프로세스의 가장 하단에 위치한, 즉 시장에 가장 가까운 자원은 시장 수요의 속도에 맞춰 운영된다. 이 자원은 자신이 담당한 작업을 수행함과 동시에 프로세스의 상단에 위치한 다음 자원에 시장의 수요 정보를 전달함으로써 그 자원도 시장의 수요에 맞추어 운영될 수 있도록 해준다. 예를 들어, 마지막 자원이 두 가지 전자부

[1] Schultz, Kenneth L.; David C. Juran; and John W. Boudreau. "The Effects of Low Inventory on the Development of Productivity Norms." *Management Science* 45, no. 12 (1999), pp. 1664–78.

이해도 확인하기 8.5

질문 **한 생산 프로세스가 두 대의 기계로 운영된다. 첫 번째 기계는 시간당 100단위의 처리능력을 갖고 있고 두 번째 기계는 시간당 60단위의 처리능력을 갖고 있다. 프로세스에 대한 수요는 시간당 100단위이다. Push 프로세스에서 첫 번째 기계의 활용률은 얼마이겠는가? 프로세스의 재고에는 어떤 일이 일어나는가?**

답 Push 프로세스에서 첫 번째 기계는 단순히 자신의 처리능력에 따라 운영된다. 따라서 이 기계는 100%로 이용되지만 두 번째 기계의 앞에 많은 재고가 쌓일 것이다. 재고의 정확한 양은 시간에 따라 변하는데 재고는 시간당 40단위씩 증가할 것이다(첫 번째 기계에서 시간당 100단위가 처리되어 나오겠지만 그중 시간당 60단위만이 두 번째 기계에서 처리될 것이다).

이 프로세스에 pull 시스템을 적용하면 상황이 어떻게 변할까?

답 Pull 시스템이 적용되면 첫 번째 기계는 두 번째 기계의 속도에 맞춰 느려진다. 따라서 첫 번째 기계의 활용률은 $\frac{60}{100} = 60\%$가 된다.

품을 컴퓨터에 조립하는 작업을 한다면 그 작업은 두 부품에 대한 수요가 얼마인지를 프로세스의 상단에 위치한 자원에 전달하는 역할을 하게 된다. 이러한 방식으로 외부 수요에 관한 정보가 단계적으로 프로세스의 상단으로 전달되며 이러한 정보의 흐름은 흐름단위의 물리적 흐름과는 반대의 방향이 된다. 이러한 수요 중심의 pull 시스템은 **push 시스템**과 비교해볼 수 있는데, push 시스템에서는 프로세스의 현재 재고량과는 상관없이 흐름단위들이 프로세스에 투입된다. 특히 프로세스의 초기에 위치한 자원들이 높은 처리능력을 갖고 있다면 이들은 프로세스의 하단을 재고로 가득 채울 가능성이 높다.

TPS는 pull 시스템을 적용하기 위해 두 가지 형태로 프로세스를 통제한다.

- **Kanban에 기반한 pull**: 프로세스 상단의 자원은 하단의 자원이 수요를 맞추느라 소진한 물량들을 보충한다
- **주문생산(make-to-order)**: 고객이 특정 제품을 주문했을 경우에만 해당 제품의 생산이 시작되는 시스템을 의미한다.

Kanban 생산과 재고 통제시스템으로서 프로세스의 하단에서 부품이 소진되어야만 상단에서의 부품의 생산과 전달이 일어나는 시스템을 의미한다.

주문생산 고객주문이 있을 때만 가동되는 생산 방식을 의미한다.

Kanban 시스템을 먼저 알아보자. Kanban은 생산과 재고 통제시스템으로서 프로세스 하단으로부터 부품이 소진되었다는 신호를 받아야만 프로세스 상단에서의 부품의 생산과 전달이 일어나는 시스템을 의미한다.[2] Ohno와 그의 동료들은 미국의 슈퍼마켓을 방문했을 때 kanban에 대한 아이디어를 얻었다. 슈퍼마켓에서는 매장의 선반에 진열된 제품이 소진되어야만 선반에 제품이 보충된다. 선반에는 각 제품에 대해 지정된 공간이 있기 때문에 매장에는 그 공간 이상으로 제품의 재고가 존재할 수 없다. kanban은 우리가 다음 장에서 논의할 "목표" 재고관리정책 개념과 연관되어 있다.

Kanban 시스템에서는 부품을 담는 표준화된 상자들이 프로세스의 상단과 하단에 위치

[2] Takahiro Fujimoto, *Evolution of Manufacturing Systems at Toyota* (New York: Productivity Press, 1999).

그림 8.5
Kanban 시스템의 묘사

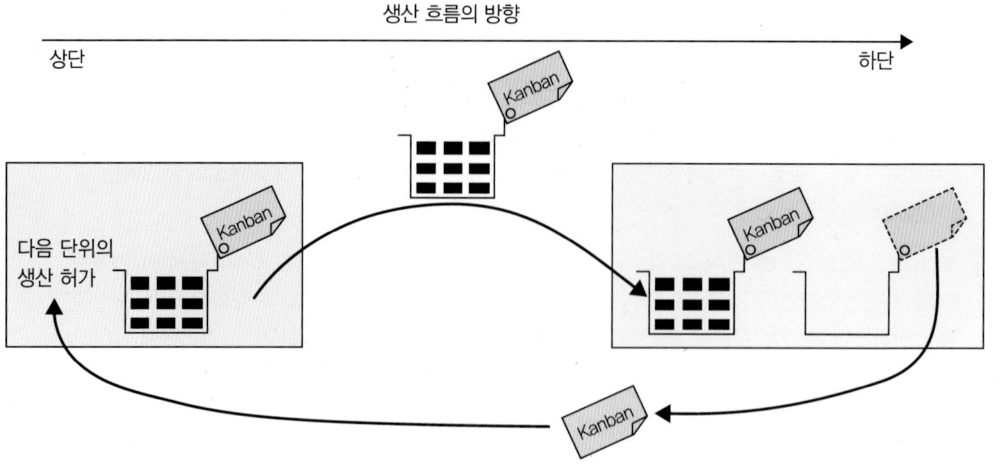

한 자원들 사이를 순환한다. 상단의 자원은 하단으로부터 빈 상자가 전달되어야만 생산을 시작할 수 있다. 달리 이야기하면, 빈 상자의 도착이 생산을 촉발한다. Kanban이라는 용어 자체는 각 상자에 붙은 카드를 의미한다. 따라서 kanban 카드는 작업허가양식으로도 불린다. Kanban 시스템이 그림 8.5에 간략히 묘사되어 있다. 그림의 오른쪽에 위치한 프로세스 하단의 자원은 상단의 자원(그림의 왼편)으로부터 부품이 담긴 상자를 받아 소비한다. 하단의 자원이 상자가 빌 때까지 부품을 꺼내 사용한 뒤 빈 상자의 카드를 상단의 자원으로 보내서 상단 자원의 생산 주문을 촉발한다. 따라서 프로세스의 모든 자원들 간에 kanban 카드를 사용한 신호체계를 사용하면 프로세스 하단의 수요를 상단 자원의 생산과 연결시키는 효과적이고 단순한 메커니즘이 만들어지고 이를 통해 수요에 공급을 맞출 수 있게 된다.

Kanban 시스템의 주요한 이점은 자원들 사이에 kanban 카드가 허용하는 수량 이상의 재고가 있을 수 없다는 것이다(슈퍼마켓의 예에서 주어진 선반공간보다 더 많은 매장 재고를 가질 수 없는 것처럼). 상단의 자원은 상자가 비어 있을 때만 생산할 수 있기 때문에 모든 상자들이 부품으로 채워지면 생산이 중단되면서 재고의 양을 상자의 수만큼만 갖게 된다. 반면, push 시스템에서는 상단의 자원은 작업량이 있는 한 계속해서 생산한다. 예를 들어, 상단의 자원이 나무의자의 다리를 생산하는 선반이라고 가정해보자. Push 시스템하에서 선반은 작업할 나무들이 있는 한 계속해서 의자 다리를 생산한다. Kanban 시스템에서의 선반은 빈 kanban 상자를 갖고 있을 때만 의자 다리를 생산한다. 따라서 kanban 시스템에서의 선반은 빈 kanban 상자들이 없을 때만 작업을 멈추는 데 비해 push 시스템에서의 선반은 원재료가 모자랄 때만 작업을 멈춘다. 이 차이점은 매우 다른 결과를 낳을 수 있다. Push 시스템에서 재고는 그저 "발생"하는 것인데 이는 이론적으로 쌓아놓을 수 있는 재고의 양에는 한계가 없기 때문이다(예를 들어, 걸어 다니면서 프로세스를 관찰하던 관리자가 "와, 오늘 여기에는 재고가 아주 많네"라고 말하는 것을 생각해보라). 반면, kanban 시스템에서의 최대 재고량은 kanban 카드의 수에 의해 통제되기 때문에 재고의 양은 관리적으로 의사결정해야 하는 변수가 된다.

관리자가 kanban 상자의 수, 즉 허가된 재고의 최고량을 통제한다면 kanban 상자의 수는 어떻게 결정할까? 이는 다음 요인들에 달려 있다.

- **상자의 크기**: 각 kanban은 한 상자를 재고로 채울 수 있는 권한을 의미한다. 상자가 클수록 더 적은 수의 kanban 카드가 필요하다(이는 "24개들이 상자로 음료수를 사면 6개들이 상자로 음료수를 사는 것보다 적은 수의 상자가 필요하다"라고 말하는 것과 같다).
- **수요율**: 수요가 하루에 1,000단위라면 재고 500단위는 하루치 공급량의 절반이다. 반면 수요가 하루에 100단위이면 500단위의 재고는 5일치가 된다. 수요율이 더 높은 프로세스는 더 많은 재고를 필요로 한다.
- **보충시간**: 이는 상자에 담을 부품을 만들고(필요하다면 셋업시간 포함) 이를 하단에 운송하는 시간을 포함한다.
- **안전재고**: 고장, 불량 혹은 다른 형태의 변동에 대비하기 위해 약간의 추가 재고를 시스템 안에 보유할 수 있다. 추가 재고의 양은 프로세스에서 변동이 얼마나 발생하는가에 따라 달라질 수 있다. 만일 프로세스가 안정적으로 잘 작동한다면 이 안전재고의 양은 적을 수 있지만 상황이 빈번하게 안 좋아지면 더 많은 양의 안전재고가 바람직하다.

이 변수들은 다음과 같이 kanban 카드의 수에 영향을 미친다.

$$\text{kanban 카드의 수} = \frac{\text{보충시간 동안의 수요} + \text{안전재고}}{\text{상자의 크기}}$$

상기 수식에서 보충시간 동안의 수요는 다음과 같이 계산된다.

$$\text{보충시간 동안의 수요} = \text{보충시간} \times \text{수요율}$$

재고를 줄이려는 과정에서 kanban의 적절한 수를 계산하는 상기의 수식은 유용한 가이드라인을 제공한다. 재고를 줄이려면 보충시간 동안의 수요를 줄여야 하는데 수요율과 처리시간이 일정하다면 이는 운송시간을 줄여야 한다는 것과 일맥상통하는 이야기이다. 또한 보충과정의 신뢰도를 향상시켜 안전재고의 양을 줄일 수 있다.

Kanban 시스템의 대안으로 주문생산 프로세스를 이용하여 pull 시스템을 적용할 수도 있다. 주문생산이라는 용어에서 나타나듯이 이 프로세스의 자원은 명확한 고객주문을 받고 난 이후에만 가동된다. 이때 생산되는 제품들은 일반적으로 선입선출(first-in-first-out; FIFO)에 기반하여 프로세스를 이동한다. 따라서 주문생산 프로세스에서의 각 흐름단위는 특정 고객주문에 명확히 매칭될 수 있다. Kanban 시스템과 주문생산 시스템 간의 차이를 이해하기 위해 자동차의 후면 거울을 생산하는 프로세스를 생각해보자. 거울을 생산하는 작업자가 kanban 카드를 통해 거울을 생산하라는 작업지시를 받았을 때, 작업자는 이 거울이 어느 고객의 주문을 위한 것인지 알지는 못한다. 다만 이 작업을 시작해도 될 만큼 충분한 고객수요가 있구나 라고 생각할 것이다. 해당 공장의 최종조립과정이 주문생산방식으로 운영된다면 이 거울을 조립하는 작업자는 이 거울이 Smith 씨의 자동차에 설치되는 것임을 알 것이다.

이해도 확인하기 8.6

질문 기계부서가 최종 조립라인에 부품을 공급한다. 관리자는 kanban 시스템을 적용하기로 결정하고 다음의 자료를 수집했다.

- 일일 수요는 1,000단위이다.
- 보충시간은 생산 리드타임에 의해 결정되는데 3일이다(이는 처리시간, 운송시간, 그리고 대기시간을 포함한다).
- 관리자는 하루치의 안전재고를 갖기로 하였다.
- 상자 하나는 부품 800단위를 담을 수 있다.

이 시스템에는 몇 개의 kanban 상자가 필요한가?

답 먼저 생산리드타임 동안의 수요의 양을 결정한다.

$$\text{리드타임 동안의 수요} = \text{리드타임} \times \text{일일 수요} = 3\text{일} \times 1{,}000\frac{\text{단위}}{\text{일}} = 3{,}000\text{단위}$$

하루치의 안전재고량은 1,000단위이므로, 800개를 담을 수 있는 상자의 경우,

$$\text{kanban 상자의 수} = \frac{(\text{리드타임 동안의 수요} + \text{안전재고})}{\text{상자의 크기}} = \frac{(3{,}000 + 1{,}000)}{800} = 5$$

따라서 5개의 상자가 필요하다.

많은 기업들은 pull 시스템의 두 가지 형태를 모두 이용한다. 컴퓨터 회사인 Dell을 생각해보자. Dell의 컴퓨터는 작업 셀에서 만들어지는데 프로세스에서 부품의 공급은 주로 kanban을 통해 이루어진다. 따라서 Toyota의 후면 거울과 Dell의 전력공급장치와 같은 부품들은 고객 수요를 맞추기 충분한 양으로 생산되기 위해 kanban 카드에 따라 생산될 뿐 특정 주문에 따라 생산되지는 않는다. 반면, Dell이 만드는 완제품 컴퓨터들은 주문생산된다. 어떤 형태의 pull 시스템을 사용하고 싶은가를 판단할 때는 다음의 사항을 참고할 수 있다.

- Kanban은 (a) 생산수량이 많으나 생산해야 하는 가지 수는 많지 않을 때, (b) 리드타임이 짧아서 생산량(즉, kanban 카드의 수)을 제한하는 것이 바람직할 때, 그리고 (c) 부품을 저장하는 데 따르는 비용과 노력이 낮은 제품이나 부품에 대해 사용되어야 한다.
- 주문생산은 (a) 적은 양과 높은 다양성, (b) 고객이 긴 주문대기시간을 감내할 수 있을 때, 그리고 (c) 흐름단위들을 저장하는 데 비용이 많이 들거나 어려운 부품이나 제품에 대해 이용되어야 한다.

8.5.2 한번에 하나씩 이동시키기

많은 경우 작업은 부서별로 조직화되어 있다. 이 장의 시작에서 다룬 LVMH 사례를 다시 생각해보자. 바느질 부서는 일단의 작업자들로 구성되어 있고 모든 가방은 바느질 부서를 거쳐야 한다. 작업자들은 각자 다른 가방을 처리하는데 이 가방들은 각기 다른 경로를 통해 이 곳에 도착하고 작업이 끝나면 각기 다른 작업을 위해 다른 곳들로 향한다(그림 8.6

그림 8.6
(a) 기능(또는 장비)별 구성 대비 (b) 흐름 중심의 구성(이 경우에는 U자형의 구성). 흰색과 검은색 원들은 프로세스의 다양한 흐름단위를 나타낸다.

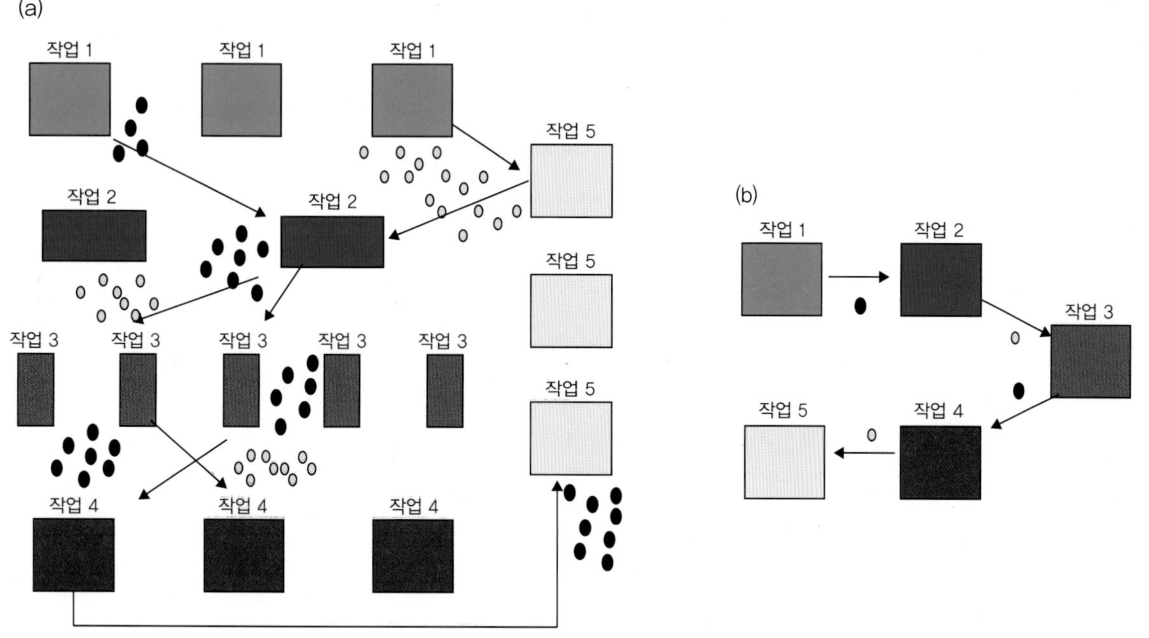

(a) 참조). 이러한 기능별 작업장 배치는 제조업에서만 볼 수 있는 것은 아니다. 병원을 방문했을 때를 생각해보라! 바느질 작업의 전 단계도 기능부서별로 작업이 이루어지고 바느질 이후의 작업도 기능부서별로 이루어지는 경우, 가방을 다음 부서로 그리고 또 그 다음 부서로 이동시키는 것은 별로 효율적이지 않을 수 있다. 사탕이 필요할 때마다 슈퍼마켓에 간다고 생각해보라. 대신에 작업자는 이동과정에서 규모의 경제를 활용할 수 있다. 한 카트에 12개 또는 그 이상의 가방을 싣는 것을 생각해볼 수 있다. 일단 카트가 차면 카트를 한 부서에서 다른 부서로 이동하는 것이다. 이동 시 재고유지비용과 운송비 간의 균형에 근거한 "최적의" 이동 배치(transfer batch) 사이즈를 계산하여 사용할 수도 있다.

그런데 TPS는 특정 프로세스 레이아웃에서 이동 배치 사이즈를 최적화하는 대신 다른 접근을 취한다. TPS에서 생각하는 최적의 이동 배치 사이즈는 간단하다. 최적의 이동 배치 사이즈는 1이다. 만일 한 단위의 배치 사이즈가 경제적이지 않다고 생각되면 **프로세스 레이아웃(process layout)**을 다르게 하는 것을 생각해보아야 한다. 즉, 프로세스 흐름도에서 서로 가까이 위치하는 자원들을 물리적인 공간에서도 근접시켜 배치하는 것이다. 이를 통해 불필요한 운송을 피하고 이동 배치를 형성해야 할 필요를 줄일 수 있다. 이러한 방식으로 흐름단위는 자원과 자원 사이를 한번에 하나씩 이동할 수 있다(**ikko-nagashi**).

프로세스 레이아웃 프로세스에서 자원의 물리적 배치를 의미하며 흐름단위의 이동 동선에 영향을 미친다.

개별단위 흐름을 가능케 하는 프로세스 레이아웃이 어떻게 가능한가? 라는 질문에 다음 가이드라인이 도움이 된다.

- **작업구역들을 자재의 흐름에 맞추어 배치하라**: 이를 통해 이동의 필요성을 명확하게 줄일 수 있다. 만일 대부분의 자재가 기계 A에서 기계 B로 이동하면 기계 A와 B는 서

로 가까운 곳에 위치해야 한다.

바톤 전달 구역 작업자들 간의 업무분담을 고정시키는 대신 일정한 분량의 업무에 대해 작업자들 간의 교차 분담을 허용하여 프로세스가 속도와 시간의 변동성을 흡수할 수 있도록 해주는 아이디어

U자형의 라인 자원들을 "U"자형으로 배열하여 작업자들이 복수의 과업을 효과적으로 수행할 수 있도록 유연성을 증가시키는 라인 배열 방식

멀티태스크 작업 배정 기계가 돌아가는 동안 작업자들의 유휴시간이 발생하는 것을 피하고자 하는 기법

- **바톤을 전달하는 구역(baton passing zone)을 만들어라**: 수영의 계주경기를 보면 가장 빠른 사람과 가장 느린 사람 모두 정확히 같은 거리를 수영해야 한다. 하지만 Ohno는 가장 빠른 선수가 바톤이 전달되는 구역에서 가장 느린 선수를 도와줄 수 있음을 관찰했다. 3장에서 논의한 샌드위치 제조과정을 상기하자. 만일 두 번째 직원이(다양한 야채를 샌드위치에 넣는) 뒤쳐지면 첫 번째 직원은 두 번째 직원이 수행해야 할 작업의 일부를 처리해주면서 도울 수 있다. 그래서 노동자들 간의 업무분담을 고정시키기보다는 바톤 전달 구역이라는 아이디어를 활용하여 프로세스에서 발생하는 속도와 시간의 변동성을 흡수할 수 있다. 이를 통해 작업자들의 작업분담내용을 대대적으로 수정하지 않으면서도 프로세스의 균형을 달성할 수 있다. 물론 그러한 바톤 전달 구역을 만들려면 작업장들이 서로 가까운 곳에 위치해야 한다.
- **U자형의 라인(U-shaped lines)을 이용하라**: 작업의 흐름을 "I"가 아닌 "U"자형으로 조직하면 작업자들이 서로 도우면서 더 많은 유연성을 달성할 수 있게 된다.

그림 8.6(b)는 그러한 U자형의 흐름을 보여주고 있다. TPS에서는 한 작업자가 복수의 기계를 담당하는 경우가 종종 있는데 특히 일부 작업들이 자동화된 경우에 더욱 그러하다. 한 작업자가 한 기계에서 작업을 시작하고, 기계가 돌아가는 동안 옆에서 그냥 기다리기보다는 "U"자형의 라인을 따라 다른 기계로 이동하여 다른 작업을 수행한다. 이렇게 유휴시간을 줄이는 방법을 **멀티태스크 작업 배정(multitask job assignment)**이라 한다. 이는 문서작업 내용을 프린터로 보낸 뒤 프린터 옆에 서서 출력물을 기다리는 대신 컴퓨터로 돌아가서 e-mail이나 페이스북 프로필 업데이트하는 데 시간을 쓰는 것과 유사한 방식이다.

프로세스의 흐름을 반영하여 작업장을 배치하면 우리가 이전에 논의했던 개별단위 흐름의 많은 장점들을 구현할 수 있다.

- 자재의 흐름이 쉽게 관찰되어 유휴시간과 재고가 쉽게 드러난다.
- 바톤 전달 구역이 있어서 유휴시간을 줄일 수 있다.
- 자재의 이동 가능성이 줄어든다.
- 만일 수요가 줄어들면 작업자의 수를 조정할 수 있다. 한 작업자가 다수의 기계를 다루면서 작업하는 것도 가능해진다.

이전에 소개된 kanban 시스템이 pull 시스템이긴 해도 개별단위 흐름은 아니었음을 기억하자. Kanban 시스템에서는 흐름단위들이 배치로 묶여 함께 이동한다. 따라서 kanban 시스템은 전통적인 push 시스템과 이상적인 개별단위 흐름이 절충된 형태라고 볼 수 있다.

8.5.3 택트타임

Kanban 카드는 각 단계의 생산이 프로세스 하단에 위치한 다음 단계에 의해 그리고 궁극적으로는 고객의 수요에 의해 촉발되도록 해준다. 시장의 수요가 이 시스템을 주도하므로

수요는 작업자와 장비로 구성된 오케스트라의 지휘자이며 kanban 카드를 통해 과잉 생산과 불필요한 재고를 막을 수 있다. 그러나 동시에 자원의 유휴시간이 지나치게 많아지거나 수요에 비해 처리능력이 모자라는 것은 아닌지 확인할 필요가 있다. 또한 수요에 맞춰 생산하려면 수요에 따라 프로세스에 인력과 장비를 충원해야 한다. 바로 이 때문에 4장에서 **택트타임**과 이와 연관된 **목표인력** 계산을 다루었다.

기초적인 택트타임 계산을 복습하고 왜 택트타임이 TPS의 핵심적인 요소인지를 살펴보자. 택트타임을 계산하려면 두 종류의 정보가 필요하다.

- 하루 중 생산 가능한 시간은 얼마나 되는가(가용시간).
- 수요가 얼마인가.

택트타임은 다음과 같이 계산한다.

$$\text{택트타임} = \frac{\text{가용시간}}{\text{수요율}}$$

만일 우리가 8시간 2교대 일하고 960단위를 생산하고자 한다면 택트타임은

$$\begin{aligned}\text{택트타임} &= \frac{2 \times 8 \times 60\text{분}}{960\text{단위}} \\ &= 1\frac{\text{분}}{\text{단위}}\end{aligned}$$

일단 택트타임을 계산하고 나면 4장에서 다룬 **목표인력(target manpower)** 공식을 이용하여 필요한 작업자의 수를 계산할 수 있다.

목표인력 작업량과 택트타임의 비율에 따라 수요를 충족시키기 위해 계산된 최소한의 자원 수. 이때 최소한이라는 개념은 반드시 정수가 아닐 수 있으며 모든 자원들이 완전히 가동된다는 전제하에서 계산된다.

$$\text{목표인력} = \frac{\text{작업량}}{\text{택트타임}}$$

상기 수식에서 작업량은 한 단위를 생산하는 데 필요한 모든 처리시간들의 총합이다. 따라서 택트타임이 1분이고 작업량이 단위당 6분이라면, 목표인력은 다음과 같다.

$$\text{목표인력} = \frac{6\text{분}/\text{단위}}{1\text{분}/\text{단위}} = 6$$

960단위의 수요를 처리하려면 6명의 작업자가 필요하다. 택트타임의 정의를 목표인력을 계산하는 공식에 대입해도 동일한 결과를 얻을 수 있다.

$$\begin{aligned}\text{목표인력} &= \frac{\text{작업량}}{\text{택트타임}} \\ &= \frac{\text{작업량}}{\frac{\text{가용시간}}{\text{수요율}}} \\ &= \frac{6\text{분}/\text{단위} \times 960\text{단위}/\text{일}}{960\text{분}/\text{일}} = 6\end{aligned}$$

그림 8.7에 묘사된 6단계 프로세스를 보자. 각 단계별 활동의 처리시간이 모두 단위당

그림 8.7 택트타임이 인력 요구량에 미치는 영향(각 단계에서 단위당 1분의 처리시간을 가정)

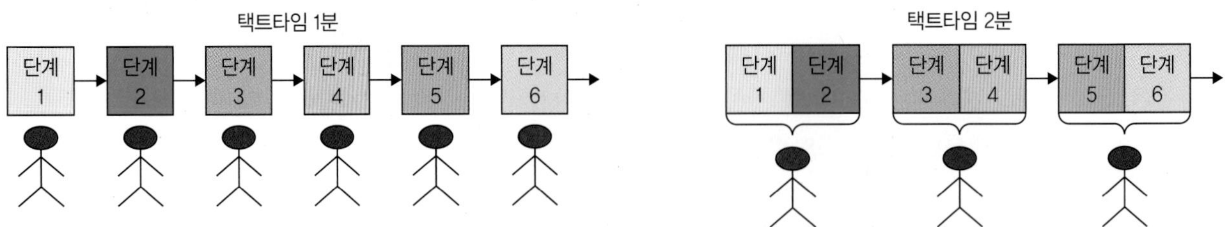

1분이라고 가정하면 작업량은 이전에 언급한대로 단위당 6분이 된다. 만일 수요가 높다면 (그림의 왼편) 각 활동에 작업자를 각각 배치한다. 각 활동의 처리시간이 모두 단위당 1분으로 동일하므로 전체적으로 단위당 1분의 사이클타임을 갖는 균형 잡힌 프로세스가 된다. 이 경우 사이클타임이 단위당 1분이라는 택트타임과 같아져서 수요가 발생하는 속도에 맞추어 정확히 생산하게 된다.

수요가 줄어들면 목표인력도 줄어든다. 이 경우 TPS는 작업자를 다른 제품을 생산하는 프로세스에 배치하는 방식으로 인력을 조정한다. 수요율이 하루 480단위로 떨어졌다고 가정해보자. 가용시간이 동일하다면 새로운 목표인력은

$$\text{목표인력} = \frac{6\text{분/단위} \times 480\text{단위/일}}{960\text{분/일}} = 3$$

따라서 이제는 단위당 6분의 작업량을 6명이 아닌 3명의 작업자에게 고르게 할당해야 하는데 이 경우 각 작업자는 두 개의 활동을 수행하게 한다(따라서 각 작업자는 단위당 2분의 처리시간을 갖게 된다). 그림 8.7의 오른쪽에서 작업자들이 어떻게 복수(두 개)의 활동을 다루게 되는지 살펴보라. 이렇게 되기 위해서는 작업자가 복수의 활동에 숙달되어야 하며 이를 위해 잘 마련된 훈련, 순환 보직, 기술 수준에 따른 급여, 그리고 잘 문서화된 표준작업절차가 반드시 필요하다. 또한 이러한 유연성을 보유하기 위해 숙련도가 높은 정규직 작업자들과 더불어 수요가 높을 때 동원할 수 있는 임시직 작업자들로 구성된 다층적인 노동력을 확보할 필요가 있다.

수요 평탄화 프로세스상의 모든 작업자들에게 기복 없이 안정적인 작업량이 부여되도록 흐름단위들의 흐름순서를 조정하여 전체적인 작업의 흐름을 정하는 방법

8.5.4 수요 평탄화(Demand Leveling)

수요에 맞춰 생산하고 kanban 카드를 이용하여 시스템 내 재고량을 줄이며 택트타임에 근거하여 라인의 균형을 잡고 목표인력을 산정하여 유휴시간과 낭비를 줄일 수 있다. 그런데 수요가 갑자기 변하면 어떤 일이 일어나는가? 만일 수요가 불안정하여 하루는 200개이고 다음 날은 500개면 어떤 일이 일어나는가? 라인을 매일매일 다시 편성해야 하는가?

"토끼가 아닌 거북이처럼 달려라"라는 우화를 강조하던 Taiichi Ohno를 상기해보자. Toyota 생산시스템은 거북이를 염두에 두고 만들어진 시스템이다. 신 모델의 도입이나 마케팅 캠페인, 공급업자의 파업으로 인한 갑작스런 부품 유입 중단, 그리고 품질문제로 인한 대규모 리콜과 같은 수요의 급격한 변화는 TPS와 양립하기 힘들 것이다. 그러한 외부

표 8.2 세 가지 모델을 판매하는 기업의 5일간 수요자료

일	모델			합계
	A	B	C	
1	8	4	3	15
2	4	6	0	10
3	5	3	2	10
4	7	4	3	14
5	6	3	2	11
합계	30	20	10	60

불안정성은 토끼보다는 거북이에게 더 치명적이다. 그런 이유들이 아니더라도 수요는 시간에 따라 달라지곤 한다. 우리의 목표는 프로세스 흐름의 굴곡을 피하면서 수요에 공급을 일치시키는 것이다.

표 8.2에는 A, B 그리고 C 세 종류의 모델을 판매하는 회사의 수요 자료가 제시되어 있다. 개별 제품의 매출과 총 매출은 매일매일 다르다. 생산 프로세스에서 모델을 전환해가며 생산하려면 셋업시간이 필요한데 이러한 셋업들 때문에 생산에서의 규모의 경제를 이루기 위해 생산 배치 사이즈의 크기는 1보다 커야 할 것이다.

그림 8.8에는 배치들로 구성된 생산사이클의 한 예시가 묘사되어 있는데, 15단위의 A, 10단위의 B, 그리고 5단위의 C를 생산한 뒤 다시 이 사이클을 반복하고 있다. 물론 제품간 전환과정에는 셋업시간이 소요된다. 이 사이클은 어떤 의미인가? 다음을 생각해보자.

- 프로세스의 흐름은 매우 굴곡져 고르지 않다. 모델 A는 선루프가 설치되어야 하는데 모델 B와 C는 그렇지 않다. 선루프를 설치하는 작업자는 A를 생산할 때는 바쁘지만 B나 C를 생산할 때는 쉬고 있거나 재배치되어야 한다. 이러한 흐름의 불규칙성을 **mura**라고 한다. Mura는 외부 공급업자들에게까지 영향을 미치게 된다는 것을 상기하자. 예를 들어, 선루프의 외부 공급업자는 15단위를 연속으로 만들다가 한동안 긴 유휴시간을 경험해야 한다. 이러한 작업자 혹은 설비에 대한 과도한 부담은 **muri**라고 부른다.
- 불규칙한 흐름은 낭비(muda)와도 연관이 있다. 우리가 A를 생산하는 동안에는 "토끼처럼 달리다가" 생산이 끝나면 한참 후에나 다시 A를 생산하게 된다. 이는 재고(과잉생산)가 쌓이다가 주기적으로 유휴시간이 발생함을 의미한다.

Mura 고르지 않은 흐름

Muri 기계나 작업자에게 과부하가 될 정도로 비합리적인 작업량

그림 8.8 전통적인 생산 프로세스와 TPS에서의 생산순서 비교

생산순서	1	2	3	4	5	6	7	8	9	10	11	12	13	14	15	16	17	18	19	20	21	22	23	24	25	26	27	28	29	30	31	32	33	34	35	36
전통적인 시스템	A	A	A	A	A	A	A	A	A	A	A	A	A	A	A	S	S	S	B	B	B	B	B	B	B	B	B	B	S	S	S	C	C	C	C	C
Toyota	A	B	A	B	A	C	A	B	A	B	A	C	A	B	A	B	A	C	A	B	A	B	A	C	A	B	A	B	A	C						

Ohno는 불규칙한 작업의 흐름(mura)이 작업자와 설비에 과도한 부담(muri)을 초래하고 낭비(muda)를 증가시키게 된다고 관찰했다. 이러한 "3M들"은 lean 생산의 적들이다. 이들 때문에 상당한 수준의 변동성이 내재하는 프로세스를 lean하게 하려는 노력은 실패하기 쉽다. 안정적인 흐름이 TPS의 토대이자 전제이기 때문이다. 수요의 변동성을 해결하기 위해 TPS는 수요를 평탄화하려 한다. **생산 평탄화(heijunka)**는 가능한 한 생산량의 고점을 낮추고 생산의 저점을 올리면서 전체적인 흐름을 평탄하게 하는 것을 의미한다.

생산 평탄화 수요 변동이나 생산 또는 이동 배치의 크기가 커지면서 발생하는 생산스케줄의 변동을 평탄화시키는 것을 의미하며, 생산을 실제 수요율에 맞추고자 하는 Toyota 생산시스템의 원칙이다.

이상적으로는, 평탄화를 통해 최종 조립라인에서의 변동성을 완전히 없앨 수 있다. 그림 8.8의 아래 부분을 보면, 세 모델 A, B 그리고 C를 섞어서 생산하고 있으며 동일한 모델이 연달아 생산되는 경우는 없다. 이 경우 선루프를 설치하는 작업자의 작업 흐름은 어떻게 되겠는가? 아마도 작업이 평탄화되고 선루프 외부 공급업자의 삶도 단순해졌을 것이다. 반면, 한 모델에서 다른 모델로의 교체가 더 빈번하게 일어나고 있음을 볼 수 있는데 이는 셋업시간을 줄여야만 가능한 일이다. 우리가 이전에 논의한 SMED의 개념은 셋업을 줄이는 데 중요한 도움이 된다. 셋업시간이 짧아지면 모델 간 교체가 더 빈번해질 수 있고 따라서 프로세스를 수요에 더 잘 일치시키면서 운영이 lean해진다.

따라서 heijunka는 모델들을 섞어 생산함으로써 생산 배치의 크기가 커지는 것을 피하고자 하는 것인데 이를 통해 결과적으로 공급을 수요에 더 잘 일치시키면서 재고량을 줄일 수 있게 된다. 또한 heijunka는 일일 생산량을 평탄화시킨다. 표 8.2에서 일일 수요가 10~15인데, 이상적으로는 생산량을 변동하여 달라진 수요를 맞추어야 하겠지만 이러다 보면 muri와 "나머지 두 M들"이 발생하게 된다. 따라서 그 대신에, 평탄화된 생산 계획은 며칠 동안 일부 주문이 대기하는 것을 감수하면서라도 일일 생산량을 총 12개로 고정하고 생산순서를 조정하여 전체 산출량이 평탄화되도록 하는 것이다. 이렇게 하면 적시생산이라는 JIT의 아이디어가 훼손되지 않는가 라고 생각할 수 있다. 실제로 일부 훼손된다고 생각할 수 있다. TPS는 변동성과는 잘 어울리지 않기 때문이다. 16장에서 자세히 다루겠지

이해도 확인하기 8.7

질문 하루 8시간, 주 5일 동안 가동되면서 두 종류의 제품 A와 B를 만드는 프로세스가 있다. 두 제품에 대한 다음 주의 수요는 다음과 같다.

1일: A: 4; B: 6
2일: A: 5; B: 5
3일: A: 6; B: 4
4일: A: 7; B: 3
5일: A: 3; B: 7

이 프로세스의 택트타임은 얼마인가? 생산 계획의 평탄화가 어떻게 가능하겠는가?

답 두 제품의 총 수요 50단위를 주당 40시간의 작업시간 동안 처리해야 한다. 따라서,

$$\text{택트타임} = \frac{\text{가용시간}}{\text{수요율}} = \frac{40\text{시간}}{50\text{단위}} = 0.8\text{시간/단위}$$

각 제품 A와 B의 총 수요는 동일하므로, 생산 계획의 평탄화는 ABABABAB…와 같이 두 제품을 번갈아 가면서 생산하는 형태가 될 수 있다.

만 발생하는 변동성에 대응하려면 재고를 증가시키거나 흐름률을 낮추는 등 변동성에 대한 대가를 지불해야 한다.

8.6 TPS의 기둥 2: 문제를 드러내고 발생했을 때 즉시 해결하라: 발견-중지-알림(Jidoka)

학습목표 8-7
Jidoka를 설명하고 정보소요시간을 계산할 줄 안다.

TPS의 집을 떠받드는 두 번째 기둥은 품질의 역할을 강조하고 품질문제의 발생시점과 지점에서 문제점을 정확히 다루는 것이다. 이를 위한 기본적인 자세는 품질문제가 발견되었을 때 생산 프로세스를 중단시키는 것이다. Ohno에 따르면 멈추지 않고 계속해서 돌아가는 생산라인은 (드물지만) 완벽해서이거나 큰 문제점들이 발견되지 않은 채 잠복하고 있는 상태라고 볼 수 있다. 일단 품질문제가 발견되면 발견 지점에서 문제를 해결해서 다시는 재발하지 않도록 해야 한다. 따라서 그림 8.9에 묘사된 것처럼 품질문제의 해결과정은 세 단계를 순환하며 이루어진다.

1. 품질문제를 발견하면 프로세스를 멈추고 작업자에게 알린다(**jidoka**).
2. 생산 현장에서 근본 원인을 철저히 분석한다(**kaizen**).
3. 개선책을 적용하여 재발을 방지한다(**poka-yoke**).

Jidoka 문제를 발견하면 기계를 멈추어 사람이 개입하는 것을 의미하며 결과적으로 프로세스의 개선을 촉발하게 된다.

Poka-yoke 결점의 재발을 예방할 수 있도록 하는 운영장치

이 순환과정은 우리가 9장에서 다룰 6-시그마와 통계적 프로세스관리에서의 품질개선 체계와 유사하다. 이어지는 절들에서는 문제점은 드러내야 한다는 기본 철학을 먼저 설명하고 jidoka, kaizen, 그리고 poka-yoke의 단계들에 대해 좀 더 자세히 다룰 것이다.

8.6.1 문제를 드러내기

TPS에서는 재고를 이전에 논의한 일곱 가지 낭비 유형 중 가장 나쁜 유형으로 간주한다. 지금까지 우리는 재고가 운전자본에 대해 미치는 영향, 그리고 재고가 흐름시간을 증가시키고 부가가치 시간의 비중을 감소시키는 것을 강조해 왔다. 하지만 재고가 미치는 부정적인 영향은 훨씬 더 심각하다. Ohno는 재고가 "문제점들을 보이지 않게 가린다"고 생각

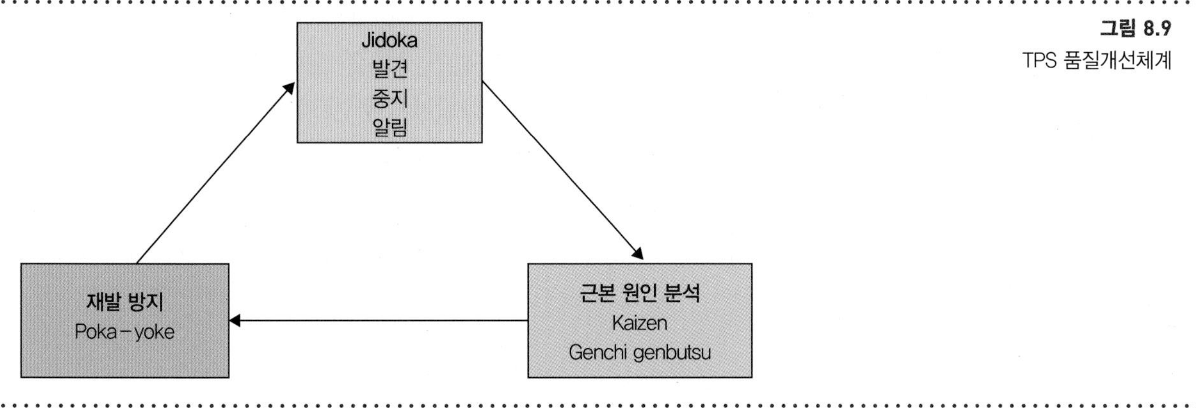

그림 8.9
TPS 품질개선체계

그림 8.10 재고의 증가 혹은 감소에 대한 간단한 비유

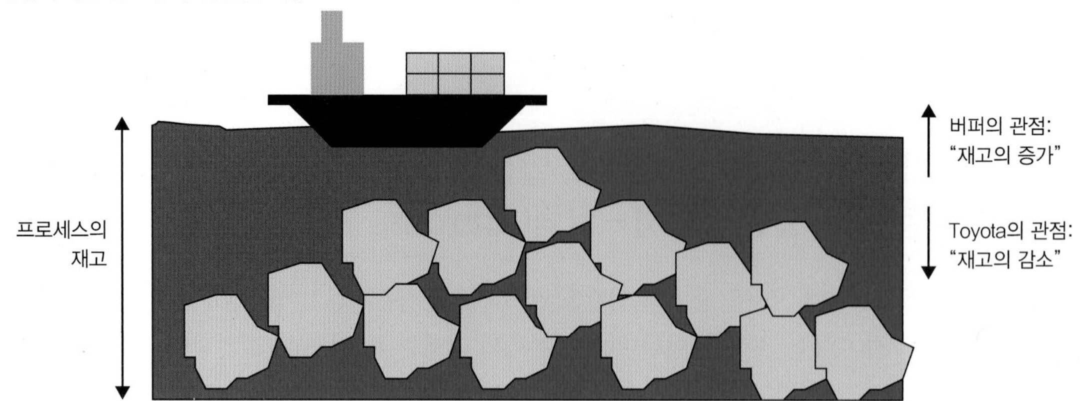

했다. 높은 재고와 낮은 품질은 종종 밀접한 관련이 있다. 재고가 어떻게 문제점들을 숨기는가를 설명하기 위해 일반적으로 다음과 같은 비유가 사용된다. 수면 아래 많은 바위들이 있는 운하와 그 위를 항해하는 배를 생각해보라(그림 8.10). 운하를 관리하는 회사는 선적된 화물을 보호하기 위해 배가 바위와 충돌하지 않도록 운하를 관리하고자 한다.

이 상황에 대한 한 가지 접근법은 운하의 수량을 늘려 물 높이를 올리는 것이다. 바위 위로 충분한 수량이 생기면 사고의 가능성이 낮아진다. 생산 현장에서 바위는 품질문제(불량), 셋업시간, 고장 또는 프로세스의 각종 문제에 해당하고 배가 바위에 충돌하는 것은 산출물이 줄어드는 것에 해당한다. 운하의 수량은 프로세스 내 재고의 양(즉, kanban 카드의 수)에 상응한다. 문제를 해결하는 다른 방법은 반대로 운하의 수량을 줄이는 것이다(kanban 계산에서 허용했던 안전재고의 양을 줄여 kanban 카드의 수를 줄이는 것). 이 방법을 적용하면 가장 상층에 위치한 바위가 노출되면서(즉, 프로세스의 문제점이 노출되면서) 바위를 운하에서 제거할 기회가 생긴다. 일단 최상단의 바위를 제거하고 나면 다시 물 높이를 조금씩 조금씩 더 낮추면서 수면위로 노출된 바위들을 계속하여 제거한다. 이 과정을 운하에서 모든 바위를 제거할 때까지 계속한다. 단기적으로는 프로세스의 산출량이 줄어들 수도 있겠지만 이 방법의 장점은 프로세스를 개선시킨다는 것이다.

8.6.2 Jidoka: 발견-중지-알림

따라서 문제점을 드러내는 것이 중요한데 어떻게 이 일을 할 것인가? 이 지점에서 Toyota의 역사를 살펴보는 것이 도움이 된다. Toyota는 직물기계 제작회사로 시작했다. 회사의 창업자인 Sakichi Toyoda는 자동차 관련 사업을 하기 한참 전에 완전 자동화된 직물기계를 최초로 발명했다. 직기들이 자동화되면서 한 명의 작업자가 여러 장비를 다룰 수 있기에 인력의 관점에서 훨씬 효율적이었다. 이전에 논의했듯이, TPS하에서는 한 작업자에게 여러 과업이 주어지고 기계가 돌아가는 동안에 작업자는 기계를 지켜보는 대신 다른 일을 할 수 있다. 그런데 기계에 문제가 생기면 작업자는 다른 일도 처리해야 하기 때문에 무척 곤란한 상황이 된다. Sakichi Toyoda는 자동 직기의 실이 끊어지거나 다 떨어지면 자동적

이고 즉각적으로 기계가 멈추도록 설계하여 작업자가 여유롭게 대처할 수 있게 했다.[3] 예외적인 상황을 해결하는 데 필요한 인간의 지능을 장비의 기계적인 힘과 결합시키고자 하는 아이디어를 **autonomation**이라고 부르는데 이는 사람의 손길이 담긴 자동화 혹은 **jidoka**를 의미한다.

Autonomation 사람의 손길이 담긴 자동화를 의미하며 기계를 사용하지만 기계와 작업자의 지능을 결합하고자 하는 것

Autonomation이 제대로 작동하려면, 장비는 (1) 문제가 있다는 것을 발견할 수 있어야 하고, (2) 생산을 멈출 수 있어야 하며, (3) 작업자에게 알릴 수 있어야 한다. 따라서 **발견-중지-알림(detect-stop-alert)**은 결함을 드러내는 데 핵심적인 역할을 한다. 기계를 중지시키면 인간이 프로세스에 개입하게 되고 이는 결과적으로 프로세스 개선을 촉발한다.[4] Jidoka의 개념은 기계를 자동화시키는 데만 적용되는 것이 아니라 품질문제에 대응하여 생산을 멈추는 모든 메커니즘을 포함하는 개념으로 일반화되었다. 가장 잘 알려진 jidoka의 한 형태는 **Andon** 코드인데 이 코드는 조립라인 근처에 설치된 코드로서 작업자가 결함을 발견하면 코드를 당겨 생산을 멈추도록 한다. 이 장치는 장비의 jidoka 자동 차단처럼 제조과정에서의 문제점 노출을 극대화하고 프로세스 개선을 촉발하는 압박장치의 역할을 한다(사진 8.2 참조).

발견-중지-알림 품질문제가 발견되었을 때 생산을 멈추고자 하는 철학

Andon 시각적인 알림판과 조립라인을 따라 근접 설치된 코드로 구성된 시스템. 문제를 발견한 작업자는 코드를 당겨 라인을 멈추고 이는 알림판에 표시된다.

© Jim West/Alamy

사진 8.2 미국 Michigan 주 소재 자동차 제조공장에 설치된 Andon 코드의 예

Andon이라는 용어는 시각적인 통제 장치로서 생산라인의 위에 걸려 있는 라인 멈춤 알림판을 의미한다. 이 보드의 초록색 불빛은 정상 작동을 의미하며, 노란 불빛은 작업자가 무엇인가를 조정하려고 도움을 요청하는 것을 의미하고, 빨간 불빛은 문제를 바로잡기 위해 라인을 멈출 필요가 있으므로 라인을 멈추라는 것을 의미한다. 대부분의 공정에서 한참 돌아가고 있는 생산라인을 멈춘다는 것은 "대단한 일"이다. 역사적으로 볼 때 노동자들에 대한 압력은 대부분 라인을 계속해서 움직이게 하려는 목적이었다. 아무도 감히 Henry Ford의 조립라인을 멈추지 못했다. 그러나 이 때문에 작업자들은 문제가 발생해도 그냥 감추는 경향이 생긴다. Ohno는 작업자가 라인을 멈추는 것을 두려워해서는 안 된다고 강조했다. TPS에서는 "다음 단계는 고객"이기 때문에 모든 자원들은 양호하다고 판명된 흐름단위들만 프로세스의 하단으로 이동시켜야 한다. 따라서, 품질검사는 "내재"되어야 하고 프로세스의 최종단계에서만 일어나는 것이 아니라 프로세스의 모든 단계에서 일어나야 한다.

Jidoka 원리를 떠받드는 발견-중지-알림의 아이디어는 재고를 없애기 위해 존재하는 것만은 아니다. Jidoka 또한 무재고 원칙으로부터 도움을 받는다고 볼 수 있는데 이는 재공품 재고의 양이 많아지면 관리자의 문제 발견이 어려워지면서 프로세스 개선을 위한 jidoka가 이루어지기 어렵기 때문이다. 이는 다양한 TPS 원리와 방법들이 서로 연결되어 상호 강화하고 있음을 보여준다. 재공품 재고가 jidoka의 아이디어와 어떻게 상충하는지 이해하기 위해, 그림 8.11에 묘사된 프로세스의 두 자원을 살펴보자. 각 자원에서의 처리시간이 단위당 1분으로 같다고 가정하고 프로세스 상단(왼편)의 자원이 품질문제를 겪으면서 불규칙적으로 불량품을 산출하고 있다고 가정하자. 그림 8.11에서는 자원이 불량 문

[3] Taiichi Ohno, *Toyota Production System: Beyond Large-Scale Production* (Portland, OR: Productivity Press, 1988).

[4] Takahiro Fujimoto, *Evolution of Manufacturing Systems at Toyota* (New York: Productivity Press, 1999).

그림 8.11
정보소요시간과 버퍼 사이즈의 관계

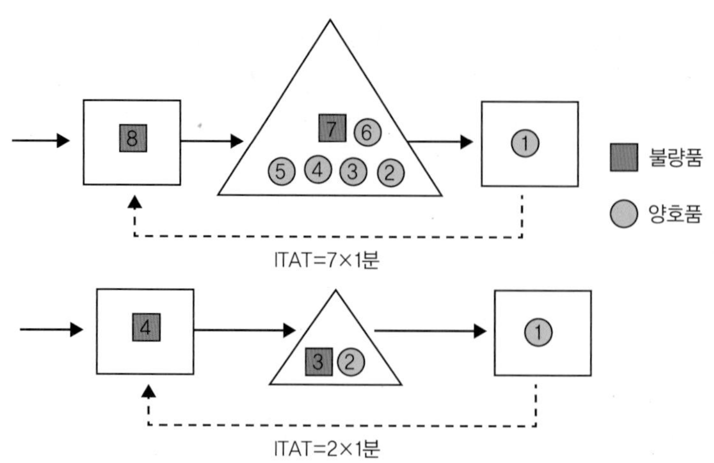

제로 인해 원이 아닌 사각형을 만들어내는 것으로 상황이 묘사되고 있다. 품질문제가 발견되기까지 얼마나 걸리는가? 만일 두 자원 사이에 큰 버퍼(그림 8.11의 위쪽)가 존재한다면 프로세스 하단의 자원은 버퍼로부터 양호한 단위들을 한동안 받다가 7분 후에는 불량단위를 발견하게 될 것이다. 이는 상단의 자원이 7분 동안 불량부품을 지속적으로 생산한다는 의미이고 이 불량품들은 결국 버려지거나 재작업되어야 할 것이다.

따라서 상단의 자원에서 발생하는 불량이 하단의 자원에 의해 발견되기까지의 시간은 두 자원 사이의 위치한 버퍼의 크기에 달려 있다. 이는 리틀의 법칙에 따른 직접적인 결과이다. 불량이 발생한 뒤 이에 대한 피드백을 받을 때까지 소요된 시간을 **정보소요시간(information turnaround time; ITAT)**이라고 부른다. 이 예에서는 불량이 프로세스상의 바로 다음 자원에서 발견된다고 가정하고 있지만 만약 불량이 프로세스의 최종점에서 발견된

정보소요시간(ITAT) 불량의 발생과 발견 사이의 소요시간

이해도 확인하기 8.8

질문 네비게이션 장치에 사용될 전자 부품을 만들어내는 다음의 두 프로세스에 대해 생각해보자. 각 프로세스는 총 20단계로 구성되어 있고 프로세스의 사이클타임은 단위당 1분이다. 프로세스에서 불량이 가장 발생하기 쉬운 단계는 9번째 단계이다.

- 프로세스 1은 프로세스의 마지막 단계에서 최종검사를 수행하며 9번째 단계와 최종검사 단계 사이에 300단위의 재고를 가지고 있다.
- 프로세스 2는 각 단계별 작업자가 이전 단계의 작업내용을 검사하고, 9번째 단계와 프로세스의 마지막 단계 사이에 약 55단위의 재고가 고르게 분포되어 있다.

9번째 단계에서 발생한 불량에 대한 정보소요시간은 얼마인가?

답 프로세스 1에서 9번째 단계에서 발생한 불량은 나머지 11단계들을 거쳐가게 된다. 흐름률은 분당 1단위이며 재고는 300단위이므로 불량이 최종 검사단계에서 발견되기까지 300분이 걸린다. 프로세스 2에서, 9번째 단계에서 발생한 불량은 10번째 단계에서 발견될 것이다. 9번째 단계와 10번째 단계 사이에 대략 5단위(11곳의 버퍼에 55단위의 재고 존재)의 재고가 있다. 따라서 정보소요시간은 약 5분이다.

다면 재고의 양이 불량에 미치는 영향은 훨씬 더 심각하게 된다. 이 경우에, 불량을 발생시킨 자원의 하단에 위치한 모든 재고들이 ITAT에 영향을 미치게 된다. 바로 이 점 때문에 우리가 언급했던 내재된 품질검사의 개념이 필요하다.

8.6.3 근본적인 문제 해결과 결점 예방

일단 문제가 발견되면 근본 원인을 이해해야 한다. 애초에 문제가 왜 일어난 것인가? 본 교재에는 품질을 다루는 장이 따로 마련되어 있으므로, 여기에서는 근본적인 문제 해결에 대한 TPS의 접근법을 보여주는 두 가지 핵심 개념을 간단히 소개한다.

- **Kaizen**은 지속적인 개선을 의미하며 낭비를 제거하기 위해 프로세스에 작은 변화들을 만드는 과정을 의미한다. Kaizen 작업장은 현장 작업자들의 작은 팀들로 구성되어 있다.
- **Genchi genbutsu**는 kaizen을 뒷받침하기 위해 현장을 강조하는 중요한 철학이다. 문제를 해결하려면 개인적인 의견이나 관리자의 연공서열을 강조하기보다 현장에 나가 문제를 스스로 관찰하고 자료를 모아서 분석하는 것을 강조해야 한다. 특정 문제로 고민하는 모든 사람은 현장에서 직접 정보를 얻어야 하며 이 원칙은 당연히 고위 경영진에게도 적용된다.

Kaizen 낭비를 제거하기 위해 프로세스에 작은 변화들을 만드는 과정

Genchi genbutsu 현장에 가서 직접 상황을 관찰하고, 자료를 수집하며, 자료를 분석하여 상황에 대한 직접적인 정보를 모으는 것

Kaizen과 genchi genbutsu가 당연한 이야기처럼 보여도 대부분의 기업들이 갖고 있는 문화에서는 이 이야기가 당연하지 않다. 낭비의 여덟 가지 형태와 Taylor의 노동자에 대한 동물적인 시각을 생각해보라. 전통적인 대량생산시대에서 프로세스 개선은 엔지니어와 관리자의 영역이었고 일반 노동자들은 그들이 지시한 것을 수행할 뿐 프로세스를 바꿀 권한은 없었다. Kaizen 프로젝트의 산출물은 개선을 위해 검증된 아이디어이다. 이러한 아이디어는 이전에 발견된 결함의 재발을 예방하는 작업절차(**poka-yoke**)의 개발로 연결되기도 하고 새로운 작업표준이나 결함의 재발을 방지하는 새로운 장비의 설치로 이어지기도 한다. Ohno가 제시한 poka-yoke의 사례들은 다음과 같다.

- 실수가 발생하면 도구가 재료에 맞지 않게끔 해서 자연스럽게 실수를 인지하도록 한다.
- 재료가 균일하지 않거나 운영상의 실수가 있으면 기계가 작동하지 않도록 해서 문제를 인지하게 한다(사진 8.3 참조)
- 프로세스에서 추가 작업을 수행해야 한다면, 문제가 해결되어야지만 다음 작업이 진행되도록 강제하여 문제 인지와 해결을 유도한다.

사진 8.3 Ninja 전문가용 믹서기는 얼린 과일이나 얼음을 갈아낼 수 있다. 이 제품은 모든 부품들이 제자리에 정확히 있을 때만 가동되도록 하여 작업자에게 사고가 발생하는 상황을 예방한다.

작업자가 스스로 이러한 poka-yoke를 만들어낼 수 있으려면 작업자에게 특정 업무가 어떻게 실행되는지를 규정하는 작업표준을 정하고 개정할 권한을 부여할 필요가 있다. 나아가 이러한 표준들을 현장에 시각적으로 표시하면 처리능력을 배가하기 위해 새로운 작업자가 추가되었을 때 운영상의 유연성을 발생시킬 수 있다.

결론

이 장의 서두에서 언급하였듯이, TPS의 성공이 단순히 JIT, jidoka, 혹은 kaizen과 같은 lean 도구들의 모음을 도입하는 것으로만 이해되어서는 안 된다. TPS는 더 넓은 개념이고 이를 통해 lean 방식의 운영으로 전환하려면 당연히 상당한 조직상의 변화가 필요하다. Andon 코드의 사용과 이로 인한 라인 정지의 빈도수와 결과는 TPS가 잘 적용되고 있는지를 확인할 수 있는 리트머스 시험지라고 할 수 있다. Andon 코드가 별로 사용되지 않고 생산성 목표에 해가 될까봐 라인을 멈추기를 꺼려하는 작업장은 TPS를 어중간하게 적용하고 있다는 표시이다. Andon 코드는 지금 당장에 관한 것이라서 단기 생산성보다는 장기적인 프로세스 능력을 강조하는 TPS의 철학이 받아들여지지 않고 있는 것이다. TPS를 받아들인 작업장은 작업자가 본능적으로 라인을 멈추는 곳이다. 세계에서 가장 훌륭한 생산설비들을 보유하고 있는 Toyota 공장에서도 Andon 코드는 하루에도 수백 번씩 당겨지고 있다. 현장의 작업관리자는 Andon 알림판에 노란색이나 빨간색 불빛이 나타나면 생산성 손실에 대해 불평하기보다는 몇 분 심지어 몇 초 안에 작업자를 도와 문제를 해결하려 해야 한다.

경영학자들은 이 장에서 논의한 TPS의 다양한 요소들이 "다른 3P"인 철학(philosophy), 문제 해결(problem solving), 그리고 사람(people)과 더불어 서로를 강화한다는 점에 동의한다. 기업이 TPS의 모든 장점을 얻으려면 TPS의 일부 요소만이 아닌 모든 요소를 받아들여야 한다. 앞으로도 더 많은 예들을 보겠지만, 일부 기업들은 이 장에서 언급된 프로세스 기법들 중 일부만을 어중간한 마음으로 적용한 후에 "lean"해지려 한다고 주장하지만 실제로는 TPS의 모든 장점들을 누리지 못하고 있다.

표 8.3 Toyota 용어 목록(알파벳 순서)

Toyota 용어	정의
Andon	시각적인 알림판과 조립라인을 따라 설치된 코드로 구성된 시스템. 문제를 발견한 작업자는 코드를 당겨 라인을 멈출 수 있고 이는 알림판에 표시된다.
Autonomation	사람의 손길이 담긴 자동화를 의미하며 기계를 사용하지만 기계와 작업자의 지능을 결합하고자 하는 것
Genchi genbutsu	현장에 가서 직접 상황을 관찰하고, 자료를 수집하며, 자료를 분석하여 상황에 대한 직접적인 정보를 모으는 것
Heijunka	수요 변동이나 생산 또는 이동 배치의 크기를 증가시키면서 발생하는 생산스케줄의 변동을 평탄화시키는 것
Ikko-nagashi	자원과 자원 사이를 이동할 때 흐름단위들을 배치로 구성하여 이동시키기보다는 한번에 하나씩 흐름단위를 이동시키는 방식으로 운영하는 것
Jidoka	문제를 발견하면 기계를 멈추어 사람을 개입시키는 것을 의미하며 결과적으로 프로세스의 개선을 촉발하게 됨
Kaizen	낭비를 제거하기 위해 프로세스에 작은 변화들을 만드는 과정
Kanban	생산과 재고 통제시스템으로서 프로세스의 하단에서 부품이 소진되어야만 상단에서의 부품의 생산과 전달이 일어나는 시스템을 의미
Muda	낭비
Mura	고르지 않은 흐름
Muri	비합리적인 양의 작업으로 인해 기계나 작업자의 부담이 커지는 현상
Poka-yoke	결점의 재발을 예방할 수 있도록 하는 운영장치

이 교재는 운영관리에 관한 것이지 일본어 사전은 아니지만, 표 8.3에 TPS의 다양한 용어를 요약 정리하였다. 이 개념들을 배우면 한참 유행하는 일본어에 대한 지식들이 당신을 똑똑하게 보이게 할 뿐만 아니라 TPS에 많은 요소들이 있다는 것을 상기하는 데 도움이 되며 조만간 당신의 삶에서도 muda를 알아차리기 시작할 것이다.

학습목표 8-8
Toyota 생산시스템의 기본 용어들을 정의할 줄 안다.

학습목표의 요약

학습목표 8-1 운영과정에서 낭비가 발생할 수 있는 두 가지 이유를 설명할 줄 안다.

운영과정에서 두 가지 형태로 낭비가 발생할 수 있다. 하나는 자원의 시간을 낭비하는 것으로 이는 처리능력을 감소시킨다. 다른 하나는 흐름단위의 시간을 낭비하는 것으로 흐름단위의 대기시간을 증가시키고 리틀의 법칙에 따라 과도한 재고를 발생시킨다.

학습목표 8-2 낭비와 비부가가치 작업, 부가가치 작업을 구분하고 특정 자원에서 수행되는 부가가치 작업의 비율을 결정할 줄 안다.

낭비는 작업자의 무의미한 시간 소요이므로 제거되어야 한다. 낭비에는 일곱 가지 유형이 있다. 비부가가치 시간은 프로세스가 설계된 방식 때문에 불가피하게 수행되는 작업이지만 고객에게는 가치가 없는 시간이다. 전체 설비 효과성(OEE)은 자원의 총 가용시간 중 부가가치 작업에 사용되는 시간의 비율을 측정한다.

학습목표 8-3 총 흐름시간 중 부가가치가 발생하는 흐름시간의 비율을 결정할 줄 안다.

흐름단위는 기다리고 싶어하지 않는다. 흐름단위가 대기하는 데 시간을 쓰고 있다면 그 흐름단위는 재고라고 불린다. 따라서 흐름시간을 부가가치 시간에 비해 짧게 하는 것이 중요하다. 이는 총 흐름시간 중 부가가치 시간의 비율로 측정할 수 있는데 이를 부가가치 비율이라고 부른다.

학습목표 8-4 Toyota 생산시스템의 주요 구성요소를 설명할 줄 안다.

Toyota 생산시스템은 집의 형태로 묘사될 수 있는데, 지붕은 TPS의 주요 목표인 낭비 감소를 의미하고 기둥들은 JIT 흐름과 내재된 품질을 의미하며 토대는 프로세스 개선을 의미한다.

학습목표 8-5 개별단위 흐름, pull, kanban 그리고 적시생산의 개념들을 설명하고 kanban 카드의 적절한 수를 계산할 줄 안다.

작업은 기계의 처리능력에 따라 이루어지는 것이 아니라 수요에 기반하여 이루어져야 한다. 이는 kanban 시스템이나 주문생산 시스템을 통해 일어날 수 있다. 흐름단위들이 프로세스를 이동할 때는 여러 단위들이 배치로 묶여 같이 이동하기보다는 한 단위씩 이동되어야 한다. 운송비를 절감하기 위해 여러 단위를 배치로 묶는 행위는 자원들의 레이아웃이 개선되어야 한다는 반증이다. 이를 피하기 위해, 자원들은 작업의 흐름에 따라 배치되어야 하며 이상적으로는 U자 모양을 형성해야 한다.

학습목표 8-6 택트타임을 계산하고 평탄화 생산계획을 결정할 줄 안다.

프로세스 흐름의 속도는 수요에 의해 정해져야 한다. 수요율은 택트타임으로 표현되어 프로세스의 리듬을 형성한다. 수요가 변동적이고 다양한 제품들이 생산되어야만 한다면 작업량을 그때그때 증감시키는 대신 전체적인 프로세스의 흐름을 평탄화시켜야 한다.

학습목표 8-7 Jidoka를 설명하고 정보소요시간을 계산할 줄 안다.

문제가 생기면 가능한 한 빨리 발견되어야 한다. 프로세스는 중지되어야 하고 작업자에게 알려져야 한다. 그 뒤 프로세스가 중지된 근본 원인에 대한 주의 깊은 조사가 이루어져야 한다. 일단 근본 원인이 파악되면 작업자들은 문제의 재발을 방지할 방법을 찾게 된다.

학습목표 8-8 Toyota 생산시스템의 기본 용어를 정의할 줄 안다.

Toyota 용어	정의
Andon	시각적인 알림판과 조립라인을 따라 설치된 코드로 구성된 시스템. 문제를 발견한 작업자는 코드를 당겨 라인을 멈출 수 있고 이는 알림판에 표시된다.
Autonomation	사람의 손길이 담긴 자동화를 의미하며 기계를 사용하지만 기계와 작업자의 지능을 결합하고자 하는 것
Genchi genbutsu	현장에 가서 직접 상황을 관찰하고, 자료를 수집하며, 자료를 분석하여 상황에 대한 직접적인 정보를 모으는 것
Heijunka	수요 변동이나 생산 또는 이동 배치의 크기를 증가시키면서 발생하는 생산스케줄의 변동을 평탄화시키는 것
Ikko-nagashi	자원과 자원 사이를 이동할 때 흐름단위들을 배치로 구성하여 이동시키기보다는 한번에 하나씩 흐름단위를 이동시키는 방식으로 운영하는 것
Jidoka	문제를 발견하면 기계를 멈추어 사람을 개입시키는 것을 의미하며 결과적으로 프로세스의 개선을 촉발하게 됨
Kaizen	낭비를 제거하기 위해 프로세스에 작은 변화들을 만드는 과정
Kanban	생산과 재고 통제시스템으로서 프로세스의 하단에서 부품이 소진되어야만 상단에서의 부품의 생산과 전달이 일어나는 시스템을 의미
Muda	낭비
Mura	고르지 않은 흐름
Muri	비합리적인 양의 작업으로 인해 기계나 작업자의 부담이 커지는 현상
Poka-yoke	결점의 재발을 예방할 수 있도록 하는 운영장치

핵심 용어

8.1 Lean 방식의 운영이란 무엇인가?

James Womack International Motor Program과 후에는 Lean Enterprise Institute을 설립한 MIT의 교수

Toyota 생산시스템(TPS) 처리능력의 낭비와 흐름시간의 낭비를 줄이려는 목표 아래 공급과 수요를 적시에 일치시키려는 관리체계

자원의 시간 낭비 자원의 관점에서 본 시간의 낭비로서 자원의 처리능력을 감소시킨다.

흐름단위의 시간 낭비 흐름단위의 관점에서 본 시간의 낭비로서 고객의 시각에서 필요하다고 판단되는 시간보다 더 오랜 시간을 소요하게 만든다.

8.2 자원의 낭비 시간

과학적 관리법 Frederick Winslow Taylor에 의해 고안된 관리체계로서 효율성과 최적화를 강조한다.

Frederick Winslow Taylor 19세기 말에 과학적 관리의 개념을 창시한 엔지니어

Taiichi Ohno 낭비를 줄이는 원칙들을 중심으로 Toyota 생산시스템을 창시한 엔지니어

낭비 고객들에게 가치를 더하지 못하는 투입물과 자원의 소비

Muda 낭비

비부가가치 작업 고객의 관점에서 가치를 더하지는 않지만 공정의 현재 상황에서 생산이 이루어지기 위해 반드시 완수되어야 하는 작업

부가가치 작업 흐름단위를 투입물로부터 고객이 원하는 산출물로 전환하기 위해 반드시 필요하기 때문에 고객들이 중요시하는 작업

총 가용시간 자원이 수요를 충족시키기 위해 사용할 수 있는 시간의 총량

전체 설비 효과성(OEE) 총 시간 중 고객에게 부가가치를 더해주는 데 사용되는 시간의 비율

Kaizen 낭비를 제거하기 위해 프로세스에 작은 변화들을 주는 과정

일곱 가지 형태의 생산 낭비 Ohno에 따르면 자원은 일곱 가지 형태, 즉 대기(시간), 초과생산, 재고, 운송, 초과처리, 재작업 그리고 불필요한 움직임으로 이들은 처리능력을 낭비할 수 있다.

적시(JIT) 생산 필요할 때 필요한 곳으로 수요를 만족시키면서 불필요한 재고를 피하는 것

8.3 흐름단위의 낭비 시간

부가가치 작업 비율 총 흐름시간 중 부가가치 작업에 사용된 흐름시간의 비율

8.4 Toyota 생산시스템의 구조

Toyota의 4Ps Toyota가 강조하는 4가지 원칙들로서 철학, 프로세스, 사람 그리고 문제 해결을 의미한다.

TPS의 집 집 모양의 도식을 통해 Toyota 생산시스템을 묘사한 것으로, 지붕은 TPS의 주요 목표인 낭비 감소를 의미하고 두 기둥들은 JIT 흐름과 내재된 품질을 의미하며 토대는 프로세스의 개선을 의미한다.

8.5 TPS의 기둥 1: 개별단위 흐름과 적시생산

토끼가 아닌 거북이처럼 달려라 Ohno가 사용한 고대 우화로서 느리더라도 꾸준하게 작업하는 것이 빠르게 일하다가 아무 움직임이 없는 시간들이 이어지는 것보다 낫다는 것을 의미한다.

택트타임 총 가용시간과 수요를 감당하기 위해 생산되어야 하는 수량 간의 비율

개별단위 흐름 흐름단위들이 한 자원에서 다른 자원으로 이동할 때 배치단위로 이동하기보다는 한번에 하나씩 이동하도록 운영하는 방식의 흐름

Pull 시스템 프로세스의 최하단에 위치한(즉, 시장에 가장 가까운) 자원은 시장 수요의 속도에 맞추어 운영된다. 이 자원은 자신의 생산을 통해 수요 정보를 프로세스의 상단에 위치한 다음 자원에 전달하여 상단에 위치한 자원 또한 수요의 속도에 맞추어 운영될 수 있도록 해준다. 즉, 수요가 있을 때만 한 단위의 생산 혹은 보충이 일어나는 생산시스템이다.

Kanban 생산과 재고 통제시스템으로서 프로세스의 하단에서 부품이 소진되어야만 상단에서의 부품의 생산과 전달이 일어나는 시스템을 의미한다.

주문생산 고객주문이 있을 때만 가동되는 생산 방식을 의미한다.

프로세스 레이아웃 프로세스에서 자원의 물리적 배치를 의미하며 흐름단위의 이동 동선에 영향을 미친다.

바톤 전달 구역 작업자들 간의 업무분담을 고정시키는 대신 일정한 분량의 업무에 대해 작업자들 간의 교차 분담을 허용하여 프로세스가 속도와 시간의 변동성을 흡수할 수 있도록 해주는 아이디어

U자형의 라인 자원들을 "U"자형으로 배열하여 작업자들이 복수의 과업들을 효과적으로 수행할 수 있도록 유연성을 증가시키는 라인 배열방식

멀티태스크 작업 배정 기계가 돌아가는 동안 작업자들의 유휴시간이 발생하는 것을 피하고자 하는 기법

목표인력 작업량과 택트타임의 비율에 따라 수요를 충족시키기 위해 계산된 최소한의 자원 수. 이때 최소한이라는 개념은 반드시 정수가 아닐 수 있으며 모든 자원들이 완전이 가동된다는 전제하에서 계산된다.

수요 평탄화 프로세스상의 모든 작업자들에게 기복 없이 안정적인 작업량이 부여되도록 흐름단위들의 흐름순서를 조정하여 전체적인 작업의 흐름을 정하는 방법

Mura 고르지 않은 흐름

Muri 기계나 작업자에게 과부하가 될 정도로 비합리적인 작업량

생산 평탄화 수요 변동이나 생산 또는 이동 배치의 크기가 커지면서 발생하는 생산스케줄의 변동을 평탄화시키는 것을 의미하며, 생산을 실제 수요율에 맞추고자 하는 Toyota 생산시스템의 원칙이다.

8.6 TPS의 기둥 2: 문제를 드러내고 발생했을 때 즉시 해결해라: 발견–중지–알림(Jidoka)

Jidoka 문제를 발견하면 기계를 멈추어 사람이 개입하는 것을 의미하며, 결과적으로 프로세스의 개선을 촉발하게 된다.

Poka-yoke 결점의 재발을 예방할 수 있도록 하는 운영장치

Autonomation 사람의 손길이 담긴 자동화를 의미하며 기계를 사용하지만 기계와 작업자들의 지능을 결합하고자 하는 것

발견–중지–알림 품질문제가 발견되었을 때 생산을 멈추고자 하는 철학

Andon 시각적인 알림판과 조립라인을 따라 근접 설치된 코드로 구성된 시스템. 문제

를 발견한 작업자는 코드를 당겨 라인을 멈추고 이는 알림판에 표시된다.

정보소요시간(ITAT) 불량의 발생과 발견 사이의 소요시간

Kaizen 낭비를 제거하기 위해 프로세스에 작은 변화들을 만드는 과정

Genchi genbutsu 현장에 가서 직접 상황을 관찰하고, 자료를 수집하며, 자료를 분석하여 상황에 대한 직접적인 정보를 모으는 것

주요 공식

학습목표 8-2 낭비와 비부가가치 작업, 부가가치 작업을 구분하고 특정 자원에서 수행되는 부가가치 작업의 비율을 결정할 줄 안다.

$$\text{OEE} = \frac{\text{부가가치 시간}}{\text{총 가용시간}}$$

학습목표 8-3 총 흐름시간 중 부가가치가 발생하는 흐름시간의 비율을 결정할 줄 안다.

$$\text{부가가치 비율} = \frac{\text{흐름단위의 부가가치 시간}}{\text{흐름시간}}$$

학습목표 8-5 개별단위 흐름, pull, kanban 그리고 적시생산의 개념들을 설명하고 kanban 카드의 적절한 수를 계산할 줄 안다.

$$\text{kanban 카드의 수} = \frac{\text{보충시간 동안의 수요} + \text{안전재고}}{\text{상자의 크기}}$$

$$\text{보충시간 동안의 수요} = \text{보충시간} \times \text{수요율}$$

학습목표 8-6 택트타임을 계산하고 평탄화 생산계획을 수립할 줄 안다.

$$\text{택트타임} = \frac{\text{가용시간}}{\text{수요율}}$$

$$\text{목표인력} = \frac{\text{작업량}}{\text{택트타임}}$$

개념 문제

학습목표 8-1

1. 한 정형외과 의사는 Toyota 생산시스템에 관한 글을 읽고 이제 자신의 수술과정을 lean 이론에 따라 바꿔보려 한다. 수술실 내의 유휴시간을 없애기 위해 환자를 수술 6시간 전에 부르려고 한다. 이것은 lean 프로세스인가?

   a. 그렇다.

   b. 아니다.

   c. 알 수 없다.

2. Lean 방식의 운영과 가장 빈번하게 연관되는 자동차 회사는 무엇인가?

a. General Motors

b. Ford

c. Toyota

d. Honda

학습목표 8-2

3. 자전거 조립을 담당하는 어느 작업자는 페달을 조립하는 더 빠른 방법을 발견하고 상관에게 보고했다. 상관은 그 프로세스는 엔지니어 부서에서 최적화시킨 것으로 작업자는 기존의 절차를 준수해야 한다고 하였다. 이는 누구의 생각을 가장 잘 반영하는가?

a. Taylor

b. Ohno

c. Womack

d. Fujimoto

4. 학생들이 수업 사이에 건물을 이동하는 데 5분 또는 그 이상이 소요된다. 한 건물에서 다른 건물로 걸어가는 시간은 무엇인가?

a. 낭비다.

b. 비부가가치 시간이다.

c. 부가가치 시간이다.

d. 주어진 정보로는 판단할 수 없다.

5. 어느 임원은 회사가 115퍼센트의 OEE를 달성했다고 선언했다. 이것은 가능한 일인가?

a. 그렇다.

b. 아니다.

c. 가끔 그러하다.

6. 다음 중 낭비의 일곱 가지 유형에 해당하지 않는 것은 무엇인가?

a. 재작업

b. 초과시간

c. 운송

d. 재고

학습목표 8-3

7. 서비스 프로세스에서 작업량을 알면 부가가치 시간을 계산할 수 있다. 참인가 거짓인가?

a. 참

b. 거짓

8. 한 회사가 프로세스에서 부가가치 시간의 비중을 늘리고 있다. 회사의 부가가치 시간과 흐름률은 변동이 없다. 재고회전율은 어떻게 변하겠는가?(2장에서 재고회전율은 흐름률을 재고로 나누어 구한다는 것을 상기하라)

a. 재고회전율은 상승할 것이다.

b. 재고회전율은 그대로 유지될 것이다.

c. 재고회전율은 하락할 것이다.

d. 주어진 정보로는 판단할 수 없다.

학습목표 8-4

9. Toyota 생산시스템의 두 기둥은 무엇인가?

a. just-in-time과 낭비 감소

b. 낭비 감소와 내재된 품질

c. 내재된 품질과 just-in-time

d. 프로세스 개선과 낭비 감소

10. Toyota 생산시스템을 묘사한 "집 모양"의 그림에서 지붕은 무엇을 의미하는가?

a. just-in-time

b. 낭비 감소

c. 내재된 품질

d. 프로세스 개선

학습목표 8-5

11. Taichi Ohno는 호랑이의 비유를 염두에 두고 Toyota 생산시스템을 지었다. 그에 따르면, 빠르고 결단력 있는 움직임들이 수요와 공급을 일치시키는 가장 좋은 방법이다. 참인가 거짓인가?

a. 참

b. 거짓

학습목표 8-6

12. 고객이 10일 동안 1,000단위가 필요하다면, 일일 111단위를 생산하면서 나중을 위해 약간의 안전 버퍼를 두기보다는 하루에 100단위를 생산하는 것을 목표로 해야 한다. 참인가 거짓인가?

a. 참

b. 거짓

13. 수요율이 상승하면 택트타임은 어떻게 되는가?

a. 증가한다.

b. 감소한다.

14. 택트타임이 증가하면 프로세스가 필요로 하는 작업자의 수는 어떻게 되는가?

a. 더 늘어난다.

b. 더 줄어든다.

학습목표 8-5

15. 다음 중 pull 시스템에서 가장 중요한 목표는 무엇인가?

a. 수요율에 맞추어 생산하는 것

b. 장비 가동률을 유지하는 것

16. 프로세스에서 kanban의 수와 재고수준 사이의 관계는 무엇인가?

a. 둘 사이에는 아무 관련이 없다.

b. 프로세스에는 kanban 카드들을 통해 허가된 것보다 더 많은 재고가 있을 수 없다.

c. 프로세스의 재고는 kanban 카드의 수의 제곱근으로 증가한다.

d. 프로세스의 재고는 kanban 카드를 늘리면서 감소시킬 수 있다.

17. Kanban에 대한 다음 진술들 중 가장 정확한 것은 무엇인가?

a. Kanban 시스템을 적용하면 시스템상에서 작업을 push하는 대신 pull하게 된다.

b. Kanban 시스템을 적용하면 시스템상에서 작업을 pull하는 대신 push하게 된다.

c. Kanban 시스템은 재공품 재고를 통제한다.

d. Kanban은 프로세스상의 재고를 항상 줄일 것이다.

e. Kanban은 모든 작업자들을 교차 훈련시키기를 요한다.

f. A와 B

g. A와 C

h. A와 D

18. 만일 보충시간이 증가하면 프로세스상의 kanban 카드들의 수는 어찌 되는가?

a. Kanban 카드의 수는 증가한다.

b. Kanban 카드의 수는 그대로 유지된다.

c. Kanban 카드의 수는 감소한다.

d. 주어진 정보로는 판단할 수 없다.

학습목표 8-6

19. 회사는 긴 셋업시간 때문에 큰 생산 배치를 사용하기로 선택했다. 다음 중 생산계획을 평탄화시키는 데 도움이 되는 행동은 무엇인가?

a. 초과시간 사용하기

b. 최종 라인의 모델들을 섞어 생산하기

c. 재작업량을 낮게 유지하기

d. 프로세스의 낭비 줄이기

20. 회사는 A와 B의 두 가지 모델을 만들고 있다. 다음 중 어떤 것이 더 평탄화된 생산 계획인가?

a. ABABABABAB

b. AAAAABBBBB

학습목표 8-7

21. 정보소요시간의 주요 결정 요소는 무엇인가?

a. 작업자의 수

b. IT 시스템

c. 프로세스상의 재고

d. 프로세스상의 낭비의 양

22. Andon 코드를 당기면 산출량이 줄어들 수 있다. TPS에서 작업자는 다음 중 어떤 상황에서 Andon 코드를 반드시 당겨야 하는가?

a. 언제든 문제가 발생하면

b. 언제든 작업자가 라인을 멈춤에 따른 비용이 라인을 멈추지 않을 때의 비용보다 낮다고 판단할 때

c. 언제든 작업자가 휴식을 취할 때

d. 절대 당기면 안 된다.

23. 전문가가 프로세스의 산출물을 검수하는 시스템은 정보소요시간을 줄이는 데 도움이 된다. 참인가 거짓인가?

a. 참

b. 거짓

24. Kaizen은 자동화와 기술에 대한 투자를 선호한다. 참인가 거짓인가?

a. 참

b. 거짓

학습목표 8-8

25. 다음 중 Toyota 생산시스템(TPS)과 관련이 없는 용어는 무엇인가?

a. Ikko-nagashi

b. Kanban

c. Jidoka

d. Yakimono

e. Genchi genbutsu

26. Genchi genbutsu는 pull 시스템의 도입을 요한다. 참인가 거짓인가?

a. 참

b. 거짓

예시 문제와 해답

학습목표 8-2

1. Olympic 사이클경기 선수들에게 장비를 제공하는 Carbon Bike Frames(CBF)는 California의 San Diego 인근에 고가의 풍동 실험시설을 운영하고 있다. 이 시설은 선수를 위해 인체공학과 공기역학 사이의 최적의 접점을 찾아주는 데 사용된다. 현재, 점점 더 많은 선수들이 CBF의 서비스에 관심을 갖고 있기 때문에 회사는 두 번째 시설을 짓는 것을 고려하고 있다. 그러나 시설 구축에 따르는 엄청난 비용 때문에 회사는 현재의 공장을 더 효율적으로 사용하는 방법에 대해서도 알고 싶어한다. 초기에 수집된 자료들을 통해 다음의 내용들이 파악되었다.

- 한 선수에게 필요한 표준 피팅 시간은 2시간이다. 현재 풍동 시설은 신규 고객 혹은 리핏을

원하는 기존 고객을 위해 하루 평균 7번의 피팅이 이루어진다. 시설은 하루 24시간 이용 가능하다.

- CBF는 만일 자전거 피팅이 부정확하게 되었다면 무료로 두 번째 피팅을 제공한다. 대략 7명 중 2명의 고객이 리핏을 요구하며 리핏에는 최초의 피팅과 같은 양의 시간이 소요된다.
- 각 피팅 과정에서 20분은 자전거와 선수를 준비시키는 데 사용된다. 이 작업은 시설의 외부에서 진행될 수 있다. 즉, 이 작업은 다른 피팅이 진행 중일 때도 가능하다.
- 10일에 하루 꼴로 유지나 보수를 위해 풍동 시설을 닫는다.

풍동 시설의 OEE는 얼마인가? 시설은 하루에 24시간 사용될 수 있다는 것을 참고하라.

답 10일을 사용주기로 보면, 시설은 10일 동안 240시간 가용된다. 하루는 유지보수에 사용되므로 시설은 9일간 사용 가능하며 시설에서 63회(9일 × 7회)의 피팅이 가능하다. 7회 중 2회 꼴로 이루어지는 리핏은 부가가치 시간으로 간주될 수 없으므로 7회 중 5회의 피팅만이 부가가치 시간으로 간주된다. 따라서 9일 동안 총 45회의 신규 피팅이 이루어진다. 각 피팅 시간 중 100분만이 부가가치 작업을 위해 사용된다. 따라서 OEE는 다음과 같다.

$$\text{OEE} = \frac{\text{부가가치 시간(10일간)}}{\text{총 가용시간(10일간)}}$$

$$= \frac{45 \times 100\text{분}}{10 \times 24 \times 60\text{분}} = \frac{4{,}500}{14{,}400} = 0.3125$$

학습목표 8-3

2. 이름을 밝힐 수 없는 어떤 나라의 국민들은 여권을 매 10년마다 갱신해야 하는데, 여권을 갱신하려면 일련의 서류를 준비해서 우편으로 정부로 보내야 한다. 우편물의 배송시간은 평균 2일이다. 정부의 담당자가 우편물을 개봉하여 여권 갱신업무를 시작하는 데까지 4일이 걸린다. 업무에는 10분이 걸린다. 그 뒤 담당자는 보조원에게 인쇄소로 보낼 여권양식을 준비해달라고 요청한다. 보조원은 3일 동안 이 업무를 끝낸 뒤 여권양식을 인쇄소로 보내면 2일 후에 인쇄소에 도착한다. 거기서, 새로운 여권이 인쇄되기까지 평균 10일을 기다려야 하고, 인쇄에는 약 2분이 걸린다. 그 뒤 여권은 신청자에게 보내지는데 여기에는 또 다른 2일이 소요된다. 이 프로세스에서 부가가치 시간의 비율은 얼마인가? 하루에 24시간을 가용시간으로 가정하라.

답 먼저 흐름시간은 다음과 같다.

$$\text{흐름시간} = 2\text{일(우편)} + 4\text{일(담당자)} + 3\text{일(보조원)} + 2\text{일(우편)} + 10\text{일(인쇄소)} + 2\text{일(우편)} = 23\text{일}$$

부가가치 시간은 10분(담당자) + 2분(인쇄)이므로,

$$\text{부가가치 비율} = \frac{\text{흐름단위의 부가가치 시간}}{\text{흐름시간}} = \frac{12\text{분}}{23\text{분}}$$

$$= \frac{12\text{분}}{33{,}120\text{분}} = 0.000362$$

학습목표 8-4

3. Toyota 생산시스템을 가장 잘 요약하는 비유는 무엇인가?

a. 집

b. 원

c. 토끼

d. 강

답 Toyota 생산시스템의 구성요소들은 집의 형태를 취한다. 집의 최상층은(지붕) 낭비 감소의 원칙과 수요에 공급을 일치시킨다는 목표를 의미한다. 낭비 감소는 자원의 시간 낭비를 줄이는 것뿐만 아니라 흐름단위의 시간 낭비를 줄이는 것을 포함한다. 이를 통해 공급과 수요의 더 나은 일치가 가능하다. 지붕은 JIT 생산과 내재된 품질이라는 두 기둥으로 지지된다. JIT 생산은 개별단위 흐름, 평탄화 생산, 그리고 pull 시스템과 같은 개념들을 포함한다. 내재된 품질은 불량 발생 즉시 프로세스를 멈출 것을 강조한다(jidoka). 이를 통해 정보소요시간이 짧아지고 실수 예방의 형태로 프로세스 개선이 가능해진다. 집의 토대는 프로세스 개선을 중시하는 기업 문화와 변동성이 적은 안정된 환경을 의미한다.

학습목표 8-5

4. Push 시스템과 pull 시스템 사이의 차이점은 무엇인가?

a. Push 시스템은 수요가 없더라도 기계를 가동하는 것을 선호한다.

b. Pull 시스템에서 마지막 자원은 수요의 속도에 맞추어 가동된다.

c. 일반적으로 pull 시스템의 재고가 적다.

d. 위의 모든 내용들이 다 맞다.

답 Push 프로세스에서는 자원들이 처리능력과 투입물의 가용성에 따라 운영된다. 이 때문에 프로세스 내 많은 양의 재고가 발생하는데 특히 프로세스가 수요로 인해 제한된 경우에는 더욱 그러하다. pull 프로세스에서는 수요가 흐름을 결정한다. 이는 kanban 시스템이나 주문생산 시스템을 통해 이루어질 수 있다.

5. 자동차 공장에서 와이퍼는 kanban 시스템을 통해 보충되고 있다. 프로세스에 관한 자료들은 다음과 같다.

- **일일 수요는 800단위이다(한 단위는 와이퍼 한 쌍).**
- **생산 리드타임은 2일이다(이는 처리시간, 운송시간, 그리고 대기시간을 포함).**
- **관리자는 0.5일의 안전재고를 갖고 있기로 결정했다.**
- **부품 상자 하나에는 200단위를 담을 수 있다.**

이 시스템에는 몇 개의 kanban 상자가 필요한가?

답 먼저 생산 리드타임 동안의 수요량은 다음과 같다.

$$\text{리드타임 동안의 수요} = \text{리드타임} \times \text{수요율}$$
$$= 2\text{일} \times 800\frac{\text{단위}}{\text{일}} = 1{,}600\text{단위}$$

0.5일 분의 안전재고는 $0.5 \times 800\frac{\text{단위}}{\text{일}}$=400단위에 해당한다. 안전재고의 양과 부품상자의 크기가 200단위임을 감안하면,

$$\text{kanban 상자의 수} = \frac{\text{리드타임 동안의 수요} + \text{안전재고}}{\text{상자의 크기}}$$

$$= \frac{1{,}600 + 400}{200} = 10$$

따라서, 10개의 상자가 필요하다.

학습목표 8-6

6. 어느 프로세스는 두 제품 A와 B를 만들고, 주 5일, 하루 7시간을 운영한다. 두 제품에 대한 다음 주의 수요는 다음과 같다.

- 1일: A: 3; B: 5
- 2일: A: 2; B: 6
- 3일: A: 4; B: 7
- 4일: A: 2; B: 5
- 5일: A: 3; B: 5

이 프로세스의 택트타임은 얼마인가? 생산평탄화는 어떻게 가능한가?

답 두 제품에 대한 주간 총 수요는 42단위인데 이 수량은 주간 35시간 동안에 생산되어야 한다. 택트타임은 다음과 같다.

$$\text{택트타임} = \frac{\text{가용시간}}{\text{수요율}}$$

$$= \frac{35\text{시간}}{42\text{단위}} = 0.83333\frac{\text{시간}}{\text{단위}}$$

다음 주의 수요는 A 14단위, B 28단위이므로 1 : 2의 비율로 생산해야 한다. 따라서 평탄화 생산계획은 ABBABBABBABB…와 같은 형태를 띤다.

학습목표 8-7

7. Toyota 생산시스템에서 jidoka의 의미는 무엇인가?

a. 생산 평탄화, 각기 다른 모델들이 조립라인에서 서로 섞여 생산되는 것을 의미
b. 지속적 개선, 작업자들이 생산 프로세스를 향상시키기 위해 미팅을 주관하는 것을 의미
c. 재고관리 시스템, 부품들이 필요할 때만 보충되는 시스템을 의미
d. 교체와 셋업시간의 공격적인 감소
e. 활용률을 최대로 하기 위해 지속적으로 라인 균형잡기
f. 넓은 범위의 기술에 대한 작업자들의 교차훈련
g. 위의 어느 것도 아니다.

답 위의 어느 것도 아닌 g가 jidoka의 의미를 반영한다. Jidoka는 작업자가 문제를 발견하면 언제든지 기계를 중지하고 프로세스를 검사하여 개선시키는 것을 의미한다.

8. 비디오게임기의 컨트롤러를 만드는 생산 프로세스는 30초/단위의 사이클타임으로 운영되고 있

다. 프로세스는 10개의 작업단계로 구성되어 있고 가장 불량이 잘 발생하는 단계는 2번째 단계이다. 프로세스의 마지막 단계에서 검수가 이루어지고 2번째 단계와 검수단계 사이에 약 600단위의 재고가 있다. 2번째 단계에서 발생한 불량에 대한 정보소요시간은 얼마인가?

답 불량이 발생한 흐름단위는 나머지 8개 단계를 통과해야 한다. 흐름률은 분당 2단위이고 재고는 600단위이다. 따라서 불량품이 검수단계에서 발견되기까지 300분이 걸린다. 리틀의 법칙을 적용하면, 600단위=2단위/분 × 흐름시간, 흐름시간이 300분임을 알 수 있다.

학습목표 8-8

9. 다음 중 kaizen의 개념을 가장 잘 표현한 것은 무엇인가?

a. 이에 대한 예로서 불필요한 움직임을 해야 하는 노동자(즉, 부품이나 도구 등을 구하기 위해 이리저리 움직여야만 하는), 결함 있는 부품이 사용되는 작업, 그리고 유휴시간을 들 수 있다.

b. 예를 들어, 현장 작업자가 결함을 발견하여 상관에게 도움이 필요하다고 신호를 보낼 수 있게 하는 시스템. Jidoka 원리를 적용하기 위해 사용된다.

c. 특정 (바람직하지 않은) 결과의 근본 원인을 파악하는 과정을 구조화하기 위해 사용되는 브레인스토밍 기법

d. 이 철학의 예로서, 공장의 작업자가 프로세스 개선에 대한 아이디어를 기록하기 위해 현장에 필기도구를 갖고 다니는 것을 들 수 있다.

e. 재공품 재고의 양을 통제하는 방법

f. 만일 자동차 조립공장이 이 기법을 사용한다면, 생산되고 있는 일련의 자동차들은 고객 수요와 같은 비율로 혼합된 모델들 일 것이다(예를 들어, 선루프가 있는 모델 A, 선루프가 없는 모델 A, 모델 B, 선루프가 있는 모델 B).

답 d

10. 다음 중 Andon의 개념을 가장 잘 표현한 것은 무엇인가?

a. 이에 대한 예로서 불필요한 움직임을 해야 하는 노동자(즉, 부품이나 도구 등을 구하기 위해 이리저리 움직여야만 하는), 결함이 있는 부품이 사용되는 작업, 그리고 유휴시간을 들 수 있다.

b. 예를 들어, 현장 작업자가 결함을 발견하여 상관에게 도움이 필요하다고 신호를 보낼 수 있게 하는 시스템. Jidoka 원리를 적용하기 위해 사용된다.

c. 특정 (바람직하지 않은) 결과의 근본 원인을 파악하는 과정을 구조화하기 위해 사용되는 브레인스토밍 기법.

d. 이 철학의 예로서, 공장의 작업자가 프로세스 개선에 대한 아이디어를 기록하기 위해 현장에 필기도구를 갖고 다니는 것을 들 수 있다.

e. 재공품 재고의 양을 통제하는 방법.

f. 만일 자동차 조립공장이 이 기법을 사용한다면, 생산되고 있는 일련의 자동차들은 고객 수와 같은 비율로 혼합된 모델들 일 것이다(예를 들어, 선루프가 있는 모델 A, 선루프가 없는 모델 A, 모델 B, 선루프가 있는 모델 B).

답 b

11. 다음 중 heijunka의 개념을 가장 잘 표현한 것은 무엇인가?
  a. 이에 대한 예로서 불필요한 움직임을 해야 하는 노동자(즉, 부품이나 도구 등을 구하기 위해 이리저리 움직여야만 하는), 결함이 있는 부품이 사용되는 작업, 그리고 유휴시간을 들 수 있다.
  b. 예를 들어, 현장 작업자가 결함을 발견하여 상관에게 도움이 필요하다고 신호를 보낼 수 있게 하는 시스템. Jidoka 원리를 적용하기 위해 사용된다.
  c. 특정 (바람직하지 않은) 결과의 근본 원인을 파악하는 과정을 구조화하기 위해 사용되는 브레인스토밍 기법
  d. 이 철학의 예로서, 공장의 작업자가 프로세스 개선에 대한 아이디어를 기록하기 위해 현장에 필기도구를 갖고 다니는 것을 들 수 있다.
  e. 재공품 재고의 양을 통제하는 방법
  f. 만일 자동차 조립공장이 이 기법을 사용한다면, 생산되고 있는 일련의 자동차들은 고객 수와 같은 비율로 혼합된 모델들 일 것이다(예를 들어, 선루프가 있는 모델 A, 선루프가 없는 모델 A, 모델 B, 선루프가 있는 모델 B).

답 f

응용 문제

학습목표 8-1

1. 당신은 공항의 보안검색대가 얼마나 lean한 방식으로 운영되는지 궁금해졌다. 다른 무엇보다도, 신분증을 검사하고 여행자와 수화물을 검색하는 데 30초가 소요되고 있는 것을 관찰하였다. 그러나 평균적인 고객은 이 프로세스에서 약 20분을 소요한다. 이 관찰은 다음 중 어떤 것에 해당하는가?
  a. 처리능력의 낭비
  b. 흐름단위의 시간 낭비
  c. 재료의 낭비
  d. 이 관찰은 lean과는 무관하다.

학습목표 8-2

2. 공항을 방문했을 때를 상기하면서, 보안검색대의 직원이 하는 일 중 어떤 부분이 낭비이며, 어떤 부분이 비부가가치 작업이고, 어떤 부분이 부가가치 작업인지 판단해보자. 직원들이 수행하는 작업들은 다음과 같다. (a) 신분증 검사, (b) 여행자들에게 신발을 벗으라고 지시, (c) X-ray 기계의 시작부분에 물건을 담는 통들을 가져다 놓음, (d) X-ray 기계의 스크린 관찰, (e) 액체가 담긴 가방을 발견하면 재검을 위해 가방을 X-ray 기계에 가져다 놓음, 그리고 (f) 여행자들이 도착하기를 기다림.
   상기 각 작업을 각각 낭비, 부가가치 작업, 혹은 비 부가가치 작업으로 분류하라.

3. 하루 24시간 사용 가능한 복사기가 일일 평균 100개의 작업을 수행한다. 각 작업은 복사기에서 3분 동안 진행되는데, 2분은 복사에 그리고 1분은 셋업(로그인하고 작업지시)에 소요된다. 전체 작업 중 약 20%가 재작업 되어야 하는데 이 경우 셋업시간과 복사시간이 다시 진행되어야 한다. 나머지 시간 동안에는 복사기는 유휴상태이다. 이 장비의 OEE는 얼마인가?

학습목표 8-3

4. 자전거 제조공장의 용접공정에서, 자전거 프레임은 11.5시간 정도의 흐름시간을 보내야 한다. 용접공정에 쓰이는 시간은 다음과 같다. 절단기계 앞에서 배치가 시작되기를 기다리는 데 2시간, 절단기계의 셋업에 2시간, 배치 내 다른 단위들이 절단되기를 기다리는 데 1시간, 절단기계에서 1분의 절단, 그리고 용접기계로 이동되기를 기다리는 데 3시간. 그리고 난 뒤, 용접기계 앞에서 배치가 시작되기를 기다리는 데 1시간, 용접기계의 셋업에 1시간, 배치 내 다른 단위들이 용접되기를 기다리는 데 0.5시간, 용접기계에서 0.5분의 용접, 그리고 다른 부서로 이동되기를 기다리는 데 1시간을 소요한다.

정확한 흐름시간은 얼마인가? 흐름시간의 부가가치 비율은 얼마인가?

학습목표 8-4

5. 다음의 전략 또는 기법들 중 프로세스의 재고를 줄이는 것은 무엇인가?
   a. 관리도
   b. Jidoka
   c. Poka-yoke
   d. Heijunka

6. 다음의 전략 또는 기법들 중 품질향상을 위해 jidoka의 원리를 사용하는 것은 무엇인가?
   a. 전환시간 줄이기
   b. Ikko-nagashi
   c. Andon
   d. Kanban

학습목표 8-5

7. 용접부서는 최종 조립라인에 부품을 공급한다. 관리자는 kanban 시스템을 도입하기로 결정하고 다음의 자료들을 모았다.

   (a) 일일 수요는 2,000단위이다.
   (b) 생산 리드타임은 4일이다(이는 처리시간, 운송시간, 그리고 대기시간을 포함).
   (c) 관리자는 1일 분의 안전재고를 갖기로 하였다.
   (d) 한 부품상자는 400단위를 담을 수 있다.

   이 시스템을 유지하기 위해 얼마나 많은 kanban 상자가 필요한가?

학습목표 8-6

8. 어느 프로세스는 A와 B의 두 제품을 만들고 주 5일, 하루에 8시간을 운영한다. 이 두 제품에 대한 다음 주의 수요는 다음과 같다.

- 1일: A: 20; B: 26
- 2일: A: 10; B: 15
- 3일: A: 20; B: 19
- 4일: A: 18; B: 20
- 5일: A: 12; B: 20

이 프로세스의 택트타임은 얼마인가? 생산평탄화는 어떻게 가능한가?

학습목표 8-7

9. 노트북 컴퓨터의 조립라인은 10개의 작업단계들로 구성되고 단위당 2분의 사이클타임으로 운영된다. 프로세스에서 가장 불량이 발생하기 쉬운 단계는 2번째 단계이다. 프로세스는 기계에 의해 주도되기 때문에 작업단계들 사이에 재고는 없다. 최종 검수는 10번째 단계에서 이루어진다. 2번째 단계에서 발생한 결함에 대한 정보소요시간은 얼마인가?

학습목표 8-8

10. 다음 중 jidoka에 가장 밀접히 연관된 일본어 용어는 무엇인가?

a. Andon

b. Ikko-nagashi

c. Heijunka

d. Kanban

사례 Uber 대 택시

택시를 운전하려면 면허가 있어야 한다. 뉴욕시의 택시 면허는 고급 부동산처럼 희귀하고 비싸다. 뉴욕시의 택시 면허가 한참 비쌀 때는 10억이 넘었었다. 전화나 스마트폰 앱을 통해 차량과 고객을 연결하는 회사들이 성공하면서, 이 가격은 크게 떨어졌다. 2017년 이 가격은 면허당 4천만 원 정도였다. 택시 면허의 가격이 이처럼 떨어졌어도 지금 뉴욕시를 주행하는 택시들은 Rolls-Royce 자동차사의 고급 모델인 Phantom만큼의 자본이 투자된 것들이다. 따라서 높은 자본 비용을 회수하기 위해 가능하면 많은 승객을 태워야 한다는 상당한 압력이 존재한다. 하지만 하루는 24시간으로 제한되어 있다. 더욱이, 업계 데이터는 택시가 가치를 창출할 수 있는 시간을 줄이는 다양한 형태의 비효율성에 직면하고 있음을 보여준다.

- 첫 번째 비효율성은 택시가 도로에 있지 않을 때 발생한다. 차량 한 대에 하루에 여러 번의 운전자 교대가 이루어진다고 하더라도, 차량이 차고나 주차장에 주차하고 있는 순간들이 있다. 이는 차량 정비 때문일 수도 있고 수요가 너무 적어 운전자 임금을 감당하지 못하기 때문일 수 있다. 성수기(목요일 밤)에는 뉴욕시 내 13,437대의 택시 중 12,000여 대가 운행되고 있다. 하지만 월요일 새벽 3시가 되면 이 숫자는 확 떨어져 평균적으로 전체 택시의 약 70% 정도만 운행되고 있다. 즉, 30%는 도로에 있지 않다는 것이다.
- 더욱 고통스러운 것은 차량은 운행 중이지만 승객이 없는 순간이다. 이 경우, 택시 회사 또는 소유자는 택시 면허 비용에 대한 자본 비용뿐만 아니라 운전자의 인건비까지 부담하고 있다. 얼마나 자주 이런 일이 발생하는가? 뉴욕의 택시가 주행 중일 때 승객이 탑승하고 있는 시간은 절반에 불과하다.
- 마지막으로, 승차 요금 결제 시점에 또 다른 비효율성이 발생한다. 현재 뉴욕의 일부 택시들은 앱을 통한 결제를 허용하고 있지만, 대부분의 결제는 여전히 운전자의 시간을 필요로 하는데, 이 시간 동안 택시는 유휴 상태에 있다.

택시와 같은 값비싼 자원이 어떻게 사용되는지를 이해하기 위해, 택시 차량의 가용 시간이 부가가치 창출 활동(고객이 승차한 경우)과 그 외 활동에 어떻게 사용되는지를 보여주는 OEE 차트를 그려보자. 이를 위해, 먼저 하루 24시간을 의미하는 막대기를 맨 왼쪽에 그리고 난 뒤 단계별로 비효율성을 시각화한 후 맨 오른쪽에 부가가치 시간을 표시해보라. 이를 통해 OEE를 추정해볼 수 있다.

마지막으로, 이 OEE 차트가 Uber와 Lyft와 같이 전화나 스마트폰 앱을 통해 차량과 승객을 연결하는 회사들의 경우에는 어떻게 다를 것인지 논의해보자. 이 기업들이 극복한 비효율성은 무엇인가? 그리고 이러한 개선된 효율성이 고객 효용에 어떤 영향을 미쳤는가?

출처: Based on Siggelkow and Terwiesch, Connected Strategies (Harvard Business School Press, 2019).

사례 NIKE

스포츠용품 제작업체인 Nike는 250억 달러 이상의 매출을 올리고 있다. 회사의 제품들은 세계적으로 알려져 있고 전문가들은 Nike 브랜드가 약 200억 달러의 가치가 있다고 판단하고 있다. 그런데 250억 달러의 매출을 이루는 그 모든 신발과 의류를 누가 생산하는가?

2013년에 Nike는 대략 9억 개의 제품을 생산했다. Nike의 고용인원이 48,000명 정도라는 것을 감안하면, 매해 각 직원이 18,750단위를 생산한다고 볼 수 있는데 이는 한 명의 Nike 작업자가 생산하기에는 불가능한 양이다. Nike는 이러한 생산량을 달성하기 위해 그들의 생산 대부분을 전 세계에 걸쳐 있는 800개의 계약생산자들에게 아웃소싱한다. 이를 통해 Nike의 노동력은 100만 이상으로 증가한다.

1990년대 후반 Nike는 작업환경과 품질문제 모두를 해결하기 위해 lean 생산시스템을 도입했다. Toyota의 컨설턴트가 고용되어 Nike의 신발 공정의 필요에 맞추어 TPS를 재해석하였는데, 이 공정은 Nike가 제일 먼저 lean 원칙을 도입

[계속]

© Mark Steinmetz

하기로 결정한 공정이었다.

Nike가 TPS를 도입하는 과정에서 특징적인 부분들은 다음과 같다.

- 신발의 흐름 중심으로 프로세스를 조직하는 것
- 택트타임을 이용하여 생산 프로세스의 균형을 잡는 것
- 버퍼와 재공품 재고를 줄여 낭비를 제거하는 것
- 작업자를 품질관리와 프로세스 개선에 참여시키는 것
- 변동성을 줄이고 작업을 표준화하여 프로세스를 안정시키는 것

Nike는 또한 계약생산업자들을 품질, 비용, 배송 그리고 지속성의 관점에서 평가하기 위해 Manufacturing Index를 개발했다. 현재 기준을 달성하거나 넘어서는 공장들은 보상을 받았다. 이러한 노력의 결과로 Nike는 생산성, 불량률, 그리고 배송시간에서 지속가능한 개선을 달성할 수 있었다.

가장 많은 Nike의 계약생산업체들이 있는 나라는 베트남이다. 베트남의 인건비가 오르긴 했지만 이 나라의 2014년 기준 최소임금은 여전히 한 달에 150달러 이하이다. 당신이 보기에, Nike의 lean 생산에 대한 강조가 베트남 노동자들에게 도움이 된다고 생각하는가 아니면 해가 된다고 생각하는가?

출처: Greg Distelhorst, Jens Hainmueller, and Richard M. Locke, "Does Lean Improve Labor Standards? Management and Social Performance in the Nike Supply Chain" (Watson Institute for International Studies Research Paper No. 2013-09; Rotman School of Management Working Paper No. 2337601, September 22, 2014).

http://www.nikeresponsibility.com/how/value/make

http://english.vietnamnet.vn/fms/society/89621/minimum-wage-to-increase-from-2014.html/

참고 문헌

Fujimoto, Takahiro. *Evolution of Manufacturing Systems at Toyota*. New York: Productivity Press, 1999.

Kc, Diwas S., and Christian Terwiesch. "The Impact of Workload on Service Time and Patient Safety: An Econometric Analysis of Hospital Operations." *Management Science* 55, no. 9 (2009), pp. 1486–98.

Liker, Jeffrey K. The Toyota Way: 14 *Management Principles from the World's Greatest Manufacturer*. New York: McGraw-Hill Professional, 2003.

Marcus, Steve; Christian Terwiesch; and Jennifer Gutierrez. "A Time-and-Motion Study of Primary Care Provider." Working paper.

Ohno, Taiichi. *Toyota Production System: Beyond Large-Scale Production*. Portland, OR: Productivity Press, 1988.

Schultz, Kenneth L.; David C. Juran; and John W. Boudreau. "The Effects of Low Inventory on the Development of Productivity Norms." *Management Science* 45, no. 12 (1999), pp. 1664–78.

Taylor, Frederick Winslow. *The Principles of Scientific Management*. 1911.

Womack, James, and Daniel T. Jones. *Lean Thinking: Banish Waste and Create Wealth in Your Corpo-ration*. 2nd ed. New York: Free Press, 2010.

http://www.post-gazette.com/stories/sectionfront/life/louis-vuitton-tries-modern-methods-on-factory-lines-453911/

memo

9 품질 및 통계적 프로세스 관리

학습목표

9-1 임의 변동과 원인 변동을 구별할 수 있고 입력변수, 환경변수, 결과변수를 구별할 수 있다.

9-2 프로세스 역량지수와 불량 확률을 계산할 수 있다.

9-3 관리도를 작성하고 이를 프로세스 내에 비정상적 변동이 존재하는지를 판단하기 위해 쓸 수 있다.

9-4 어골도 및 파레토도를 작성할 수 있다.

9-5 견고한 프로세스의 구축을 통해 불량을 줄이는 것을 설명할 수 있다.

9-6 불량을 설명하기 위해 이벤트 트리를 작성할 수 있다.

9-7 p-관리도를 작성할 수 있다.

이 장의 개요

© Stephen Simpson/Getty Images

소개

대부분의 제품 및 서비스 프로세스는 품질문제에 직면하게 된다. 항공사는 수화물을 분실하고, 컴퓨터 제조사는 불량 디스크드라이브가 내장된 노트북을 배송하기도 하며, 약국은 잘못된 약을 환자에게 주고, 택배 회사는 물건을 잘못 배달하거나 분실하기도 한다. 이렇게 소비자들이 직접적으로 인지할 수 있는 품질문제도 있지만, 많은 품질문제들은 소비자가 알 수 없는 곳에서도 일어나는데 이는 기업의 프로세스 내에서 감지되고 수정되기 때문이며 이 때문에 생산비용이 상당히 증가하기도 한다. 이번 장의 목적은 품질문제가 무엇이고, 왜 일어나며, 품질문제의 빈도를 줄이기 위해 운영과정을 어떻게 개선할 수 있는지를 이해하는 데 있다.

이번 장에서 보게 되겠지만, 변동성은 모든 품질문제의 근본 원인이다. 변동성이 없다면 프로세스는 항상 원하는 대로 작동하므로 우리가 이 장을 공부할 필요가 없게 되겠지만, 반대의 경우에는 프로세스가 원하는 대로 작동하지 않아 비즈니스 자체가 아예 불가능할 수 있다. 변동성이 품질에 중요한 영향을 미치기에 이 장에서는 통계학을 기반으로 만들어진 방법과 틀을 자주 사용할 것이다.

변동성이 품질에 미치는 영향을 이해하기 위해 다음의 예시를 살펴보자.

- European Union(EU) 위원회 규정 1677/88은 농가에서 생산한 오이가 1종이나 "특별 종"으로 분류되려면 오이의 길이 10cm당 휘어짐의 정도가 10mm 이하이어야 한다고 명시하고 있으며, 2종 오이는 이 규정의 두 배까지의 휘어짐을 허용한다. 이 규정은 위원회도 농산물 생산과정에 변동성이 있어 오이가 각기 다른 모양과 크기로 생산된다는 것을 인지하고 있다는 것을 반증한다. 또한 EU의 관료에 따르면 일직선으로 곧게 자란 오이가 이상적인 모양이며 오이에 휘어짐이 많을수록 상품성이 떨어진다고 한다.
- 2013년 가을, 상장회사인 전자제품 소매회사 Tweeter의 주가가 하루 만에 1,400% 상승했다. Tweeter의 주식 거래량도 일일 평균 29,000주에서 하루 사이에 1,440만 주로 급상승했다. 왜일까? 일부 투자자들이 Tweeter와 새로운 상장을 추진하던 Twitter를 혼동했기 때문이다. Twitter가 종목 기호를 TWTRQ에서 THEGQ로 바꾸자 Tweeter의 주가는 몇 시간 만에 평소 수준으로 하락했다.
- 독일 Münster 의과대학 병원에서 인턴 중이던 의대 학생이 아기에게 약물을 경구로 투입하지 않고 정맥에 주입했다. 경구 주사기와 정맥 주사기의 디자인이 동일했기 때문에 발생한 사고였다. 해당 주사기는 과거에는 별 문제없이 사용되었지만 이번에는 안타깝게도 그 아이는 그날 사망했다.
- 품질문제로 인해 MS *Estonia* 호 사건에서 많은 목숨들이 희생되었다. 1994년 9월 28일, 크루즈 페리 MS *Estonia* 호는 Estonia의 Tallin을 출발하여 Baltic Sea를 항해하고 있었다. 그날은 파도가 거칠었고 선박의 화물은 약간 불균형한 상태로 적재되어 있었다. 하지만 MS *Estonia* 호는 기상이 안 좋았던 날에도 문제없이 운항했던 경험이 많았으며 페리에 적재된 화물이 완벽히 균형 잡힌 경우는 드문 일이었다. 하지만 이날 선박의 안전에 영향을 미치는 많은 변수들이 좋지 않은 방향으로 중첩되었다. MS *Estonia* 호는 침몰하여 800명 이상의 목숨을 앗아갔으며 Titanic호 침몰 사건 이후 최악의 해상 재난 사건 중 하나로 기록되었다.

EU의 코믹한 오이 규제, Twitter와 Tweeter 간의 재미있는 혼동부터 인명 사고가 발생한 비극적인 독일 병원과 MS *Estonia* 호 사건을 통해 이러한 상황에서 변동성이 미치는 영향을 이해하는 것이 프로세스를 분석하고 개선하는 데 매우 중요하다.

9.1 통계적 프로세스 관리의 틀

변동성은 어디에나 존재한다. 경영학 교재에서 너무 시적인 표현일 수도 있지만, 똑같은 눈송이는 없다. 오이도 마찬가지다. 자연이 만들어내는 임의성 때문에 모든 오이의 크기와 휘어짐의 정도는 다르다. 오이들 간의 모양과 크기의 변동성은 전적으로 임의적이다. 오이 50개를 같은 토양에서 키우고, 같은 주기로 물을 주고, 같은 양의 햇볕에 노출시킨다 하더라도 50개의 서로 다른 오이를 수확하게 된다. 이러한 자연적인 변동성을 **자연 변동(natural variation)** 또는 **임의 변동(common cause variation)**이라고 부른다.

임의 변동은 약물의 효과에서도 존재한다. 동일한 의학적 상황에 처한 두 명의 아기에게 동일한 치료가 이루어졌어도 반응은 다를 수 있다. 하지만 Műnster에서 발생한 유아 사망

학습목표 9-1
임의 변동과 원인 변동을 구별할 수 있고 입력변수, 환경변수, 결과변수를 구별할 수 있다.

자연 변동 전적으로 임의성의 결과로 발생된 프로세스 내의 변동성(다른 말로 임의 변동)

© Ken Welsh/AGE fotostock

사건은 임의 변동에 의한 결과가 아니다. 의대생이 실수로 약물을 정맥으로 투여하는 바람에 경구 투여보다 약물이 신체에 빠르게 흡수되어 발생한 일이었다. 이는 자연 변동의 영향이 아니고 약물이 통상적인 경우보다 빠르게 체내 흡수된 이유를 간단히 설명할 수 있다. 이 경우, 우리는 원인을 특정할 수 있는 변동, 즉 **원인 변동(assignable cause variation)**을 다루고 있는 것이다.

임의 변동 전적으로 임의성의 결과로 발생된 프로세스 내의 변동성(다른 말로 자연 변동)

원인 변동 입력변수나 환경변수의 특정 변화로 인해 생기는 변동

입력변수 관리자의 통제하에 있는 프로세스 내의 변수

환경변수 관리자의 통제하에 있지 않지만 프로세스의 결과에 영향을 미칠 수 있는 프로세스 내의 변수

결과변수 프로세스 결과의 품질을 평가하는 측정지표

불량 프로세스 규격에 적합하지 않음.

규격 산출물의 결과변수가 불량인지의 여부를 판단하는 일련의 규칙들

임의 변동과 원인 변동은 프로세스의 성능에 영향을 미친다. 프로세스에서 결과물이 만들어지는 과정을 그림 9.1에 묘사된 것처럼 개략적으로 생각해볼 수 있는데, 프로세스의 관리방식과 운영자가 다수의 **입력변수(input variables)**에 영향을 미칠 수 있다. Twitter(혹은 Tweeter)의 주식거래에서, 어떤 주식을 살 것인가, 몇 주를 살 것인가, 주당 얼마를 지불할 것인가 같은 결정은 입력변수에 관한 것들이다. 그러나 온라인 주식거래처럼 간단하고 소수의 입력변수만 있는 경우는 드물다. 상대적으로 쉬운 일인 오이를 재배하는 것조차 관개 상태, 비료 사용, 채광의 정도, 살충제 사용 등 수많은 변수가 있다. 의료서비스나 선박 혹은 항공기의 운영에는 더 많은 입력변수가 있다.

입력변수만 프로세스의 결과물에 영향을 미치는 것은 아니다. 일반적으로 **환경변수(environmental variables)**도 영향을 미친다. 예를 들어, MS *Estonia* 호 사건에서 날씨와 바다를 환경변수로 생각할 수 있다. 환경변수는 입력변수와 달리 관리자의 직접적 통제하에 있지 않다. 이들은 그냥 발생하며 대부분의 경우 품질에 좋지 않은 영향을 미친다. 반도체 생산같이 높은 정밀도를 요하는 프로세스의 경우에는 작은 먼지 분자나 진동이 생산품을 망칠 수 있기 때문에 사소한 환경변수의 변화에도 매우 취약하다.

프로세스의 결과물은 여러 가지 **결과변수(outcome variables)**를 활용하여 측정할 수 있다. 결과변수는 오이의 곡률이 될 수도 있고, 보트가 한쪽으로 기울어진 각도 등일 수 있다. 결과변수의 값에 따라 **불량(defective)**인지의 여부가 사전에 정해진 **규격(set of specifications)**에 의해 결정된다. 규격을 결과변수의 수용 가능한 값이라고 정의할 수 있는데, 오이의 경우, 규격은 수용 가능한 곡률인지를 결정하는 기준이 된다.

오이의 경우처럼 수리적 정의를 이용하여 결과변수에 기반한 불량을 정의할 수도 있지

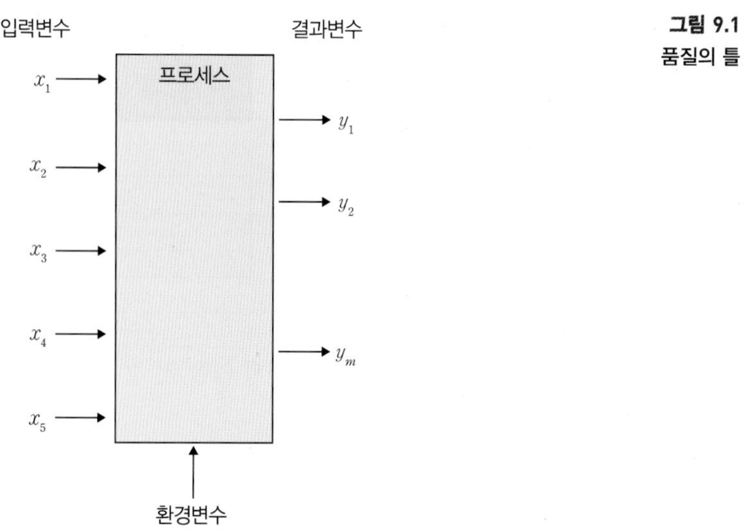

그림 9.1
품질의 틀

만("오이의 길이 10cm당 10mm 이상의 휘어짐이 있을 경우 1종으로서는 불량으로 판단한다"), 수리적인 기준을 설정하는 것이 어려울 수도 있다. 예를 들어, 의대 학생이 실수로 정맥에 약물을 투여했고 이로 인해 오류가 생겼다는 것을 알지만 수리적인 공식으로 이 상황을 설명하기는 어렵다.

그림 9.1은 입력변수, 환경변수, 결과물, 불량의 관계를 보여주고 있다. 이 틀에 기반하여 다음의 사항들을 유추할 수 있다.

- 불량이 발생하려면 결과물에 변동성이 있어야 한다. 그런데 결과물에 변동이 생기려면 입력변수나 환경변수에 변동이 있어야 한다. 따라서 불량을 진단할 때에는 입력이나 환경변수(들)에서 불량의 원인을 찾아야 한다. 불량의 원인을 제공하는 변수(들)을 불량의 **근본 원인(root cause)**이라 부른다.
- 잘 관리되는 프로세스라도 입력변수나 환경변수에 임의 변동이 발생할 수 있다. 관리의 목표는 그러한 변동을 낮은 수준으로 유지하고 이러한 변동이 추후에 결과변수의 큰 변동으로 이어져 불량이 발생하지 않도록 프로세스를 설계하는 것이다.
- 입력 및 환경변수에서의 임의 변동을 통제해야 하듯이 입력변수에서의 원인 변동 또한 불량으로 이어지는 것을 막아야 한다. 입력변수나 환경변수에서의 (임의 또는 원인) 변동을 잘 흡수하여 결과변수의 큰 변동이나 불량으로 이어지지 않는 프로세스를 **견고(robust)**하다고 정의한다. 예를 들어, 병원에서 일반 주사기를 통해 약물이 투여되는 프로세스는 미숙련 의료인에게는 견고한 과정이라고 말할 수 없다. 경구 투여를 위한 주사기와 정맥 투여를 위한 주사기가 달라서 다른 목적에는 쓰일 수 없도록 디자인된 프로세스가 더 견고한 프로세스이다.
- 그림 9.1에서, 복수의 입력변수들이 결과변수에 영향을 미칠 수 있음을 볼 수 있다. 이 때문에, x_1 변수의 좋지 않은 값이 x_2 변수의 좋지 않은 값과 겹쳐서 발생하는 식으로 변동성들이 누적될 수 있다. MS *Estonia* 호와 같은 프로세스는 악천후를 견딜 수 있고, 적재 화물의 불균형을 견딜 수 있으며, 운영자의 실수를 견딜 수 있다. 그러

근본 원인 불량의 근본 원인은 불량을 발생시킨 입력 혹은 환경변수의 변화이다.

견고함 입력 혹은 환경변수에서의 변동에 대한 내재된 내성 덕분에 결과에서 불량을 만들어내지 않을 수 있는 프로세스 역량

그림 9.2
통계적 프로세스 관리의 틀

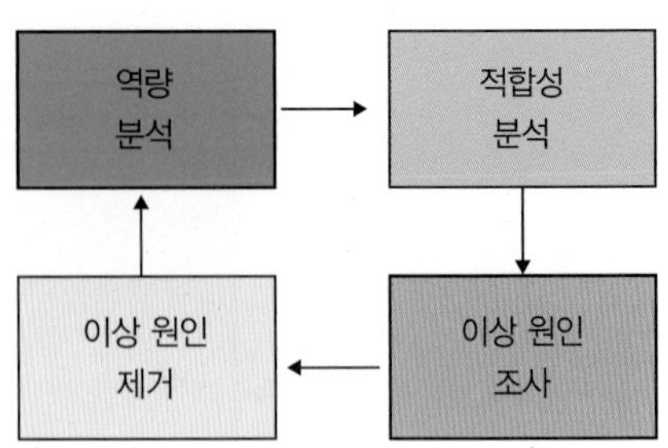

나 재해는 일반적으로 통계적으로 일어나지 않을 것 같은 상황들이 동시에 일어나면서 생긴다.

통계적 프로세스 관리(SPC) 실증적 측정 및 입력, 환경 및 결과변수들의 통계적 분석을 중심으로 만들어진 운영관리의 한 체계

운영 관리자로서 우리의 목표는 품질문제를 이해하고 근본 원인을 파악한 뒤 프로세스를 재설계하여 문제의 발생빈도를 줄이는 데 있다. 그림 9.2는 이 목표를 달성하기 위해 이 장에서 사용할 접근법을 요약 정리하고 있다. 이 방법은 우리가 지금까지 강조한 변동의 개념과 통계적 접근에 기반하여 **통계적 프로세스 관리(statistical process control; SPC)**라 알려져 있다.

이해도 확인하기 9.1

© *Michael Lamotte/Cole Group/Getty Images*

질문 카페에서 제공하는 치킨 수프는 외부 업체로부터 공급받은 뒤 주방에서 데워서 판매된다. 수프는 큰 냄비에서 끓여진 뒤 직원이 큰 국자를 이용하여 작은 그릇에 담아 학생들에게 전달한다. 이 과정에서 다음과 같은 변수들이 존재한다.

- 외부 온도
- 그릇에 담기기 전에 수프가 데워진 시간
- 학생의 그릇에 담긴 수프의 온도
- 수프가 데워진 온도
- 수프를 보관할 때 쓰였던 냄비의 보관 상태
- 직원이 학생들에게 배식하려고 국자를 담글 때 수프 냄비가 개봉되어 있었던 시간

이 중 (a) 입력변수, (b) 결과변수, (c) 환경변수에 해당하는 변수들은 무엇인가?

답 입력변수는 "그릇에 담기기 전에 수프가 데워진 시간", "수프가 데워진 온도", "수프를 보관할 때 쓰였던 냄비의 보관 상태"과 "직원이 학생들에게 배식하려고 국자를 담글 때 수프 냄비가 개봉되어 있었던 시간"이다. 결과변수는 "학생 그릇에 담긴 수프의 온도"이다. 환경변수는 "외부 온도"이다.

질문 두 학생이 치킨 수프에 있는 고기의 양을 비교해보니 학생 A는 학생 B보다 두 배 많은 고기를 받았다. 이 학생들은 고기 양의 차이가 임의 변동의 영향인지 이상 원인의 존재 때문인지 토론 중이다. 이상 원인이 될 수 있는 예로 무엇이 있을까?

답 고기의 양은 그릇별로 다르다. 두 그릇에 정확하게 같은 양의 고기가 담기는 경우는 절대 있을 수 없다. 이는 우선 임의 변동의 결과이다. 하지만, 두 그릇 간의 차이가 클수록 이상 원인이 존재할 가능성이 높아진다. 이상 원인의 예로는 (a) 학생이 배급 받은 시간(고기가 바닥으로 가라앉아 먼저 배식받은 학생이 적은 양의 고기를 받아 갔을 수 있다), (b) 수프 제조과정에서의 결함/실수, 그리고 (c) 배급하는 사람이 수프를 젓지 않았을 가능성 등이 있다.

통계적 프로세스 관리는 다음의 4단계로 구성되어 있다.

1. 프로세스에서 현재 발생하고 있는 결과의 변동성을 측정하고 이 변동성을 결과물의 규격과 비교하여 불량의 발생 가능성을 파악한다. 이를 통해 프로세스의 역량을 판단한다.
2. 이 프로세스를 감시하고 결과물의 변동성이 **비정상(abnormal)**적인 상황을 파악하여 입력 또는 환경변수에서의 이상 원인이 있는지를 판단한다. 다시 말해, 프로세스에서 관찰되는 변동성이 통상적인 변동성(즉, 임의 변동)의 패턴과 일치하는지 판단한다. 현재의 변동성이 그간의 기록과 일치하지 않는다면 이상 원인이 발생했다는 것으로 판단할 수 있다.
3. 변동성을 야기한 입력 혹은 환경변수(들)을 찾아 원인 변동의 근본 원인을 조사한다.
4. 미래에 유사한 이상 원인의 재발을 방지하기 위해 필요하다면 프로세스를 변경하여 충분히 견고한 프로세스를 만든다.

비정상 변동성의 행태가 과거의 기록과 유사하지 않을 때 비정상이라 한다. 이 경우 임의 변동과 같은 임의적 상황이 아닌 원인 변동이 발생하고 있다고 결론지을 수 있다.

이어지는 절들은 이 네 단계에 대해 자세하게 다룬다.

연관 사례: 잃어버린 수하물

항공기 탑승객들이 기내용 가방을 점점 더 빈번하게 사용하는 추세이지만 큰 가방의 경우에는 여전히 화물로 부쳐야 한다. 수하물 처리는 대형 공항의 주요 업무로서 분실의 가능성이 많이 존재한다. 공항과 항공사에 따라 0.1~1%의 수하물이 잘못 처리되고 있어서 여행자는 항상 수하물이 자신의 목적지까지 잘 운반되는지에 대해 신경을 쓰게 된다. 수하물 분실의 주요 원인은 다음과 같다.

- 식별 표식의 손상
- 승객이 수하물을 가져가는 것을 잊음
- 직원이 도착지 코드를 잘못 입력
- 수하물이 잘못 처리되어 다른 항공기에 적재

© ngram Publishing/SuperStock

수하물 분실에 관해 특별히 주목할만한 예가 2008년 컨트리 가수 Dave Caroll이 Halifax에서 Omaha로 여행할 때 발생했다. Caroll이 Omaha에 도착했을 때 그의 값비싼 Taylor 콘서트 기타가 심각하게 손상되었음을 발견하고 United Airline에 손해배상을 요구했다. 그러나 항공사는 손상을 보상하려 하지 않았다. 항공사와의 긴 협상 끝에 Caroll은 보상받는 것을 포기했다. 대신, 그는 “United Breaks Guitars”라는 곡을 만들어 YouTube에 올렸다. 이 비디오는 1,000만 이상의 조회수를 기록했다(밴드는 익살스럽게 United Airline 직원들처럼 포즈를 취하고 있다).

출처: http://www.cnn.com/2011/08/26/travel/why-airlines-lose-luggage-bt

9.2 역량 분석

높은 품질을 달성하려면 변동성을 통제하며 일관성을 유지하는 것이 중요한데, 이는 운영 관리뿐만 아니라 우리 삶의 다른 영역에서도 마찬가지이다. 스포츠를 예로 들어보자. 그림 9.3은 사격 종목에서 과녁에 여섯 발씩 쏜 세 명의 사수를 비교하고 있다. 과녁의 검은 부분을 맞추면 1점이 주어진다고 가정해보자. 세 사수 모두 평균적으로는 과녁을 명중시켰고, 특히 2번과 3번 사수는 6점을 얻었다. 당신이 보기에 최고의 사수는 누구인가?

1번 사수의 결과부터 살펴보자. 사수는 과녁에서 왼쪽으로 2피트 떨어진 곳에 쏜 뒤 이를 만회하기 위해 다음 발은 과녁에서 오른쪽으로 2피트 떨어진 곳에 쏴서 평균적으로는 과녁에 접근했지만 그럼에도 불구하고 이 사수는 실력이 좋은 편은 아니다. 다음으로, 2번과 3번 사수를 살펴보자. 두 명 모두 6점을 얻었다(검은 부분에 명중한 것만 1점을 부여한다는 것을 기억하자). 그래도, 우리는 직관적으로 3번 사수를 더 좋은 사수라고 할 것이다.

사격의 예시에서 프로세스 내 변동성 측정에 관한 두 가지 중요한 교훈을 얻을 수 있다. 첫째, 사수의 역량을 측정할 때 탄착점들의 평균적 위치가 중요한 것이 아니다(평균으로 보면 세 경우 모두 과녁에 몰려 있다). 대신, 과녁 주변에서 탄착점들의 변동성이 더 좋은 사수를 가려내는 기준이 된다. 둘째, 단순히 과녁의 검은 부분에 들어간 탄착점의 수를 세는 것보다 여섯 발 모두의 탄착점을 분석하면서 더 많은 것을 알 수 있다. 각 탄착점의 정확한 위치를 과녁 정 중앙과 비교하여 측정하면 추가적인 정보를 얻을 수 있다. 이제 100발 중 몇 발이 과녁 안에 들어갈지 추정하여 예측해야 한다고 해보자. 단순한 분석으로는 2번과 3번 사수는 모든 발을 과녁 안에 맞출 것이고 앞으로도 실수를 하지 않을 것이라 예측할 수 있다. 하지만, 2번 사수가 "아슬아슬하게" 과녁을 맞춘 기록이 있다는 사실은 이 사수가 100번 연속으로 과녁을 맞출 수 있을지 의심스럽게 만든다.

그림 9.3 세 명의 사수가 각각 과녁을 향해 6발씩 사격(왼쪽부터 1번 사수)

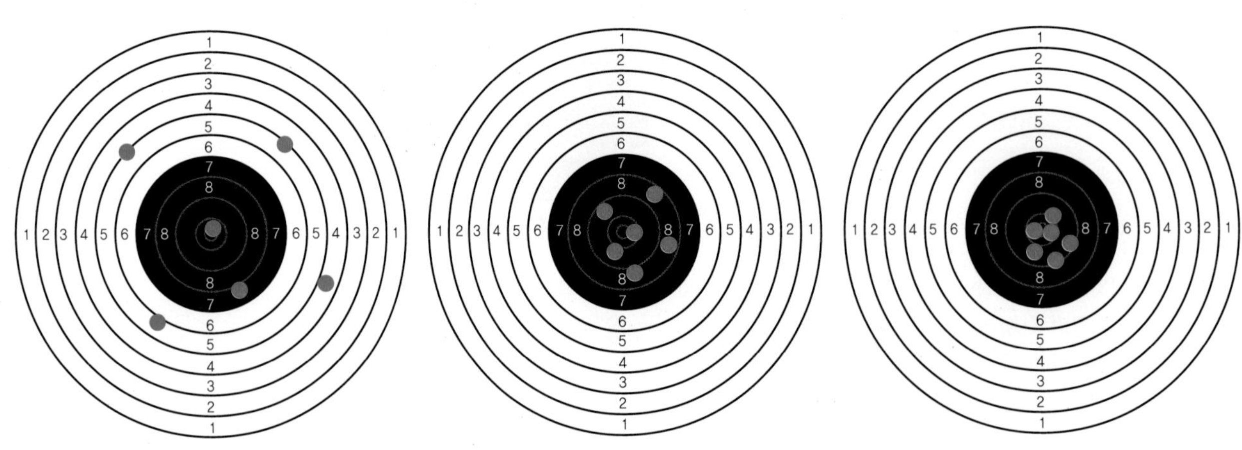

9.2.1 역량지수의 결정

사격에서 돌아와 운영관리에 대해 이야기해보자. 수많은 디자인 상을 받은 Xootr LLC사의 킥보드 생산에 대해 생각해보자(그림 9.4 참조, Xootr의 생산 프로세스에 관한 자세한 사항은 7장을 참고). Xootr의 조향축에 사용되는 부품은 알루미늄 압출과 컴퓨터 제어 공작 기계(CNC 기계)에서의 후속 정제를 통해 만들어진다. 부품의 도안이 그림 9.5에 나타나 있다. 모든 조향축이 CNC 기계에서 정제됨에도 불구하고 정확한 규격과 비교하면 생산품에는 여전히 변동성이 존재한다. 이 변동성의 원인에는 입력변수(원재료, 부품이 기계에 탑재된 방식, CNC 기계의 프로그래밍 실수 등)와 환경변수(제조 과정에서 실내 온도 등)

학습목표 9-2
프로세스 역량지수와 불량 확률을 계산할 수 있다.

그림 9.4
조향축 부품을 포함한 스쿠터 도안

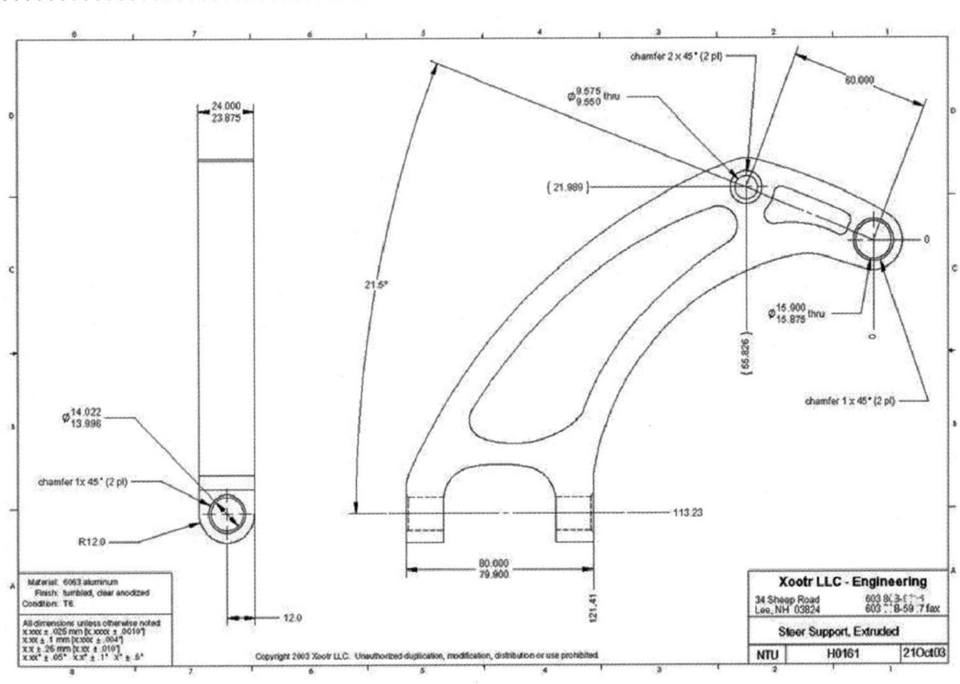

그림 9.5
조향축의 설계도

를 포함한 여러 가지가 있을 수 있다.

제품의 디자인에 따르면 조향축 부품의 이상적인 높이는 79.950mm이다. 이는 Xootr 생산 프로세스의 과녁이 된다. 설계도는 높이가 79.900mm 이상 80.000mm 이하이어야 한다고 적시하고 있다. 길이가 79.900mm 미만이면 이 부분이 느슨해져 과도하게 흔들릴 수 있으며, 길이가 80.000mm를 초과하면 손잡이 조립 공간에 삽입할 수 없게 된다. 조향축 부품의 경우 79.900mm를 **규격 하한(lower specification limit; LSL)** 그리고 80.000mm를 **규격 상한(upper specification limit; USL)**이라 부른다. 규격 제한은 생산된 부품이 불량인지 아닌지를 판단하는 기준이 된다. 이는 그림 9.3에서 탄알이 과녁의 검은 부분을 맞췄는지의 여부를 판단했던 것과 같은 의미이다.

규격 하한(LSL) 불량이라 판단되지 않는 최소 결과값

규격 상한(USL) 불량이라 판단되지 않는 최대 결과값

프로세스 역량지수 결과변수의 규격 한계와 결과변수의 변동성(측정된 표준편차의 6배) 간의 비율. 이는 불량품이라 판단되기까지 통계적 평균으로부터 표준편차 몇 개만큼 떨어질 수 있는지를 알려준다.

조향축 부품의 높이 변동성이 품질문제를 일으킬 수 있으므로 Xootr LCC의 기술자들은 높이를 유심히 관찰하고 매일매일 부품의 표본을 채취하여 정확히 측정한다. 기술자들은 이 표본을 통해 조향축 생산과정에서 현재 발생하는 변동성의 정도를 추정한다. 통계학에서는 표준편차를 활용하여 변동성을 측정하는 것이 일반적인데 표준편차는 그리스 문자 시그마(σ)로 표기된다. 우리는 모집단이 아닌 표본의 표준편차를 측정했기 때문에 측정된 표준편차를 시그마-햇($\hat{\sigma}$)으로 표기한다.

하지만 프로세스 내에서의 표준편차($\hat{\sigma}$)를 알더라도, 프로세스가 불량을 산출할 가능성을 어떻게 알 수 있는가? 이 질문에 대한 답은 다음에 의해 결정된다.

- 규격 상한과 규격 하한의 차이(USL − LSL)로 계량화되는 디자인 규격 범위
- $\hat{\sigma}$으로 표기된 현재 프로세스에서 측정된 표준편차

따라서 정해진 디자인 규격을 충족하는 프로세스 역량, 즉 불량의 가능성은 허용 구간의 폭(USL−LSL)과 프로세스에서의 표준편차의 크기($\hat{\sigma}$) 간의 비율에 의해 결정된다. 이 두 측정치를 결합하여 하나의 숫자로 표기하는데 이를 **프로세스 역량지수(process capability index)**라 부른다.

$$C_p = \frac{\text{USL} - \text{LSL}}{6\hat{\sigma}}$$

프로세스 역량지수 C_p는 프로세스의 실제 표준편차를 기준으로 허용 가능한 오차 범위의 비율을 측정한다. 분자와 분모는 동일한 단위(Xootr의 경우 밀리미터)로 측정되기 때문에 C_p 자체는 단위가 없다. C_p의 의미를 이해하기 위해 $C_p = 1$이라고 가정해보자. 이 값이 되려면, 허용 구간의 폭 USL−LSL이 측정된 표준편차인 $\hat{\sigma}$의 6배이어야 한다. 우리는 통계학으로부터 표본의 평균이 정규분포를 따른다는 것을 안다. 정규분포의 평균이 허용 범위의 중간(Xootr의 경우 79.950mm)에 위치한다고 가정할 경우, C_p가 1이라는 것은 그 중간 지점에서부터 규격의 한쪽 한계에 도달하기까지 표준편차 3개만큼의 간격이 있다는 것을 의미한다. 이 때문에, $C_p = 1$인 프로세스를 "3−시그마 프로세스"라 부른다.

그림 9.6은 디자인 규격이 주어졌을 때 C_p가 두 가지 다른 값을 갖는 경우를 비교하고 있다. 그림의 윗부분은 3−시그마 프로세스를 묘사하고 있는데 여기에서는 $C_p = 1$임을 알 수

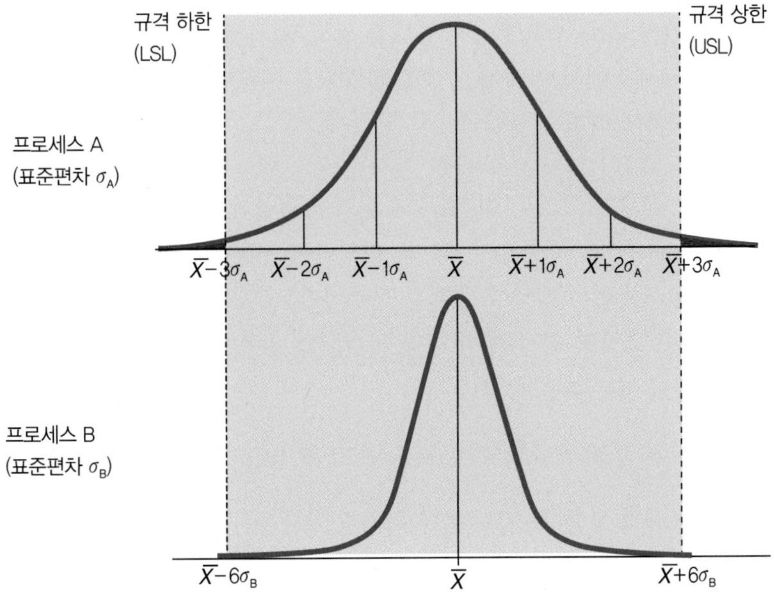

규격 하한 (LSL)

규격 상한 (USL)

프로세스 A (표준편차 σ_A)

$\bar{X}-3\sigma_A$ $\bar{X}-2\sigma_A$ $\bar{X}-1\sigma_A$ $\bar{X}$ $\bar{X}+1\sigma_A$ $\bar{X}+2\sigma_A$ $\bar{X}+3\sigma_A$

프로세스 B (표준편차 σ_B)

$\bar{X}-6\sigma_B$ $\bar{X}$ $\bar{X}+6\sigma_B$

그림 9.6
3-시그마 프로세스와 6-시그마 프로세스의 비교

있다. 그림의 아래 부분에서는 규격 한계는 동일하나, σ_B라 표기된 표준편차가 더 작다. 이 분포에서는 평균점을 기준으로 규격의 한쪽 한계점에 다다르기까지 표준편차 6개만큼을 이동할 수 있다. 다른 말로, 이와 같은 **6-시그마 프로세스(six-sigma process)**에서는 규격 범위가 12개의 표준편차 σ_B만큼 넓다는 것을 의미한다. 따라서 역량지수는

6-시그마 프로세스 평균에서부터 한쪽 규격한계(규격 상한 또는 규격 하한)까지의 범위에 표준편차 6개가 들어가는 프로세스

$$C_p = \frac{\text{USL}-\text{LSL}}{6\hat{\sigma}} = \frac{12\hat{\sigma}}{6\hat{\sigma}} = 2$$

여기에서 불량이 발생할 가능성(통계학적으로, 이는 종 모양의 확률밀도함수가 규격 한계 밖으로 벗어날 확률)은 3-시그마 프로세스보다 훨씬 적다. 조향축 부품의 경우, Xootr 기술자들은 표준편차를 0.017291mm로 측정했다. 이 경우 프로세스 역량은 다음과 같이 계산된다.

$$C_p = \frac{\text{USL}-\text{LSL}}{6\hat{\sigma}} = \frac{80.000-79.900}{6\times 0.017291} = 0.963889$$

이해도 확인하기 9.2

질문 병에 음료수를 채우는 프로세스는 0.99리터의 규격 하한과 1.01리터의 규격 상한을 갖는다. 표준편차는 0.005리터이며 평균은 1리터이다.

이 프로세스의 프로세스 역량지수는 얼마인가?

답 우리는 다음과 같이 프로세스 역량지수를 계산할 수 있다.

$$C_p = \frac{\text{USL}-\text{LSL}}{6\hat{\sigma}} = \frac{1.01-0.99}{6\times 0.005} = 0.6667$$

9.2.2 불량률 예측

프로세스의 평균, 표준편차, 프로세스의 규격 한계를 알고, 프로세스가 정규분포를 따른다는 사실을 이용하면 프로세스에서 미래에 발생할 불량률을 예측할 수 있다. **불량률(defect probability)**은 다음의 절차에 따라 계산한다.

불량률 임의로 선택된 흐름단위의 측정치가 규격을 충족시키지 못할 통계적 확률

100만 개 중 예측되는 불량품의 개수(PPM) 임의의 100만 개 샘플에서 예상되는 불량품의 개수

1단계: 부품의 측정치가 규격 하한, 즉 LSL 밑으로 떨어질 확률을 구한다. 이는 엑셀의 한 셀에 "=NORM.DIST(LSL, 평균, 표준편차, 1)"을 기입하여 구할 수 있다. NORM.DIST는 누적정규분포의 값을 제시해주는 엑셀에 내재된 함수이다. 수학적으로, 이는 확률밀도함수(정규분포와 연관된 종 모양의 곡선)에서 규격 하한선의 왼쪽에 위치한 면적의 비율을 의미한다. Xootr의 예에서 이는 다음과 같다.

$$\text{확률}\{\text{부품의 높이가 매우 작음}\} = \text{NORM.DIST}(79.9, 79.95, 0.017291, 1) = 0.001915954$$

2단계: 부품의 측정치가 규격 상한, 즉 USL 위에 위치할 확률을 구한다. 이는 엑셀의 한 셀에 "=1−NORM.DIST(USL, 평균, 표준편차, 1)"을 기입하여 구할 수 있다. 수학적으로, 이는 확률밀도함수(정규분포와 연관된 종 모양의 곡선)에서 규격 상한선의 오른쪽에 위치한 면적의 비율을 의미한다.

$$\begin{aligned}\text{확률}\{\text{부품의 높이가 매우 큼}\} &= 1 - \text{NORM.DIST}(80, 79.95, 0.017291, 1)\\ &= 0.001915954\end{aligned}$$

1단계와 2단계의 결과가 같은데, 이는 이번 예에서 분포의 평균값이 규격 범위의 딱 중간에 위치하기 때문이다. 두 개의 값이 항상 같지는 않을 수 있기 때문에, 1단계만 계산한 뒤 매우 큰 면적과 매우 작을 면적이 같다고 가정할 것이 아니라 1단계와 2단계를 모두 계산할 것을 권장한다.

3단계: 1단계와 2단계 값을 더해 불량률을 구한다(부품의 측정치가 너무 커도 불량이 되고 작아도 불량이 됨으로 불량률은 두 확률을 더한 값이 된다).

$$\text{확률}\{\text{부품 불량}\} = 0.001915954 + 0.001915954 = 0.003831908$$

이렇게 구해진 불량률을 **100만 개 중 예측되는 불량품의 개수(parts per million; PPM)**로 표현하는 것도 통상적으로 많이 쓰이는 표현 방식이다. PPM 숫자를 얻기 위해서는 불량률에 1,000,000을 곱하면 된다. Xootr 사의 조향축 부품의 경우,

$$\text{PPM} = \text{확률}\{\text{불량 부품}\} \times 1{,}000{,}000 = 0.003831908 \times 1{,}000{,}000 = 3{,}831.9$$

이다. 이전의 계산에서 보았듯이 분포의 평균값과 규격의 한쪽 한계점(상한 또는 하한) 사이에 들어가는 표준편차의 개수를 불량률로 표현하는 것이 가능하다. 이는 정규분포의 통계학적 계산을 적용하면 된다. 표 9.1은 평균과 규격의 한쪽 한계점 사이에 몇 개의 표준편차가 들어갈 수 있는지에 따라 일반적인 프로세스에서의 불량률과 PPM 숫자를 보여준다.

프로세스 역량지수가 $C_p = 1$(즉, 3−시그마 프로세스)인 프로세스에서는 특정 단위가 불량일 확률이 0.002699796이다. 따라서 이는 0.997300204의 확률로 불량품이 나오지 않

표 9.1 평균값과 규격의 한쪽 한계(상한 또는 하한) 사이에 들어가는 표준편차의 개수와 불량률 간의 관계

시그마	역량지수	규격 하한보다 적을 확률	규격 상한보다 클 확률	불량률	PPM
1	0.333333333	0.1586552539	0.1586552539	0.31731050786	317,310.5
1.2	0.4	0.1150696702	0.1150696702	0.23013934044	230,139.3
1.4	0.466666667	0.0807566592	0.0807566592	0.16151331847	161,513.3
1.6	0.533333333	0.0547992917	0.0547992917	0.10959858340	109,598.6
1.8	0.6	0.0359303191	0.0359303191	0.07186063823	71,860.64
2	0.666666667	0.0227501319	0.0227501319	0.04550026390	45,500.26
2.2	0.733333333	0.0139034475	0.0139034475	0.02780689503	27,806.9
2.4	0.8	0.0081975359	0.0081975359	0.01639507185	16,395.07
2.6	0.866666667	0.0046611880	0.0046611880	0.00932237605	9,322.376
2.8	0.933333333	0.0025551303	0.0025551303	0.00511026066	5,110.261
3	1	0.0013498980	0.0013498980	0.00269979606	2,699.796
3.2	1.066666667	0.0006871379	0.0006871379	0.00137427588	1,374.276
3.4	1.133333333	0.0003369293	0.0003369293	0.00067385853	673.8585
3.6	1.2	0.0001591086	0.0001591086	0.00031821718	318.2172
3.8	1.266666667	0.0000723480	0.0000723480	0.00014469609	144.6961
4	1.333333333	0.0000316712	0.0000316712	0.00006334248	63.34248
4.2	1.4	0.0000133457	0.0000133457	0.00002669150	26.6915
4.4	1.466666667	0.0000054125	0.0000054125	0.00001082509	10.82509
4.6	1.533333333	0.0000021125	0.0000021125	0.00000422491	4.224909
4.8	1.6	0.0000007933	0.0000007933	0.00000158666	1.586656
5	1.666666667	0.0000002867	0.0000002867	0.00000057330	0.573303
5.2	1.733333333	0.0000000996	0.0000000996	0.00000019929	0.199289
5.4	1.8	0.0000000333	0.0000000333	0.00000006664	0.066641
5.6	1.866666667	0.0000000107	0.0000000107	0.00000002144	0.021435
5.8	1.933333333	0.0000000033	0.0000000033	0.00000000663	0.006631
6	2	0.0000000010	0.0000000010	0.00000000197	0.001973

는다는 의미도 된다. 결과적으로, 1,000,000개 중 대략 2,700개의 불량품이 나올 것이다(정확히는 2,699.796개).

일반적으로 품질 전문가들은 최소 1.33 이상의 프로세스 역량지수를 추천한다. 하지만 많은 기업에서는 **6-시그마 프로그램(six-sigma program)**의 일환으로 프로세스의 모든 단계에서 프로세스 역량지수 C_p 값을 2로 만들기 위해 노력하고 있다. 이는 통계적으로 USL이 평균에서 표준편차 6개만큼 위 지점에 위치하고, LSL이 평균에서 표준편차 6개만큼 아래 지점에 위치하는 것과 동일하다. 이것이 "6-시그마"라는 이름의 유래이다. 6-시그마 프로세스는 0.00000000197의 불량률을 갖는데 이는 10억 개 중 단 2개의 불량품이 나오는 수준이다. 이 숫자는 매우 적은 수치이지만, 더 낮은 수준으로 할 수는 없는가? 반대로, 일

이해도 확인하기 9.3

질문 0.99리터의 규격 하한과 1.01리터의 규격 상한을 갖고 있는 병에 음료수를 채우는 프로세스를 다시 한 번 생각해보자. 표준편차는 0.005리터이며 평균은 1리터이다.
병을 채울 때 너무 적거나 많은 양을 넣을 확률은 얼마인가? 프로세스에서 100만 개의 병을 채운다면 그중 몇 개의 불량품이 나올 것이라 예측할 수 있는가?

답 우선 병에 너무 적은 양의 음료수가 채워질 확률을 구해 보자. 이는 다음과 같다:

확률{적을} = NORM.DIST(0.99, 1, 0.005, 1) = 0.02275

다음으로 병에 너무 많은 양의 음료수가 채워질 확률을 구해 보자:

확률{많을} = 1−NORM.DIST(1.01, 1, 0.005, 1) = 0.02275

따라서,

확률{불량} = 0.02275+0.02275 = 0.0455

또한 0.0455 × 1,000,000 = 45,500의 ppm 값을 얻을 수 있다.
우리는 이전의 계산에서 이 프로세스의 역량지수가 0.6667임을 구했다. 표 9.1에서 불량률과 ppm을 참고하여 C_p = 0.6667임을 알 수 있다. 엑셀을 사용하지 않고도 표 9.1을 통해 같은 값을 도출할 수 있는 것이다.

전에 언급한 C_p = 1.33, 즉 불량률 0.000063342는 왜 충분하지 않은 것인가?

이는 애매한 문제이다. 우선 "충분히 괜찮다"라는 개념이 오해의 소지가 있다. 첫째로, 결함 하나하나가 매우 중요할 수 있다. 이는 본 장의 소개 부분에서 언급한 인명과 관련된 3번째와 4번째 예시를 생각해보면 이해가 될 것이다. 둘째로, 프로세스가 불량의 가능성을 가진 여러 단계들로 구성되어 있다는 것을 이해해야 한다. Xootr의 경우에는 조향축 부품뿐만 아니라 다른 부품들도 생산하고 있다. 컴퓨터, 핸드폰, 자동차와 같이 복잡한 조립을 요하는 제품은 수백 개의 하위 부품과 부속품이 내장되어 있다. 최종 생산품은 이 모든 부품들이 잘 작동되어야만 정상적으로 작동된다. 한 제품에 200개의 부품이 사용되고 각 부품이 0.01%의 불량률을 지닌다고 가정해보자. 각 부품을 정상적으로 생산할 확률이 1−0.0001 = 0.9999이면, 최종 생산품이 정상적으로 작동할 확률은 0.9999^{200} = 0.980198이다. 이는 2%의 불량률 수준이다. 달리 말하면, 복잡한 시스템에서 많은 부품들이 정상적으로 작동해야 하는 경우에는 하위 부품 혹은 부속품에서의 작은 불량률이 전체 프로세스에서는 상당한 불량률로 연결될 수 있다는 것이다.

9.2.3 변동 감축 목표의 설정

지금까지의 분석은 프로세스 내의 실제 관찰값을 통해(시그마−햇을 이용한 표준편차의 형태로) 변동성을 측정했고 이를 통해 불량률을 계산했다. 역으로, 목표 불량률을 정해놓은 상태에서 프로세스 내의 허용 범위를 계산하는 데 지금까지의 계산방법을 사용할 수 있다. 예를 들어, Xootr LLC가 품질 기준을 엄격하게 하려 한다고 가정하자. 현재의 불량률인 0.003831908(즉, 3,831.9ppm)을 허용하는 대신, 10ppm이라는 새로운 목표를 세워보자. Xootr LLC가 조향축 부품의 표준편차를 얼마로 줄여야 이 목표를 달성할 수 있을까?

표 9.1에 따르면 10ppm이 프로세스 역량지수 C_p = 1.4667에 상응함을 알 수 있다. 이를 찾기 위해 먼저 표에서 가장 오른쪽 열을 아래로 내려가면서 ppm 숫자가 가장 비슷한 것

이해도 확인하기 9.4

질문 0.99리터의 규격 하한과 1.01리터의 규격 상한을 갖는 병에 음료수를 채우는 프로세스를 다시 한 번 생각해보자. 표준편차는 0.005리터이며 평균은 1리터이다. 이 회사가 불량률을 이전의 0.0455(45,500ppm)에서 0.001(1,000ppm)으로 줄이고 싶어한다. 이 목표를 달성하기 위해 프로세스 내의 표준편차를 얼마로 줄여야 하는가?

답 프로세스 역량지수는

$$C_p = \frac{USL - LSL}{6\hat{\sigma}}$$

이다. 표 9.1에서, 1,000ppm의 역량지수가 1.0666과 1.1333 사이에 있다. $C_p = 1.0666$으로 가정하면,

$$1.0666 = \frac{1.01 - 0.99}{6\hat{\sigma}} \Longleftrightarrow 1.0666 = \frac{0.02}{6\hat{\sigma}} \Longleftrightarrow \hat{\sigma} = \frac{0.02}{6 \times 1.0666} = 0.003125$$

를 얻는다. 만약, $C_p = 1.13333$을 가정하면, $\hat{\sigma} = 0.002941$이다. 따라서 표준편차를 현재의 값인 0.005에서 0.002941과 0.003125 사이의 값으로 줄여야 한다.

이 담긴 행을 찾고, 그 다음 그 행을 따라 왼쪽에서 두 번째 열에 제시된 역량지수 값을 참고하면 된다. 프로세스 역량지수의 정의를 통해 다음과 같은 등식을 얻을 수 있다.

$$C_p = \frac{USL - LSL}{6\hat{\sigma}} \Longleftrightarrow 1.4667 = \frac{80.000 - 79.900}{6 \times \hat{\sigma}}$$

시그마가 분모에 있지만 이 등식은 시그마에 관한 선형 방정식이다. 수식을 정리하면, **목표 변동값(target variation)**은 다음과 같다.

목표 변동값 주어진 불량률을 넘지 않는 선에서 허용되는 프로세스 내의 최대 변동(표준편차)값

$$\hat{\sigma} = \frac{USL - LSL}{6C_p} = \frac{80.000 - 79.900}{6 \times 1.4667} = 0.011364$$

다르게 설명하자면, Xootr의 기술자들이 현재의 조향축 부품의 표준편차인 0.017291을 0.011364로 줄일 수 있다면, 프로세스 역량지수를 0.964에서 대략 1.4667로 개선할 수 있으며 ppm을 3,831.9에서 10으로 줄일 수 있다.

9.2.4 프로세스 역량 요약 및 연장

프로세스의 역량 분석에 관한 본 절에서는 프로세스의 표준편차와 규격 한계를 활용하여 프로세스 역량과 불량률을 계산하는 법을 다루었다. 지금까지의 내용이 일전에 다루었던 사수의 예시와 매우 유사함을 기억하자. 10개의 조향축 부품 샘플에서 불량이 하나도 없을 수 있다(모든 측정치들이 규격 한계 안에 들어간다면). 그렇다고 해서 100만 개 부품들 중에서도 불량품이 0개일 거라고 기대할 수 있는가? 더 큰 샘플로 추론하려면, 불량 또는 양호라는 이분법적인 분류보다 더 많은 정보가 필요하다. 일전에 사수의 역량을 측정할 때 중심에서 얼마나 벗어나게 쐈는지를 봤듯이, 측정치의 변동성을 보고 규격 한계를 기준으로 평균을 중심으로 양쪽으로 몇 개의 표준편차에 해당하는 "폭"이 있는지 확인해야 한다. 우리는 또한 목표 불량률을 정해 놓고 프로세스 내에서 얼마만큼의 변동성이 허용되는지 계산하는 것도 살펴보았다. 분명히 불량과 변동성은 밀접하게 연관되어 있다.

연관 사례: Apple iPhone의 휘어짐

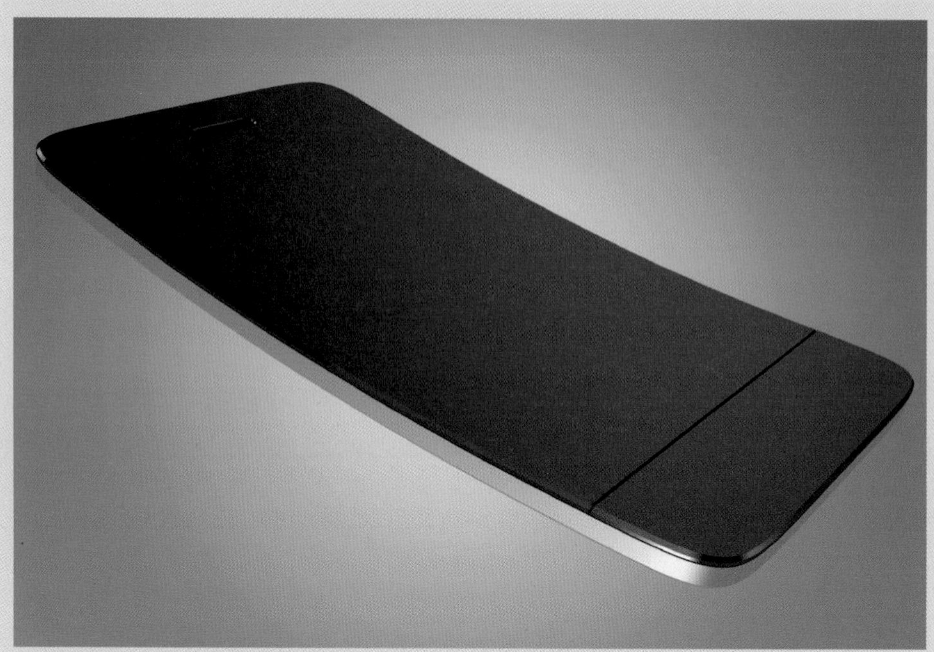

© *luismmolina/iStockphoto/Getty Images*

iPhone 6은 양극 산화 알루미늄으로 만들어진다. 또한 물리적 스트레스를 많이 받는 지점들을 강화하기 위해 스테인리스 철과 티타늄이 사용되었다. Apple은 새로운 모델에 대해 일련의 고강도 실험을 한다. 예를 들어, Apple은 핸드폰을 꽉 끼는 청바지 뒷주머니에 넣고 딱딱한 지면에 앉았을 때를 가정하는 "앉기 실험"을 시행한다. 핸드폰은 각기 다른 자세에서 진행되는 수천 번의 실험을 견뎌내야 한다.

이러한 고강도 실험에도 불구하고, 2014년 가을 iPhone 6 출시 일주일 만에 iPhone 6가 휘어지는 사진과 비디오가 전 세계 뉴스거리가 되었다. 사용자들은 소셜 미디어를 통해 iPhone을 주머니에 넣고 앉았을 때 핸드폰이 변형된다고 불만을 표했다. 이 상황은 다수의 고객들이 Apple 소매점에서 iPhone을 구부려 보려 하면서 더욱 이슈가 되었고, 이는 핸드폰에 과한 압력을 주게 되었다.

Apple은 판매개시 첫 주 만에 1,000만 대가 넘는 iPhone을 판매했다. 회사가 세계적으로 품질 재앙을 일으키고 있는 것이었나? 전혀. Apple이 휘어지는 iPhone 사진들에 대해 대응하는 과정에서 단 9명의 소비자만이 휘어지는 iPhone에 대해 공개적인 불만을 표했다고 발표했다. 1,000만 개의 iPhone 사용자 중 9명.

출처: http://online.wsj.com/articles/apple-defends-against-complaints-of-bending-iphones-1411668618

지금까지의 분석에서는 프로세스에 규격 하한과 규격 상한이 있고 수집된 자료의 평균이 규격 상한 값과 하한 값의 딱 중간에 위치한다고 가정했다. 이러한 가정은 실제와 다를 수 있다. 어떤 경우에는 하나의 규격 한계만 존재할 수 있다. 콜센터에서 고객들이 경험하는 전화 대기시간을 추적하면서 고객들이 특정 대기시간 내에 서비스 받는지를 조사하려 한다고 하자. 이 경우, 전화 대기시간이 굉장히 짧다고 해서 이를 불량이라고 할 수는 없다. 따라서 규격 하한을 0으로 정해야 한다. 분포의 평균이 항상 규격 한계의 정 중앙에 위치하는 것도 아니다. 우리가 표 9.1의 수치들을 계산하고 허용 가능한 시그마 수준을 계산하기 위해 이 가정을 이용했지만, 다른 모든 계산들은 이 가정을 사용하지 않았다. 먼저 부품의 측정치가 규격 하한 밑에 있을 확률을 구하고 그 다음 부품의 측정치가 규격 상한 위에 위치할 확률을 구하여 이 둘을 더하는 것이 위에서 언급한 가정을 사용하지 않는 보다 일반적인 방법이다.

9.3 적합성 분석

우리는 이제 프로세스 내의 역량을 측정할 줄 알고 특정 시점에서 어느 정도의 변동성이 존재하는지 파악하여 지속적으로 프로세스를 감시할 수 있게 되었다. 그런데 보다 구체적으로 우리가 해야 할 일은 프로세스 내 변동성을 관찰했을 때 그 변동성이 정상적인지(이 경우 프로세스에 임의 변동만이 존재함을 의미) 아니면 비정상적인지(이 경우 프로세스의 이상을 초래하는 원인이 존재함을 의미)를 판단해야 한다.

> **학습목표 9-3**
> 관리도를 작성하고 이를 프로세스 내에 비정상적 변동이 존재하는지를 판단하기 위해 쓸 수 있다.

관리도(control chart)는 그림 9.7처럼 시간에 따른 자료의 수치 변화를 그래프에 점으로 나타낸 것이다. 관리도의 x축은 프로세스에서 표본을 추출한 시간들을 나타내고, y축에는 각 표본의 평균값을 기입한다. 이러한 관리도를 $\overline{X}$ 관리도(**X-바 관리도(X-bar charts)**로 읽고, **X-바**는 일반적으로 한 표본의 평균을 의미한다)라고 부른다. $\overline{X}$ 관리도는 시간에 따른 추세를 기록하는 데 사용되며(예를 들어 도구의 마모로 발생되는) 예상치 못한 흐름이나(예를 들어 신규 직원이 프로세스를 관리할 때 생길 수 있는) 갑작스러운 등락과 같은 원인 변동을 파악하는 데 유용하다.

공식적으로, n개의 단위로 구성된 표본의 평균, X-바를

$$\overline{X} = \frac{x_1 + x_2 + \cdots + x_n}{n}$$

이라 정의한다. 각 표본으로부터의 $\overline{X}$ 값을 기입하면서 우리가 지금 확보한 표본들이 과거에 프로세스로부터 얻었던 표본들과 동일선상에 있는 것인지를 파악하는 것이 중요하다. 이를 위해, 우리가 어떤 시점(예를 들어 11일째)에 기입한 값이 상한선, 즉 **관리 상한(upper control limit; UCL)**보다 위에 있는지 아니면 하한선, 즉 **관리 하한(lower control limit; LCL)**보다 아래에 있는지 시각적으로 확인할 수 있다.

관리도 관리도는 프로세스내의 변동성을 시각적으로 표현한 것이다. x축에 시간을 그리고 y축에 결과변수를 기입한다. 매 시간단위마다, 프로세스 결과물의 표본을 추출하고 표본의 관찰값을 관리도에 표기한다. 또한 관리도는 장기적 중간선(X-바-바라고도 불리는)을 보여주는데 이는 모든 점들의 평균이다. 또한 과거 자료를 바탕으로 계산된 관리 상한과 관리 하한을 보여준다.

X-바 관리도 표본의 평균값(X-바 라고도 불리는)들을 기록하는 관리도

X-바 표본 내 관찰값들의 평균

관리 상한 비정상적 변동이라 불리지 않을 수 있는 최대값을 나타낸 관리도 내의 선

관리 하한 비정상적 변동이라 불리지 않을 수 있는 최소값을 나타낸 관리도 내의 선

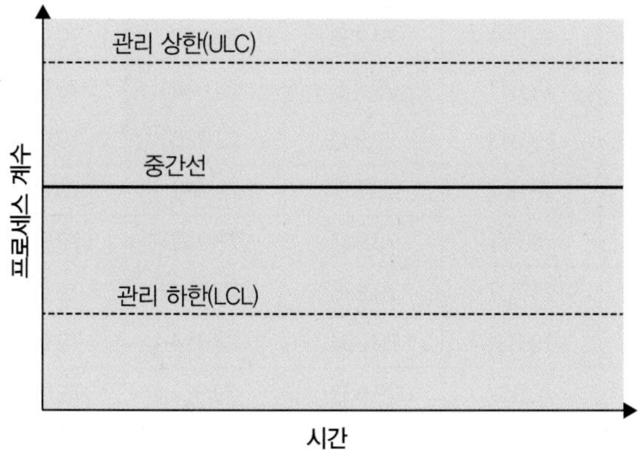

그림 9.7
일반적인 관리도의 예

우리가 역량 분석을 하기 위해 데이터를 수집했던 방식과 동일하게 Xootr 기술자들이 수집한 조향축 부품의 높이 데이터로 작성된 표 9.2를 살펴보자. 자료에서 25일의 기간 동안 하루 5개의 관찰값들을 볼 수 있다. $\overline{X}$의 정의에 따라 계산된 일일 관찰값들의 평균들이 마지막 열에 정리되어있다. 예를 들어, 14일째의 $\overline{X}$는 다음과 같이 구할 수 있다.

$$\overline{X}=\frac{79.973+79.986+79.942+79.978+79.979}{5}=79.972$$

X-더블-바 표본 평균값들의 평균

각 기간의 평균을 구한 후 전체 기간에 걸친 평균을 구할 수 있다. $\overline{X}$값들의 평균을 $\overline{\overline{X}}$라고 부르는데("**X-더블-바**" 또는 "X-바-바"라고 발음한다), 이는 표본 평균들의 평균을 의미한다. 표 9.2의 밑부분에서 볼 수 있듯이,

표 9.2 일일 표본당 5회의 관찰을 통한 조향축의 높이 측정치들

기간	x_1	x_2	x_3	x_4	x_5	평균
1	79.941	79.961	79.987	79.940	79.956	79.957
2	79.953	79.942	79.962	79.956	79.944	79.951
3	79.926	79.986	79.958	79.964	79.950	79.957
4	79.960	79.970	79.945	79.967	79.967	79.962
5	79.947	79.933	79.932	79.963	79.954	79.946
6	79.950	79.955	79.967	79.928	79.963	79.953
7	79.971	79.960	79.941	79.962	79.918	79.950
8	79.970	79.952	79.946	79.928	79.970	79.953
9	79.960	79.957	79.944	79.945	79.948	79.951
10	79.936	79.945	79.961	79.958	79.947	79.949
11	79.911	79.954	79.968	79.947	79.918	79.940
12	79.950	79.955	79.992	79.964	79.940	79.960
13	79.952	79.945	79.955	79.945	79.952	79.950
14	79.973	79.986	79.942	79.978	79.979	79.972
15	79.931	79.962	79.935	79.953	79.937	79.944
16	79.966	79.943	79.919	79.958	79.923	79.942
17	79.960	79.941	80.003	79.951	79.956	79.962
18	79.954	79.958	79.992	79.935	79.953	79.959
19	79.910	79.950	79.947	79.915	79.994	79.943
20	79.948	79.946	79.943	79.935	79.920	79.939
21	79.917	79.949	79.957	79.971	79.968	79.952
22	79.973	79.959	79.971	79.947	79.949	79.960
23	79.920	79.961	79.937	79.935	79.934	79.937
24	79.937	79.934	79.931	79.934	79.964	79.940
25	79.945	79.954	79.957	79.935	79.961	79.950
					표본 평균들의 평균	79.951

$$\overline{\overline{X}} = 79.951$$

이다. $\overline{X}$차트를 만들 때, $\overline{\overline{X}}$ 값을 중간선으로 놓고 각 날짜별로 $\overline{X}$의 값을 점 찍는다.

x축(시간), y축(평균), 각 기간별 표본, 중간선을 구했으면, 마지막으로 구해야 할 것은 관리 한계다. 관리 한계의 의미를 생각해보자. 우리는 표본의 평균값인 X−바가 관리 상한이나 관리 하한을 벗어났을 때 그 표본이 비정상적이다 라고 추론하려고 한다. 통계자료를 바탕으로 한 모든 추론은 일정한 잡음이 있을 수 있으므로 위와 같은 주장은 제한된 통계적 신뢰도를 전제로 이루어질 수 있다. 프로세스에서 추출한 표본들도 잡음이 있을 수 있으며 이를 통해 계산한 X−바의 값들도 마찬가지이다.

전체 표본들에 대한 표준편차를 엑셀의 STDEV.S 함수를 통해 계산할 수 있다. **전체 추정 표준편차(estimated standard deviation of all parts)**를 다음과 같이 계산한다.

전체 추정 표준편차 전체 표본을 통틀어 계산된 표준편차

X−바의 추정 표준편차 특정 표본 평균 X−바의 표준편차

$$\text{전체 표준편차} = \text{STDEV.S}([1\text{일차}]_{\text{부품}1}, \cdots, [1\text{일차}]_{\text{부품}n}, \cdots, [m\text{일차}]_{\text{부품}1}, \cdots, [m\text{일차}]_{\text{부품}n})$$

위의 예시에서, 전체 표준편차는

$$\text{전체 표준편차} = 0.017846388$$

우리가 매일 표본을 추출하기 때문에, 표본의 평균, X−바를 계산할 때 이 값에 잡음이 있다는 것을 인지해야 한다. 또한, 우리가 매일매일 추출하는 표본의 크기가 커질수록 잡음의 정도는 낮아진다는 것을 안다. 표본들이 주어졌을 때, **X−바의 추정 표준편차(estimated standard deviation(ESD) for X-bar, 표본 평균값들의 표준편차)**는 다음과 같이 구할 수 있다.

$$\text{추정 표준편차}(X-\text{바}) = \frac{\text{전체 표준편차}}{\sqrt{n}}$$

Xootr의 경우, 추정 표준편차를 다음과 같이 구할 수 있다.

$$\text{추정 표준편차}(X-\text{바}) = \frac{\text{전체 표준편차}}{\sqrt{n}} = \frac{0.017846388}{\sqrt{5}} = 0.007981147$$

우리는 표본 값이 장기적 평균값을 기준으로 표준편차 3개 이상 위나 아래로 벗어나 있을 때 프로세스가 관리되지 않고 있다고 한다. 따라서, 다음과 같이 관리 한계를 계산할 수 있다.

1. $\overline{X}$의 관리 상한은 다음과 같다.

$$\text{UCL} = \overline{\overline{X}} + [3 \times \text{ESD}(\overline{X})] = 79.951 + (3 \times 0.007981147) = 79.9749$$

2. $\overline{X}$의 관리 하한은 다음과 같다.

$$\text{UCL} = \overline{\overline{X}} - [3 \times \text{ESD}(\overline{X})] = 79.951 - (3 \times 0.007981147) = 79.9271$$

과거에 수집한 자료와 동일선상에 있는 프로세스라면 99.7%의 확률로 표본의 평균값이

그림 9.8
조향축 부품의 *X*–바 관리도

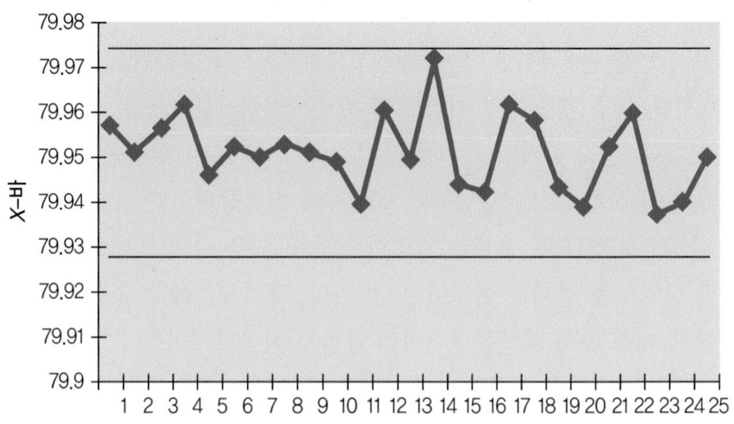

LCL과 UCL 사이에 위치할 것이다. 이는 우리가 프로세스의 역량을 계산하고 불량률을 계산할 때 사용했던 논리(한 산출물이 평균에서 표준편차 3개 위 또는 아래에 위치한 규격 상한 또는 하한을 벗어나지 않는 확률)와 동일한 것이다.

이렇게 얻은 관리도를 통해 프로세스의 변동성을 시각적으로 평가할 수 있다. 관리 한계의 정의는 정상적인 상황이라면 표본 값들의 99.7%가 관리 상한과 관리 하한 사이에 위치할 것으로 예측된다는 것을 의미한다. 따라서, 특정 표본 값이 관리 한계 밖으로 나갈 경우, 99.7%의 신뢰도로 프로세스가 "관리되지 않고 있다고" 판단하며 이는 이상 원인이 발생했다는 것을 의미한다.

표본 평균값들이 3–시그마 신뢰도 구간을 벗어났는지(LCL 아래 또는 UCL 위) 여부를 조사하는 것 이외에도 관리도를 이용하여 통계적으로 일어나기 어려운 패턴을 파악할 수도 있다. 예를 들어, 표본 평균값들이 중간선을 기준으로 어떻게 위치하고 있는지를 관찰할 수 있다. 예를 들어, 8개 연속으로 중간선 위(또는 아래)에 위치한 점들은 이상하게 볼 만하다. 각 점이 중간선 위 또는 아래에 위치할 확률이 같기 때문에 8개의 점들이 모두 같은 쪽에 위치할 확률을 $(0.5)^8 = 0.004$로 계산할 수 있는데 이는 굉장히 낮은 확률이다. 따라서, 이를 경고 표시로 받아들이고 조사에 착수할 수도 있다.

그림 9.8은 Xootr의 관리도를 보여준다. 조향축 부품의 생산 프로세스는 관리하에 있다고 보인다. 부품들의 실제 높이에는 프로세스 고유의 임의 변동만이 반영되고 있다고 보인다. 하지만, 한 방향으로 치우진 편향된 흐름이나 관리 한계 밖으로의 급격한 등락과 같은 시스템적인 패턴은 보이지 않는다. 프로세스의 변동성은 과거에 관찰됐던 것과 다르지 않으며 따라서 관리하에 있다고 할 수 있다.

프로세스가 관리하에 있다고 해서 불량품이 생산되지 않는 것은 아니다. 관리 한계(control limits)와 규격 한계(specification limits)를 혼동하지 않는 것이 중요하다.

- 관리 한계는 프로세스가 과거와 비교했을 때 어느 정도로 비슷한 양상을 보이는 지를 측정한다.
- 규격 한계는 프로세스가 고객이 요구하는 규격을 어느 정도로 충족시키는 지를 측정한다.

이해도 확인하기 9.5

질문 프로세스 기술자가 연속 50일 동안 특수 페인트칠을 한 부품들의 무게를 측정했다. 매일 10개의 부품 표본을 추출한 뒤, 전체 500개 부품들의 평균(50일 동안 매일 10개의 부품)은 45.343018그램이고 전체 표준편차는 0.0076382그램으로 조사되었다. *X*-바 관리도를 만들 때, 중간선, 관리 상한, 관리 하한들은 어떻게 되는가?

답 중간선은 500개 부품들의 평균으로 45.343018그램이다. 관리 한계를 구하기 위해, 우선 일일 *X*-바 표본들에 대한 추정 표준편차를 구해야 한다.

$$\text{추정 표준편차}(X-\text{바}) = \frac{\text{전체 표준편차}}{\sqrt{n}} = \frac{0.0076382}{\sqrt{10}} = 0.002415$$

관리 상한은

$$\text{UCL} = \overline{\overline{X}} + [3 \times \text{ESD}(\overline{X})] = 45.343018 + (3 \times 0.002415) = 45.35026$$

관리 하한은

$$\text{UCL} = \overline{\overline{X}} - [3 \times \text{ESD}(\overline{X})] = 45.343018 - (3 \times 0.002415) = 45.33577$$

따라서 프로세스의 결과물들이 관리하에 있지만 규격 한계 밖에 있을 수도 있다. 이 경우, 프로세스의 역량이 낮고 임의 변동에 의해 불량이 주기적으로 발생한다는 것을 의미한다. 반대로, 프로세스의 결과가 관리 밖에 있지만 규격 한계 내에 있는 것도 가능하다. 매우 높은 역량을 가진 프로세스는 타이트한 관리 한계를 갖는데, 이 경우 아주 작은 이상 원인이라도 프로세스의 결과를 관리 한계 밖에 있도록 만들 수 있다. 그럼에도 불구하고, 해당 산출물이 반드시 불량이라고 생각할 필요는 없는데, 특히 규격 한계가 상대적으로 넓을 경우 더더욱 그렇다.

9.4 이상 원인 조사

이 장의 초반에서 우리는 일련의 입력변수와 환경변수들이 프로세스의 결과물과 불량에 어떻게 영향을 주는지 살펴보았다(그림 9.1 참조). 그 정의상, 불량이 발생했다는 것은 결과변수에 비정상적 변동이 발생했다는 것을 의미한다. 또한 결과변수의 비정상적 변동은 입력변수나 환경변수에서의 비정상적 변동에서 비롯됨을 알 수 있다. 따라서 관리도가 결과변수에 이상 변동이 발생했다는 것을 경고하면 입력이나 환경변수에서 이와 같은 결과를 초래한 요소가 무엇인지 살펴보아야 한다. 다시 말해, 비정상적 변동의 근본적 원인을 조사해야 한다.

> **학습목표 9-4**
> 어골도 및 파레토도를 작성할 수 있다.

근본 원인을 찾는 첫 번째 단계는 결과변수와 다양한 입력 및 환경변수 간의 관계를 나타내는 도표를 만드는 것이다. 이러한 도표의 예가 그림 9.9에 나타나 있다. **어골도(fishbone diagrams, 생선의 뼈와 비슷하다 하여 붙여진 이름)** 또는 **인과 도표(cause-effect diagram)** 또는 **이시카와 도표(Ishikawa diagram, 일본의 품질 학자 Kaoru Ishikawa를 기리기 위해 붙여진 이름)**는 변동성의 증가나 평균의 이동과 같이 특정한 결과와 연관된 입력 및

어골도 결과변수의 변화를 유발한 근본 원인들을 브레인스토밍하는 구조화된 방법으로 모든 입력 및 환경변수들을 분석해 가면서 완성된다. 다른 말로 인과 도표 또는 Ishikawa 도표라고도 불린다.

인과 도표 어골도 용어 설명 참조

이시카와 도표 어골도 용어 설명 참조

그림 9.9
조향축 부품 변동성의 근본 원인을 찾는 도표의 예

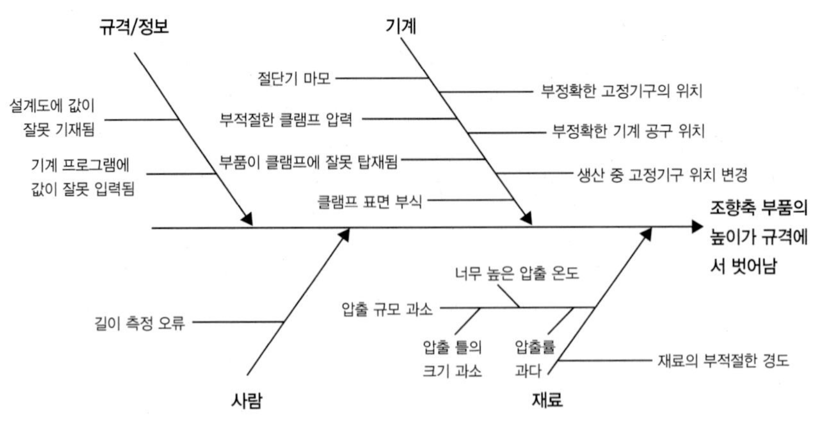

환경변수들을 시각적으로 표현한다.

어골도를 작성할 때는 일반적으로 분석을 요하는 결과변수의 이름을 지목하는 화살표를 그리며 시작한다. 이 화살표로 향하는 그 외 사선들은 주요 원인들을 표시하는 데 쓰인다. 그리고 작은 화살표들이 이 인과관계 선에 연결되어 생선 뼈 모양이 만들어지게 된다. 사선에는 입력변수와 환경변수 모두 기입할 수 있다. Ishikawa 도표는 간단하지만 브레인스토밍을 구조화하고 복잡한 시스템에서의 인과관계를 시각화하여 문제해결의 강력한 도구로 사용된다.

5가지 왜 직원들이 문제의 근본 원인을 찾을 수 있도록 도와주는 브레인스토밍 기법. 토론이 조기 중단되거나 진짜 근본 원인을 찾지 못하는 것을 방지하기 위해 토론 참여자들이 "왜 이 문제가 발생했는가?"에 대해 최소 5번 이상 질문하는 것을 권장한다.

인과 관계 모델을 개발하는 데 도움되는 관련 도구 중 하나가 "**5가지 왜(Five Whys)**"이다. 이는 Toyota에서 작업자들이 품질문제의 근본 원인을 찾을 때 주로 쓰이고 있다. "5가지 왜"를 사용하는 이유는 현재 지목된 원인이 근본적 원인인지 아니면 더 깊은 문제가 드러내는 현상일 뿐인가를 지속적으로 질문("왜 이것이 발생했는가?")하는 데에 있다. 학생이 수업에 지각하는 경우를 생각해보자. "왜 학생이 지각을 했는가"라고 빠르게 물어보고 학생이 커피를 마시고 싶었기 때문이라는 답을 얻을 수 있다. 이 경우 "커피를 마시고 싶어서"가 지각의 근본 원인인 것처럼 보인다. 하지만, "5가지 왜"는 문제를 더 깊게 파고든다.

- 왜 학생이 커피를 사는 데 이렇게 오래 걸렸나? 커피숍이 강의실과 멀기 때문이다.
- 왜 학생이 건물 안에 있는 커피숍 대신 강의실에서 멀리 떨어진 커피숍에 가는가? 그곳의 커피가 더 맛있고 싸기 때문이다.
- 왜 건물 안의 커피숍이 파는 커피는 비싸고 맛이 없는가? 이 커피숍이 지역적 독점 상태로 고객의 요구에 반응하지 않기 때문이다.
- 왜 건물 내의 커피숍은 지역적 독점을 하고 있는가? 대학이 커피숍 임대 권리를 제3자에게 팔았기 때문이다.

"왜?"를 다섯 번 물어봤을 때 어떤 일이 일어났는지 주목하라. 먼저, 단순히 문제가 드러내는 현상만을 다루는 것이 아니라 기저의 근본 원인을 파악하게 된다. 그리고, 문제의 책임 주체가 학생에서 대학으로 바뀌었다.

불량의 잠재적 근본 원인이 여러 가지라면 이 중 어떤 것이 문제의 가장 큰 원인인지를

불량의 원인	발생 빈도수	비율	누적 비율
브라우저 에러	43	0.39	0.39
순서에 맞지 않는 주문 번호	29	0.26	0.65
제품이 배송되었지만, 청구되지 않은 신용카드	16	0.15	0.80
주문 입력 실수	11	0.10	0.90
대금 청구지 주소로 잘못 배송된 제품	8	0.07	0.97
잘못된 물품의 배송	3	0.03	1.00
합계	110		

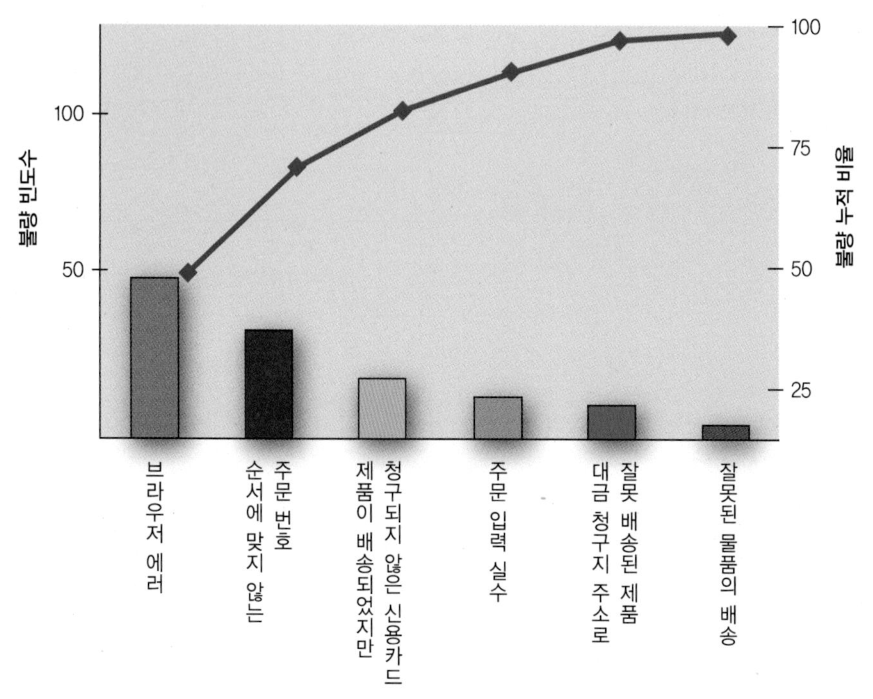

그림 9.10
Xootr 사의 주문 처리과정에서의 다양한 불량 유형

판단해야 한다. **파레토도(Pareto diagram)**는 프로세스 불량의 가장 중요한 원인이 무엇인지를 시각적으로 보여준다. 파레토도를 작성하려면 불량의 유형별로 발생 빈도를 나타내는 자료를 수집해야 한다. 그리고 난 뒤 그림에 나타나는 막대의 높이를 통해 불량 유형별 발생빈도를 표시한다. 불량 유형들의 누적 빈도수를 그리는 것도 일반적인 방법이다. 그림 9.10은 Xootr 사의 고객주문과 관련된 불량 유형들을 분류하는 파레토도의 예를 보여주고 있다.

파레토도 프로세스 불량의 가장 중요한 원인을 찾기 위한 도식화된 방법. 파레토도를 작성하기 위해, 불량 발생 빈도수 및 관련된 불량 유형에 관한 자료를 수집하고 불량 유형별 상대 빈도수를 막대 형태로 표시한다. 유형별 누적 값을 기입하는 방법도 많이 쓰인다.

파레토 법칙은 J.M. Juran에 의해 고안되었다. Juran은 관리자들이 너무 "작은" 문제를 해결하기 위해 너무 많은 시간을 낭비하는 바람에 정작 "큰" 문제에는 관심을 갖지 못하는 것을 발견했다. 파레토 법칙, 80–20법칙이라고도 불리는 이 법칙은 20%의 원인이 문제의 80%를 설명할 수 있다고 한다. 품질의 관점에서, 파레토 법칙은 몇몇 불량 유형들이 대부분의 불량문제를 설명할 수 있다는 것을 의미한다.

이해도 확인하기 9.6

질문 **한 운송업체가 최근에 고객들이 수령한 화물의 손상건수가 상당히 증가한 것을 발견하였다. 어골도를 작성하여 이러한 문제가 발생하는 원인들을 브레인스토밍해 보라.**

답 설득력 있는 근본 원인들이 많이 존재할 수 있으므로 단 하나의 정답이 존재하는 것은 아니다. 아래의 어골도는 근본 원인들을 (a) 배달 중 손상, (b) 고객에 의한 손상 혹은 잘못 보고됨, (c) 운송 중 손상, (d) 내용물에 의한 손상으로 파악하고 있다. 각 항목에 대해 이러한 하위 항목들을 추가로 전개하면 어골도는 그림 9.11과 같은 모습을 띨 것이다.

그림 9.11
손상된 배송물을 분석하기 위한 어골도

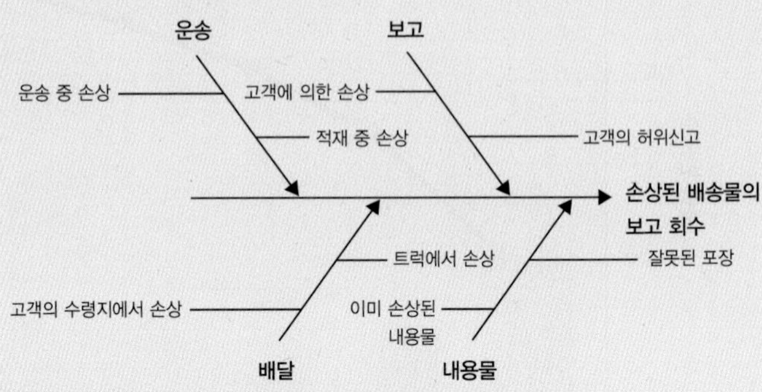

질문 **각 원인별로 조사된 물품 손상의 빈도수는 아래와 같다.**

- **운송 중 손상: 2**
- **적재 중 손상: 33**
- **고객에 의한 손상: 4**
- **고객의 허위신고: 1**
- **트럭에서 손상: 9**
- **고객의 수령지에서 손상: 22**
- **이미 손상된 내용물: 7**
- **잘못된 포장: 9**

상기 정보를 이용하여 파레토도를 작성하라.

답 먼저 빈도수 순으로 데이터를 정렬한 뒤 표 9.3에서처럼 원인별 누적 비율을 계산한다. 그리고 난 뒤 그림 9.12와 같이 이 정보를 도식화할 수 있다.

표 9.3

근본 원인	빈도	누적 비율(%)
적재 중 손상	33	38%
고객의 수령지에서 손상	22	63%
트럭에서 손상	9	74%
잘못된 포장	9	84%
이미 손상된 내용물	7	92%
고객에 의한 손상	4	97%
운송 중 손상	2	99%
고객의 허위신고	1	100%
합계	87	

[계속]

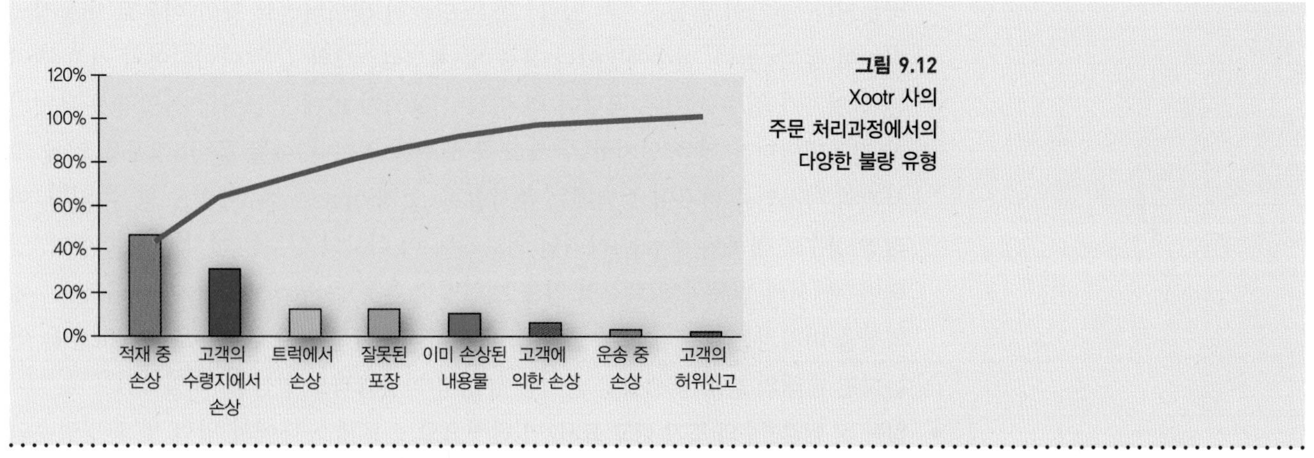

그림 9.12 Xootr 사의 주문 처리과정에서의 다양한 불량 유형

9.5 이상 원인을 제거하고 프로세스를 더 견고하게 만드는 방법

이전에 논의했듯이 부품의 규격 또는 서비스의 소요시간 등과 같은 결과변수에서의 변동성이 모든 품질문제의 중심에 있다. 따라서 품질 개선을 논할 때 변동성의 원인을 파악하고 제거하는 것이 우선시되어야 한다. 하지만, 변동성을 항상 제거할 수 있는 것은 아니다. 특히 인적 자원(조립라인의 작업자 등)에 관한 것이나 고객의 흐름(환자, 콜센터의 전화 등)에 관한 것을 다룰 때에는 변동성이 우리의 관리 밖에 있을 수 있다. 게다가, 변동성의 원인이 우리의 관리하에 있다 하더라도 그것을 제거하는 데에는 천문학적인 비용이 들 수 있다.

학습목표 9-5
견고한 프로세스의 구축을 통해 불량을 줄이는 것을 설명할 수 있다.

이러한 이유들 때문에, 변동성을 제거하려고만 하기보다는 수용할 필요도 있다. 다시 말해 변동성에 노출되었을 때 무너지지 않고 불량을 생산하지 않는 프로세스를 설계할 필요가 있다. 좋은 테니스 선수는 항상 라켓의 스윗스팟으로 공을 치려고 해야 하지만, 좋은 테니스 라켓은 불완전하게 공을 쳤더라도 네트를 넘어가도록 "도와줄 수" 있어야 한다. 입력변수와 환경변수의 변동성을 감내하면서 결과변수의 변동성을 증가시키지 않는 프로세스를 **견고한 프로세스(robust process)**라 부를 수 있다. 다르게 얘기하면, 견고한 프로세스는 입력 및 환경변수의 변동성에 대해 내성이 있다.

견고한 프로세스 프로세스가 입력변수와 환경변수의 변동성을 불량으로 이어지지 않게 한다면 견고한 프로세스라 할 수 있다.

어떻게 견고한 프로세스를 만들 수 있는가? 다음은 가장 보편적인 방법들이다.

- **오버엔지니어링**: 앞서 보았듯이 불량은 입력변수 및 환경변수의 변동성이 결과변수값을 허용 범위 밖으로 내몰 때 발생한다. 예를 들어, MS *Estonia* 호가 제작되었을 때, 기술자들은 배가 거친 파도를 얼마나 버틸 수 있을지를 정해야 한다. 또한 선원들이 실수를 할 가능성도 고려할 수 있다. 견고한 디자인을 위해서 선박의 규격이나 최대 허용 하중을 결정할 때 입력 및 환경변수에서의 아주 드물게 발생하는 변동성을 고려하는 것도 중요하다. 달리 말해서, 아주 예외적인 상황에서도 잘 작동할 수 있는 프로세스를 만들어야 한다.
- **실수예방(foolproofing)**: 프로세스 입력변수의 변동성은 많은 경우 인간의 실수에서

비롯된다. 인간의 활동은 "손 떨림" 혹은 단순히 잊어버려서 등의 이유로 변동성의 원인이 될 수 있다. 실수예방이나 표준 및 체크리스트와 같은 아이디어의 기본 취지는 작업자가 실수할 경우 작업이 더 이상 진행되지 않게 만들어서 작업자가 무엇인가 잘못되었다는 것을 인지할 수 있도록 해주는 것이다. 예를 들어, 경구용 약물 주사기의 디자인을 바꾸어 정맥에는 주사할 수 없게 만들면 실수예방을 할 수 있다. 이러면 실수로 잘못된 주입을 하려던 의료진이 더 이상의 실수를 하지 않을 것이다. 입력변수에서의 변동성(의료진의 약물 투입방식 혼동)은 발생했지만 이는 결과변수에 영향을 미치지는 않는다. 실수를 예방하는 과정에서 작업자가 실수로부터 교훈을 얻는다면 미래의 불량 발생률을 줄이는 긍정적 파급효과도 발생할 수 있다.

- **입력 및 환경변수의 조기 경고 표시**: 일반적으로 프로세스 내에서 입력 및 환경변수의 변동이 발생한 뒤 결과변수에서 불량이 발생하기까지는 일정한 시간이 걸린다. 어떤 경우에는 Twitter과 Tweeter를 혼동했던 것처럼 시간 지연이 매우 짧을 수도 있다.

연관 사례: 보트의 왼쪽과 오른쪽

© *Digital Vision/Punchstock*

혹시 조정경기에서 선수들이 왼쪽 또는 오른쪽이라는 단어를 쓰지 않는 것을 이상하게 생각해 본 적이 있는가? 보트 위에 서서 보트의 전면을 바라보고 있을 때, 왼쪽은 port side 그리고 오른쪽은 starboard side라고 부른다. 이러한 용어를 쓰는 이유는 해상 전문용어를 만들기 위해서가 아니다. 이 용어들의 장점은 선수들의 위치에 대해 독립적이라는 것이다. 노를 젓는 배를 생각해보자. 키잡이(배의 방향을 잡는 사람)가 선수들에게 오른쪽으로 가라고 했을 때, 어느 쪽으로 가야 하는 것인가? 위의 사진을 보면, 키잡이는 뱃머리를 향하고 있고 나머지 선수들은 다른 방향을 향하고 있다. 큰 선박과 여객선은 때로는 앞으로 때로는 뒤로 움직여야 하는데 선원들이 각자 여러 방향으로 움직이고 있는 상황에서는 문제가 더 복잡하다. Port와 starboard 등의 명령어를 사용함으로써 모든 사람들이 방향을 동일하게 이해하게 된다. 조정 선수들의 위치라는 환경변수는 결과에 아무런 영향이 없다.

이 경우, 실수한 뒤 거래를 하는 데까지는 불과 몇 초밖에 걸리지 않는다. 그러나 일반적으로 시간 지연은 이보다는 더 길다. MS *Estonia* 호를 침몰시켰던 실수를 생각해보자. 바다는 페리 출발 몇 시간 전부터 거칠었다. 게다가 화물의 불균형 적재도 침몰 한 시간 전에 발생했다. 아마도 선원들은 기상 상황에 대해 알고 있었으나 불균형 적재에 대해서는 알지 못했던 것 같다. 선원들이 입력변수인 "적재 균형"에서 예외적인 변동성이 발생한 것을 일찍 알았더라면 사태에 미리 개입해서 출항을 보류하거나 선박의 균형을 다시 맞추려 했을 것이다.

9.6 이원 분포를 따르는 불량: 이벤트 트리

지금까지 우리는 흐름단위가 불량인지 여부를 판단하기 위해 특정 변수에 관한 자료를 수집하고 이를 규격 한계와 비교했다. 그러나 규격에 적합한지를 수치로 측정할 수 있는 길이나 기간과 같은 측정 변수가 항상 존재하는 것은 아니다. 예를 들어, 분실물이라는 불량을 추적하는 항공사, 잘못된 약을 받아가는 환자의 수를 줄이려는 약국, 손 글씨를 인식하는 데 어려움을 겪고 있는 자료 입력 과정 등은 모두 연속적인 측정 결과가 아닌 이산적인 결과(불량인지 아닌지)를 다루어야 한다. 이러한 경우에도 통계분석의 힘을 활용하여 프로세스를 측정하고 개선할 수 있으나, 지금까지 우리가 가정했던 결과변수값의 연속적인 확률분포가 존재하지 않을 경우에는 불량의 발생에 관한 이산적 확률분포를 다루어야 한다.

9.6.1 이산적 결과를 갖는 프로세스에 대한 역량 평가

지금까지처럼 프로세스의 결과물은 일련의 입력변수 및 환경변수의 영향을 받으며 특정 조건하에서 불량이 발생한다. 그러나 지금부터는 입력변수, 환경변수, 그리고 결과변수 모두 "좋음" 또는 "나쁨"의 이산적 값만을 가질 수 있다고 가정한다. 이 상황을 간단히 이해하려면 불량 또는 정상이라는 두 가지 경우의 수만을 갖는(이 확률이 꼭 50:50일 필요는 없다) 동전 던지기를 생각하면 된다.

다음의 두 가지 예시를 생각해보자. 부품의 조립과정에서 잠재적으로 불량이 발생할 수 있는 세 단계가 있다. 첫 번째 단계는 2%의 불량률, 두 번째 단계는 5%의 불량률, 세 번째 단계는 3%의 불량률을 지닌다. 부품이 정상적으로 작동하기 위해서는 세 단계 모두 정상적으로 진행되어야 하며, 이는 세 입력변수들 중에서 하나라도 불량이 발생하면 결과물은 불량이 된다는 것을 의미한다. 각 입력변수들의 불량률로부터 결과변수의 불량률을 어떻게 계산할 수 있을까? 관련된 사건들의 발생 확률을 생각해야 한다. 이 경우, 부품이 제대로 기능하려면 1, 2, 3단계 모두 정상적으로 진행되어야 한다. 따라서 부품이 제대로 작동할 확률은

$$\begin{aligned}\text{확률}\{\text{정상 부품}\} &= \text{확률}\{\text{1단계 정상}\} \times \text{확률}\{\text{2단계 정상}\} \times \text{확률}\{\text{3단계 정상}\} \\ &= (1-\text{확률}\{\text{1단계 불량}\}) \times (1-\text{확률}\{\text{2단계 불량}\}) \\ &\quad \times (1-\text{확률}\{\text{3단계 불량}\}) \\ &= (1-0.02) \times (1-0.05) \times (1-0.03) = 0.90307\end{aligned}$$

따라서 부품이 불량일 확률은

$$확률\{불량\ 부품\} = 1 - 확률\{정상\ 부품\} = 1 - 0.90307 = 0.09693$$

이제 두 번째 예시를 살펴보자. 의사들은 약물의 처방전을 작성하는 과정에서 환자의 알러지를 간과하거나 여러 약물들의 상호작용을 간과하는 실수를 저지르기도 한다. 의사가 특정 약물을 요청했을 때 환자에게 약물을 투여하는 과정에서 세 단계를 거치게 된다. 첫째, 약물을 투여하는 간호사는 약물을 약국에서 가져와야 한다. 약국은 실수의 70%를 잡는다. 다음으로, 간호사는 주치의와 함께 약물을 다시 확인하는데, 이때 실수의 80%를 잡는다. 마지막으로, 환자 스스로가 약물 부작용에 대해 간호사에게 알릴 수 있는데 이는 단지 50%의 경우에서만 발생한다. 약물에 관한 이 예시는 첫 번째 예시와 근본적으로 다르다. 이 예에서는 세 단계 중 한 곳에서만 실수가 잡히더라도 환자는 잘못된 약물을 투여받지 않을 수 있기 때문에 더 견고한 프로세스다. 다시 말해, 불량이 발생하려면 세 단계 모두에서 실수가 발생해야 하는데 그 확률은 다음과 같다.

$$\begin{aligned} 확률\{불량\ 서비스\} &= 확률\{1단계\ 불량\} \times 확률\{2단계\ 불량\} \times 확률\{3단계\ 불량\} \\ &= 0.3 \times 0.2 \times 0.5 = 0.03 \end{aligned}$$

따라서, 의사가 잘못된 처방전을 작성했다고 했을 때, 올바른 서비스를 제공할 확률은 다음과 같다.

$$확률\{정상\ 서비스\} = 1 - 확률\{불량\ 서비스\} = 1 - 0.03 = 0.97$$

학습목표 9-6
불량을 설명하기 위해 이벤트 트리를 작성할 수 있다.

이벤트 트리 이원적 결과변수의 시각적 표현. 이는 프로세스 내의 불량들을 전체적인 결과치와 연결하여 불량률 계산을 용이하게 한다.

두 경우 모두, 복수의 이산적인 사건들이 겹쳐져 결과변수의 불량 혹은 정상을 결정하고 있다. 서로 다른 발생 가능성을 가진 상황들이 그림 9.13에 잘 묘사되어 있다. 그림에 나타난 것을 **이벤트 트리(event tree)**라고 한다. 왼쪽 그림은 조립 프로세스를 묘사한 이벤트 트리이다. 이벤트 트리는 프로세스의 세 가지 입력변수들을 이산적 나뭇가지 형태로 보여주고, 각 가지는 일정 확률로 왼쪽으로, 그 나머지 확률은 오른쪽으로 향한다. 편의상 왼쪽 가지가 불량, 오른쪽 가지가 정상을 의미한다고 하자. 세 가지 결과변수가 있고, 각 결과변수는 두 결과값을 가지므로 이벤트 트리에서 $2^3 = 8$가지의 다른 상황들이 전개될 수 있다. 세 단계 중 하나라도 불량이면 결과는 불량이 되므로 단 하나의 실수가 불량으로 이어진다. 따라서, 정상이 나오는 상황은 모든 단계들이 정상적으로 이루어진 단 하나이다. 다른 7개의 상황들은 불량으로 이어진다.

그림 9.13의 오른쪽은 약물 투여과정의 이벤트 트리를 보여준다. 다시 말하지만, 이벤트

그림 9.13 조립 프로세스(왼쪽)와 약물 투여과정(오른쪽)의 이벤트 트리

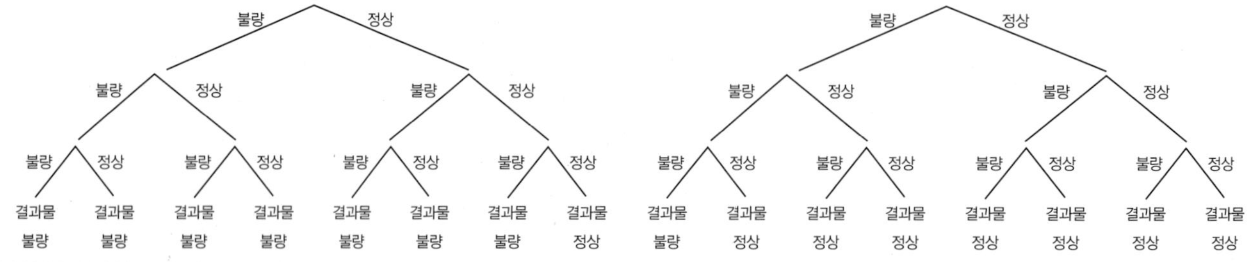

트리는 프로세스의 세 가지 입력변수들을 이산적 나뭇가지 형태로 보여주고 각 결과변수가 두 개의 결과값을 가지므로, 이벤트 트리에는 $2^3 = 8$가지의 다른 상황들이 발생할 수 있다. 그러나 이번에는 결과값이 불량이 되기 위해서는 세 단계 모두가 불량이어야 한다. 한 사람이라도 실수를 발견할 경우, 약물은 올바르게 투여된다.

이벤트 트리는 입력, 환경, 그리고 결과변수가 이원적 결과값을 갖는 프로세스에서 불량률 계산을 용이하게 해준다. 이벤트 트리를 이용하면 각 결과들의 조합(트리의 뿌리에서부터 하나의 잎에 이르기까지의 과정)에 따른 확률을 계산할 수 있으며 각 잎은 정상적인 결과물이나 불량 결과물에 해당한다. 잎을 정상 혹은 불량으로 구분할 때, 변수들이 어떻게 논리적으로 연결되어 있는지 확인해야 한다.

다음은 몇 가지 코멘트들이다.

- 이전에 소개된 견고함의 개념은 이원적 결과를 갖는 프로세스에도 적용된다. 세 단계로 구성된 부품 조립 프로세스는 견고하지 않다. 단 하나의 실수가 불량으로 이어졌다. 이와는 달리 약물 프로세스는 견고하다. 이 프로세스는 입력변수에서의 오류가 있더라도 삼중 확인이라는 여과장치 덕분에 불량으로 이어지는 확률이 대폭 줄었다.
- 우리가 연속적 분포로 묘사되는 프로세스의 역량 분석과정에서 변동성의 의미를 조심스럽게 살펴보았듯이, 100번의 약물 투여가 정상적으로 이루어졌다고 해서 프로세스가 높은 역량을 지녔다고 잘못 추론하면 안 된다. 약물 오류가 발생했지만 즉시 발견되지 않았던 경우를 심각하게 생각하고 전체적인 불량률을 평가할 때 이를 고려해야 할 것이다. 따라서 약물 투여의 예시에서 우리가 관찰된 결과변수값만을 가지고 판단한다면 불량률을 크게 과소평가하는 결과를 초래할 수 있다.

이해도 확인하기 9.7

질문 **한 보험 회사가 고객이 연락 가능한 이메일 주소를 적을 수 있는 전단지를 나누어주고 있다. 수거된 전단지에 적힌 정보들은 직원에 의해 컴퓨터로 입력된다. 자료 입력 과정에서 95%의 경우에는 직원이 전단지의 손 글씨를 정확히 읽는 반면, 정확히 읽은 경우라도 0.5%의 확률로 직원이 읽은 정보가 잘못 기입될 수 있다. 이벤트 트리를 작성하라. 자료가 제대로 입력될 확률은 얼마인가?**

답 두 가지 변수들 각각에 대해 두 가지 결과들이 존재하여, $2^2 = 4$가지 상황이 발생 가능하다. 자료가 제대로 입력되기 위해서는, 자료가 정확히 읽히고 정확히 입력되어야 한다. 따라서 이벤트 트리는 그림 9.14와 같다.

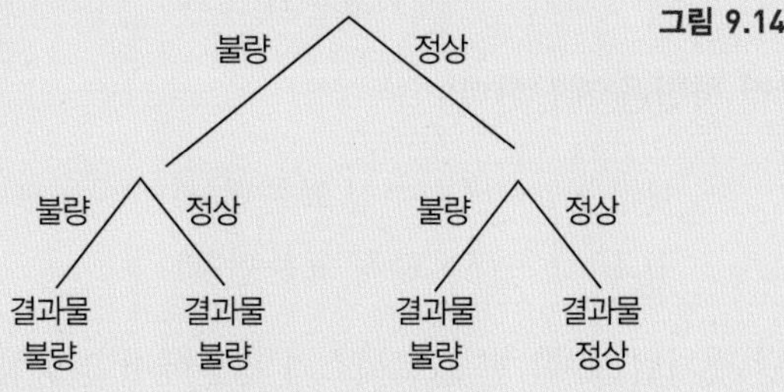

그림 9.14

자료가 제대로 입력될 확률을 다음과 같다.

확률{정확한 입력} = 확률{정확한 읽음} × 확률{정확한 기입} = 0.95 × 0.995 = 0.94525

- 독일 병원에서의 상황과 MS *Estonia* 호 침몰과 같은 비극은 일반적으로 다수의 입력변수들의 변동으로 인해 초래된 결과이다. 각각의 입력변수는 일반적으로 특정 단계가 정상적으로 진행되는 경우만을 묘사하곤 한다. 게다가, 프로세스는 견고하기 때문에 각 입력변수에서의 불량이 최종불량으로 직결되는 것은 아니다. 그러나 불행히도 바로 이점 때문에 프로세스의 관리자들이 안전에 대한 잘못된 인식을 가질 수도 있다("나 말고도 실수를 확인할 수 있는 세 명이 있기 때문에 내가 실수를 해도 큰 잘못은 아니다").

9.7 이원 분포에서의 불량: *p*-관리도

우리가 X-바 관리도를 작성할 때는 단일 차원으로 결과변수를 측정하고 관리 하한과 관리 상한 간의 간격을 통해 특정 단위가 불량인지 아닌지를 판단할 수 있었다. 그러나 이산적 결과를 다룰 때에는 더 이상 이런 방식을 사용할 수는 없고, 우리는 불량과 정상의 흐름단위들을 구별하는 것만이 가능하다. 따라서 프로세스에서 표본을 추출하고 나면 각 단위로부터 우리가 알 수 있는 것은 이것이 불량인지 아닌지의 여부이다. 그 다음, 표본에서 불량인 흐름단위들의 비율을 계산할 수 있다. 그리고 X-바 관리도에서처럼 이 비율을 시간에 따라 추적한다. 이것이 ***p*-관리도**의 기본 개념이며 이를 다른 말로 **계수치 관리도**(attribute based control chart)라고도 한다.

***p*-관리도** 이원적 결과값을 갖는 프로세스를 다루기 위해 사용되는 관리도. X-바 관리도의 특징을 모두 갖고 있지만 연속적 결과변수를 필요로 하지는 않는다. 하지만, 불량이 극히 적은 확률로 일어날 경우 *p*-관리도를 구축하기 위해서는 더 큰 크기의 표본이 필요하다. 계수치 관리도라고도 한다.

계수치 관리도 *p*-관리도에 대한 설명 참조

p-관리도를 구축하기 위해 필요한 표본의 크기는 각 회당 일반적으로 50~200개 정도로 좀 큰 편이다. 특히 불량이 적은 확률로 일어날 때에는 더 큰 크기의 표본이 필요한데, 만약 불량률이 1%라면 5~10개의 표본크기로는 불량을 찾지 못할 가능성이 높기 때문이다. 표본은 X-바 관리도에서처럼 매 기간 수집된다. 각 표본마다 불량률을 계산하며, p가 그 확률을 나타낸다(이것이 p-관리도라 부르는 이유이다). 그 다음, 전체 표본들에 걸친 평균 불량률을 계산하는데, 이를 $\bar{p}$라 부른다. X-더블-바의 값을 변수 관리도에서 중간선으로 썼듯이 "평균들의 평균"이 계수치 관리도에서도 중간선으로 쓰인다.

학습목표 9-7
p-관리도를 작성할 수 있다.

관리 한계를 구하기 위해 우선 불량의 표준편차 추정치를 구해야 한다. 추정치는 다음과 같은 수식을 이용하여 구할 수 있다:

$$\text{추정 표준편차} = \sqrt{\frac{(\bar{p}(1-\bar{p})}{\text{표본의 크기}}}$$

그 다음 관리 상한과 관리 하한을 계산한다.

$$\text{UCL} = \bar{p} + (3 \times \text{추정 표준편차})$$
$$\text{LCL} = \bar{p} - (3 \times \text{추정 표준편차})$$

따라서, 이전에 그랬던 것처럼 또 한 번 프로세스가 평균에서 양방향으로 표준편차 3개 이내에서 변동할 수 있도록 관리 간격을 정한다. 계산된 관리 하한 값이 음수일 경우, 0을 LCL로 쓴다.

중간선과 관리 상한 및 관리 하한을 구한 후, X-바 관리도를 사용하던 방식과 동일하게 p-관리도를 사용할 수 있다. 매 기간, 계산된 불량률을 p-관리도에 표기한다. 그 값이 관리 상한 이상일 경우, 우리는 몇 가지 (부정적인) 이상 원인을 생각해볼 수 있다. 그 확률이 관리 하한 이하일 경우, 우리는 몇 가지 (긍정적인) 이상 원인을 생각해볼 수 있다(이 경우, 전체적인 불량률은 감소했다).

이해도 확인하기 9.8

질문 **온라인 식료품 가게는 고객에게 배달될 200개 포장물의 표본을 매일 추출한다. 전체적으로 보았을 때, 잘못된 배송건수의 비율은 3%였다. 이 정보를 바탕으로 어떻게 p-관리도를 작성할 수 있을까?**

답 먼저 3%에 맞추어 중간선을 그린다. 그리고 추정 표준편차를 다음과 같이 구한다.

$$\text{추정 표준편차} = \sqrt{\frac{\bar{p}(1-\bar{p})}{\text{표본의 크기}}} = \sqrt{\frac{0.03(1-0.03)}{200}} = 0.012062$$

그리고 관리 상한과 관리 하한을 구한다.

$$\text{UCL} = \bar{p} + (3 \times \text{추정 표준편차}) = 0.03 + (3 \times 0.012062) = 0.066187$$
$$\text{LCL} = \bar{p} - (3 \times \text{추정 표준편차}) = 0.03 - (3 \times 0.012062) = -0.00619$$

그 후 상기 관리 한계들을 그린다. UCL은 0.066187이다. LCL의 경우, 예측 불량률이 음수가 될 수는 없으므로, 0을 LCL의 값으로 쓴다.

연관 사례: Citizens Bank에서 공짜 현금을 준다고?

© Glow Images

고객의 입장에서 불량은 가끔 기대치 않았던 유쾌한 일(적어도 처음에는)이 될 수도 있다. Georgia 출신의 18살 Steven Fields가 어떻게 느꼈을지 생각해보자. Steven은 자신의 계좌 잔액이 갑자기 증가한 것을 발견했다. Georgia 주 Hull 시에 위치한 First Citizens Bank에서 실수로 31,000달러를 이체한 것이다. Steven Fields라는 이름을 가진 또 다른 고객이 31,000달러를 예금했고, 은행 직원이 실수로 동명이인의 계좌에 입금한 것이다. 불행히도 (적어도 18살의 Steven Fields에게는) 그 놀라움은 오래 가지 않았다. 그는 대부분의 잔액을 빠르게 인출했지만 은행은 반환할 것을 요구했다.

이러한 종류의 거래 오류는 이산적 상황의 예가 된다. 변수가 연속적으로 분포된 Xootr의 조향축 부품과는 달리 이런 거래는 결과가 불량 또는 정상으로 나뉘는 이원적 결과 분포를 갖는다.

결론

불량은 변동성에 의해 발생된다. 입력 또는 환경변수의 변동성 때문에 프로세스의 결과에서 변동성이 나타난다. 또한, 변동성의 크기와 규격 범위가 얼마나 타이트한가에 따라 결과의 변동성이 불량으로 이어진다. 우리는 불량을 이원적(불량이냐 정상이냐)으로 생각할 수도 있고 허용 범위(규격 상한 및 규격 하한)와 결과변수의 연속적 측정치를 비교하면서 생각할 수도 있다. 단위들을 불량 혹은 정상으로만 분류할 수 있는 경우에는 정상으로 생산된 단위들의 비율을 통해 프로세스의 역량을 측정한다. 아니면, 100만 개의 생산량을 가정하고 그중 몇 개의 불량이 있는지(ppm)를 계산할 수도 있다. 그러나 불량 혹은 정상이라는 이원적 분류는 많은 양의 정보를 버리는 것이다. 사격의 예에서 보았듯이 "거의 못 맞춘" 것과 같은 정보도 프로세스 역량 평가를 개선하는 용도로 쓸 수 있다. 이 경우, 우리는 규격 한계의 범위와 프로세스 내의 변동성을 비교하는 역량지수 C_p를 이용하여 프로세스의 역량을 측정한다. C_p 지수는 불량률이나 ppm 숫자로 전환하여 사용할 수도 있다. 역량 측정의 두 가지 방법 중 하나를 고를 때, 다음을 고려해야 한다.

- 규격이 수리적으로 표현될 수 있는가? Xootr 조향축 부품이 허용 범위 밖에 있을 때 불량이라 판단할 수 있었던 것은 생산 프로세스의 변동성을 단일 차원의 단순한 분포로 묘사할 수 있었기 때문이다. 그러나 본 장의 서두에서 다룬 모든 예시들이 다 그러한 경우에 해당하는 것은 아니다. 주식 거래에서의 해당 종목 기호를 지정하는 작업은 맞거나 틀리거나 둘 중 하나이다. 병원의 예시에서도 얼마만큼의 약물이 주사기에 들어갔는지는 허용범위를 이용해 판단할 수 있겠지만 약물이 경구로 들어갔는지 또는 정맥으로 들어갔는지의 문제는 또다시 이원적 결과를 낳는다.
- 불량이 얼마나 자주 발생하는가? 불량은 드물게 발생하지만 불량이 발생할 경우 그 결과가 상당히 위중하다면 거의 불량이 될 뻔한 경우에서도 교훈을 얻을 수 있다. 이 경우에는 변동성의 정도가 허용치를 넘지 않아서 불량으로 판정되지는 않지만 매우 근접했던 경우이기 때문에 일정한 교훈을 줄 수 있으며, 입력변수에서의 자칫 위험한 변동성이 견고한 프로세스 덕분에 불량으로 판정되지는 않았던 경우일 수도 있다. 어찌됐든 결과변수 기준으로 불량이 없기 때문에 모든 것이 완벽하다고 추론하기보다는 이러한 정보들을 이용하여 프로세스의 역량을 측정하는 것이 중요하다.

프로세스의 결과변수가 이원적 분포의 형태로 나오든지 아니면 연속적 분포의 형태로 나오든지 간에 프로세스가 어느 정도로 과거 자료에서 나타난 바와 동일하게 움직이는지를 관찰해야 한다. 결과변수가 연속적 분포를 따르는 경우에는 표본의 평균을 표기하는 X-바 관리도를 사용할 수 있다. 반면, 프로세스의 결과변수가 이원적으로 나오는 경우에는 p-관리도를 쓸 수 있다. 어떤 경우이든지 간에 관리도는 비정상인 원인변동을 감지하기 위한 간단하고 시각적인 방법을 제공한다. 그리고 난 뒤 이상변동을 초래하는 근본 원인을 파악하여 제거하거나 견고한 프로세스 설계의 논리를 이용하여 결과변수의 프로세스 변동성에 대한 민감도를 최소화하려고 노력할 수 있다. 이러한 조치들이 실제로 효과가 있는지의 여부는 지금까지의 방식대로 프로세스를 관찰하고 분석함으로써 파악할 수 있다.

표 9.4 이번 장에서 다룬 프로세스 관리 방법들

	역량 분석	적합성 분석
이원적 분포	ppm, 수율 계산	p–관리도
연속적 분포	6 시그마	X–바 관리도

통계적 프로세스 관리는 긴 역사를 갖고 있으며 최근 "6 시그마"가 화두로 떠오르며 다시 주목을 받고 있다. 이번 장에서 다룬 통계적 프로세스 관리기법의 강점은 실제 자료를 수집하고 전문적 분석 기술을 사용하는 것에서 비롯된다. 자료 수집의 중요성은 두말할 나위가 없다. 많은 산업에서 프로세스 성과자료를 수집하는 것은 필수적이다. 자료를 수집하고 나면, 프로세스 개선에 관한 회의들이 사실에 기반한, 주관적이 아닌 객관적인 회의가 될 수 있다. 대다수의 제조업체들은 주기적으로 프로세스에 대한 자료를 수집하지만 서비스 업체들의 경우에는 아직까지는 그렇지 않은 것 같다. 최근 몇 년 사이에 은행과 의료 산업군이 프로세스 자료를 시스템을 이용하여 추적하기 시작했다. 이는 서비스 영역의 작업흐름 관리시스템이 수많은 자료들을 이미 보유하고 있는 것을 감안하면 진작에 시작되었어야 할 일이라고 생각된다. 그러나 프로세스 개선 프로젝트가 성공하려면 자료 그 이상의 것이 필요하다. 자료를 통계적으로 분석하지 않으면 프로세스 내 모든 사소한 임의 변동들마저도 자칫 의미 있는 것으로 잘못 해석될 수도 있다. 앞서 소개된 분석도구들이 중요한 것과 덜 중요한 것들을 구분하는 데 도움을 줄 수 있다.

학습목표의 요약

학습목표 9-1 임의 변동과 원인 변동을 구별할 수 있고 입력변수, 환경변수, 결과변수를 구별할 수 있다.

결과변수는 프로세스의 결과를 표현한다. 입력변수는 관리자의 직접적 통제하에 있는 것들이다. 환경변수 또한 결과변수에 영향을 주지만 관리자의 직접적 통제하에 있지는 않다. 입력변수와 환경변수가 시간에 따라 변화하면 결과변수도 영향을 받게 된다. 이러한 변동이 전적으로 임의적인 범위를 벗어나지 않는다면 우리는 이를 임의 변동이라 부른다. 그러나 변동성을 초래하는 특정한 원인이 있다면 이는 원인 변동이라 부른다.

학습목표 9-2 프로세스 역량지수와 불량 확률을 계산할 수 있다.

프로세스 역량지수 C_p는 결과변수에 대한 규격 한계의 범위와 결과변수의 변동성(추정 표준편차의 6배로 계산되는) 간의 비율이다. 이는 프로세스의 결과물이 불량으로 발생되지 않으려면 통계적 평균으로부터 표준편차 몇 개만큼 떨어질 수 있는지를 알려준다. 따라서 이는 불량률로 해석될 수 있다.

학습목표 9-3 관리도를 작성하고 이를 프로세스 내에 비정상적 변동이 존재하는지를 판단하기 위해 쓸 수 있다.

관리도는 프로세스 내 변동성의 시각적 표현이다. x축에는 시간이, y축에는 결과변수가 표시된다. 매 시간단위마다 결과변수의 표본이 수집되어 관리도에 표기된다. 또한 관리도는 장기적 중간선(X – 바 – 바라 불리는)을 보여주는데 이는 모든 점들의 평균을 의미한다. 또한 관리도에는 과거의 자료를 이용해 계산된 관리 상한과 관리 하한도 같이 표기된다. 새로운 표본이 관리 한계 밖에 위치할 경우 원인 변동이 프로세스에 영향을 주고 있다고 추론할 수 있다.

학습목표 9-4 어골도 및 파레토도를 작성할 수 있다.

Ishikawa 도표라고도 불리는 어골도는 결과변수의 변동을 유발한 잠재적 근본 원인을 브레인스토밍하기 위한 구조화된 방법이다. 일반적으로 결과변수에서의 변동은 몇 개의 입력 또는 환경변수에 의해 설명될 수 있다. 문제의 80%는 20%의 근본 원인으로 설명할 수 있다. 이는 파레토도의 형태로 보인다.

학습목표 9-5 견고한 프로세스의 구축을 통해 불량을 줄이는 것을 설명할 수 있다.

견고한 프로세스란 입력 또는 환경변수의 변동이 결과변수에 미치는 영향을 줄여주는 프로세스이다. 우리는 프로세스를 오버엔지니어링하거나, 활동에서 실수예방을 하거나, 체크리스트를 제공하여 견고한 프로세스를 만들 수 있다. 또한 우리는 비정상 변동을 관리자에게 빠르게 알려야 한다.

학습목표 9-6 불량을 설명하기 위해 이벤트 트리를 작성할 수 있다.

이벤트 트리는 이원적 결과변수의 시각적 표현방식이다. 이는 프로세스 내에서의 개별 불량들을 프로세스의 전체적 결과값과 연결시킴으로써 불량률 계산에 도움을 준다.

학습목표 9-7 p–관리도를 작성할 수 있다.

p–관리도는 이원적 결과변수를 다루는 관리도이다. 이는 X–바 관리도의 특성을 모두 갖고 있지만 이를 작성하기 위해 연속적 결과변수가 필요하지는 않다. 그러나 프로세스에서 불량이 드물게 나타나는 경우에는 p–관리도의 작성을 위해 보다 큰 크기의 표본이 필요하다.

핵심 용어

9.1 통계적 프로세스 관리의 틀

자연 변동 전적으로 임의성의 결과로 발생된 프로세스 내의 변동성(다른 말로 임의 변동)

임의 변동 전적으로 임의성의 결과로 발생된 프로세스 내의 변동성(다른 말로 자연 변동)

원인 변동 입력변수나 환경변수의 특정 변화로 인해 생기는 변동

입력변수 관리자의 통제하에 있는 프로세스 내의 변수

환경변수 관리자의 통제하에 있지 않지만 프로세스의 결과에 영향을 미칠 수 있는 프

로세스 내의 변수

결과변수 프로세스 결과의 품질을 평가하는 측정지표

불량 프로세스 규격에 적합하지 않음

규격 산출물의 결과변수가 불량인지의 여부를 판단하는 일련의 규칙들

근본 원인 불량의 근본 원인은 불량을 발생시킨 입력 혹은 환경변수의 변화이다.

견고함 입력 혹은 환경변수에서의 변동에 대한 내재된 내성 덕분에 결과에서 불량을 만들어내지 않을 수 있는 프로세스 역량

통계적 프로세스 관리(SPC) 실증적 측정 및 입력, 환경 및 결과변수들의 통계적 분석을 중심으로 만들어진 운영관리의 한 체계

비정상 변동성의 행태가 과거의 기록과 유사하지 않을 때 비정상이라 한다. 이 경우 임의 변동과 같은 임의적 상황이 아닌 원인 변동이 발생하고 있다고 결론지을 수 있다.

9.2 역량 분석

규격 하한(LSL) 불량이라 판단되지 않는 최소 결과값

규격 상한(USL) 불량이라 판단되지 않는 최대 결과값

프로세스 역량지수 결과변수의 규격 한계와 결과변수의 변동성(측정된 표준편차의 6배) 간의 비율. 이는 불량품이라 판단되기까지 통계적 평균으로부터 표준편차 몇 개만큼 떨어질 수 있는지를 알려준다.

6-시그마 프로세스 평균에서부터 한쪽 규격한계(규격 상한 또는 규격 하한)까지의 범위에 표준편차 6개가 들어가는 프로세스

불량률 임의로 선택된 흐름단위의 측정치가 규격을 충족시키지 못할 통계적 확률

100만 개 중 예측되는 불량품의 개수(PPM) 임의의 100만 개 샘플에서 예상되는 불량품의 개수

목표 변동값 주어진 불량률을 넘지 않는 선에서 허용되는 프로세스 내의 최대 변동값

9.3 적합성 분석

관리도 관리도는 프로세스내의 변동성을 시각적으로 표현한 것이다. x축에 시간을 그리고 y축에 결과변수를 기입한다. 매 시간단위마다, 프로세스 결과물의 표본을 추출하고 표본의 관찰값을 관리도에 표기한다. 또한 관리도는 장기적 중간선(X-바-바라고도 불리는)을 보여주는데 이는 모든 점들의 평균이다. 또한 과거 자료를 바탕으로 계산된 관리 상한과 관리 하한을 보여준다.

***X*-바 관리도** 표본의 평균값(X-바라고도 불리는)들을 기록하는 관리도

***X*-바** 표본 내 관찰값들의 평균

관리 상한 비정상적 변동이라 불리지 않을 수 있는 최대값을 나타낸 관리도 내의 선

관리 하한 비정상적 변동이라 불리지 않을 수 있는 최소값을 나타낸 관리도 내의 선

***X*-더블-바** 표본 평균값들의 평균

전체 추정 표준편차 전체를 통틀어 계산된 표준편차

***X*-바의 추정 표준편차** 특정 표본 평균, X-바의 표준편차

9.4 이상 원인 조사

어골도 결과변수의 변화를 유발한 근본 원인들을 브레인스토밍하는 구조화된 방법으로 모든 입력 및 환경변수들을 분석해 가면서 완성된다. 다른 말로 인과 도표 또는 Ishikawa 도표라고도 불린다.

인과 도표 어골도 용어 설명 참조

이시카와 도표 어골도 용어 설명 참조

5가지 왜 직원들이 문제의 근본 원인을 찾을 수 있도록 도와주는 브레인스토밍 기법. 토론이 조기 중단되거나 진짜 근본 원인을 찾지 못하는 것을 방지하기 위해 토론 참여자들이 "왜 이 문제가 발생했는가?"에 대해 최소 5번 이상 질문하는 것을 권장한다.

파레토도 프로세스 불량의 가장 중요한 원인을 찾기 위한 도식화된 방법. 파레토도를 작성하기 위해, 불량 발생 빈도수 및 관련된 불량 유형에 관한 자료를 수집하고 불량 유형별 상대 빈도수를 막대 형태로 표시한다. 유형별 누적 값을 기입하는 방법도 많이 쓰인다.

9.5 이상 원인을 제거하고 프로세스를 더 견고하게 만드는 방법

견고한 프로세스 프로세스가 입력변수와 환경변수의 변동성을 불량으로 이어지지 않게 한다면 견고한 프로세스라 할 수 있다.

9.6 이원 분포를 따르는 불량: 이벤트 트리

이벤트 트리 이원적 결과변수의 시각적 표현. 이는 프로세스 내의 불량들을 전체적인 결과치와 연결하여 불량률 계산을 용이하게 한다.

9.7 이원 분포에서의 불량: *p*-관리도

***p*-관리도** 이원적 결과값을 갖는 프로세스를 다루기 위해 사용되는 관리도. X-바 관리도의 특징을 모두 갖고 있지만 연속적 결과변수를 필요로 하지는 않는다. 하지만, 불량이 극히 적은 확률로 일어날 경우 p-관리도를 구축하기 위해서는 더 큰 크기의 표본이 필요하다. 계수치 관리도라고도 한다.

계수치 관리도 p-관리도에 대한 설명 참조

주요 공식

학습목표 9-2 프로세스 역량지수와 불량 확률을 계산할 수 있다.

$$C_p = \frac{\text{USL} - \text{LSL}}{6\hat{\sigma}}$$

학습목표 9-3 관리도를 작성하고 이를 프로세스 내에서 비정상적 변동이 존재하는지를 판단하기 위해 쓸 수 있다.

$$\overline{X} = \frac{x_1 + x_2 + \cdots + x_n}{n}$$

$$UCL = \overline{\overline{X}} + [3 \times ESD(\overline{X})],\ LCL = \overline{\overline{X}} - [3 \times ESD(\overline{X})]$$

학습목표 9-7 *p*–관리도를 작성할 수 있다.

$$\text{추정 표준편차} = \sqrt{\frac{\overline{p}(1-\overline{p})}{\text{표본의 크기}}}$$

$$UCL = \overline{p} + (3 \times \text{추정 표준편차}),\ LCL = \overline{p} - (3 \times \text{추정 표준편차})$$

개념 문제

학습목표 9-1

1. 피자를 생산할 때, 다음의 보기들 중 입력변수가 아닌 것은?

a. 피자 생산을 위해 준비된 반죽의 양

b. 오븐의 온도

c. 치즈의 종류

d. 고객이 피자를 냉장고에 넣어두는 시간

2. Mary와 Tom은 레모네이드를 파는데 시간이 갈수록 레모네이드의 신선도가 떨어질 것을 걱정하고 있다. 다음의 보기들 중 환경변수는 무엇인가?

a. 아침에 냉장고에서 꺼냈을 때의 레모네이드 온도

b. 낮 시간 동안의 공기 온도

c. 레모네이드의 온도

d. 레모네이드를 만들기 위해 쓰이는 물의 온도

3. 중대한 품질문제에 대한 발표가 있고 나서 회사의 주가가 대폭 하락했다. 하락의 원인은 원인 변동이다. 참인가 거짓인가?

a. 참

b. 거짓

4. 50개의 토마토를 수확했는데 토마토의 크기와 무게가 각기 다르다는 것을 인식했다. 몇몇 토마토가 햇빛이나 물에 과다 노출되었다면 이것은 임의 변동이다. 참인가 거짓인가?

a. 참

b. 거짓

학습목표 9-2

5. 제조사 A가 만든 탁구공 100개의 크기를 정확하게 측정하고 제조사 B가 만든 다른 탁구공 100개의 크기를 측정한다. 제조사 B의 탁구공들이 더 큰 변동성을 보인다. 두 제조사의 평균과 규격한계는 동일하다. 두 제조사 중 높은 프로세스 역량지수를 갖는 회사는 어디인가?

a. 제조사 A

b. 제조사 B

c. 주어진 정보만으로 알 수 없음

6. **John은 MakeStuff 사의 신참 품질 기술자이다. 그의 상사가 주요 생산품에 관해 프로세스 역량지수를 증가시키라고 지시했다. John은 약간 귀찮기도 하고 프로세스 내의 변동성을 건들고 싶지 않아서 규격 상한을 증가시키고 규격 하한을 감소시키려고 한다. 이것은 프로세스 역량지수를 증가시키는가?**

a. 아니오. 프로세스 내의 변동성이 변하지 않기 때문에

b. 그렇다. 다만 프로세스가 실제로 좋아진 건지에 대한 의문을 가질 수는 있음

c. 관리 한계와 같은 많은 다른 변수들에 따라 다르다.

d. 아니오. 관리 한계가 변해야만 프로세스 역량지수가 변한다.

7. **프로세스가 6-시그마 프로세스라면, 프로세스 역량지수는 얼마인가?**

a. 1

b. 2

c. 6

d. 12

8. **동일한 프로세스에서, 변동성이 높은 프로세스는 어떤 것인가?**

a. 6-시그마 프로세스

b. 3-시그마 프로세스

c. 주어진 정보만으로는 알 수 없음

학습목표 9-3

9. **X-바가 의미하는 것은 무엇인가?**

a. 표본의 평균

b. 우리가 구해야 하는 프로세스 내의 미지의 표준편차

c. West Philadelphia에 있는 단골 술집

d. 표본 내 최대값

10. **X-바 관리도의 요소가 아닌 것은 무엇인가?**

a. 장기적 중간선인 X-바-바

b. 관리 한계들, LCL과 UCL

c. 규격 한계들, LSL과 USL

d. 각 표본에서의 X-바 값

11. **관리 상한선인 UCL이 장기적 중간선인 X-바-바로부터 몇 표준편차만큼 떨어져 있는가?**

a. 1

b. 2

c. 3

d. 6

e. 12

학습목표 9-4

12. 어골도와 이시카와 도표의 차이점은 무엇인가?
    a. 이시카와 도표가 화살이 더 많다.
    b. 이시카와 도표는 경험적 자료에 기반한다; 어골도는 그렇지 않다.
    c. 이시카와 도표는 운영관리 도구이다; 어골도는 이 문제를 위해 만들어진 개념이다.
    d. 두 개념은 같다.

13. 파레토도에 관해 옳게 설명한 것은 무엇인가?
    a. 파레토도는 문제의 잠재적인 근본 원인들을 발생빈도수와 함께 보여준다.
    b. 파레토도는 시간에 따른 프로세스 역량지수를 보여준다.
    c. 파레토도는 다양한 시간대에서 임의로 추출한 표본의 평균을 보여준다.
    d. 파레토도는 이원적 결과변수를 시각적으로 보여준다.

학습목표 9-5

14. 다음 중 견고한 프로세스를 옳게 설명한 것은 무엇인가?
    a. 프로세스가 입력 및 환경변수에서의 변동성을 감내하면서 불량을 초래하지 않으면 견고하다고 할 수 있다.
    b. 자동화 장치가 많이 내재되어 있으면 견고한 프로세스다.
    c. 관리도를 사용하면 견고한 프로세스다.
    d. 프로세스 역량지수가 1보다 크면 견고한 프로세스다.

학습목표 9-6

15. 특정 활동이 제대로 수행되었는지의 여부를 판단하기 위해 이산적 확률분포를 사용해야 하는 프로세스의 경우, 다음 중 전체 프로세스에서의 불량률을 나타내는 것은 무엇인가?
    a. 개별 불량률들의 곱
    b. 개별 불량률들 중 최대값
    c. 개별 불량률들 중 최소값
    d. 한 프로세스가 다른 프로세스보다 견고할 수 있기 때문에 프로세스에 따라 다르다.

16. 세 단계의 절차가 있는 프로세스가 있다고 하자. 각 단계에서 오류가 발생할 수 있다. 이 프로세스를 이벤트 트리로 묘사할 경우 몇 개의 잎이 필요한가?
    a. 2
    b. 3
    c. 6
    d. 8
    e. 24

학습목표 9-7

17. p-관리도와 계수치 관리도의 차이는 무엇인가?

a. p-관리도가 더 정량적이다.

b. 계수치 관리도는 마케팅 도구이지 운영관리와는 관련이 없다.

c. 둘은 같은 것이다.

d. p-관리도는 이원적 결과변수를, 계수치 관리도는 연속적 결과변수를 위한 것이다.

18. p-관리도에서 관리 상한선은 p-바의 평균에서 추정 표준편차 몇 개만큼 떨어져 있나?

a. 1

b. 2

c. 3

d. 6

예시 문제와 해답

학습목표 9-1

1. 학생들이 수백 개의 쿠키를 개당 1불에 판매하는 기금모금 행사를 하고 있다. 캠퍼스에 테이블을 펴고 동료 학생들이 와서 쿠키를 사기를 기다린다. 쿠키 판매 프로세스에는 다음의 변수들이 있다.

Ⅰ. 쿠키의 크기

Ⅱ. 캠퍼스 내의 날씨

Ⅲ. 테이블의 위치

Ⅳ. 판매된 쿠키의 수

Ⅴ. 캠퍼스 내에서 경쟁하는 다른 기금 모금자

Ⅵ. 쿠키 판매 테이블에 있는 학생들의 광고 및 홍보 횟수

Ⅶ. 당일 캠퍼스 내의 학생 수

다음 중 입력변수는 무엇인가?

a. I, II

b. I, III

c. I, III, IV

d. I, III, VI

답 d. 입력변수는 "쿠키의 크기", "테이블의 위치", "쿠키 판매 테이블에 있는 학생들의 광고 및 홍보 횟수"이다.

2. 학생들이 수백 개의 쿠키를 개당 1불에 판매하는 기금모금 행사를 하고 있다. 캠퍼스에 테이블을 펴고 동료 학생들이 와서 쿠키를 사기를 기다린다. 쿠키 판매 프로세스에는 다음의 변수들이 있다.

Ⅰ. 쿠키의 크기

Ⅱ. 캠퍼스 내의 날씨

Ⅲ. 테이블의 위치

Ⅳ. 판매된 쿠키의 수

Ⅴ. 캠퍼스 내에서 경쟁하는 다른 기금 모금자

Ⅵ. 쿠키 판매 테이블에 있는 학생들의 광고 및 홍보 횟수

Ⅶ. 당일 캠퍼스 내의 학생 수

다음 중 결과변수는 무엇인가?

a. Ⅲ

b. Ⅳ

c. Ⅴ

d. 해당 없음

답 b. 결과변수는 "판매된 쿠키의 수"이다.

3. 학생들이 수백 개의 쿠키를 개당 1불에 판매하는 기금모금 행사를 하고 있다. 캠퍼스에 테이블을 펴고 동료 학생들이 와서 쿠키를 사기를 기다린다. 쿠키 판매 프로세스에는 다음의 변수들이 있다.

Ⅰ. 쿠키의 크기

Ⅱ. 캠퍼스 내의 날씨

Ⅲ. 테이블의 위치

Ⅳ. 판매된 쿠키의 수

Ⅴ. 캠퍼스 내에서 경쟁하는 다른 기금 모금자

Ⅵ. 쿠키 판매 테이블에 있는 학생들의 광고 및 홍보 횟수

Ⅶ. 당일 캠퍼스 내의 학생 수

다음 중 환경변수는 무엇인가?

a. Ⅱ

b. Ⅱ, Ⅴ

c. Ⅱ, Ⅴ, Ⅶ

d. 해당 없음

답 c. 환경변수는 "캠퍼스 내의 날씨", "캠퍼스 내에서 경쟁하는 다른 기금 모금자", "당일 캠퍼스 내의 학생 수"이다. 이 모든 변수들은 쿠키 판매자의 통제 밖의 것들이지만 결과변수에 영향을 준다.

4. John은 1마일 달리기 선수이다. 그의 코치는 John에게 매달 첫 번째 토요일에 1마일을 전력 질주할 것을 요구한 다음 측정된 시간을 기준으로 John의 훈련 강도를 정하는 데 사용한다. 이번 주, 코치는 4월의 기록과 3월의 기록이 3초 차이 난다는 것을 확인했다. 다음 중 임의 변동은 무엇인가?

a. 시간 측정에 따르는 내재적 변동

b. 강한 역풍

c. 한 달간의 훈련 효과

d. 해당 없음

답 a

학습목표 9-2

5. 패스트푸드 회사가 햄버거의 소고기 패티를 준비하고 있다. 소고기 패티의 규격 하한은 240그램

이며 규격 상한은 260그램이다. 표준편차는 4그램이고 평균은 250그램이다. 소고기 패티 생산 프로세스 역량지수는 얼마인가?

답 다음과 같이 프로세스 역량지수를 계산할 수 있다.

$$C_p = \frac{\text{USL} - \text{LSL}}{6\hat{\sigma}} = \frac{260 - 240}{6 \times 4} = 0.8333$$

6. **다시 한 번 규격 하한이 240그램이며 규격 상한이 260그램인 소고기 패티 생산 프로세스를 생각해보자. 표준편차는 4그램이고 평균은 250그램이다. 소고기 패티가 너무 가볍거나 무거울 확률은 얼마인가? 100만 개의 고기 패티에는 몇 개의 불량이 있을까?**

답 우선 패티가 너무 가벼울 확률을 다음과 같이 구해보자.

확률{가벼움} = NORM.DIST(240, 250, 4, 1) = 0.00621

패티가 너무 무거울 확률을 다음과 같다.

확률{무거움} = 1 − NORM.DIST(260, 250, 4, 1) = 0.00621

확률{불량} = 0.00621 + 0.00621 = 0.012419

100만 개당 불량의 개수(ppm) = 0.012419 × 1,000,000 = 12,419이다.

이 프로세스의 역량지수가 0.8333이었던 것을 상기해보자. 표 9.1을 사용하여 C_p = 0.8333일 때의 불량률과 ppm을 찾을 수도 있다. C_p = 0.8333과 정확히 일치하는 수치는 표에 없기 때문에 이와 가장 근접한 값들인 C_p = 0.8과 C_p = 0.8666을 보면, C_p = 0.8은 불량률(ppm)이 0.016395(16,395)이며 C_p = 0.8666은 불량률(ppm)이 0.009322(9,322)이다. 이는 이전의 결과와 일치한다.

7. **다시 한 번 규격 하한이 240그램이며 규격 상한이 260그램인 햄버거의 소고기 패티 생산 프로세스를 생각해보자. 표준편차는 4그램이고 평균은 250그램이다. 이제 회사는 이전의 계산했던 불량률을 0.012419(12,419ppm)에서 0.0005(500ppm)로 줄이고 싶다. 이 목표를 달성하기 위해 프로세스 내의 표준편차를 어느 정도까지 감소시켜야 하는가?**

답 프로세스 역량지수는 다음과 같이 계산된다.

$$C_p = \frac{\text{USL} - \text{LSL}}{6\hat{\sigma}}$$

표 9.1을 보면, 500ppm의 역량지수가 1.1333과 1.2 사이라는 것을 알 수 있다. C_p = 1.1333이라고 정하면, 다음을 구할 수 있다.

$$1.1333 = \frac{\text{USL} - \text{LSL}}{6\hat{\sigma}} \iff 1.1333 = \frac{20}{6\hat{\sigma}} \iff \hat{\sigma} = \frac{20}{6 \times 1.1333} = 2.941263$$

만약 C_p = 1.2라 정하면 $6\hat{\sigma}$ = 2.77778이다. 따라서 표준편차는 현재의 4그램에서 2.77778그램과 2.941263그램 사이로 감소되어야 한다.

학습목표 9-3

8. **영양 보조제를 만드는 회사가 단백질 바에 들어가는 단백질의 양을 100일 연속 측정했다. 회사는 매일 6개의 단백질 바의 표본을 추출하였다. 600개 바 전체의 평균은 31.232그램이고, 표준편차는 0.83291그램이다. *X*-바 관리도 작성 시, 중간선은 얼마인가?**

a. 중간선은 600개 바 전체의 평균으로서 31.232그램이다.

b. 중간선은 표준편차로서 0.83291그램이다.

c. 중간선은 100이다.

d. 해당 없음

답 a

9. 영양 보조제를 만드는 회사가 단백질 바에 들어가는 단백질의 양을 100일 연속 측정했다. 회사는 매일 6개의 단백질 바의 표본을 추출하였다. 600개 바 전체의 평균은 31.232그램이고, 표준편차는 0.83291그램이다. *X*–바 관리도 작성 시, 관리 상한은 얼마인가?

a. 30.2119

b. 31.232

c. 32.2521

d. 해당 없음

답 c. 관리 한계를 구하기 위해 우선 일일 *X*–바 표본의 추정 표준편차를 다음과 같이 구한다.

$$X\text{–바의 추정 표준편차} = \frac{\text{전체 표준편차}}{\sqrt{n}} = \frac{0.83291}{\sqrt{n}} = 0.340034$$

그 다음, 다음과 같이 관리 상한을 구한다.

$$\text{UCL} = \overline{\overline{X}} + [3 \times \text{ESD}(\overline{X})] = 31.232 + (3 \times 0.340034) = 32.2521$$

학습목표 9-4

10. Yelp에 올려진 특정 식당의 고객 불만족에 관한 다음의 자료를 살펴보자. 그림 9.15에는 불만의 원인들이 표기되어 있다. 빈도수는 다음과 같다.

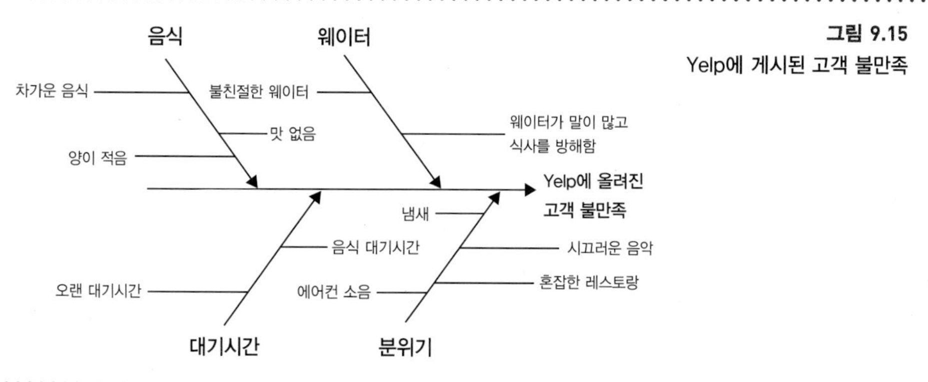

그림 9.15
Yelp에 게시된 고객 불만족

- 차가운 음식: 2
- 맛 없음: 3
- 양이 적음: 4
- 불친절한 웨이터: 1
- 웨이터가 말이 많고 식사를 방해함: 15
- 오랜 대기시간: 22

- 음식 대기시간: 7
- 에어컨 소음: 9
- 시끄러운 음악: 2
- 혼잡한 레스토랑: 5
- 냄새: 3

다음의 설명 중 옳은 것은 무엇인가?

a. 몇몇 근본 원인은 높은 빈도수를 나타내고 몇몇은 낮은 빈도수를 나타내기에 이는 잡음이 많은 자료이다.

b. 몇몇 근본 원인이 문제의 대다수를 설명한다는 파레토 법칙을 나타내는 자료이다.

c. 해당 없음

답 b

학습목표 9-5

11. 다음 중 실수예방(foolproofing)의 개념을 가장 잘 설명하는 것은 무엇인가?

a. 직원 모집 과정에서 가장 좋은 관행을 따름으로써 바보 같은 직원을 뽑는 것을 피함

b. 실수를 했거나 할 것 같은 작업자가 작업을 완료하는 상황을 피함

c. 실수를 한 작업자가 회사에 남는 상황을 피함

d. 해당 없음

답 b

학습목표 9-6

12. 항공사 콜센터는 전화로 예약을 받는다. 상담원은 고객과 여행 계획을 논의한 뒤 비행기를 예약하고 고객에게 확인 메일을 보낸다. 0.5%의 경우, 고객과 상담원의 소통 문제로 인해 여행 목적지를 혼동(최근의 비행기는 Bordeaux 대신 Porto로 예약됨)하는 경우가 발생한다. 소통 문제가 없는 경우, 99.8%의 확률로 상담원이 고객을 이해한 대로 예약이 진행된다. 나머지 0.2%의 경우, 상담원이 잘못 입력한다. 예약이 제대로 될 확률은 얼마인가?

답 두 가지 결과 각각에 두 가지 변수들이 존재하므로 $2^2 = 4$가지 경우들을 볼 수 있다. 항공편이 제대로 예약되기 위해서는 상담원과 고객 간의 의사소통이 제대로 이루어져야 하며(99.5%의 확률), 그 다음 항공편이 제대로 예약되어야 한다(99.8%의 확률). 자료가 제대로 입력될 확률은 다음과 같이 구할 수 있다.

$$\text{확률}\{\text{정확한 예약}\} = \text{확률}\{\text{정확한 소통}\} \times \text{확률}\{\text{자료의 정확한 입력}\}$$
$$= 0.995 \times 0.998 = 0.99301$$

학습목표 9-7

13. 의료 관리시스템은 환자들에게 건강한 생활방식을 권장하려 한다. 이를 위해 모든 의사들은 모든 환자들이 방문할 때마다 건강한 식습관에 대해 알려주도록 지침이 마련되었다. 매주, 의료 관리시스템은 100명의 환자 표본을 추출하고 담당 의사가 건강한 식습관에 대해 언급했는지를 조사한다. 모든 주에 걸쳐, 91%의 확률로 의사들이 건강한 식습관에 관한 언급을 했다. *p*–관리도에서 중간선은 얼마인가?

a. 100%

b. 9%

c. 91%

d. 해당 없음

답 b

14. 의료 관리시스템은 환자들에게 건강한 생활방식을 권장하려 한다. 이를 위해 모든 의사들은 모든 환자들이 방문할 때마다 건강한 식습관에 대해 알려주도록 지침이 마련되었다. 매주, 의료 관리시스템은 100명의 환자 표본을 추출하고 담당 의사가 건강한 식습관에 대해 언급했는지를 조사한다. 모든 주에 걸쳐, 91%의 확률로 의사들이 건강한 식습관에 관한 언급을 했다. p-관리도에서 관리 상한은 얼마인가?

a. 0.0819

b. 0.004145

c. 0.175855

d. 0.9

e. 해당 없음

답 c. 우선 중간선이 9%에 위치한다(이는 전체 100%에서 91%의 값을 뺀 것이다). 그리고 난 뒤, 추정 표준편차를 다음과 같이 구한다:

$$\text{추정 표준편차} = \sqrt{\frac{0.09 \times (1-0.09)}{100}} = 0.028618$$

그 다음 이에 기반하여 관리 상한을 구한다.

$$\text{UCL} = \bar{p} + (3 \times \text{추정 표준편차}) = 0.09 + (3 \times 0.028618) = 0.175855$$

응용 문제

학습목표 9-1

1. Yi는 철인 삼종경기를 준비하기 위해 자전거를 수리하고 있다. 그는 타이어에 어느 정도의 바람을 넣어야 할지 고민하고 있다. 다음 중 결과변수는?

a. 외부 온도

b. 회전 마찰

c. 펌프질 횟수

d. 타이어 크기

2. 당신이 여름을 맞아 해변에서 아이스크림을 파는데, 매니저가 당신이 일을 시작한 후 고객에게 제공되는 아이스크림의 평균 양이 급격히 늘었다고 한다. 이는 원인 변동에 의한 결과이다. 참인가 거짓인가?

a. 참

b. 거짓

학습목표 9-2

3. 자전거의 타이어를 제조하는 회사는 타이어의 정확한 폭을 유지하려고 한다. 회사는 22.8mm의 규격 하한과 23.2mm의 규격 상한을 정해 놓았다. 표준편차는 0.15mm이며 평균은 23mm이다. 이 프로세스의 역량지수는 얼마인가?

4. 다시 한 번 자전거의 타이어를 제조하는 회사가 타이어의 정확한 폭을 유지하려는 것을 생각해 보자. 회사는 22.8mm의 규격 하한과 23.2mm의 규격 상한을 정해 놓았다. 표준편차는 0.15mm 이며 평균은 23mm이다. 타이어가 너무 넓거나 좁을 확률은 각각 얼마인가?

5. 다시 한 번 자전거의 타이어를 제조하는 회사가 타이어의 정확한 폭을 유지하려는 것을 생각해 보자. 회사는 22.8mm의 규격 하한과 23.2mm의 규격 상한을 정해 놓았다. 표준편차는 0.15mm 이며 평균은 23mm이다. 회사는 이제 불량률을 줄이려 한다. 불량률 1%의 목표를 달성하기 위해 프로세스 내의 표준편차를 어느 수준으로 줄여야 하는가?

학습목표 9-3

6. 프로세스 기술자는 서빙할 준비가 된 샴페인 병의 온도를 120일 연속 측정했다. 매일 8병의 표본이 추출되었다. 표본 960병(120일, 매일 8병)의 평균은 화씨 46도이고 전체의 표준편차는 0.8도였다. *X*-바 관리도를 작성할 때, 중간선은 얼마인가?

7. 프로세스 기술자는 서빙할 준비가 된 샴페인 병의 온도를 120일 연속 측정했다. 매일 8병의 표본이 추출되었다. 전체 표본 960병(120일, 매일 8병)의 평균은 화씨 46도이다. 전체의 표준편차는 0.8도였다. *X*-바 관리도를 작성할 때, 관리 상한은 얼마인가?

학습목표 9-4

8. 파레토도에 관한 다음의 설명 중 옳은 것은 무엇인가?
   a. 파레토도는 문제의 가능한 근본 원인을 보여주지만, 불량 발생 빈도수에 관한 것은 보여주지 않는다.
   b. 파레토도는 불량들을 빈도수순으로 나열한다.
   c. 파레토도는 여러 시점에서 임의로 추출된 표본의 평균값을 보여준다.
   d. 파레토도의 막대 높이는 평균적으로 비슷한 높이를 유지한다.

학습목표 9-5

9. 빵 굽는 프로세스에서 오븐 온도의 변동성을 감소시키려 한다. 이는 견고한 프로세스 설계의 예이다. 참인가 거짓인가?
   a. 참
   b. 거짓

학습목표 9-6

10. 당신은 연휴를 이용하여 고향에 갈 때 잘못될 수 있는 사항들을 생각하고 있다. US-Scareways 항공으로 비행기표를 예약했는데, 30%의 확률로 항공사가 당신의 항공편을 취소할 수 있다는 것을 알고 있다. 이런 일이 발생할 경우 다른 항공편은 없다. 차선책으로, 당신의 친구 Walter가

차로 데려다 주기로 했다. 그러나 당신은 Walter의 차에서 당신의 자리가 남아 있을 확률이 80%라는 것을 안다. 당신이 연휴에 고향에 내려갈 확률은 얼마인가?

학습목표 9-7

11. 당신은 여름방학 중 40일 동안 학교 로고가 새겨진 상품을 전 세계 동문들에게 전달하는 작은 회사에서 일하게 됐다. 매일 당신은 동문에게 전달할 준비가 된 택배들 중에서 50개의 표본을 추출하고 정확한지를 조사한다. 전체 기간에 걸쳐, 택배가 잘못될 비율은 평균 5%였다. p−관리도에서 중간선은 얼마인가?
   a. 40
   b. 50
   c. 0.05
   d. 2.5
   e. 해당 없음

12. 당신은 여름방학 중 40일 동안 학교 로고가 새겨진 상품을 전 세계 동문들에게 전달하는 작은 회사에서 일하게 됐다. 매일 당신은 동문에게 전달할 준비가 된 택배들 중에서 50개의 표본을 추출하고 정확한지를 조사한다. 전체 기간에 걸쳐, 택배가 잘못될 비율은 평균 5%였다. p−관리도에서 관리 상한은 얼마인가?
   a. 0
   b. 0.05
   c. 0.03082207
   d. 0.142466

사례 떨어지는 로켓 받아내기

© ZUMA Press, Inc./ Alamy

Mr Steven은 배 이름으로는 좀 이상할지도 모른다. 그러나 이름만큼이나 이상한 것은 배 그 자체다. 그 배는 큰 그물에 연결되어 있다. 보통 물고기를 잡을 목적으로 배 밑에 붙어 있는 그물망과는 달리 Mr Steven의 그물은 배 위에 설치되어 있어 대형 트램펄린처럼 보인다. 그물이 배 위에 설치된 이유는 Mr Steven이 잡으려고 하는 것이 물속에 있는 것이 아니라 하늘에서 떨어지기 때문이다. Mr Steven은 로켓 부품을 받아내기 위해 만들어졌다.

이 배는 Elon Musk가 만든 민간 우주 회사 SpaceX의 것이다. SpaceX가 Falcon 9 로켓을 우주로 발사할 때, 페어링이라고도 알려진 로켓의 코에 해당하는 조각이 두 동강 나면서 중력의 힘에 따라 지구로 떨어진다. 과거에는 우주 단체들은 이 로켓 부품들이 바다에 떨어져 사라지도록 놔두었고 복구하는 데 아무런 신경도 쓰지 않았다. 그러나 조각당 약 60억 원에 달하는 이것을 이렇게 처리하기엔 너무나 값비싼 방법이었다. 그래서 Musk는 엔지니어들에게 페어링을 회수하여 향후 비행에 재사용할 수 있는 방법을 찾도록 요구했다.

엔지니어들은 낙하 속도를 늦추기 위해 페어링에 낙하산을 장착하고 낙하 궤적을 어느 정도 제어할 수 있는 작은 추진기를 추가하였다. 페어링이 낙하산을 타고 천천히 지구 표면으로 내려갈 때 Mr Steven은 페어링이 부식성이 있는 바닷물을 건드리지 않고 바로 그물 위로 착륙하도록 바다 위에서 자리를 잡으면서 포획을 시도한다. 이를 통해 페어링을 재사용하고 향후 로켓 발사 비용을 대폭 절감한다.

이 접근방식의 유일한 문제는 과거에 이런 방식이 시도된 적이 없다는 것이다. 하지만 포획당 60억 원이니까, 어떻게 하면 이 게임의 성공률을 높일 수 있을지 조금 고민할 가치가 있다.

이 장에서 논의된 개념, 특히 프로세스 역량의 개념을 바탕으로 페어링을 받아내기 위한 핵심 성공 변수를 생각해보자. 이것이 품질관리 및 통계적 프로세스 관리와 무슨 관계가 있는가? 그림 9.1의 품질의 틀을 사용하여 입력변수, 결과변수 및 환경변수를 구분해보자. 그리고 난 뒤 다음 질문에 답해보자.

1. 이 경우의 불량은 어떻게 정의할 수 있는가?
2. Mr Stevens의 경우 프로세스 역량지수 공식에서 규격 한계를 결정하는 요인들은 무엇인가?
3. 그리고, 공식의 분모에 있는 변동성을 결정하는 요인들은 무엇인가?

출처: https://www.nasaspaceflight.com/2018/02/spacexs-mr-steven-fsv-fairing-catcher/

https://www.space.com/40759-spacex-rocket-payload-fairing-recovery-photos.html

https://www.theverge.com/2018/7/13/17568880/spacex-mr-steven-falcon-9-rocket-payload-fairing-net

사례 M&M 초콜릿 생산

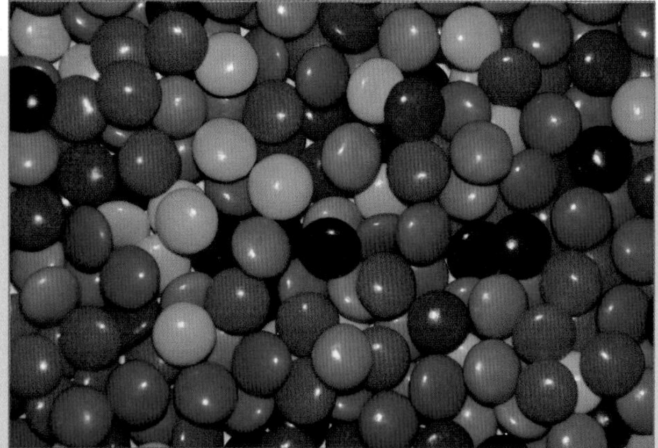
© Aaron Roeth Photography

M&M은 다음과 같은 7단계 생산 프로세스를 통해 매일 1억 개 이상의 초콜릿을 생산한다.

1. 액체 초콜릿이 틀에 부어져 M&M 초콜릿 모양으로 만들어진다.
2. 초콜릿을 부드러운 원형으로 만들기 위해 이리저리 뒤집는다. 그 후 초콜릿이 단단해지기까지 일정 시간을 기다린다.
3. 그 후 초콜릿은 컨베이어 벨트를 통해 패닝 공정으로 이동된다.
4. 패닝 공정에서, 초콜릿이 돌려지는 가운데 액체의 캔디가 그 위로 분사된다. 여러 차례의 코팅이 진행되며 각 코팅 후 건조 시간이 있다.
5. 마지막 코팅 시 색깔이 입혀진다. 각 배치의 색깔은 다르며 그 후 여러 다른 색깔의 배치들이 섞이게 된다.
6. 기계에 의해 "m"이라는 글자가 각 초콜릿에 깨지지 않게 새겨진다.
7. 포장 기계가 적절한 양의 M&M을 봉투에 넣고 포장한다. 이 지점에서부터 봉투들은 상자단위로 포장된다.

포장단계(7단계) 이전에 각 초콜릿의 품질평가가 진행된다. 모양새가 잘못 잡힌 초콜릿을 걸러내기 위한 작업이 진행된다. 그러나 'm' 각인이 누락된 것은 불량으로 간주되지는 않는다. 초콜릿을 좋아하는 교수님께서 M&M 초콜릿 120개 봉투의 표본을 추출했다. 봉투의 평균 무게(초콜릿과 봉투)는 49.9783그램이고 전체 봉투 표본의 표준편차는 1.037그램이다.

1. 규격 하한이 47그램이고 규격 상한이 53그램이라고 가정했을 때, 이 프로세스의 역량지수는 얼마인가? 100만 개의 봉투에서 몇 개의 불량이 나올 것으로 보이는가?
2. 그리고 마지막으로, 어떤 M&M 제품의 표준편차가 가장 높을 것이라고 생각하는가?

출처: http://www.madehow.com/Volume-3/M-M-Candy.html

참고 문헌

Citizens Bank: http://abcnews.go.com/Business/ga-teen-spends-31000-mistakenly-deposited-account/story?id523086244

EU cucumbers: http://en.wikipedia.org/wiki/Commission_Regulation_(EC)_No_2257/94

MS *Estonia*: http://en.wikipedia.org/wiki/MS_Estonia

Münster, Germany: http://www.spiegel.de/unispiegel/studium/junger-arzt-wegen-tod-von-baby-verurteilt-a-914839.html

Twitter versus Tweeter: ABC News. Twitter-Tweeter Confusion Forces Stock Symbol Change, Oct. 9, 2013. http://abcnews.go.com/Technology/wireStory/tweeter-stock-symbol-twitter-mix-20506016

10 재고관리

학습목표

10-1 여러 유형의 재고, 재고관리의 어려움, 재고의 존재 이유를 설명할 줄 안다.

10-2 서로 다른 시간단위(연, 달, 주, 일)를 사용하여 재고회전율과 공급일수를 평가할 줄 안다.

10-3 재무제표를 사용하여 재고회전율 및 공급일수를 평가할 줄 안다.

10-4 연간 재고유지비용 비율과 공급일수 또는 재고회전율을 활용하여 재고유지비용을 평가할 줄 안다.

이 장의 개요

© Andrew Resek/McGraw-Hill Education

소개

Apple은 2014년 iPhone 6를 출시하면서 첫 주에 1,000만 대 이상을 팔았다. 이 소식을 들은 대다수의 사람들은 "와, 굉장히 인기가 많은 핸드폰이구나!"라고 생각했을 것이다. 그러나 운영관리자의 입장에서는 "정말로? 그 정도를 판매할 재고가 있었나 보네?"라고 생각했을 것이다.

우리는 소비자 입장에서 필요하지 않은 경우라면 재고에 별다른 관심을 기울이지는 않는다. 우리가 페인트 가게에서 친환경 석고 페인트를 찾을 때 원하지 않는 색이거나 다른 종류의 페인트는 신경 쓰지 않는다. 반면 유기농 딸기를 사려고 식료품점에 가면 당연히 신선한 딸기가 원하는 만큼 재고로 비치되어 있어야 한다!

고객은 완벽을 요구한다. 그러나 기업의 입장에서 완벽을 제공하는 것은 쉽지 않다. 대형 자재점인 Home Depot에 가면 씨앗, 비료, 아연 도금된 0.5인치 와셔에서부터 지붕 시멘트에 이르기까지 8만 개의 서로 다른 제품들이 있고 이 자재점은 전국에 수백 개의 지점을 운영하고 있으며 그들이 파는 대부분의 제품은 날씨에 따라 수요가 달라진다. 간단히 말해, 대형 자재점이 완벽히 운영되려면 꼭 필요한 제품이 적절한 장소와 적절한 시간에 있어야 한다는 것이다! 이 세 가지 모두가 만족되어야지 세 개 중 두 개만 만족되어도 안 된다. 예를 들어 우리가 방문하는 자재점에 친환경 석고 페인트가 있다고 하자. 이 경우 "꼭 필요한 제품"이 "적절한 장소"에 있기 때문에 우리에게는 좋은 일이다. 그러나 그 페인트가 그곳에 1년 넘게 있었다고 하면 어떤가. 기업의 관점에서는 페인트를 고객이 필요로 하는 시간에 제공하려고 일 년간의 보관비용을 치러야만 한 것이다. 이는 기업이 그 페인트를 고객의 도착시간 직전에 준비했다면 피할 수 있었던 비용이다.

이번 장에서는 재고관리에 대해 알아본다. 10.1절에서는 (i) 재고관리를 정의하고, (ii) 여러 유형의 재고에 대해 알아보며, (iii) 재고관리를 잘하기 위해 필요한 기법들을 파악하고, (iv) 여러 가지 재고의 존재 이유들을 정리한다. 10.2절에서는 재고를 측정하는 방법을 다룬다. 늘 그렇듯 측정할 수 없다면 관리할 수도 없다. 10.3절에서는 기업의 재무제표를 통해 기업이 재고관리를 잘하고 있는지를 알아볼 수 있는 법을 배운다. 마지막으로 10.4절에서는 재고를 유지할 때 발생하는 비용과 충분한 재고를 갖고 있지 않을 때 발생되는 비용에 대해 알아본다. 이어지는 장들에서는, 필요한 제품을 적절한 장소와 시간에 확보하기 위해 실제로 어떻게 재고 결정을 하는지를 알아본다.

10.1 재고관리

2장에서 프로세스를 소개할 때 **재고(inventory)**는 프로세스 내 흐름단위의 개수로 정의했다. 이 정의는 재고를 폭 넓게 해석한 것이다. 예를 들어, 놀이동산에서 놀이기구를 타려고 기다리는 손님들을 "재고"라고 생각할 수 있다. 어떤 면에서는 이 생각이 당연하다고 할 수 있지만(손님이 흐름단위이므로), 사람이 철물점의 박스처럼 취급된다는 것이 썩 기분 좋지 않을 수 있다. 이번 장에서는 재고와 관련하여 좀 더 좁고 전통적인 시각을 사용할 것이다. 재고는 여전히 프로세스 내의 흐름단위이지만, 이 장에서는 재고를 제품 생산 혹은 서비스 전달 프로세스 내의 물리적 단위, 예를 들어 우유 판매점에서의 우유 1리터, 병원에서의 주사기, 철강 공장에서의 석탄, 소매점에서의 TV세트, 그리고 철물점의 정체 모를 박스를 의미한다.

재고관리(inventory management)는 프로세스 내 재고의 양, 위치, 그리고 유형을 정하는 것이다. 재고관리의 목표는, 서론에서도 언급되었듯이, 기업이 이익을 극대화할 수 있도록 적절한 상품이 적절한 장소와 시간에 있게 하는 것이다. 그리고 기업의 재고관리 능력에 따라 전체 이익률이 상당한 달라질 수 있기 때문에 이 목표를 달성하는 것은 매우 중요하다.

학습목표 10-1
여러 유형의 재고, 재고관리의 어려움, 재고의 존재 이유를 설명할 줄 안다.

재고 프로세스 내 흐름단위의 개수

재고관리 프로세스 내 재고의 양, 위치, 그리고 유형을 통제하는 것

원재료 재고 프로세스의 투입물로서 프로세스 내의 어떠한 변환과정을 거치지 않은 재고

재공품 재고 제품을 완성시키기 위해 사용되는 프로세스 내의 재료와 부품

10.1.1 재고의 유형

재고는 보통 다음의 세 가지 유형으로 분류된다:

- **원재료 재고(raw material inventory)**: 프로세스의 투입물로서 프로세스 내의 어떠한 변환과정도 아직 거치지 않은 것이다. 예를 들어, 자동차 제조사는 차체 가공을 위해 철판을 구매하는데 가공이 이루어지지 않은 철판은 기업의 원재료 재고이다.
- **재공품 재고(work-in-process inventory; WIP)**: 제품을 완성시키는 과정에서 사용되는 프로세스 내의 재료와 부품들이다. 자동차 제조사의 경우 페인트칠이 끝나고 엔

진과 타이어가 장착되면 자동차가 될 수 있는 차체가 재공품이다.

완제품 재고 모든 프로세스를 마친 흐름단위

- **완제품 재고(finished goods inventory)**: 더 이상의 추가적인 프로세스가 필요하지 않은 재고로서 조립라인을 떠난 완성차는 완제품 재고로서 소비자가 바로 구매하여 사용할 수 있다.

어떤 의미에서는 세 가지 유형의 재고를 "프로세스 이전의 재고", "프로세스 내의 재고", "프로세스 이후의 재고"라고 생각할 수 있다. 따라서 어떤 대상을 재고의 유형으로 분류하려면 어떤 프로세스를 기준으로 하는 것인지에 따라 달라질 수 있다. 예를 들어, 자동차 제조사의 입장에서는 철판을 원재료 재고로 분류하는데 이는 철판이 차를 제작하는 프로세스 "이전"에 존재하는 재고이기 때문이다. 그러나, 철판 제조사의 입장에서는 그 철판이 자사의 프로세스 "이후"에 존재하기 때문에 완제품 재고로 분류할 것이다. 제조사는 일반적으로 세 가지 유형의 재고(원재료, 재공품, 완제품)를 모두 갖고 있다. 그러나 공급사슬의 하단에 위치한 도매, 배급, 소매업자와 같은 주체들은 일반적으로 재고 구매 후 추가적인 프로세스를 하지 않기 때문에 주로 완제품 재고만을 보유한다.

10.1.2 재고관리 역량

기업은 모든 종류의 재고를 효율적으로 관리하기 위해 수요예측, 제품 및 수요 추적, 분석 능력, 그리고 제품 운송 및 처리를 위한 장비 운용과 같은 다양한 일련의 역량들이 필요하다.

수요예측 재고를 유지하는 중요한 이유 중 하나는 고객에게 서비스를 즉시 제공하기 위해서이다. 고객이 신생아를 위한 기저귀가 필요하다면 상점에 기저귀가 들어올 때까지 며칠을 기다리지 싶지 않을 것이다. 따라서 미래의 수요예측은 재고관리를 위해 필수적이고 중요한 능력이다. 다가올 미래에 어떠한 수요가 있을지에 대해 합리적인 감각이 없다면 적절한 제품을 적절한 시간과 장소에 비치할 수 없다. 수요예측은 노벨 물리학상 수상자인 Niels Bohr가 "예측은 매우 어려우며, 미래에 관한 것은 더욱 그렇다"라고 말했을 정도로 어렵다. 수요예측의 중요성과 어려움 때문에 15장에서 수요예측을 하나의 주제로 집중적으로 다룰 것이다.

제품 및 수요 추적 "쓰레기를 입력하면 쓰레기가 출력된다"라는 오래된 표현은 재고관리에도 적용된다. 기업이 실수요에 대한 좋은 정보를 갖고 있지 않다면 정확한 예측을 하기 힘들다. 비슷한 맥락에서 특정 시점에서 얼마의 물량을 보유하고 있는지 모른다면 적절한 양의 제품을 주문하기 어렵다. 다소 놀랍게 들리겠지만, 대다수의 기업은 정확한 재고와 수요 정보를 확보하는 데 어려움을 겪고 있다. 예를 들어, 자재점의 컴퓨터 시스템은 특정 수도꼭지 세 개가 재고로 있다고 할 수 있지만, 하나는 실수로 바닥에 떨어져 부러진 상태이고, 다른 하나는 직원이 훔쳐갔으며, 마지막 하나는 점포의 잘못된 위치에 보관되고 있을 수 있다. 컴퓨터에는 수도꼭지 세 개가 있다고 기록되어 있기에 자재점은 추가 주문을 하지 않을 것이고, 고객은 제품을 찾을 수 없기에 매출은 일어나지 않는다. Lean 방식의 운영에 활발히 참여하는 기업은(8장의 Lean 방식의 운영과 Toyota 생산시스템 참고) 이 모두가 다른 형태의 낭비이므로 이를 피하기 위해 프로세스가 재설계되어야 한다고 생각할 것이다.

자료의 정확성을 제고하기 위한 한 가지 효과적인 방법은 기술을 도입하는 것이다. 예를 들어 모든 제품에 바코드를 달고 코드 식별 스캐너를 자주 사용하면 자료의 정확도를 높일 수 있다. 조금 비싼 방법으로는 **전파 식별표(radio-frequency identification tag; RFID tag)**를 사용하는 방법이 있다. RFID표는 고유한 전파를 발신하여 표가 부착된 물품을 식별하는 작은 전자장치이다. 고속도로에서 하이패스가 작동하는 원리는 차량에 부착된 RFID표 때문이다(이를 통해 요금소에서는 특정 차량이 고속도로를 달리고 있다는 것을 안다). 바코드와는 달리, RFID 판독기는 시각적으로 눈에 보이는 장치가 필요하지 않기 때문에 시스템이 최소한의 과정을 통해 자료를 수집할 수 있다. 기술이 자료 정확성 문제를 해결하는 데에 많은 도움이 되지만 가장 잘 나가는 기업조차도 끊임없이 개선을 해야 한다고 느끼고 있다.

전파 식별표(RFID tag) 고유한 전파를 발신하여 표가 부착된 물품을 식별하는 작은 전자장치

분석 능력 재고가 어디 있는지를 알고 미래의 수요를 예측하는 것을 넘어 재고의 양과 장소에 관해 올바른 결정을 내리기 위해서는 수집된 자료의 활용 능력이 있어야 한다. 몇몇 기업은 이러한 결정을 상업용 소프트웨어에 의존한다. 그러나 재고관리 소프트웨어를 쓴다 하더라도 자사의 고유한 목적에 맞게 소프트웨어를 활용할 줄 알아야 한다(예를 들어, 시스템에 입력할 정확한 비용은 무엇인가). 그리고 재고관리가 사업의 성공에 중요한 영향을 미친다고 판단한다면 외부로부터 소프트웨어를 구입하는 것만으로는 충분치 않을 수 있다. 이 경우 기업은 자신의 고유한 능력, 해결법, 소프트웨어를 개발하기 위해 투자해야 한다.

제품 운송 및 처리를 위한 시설과 장비 마지막으로 언급하기는 하지만 아주 중요한 것은 기업이 재고를 물리적으로 빠르고, 안전하고, 저렴하게 관리하기 위한 시설과 장비가 없으면 재고관리를 효과적으로 할 수 없다. 이러한 자산에는 자동화된 대규모 분류장치, 물류센터에서 재고를 선반에 넣고 꺼내는 자동화된 지게차 또는 전용 트럭들이 해당된다. 또한 제품이 손상되지 않도록 다룰 줄 알고 필요한 자료를 정확히 기록할 줄 아는 숙련된 직원들도 중요한 자산에 해당된다.

10.1.3 재고를 보유하는 이유

사람을 달로 우주여행을 보내는 시대에 왜 여전히 재고를 보유해야 하는가? 이는 정답은 뻔하지만 설명하기 어려운 질문 중 하나이다. 물론 모든 것을 정확하게 언제 어디서 필요한지 예측하기 불가능하기 때문에 다소간의 재고가 곳곳에 필요하다. 그러나 재고가 필요한 일련의 이유에 대해 명확히 이해해야 한다. 상황에 따라 아래의 이유 중 하나 또는 그 이상의 이유들이 재고의 존재와 관련이 있다.

흐름시간 우리가 직관적으로 알 수 있듯이 제품을 만들고 필요한 장소로 옮기는 데는 시

간이 필요하다. 2장 프로세스의 소개에서 흐름단위가 프로세스에서 사용하는 시간을 흐름시간이라고 정의한 바 있다. 자원이 아무리 많아도 흐름단위가 투입물에서 산출물로 바뀌는 데는 시간이 필요하다. 예를 들어 Amazon.com이 짧은 시간에 무수히 많은 제품들을, Camembert 치즈부터 카누에 이르기까지 배달할 수 있다고 하더라도 주문이 들어오자마자 바로 배송하지는 않는다. 그리고 프로세스 내의 흐름시간이 0이 될 수는 없으므로(영화 Star Trek에 나오는 순간 이동 수단을 발명하지 않는 한), 리틀의 법칙, 즉 $I = R \times T$에 나타나듯이 프로세스에는 항상 재고가 존재한다.

계절성 시간에 따라 규칙적이고 반복적인 수요의 변화

생산 평준화 전략 수요가 시간에 따라 변하더라도 동 기간 동안의 생산량은 상대적으로 일정하게 유지할 수 있게 생산 계획을 짜는 전략

계절성(seasonality) **계절성**은 예측 가능한 수요의 변동을 의미한다. 많은 제품들이 계절성을 띤다. 예를 들어, 연필과 공책에 대한 수요는 신학기 시작 직전 막바지에 증가한다. 넥타이는 4분기 연말 연휴기간 전과 어버이날이 있는 이른 5월에 많이 팔린다. 목재에 대한 수요는 겨울보다 늦은 봄이나 여름이 높다. 이러한 예시들이 말해주듯이 계절성은 연중 발생하는 자연적인 계절과 관련될 수도 있고 연휴나 기념일 같은 연간 행사와도 관련이 있을 수 있다. 계절성은 더 작은 시간단위로 나타날 수 있다. 예를 들어, 식료품의 수요는 주중 일정한 패턴을 보이는데 일반적으로 주말 동안의 매출이 가장 높으며 주초의 매출이 가장 낮다.

계절성은 단기간에 쉽게 조절될 수 없는, 즉 경직적인 처리능력과 맞물려 재고를 발생시킨다. 이 경우, 처리능력은 대체로 수요가 최대일 때는 모자라고 수요가 낮을 때는 남아도는 경향이 있다. 이를 관리하기 위해 수요가 시간에 따라 변동하더라도 생산량은 상대적으로 일정하게 유지하는 **생산 평준화 전략(production smoothing strategy)**을 도입할 수 있다. Monitor Sugar라는 미국 중부의 거대 설탕 협동조합은 재고를 관리하기 위해 생산 평준화와 계절성을 활용하고 있다. 자연에는 수확기가 있기 때문에, Monitor Sugar는 6주에 걸쳐 설탕 생산에 필요한 모든 원재료를 수집하는데, 수확기의 막바지에는 100만 톤이 넘는 양의 사탕무 더미를 67에이커의 땅에 거대하게 쌓아 놓는다. 설탕 생산 프로세스가 매우 자본집약적임을 감안할 때 수확기에 확보한 모든 사탕무를 처리할 수 있을 정도의 처리능력을 보유하는 것은 이 시설을 사용하지 않는 기간이 수확기 이후에 길다는 점을 고

그림 10.1
특정 해의 수확기의 시작에서부터 다음 수확기의 시작 때까지의 사탕무 재고의 변화

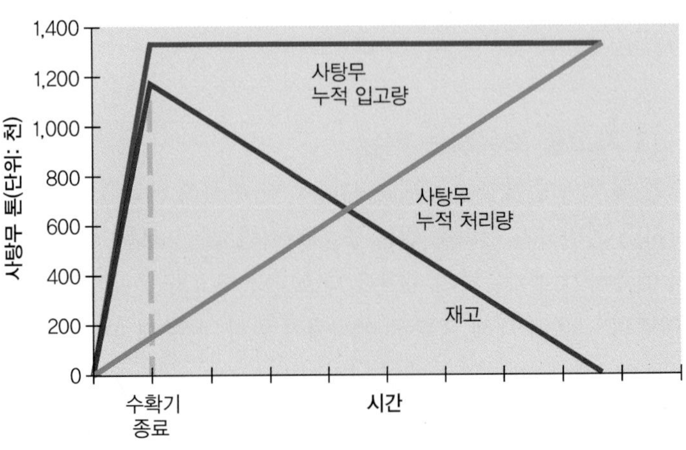

려하면 너무 비용이 많이 드는 일이다. 따라서 설비의 처리능력은 132만5천 톤의 사탕무를 입고할 수 있고 100만 톤의 재고를 쌓은 뒤 다음 수확기까지 끊임없이 설탕을 생산할 수 있도록 하는 수준에서 정해졌다. 그림 10.1에서처럼 생산이 일정하게 진행되므로 가공되는 사탕무의 누적량은 연간 꾸준히 증가한다. 수확기 동안에는 사탕무의 유입이 생산량보다 훨씬 많지만 수확기 이후에는 사탕무의 유입이 0이 된다(따라서 사탕무의 누적총량은 일정해진다). 기업이 이렇게 생산량을 일정하게 유지할 수 있는 이유는 수확기에는 증가하고 그 이후에는 서서히 감소하는 원재료 재고를 적절히 보관할 수 있기 때문이다.

배치(batch) 7장에서 셋업시간이 생산 프로세스에 미치는 영향을 다루었는데, 프로세스에서 셋업시간이 발생한다면 배치를 형성하여 생산하는 것이 바람직하다. 기계가 셋업 후 생산을 시작하면 일반적으로 전체 프로세스 내 흐름단위의 흐름률보다 빠른 속도로 생산한다. 예를 들어, Xootr 사의 밀링머신은 조향축 부품을 (수요에 맞추어) 3분에 하나씩 생산해도 되지만 실제로는 1분에 한 개씩 생산한다. 그 결과 밀링머신이 돌아가는 동안에는 조향축 부품의 재고가 쌓이게 된다. 따라서 재고는 셋업시간이 초래한 배치생산 때문에 어쩔수 없이 생기게 된다.

셋업시간 외에도 배치를 형성하는 다른 이유가 있을 수 있다. 특히, 프로세스를 시작할 때 고정비용이 발생한다면 배치를 사용하는 것이 나을 수 있다. 예를 들어 트럭 배송에 따른 경제학을 생각해보자. 일단 트럭이 배차되면 트럭이 비었든 가득 채워졌든 간에 운전사는 고정 임금을 받으며 트럭의 마모는 배송되는 양보다는 주행 거리에 더 큰 영향을 받는다. 달리 말하면, 각 배차된 트럭은 배송량과는 독립적으로 고정비용을 발생시킨다. 고정비용의 부담을 줄이기 위해 트럭을 최대로 적재시켜 배송단위당 고정비용을 줄이려는 시도를 할 수 있다. 이 시도는 현명한 선택일 수 있지만 트럭은 바로 팔릴 수 있는 양보다 많은 양의 물품을 운송하게 되면서 트럭이 운송한 모든 물품을 팔기까지 시간이 걸린다. 달리 말하면, 트럭 운송에 따른 고정비용 때문에 더 큰 배치(가득 적재된 트럭)로 운송되게 하고 이는 프로세스에서 재고를 발생시킨다. 12장에서 이러한 재고의 원인을 더 깊이 다룰 것이다.

완충장치 프로세스 단계들 사이에 존재하는 재고는 일정한 완충장치 역할을 할 수 있는데, 이 덕분에 프로세스 각 단계들이 서로 독립적으로 운영될 수 있다. 예를 들어, 의류 공장에서의 두 작업자를 생각해보자. 첫 번째 작업자는 셔츠에 칼라를 바느질하고 두 번째 작업자는 단추를 바느질한다고 생각해보자. 두 작업자 사이에서 칼라는 있고 단추는 없는 셔츠들이 일의 흐름상 완충장치의 역할을 한다. 이 완충장치 덕분에 첫 번째 작업자가 작업을 멈춰도(쉰다든지, 바느질 기계를 고친다든지, 실의 색깔을 바꾼다든지 등) 두 번째 작업자는 계속 일할 수 있다. 달리 말하면, 프로세스 상단이 주어진 시간 내에 공급을 하지 못하더라도 완충장치는 프로세스 하단에 대한 공급과 같은 역할을 하면서 흐름률의 변동을 흡수한다는 것이다.

자동차 조립라인도 생산에 포함된 여러 단계들을 분리하기 위해 완충장치를 사용한다. 완충장치가 없다면, 한 단계에서의 작업 중지가 프로세스의 하단 그리고 상단의 전체 단계들의 작업을 연속적으로 중지시키며 퍼져 나갈 수 있다. 불을 끄기 위해 일련의 사람들이 물 양동이를 전달하는 과정을 생각해보자. 양동이를 전달하는 사람들 사이에는 완충장치가 없기 때문에 한 사람이라도 전달을 중단하면 전체 프로세스가 중단된다. 기업은 완충장치를 마련하기 위해 재고를 추가하든지 아니면 흐름률이 낮아지는 것을 참고 견뎌야 한다. 이것이 "추가하든지 견디든지(buffer or suffer)"의 개념이다.

확률적 수요 수요의 예측 불가능한 변동성

안전 재고 수요의 불확실성에 대해 완충장치 역할을 하는 재고

불확실한 수요 어버이날 전날에 장미꽃 수요가 급증하는 것과 같은 수요 변화의 일정 부분은 예측 가능하지만, 수요의 다른 변동성은 불확실하거나 임의적이거나 세련된 표현으로 **확률적(stochastic)**이다. 예측 가능한 변동성과 확률적 변동성은 일반적으로 동시에 존재하지만 상황에 따라 한 종류의 변동성이 다른 종류의 변동성보다 더 크게 나타날 수 있다. 예를 들어, 제설차의 수요는 예측대로 가을과 초겨울에 높지만 특정 해에 최고점이 얼마나 높을지는 매년 불확실하다. 그럼에도 불구하고 이 경우에는 예측 가능한 변동성이 더 지배적일 것이다. 다른 예로, 오전 11시와 정오 사이에 수신 전화 수를 분석하다 보면 평균값을 구할 수는 있지만 그 평균에 대한 상당한 불확실성은 여전히 존재하며 이는 수요의 확률적 부분이다.

일반적으로 수요에 확률적인 임의 변동 부분이 존재하기 때문에, 기업은 예측되는 수요를 충족시키기 위해 필요한 양보다 더 많은 재고를 보유하려 한다. 이러한 추가 재고의 목적은 예측하기 어려운 수요 변동에 대비하기 위함이며, 이러한 이유로 **안전 재고(safety inventory 또는 safety stock)**, 즉 수요 불확실성으로부터 기업을 안전하게 지키기 위한 재고라고도 불린다. 예를 들어, 만약 소매업자가 주당 10개의 선물 바구니를 팔 수 있을 것이라고 예측하지만 수요가 예상치 못하게 높아질 것에 대비해서 18개의 선물 바구니를 준비할 수 있다. 주말에 몇 개의 재고가 남아 쌓일 수 있는 확률은 항상 존재한다. 따라서, 수요의 불확실성 때문에 재고를 유지하게 된다.

가격 앞서 언급되었듯이 재고를 보유하는 것은 기본 물리 법칙(흐름시간), 프로세스의 본질(예를 들어, 셋업시간 및 완충장치) 또는 수요의 특성(예를 들어, 예측 가능 혹은 불가능한 변동성)과 연관된다. 그러나 재고를 보유하는 마지막 이유는 지금까지의 이유들과는 좀 다르다. 기업은 재고의 비용 또는 가치의 변동에 대응하기 위해 재고를 보유하려 할 수도 있다. 예를 들어 Campbell Soup은 매년 1월에 치킨 누들 수프를 할인해서 소매업자에게 판매한다. 소매업자들은 이 할인기간 동안에 평소 구매하는 양보다 더 많은 양을 구매하는데 이는 할인 기간이 지나면 더 비싼 가격에 사야 하는 것을 알기 때문이다.

소매업자가 구매비용의 변화에 대응하려 하듯 기업 또한 예측되는 재고의 미래 가치 변화에 대응하려 할 수 있다. 예를 들어, 원유 정제소에서 미래의 휘발유 값이 상승할 것이라고 예측하면 미래에 시장에서 더 비싼 값을 받으리라는 기대하에 생산량을 늘릴 것이다. 가격 변동은 재고를 보유하는 강력한 이유가 될 수 있으며 때로는 다른 이유들 이상으로 더 강력한 동인이 될 수 있다.

이해도 확인하기 10.1

© Comstock/Getty Images

질문 중국집은 많은 종류의 요리를 만들기 위해 다양한 고기, 야채 및 면을 쓴다. 조리 중인 볶음요리의 재고를 가장 잘 설명한 것은 무엇인가?

a. 원재료 재고
b. 재공품 재고
c. 완제품 재고
d. 맛 재고

답 b. 요리 중이라는 것은 음식이 프로세스 내에 있다는 것을 의미한다. 따라서 이는 재공품 재고이다.

질문 Halloween은 사탕 제조업체에게 큰 행사날인데 연간 매출의 반 이상이 Halloween이 있는 달에 일어난다. 따라서 제조업체는 Halloween 전에 다량의 재고를 준비한다. 다음 중 이 회사가 재고를 보유하는 이유를 가장 잘 설명하는 것은 무엇인가?

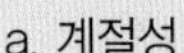

a. 계절성
b. 배치
c. 완충장치
d. 불확실 수요
e. 해당 없음

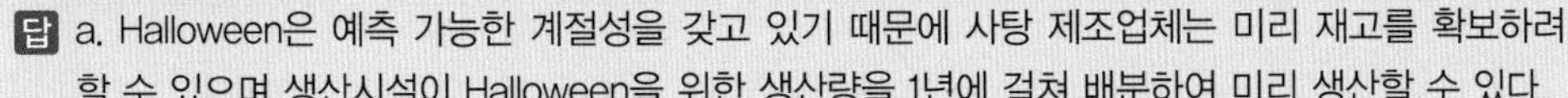

답 a. Halloween은 예측 가능한 계절성을 갖고 있기 때문에 사탕 제조업체는 미리 재고를 확보하려 할 수 있으며 생산시설이 Halloween을 위한 생산량을 1년에 걸쳐 배분하여 미리 생산할 수 있다.

10.2 재고의 측정: 공급일수와 회전율

재고를 우리가 분석하고자 하는 시스템 내에서 흐르고 있는 물리적 단위와 유사한 흐름단위로 측정하는 것은 직관적이다. 연주용 기타, 우유 1kg 또는 사람이 이에 해당할 수 있다. 그러나 어떤 프로세스는 다양한 유형의 단위들을 갖고 있어서 특정 물리적 단위에 연결된 흐름단위를 사용하는 것이 적절치 않을 수 있다. 예를 들어, 악기 제조사는 기타와 바이올린을 생산할 수 있다. 이 경우에는 두 가지 모두를 나타내는 흐름단위가 필요하다. 자연스러운 해결책은 달러와 같은 화폐단위를 쓰는 것이다. 기타와 바이올린의 제조비용이 각각 \$200과 \$300이라고 가정하면 제조사의 재고는 총 달러 금액으로 표현될 수 있다. 제조사가 100개의 기타와 150개의 바이올린을 재고로 갖고 있다면, 제조사는 총 $(100 \times \$200) + (150 \times \$300) = \$65{,}000$의 재고를 갖고 있는 것이다. 우리가 "제조사가 \$65,000 어치의 재고를 갖고 있다"고 말하면 이는 제조사가 이 재고를 보유하기 위해 \$65,000을 지불했다는 것을 의미한다. 그러나 이는 제조사가 \$65,000의 현금을 금고에 갖고 있거나 예금했다는 것을 의미하는 것은 아니다.

재고를 돈으로 환산하면 하나의 문제가 해결되지만(서로 다른 종류의 물품들을 통합시키는) 또 다른 문제가 생길 수 있다. 특정 양의 재고가 "많은" 건지 "적은" 건지 판단하기 힘들다는 것이다. \$65,000이 신생기업에게는 큰 돈일지 몰라도 중견기업에게는 적은 돈일 수 있다. 이 문제의 해결책은 재고를 다른 것에 대한 상대적인 수치로 표현하는 것이다.

10.2.1 공급일수

학습목표 10-2
서로 다른 시간단위(연, 달, 주, 일)를 사용하여 재고회전율과 공급일수를 평가할 줄 안다.

공급일수 흐름단위가 시스템 내에서 소요하는 평균 시간

재고를 물리적인 단위나 화폐로 측정하는 대신 시간으로 측정할 수 있다. 이때 일반적인 방법은 공급일수를 측정하는 것이다. 프로세스의 **공급일수(days-of-supply)**는 흐름단위가 시스템을 통과하는 데 소요되는 평균 시간(일로 표기)을 의미하며, 리틀의 법칙, $I = R \times T$에서 T를 의미한다(I는 재고, R은 흐름률을 의미). 다른 말로,

$$\text{공급일수} = T = \text{흐름시간}$$

이다. 따라서, 어떤 악기가 제조사의 재고로 평균 65일을 머문다면 이 제조사의 재고는 65일의 공급일수를 지닌 것이 된다. 같은 말을 반대로 표현하면, 악기 제조사의 공급일수가 65일이라는 것은 회사가 제조하는 악기가 제조사의 재고로 평균 65일 머문다는 것을 의미한다.

대부분의 기업에서 "일"을 시간단위로 쓰지만 다른 시간단위도 사용할 수 있다. 공급월수는 흐름단위가 프로세스 내에 머무는 시간을 월 단위로 표현한 것이며 공급시수는 이를 시간으로 표현한 것이다. 공급일수에서 다른 시간단위로 전환하는 것은 그리 까다롭지 않다. 예를 들어, 공급일수가 63일이라면, 공급주수는 63/7 = 9(일주일에 7일이 있으므로)가 된다.

공급일수는 흐름단위가 프로세스 내에서 소요하는 평균 시간을 나타내는 것 이외에도 평균적인 재고가 평균적인 흐름률로 시스템을 타고 흐를 때 소요하는 시간을 나타내기도 한다. 이 말은 설명하기가 좀 까다로우니, 다음의 예시를 이용하자. 악기 제조사의 경우, 65일의 공급일수는 평균 흐름률로 $65,000의 재고가 65일 만에 소진되므로 흐름률이 $1,000/일이라는 것을 의미한다. 이는 리틀의 법칙으로도 도출할 수 있다:

$$I = R \times T$$

$$\$65{,}000 = R \times 65\text{일}$$

$$R = \$1{,}000/\text{일}$$

따라서 악기 제조사가 평균적으로 $65,000의 재고를 갖고 있다면, 이는 65일어 치의 공급일수에 해당하므로 매일 $1,000어치의 재고를 판매한다는 것으로 해석할 수 있다.

10.2.2 재고회전율

재고회전율 정해진 시간 동안에 프로세스 내에 평균 재고가 흐르는 횟수

시간의 개념으로 재고를 표현하는 것 외에도 재고를 표현하는 다른 방법이 있다. 프로세스의 **재고회전율(inventory turns)**은 정해진 시간 동안에 프로세스 내에 평균 재고가 흐르는 횟수이다. 역시 설명이 까다로우니 예시를 통해 이해해보자. 리틀의 법칙을 사용하면,

$$\text{회전율} = \frac{R}{I}$$

악기 제조사의 연간 흐름률은 $R = \$1{,}000 \times 365 = \$365{,}000$이며 회전율은 다음과 같다.

$$\text{회전율} = \frac{\$365{,}000/\text{연}}{\$65{,}000} = 5.62/\text{연}$$

말로 하면, 악기 제조사의 재고는 $65,000에 해당하는 양이 프로세스를 한 번, 두 번, 그리

고 몇 번 더 흘러 연간 총 5.62번 흐른다. 회전율이 정수가 아닌 것은 중요하지 않다. 이는 단지 연말에 $65,000어치의 분량이 프로세스를 완전히 빠져 나가지 않았다는 것을 의미한다(0.62 × $65,000 = $40,300에 해당하는 양이 올해 프로세스를 빠져 나갔고 남은 $24,700에 해당하는 양은 내년에 빠져 나간다).

우리가 연간 회전율을 평가하는 이유는 연 단위가 회전율을 평가할 때 가장 일반적으로 선택되는 시간단위이기 때문이다. "연"이 생략되는 경우도 많으며 "우리 재고회전율은 5.6이다"나 "우리는 재고를 11.2번 회전시킨다"고도 표현한다. 일반적으로 연간 회전율이 많이 쓰이지만, 다른 시간단위를 쓸 수도 있다. 예를 들어,

$$\text{일일 회전율} = \frac{\$1{,}000/\text{일}}{\$65{,}000} = 0.0154/\text{일}$$

이 예시는 왜 보통 연간 재고회전율을 사용하는지 보여준다. 짧은 시간단위를 쓰면 숫자가 작아져서 다루기 힘들다.

공급일수 또는 회전율 중 더 선호되는 측정치가 있는가? 그렇지 않다. 왜냐하면 동전의 양면일 뿐이기 때문이다. 리틀의 법칙을 다시 상기해보자.

$$\text{일일 회전율} = \frac{R}{I} = \frac{1}{T} = \frac{1}{\text{공급일수}} \text{ 또는}$$

$$\text{일일 회전율} = \frac{1}{\text{공급일수}}$$

다른 말로, 동일한 시간단위를 쓴다면 회전율은 공급일수의 역수이다. 이를 강조하면, 공급일수 65의 역수는 1/65이 되고 0.0154의 일일 회전율이 나온다. 어떤 사람은 공급일수로 생각하는 것을 선호하고 다른 사람은 회전율을 선호한다. 하나를 알면 다른 것으로 변환할 수 있다. 그러나 높은 공급일수가 많은 재고를 의미하고(이는 직관적이다), 높은 회전율은 적은 재고를 의미한다(이는 덜 직관적이다)는 것을 기억해야 한다. 예를 들어, 악기 제조사의 연간 회전율이 5.6에서 6.5로 증가했을 때 평균 재고는 $65,000에서 $56,000($365,000/6.5)로 감소한다는 것을 의미한다.

10.2.3 회전율의 비교 평가

우리는 지금까지 평균 재고를 측정하는 세 가지 방법을 살펴보았다. 화폐(예: $65,000), 공급일수(예: 65일), 그리고 회전율(예: 5.62/연)이 그것들이다. 그러나 우리는 여전히 이 값들이 큰 것인지 작은 것인지 감을 잡기가 어렵다. 표 10.1은 감을 잡는 데 도움을 준다. 표는 서로 다른 유형의 소매업자들을 대상으로 그들의 평균 재고회전율과 공급일수를 보여주고 있다. 가장 느리게 움직이는 분야는 귀금속 산업이다. 일반적인 보석 가게의 재고회전율은 연간 1.68이다. 이는 평균적으로 물품이 가게에서 1/1.68 = 0.595년 또는 0.595년 × 365일 = 217일을 머문다는 것을 의미한다. 반대로, 회전이 빠른 품목은 식료품이다. 이 경우 평균적으로 물품이 가게에 머무르는 기간은 34일이다.

표 10.1에서는 34일이 가장 짧은 기간이지만 이 수치는 몇몇 식음료 품목을 염두에 두고 생각하면 긴 수치다. 가게에 34일 동안 있었던 우유를 사고 싶은 사람은 아무도 없다. 그러나 34일이 평균이라는 것을 기억하자. 통조림과 같은 물품은 식료품 가게에 34일 이

표 10.1 몇몇 소매업 유형별 재고회전율

소매업 유형	예시	연간 재고회전율	공급일수
보석류	Tiffany	1.68	217
취미, 장난감/게임 가게	Toys R Us	2.99	122
백화점	Sears, JCPenney	3.87	94
라디오, TV, 가전제품	Best Buy	4.10	89
종합 매장	Kohl's, Target	4.45	82
의류 및 액세서리	Ann Taylor, Gap	4.57	80
의약 및 전용 매장	Rite Aid, CVS	5.26	69
일반 가정 가구/소품	Bed Bath & Beyond	5.44	67
카탈로그, 우편주문	Spiegel, Lands' End	8.60	42
식료품 매장	Albertson's, Safeway, Walmart	10.78	34

표 10.2 일부 소매업자들의 재고회전율

기업	분류	연간 재고회전율	공급일수
Macy's	의류, 화장품, 가정용 가구	3.1	117
Kohl's	의류, 신발, 일반 가정용품	3.3	111
Lowe's	공구류, 집 보수용품	3.9	95
Sears	공구류, 의류, 가정용 가구, 가전	3.9	94
Home Depot	공구류, 집 보수용품	4.6	80
Ace Hardware	공구류	6.0	60
Target	의류, 식료품, 가정용 가구, 가전	6.4	57
Walmart	의류, 식료품, 가정용 가구, 가전	8.2	44
Costco	의류, 식료품, 가정용 가구, 가전	12.2	30
Kroger	식료품	12.3	30
Safeway	식료품	12.7	29
SuperValu	식료품	17.3	21
Whole Foods	식료품	20.2	18

상을 머무르는 반면 우유, 탄산음료, 과자와 같은 물품들이 가게에 머무르는 기간은 훨씬 짧다. 예를 들어, 감자칩은 일 년에 100번 이상 회전할 수도 있는데 이는 감자칩이 평균적으로 가게에 365/100 = 3.65일간 머문다는 의미이다. 물품이 이 정도로 회전한다는 것은, 당신이 가게에 들어서서 막 살려고 하는 물품이 이 가게에 3.5일 정도 머물던 물품이라는 의미이다. 대략적으로 이야기하면, 부패하기 쉬운 물품이 그렇지 않은 물품보다 더 빨리 회전(또는 공급일수가 더 적음)한다. 또한 대부분의 제품은 연간 100번 이하로 회전하기 때문에 100번 이상 회전한다는 것은 굉장히 빠르게 회전하는 것으로 판단할 수 있다.

표 10.2에서 보듯이 서로 다른 유형의 소매점들 간의 회전율 차이가 꽤 존재하지만 동일한 유형의 물품을 다루는 기업들 간에도 회전율에 차이가 있다. 표 10.2를 보면 식료품점

들의 회전율이 12~20 정도로 회전이 가장 빠르며, 옷이나 가전 등은 3~8 수준으로 회전 속도가 느리다. 마지막으로, 부문들 간 그리고 부문 내 기업들 간의 회전율 차이가 있는

연관 사례: 미국 내 재고

기업은 하나의 큰 "프로세스"라고 볼 수 있다. 예를 들어, Walmart는 매일 10억 달러 이상의 물건을 판매한다. 하지만 기업보다 더 큰 단위를 생각해볼 수 있다. 미국을 물품이 "들어오고" "나가는" 하나의 거대한 프로세스라고 생각해보자. 미국 내 재고는 얼마이며 프로세스 내에서 어느 정도의 시간을 보내는가? 통계 조사국은 이 문제에 대한 답을 자료로 제시한다. 그림 10.2를 참고하라.

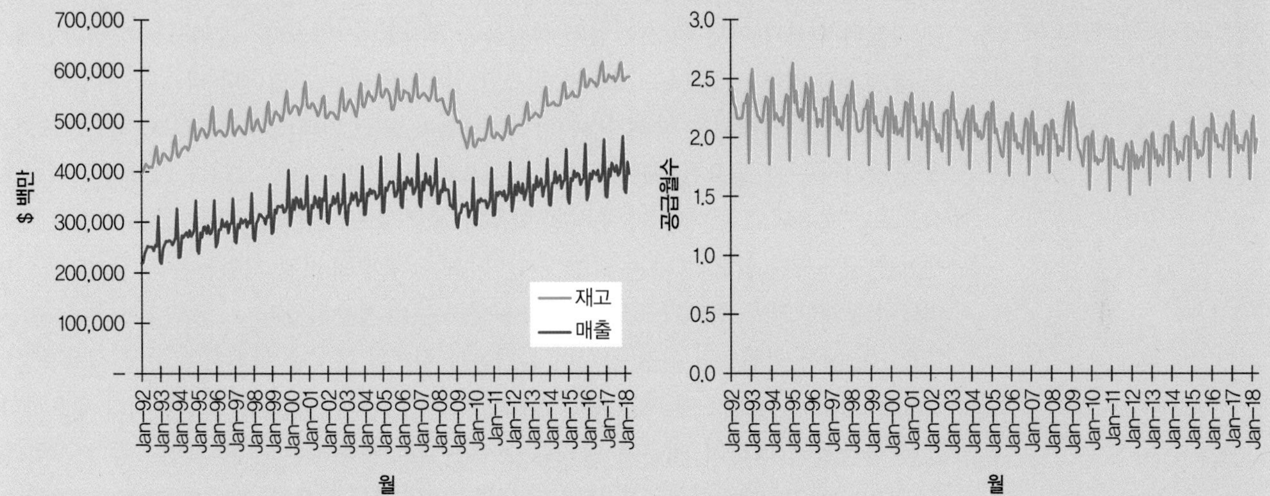

그림 10.2 미국의 재고 및 매출(왼쪽)과 공급월수(오른쪽). 매출은 수익이 아닌 원가로 측정되었다.

왼쪽 그래프는 미국 소매업자들의 1992년부터의 재고와 월별 매출량을 보여준다. 둘 다 물가 상승률을 반영한 값들이다(계절성은 고려되지 않았다). 매출 곡선으로부터 몇 가지 분명한 사항을 파악할 수 있다. (1) 미국에서의 매출이 전체적으로 증가하고 있다, (2) 매출은 계절성을 보이는데 연휴와 휴일에 따른 쇼핑이 많은 연말에 정점을 찍는다, (3) 2008년 금융 위기가 매출을 급감시켰고 경제 활동이 급격히 줄었으며 위기 이전 수준으로 회복하는 데 6년이 걸렸다. 2018년 초, 미국 소매업자들은 6,190억 달러의 재고를 갖고 있었으며 이는 미국 내의 모든 남성, 여성 및 아동이 일인당 $1,895어치의 재고를 갖고 있는 것과 같다. 이는 1.6개월간의 수요를 충족시킬 수 있을 정도의 수준이며 연간 12/1.6=7.5의 재고회전율을 보인다. 흥미롭게도 지난 25년간 소매업자들은 매출 대비 재고량을 꾸준히 줄여갔다. 그림 10.2의 오른쪽 그래프는 공급월수의 추세를 보여준다. 1990년대 초, 제품들은 매장의 선반에서 2.25달 동안 머물렀으나 현재는 2달보다 약간 적은 기간동안 머무른다. "좋았던 옛날"에 우리는 더 오래된 제품을 구매했었다.

이해도 확인하기 10.2

질문 Zaggos는 신발을 판매하는데 1,500,000켤레의 신발을 재고로 갖고 있으며, 하루 평균 10,000켤레의 신발을 판매한다. Zaggos의 공급일수는 얼마인가?

답 $공급일수 = \frac{I}{R} = \frac{1{,}500{,}000}{10{,}000/일} = 150일$

질문 Fresh Organic는 인터넷으로 유기농 식료품을 팔고 있다. 연간 매출은 $10,000,000이며 평균적으로 $50,000어치의 재고를 보유하고 있다. 연간 재고회전율은 얼마인가?

답 $연간\ 재고회전율 = \frac{I}{T} = \frac{R}{I} = \frac{\$10{,}000{,}000}{\$50{,}000} = 200$

것처럼 특정 기업의 회전율도 시간에 따라 다를 수 있다. 다음의 **연관 사례: 미국 내 재고**에서는 미국에 어느 정도의 재고가 있으며 최근에 재고의 양이 어떻게 변하고 있는지를 보여준다.

10.3 재무제표를 활용한 재고회전율과 공급일수의 평가

학습목표 10-3
재무제표를 사용하여 재고회전율 및 공급일수를 평가할 줄 안다.

재고회전율과 공급일수는 물품들이 어느 정도 오래 재고로 머무는지를 측정해준다. 그런데 자신의 회사가 아닌 특정 기업의 회전율을 평가할 수 있을까? 관리자들이 일반인에게는 공개하지 않는 기업 내부 자료가 필요한 일인가? 이는 기업마다 다르다. 기업의 주식이 공개적으로 거래되는 상장기업이라면(즉, 뉴욕 증권 거래소나 NASDAQ 등) 재고회전율을 평가하는 데 필요한 재무 정보를 법적으로 공개해야 한다. 그러나 기업의 주식이 사적으로만 보유되고 있다면 이 주식은 아무나 공개적으로 거래할 수는 없고 기업은 재무 정보를 공개하지 않으려 하는 경향이 있다. 표 10.2에 표기된 기업들은 상장기업들이며 이들이 공개한 재무 정보가 표의 자료를 구성하는 데 사용되었다.

표 10.2에서 회전율이 가장 높으며 유기농과 신선한 음식을 판매하는 고급 식료품점인 Whole Foods를 살펴보자. Whole Foods의 프로세스를 분석하려면 흐름단위가 필요하다. 많은 물품을 판매하기 때문에 달러를 흐름단위로 사용하는 것이 자연스럽다. Whole Foods의 2012년 대차대조표를 보면, "자산" 그리고 "상품 재고"하에 $347M의 재고를 갖고 있다고 나온다("M"은 "백만"을 뜻함). 연간 평균 재고량이 얼마인지 알 수 없지만, 이 수치로 평균 재고량을 추정해볼 수 있다. 따라서 Whole Foods의 입장에서 2012년에 $I =$ $374M이다. 회전율을 평가하려면 R과 T 값을 알아야 한다. Whole Foods의 2012년 손익계산서를 보면 $11,698M의 수익을 냈다고 기술되어 있다(이 부분은 "수익" 또는 "매출"이라 불린다). 또한 "매출원가"는 $7,543M이었다. 이는 공급업체로부터 75억 불어치의 원재료를 샀으며 고객에게 117억 불어치의 물품을 판매했다는 것을 의미한다. 따라서 Whole Foods의 추정 흐름률은 연간 "원가" 기준으로 75억 불이며 "매출액"기준으로는 117억 불이라는 것을 알 수 있다. Whole Foods의 흐름률을 측정할 두 가지 기준 중 어느 것을 써야 할까? 흐름단위를 정할 때 지켜야 할 규칙을 기억하자. 모든 활동은 동일한 흐름단위로 표현되어야 한다. 재고는 "매출원가"로 계상되는데 이는 Whole Foods가 이 재고를 마련하기 위해 쓴 총 비용을 의미하며 고객에게 파는 총 가격을 의미하는 것은 아니다. 따라서 재고가 "매출원가"로 계상되었다면 흐름률은 "원가"로 잡아야 할 것이다. 따라서 일일 흐름률은 $R = \$7{,}543\text{M}/365 = \$20.7\text{M}$이며, 이는 Whole Foods가 매일 평균적으로 $20.7M 정도의 구매액을 고객에게 판다는 것을 의미한다.

리틀의 법칙을 Whole Foods에 적용하면 다음과 같다.

$$I = R \times T$$

$$\$374\text{M} = \$20.7\text{M}/\text{일} \times T$$

$$T = \frac{\$374\text{M}}{\$20.7\text{M}/\text{일}} = 18.1\text{일}$$

Whole Foods가 공시한 손익계산서 및 대차대조표에 제시되어 있는 자료를 활용하면, Whole Foods 프로세스에 비용으로 투입된 화폐 한 단위($1)가 매출이 일어나기까지 프로세스에서 소요한 시간을 알 수 있다. 마지막으로, Whole Foods의 연간 재고회전율은,

$$재고회전율 = \frac{R}{I} = \frac{\$7,543M/연}{\$374M} = 20.17/연$$

회전율과 공급일수가 본질적으로 같은 것을 표현하는 다른 개념들이므로 공급일수는 (365일/연)/(20.17/연) = 18.1일이다. 이는 Whole Foods가 재고관리를 얼마나 효율적으로 하고 있는지에 대한 정보를 준다. 어느 시점에 Whole Foods에 더 이상의 재고가 보충되지 않는 반면 고객의 수요는 그 시점 이후에도 계속된다고 가정하면, 그 시점에 보유한 재고로 18.1일어치의 고객수요를 충족 시킬 수 있다는 의미이다.

이해도 확인하기 10.3

질문 Widner Industries는 $160M의 연간 매출, $120M의 연간 매출원가, $20M의 재고, 그리고 $5M의 연간 순이익을 공시했다.

a. 연간 재고회전율은 얼마인가?

답 흐름률 R = $120M/연이고 재고는 $20M이므로, 재고회전율 = $\frac{R}{I} = \frac{\$120M}{\$20M}$ = 6/연이다.

b. 재고의 "공급월수"는 얼마인가?

답 흐름률 R = $120M/연 또는 $10M/월이므로, 공급월수 = $\frac{\$20M}{\$10M}$ = 2달이다.

10.4 재고 부족 및 유지비용

지금까지 재고를 보유하는 이유(예: 계절성)를 살펴보고 재고를 측정하는 방법(예: 공급일수 및 회전율)을 살펴보았다. 이제 재고와 관련된 다양한 비용에 대해 더 자세하게 살펴보자.

10.4.1 재고부족비용

고객이 제품을 원하는데 재고가 없는 상황을 **품절(stockout)**이 발생했다고 한다. 간단히 말하면 품절은 고객을 화나게 하기 때문에 기업 입장에서는 비용이 발생하는 것과 마찬가지이다. 그러나 모든 품절이 같은 정도로 고객을 화나게 하는 것은 아니기 때문에 재고부족비용은 상황에 따라 상당히 달라질 수 있다. 표 10.3에는 품절에 대한 고객의 반응이 상황의 심각성에 따라 4가지로 분류되어 있다.

품절 특정 물품에 대한 고객의 수요가 재고를 초과하는 상황

소매업자가 재고가 없을 경우 최악의 상황은 고객이 아무것도 사지 못하면서 매출에 따른 이익 기회가 날라가는 것이라고 생각할 수 있다. 이는 표 10.3의 두 번째 영역에 해당하며 소매업자에게 실제 비용이 발생하는 경우이다. 그러나 더 나쁜 상황이 일어날 수도 있다. 표 10.3의 첫 번째 반응처럼 소매업자가 이익을 남길 기회가 없어질 뿐만 아니라 실망

한 고객이 경쟁업체의 고객이 될 수도 있다. 이는 매우 큰 손실이다! 그러나 표 10.3을 보면 그렇게 우울한 경우만 있는 것은 아니다. 세 번째 반응을 보면 소매업자는 해당 품목 대신 소비자가 기꺼이 대체할 수 있는 비슷한 종류의 물품에서 매출을 올릴 수 있음을 보여주고 있는데, 대체 판매된 물품도 동등한 수익률을 낼 수 있다면 기업으로서는 손실은 아닐 것이다. 오히려 대체 판매된 물품의 이익률이 더 높다면 기업은 단기적으로 오히려 더 높은 이득을 볼 수도 있다! 이러한 상황을 염두에 둔 전술적인 접근을 의도적으로 취하는 경우도 있는데 이를 **미끼를 이용한 상술(bait and switch)**이라고 부른다. 자동차 딜러들은 종종 이러한 상술을 사용하는 것으로 알려져 있다. 이들은 가격이 저렴한 제품으로 광고를 한 뒤 고객이 이를 보고 찾아오면 해당 제품은 어쩐 일인지 항상 재고가 없다. 대신, 딜러들은 유사하지만 더 기능이 많고 가격도 높은 차량을 추천한다. 이 상술은 단기적으로는 효과가 있을지 몰라도 장기적으로는 위험한 상술이다. 고객이 결국엔 눈치채고 다른 곳에서 차를 구매할 수도 있다. 또한 이러한 상술을 막기 위한 법적인 규제도 있다.

표 10.3에 나타난 고객의 마지막 반응은 기업에게는 그리 고통스러운 것은 아니다. 가끔은 고객이 해당 물품이 가용할 때까지 기꺼이 기다리는 경우도 있다. 제품이 특별하거나 고객의 요구에 맞게 제작된 주문제작 제품의 경우에 더욱 그러하다. 예를 들어, 신형 상업용 제트기의 경우 재고 상태에서 곧바로 매출이 일어나는 경우는 없다. 상당한 수준의 개별화가 일반적이기 때문에 고객은 원하는 것을 얻기 위해 상당기간을 별 불평 없이 기다린다. 유사한 경우가 주택시장에도 존재하는데 어떤 사람들은 이미 지어진 재고 주택을 구매하기도 하지만, 자신이 원하는 집을 지으려는 고객들도 존재한다. 좀 더 일반적인 경우, 고객들은 주문 제작한 소파나 전자제품(예: 게임 전용 개인용 컴퓨터)을 구매하기 위해 기꺼이 기다린다. 기업은 표 10.3에서 설명된 것처럼 자신의 상황이 "부족비용이 발생하는 다양한 상황" 중 어느 경우에 해당되는지 이해할 필요가 있다. 품절에 따른 비용이 크다면(고객의 이탈까지 발생할 수 있는 상황이라면) 기업은 충분한 양의 재고를 항상 보유해야 한다. 반면, 고객이 회사의 제품을 기다릴 용의가 있다면 재고 보유는 상대적으로 덜 중요할 것이다.

표 10.3 고객의 방문 시 재고가 없을 경우 발생 가능 상황들

품절에 대한 소비자의 반응	품절에 따른 비용이 어느 정도인가?	예시
매출 손실 및 고객 이탈	**매우 높음:** 고객으로부터의 미래 이익 손실	식료품점에 지속적으로 바나나 재고가 부족하여 고객이 다음에는 다른 식료품점을 방문하여 구매함
매출 손실	**높음:** 해당 제품의 매출에 따른 이익 손실	식료품점에 바나나가 없어 고객이 바나나를 비롯하여 아무것도 사지는 않지만, 다음 번에 쇼핑을 위해 재방문
해당 제품의 매출은 손실되지만, 고객이 다른 물품을 구매	**중간:** 다른 제품 매출로 인한 이익으로 해당 제품의 이익 손실이 부분적으로 또는 전부 대체됨	식료품점에 바나나가 없어서 대신 사과를 구매
고객이 재고가 가용할 때까지 기다림	**낮음:** 대기시간이 매우 길어지지 않는 한 전체 이익은 많이 변하지 않음	식료품점에 바나나가 없지만 내일 바나나가 들어올 것이라는 이야기를 듣고 내일 재방문

10.4.2 재고유지비용

품절이 여러 가지 이유로 비용을 발생시키듯이 재고를 보유하고 유지하는 데 따르는 비용이 발생하는 이유도 여러 가지이며 이 모든 것은 흐름단위가 재고로서 소요하는 시간과 관련된다.

자본의 기회비용 자본이 재고에 투자되느라 실현하지 못한 수익

재고보관 비용 재고를 적절히 보관, 유지하고 안전하게 하는 데 드는 비용

진부화 비용 시간에 따른 기술적 변화 또는 유행의 전환 때문에 제품의 가치가 떨어지면서 발생하는 비용

부패 및 망실 비용 시간에 따른 제품 악화 또는 절도에 의한 비용

- **자본의 기회비용(opportunity cost of capital)**: 자본의 기회비용은 자본이 재고에 투자되는 바람에 다른 기회를 통해 실현하지 못한 소득을 의미한다. 재고를 구매하기 위해 쓰인 돈은 다른 활동에 투자되지 않은 돈이다. 예를 들어, 가전 유통업체가 1월 1일에 $350짜리 냉장고를 구입한 뒤 연말에 냉장고를 팔아 12월 31일에 현금을 지급받는다고 생각해보자. 이 경우 냉장고를 구매하기 위해 쓰인 $350은 1년 동안 다른 곳에 활용할 수 없었다. 이 돈을 2%의 이자를 주는 은행에 예치했더라면 연말에 $350 × 1.02 = $357을 얻을 수 있었을 것이다. $7이 얼마 되지 않는 금액일지는 몰라도 분명히 유의미하다. 이는 냉장고 재고에 돈을 묶어두는 행위에 따른 잠재적 기회비용을 나타낸다. 반면, 이 돈을 더 높은 수익률을 내는 다른 사업이나 제품에 투자했을 수도 있다(예를 들어 $7 이상의 이익을 내는). 핵심은 우리가 냉장고에 $350을 쓰면 냉장고가 팔릴 때까지 현금이 묶여 있기 때문에 그 돈을 다른 활동에 쓰지 못하며 이 기간 동안 기회비용이 발생한다는 것이다.
- **재고보관 비용(inventory storage cost)**: 이 비용은 재고를 적절히 보관, 유지, 안전하게 하기 위한 비용이다. 냉장고를 "새 것"으로 잘 유지해서 팔고 싶으면 좋은 장소에 보관하고 유지해야 한다. 좋은 장소를 빌리려면 예를 들어 스퀘어피트당 연간 $20을 지불해야 하고 냉장고는 10스퀘어피트 이상이 필요하다. 이 경우 냉장고를 1년간 유지하는 데 따르는 비용은 $200(10스퀘어피트 × 스퀘어피트당 $20)로 계산할 수 있다.
- **진부화 비용(obsolescence cost)**: 이는 시간에 따라 기술이 진보하면서 또는 유행이 바뀌면서 제품의 가치가 떨어지는 것과 관련된 비용이다. 연말까지 냉장고가 새 제품 상태로 유지되었다 하더라도 이는 더 이상 "최신의, 최고의 것"이 아니기 때문에 매력도가 떨어질 수 있다. 이는 우리가 일상적으로 사용하는 냉장고 같은 제품에서 발생할 수 있다. 냉장고는 원래 음식을 냉장보관하기 위한 것이었는데, 시간이 지나면서 소비자 요구에 따라 얼음과 찬물이 나오는 기능이 추가되고, 그 후에는 핸드폰으로 원격 조종할 수 있는 기능이 추가된다. "새로운 기능"이나 "새로운 성능"에 따른 기존 제품의 진부화는 거의 모든 기술 제품에게서 발생하는 현상이다. 그리고 제품의 기능성이 떨어지지 않더라도 진부화는 발생할 수 있다. 스키 파카는 올해나 내년에도 체온을 유지해주는 기능을 하지만 내년 겨울에는 "유행"이 아닐 수 있다. 많은 기업들이 패션의 변화로 인해 어려움을 겪는다. 예를 들어, 연초에는 파카를 $250에 팔 수 있었지만 연말에는 유행이 지났기 때문에 $100에 팔 수밖에 없을 수 있다. 이 경우 진부화 비용은 $150이다.
- **부패 및 망실 비용(spoilage and shrinkage costs)**: 이 비용은 시간이 지남에 따라 제품의 상태가 악화되거나 또는 분실이나 절도에 따른 것이다. 냉장고가 건조하고 깨끗한 환경에 보관되었다면 제작 후 1년이 지나도 별 탈 없이 작동될 것이다. 그러나 모

든 제품이 이런 것은 아니다. 신선 제품은 잘 관리되었더라도 부패할 수 있으며 의약품도 유효기간이 지난 지 5년이 되었다면 위험하다. 부패가 제품의 속성이라면 망실은 인간의 행위 때문에 발생한다. "망실"은 "절도"의 완곡한 표현이다. 제품이 예전과 같이 유지되지 않든지(부패) 가게에서 사라졌다든지(망실) 시간이 지남에 따라 고객에게 제품을 팔 수 없게 되는 위험이 존재하며 이 때문에 비용이 발생한다.

이러한 다양한 비용들이 모여 재고유지비용을 결정한다. 각 유형의 비용이 모든 제품에 어느 정도 관련이 있지만, 제품마다 가장 큰 비중을 차지하는 유형의 비용은 다를 수 있다. 예를 들어, 기술적 진부화의 위험이 적고, 부패하거나 절도의 가능성이 낮은 제품의 경우에는 자본의 기회비용이 대부분을 차지하는 반면 최신 기술을 사용해야 하는 제품의 경우에는 최신 기술이 금방 구 기술이 되기 때문에 진부화에 다른 위험성이 가장 클 수 있다.

10.4.3 재고유지비용 비율

학습목표 10-4
연간 재고유지비용 비율과 공급일수 또는 재고회전율을 활용하여 재고의 유지 비용을 평가할 줄 안다.

재고유지비용 비율 제품 구매비용 대비 구매된 제품을 재고로 일정시간 동안 유지하는 데 필요한 비용의 비율

재고유지비용을 파악하기 위해 모든 요소들을 고려하는 것은 쉽지 않다. 따라서, 대부분의 기업들은 일반적으로 **재고유지비용 비율(holding cost percentage)**이라고 하는 간단한 방법을 사용하는데 이는 제품 구매비용 대비 구매된 제품을 재고로 일정시간 동안 유지하는 데 필요한 비용의 비율이다. 예를 들어, 가전제품 유통업체는 냉장고의 연간 재고유지비용을 구매비용의 20%로 산정할 수 있다. 이는 $350짜리 냉장고가 연간 0.20 × 350 = $70의 재고유지비용을 발생시킨다는 것으로서 업자가 냉장고를 1년간 재고로 유지하면 $70의 비용이 발생하는 것이다.

연간 재고유지비용 비율을 지정하는 것이 일반적이지만, 특정 시간단위로 비용을 지정해도 상관 없다. 예를 들어, 업자는 $200의 식기세척기에 0.5%의 주간 재고유지비용을 지정할 수도 있다. 이 경우, 식기세척기는 주간 0.005 × $200 = $1의 재고유지비용이 들며 연간 단위로는 $52이 든다(1년에 52주가 있다고 가정했을 때).

재고유지비용 비율이 특정 시간단위를 기준으로 정의될 수 있지만 제품이 정확히 그 기간 동안 유지되어야 한다는 이야기는 아니다. $350의 냉장고가 1년 동안 재고로 유지될 경우 업자에게 $70의 비용이 발생하겠지만 냉장고가 3달 동안 재고로 유지될 경우(1년의 1/4), 즉 1/4 × $70 = $17.50의 비용만이 발생할 것이다. 같은 맥락으로 만일 2년 동안 재고로 유지된다면 재고유지비용만 2 × $70 = $140이 들 것이다. 재고유지비용 비율이 어떻게 정해지던 간에 재고가 오래 유지될수록 더 많은 비용이 발생한다.

합리적인 재고유지비용 비율은 얼마인가? 이는 제품과 기업의 성격에 따라 다르다. 이미 충분히 성장하여 더 이상 급속도로 성장하지 않는 기업은 빠르게 성장하는 기업에 비해 자본의 기회비용이 적다. 한참 성장하는 기업은 더 높은 수익률을 낼 수 있는 투자 기회가 많기 때문이다. 유행에 민감하지 않고 기술 진부화의 가능성이 적은 내구성 있는 제품에 대한 재고유지비용은 부패하기 쉬운 제품에 비해 낮다. 전체적으로, 연간 재고유지비용 비율은 일반적으로 20~30% 정도이지만, 기술 제품, 유행에 민감한 제품, 부패하기 쉬운 제품은 50~100%나 그 이상이 될 수도 있다.

10.4.4 단위당 재고유지비용

(연간) 재고유지비용 비율은 재고를 1년 동안 유지하는 데 드는 비용을 의미하지만 대부분의 경우 정확히 1년 동안 재고로 있는 것은 아니다. 제품이 실제 재고로 머무는 시간은 일반적으로 회전율이나 공급일수를 통해 알 수 있다. 따라서 이 정보들을 조합하여 각 단위당 발생한 재고유지비용을 평가할 수 있다.

Whole Foods의 연간 재고유지비용 비율이 30%라고 하자. Whole Foods가 제조업자로부터 $5에 구매한 유기농 시리얼 박스에 어느 정도의 재고유지비용이 발생하는가? 표 10.2에서 시리얼 박스의 경우 Whole Foods에 평균 18일간 머물고 이를 연단위로 환산하면 18/365 = 0.049년이다. $5짜리 박스를 1년간 유지하는 데는 0.3 × $5 = $1.50이 들지만 0.049년 동안 유지하는 데는 0.049 × 0.3 × $5 = $0.0735이 든다. Whole Foods가 이 박스를 $8에 판매한다고 하면 이익을 남길 수 있을 것이다(전체 비용은 $5 + $0.0735 = $5.0735이지만 매출 수익은 $8이다).

한 단위의 제품에 대한 재고유지비용을 평가하는 것에서 한 걸음 나아가 Whole Foods의 전체 연간 총 재고유지비용을 평가할 수도 있다. Whole Foods가 1년에 걸쳐 평균 $374M의 재고를 유지한다면, 매년 0.30 × $374M = $112M의 재고유지비용이 발생하는 셈이 된다. $112M가 많은 사람들에게는 큰 돈일 수 있으나 이것이 Whole Foods에게도 큰 돈인가 하는 것은 의문이다. 이를 표현하는 다른 방법은 전체 구매비용에 대한 비율로 나타내는 것이다. Whole Food의 매출원가는(해당 연도에 판매한 물건을 조달하기 위해 지불한 금액) $7,543M이었다. 따라서 연간 매출원가 대비 연간 재고유지비용의 비율은 $112M/$7,543M = 1.5%이다. 이를 구하는 더 쉬운 방법도 있다.

$$\text{연간 매출원가 대비 재고유지비용의 비율} = \frac{\text{연간 재고유지비용 비율}}{\text{연간 회전율}} = \frac{30\%}{20.17} = 1.5\%$$

대부분의 유통업자들은 보통 매출원가의 2~5%를 이익으로 남긴다. 따라서 효율적인 재고관리는 업자들이 이익을 내는 데 중요한 역할을 한다.

이해도 확인하기 10.4

질문 **Kohl's는 $20에 구매한 청바지를 $40에 판매한다. 연간 재고유지비용 비율은 25%이며 청바지의 재고회전율은 연간 10회이다. 각 청바지 한 벌에 발생하는 재고유지비용은 얼마인가?**

답 청바지 한 벌을 1년간 재고로 유지하는 데 드는 비용은 $20 × 25% = $5이다. 청바지는 실제로 1/10년 동안 재고로 머무르게 되어(10회전을 하기 때문) 각 청바지는 $5/10 = $0.50의 재고유지비용이 발생한다.

결론

재고는 프로세스의 모든 단계에서 발생한다. 프로세스 이전의 원재료 재고, 프로세스 중의 재공품 재고, 프로세스 이후의 완제품 재고가 그것들이다. 재고관리는 조직의 성공을 위한 중요한 요소로 이에는 여러 어려움이 존재하며(예: 수요예측) 적절한 기술이 필요하고(예: 자료 추적 및 분석) 상당한 투자가 필요하다(예: 건물, 컨베이어, 지게차).

아무리 뛰어난 조직이라도 프로세스 내에 재고가 존재할 수밖에 없는 여러 가지 이유가 있다. 첫째로, 기본적인 물리적 법칙이 기저에 있다. 제품이 한 지점(예: 공장)에서 다른 지점(예: 상점)으로 이동해야 하는데 여기에는 일정한 흐름시간이 필요하다. 리틀의 법칙에 따르면 흐름시간이 존재하면 재고가 발생한다. 그리고 이외에도 재고가 생기는 이유들이 있다. 예를 들어, 변동성은 재고가 발생하는 가장 큰 이유이다. 변동성은 예측 가능한 변동성(계절성이라고도 불리는)과 예측 불가능한(또는 확률적) 변동성이라는 두 가지 형태로 발생한다. 예측 가능한 변동성의 경우에는 기업이 수요가 높을 때를 대비하여 미리 재고를 마련하지 않으면 평상시의 처리능력으로는 수요를 만족시키지 못할 것이다. 반면 기업이 예측 불가능한 변동성에 대비하려면 완충재고 또는 안전재고가 필요하다. 재고는 흐름단위의 개수(예: 페인트 100통)나 재고 구매에 사용된 비용(예: $20,000어치의 페인트) 등 다양한 방법으로 측정될 수 있다. 일반적으로 재고는 공급일수나 회전율과 같이 시간을 기준으로 측정하는 것이 더 유용하다.

재고를 충분히 갖고 있지 않으면 고객을 화나게 하면서 비용이 발생한다. 이 경우 그 파장도 다양하게 발생할 수 있는데, 고객은 재고가 추가 입고될 때까지 기다릴 수도 있고 아니면 경쟁사로 영원히 넘어가게 될 수도 있다. 재고를 보유하는 데 따르는 비용도 있다. 특히, 재고에 묶여있는 자산의 기회비용이 있고 보관 등과 관련된 비용도 있다. 대부분 기업들은 재고유지비용을 구매비용에 대비하여 평가한다. 예를 들어, $50의 물품에 30%의 연간 재고유지비용 비율을 적용한다면 1년간 재고유지비용은 $0.3 \times \$50 = \$15$로 산정된다. 제품이 유발하는 실제 재고유지비용은 제품이 실제로 재고로 소요하는 기간에 의해 결정된다.

학습목표의 요약

학습목표 10-1 여러 유형의 재고, 재고관리의 어려움, 재고의 존재 이유를 설명할 줄 안다.

재고는 세 가지 유형으로 분류할 수 있다. 원재료 재고는 프로세스가 시작되기 이전의 재고로, 프로세스에 의해 변환되거나 "작업"되지 않은 것이다. 재공품 재고는 프로세스 내의 재고로 프로세스에서 변환이나 작업이 시작된 것이다. 마지막으로, 프로세스가 완료되면 완제품 재고가 생성된다. 완제품 재고는 추가적인 프로세스를 요구하지 않는다.

재고관리의 어려운 점은 (i) 수요예측(예: 미래의 수요를 얼마나 잘 예측할 수 있는가), (ii) 자료 추적(예: 기업이 재고상황을 정확히 파악하는 것), (iii) 분석 능력(예: 재고관리 시스템을 운영할 능력), 그리고 (iv) 제품 처리와 운송에 관한 자산(예: 유통센터, 자동 집

배 시스템 등)이다.

재고는 여러 가지 이유로 존재한다. (i) 흐름시간(한 곳에서 다른 곳으로 옮기는 데 소요되는 시간), (ii) 계절성(수요의 예측 가능한 시기적 등락), (iii) 배치생산(고정 주문 비용), (iv) 완충장치(프로세스 내의 변동성을 대비하여), (v) 불확실한 수요(예측 불가능한 수요의 변동성), (vi) 가격(수량 할인)이 그것이다.

학습목표 10-2 서로 다른 시간단위(연, 달, 주, 일)를 사용하여 재고회전율과 공급일수를 평가할 줄 안다.

재고회전율과 공급일수는 프로세스 내의 재고량을 시간단위를 사용하여 상대적으로 표현하는 방법이다. 재고회전율은 흐름률을 재고량으로 나눈 값이다. 예를 들어 유통센터가 연간 $200M을 배송하고 평균적으로 $10M의 재고를 유지한다고 하면, 재고회전율은 20($200M/$10M = 20)이다. 공급일수는 흐름단위가 재고로 머무르는 평균 일수이다. 공급일수는 재고량을 흐름률로 나눈 값이다. 예를 들어, 편의점에 음료수 600병이 재고로 있고 일일 평균 150병의 음료수를 판다고 하면, 음료수 4일분의 공급일수 재고를 갖고 있는 것이다(600/150 = 4).

학습목표 10-3 재무제표를 사용하여 재고회전율 및 공급일수를 평가할 줄 안다.

공개된 재무 정보를 이용하여 기업의 연간 재고회전율과 공급일수를 평가할 수 있다. 예를 들어, 기업의 연간 매출이 $65M, 연간 매출원가가 $32M, 재고가 $8M이라고 하자. 매출원가는 재고와 마찬가지로 "$"로 표기되어 있기 때문에 연간 매출원가를 기업의 흐름률로 쓸 수 있다. 따라서 기업의 연간 재고회전율은 4($32M/$8M = 4)이며 공급일수는 89(365/4 = 89)이다.

학습목표 10-4 연간 재고유지비용 비율과 공급일수 또는 재고회전율을 활용하여 재고유지비용을 평가할 줄 안다.

연간 재고유지비용 비율은 $1의 재고를 연간 유지하기 위한 비용이다. 예를 들어, 20%의 연간 재고유지비용 비율은 $1의 재고를 1년간 유지하기 위해 $0.20의 비용이 든다는 것을 의미한다. 실제 재고유지비용은 제품이 얼마나 오랫동안 재고로 유지되는지에 따라 다르다. 예를 들어, 어떤 제품의 연간 재고회전율이 4회면 1년의 1/4가량을 재고 상태로 머문다는 것을 의미하므로, 연간 재고유지비용 비율이 20%라면 이 기간 동안의 재고유지비용은 제품 구매비용의 5%이다(1/4 × 20% = 5%).

핵심 용어

10.1 재고관리

재고 프로세스 내 흐름단위의 개수

재고관리 프로세스 내 재고의 양, 위치, 그리고 유형을 통제하는 것

원재료 재고 프로세스의 투입물로서 프로세스 내의 어떠한 변환과정을 거치지 않은

재고

재공품 재고 제품을 완성시키기 위해 사용되는 프로세스 내의 재료와 부품

완제품 재고 모든 프로세스를 마친 흐름단위

전파 식별표(RFID tag) 고유한 전파를 발신하여 표가 부착된 물품을 식별하는 작은 전자장치

계절성 시간에 따라 규칙적이고 반복적인 수요의 변화

생산 평준화 전략 수요가 시간에 따라 변하더라도 동 기간 동안의 생산량은 상대적으로 일정하게 유지할 수 있게 생산 계획을 짜는 전략

확률적 수요 수요의 예측 불가능한 변동성

안전 재고 수요의 불확실성에 대해 완충장치 역할을 하는 재고

10.2 재고의 측정: 공급일수와 회전율

공급일수 흐름단위가 시스템 내에서 소요하는 평균 시간

재고회전율 정해진 시간 동안에 프로세스 내에 평균 재고가 흐르는 횟수

10.4 재고 부족 및 유지 비용

품절 특정 물품에 대한 고객의 수요가 재고를 초과하는 상황

자본의 기회비용 자본이 재고에 투자되느라 실현하지 못한 수익

재고보관 비용 재고를 적절히 보관, 유지하고 안전하게 하는 데 드는 비용

진부화 비용 시간에 따른 기술적 변화 또는 유행의 전환 때문에 제품의 가치가 떨어지면서 발생하는 비용

부패 및 망실 비용 시간에 따른 제품 악화 또는 절도에 의한 비용

재고유지비용 비율 제품 구매비용 대비 구매된 제품을 재고로 일정시간 동안 유지하는 데 필요한 비용의 비율

사례 회전율과 매출 총 이익의 관계

매출 총 이익 매출액과 매출원가의 차이

주요 공식

학습목표 10-2 서로 다른 시간단위(연, 달, 주, 일)를 사용하여 재고회전율과 공급일수를 평가할 줄 안다.

$$\text{공급일수} = T = \text{흐름시간}$$

$$\text{회전율} = \frac{R}{I} = \frac{\text{흐름률}}{\text{재고}}$$

$$\text{연간 회전율} = \frac{\text{연간 매출원가}}{\text{재고}}$$

$$\text{공급일수} = 365 \times \frac{\text{재고}}{\text{연간 매출원가}}$$

학습목표 10-4 **연간 재고유지비용 비율과 공급일수 또는 재고회전율을 활용하여 재고유지비용을 평가할 줄 안다.**

$$\text{매출원가 대비 비율로 나타낸 연간 재고유지비용} = \frac{\text{연간 재고유지비용 비율}}{\text{연간 재고회전율}}$$

개념 문제

학습목표 10-1

1. **재고를 유지하는 데는 비용이 들지만, 재고는 프로세스에 도움이 될 수 있다. 그 이유는 무엇인가?**

a. 프로세스 내 재고를 추가하면 흐름단위가 프로세스 내에서 머무는 평균 시간을 줄이기 때문이다.

b. 프로세스 내 재고를 추가하면 불확실한 수요로 인해 매출이 감소하는 상황을 줄일 수 있기 때문이다.

c. 프로세스 내 재고를 추가하면 품질을 높이기 때문이다.

d. 프로세스 내 재고를 추가하면 제품의 이익률을 높이기 때문이다.

2. **식품 도매업자가 보낸 고기를 실은 배송 트럭이 도착하여 레스토랑에 전달되었다. 이 고기는 다음 중 레스토랑의 어떤 재고에 해당되는가?**

a. 원재료 재고

b. 재공품 재고

c. 완제품 재고

d. 계절성 재고

3. **전자제품 소매업자에서 태블릿과 노트북은 어떤 재고에 해당되는가?**

a. 원재료 재고

b. 재공품 재고

c. 완제품 재고

d. 계절성 재고

4. **공급업자에 주문을 할 때마다 발생하는 고정비용의 영향을 줄이고자 하는 것은 재고를 유지하는 다음의 이유들 중 어떤 것에 해당하는가?**

a. 계절성

b. 불확실한 수요

c. 완충장치

d. 배칭

5. **조립 프로세스에서 특정 작업단계가 중단되었을 경우에 대비하여 흐름률의 감소를 막고자 하는 것은 재고를 유지하는 다음의 이유들 중 어떤 것에 해당하는가?**

a. 계절성

b. 불확실한 수요

c. 완충장치

d. 배칭

학습목표 10-2

6. 제품 A의 연간 재고회전율은 8이고 제품 B의 연간 재고회전율은 5이다. 재고로 보내는 시간이 더 많은 제품은 무엇인가?

a. A

b. B

c. 알 수 없음(둘 다 가능)

7. 제품 A의 연간 재고회전율은 10이고 제품 B의 연간 재고회전율은 15이다. 공급월수가 더 높은 제품은 무엇인가?

a. A

b. B

c. 알 수 없음(둘 다 가능)

8. 두 기업의 연간 재고회전율이 같을 때, 공급일수도 같다. 참인가 거짓인가?

a. 참

b. 거짓

9. 제품 A의 연간 재고회전율은 10이고 제품 B의 연간 재고회전율은 15이다. 재고의 양($로 측정)이 더 많은 제품은 무엇인가?

a. A

b. B

c. 알 수 없음(둘 다 가능)

학습목표 10-3

10. 같은 산업군에 속한 기업들의 재고회전율은 같다. 참인가 거짓인가?

a. 참

b. 거짓

11. 재고회전율을 계산할 때, 다음의 재무제표 요소들 중 흐름률로 쓸 수 있는 것은 무엇인가?

a. 매출

b. 매출원가

c. 재고

d. 순이익

학습목표 10-4

12. 다른 모든 것이 동일할 때, 큰 제품이 작은 제품보다 연간 재고유지비용 비율이 높다. 참인가 거짓인가?

a. 참

b. 거짓

13. 품절에 대한 다음의 소비자 반응 중 기업에 가장 불리한 것은 무엇인가?
   a. 매출 손실 및 고객 유실
   b. 매출 손실
   c. 고객이 다른 제품을 대신 구매
   d. 재고가 들어올 때까지 기다림

14. 컴퓨터는 재고로 유지되는 동안 가치가 낮아진다. 이는 기업의 재고유지비용 중 어떤 부분에 해당되는가?
   a. 자본의 기회비용
   b. 보관 비용
   c. 부패 비용
   d. 진부화 비용

예시 문제와 해답

학습목표 10-2

1. 소매업자는 \$500,000의 재고가 있으며 일일 매출원가는 \$15,000이다. 공급일수는 얼마인가?

   답 공급일수 $= T = \frac{I}{R} = \frac{\$500,000}{\$15,000} = 33.3$일

2. 한 도시가 보유한 제설용 소금의 공급주수(weeks-of-supply)가 20주라 하자. 공급월수(months-of-supply)는 얼마인가?(한 달은 4.33주라 가정하자.)

   답 공급월수 $= \frac{20\text{공급주수}}{4.33} = 4.62\text{공급월수}$

3. 자동차 제조사는 딜러를 통해 차를 판매한다. 딜러들은 재고의 공급일수가 65일이라고 보고했다. 판매되기 전까지 자동차가 차고에 평균적으로 얼마나 머무는가?

   답 공급일수는 단위가 재고로 머무는 평균 시간을 의미하기도 한다. 따라서 정답은 단순하게 65일이다.

4. 병원은 보유한 혈액의 공급일수가 10일이라고 보고하고 있다. 연간 회전율은 얼마인가?

   답 일단, 10일의 공급일수를 공급연수로 바꾸자.

   흐름시간 $T = 10$일, $\frac{10\text{일}}{365\text{일}} = 0.0274$년이다.

   회전율은 $= \frac{1}{T} = \frac{1}{0.0274\text{년}} = 36.5/$연이다.

5. 도매상인은 유통센터의 재고회전율이 연간 5.6회라고 보고했다. 공급월수는 얼마인가?

   답 연간 회전율 $= \frac{1}{T}$, T는 흐름시간(연)이다. 따라서 $T = \frac{1}{\text{연간 회전율}} = \frac{1}{5.6} = 0.179$년이다. 1년은 12달이기 때문에 공급월수는 $12\text{달} \times 0.179\text{년} = 2.15$달이다.

학습목표 10-3

6. 표 10.4는 한 슈퍼마켓의 재무 정보를 나타낸다. 표에 제시된 정보를 기반으로 슈퍼마켓의 재고 회전율은 얼마인가?

표 10.4 슈퍼마켓의 재무 정보(단위: 100만 달러)

매출	95,751
매출원가	76,858
재고	6,244

답 재고 $I=\$6{,}244M$이다. 흐름률 R은 연간 $76,858M이다(재고가 $로 계산되기 때문에 매출원가를 사용한다). 회전율 $=\dfrac{R}{I}=\dfrac{\$76{,}858M}{\$6{,}244M}=12.3/$연이다.

7. 표 10.5는 공구 소매점의 재무 정보를 나타낸다. 소매업자의 공급일수는 얼마인가?

표 10.5 공구 소매점의 재무 정보(단위: 100만 달러)

매출	50,521
매출원가	33,194
재고	8,600

답 재고 $I=\$8{,}600M$이다. 흐름률 R은 연간 $33,194M이다(재고가 $로 계산되기 때문에 매출원가를 사용한다). 공급연수 $T=\dfrac{I}{R}=\dfrac{\$8{,}600M}{\$33{,}194M}=0.259$년이다.

공급일수 = 365 × 공급연수 = 365 × 0.259 = 94.5일

학습목표 10-4

8. 소매점의 연간 재고유지비용 비율은 35%이고 연간 회전율은 3이다. 소매업자가 $50불에 구매한 드레스를 유지하는 데 드는 비용은 얼마인가?

답 소매업자가 드레스를 1년간 유지하는 데 드는 비용은 35% × $50 = $17.50이지만, 드레스는 1년 내내 재고로 유지되지 않는다.

공급연수 $T=\dfrac{1}{\text{연간 회전율}}=\dfrac{1}{3}$회전/연이다. 따라서 평균적으로 $\dfrac{1}{3}$년간 드레스를 재고로 유지한다. 따라서 드레스의 유지비용은 $\$17.5\times\dfrac{1}{3}=\$5.83$이다.

9. 인테리어 업자의 연간 재고유지비용 비율은 30%다. 표 10.6은 업자의 재무 정보를 나타낸다. 업자의 연간 재고유지비용은 얼마인가?

표 10.6 인테리어 업자의 연간 재고유지비용(단위: 100만 달러)

매출	75,754
매출원가	48,912
재고	10,710

답 평균 재고는 $10,710M이고, $1을 1년간 유지하는 데는 $0.30이 든다. 따라서 연간 재고유지비용은 $10,710M × 0.3 = $3,213M이다.

응용 문제

1. 소매업자의 음료수 연간 회전율이 50이고 평균적으로 선반에 400개의 음료수가 있다. 소매업자의 평균 일일 매출률은 얼마인가?(1년은 365일이다.) [학습목표 10-2]

2. 소매업자의 연간 재고회전율이 7.5라고 가정하자. 재고의 공급일수는 얼마인가?(1년은 365일이다.) [학습목표 10-2]

3. Apple 사의 재고 공급일수는 10.5이다. 연간 재고회전율은 얼마인가?(1년은 365일이다.) [학습목표 10-2]

4. 전자제품 제조사에서 특정 핸드폰 모델 재고의 공급일수가 25일이다. 1년은 365일이라고 할 때, 이 핸드폰 모델의 연간 재고회전율은 얼마인가? [학습목표 10-2]

5. 영화관의 스낵바 코너는 1달에 캔디 재고를 3.2회 회전한다고 한다. 스낵바 코너가 캔디 350상자를 평균적인 재고로 갖고 있을 때, 캔디의 일일 평균 매출량은 얼마인가?(1달은 30일이다.) [학습목표 10-2]

6. 공구점에서 전동 공구의 연간 재고회전율은 7.3회이다. 공구점이 평균적으로 130개의 전동 공구를 재고로 갖고 있을 때, 전동 공구의 일일 평균 매출량은 얼마인가?(1년은 365일이다.) [학습목표 10-2]

7. 회사의 연간 매출액은 $890억, 재고는 $58억이고 연간 매출원가는 $640억이다. 회사의 연간 재고회전율은 얼마인가? [학습목표 10-3]

8. 농기구 제조사의 연간 재고회전율이 4이며 매출원가는 $440억이다. 이 회사의 평균 재고량은 얼마인가? [학습목표 10-3]

9. 광산 회사의 연간 매출액은 $750억, 연간 매출원가는 $500억, 재고는 $150억이다. 회사의 연간 재고회전율은 얼마인가? [학습목표 10-3]

10. 의료기기 제조사는 작년에 연간 매출 $60M을 기록했다. 작년 연말에 $20M의 완제품 재고가 있었다. 재고 한 단위당 매출원가는 $1,000이며 매출가격은 $2,000이라면, 회사의 연간 재고회전율은 얼마인가? [학습목표 10-3]

11. 레스토랑의 연간 매출은 $420,000, 평균 재고량은 $6,000, 연간 매출원가는 $264,000이다. 레스토랑의 월간 재고회전율은 얼마인가? [학습목표 10-3]

12. 레스토랑의 연간 매출은 $420,000, 평균 재고량은 $6,000, 연간 매출원가는 $264,000이다. 레스토랑의 재고 공급일수는 얼마인가?(1년은 365일이다.) [학습목표 10-3]

13. 소매업자의 연간 매출은 $500,000이고 평균 완제품 재고는 $15,000이다. 소매업자가 각 단위를 $15에 구매하여 $25에 팔 때 연간 재고회전율은 얼마인가? [학습목표 10-3]

14. 온라인 신발 소매업자의 연간 재고유지비용 비율은 35%이다. 회사의 공급일수는 20일이며, 1년은 365일이라 가정하자. 회사가 $50에 구매한 신발의 재고유지비용($)은 얼마인가? [학습목표 10-3]

15. 회사의 연간 재고유지비용 비율은 16%이고 연간 재고회전율은 10이다. 회사가 $40에 구매한 물품 한 단위를 유지하는 데 드는 평균 재고유지비용($)은 얼마인가? [학습목표 10-3]

16. 컴퓨터 회사의 연간 재고유지비용 비율은 40%이다(재고자금 조달 자본비용, 창고 공간, 진부화 비용을 포함). 작년에 회사의 재고는 $400M이었고 매출원가는 $2,600M이었다. 작년 한 해, 회사의 전체 재고유지비용($M로 표기)은 얼마인가? [학습목표 10-3]

17. 집적회로 제조사의 연간 재고유지비용은 48%이다. 공급월수가 1달인 $300짜리 물품의 평균 재고유지비용($)은 얼마인가? [학습목표 10-3]

18. 서점은 재고를 3달에 1번씩 회전한다. 서점의 연간 재고유지비용은 36%이다. 서점이 $10에 구매하고 $18에 판매한 책에 대한 재고유지비용은 얼마인가?($로 표기) [학습목표 10-3]

19. 자전거 제조사는 외부 공급업자로부터 자전거 안장을 개당 $22을 주고 구매한다. 제조사의 안장은 1달간 1.2회 회전하며 연간 재고유지비용 비율은 32%이다. 안장의 재고유지비용은 얼마인가? ($로 표기) [학습목표 10-3]

사례 회전율과 매출 총 이익의 관계

기업의 **매출 총 이익**은 매출액과 매출원가의 차이이다. 예를 들어, Whole Foods가 시리얼 박스를 \$5에 구입하여 \$8에 판매한다면 매출 총 이익은 \$8 − \$5 = \$3이다. 제품 간 또는 기업 간 매출 총 이익을 비교하기 위해 매출 총 이익은 종종 판매가에 대한 비율로 표현된다. 시리얼 박스의 경우, 매출 총 이익 비율은 (\$8 − \$5)/\$8 = 37.5%이다. 그림 10.3은 표 10.2에서 언급된 소매업자의 매출 총 이익 비율과 연간 회전율을 보여준다.

매출 총 이익 매출액과 매출원가의 차이

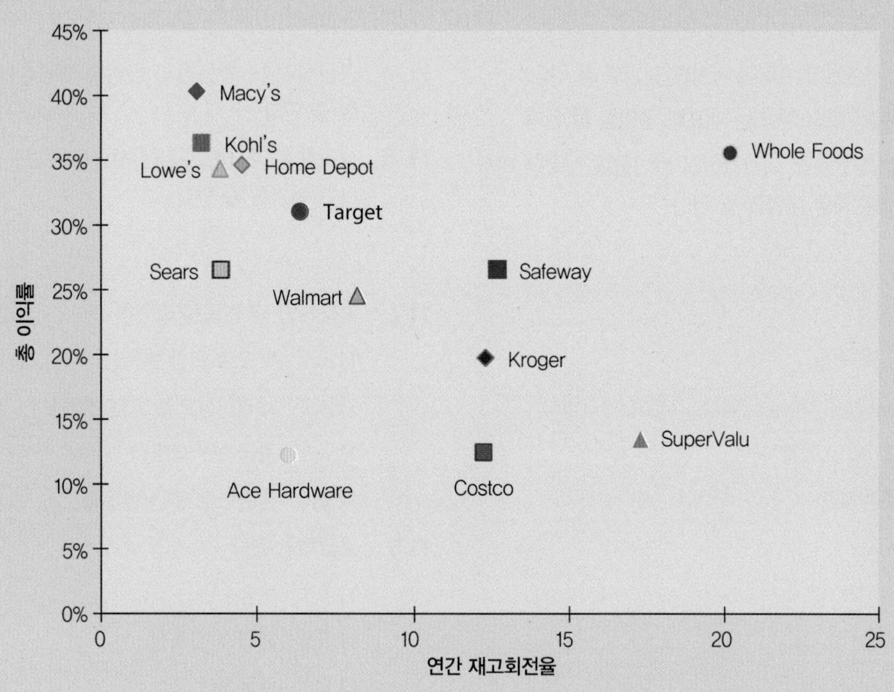

그림 10.3 여러 소매업자들의 연간 재고회전율과 매출 총 이익 비율

질문

1. 그림 10.3에서 매출 총 이익과 재고회전율 사이의 패턴이 존재하는가?
2. 그림 10.3에서 매출 총 이익과 재고회전율 사이의 패턴이 존재할 수도 있는 이유는 무엇인가?
3. Ace Hardware는 왼쪽 가장 낮은 곳에 있는데, 이 기업은 다른 기업들보다 매출 총 이익이 낮으면서(부정적) 회전율 또한 낮다(이 또한 부정적). 이러한 상황에 있는 기업은 어떻게 하면 이익을 더 낼 수 있을까?
4. Whole Foods가 오른쪽 위에 위치하는 이유를 어떻게 설명할 수 있을까?

11 공급체인관리

학습목표

11-1 공급체인 내 각 구성원의 역할과 가치를 설명할 줄 안다.

11-2 공급체인의 성과평가에 이용되는 지표를 설명할 줄 안다.

11-3 전략적 의사결정과 전술적 의사결정의 차이점과 전략적 의사결정의 주요 상쇄관계를 설명할 줄 안다.

11-4 공급체인 내 변동성의 원인과 변동성을 줄이는 방안을 설명할 줄 안다.

11-5 성과를 향상시키고 경쟁력을 강화하는 공급체인 전략을 설명하고 평가할 줄 안다.

이 장의 개요

© Andrey Rudakov/Bloomberg via Getty Images

소개

Phil Knight, Amancio Ortega, Michael Dell, 그리고 Jeff Bezos의 공통점은 무엇일까? 그들은 모두 성공적인 기업을 창업한 사람들이다. Phil Knight는 1964년에 Oregon 주에서 차 트렁크에서 신발을 팔며 Nike라는 회사를 시작했다. Amancio Ortega는 1975년 스페인 La Coruna 지역에서 Zara라는 옷 가게를 열었다. Michael Dell은 1984년 Texas 대학교 기숙사 방에서 PC를 조립하며 Dell을 창업했고, Jeff Bezos는 지구에서 가장 위대한 상점을 꿈꾸며 1994년 Amazon을 설립했다. 그들은 성공을 통해 수십억 달러의 부를 손에 쥘 수 있었다. 그러나 더욱 흥미로운 것은 성공의 원인에 있는데, 네 사례 모두 시장에 새로운 유형의 공급체인을 도입하면서 고객들에게 더 많은 가치를 보다 저렴한 비용에 제공할 수 있었다는 점이다. Phil Knight는 스스로 신발을 생산하기보다는 해외 생산의 이점을 발견했다. 반면 Amancio Ortega는 대부분의 생산을 비용이 높은 유럽에서 수행하면서 디자인에서부터 소매업까지 수직적으로 통합된 공급체인을 창조했다. Zara는 이 방식을 통해 불과 몇 주 만에 신상품을 소개하면서 최신 제품들을 판매할 수 있었는데, 이 방식은 cheap chic 또는 fast fashion이라고 불린다. Dell에서 컴퓨터를 구매하는 소비자들은 조립과 배송과정을 기다려야 하지만 자신의 취향에 맞추어 PC를 구매할 수 있었다. Jeff Bezos 역시 전통적인 오프라인 소매점을 탈피하였고, Amazon은 이를 통해 엄청나게 많은 종류의 제품을 제공할 수 있게 되었다. 결과적으로, 이들의 공통점은 공급체인의 혁신자라는 점이다.

이번 장에서는 장소와 기업의 경계를 가로지르는 운영관리, 즉 원재료로부터, 제조, 물류와 소매, 그리고 최종 소비자까지 아우르는 공급체인과 관련된 운영을 다룰 것이다. 이를 위해 먼저, 1) 공급체인 내 각 행위자들이 가치 창출을 위해 어떠한 역할을 하는지, 2) 이러한 공급체인의 성과를 측정하고 평가하는 다양한 지표를 살펴볼 것이다. 그리고 난 뒤 공급체인을 관리하는 의사결정의 종류를 살펴볼 것이다. 높은 수준에서 보면, 공급체인관리의 핵심은 비용과 유연성 간의 상쇄관계를 잘 관리하는 것이다. 빠르고 민첩할수록 고객 서비스에 유리하겠지만, 비용이 높다면 고객들에게 환영받지는 못할 것이다. 유연성은 공급체인 내의 변동성이 초래하는 모든 나쁜 영향들을 줄이는 데 매우 중요한 역할을 한다. 이러한 유연성의 가치를 깨닫기 위해 공급체인 내에서의 변동성들이 왜 발생하는지 이해할 필요가 있다. 마지막으로, 위에서 언급한 네 명의 기업가를 통해 공급체인 성과를 향상시키고 공급체인을 기업의 경쟁우위로 만들었던 몇몇 전략을 살펴볼 것이다.

11.1 공급체인의 구조와 역할

제품과 서비스를 위한 공급체인은 원재료에서부터 최종 소비자들까지를 연결하는 많은 기업들과 입지들의 네트워크로 구성되어 있다. 공급체인은 단 몇 단계로만 구성된 짧은 과정일 수도 있는데 예를 들어, 딸기는 생산지로부터 30km 정도밖에 떨어지지 않은 곳에서 소비될 수도 있다. 반면 공급체인은 전 세계에 걸쳐 존재할 수도 있다. Bauxite라는 광물은 호주에서 채굴되어 뉴질랜드에서 알루미늄으로 제련되고 일본에서 판금으로 찍힌 후 스페인에서 비행기 조립에 사용되고 있다. 공급체인은 그림 11.1과 표 11.1에서 보듯이 대략 다섯 단계로 구성되는데, 이 다섯 단계들은 2차 공급업자, 1차 공급업자, 제조업자,

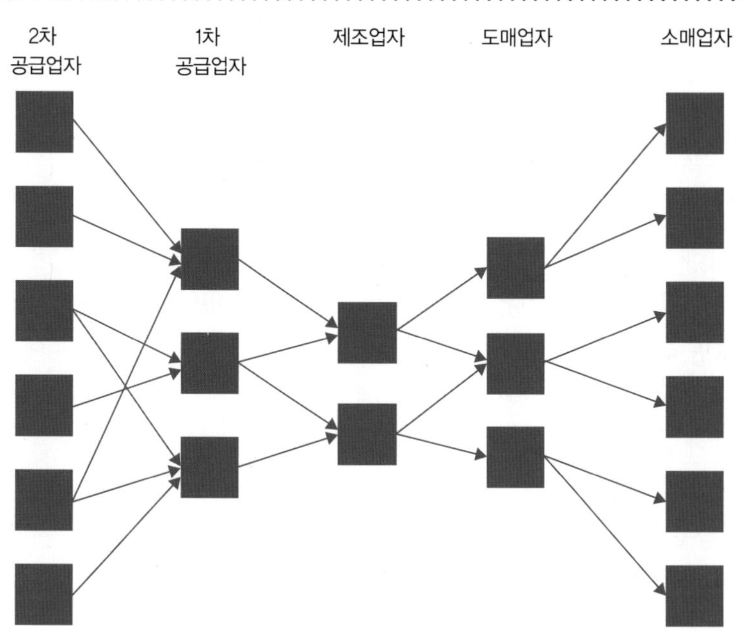

그림 11.1 공급체인 내 여러 단계를 거치는 제품의 흐름

표 11.1 공급체인 내 각 단계와 역할

공급체인 단계	역할	예시
2차 공급업자	특화된 부품의 디자인과 생산	B&H Tool Works – 금속 타형
1차 공급업자	부품 시스템의 디자인과 조립	Mitsubishi Heavy Industries – 비행기 날개 Robert Bosch – 자동차 제동 장치 Foxconn – 컴퓨터 Intel – 마이크로프로세서 Shimano – 자전거 부품
제조업자	최종 생산물의 디자인과 조립	Boeing – 비행기 Toyota – 자동차 Apple – 컴퓨터 Dell – 컴퓨터 Trek – 자전거
도매업자	재고관리, 하중개시, 운송	Sysco – 식료품 McKesson – 의료품
소매업자	제품 선별 전시, 소비자 지원과 서비스	Walmart – 일반 잡화 Home Depot – 건자재 Kroger – 식료품

도매업자, 그리고 소매업자이다.

학습목표 11-1
공급체인 내 각 구성원의 역할과 가치를 설명할 줄 안다.

11.1.1 2차 공급업자, 1차 공급업자, 그리고 제조업자

제품의 생산은 개별 부품을 생산하는 2차 공급업자들로부터 시작된다. 2차 공급업자는 그들이 만든 부품을 1차 공급업자에게 제공하고, 1차 공급업자는 이를 이용하여 좀 더 복잡한 부품을 만든다. 예를 들어, 2차 공급업자는 1차 공급업자에게 비행기 날개 제작에 사용되는 전기 부품을 제공한다. 그러면 1차 공급업자들은 그 부품을 모아 날개를 완성시킨다(산업별 또는 기업별 상황에 따라서는 2차 공급업자에게 물품을 제공하는 3차 공급업자라고 불리는 단계가 추가로 존재할 수 있다). 1차 공급업자들은 제조업자들에 대한 주요 공급업자의 역할을 하며, 제조업자는 제품을 디자인하고 부품들을 조립하여 최종 완제품을 만들게 된다. 제조업자는 규모가 크고 잘 알려진 기업일 수 있다. 각종 컴퓨터 장치와 스마트폰을 생산하는 Apple이 좋은 예일 것이다. 실제로, Apple은 2015년 초반 시가총액 기준으로 세상에서 가장 인지도가 높고 가치 있는 기업이다.

제조업자들과는 달리 1, 2차 공급업자들은 대부분의 사람들에게 익숙하지 않다. 일반적으로 2차 공급업자가 1차 공급업자보다 상대적으로 "작기"는 하지만 여전히 2차 공급업자도 우리 눈으로 보면 수백만 달러의 매출을 올리는 거대 기업일 수도 있다. 물론 예외는 있다. Intel은 컴퓨터 제조업자에게 마이크로프로세서를 공급하는 1차 공급업자이다. "Intel Inside"라는 마케팅 캠페인 덕에 소비자들은 누가 마이크로프로세서를 만드는 회사인지 알고 있다. 마찬가지로, 자전거를 좀 타는 사람이라면 Shimano가 Trek과 같은 자전거 제조업자에게 부품을 공급하는 1차 공급업자임을 알 것이다. 거대한 알루미늄 제조업자인 Alcoa는 음료수 캔을 만드는 1차 공급업자에게 알루미늄을 납품하기 때문에 Coca Cola나 Budweiser과 같은 음료 제조업자에게 2차 공급자의 역할을 한다.

11.1.2 도매업자와 소매업자

제조업자는 제품을 생산한 후 이를 최종 소비자에게 배급해야 하는데 이 과정에서 공급체인의 두 단계, 즉 도매업자와 소매업자가 개입을 한다. 소매업자는 아마도 우리에게 가장 익숙한 단계일 것이다. 그들은 물건을 만들지는 않지만 다양한 제품을 선택적으로 구매하여 소비자들에게 제공하고 구매 결정을 내리는 데 도움을 준다. 전통적인 소매업자는 소비자의 주거지역 근처에서 매장을 운영하는데 그들의 매장이 실재한다는 의미에서 오프라인에서 활동하는 **재래식 소매업자(brick-and-mortar retailers)**라고 불린다. 그러나 모든 소매업자가 벽돌로 된 매장을 운영하는 것은 아니다. 1900년대 초반 미국에 **우편판매 또는 카탈로그 소매업자(mail-order retailers or catalog retailers)**가 등장하였고 Amazon과 같은 **온라인 소매업자(on-line retailer or e-commerce or e-tailers)**는 종이 카탈로그를 온라인 웹 페이지로 변환시켰다.

도매업자는 제조업자와 소매업자 사이에 존재하는데 대부분의 사람들에게는 잘 보이지 않는다. 예를 들어, McKesson은 병원에 의료품을 공급하는 가장 큰 도매업자 중 하나로서 병원에서 필요한 붕대, 주사기, 생리식염수 등등을 공급한다. 도매업자의 역할은 공급체인 내 단계들 중 가장 이해받지 못하고 있다. "중간상인을 없애라"라는 외침을 들어본 적이 있을 것이다. 이 경고는 소매업자가 도매업자 없이 제조업자와 직접 거래하면 좀 더 나은 거래를 할 수 있다는 걸 뜻한다. 그러나, 도매업자는 공급체인에서 중요한 역할을 하고 있으며 그들이 가치를 제공하지 못한다면 시장에서 이미 도태되었을 것이다. 도매업자가 제공하는 세 가지 중요한 가치는 비용-효과적인 재고관리와 빠른 조달, 그리고 소량 주문이 있다.

재래식 소매업자 소비자가 즉시 물품을 구매할 수 있는 상점을 가진 소매업자

우편판매 소매업자 카탈로그를 통해 물품을 판매한 뒤 우편 시스템, UPS, FedEx, DHL 등 제삼자를 통해 물품을 배송하는 소매업자. 카탈로그 소매업자라고도 한다.

온라인 소매업자 온라인 웹사이트를 통해 물품을 판매한 뒤 우편 시스템, UPS, FedEx, DHL 등 제삼자를 통해 물품을 제공하는 소매업자. 전자상거래 소매업자 또는 e-tailer라고도 한다.

물류센터 공급업자로부터 물품을 제공받아 소매업자들에게 재분배하는 데 사용되는 건물. 조달센터라고도 한다.

조달시간 주문한 제품을 받기까지 걸리는 시간

비용-효과적인 재고관리 소매업자가 가게 임대료로 평당 $200 또는 $300을 지불한다면 도매업자는 시설 임대에 4분의 1 정도에 불과한 비용이 들 것이다. 도매업자가 이용하는 시설은 **물류센터** 혹은 **조달센터(distribution center; DC or fulfillment center)**라고 하는데 예전에는 단순히 "창고"로 불리곤 했다. 또한 물류센터는 소비자들에게 잘 보여야 할 이유가 없기 때문에 소매업자들의 매장보다 평당 훨씬 더 많은 물품을 보관할 수 있다. 보통, 물류센터에서는 물건을 더 높고 빽빽하게 쌓아 놓는다. 1) 평당 낮은 임대료와, 2) 더 많은 양의 물품을 적재한다는 이점 덕분에 도매업자의 재고관리비용은 소매업자보다 훨씬 적다.

빠른 조달시간 제품은 보통 몇몇 제한된 장소에서만 생산되는 반면 소비자는 일반적으로 제조업자로부터 멀리 떨어진 곳에 위치하기 때문에 제조업자로부터 직접 제품을 받으려면 많은 시간이 걸린다. 주문 후 제품을 받기까지의 시간을 **조달시간(lead time)**이라고 하는데 이번 장의 뒷부분이나 재고관리 단원에서도 언급되겠지만 조달시간이 길수록 소비자를 위해 준비해야 할 재고의 양이 늘어나게 된다. 따라서, 물류센터는 제조업자보다 소비자들과 지리적으로 가깝게 위치하면서 도매업자의 고객인 소매업자의 재고량을 감소시키고 재고관리에 필요한 공간적 비용을 절약할 수 있게 해준다.

그림 11.2
도매업자가 있는 공급체인과 도매업자가 없는 공급체인

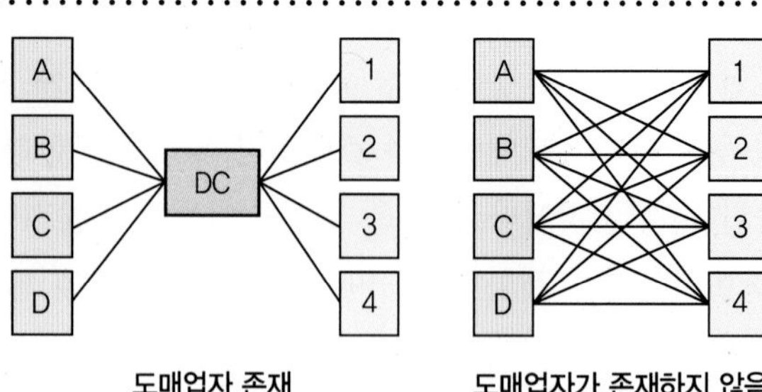

소량 주문 도매업자는 제조업자에게 대량으로 주문하지만 자신의 고객에게는 소량으로 판매하는 역할을 하는데, 이러한 서비스를 **하중개시(breaking bulk)**라 한다. 예를 들어, 도매업자는 200개의 케이스가 담긴 **팔레트(pallet)** 한 단위를 구매한 뒤 소매업자에게 더 적은 양으로(예를 들면 50케이스씩) 판매한다(팔레트는 포장된 제품들을 받치는 나무로 된 플랫폼으로 지게차가 제품을 이동시키는 데 사용된다). 소매업자는 이 서비스를 통해 재고를 상당히 줄일 수 있다.

하중개시 도매업자가 제조업자로부터 많은 양을 구매한 뒤 소매업자들에게 이 수량을 쪼개어 판매하는 서비스

팔레트 (1) 지게차를 이용하여 물품을 용이하게 이동하기 위해 사용하는 나무로 된 플랫폼, (2) 플랫폼에 적재된 제품의 양을 이르는 단위로 사용되기도 함

소량 주문의 가치를 이해하기 위해 그림 11.2에 제시된 다음의 예를 생각해보자. A, B, C, D 네 명의 공급업자가 1, 2, 3, 4라는 소매업자에게 물품을 배송해야 한다. 여기에는 두 가지 방법이 있는데, 우선 공급업자와 소매업자 사이에 도매업자가 있는 상황과 도매업자 없이 각 공급업자가 각 소매업자에게 직접 배송을 해야 하는 상황을 가정해보자. 매주 각 소매업자는 각 공급업자에게 제품 100개씩을 받아 총 400개를 판매한다. 따라서, 각 공급업자는 소매업자당 100개씩 총 400개를 판매한다. 물품은 트럭으로 배송되며 각 트럭은 제품 400개를 적재할 수 있다.

도매업자가 있는 공급체인에서는 각 공급업자가 매주 트럭에 400개를 실어 도매업자의 물류센터로 보낸다. 공급업자와 물류센터 사이를 오가는 트럭은 단일 공급업자의 물품을 나르는 반면 물류센터와 소매업자 사이를 오가는 트럭은 모든 공급업자들의 물품을 섞어 배송하는데 각 공급업자의 물품이 100개 꼴로 섞인다고 가정하자. 반면, 도매업자가 없는 공급체인에서는 매주 각 공급업자가 소매업자들 중 한 곳에 400개가 채워진 트럭 한 대를 내보낸다. 따라서 각 소매업자는 매주 한 번 각기 다른 공급업자로부터 배송을 받는다.

그림 11.3 공급체인에 따른 소매자 1의 제품 A 재고 패턴. 다른 제품과 다른 소매업자 역시 동일한 패턴을 보임

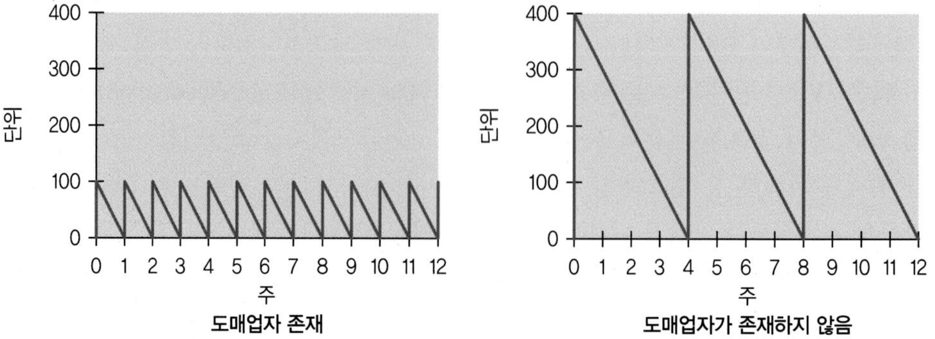

단위: 0, 100, 200, 300, 400
주: 0 1 2 3 4 5 6 7 8 9 10 11 12
도매업자 존재

단위: 0, 100, 200, 300, 400
주: 0 1 2 3 4 5 6 7 8 9 10 11 12
도매업자가 존재하지 않음

두 공급체인 모두 각 공급업자는 매주 한 대의 트럭을 보내고 각 소매업자는 매주 한 대의 트럭을 배송받지만, 소매업자들이 유지하는 재고의 양은 차이가 난다. 그림 11.3은 각 공급체인에서 공급업자 A가 소매업자 1에게 제공하는 재고의 패턴을 보여준다(다른 공급업자들의 재고 역시 A와 비슷한 패턴을 보일 것이다). 도매업자가 존재할 경우, 소매업자 1은 공급업자 A로부터 매주 100개를(나머지 300개는 다른 공급업자들로부터) 배송받는다. 따라서, 공급업자 A의 제품은 재고 100개가 최대 재고량이 되고 제품이 팔려나가면서 재고는 점차 감소하게 된다. 그러나 도매업자가 없는 공급체인의 경우, 공급업자 A는 소매업자 1에게 4주에 한번씩 트럭 1대분을 배송한다. 트럭은 공급업자 A의 제품을 400개 운반하므로 공급업자 A가 제공하는 제품의 최대 재고량은 400개이고 다음 배송 때까지 0으로 줄어들게 된다.

그림 11.3에서 도매업자의 존재 여부에 따라 소매업자 1의 재고량에 큰 차이가 나는 것을 볼 수 있다. 도매업자가 존재한다면, 소매업자는 평균적으로 50개의 재고를 유지하지만 그렇지 않다면 평균적으로 200개의 재고를 유지하게 된다. 따라서, 같은 숫자의 트럭과 배송이 이루어지더라도, 도매업자가 존재하지 않는다면 소매업자의 재고부담은 4배나 증가하게 된다. 4배의 재고부담으로 인해 소매업자의 재고공간에 대한 부담도 4배나 증가할 것이며 이는 매우 높은 비용을 초래할 것이다.

공급체인 내의 도매업자의 존재가 소매업자의 재고관리에 따른 부담을 줄여주지만, 몇 가지 단점도 있다. 우선, 도매업자가 없으면 배송거리는 최소화될 수 있다. 도매업자가 존재하면 물품은 물류센터를 거쳐야 하기 때문에 배송거리는 늘어나게 된다. 게다가, 물류센터로 인해 비용이 추가적으로 발생한다. 이러한 상쇄관계가 표 11.2에 요약되어 있다.

표 11.2 각 공급체인의 장단점 요약

	도매업자 존재	도매업자 부재
제품의 평균 재고	50개	200개
배송거리	물류센터를 거치기 때문에 더 길어짐	가능한 한 최단거리
제품 배송에 따른 노동량	늘어남, 물류센터에서의 추가적인 상차/하역	최소, 공급업자 상차/소매업자 하역

이해도 확인하기 11.1

질문 도매업자는 생산을 하거나 소비자에게 직접 물건을 판매하지는 않지만, 다음 중 어떤 방식으로 공급체인에 가치를 제공하는가?

a. 공급체인 내의 배송거리를 감소시킨다.
b. 제품 배송에 드는 노동을 감소시킨다.
c. 소매업자가 재고관리에 필요한 공간을 감소시킨다.

답 공급체인 내의 도매업자의 존재는 물품의 배송거리와 처리에 따른 부담을 증가시킨다. 그러나 소매업자는 도매업자로부터의 소량구매가 가능해지고 따라서 재고 저장에 필요한 공간이 줄어든다. 따라서, 답은 c이다.

공급체인 내에 물류센터를 추가할지의 여부는 비용에 달려 있다. 만약 재고 보관에 따른 소매업자의 공간비용이 배송비나 제품 처리비용보다 상대적으로 높다면 물류센터는 공급체인에 가치를 제공할 것이다. 일반적으로 공급체인 내에 물류센터가 존재하는 것으로 보아 물류센터는 가치가 있음이 확실해 보인다.

11.2 공급체인 성과측정지표

공급체인의 복잡성을 감안할 때 몇 가지 지표를 통해 공급체인의 성과를 평가하는 것은 중요한 일이다. 이러한 지표는 비용 지표와 서비스 지표로 나눌 수 있다.

학습목표 11-2
공급체인의 성과평가에 이용되는 지표를 설명할 줄 안다.

11.2.1 비용 지표

공급체인에는 네 가지 중요한 비용이 관련되어 있다. 조달비용, 인건비, 재고비용 그리고 운송비용들이다.

조달비용 조달비용은 공급업자로부터 물품을 구매하는 비용으로 보통 제품원가에서 가장 큰 비중을 차지한다. 따라서 대부분의 기업은 공급업자로부터의 구매를 전담하는 조달부서를 가지고 있다. 이들의 핵심 업무는 협상을 통해 공급업자로부터 좋은 가격을 이끌어 내는 것이다. 그리고 동시에 품질이 우수하고 경쟁력 있는 업체를 선정하는 책임을 진다. 예를 들어, 공급업자가 배송을 빠르게 하는지, 좋은 품질의 제품을 배송하는지, 배송물량에 유연하게 대처할 수 있는지 등을 따져본다.

인건비 인건비는 공급체인 내 다양한 기능을 담당하는 인력들에게 지급되는 임금과 급여를 말한다. 공급체인은 물건을 조립하고, 재고를 옮기고, 운송을 담당하는 인력을 필요로 한다. 따라서 공급체인에서 인건비는 큰 부분을 차지하고 이는 많은 부분이 자동화된 기업이라도 마찬가지이다. 일례로, Amazon의 물류센터에서는 많은 물품들이 오렌지 로봇으로 이동되지만 인건비는 물류센터의 전체 비용에서 큰 부분을 차지한다(그림 11.4 참조).

재고비용 회사에서 당신의 주요 업무가 "공급체인"이라는 단어를 포함한다면 재고비용이야 말로 당신이 가장 신경 써야 하는 지표일 것이다. 공급체인 관리자는 재고를 얼마나 그리고 어느 곳에 보유하고 있는지를 파악하고 있어야 한다. 예를 들어 이번 4분기 공휴일 동안의 수요에 대비해 충분한 장난감 재고를 가지고 있는가? 그렇다면, 그 재고들은 10월에 외국의 항구 어딘가에 막혀 있는 것이 아니라 현재 있어야 할 곳에 있는가?

재고유지에는 무수한 많은 비용들이 수반된다. 즉, 회사는 재고를 보관해야 하고(예: 건물을 빌려서), 재고를 유지해야 하며(예: 냉동 보관), 재고에 잠긴 자본은 현금 창출의 기회비용이 발생하게 된다. 예를 들어 회사는 재고를 추가 구매하는 데 백만 달러를 쓰는 대신 그 돈으로 새로운 제품을 개발하거나 새로운 소매점을 열거나 혹은 수익을 창출하는

© Stephen Brashear/Getty ImagesInventory

그림 11.4
물류센터에서 로봇을 이용한 물품 이동

다른 일들을 할 수 있다. 따라서, 백만 달러를 재고로 묶혀 두는 것은 이를 다른 곳에 활용하여 벌어들일 수 있는 수익에 대한 기회비용을 발생시키는 것이다.

이러한 자본의 기회비용은 대차대조표나 손익계산서(즉, 회사의 재무 건전성을 나타내는 표준 문서들)에 직접적으로 나타나지 않는다. 이러한 문서에 드러나지 않는 또 다른 중요한 비용은 진부화에 따른 비용이 있다. 제품이 오랫동안 재고로 보관될수록 기술 발달로 인하여 제품의 가치가 감소할 수 있다. 기억할지 모르겠지만 핸드폰이 사람들과의 통화에만 이용되던 시절이 있었는데 "스마트폰"이 개발되면서 이러한 전화기들은 모두 가치가 감소했다. 기술의 발달로 인해 새로운 기기가 더 많은 메모리를 갖고 더 빠른 프로세서로 무장되고 더 많은 픽셀을 가질수록 재고로 오래 묶혀 둔 제품들은 가치가 떨어진다. 더 나은 기술이 더 가치가 있음은 당연한 일이지만, 때로는 기능적으로 차이가 없는 제품들도 진부화의 위험이 존재한다. 새로운 스타일의 의류는 예전 옷과 똑같이 따뜻하고 부드럽지만, 예전 스타일의 옷은 더 이상 눈길을 받을 수 없다.

운송비용 운송비용은 공급체인에서 명백하게 발생하는 비용이다. 여기에서의 기본적인 상쇄관계는 단순하다. A지점에서 B지점으로 물건을 더 빠르게 옮기려면 더 많은 비용이 발생한다. 해상 운송은 (대량수송을 가정할 때) 가장 느리지만 가장 저렴하다. 기차를 이용한 운송은 1킬로미터당 몇 톤의 단위로 비용이 계산되며 역시 비용이 낮은 편에 속한다. 그러나 기차운송은 육지에서만 가능하며 상대적으로 느린 편에 속한다. 속도로 치자면 그 다음은 트럭이다. 트럭은 기차보다 다양한 목적지로 배송 가능하지만 비용이 많이 든다. 가장 빠른 수송은 항공운송이지만 무거운 제품의 경우에는 비용이 매우 많이 든다. 해상운송은 컨테이너 기준으로 비용이 매겨지는 반면 항공운송은 배송품의 무게를 기준으로 비용이 매겨진다.

11.2.2 서비스 지표

공급체인 관리자는 비용을 예의주시해야 할 뿐만 아니라 소비자에게 좋은 서비스를 제공해야 한다. 공급체인관리에서 좋은 서비스는 일반적으로 조달시간과 재고의 가용성으로 측정된다.

앞서 말했듯이 **조달시간(lead time)**은 주문이 접수되고 배달되기까지 걸리는 시간을 말한다. 온라인 소매업자들은 구매자들이 짧은 조달시간을 선호하기 때문에 조달시간을 주의깊게 살펴보아야 한다. 또한 공급체인의 상단에 위치한 기업들 역시 조달시간에 민감하다. 당신이 2차 공급업자로서 1차 공급업자와의 재계약을 원한다면 주어진 조달시간 내에 배송할 수 있어야 한다. 몇 가지 요소들이 실제 조달시간에 영향을 미치게 된다. 당연하겠지만, 운송의 형태와 각 운송형태별 운송방식(특별 배송과 일반 배송 등)도 조달시간에 영향을 준다. 또한 배송자의 관리 역량도 조달시간에 영향을 준다. 물류센터에서 물건을 찾아 상자에 넣고 배송을 완료하기까지 시간이 얼마나 걸릴 것인가? 마지막으로, 조달시간은 재고의 현황에 달려 있다. 만약 물류센터에 재고가 없다면 다음 재고가 도착할 때까지 배송은 지연될 것이며 고객은 기다릴 수밖에 없는 상황이 된다.

재고비축확률 특정 기간 동안 모든 수요가 충족될 확률을 의미한다.

재고품절확률 특정 기간 동안 수요가 재고의 양을 넘어설 확률을 말한다.

수요 충족률 총 수요 중 충족된 수요의 비율을 의미한다.

재고의 가용성을 측정하는 몇 가지 방법이 있다. 가장 흔한 방법은 **재고비축확률(in-stock probability)**로서 이는 특정 기간 동안 모든 수요가 충족될 확률을 의미한다. 예를 들어, 물류센터가 10,000개의 품목들을 비축하고 있는데 어떤 주에 고객(예를 들어, 특정 소매업자)이 2,400개의 각기 다른 품목들을 주문했다고 하자. 그중 물류센터가 2,000개 품목에 대한 수요만 충족시킨다고 하면 수요를 충족시키지 못한 품목은 400개가 된다. 따라서 10,000개의 품목 중에서 물류센터는 총 9,600개 품목에 대한 수요를 충족시킨 것이다(수요가 없으면 수요는 당연히 충족된 것임). 따라서, 그 물류센터의 재고비축확률은 9,600/10,000 = 0.96이 된다.

재고품절확률(stockout probability)은 재고비축확률과 밀접하게 연관되어 있다. 이는 특정 기간 동안 수요가 재고의 양을 넘어설 확률을 말한다. 물류센터의 예로 다시 돌아가면, 재고품절확률은 400/10,000 = 0.04가 된다. 재고는 수요를 만족시키거나(in stock) 만족시킬 수 없기 때문에(stockout) 두 지표의 합은 항상 1이 된다. 따라서, 둘 중 하나만 알면 다른 하나를 계산할 수 있다.

$$\text{재고비축확률} = 1 - \text{재고품절확률}$$
$$\text{재고품절확률} = 1 - \text{재고비축확률}$$

재고비축확률이 재고의 가용성에 관한 유용한 지표이지만 유일한 지표는 아니다. 대체지표로는 **수요 충족률(fill rate)**이 있는데, 이는 충족된 수요의 비율을 의미한다. 재고가 증가하면 재고비축확률과 수요 충족률이 모두 증가하지만, 이 둘이 똑같은 지표는 아니다. 재고비축확률이 0.96이었던 물류센터로 돌아가보자. 단순하게 설명하기 위해, 수요를 충족시키지 못한 400개 품목들의 재고가 수요의 90% 수준이었다고 가정해보자. 따라서 그 품목들의 재고로는 수요의 90%만 감당할 수 있었다. 그렇다면, 모든 제품들에 대한 수요 충족률은 (400/10,000 × 0.90) + (9,600/10,000 × 1.00) = 0.9960이 된다. 따라서, 물류센터의 재고비축확률은 96%이지만 수요 충족률은 99.60%이다.

이해도 확인하기 11.2

질문 한 소매업자가 10,000개의 품목들을 취급한다. 주중에, 6,000개의 품목들에 대한 수요가 있었는데 이 중 100개의 품목들은 수요가 전혀 충족되지 않았고 400개의 품목들은 수요의 일부만 충족되었다.

a. **재고비축확률은 얼마인가?**

답 소매업자는 10,000 − 100 − 400 = 9,500품목들에 대해서만 모든 수요를 충족시켰다. 따라서 재고비축확률 = $\frac{9,500}{10,000}$ = 0.95 = 95%이다.

b. **재고품절확률은 얼마인가?**

답 10,000개 중 500개의 품목들은 수요가 충족되지 않았다. 따라서 재고품절확률은 5%이다.

수요 충족률이라는 개념이 사용하기 좀 까다로운 점은 이를 측정하려면 제품이 품절이 되었더라도 수요를 알아야 한다는 것이다. 품절과 상관없이 고객의 주문이 항상 먼저 이루어지는 프로세스라면 수요를 아는 것이 가능하겠지만, 소매점의 경우에는 매장에 들어온 고객은 원하는 제품이 없으면 나가버리거나 다른 제품을 구매한다. 이러한 상황에서는 소비자의 정확한 수요를 알기 어렵기 때문에 수요 충족률을 측정하기가 어렵다. 반면, 재고비축확률은 수요가 다 충족되었는지 아닌지만 파악하면 되기 때문에 좀 더 측정하기 쉽다.

11.3 공급체인 의사결정

공급체인은 넓은 물리적 거리와 많은 기업들 사이에 걸쳐 존재하므로 이를 관리하기 위해서는 다양한 의사결정이 필요하다. 그러나 이러한 의사결정들을 성격에 따라 몇 가지 유형으로 나누어 볼 수 있다. 공급체인 의사결정을 구분하는 유용한 방법은 전략적 의사결정과 전술적 의사결정으로 나누는 것이다. **전술적 의사결정(tactical decisions)**은 단기 성과에 영향을 미치고 **전략적 의사결정(strategic decisions)**은 장기적 영향력을 갖는다.

학습목표 11-3
전략적 의사결정과 전술적 의사결정의 차이점과 전략적 의사결정의 주요 상쇄관계를 설명할 줄 안다.

전술적 의사결정 단기 성과에 영향을 미치는 의사결정

전략적 의사결정 장기적 영향력을 갖는 의사결정

11.3.1 전술적 의사결정

전술적 의사결정의 예들은 다음과 같다.

- 오늘 트럭에 무엇을 적재할지?
- 식료품점에 비누를 몇 개나 주문해야 할지?
- 공급업자에게 몇 개의 카시트를 주문할지?
- 오늘 공장에서 야근을 실시해야 할지?
- 해외 배송에 긴급 모드를 이용할 것인지?

등이 있다. 이러한 종류의 결정은 보통 개별 제품이나 자원 수준에서 이루어지고 향후

며칠, 몇 주, 혹은 몇 달간 회사 성과에 영향을 미치지만, 결코 1년 이상이 되지는 않는다. 비록 전술적 의사결정의 영향은 단기적이지만 좋은 전술적 의사결정을 내리는 것은 여전히 중요하다. 기업이 계속해서 좋지 않은 전술적 의사결정을 한다면 장기적으로 회사의 성과는 감소할 것이다. 예를 들어, 만약 소매업자가 계속해서 충분한 재고를 보유하지 않는다면 소비자들은 재고가 없음을 깨닫고 다른 곳에서 구매를 하게 될 것이다.

11.3.2 전략적 의사결정

전략적 의사결정은 한 번 결정을 내린 후 보통 몇 분기 혹은 몇 년 이상에 걸친 장기적인 영향을 미치고 의사결정의 내용을 변경하기가 어렵다. 또한 전략적 의사결정은 자주 이루어지는 것이 아니기 때문에 좋은 결정을 내리는 것이 중요하며 잘못된 결정은 회사에 장기적으로 악영향을 미치게 된다. 공급체인관리의 측면에서 다양한 전략적 의사결정들이 존재한다. 먼저, 회사는 시설의 입지와 개수를 정해야 한다. 예를 들어, 생산시설을 국내에 둘 것인가 외국에 둘 것인가? 소매업자는 하나의 큰 가게를 열 것인가 아니면 여러 개의 작은 가게를 열 것인가? 또한 회사는 공급체인 내에서 자신들이 수행할 업무와 다른 회사에게 맡길 업무를 구분해야 한다. 예를 들면, 제조업자가 직영 판매점을 열어 제품을 판매할지 아니면 독립된 외부 소매업자를 통해 판매할지 결정해야 한다. 또한 제품을 직접 조립할지 아웃소싱할지 결정해야 하며, 어떤 업체를 선정할지도 고민해야 한다.

이러한 전략적 의사결정의 다양성을 바탕으로 이러한 결정들이 이루어지는 전체적인 큰 틀을 생각해보는 것이 유용하다.[1] 특히, 큰 틀에서 생각하면 공급체인에서의 의사결정은 변동성과 유연성에 관한 것이다. 다음 장에서 자세히 설명하겠지만 변동성은 다양한 형태로 존재한다. 예를 들어, 수요는 총 수요 또는 특정 제품 또는 특정 입지에 따라서도 변동한다. 공급업자의 성과 또한 변동적이며 때로는 날씨가 혼란을 가져올 수도 있다. 변동성은 늘 시스템에 악영향을 미치며 공급체인에게 도움이 되는 변동성이란 상상하기 어렵다. 공급체인은 변동성에 맞서기 위해 유연성을 갖춰야 한다. 수요가 높은 제품을 더 생산할 수 있어야 하고 재고가 필요 없는 곳에서 필요한 곳으로 유연하게 이동시킬 수 있어야 한다. 공급체인들이 직면하는 변동성의 정도가 각각 다르고 유연성을 갖추려면 비용이 들기 때문에 각 공급체인에 맞는 유연성을 선택하는 것이 관리자에게는 중요한 일이다. 그림 11.5는 이러한 의사결정의 본질을 간단하게 도식화하여 보여주고 있다.

기능적 제품 전략적 공급체인관리라는 관점에서 이러한 제품들은 일반적으로 변동성의 정도가 높지 않기 때문에 비교적 "안전"하다고 볼 수 있다.

매출 총 이익 매출액에서 매출원가를 차감한 금액으로서, 일반적으로 이를 제품의 가격 대비 비율로 나타낼 수 있다.

대략적으로, 제품은 기능적 제품과 혁신적 제품 두 가지 유형으로 나눌 수 있다. **기능적 제품(functional products)**은 일반적으로 변동성의 정도가 높지 않기 때문에 비교적 "안전"하다고 볼 수 있다. 예를 들어, 이러한 종류의 제품은 쉽게 진부화되지 않기 때문에 과거 매출 데이터를 통해 미래 수요를 비교적 정확하게 예측할 수 있다(예를 들어, 검은색 양말은 유행이 없다). 반면 기능적 제품들은 경쟁자가 많고 대체재가 쉽게 존재하기 때문에 높은 판매이익을 기대하기 어렵다. 구체적으로, **매출 총 이익(gross margin)**은 매출액에서 매출원가를 차감한 금액으로서 일반적으로 제품의 가격 대비 비율로 나타낼 수 있다. 만약

[1] 본 절의 출처: Marshall Fisher, "What Is the Right Supply Chain for Your Product?" *Harvard Business Review* (March–April 1997).

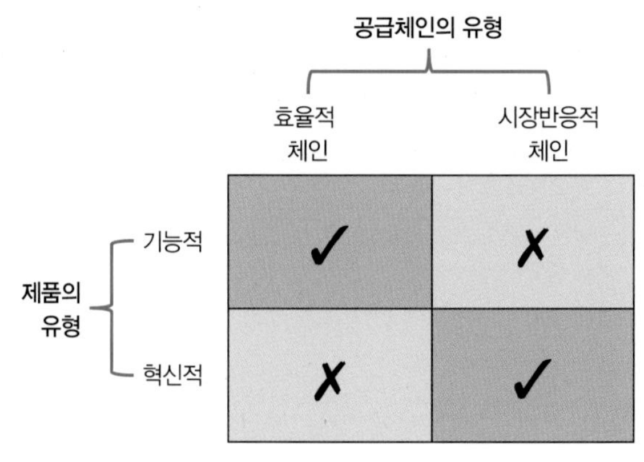

그림 11.5
공급체인 유형과 제품 유형 간의 연결. "x"는 둘 사이의 미스매치를 의미하며 체크 마크는 둘 사이의 적절한 매치를 의미한다.

기업이 $40의 제품을 $50에 팔았다면, 매출 총 이익률은 ($50 − $40)/$50 = 20%가 된다. 기능적 제품의 매출 총 이익률은 보통 5~20% 수준이고 오래 지속되는 특성을 갖고 있어서 시즌 막바지에 재고 처리를 위해 할인판매하는 경우는 드물다.

혁신적 제품(innovative products)은 비교적 높은 변동성을 내재하고 있어서 다소 "위험한" 제품이다. 예를 들어, 신제품은 미래 매출을 예측할 수 있는 과거 데이터가 없다. 이러한 제품은 갑자기 인기가 높았다가도 급격하게 떨어질 수도 있어서 매우 변동성이 크다. 그렇지만 이러한 혁신적 제품은 신제품이거나 특별한 부분이 있기 때문에 매출 총 이익률이 20~60% 정도로 매우 높다. 이렇게 매출의 이익이 높은 반면 미처 다 팔리지 못한 재고를 처리하려면 상당한 할인이 필요할 수 있다. 표 11.3은 이러한 기능적·혁신적 제품의 특성을 요약하고 있다.

혁신적 제품 전략적 공급체인관리라는 관점에서 이 제품들은 비교적 높은 변동성을 내재하고 있어서 다소 "위험한" 제품이다.

물리적으로 효율적인 공급체인 전략적 공급체인관리라는 관점에서 비용을 최소화하기 위한 목적으로 디자인되는 공급체인을 의미한다.

시장반응적 공급체인 전략적 공급체인관리라는 관점에서 비용보다는 유연성에 중점을 두고 디자인되는 공급체인을 의미한다.

제품의 유형이 다르듯 공급체인 역시 그러하다. **물리적으로 효율적인(physically efficient) 공급체인**은 비용을 최소화하기 위한 목적으로 디자인되어야 하는 체인을 의미한다. 이러한 공급체인의 특징은 저렴한 운송수단을 이용하고, 재고는 낮게 유지되며, 공장은 높은 활용률로 돌아가고, 가장 낮은 제품단가를 제공하는 공급업자들이 선택된다. 반면에, **시장반응적인(market-responsive) 공급체인**은 비용보다는 유연성에 중점을 두고 디자인되는 체인을 의미한다. 따라서 이러한 공급체인은 소비자들이 빠른 서비스를 요구할 때 비싸더라도 빠른 운송수단을 이용하며 품절이 발생하지 않도록 충분한 재고를 유지한다. 공장들은 갑작스러운 수요 증가에 대비해 유휴처리능력(즉, 낮은 활용률)을 유지하는 것이 용인된다. 공급업자 선택에 있어서는 제품단가도 중요하지만 빠른 조달시간에 제품을 제공할 수 있는지 또한 생산량을 유동적으로 조절할 수 있는지 등을 염두에 둔다. 표 11.4는 이러한

표 11.3 기능적 제품과 혁신적 제품의 특징 비교

	기능적	혁신적
수요예측 불확실성	낮음	높음
진부화 가능성	낮음	높음
매출 총 이익률	낮음(5~20%)	높음(20~60%)
가격인하의 빈도수	낮음	높음

표 11.4 물리적으로 효율적인 공급체인과 시장반응적인 공급체인의 특성 비교

	효율적	시장반응적
운송 수단	느리고 저렴함	빠르고 비쌈
유휴처리능력	거의 없음(높은 공장 가동률)	약간(낮은 공장 가동률)
공급업자 선발	낮은 제품 단가가 중요	낮은 제품 단가도 중요하지만 생산량 조절능력과 빠른 조달 시간이 중요

두 유형의 공급체인 특성들을 요약하고 있다.

그림 11.5가 전하고자 하는 핵심 의미는 제품의 특성에 맞는 공급체인이 디자인되어야 한다는 것이다. 만약 기능적 제품이라면 물리적으로 효율적인 공급체인이 이용되어야 하고(그림 11.5의 왼쪽 상단), 제품이 혁신적 특성을 갖고 있으면 시장 반응적인 공급체인이 이용되어야 한다(그림 11.5의 오른쪽 하단). 제품의 특성이 공급체인의 특성과 잘 들어맞는 기업은 경쟁력을 갖고 수익을 창출할 수 있다. 또한 그림 11.5는 공급체인 관리자가 어떻게 실수할 수 있는지를 보여준다. 만약 관리자가 혁신적 제품에 물리적으로 효율적인 공급체인을 사용하거나 기능적 제품에 시장반응적인 공급체인을 사용한다면, 공급체인은 제품의 특성과 제대로 매치되지 않을 것이다. 이 경우에 관리자는 불필요하게 유동성에 지나치게 투자를 하거나(그림 11.5의 오른쪽 상단) 유동성이 필요한 경우에 너무 적게 투자하는 경우(그림 11.5의 왼쪽 하단)가 생길 수 있다. 이러한 실수들은 회사의 경쟁력을 감소시킨다. 그림 11.5에는 이러한 두 가지 실수의 가능성이 모두 표시되어 있지만, 관리자들은 오른쪽 상단의 실수보다는 왼쪽 하단의 실수를 할 확률이 높다. 보통 혁신적 제품을 판매하는 데 있어 필요한 유동성의 정도를 과소평가하여 효율적인 공급체인을 사용하는 경우가 발생한다. 이는 혁신적 제품을 기능적 제품으로 착각하기 때문에 일어나는 것이다. 게다가, 빠른 운송망과 유휴처리능력, 유동적인 공급업자 등의 이점은 계량화하기 어려운 반면 비용은 계량화하기 쉽기 때문에, 관리자들은 유동성의 불확실한 이점에 투자하기를 꺼리는 경향이 있고 불행히도 이러한 실수 때문에 변동성을 적절히 다룰 수 없는 공급체인이 디자인되어 사용된다.

이해도 확인하기 11.3

질문 **다음의 의사결정은 전술적 의사결정인가 아니면 전략적 의사결정인가?**

a. 금요일 오후 교대 근무 시간에 몇 명의 직원을 배치할지 결정하는 것

답 하루 동안 영향을 미치는 단기적 결정이므로 전술적 의사결정이다.

b. 정규직 직원의 총 인원수를 결정하는 것

답 정규직 직원의 총 인원을 조정하는 데는 시간이 필요하므로 전술적이기보다는 전략적 의사결정이다.

11.4 공급체인 내 변동성의 원인

공급체인 내 변동성은 다양한 형태로 나타난다. 관리자는 공급체인 내 변동성의 원인들을 이해해야 변동성에 잘 대처할 수 있는 공급체인을 갖출 수 있다. 먼저 변동성의 근원인 소비자 수요의 변동성을 살펴볼 것이다. 공급체인 관리자의 관점에서 수요 변동성을 세 가지 구성요소, 즉 수량, 다양성, 장소로 나누어 보는 것이 도움이 된다. 그리고 난 뒤 공급체인 내부에서 발생하는 수요 변동성을 살펴볼 것이다. 다시 말해, 소비자와 소매업자 간에 발생하는 변동성이 아니라 공급체인의 상단에 위치한 기업들 간에 발생하는 변동성을 살펴볼 것이다. 채찍현상 때문에 공급체인 내의 수요 변동성은 소비자 수요 변동성보다 그 정도가 훨씬 클 수 있다. 마지막으로 수요와 관련된 변동성이 아닌 기업의 역량 그 자체 때문에 발생하는 변동성과 기업의 직접적인 영향력이 닿지 않는 영역에서 발생하는 변동성을 살펴볼 것이다.

11.4.1 수요로 인한 변동성: 수량, 다양성과 장소

학습목표 11-4
공급체인 내 변동성의 원인과 변동성을 줄이는 방안들을 설명할 줄 안다.

어느 제과점이 바닐라 에클레어를 판매한다고 가정해보자. 이 제과점이 판매하는 에클레어는 모두 바닐라 맛이다. 제품의 종류가 단순하기 때문에 이 제과점이 매일 마주하는 유일한 불확실성은 얼마나 많은 손님이 에클레어를 사려고 제과점에 들를 것인가이다. 어떤 날은 50명이고 어떤 날은 20명. 이는 수요의 양에 따른 변동성이다. 즉, 수요의 총량에 대한 불확실성을 말한다.

에클레어를 만드는 데는 일정한 시간이 걸리고 나중에 에클레어를 추가로 만들 기회가

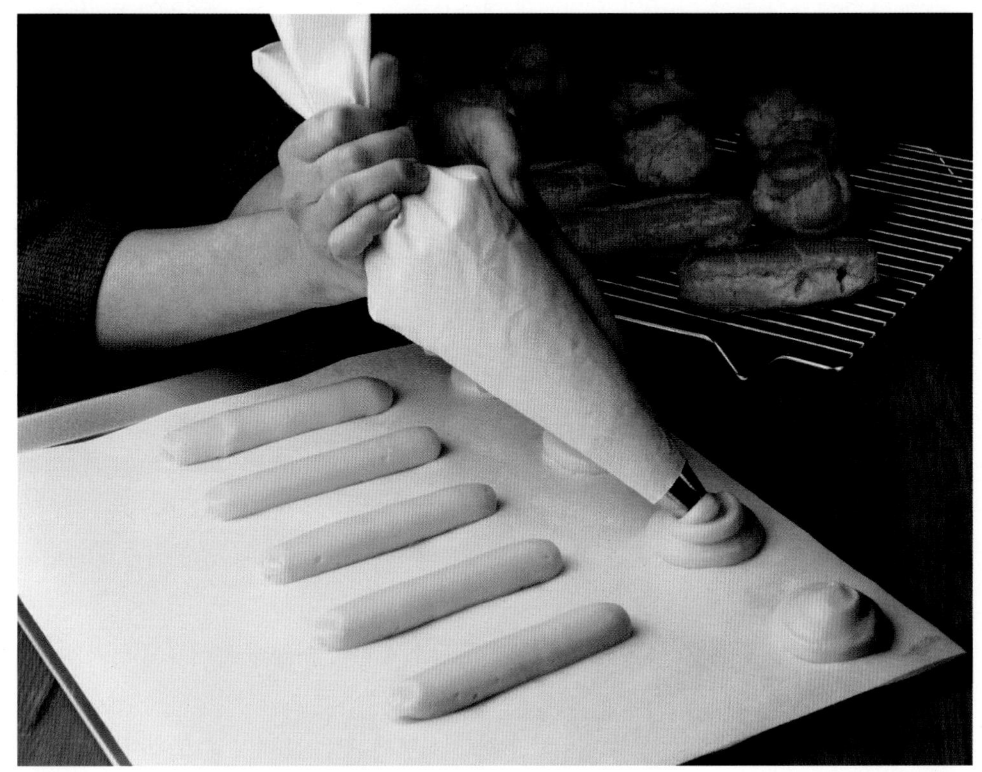

© Patricia Brabant/Cole Group/Getty Images

없기 때문에 매일 아침 이 제과점은 에클레어를 얼마나 만들지 결정해야 한다. 40개를 만든다고 가정해보자. 수요가 많은 날에는 모두 팔 수 있어 기쁘겠지만, 만약 40개 이상 만들었다면 더 팔 수 있었을 텐데… 라는 후회에 빠질 수도 있다. 물론 수요가 생각보다 적어서 에클레어가 남으면 누군가 남은 걸 다 먹거나 쓰레기통에 버려야 할 수도 있다. 수요의 양에 따른 변동성 때문에 몇 개의 에클레어를 만들지 결정하기가 어려워진다. 너무 많이 만들면 노력과 재료가 낭비되고 너무 적게 만들면 수익창출의 기회도 날아가고 고객도 실망하게 된다.

"얼마나 많은 에클레어를 만들 것인지"에 대한 결정은 에클레어에 바닐라 이외에 다른 맛, 예를 들어 초콜릿 맛을 추가하면 더 어려워진다. 이제는 얼마나 많은 손님이 살 것인지에 대한 불확실성 이외에도 그들이 어떤 종류를 살 것인지에 대한 불확실성에 직면하게 된다. 비록 평균적으로는 고객의 절반이 초콜릿 맛 그리고 나머지 절반은 바닐라 맛을 선택한다고 하더라도 수요가 한쪽으로 쏠리는 날들이 있을 것이다. 예를 들어, 50명의 고객들 중 30명은 초콜릿 맛을 그리고 20명은 바닐라 맛을 원하는 날이 있을 수 있으며 당연히 그 반대의 날도 있을 수 있다. 이런 상황에서 제과점이 두 종류의 에클레어를 만든다면, 매일 각각 몇 개씩 만들어야 할까? 각각 25개씩 만들었다 치자. 50명의 손님이 온 어느 날에 초콜릿 맛은 충분했지만 바닐라 맛은 부족했을 수 있고 다른 날에는 그 반대의 경우가 발생할 수 있다. 이 경우, 제과점이 한 가지 맛의 에클레어만 만들었더라면 원하는 맛을 찾던 손님을 추가로 실망시키는 일은 생기지 않았을 텐데 라는 생각이 들 것이다. 즉, 한 가지 맛을 더 추가하면서 "얼마나 많은 에클레어를 만들것인가" 라는 의사결정이 더 복잡하고 힘들게 되었는데 이는 제품 다양성에 기인한 변동성 때문에 발생하는 것이다.

만약 이 제과점이 잘 되어 도시 반대편에 제과점을 하나 더 열기로 결정했다고 하자. 이는 제과점에 또 다른 변동성의 원인을 제공한다. 오늘, 그 도시에 에클레어를 원하는 50명의 손님이 있는데 제과점이 한 곳이라면 이들은 모두 그곳에서 쇼핑을 하겠지만, 이제 제과점이 두 곳이므로 28명은 본점에 가고 나머지 22명은 분점으로 가거나 혹은 그 반대일 수도 있다. 이렇게 장소를 추가하면 공급체인에서 또 다른 유형의 수요 변동성을 초래하게 되며 이 변동성은 에클레어 제조에 있어서 또 다른 고민거리가 된다. 제과점은 얼마나 많은 에클레어를 만들지 결정해야 하며, 각 맛에 따라 양을 정해야 하고, 각 지점에 분배할 수량과 맛의 종류를 결정해야 한다.

정리하면, 공급체인은 수요와 관련된 세 가지 유형의 변동성에 대처해야 한다.

1. 수요 양에 따른 변동성. 즉, 공급체인 내의 전체 수요를 의미한다. 얼마나 많은 에클레어를 만들 것인가?
2. 제품 다양성에 의한 변동성. 총 수요가 제품들의 맛, 종류, 버전에 따라 어떻게 분배될 것인가?
3. 장소에 따른 변동성. 총 수요가 공급체인 내 장소에 따라 어떻게 분배될 것인가?

이러한 유형들의 수요 변동성은 공급체인의 최하단에 있는 소비자 수요에서뿐만이 아니라 공급체인의 상단에서도 발생할 수 있다. 예를 들어, 공급업자가 물류센터를 추가적으로 건설하면 수요가 일어날 수 있는 장소가 추가되는 것이며 변동성 역시 증가한다. 만약 핸드폰 제조업자가 판매라인에 또 다른 제품을 추가하면, 제품 다양성에 의한 변동성이 증가한다. 이러한 논의들은 기업이 제품의 다양성을 증가시키거나 다수의 장소를 운영하면 안 된다는 의미가 아니다. 오히려 이러한 변화가 기업에게 새로운 수요를 불러 일으킬 수도 있다. 그러나, 다양성을 더하거나 장소를 추가하는 것이 총 수요를 증가시키기보다는 변동성의 증가만을 초래하는 경우가 있다. 예를 들어, 당신이 10가지 맛의 에클레어를 판매하고 있는데, 한 가지 맛을 더 추가하면 총 수요가 증가할 것인가?

11.4.2 채찍현상으로 인한 변동성

일회용 아기 기저귀 생산업체인 Proctor & Gamble(이하 P&G)는 어느 날 생산 공장으로 들어오는 주문의 변동성이 상당하다는 것을 발견했다. 만약 다른 제품이었다면 수요의 변동성에 그냥 대처하면 될 터이지만, 기저귀의 수요가 변동이 심하다는 것은 직관적으로 이해가 되지 않았다. 기저귀의 최종 사용자인 아기들은 기저귀를 꾸준하게 사용하며 아기들 역시 꾸준히 "생산"된다. 만약 공급체인 하단에서의 수요가 일정하다면, 왜 상단에서의 수요가 들쭉날쭉한 것일까?

P&G가 겪었던 이 일은 채찍현상으로 불린다. **채찍현상(bullwhip effect)**은 채찍의 손잡이에서 발생한 흔들림이 끝부분으로 갈수록 더 증폭되듯 공급체인의 상단으로 갈수록 수요의 변동성이 증가하는 현상을 말한다. 그림 11.6은 간단한 공급체인을 통해 채찍현상을 보여주고 있다. 수요는 소비자가 소매업자로부터 물품을 사는 데서부터 시작된다. 소매업자는 도매업자로부터 물품을 구매하고(소매업자의 주문은 도매업자에겐 수요가 된다) 제조업자는 도매업자로부터 주문을 받는다. 매주, 소비자가 소매업자로부터 대략 100개 정도의 물품을 주문한다고 하자. 그러면 소매업자는 도매업자에게 매주 평균 100개의 물품을 주문하지만 소매업자의 수요는 약간 더 들쭉날쭉하다. 마지막으로, 도매업자 역시 제조업자에게 평균 100개의 물품을 주문하지만 도매업자의 주문은 변화의 폭이 더 커진 상태이다. 어떤 주에는 평균의 40%를 더 주문하기도 하고 다른 주에는 평균보다 40% 적게 주문하기도 한다.

채찍현상 공급체인의 상단으로 갈수록 수요의 변동성이 증가하는 현상을 말한다.

그림 11.6에서 몇 가지 눈여겨 보아야 할 것들이 있다. 먼저, 공급체인 각 단계에서 발생

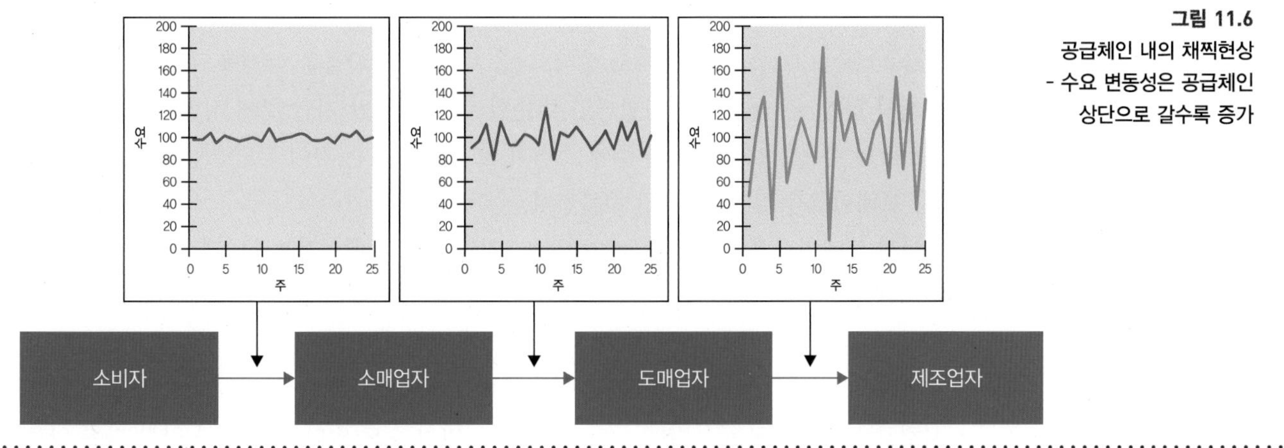

그림 11.6
공급체인 내의 채찍현상 - 수요 변동성은 공급체인 상단으로 갈수록 증가

하는 평균 주문량은 같다는 것이다. 소비자, 소매업자, 도매업자 모두 각각 평균 100개씩의 물품을 주문한다. 이는 질량 보존의 법칙과 같이 당연한데, 만약 공급체인 각 단계에서의 주문량들이 장기적으로 동일하지 않다면 어느 한 단계에서 재고가 무한정 쌓이거나 아니면 재고가 모두 소진되는 경우가 발생할 것이다. 물론 장기적인 관점에서 공급체인 전체에 걸친 평균적인 수요량은 일정하겠지만 단기적으로도 수요가 꼭 꾸준할 필요는 없다. 어떤 기간에는 소비자가 100개의 물품을 주문하더라도 도매업자는 181개 또는 6개만을 주문할 수도 있다. 다시 말해 수요 변동성이 공급체인 전체에 걸쳐 일관될 거라고 기대할 수는 없다. 채찍현상에 따르면 공급체인의 하단보다 상단에서의 수요 변동성이 훨씬 더 크다.

두 번째로, 공급체인 상단의 기업이 보는 수요와 하단의 기업이 보는 수요는 완전히 다를 수 있다는 것이다. 그림 11.6에 따르면, 제조업자는 고객의 수요가 미친 듯이 움직이고 있다고 생각할 것이다. 그러나 채찍현상 때문에 그것은 사실이 아닐 가능성이 높다. 세 번째로, 앞서 얘기한 바와 같이, 소비자 수요는 공급체인에서 발생하는 변동성의 유일한 원인이 아니며 심지어 변동성의 주요한 원인이 아닐 수도 있다. 다시 말해, 지금 보는 수요 변동성은 소비자가 아닌 공급체인 자체에서 생성된 것일 수 있다. 제조업자 입장에서의 수요 변동성이라는 골칫거리는 단순히 소비자의 변덕이 아니라 공급체인 내의 행위자들에 의해 발생했을 확률이 높다는 의미이다.

만약 어떤 회사가 자신이 사용하는 공급체인 각 단계에서의 수요 데이터를 볼 수 있다면, 채찍현상이 존재하는지의 여부를 확실히 판단할 수 있다. 그림 11.6에서처럼 각각의 수요량을 비교하여 그려보라. 그렇다면 무엇이 채찍현상을 초래하는가? 몇 가지 원인들은 규명되었는데 그중 세 가지 원인들, 즉 과민한 주문행위, 주문들을 모아 일괄 처리하는 배칭(batching) 행위, 그리고 가격할인을 통한 판매촉진관행을 다루기로 한다.

과민한 주문행위 공급체인 내 각 단계의 행위자는 공급업자에게 주문을 넣기 전에 자신의 고객으로부터 들어오는 수요량을 관찰한다. 이때 수요의 변화에 대해 과민하게 반응할 가능성이 있다. 예를 들어, 그림 11.6의 소매업자라고 생각해보자. 지난 주에는 98개가 팔렸고 이번 주에는 104개가 팔렸다. 공급업자에게 얼마나 주문을 할 것인가? 단순히 104개를 주문할 수도 있겠지만 이는 이번 주의 판매량이 지난 주에 비해 6개나 증가했다는 추세를 반영하지 않는 것이다. 아마도 다음 주의 수요는 더 많을 수도 있다는 판단하에 8개를 더한 112개를 주문할 수도 있다. 다음 주에, 소비자들은 94개를 구매했다. 어떻게 대처해야 하는가? 물론 판매량만큼만 주문할 수도 있지만 지난 주에 정말로 필요한 양보다 8개나 더 주문했었는데 이번 주에 소비가 오히려 줄어든 것이 부담스럽다. 그래서 당신은 "급 브레이크를 걸어" 78개만 주문한다.

이제 도매업자의 입장에서 생각해보자. 지난주에, 소매업자는 112개를 주문했지만 이번 주의 주문은 단 78개이다. 만약 도매업자가 이렇게 가파른 주문 감소에 반응한다면 (소매업자가 그랬던 것처럼) 이번엔 24개 정도밖에 주문하지 않을 수도 있다. 종합해보자. 소비자 수요가 10개(104개에서 94개) 변한 것이 소매업자 수요를 34개(112대에서 78개) 변화시켰고 도매업자의 주문량에는 더 큰 영향을 미칠 수도 있다. 수요량과 약간 다른 양을 주문하는 것은 그리 큰 문제가 아닌 것처럼 보일지라도, 지속적으로 "가속 페달"과 "브레이크"를 밟게 되면 수요의 변동성이 증폭된다. 이러한 현상은 공급체인의 각 단계가 전체를 보기보다는 인접 단계에서 관찰되는 정보에만 의존할 때 심화된다. 이 결과가 그림 11.6에 나타나 있다. 공급체인의 각 단계에서 행위자들은 나름대로 이성적인 결정을 내리고 있지만 전체적으로는 공급체인 전체에 걸쳐 해로운 변동성을 초래하고 있다.

과민한 주문행위에는 두 가지 해법이 있다. 1) 공급체인의 인접단계에서 제공하는 정보에만 의지하기보다는 공급체인 내 모든 단계들이 서로 정보를 공유하여 실제의 소비자 수요를 파악하거나, 2) 수요량 변화에 대해 과민하게 반응하여 주문량을 변화시키고 싶은 유혹을 피하는 것이다. 예를 들어, 두 번째 해법을 실행하는 방법은 소비자가 주문한 양만큼만 공급업자에게 주문하는 것이다. 이렇게 하면 주문의 변동성은 고객주문의 변동성과 일치하게 된다.

주문의 일괄처리 또는 배칭 행위 채찍현상을 피하는 한 가지 방법은 공급체인 내 각 행위자가 자신이 판매한 만큼만 주문하는 것이다. 그러나, 이는 경제적인 이유로 실현하기 어렵다. 예를 들어, 일전에 논의한대로 도매업자가 제공하는 가치 중 하나는 대량구매를 한 뒤 고객들이 더 적은 양으로 구매할 수 있도록 하는 것이다. 이 행위가 왜 채찍현상을 초래할 수 있는지 이해하기 위해 소매업자가 매주 제품 10개를 주문하고 도매업자는 최소한 100개를 주문해야 한다고 가정하자. 그림 11.7에 나와 있듯이 소매업자는 매주 10개씩 꾸준히 주문을 내는 반면 도매업자는 한번에 100개 이상을 주문해야 하기 때문에, 평소에는 주문을 전혀 하지 않다가 10주마다 100개의 주문을 낸다. 소매업자와 도매업자 모두 평균적으로 주당 10개의 물품을 주문하지만, 도매업자의 주문 패턴은 매우 간헐적이고 변동적이다. 도매업자의 주문은 제조업자에게는 수요이기 때문에 제조업자는 도매업자보다 훨씬 더 큰 수요의 변동성을 겪게 된다.

일반적으로, 주문과정에 일괄 처리방식이 적용될 경우 수요에 정확히 맞추어 주문하는 것이 불가능해지면서 채찍현상이 나타나게 된다. 예를 들어, 고객의 수요는 낱개 단위로

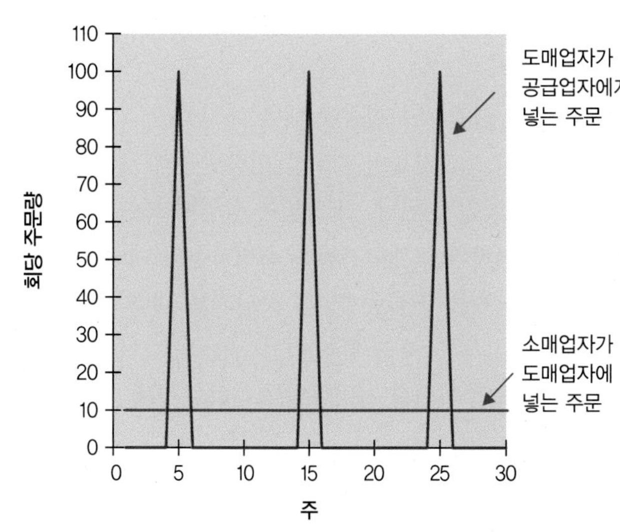

그림 11.7
소매업자가 도매업자에 넣는 주문(1주당 10개의 상자)과 도매업자가 공급업자에게 넣는 주문(10주당 100개의 상자)

발생하는데 상자 단위로 주문할 것을 요구하거나, 상자 단위일 때 팔레트 단위로 주문할 것을 요구하거나, 팔레트 단위일 때 트럭 단위로 주문하도록 요구하는 관행이 공급체인 내의 수요 증폭, 즉 채찍현상을 초래하게 된다. 채찍현상을 불러오는 주문 일괄처리 행위에 대한 해법은 최소 주문량을 줄이는 것이다. 만약 트럭 한 대분이었던 최소 주문량을 절반으로 줄이면 소비자로부터 발생하는 수요 변동성을 줄일 수 있다. 주문량이 줄어들면 주문 횟수가 증가하게 된다. 만약 소매업자가 트럭 한 대분의 주문을 18일마다 넣는다고 하면, 트럭 반 대분의 주문은 9일마다 주문을 넣어야 할 것이고, 트럭 1/3분량의 주문은 6일마다 주문을 넣어야 한다. 이러한 주문횟수의 증가가 변동성을 감소시킨다. 적은 양의 잦은 주문패턴은 많은 양의 간헐적인 주문패턴에 비해 변동성을 적게 발생시킨다.

가격할인을 통한 판매촉진행위 당신이 마트에 가서 "1개 사면 1개는 공짜"라고 쓰인 치킨수프 통조림을 본다면 평소 필요한 양보다 몇 개를 더 살수도 있다. 통조림은 오래 보관할 수 있고 이러한 세일이 언제 또 있을지 모르기 때문에 단기적으로 필요한 양보다 더 많이 사는 것이다. 제품이 할인되고 있을 때 재고를 비축하려는 행위는 소비자에게만 일어나는 일은 아니다. 제조업자가 평소보다 낮은 가격에 물품을 판다면 도매업자 역시 "재고를 비축"하려 할 것이고 이를 통해 물품의 평균 비용을 낮추어 매출 이익률을 높일 수 있다. 사실, 아주 적은 할인율이라 할지라도 도매업자나 소매업자는 주문량을 대량으로 증가시킬 가능성이 높다. 소매업자들은 8% 할인율의 혜택을 보기 위해 향후 6개월어치 공급물량에 해당하는 수량을 미리 사들이기도 한다고 알려져 있다. 물론, 일반 사람들은 그런 쥐꼬리만큼의 할인을 받기 위해 집안을 6개월치 분량의 통조림으로 채워놓지는 않는다. 그러나 소매업자에게는 충분히 있을 수 있는 일이다.

가격할인을 통한 판매촉진행위는 일괄처리와 같은 논리로 채찍현상을 초래한다. 가격할인기간 동안, 공급체인 하단의 소비자들은 평소보다 많은 양을 주문하게 된다. 장기적으로 평균 주문량은 평균 판매량과 일치해야 하기 때문에, 소매업자가 할인기간 동안 더 많은 양을 주문한다면 할인기간이 아닌 기간에는 더 적은 양을 주문해야 한다는 결론이 나온다. 예를 들어, 한번에 6개월치 주문을 넣으면 향후 6개월 동안은 주문이 없을 것이다. 따라서 소매업자의 주문 패턴은 자신이 겪는 수요 패턴보다 훨씬 더 변동적이게 되어 채찍현상이 초래된다.

가격할인을 통한 판매촉진행위로 인해 생긴 채찍현상에 대한 해결책은 그냥 가격할인을 하지 않는 것이다. 가격할인이 없다면, 소비자들이 재고를 비축할 동기가 없어지면서 그들의 주문 역시 필요 이상으로 변동하지 않게 된다. 이 방법은 당연해 보이지만 누구나 실행할 수 있을 만큼 쉽지는 않다. 공급업자와 도매업자들은 소비자들의 대량 주문을 유도하기 위해 가격할인을 한다. 많은 양의 제품을 공급체인의 하단으로 내려 보내면 소매업자들이 물건을 팔려고 더욱 노력하리라 믿기 때문이다. 이는 부분적으로는 사실일 수 있으나 공급체인 내 수요 변동성이 증가하면 이러한 가격할인에 따르는 비용 역시 증가하게 된다.

이해도 확인하기 11.4

질문 자전거 제조업자가 매주 평균 1,000대의 자전거를 판매한다. 자전거 한 대에 안장 한 개가 사용된다. 매주, 제조업자는 평균 몇 개의 안장을 공급업자에게 주문해야 하는가?

a. 재고를 낮게 유지하기 위해 1,000개보다 적게
b. 매출 비율에 맞추기 위해 매주 정확히 1,000개
c. 가격할인의 혜택을 보기 위해 평균적으로 주당 1,000개 이상
d. 평균 주문량을 알려면 더 많은 정보가 필요

답 매주 재고에서 안장 1,000개가 유출된다면 평균적으로 1,000개의 안장이 유입되어야 한다. 따라서, 매출 비율을 맞추기 위해, 답은 b가 된다.

질문 소매업자는 현재 1주일 단위로 공급업자에게 주문을 넣고 있다. 주문을 일 단위로 바꿀 것인지 고민 중이며, 소매업자의 수요에는 변화가 없을 것으로 예상된다. 이러한 변화는 주문 변동성에 어떠한 영향을 미칠 것인가?

a. 주문이 수요와 더 잘 매치되기 때문에 주문 변동성은 감소한다.
b. 소매업자의 수요가 그대로이기 때문에 주문 변동성에는 변함없다.
c. 더 잦은 주문이 변덕스러운 결정으로 이어지기 때문에 주문 변동성은 증가한다.

답 더 빈번한 주문은 더 작은 주문량으로 이어지기 때문에 주문의 변동성을 감소시킨다. 답은 a가 된다.

11.4.3 공급체인 파트너 때문에 발생하는 변동성

한 회사의 공급체인을 책임진다는 것은 매우 스트레스받는 일일 수도 있다. 이 말은 공급체인의 한 단계만을 관리하기도 어려울 수 있지만, 일반적으로는 필요한 물품을 조달하거나 소비자에게 물품을 제공하기 위해 공급체인 내의 다른 파트너들에게 의존해야 하기 때문에 이 일만 해도 매우 스트레스받는 일이 된다는 뜻이다. 여기에 공급체인의 변동성을 초래하는 또 다른 원인, 즉 공급체인 내 파트너 때문에 발생하는 변동성이 있다. 공급체인 내 파트너들은 여러 가지 방식으로 공급체인 내 변동성을 증가시킬 수 있다. 적절한 수량을 배송하지 못하거나, 적절한 품질의 제품을 배송하지 못하거나, 재무적으로 문제를 일으키거나, 적절한 방식으로 운영되지 못하는 상황들이 발생할 수 있다.

수량의 실패 당신이 새로운 전자제품을 발명한 뒤 시장에 출시하려 한다고 하자. 제품에 맞는 마이크로프로세서 칩이 필요하지만 이를 직접 생산할 공장을 지을만한 자원은 없다. 그래서 당신은 주문생산 공장을 가진 공급업자를 고용한다. 당신은 첫해에 10,000개의 칩이 필요하다고 생각하지만 여기에는 매우 큰 불확실성이 존재한다. 더 필요할 수도, 덜 필요할 수도 있다. 공급업자와의 협상을 통해, 공급업자가 첫해에 칩을 최대 12,000개까지 제공하는 데에 동의했다. 당신도 12,000이라는 숫자를 생각한 이유는 예상보다 성공을 거둘 것이라 생각했기 때문일 것이다. 이 협상결과에서 무엇이 잘못될 수 있을까? 바로 공급업자가 당신이 정말로 필요한 양을 공급하지 못할 수 있다는 것이다.

만약 공급업자가 최대 12,000개의 칩을 제공하겠다고 동의했다면 왜 공급업자가 그 수량을 실제로 공급할 수 없는 상황이 벌어지는 것일까? 한 가지 이유는, 당신의 실제 주문

량이 12,000개가 되지 않을 가능성이 있는 상황에서, 공급업자가 12,000개를 생산할만한 충분한 처리능력을 확보하는 데 투자하지 않을 가능성이 있기 때문이다. 생산능력의 확보는 돈이 많이 드는 일이기 때문에 반드시 활용될 거라는 믿음이 없는 상황에서 생산능력을 확보하길 꺼릴 수 있다. 두 번째 이유로, 공급업자가 당신의 수요예측을 믿지 않을 수 있다. 공급업자는 당신이 생산능력을 구매하는 당사자가 아니기 때문에 미래에 대해 낙관적인 전망을 할 수도 있음을 알고 있다. 따라서, 당신이 10,000개를 예상해도 실제 주문량은 7,000개 정도일 거라고 믿을 수 있다. 만약 공급업자가 이렇게 훨씬 보수적인 생각을 한다면 생산능력 확보에 더 적은 돈을 투자하려 할 것이다.

공급업자의 산출량이 변동하는 데 따르는 위험을 감소시키기 위해 기업이 취할 수 있는 여러 가지 전략들이 있다. 예를 들어, 양쪽이 믿을만한 수요예측에 동의하는 것이다. 이것은 장기적인 신뢰관계 구축을 통해 이루어질 수 있다. 구매자의 예측이 더 높을 수도 있지만 늘 그런 것은 아니다. 공급업자와 수요에 관한 정보를 공유하는 것도 예측치에 관한 믿음을 증대시키는 데 도움이 될 수 있다. 또한 당신이 공급업자의 생산능력을 증대시키는 데 돈을 투자하는 것도 한 가지 방법이다. 이는 최소 의무 구매수량을 정하거나 원재료나 장비를 구매하는 데 필요한 자금을 지원함으로써 가능하다.

"수량 실패" 문제는 당신이 공급업자가 생산하는 칩의 유일한 구매자일 때 더욱더 민감해진다. 이 경우, 공급업자가 이 칩의 실제 수요에 대해 걱정하는 것은 당연하다. 그러나 만약 당신의 제품이 시장에서 흔히 구할 수 있는 표준화된 칩을 사용한다고 하자. 즉, 다른 회사도 같은 칩을 사용할 수 있다. 그러면 공급업자는 칩을 다른 소비자에게도 팔 수 있기 때문에 한결 부담을 덜 수 있다. 또한 당신 역시 공급업자의 생산능력에 대해 걱정할 필요가 없게 된다. 그러므로, 표준화된 부품을 사용하는 제품을 디자인하는 것은 공급체인 내의 변동성을 줄여준다.

품질의 실패 2014년 미국에서는 6천만 대의 자동차가 리콜되었다. 2014년 도로 위를 주행 중인 자동차 5대 중 1대가 리콜된 것이다. General Motors는 자동차 시동 키의 핀이 너무 작다는 이유로 2백 2십만 대의 차량을 리콜했다. 그럼에도 불구하고 이 디자인 결함으로 인해 42명의 사망자가 발생했다. 차량이 운전 중에 시동이 꺼지면서 핸들, 브레이크, 에어백이 작동되지 않을 수 있기 때문이다.

Honda의 경우 에어백 문제로 무려 6백만 대의 차량을 강제 리콜한 적이 있다. 그 에어백은 Honda의 1차 공급업자인 Takata가 생산한 제품이었다. 정상적인 상황에서는, 에어백 내 작은 폭발 장치는 에어백을 빠르게 팽창시켜 승객을 보호하는 역할을 한다. 그러나, 실제로는 그 에어백은 수류탄과 같이 작동되었는데, 에어백이 작동될 때 에어백을 감싸는 금속 통이 산산조각 나면서 승객에게 금속 조각들이 날라갔다. 2001년 초반, Takata의 엔지니어들은 에어백 폭발의 원인을 찾으면서 처음에는 Mexico 공장에서 이 부품을 잘못 만들었기 때문이라고 생각했다. 그러나 그 문제가 해결된 이후에도 현상은 지속됐다. 결국 그들은 Wisconsin 공장의 기계 결함이나 기계 가동 직원의 실수라고 결론지었다. 마침내, Honda 차량 이외에도 1천 4백만 대 이상의 차량들이 Takata의 에어백 때문에 리콜되었다.

2014년의 자동차 리콜 사태는 공급업자의 생산품질이 공급체인 내의 불확실성을 초래할 수 있음을 보여준다. 대부분의 경우 그러한 품질 실패는 극단적인 결과가 발생하기 전 공급업자나 제조업자에 의해 포착되지만 그러한 품질 실패가 사전에 발견되더라도 이를 고치는 데 재료와 노동의 낭비와 같은 추가적인 비용이 발생한다.

재무적인 실패 공급업자가 소매업자에게 물건을 배송하고 나면, 소매업자는 일정시간 내에 대금을 결제해야 한다. 보통은 결제가 잘 이루어지지만 소매업자가 재무적인 어려움을 겪고 있다면 이야기가 달라진다. 소매업자는 결제 기일을 미루거나(물품을 판매하여 얻은 현금으로 결제하기를 바라면서) 최악의 경우 파산을 선언하기도 한다. 파산이 선언되면 공급업자는 대금의 일부를 받기는 하겠지만 전액을 받기는 어렵다. 재무적인 문제로 인한 공급체인 내의 변동성은 다른 방향으로 전개될 수도 있는데, 회사의 주요 공급업자가 파산을 선언한다면 제조업자는 생산에 필요한 중요 부품을 구할 수 없게 된다. 이러한 유형의 변동성 때문에 대부분의 기업은 실제로 거래를 하기 전에 공급체인의 파트너의 재무 건전성을 확인하면서 재무적으로 취약하거나 부도덕한 기업을 피할 수 있다. 그러나 이러한 변동성을 완전히 제거할 수는 없을 것이다.

운영 방식의 실패 공급업자가 약속된 품질과 수량의 제품을 공급하더라도 공급업자의 사업방식 때문에 결과가 달라질 수 있다. 예를 들어, 2013년 방글라데시에 위치한 8층 상업용 건물인 Rana Plaza가 무너지면서 1,100명의 사상자가 발생했다. 대부분의 사망자는 북미와 유럽에서 판매되는 유명 브랜드의 의류를 생산하는 노동자들이었다. 이 사건의 경우, 사건 발생 며칠 전부터 건물에서 균열이 발생하고 있다는 사실이 인지되었음에도 불구하고 작업자들에게 계속해서 바느질을 하도록 지시가 내려졌다는 사실이 알려지면서 분노가 더욱 증폭되었다.

Rana Plaza의 비극은 공급업자의 행동이 공급체인 내에 어떠한 영향을 가져올 수 있는지 보여주는 좋은 예이다. 예를 들어 Nike 역시 공급업자들의 행태에 대한 비판을 잠재우기 위해 많은 노력을 해왔다. 그들의 공급업자들은 아동 노동과 과다 업무시간, 위험한 노동 환경 등을 방치한 혐의를 받고 있었다. Apple의 공급업자인 Foxconn은 종업원들의 높은 자살률을 초래한 업무 환경으로 인해 기소되었다. 인권에 대한 기본적인 책임감 이외에 이런 공급업자들과 비즈니스를 하는 기업의 관리자는 이들의 행동이 자사 제품의 이미지에 미칠 영향력을 염두에 두어야 한다. 공급체인 내에서 적절한 관행들만이 이루어지도록 하는 것은 쉽지 않을 수 있다. 기업의 제품 생산에 관여하는 공급업체는 몇 천 개에 이를 수 있다. 축구공을 만드는 경우, 가죽을 만드는 공급업자, 염색을 하는 공급업자, 그리고 바느질을 하는 공급업자들이 필요하며, 이러한 작업들을 하는 수많은 소규모 기업들이 각국에 흩어져 있다. 게다가, 이들은 다른 기업을 위해서도 작업을 하고 있을 가능성이 높다.

이러한 종류의 불확실성을 완화시키는 한 가지 방법은 전 산업에 걸친 표준을 적용하는 것이다. 예를 들어, 산업 내 모든 기업들이 미성년자의 노동을 금지하고, 적절한 급여를 주며, 오래된 수령의 목재를 사용하지 않는 등의 약속을 한다면, 기업들은 이러한 이유들로 인해 발생하는 변동성을 감당하기 위해 추가적인 비용을 들이지 않아도 된다. 둘째, 당신의 공급업자 나아가 공급업자의 공급업자들을 점검하여 법을 준수할 수 있다. 셋째, 많은 대기업들이 NGO(nongovernment organizations)와 협력하고 있는데, 그들과 대립하기보다는 함께 일하는 것이 긍정적인 변화를 불러올 수 있음이 확인되었다.

11.4.4 혼란으로 인한 변동성

공급체인의 범위는 전 세계에 걸쳐 다양한 단계들을 포함하기 때문에 자연재해나 경제적/정치적 이슈로 인한 혼란이 발생할 수 있다.

자연재해 2013년 3월, 강도 9.0의 Tohoku 지진이 일본을 강타했다. 이 지진의 직접적인 피해도 엄청났으나 이후 이어진 쓰나미로 인해 최악의 피해가 발생했다. 쓰나미가 Fukushima 원자력 발전소를 파괴하면서 1986년 체르노빌 원전사태 이후 최악의 방사능 유출사태가 발생했다. 일본은 이 사건으로 이 원전이 생산하던 전력을 잃었을 뿐 아니라, 안전에 대한 우려로 일본 내 모든 원전들이 문을 닫는 바람에 일본 내 가용 전력의 1/4 정도가 사라졌다. 자동차에 15,000여 개의 부품들이 사용됨을 감안할 때, Tohoku 지진이 세계의 자동차 공급체인에 미치는 여파는 가늠하기조차 어려웠다. 예를 들어, 자동차용 페인트를 더 반짝이게 만드는 Xirallic이라는 안료는 Fukushima 원전 근처에 위치한 Merck Chemicals라고 하는 독일 기업에 의해 독점 공급되고 있었다. 지진의 여파로 공장이 몇 달간 가동이 중지되면서 세계 각국의 구매자들은 원하는 색상을 구하지 못했다.

공급체인 내에 발생하는 자연재해는 지진뿐만이 아니다. 2010년 Iceland의 Eyjafjallajö kull이라는 화산이 분출하면서 북유럽의 모든 항공편들이 6일간 취소되었다. 세상의 많은 지역들이 허리케인과 태풍에 취약하다. 2011년 태국에서 발생한 홍수로 인해 전 세계 컴퓨터용 하드드라이브 생산능력의 25%가 영향을 받았다. 번개로 인한 화재는 공장을 며칠, 몇 주 혹은 몇 달간 멈추게 할 수 있다.

자연재해로 인해 발생하는 피해를 막을 수 있는 기업은 많지 않지만 그렇다고 해서 이러한 피해 가능성을 마냥 무시할 수만은 없다. 예를 들어, 기업은 자사와 연결된 모든 공급업자들을 파악하고 그들의 지리적 위치와 관련된 잠재적 위험을 분석해 볼 수 있다. 예를 들어, 과거 데이터를 분석하여 공장이 홍수와 지진에 얼마나 노출되어 있는지를 알아볼 수도 있다. 이러한 분석을 통해, 기업은 몇몇 부품들이 발생할 수 있는 혼란에 매우 취약함을 발견할 수 있다. 이 경우 기업은 위험을 감소시키기 위해 대체 가능한 공급업자들을 파악할 수도 있다. 잠재적인 위험을 분석하는 것은 이를 모두 제거하거나 예방할 수 있다는 의미가 아니다. 그렇기 때문에 이러한 혼란에 대비하여 만일의 사태에 대비한 계획을 수립하는 것이 매우 중요하다.

정치적/경제적 혼란 공급체인은 전쟁과 분쟁 혹은 급속도로 전개되는 인도주의적 위기에 의해서도 영향을 받을 수 있다. 자연재해에서처럼, 기업은 정치적으로 불안한 지역은 피하도록 하고 이러한 상황에 부딪힐 경우에 대비하여 대비책을 마련해야 한다.

공급체인은 환율에 의한 변동성에도 취약하다. 예를 들어, 2014년 4월부터 이듬해 3월까지, 달러 대비 유로화 가치는 23%나 떨어졌다. 미국 병원에 의료기기를 수출하는 독일

이해도 확인하기 11.5

질문 **일본 엔화가 달러에 비해 가치가 상승하였다. 달러당 120엔에서 110엔이 되었다고 할 때, 미국에서 생산하고 일본에 물건을 파는 미국 회사의 관점에서 이것은 어떻게 평가할 수 있는가?**

a. 악재이다.
b. 상관없다.
c. 호재이다.

답 일본에서의 매출은 더 많은 미국 달러 판매량으로 계상될 것이고 이는 미국 내에서 더 많은 달러 소득이 발생함을 의미한다. 또는 회사가 일본에서 판매가를 낮추어 과거와 동일한 이득을 얻을 수도 있다. 따라서 답은 c이다.

기업이라면 이 일은 좋은 기회가 될 수도 있다. 독일 공급업자가 제품을 100유로에 판다고 가정해보자. 2014년 4월 당시 미국 병원은 제품을 구매하기 위해 137달러를 지불하면 되지만, 1년 후에는 105달러면 되기 때문에 미국 내에서의 독일 제품의 경쟁력이 상승했다. 반대로, 이 환율 변화는 미국에 적을 두고 유럽으로 물건을 파는 기업들에게 매우 골치 아픈 문제다. 예를 들어, 2014년 4월 프랑스 회사는 1달러를 사는 데 0.73유로면 충분했지만, 2015년 3월에는 0.95유로가 필요하게 됐다. 프랑스 회사가 미국에서 물품을 구매하는 비용이 비록 동일한 달러가격하에서도 1년 만에 30%나 상승한 것이다.

환율 변동 위험을 완화시키는 한 가지 효율적 전략은 회사의 물건이 팔리는 곳으로 생산기지를 이전하는 것이다. 예를 들어, 독일의 자동차 제조업자인 BMW는 미국으로 생산공장을 이전했다. 미국에서 미국인들에게 달러를 받고 제품을 팔며 미국 내 공급업자들과 노동자에게 달러로 대금을 지불한다. 따라서, 달러와 유로 사이의 환율이 변하더라도 BMW가 얻는 매출과 비용 모두 같은 방향으로 변하게 된다. 만약 BMW가 독일에서 생산된 차를 미국에서 팔면, 환율 변화는 BMW의 매출에만 영향을 주며(차량이 달러로 팔리므로) 비용에는 변화가 없다(독일 노동자들과 공급업자들에게 대금이 유로로 지급). 이미 언급했듯이, 유로화 약세는 BMW에게 호재가 되고(각 달러가 더 많은 유로로 환전되므로 차량당 유로로 인식되는 이익은 상승) 유로 강세는 BMW에게 악재가 된다(달러가 적은 유로로 환전되어 유로로 인식되는 이익이 감소).

11.5 공급체인 전략

일반적으로 공급체인 전략은 변동성을 줄이고(채찍현상 완화, 주문생산, 온라인 판매), 유연성을 증가시키며(더 빠른 운송), 비용을 절감한다(해외 아웃소싱). 모든 경우에 적용되는 단일 전략이란 없겠지만, 기업은 시장점유율과 이익을 향상시키기 위해 다음의 각 전략을 성공적으로 사용해왔다.

11.5.1 운송수단

학습목표 11-5
성과를 향상시키고 경쟁력을 강화하는 공급체인 전략을 설명하고 평가할 줄 안다.

공급체인 내 재고를 감소시키는 확실한 방법은 배송을 빠르게 하는 것이다. 그러나 이는 비용도 높기 때문에 재고와 속도 간의 상쇄관계가 있다. 이러한 상쇄관계는 최고의 대안을 찾아내는 과정에서 분석될 수 있다. 이를 위해 이번 절에서의 예시는 14장에서 자세하게 언급될 모델의 간소화된 버전을 사용하고자 한다.

제조업체에 근무하는 당신이 한 부품의 재고를 관리한다고 가정해보자. 재고를 보충하려면 해당 부품의 공급업자에게 주문을 넣어야 한다. 그림 11.8에 이 공급체인이 묘사되어 있다.

주문기간 재고관리에서 주문기간은 주문과 주문 사이의 시간간격을 의미한다. 예를 들어, 주문기간이 1일이면 매일 주문이 행해진다.

주문재고 공급업자가 배송했지만, 아직 수령하지 못한 재고

보유재고 소비자 수요를 충족시킬 준비가 된 재고

당신은 공급업자에게 정기적으로 주문을 넣을 수도 있다. 주문 간 시간간격을 **주문기간(period)**이라고 한다. 예를 들어, 당신이 일주일에 한 번 주문을 한다면 주문기간은 1주일이 되고 하루에 한 번 주문을 한다면 주문기간은 1일이 된다. 주문기간이 1주라고 가정하자. 주문의 **조달시간(lead time)**은 물건을 주문하고 난 뒤 배송될 때까지 걸리는 시간이다. 예를 들어, 주문이 도착하는 데 10주가 걸린다면 조달시간은 10주가 된다. 만약 조달시간을 L로 놓으면, $L = 10$주로 표시한다.

한 단위를 특정 단위기간당 재고로 유지하는 비용은 h로 표시한다. 만약 한 단위를 1주일 재고로 보유하는 데 $2의 비용이 든다면, $h = 2$가 된다. 재고유지비용인 h에는 많은 요소들이 영향을 미치는데 이 비용에는 재고에 묶인 자본의 기회비용, 재고를 유지 관리하는 비용, 재고 관련 진부화 비용 등이 포함된다.

우리가 신경 써야 할 재고에는 두 가지 종류가 있다. **주문재고(on-order inventory)**는 공급업자가 당신에게 발송했으나 당신은 아직 받지 못한 재고를 의미한다. 이를 배송 중인 재고(in-transit inventory) 혹은 파이프라인 재고(pipeline inventory)라고도 한다. **보유재고(on-hand inventory)**는 당신이 실제로 보유하고 있으며 소비자 수요를 바로 충족시킬 수 있는 형태의 재고를 의미한다. I_o가 주문재고이고 I_h를 보유재고라 하자. 그림 11.8에서 주문재고는 제조업자와 공급업자 사이의 삼각형으로 묘사되어 있고, 보유재고는 제조업자 내의 삼각형으로 묘사되어 있다.

불행히도 수요는 변동적이다. 다른 말로 수요는 불확실하고, 랜덤하며, 확률적이다. 특정 기간 동안의 수요가 얼마가 될지 확실하게 예측할 수는 없지만 수요를 어느 정도로 특징짓는 것은 가능하다. 특히, 우리는 특정 기간 동안 수요의 평균(MEAN)과 표준편차(STDEV.S)를 알고 있다. 주당 수요의 평균은 1,000개이고 표준편차는 500개라고 하자. 이제 공급체인 내 재고는 다음과 같이 평가할 수 있다.

$$I_o = L \times \text{MEAN}$$

그림 11.8
단일 공급업자와 단일 제조업자로 구성된 공급체인

$$I_h = \sqrt{(L+1)} \times \text{STDEV.S} \times z$$

첫 번째 수식은 주문재고량 I_o가 조달시간 L에 비례함을 보여준다. 두 번째 수식은 보유재고량 I_h가 다음의 세 가지 요소에 달려 있음을 보여준다. 조달시간 L, 수요의 표준편차로 측정되는 수요 변동성 STDEV.S, 그리고 **안전계수(safety factor)** z. 안전계수는 우리가 재고를 비축하고 있을 확률(특정 기간 동안의 모든 수요가 충족될 확률)을 결정짓는다. 고객들에게 더 나은 서비스(그들의 수요를 즉시 충족시킨다는 의미에서)를 제공하려면 더 높은 재고비축확률이 필요하며 이는 더 높은 안전계수를 선택해야 한다는 의미이다. 비슷하게, 안전계수 값이 높을수록 서비스 수준도 높아진다. 표 11.5는 빈번하게 사용되는 재고비축확률과 안전계수 값들을 보여준다. 왼쪽 표는 재고비축확률에 따른 안전계수 값들을 보여주며, 오른쪽 테이블은 특정 안전계수 값 z에 따른 재고비축확률을 보여준다.

안전계수 재고비축확률을 결정하는 계수. 안전계수가 높을수록 평균적 보유재고량과 재고비축확률이 높다.

우리의 분석에서 우리가 0.99의 재고비축확률을 지향한다고 하자. 이 말은 표 11.5에서 2.33의 안전계수 값을 선택해야 한다는 의미이다. 지금까지 수집한 자료를 이용하여 공급체인내의 두 가지 종류의 재고를 평가할 수 있다.

$$I_o = L \times \text{MEAN} = 10 \times 1{,}000 = 10{,}000$$
$$I_h = \sqrt{(L+1)} \times \text{STDEV.S} \times z = \sqrt{(10+1)} \times 500 \times 2.33 = 3{,}864$$

이 말은 평균적으로 10,000개의 제품이 주문 중에 있고 3,864개가 수중에 있다는 것이다. 따라서 공급체인 내 우리의 총 재고는 10,000 + 3,864 = 13,864개이다. 주당 단위당 재고유지비가 $2이므로, 주당 총 재고유지비용은

$$h \times (I_o + I_h) = \$2 \times (10{,}000 + 3{,}864) = \$27{,}728$$

매주 우리는 평균적으로 MEAN = 1,000개씩 판매한다. 따라서 주당 재고유지비용인 $27,728을 주간 판매량인 1,000개에 배분하면 단위당 재고유지비용을 얻을 수 있다.

$$\text{단위당 재고유지비용} = \frac{h \times (I_o + I_h)}{\text{MEAN}} = \frac{\$27{,}728}{1{,}000} = \$27.73$$

다시 말해서, 10주의 조달시간과 2.33의 안전계수로 운영할 때 각 단위는 $27.73의 주당 재고유지비용을 발생시킨다.

주문재고와 보유재고의 산식에 기초하여, 빠른 수송을 통해 조달시간을 줄인다면 더 적은 양의 재고로도 소비자에게 동일한 수준의 서비스를 제공할 수 있다. 항공 운송을 통해

표 11.5 재고비축확률과 연결되는 안전계수(z)

재고비축확률	안전계수, z
0.9000	1.28
0.9800	2.05
0.9900	2.33
0.9950	2.58
0.9999	3.72

안전계수, z	재고비축확률
1.25	0.8944
2.00	0.9773
2.25	0.9878
2.50	0.9938
3.00	0.9987

표 11.6 조달시간에 따른 단위당 재고유지비용 계산

조달시간	L	10	1
평균 주간 수요	MEAN	1,000	1,000
주당 수요의 표준 편차	STDEV.S	500	500
단위당 재고유지비용	h	$2	$2
안전계수	z	2.33	2.33
평균 주문재고	$I_o = L \times \text{MEAN}$	10,000	1,000
평균 보유재고	$I_h = \sqrt{L+1} \times \text{STDEV.S} \times z$	3,864	1,648
평균 총 재고	$I_o + I_h$	13,864	2,648
주당 재고유지비용	$h \times (I_o + I_h)$	$27,728	$5,296
단위당 재고유지비용	$\frac{h \times (I_o + I_h)}{\text{MEAN}}$	$27.73	$5.30

조달시간을 1주일로 줄일 수 있다고 가정해보자. 우리는 이렇게 빨라진 조달시간에 대해 단위당 얼마나 더 지불할 수 있겠는가? 표 11.6은 조달시간이 10주일 때의 단위당 재고유지비용 $27.73이 어떻게 계산되는지를 보여준다. 조달시간이 1주일인 경우를 가정하고 다시 계산하면, 단위당 재고유지비용은 $27.73에서 $5.30로 감소된다. 짧아진 조달시간은 실제로 재고량을 상당히 줄일 수 있으며(13,864에서 2,648로) 단위당 재고유지비용도 훨씬 줄어든다. 표 11.6에 제시된 숫자들을 기반으로, 우리는 더 빠른 조달시간을 위해 단위당 $27.73 − $5.30 = $22.43을 추가로 기꺼이 지불할 수 있다. 다시 말해서, 조달시간이 일주일일 때 단위당 추가 운송비용이 $22.43을 넘지 않는다면 빠른 배송으로 바꾸는 것이 좋다. 반대로 $22.43을 넘으면 느리고 값싼 배송 수단을 고수하는 것이 낫다.

이해도 확인하기 11.6

질문 **기업이 매일 주문을 내고 조달기간은 3일이다. 일일 평균 수요는 20개이고 표준편차는 10개이다. 단위당 재고유지비용은 일일 $0.01이며, 재고비축확률은 0.9773으로 유지하고자 한다.**

a. 주문재고의 양은 평균 얼마인가?

답 주문재고 = 조달시간 × 평균 수요량 = 3 × 20 = 60

b. 보유재고량은 평균 얼마인가?

답 0.9773의 재고비축확률을 달성하려면 2.0의 안전계수가 요구된다. 보유재고 = $\sqrt{(3+1)} \times 10 \times 2 =$ 40이 된다.

c. 단위당 재고유지비용은 얼마인가?

답 평균 단위당 재고유지비용 $= \frac{\text{단위시간당 단위당 재고유지비용} \times \text{총 재고}}{\text{단위시간당 평균 수요량}} = \frac{\$0.01 \times (60+40)}{20}$

$= \$0.05$

11.5.2 해외 아웃소싱

기업의 생산공장을 자국에 둘 것인가 아니면 먼 외국에 둘 것인가? 세계 경제가 성장하면서 기업들이 해외 아웃소싱을 택하는 경우가 많아지고 있다. 이를 통해 수출 지향 국가들의 부가 증대되기도 하였으나 이 때문에 일자리가 사라진 나라들에서는 논란이 많다. 그림 11.9는 해외 아웃소싱의 흐름이 왜 강한지를 보여주고 있다. 2009년에 미국 제조업에서의 근로자를 위한 시간당 평균 보상 비용은 $34.19이었다. 이 비용에는 임금뿐만 아니라 필수적인 사회보장 비용(사회보장 연금과 건강보험)과 시간당 고용에 드는 각종 비용

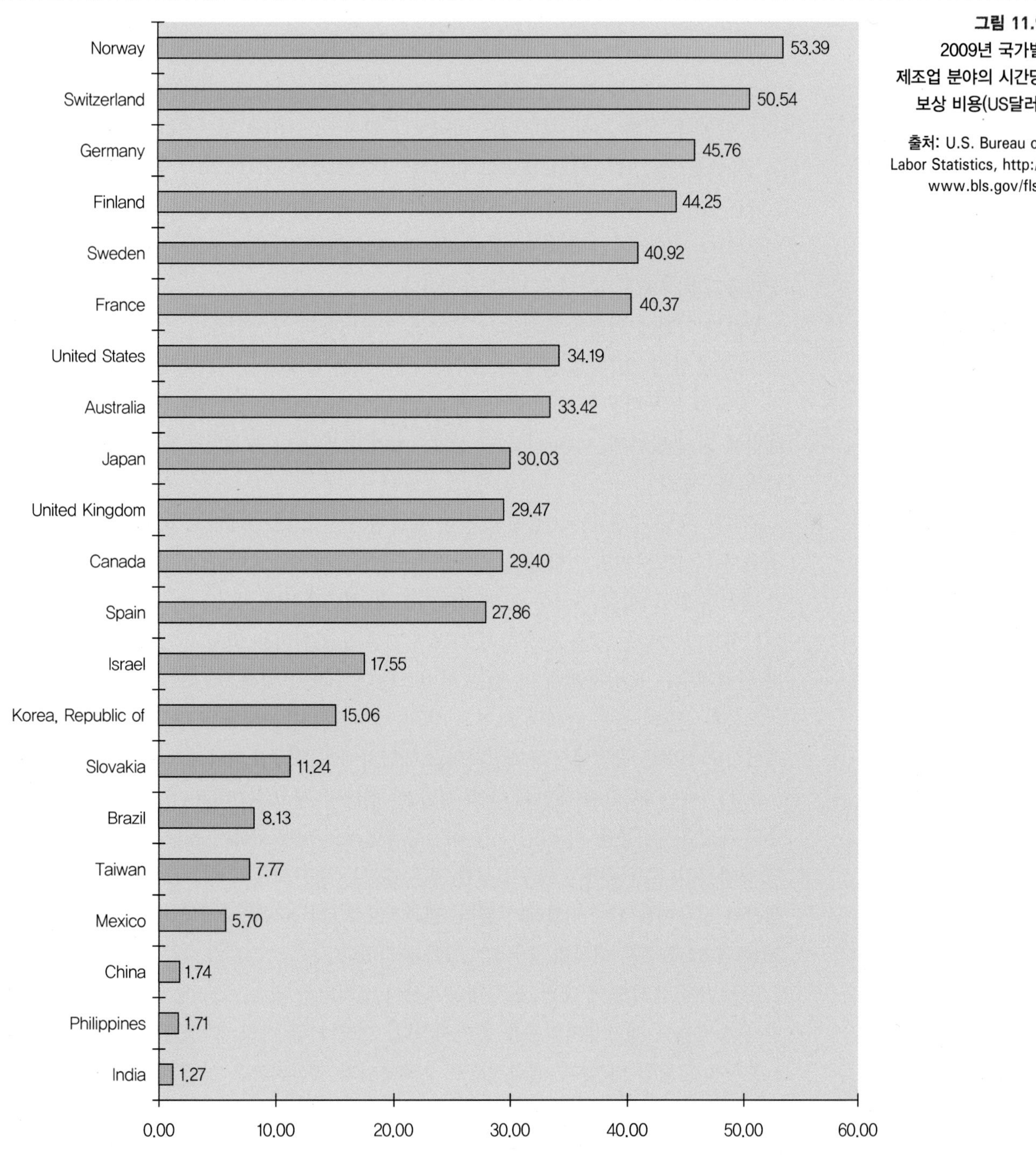

그림 11.9
2009년 국가별 제조업 분야의 시간당 보상 비용(US달러)

출처: U.S. Bureau of Labor Statistics, http://www.bls.gov/fls/

들이 포함되어 있다. 다시 말해서 미국의 근로자가 시간당 $34.19만큼 받지는 않지만 고용주가 근로자를 고용하기 위해 시간당 $34.19을 내야 하는 것이다.

그림 11.9에 제시된 시간당 보상비용의 차이는 극명하다. 미국에 비해 비용이 56%나 높은 노르웨이가 $53.39로 꼭대기에 있고, 중국의 시간당 비용 $1.74은 미국에 비해 12분의 1에 지나지 않는다. 동유럽(예: 슬로바키아 = $11.24)은 북유럽(예: 독일 = $45.76)에 비해 낮지만 아시아의 저비용 국가들(예: 필리핀 = $1.71)보다는 높다. 그러나 모든 아시아 국가가 저비용인 것은 아니다. 한국은 보상비용이 급격하게 상승했고 일본의 비용은 미국과 비슷하다. 미국 내 일부 지지자들은 주변 국가인 멕시코와 브라질의 낮은 비용에 주목하지만 그들의 비용은 중국이나 인도보다는 훨씬 높다.

그림 11.9에 나타난 자료가 지금 시점에서는 상대적으로 오래되기는 했지만, 국제 무역의 가파른 증가 시기를 담고 있으며, 세계 여러 지역들 간 상대적인 비용 구조는 크게 변하지 않았다. 예를 들어, 북유럽은 미국보다 훨씬 더 고비용 구조이다. 다른 국가 간 비교는 좀 다를 수 있다. 특히 중국의 비용은 상당히 증가했는데 예를 들어, 중국의 비용은 2008~2018년까지 연간 15% 증가하였다. 괄목할 만한 성장에도 불구하고, 2019년 중국의 시간당 보상비용은 대략 $7에 불과하며 이는 10년 전인 2008년 기준 미국의 시간당 보상비용과 비교해도 1/5에 불과한 금액이다.

우리는 이전에 언급된 모델을 이용하여 조달비용과 노동비용이 각기 다른 공급체인들을 비교해 볼 수 있다. 예를 들어, 우리가 미국 또는 중국에서 신발을 생산한다고 생각해보자. 중국의 노동비용은 $2.75이고, 미국은 $18이다. 미국의 노동비용은 "고작" 중국의 6.5배밖에 되지 않는데, 이는 미국 내 신발제조업의 생산 임금이 미국의 평균 생산 임금보다 낮기 때문이다.

우리가 주당 평균 3,500켤레를 팔며 표준편차는 2,500켤레라고 하자. 중국으로부터의 조달시간은 12주지만 미국에서 생산하면 조달시간은 1주일이다. 주당 신발 재고유지비용은 중국은 $0.14이고 미국은 $0.25이다. 재고유지비용이 차이가 나는 이유는 미국 내 신발 생산비용이 높다는 것을 반증하며 따라서 자본의 기회비용 역시 더 높다. 미국과 중국 둘 다 안전계수는 소비자에게 더 좋은 서비스를 제공하기 위해 2.33으로 하자. 중국에서 미국으로의 운송비용은 켤레당 $1이고, 미국 내에서의 운송비용은 켤레당 $0.25이다. 미국 내에서도 신발은 공장에서 도매업자와 소매업자에게 통해 소비자에게 운송되기 때문이다.

표 11.7에는 두 가지 대안에 대해 신발 한 켤레당 재고유지비용이 계산되어 있다. 비록 주당 재고유지비용은 미국이 더 높지만 중국에서의 아웃소싱은 공급체인 내 재고를 훨씬 더 증가시킨다. 중국에서 아웃소싱할 경우 재고는 평균적으로 63,002켤레인 반면 미국 내 생산의 경우에는 11,738켤레가 된다. 결과적으로, 미국과 중국의 신발당 재고유지비용은 $0.84대 $2.52로서 미국이 중국의 1/3에 불과하다.

표 11.8에 각 대안에 대한 모든 비용계산이 정리되어 있다. 중국에서의 아웃소싱은 단위당 운송비용과 재고유지비용을 증가시킨다. 그러나 두 나라 간 임금차이 때문에 미국의 노동비용은 훨씬 더 높다. 결과적으로 중국에서의 생산비용은 신발 한 켤레당 $6.27가 되고 미국은 훨씬 비싼 $19.09이 된다. 이 $12.82의 차이는 상당하다. 예를 들어 생각해보면, 제조업자는 비용의 두 배 정도 가격으로 소매업자에게 물건을 팔고, 소매업자 또한 비용

표 11.7 미국과 중국에서 생산된 신발의 재고유지비용 계산

		중국	미국
평균 주간 수요	MEAN	3,500	3,500
주당 수요의 표준 편차	STDEV.S	2,500	2,500
조달시간	L	12	1
단위당 재고유지비용	h	$0.14	$0.25
안전계수	z	2.33	2.33
평균 주문재고	$I_o = L \times \text{MEAN}$	42,000	3,500
평균 보유재고	$I_h = \sqrt{L+1} \times \text{STDEV.S} \times z$	21,002	8,238
평균 총 재고	$I_o + I_h$	63,002	11,738
주당 재고유지비용	$h \times (I_o + I_h)$	$8,820	$2,935
단위당 재고유지비용	$\frac{h \times (I_o + I_h)}{\text{MEAN}}$	$2.52	$0.84

표 11.8 미국과 중국에서의 단위당 생산비용 비교

	중국	미국
단위당 인건비	$2.75	$18.00
단위당 운송비	$1.00	$ 0.25
단위당 재고유지비	$2.52	$ 0.84
단위당 총 비용	$6.27	$19.09

의 두 배 정도 가격으로 소비자에게 판매한다. 이는 그들이 감당해야 할 다른 비용이 존재하기에 그렇다(관리자 급여, 광고, 임대료 등). 따라서, 제조비용에서의 $12.82의 차이는 $\$12.82 \times 4 = \$51.28$의 소매 가격 차이로 해석될 수 있다. 이는 "미국산"의 신발을 사는 데 훨씬 더 많은 비용이 든다는 것을 보여준다.

표 11.8의 결과는 의류와 신발류의 산업에서 흔히 볼 수 있는 일반적인 결과이다. 바로 이 이유 때문에 해당 산업에서 대부분의 기업들은 아시아로 제조시설을 옮기고 있다(그림 11.10과 **연관 사례: Nike** 참조). 그러나 표 11.8에 나타난 분석이 모든 제품에 해당되지는 않는다. 물건이 무겁거나 크다면 장거리 수송에 많은 비용이 들게 된다. 만약 물품 생산에 필요한 노동량(물건을 만드는 데 드는 노동시간)이 최종 결과물의 가치에 비해 상대적으로 적다면 노동비용보다 재고비용이 상대적으로 더 높을 것이다. 이 경우(운송비가 비싸고, 노동 집약도가 낮으며, 높은 제품 가치)에는 해외 인건비가 낮더라도 국내에서 생산하는 것이 더 낫다. 좋은 예가 자동차이다. 차량은 크고 무거우며 인건비가 제품원가의 큰 부분을 차지하지 않는다(자동차의 경우 비용의 대부분은 철, 플라스틱, 천, 전자장치와 같은 원재료비용임). 따라서 자동차는 판매되는 곳에서 생산되는 것이 일반적이며(환율 위험을 피하기 위해서라도), 실제로 미국에서 팔리는 많은 "해외" 브랜드 차량들은 미국 내에서 조립되고 있다.

그림 11.10
1990~2011년 동안의 의류 생산과 부품 생산 산업의 고용인구

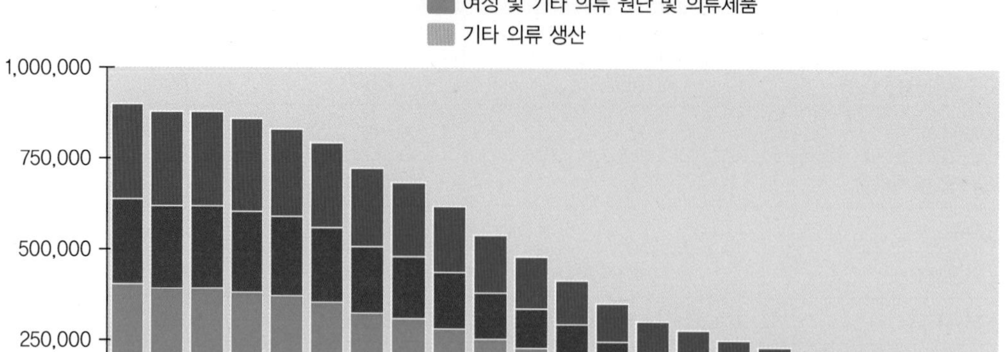

재고보유에 따른 진부화의 위험이 있을 때에도 국내 생산이 바람직하다. 의류산업에서의 유행은 예측하기 매우 어렵다. 많은 회사들이 생산비를 줄이기 위해 해외 생산을 하지만 Zara는 완전히 반대의 전략을 택하고 있다. 새로운 스타일의 제품을 시장에 빠르게 내놓기 위해 제품이 판매되는 곳에서 생산을 하고 있다. **연관 사례: Zara**를 통해 어떻게 이것이 가능했는지 참조할 수 있다.

이해도 확인하기 11.7

질문 한 기업이 8주의 조달시간을 갖고 매주 주문을 낸다. 평균적인 수요는 주당 100개이며 50개의 표준편차가 있다. 단위당 재고유지비용은 주당 $0.1이며 0.9773의 재고비축확률을 갖고자 한다.

a. 주문재고는 평균 얼마인가?

답 주문재고 = 조달시간 × 평균 수요 = 8 × 100 = 800

b. 보유재고는 평균 얼마인가?

답 0.9773의 재고비축확률을 유지하기 위해서는 2.0의 안전계수가 필요하다.
보유재고는 = $\sqrt{(8+1)} \times 50 \times 2 = 300$이 된다.

c. 단위당 재고유지비용은 얼마인가?

답 $$\text{평균적인 단위당 재고유지비용} = \frac{\text{단위시간당 단위당 재고유지비용} \times \text{총 재고}}{\text{시간단위당 평균 수요량}}$$

$$= \frac{\$0.01 \times (800+30)}{100} = \$1.10$$

연관 사례: Nike

1960년대 Nike의 출현은 국제무역 성장의 전조가 되었다. Phil Knight가 Oregon에서 신발을 팔기 전에는 러닝화는 보통 국내 생산되었고 기능적 제품이었다. Nike의 성공은 그들이 신발을 디자인은 하더라도 굳이 생산할 필요는 없다는 깨달음에서 왔다. 신발은 인건비가 낮은 해외에서 생산될 수 있는 것이었다. 생산비의 절감은 Michael Jordon과 같은 선수들을 광고에 기용하는 결과를 낳았고 운동화를 기능적 제품 이상의 브랜드 아이템으로 탈바꿈시켰다.

비록 Nike의 전략이 상당한 성공을 가져왔지만 이 전략은 아킬레스건을 가지고 있었다. Nike의 공급업자들은 Nike의 이미지를 위협하는 바람직하지 않은 관행들을 사용하고 있었다. 그들은 아동 고용, 과다 노동시간, 낮은 임금, 노조 방해, 화재나 유해물질과 같은 위험한 작업 환경 등의 문제점을 가지고 있었다. 이러한 문제점들의 지적에 대한 Nike의 초기 반응은 공급업자들을 소유하지 않기 때문에 책임이 없다는 입장이었다. 그러나, 1996에 발행된 *Life* 잡지는 "한 시간에 6센트"라는 글에서 Nike 축구공을 꿰매고 있는 파키스탄 아이의 사진을 내걸었다. "몰랐다"라는 변명은 더 이상 적절하지 않았고 Nike는 공급업자들의 관리에 힘을 쏟게 된다. Nike는 공급업자들에게 일련의 기준을 제시하고 이 기준들이 잘 지켜지고 있는지 관리감독하고 있다. 700개가 넘는 공급업자들의 네트워크를 관리하는 일은 쉽지 않은 일이다.

연관 사례: Zara

해외 아웃소싱이 스포츠용품에 적용될 수 있다면 당연히 패션 의류에도 적용될 수 있을 것이다. 많은 회사들이 그 모델을 따랐지만 Zara는 달랐다. Zara도 다른 회사들처럼 옷을 제작하고 자신들의 상점에서 판매했지만 해외에서 생산하지는 않았다. 대신, 그들이 처음 비즈니스를 시작한 북부 스페인에서의 생산을 고수했다.

Zara도 중국이나 스리랑카, 인도네시아 등지로 생산공장을 옮겨 비용을 낮출 수 있었다. 스페인에서 생산하면 비용이 증가하지만 다른 이점들도 있었다. 예를 들어, Zara의 디자이너들은 Paris, Milan 등지에서 나오는 최신 패션을 참조하고 모방할 수 있었고 몇 주 만에 유사한 제품을 자신의 상점에서 판매할 수 있었다. 경쟁자들은 이것을 따라 할 수 없었다. 그들은 생산공정에 대한 통제력이 없었고 있다 하더라도 아시아에서부터의 조달시간은 너무나 길었다. Zara가 물품을 빠르게 생산할 수 있는 능력을 갖추면서 매장에 진열되는 의류들을 지속적으로 바꿀 수 있었고 최근 인기 있는 품목들만 생산하여 판매했기 때문에 나중에 할인 처리해야 할 재고가 많이 남지도 않게 되었다. 소비자들도 Zara의 제품이 맘에 든다면 (1) 분명히 최신 제품이고 (2) 가격이 쉽사리 내려가지 않을 것임을 알기 때문에 바로 사는 게 낫다는 인식을 갖게 되었다. Zara가 추구한 "fast fashion"의 장점은 유럽에서의 높은 생산비용을 상쇄하고도 남았다. 2014년 Zara는 세상에서 가장 큰 패션 의류 회사가 되었다.

11.5.3 주문생산

많은 공급체인들이 **재고생산(make-to-stock)방식**으로 운영된다. 다시 말해 고객의 확실한 수요가 있기 전에 제품이 이미 생산되어 있다는 의미이다. 예를 들어, 농부는 누가 감자를 먹을지 알기 전에 감자를 기른다. Medtronic은 어떤 환자가 제품을 사용할지 알기 전에 그들의 심장보조장치를 생산한다. 누군가 Sony Xbox를 사려면 상점 안에 있는 아무 Xbox나 집으면 된다.

재고생산방식 고객의 확실한 수요가 파악되기 전에 제품을 생산하는 방식

재고생산방식에서는 제품이 먼저 만들어진 뒤 소비자의 구매를 기다리는데 이는 소비

자가 기다리기 보다는 필요할 때 바로 제품을 손에 넣기를 원하기 때문이다. 예를 들어, 당신이 기저귀가 당장 필요한데 기저귀가 생산되어 마트에 배송되기를 기다려야 한다고 생각해보라. 많은 부모들이 기다리려 하지 않을 것이며 최소한 이러한 상황에 대해 짜증을 낼 것이다. 따라서 기저귀는 수요를 예측하고 생산된다. 즉, 기저귀는 재고생산된다.

사람들이 참을성이 없긴 하지만 그들의 필요가 충족되기까지 기다리는 경우도 있다. 이 경우에 제품의 최종 생산은 소비자가 구매의사를 표시한 후에 이루어진다. 예를 들어, 대부분의 좋은 레스토랑은 주문을 받은 후에 음식을 만들어서 고객에게 신선한 음식을 제공하고 고객의 입맛에 맞추어 고기를 굽고 필요한 경우 채식 식단을 준비한다. 이 경우에 레스토랑은 **주문생산(make-to-order)방식**으로 운영된다고 하는데 이는 소비자가 수요를 알린 후 제품이 완성됨을 의미한다.

주문생산방식 소비자의 확실한 수요가 파악된 후 제품생산이 시작되는 방식

공급체인의 관점에서 보면 주문생산과 재고생산의 차이는 매우 크다. 당신이 자재점의 페인트 관리자라고 해보자. 매주 정확히 10명의 손님이 상점에서 1갤런의 페인트를 구매한다고 하자. 따라서 이 경우 수요의 양에 대한 불확실성은 존재하지 않는다. 그러나 소비자들이 각기 다른 색깔의 페인트를 원한다면 다양성에 대한 불확실성이 존재한다. 당신이 10가지 다른 색깔의 페인트를 판매하는데 손님들이 특정 색을 원할 확률은 동일하다고 하자.

각 페인트는 공급업자로부터 $20에 공급받으며 한 통당 매주 $0.25의 재고유지비용이 발생한다. 각 색깔별로 몇 통을 진열해야 할지 분명하진 않은데 10명의 손님들이 모두 같은 색을 원할 수도 있지만 이는 가능성이 낮을 것이다. 사실, 한 주에 다섯 명 이상의 손님들이 같은 색을 원할 확률은 1/500 정도밖에 되지 않는다. 따라서, 각 색깔별로 4통을 그리고 전체적으로 40통을 항상 보관하기로 했다고 하자. 리틀의 법칙에 따르면,

$$\text{재고} = \text{흐름률} \times \text{흐름시간}$$

이고, 이는 다음과 같이 나타낼 수 있다.

$$\text{흐름시간} = \frac{\text{재고}}{\text{흐름률}}$$

페인트 재고는 40통이고 흐름률은 주당 10통이므로 흐름시간은 4주가 된다.

$$\text{흐름시간} = \frac{40\text{통}}{10\text{통}/\text{주}} = 4\text{주}$$

따라서, 평균적으로, 한 통의 페인트는 4주 동안 재고로 머물며 최종적인 재고유지비용은 $4 \times \$0.25 = \$1$이 된다. 구매비용과 재고유지비용의 합은 $\$1 + \$20 = \$21$이므로 그리 나쁘지 않다. 만약 한 통을 $30에 팔면 다른 인건비와 제반 비용을 지불하는 데 $9을 쓸 수 있고 그리고 난 나머지가 이익이 될 것이다. 한 통당 $1.5의 이익을 남긴다고 해보자(즉, 인건비와 다른 제반 비용이 $7.5/통).

당신이 색깔의 종류를 줄일 수도 있겠지만 까다롭게 색깔을 선택하는 소비자들은 선택의 폭이 줄어들면 불만스러울 수 있다. 반대로 100가지 종류의 색을 제공한다고 해보자. 이제 한 주에 한 색깔을 2명 이상이 선택할 확률은 3/500 정도밖에 되지 않는다. 따라서, 당신은 색상당 한 통만 구비하는 것이 현실적이다. 그러나 이는 총 100통의 재고를 보유

하는 것이 된다. 당신이 더 많은 다양성을 제공한다고 하더라도, 매출이 주당 10통이라면, 흐름시간은

$$흐름시간 = \frac{100통}{10통/주} = 10주$$

가 된다. 이제 각 통은 재고로 10주씩 머무르면서 총 $2.5의 재고유지비용을 발생시킨다. 따라서 10가지 색상을 보유했을 때에 비해 통당 $1.5의 재고유지비용이 추가로 발생하면서 이익을 완전히 없애게 된다.

이런 식으로 100개 이상의 색상을 제공하는 경우를 분석해보면 결과는 더욱 암울하다. 색상이란 Apple Blossom, Battleship grey, Athenian blue 등으로 매우 다양하기 때문에 소비자를 만족시키려면 아마 1,000개가 넘는 색상이 필요할지도 모른다. 색상당 1통만 가지고 있어도 재고가 1,000통이 되며, 여전히 주당 10개씩만 판매한다고 하면 흐름시간은

$$흐름시간 = \frac{1,000통}{10통/주} = 100주$$

가 된다. 이는 통당 재고유지비가 $25이 됨을 의미한다. 이 상황에서는 통당 최소 $45에 ($20의 구매비용과 $25의 재고유지비) 팔아도 이익은 고사하고 다른 비용들도 충당하지 못하는 상황이 될 수도 있다. 요약하면, 재고생산방식 시스템에서는 그 정도의 다양성을 구비하기는 어렵고 제품을 소비자가 원하는 가격에 팔기도 어렵다.

이 페인트 문제에 대한 해결책은 이미 오래전부터 알려져 있다. 특정 색의 페인트가 담긴 통을 쌓아 놓지 말아야 한다. 대신 색상을 내는 안료가 가미되지 않은 "무색" 페인트가 담긴 10통을 재고로 준비하라. 소비자가 특정 색상을 원할 때, 그때 페인트에 안료를 넣고 잘 섞어주면 소비자가 원하는 제품을 주문생산방식으로 만들어내게 된다. 소비자는 페인트에 안료를 섞는 시간을 기다려야 하겠지만 10분 정도밖에 되지 않을 것이며 소비자에게 그다지 큰일은 아닐 것이다. 10분 안에 페인트 칠을 시작해야만 되는 사람이 몇이나 되겠는가? 따라서 주문생산방식에서는 무색 페인트가 담긴 통들과 색상 안료를 재고로 비축해 놓아야 한다. 그러나 몇 가지 기본적인 색상의 안료를 적절한 비율로 섞으면 다양한 색상을 만들어 낼 수 있다는 사실은 그리 어려운 지식이 아니다. 마지막으로 이 주문생산방식을 적용하려면 안료들을 적절한 비율로 섞은 뒤 통에 담는 기계가 필요하겠지만 이 기계를 오랫동안 사용할 수 있음을 생각하면 그리 비용이 많이 드는 것도 아닐 것이다.

결론적으로, 생산방식을 주문생산방식으로 바꿔 10개의 무색 페인트 통을 재고로 비축하면서 몇 천 가지 색상을 만들어 낼 수 있다. 각 통의 흐름시간은

$$흐름시간 = \frac{10통}{10통/주} = 1주$$

이며, 이는 총 주당 재고유지비용이 통당 $0.25밖에 되지 않음을 의미한다. 표 11.9는 재고생산방식과 주문생산방식의 차이점을 보여주고 있다.

일반적으로, 주문생산방식은 1) 소비자의 다양성에 대한 욕구가 강하고, 2) 소비자가 제품을 기다릴 수 있고, 3) 제품의 최종 조립이 비교적 빠르고 저렴하게 이루어지고, 4) 재고

표 11.9 페인트 소매점에서 재고생산방식과 주문생산방식 간 재고유지비용의 차이

	재고생산방식			주문생산방식
색상의 수	10	100	1,000	1,000+
재고(통)	40	100	1,000	10
흐름시간	4	10	100	1
통당 재고유지비용	$1	$2.50	$25.00	$0.25

유지비가 비싸고, 마지막으로 5) 운송비용이 제품 가치에 비해 상대적으로 저렴할 때 이용된다. 페인트 소매시장은 주문생산방식에 잘 맞는 이상적인 시장이다. 소비자들은 색상에 대해 까다롭고 다양한 기호를 가지고 있으며 페인트가 섞이는 10분 정도는 기다려 줄 수 있다. 제품의 최종적인 조립이 무색 페인트에 적절한 안료를 섞는 정도로 비교적 단순하기 때문에 고객의 대기시간은 상대적으로 짧다. 따라서, 몇 통의 무색 페인트만 필요하기에 재고유지비용이 절감되며 소비자가 상점에서 대기할 수 있으므로 운송비용 또한 필요하지 않다.

주문생산방식은 공급체인 내에서 유효한 전략이 될 수 있는데, 이는 제품라인에 다양성이 가해지는 시점을 공급체인의 하단으로 연기시킬 수 있기 때문이다. 예를 들어, 재고생산방식으로 제작되는 페인트의 공급체인에서는 색상 다양성은 공급체인 내 상단인 공장에서 만들어진다. 전에 언급되었듯이, 이는 효과적이지 않다. 주문생산방식에서는 색상 다양성이 공급체인의 하단에서 이루어지게 할 수 있다. 사실, 주문생산방식 전략은 **차별화를 지연(delayed differentiation)시키는 전략**이라고도 한다. 이는 제품의 다양화가 공급체인의 최대한 끝 단계로 미뤄지는 것을 의미한다.

차별화 지연 전략 제품의 다양화를 공급체인의 최대 하단으로 미루는 전략

다양성이 만들어지는 시점을 지연시키는 것은 공급체인 내의 변동성이 생기는 시점을 미루는 역할을 하기 때문에 유용하다. 페인트 시장의 예에서 보듯이, 수요의 양에 대해서는 불확실성이 존재하지 않는다(항상 1주일당 10통). 그러나 수요의 다양성에는 큰 불확실성이 존재하는데 이는 다양한 색상이 제공될수록 더욱 그러하다. 주문생산방식은 다양성이란 불확실성이 드러나고 난 뒤에 대처할 수 있도록 유연성을 제공해준다. 따라서, 주문생산방식에서의 소매업자는 재고생산방식에서처럼 소비자가 어떤 종류의 색상을 원하는지 미리 예측할 필요가 없다. 대신에, 소비자가 어떤 색상을 원하는지 말하기를 기다리면 되므로 불확실성을 제거하게 된다. **연관 사례: Dell**에서 pc 산업이 주문생산방식을 어떻게 효율적으로 사용했는지 참조하라.

이해도 확인하기 11.8

질문 회사 A는 4가지 종류의 핸드폰을 팔고, 회사 B는 40가지 다른 핸드폰을 판다. 어떤 회사가 재고생산방식보다는 주문생산방식에 적합한가?

답 회사 B가 훨씬 더 넓은 제품 다양성을 가지고 있기 때문에 소비자가 원하는 제품을 말할 때까지 기다린 뒤 생산하는 방식을 취함으로써 더 큰 수혜를 볼 것이다.

연관 사례: Dell

© Keith Eng 2007

페인트 소매시장은 주문생산방식에 잘 맞는다. 1980년대 중반부터 2000년대까지 초기 개인용 컴퓨터 시장 또한 주문생산방식에 잘 어울리는 환경이었다. Michael Dell이 회사를 창업하기 전에는 대부분의 대기업이 재고생산방식을 사용했고, 이들은 과다 혹은 과소 재고와 같은 나름의 문제점을 갖고 있었다.

Dell의 우위를 이해하기 위해서는 이 시기 동안 컴퓨터 부품의 가격이 지속적으로 떨어지고 있었음을 알아야 한다. 집적회로에 들어가는 스퀘어 인치당 트랜지스터의 개수가 매 2년마다 두 배로 증가한다고 하는 Moore's Law 현상으로 인해 컴퓨팅 파워의 비용은 지속적으로 가파르게 떨어졌다. 예를 들어, 연초 $1,000이던 마이크로프로세서는 매주 $8씩 떨어졌고 연말에는 $584 정도가 되었다.

Hewlett Packard(HP), Compaq 그리고 IBM은 Dell의 경쟁자였다. 그들은 모두 재고생산방식을 사용하였고 공급체인 내에 10주 분량의 재고를 유지하고 있었다. 결과적으로, HP가 3월에 판매한 컴퓨터는 10주 전에 $1,000에 샀던 마이크로프로세서를 내장하고 있을 확률이 높았다. 대조적으로, Dell의 주문생산방식 공급체인은 2주 분량의 재고만 유지했다. 따라서, HP가 컴퓨터를 판매한 그날, Dell도 동일한 마이크로프로세서를 장착한 컴퓨터를 팔았다면 여기에는 2주 전에 대략 $936에 구매한 부품이 장착되어 있을 가능성이 높다. Dell은 8주 정도 "젊은" 마이크로프로세서를 장착함으로써 비용을 절감할 수 있었던 것이다. 따라서 Dell은 좀 더 lean한 재고 덕분에 경쟁자들에 비해 상당한 비용절감 혜택을 볼 수 있었고 덕분에 가격을 낮출 수 있게 되면서 시장점유율과 이익의 증가를 누릴 수 있었다.

Dell에겐 불행하게도 그들의 파티는 오래 지속되지 않았다. 세상은 개인용 컴퓨터에서 모바일 기기로 무게중심을 옮겨갔고 이 시장에서의 니즈는 달랐다. 휴대폰은 디자인을 중시했고 소비자들의 수요는 덜 다양했으며 변화의 속도는 그다지 빠르지 않았다(예를 들어, Apple은 몇 달이 아니라 일 년에 한번씩 신제품을 출시한다).

11.5.4 온라인 판매

아마 당신은 놀라겠지만, "옛날"에는 대부분의 사람들이 서점에서 책을 구입했다. 사람들은 진열대 위 책들을 훑어보고 누군가와 담소를 나누거나 커피 한 잔의 여유를 즐겼다(상상해보라). 오프라인 서점이 아직 존재하기는 하지만 온라인 서점이 성공적인 대체자가 되었다.

온갖 종류의 것들이 온라인을 통해 판매된다. 온라인 소매업자는 재래식 오프라인 소매업자에 비해 훨씬 더 적은 수의 장소에서 재고를 보유한다. 재고보관 장소의 수가 적기 때문에, 그들은 평균적으로 소비자로부터 멀리 떨어져 있다. 따라서 온라인 소매업자는 제품을 소비자에게 배송해야 하고(비용 발생) 소비자는 배송을 기다려야 한다. 그러나 온라인 소매업자는 재래식 오프라인 소매업자보다 재고보관에 사용하는 공간이 작기 때문에 어느 한 판매방식이 다른 방식보다 낫다고 잘라 말할 수는 없다.

재래식 오프라인 판매에 비해 온라인 판매가 갖는 장단점을 간단한 예를 통해 알아보자. 그림 11.11은 두 가지 다른 판매 방식을 보여준다. 두 경우 모두 수요는 두 시장에서 발생한다. 재래식 소매업자는 각 시장에 모두 상점을 보유하고 소비자는 둘 중 가까운 상점을 방문하여 구매할 수 있다. 온라인 소매업자는 한 곳의 물류센터를 보유하고 있는데 두 시장에서 다소 떨어져 있지만 며칠 내에 제품은 배송될 수 있는 곳에 위치하고 있다.

두 소매업자 모두 『*The Great Tramps of New Zealand*』라는 책을 판매한다고 가정해보자. 왜 구태여 부랑자(tramp)에 대해 글을 쓰는지 궁금하거나 그 책을 읽어보고 싶다면, 뉴질랜드에서 tramp는 하이킹을 의미하는데 여기에는 멋진 하이킹 경로가 많다. 그런데, 이렇게 특정한 주제에만 집중된 책에 관심 있는 사람은 그리 많지 않을 것이다. 따라서 특정 달에 아무도 책에 관심이 없을 확률이 0.8이고 단 한 명의 소비자가 그 책을 구매할 확률은 0.2라고 하자. 책이 한 달에 두 권 이상 팔릴 확률은 없으며 한 달에 한 권의 수요가 어느 시장에서 발생할지에 관한 확률은 동일하다고 하자.

재래식 소매업자는 각 시장의 상점에 한 권씩의 재고를 쌓아 둔다. 온라인 소매업자는 한 권의 재고만을 지니고 있다. 최대 수요량이 한 달에 한 권이므로 그 이상은 의미가 없을 것이다. 재래식 소매업자는 매달 $1의 재고유지비가 발생하는 데 반해 온라인 소매업자는 상점에 대한 비용이 없어서 $0.2의 재고유지비가 발생하지만 대신 배송비가 $3 든다. 각 소매업자는 책 한 권당 $10의 매출 총 이익이 발생한다. 표 11.10은 두 사례를 요약하고 있다.

두 소매업자 모두 수요의 양에 대한 불확실성을 갖고 있다. 수요는 0권이거나(0.8의 확률) 1권이 된다(0.2의 확률). 그러나 재래식 소매업자는 한 권의 수요가 생기면 두 시장 중

그림 11.11
두 유형의 판매방식. 재래식 오프라인 소매업자는 시장당 하나의 상점을 통해 두 시장을 공급한다. 온라인 소매업자는 한 곳의 물류센터를 통해 두 시장을 공급한다.

재래식 소매업자 | 온라인 소매업자
수요 수요 | 수요 수요

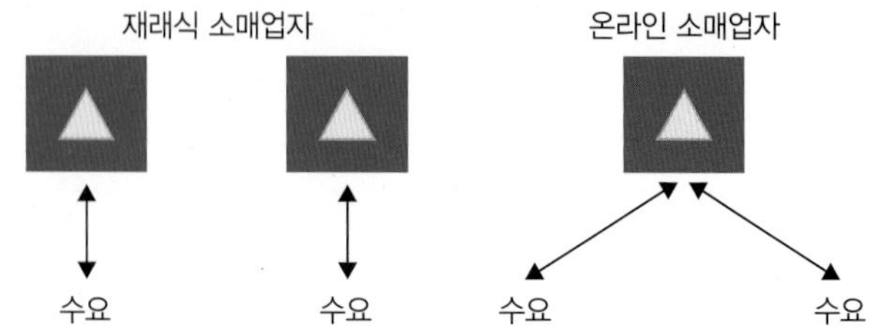

표 11.10 두 유형의 소매업자에 대한 데이터

	재래식 소매업자	온라인 소매업자
한 단위 판매 확률	0.2	0.2
단위당 매출 총 이익	\$10	\$10
재고유지비용	\$1	\$0.20
배송 비용	\$0	\$3

의 한 곳에서 판매가 이루어지므로 수요가 일어나는 장소에 대한 불확실성도 갖고 있다. 반면, 온라인 소매업자는 수요가 일어나는 장소에 대한 불확실성은 없다. 어떤 시장에서 수요가 나타나든지 동일한 곳에서 소비자에게 제품이 배송된다. 다시 말해서, 온라인 판매에서의 한 단위 재고는 두 시장의 수요에 대처할 유연성을 가지고 있으나 재래식 소매업자의 책 한 권은 한 시장에만 대응할 수 있다.

재래식 소매업자의 재고유지비용이 더 큰데 이는 더 나은 공간을 위한 임대료와 두 권의 재고를 유지해야 하는 데에서 온다. 그러나 온라인 소매업자는 배송비용을 부담해야 하며 재래식 소매업자의 배송비용은 없다. 그렇다면 각 소매업자의 기대이익은 어떻게 될까? 재래식 소매업자에게 매달 기대되는 이익은

$$\text{이익} = (0.2 \times \$10) - \$2 = \$0$$

즉, 0.2의 확률로 책이 팔리면 \$10의 매출을 얻지만 2권의 재고로 인해 각 \$1의 재고비용이 발생한다. 따라서, 재래식 소매업자는 본전치기를 하게 된다.

온라인 소매업자의 경우, 기대 이익은

$$\text{이익} = 0.2 \times (\$10 - \$3) - \$0.2 = \$1.2$$

즉, 0.2의 확률로 책이 팔리며, 매출은 \$7 = \$10 − \$3(배송 비용 감안)이 되고 \$0.2의 재고 유지비가 발생한다. 따라서 0.2의 확률로 책이 팔린다면, 온라인 소매업자는 이익을 얻게 되지만 재래식 소매업자는 그렇지 못하다. 그러나 항상 그렇다고 가정할 수는 없다.

그림 11.12는 수요의 확률에 따라 두 소매업자에게 기대되는 이익을 나타내고 있다. 여기서 몇 가지 관찰점들이 발견된다. 먼저, 소비자가 책을 원하는 확률이 매우 낮으면 두 소매업자 모두 돈을 벌지 못한다. 그러나 일정한 수요가 있다면, 즉 그림 11.12의 구역 I과 II 사이 0.03과 0.6의 판매 확률에서는 온라인 소매업자가 더 높은 수익을 얻게 된다. 이 경우, 수요는 불확실한 데 반해 두 곳의 상점에 재고를 보관해야 하는 재고비용이 높기 때문에 온라인 판매가 더 유리하다. 구역 I에서, 온라인 소매업자는 양의 이익을 얻지만 재래식 소매업자는 그렇지 못하다. 구역 II에서는, 두 업자들 모두 이익을 얻지만 온라인 소매업자의 이익이 더 크다. 구역 III에서는, 두 업자들 모두 이익을 얻지만 재래식 소매업자의 이익이 더 크다. 표 11.10은 비용과 이익을 정리하여 보여주고 있다.

재래식 소매업자가 항상 불리한 것은 아니다. 그림 11.12에 따르면, 수요의 확률이 높다면(0.6 이상) 상점을 통해 책을 팔고 배송비용을 피하는 것이 더 낫다(즉, 구역 III). 다시 말해서, 온라인 소매업자는 물건이 얼마나 빨리 팔리든 배송 비용을 지불해야 하지만 재

그림 11.12
소비자가 특정 달에 서점을 방문하여 책을 구매한다는 확률하에, 두 개의 상점을 보유한 재래식 소매업자의 기대 이익과 온라인 소매업자의 기대 이익

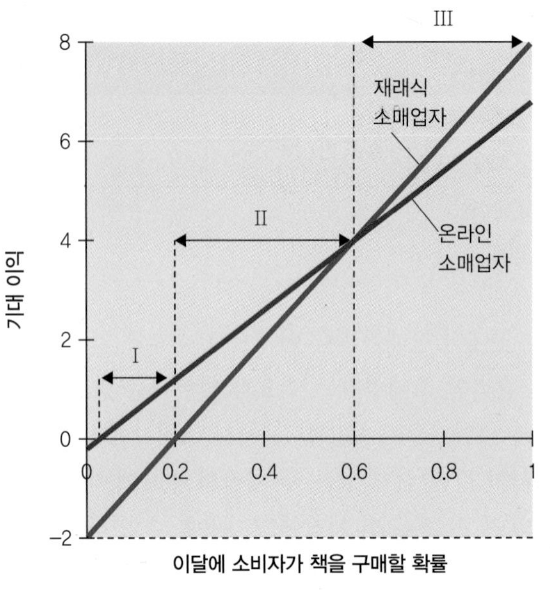

고유지비용은 수요율에 달려 있다. 따라서 수요가 충분히 높다면 단기적으로는 상점의 재고를 통해 물건을 팔고 배송비용을 줄이는 것이 이익이다.

지금까지 이용한 간단한 모델에서의 결론은 재래식 상점을 통해 만족될 수요가 너무 적다면, 재래식 소매업자는 임대료 등의 비용이 너무 크기 때문에 이익을 얻을 수 없다(즉, 재고유지비용이 높다). 그러나, 온라인 소매업자의 물류센터는 훨씬 더 넓은 지역을 커버할 수 있기 때문에 느리게 판매되는 품목에서도 이익을 거둘 수 있다. 이러한 이유로 재래식 상점은 일반적으로 100,000개 이하의 품목을 보유하며, 품목의 수를 늘리면 수요가 너무 적은 항목이 포함될 수도 있기 때문에 때로는 품목의 수가 50,000개가 되지 않는다. 대조적으로, 온라인 소매업자는 수백만 개의 품목을 제공한다. 수요가 확실하고 인기가 많은 제품들뿐만 아니라 수요가 적은 제품으로부터도 이익을 남길 수 있다. 이것이 Amazon.com을 성공으로 이끈 이유가 된다(**연관 사례: Amazon** 참조).

독자들이 온라인 판매방식과 주문생산방식 간의 유사성이 있다는 것을 알아챘을 수 있다. 두 전략 모두 제한된 비용으로 회사가 소비자에게 제공하는 제품의 다양성을 극적으로 증가시킨다. 사실, 두 전략 모두 유연성을 증가시키고 제품 다양성에 관련된 변동성을 감소시키면서 근본적으로 같은 방식으로 작동하는 전략들이다.

온라인 판매와 주문생산방식 간의 관계를 설명하기에 앞서, 온라인 판매에서는 제품이 두 가지의 묶음으로 구성된다는 점에 주목하자. 즉, 물리적인 제품과 장소. 예를 들어, New York 주 Wappingers Falls에 사는 당신이 루이보스 티백을 구매하려 한다고 해보자. 티백의 패키지는 물류센터에 있으며 당신이 Wappingers Falls에 산다는 것을 알려줘야지만 루이보스 티백이 배송될 수 있다. 소비자들은 다양한 지역에 살지만 온라인 판매방식의 매력은 어느 지역의 소비자가 제품을 살지에 대해 예측할 필요가 없다는 것이다. 이러한 변동성의 감소는 주문생산방식에서도 동일하게 나타난다. 이제 제품이 물리적인 제품과 몇 가지 차별적인 특성으로 묶여 구성된다고 해보자. 예를 들어, Athenian blue 색 페인트는 한 통의 무색 페인트와 파란색 계통의 안료로 구성된다. 소매업자는 Athenian blue

색 페인트 통을 쌓아 두는 것보다 무색 페인트를 재고로 비치하고 소비자가 어떤 색을 원하는지 기다리는 것이 낫다. 온라인 판매의 경우에 차별적 요소는 소비자의 위치가 되고, 주문생산의 경우에 차별적 요소는 색상이 된다. 다시 말해서, 온라인 판매는 소비자 위치에 관련된 불확실성을 제거해주고, 주문생산방식은 소비자의 취향에 관련된 불확실성을 제거시켜준다. 두 경우 모두, 유연한 프로세스를 통해 불확실성을 회피하고 더 많은 대안을 소비자에게 제공해준다.

연관 사례: Amazon

© Gregor Schuster/Getty Images

Jeff Bezos가 1994년 창업했을 당시, 그는 세상에서 선택의 폭이 가장 넓은 서점을 만들고 싶었다. 따라서 그는 세상에서 가장 큰 강의 이름을 따서 회사를 Amazon.com이라고 명명했다. 그의 초기 비즈니스 모델은 단순했다. 대형 책 도매업자가 있는 Seattle 근처에 창고를 갖는 것이었다. Seattle의 기술적인 분위기 덕분에 더 많은 프로그래머들을 고용할 수 있었고, 다른 주와의 시차를 이용하여 동부로 책을 포장하여 배송할 시간을 벌 수도 있었다. 그의 계획은 일반 서점이 제공하는 40,000권 이상, 최소한 백만 권의 책을 제공하는 것이었다. 그러나 그는 창업자로서 현금이 많지 않았기 때문에 그만큼의 재고 비축을 원하지는 않았다. 대신에, 그가 주문을 받으면 주변의 도매업자들을 통해 책이 배송되도록 했다.

Amazon.com 모델은 책이란 상품에 적절하였고 다른 제품들에도 잘 적용될 수 있었다. Amazon.com은 세상에서 가장 거대한 소매업자로 성장하였는데 그림 11.13은 Amazon의 급격한 매출 상승을 보여주고 있다.

Amazon이 폭발적인 성장을 하는 초기 20년 동안 기업의 비즈니스 모델도 변화했다. Amazon은 다음 두 가지 이유에서 더 많은 물류센터가 필요했다. 1) 단일 물류센터로는 판매 물량을 효율적으로 감당할 수 없었고, 2) 소비자들은 빠른 배송을 원하는데 이는 물류창고가 그들이 사는 곳에 가까

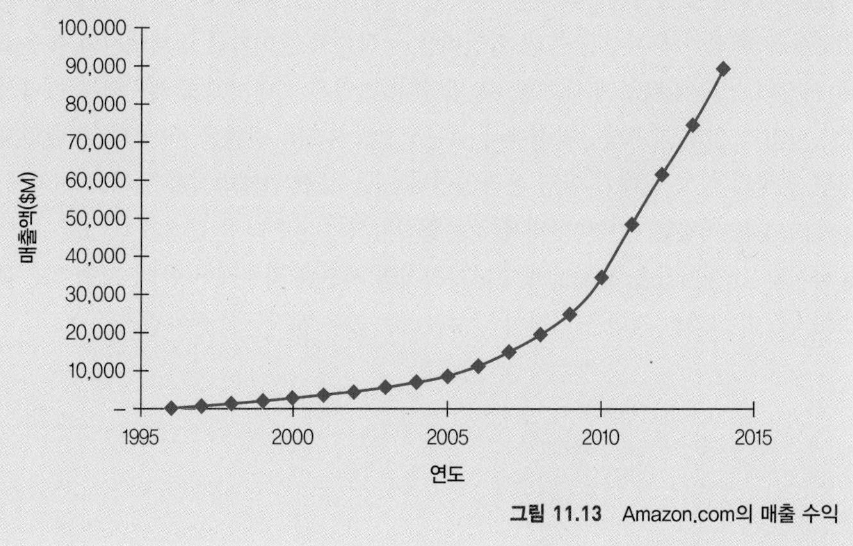

그림 11.13 Amazon.com의 매출 수익

[계속]

이 있어야 가능한 일이었다. 사실, Amazon은 배송이 날짜가 아닌 시간단위로 측정되는 것을 꿈꾸고 있었고 가능하다면 드론으로 배송하는 것까지 생각하고 있다. 소비자들에게 빠른 서비스를 제공하고자 하는 열정의 결과, Amazon은 매출 비율 대비 Walmart보다 더 많은 재고를 보유하게 되었다(Amazon의 재고는 Walmart에 비해 평균적으로 공급체인 내에서 더 오래 머무른다). 이는 온라인 소매업자는 재고를 비축할 필요가 없다는 초기의 이론에 완전히 배치된다. 그러나 한 가지 사실은 Amazon이 제공하는 제품 선택의 폭은 세계 최고라는 점이다.

이해도 확인하기 11.9

질문 일반적인 개 사료 혹은 새를 키우는 소비자들이 원하는 특별한 새 모이 중 어떤 물건이 온라인 판매에 더 적절한가?

답 일반적인 개 사료는 보통 수요가 높고 무겁기 때문에 운송비가 더 들 것이다. 새 모이는 제품의 가치에 비해 아마 더 가벼울 것이며 제품의 특성상 수요가 드물 것이다. 따라서, 정답은 새 모이가 된다.

결론

오늘날의 모든 기업은 공급체인의 일부에 속한다. 따라서 공급체인관리는 튼튼하고 역량 있는 내부 프로세스만큼이나 기업 성공에 중요한 요소이다. 가장 높은 수준에서의 공급체인관리는 비용과 유연성 사이의 상쇄관계를 결정하는 것이다. 유연한 공급체인관리를 통해 변동성에 더 잘 대처할 수 있겠지만 여기에는 비용이 든다. 불행하게도 많은 관리자들은 유연성에 그다지 투자를 하지 않는데, 그 이유는 유연성의 가치는 정량화하기 어렵지만 비용은 확연히 드러나기 때문이다. 그렇지만 관리자의 운송수단이나 생산시설의 위치 결정을 도와줄 분석적인 도구 또한 분명히 존재한다.

많은 기업들이 공급체인의 디자인과 운영의 혁신을 통해 성공할 수 있었다. 예를 들어, 기업들은 해외 아웃소싱을 통해 인건비를 극적으로 줄이거나 국내에서의 아웃소싱을 통해 시장의 변화에 빠르게 대처할 수 있었다. 기업은 소비자에게 제공되는 다양성을 대폭 향상시키기 위해 재고생산방식에서 주문생산방식으로 전환할 수 있다. 소매업자는 전통적인 방식의 상점 판매가 아닌 온라인이나 앱을 통한 판매방식을 통해 소비자에게 더 넓은 다양성을 제공할 수 있다. 비록 주문생산방식이나 온라인 판매가 더 넓은 선택권을 제공하지만, 소비자들은 제품이 배송되기까지의 시간은 감수해야 한다. 그럼에도 불구하고, 소비자들이 그러한 지연을 기꺼이 감수하려는 많은 시장들이 존재한다.

학습목표의 요약

학습목표 11-1 공급체인 내 각 구성원의 역할과 가치를 설명할 줄 안다.

공급체인은 다양한 기업과 장소로 구성되어 있다. 각 공급체인은 나름대로의 뚜렷한 구조를 가지고 있으나 대부분의 공급체인은 각자의 가치를 추구하는 5개의 층, 즉 2차 공급업자, 1차 공급업자, 제조업자, 도매업자, 소매업자로 구성된다. 공급체인은 기업이 원재료나 특정 부품을 만드는 것으로부터 시작하여(2차 공급업자) 통합되고 좀 더 복잡한 부품을 만드는 데로 나아간다(1차 공급업자). 제조업자는 최종 완제품을 디자인하고 조립한다. 도매업자는 제품을 효율적으로 시장에 배송하며, 소매업자는 제품을 종합적으로 소비자에게 제시하고 배송이나 상점을 통하여 소비자에게 편의를 제공한다.

학습목표 11-2 공급체인의 성과평가에 이용되는 지표를 설명할 줄 안다.

공급체인은 비용 지표와 서비스 지표로 평가된다. 주요 비용 지표는 구매비용, 인건비, 재고비용, 그리고 운송비용으로 구성된다. 구매비용은 제품을 구매하는 비용이고, 인건비는 공급체인 내 전반에 걸친 근로자의 고용 비용이다. 재고비용은 재고에 묶인 자본의 기회비용을 포함한 재고유지비와 감가상각비 또는 진부화 비용을 포함한다. 운송비용은 공급체인 내에서 제품을 소비자에게 이동시키는 비용을 말한다. 주요 서비스 지표는 재고비축확률로서 이는 특정 기간 동안 모든 수요를 충족시킬 확률을 의미한다.

학습목표 11-3 전략적 의사결정과 전술적 의사결정의 차이점과 전략적 의사결정의 주요 상쇄관계를 설명할 줄 안다.

공급체인의 관리는 전략적 그리고 전술적 의사결정을 필요로 한다. 전술적 의사결정은 "다음 주에 배송할 상자를 얼마나 주문해야 하는가?"와 같이 향후 며칠이나 몇 주 동안 회사에 영향을 주는 결정을 말한다. 전략적 의사결정은 장기적 영향력을 갖는데, 예를 들면 향후 몇 년 혹은 몇십 년 동안 기업에 영향을 미치는 결정을 말한다. 전략적 의사결정은 어디에 시설을 설치할지, 어떠한 공급업자 또는 운송/소매업자와 거래할지, 어떤 종류의 운송수단을 사용할지 등의 선택을 말한다.

학습목표 11-4 공급체인 내 변동성의 원인과 변동성을 줄이는 방안을 설명할 줄 안다.

공급체인은 다양한 형태의 변동성을 경험한다. 수요는 전체적인 수량에서(총 수요량), 다양성에 따라(어떤 제품이 요구되는지), 또는 장소에 따라(어디서 수요가 나타나는지) 변동성을 지닌다. 비록 소비자로부터 초래되는 수요의 변동성이 가장 크지만 공급체인 자체 내에서도 변동성이 발생할 수 있다. 채찍현상이라고 알려진 이 현상은 소매업자로부터 시작하여 공급체인 상단의 공급업자로 갈수록 수요의 변동성이 증폭되는 현상을 말한다. 수요에 대한 변동성 이외에도 공급체인에서는 공급체인 내 인접 멤버들에 의해 변동성이 초래될 수도 있다. 예를 들어, 그들이 정해진 수량 혹은 품질의 제품을 공급하는가? 그들은 재정적으로 안전한가? 그들은 적절한 방식으로 사업을 수행하는가? 마지막으로, 공급체인은 자연재해(지진, 홍수) 혹은 경제적/정치적(전쟁, 환율변동)요인에 의한 변동성을 내포한다.

학습목표 11-5 성과를 향상시키고 경쟁력을 강화하는 공급체인 전략을 설명하고 평가할 줄 안다.

공급체인 전략은 보통 비용과 유연성 사이의 상쇄관계를 다룬다. 예를 들어, 항공 운송은 해상 운송보다 비싸지만 수요에 좀 더 빠르게 대처할 수 있게 해준다(조달시간 감소). 해외 생산은 인건비를 줄이지만 조달시간이 늘어나게 된다. 주문생산방식을 사용하는 기업은 소비자 수요에 좀 더 빠르게 반응하려고 노력해야 하지만(소비자는 기다리는 것을 원하지 않으므로) 기업이 큰 재고비용을 들이지 않고 다양한 제품을 제공하도록 해준다. 온라인 판매는 소비자의 수요가 확실해진 다음에 제품을 판매 한다는 점에서 주문생산방식과 동일하다. 결과적으로, 온라인 판매는 전통적인 소매업자에 비해 훨씬 더 많은 종류의 제품을 제공한다.

핵심 용어

11.1 공급체인의 구조와 역할

재래식 소매업자 소비자가 즉시 물품을 구매할 수 있는 상점을 가진 소매업자

우편판매 소매업자 카탈로그를 통해 물품을 판매한 뒤 우편 시스템, UPS, FedEX, DHL 등 제삼자를 통해 물품을 배송하는 소매업자. 카탈로그 소매업자라고도 한다.

온라인 소매업자 온라인 웹사이트를 통해 물품을 판매한 뒤 우편 시스템, UPS, FedEX, DHL 등 제삼자를 통해 물품을 제공하는 소매업자. 전자상거래 소매업자 또는 e-tailer라고도 한다.

물류센터 공급업자로부터 물품을 제공받아 소매업자들에게 재분배하는 데 사용되는 건물. 조달센터라고도 한다.

조달시간 주문한 제품을 받기까지 걸리는 시간

하중개시 도매업자가 제조업자로부터 많은 양을 구매한 뒤 소매업자들에게 이 수량을 쪼개어 판매하는 서비스

팔레트 (1) 지게차를 이용하여 물품들을 용이하게 이동하기 위해 사용하는 나무로 된 플랫폼, (2) 플랫폼에 적재된 제품들의 양을 이르는 단위로 사용되기도 함

11.2 공급체인 성과측정지표

재고비축확률 특정 기간 동안 모든 수요가 충족될 확률을 의미한다.

재고품절확률 특정 기간 동안 수요가 재고의 양을 넘어설 확률을 말한다.

수요 충족률 총 수요 중 충족된 수요의 비율을 의미한다.

11.3 공급체인 의사결정

전술적 의사결정 단기 성과에 영향을 미치는 의사결정

전략적 의사결정 장기적 영향력을 갖는 의사결정

기능적 제품 전략적 공급체인관리라는 관점에서 이러한 제품들은 일반적으로 변동성의 정도가 높지 않기 때문에 비교적 "안전"하다고 볼 수 있다.

매출 총 이익 매출액에서 매출원가를 차감한 금액으로서, 일반적으로 이를 제품의 가

격 대비 비율로 나타낼 수 있다.

혁신적 제품 전략적 공급체인관리라는 관점에서 이 제품들은 비교적 높은 변동성을 내재하고 있어서 다소 "위험한" 제품이다.

물리적으로 효율적인 공급체인 전략적 공급체인관리라는 관점에서 비용을 최소화하기 위한 목적으로 디자인되는 공급체인을 의미한다.

시장반응적 공급체인 전략적 공급체인관리라는 관점에서 비용보다는 유연성에 중점을 두고 디자인되는 공급체인을 의미한다.

11.4 공급체인 내 변동성의 원인

채찍현상 공급체인의 상단으로 갈수록 수요의 변동성이 증가하는 현상을 말한다.

11.5 공급체인 전략

주문기간 재고관리에서 주문기간은 주문과 주문 사이의 시간간격을 의미한다. 예를 들어, 주문기간이 1일이면 매일 주문이 행해진다.

주문재고 공급업자가 배송했지만, 아직 수령하지 못한 재고

보유재고 소비자 수요를 충족시킬 준비가 된 재고

안전계수 재고비축확률을 결정하는 계수. 안전계수가 높을수록 평균적 보유재고량과 재고비축확률이 높다.

재고생산방식 고객의 확실한 수요가 파악되기 전에 제품을 생산하는 방식

주문생산방식 소비자의 확실한 수요가 파악된 후 제품생산이 시작되는 방식

차별화 지연 전략 제품의 다양화를 공급체인의 최대 하단으로 미루는 전략

주요 공식

학습목표 11-2 공급체인의 성과평가에 이용되는 지표를 설명할 줄 안다.

재고비축확률 = 1−재고품절확률

학습목표 11-5 성과를 향상시키고 경쟁력을 강화하는 공급체인 전략을 설명하고 평가할 줄 안다.

L = 조달시간

MEAN = 한 단위기간(예: 1주) 동안의 평균 수요량

STDEV.S = 한 단위기간(예: 1주) 동안 수요의 표준 편차

z = 안전계수

h = 한 단위기간 동안의 단위당 재고유지비용

I_o = 주문재고의 평균적인 양 = $L \times \text{MEAN}$

I_h = 보유재고의 평균적인 양 = $\sqrt{(L+1)} \times \text{STDEV.S} \times z$

$$\text{단위당 재고유지비용} = \frac{h \times (I_o + I_h)}{\text{MEAN}}$$

$$\text{흐름시간} = \frac{\text{재고}}{\text{흐름률}}$$

재고비축확률	안전계수, z
0.9000	1.28
0.9800	2.05
0.9900	2.33
0.9950	2.58
0.9999	3.72

안전계수, z	재고비축확률
1.25	0.8944
2.00	0.9773
2.25	0.9878
2.50	0.9938
3.00	0.9987

개념 문제

학습목표 11-1

1. 기업 A는 브레이크 시스템의 부품인 브레이크 패드를 생산하여 기업 B에게 판매하며, B는 차량에 사용되는 브레이크 시스템을 판매한다. A는 다음 중 어떤 것으로 나타낼 수 있는가?

a. 2차 공급업자
b. 1차 공급업자
c. 제조업자
d. 도매업자
e. 소매업자

2. 다음 중 도매업자가 소매업자보다 평당 더 저렴한 저장공간을 사용하는 이유를 가장 잘 설명하고 있는 것은 무엇인가?

a. 도매업자는 하중개시 서비스를 제공한다.
b. 도매업자는 제품을 실제로 만들지 않는다.
c. 도매업자는 평당 더 많은 제품을 쌓을 수 있고 저장공간의 미관을 신경 쓸 이유가 없다.
d. 도매업자는 소매업자보다 매출 총 이익이 더 높다.

3. 다음 중 도매업자가 소매업자의 재고비축 공간을 줄여주게 되는 이유를 가장 잘 설명하고 있는 것은 무엇인가?

a. 도매업자는 소매업자가 제품 배송을 더 자주 받을 수 있도록 한다.
b. 도매업자는 공급체인 내 제품 배송 거리를 줄여준다.
c. 도매업자는 소매업자가 공급업자의 제품을 더 적은 양으로 받을 수 있도록 해준다.
d. 도매업자는 재고가 공급체인 내 머무르는 시간을 증가시킨다.

학습목표 11-2

4. 평균 재고량과 재고비축확률의 관계는 무엇인가?

a. 재고가 많을수록, 재고비축확률은 낮다.
b. 확정적인 관계가 아니다. 재고량이 많으면 재고비축확률이 낮을 수도, 높을 수도

있다.

c. 재고가 많을수록 재고비축확률이 높다.

5. 특정 장소에서의 재고비축확률과 소비자에게 배송되는 조달시간의 관계는 무엇인가?

a. 재고비축확률이 높을수록 조달시간이 줄어든다.

b. 확정적 관계가 아니다. 재고비축확률이 높아도 조달시간은 더 짧거나 더 길수도 있다.

c. 재고비축확률이 높을수록 조달시간도 길다.

학습목표 11-3

6. 다음의 결정이 전략적 의사결정인지 전술적 의사결정인지 구분하라: 특정 부품의 조달을 위해 어떤 1차 공급업자를 이용할 것인가?

a. 전술적

b. 전략적

7. 다음의 결정이 전략적 의사결정인지 전술적 의사결정인지 구분하라: 재고생산방식을 사용할지 혹은 주문생산방식을 사용할지에 관한 의사결정

a. 전술적

b. 전략적

8. 다음의 결정이 전략적 의사결정인지 전술적 의사결정인지 구분하라: 시즌 막바지에 남은 재고에 할인을 적용할 것인지에 관한 의사결정

a. 전술적

b. 전략적

학습목표 11-4

9. 다음 중 중요 부품을 공급하는 두 번째 공급업자를 추가해야 할 가장 타당한 이유는 무엇인가?

a. 주요 공급업자가 홍수에 취약한 지역에 위치하고, 두 번째 공급업자는 안전한 장소에 위치해 있을 때

b. 두 번째 공급업자가 첫 번째 공급업자와 동일한 조달시간을 가질 때

c. 두 번째 공급업자의 추가가 채찍현상을 줄일 경우

d. 두 번째 공급업자의 추가가 회사의 구매력을 증대시킬 때

10. Sorlini Pasta는 이탈리아 전역에서 파스타를 판매한다. 다음 중 이 기업이 채찍현상으로 인해 영향을 받는다는 확실한 증거는 무엇인가?

a. 그들은 향후 4주간 평균적인 수요를 만족시킬 만큼 많은 재고를 보유하고 있다.

b. 이탈리아 북부 지역의 눈보라 직전에 파스타 매출이 상당히 증가하였다.

c. 이 기업은 다른 유형의 소매업자를 통해 생 파스타 혹은 건 파스타를 모두 판매한다.

d. 대부분의 소매업자는 Sorlini가 제공하는 제품 라인업의 일부만을 판매한다.

e. 도매업자가 경험하는 주문의 변동성이 소매업자가 경험하는 변동성보다 크다.

f. 이탈리아 남부의 일인당 파스타 소비량은 북부보다 높다.

11. 소매업자는 도매업자에게 한 트럭 분량의 주문을 낸다. 경제가 나빠져서 이 산업 전반의 수요가 줄어들었다고 가정하자(즉, 각 소매업자의 매출이 감소함). 만약 소매업자가 계속해서 한 트럭 분량의 주문을 낸다면 그들의 주문 빈도는 어떻게 될까?

a. 감소한다.

b. 변화가 없다.

c. 증가한다.

d. 주어진 정보로 알 수 없다.

12. 소비자, 소매업자, 도매업자, 공장으로 구성된 공급체인에서 다음 중 채찍현상으로 인한 증상은 무엇인가?

Ⅰ. 소매업자가 도매업자에게 보내는 주문의 변동성은 도매업자가 제조업자에게 보내는 주문의 변동성보다 크다.

Ⅱ. 도매업자가 제조업자에 보내는 주문의 변동성은 소매업자가 겪는 소비자 수요의 변동성보다 낮다.

Ⅲ. 소비자 수요의 변동성은 소매업자가 도매업자에게 보내는 주문의 변동성보다 낮다.

a. Ⅰ

b. Ⅱ

c. Ⅲ

d. Ⅰ와 Ⅱ

e. Ⅰ와 Ⅲ

f. Ⅱ와 Ⅲ

g. 모두

학습목표 11-5

13. 한 기업은 높은 인건비와 짧은 조달시간을 갖는 자국 내에 생산시설을 지을지, 낮은 인건비와 긴 조달시간을 갖는 해외 국가로 아웃소싱할지 결정해야 한다. 다른 조건이 동일하다면, 다음 중 어떤 문장이 높은 인건비를 갖는 장소에서의 생산을 지지하는가?

a. 단위당 재고유지비용이 낮다.

b. km당 운송비용이 낮다.

c. 재고비축확률 요구 조건이 높다.

d. 소비자들이 배송에 걸리는 기간을 기다릴 수 있다.

14. 시간이 지남에 따라 소비자의 다양한 제품에 대한 수요가 줄어들었다. 이러한 취향의 변화가 주문생산방식 대비 재고생산방식에 대한 선호를 어떻게 변화시키는가?

a. 선호가 증가한다. 즉, 재고생산방식이 좀 더 바람직하다.

b. 영향 없음

c. 선호가 감소한다. 즉, 재고생산방식이 덜 바람직하게 된다.

d. 주어진 정보로 알 수 없다.

예시 문제와 해답

학습목표 11-2

1. 온라인 소매업자는 50,000개의 품목을 보유하고 있다. 특정 주간에, 소매업자는 15,000개의 품목을 판매하였고 1,000개의 품목에 대한 일부 수요는 충족되지 않았다. 소매업자의 재고비축확률은 얼마인가?

   답 98%. 50,000품목 중 49,000품목에 대한 수요가 충족되었으므로, 재고비축확률은 $\frac{49,000}{50,000} = 98\%$이다(만약 특정 품목에 대한 수요가 없다면 이 수요는 당연히 만족된 것이므로 재고비축확률에 포함된다).

2. 온라인 소매업자는 50,000개의 품목을 보유하고 있다. 특정 주간에, 소매업자는 15,000개의 품목을 판매하였고 1,000개의 품목에 대한 일부 수요는 충족되지 않았다. 소매업자의 재고품절확률은 얼마인가?

   답 2%. 모든 수요를 충족하지 못한 품목의 비율 $= \frac{1,000}{50,000} = 2\%$

3. Divigno Bagno는 세면실 용품을 판매한다. 회사는 월초에 10개의 세면대를 보유하고 있었는데 그 달의 세면대 총 수요는 18개였다. 이 세면대의 수요 충족률은 얼마인가?

   답 55.6%. 18개의 수요 중 10개를 만족시켰으므로, $\frac{10}{18} = 55.6\%$

4. Divigno Bagno는 20종류의 수도꼭지를 판매한다. 8종류의 수도꼭지에 대한 수요가 있었는데 그 중 90%만을 만족시킬 수 있었다. 회사의 수요 충족률은 얼마인가?

   답 96%. 20개의 품목 중 8품목에 대한 수요는 90% 충족시켰고, 나머지 12품목에 대한 수요는 100% 충족시켰다.

   따라서 수요 충족률 $= \left(\frac{8}{20} \times 90\%\right) + \left(\frac{12}{20} \times 100\%\right) = 96\%$

5. Adirondack Sports는 고급 등산장비를 판매한다. 다음의 표는 Outback 등산용 지팡이에 대한 지난 분기 재고 데이터를 나타낸다(길이에 따라 다름).

	Outback 90cm	Outback 100cm	Outback 110cm	Outback 120cm	Outback 130cm
기초 재고	400	500	600	500	300
기말 재고	50	100	75	10	0

   지난 분기 중 별도의 재고보충은 이루어지지 않았다. Outback 지팡이의 재고비축확률은 얼마인가?

   답 80%. 다섯 제품 중 네 제품의 재고가 기말에 남았으므로 해당 분기의 수요를 충족하였다고 볼 수 있다. 가장 긴 사이즈의 제품은 모두 팔렸기 때문에 해당 분기의 이 사이즈의 제품에 대한 수요는 충족될 수 없었다고 볼 수 있다.

학습목표 11-5

6. 한 의료원은 일일 평균 100개의 피하 주사기가 필요하고 표준편차는 30개이다. 재고는 매일 체크되고 매일 주문되며 주문에는 하루의 조달시간이 걸린다. 주사기당 일일 재고유지비용은

$0.05이며 이 의료원은 0.9987의 재고비축확률을 유지하려 한다.

(a) 평균적으로 몇 개의 주사기를 주문해야 하는가?

답 100. $I_o = L \times \text{MEAN} = 1 \times 100 = 100$

(b) 평균적으로 몇 개의 주사기가 재고에 있는가?

답 127.3개. 표 11.5에서, 0.9987의 재고비축확률을 유지하려면 안전계수 3이 요구된다. 따라서, $I_h = \sqrt{(L+1)} \times \text{STDEV.S} \times z = \sqrt{(1+1)} \times 30 \times 3 = 127.3$

(c) 평균 재고량이 250개라면, 일일 평균 재고유지비용은 얼마인가?

답 \$12.50. 일일 재고유지비용 = 재고량 × 단위당 일일 재고유지비용 = 250 × \$0.05 = \$12.50

(d) 평균 재고량이 300개일 때 단위당 평균 재고유지비용은 얼마인가?

답 \$0.15. $\text{단위당 재고유지비용} = \dfrac{\text{일일 단위당 재고유지비용} \times \text{총 재고량}}{\text{일일 평균 수요}}$

$$= \frac{\$0.05 \times 300}{100} = \$0.15$$

7. Albrech's는 화분을 판매하는 고급 원예용품점이다. 재고는 매주 체크되고 주문을 받는 데 1주의 조달시간이 소요된다. 주당 평균 수요는 20개이며 표준편차는 10이다. 평균적으로, 그들은 36.5개의 화분을 상점에 비치하고 있다. 그들의 재고비축확률은 얼마인가?

답 0.9950. $I_h = \sqrt{(L+1)} \times \text{STDEV.S} \times z = 36.5$. 조달시간은 1주이고 표준편차는 10이기 때문에, 보유재고량은 $\sqrt{(1+1)} \times 10 \times z = 36.5$로 나타낼 수 있다. 이 식을 만족하는 z 값은 2.58이고, 표 11.5에 따르면 2.58의 안전계수는 0.9950의 재고비축확률을 제공한다.

8. Peron Appliance는 식기세척기 제조공장을 스페인에서 멕시코로 옮기려고 고려 중인 스페인 회사이다. 식기세척기를 만드는 데는 3시간의 노동이 필요하다. 스페인에서 시간당 인건비는 25유로이고 멕시코에서는 5유로이다. 식기세척기당 재고유지비용은 스페인에서 주당 2유로이고 멕시코에서는 주당 1.5유로이다. 스페인에서는 주문이 매주 이루어지고 3주의 조달시간이 소요된다. 생산시설이 멕시코로 간다면 조달시간은 15주가 된다. 식기세척기의 주당 수요량은 500개이고 표준편차는 100개이다. 이 회사는 안전계수 3을 사용한다.

(a) 스페인에서 생산을 계속한다면, 주문재고와 보유재고의 합은 평균적으로 얼마인가?

답 2,100. 3주의 조달시간을 고려하면 주문재고는 3 × 500 = 1,500이고, 보유재고는 $\sqrt{(3+1)} \times 100 \times 3 = 600$이 된다. 따라서 총 재고량은 1,500 + 600 = 2,100이다.

(b) 생산시설을 멕시코로 옮기면, 주문재고와 보유재고의 합은 평균적으로 얼마인가?

답 8,700. 15주의 조달시간을 고려하면 주문재고는 15 × 500 = 7,500이고, 보유재고는 $\sqrt{(15+1)} \times 100 \times 3 = 1{,}200$이 된다. 따라서 총 재고량은 7,500 + 1,200 = 8,700이다.

(c) 스페인에서 생산을 계속한다면, 식기세척기 한 대당 재고유지비용(유로)은 얼마인가?

답 8.4유로. $\text{단위당 재고유지비용} = \dfrac{\text{단위당 주당 재고유지비용} \times \text{총 재고량}}{\text{평균 수요량}}$

$$= \frac{2 \times 2{,}100}{500} = 8.4$$

(d) 멕시코에서 생산하는 경우, 식기세척기 한 대당 재고유지비용(유로)은 얼마인가?

답 26.1유로. 단위당 재고유지비용 $= \dfrac{\text{단위당 주당 재고유지비용} \times \text{총 재고량}}{\text{평균 수요량}}$

$$= \frac{1.5 \times 8{,}700}{500} = 26.1$$

(e) 멕시코로 생산시설을 이전하는 경우, 식기세척기당 비용(인건비와 재고유지비용)은 얼마나 달라지는가?

답 42.3유로. 스페인에서의 인건비는 3시간 × 시간당 25유로 = 75유로가 된다. 멕시코에서는 3시간 × 시간당 5유로 = 15유로가 된다. 따라서 멕시코로 생산시설을 이전하면, 식기세척기당 비용의 변화는 (75 + 8.4) − (15 + 26.1) = 42.3이 된다.

응용 문제

1. 어떤 기업이 제품 안내서에 소개된 품목의 10%에서 그 달의 제품 수요를 만족시키지 못했다. 이 기업의 재고비축확률은 얼마인가? [학습목표 11-2]

2. 어떤 기업이 한 주 동안 89%의 품목들에 대한 수요를 만족시켰다. 이 기업의 해당 주 재고품절 확률은 얼마인가? [학습목표 11-2]

3. Kooyman 철물점은 사다리를 판매한다. 주 초에 5개의 사다리가 있었는데 수요는 6개였다. 이 사다리의 수요 충족률은 얼마인가? [학습목표 11-2]

4. Kooyman 철물점은 16종류의 드릴을 판매한다. 그중 10종류의 드릴에 대한 수요가 있었고 그 수요의 80%를 충족시켰다. 이 드릴의 수요 충족률은 얼마인가? [학습목표 11-2]

5. B&D 온라인 상점은 10,000가지 품목을 판매한다. 특정 주에 1,000가지 품목에 대한 수요가 있는데, 다행히도 50품목에 대해서만 수요가 재고를 초과했다. 이 회사의 재고비축확률은 얼마인가? [학습목표 11-2]

6. Anvils Work's는 주당 평균 2,800톤의 알루미늄이 필요하고 표준편차는 1,000톤이다. 주문 후 조달시간은 10주가 걸리며 주당 1톤의 알루미늄 재고유지비용은 $11이다. 회사는 0.98의 재고비축확률을 갖고자 한다.
   (a) 평균적으로 주문재고는 얼마인가? [학습목표 11-5]
   (b) 평균적으로 보유재고는 얼마인가? [학습목표 11-5]
   (c) 평균 재고가 5,000톤이라면, 주당 평균 재고유지비용은 얼마인가? [학습목표 11-5]
   (d) 평균 재고가 10,000톤이라면, 알루미늄 1톤당 평균 재고유지비용은 얼마인가? [학습목표 11-5]
   (e) 평균적인 보유재고량이 4,975톤이라면 재고비축확률은 얼마인가? [학습목표 11-5]

7. 노트북 제조업자는 미국과 대만에서의 조립비용을 비교하고자 한다. 모든 노트북은 미국에서 판매된다. 재고를 평가하는 데 2.25의 안전계수를 사용한다. 노트북당 재고유지비용은 미국에서 주당 $4이고 대만에서는 $3.5이다. 미국 생산의 경우 조달시간은 1주일이고 대만에서 생산하는 경

우 조달시간은 8주가 된다. 추가적으로, 대만에서 미국으로 노트북들을 운송하는 데 대당 $20이 들어간다. 주당 수요량은 1,000대이고 표준편차는 800이다.

(a) 미국 생산의 경우 제품당 재고유지비용은 얼마인가? [학습목표 11-5]

(b) 대만 생산의 경우 제품당 재고유지비용은 얼마인가? [학습목표 11-5]

(c) 미국과 대만 모두 노트북의 조립에 40분의 노동시간이 필요하다. 미국에서의 총 인건비는 시간당 $40이고 대만에서는 $10이다. 대만에서 조립할 경우, 제품당 비용의 변화는 얼마나 되는가? [학습목표 11-5]

8. Highs Plains 사는 North Dakoda에서 가구를 생산한다. 이 회사는 Calgary에서 원목을 공급받는데, 조달시간은 3주이다. 이 회사가 생산하는 보드 중 하나는 단위당 $15의 생산비용이 들며 이 보드의 주당 재고유지비용은 $0.50이다. 이 회사는 99%의 재고비축확률을 유지하려고 하며, 보드의 주당 수요는 250개이며 표준편차는 200개이다.

(a) 보드의 주문재고는 평균 얼마인가? [학습목표 11-5]

(b) 보드의 보유재고는 평균 얼마인가? [학습목표 11-5]

(c) 이 보드의 경우 주당 총 재고유지비용은 얼마인가? [학습목표 11-5]

(d) 보드 한 단위당 재고유지비용은 얼마인가? [학습목표 11-5]

사례 TIMBUK2

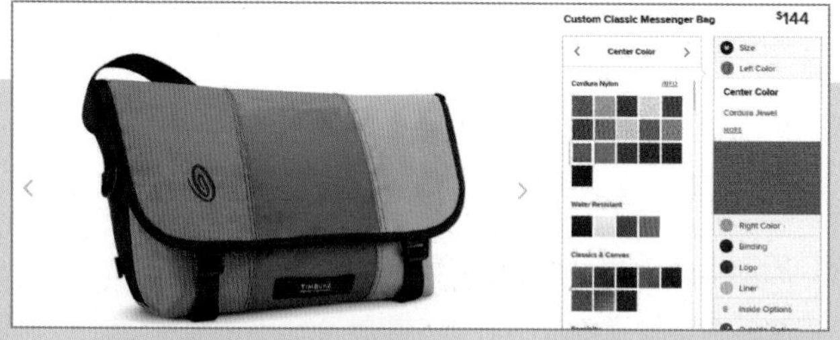

Courtesy of TIMBUK2

Rob Honeycutt은 소비자들이 외관 디자인을 선택할 수 있는 가방을 판매하는 Timbuk2라는 브랜드를 출시하였다. 그리고 아시아에서 제조하는 일반적인 전략 대신 San Francisco에 생산시설을 지었다. 그런데 이것이 최고의 전략일까? 중국으로 시설 이전을 고려해야 하지 않을까?

오른쪽의 이미지는 소비자들이 Timbuk2의 온라인 사이트에서 취향에 따라 가방을 편집하는 모습을 보여주고 있다. 소비자는 세 개의 패널 각각의 색상과 Timbuk2의 "소용돌이" 로고의 색상도 지정할 수 있다. 회사가 제공하는 색상들의 목록은 시간에 따라 업데이트되면서 변하지만, Timbuk2는 패널과 로고를 위해 최소 16가지 색상을 제공한다. 소비자가 색상을 선택하고 주문하면 회사는 San Francisco에서 가방을 생산하여 2~3일 안에 소비자에게 배송한다. Timbuk2는 개당 $100의 가격으로 온라인에서 가방을 판매하고 있다. 회사는 주로 온라인을 통한 판매를 원하지만 온라인에서 이 정도 가격의 가방을 파는 것은 한계가 있다. 따라서 Timbuk2는 또 다른 채널인 소매업자를 통해서도 가방을 판매한다. 그러나 소매업자를 통해 판매되는 가방은 이런 저런 추가 비용을 고려하면 온라인 채널과 같은 정도의 이윤(가방당 $35)이 발생하지는 않는다. 그리고 소매업자를 통해 판매되는 가방은 온라인 채널에서처럼 다양한 색상들이 제공되지는 않지만(소매업자는 좀 더 보수적인 색상을 판매한다) 온라인에서 판매되는 가방들과 동일한 생산라인에서 만들어진다. 그러나 소매업자에게 배송되는 시간은 2~3주 정도로 소비자에게 직접 배송되는 경우보다 더 긴 시간이 소요된다.

생산시설을 중국으로 옮기는 결정에는 여러 이슈들이 있다. 표 11.11은 San Francisco에서의 생산과 중국에서의 생산 간 비용 차이를 보여준다. 시간당 인건비는 극명한 차이가 있지만, San Francisco의 노동자들이 좀 더 생산성이 높다(가방당 63분이 아닌 49분이 소요된다). 두 옵션 모두 자재가 중국에서 조달되기 때문에 원자재 가격의 차이는 없다. 중국에서의 해상 운송비는 가방당 $1이지만 자잘한 과정(생산, 항구로 운송, 소비자 배송)들을 포함했을 때 조달시간은 8주가 된다. 조달시간을 줄이려면 항공 운송을 이용

[계속]

표 11.11 생산 장소에 따른 가방당 생산과 운송비용 비교

	San Francisco	중국	비고
시간당 임금	$12.50	$1.25	복지수당 포함
노동량	49분	63분	
원재료 가격	$13	$13	
기타 제조 비용(단위당)	$1.50	$0.75	보험, 시설 유지, 품질 보증비용 포함
샌프란시스코까지 운송비(단위당)	$0	$1	해상운송. 항공운송은 가방당 $15
샌프란시스코에서 소비자에게로 운송비(단위당)	$3	$3	

해야 하는데 이는 가방당 $15의 비용이 든다.

물론 표 11.11이 필요한 정보를 모두 담고 있지는 않다. 예를 들어, 중국에서 좋은 공급업자를 찾고 모니터링 하려면 추가적인 비용이 발생할 수도 있다. 그리고 Timbuk2가 처음부터 "Made In San Francisco"를 자랑스럽게 강조했기 때문에 소비자들이 생산기지를 옮기는 것에 대해 어떻게 반응할지 분명하지 않다. 중국으로의 시설 이전이 소비자의 브랜드 인식에 영향을 미칠 것인가?

1. San Francisco에서 가방을 만드는 총 비용은 얼마인가? 중국에서 미국으로 수송하는 비용까지 포함하여 중국에서 가방을 만드는 총 비용은 얼마인가?
2. Timbuk2가 소매 판매하는 가방의 생산을 중국으로 이전했다고 가정하자. 회사가 중국의 공급업자에게 매 4주마다 주문을 넣을 수 있다. 즉, 주문기간은 4주이다. 조달시간은 8주 또는 2 주문기간, 즉 $L=2$이다. 소매 판매하는 가방의 평균 수요량은 주문기간(즉, 4주)당 200개이고 표준편차는 100개이다. 가방 한 개당 재고유지비용은 주문기간(즉, 4주)당 $1이고, 2.5의 안전계수를 사용한다. 주문재고와 보유재고는 평균 얼마가 될 것인가? 가방당 재고유지비용은 얼마인가?
3. 색상의 개별화가 이루어지는 가방, 즉 온라인 판매하는 가방의 생산을 중국으로 옮겨야 하는가? 아니면, 소매업자를 통해 판매하는 가방의 생산을 중국으로 옮겨야 하는가?

12 꾸준히 존재하는 수요를 위한 재고관리

학습목표

12-1 경제적 주문량 모델을 이용하여 최적 주문량과 성과지표를 평가할 수 있다.

12-2 재고관리에 규모의 경제가 존재함을 인지하고 제품 다양성이 재고비용에 미치는 영향을 이해한다.

12-3 수량 제한이나 수량 할인이 있을 경우 최적 주문량을 평가할 줄 안다.

이 장의 개요

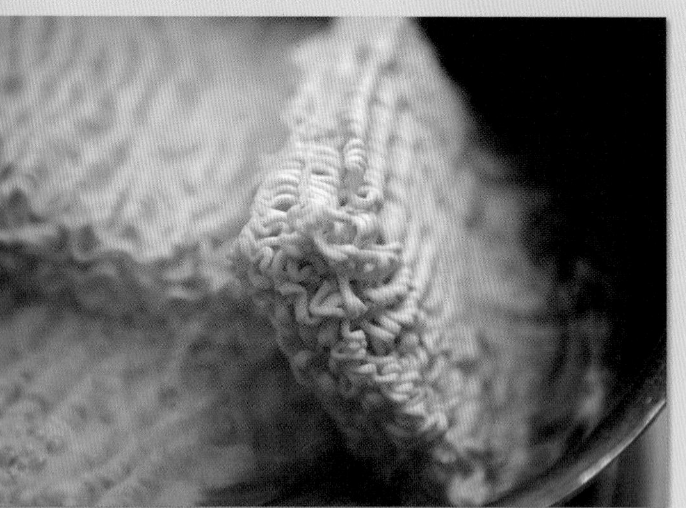

© Ingram Publishing/SuperStock

소개

당신이 i) 식료품점 매장에서, ii) 라면 봉지들을 응시하고 있으며, iii) 당신은 실제로 라면을 좋아한다고 가정해보자. 라면은 맛있고 편리하며 저렴하기까지 하다(좋아하지 않는 사람이 있을까?). 당신은 별 생각 없이 몇 봉지를 집을 것이다. 하지만 "최적"의 구매량이 얼마일지 생각해보자. 평소 꾸준히 라면을 먹는 사람이라면 이제 구매할 라면을 꽤 빠르게 소비할 것이다. 다 먹고 나서 라면을 사려고 식료품점에 다시 가는 일은 좀 귀찮기 때문에 재고를 미리 사놓으면 당분간 라면 살 걱정을 하지 않아도 된다. 반면, 지금 당장은 현금이 좀 부족하고, 당신의 룸메이트가 왜 캐비닛의 한 켠을 모두 라면으로 채워놨는지 불평할 수도 있다. 따라서, 당신이 라면을 몇 봉지씩으로만 산다면 주기적으로 라면을 구매해야 하고, 대량으로 구매한다면 사는 곳 어딘가를 라면으로 가득 채우게 될 것이다. 이러한 상황에서 "최적"의 구매량은 얼마인가? 더 어려운 문제는, 라면이 할인행사 중이라면(4개 값으로 5개 구매) 얼마나 구매해야 할까?

이번 장은 재고가 존재하는 여러 이유 중 고정비용과 가격할인으로 인한 일괄 구매에 초점을 맞춘다. 먼저 "몇 봉지의 라면을 사야 하는가?"와 같은 질문에 답하기 위해 재고관리모형을 이용한 분석을 할 것이다(12.1절). 물론 라면을 사려고 이러한 데이터 기반의 분석적인 방법을 사용한다는 것이 좀 엉뚱하게 느껴질지 모르지만 수많은 장소에서 많은 재고유지비용을 들여 수천 개의 제품을 관리해야 하는 기업은 재고관리에 이러한 기법을 사용한다. 특히 우리는 Walmart가 Johnson & Johnson이 제조하는 진통제 Extra Strength Tylenol(24정)을 구매하는 의사결정 과정을 살펴볼 것이다.

우리가 다룰 재고관리모형은 기업이 구체적인 의사결정을 내리는 데 도움이 되지만 소비자에게 제공하는 제품군을 어떻게 관리해야 하는지에 대한 가이드라인도 제시할 것이다. 회사가 다루는 제품군에서 특정 제품을 더하거나 빼는 것이 재고관리에 어떤 영향을 미치는가? 운영관리에서는 일반적이지만 재고관리에도 규모의 경제가 존재한다는 것을 살펴볼 것이다(12.2절).

마지막으로, 주문수량이 제한되는 경우와 가격할인이 제공되는 경우에 대해 살펴볼 것이다. 주문수량 제한은 주문량을 정해진 규격 사이즈(예를 들어 상자단위)의 배수로 제한하는 것을 의미하며, 수량 할인은 대량으로 주문할 경우 단위당 가격이 할인되는 것을 의미한다. 재고관리모형을 통해 이러한 주문량 증가에 따르는 가격할인이 구매자에게 얼마나 도움이 되는지를 평가한다.

12.1 경제적 주문량

학습목표 12-1
경제적 주문량 모델을 이용하여 최적 주문량과 성과지표를 평가할 수 있다.

Walmart는 세계에서 가장 큰 소매업체이다. 회사가 이렇게 성장한 이유 중 하나는 탁월한 재고관리에 있다. 이 탁월함에 대한 이해를 돕기 위해 Walmart가 내리는 재고와 관련된 많은 의사결정 중 하나를 살펴보자. 이 결정은 미국 내에 있는 Walmart의 대형쇼핑센터 중 한 곳에서 이루어 진다. 대형쇼핑센터는 매우 큰 규모로 약 5,000 평에 달하며(주차장 미포함) 축구장 3개를 합친 것보다 넓은 크기의 매장에는 수십만 종류의 제품들이 쌓여 있다. 이 중 Johnson & Johnson(J&J) 회사의 진통제인 Extra Strength Tylenol을 살펴보자(사실, Tylenol은 J&J 소유 McNeil 사의 McNeil Consumer Healthcare 부서에서 만들어 진다).

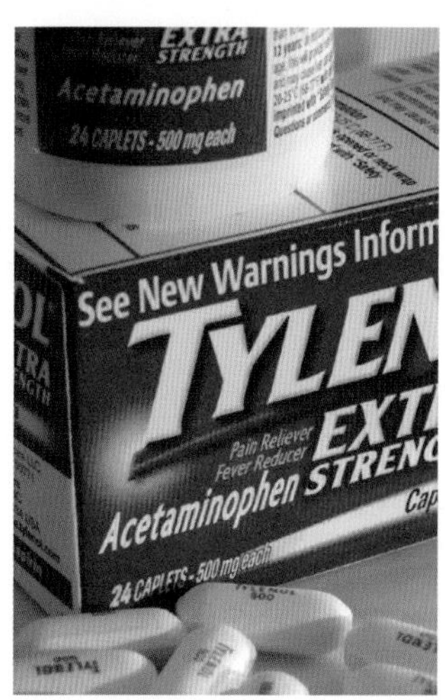

© Jill Braaten

Walmart는 타이레놀 한 통을 $3에 구매한다. Walmart는 이 센터를 통해 매년 타이레놀 624통을 판매하며 수요는 비교적 일정하다. Walmart는 언제든 더 많은 타이레놀을 주문할 수 있으나 각 주문에는 주문수량과 상관없이 $6의 고정비용이 발생한다. 이 $6의 비용은 주문을 처리하고 배송된 제품을 선반에 올리는 과정에서 발생한다. 다른 관련 비용은 재고유지비용이다. Walmart는 타이레놀이 25%의 재고유지비용이 든다고 본다. 이 말은 재고 $1당 연간 $0.25의 재고유지비용이 든다는 의미이다. 예를 들어, 한 통의 타이레놀이 쇼핑센터에서 1년을 머무른다면(낮은 확률이지만 가정해보자) $3 × 0.25 = $0.75의 비용이 발생한다.[1]

12.1.1 경제적 주문량 모델

Walmart는 타이레놀의 재고를 관리하기 위해 **경제적 주문량 모델(economic order quantity model; EOQ)**을 적용할 수 있다. 이 모델은 다음의 가정을 사용하고 있다.

경제적 주문량(EOQ) 모델 단위기간당 주문비용과 재고유지비용의 합을 최소화하는 1회 주문량을 찾기 위한 모델

[1] 이 비용에 관한 자료들은 인위적으로 가공된 자료들이다.

주문비용, K 주문당 발생하는 고정비용으로서 주문수량과는 관계없다.

단위당 재고유지비용, h 한 단위를 한 단위기간 동안 재고로 유지하는 데 드는 비용

조달시간 주문의 발주시점에서 주문의 배송이 이루어지는 시점까지의 시간. 프로세스에서의 조달시간은 흐름시간의 대안으로 종종 사용된다.

- 수요는 R의 일정 속도로 발생한다. 타이레놀의 경우 연간 $R = 624$통 혹은 주당 12통(624/52주)의 수요가 발생한다(이 가정을 다루고 있는 **연관 사례: 소비** 참조).
- 주문당 고정 **주문비용(order cost)인** K가 발생하는데 이 비용은 주문량과 관계없이 일정하다. 타이레놀의 경우 $K = \$6$이다.
- 단위시간당 **단위당 재고유지비용(holding cost per unit)인** h. 이 비용은 특정 기간 동안 한 단위의 재고를 유지하는 데 들어가는 비용을 의미한다. 예를 들어, 여기에는 자본의 기회비용이 포함되는데, 만약 Walmart가 재고를 확보하는 데 \$100억을 사용했다면 이 금액은 다른 곳(새 건물을 짓거나 다른 회사에 투자하거나 또는 인터넷 홈페이지를 확장하는 것 등)에 투자하여 얻을 수 있는 수익의 기회를 포기하는 것이다. 또한 재고 보관을 위한 빌딩 임대와 관리비용이 포함된다. 타이레놀 한 통당 연간 재고유지비용이 타이레놀 가치의 25%라면 $h = 25\% \times \$3 = \$0.75$이 된다. 단위당 연간 재고유지비용인 \$0.75은 단위당 구매비용을 기준으로 계산되는 것이지 단위당 판매가격을 기준으로 계산되는 것이 아님을 주목하자. 이는 자본의 기회비용이란 개념이 제품 판매로 얻은 수익에 기반하는 것이 아니라 제품을 구매하는 비용(특정 기간 동안 재고에 "묶인" 현금)에 바탕을 두기 때문이다.
- 모든 수요를 충족한다. 재고 부족으로 매출이 이루어지지 않는 것은 비용이 너무 크므로 재고 품절은 발생하지 않는다고 가정한다.
- 재고는 상하거나 진부화되거나 소실되지 않는다. 이 가정은 구매된 모든 재고는 모두 판매된다는 의미와 같다. 다시 말해서 재고가 얼마나 오래 비축되었든지 간에 "새로운 것과 같은" 상태라고 가정한다. 물론 약품에는 유통기한이 있지만 Walmart가 유통기한 훨씬 전에 모든 제품을 판매한다고 가정한다.
- 주문의 조달시간은 안정적이다. **조달시간(lead time)**은 공급업자가 주문을 받는 시점에서부터 주문자가 제품을 배송 받기까지의 시간을 의미한다. 경제적 주문량 모델은 공급업자가 안정적으로 제품을 배송하는 것을 가정하는데 이는 주문과 배송 사이에 일정한 지연이 있음을 의미한다. 또한, 재고가 바닥나기 전에 제품을 배송받을 수 있도록 주문을 내는 시간을 결정할 수 있다는 것을 의미한다. Walmart는 자사의 물류센터로부터 물품을 배송하는 그들만의 공급업자가 존재하므로 주문의 조달시간은 안정적이라 말할 수 있다.
- 구매되는 수량에 상관없이 단위당 구매가격은 일정하다. 즉, 대량 주문에 따른 할인혜택은 없다. 예를 들어, Walmart가 J&J 제품 1개를 사든 1,000개를 사든 똑같이 한 통에 \$3을 지불한다. 이 장의 마지막 절에서 수량 할인을 재고관리 모델에 어떻게 반영할 수 있는지 살펴볼 것이다.

표 12.1에는 타이레놀의 예시에 적용되는 경제적 주문량 의사결정에 필요한 계수들과 그 값들이 정리되어 있다. 중요한 점은 모든 값들이 같은 단위를 사용해야 한다는 것이다. 예를 들어, 수요나 단위당 재고유지비용이 1년, 1주, 1시간이든지 간에 동일하게 사용되면 시간단위에 관계없이 동일한 답, 즉 주문수량이 도출될 수 있다. 하지만, 수요는 1년 단위로 표시되고 단위당 재고유지비용은 1주를 기준으로 표시된다면 잘못된 답이 도출된다.

표 12.1 경제적 주문량 모델의 계수와 계수값: Walmart 배송센터를 통해 판매되는 타이레놀 제품

경제적 주문량 모델 계수/변수	수리기호	Walmart/타이레놀 계수값
수요율(연간 수량)	R	624
주문비용(주문당 $)	K	$6
단위당 재고유지비용($/단위/연)	h	$0.75
1회 주문량	Q	의사결정해야 할 값

마찬가지로, 단위당 재고유지비용을 달러로 측정하면 주문비용도 동일한 화폐단위로 측정해야 한다. 만약 수요가 1년에 몇 통이라고 통 단위로 표시된다면 단위당 재고유지비용도 통 단위로 표시되어야 한다.

경제적 주문량 모델의 목표는 단위시간당 주문비용과 재고유지비용의 합을 최소화하는 것인데, 이를 경제적 주문량 모델의 단위시간당 총 비용이라 부른다.

- **단위기간당 주문비용(ordering cost per unit of time)**: 특정 기간 동안 주문비용의 합이다. 예를 들어, Walmart가 일 년에 12번 주문을 한다면 연간 주문비용은 $\$6 \times 12 = \$72$이 발생한다.
- **단위기간당 재고유지비용(holding cost per unit of time)**: 특정 기간 동안 재고유지비용의 합이다. Walmart가 평균적으로 100통의 재고를 유지하면 연간 재고유지비용은 $100 \times \$0.75 = \$75$이 된다.
- **단위기간당 경제적 주문량 비용(EOQ cost per unit of time)**: 특정 기간 동안 재고유지비용과 주문비용의 합이다.

단위기간당 주문비용 단위기간당 주문행위와 관련된 모든 고정비용들의 합

단위기간당 재고유지비용 단위기간당 재고유지와 관련된 총 비용

단위기간당 경제적 주문량(EOQ) 비용 단위기간당 주문비용과 재고유지비용의 합

단위기간당 구매비용 단위기간당 재고를 구매하기 위한 비용

주문당 주문비용($K = \$6$)과 특정 기간 동안의 주문비용(12번 주문될 때 연간 $72)의 차이를 주목하라. 첫 번째 비용은 모델의 입력계수로 의사결정에 의해 영향받지 않는다. 즉, Walmart가 자주 주문하든 그렇지 않든지 간에 항상 주문당 주문비용은 $6이다. 두 번째 비용은 의사결정에 의한 결과물로서 주문량 결정에 의해 연간 주문비용은 달라진다. 단위당 재고유지비용($h = \$0.75$)과 단위기간당 재고유지비용(연간 100통이 재고로 있을 때 $75) 사이에도 비슷한 관계가 존재한다. 단위기간당 재고유지비용은 주문량 결정에 의해 영향을 받지 않지만 연간 재고유지비용은 결정된 주문수량에 따라 달라진다(따라서 일정하지 않다).

주문비용과 재고유지비용 이외에도, 단위기간당 구매비용을 정의하는 것이 도움이 된다.

- **단위기간당 구매비용(purchasing cost)**: 특정 기간 동안 재고로 저장할 물품을 구매하는 비용을 의미한다. 예를 들면 타이레놀의 경우 연간 $1,872(통당 $\$3 \times 624$통/연 구매)이 발생한다.

Walmart의 경우 타이레놀의 구매금액이 상당할 수 있는데 경제적 주문량 모델이 구매

비용을 포함하지 않는다는 것은 의외일 수 있다. 이유는 간단하다. Walmart의 연간 구매비용은 1회 주문량과는 관련이 없기 때문이다. 만약 Walmart가 주문당 12통을 구매한다면, Walmart는 연간 52번의 주문을 하게 된다(연간 624통/주문당 12통). 만약 Walmart가 주문당 48통을 구매한다면 연간 13번의 주문을 하게 된다. 따라서 연간 주문횟수는 1회 주문량에 달려 있지 실제 연간 주문 총량과는 관련이 없다. 또한, 재고품절은 일어나지 않는다는 가정하에서는 수요만큼만 구매한 뒤 모든 구매량은 다 파는 것이 합리적이기 때문에 연간 총 주문량은 연간 수요량과 일치한다. 따라서 1회 주문량의 결정은 Walmart의 연간 구매비용에 영향을 미치지 않으므로 대량주문에 따른 할인이 없는 상황에서 1회 주문량을 결정할 때는 구매비용을 의사결정에서 제외시키는 것이 합리적이다. 그러나, "트럭 한 대 분량의 주문 시 5%의 할인" 등의 수량 할인이 존재한다면 주문량에 따라 구매비용이

연관 사례: 소비

경제적 주문량 모델의 가정 중 하나는 연간 수요량이 1회 주문량에 의해 영향을 받지 않는다는 것이다. 그러나 이것이 항상 사실은 아니다. 만약 당신이 냉장고를 열었는데 요거트 통이 잔뜩 쌓여 있는 상황과 요거트가 별로 없는 상황이 있다고 하자. 두 상황을 비교할 때, 어느 경우에 요거트를 소비할 확률이 더 높을까? 대부분의 사람들은 이 두 가지 상황에서 소비행위가 다른데, 일반적으로 재고가 많은 상황에서 더 많은 소비를 한다고 한다. 이러한 현상을 이용하기 위해 마케터들은 일시적인 가격할인이라는 전략을 구사하고 있다! 특히, 가격할인 전략을 사용하는 이유 중 하나는 소비자들로 하여금 재고를 "쌓아" 놓게 만들어 소비를 촉진시키는 것이다.

냉장고에 있는 재고만 그런 것이 아니다. 당신이 중형 세단을 사려 한다고 가정하자. "Full"이라는 이름의 자동차 딜러 전시장에 가니, 20가지 중형 모델들이 전시되어 있다. 이번엔 "Lean"이라는 이름의 다른 딜러 전시장에 가니 딱 한 대만 전시되어 있다고 하자. 전시된 재고량이 당신의 결정에 영향을 미칠 것인가? 그럴 수 있다. 당신은 Full의 자동차가 재고가 많은 것은 인기가 많아서이고 이는 차량의 디자인이 좋고 안전해서라고 추론할 수 있다. 반면, 당신은 Lean의 차량이 너무 인기가 많아서 재고가 없다고 생각할 수도 있다. 실험에 따르면 자동차의 경우 소비자는 Lean에게서 자동차를 구매할 확률이 높다고 하며 이를 "희소성 효과"라고 한다. 제한된 재고는 희소하기 때문에 수요를 증진시킨다는 것이다. 그러나 반대의 경우가 나타날 수도 있다. 만약 당신이 식료품점에 갔다면 마지막 남은 햄버거를 구매할 것인가? 그렇지 않을 확률이 높다. 왜냐하면 마지막 남은 햄버거는 오래됐을 것이기 때문이다. 그러나 식료품점이 한 가지 향의 커피로 선반을 가득 채우고 있다면 이는 당신의 눈을 사로잡기 때문에 당신이 그 커피를 구매할 확률이 높아진다.

출처: Kusum L. Allawadi and Scott A. Neslin, "The Effect of Promotion on Consumption: Buying More and Consuming It Faster," *Journal of Marketing Research* 35, no. 3 (August 1998), pp. 390–98.

Gerard Cachon; Santiago Gallino; and Marcelo Olivares. *Does Adding Inventory Increase Sales? Evidence of a Scarcity Effect in U.S. Automobile Dealerships* (June 28, 2013). Available at SSRN: http://ssrn.com/abstract=2286800 or ttp://dx.doi.org/10.2139 /ssrn.2286800

이해도 확인하기 12.1

질문 소매업자가 휴대용 제설기를 $400에 구매하고 $600에 판매한다. 이 소매업자에게 연간 25%의 재고유지비용이 발생한다면, 연간 단위당 재고유지비용은 얼마인가?

답 25% × $400 = $100

달라지기 때문에 구매비용은 1회 주문량 결정에 영향을 미치게 된다. 이 수량 할인에 관한 부분은 이 장의 12.3.2절에서 다루기로 한다.

12.1.2 경제적 주문량 모델의 비용 함수

주문량 결정에 수반되는 상쇄관계를 생각해보자. 그림 12.1은 두 가지 다른 주문량에 따라 물류센터의 재고량이 시간별로 어떻게 변화하는지 보여준다. 전자에서 주문량은 주문당 50통이고 후자는 주문당 150통이다. 이 그림은 재고가 톱니 모양으로 변화함을 보여주고 있다. 주문량이 물류센터에 도착하는 즉시 재고량은 수직으로 높게 치솟아 오르고 이후 일정하게 감소한다. 이때 재고량은 주문량 Q만큼 점프하고 이후 수요량 R의 속도로 감소한다. 따라서 R은 톱니 모양의 삼각형에서 경사진 면의 기울기가 된다. 그림 12.1에서 재고량이 0이 되는 순간에 새로운 주문이 들어오고 있는데, 이는 항상 최소재고량을 유지하면서 재고품절이 일어나지 않도록 조달시간이 안정적임을 가정하였기 때문에 가능한 일이다.

이러한 톱니바퀴 패턴 외에도, 주문량이 많으면 재고량도 많고 주문량이 적으면 재고량도 적음을 볼 수 있다. 이는 모델에서의 중요한 상쇄관계를 나타낸다. 주문량이 많으면 재고유지비용이 증가하고 주문량이 적으면 주문비용이 증가한다. 그런데 특정 주문량이 초래하는 재고의 평균적인 양은 어떻게 알 수 있는가? 그림 12.1 상단의 삼각형을 보면, 재고는 50통에서 최고점을 찍고 4주가 약간 넘는 기간(50통/주당 12통 = 4.17주)에 걸쳐 0으로 떨어진다. 그 기간 동안의 평균적인 재고량은 최대 재고량의 절반이므로, 25통이 된다. 따라서,

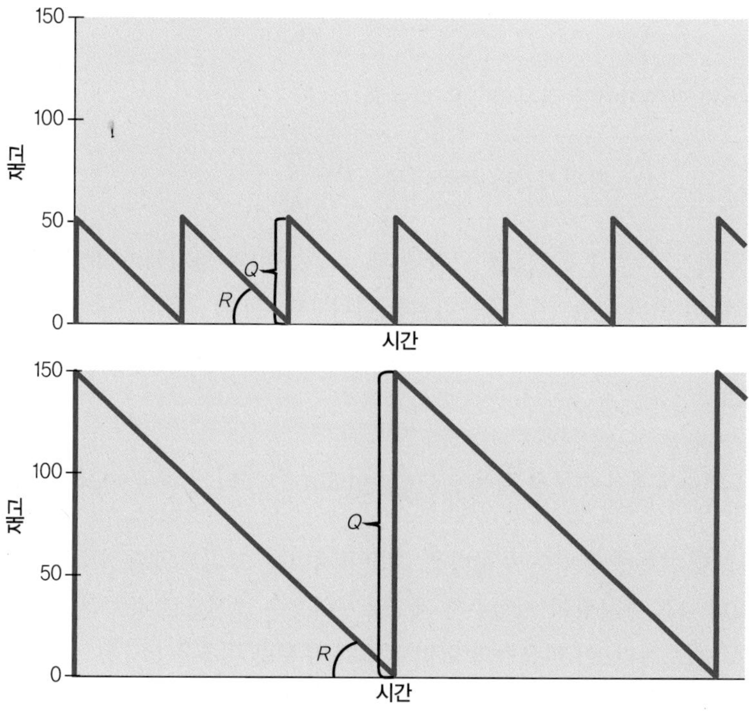

그림 12.1
Walmart의 1회 주문량이 50통(위) 또는 150통(아래)일 경우의 재고 패턴

$$평균\ 재고량 = \frac{주문량}{2} = \frac{Q}{2}$$

평균적인 재고의 양을 안다면, 단위기간 동안의 재고유지비용을 계산할 수 있다.

$$단위기간당\ 재고유지비용 = \frac{1}{2} \times h \times Q$$

예를 들어, Walmart가 주문당 50통을 주문한다면 물류센터는 평균적으로 25통을 재고로 갖게 되고 한 통당 연간 $0.75의 재고유지비용이 발생하므로 타이레놀의 연간 재고유지비용은 25통 × $0.75 = $18.75/연이 된다.

재고유지비용 이외에 주문비용도 따져보아야 한다. Walmart가 한번에 150통을 주문한다고 가정하자. Walmart는 연간 624통을 판매하므로 Walmart는 연간 4.16번(624통/150통)의 주문을 해야 한다. Walmart가 이보다 더 빈번하게 주문한다면(1회 주문량은 150통) 연간 수요량보다 더 많이 주문하는 꼴이 되어 재고가 쌓이게 된다. 반면 Walmart가 연간 4.16번보다 더 적은 빈도로 주문한다면(1회 주문량은 150통) Walmart의 주문량은 수요를 만족시키지 못하게 된다. 따라서 Walmart는 수요와 공급을 맞추기 위해 연간 정확히 4.16번의 주문을 내야 한다. 하지만 어떻게 정수가 아닌 4.16번의 주문을 하는가? 정답은 주문의 도착이 한 해의 마지막과 정확히 일치하지 않기 때문에 어떤 해에는 4번의 주문을 하고 다음 해에는 5번의 주문을 하게 되는 것이다. 따라서 Walmart는 1회 주문량이 150통인 경우 평균적으로 연간 4.16번의 주문을 한다는 의미이다.

일반적으로, Walmart가 연간 R개의 통을 팔고 주문당 Q통을 주문한다면, Walmart는 연간 R/Q번의 주문을 하게 된다.

$$단위기간당\ 주문\ 횟수 = \frac{R}{Q}$$

따라서, Walmart의 단위기간당 주문비용은 다음과 같다.

$$단위기간당\ 주문비용 = K \times \frac{R}{Q}$$

위의 식에서 "단위기간"은 수요량 R을 나타낼 때 쓰인 단위와 일치해야 한다. 예를 들어, R이 연간 수요라면 위의 식은 연간 주문비용을 나타낸다. 이제 단위시간당 주문비용과 재고유지비용의 합을 나타내는 식을 아래와 같이 정리할 수 있으며, 이를 경제적 주문량 비용이라고도 한다.

$$단위기간당\ 경제적\ 주문량\ 비용 = C(Q) = \left(K \times \frac{R}{Q}\right) + \left(\frac{1}{2} \times h \times Q\right)$$

그림 12.2는 다양한 주문량에 따른 주문비용, 재고유지비용, 그리고 경제적 주문량의 비용을 보여주고 있다. 1회 주문량이 커질수록 재고유지비용은 직선으로 증가하는 반면 주문비용은 곡선으로 감소한다. 이 비용들의 합인 경제적 주문량 비용은 U자형 곡선을 그린다. 주문량이 적다면 주문비용이 전체 비용의 큰 부분을 차지하게 되며 경제적 주문량 비용은 높아진다. 경제적 주문량 비용은 주문량이 클 때도 높은데, 이는 전체 비용에서 재고

그림 12.2
주문량에 따른 주문비용,
재고유지비용, 경제적 주문량 비용의 변화

비용 ($/연)

경제적 주문량 비용, $C(Q)$

재고유지비용 $= \frac{hQ}{2}$

주문비용 $= \frac{KR}{Q}$

주문량, Q(통)

이해도 확인하기 12.2

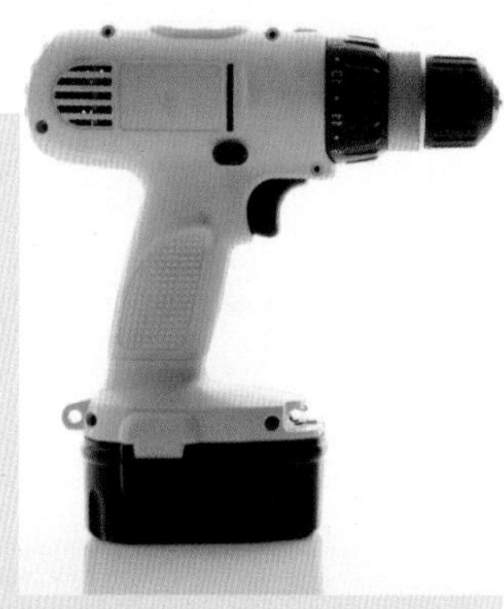

© Ron Chapple Stock/FotoSearch/ Glow Images

질문 **철물점의 전기드릴 한 단위는 연간 $10의 재고유지비용이 든다. 상점은 이 전기드릴을 주당 하나씩 판매하고 있다. 상점이 드릴을 주문할 때는 12개들이 한 상자를 주문한다. 철물점의 평균적인 드릴 재고량은 얼마인가?**

답 주문량 $Q = 12$이므로 평균 재고량은 6이 된다.

질문 **이 드릴을 재고로 보관하는 데 드는 연간 재고유지비용은 얼마인가?**

답 단위시간당 재고유지비용 $= 0.5 \times h \times Q = 0.5 \times$ \$10/연/단위 $\times$ 12개 = \$60

질문 **철물점은 주문당 $6의 비용이 발생한다. 철물점의 연간 주문비용은 얼마인가?**

답 주문당 주문비용은 $K =$ \$6이고 흐름률 $R =$ 52개/연이므로,

$$\text{연간 주문비용} = \frac{K \times R}{Q} = \frac{\$6 \times 52\text{개}}{12\text{개}} = \$26$$

유지비용이 큰 부분을 차지하기 때문이다. 여기서 핵심은 "적정한" 양의 주문량을 찾는 것이다.

12.1.3 최적 주문량

그림 12.2는 최적 주문량이 약 100통임을 보여준다. 그러나 좀 더 정확할 필요가 있다. 미적분을 안다면 미분을 통해 함수의 최소값을 구할 수 있다(미분한 값을 0으로 놓고 Q를 구한다). 그러나 미적분 수업을 듣지 않았거나 이러한 과정을 몰라도 괜찮다. 다음의 식을 이용해서 단위기간당 주문비용과 재고유지비용의 합을 최소화하는 주문량을 구할 수 있다.

$$Q^* = \sqrt{\frac{2 \times K \times R}{h}}$$

이 수량, Q^*를 경제적 주문량이라고 한다. 공식을 보면, 주문비용 K가 증가하면 Q 역시 증가함을 확인할 수 있다. 이 경우, 단위기간당 주문 횟수를 줄이기 위해 주문량을 늘리는 것이 타당하다. 비슷하게, 단위당 재고유지비용이 증가한다면 Q는 감소한다. 재고유지비용에 더 많은 비용이 든다면 평균 재고량을 줄이기 위해 주문량을 줄여야 한다. 최종적으로, 더 높은 수요 R을 가진 제품은 주문량이 더 커야 한다. 이 경제적 주문량 공식을 타이레놀의 경우에 적용해보자.

$$Q^* = \sqrt{\frac{2 \times K \times R}{h}} = \sqrt{\frac{2 \times \$6 \times 624}{\$0.75}} = 100$$

따라서 Walmart는 연간 주문비용과 재고유지비용의 합을 최소화하기 위해 주문당 100통의 타이레놀을 주문해야 한다. 이는 그림 12.2에서 보여주는 결과와 일치하지만 공식을 통해서도 동일한 결과를 얻은 것이다. 그림 12.2를 자세히 보면, 연간 재고유지비용 곡선과 연간 주문비용 곡선이 총 비용이 최소화되는 점에서 교차하는 것을 확인할 수 있다. 이는 우연이 아니다. 경제적 주문량 모델에서, 총 비용이 최소화되는 Q^*에서 연간 주문비용과 연간 재고유지비용은 동일하다.

이해도 확인하기 12.3

질문 **Xootr은 대만의 공급업자로부터 손잡이용 캡을 구매한다. 공급업자는 통관비용과 기타 비용을 감당하기 위해 주문당 \$300의 비용을 청구한다. Xootr은 주당 700개의 캡이 필요하고 캡 하나당 연간 재고유지비용은 \$0.40이다. 재고유지비용과 주문비용의 합을 최소화하기 위해 한번에 몇 개의 캡을 주문해야 하는가?**

답 재고유지비용이 연 단위로 주어졌기 때문에 수요도 연 단위이어야 한다. 연간 수요는 주당 700개 × 52주 = 36,400개가 된다.

따라서, 경제적 주문량 = $\sqrt{\frac{2 \times \$300 \times 36{,}400}{\$0.40}}$ = 7,389개이다.

12.1.4 경제적 주문량 비용과 단위당 비용

이제 우리는 경제적 주문량 Q^*가 단위시간당 주문비용과 재고유지비용의 합, 즉 경제적 주문량 비용을 최소화시킨다는 것을 안다. 그렇다면 경제적 주문량 비용은 구체적으로 얼마인가? 이는 Q^*를 경제적 주문량의 비용 공식인 $C(Q)$에 대입하여 구할 수 있다.

$$C(Q^*) = \left(K \times \frac{R}{Q^*}\right) + \left(\frac{1}{2} \times h \times Q^*\right) = \left(\$6 \times \frac{624}{100}\right) + \left(\frac{1}{2} \times \$0.75 \times 100\right) = \$74.94$$

따라서 Walmart가 100통씩 타이레놀을 주문하면 매년 \$74.94의 경제적 주문량 비용이 발생한다(재고유지비용과 수요가 연 단위를 사용하기 때문에 총 비용은 연간 비용이 된다).

\$74.94의 비용이 많은가? 이 질문에 답하기 위해, \$74.94을 다른 수치와 비교해보자. 한

가지 방법은 연간 총 구매비용과 비교하는 것이다. 매년 Walmart는 $1,872어치(통당 $3× 연간 624통)의 타이레놀을 구매한다. 따라서, $74.94은 총 구매비용의 4%($74.94/$1,872)가 된다. 또 다른 방법은 단위당 경제적 주문량 비용을 구해보는 것이다. 연간 $74.94/연간 624통 = $0.12/통이 된다. 따라서, Walmart는 타이레놀 한 통당 12센트의 주문비용과 재고유지비용을 지불한다. $0.12은 한 통의 구매비용인 $3의 4%인데, 624통을 기준으로 한 재고유지비용과 주문비용의 합이 총 구매비용의 4%이므로, 한 통을 기준으로 생각해도 동일한 비율의 비용이 발생하는 것은 당연한 일이다.

4%라는 숫자가 큰 것일까? 이 수치는 그리 크게 보이지 않을 수 있으나 소매업자의 최종 이익률이 매출의 1 ~ 3%밖에 되지 않는다는 것을 상기하면 4%는 기업의 이익률과 같은 정도의 규모라고 생각할 수도 있다. 따라서 재고관리를 잘하는 것이 중요하다. 예를 들어 재고관련 비용이 8%로 2배가 된다면 이 제품은 이익이 아닌 손해가 나는 제품이 된다.

이해도 확인하기 12.4

질문 **Xootr는 중국의 공급업자로부터 바퀴를 수입한다. 공급업자는 바퀴 하나당 $3을 청구하고 별도로 통관비용과 각종 비용을 감당하기 위해 주문당 $200의 주문비용을 청구한다. Xootr는 매년 80,000개의 바퀴가 필요하고 연간 재고유지비용은 40%가 든다. Xootr가 주문당 8,000개의 바퀴를 주문한다고 할 때, 연간 주문비용과 연간 재고유지비용의 합은 얼마인가?**

답 바퀴당 연간 재고유지비용은 $3 × 0.4 = $1.2가 된다. 연간 주문비용과 재고유지비용의 합은

$$C(Q^*) = \left(K \times \frac{R}{Q^*}\right) + \left(\frac{1}{2} \times h \times Q^*\right) = \left(\$200 \times \frac{80{,}000}{8{,}000}\right) + \left(\frac{1}{2} \times \$1.2 \times 8{,}000\right) = \$6{,}800$$

질문 **Xootr가 주문당 5,000개의 바퀴를 주문한다면 연간 재고유지비용과 주문비용의 합은 $6,200이다. 바퀴 하나당 재고유지비용과 주문비용은 얼마인가?**

답 바퀴 하나당 재고유지비용과 주문비용의 합은 연간 $6,200/연간 80,000 = $0.078

12.2 규모의 경제와 제품 다양성

고정 주문비용이라고 하면 7장에 다룬 고정 셋업시간과 유사하게 느껴진다. 셋업시간이란 프로세스가 생산을 시작하기 위해 필요한 고정된 양의 시간임을 상기하자. 셋업시간 동안에는 생산이 일어나지 않으며 셋업 후 배치생산에서 얼마나 많은 제품이 생산되는가 와는 상관없이 셋업시간은 항상 일정하다. 셋업시간이 상당하다면, 배치의 크기를 늘리는 것이 당연하다. 따라서 셋업시간은 어떤 의미에서 단위당 드는 시간으로 분배될 수 있을 것이며, 배치의 크기가 클수록 단위당 셋업시간이 줄어들어서 프로세스의 처리능력이 늘어난다고 생각할 수 있다. 따라서 셋업시간이 존재하는 프로세스는 **규모의 경제(economies of scale)**가 존재한다고 말할 수 있다. 더 많은 양이 생산될수록 더 효율적으로 되는 것이다.

학습목표 12-2
재고관리에 규모의 경제가 존재함을 인지하고 제품 다양성이 재고비용에 미치는 영향을 이해한다.

규모의 경제 수요와 운영 효율성 간의 관계를 나타내는데, 수요가 커지면 더 효율적인 프로세스가 되는 것을 의미한다.

경제적 주문량 모델에서는 셋업시간은 없지만 고정된 주문비용이 존재한다. Walmart가 타이레놀 1통을 주문하든 1,000통을 주문하든 똑같이 $6의 주문비용이 발생한다. 따라서

표 12.2 수요의 변화가 비용에 미치는 영향

	시나리오	I	II	III	IV	V
	연간 수요, *R*	156	312	624	1,248	2,496
	수요의 배수	1/4	1/2	1	2	4
	EOQ, *Q**(통)	50	71	100	141	200
(*a*)	연간 EOQ 비용, *C*(*Q**)($)	$37.50	$53.00	$74.90	$106.00	$149.90
(*b*)	연간 구매비용($3 × *R*)	$468	$936	$1,872	$3,744	$7,488
(*c* = *a*/*b*)	연간 구매비용 대비 연간 EOQ 비용	8.0%	5.7%	4.0%	2.8%	2.0%

주: "수요의 배수"는 기준 시나리오(III) 대비 해당 시나리오의 수요 비율을 의미한다.

충분히 많은 양을 주문하는 것이 낫다. 그러나 주문량은 수요에 의해 영향받을 수밖에 없다. Walmart가 매년 수천 통을 판다면 한번에 1,000통을 주문할 수도 있겠지만, 연간 몇백 통밖에 팔지 못한다면 그러한 주문량은 엄청난 재고유지비용을 발생시킬 것이다.

고정 주문비용이라는 개념에서 발생하는 규모의 경제를 설명하기 위해 각기 다른 크기의 수요에 경제적 주문량 모델을 적용해보자. 표 12.2는 다섯 가지 각기 다른 시나리오하에서의 주문비용과 재고유지비용의 총합을 평가한 내용이 담겨 있다. 중간에 있는 시나리오 III은 우리가 이미 분석한 시나리오로서 연간 624통의 수요하에서 경제적 주문량은 100통이며 연간 경제적 주문량 비용은 연간 구매비용의 4%이다. 다른 네 개의 시나리오는 몇 배수씩 수요가 감소하거나 증가한 경우들이다. 특히, 시나리오 I, II의 연간 수요는 각각 1/4와 1/2이고 시나리오 IV, V의 수요는 시나리오 III에서 가정한 수요의 각각 2배 그리고 4배이다.

우선 수요가 경제적 주문량 모델에 어떠한 영향을 미치는지 살펴보자. 예상하듯이, 수요가 증가하면 최적 주문량도 증가한다. 그러나 수요의 증가와 같은 비율로 증가하지는 않는다. 예를 들어, 수요가 연간 156통(시나리오 I)에서 연간 624통(시나리오 III)으로 증가한다면 수요는 4배 증가했으나 경제적 주문량은 50에서 100통으로 2배만 증가한다. 유사하게, 시나리오 V는 시나리오 I에 비해 수요가 16배(연간 2,496통과 156통) 많지만, 경제적 주문량은 단 4배만 높다.

연간 경제적 주문량 비용도 수요 증가에 따라 증가한다. 그러나 경제적 주문량의 경우에서처럼, 수요의 증가비율과 같은 비율로 증가하지는 않는다. 따라서, 연간 경제적 주문량 비용은 연간 구매비용에 비해 상대적으로 점점 더 적은 규모가 된다. 예를 들어, 시나리오 I에서 연간 수요가 156통일 때 연간 경제적 주문량 비용은 연간 구매비용의 8%이다. 연간 수요가 시나리오 III에서처럼 624통으로 증가하면 이 비율은 4%로 떨어지고, 연간 수요가 2,494통으로 증가하면 이 비율은 2%로 떨어진다. 이는 경제적 주문량 모델에 존재하는 규모의 경제를 보여준다. 연간 수요가 증가할수록, 상황에 따른 최적의 경제적 주문량을 계산한 뒤 연간 총 비용을 계산해보면, 연간 총 비용은 연간 구매비용에 비해 점점 더 적은 비중을 차지한다.

이 시점에서 표 12.2에 나타나는 패턴을 발견할 수 있다. 수요가 2배(즉, 100% 증가)로 증가할 때마다, 경제적 주문량(EOQ)과 총 EOQ 비용은 1.41(41%)배만큼 증가하는데 이는 2의 제곱근이다. 또 다른 패턴도 발견할 수 있다. 수요가 2배가 될 때, 연간 구매비용 대비 연간 EOQ 비용은 감소하지만 감소의 폭은 점점 작아진다. 예를 들어, 156에서 312로 수요가 2배 뛰면, 연간 구매비용 대비 연간 EOQ 비용은 8%에서 5.7%로 상당히 감소한다. 나아가 312에서 624으로 수요가 뛰면, 이제 이 비율은 5.7%에서 4%로 감소하고, 1,248에서 2,496으로 수요가 2배 증가하면 이 비율은 2.8%에서 2%로 떨어진다. 지금까지의 관찰에 따르면 수요가 적으면 관련 비용은 상대적으로 높으며, 어느 정도 충분한 수요가 존재하는 상황에서 추가적인 비용 절감을 하려면 수요가 대폭 증가해야 한다는 점을 알 수 있다. 대략적으로, 연간 구매비용 대비 EOQ 비용의 비율을 절반으로 줄이려면(시나리오 I에서 III 또는 III에서 V로 이동) 수요가 4배 증가해야 한다.

지금까지 우리는 경제적 주문량에 규모의 경제가 존재함을 살펴보았다. 수요가 낮으면 주문비용과 재고유지비용이 큰 비중을 차지하게 되므로 충분한 수요가 있는 상태에서 운영하는 것이 중요하다. 그러나 관리자가 충분한 수요를 어떻게 유지할 수 있는가? 답은 간단하다. 충분히 인기 있는 제품을 골라야 한다. 제품이 상품성이 없어 수요가 너무 낮다면 주문비용과 재고유지비용이 커서 이윤을 남기기 어려우므로 그 제품은 선택하지 말아야 한다.

두 번째 답은 약간 복잡하다. 제품들에 대한 충분한 수요를 유지하기 위해 너무 다양한 제품을 판매하는 것을 피해야 한다. 예를 들어, 우리는 한 통에 24정이 든 타이레놀을 살펴보았지만, Walmart는 50정, 100정, 225정, 500정 또는 단 몇 정짜리 휴대용 타이레놀을 팔 수도 있다. 제품 라인에 다른 버전을 추가하면 소비자에게 다양성을 제공하면서 총 수요를 증가시킬 수도 있다. 좋은 생각이지만, 그 증가된 총 수요를 제품의 수로 나누어 생각해보라. 제품 라인에 한 제품을 추가하여 총 수요가 약간 증가하는 정도라면 기존 제품들에 대한 수요는 실질적으로 떨어졌다고 볼 수 있다.

Walmart가 24정이 든 타이레놀 한 종류만을 가지고 연간 624통을 팔 수 있다고 해보자. 이때, 누군가가 225정짜리 타이레놀을 원하는 소비자를 잃고 있다고 말할 수 있다. 그 말도 맞을 수 있다. 225정짜리 제품도 다룬다면 이 제품은 연간 150통을 팔 수 있다고 하자. 그러면 24정짜리 제품의 수요는 어찌될 것인가? 당연히 감소할 것이다. 왜냐하면 225정짜리를 원했지만 어쩔 수 없이 24정짜리를 샀던 소비자들이 이제는 일부 이탈할 것이기 때문이다. 소비자가 가장 원하는 버전이 없을 경우 덜 선호하더라도 다른 버전의 제품을 사는 현상을 마케팅에서는 **제품 대체(product substitution)**라고 한다. 따라서 225정짜리를 팔면 총 수요는 증가할 수 있지만, 대체효과가 없어지므로 24정짜리의 수요는 감소할 것이다. 또한 수요가 감소하면 재고관리가 비효율적으로 된다. 따라서, 기존에 팔던 각 제품의 수요가 떨어져 비효율적으로 관리되는 것을 보상하고도 남을 만큼 총 수요가 충분히 증가한다면, 그때는 제품 다양성을 증가시켜도 좋다.

제품 다양성의 증가가 바람직하지 않은 경우는 언제인가? 즉, 언제 총 수요 증가에 따른 이득의 증가보다 기존 제품들의 운영효율의 감소가 더 클까? 이는 제품 라인의 확장이 고객 가치 증가에 별다른 영향이 없어서 총 수요를 충분히 증가시키지 않을 때 나타난다. 예를 들어, 24정 혹은 100정 혹은 500정의 타이레놀의 제품 버전이 타당하다면 225정짜리 제품을 추가하는 것도 적절할까? 물론 몇몇 소비자들은 225정짜리 제품을 사겠지만, 이

것이 총 수요를 크게 증가시킬까? 그렇지 않다면, 동일한 총 수요가 3개 대신 4개의 제품들로 분산될 뿐이며 전체적인 수익성을 떨어질 것이다.

지금까지의 논의는 운영관리자의 관점에 치우쳐 있다. 마케팅 매니저는 회사가 제품라인을 확장해야만 하는 더 많은 이유를 가지고 있을 수 있고 이 또한 사실일 수 있다. 그럼에도 불구하고, 마케팅 매니저도 제품라인의 확장이 비용 증가를 초래함을 알 필요가 있다.

연관 사례: 걸스카우트 쿠키

미국의 걸스카우트는 1917년부터 기금 모금을 위한 걸스카우트 쿠키를 판매해왔다. 그렇게 오랫동안 기금모금을 할 수 있었던 이유는 잘했기 때문일 것이다. 매년 그들은 2억 개가 넘는 상자를 팔아서 7.14억 불이 넘는 매출을 기록했다. 걸스카우트 쿠키는 다양한 맛으로 제공되는데 Thin Mints가 가장 인기 있는 맛으로 전체 매출의 25%를 차지한다. 다음으로 잘 판매되는 맛에는 Samoas, Peanut Butter Patties, Peanut Butter Sandwiches, Shortbread가 있다. 상위 여섯 가지 맛이 전체 매출의 75%를 차지한다.

매년 걸스카우트는 어떤 맛들을 생산할지 결정해야 한다. Thin Mints같이 사람들이 좋아하고 그리워하는 맛은 제외하기 어렵다. 그러나 얼마나 다양한 맛의 쿠키를 팔아야 하는가? 2011년에 걸스카우트는 6개 이상은 너무 많다고 결론지었다. 왜 6개일까? 물론 6개의 맛으로 인간의 모든 미각을 만족시킬 수 있어서도 아니고, Thank U Berry Much 같은 맛의 쿠키처럼 톱 6에 들지 못하지만 분명 원하고 즐기는 소비자가 존재하는 맛들도 많다. 대신에, 걸스카우트는 과도한 제품 다양성에 수반되는 운영 문제 때문에 맛의 종류를 제한해보기로 결정했다.

쿠키 맛을 추가하면 수요에 두 가지 영향이 발생한다. 일단 오직 그 맛만을 원하는 고객들에게 판매할 수 있게 된다. 예를 들어, 그런 사람들은 "Thank U Berry Much 맛 아니면 안 먹어요"라고 할 것이다. 그러나 이는 다른 맛 쿠키의 수요도 빼앗아 온다. 어떤 사람들은 Thin Mints를 살 수도 있었지만 Thank U Berry Much 맛을 더 선호하여 그것을 사게 된다. 따라서 걸스카우트는 상쇄관계에 직면한다. 몇 가지 맛을 추가하면 총 수요가 늘어날 수 있지만 기존 제품들의 수요 감소에 비해 적은 양으로 수요가 증가한다. 쿠키 생산과 배급에 맛의 종류에 따른 고정비용이 있다면 너무 많은 종류의 맛은 역풍을 불러올 수 있다.

이해도 확인하기 12.5

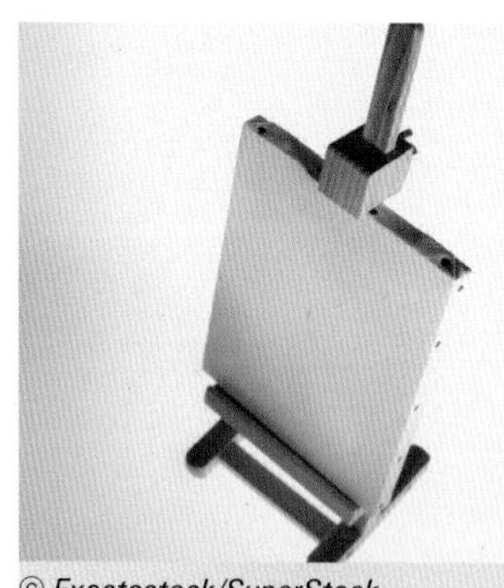
© *Exactostock/SuperStock*

질문 한 소매업자가 예술품과 공예품을 파는 두 상점을 보유하고 있다. 각 상점에서는 그림을 그리기 위한 캔버스를 판매한다. A상점은 10가지 사이즈, B상점은 15가지 사이즈의 제품을 판다. 두 상점의 총 판매량은 같으며 총 판매량은 제품 사이즈별로 동일하게 분산되어 있다. 캔버스는 재고유지비용이 발생하며 각 사이즈별로 고정 주문비용이 발생한다. 어떤 상점이 구매비용 대비 더 높은 주문비용과 재고유지비용 비율을 갖는가?

a. 상점 A, 왜냐하면 사이즈당 판매량이 높으므로
b. 상점 B, 왜냐하면 사이즈당 판매량이 낮으므로
c. 총 판매량이 같기 때문에 두 상점의 비율은 같다.

답 두 상점이 같은 양을 판다는 전제하에, 상점 B가 더 많은 종류의 사이즈를 판매하기 때문에 사이즈당 매출이 더 낮을 것이다. 따라서, 상점 B의 각 제품은 상점 A의 각 제품보다 적은 규모로 판매되며 이는 B가 더 높은 재고비용과 재고유지비용 비율을 갖는다는 의미한다. 따라서 답은 b이다.

12.3 수량 제한과 수량 할인

우리는 12.1절에서 Walmart의 경제적 주문량이 100통이라고 결정했다. 이 수량을 그대로 주문할 수도 있지만, 때때로 주문수량에 제약이 존재해서 경제적 주문량을 주문할 수 없는 경우도 있다. 수량 할인은 또 다른 복잡한 문제를 야기한다. 경제적 주문량(EOQ) 모델은 구매비용을 포함하지 않았는데, 이는 단위당 구매비용이 주문수량과는 관계가 없다는 가정 때문이었다. 그러나 공급업자가 주문수량에 따른 할인을 제공한다면 이야기는 달라진다. 이 절에서는 수량 제한과 수량 할인이라는 두 가지 이슈를 다루기로 한다.

학습목표 12-3
수량 제한이나 수량 할인이 있을 경우 최적 주문량을 평가할 줄 안다.

12.3.1 수량 제한

과도한 사후 처리비용을 피하기 위해, 제품은 다양한 크기의 배치로 배송된다. 일반적인 배치의 단위는 **팔레트(pallet)**이다. 팔레트 단위의 제품은 지게차가 손쉽게 다룰 수 있는 형태로 제품이 쌓인 플랫폼 위의 적재 수량을 의미한다. 이러한 플랫폼은 팔레트라고 불리는데, 보통 나무로 만들어져 있지만 플라스틱이나 철과 같은 물질로도 만들어진다(사진 12.1 참조). 팔레트 위에 적재되는 제품의 양은 제품의 무게와 제품의 "적재 가능성"(밑에 깔린 제품이 상하지 않는 선에서 제품이 얼마나 높게 쌓을 수 있는지)에 달려 있다.

팔레트 (1) 지게차를 이용하여 물품을 용이하게 나르기 위해 사용하는 나무로 된 플랫폼, (2) 플랫폼에 적재된 제품의 양을 이르는 단위로 사용되기도 한다.

팔레트의 크기는 지역마다 다른데, 북미에서는 보통 1미터×1.2미터이며, 보통 90~120cm 높이로 물품을 쌓는다. 팔레트에는 보통 많은 제품이 쌓여 있는 모습을 생각할 수 있다. 예를 들어, 타이레놀의 한 팔레트에는 10,080통(241,920정의 타이레놀)이 쌓여 있으며 이 분량이면 조그마한 도시에서 발생하는 두통을 일 년간 치료할 수 있다. 팔레트의 장점은 작업자가 지게차를 이용하여 많은 양을 안전하고 빠르게 이동시킬 수 있다는 것이다. 팔레트의 단점으로는 양이 너무 많다는 것이다. 때로는 다 팔기까지 시간이 너무 오래 걸린다. 게다가 너무 부피가 크고 무겁기 때문에 지게차 없이는 팔레트를 움직일 수 없다. 따라서 제품을 운반할 만큼 적은 양이면서도 작업자가 다룰 수 있을 정도의 **상자(case)**가 선호된다. 타이레놀의 경우, 각 상자에는 72통이 담기고 각 팔레트는 140개의 상자가 적재된다.

Walmart가 물류센터에 타이레놀을 주문할 때에는 보통 상자 단위로 주문한다. 예를 들

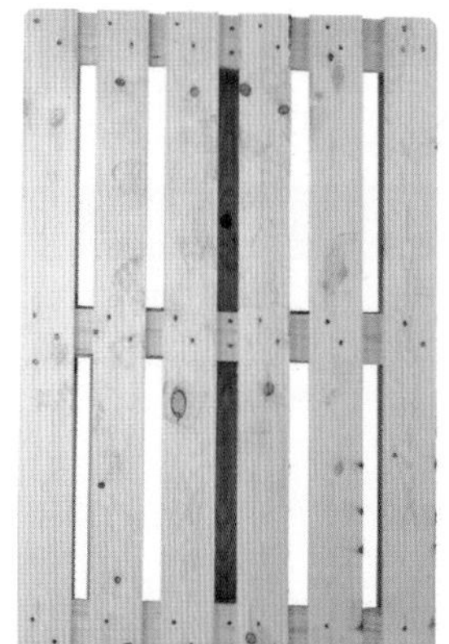

ⓒ Stockbyte/Getty Images

ⓒ Image Source/Getty Images

사진 12.1
목재 팔레트(왼쪽)와 상품이 적재된 팔레트를 운반하는 지게차(오른쪽)

어 72통이나 144통은 주문할 수 있지만 100통을 주문할 수는 없다. Walmart가 재고유지비용이나 주문비용에만 초점을 둔다면 100통이 이상적이겠지만, 경제적 주문량 모델에 포함되지 않는 사후 처리비용 역시 고려해야 한다. 만약 제조업자로부터 72통짜리 상자로 제품을 받으면, 쇼핑센터로 정확히 100통을 보내기 위해서는 일부 상자를 뜯어 정확히 100통을 맞춘 뒤 새 상자에 담아 재포장해서 보내야 한다. 이러한 과정은 모두 추가적인 인건비가 든다.

Walmart가 상자의 배수로 주문해야 한다면, 어떻게 주문해야 하는가? 일단 경제적 주문량(EOQ)을 평가해야 한다. EOQ가 100통이었음을 기억하자. 다음으로, 주문 가능하면서 EOQ에 가까운 두 가지 주문량을 찾아야 한다. 즉, EOQ에 가장 가까우면서 약간 적거나 약간 큰 주문량을 말한다. 예를 들어, 그림 12.2에서 보듯이, 100통에 가장 가까운 상자단위 주문량은 1상자(72통)이거나 2상자(144통)이다. 마지막으로, 각 주문 가능한 수량에 따른 총 재고유지비용과 주문비용을 비교하여 총 비용이 낮은 주문량을 선택한다.

표 12.3은 두 가지 주문량과 EOQ에 따른 비용 계산을 보여준다. 예상했듯이, EOQ가 총비용을 최소로 해주지만, 그리 큰 차이가 나지는 않는다. 한 상자만 주문하면 연간 재고유지비와 주문비용의 합이 $79이며 EOQ의 경우 $74.94이다. 전자는 연간 구매비용의 4.2%이고, 후자는 4%가 된다. 비록 주문량을 한 상자(72통)로 하면 주문량을 두 상자(144통)로 할 때보다 총 비용이 낮지만 둘 간의 차이는 $1($79 대 $80)밖에 나지 않는다. 표 12.3으로부터, 우리가 EOQ만큼 주문하지 못한다면, 한 상자씩 주문해야 한다고 결론 내릴 수 있다.

표 12.3의 결과를 도출하려면 약간의 계산이 필요하기 때문에 좀 더 간단한 방법이 없을까 고민할 수 있다. 예를 들어, 경제적 주문량과 가장 가까운 주문 가능 수량을 주문량으로 선택하고 귀찮은 계산을 생략할 수 없을까? 이러한 상황에서, 그러한 직감은 맞을 수 있다. 72가 144보다 100에 더 가까우며 더 낮은 비용을 발생시킨다. 그러나 이러한 접근법이 항상 맞지는 않다. 예를 들어, 130통은 경제적 주문량인 100통으로부터 더 많이 떨어져 있지만 130통에 따른 총 비용은 주문량이 72통일 때보다 더 낮다.

또한 표 12.3은 경제적 주문량에 근접하는 숫자를 주문하는 것이 이익일 지라도, 경제적 주문량에 매우 가까울 필요는 없다는 것을 보여준다. 수량 제한이 생각하는 것만큼 비용을 크게 증가시키지는 않기 때문이다. 이 말은 기업이 제품을 효과적으로 다룰 수 있는 크기(상자 또는 팔레트 등)를 정한 뒤, 재고유지비용과 주문비용을 최소화하는 최적 주문 가능 수량을 정하면 된다는 의미이기 때문에 매우 좋은 소식이다.

표 12.3 1회 주문량이 경제적 주문량(EOQ), 1상자(72통), 2상자(144통)일 경우의 주문비용과 재고유지비용

	1상자	EOQ	2상자
Q(통)	72	100	144
연간 재고유지비용	$27.00	$37.50	$54.00
연간 주문비용	$52.00	$37.40	$26.00
연간 EOQ 비용(주문비용과 재고유지비용), $C(Q)$	$79.00	$74.90	$80.00
연간 구매비용	$1,872	$1,872	$1,872
구매비용 대비 EOQ 비용의 비율	4.2%	4.0%	4.3%

이해도 확인하기 12.6

질문 한 기업이 파는 제품의 연간 수요는 10,000개이며 주문당 $30의 고정 주문비용이 발생하고 단위당 $1의 연간 재고유지비용이 발생한다고 하자. 회사는 500개의 배수로만 주문할 수 있다. 재고유지비용과 주문비용을 최소화하는 주문량은 얼마인가?

답 이 기업의 경제적 주문량은

$$Q^* = \sqrt{\frac{2 \times \$30 \times 10{,}000}{\$1}} = 775$$

775개를 주문할 수 없으므로, 500개 또는 1,000개를 주문할 수 있다. 이 두 주문량에 따른 비용을 각각 계산하면,

$$C(Q=500) = \left(K \times \frac{R}{Q}\right) + \left(\frac{1}{2} \times h \times Q\right) = \left(\$30 \times \frac{10{,}000}{500}\right) + \left(\frac{1}{2} \times \$1 \times 500\right) = \$850$$

$$C(Q=1{,}000) = \left(K \times \frac{R}{Q}\right) + \left(\frac{1}{2} \times h \times Q\right) = \left(\$30 \times \frac{10{,}000}{1{,}000}\right) + \left(\frac{1}{2} \times \$1 \times 1{,}000\right) = \$800$$

따라서, 주문량이 1,000개일 때의 비용이 더 낮다.

12.3.2 수량 할인

소비자로서 우리는 "세 개 사면 하나 더 줍니다"와 같은 수량 할인을 경험한다. 기업들 역시 수량 할인을 제안받는 경우가 있다. 예를 들어, 공급업자가 소매업자에게 "트럭 한 대 분량당 8% 할인" 혹은 "팔레트 하나당 5% 할인"과 같은 할인을 제안하곤 한다. 이 절에서는 수량 할인이 존재하는 경우 최적의 주문량을 찾기 위해 수량 할인을 어떻게 EOQ 분석에 포함시킬지 알아볼 것이다. 이를 위해, Walmart 공급체인의 다른 면을 살펴보자.

Walmart의 쇼핑센터는 물류센터로부터 물품을 받는다. 이러한 **물류센터(distribution center; DC)**의 역할은 공급업자로부터 물건을 받아 재고로 비축한 뒤 쇼핑센터와 같은 소매업자에게 제품을 배송한다. Walmart의 쇼핑센터만큼이나, 이를 공급하는 물류센터 역시 거대하다. 각 물류센터는 약 28,000평에 달하며, 이는 17개의 미식축구 경기장보다 큰 사이즈이다(혹은 이집트 Giza에 위치한 가장 큰 피라미드 두 개의 바닥 면적을 합친 것). Walmart는 미국 내에서만 14개의 물류센터(2014년 기준)를 보유하고 있으며 각 물류센터는 100여 개의 쇼핑센터에 물품을 공급한다.

물류센터 공급업자로부터 물건을 받아 재고로 비축한 뒤 소매업자들에게 제품을 배송하는 기능을 수행하는 시설

티어(tier) 팔레트 위에 한 층으로 적재된 제품들의 개수를 의미하는 주문 단위

물류센터 한 곳에서, Extra Strength 타이레놀(24정)에 대한 연간 수요는 65,000통이다. 이 수요가 연간 고르게 발생한다고 가정하자. 쇼핑센터에서처럼, Walmart의 물류센터는 공급자에 대한 주문량을 정해야 한다. Walmart의 공급업자인 Johnson & Johnson은 팔레트 위에 쌓인 제품의 층수(tier)를 주문단위로 사용하는데 **티어(tier)**의 정수 배수로만 주문을 받고 있다. 즉, 1, 2, 3티어의 주문은 가능하지만, 1.5티어의 주문은 불가능하다. 팔레트 위의 제품 한 층, 즉 한 티어에는 20상자가 들어가며, 한 팔레트에는 7티어가 쌓일 수 있으므로 총 140상자가 적재될 수 있다. J&J는 한 팔레트 미만의 주문에 대해서는 통당 $3의 가격을 매기며, 팔레트의 정수 배수로 주문하면 4%의 할인을 해준다. 이는 티어 단위가 아닌 팔레트 단위로 주문하면 인건비를 줄일 수 있기 때문에 제공하는 할인이다.

또한 관련 정보로서, Walmart 물류센터의 재고는 연간 20%의 재고유지비용이 발생하며 주문당 $8의 고정 주문비용이 발생한다. 쇼핑센터에 비해 재고유지비용이 낮은 이유는 쇼

표 12.4 Walmart 물류센터의 주문량 결정을 위한 관련 자료들

	Walmart/타이레놀의 자료 값
수요, R(통/연)	65,000
주문비용, K($/주문)	$8
통당 정규 가격	$3
주문 수량의 배수	1티어 = 20상자 = 1,440통
수량 할인을 위한 최소주문량	1팔레트 = 140상자 = 10,080통
할인율	4%
연간 재고유지비용 비율	20%
재고유지비용($/단위/연), h	Q에 따라 다름
주문량, Q	의사결정 변수

핑센터보다 물류센터의 보관 유지비용이 낮기 때문이다. 고정 주문비용은 쇼핑센터보다 좀 더 높은데, 이는 각 주문을 처리하기 위해 다른 기업들과의 조정이 필요하고, 물류센터가 쇼핑센터보다 더 커서 제품을 싣고 내리는 데 더 많은 거리가 소모되기 때문이다. 표 12.4에 주문량을 결정하는 데 필요한 정보들이 정리되어 있다.

수량 할인에 따른 기회를 평가하기 위해, 일단 구매비용은 잠시 무시하고, 주문과 재고유지비용을 최소화하는 경제적 주문량, 즉 EOQ부터 시작해보자. 만약 이 주문량이 수량 할인을 받기 위한 최소 주문량보다 크다면, 당연히 그 EOQ를 주문하면 된다. 그러나 EOQ가 수량 할인을 받기 위한 최소 주문량보다 적다면, 그냥 EOQ를 주문할지 아니면 수량 할인을 받기 위해 더 많이 주문할지를 선택해야 한다. 이 경우, 이 두 대안의 비용을 비교하여 비용이 적은 쪽을 선택해야 한다. 도표 12.1은 수량 할인이 존재하는 경우 주문량을 결정하는 구체적 프로세스를 보여준다.

도표 12.1에 제시된 단계를 따라가 보자. 첫 번째 단계에서 정규 구매가격에 의한 EOQ를 구한다. 구매가격은 통당 $3이고 연간 재고유지비용은 $3 × 20%인 $0.6이 된다. 따라서 EOQ는

도표 12.1

수량 할인을 받기 위한 최소 주문량 Q_d가 존재하는 경우, 주문량 결정을 위한 의사결정 단계

1. 정규가격을 기준으로 EOQ수량(또는 수량 제한이 있는 경우 최적의 수량)을 계산한다. 이 수량을 Q^*라 하자.
2. 만약 정규가격을 기준으로 한 EOQ 수량이 수량 할인을 받기 위한 최소 주문량 Q_d보다 크다면, 할인된 가격을 기준으로 EOQ를 다시 평가하라. 이 주문량을 Q^{**}라고 하고 이 수량만큼 주문한다(Q^{**}는 Q^*보다 큰데, 이는 가격이 할인되면 단위당 재고유지비용이 정규 가격 때보다 낮아지기 때문이다).
3. 만약 정규가격을 기준으로 한 EOQ 수량 Q^*이 수량 할인을 받기 위한 최소량인 Q_d보다 적다면,
   a. 정규가격을 기준으로 계산한 EOQ가 초래하는 연간 재고유지비용과 주문비용의 합, 즉 $C(Q^*)$를 계산한다. 여기에 구매비용을 더해 정규가격에서의 총 비용을 구하고, 이를 C^*라 한다.
   b. 수량 할인을 받기 위한 최소 주문량으로 주문했을 경우의 연간 재고유지비용과 주문비용의 합 $C(Q_d)$를 계산한다. 여기에 구매비용을 더해 최소 주문량으로 주문했을 경우의 총 비용을 구하고, 이를 C^d라 한다.
   c. 3a에서 구한 총 비용 C^*가 3b에서 구한 비용 C^d보다 낮다면, EOQ만큼 주문하고, 아니라면 Q_d만큼 주문한다.

$$Q^* = \sqrt{\frac{2 \times \$8 \times 65{,}000}{\$0.60}} = 1{,}317$$

비록 1,317통이 총 EOQ 비용을 최소화할지라도, Walmart는 정확히 그 양을 주문할 수 없다. 티어의 정수 배수만큼 주문해야 하기 때문에, 1티어(1,440통), 2티어(2,880통), 3티어(4,320통) 등으로 주문해야 한다. 최적화된 주문량인 1,317통이 1티어에 가장 근접하기 때문에, Walmart는 한번에 1티어만큼 주문을 한다.

1티어는 수량 할인을 위한 최소 주문량(1 팔레트)에 미치지 못하는 수량이다. 따라서 두 번째 단계는 해당 사항이 없으므로 세 번째 단계로 이동한다. 3a단계를 위해, Walmart가 한번에 1티어만큼 주문한다면, 연간 주문비용과 재고유지비용의 합은

$$C(Q) = \left(K \times \frac{R}{Q}\right) + \left(\frac{1}{2} \times h \times Q\right) = \left(\$8 \times \frac{65{,}000}{1{,}440}\right) + \left(\frac{1}{2} \times \$0.60 \times 1{,}440\right) = \$793$$

물류센터의 연간 구매비용은 \$195,000(연간 65,000통 × 통당 \$3)이다. 따라서 연간 구매, 주문, 재고유지비용의 총합은 \$195,793이 된다. 수량 할인이 연간 구매비용에 영향을 미치기 때문에, 세 가지 비용을 모두 더한 것이다. 그 다음 3b단계에서, Walmart가 4%의 할인을 받기 위해 팔레트 한 개를 주문한다고 가정한다. Walmart가 통당 4% 할인을 받으면 통당 가격은 \$2.88이 된다. 따라서, 통당 연간 재고유지비용은 \$0.576 = \$2.88 × 20%가 된다. 할인된 가격은 단위당 구매비용을 줄일 뿐 아니라 단위당 재고유지비용 역시 낮춘다. 이제, 가격할인하에서의 연간 주문비용과 재고유지비용의 연간 총합은

$$C(Q) = \left(K \times \frac{R}{Q}\right) + \left(\frac{1}{2} \times h \times Q\right) = \left(\$8 \times \frac{65{,}000}{10{,}080}\right) + \left(\frac{1}{2} \times \$0.576 \times 10{,}080\right)$$
$$= \$2{,}955$$

사실 \$793에서 \$2,955로 비용이 많이 올랐는데 이는 많아진 주문량이 평균 재고량을 올리면서 재고유지비용을 올리기 때문이다. 그러나, 이제 연간 구매비용은 \$187,200 = 연간 65,000통 × \$2.88/통이 된다. 따라서 Walmart가 수량 할인을 받는다면 연간 총 비용은 \$190,155(\$187,200 + \$2,955)이 된다. 이제 3c단계에서, "적은" EOQ와 수량 할인을 받기 위한 "큰" 주문량 각각에 따른 비용을 비교한다. 계산에 따르면, Walmart의 연간 총 비용은 \$195,793에서 \$190,155로 2.9% 감소한다. 따라서 Walmart의 최적 주문량은 4%의 가격할인을 받기 위해 1개의 팔레트씩 주문하는 것이다.

이제 한 걸음 물러서서 이 주문량들을 다시 한 번 생각해보자. 1티어는 1,440통이고 이는 물류센터에서 일주일분의 수요와 맞먹는다. 정확하게, 물류센터는 매주 1,250통(65,000/52)을 쇼핑센터에게 배송하며, 따라서 1,440통은 1.15주 또는 8일간의 수요량이다. 만약 Walmart가 한번에 1티어만큼 주문한다면, Walmart는 J&J로부터 8일마다 배송을 받아야 한다. 그러나, 1팔레트 혹은 10,080통의 주문량은 위 주문량의 7배이다. 따라서 1티어에서 1팔레트로 전환하면 평균 재고비용이 7배 증가하고 주문이 56일에 한 번 배송된다는 것을 의미한다. Walmart는 4%의 할인을 받기 위해 그러는 것인데, 만약 당신이 Walmart의 쇼핑센터에 갔는데 타이레놀 7통을 사면 4%를 할인해준다는 광고를 보았다고 상상해보라. 7통을 사서 4% 할인을 받으면 만족스러울 것인가? 그렇다면, 당신은 앞으로

많은 두통에 시달릴 거라고 생각하는 사람이거나 물건은 무조건 최저가에 사야 한다고 믿는 사람일 것이다. 그러나 다행히도 대부분의 사람들은 그 정도 할인에 대해 흥분하지 않는다. 그리고 이점은 흥미로운 관찰로 연결된다. 수량 할인의 기회가 생기면, 기업은 소비자보다 훨씬 더 적극적으로 주문량을 늘리려 한다. 다시 말해서, 기업은 소비자에 비해 가격 변화에 대해 더 민감하며 4%와 같은 약간의 할인에도 일반 소비자보다 훨씬 더 민감하게 반응한다.

위의 내용을 좀 더 극단적으로 설명하기 위해, 표 12.5에 수량 할인을 위한 최소 주문량

표 12.5 각기 다른 주문량에 따른 Walmart 물류센터의 비용 계산

	1티어	1팔레트	2팔레트	3팔레트
주문량, Q	1,440	10,080	20,160	30,240
주문비용, K($/주문)	$8	$8	$8	$8
연간 재고유지비용 비율	20%	20%	20%	20%
할인율	0%	4%	4%	4%
단위당 재고유지비용($/연), h	$0.60	$0.576	$0.576	$0.576
재고유지비용($/연) = $hQ/2$	$432	$2,903	$5,806	$8,709
주문비용($/연) = KR/Q	$361	$52	$26	$17
연간 구매비용($)	$195,000	$187,200	$187,200	$187,200
연간 총 비용(구매 + 주문 + 재고유지)	$195,793	$190,155	$193,032	$195,926
1티어 주문량 대비 연간 총 비용 절감률		−2.9%	−1.4%	0.1%

이해도 확인하기 12.7

질문 **한 기업이 연간 1,000개의 제품을 판매하는데 단위당 구매비용은 $2.50이며 주문당 $10의 고정 주문비용과 20%의 연간 재고유지비용이 발생한다. 이 기업에게 800단위 이상을 주문하는 경우 5%의 수량 할인이 제안되었을 경우, 이 제안대로 한다면 연간 총 비용(구매, 주문, 재고유지비용을 모두 포함)을 얼마나 절감할 수 있는가?**

답 수량 할인을 받지 않는다면, 연간 단위당 재고유지비용은 $2.5 × 0.2 = $0.5이 된다. 이 경우, EOQ는

$$Q^* = \sqrt{\frac{2 \times \$10 \times 1{,}000}{\$0.5}} = 200$$

따라서, 주문비용과 재고유지비용은

$$C(Q=200) = \left(K \times \frac{R}{Q}\right) + \left(\frac{1}{2} \times h \times Q\right) = \left(\$10 \times \frac{1{,}000}{200}\right) + \left(\frac{1}{2} \times \$0.5 \times 200\right) = \$100$$

연간 구매비용은 $2.5 × 1,000/연 = $2,500이므로 연간 총 비용은 $100 + $2,500 = $2,600이다. 수량 할인이 주어진다면, 단위당 비용은 $2.5 × 0.95 = $2.375이다. 연간 단위당 재고유지비용은 $2.375 × 0.2 = $0.475이 된다. 800개의 주문량에 대한 주문비용과 재고유지비용은

$$C(Q=800) = \left(K \times \frac{R}{Q}\right) + \left(\frac{1}{2} \times h \times Q\right) = \left(\$10 \times \frac{1{,}000}{800}\right) + \left(\frac{1}{2} \times \$0.475 \times 800\right) = \$202.50$$

연간 구매비용은 $2.735×1,000 = $2,375이 되고, 총 비용은 $202.50 + $2,375 = $2,577.50이 된다. 연간 비용 절감액은 $2,600 − $2,577.5 = $22.50이다. 따라서 답은 $22.50이다.

을 달리한 후 그 결과를 요약했다. 첫 두 열은 우리가 이미 다룬 1티어와 1팔레트에 대한 결과이다. 마지막 두 열은 4%의 가격할인을 받기 위한 최소 주문량이 팔레트 2개 또는 3개인 경우의 결과이다. Walmart가 4%의 가격할인을 받기 위해 주문량을 팔레트 2개까지 올려도 총 비용을 절감할 수 있음을 볼 수 있다. 이 경우 비용의 순수 감소비율은 1.4%에 지나지 않지만 여전히 주문량이 1티어인 경우에 비해 총 비용은 낮다. 주문량이 팔레트 3개가 되면 비로소 구매비용 절감에 비해 주문비용과 재고유지비용의 증가가 더 높아진다. 그러나 3개의 팔레트는 Walmart조차 30,240통의 타이레놀을 파는 데 24주가 넘게 걸리는 엄청난 양이다. 따라서, 비록 가격할인의 혜택을 보기 위해 주문량을 무한정으로 늘리는 것이 최상의 선택은 아니겠지만, 주문량을 증가시키는 것이 최적의 선택임을 확인할 수 있다.

결론

이번 장은 재고가 존재하는 두 가지 이유, 즉 고정비와 가격할인에 따른 배치 행위에 대해 살펴보았다. 주문에 따른 고정비용이 있다면, 경제적 주문량(EOQ) 모델은 단위기간 동안 재고유지비용과 주문비용의 합을 최소화시키는 주문량을 찾는 데 사용된다. EOQ 모델은 고정 주문비용이 존재한다면 재고관리에 있어 규모의 경제가 존재함을 보여준다. 수요가 증가할수록 구매비용 대비 주문비용과 재고유지비용의 합은 감소한다. 이러한 규모의 경제 때문에 제품의 종류를 증가시키는 것에는 비용이 따른다. 만약 제품라인에 새로운 제품을 추가시키는 것이 기존 제품의 수요를 감소시킨다면 각 제품은 덜 효율적이게 되고 심지어 수익을 내지 못하게 될 수 있다.

고정 주문비용 외에도, 가격할인은 최적 주문량의 결정에 큰 영향을 미친다. 수량 할인을 받기 위한 최소 주문량이 EOQ보다 상당히 크다면 주문비용과 재고유지비용이 덩달아 증가할 수 있지만, 가격할인이 구매비용을 줄여주기 때문에 정당화될 수 있다. 흥미롭게도, 기업은 4%와 같은 작은 규모의 할인에도 EOQ의 2, 3배를 주문하는 것이 최적 주문량일 수도 있다. 따라서, 기업은 일반 소비자보다 가격의 작은 변화에도 훨씬 민감하게 된다.

학습목표의 요약

학습목표 12-1 경제적 주문량 모델을 이용하여 최적 주문량과 성과지표를 평가할 수 있다.

경제적 주문량(EOQ)은 단위기간당 재고유지비용과 주문비용의 합을 최소화시키는 주문량이다. 이 결정은 고정 주문비용과 한 단위를 한 단위기간 동안 재고로 유지하는 비용을 바탕으로 이루어진다.

학습목표 12-2 재고관리에 있어서 규모의 경제가 존재함을 인지하고 제품 다양성이 재고비용에 미치는 영향을 이해한다.

주어진 주문량에 대해 한 기간 동안의 주문비용과 재고유지비용의 합을 평가하는 것이 가능하다. EOQ가 선택됐다는 가정하에, 이 EOQ 비용은 수요가 증가할수록 증가한다. 그러나, 수요의 증가보다는 적게 증가한다. 이 말은 수요가 증가할수록, 구매비용 대비 EOQ 비용의 비율이 적어짐을 의미한다. 다시 말해서, 수요가 크면 시스템이 더 효율적으로 되기 때문에 경제적 주문량 모델이 규모의 경제를 내포한다는 의미가 된다. 규모의 경제 때문에 제품의 다양성이 증가하면 비용이 증가하게 된다. 이는 제품라인에 제품을 추가했을 때 기존 제품들의 수요가 감소하는 경우 특히 두드러지는데 이는 기존 제품의 규모가 적어지면서 규모의 경제 효과가 줄어들기 때문이다.

학습목표 12-3 수량 제한이나 수량 할인이 있을 경우 최적 주문량을 평가할 줄 안다.

수량 할인은 기업으로 하여금 평소보다 더 많은 양을 주문하도록 유도한다. 큰 주문량은 주문비용과 재고유지비용의 합을 증가시키지만 동시에 구매비용을 낮춘다. 특히 할인 비율이 다소 낮더라도 주문량을 대폭 증가시키는 것이 최적의 선택일 수 있다. 이 때문에 기업이 소비자보다 좀 더 가격에 대해 민감하다(즉, 기업이 소비자보다 가격할인에 대해 더 크게 반응하게 된다).

핵심 용어

12.1 경제적 주문량

경제적 주문량(EOQ) 모델 단위기간당 주문비용과 재고유지비용의 합을 최소화하는 1회 주문량을 찾기 위한 모델

주문비용, *K* 주문당 발생하는 고정비용으로서 주문수량과는 관계없다.

단위당 재고유지비용, *h* 한 단위를 한 단위기간 동안 재고로 유지하는 데 드는 비용

조달시간 주문의 발주시점에서 주문의 배송이 이루어지는 시점까지의 시간. 프로세스에서의 조달시간은 흐름시간의 대안으로 종종 사용된다.

단위기간당 주문비용 단위기간당 주문행위와 관련된 모든 고정비용들의 합

단위기간당 재고유지비용 단위기간당 재고유지와 관련된 총 비용

단위기간당 경제적 주문량(EOQ) 비용 단위기간당 주문비용과 재고유지비용의 합

단위기간당 구매비용 단위기간당 재고를 구매하기 위한 비용

12.2 규모의 경제와 제품 다양성

규모의 경제 수요와 운영 효율성 간의 관계를 나타내는데, 수요가 커지면 더 효율적인 프로세스가 되는 것을 의미한다.

12.3 수량 제한과 수량 할인

팔레트 (1) 지게차를 이용하여 물품을 용이하게 나르기 위해 사용하는 나무로 된 플랫폼, (2) 플랫폼에 적재된 제품의 양을 이르는 단위로 사용되기도 한다.

물류센터 공급업자로부터 물건을 받아 재고로 비축한 뒤 소매업자들에게 제품을 배송하는 기능을 수행하는 시설

티어(tier) 팔레트 위에 한 층으로 적재된 제품들의 개수를 의미하는 주문 단위

주요 공식

학습목표 12-1 경제적 주문량 모델을 이용하여 최적 주문량과 성과지표를 평가할 수 있다.

Q = 주문량

h = 한 기간 단위당 재고유지비용

R = 흐름률 또는 수요

K = 주문당 고정비용

단위기간당 평균 재고 $= \frac{Q}{2}$

단위기간당 재고유지비용 $= \frac{1}{2} \times h \times Q$

단위기간당 주문 횟수 $= \frac{R}{Q}$

단위기간당 주문비용 $= K \times \frac{R}{Q}$

단위기간당 총 비용 $= C(Q) = \left(K \times \frac{R}{Q}\right) + \left(\frac{1}{2} \times h \times Q\right)$

경제적 주문량 $= Q^* = \sqrt{\frac{2 \times K \times R}{h}}$

개념 문제

학습목표 12-1

1. 다음 중 경제적 주문량 모델에 사용되는 가정이 아닌 것은?

a. 주문량이 충분히 크다면 수량 할인이 가능하다.

b. 주문량과 관계없이 주문당 고정비용이 존재한다.

c. 수요는 일정하게 발생한다.

d. 단위기간 동안 단위당 재고유지비용이 발생한다.

2. 경제적 주문량(EOQ) 모델은 주문비용과 어떤 비용의 합을 최소화시키는가?

a. 품절비용

b. 재고유지비용

c. 구매비용

d. 품질비용

3. 주문량이 2배로 증가하면, 주문 횟수에는 어떤 변화가 있는가?(단위기간당 주문 횟수)

a. 50% 이상 감소한다.

b. 50%만큼 감소한다.

c. 그대로

d. 100% 또는 2배 증가한다.

e. 50% 이상 증가한다.

학습목표 12-2

4. 주문량이 2배로 증가하고 흐름률은 그대로라면, 한 단위가 재고에서 소요하는 평균 시간은 어떻게 변화하는가?
   a. 50% 이상 감소한다.
   b. 50% 감소한다.
   c. 그대로
   d. 50% 증가한다.
   e. 50% 이상 증가한다.

학습목표 12-1

5. 회사는 경제적 주문량이 180상자이지만 200상자를 주문하기로 결정했다. 주문량이 180상자일 때 비해 200상자의 주문량은?
   a. 높은 주문비용과 재고유지비용이 발생한다.
   b. 높은 주문비용과 낮은 재고유지비용이 발생한다.
   c. 낮은 주문비용과 높은 재고유지비용이 발생한다.
   d. 낮은 재고유지비용과 주문비용이 발생한다.

학습목표 12-2

6. 주문량이 2배로 증가하고 흐름률이 그대로라면, 주문비용과 재고유지비용의 합은 어떻게 변하는가?
   a. 50% 감소한다.
   b. 50% 이하로 감소한다.
   c. 그대로
   d. 50% 이하로 증가한다.
   e. 50% 증가한다.

7. 연간 구매비용 대비 경제적 주문량 비용의 비율을 50%만큼 줄이려 한다면, 수요가 어떻게 변해야 하는가?
   a. 50% 감소
   b. 그대로
   c. 50% 증가
   d. 2배 증가
   e. 4배 증가

학습목표 12-3

8. Vetox는 공업용 화학약품을 판매한다. 투입 물질은 병이나 배럴 형태로 구매된다. 병 하나에는 1갤런을 담을 수 있고 한 배럴에는 55갤런을 담을 수 있다. 갤런당 가격은 두 형태 모두 같다. Vetox는 병 또는 배럴로 구매하든지 간에 고정 주문비가 청구되고 1갤런당 한달 재고유지비용은

두 형태에서 모두 같다. Vetox는 연간 주문비용과 재고유지비용을 최소화하는 주문량을 선택하려고 한다. Vetox의 주문 형태가 병 혹은 배럴인지에 따라 주문량이 달라지겠는가?

a. 배럴로 주문할 때 더 많은 양의 갤런을 주문할 것이다.

b. 주문 형태에 관계없이 동일한 양의 갤런을 주문할 것이다.

c. 병으로 주문할 때 더 많은 양의 갤런을 주문할 것이다.

d. 수요, 주문비용, 그리고 재고유지비용과 같은 변수에 따라 주문 형태별 주문량은 달라질 수 있다.

9. Sarah는 백화점의 구매업무를 맡고 있다. 공급업자는 그녀가 평소 주문량의 3배를 주문하면 5%의 할인을 제공하겠다고 한다. 다음 중 Sarah가 이 거래를 수용해야 하는 이유를 가장 잘 설명한 것은?

a. 비록 운영비용의 증가가 5% 가격할인에 따르는 이익을 넘어설지라도, Sarah는 고객들이 가장 낮은 가격을 기대하리라 생각한다.

b. Sarah는 백화점 내 재고가 증가하면 소비자들이 더 많이 구매할 것이라 생각한다.

c. 비록 그녀가 주문량을 3배 늘릴지라도, 이에 따른 운영비용의 증가가 3배까지 증가하리라고는 생각하지 않는다.

d. Sarah는 총 운영비용이 구매비용의 5%보다 적다는 것을 알기 때문에, 운영 비용의 증가는 문제가 되지 않는다.

예시 문제와 해답

학습목표 12-1

1. 한 기업이 파는 제품의 연간 수요가 1,000개이다. 이 기업이 주문당 400개를 주문한다면 평균적으로 연간 몇 번의 주문을 내야 하는가?

a. 0.4

b. 1.0

c. 2.0

d. 2.5

e. 3.0

답 d. 기업은 연간 $\frac{1,000}{400}=2.5$번의 주문을 낸다.

학습목표 12-1, 12-3

2. Powered by Koffee(PBK)는 새로운 캠퍼스 카페이다. PBK는 매달 50개의 커피 봉지를 사용하며 수요는 연간 일정하다. PBK는 인근 공급업자인 Phish Roasters와 구매계약을 맺었는데, 구매가격은 커피 봉지당 $25이며 주문량과 관계없이 $85의 고정 배송비용이 발생한다. PBK는 연간 24%의 재고유지비용이 발생한다.

(a) PBK가 한번에 125봉지를 주문한다면, 연간 몇 번 주문해야 하는가?

답 연간 흐름률 R=50봉지/월 × 12개월=600봉지가 된다. 주문량이 125봉지라면, 연간 주문횟수=$\frac{R}{Q}=\frac{600}{125}$=4.8번이다.

(b) PBK의 봉지당 연간 재고유지비용은 얼마인가?

답 연간 봉지당 재고유지비용 h=봉지당 \$25 × 연간 24%=봉지당 \$6/연

(c) 한번에 200봉지를 주문한다면, 연간 재고유지비용은 얼마인가?

답 \$600. $Q=200$, h=\$6(위 계산 참조)이므로, 연간 재고유지비용은 $0.5 \times h \times Q$= 0.5 × \$6/연/봉지 × 200봉지=\$600

(d) PBK의 연간 주문비용과 재고유지비용의 합을 최소화시키는 주문량은 얼마인가?

답 130. K=\$85, h=\$6, R=600/연=50봉지/월 × 12개월/연

$$\sqrt{\frac{2 \times K \times R}{h}}=\sqrt{\frac{2 \times \$85 \times 600}{\$6}}=130\text{봉지}$$

(e) 주문비용과 재고유지비용의 합을 최소화시키는 주문량을 결정한다면, 연간 구매비용 대비 경제적 주문량 비용의 비율은 얼마인가?

답 5.21%.

$$C(Q)=\left(K \times \frac{R}{Q}\right)+\left(\frac{1}{2} \times h \times Q\right)=\left(\$85 \times \frac{\text{연간 }600}{130\text{봉지}}\right)+\left(\frac{1}{2} \times \$6 \times 130\text{봉지}\right)$$
$$=\$782$$

단위당 구매가격이 \$25이고 연간 주문량이 600봉지이면 총 구매비용은 600 × \$25=\$15,000. 연간 구매비용 대비 경제적 주문량 비용의 비율은

$$\frac{\$782}{\$15,000}=5.21\%$$

(f) 남미 수출입 회사가 PBK에 거래를 제안했다. PBK는 남미로부터 1년치의 커피를 한번에 봉지당 \$20의 구매가격과 배송비 \$1,000로 직접 구매할 수 있다. 이 제안을 받아들인다면, 연간 구매비용과 주문비용과 재고유지비용의 총 합은 어떻게 되는가?

답 \$14,440. 주문량 Q=600이며, 봉지당 재고유지비용 h=\$20 × 0.24=\$4.80이다. 고정 주문비용 K=\$1,000. 따라서 주문비용과 재고유지비용은

$$C(Q)=\left(K \times \frac{R}{Q}\right)+\left(\frac{1}{2} \times h \times Q\right)=\left(\$1,000 \times \frac{\text{연간 }600}{600\text{봉지}}\right)+\left(\frac{1}{2} \times \$4.80 \times 600\text{봉지}\right)$$
$$=\$2,440$$

구매비용은 \$20 × 600봉지=\$12,000. 따라서, 구매비용과 주문비용과 재고유지비용의 총합은 \$12,000+\$2,440=\$14,440

학습목표 12-1, 12-3

3. Cat Lovers Inc.(CLI)는 유명한 고양이 사료의 배급업자이며 사료는 캔당 \$1.25에 팔리며, CLI는 매주 500캔을 판매한다(52주/연). 이 회사는 Nutritious & Delicious(N&D)에서 물건을 조달하는데 N&D는 CLI에 캔당 \$0.5의 가격으로 캔을 팔고 배송과 처리비용으로 주문당 \$20을 청구한다. CLI의 평균 연간재고비용은 구매가격의 25%이다.

(a) CLI의 1회 주문량은 얼마가 되어야 하는가?

답 2,884개. K=\$20, h=25% × \$0.50=\$0.125, R=주당 500캔 × 52주=연간 26,000캔

$$Q^* = \sqrt{\frac{2 \times K \times R}{h}} = \sqrt{\frac{2 \times \$20 \times 26{,}000}{\$0.125}} = 2{,}884\text{개}$$

(b) CLI가 한번에 1,000캔을 주문한다면, CLI의 연간 주문비용과 재고유지비용의 합은 얼마인가?

답 \$582.50

$$C(Q) = \left(K \times \frac{R}{Q}\right) + \left(\frac{1}{2} \times h \times Q\right) = \left(\$20 \times \frac{26{,}000\text{캔}}{1{,}000\text{캔}}\right) + \left(\frac{1}{2} \times \$0.125 \times 1{,}000\right)$$

$$= \$582.50$$

(c) CLI가 한번에 6,000캔을 주문한다면, CLI의 캔당 연간 재고유지비용은 얼마인가?

답 \$0.014. 연간 재고유지비용은 $\left(\frac{1}{2} \times h \times Q\right) = \left(\frac{1}{2} \times \$0.125/\text{캔} \times 6{,}000\text{캔}\right) = \$375$ 이고 연간 수요는 26,000캔이므로, 캔당 연간 재고유지비용은 \$375/26,000= \$0.014

(d) CLI가 티어 단위로 주문해야 하고 한 티어는 20상자이며 한 상자에 96개의 캔이 담긴다면, CLI의 주문량은 (티어로) 얼마가 되어야 하는가?

답 한 티어에는 $20 \times 96 = 1{,}920$캔이 담겨 있고, 경제적 주문량은 2,884캔이다. 따라서 1티어(1,920캔) 또는 2티어(3,840캔)를 주문해야 한다. 각 주문량에 따른 주문비용과 재고유지비용의 합을 비교하면,

$$C(Q=1{,}920) = \left(K \times \frac{R}{1{,}920}\right) + \left(\frac{1}{2} \times h \times 1{,}920\right) = \$391$$

$$C(Q=3{,}840) = \left(K \times \frac{R}{3{,}840}\right) + \left(\frac{1}{2} \times h \times 3{,}840\right) = \$375$$

따라서 2티어를 주문해야 한다.

(e) N&D가 최소 1팔레트(7,680캔) 이상을 주문하는 대가로 4%의 할인을 제시하였다. CLI가 1팔레트를 주문한다면, 연간 주문비용은 얼마인가?

답 \$67.70. $R = 26{,}000$캔이고 주문량 $Q = 7{,}680$캔이라면 연간 주문비용은

$$K \times \frac{R}{Q} = \$20 \times \frac{26{,}000}{7{,}680} = \$67.71$$

(f) N&D가 최소 1팔레트(7,680캔) 이상을 주문하는 대가로 4%의 할인을 제시하였다. CLI가 1팔레트를 주문한다면, 연간 재고유지비용은 얼마인가?

답 \$460.80. 단위당 연간 재고유지비용 $h = 0.25 \times \$0.5 \times 0.96 = \$0.12$이다. 연간 재고유지비용은 $0.5 \times h \times Q = \$460.80$이 된다.

응용 문제

학습목표 12-1, 12-3

1. Millennium Liquors은 스파클링 와인의 도매업자이다. 가장 인기 있는 제품은 프랑스의 Bete Noire이며 프랑스에서 직수입된다. 주간 수요량은 45상자이며(1년 = 52주), 회사는 각 상자를 \$120에 구매하고 주문량과 관계없이 주문비용은 \$300이다. 또한 연간 재고유지비용은 25%이다.

(a) 회사의 연간 주문비용과 재고유지비용의 합을 최소화시키는 주문량은 얼마인가?

(b) 회사가 300상자씩 주문한다면, 연간 주문비용과 재고유지비용의 합은 얼마인가?

(c) 회사가 100상자씩 주문한다면, 단위당 연간 주문비용과 재고유지비용의 합은 얼마인가?

(d) 회사가 50상자의 배수로(즉 50, 100, 150상자 등) 주문해야 한다면, 연간 주문비용과 재고유지비용의 합을 최소화시키는 주문량은 얼마인가?

(e) 회사는 최소 1,000상자를 구매하는 대가로 5%의 할인을 제안받았다. 이 제안을 이용하고자 할 때의 연간 주문비용과 재고유지비용의 합을 구하시오.

2. Sarah's Organic Soup 회사는 유기농 수프를 만든다. 수프에 필요한 원재료 중 하나는 유기농 팜유이다. 회사는 매일 평균 1,000kg의 팜유가 필요하다. 공급업자는 주문량에 관계없이 주문당 $60의 배송비용을 청구하고, kg당 $4.75에 판매한다. 회사의 연간 재고유지비용은 25%이다. 회사는 주 5일을 운영하고 1년은 52주라 가정한다.

(a) 회사가 연간 주문비용과 재고유지비용의 합을 최소화하려 한다면, 주문당 얼마나 많은 팜유(kg)를 구매해야 하는가?

(b) 회사가 주문당 4,000kg을 구매한다면, 연간 주문비용과 재고유지비용의 합은 얼마인가?

(c) 회사가 주문당 8,000kg씩 구매한다면, 매출 1kg당 연간 주문비용과 재고유지비용의 합은 얼마인가?

(d) 회사가 주문당 15,000kg씩 구매한다면 5%의 가격할인을 받을 수 있게 되었다. 주문당 15,000kg씩 주문한다면, 연간 주문비용과 재고유지비용의 합은 얼마인가?

학습목표 12-1, 12-3

3. Joe Birra는 맥주 양조를 위해 맥아를 구매해야 한다. 그의 공급업자는 주문당 $35을 청구하고 갤런당 $1.2의 가격으로 판매한다. Joe의 연간 단위당 재고유지비용은 갤런당 35%이다. Joe는 매주 250갤런의 맥아를 사용한다.

(a) Joe가 주문당 1,000갤런씩 주문한다면, 평균적인 재고량(갤런)은 얼마인가?

(b) Joe가 1,500갤런씩 주문한다. 그는 연간 몇 번 주문을 내야 하는가?

(c) 주문비용과 재고유지비용의 합을 최소화하려면 1회 주문량(갤런)이 얼마가 되어야 하는가?

(d) Joe가 2,500갤런씩 주문한다면, 갤런당 주문비용과 재고유지비용의 합은 얼마인가?

(e) Joe가 (c)의 주문량만큼 주문한다고 하자. 연간 구매비용 대비 경제적 주문량(EOQ) 비용의 비율은 얼마인가?

(f) Joe의 공급업자가 1,000갤런의 배수만큼만 주문을 받는다면, 갤런당 주문비용과 재고유지비용의 합을 최소화하는 주문량은 얼마인가?

(g) Joe가 8,000갤런 이상을 구매하면 3%의 가격할인을 받는다. 이 할인을 이용할 때 Joe의 연간 총 비용(구매, 주문, 재고유지)은 얼마인가?

학습목표 12-1, 12-3

4. Bruno Fruscalzo는 지역 식당에게 젤라토를 팔기 위해 작은 공장을 신축하기로 했다. 공장에 우유를 공급하는 업자는 kg당 $0.5에 판매하고 주문당 $20의 배송비용을 청구한다(주문량에 상관없이). Bruno의 재고유지비용은 매월 kg당 $0.03이다. 그는 월 9,000kg의 우유를 필요로 한다.

(a) Bruno가 한번에 9,000kg씩 주문한다면, 그의 평균 재고량은 얼마인가?

(b) Bruno가 한번에 7,000kg씩 주문한다면, 연간 몇 번 주문을 내야 하는가?

(c) 연간 주문비용과 재고유지비용의 합을 최소화하는 1회 주문량(kg)은 얼마인가?

(d) Bruno의 저장 용량이 3,000kg이라면, 연간 주문비용과 재고유지비용의 합은 얼마인가?

(e) Bruno의 저장 용량이 6,000kg이라면, 연간 주문비용과 재고유지비용의 합은 얼마인가?

(f) 공급업자의 트럭은 20,000kg의 우유를 적재할 수 있다. 공급업자는 트럭당 고객 세 명까지만 배송하려 하고, 각 고객에게 최소 6,500kg의 주문량을 요구한다. Bruno가 이 최소주문량을 주문한다면, 그의 연간 주문비용과 재고유지비용의 합은 얼마인가? Bruno가 6,500kg을 담을 수 있는 저장 용량을 가지고 있다고 가정하자.

(g) Bruno가 트럭 한 대분, 혹은 20,000kg의 우유를 주문한다면 5%의 가격할인을 받을 수 있다. Bruno가 그 용량을 저장할 수 있고 재고가 썩지 않는다고 가정하자. Bruno가 트럭 한 대분을 주문한다면, kg당 주문비용과 재고유지비용이 얼마나 발생하는가?

학습목표 12-1, 12-2

5. BZoom은 다양한 기계나 동물, 건물 등을 만드는 데 사용될 수 있는 장난감 벽돌을 만드는 회사다. 회사는 빨간색 염료 가루를 구매하여 벽돌을 만드는 데 사용하는데 가루는 kg당 $1.3에 구매된다. BZoom은 매주 400kg의 가루가 필요한데, 회사의 연간 재고유지비용은 30%이고 주문당 고정비용은 $50이다.

(a) 주문비용과 재고유지비용의 합을 최소화하는 염료 가루의 1회 주문량(kg)은 얼마인가?

(b) 회사가 한번에 4,000kg씩 구매한다면, 주문비용과 재고유지비용의 합은 얼마인가?

(c) 회사가 한번에 2,000kg씩 구매한다면, 염료 가루 kg당 주문비용과 재고유지비용의 합은 얼마인가?

(d) BZoom이 (a)의 양만큼 주문한다면, 연간 구매비용 대비 경제적 주문량(EOQ) 비용의 비율은 얼마인가?

(e) BZoom의 구매관리자가 협상을 통해 10,000kg 또는 그 이상 주문량에 대해 2.5%의 구매가격 할인을 제안받았다. 이 가격할인을 이용한다면 회사의 연간 총 비용(구매, 주문, 재고유지)은 정상 구매가격으로 구매할 때에 비해 어떻게 변화하는가?

1) $1,000 이상 감소한다.
2) $1,000 미만으로 감소한다.
3) $1,000 미만으로 증가한다.
4) $1,000 이상 증가한다.

학습목표 12-1, 12-2

6. Evana Blance는 강화 철근을 이용하여 아름다운 콘크리트 벽체을 만드는 건축회사를 운영하고 있다. 이 회사의 연간 재고유지비용은 25%이다.

(a) 회사는 주문 건당 $400의 배송비를 내고 있으며, 각 철근의 가격은 $200이다. 이 회사가 주당 150개의 철근이 필요하다면, 주문당 주문량은 얼마가 되어야 하는가?

(b) 회사는 한번에 6,000개의 건축용 콘크리드 블록을 배송받고 있다. 콘크리드 블록의 배송에는 건당 $300의 고정비가 발생하며, 하루 500개의 콘크리드 블록이 필요하다. 각 블록의 가격은 $2이어서 블록당 연간 재고유지비용은 $0.5(즉, $2의 25%)이다. 블록당 총 주문비용과 재고유지비용($)은 얼마인가?

(c) 회사는 블록 제조회사로부터 흥미로운 제안을 받았다. 만약 회사가 한번에 블록 36,000개를 주문하면, 15%의 가격할인을 제공한다는 것이다. 회사가 이 제안을 받아서 주문당 36,000개의 블록을 주문한다고 해보자. 회사의 일일 평균 재고유지비용($)은 얼마인가? 참고로 주문비용 또는 구매비용은 계산에서 제외하라.

사례 J&J와 Walmart[2]

© John Flournoy/McGraw-Hill Education

Johnson & Johnson(J&J)의 Walmart 담당자인 Michelle Sayer는 두 기업 간의 모든 운영을 관리하고 있다. Walmart는 J&J에게 매우 중요한 고객이기 때문에, 그녀는 Walmart 본부가 위치한 Arkansas 주 Bentonville에 거주하고 있다.

Rafael Ellwood는 Walmart 소속으로 Michelle의 담당 직원인데, Walmart의 구매가 효율적으로 이루어지지 않고 있다는 점을 우려하면서 Michelle과의 미팅을 제안했다.

Rafael은 Michelle과의 미팅을 효율적으로 진행하기 위해, Listerine Cool Mint 250mL라는 한 제품에 집중하기로 했다. 표 12.6은 Walmart의 한 지점에서 발생한 해당 제품의 30주간 매출 자료를 보여주고 있으며, 그림 12.3은 이 데이터를 그래프로 표시한 것이다. 표 12.7은 이 제품의 수요 데이터, 주문비용, 그리고 재고유지비용을 보여주고 있다.

1. Rafael이 Michelle에게 "우리가 이 제품의 주문량을 얼마로 하는 것이 좋을까요? 현재 우리는 상자 단위로만 물량을 배송받는다는 것 아시죠?"라고 물었다.
2. Michelle은 두 회사가 공급체인을 통해 제품의 흐름을 간소화하는 방법을 찾고 있다는 점을 상기시켰다. 한 가지 방법은 제품을 티어 단위로 배송하는 것이다. 만약 각 주문이 티어 단위로 이루어진다면, J&J의 창고에서 티어로 물건을 포장한 뒤 Walmart의 물류센터로 배송하고 이는 다시 쇼핑센터로 배송될 것이다. Rafael은 티어 단위의 주

표 12.6 특정 쇼핑센터에서 Listerine Cool Mint 250mL의 주간 매출량

주	매출량	주	매출량	주	매출량
1	18	11	9	21	11
2	16	12	10	22	10
3	19	13	9	23	12
4	15	14	5	24	13
5	12	15	6	25	19
6	15	16	7	26	14
7	17	17	11	27	13
8	13	18	10	28	18
9	8	19	10	29	18
10	9	20	7	30	15

[계속]

[2] 본 사례에 사용된 이름과 자료는 가상의 정보이다.

문이 공급체인의 다른 부분에도 도움이 될 것이라 동의했으나, 쇼핑센터 입장에서 티어 단위로 주문하는 것이 비용적으로 부담이 될 것을 염려하였다. Rafael의 걱정은 일리가 있는가?

3. 티어 단위로 주문하는 이슈와는 별개로(좀 더 많은 정보가 필요하기에), Rafael은 Michelle과 다른 이슈에 대해서도 이야기를 나누고 싶었다. Rafael은 그림 12.3을 보면서 간혹 수요가 평균보다 50% 높거나 낮은 기간들이 있음을 지적했다. 이러한 수요 변동성을 고려할 때, 그는 상자 단위의 단일 주문량을 설정하는 것이 적절한 전략인지 의문이 들었다. 아니면 주문량을 연중 계속해서 바꾸어야 하는 것인지? Walmart가 취급하는 물건과 상점이 너무 많기 때문에 주문량을 변화시키는 것은 매우 복잡하겠지만 비용을 절감할 수 있다면 그럴 의향이 있었다.

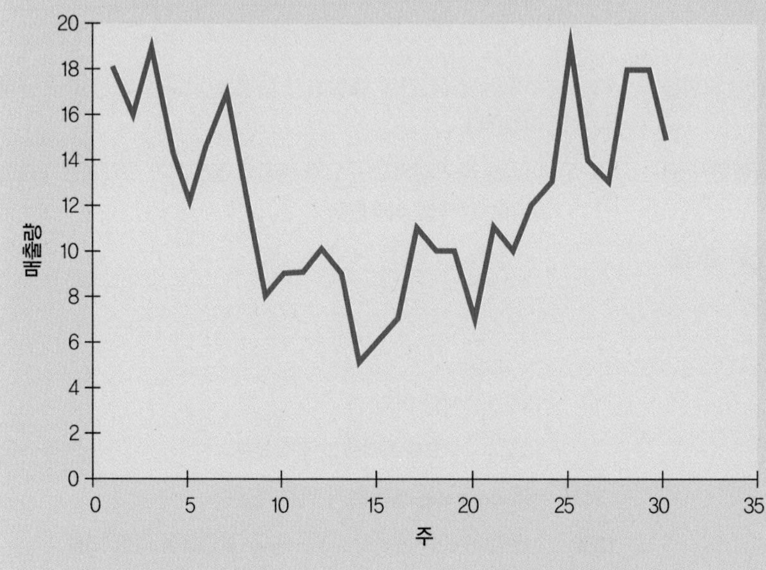

그림 12.3 특정 쇼핑센터에서 Listerine Cool Mint 250mL의 주간 매출량

표 12.7 Listerine Cool Mint 250mL의 수요, 주문비용, 재고유지비용에 대한 정보

단위당 구매가격	$2.50
연간 재고유지비용 비율	25%
고정 주문비용	$6
평균 주간 매출량	12.3
상자당 단위 수	12
티어당 상자 수	24
팔레트당 티어 수	5

13 일정 기간 동안의 수요를 위한 재고관리

학습목표

13-1 수요가 불확실하고 발생기간이 정해진 경우 신문팔이 모형을 사용하여 제품의 주문량을 결정할 줄 안다.

13-2 신문팔이 모형을 사용하여 예상이익이나 수요충족확률과 같은 성과지표를 평가할 줄 안다.

13-3 목표 서비스수준을 달성하기 위해 필요한 주문량을 결정할 줄 안다.

13-4 수요와 공급 간의 불일치가 어떻게 비용을 발생시키는지를 이해한다.

13-5 이익을 증가시키고 수요와 공급의 불일치가 초래하는 비용을 줄이는 전략을 이해한다.

이 장의 개요

© Karl Weatherly/Getty Images

소개

O'Neill은 서핑, 다이빙, 수상스키, 수상보드, 철인 삼종경기, 윈드서핑과 같은 수상 스포츠용 의류, 수영복, 장신구 등을 디자인하고 제조하는 기업이다. O'Neill은 일 년에 두 번 봄과 가을에 성수기 판매시즌을 맞이하는데, 매 시즌마다 아시아 공급업자에게 제품을 얼마나 주문해야 하는가 라는 까다로운 문제에 봉착한다. 매 시즌마다 어느 정도의 수요예측은 가능하지만 정확한 예측은 어렵다. 어떤 제품은 예상보다 인기가 있을 수도 있고 그 반대일 수도 있다. 이 문제가 특히 까다로운 이유는 공급업자에게 제품을 만들 시간을 확보해주기 위해 판매시즌이 시작하기 한참 전에 주문 결정을 해야 한다는 점과 각 품목별로 주문을 단 한 번만 할 수 있다는 점이다. 수요가 불확실하고 주문을 한 번밖에 낼 수 없다는 것은 정확한 수요예측과 주문이 거의 불가능하며 늘 주문량이 너무 많거나 적을 가능성이 크

다는 의미이다. 주문량이 실제 수요에 비해 너무 많은 경우에는 시즌이 끝날 때쯤 큰 폭의 할인을 감수하면서 재고를 청산해야 한다. 주문량이 "너무 적은" 경우도 고통스럽기는 마찬가지다. 주문했던 제품을 다 팔았다는 것은 좋은 일이지만 더 많은 제품을 팔아 더 많은 이익을 남길 수도 있었으니 말이다. 요약하자면, 불확실한 수요로 인한 변동성과 단 한 번의 주문 기회라는 경직성 때문에 O'Neill이 수요와 공급을 일치시키기가 매우 어렵다.

"너무 많거나 또는 너무 적거나"라는 문제는 O'Neill뿐만 아니라 불확실한 상황하에서 단 한 번의 의사결정을 해야만 하는 모든 기업에게 발생한다. 이 같은 문제는 다양한 상황하에서 발생 가능한데, 예를 들어 제약회사가 생산을 위한 신규 설비용량을 결정해야 하는 상황에서 설비 투자가 지나치면 유휴시간의 증가와 낮은 활용률로 인한 낭비가 발생하며, 설비 투자가 너무 적은 경우에는 판매량 부진에 따른 기회비용을 감수해야 한다. 다른 예로, 물류센터의 관리자가 다음 달에 근무할 직원의 수를 결정해야 하는데, 직원이 너무 많으면 잉여 노동력이 생겨 비생산적이며 직원이 부족할 경우에는 초과근무로 인한 큰 비용이 초래될 수 있다. 이러한 종류의 어려움은 일상적인 의사결정을 내릴 때도 발생한다. 예를 들어, 토요일에 파티를 열어 친구들을 초대하고 간단히 햄버거만을 준비한다고 하자. 햄버거 빵을 얼마나 구입해야 할까? 문제는 정확히 몇 명의 친구들이 초대에 응할 것이며 그들이 얼마나 허기진 상태일지를 모른다는 점이다. 너무 많은 햄버거 빵을 사게 되면 아마 다음 주쯤에는 부엌에서 썩혀져 결국 쓰레기통행이 되고 말 것이다. 하지만 너무 적게 사게 되면 친구들이 당신을 햄버거 빵도 넉넉히 사지 않는 구두쇠로 볼지도 모른다. 이번에는 비행기를 타기 위해 공항에 가는 과정을 생각해보자. 도로 위에서 공항검색대를 거쳐 탑승구에 도착하기까지 시간이 얼마나 걸릴지 정확히 알 수 없다. 너무 일찍 출발하면 비행기에 탑승하기까지 지루한 시간을 보내야 할 수 있으며, 반대로 너무 늦게 출발하면 비행기를 놓칠 위험이 있다.

이 장에서 우리는 신문팔이(newsvendor)라고 불리는 모형을 사용하여 O'Neill과 같은 기업이 시즌별로 각 제품의 주문량을 결정하는 방법을 다루고자 한다. 주문량을 어떻게 설정하더라도 실제 수요에 비해 적거나 많을 수 있지만 그럼에도 불구하고 기업의 예상 이익을 최대화할 수 있는 단일 주문량이 존재함을 보게 될 것이다(13.1절). 또한 최적 주문량과 더불어, 특정 주문량에 따른 예상 판매량, 재고, 이익과 같은 성과 기준을 평가하는 방법들을 다룰 것이다(13.2절). 이러한 성과 척도들은 기업이 예상 이익을 최대화시키는 최적 주문량이 아닌 다른 종류의 의사결정을 하는 경우에도 좀 더 바람직한 결정을 내리는 데 도움이 될 것이다(13.3절). 예를 들자면, 때론 예상 이익을 최대화하는 것이 아니라 제품이 품절되지 않도록 하는 것을 목표로 할 수도 있다. 전반적으로 우리는 어떠한 상황에서 "너무 많거나 적은" 재고가 까다로운 문제가 되는지를 이해하고자 한다. 때론 옳은 결정을 내렸음에도 불구하고 엄청난 손실을 입게 될지도 모르며 잘못된 결정을 내렸음에도 불구하고 그 결과가 심각하지 않을 수도 있다(13.4절). 마지막으로, 언제나 그렇듯이, 시스템의 성과를 개선시킬 수 있는 변화를 만들어내는 것은 매우 중요하다. 따라서 신문팔이 모형이 적용되어야 하는 상황을 개선시킬 수 있는 여러 가능성들도 다루고자 한다(13.5절).

13.1 신문팔이 모형

이 절에서는 O'Neill의 주문량 결정에 대하여 좀 더 세부적인 내용을 살펴본 뒤 신문팔이 모형을 사용하여 실제 결정을 내려보고자 한다. 본격적으로 시작하기에 앞서, 당신이 궁금해할 만한 질문에 대해 답해보자. 신문을 파는 것이 수영복을 얼마나 주문할지 결정하는 데 어떻게 도움이 된다는 것인가? 분명히 신문 파는 일은 수영복 파는 것과는 매우 다른 사업이다. 한 가지 확실한 것은, 수영복은 여전히 꽤 팔리는 상품이지만 종이신문은 예전 같지 않다. 하지만 신문팔이가 내릴 결정에 대하여 생각해보자. 매일 아침 신문팔이는 보급소로부터 신문을 얼마나 구매하여 길거리 가판대에서 팔지를 결정해야 한다. 만약 신문팔이가 신문을 너무 많이 산다면 남는 건 버리게 될 것이다. 아무도 어제 신문을 사려고 하지 않기 때문이다. 만약 신문을 너무 적게 산다면, 오후에 보급소로부터 신문을 추가로 구매할 수 없기 때문에 당일 신문 판매를 통한 추가적인 수익 창출의 기회는 영원히 잃게 된다. 비록 신문 재고를 관리하는 법을 반드시 알아야 할 사람은 많지 않겠지만, 실제로 많은 사람들이 이와 비슷한 종류의 의사결정 상황에 직면하게 된다. 비록 모형의 이름이 다소 시대착오적이라 할지라도 이를 운영관리에서 직면하는 중요한 유형의 결정에 대한 은유적인 이름으로 생각하면 좋을 것이다.

13.1.1 O'Neill의 주문량 결정

학습목표 13-1
수요가 불확실하고 발생기간이 정해진 경우 신문팔이 모형을 사용하여 제품의 주문량을 결정할 줄 안다.

이 장의 소개에서 언급한 바와 같이 O'Neill은 수상 스포츠용 의류를 판매한다. 일부 제품은 유행을 타는 제품이 아니라서 종류가 다양하지 않고 몇 해에 걸쳐서 판매되고 있다. 네오프렌 소재의 검은색 웻슈트가 그런 예이다. 물론 "Animal", "Epic", "Hammer", "Inferno", "Zen"이라는 이름의 제품처럼 유행에 민감한 제품도 존재한다. 예를 들어 서핑용 의류의 색상은 젊고 탄탄한 몸을 가진 소비자들의 취향에 맞추어 시즌별로 다양하게 바뀐다.

O'Neill은 멕시코에 제조 설비를 운영하고 있지만 거기에서 모든 제품을 생산하는 것은 아니다. 어떤 제품은 O'Neill의 아시아 공급업자인 TEC 그룹이 생산한다. TEC가 O'Neill에게 비용 절감, 구매 전문성, 유연한 생산능력 등의 이점을 제공하고 있지만 모든 주문에 대해 3개월의 조달시간을 감안할 것을 요구하고 있다. 예를 들어 O'Neill이 11월 1일에 제품을 주문했다면 1월 31일이 되어야 제품이 San Diego, California에 있는 물류센터에 입고된다.

O'Neill이 제품을 확보하는 데 겪는 어려움을 이해하기 위해 봄 시즌을 겨냥해 새롭게 디자인된 서핑용 슈트 Hammer 3/2를 가지고 생각해보자("3/2"는 수영복에 사용되는 네오프렌 소재의 두께를 지칭하는 표식으로 가슴부분 3mm와 나머지 부분 2mm 두께를 의미한다). 사진 13.1에 Hammer 3/2과 O'Neill의 로고가 나타나 있다. Hammer 3/2는 TEC

사진 13.1 서핑시장에서 판매되는 O'Neill의 Hammer 3/2 웻슈트와 회사 로고

출처: O'Neil

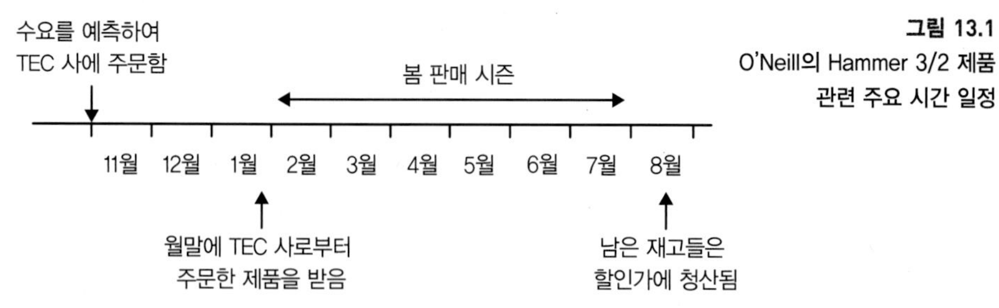

그림 13.1 O'Neill의 Hammer 3/2 제품 관련 주요 시간 일정

표 13.1 Hammer 3/2 웻슈트 관련 가격 자료

판매가격	$190
TEC 사로부터의 구매가격	$100
시즌 말 할인 가격(청산가격)	$70

가 요구하는 3개월이라는 조달시간 때문에 O'Neill은 봄 시즌이 시작되기 전인 11월에 TEC 측에 주문을 보내야 한다. 그림 13.1에는 Hammer 3/2 제품과 관련된 시간 일정이 나타나 있다.

표 13.1에 나타난 바와 같이 Hammer 제품의 수익성은 꽤 좋은 편이다. O'Neill은 TEC 측에 옷 한 벌당 $100을 지불하고 소매점에는 $190에 판매한다. 만약 시즌 말에 팔리지 않은 재고가 있다면 이는 다양한 경로를 통해 한 벌당 $70을 받고 재고 처리할 수 있다. 이 $70은 판매 시즌의 막바지에 단위당 판매하여 얻을 수 있는 최소 가치 또는 **청산가치(salvage value)**를 의미한다.

청산가치 판매 시즌 막바지에 팔리지 않고 남은 재고 한 단위를 처리하여 얻을 수 있는 가치

밀도함수 주어진 확률분포하에서 특정 결과값이 발생할 확률 값을 나타내는 함수

수요예측은 주문량을 결정하는 데 매우 중요한 요소이다. O'Neill은 수요를 예측하기 위해 유사 제품의 과거 판매 데이터와 디자이너 및 영업 담당자의 판단에 의존하고 있는데 봄 시즌 동안 $190에 판매될 Hammer 3/2 제품의 수요가 평균 3,000과 표준편차 1,000을 갖는 정규분포의 형태를 띨 것으로 판단하고 있다(모든 정규분포는 평균과 표준편차라는 두 가지 계수 값으로 정의된다).

정규분포의 밀도함수는 종의 모양을 띤다(그림 13.2 참조). **밀도함수(density function)**는

그림 13.2 평균이 3,000이고 표준편차가 500(왼쪽), 1,000(중앙), 1,500(오른쪽)인 정규분포들의 밀도함수

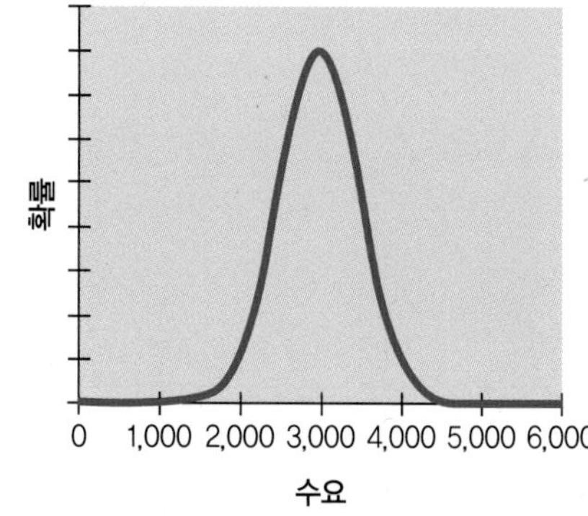

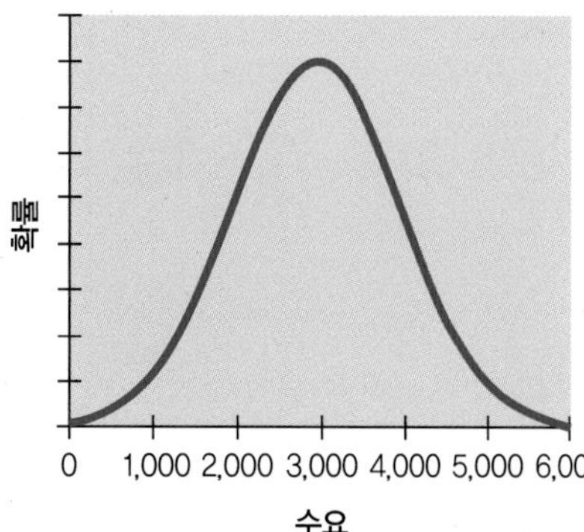

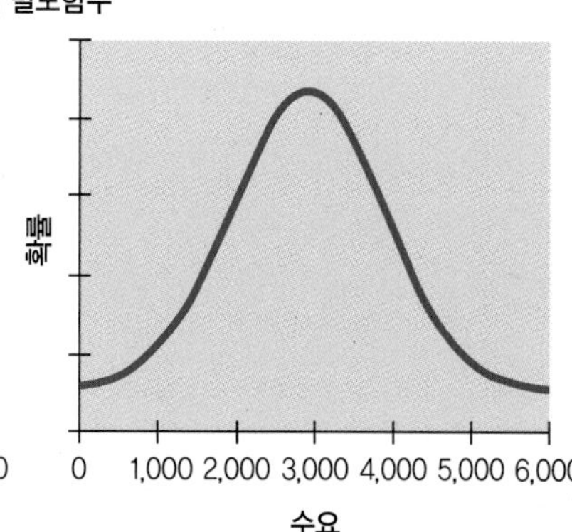

특정 결과가 발생할 확률값을 나타낸다. 정규분포 밀도함수의 최고점은 정규분포의 평균에 위치한다. 이 경우 최고점은 3,000단위에서 일어나고 있는데 이는 가장 일어날 확률이 높은 판매량이 3,000단위라는 의미이다. 하지만 이 평균값에는 상당한 변동성이 있으며 이 변동성의 정도는 표준편차에 의해 결정된다. 만약 표준편차가 평균에 비해 상대적으로 적다면 종 모양은 더 높고 가는 형태를 띠게 되는데 이는 일어날 확률이 높은 경우들이 평균값 주변에 밀집된다는 뜻이다(그림 13.2에서 왼쪽 도표). 반대로 표준편차가 평균에 비해 상대적으로 크다면 종 모양은 낮고 넓은 형태를 띠게 되며 이는 평균값에서 상당히 먼 경우들도 일어날 가능성이 있음을 의미한다(그림 13.2에서 오른쪽 도표). 그림 13.2에서 가운데 도표는 Hammer 3/2 제품의 수요에 대한 정규분포 밀도함수를 나타내는데 이 도표를 보면 수요가 1,000단위 이하이거나 5,000단위 이상일 가능성은 높지는 않지만 두 가지 경우 모두 일어날 수 있음을 알 수 있다.

분포함수 또는 **누적분포함수** 어떤 사건의 결과가 특정 수준 이하일 확률을 나타내는 함수이다. 예를 들어 만약 $F(Q)$가 수요의 분포함수라면 $F(Q)$는 수요가 Q 이하일 확률을 의미한다.

밀도함수는 사람들이 '통계분포' 하면 떠올리는 그 함수이지만 신문팔이 모형에 적용하기 위해서는 정규분포의 **분포함수** 또는 **누적분포함수(distribution function)**를 사용하는 것이 더욱 편리하다. 분포함수 또는 누적분포함수는 어떤 결과가 특정 수준 또는 그 아래의 값으로 나타날 확률을 보여준다. 예를 들어, $F(Q)$가 평균이 3,000이고 표준편차가 1,000인 정규분포의 분포함수라고 하자. 그렇다면 $F(Q)$는 수요가 Q 또는 그 이하일 확률을 의미한다. 이 분포함수가 그림 13.3에 나타나 있다. 모든 분포함수와 마찬가지로 (i) $F(Q)$는 확률을 나타내므로 0과 1 사이의 값이며 (ii) $F(Q)$는 0 근처의 낮은 값에서 시작하여 1이라는 값을 향해 S자 형태로 증가한다. $F(3{,}000) = 0.5$라는 것은 수요가 평균이거나 그 이하일 확률이 0.5라는 것이다. 모든 정규분포들이 평균값을 중심으로 좌우대칭의 형태를 갖기 때문에 평균 이하일 확률이 절반이고 평균 이상일 확률이 절반이라는 사실은 모든 정규분포에 적용된다.

그림 13.3은 분포함수를 시각적으로 보여주고 있는데 이는 표 13.2와 같은 분포함수표와 함께 사용하는 것이 유용하다. 표 13.2의 각 행은 각 수요량 Q의 값들을 보여준다. 두 번째 열은 수요가 해당 Q값 이하일 경우의 확률을 나열한 것이다. 예를 들어, 수요가

그림 13.3
평균이 3,000이고 표준편차가 1,000인 정규분포의 분포함수 $F(Q)$

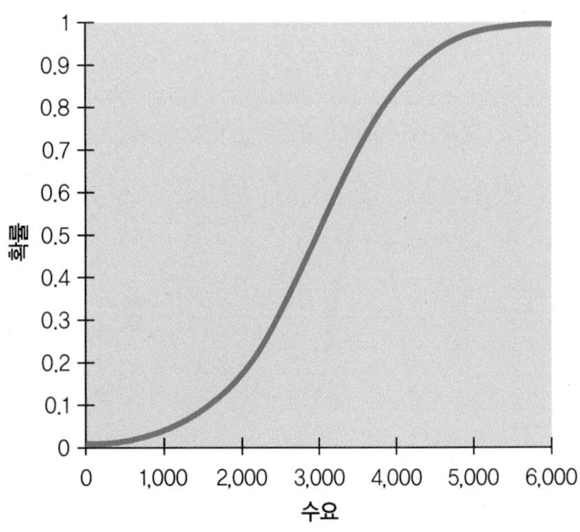

표 13.2 평균이 3,000이고 표준편차가 1,000인 정규분포상에서 수요량에 따른 분포함수 $F(Q)$와 예상 재고 수준 $I(Q)$

Q	$F(Q)$	$I(Q)$
0	0.0013	0
100	0.0019	1
200	0.0026	1
300	0.0035	1
400	0.0047	1
500	0.0062	2
600	0.0082	3
700	0.0107	4
800	0.0139	5
900	0.0179	6
1,000	0.0228	8
1,100	0.0287	11
1,200	0.0359	14
1,300	0.0446	18
1,400	0.0548	23
1,500	0.0668	29
1,600	0.0808	37
1,700	0.0968	46
1,800	0.1151	56
1,900	0.1357	69
2,000	0.1587	83

Q	$F(Q)$	$I(Q)$
2,100	0.1841	100
2,200	0.2119	120
2,300	0.2420	143
2,400	0.2743	169
2,500	0.3085	198
2,600	0.3446	230
2,700	0.3821	267
2,800	0.4207	307
2,900	0.4602	351
3,000	0.5000	399
3,100	0.5398	451
3,200	0.5793	507
3,300	0.6179	567
3,400	0.6554	630
3,500	0.6915	698
3,600	0.7257	769
3,700	0.7580	843
3,800	0.7881	920
3,900	0.8159	1,000
4,000	0.8413	1,083

Q	$F(Q)$	$I(Q)$
4,100	0.8643	1,169
4,200	0.8849	1,256
4,300	0.9032	1,346
4,400	0.9192	1,437
4,500	0.9332	1,529
4,600	0.9452	1,623
4,700	0.9554	1,718
4,800	0.9641	1,814
4,900	0.9713	1,911
5,000	0.9772	2,008
5,100	0.9821	2,106
5,200	0.9861	2,205
5,300	0.9893	2,304
5,400	0.9918	2,403
5,500	0.9938	2,502
5,600	0.9953	2,601
5,700	0.9965	2,701
5,800	0.9974	2,801
5,900	0.9981	2,901
6,000	0.9987	3,000

1,500 이하일 확률은 0.0668이며 수요가 5,000 이하일 때의 확률은 0.9772이다. 참고로 표 13.2에 나타난 수요량들은 편의상 100의 배수들만 다루고 있는데 모든 수요량을 다 다루려면 표가 너무 커지기 때문에 이런 형태로 만들어졌다. 표 13.2의 세 번째 열에 담긴 수치들 역시 신문팔이 모형에서 유용하게 사용되는데 이는 13.2절에서 다룰 것이다.

그림 13.2와 표 13.2에 나타나고 있는 수요의 불확실성을 보면서 왜 이리 불확실성이 많을까 라는 생각이 들 수 있다. 유감스럽게도, 수요예측에서의 불확실성은 예측 과정에서 아무리 주의와 집중을 기울인다고 하더라도 피할 수 없다. 예를 들어 O'Neill의 경험에 따르면 대략 절반의 제품들에서 실제 수요가 초기 수요예측에 비해 25% 이상 다르다고 한다. 다시 말하면, 각 제품에 대해 수요예측을 했을 때 실제 수요가 예측된 값의 75～125%의 범위에서 발생하는 제품의 비율이 50%라는 의미이다. Hammer 3/2 제품의 경우도 마찬가지이다. 2,300～3,700 사이의 범위는 3,000이라는 평균과 비교할 때 77～123% 사이의 범위를 의미한다. 표 13.2에서 $F(2,300) = 0.2420$이고 $F(3,700) = 0.7580$이다. 이는 수요가 2,300 이하일 확률이 0.2420이고, 수요가 3,700 이하일 확률이 0.7580이라는 뜻이다. 따라서, 웻슈트의 수요가 2,300과 3,700 사이일 확률은 0.5160(0.7580−0.2420)이 되

이해도 확인하기 13.1

질문 어떤 제품의 수요가 평균 3,000이고 표준편차가 1,000인 정규분포를 따른다고 하자. 수요가 4,000 이하일 확률은 얼마인가?

답 표 13.2에 따르면 $F(4,000) = 0.8413$이다.

질문 어떤 제품의 수요가 평균 3,000이고 표준편차가 1,000인 정규분포를 따른다고 하자. 수요가 1,000에서 5,000사이일 확률은 얼마인가?

답 표 13.2에 따르면, $F(5,000) = 0.9772$이고, $F(1,000) = 0.0228$이다. 그 사이 값을 가질 확률은 0.9544(= 0.9772 − 0.0228)이다.

며 이는 Hammer 3/2의 실제 수요가 예측된 수요 평균의 77~123% 사이일 가능성이 약 52%임을 의미한다.

O'Neill은 TEC에 Hammer 3/2 제품을 얼마나 주문해야 하는가? O'Neill이 수요예측한 값들 중 가장 확률이 높은 3,000벌을 주문해야 한다고 생각할 수도 있다. 하지만, 3,000벌을 주문하면 시즌 막바지에 재고가 남아 깊게 할인되어 판매될 가능성이 높다는 점에서 이 수치가 너무 공격적이라고 느낄 수도 있다. 반면, 웻슈트 하나를 팔면 $90을 벌 수 있지만 재고로 남으면 $30만 손해 보면 되기 때문에 3,000벌 이상 주문해도 나쁘지 않다는 생각을 할 수 있다. 이 상황에서 어떤 것이 합리적인 결정인지 신문팔이 모형을 통해 살펴보자.

13.1.2 신문팔이 모형의 목적과 투입 요소들

신문팔이 모형은 의사결정자가 어떤 무작위의 사건(예: 수요)이 일어나기 전에 단 한 번의 의사결정(예: 주문량)을 해야만 하는 상황에 적용된다. 이 결정값이 너무 높으면 재고가 남아 청산에 따르는 비용이 발생할 것이며, 결정값이 너무 낮으면 수요를 만족시키지 못하는 데 따르는 기회비용이 발생한다. 신문팔이 모형의 목적은 이러한 상충되는 비용들 간에 균형을 잡을 수 있는 적정선을 예측하는 것이다. O'Neill의 사례와 유사한 많은 상황에서 신문팔이 모형의 목적을 "예상 이익 최대화"라고 설명할 수 있다. 그러나 앞서 예를 들었던 햄버거용 빵과 같은 경우에는 이 모형의 목적을 "예상 비용 최소화"라고도 말할 수 있다. 두 가지 경우 모두 주문량을 결정하는 데는 동일한 과정을 거친다.

신문팔이 모형에는 세 가지 투입 요소들이 있다. 너무 적은 주문량에 따르는 비용, 너무 많은 주문량에 따르는 비용, 그리고 수요예측이다. 너무 적은 주문량에 대한 비용은 **미충족 비용(underage cost)**이라 하며 C_u로 표시한다. 구체적으로 표현하자면 실제 수요보다 한 단위 적게 주문했을 때의 비용을 말한다. 예를 들어 O'Neill이 3,000벌의 웻슈트를 주문했는데 실제 수요가 3,001벌이라면 한 단위 적은 양의 웻슈트를 주문한 것이다. 만약 한 단위 더 팔 수 있음을 알았더라면 $190의 추가적인 수익을 얻을 수 있었다. 하지만 웻슈트를 하나 더 구매하는 데 $100의 지출도 필요하기 때문에 이익의 변화는 단지 $90이며 이것이 미충족 비용에 해당한다.

미충족 비용 한 단위 적게 주문하는 것에 따르는 비용, 즉 과소 주문할 때의 단위당 비용. C_u로 나타낸다.

과충족 비용 한 단위 많이 주문하는 것에 대한 비용, 즉 과다 주문할 때의 단위당 비용. C_o로 나타낸다.

주문량이 너무 많은 경우의 비용을 **과충족 비용(overage cost)**이라 하며 C_o로 표시한다.

표 13.3 신문팔이 모형의 세 가지 예시들과 각 예시에서의 과충족 및 미충족 비용

예시	결정사항	데이터	과충족 비용, C_o	미충족 비용, C_u
O'Neill의 Hammer 3/2	웻슈트 주문량	• 판매가 $190 • 구매가 $100 • 청산가치 $70	한 단위 초과 주문한 것으로 인한 손실 $30(= $100 − $70)	한 단위 적게 주문하여 얻지 못한 이익 $90(= $190 − $100)
제약회사 제조설비 능력	1년간 생산할 수 있는 복용량	• 복용량당 이익 $5,000 • 단위당 복용량에 따른 설비 투자 비용 $1,000 • 설비투자의 청산가치 $0	청산가치가 $0인 상황에서 필요량에 비해 복용량 한 단위 더 생산할 수 있는 설비에 투자함에 따른 비용 C_o = $1,000	한 단위 더 판매할 수 있도록 설비 투자를 하지 않음에 따르는 비용 = $4,000(= $5,000 − $1,000)
물류센터 고용인력 수준	한 달간 직원들의 총 근무시간	• 시간당 정상 근무 비용 $12 • 시간당 초과 근무 비용 $18 • 유휴 노동력의 가치 $1	필요보다 한 시간 더 근무하는 데 따르는 비용은 $11($12 − $1). 이 비용은 근무시간을 한 시간은 줄일 수 있음을 사전에 알았다면 $12을 절약했겠지만 유휴 노동력이 제공 가능한 가치 $1을 얻지 못했을 것임을 계산한 비용	한 시간 적은 근무시간을 계획했다가 추가 근무가 발생하면 시간당 $6의 추가비용이 발생한다. 즉, 한 시간 더 필요함을 알았더라면 정상 근무를 계획하여 $18 대신 $12만을 지불했을 것이므로 $6($18 − $12)의 기회비용이 발생한다.

과충족 비용은 필요한 양보다 한 단위 더 주문했을 때의 비용을 말한다. 예를 들어, O'Neill이 3,000벌의 웻슈트를 주문했는데 실제 수요가 2,999벌이라면 이는 한 단위 더 주문한 것으로, 만약 이를 미리 알았더라면 한 단위 적게 주문하면서 $100의 구매비용을 절약할 수 있었을 것이다. 그러나 이 경우에는 $70에 해당하는 청산가치는 얻지 못했을 것이다. 따라서 과다 주문으로 인한 비용은 $100이 아닌 그 차액, 즉 C_o = $30(= $100 − $70)이 된다. 다시 말하면, 한 단위 과다 주문은 O'Neill의 이익을 $30만큼 감소시키기 때문에 과충족 비용은 $100이 아닌 $30이다. 표 13.3에 O'Neill과 다른 두 가지 예에서의 미충족 비용과 과충족 비용 계산이 제시되어 있다.

세 번째 투입 요소는 수요예측이다. 수요예측 과정에서의 핵심은 일어날 가능성이 가장 높은 경우뿐만 아니라 발생 가능한 모든 수요값들에 대해 확률을 부여해야 한다는 점이

이해도 확인하기 13.2

© Don Farrall/Getty Images

질문 **소매업자가 연휴기간 동안에 판매할 선물바구니를 구매할 수 있는 한 번의 주문기회가 있다고 하자. 소매업자는 바구니당 $10에 구매하여 $25에 판매할 수 있고 연휴기간 막바지에 남은 바구니는 $1에 할인하여 판매할 수 있다. 미충족 비용은 얼마인가?**

답 만약 한 단위 적게 주문한다면 바구니 한 개를 $10에 구매해서 $25에 팔아 $15의 이익을 남길 수 있는 기회를 놓칠 것이다. 따라서 미충족 비용은 $15이다.

질문 **소매업자가 연휴기간 동안에 판매할 선물바구니를 구매할 수 있는 한 번의 주문기회가 있다고 하자. 소매업자는 바구니당 $10에 구매하여 $25에 판매할 수 있고 연휴기간 막바지에 남은 바구니들은 $1에 할인하여 판매할 수 있다. 과충족 비용은 얼마인가?**

답 만약 한 단위 덜 주문한다면 바구니 한 개를 구매하는 데 드는 $10을 절약할 수 있다. 하지만 한 단위를 청산하면서 생기는 $1은 발생하지 않을 것이다. 따라서 한 단위 더 주문하는 데 따르는 비용은 $9(= $10 − $1)의 손실로 나타난다. 따라서 답은 $9이다.

다. 모든 경우에 확률을 부여하는 가장 쉬운 방법은 통계 분포함수를 사용하는 것이다. 가장 흔히 사용되는 분포함수는 정규분포이며, O'Neill이 Hammer 3/2 제품의 수요를 예측하는 데 사용한 방법으로서 수요는 평균 3,000 그리고 표준편차 1,000의 값을 갖는 정규분포를 따르는 것으로 예측하였으며, 이 수요예측이 그림 13.3에 도식적으로 표시되었고 표 13.2에는 표의 형태로 정리되어 있다.

13.1.3 임계비

예상 이익을 최대화하는 주문량을 찾는 법을 알아보기 전에 이 문제에 대한 직관을 키우기 위해 0단위를 주문하는 것부터 시작해보자. 0단위를 주문해야 할까 아니면 한 단위를 주문해야 할까? 수요예측 분포를 고려했을 때 시즌 동안에 웻슈트 한 벌을 팔 수 있는 가능성은 매우 높다. 그리고 이를 $190에 판매할 경우 $90의 이익을 얻을 수 있으므로 당연히 주문을 하는 것이 나을 것이다. 즉, 주문량을 0벌에서 1벌로 증가시키는 것이 낫다. 반면, 우리가 웻슈트 6,000벌은 주문하기로 결정했는데 6,001번째 웻슈트도 주문해야 할지 고민하고 있다고 하자. 이 경우에 6,001번째 단위가 팔리려면 실제 수요가 예측한 수요의 평균보다 매우 높아야만 하므로, 6,001번째 단위가 팔리기보다는 재고로 남아 $30($100에 구매했지만 청산가치가 $70이므로)의 손해를 볼 가능성이 높다. 따라서 현재의 6,000벌 주문량을 고수하는 것이 낫다고 판단할 수 있다.

우리가 지금까지 사용한 이 논리를 모든 주문량에 대해 적용할 수 있다. 우리가 이미 Q 단위를 주문하기로 결정했는데 한 단위 더($Q+1$번째 단위) 주문해야 할지 고민하고 있다고 해보자. 수요예측에 따르면, 한 단위 더 주문했는데 수요가 Q 또는 그 이하라면 $Q+1$번째 단위가 재고로 남게 되고 이 확률은 $F(Q)$이다($F(Q)$는 수요가 Q 또는 그 이하일 확률임을 잊지 말자). 만약 한 단위가 실제로 재고로 남게 된다면 과충족 비용 C_o가 발생한다. 따라서 한 단위 더 주문하는 것에 대한 예상 손실은 $F(Q) \times C_o$가 된다(즉, 예상 손실은 그 사건이 일어날 확률인 $F(Q)$와 그 사건이 일어날 경우의 비용 C_o를 곱한 값이다). 그러나 한 단위 더 주문했을 때 기대할 수 있는 좋은 점도 있다. 한 단위 더 주문한다면 우리는 혹시 발생할 수도 있었던 미충족 비용 C_u를 피할 수 있다. 만약 수요가 Q보다 크다면 미충족 비용은 발생하지 않는데 이럴 확률은 $(1-F(Q))$이다. 따라서 한 단위 더 주문했을 때 예상 이익은 $(1-F(Q)) \times C_u$가 된다.

그림 13.4는 Q번째 단위를 주문할 때의 추가적인 예상 이익과 손실이 합리적인 주문량의 범위 안에서 어떻게 변화하는지를 보여준다. 예상 이익 곡선의 가장 높은 점은 주문량이 1일 때의 C_u($90)에서 시작하는데, 이는 이 단위(1)가 실제로 판매될 것이 거의 확실하기 때문이다. 예상 이익 곡선은 주문량이 증가함에 따라 점점 감소하는데 이는 한 단위의 제품을 더 주문한다고 해도 실제로 판매될 가능성이 점점 낮아지기 때문이다. 반대로 예상 손실 곡선은 가장 낮은 $0에서 시작하는데, 이는 1단위의 제품을 팔지 못할 가능성은 매우 낮아서 이 주문이 재고로 남게 될 가능성이 거의 없기 때문이다. 하지만 주문량이 늘어날수록 주문량의 마지막 단위가 재고로 남을 가능성이 점점 높아지면서 예상 손실은 가장 최고점인 C_o($30)까지 증가하게 된다.

그림 13.4에서 주문량을 늘릴수록 예상 이익과 손실의 차이가 줄어드는 것을 확인할 수

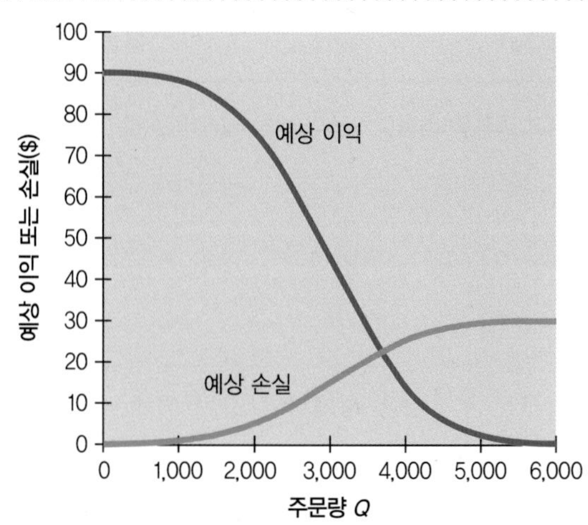

그림 13.4
Hammer 3/2 제품의 Q번째 단위를 주문할 때의 예상 이익과 손실

있다. 약 3,700번째 단위에서 한 단위를 추가적으로 주문할 때의 예상 이익과 예상 손실은 거의 동일하다. 이는 이 지점에서 한 단위 더 주문한다고 해서 예상 이익과 손실의 관점에서 더 좋아지는 것이 없다는 것을 의미한다. 이 논리는 보다 더 높은 주문량들의 경우에도 똑같이 적용되는데 주문량을 추가로 늘리면서 얻는 예상 이익은 예상 손실보다 오히려 적어진다. 따라서 우리는 주문량을 추가로 늘리면서 얻는 예상 이익이 예상 손실보다 적어지는 점 이전에서 주문량을 결정해야 한다. 그 지점이 정확히 어디인지 찾는 방법을 알아보자. Q^*를 총 예상 이익을 최대화하는 주문량이라고 하자. 우리가 지금까지 사용한 논리에 따르면, Q^*에서 추가적인 한 단위에 따르는 예상 이익과 예상 손실이 같아진다.

$$(1-F(Q^*)) \times C_u = F(Q^*)) \times C_o$$

상기 수식을 간단하게 재정리하면 아래와 같으며 이 수식을 수식 13.1이라 하겠다.

$$F(Q^*) = \frac{C_u}{C_o + C_u} \qquad \textbf{[수식 13.1]}$$

수식 13.1은 총 예상 이익을 최대화하는 주문점 Q^*에서 $C_u/(C_u+C_o)$는 수요가 Q^*보다 작거나 같을 확률임을 나타내고 있다. 수식을 말로 설명하려니 좀 길어지는데 이를 나누어 생각해보자. 수식 13.1의 우변은 미충족 비용과 미충족과 과충족 비용의 합 간의 비율을 나타낸다. 이 비율을 **임계비(critical ratio)**라고 부른다. 임계비는 과다 주문에 따르는 비용(C_o)와 과소 주문에 따르는 비용(C_u) 간의 균형을 잡아준다. Hammer 3/2 제품의 경우 과충족 비용 C_o = \$30이며, 미충족 비용 C_u = \$90이다. 따라서 임계비는 \$90/(\$30 + \$90) = 0.75이다. 이는 Hammer 3/2 제품의 최적 주문량 지점에서 수요가 주문량보다 같거나 적을 확률이 75%임을 의미하며 그 반대일 확률이 25%임을 의미한다. 따라서 이 최적 주문량 지점에서 O'Neill은 수요가 주문량보다 많아서 충분히 팔지 못하기보다는 수요가 주문량보다 적어서 재고가 생길 확률이 더 높다고 할 수 있다. 수식 13.1의 좌변은 분포함수 형태로 표시된 수요예측을 담고 있다. 이처럼 수식 13.1은 예상 이익을 최대화하는 주문량을 구하는 과정에서 수요예측(좌변)과 추가적인 한 단위의 제품에 따른 손익(우변)을 결합시켜 보여주고 있다.

임계비 미충족 비용(C_u)과 미충족과 과충족 비용의 합(C_u+C_o) 간의 비율

이해도 확인하기 13.3

질문 **신문팔이 모형에서 미충족 비용이 $100이고 과충족 비용이 $25이라면, 임계비는 얼마인가?**

답 임계비는 미충족 비용인 $100을 미충족과 과충족 비용의 합인 $125로 나눔으로써 구할 수 있다. 따라서, 임계비는 0.80이다.

13.1.4 최적 주문량 결정법

이제 우리는 총 예상 이익을 최대화시켜 주는 주문량을 실제로 구하기 위해 수식 13.1을 사용하는 법을 알아야 한다. 여기에는 세 가지 방법이 있다: (i) 그래프 활용하기, (ii) 통계표 활용하기, (iii) 엑셀과 같은 컴퓨터 프로그램 활용하기이다. 그래프를 활용하는 방법은 직관적이지만 사용하기 편리하지 않아서 실제로는 잘 쓰이지 않는다. 통계표는 컴퓨터를 사용하지 않을 때는 최고의 방법이지만 역시 컴퓨터를 이용하는 것이 가장 빠른 방법이 될 것이다. 도표 13.1은 예상 이익을 최대화하는 주문량을 찾는 과정을 요약한 것이다.

도표 13.1

신문팔이 모형에서 총 예상 이익을 최대화하는 주문량을 구하는 법

1단계: 수식을 이용하여 임계비를 계산한다.

$$\frac{C_u}{C_o + C_u}$$

Hammer 3/2 제품의 경우 단위당 판매가격이 $190이고 구매가격은 $100이며 청산가치는 $70이다. C_u는 $190 − $100 = $90이며 C_o는 $100 − $70 = $30이다. 따라서 임계비는

$$\frac{C_u}{C_o + C_u} = \frac{90}{30+90} = 0.75\text{이다.}$$

2단계: 통계표나 엑셀을 활용하라.

a. 실제 수요의 분포함수를 나타내는 표가 있다면 확률을 나타내는 $F(Q)$열에서 임계비에 해당하는 수치를 찾는다. 만약 이 수치가 두 값들 사이에 위치한다면 올림 규칙에 따라 더 큰 값을 선택하라. 그 수량이 총 예상 이익을 최대화하는 주문량이 된다. 여기에서는 3단계까지 갈 필요는 없다.

b. 수요가 정규분포를 따른다면 표 13.4를 사용하면 된다. 표 13.4의 $F(z)$열에서 임계비에 해당하는 수치를 찾는다. 이 수치가 두 값들 사이에 위치한다면 올림 규칙에 따라 더 큰 값을 갖는 z값을 선택하라.

c. 수요가 정규분포를 따른다면 엑셀을 사용하여 z값을 구할 수도 있다.

$$z = \text{NORM.S.INV(임계비)}$$

표 13.2를 사용하면 Hammer 3/2 제품의 임계비는 0.75이고 이 수치는 $F(3{,}600) = 0.7257$과 $F(3{,}700) = 0.7580$ 사이에 위치한다. 따라서 $Q = 3{,}700$을 선택한다. 표 13.4를 사용한다면 임계비가 $F(0.6) = 0.7257$과 $F(0.7) = 0.7580$ 사이에 위치한다. 따라서 $z = 0.7$을 선택한다. 엑셀을 사용한다면 $z = \text{NORM.S.INV}(0.75) = 0.674$이다.

[계속]

3단계: 이전 단계에서 구한 z값을 수식을 사용해 주문량으로 변환한다.

$$Q = \mu + (z \times \sigma)$$

여기서 μ는 수요 분포의 평균이며 σ는 수요 분포의 표준편차이다. Hammer 3/2 제품의 경우 2단계에서 구한 표 13.4의 z값을 이용하면

$$Q = \mu + (z \times \sigma) = 3{,}000 + (0.7 \times 1{,}000) = 3{,}700$$이며,

엑셀을 통해 구한 z값을 이용하면

$$Q = \mu + (z \times \sigma) = 3{,}000 + (0.674 \times 1{,}000) = 3{,}674$$이다.

최적 주문량–그래프 활용하기 그림 13.5는 Hammer 3/2 제품에 대해 O'Neill이 예측한 수요 분포로서 평균 3,000과 표준편차 1,000인 정규분포이다. 이는 그림 13.3에 제시된 분포함수와 동일하다. 수식 13.1에 따르면 $F(Q)$를 임계비와 같게 만드는 주문량을 x축에서 찾아야 한다. 그 점을 x축에서 찾으려면 먼저 y축에서 임계비를 찾아야 한다. Hammer 3/2 제품의 경우 임계비는 0.75이다. y축의 그 점에서부터 $F(Q)$ 곡선에 도달할 때까지 수평으로 이동하여 곡선과 만나는 점에서 그대로 수직으로 내려와 x축과 만나는 점이 Q^*이 된다. 그림 13.5에서 최적 주문량 Q^*는 약 3,700벌이며 이는 그림 13.4에서 우리가 분석한 바와 같다. 다시 말하면, 웻슈트 3,700벌을 주문했을 때 수요가 이보다 같거나 적을 확률은 0.75이며 이 값이 우리가 임계비와 같게 만들고자 했던 확률 값이다.

그림 13.5에서 최적 주문량이 수요예측의 평균과 일치하는 경우는 단 한 가지 경우이다. 평균이 최적 주문량과 일치하기 위해서는 임계비가 반드시 0.5이어야만 하는데, 이는 미충족과 과충족 비용이 같아야만 0.5의 값이 된다. 다시 말해서, 과다 주문에 따른 비용이 과소 주문에 따른 비용과 같을 때에만 주문량이 최적화되는 것이다. 임계비가 0.5가 아닌 다른 모든 경우에는 최적 주문량은 수요 분포의 평균에 비해 크거나 작다. 신문팔이 모형

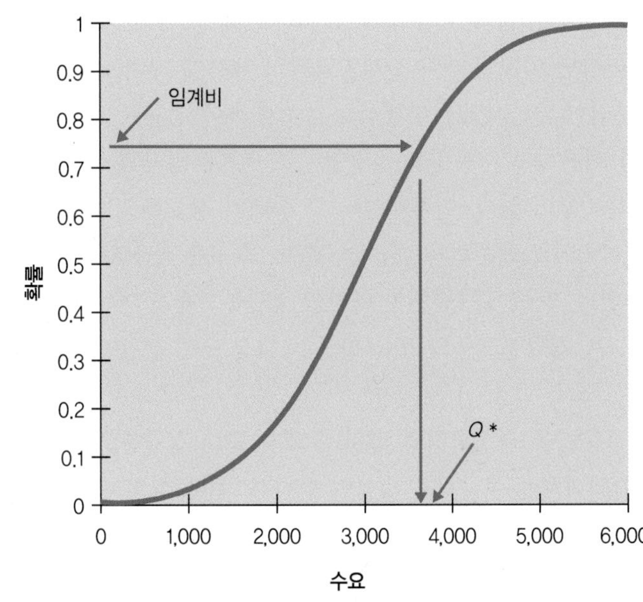

그림 13.5
주어진 수요 분포함수에서 Hammer 3/2 제품의 임계비를 이용해 최적 주문량을 찾는 방법

을 이해하지 못하는 사람들은 "수요예측이 3,000벌이라는데 왜 그것보다 더 많이 주문해?"라고 물어볼 수 있다. 질문에 대한 대답은 "시즌 말에 재고를 가지고 있는 것보다 재고 부족인 경우가 비용이 더 많이 발생하기 때문이다"라는 것이다. 따라서 과다 주문 위험과 과소 주문 위험 간에 균형을 잘 잡으려면 비용을 고려하지 않은 채 수요예측된 값들과는 다른 주문량을 설정할 필요가 있다. 특히, 임계비가 크면 클수록 최적 주문량도 커지게 된다. 예를 들어 임계비가 1에 가까울 정도로 큰 경우에 최적 주문량은 평균보다 훨씬 커지게 된다. 이러한 경우는 주문을 너무 적게 한 경우의 비용이 너무 많이 주문한 경우의 비용보다 클 때를 말한다. 반대로 재고가 쌓이는 것에 대한 비용이 재고 부족으로 인한 기회 비용보다 클 때, 임계비는 0에 가까울 정도로 작게 나타나며 최적 주문량 역시 평균보다 적어진다.

최적 주문량–통계표 활용 최적 주문량을 찾기 위해 그래프를 활용하는 방법은 실제로 사용하기 까다롭기 때문에 이에 대한 대안으로 통계표를 이용하는 방법이 있다. 표 13.2는 O'Neill의 수요 분포함수를 보여준다. 표 13.2를 사용하여 $F(Q)$가 임계비인 0.75과 같아지는 주문량 Q를 찾을 수 있다. 표의 두 번째 열을 따라 내려가다 보면 $F(3{,}600) = 0.7257$이며 $F(3{,}700) = 0.7580$이다. 따라서, 임계비는 이 두 값 사이에 위치하게 된다. $F(3{,}600)$과 $F(3{,}700)$ 모두 임계비와 정확하게 일치하지는 않아서 0.7257은 임계비보다 작고 0.7580은 임계비보다 크다. 이 상황에서 우리는 **올림 규칙(round-up rule)**을 사용한다. 즉, 통계표에서 특정 확률에 따르는 값을 찾을 때 그 확률이 어떤 두 값들 사이에 존재한다면 둘 중에서 값이 더 큰 것을 택하는 것이다. 이 규칙에 의하면 O'Neill은 $F(3{,}700) = 0.7580$을 선택한다. 따라서 Hammer 3/2 제품을 3,700벌 주문할 때 예상 이익이 최대화되며 이는 그림 13.5에서 우리가 관찰한 결과와 같다(즉, 통계표 활용 방법은 동일한 답을 도출해내는 다른 방법을 보여준다).

올림 규칙 통계표에서 특정 확률에 따른 값을 찾을 때 어떤 두 값 사이에 그 확률이 존재한다면 둘 중에서 더 큰 값을 택해야 한다.

표준 정규분포 평균이 0이고 표준편차가 1의 값을 갖는 정규분포

만약 O'Neill이 제품의 임계비를 알고 표 13.2를 가지고 있다면 예상 이익을 최대화하는 주문량을 빠르게 찾을 수 있을 것이다. 하지만 각각 수요가 다른 수백, 수천 개 제품들의 주문량을 결정해야 하는 상황이라면 어떻게 해야 할까? 각각의 제품에 대해서 표 13.2와 같은 표를 만들어야 한다면 부담이 클 것이다. 다행히도 수요예측이 정규분포를 따르는 모든 제품들에 대해 단일 표를 이용하여 주문량을 결정할 수도 있다. 평균과 표준편차가 천차만별인 무한히 많은 정규분포들이 있다. 이렇게 다양한 형태의 정규분포들이 있음에도 불구하고 이들은 모두 평균이 0이고 표준편차 1인 정규분포, 즉 **표준 정규분포(standard normal distribution)**와 관련이 있다. 표준 정규분포는 다양한 정규분포들을 여는 만능열쇠와 같다. 따라서 모든 발생 가능한 정규분포들의 표를 만드는 대신 표준 정규분포를 위한 표 13.4 하나만 있으면 된다.

표준 정규분포를 사용하여 주문량을 결정하려면 먼저 수요가 표준 정규분포를 따른다는 전제하에 총 예상 이익을 최대화하는 주문량을 찾아야 한다. 그런데 실제 수요는 표준 정규분포를 절대 따르지 않기 때문에 사실상 여기에서 구한 주문량은 의미가 없다. 하지만 우리는 이 주문량을 실제 수요예측 분포에서 총 예상 이익을 최대화할 수 있는 주문량으로 전환할 수 있다.

표 13.4 표준 정규분포함수의 분포함수 $F(Q)$와 예상 재고 함수 $I(Q)$

z	$F(z)$	$I(z)$	z	$F(z)$	$I(z)$	z	$F(z)$	$I(z)$
−4.0	0.0000	0.0000	−1.3	0.0968	0.0455	1.4	0.9192	1.4367
−3.9	0.0000	0.0000	−1.2	0.1151	0.0561	1.5	0.9332	1.5293
−3.8	0.0001	0.0000	−1.1	0.1357	0.0686	1.6	0.9452	1.6232
−3.7	0.0001	0.0000	−1.0	0.1587	0.0833	1.7	0.9554	1.7183
−3.6	0.0002	0.0000	−0.9	0.1841	0.1004	1.8	0.9641	1.8143
−3.5	0.0002	0.0001	−0.8	0.2119	0.1202	1.9	0.9713	1.9111
−3.4	0.0003	0.0001	−0.7	0.2420	0.1429	2.0	0.9772	2.0085
−3.3	0.0005	0.0001	−0.6	0.2743	0.1687	2.1	0.9821	2.1065
−3.2	0.0007	0.0002	−0.5	0.3085	0.1978	2.2	0.9861	2.2049
−3.1	0.0010	0.0003	−0.4	0.3446	0.2304	2.3	0.9893	2.3037
−3.0	0.0013	0.0004	−0.3	0.3821	0.2668	2.4	0.9918	2.4027
−2.9	0.0019	0.0005	−0.2	0.4207	0.3069	2.5	0.9938	2.5020
−2.8	0.0026	0.0008	−0.1	0.4602	0.3509	2.6	0.9953	2.6015
−2.7	0.0035	0.0011	0.0	0.5000	0.3989	2.7	0.9965	2.7011
−2.6	0.0047	0.0015	0.1	0.5398	0.4509	2.8	0.9974	2.8008
−2.5	0.0062	0.0020	0.2	0.5793	0.5069	2.9	0.9981	2.9005
−2.4	0.0082	0.0027	0.3	0.6179	0.5668	3.0	0.9987	3.0004
−2.3	0.0107	0.0037	0.4	0.6554	0.6304	3.1	0.9990	3.1003
−2.2	0.0139	0.0049	0.5	0.6915	0.6978	3.2	0.9993	3.2002
−2.1	0.0179	0.0065	0.6	0.7257	0.7687	3.3	0.9995	3.3001
−2.0	0.0228	0.0085	0.7	0.7580	0.8429	3.4	0.9997	3.4001
−1.9	0.0287	0.0111	0.8	0.7881	0.9202	3.5	0.9998	3.5001
−1.8	0.0359	0.0143	0.9	0.8159	1.0004	3.6	0.9998	3.6000
−1.7	0.0446	0.0183	1.0	0.8413	1.0833	3.7	0.9999	3.7000
−1.6	0.0548	0.0232	1.1	0.8643	1.1686	3.8	0.9999	3.8000
−1.5	0.0668	0.0293	1.2	0.8849	1.2561	3.9	1.0000	3.9000
−1.4	0.0808	0.0367	1.3	0.9032	1.3455	4.0	1.0000	4.0000

먼저 표 13.4를 이용하여 O'Neill의 총 예상 이익을 최대화하는 주문량을 찾아보자. 표 13.4는 수량을 나타내는 변수로 z를 사용하고 있다. 이는 실제 수요 분포하에서의 주문량 Q와 표준 정규분포상의 수량을 구분하는 데 도움이 된다. 다음으로 표 13.4에서 z값들의 절반은 음수인 것을 확인할 수 있다. 나중에 좀 더 자세히 보겠지만 이는 나중에 음수의 주문량을 의미하는 것은 아니므로 놀라지 않아도 된다. 표 13.4의 두 번째 열은 표준 정규분포의 분포함수 $F(z)$이다. 다른 분포함수들과 마찬가지로 이 또한 표준 정규분포에서 z 값 이하인 값이 나타날 확률을 말한다. 예를 들어, $F(z=1)=0.8413$이라는 것은 표준 정규분포에서 1 이하의 값이 나올 확률이 84.13%라는 것을 의미한다. 비슷하게 $F(z=-1)=$

이해도 확인하기 13.4

질문 **임계비가 0.9이고 표 13.4를 사용할 때, 예상 이익을 최대화하는 주문량을 찾는 과정에서 사용해야 할 *z*값은 얼마인가?**

답 표 13.4에서 $F(1.2) = 0.8849$이며 $F(1.3) = 0.9032$이다. 따라서, 더 높은 확률에 부합하는 *z*을 값을 고른다면 답은 1.3이다.

질문 **수요가 평균 1,000 그리고 표준편차 300인 정규분포를 따르고, 임계비에 따라 $z=1.3$이 선택되었다고 하자. 예상 이익을 최대화하는 주문량은 얼마인가?**

답 $Q = \mu + (z \times \sigma) = 1{,}000 + (1.3 \times 300) = 1{,}390$

0.1587이라는 것은 표준 정규분포에서 −1 이하의 값이 나올 확률이 15.87%라는 것이다.

이제 우리는 수요가 표준 정규분포상에 있다고 할 때 총 예상 이익을 최대화할 수 있는 *z*를 찾을 것이다. 표 13.4의 두 번째 열을 따라 내려가면서 임계비에 가까운 값을 찾다 보면 $F(0.6) = 0.7257$이고 $F(0.7) = 0.7580$임을 알 수 있다. 표 13.2와 마찬가지로 우리가 구하고자 하는 임계비 0.75는 표에서 이 두 값 사이에 위치하므로 올림 규칙을 적용하여 더 높은 확률인 0.7580을 선택한다. 따라서 표준 정규분포가 적절한 모형이라면 총 예상 이익을 최대화하는 주문량은 $z = 0.7$이 된다. 하지만 우리의 실제 수요는 표준 정규분포를 따르지 않으므로 표준 정규분포상의 수치를 실제 수요의 정규분포상에서 상응하는 주문량으로 변환해야 하며, 이는 다음의 수식 13.2를 사용하면 된다.

$$Q = \mu + (z \times \sigma) \qquad \text{[수식 13.2]}$$

여기서,

z = 표준 정규분포상에서의 수치

μ = 실제 수요 분포에서의 평균

σ = 실제 수요 분포에서의 표준편차

Q = 실제 수요 분포에서의 주문량

두 그리스 문자 μ와 σ는 특정 분포상의 평균과 표준편차를 나타내기 위해 자주 쓰이는 기호이다. Hammer 3/2 제품의 경우 $\mu = 3{,}000$, $\sigma = 1{,}000$이다. 따라서 Hammer 3/2 제품의 예상 이익을 최대화하는 주문량은

$$Q = 3{,}000 + (0.7 \times 1{,}000) = 3{,}700$$

이며, 이 주문량은 표 13.2를 이용하여 구한 값과 일치한다. 그러나 표 13.2는 수요예측의 분포가 평균 3,000, 표준편차 1,000을 갖는 특정 정규분포일 경우에만 유용한 반면 표 13.4는 어떤 정규분포라도 상관없이 최적 주문량을 찾는 데 사용할 수 있다. 도표 13.1에 최적 주문량을 찾는 과정이 요약되어 있다.

최적 주문량 – 컴퓨터 활용 컴퓨터를 활용하여 최적 주문량을 구하는 방법은 기본적으로

연관 사례: 유연소비계좌(Flexible Spending Accounts; FSA)

의료비가 비싸다는 것은 모두가 알고 있는 사실이다. World Bank에 따르면 미국은 2009년부터 2013년까지 국내총생산의 18%가량을 의료서비스에 소비했다. 또한 사람들은 자기 돈으로 의료서비스를 받아야 한다면 돈을 적게 쓰려는 경향이 있는데, 이 때문에 FSA 제도가 만들어지게 되었다. FSA는 대략적으로 다음과 같이 작동한다. (i) 연초에 근로자는 자신의 FSA에 얼마를 넣어놓을지 미리 결정한다. (ii) 그 금액은 세전 이익에서 제외되어 소득세를 내지 않아도 된다. (iii) 근로자는 1년 동안 그 금액으로 안경값이나 치과 치료비 등 사전에 허가된 항목들에 한해 비용을 지불한다. (iv) 연말에 사용하고 남은 금액은 상실하게 된다.

만약 당신이 1년 동안 안경값으로 $500을 지출하리라 생각한다면 연초에 $500을 FSA에 넣어두는 것이 합리적이다. 그러면 당신은 안경값으로 $500을 내면서 이 금액에 대한 소득세를 공제받는 것이다. 절약되는 소득세의 실제 금액은 개인의 소득수준에 따라 결정된다. 당신이 고소득자라면 한계 세율이 40%인데 이 경우 추가적으로 얻는 $1마다 소득세로 $0.4씩 내야 한다. 이 경우, 만약 당신이 FSA를 통해 안경을 구매한다면 당신이 내야 하는 비용은 안경값 $500뿐이다. 하지만 당신이 FSA를 사용하지 않았다면, 당신은 $500에다가 $200(=500 × 0.4)을 추가로 세금으로 내야 한다. 따라서 이는 FSA를 사용할 충분한 유인이 된다.

하지만 조심해야 할 부분이 있다. 당신이 1년 동안 얼마를 소비할지 모르는 상태에서 연초에 FSA에 넣어둘 금액을 결정해야 한다는 것이다. 만약 너무 과도한 금액을 넣어둔다면 사용하지 못한 만큼의 금액은 잃게 된다. 정부는 FSA라는 제도를 만들 때 이러한 사실을 깨닫지 못했겠지만 정부가 결국 수백만 명의 미국인들에게 신문팔이 모형의 의사결정 문제를 낸 꼴이 되었다.

FSA 사례에서 한계 세율이 40%라 할 때 과충족과 미충족 비용은 얼마가 될까? 당신이 FSA에 $1 적게 금액을 넣었다면 FSA의 범위 밖에서 $1의 의료비 지출이 생기게 되면서 $0.4의 세금을 공제받을 수 있는 기회가 없어졌을 수 있다. 따라서 $C_u = \$0.4$이 된다. 반대로 만약 FSA에 $1을 더 넣었다면 연말에 남은 $1을 잃게 될 수도 있다. 그러나 이 금액에 대해서 $0.4만큼의 세금을 내지는 않는다. 결국 당신이 $1을 더 넣으면 $0.6(=$1−$0.4)의 비용이 발생할 가능성이 있으므로 $C_o = 0.6$이다. 따라서 임계비는

$$\frac{C_u}{C_o + C_u} = \frac{\$0.4}{\$0.6 + \$0.4} = 0.4$$

이 된다. 그러므로 FSA에 넣을 금액은 실제 의료비가 넣어둔 금액보다 적을 확률이 40%, 그리고 그 반대의 경우가 60%인 수준에서 결정되어야 한다. 다시 말하면, 덜 넣는 것보다 더 넣는 것이 예상 손해가 더 크므로 최적 금액은 다소 보수적인 금액이 될 것이다(FSA에 돈을 하나도 넣지 않을 정도로 보수적이어야 한다는 말은 아니다).

또한 당신의 한계 세율이 40%보다 적다면 적정 금액 역시 좀 더 보수적으로 책정해야 한다. 이 부분은 FSA에 대한 비판과 관련이 되는데 고소득자일수록(그리고 더 높은 과세등급에 속할수록) 저소득자들보다 FSA 제도로부터 더 큰 이익을 누리게 된다.

통계표를 사용하여 구하는 방법과 동일한데 컴퓨터를 이용하기 때문에 훨씬 빠르게 구할 수 있다. 수요가 정규분포를 따른다고 할 때, 먼저 최적 주문량에 상응하는 z값을 찾아야 한다. 이를 엑셀 프로그램의 함수로 구할 수 있다.

$$z = \text{NORM.S.INV(임계비)}$$

엑셀은 NORM.S.INV(0.75) = 0.674라는 값을 도출한다. 이는 $z = 0.674$일 때 표준 정규분포상의 수치가 그 이하일 확률이 75%라는 것을 의미한다. 이 z값은 표 13.4를 이용하여 구한 값과는 약간 차이가 있는데 이는 엑셀이 더 정확한 값을 구하기 때문이다. 이제 구한

z값을 실제 주문량을 나타내는 Q^*값으로 변환하면,

$$Q = \mu + (z \times \sigma) = 3{,}000 + (0.674 \times 1{,}000) = 3{,}674$$

이 값은 표 13.4를 이용해 구한 값(3,700벌)보다 더 정확할 것이다. 하지만 표 13.4를 사용해서 구한 값도 문제는 없다.

이해도 확인하기 13.5

질문 **임계비가 0.95일 때 엑셀을 사용하여 어떤 z값이 나오는지 구하여라.**

답 엑셀에서 NORM.S.INV(0.95)를 사용하면 답은 1.64이다.

13.2 신문팔이 모형의 성과측정지표

학습목표 13-2
신문팔이 모형을 사용하여 예상 이익이나 수요충족확률과 같은 성과지표를 평가할 줄 안다.

Hammer 3/2 제품의 주문량을 얼마로 정하든지 간에, 관리자에게 중요한 여러 성과지표를 평가할 줄 알아야 한다. 다음의 다섯 가지 성과지표를 집중적으로 살펴볼 것이다.

- **예상 재고(expected inventory)**: 시즌 말에 팔리지 않아 청산되어야 할 제품의 예상 수량
- **예상 판매량(expected sales)**: 시즌 동안에 정규 판매가로 팔릴 제품의 예상 수량
- **예상 이익(expected profit)**: 시즌 말에 청산 처리되는 수량까지 포함하여 한 시즌 동안 제품을 팔아 벌어들일 총 예상 이익
- **수요충족확률(in-stock probability)**: 모든 수요를 충족시킬만한 재고를 보유할 확률
- **품절확률(stockout probability)**: 수요가 있음에도 재고가 없어 수요가 만족되지 않을 확률

예상 재고 시즌 말에 팔리지 않아 청산되어야 할 제품의 예상 수량

예상 판매량 시즌 동안에 정규 판매가로 팔릴 제품의 예상 수량

예상 이익 시즌 말에 청산 처리되는 수량까지 포함하여 한 시즌 동안 제품을 팔아 벌어들일 총 예상 이익

수요충족확률 모든 수요를 충족시킬만한 재고를 보유할 확률

품절확률 수요가 있음에도 재고가 없어 수요가 만족되지 않을 확률

13.2.1 예상 재고

주문량을 어떻게 정하더라도 시즌 말에 몇 벌의 제품이 남아 청산가치로 팔리게 될 가능성이 존재한다. 예를 들어, O'Neill이 4,000벌의 웻슈트를 주문했다고 가정하자. O'Neill이 왜 4,000벌을 주문한 건지는 분명하지 않지만 아무튼 이 수량을 주문했다고 하자. 이 4,000벌 중 몇 벌이 시즌 말에 재고로 남아 $70에 팔릴 것이라 예상하는가? 재고의 실제 양은 실제 수요가 어떤가에 달려 있다. 운이 좋아 수요가 4,000벌 이상이라면 시즌 말 재고는 0이 될 것이다. 하지만 수요가 500벌이라면 시즌 말에 3,500벌(4,000 − 500)의 웻슈트가 재고로 남을 것이다. 수요가 500벌은 넘을 것이라 희망적으로 생각할 수도 있지만, 어쨌든 수요가 4,000벌 이상이 아니라면 몇 벌의 제품은 재고로 남을 것이 확실하다.

예상 재고를 구하려면 다시 통계표로 돌아가야 한다. 표 13.2처럼 예상 재고에 대한 표가 있다면 계산은 간단하게 끝난다. 예를 들어 O'Neill이 4,000벌의 웻슈트를 주문했다고 하자. 표 13.2의 세 번째 열에 의하면 $I(4{,}000) = 1{,}083$이다. 따라서 4,000벌의 웻슈트를

주문하면 1,083벌의 웻슈트가 시즌 말에 재고로 남아 있을 것이라 예측할 수 있다. 그런데, 1,083벌은 시즌 말에 남게 될 "예상" 재고라는 사실이 중요하다. 즉, 다양한 가능성들 전체에 걸친 기대치라는 것이다. 4,000벌을 주문했을 때 재고는 0～4,000벌 사이에서 얼마가 될지 모른다. 만약 그 모든 가능성들에 대한 기대값을 계산해야 한다면 답은 1,083벌이 되겠지만 실제 재고로 남을 웻슈트는 1,083벌보다 적거나 많을 수 있다.

표 13.2를 보면 예상 재고는 주문량에 따라 변화한다. 동일한 데이터가 그림 13.6에 나타나 있다. 만약 주문량이 상대적으로 적다면(예를 들어 1,000벌 이하라면) 예상 재고는 0에 가깝다. 그러나 주문량이 증가함에 따라 예상 재고 역시 증가하게 된다. 예를 들어, O'Neill이 6,000벌의 웻슈트를 주문한다면 3,000벌의 재고가 남을 것으로 예상할 수 있다.

최적 주문량을 찾는 과정과 마찬가지로, 표 13.2는 평균이 3,000이고 표준편차가 1,000인 정규분포에 한해서만 사용될 수 있다. 그리고 여기에서도 표준 정규분포를 이용하여 어떤 정규분포에서도 예상 재고량을 구할 수 있다. 이 작업을 세 단계에 걸쳐 진행한다: (i) 주문량 Q를 이에 상응하는 z값으로 변환한다. (ii) 표준 정규분포를 기준으로 예상 재고량을 구한 뒤, (iii) 구해진 예상 재고량을 실제 수요 분포에서의 예상 재고량으로 변환한다.

1단계는 주문량 Q를 다음의 수식을 사용하여 표준 정규분포상의 z값으로 변환하는 것이다. 이 수식은 앞서 나온 수식 13.2와 동일하지만 다른 형식으로 쓰여 있을 뿐이다.

$$z = \frac{Q-\mu}{\sigma}$$

4,000벌의 웻슈트를 주문한다고 하자. 이에 상응하는 z값은

$$z = \frac{4{,}000-3{,}000}{1{,}000} = 1$$

다음으로, $z=1$일 때의 예상 재고 $I(z)$를 구한다. 표 13.4의 세 번째 열에 의하면 $I(1) = 1.0833$이다. 마지막으로, 3단계는 구한 $I(z)$값을 실제 수요 분포하에서의 예상 재고로 변환하는 것이다 이를 다음의 수식 13.3을 사용하여 변환할 수 있다.

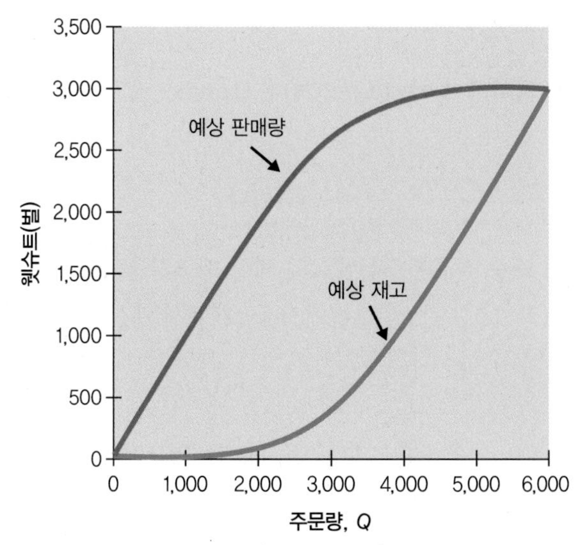

그림 13.6
Hammer 3/2의 주문량에 따른 예상 판매량과 예상 재고

$$예상 재고 = \sigma \times I(z)$$ **[수식 13.3]**

이 경우

$$예상 재고 = 1{,}000 \times (1.0833) = 1{,}083$$

을 구할 수 있다. 표준 정규분포를 이용해 구한 답은 표 13.2를 이용해 구한 답과 동일하다. 중요한 차이점은 표준 정규분포표를 가지고 모든 정규분포에 적용할 수 있다는 점이다. 최적 주문량을 계산할 때와 마찬가지로 엑셀을 사용하여 예상 재고를 구할 수도 있다. $I(z)$를 구하기 위한 엑셀상의 함수는

$$I(z) = \text{NORM.DIST}(z, 0, 1, 0) + (z \times \text{NORM.S.DIST}(z, 1))$$

이다. 상기 수식에서 처음 부분 NORM.DIST(z, 0, 1, 0)은 표준 정규분포에서의 값이 z와 정확히 일치할 확률을 의미한다(즉, 표준 정규분포의 밀도함수이다). 두 번째 부분인 NORM.S.DIST(z, 1)는 표준 정규분포의 분포함수로서 $F(z)$를 말한다. $I(z)$값이 엑셀을 통해 도출되면 이 값을 수식 13.3에 따라 표준편차에 곱하면 된다. 도표 13.2에 예상 재고를 구하기 위한 단계들이 요약되어 있다.

도표 13.2

신문팔이 모형에서 주어진 주문량 Q에 대하여 예상 재고 구하기

만약 분포함수 $F(Q)$와 예상 재고 함수 $I(Q)$에 대한 표가 마련되어 있다면 방법 I을 따르면 된다. 그렇지 않다면, 방법 II의 단계들을 따라야 한다.

방법 I

표에서 예상 재고량 $I(Q)$를 찾는다. 만약 O'Neill이 4,000벌의 웻슈트를 주문했다면 표 13.2의 세 번째 열에 의해 예상 재고 $I(4{,}000) = 1{,}083$이다.

방법 II(수요가 정규분포를 따르는 경우)

1단계: 주문량 Q에 상응하는 z값을 구한다.

$$z = \frac{Q - \mu}{\sigma}$$

에서 μ는 수요 분포의 평균을 의미하며 σ는 표준편차다. Hammer 3/2 제품 4,000벌에 대해

$$z = \frac{Q - \mu}{\sigma} = \frac{4{,}000 - 3{,}000}{1{,}000} = 1이다.$$

2단계: 표 13.4 또는 엑셀을 이용하여 표준 정규분포상에서의 예상 재고량을 구한다.

a. 표 13.4를 이용하면 예상 재고 $I(z)$는 세 번째 열에서 1단계에서 계산한 z값과 상응하는 값이다.

b. 엑셀을 이용하면

$$I(z) = \text{NORM.DIST}(z, 0, 1, 0) + (z \times \text{NORM.S.DIST}(z, 1))이다.$$

Hammer 3/2 제품의 경우, 표 13.4를 사용하면 $I(z = 1) = 1.0833$이다. 엑셀을 사용해도 같은 값을 구할 수 있다.

[계속]

3단계: 표준 정규분포상의 예상 재고를 실제 수요 분포상의 예상 재고로 변환시킨다.

$$예상\ 재고 = \sigma \times I(z)$$

Hammer 3/2 제품의 경우, 예상 재고 = 1,000 × 1.0833 = 1,083이다.

이해도 확인하기 13.6

질문 **신문판매원이 12,000단위를 주문한다. 수요는 평균 10,000이고 표준편차 4,000인 정규분포를 따른다. 예상 재고량은 얼마인가?**

답 주문량 12,000단위에 상응하는 z값을 구하면, $z = \dfrac{12{,}000 - 10{,}000}{4{,}000} = 0.5$이다.

표 13.4에 의하면 $I(z = 0.5) = 0.6978$이다. 이를 실제 수요 분포상의 예상 재고로 변환시키면 $\sigma \times I(z) = 4{,}000 \times 0.6978 = 2{,}791$이다.

13.2.2 예상 판매량

주문한 제품은 팔리거나 시즌 말에 재고로 남게 된다. 예를 들어 만약 O'Neill이 4,000벌의 웻슈트를 주문했는데 수요가 2,500벌이라면, 2,500벌은 팔고 1,500벌의 재고가 남게 된다. 비슷하게, 만약 수요가 4,500벌이라면 4,000벌을 다 팔고 재고가 남지 않을 것이다. 따라서, 수요가 얼마나 되든지 간에 다음 사실은 변함이 없다.

$$판매량 + 재고 = Q$$

또한

$$예상\ 판매량 + 예상\ 재고 = Q$$

역시 사실이다. 따라서 다음과 같이 수식 13.4로 정리될 수 있다.

$$예상\ 판매량 = Q - 예상\ 재고 \qquad \text{[수식 13.4]}$$

보다시피, 예상 재고가 계산되면 예상 판매량을 구하는 것은 상대적으로 간단하다. 예를 들어, 이전 절에서 우리는 주문량이 4,000벌일 때 예상 재고가 1,083벌임을 계산했다. 따라서 주문량이 4,000벌일 때,

$$예상\ 판매량 = 4{,}000 - 1{,}083 = 2{,}917$$

임을 계산할 수 있다. 예상 재고와 마찬가지로 예상 판매량 역시 하나의 "예상"에 불과하다. 실제 판매량은 0에서부터 주문량까지 다양할 수 있다. 주문량이 4,000벌일 때, 모든 발생 가능한 상황들에 걸친 기대값이 2,917벌이 되는 것이다.

그림 13.6은 주문량이 변함에 따라 예상 판매량이 달라지는 곡선을 나타낸 것이다. 만약 O'Neill이 웻슈트를 주문하지 않는다면 예상 판매량 역시 0일 것이다. 웻슈트의 주문량이 점차 증가할수록 예상 판매량 역시 빠르게 증가하는데 이는 낮은 주문량일수록 주문량의 대부분이 팔릴 가능성이 높기 때문이다. 그러나 주문량이 많아진 시점(이 사례에서는 평균 이상일 때)부터는 주문량을 늘리면 판매량도 증가하기는 하지만 그 증가율은 점차 감

소한다. 결국, 판매량이 수요를 넘어설 수는 없기 때문에 예상 판매량 곡선은 점차 완만해지면서 주문량이 6,000벌일 때 예상 판매량은 예상 수요와 거의 일치한다. O'Neill은 예상되는 수요를 모두 만족시킬 것을 기대할 수는 있지만 예상 판매량은 예상 수요를 넘어설 수 없기 때문이다. 따라서 실제 판매량은 예상 수요를 넘어설 수 있지만 예상 판매량은 불가능하다. 도표 13.3에 예상 판매량을 구하기 위한 단계가 요약되어 있다.

도표 13.3

신문팔이 모형에서 주문량 Q가 주어질 때 예상 판매량과 예상 이익 구하기

1단계: 도표 13.2에 제시된 방법을 이용하여 예상 재고를 구한다.

2단계: 1단계에서 찾은 예상 재고와 다음 수식을 사용하여 예상 판매량과 예상 이익을 구한다.

$$\text{예상 판매량} = Q - \text{예상 재고}$$

$$\text{예상 이익} = (\text{가격} \times \text{예상 판매량}) + (\text{청산가치} \times \text{예상 재고}) - (\text{단위당 구매가격} \times Q)$$

Hammer 3/2 제품의 경우 $Q = 4{,}000$일 때,

$$\text{예상 판매량} = Q - \text{예상 재고} = 4{,}000 - 1{,}083 = 2{,}917$$

$$\text{예상 이익} = (\$190 \times 2{,}917) + (\$70 \times 1{,}083) - (\$100 \times 4{,}000) = \$230{,}040$$

이해도 확인하기 13.7

질문 **신문판매원이 25,000개를 주문했고 예상 재고는 4,000개이다. 예상 판매량은 얼마인가?**

답 예상 판매량 $= Q -$ 예상 재고 $= 25{,}000 - 4{,}000 = 21{,}000$

13.2.3 예상 이익

예상 재고와 예상 판매량을 구하는 이유는 예상 이익을 구하기 위해서이다.

$$\text{예상 이익} = (\text{가격} \times \text{예상 판매량}) + (\text{청산가치} \times \text{예상 재고}) - (\text{단위당 구매가격} \times Q)$$

첫 번째 항인 (가격 × 예상 판매량)은 시즌 중에 얻는 수익을 말한다. 두 번째 항인 (청산가치 × 예상 재고)는 시즌 동안 팔리지 못한 재고를 청산가치로 판매한 것에 대한 수익이다. 마지막 항인 (단위당 구매가격 × Q)는 시즌 초에 제품을 구매하는 데 든 비용을 의미한다. O'Neill이 4,000벌의 웻슈트를 주문할 경우의 이익을 계산해보자. 4,000벌의 주문량일 때 예상 판매량이 2,917벌이며 예상 재고는 1,083벌이다. 따라서,

$$\text{예상 이익} = (\$190 \times 2{,}917) + (\$70 \times 1{,}083) - (\$100 \times 4{,}000) = \$230{,}040$$

이다. 비록 $230,040이 좋아 보이지만, 최적 주문량인 3,700벌을 주문한다면 예상 이익은 $231,840로 더 높아진다.

그림 13.7은 주문량에 따라 예상 이익이 어떻게 변화하는지 보여준다. O'Neill이 너무 적거나 많은 양을 주문할 경우 당연히 예상 이익은 줄 것이다. 흥미롭게도, 예상 수요(분포의 평균값)인 3,000벌의 웻슈트를 주문하는 것이 재앙을 부르지는 않겠지만 이익은 눈

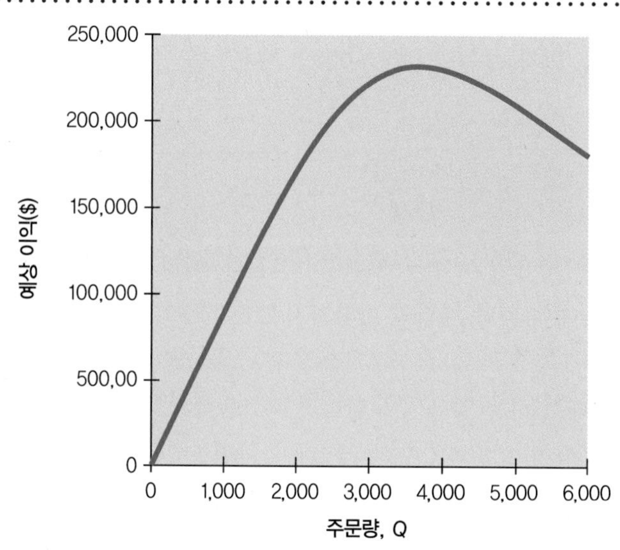

그림 13.7
주문량에 따른 Hammer 3/2 제품의 예상 이익

에 띄게 줄어든다. 예상 수요만큼 주문하면 $222,120의 예상 이익을 얻는데 이는 최적 이익보다 $9,720 정도 낮은 수준이다. 주문량이 3,000벌일 때 $9,720은 예상 수익의 1.9%에 해당하는 금액이다. 따라서, 이익을 최대화하는 주문량이 아닌 예상 수요를 주문하는 것은 수익의 1.9%만큼 이익을 감소시킨다. O'Neill과 같은 기업의 이익률이 수익의 2~3%에 미치지 못한다는 것을 감안하면 최적 주문량을 따르지 않았을 경우 기업의 전반적인 수익성을 해칠 수 있다.

이해도 확인하기 13.8

질문 **신문판매원이 제품을 개당 $10에 사서 $18에 파는데 재고의 청산가치는 $6이다. 그가 45,000개를 주문하고 예상 판매량은 35,000개라면 예상 이익은 얼마인가?**

답 예상 재고 = Q − 예상 판매량 = 45,000 − 30,000 = 10,000이다.
예상 이익은 ($18 × 35,000) + ($6 × 10,000) − ($10 × 45,000) = $240,000이다.

13.2.4 수요충족확률과 품절확률

예상 이익은 기업이 얼마나 벌어들일지를 측정하지만 기업이 고객의 수요를 얼마나 충족시키는지를 직접적으로 나타내진 않는다. 수요 충족에 대한 측정 기준으로 **수요충족확률(in-stock probability)**이 있다. 수요충족확률은 기업이 시즌 동안의 모든 수요를 충족시킬 확률을 의미한다. 즉, 기업이 모든 소비자를 위한 충분한 재고를 가지고 있을 확률로서 수요가 주문량보다 적거나 같을 때 이를 충족시킬 수 있다. 따라서 수요충족확률에 대한 수식 13.5는 다음과 같다.

수요충족확률 충분한 재고가 있어 발생하는 모든 수요를 충족시킬 수 있을 확률

$$수요충족확률 = F(Q) \qquad [수식\ 13.5]$$

O'Neill이 4,000벌의 웻슈트를 주문했을 때의 수요충족확률을 구해보자. 만약 우리가 표 13.2와 같은 수요 분포표를 가지고 있다면 수요충족확률인 $F(4,000) = 0.8413$이다. 수

요 분포표가 없는 경우에도 수요는 주로 정규분포를 따르기 때문에 표 13.4에 있는 표준 정규분포함수표를 사용할 수 있다. 먼저, 주문량 $Q = 4{,}000$의 웻슈트를 이에 상응하는 z값으로 변환시킨다.

$$z = \frac{Q-\mu}{\sigma} = \frac{4{,}000 - 3{,}000}{1{,}000} = 1$$

다음으로 표 13.4에서 $F(z)$ 값을 찾으면 $F(1) = 0.8413$이 나온다. 따라서, 만약 O'Neill이 4,000벌을 주문한다면 표 13.2에 나타난 결과와 마찬가지로 0.8413의 확률로 모든 수요를 충족시키게 된다.

만약 O'Neill이 예상 이익을 최대로 하는 양을 주문한다면 수요충족확률은 얼마가 되는가? 예상 이익을 최대화하는 주문량이 Q^*일 때, 수식 13.1에 의하면 $F(Q^*)$은 임계비와 일치한다. 하지만 수식 13.5에 의하면 $F(Q^*)$는 수요충족확률과도 일치한다. 이는 예상 이익을 최대화시키는 예상 주문량이 선택되었을 때 수요충족확률이 임계비가 된다는 것을 의미한다. Hammer 3/2 제품의 경우 임계비는 0.75이다(실제로 $F(Q)$가 임계비와 정확히 일치하는 Q값을 구하는 것은 가능하지 않기 때문에 최적 주문량의 수요충족확률은 임계비와 정확히 일치하지 않을 수 있다. 그렇지만 예상 이익을 최대화하는 주문량의 수요충족확률은 임계비와 비슷한 값이 나올 것이다. 예를 들어, 웻슈트 3,700벌을 주문할 때 수요충족확률은 0.7580이다).

품절확률 특정 기간 동안 수요가 재고량을 초과할 확률

품절 소비자의 수요가 있을 때 재고가 없는 상황을 품절이 발생했다고 한다.

수요충족확률의 반대 개념은 **품절확률(stockout probability)**로서 시즌 중에 적어도 수요의 일부가 충족되지 않을 확률이다. 즉, 어떤 소비자가 제품을 구매하고자 함에도 불구하고 기업이 재고가 없어서 그 수요를 충족시키지 못하는 경우이다. 이런 상황이 발생하면 기업의 재고가 **품절(stockout)**되었다고 말한다. 기업은 (재고가 충분해서) 모든 수요를 충족시키거나 혹은 반대로 재고가 부족한 상황을 겪게 되므로

$$\text{품절확률} = 1 - \text{수요충족확률}$$

이 성립한다. 따라서 O'Neill이 3,700벌의 웻슈트를 주문했다면, 0.2420(1 − 0.7580)의 품절확률을 갖는다. 도표 13.4에 수요충족확률과 품절확률을 구하는 과정이 요약 정리되어 있다.

O'Neill의 관리자는 예상 이익을 최대화한다는 점을 좋아하겠지만 수요충족확률

도표 13.4

신문팔이 모형에서 주문량 Q가 주어졌을 때 수요충족확률과 품절확률 구하기

만약 분포함수 $F(Q)$에 대한 표가 존재한다면 방법 I을 따르고, 그렇지 않다면 방법 II를 따른다.

방법 I

분포함수표에서 수요충족확률을 의미하는 $F(Q)$를 구한다. 품절확률은 $1 - F(Q)$이다. 만약 O'Neill이 4,000벌을 주문했다면, 표 13.2의 두 번째 열에서 수요충족확률인 $F(Q) = 0.8413$이란 값을 찾을 수 있다. 품절확률은 $1 - 0.8413 = 0.1587$이다.

[계속]

방법 II(수요가 정규분포를 따르는 경우)

1단계: 주문량 Q에 상응하는 z값을 구한다.

$$z = \frac{Q-\mu}{\sigma}$$

이며, 여기서 μ는 수요 분포의 평균이며 σ는 표준편차다. Hammer 3/2 제품의 주문량이 4,000벌일 때,

$$z = \frac{Q-\mu}{\sigma} = \frac{4{,}000-3{,}000}{1{,}000} = 1$$

2단계: 표 13.4나 엑셀을 활용하여 수요가 z 이하일 확률을 나타내는 $F(z)$를 구하라.

a. $F(z)$는 표 13.4의 두 번째 열에서 1단계에서 찾은 z값에 상응하는 값이다.

b. 엑셀을 활용하면:

$$F(z) = \text{NORM.S.DIST}(z, 1)$$

$F(z)$는 수요충족확률이고 품절확률은 3단계에서 구할 수 있다. Hammer 3/2 제품의 경우 표 13.4를 이용할 때 $F(z=1) = 0.8413$이다. 엑셀을 이용해도 동일한 값이 도출된다.

3단계:

$$\text{품절확률} = 1 - \text{수요충족확률}$$

Hammer 3/2 제품의 주문량이 4,000벌일 때,

$$\text{품절확률} = 1 - 0.8413 = 0.1587$$

(0.7580)과 품절확률(0.2420)에 대해서는 불편할 수도 있다. 관리자가 제품이 품절되어 소비자에게 불편을 초래할 확률이 24%라는 것을 우려한다면 예상 이익을 최대화하는 양 이상으로 주문할 수도 있다. 이 경우 예상 이익은 낮아지지만 수요충족확률은 증가한다(그리고 반대로 품절확률은 감소한다). 따라서 관리자는 이익과 수요 충족이 상충하는 상황에 직면하게 된다. 이 상쇄관계는 그림 13.8에 잘 나타나 있다. 이 상쇄관계 곡선의 윗부분은 상대적으로 편편하다. 이는 처음에는 수요충족확률의 증가가 예상 이익을 급격히 떨

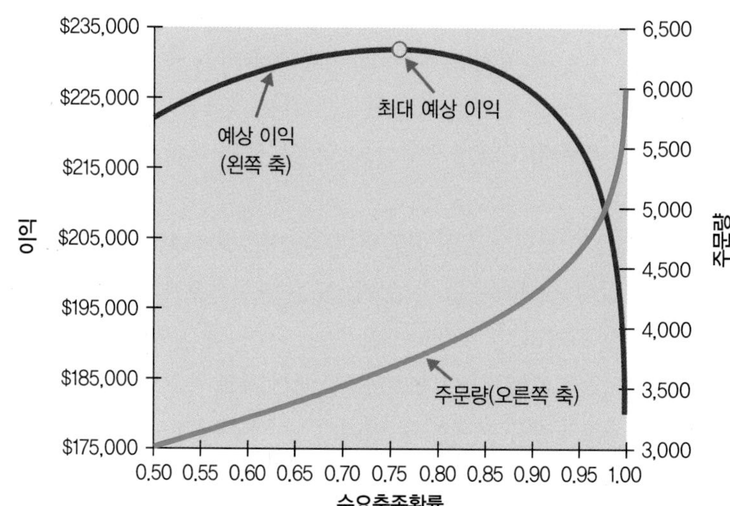

그림 13.8
Hammer 3/2 제품에 대한 수요충족확률과 예상 이익 사이의 상쇄관계. 그림에서 조그마한 동그라미는 예상 이익을 최대화하는 수량, 즉 3,700벌의 웻슈트를 주문할 경우를 나타낸다. 각 수요충족확률에 상응하는 주문량은 오른쪽 y축에 나타나 있다.

어트리지는 않겠지만 수요충족확률이 85~90% 수준에 이를 정도로 주문량을 충분히 늘리면 예상 이익이 빠르게 감소한다. 그리고 수요충족확률을 95% 이상으로 끌어올리면 예상 이익의 상당 부분이 희생되는데, 이는 다음 절에서 다루겠지만, O'Neill이 그 정도까지 수요를 충족시키려면 주문량을 상당히 늘려야 하기 때문이다.

이해도 확인하기 13.9

질문 **신문판매원이 14,000개를 주문하였다. 수요가 평균 11,000이고 표준편차 1,500인 정규분포를 따른다면 수요충족확률은 얼마인가?**

답 주문량에 상응하는 $z = \frac{14{,}000 - 11{,}000}{1{,}500} = 2$이다. 표 13.4에서 $F(z = 2) = 0.9772$이다.

질문 **신문판매원이 8,000개를 주문하였다. 수요가 평균 9,000이고 표준편차 2,000인 정규분포를 따른다면 품절확률은 얼마인가?**

답 주문량에 상응하는 $z = \frac{8{,}000 - 9{,}000}{2{,}500} = -0.5$이다. 표 13.4에서 $F(z = -0.5) = 0.3085$이며, 이는 수요충족확률을 나타낸다. 품절확률은 $1 - 0.3085 = 0.6915$이다.

13.3 서비스 목표를 달성하기 위한 주문량

학습목표 13-3
목표 서비스수준을 달성하기 위해 필요한 주문량을 결정할 줄 안다.

그림 13.8은 O'Neill이 주문량을 조절해서 수요충족확률을 선택할 수 있음을 보여준다. 이 절에서는 특정 수요충족확률을 달성하기 위해 필요한 주문량을 찾는 과정을 자세히 다룰 것이다. O'Neill이 고객 서비스에 관심을 두고 99%의 수요충족확률을 달성하기로 결심했다고 하자. 그렇다면 이 목표를 달성하기 위해서 Hammer 3/2 제품을 얼마나 주문해야 하는 것일까? 만약 우리에게 표 13.2와 같은 분포함수표가 있다면 우리가 찾는 수요충족확률에 부합하는 $F(z)$ 값을 표에서 찾을 수 있을 것이다. 예를 들어, 표 13.2에서 $F(5{,}300) = 0.893$이며 $F(5{,}400) = 0.9918$이다. 그러므로 주문량이 5,400벌일 때는 목표치인 99%보다 약간 더 높은 수요충족확률을 얻을 수 있지만, 5,300벌이면 목표하는 수요충족확률을 달성하지 못한다. 이 경우 기업은 목표에서 약간 부족한 값보다는 목표를 달성하는 값을 고르고자 한다. 따라서 O'Neill이 0.99의 수요충족확률을 달성하려면 Hammer 3/2 제품을 5,400벌 주문해야 한다.

이전 절에서 언급했듯이, 수요가 정규분포를 따른다면 수요를 나타내는 특정 분포함수표가 없더라도 표준 정규분포함수표를 사용할 수 있다. 표준 정규분포에서 수요충족확률은 수요가 z 이하일 확률인 $F(z)$를 가리킨다. O'Neill은 $F(z) = 0.99$이길 원하므로, 표 13.4를 보면 $F(2.3) = 0.9893$이며 $F(2.4) = 0.9918$이므로 둘 중에서 목표 수요충족확률보다 조금 더 나은 수준을 달성하는 $z = 2.4$ 값을 선택한다. 그리고 난 뒤 수식 13.2를 이용하여 아래와 같이 표준 정규분포상의 z 값을 실제 수요 분포에서의 주문량으로 변환시켜야 한다.

$$Q = \mu + (z \times \sigma) = 3{,}000 + (2.4 \times 1{,}000) = 5{,}400$$

예상한 바와 같이 표준 정규분포를 사용해도 동일한 값을 구할 수 있다. O'Neill은 0.99의 수요충족확률을 달성하기 위해 5,400벌의 웻슈트를 주문해야 한다. 이는 예상 이익을 최대화하지만 수요충족확률이 0.758에 불과한 3,700벌을 주문하는 것에 비해 상당히 많이 증가한 양이다. 그림 13.8에서도 5,400벌을 주문할 때 예상 이익이 상당히 감소하는 것을 확인할 수 있다. 결국, 높은 수준의 서비스를 충족시키고자 한다면 낮은 예상 이익이라는 비용을 감수해야 함을 알 수 있다.

이해도 확인하기 13.10

질문 신문판매원이 0.975의 수요충족확률을 달성하고자 한다. 수요는 평균 15,000과 표준편차 5,000의 정규분포를 따른다. 얼마나 주문해야 할까?

답 표 13.4에 의하면 $F(z=1.9)=0.9713$이고, $F(z=2.0)=0.9772$이다. 목표 수요충족확률은 이 두 값 사이에 위치하는데, 이들 중 적어도 목표하는 만큼의 서비스 수준을 충족시키기 위하여 더 높은 z 값을 선택한다. 이를 주문량으로 바꾸면 $Q=\mu+(z\times\sigma)=15{,}000+(2.0\times5{,}000)=25{,}000$이다.

13.4 신문팔이 모형에서의 수요-공급 불일치에 따른 비용

불쌍한 신문판매원은 아무리 노력해도 주문량을 적절히 결정하는 데 어려움을 겪는다. 선택한 공급량이 수요량보다 커서 남은 재고를 떨이로 팔아야 할 수도 있고 반대로 수요량보다 공급량이 적어서 소비자들의 불만을 살 수도 있다. 결국, 수요와 공급 간 불일치에 따르는 비용을 피할 길이 없다. 이번 절에서는 이 비용이 무엇인지 정의하고 언제 가장 심각한지 알아보고자 한다.

O'Neill의 Hammer 3/2 제품의 경우, 13.2절에서 계산했듯이 예상 이익을 최대로 하는 주문량은 3,700벌이며 이때 기대 이익은 $231,840이다. 이 수치는 얼마나 좋은 것인가? 이를 이해하기 위해 다른 기준과 비교해보자. 신문판매원의 이익과 비교해볼 만한 기준으로 **최대 이익(maximum profit)**이 있는데, 이는 가능한 예상 이익들 중 가장 높은 값을 의미한다. 최대 이익을 구하기 위해 Hammer 3/2 제품의 예상 수요가 3,000벌이며 시즌 동안에 여전히 한 벌당 $90의 이익을 얻는다고 가정해보자. 지금까지 다룬 신문팔이 모형과의 차이점은 이제 O'Neill이 시즌 말에 실제 수요를 알고 난 뒤에 주문을 넣을 수 있으며 한 걸음 더 나아가 제품을 제때 공급받아 모든 시즌 중 수요를 충족시킬 수 있다고 가정하는 것이다. 예를 들어, 수요가 아쉽게도 1,278벌에 그친다고 가정해보자. 그렇다면 O'Neill은 정확히 1,278벌만을 주문할 것이고 시즌 말에 안 팔린 재고가 하나도 없을 것이다. 하지만 이번엔 수요가 5,200벌이라고 해보자. 그렇다면 O'Neill은 5,200벌을 주문하고 모두 다 팔아 단위당 $90의 이익을 얻을 것이다! 실제 수요를 알고 난 후에 주문을 넣는다면 재고가 남거나 부족할 일이 없기 때문에 너무나도 이상적이며 이 때문에 최대 예상 이익을 얻을 수 있는 것이다.

최대 이익 가능한 예상 이익들 중 가장 높은 값을 의미하며 이는 모든 수요가 충족될 때 가능하다.

O'Neill이 이제부터 실제 수요를 알고 난 뒤에 주문량을 결정한다면 시즌 초에는 모든

수요를 다 충족시키고 벌당 $90의 이익을 얻을 것이라 기대할 수 있다. 그러므로 O'Neill의 최대 이익은

$$\text{최대 이익} = (\text{예상 수요}) \times (\text{단위당 이익})$$

따라서 Hammer 3/2 제품의 경우 최대 이익은 $270,000 = 3,000벌 × 벌당 $90이다. 이 최대 이익은 신문판매원이 최대로 벌어 들일 수 있는 예상 값임을 인식하는 것이 매우 중요하다. 즉, 시즌 말이라야 실제 수요를 알고 난 후에 주문량을 결정할 수 있지만, 실제 수요를 알기 전인 시즌 초의 시점에서 신문판매원이 기대할 수 있는 최대값이라는 것이다. 물론 이때의 최대 이익은 분명히 달성 가능한 최대 이익을 말하는 것은 아니다. 예를 들어, 실제 수요가 매우 높아서 6,000벌이라고 해보자. 그렇다면 O'Neill은 6,000벌을 주문하여 $540,000(= 6,000 × $90)의 이익을 얻을 것이다. O'Neill에게는 엄청난 일이지만 사실상 실현 가능성은 높지 않다. 반대로 수요가 단 500벌밖에 안 될 수도 있다. 이 경우 O'Neill은 고작 $45,000의 이익만을 얻게 된다. 지금 이 절에서 다루는 최대 이익의 개념은 시즌 초의 시점에서 시즌 말에 발생 가능한(그리고 판매 가능한) 모든 경우의 수들에 걸친 평균 이익을 의미한다.

학습목표 13-4
수요와 공급 간의 불일치가 어떻게 비용을 발생시키는지를 이해한다.

결국, O'Neill의 최대 이익은 두 가지 요소에 의해 결정된다. 예상 수요와 단위당 이익이다. 두 가지 요소 모두 신문팔이 모형의 예상 이익과도 관련이 있지만, 신문팔이 모형에서의 예상 이익은 표준편차로 측정되는 수요 불확실성의 크기에 영향을 받는다는 점에서 다르다. 신문판매원의 "너무 많음/너무 적음"으로 인한 어려움은 수요의 불확실성이 증가함에 따라 더욱 심해진다. 이는 그림 13.9에 잘 나타나 있다. 수요의 표준편차가 증가함에 따라 신문팔이 모형에서의 예상 이익은 감소한다. 최대 이익과 예상 이익 간의 차이는 수요의 불확실성에 기인한다. 특히, 최대 이익은 신문판매원이 고민해야 하는 두 가지 종류의 **불일치 비용(mismatch costs)**에 영향을 받지 않는다는 점에서 다르다: (i) 재고의 비용(즉, 공급 초과), (ii) 품절에 따른 기회비용(즉, 공급 부족). 따라서, 최대 이익과 신문팔이 모형의 예상 이익 간의 차이는 이 불일치 비용들의 합이라고 말할 수 있다.

불일치 비용 수요와 공급 간의 불일치와 관련된 비용으로서 재고 청산에 따른 비용과 품절로 인한 기회비용을 포함한다.

그림 13.9
수요의 표준편차의 함수로 나타낸 Hammer 3/2 제품의 예상 이익. 최대 이익 그리고 최대 이익과 예상 이익 간의 불일치 비용이 표시되어 있다.

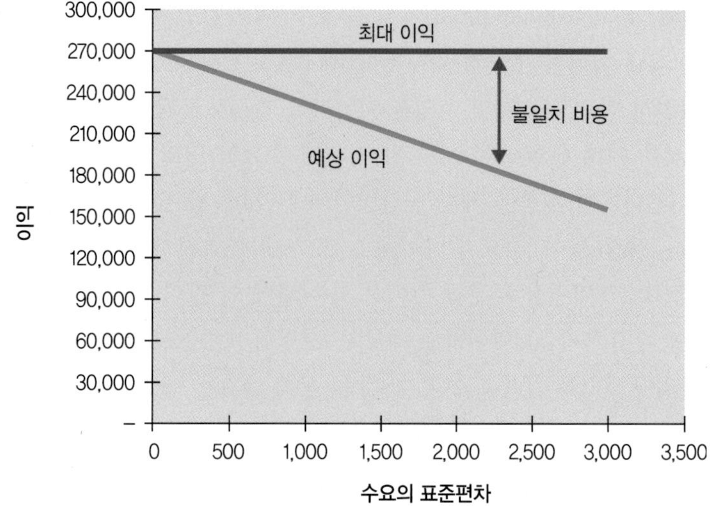

$$예상\ 이익 = 최대\ 이익 - 불일치\ 비용$$

최대 이익이 우리가 얻을 수 있는 최고의 이익이라고 할 때, 우리는 이를 예상 이익을 평가하기 위한 기준으로 사용할 수 있다. 예상 이익이 아무리 커도 최대 이익을 넘어설 수 없으므로, 예상 이익을 평가하는 간단한 방법은 예상 이익이 최대 이익의 몇 퍼센트인지 평가하는 것이다. 예를 들어 주문량이 3,700벌일 때 예상 이익은 $231,840이며 이는 최대 이익의 86%($231,840/$270,000)이다.

이제 이번 절의 핵심 질문으로 다시 돌아가보자. 언제 예상 이익이 최대 이익과 가장 가까워질까? 혹은, 언제 불일치 비용이 최대 이익과 비교할 때 가장 적어질까? 답은 오직 두 가지 요소에 의해 결정되는데, 하나는 수요의 불확실성이며 다른 하나는 제품의 경제성과 관련이 있다. 불일치 비용에 영향을 주는 첫 번째 요소는 **변동계수(coefficient of variation)**이다. 변동계수는 수요의 표준편차를 수요의 평균, 즉 예상 수요에 대한 비율로 나타낸 것이다. Hammer 3/2 제품의 경우 변동계수는 1,000/3,000 = 0.33이다. 변동계수는 예상 수요(즉, 평균)를 기준으로 수요 불확실성(즉, 표준편차)의 정도를 측정한다.

변동계수 표준편차를 평균에 대한 비율로 나타낸 것

변동계수는 표준편차를 평균에 대한 비율로 나타낸 것인데, 표준편차가 불확실성에 대한 절대적인 지표일 뿐임을 감안하면 변동계수는 표준편차와는 다르다. 그림 13.10은 표준편차가 1,000인 두 정규분포의 밀도 함수를 보여준다. 표준편차의 관점에서 보면 이 두 정규분포는 동일한 정도의 불확실성을 가지며 실제로 두 경우 모두 특정 결과값이 평균을 중심으로 좌우로 표준편차 하나의 범위 안에 속할 확률이 약 68%로 동일하다(일반적으로, 정규분포에서 어떤 임의의 값이 평균을 중심으로 좌우로 표준편차 하나의 범위 안에 속할 확률은 2/3 정도이다). 그러나, 3,000으로부터 1,000단위 떨어져 있다는 것은 30,000으로부터 1,000단위 떨어져 있다는 것과는 의미가 다르다. 그림의 두 함수는 겉으로는 비슷해 보이지만 사실 x축이 매우 다르다. 그림에서 평균이 3,000인 왼쪽의 경우, 수요는 평균보다 100% 낮은 0에서부터 100% 높은 6,000까지 어디에나 위치할 수 있다. 하지만 오른쪽의 경우처럼 평균이 30,000일 때는, 동일한 범위가 평균보다 10% 낮은 27,000부터 10% 높은 33,000까지에 해당할 뿐이다. 이러한 점에서 두 수요 분포는 각각의 평균값을 기준으로 볼 때 상대적으로 동일한 정도의 불확실성을 갖는다고 보기 어렵다.

그림 13.10 표준편차가 1,000인 두 정규분포들의 밀도함수. 왼쪽 그림은 평균이 3,000 그리고 변동계수가 1/3이며, 오른쪽 그림은 평균이 30,000 그리고 변동계수가 1/30이다. 두 경우 모두 수요가 평균을 중심으로 좌우 표준편차 하나의 범위에 위치할 확률이 68%이다.

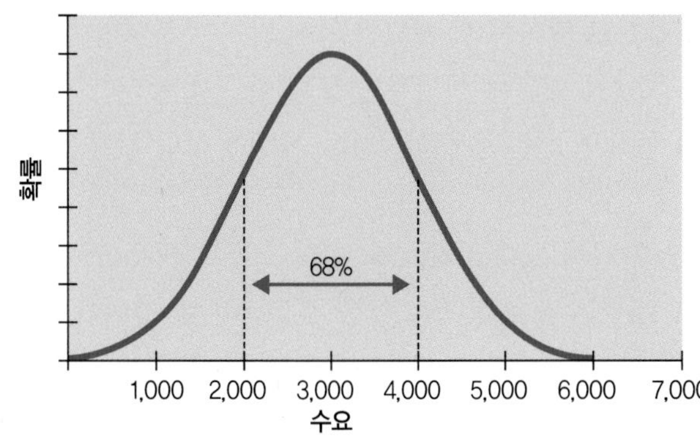

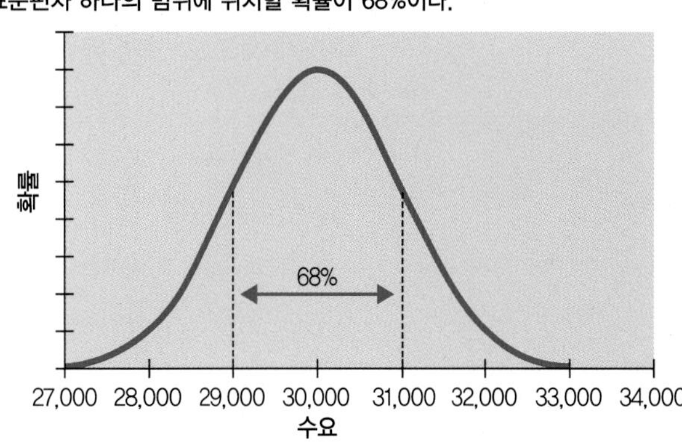

변동계수는 불확실성에서의 차이를 나타낸다. 평균 3,000일 때 변동계수는 0.33인 반면 평균 30,000일 때에는 표준편차의 값이 동일하더라도 변동계수는 0.03이다. 수요예측에서의 변동계수값은 상당히 다양할 수 있다. 표 13.5는 변동계수가 존재할 수 있는 여러 가능한 범위들을 보여준다. 변동계수가 낮을 때는 수요가 평균으로부터 25% 내외에 있을 확률이 매우 높으며 밀도함수가 좁은 종의 형태를 띤다. 중간 정도의 값일 때는 밀도함수가 종 모양을 유지하지만 평균을 넘어 뻗어나가는 형태이다. 즉, 수요가 평균보다 상당히 낮거나 높게 나타날 가능성이 있는 것이다. Hammer 3/2 제품이 이 범주에 속한다. 세 번째로 변동계수의 값이 높을 때에는 수요의 불확실성 정도가 상당히 높아진다. 밀도함수는 종 모양을 점점 잃어가며 발생 확률이 가장 높은 결과값(종 모양의 정점)이 평균보다 작다. 이러한 제품의 경우, 수요가 매우 높을 가능성도 있지만 평균보다 수요가 낮을 가능성이 훨씬 높다. 정규분포는 항상 종의 형태를 띠므로 정규분포는 일반적으로 변동계수가 0.4 이하인 처음 두 범주에 속할 가능성이 높다. 변동계수 1.0 이상인 마지막 범주는 변동성이 극도로 높아서 밀도함수에서 종 모양을 찾아 볼 수도 없다. 대신, 수요가 적을 확률이 대부분이며 심지어 가장 가능성 높은 수요가 0이 될 수도 있다. 그럼에도 불구하고 수요가 매우 높을 가능성도 적게나마 존재한다.

신문팔이 모형이 적용되는 대부분의 상황에서는 변동계수가 표 13.5에 나타나는 "낮음"과 "중간" 범주에 속하는데, "높음" 범주에 속하는 제품들이 간혹 존재하기도 한다. 변동계수가 높을 경우에는 어떤 의사결정을 하기에 수요가 너무 불확실하기 때문에 사실상 이 경우가 실제로 발생할 확률도 적다(이에 대해 나중에 더 논의하도록 하겠다).

불일치 비용에 영향을 주는 두 번째 요소는 임계비이다. 임계비가 1.0에 가깝다고 해보자. 이는 남은 재고로 인한 과충족 비용 C_o가 미충족 비용에 비해 무시해도 될 정도로 낮을 때 발생한다. 예를 들어, Hammer 3/2 제품의 미충족 비용이 $90인데 과충족 비용은 $0.01이라고 해보자. 이는 O'Neill이 제품을 팔면 단위당 $90을 벌고 재고가 남으면 1페니의 손실만을 본다는 것을 의미하며, 임계비는 0.9999(= $90/($0.01 + $90))이 된다. 이처럼 재고가 많이 남아도 이로 인한 비용이 매우 미미하기 때문에 O'Neill이 공격적으로 주문량을 아주 크게 늘려도 괜찮을 것이라는 것을 직감적으로 느낄 수 있다. 예를 들어 7,000벌의 웻슈트를 주문하면 모든 잠재적 소비자들에게 팔 수 있을 양이므로 품절이 발생하는 일은 거의 없을 것이다. 따라서, 예상 판매량이 예상 수요인 3,000벌과 일치한다고 하면 단위당 이익이 $90이므로 총 $270,000의 이익을 얻게 된다. 그러나 약 4,000벌의 웻슈트가 재고로 남게 된다. 비록 헐값으로 팔아야 할 재고의 양이 많기는 하지만 이 비용은 단 $40(= 4,000 × $0.01)밖에 되지 않기 때문에 이익은 별로 줄어들지 않는다($270,000에서 $269,960). 따라서 임계비가 높으면 신문판매원은 최대 이익의 상당 부분을 실현할 가능성이 높음을 알 수 있다.

이제 과충족 비용이 미충족 비용에 비해 크다고 해보자. 만약 과충족 비용이 크다면 신문판매원은 보수적인 수량 아마도 예상 수요보다 적은 양을 주문해야 할 것이다. 예를 들어 C_o가 C_u에 비해 상대적으로 커서 임계비가 0.25라고 하자. 이 경우 신문판매원은 예상 이익을 최대화하기 위해 평균 수요보다 적은 양을 주문할 것이다. 실제로 수요가 많이 발생하더라도 총 이익은 결국 주문량의 제약을 받으므로 최대 이익의 일부만을 벌어들일 수

표 13.5 수요예측에서 변동계수의 범위와 예시

변동계수	범위	예시	수요가 평균의 25% 범위 내에 있을 확률	밀도함수의 예
0~0.2	낮음	매년 스타일이나 기술의 변화가 거의 없는 제품(예: 검은색 제품)이라서 안정적인 과거 수요 데이터가 가용하다.	0.80~1.00	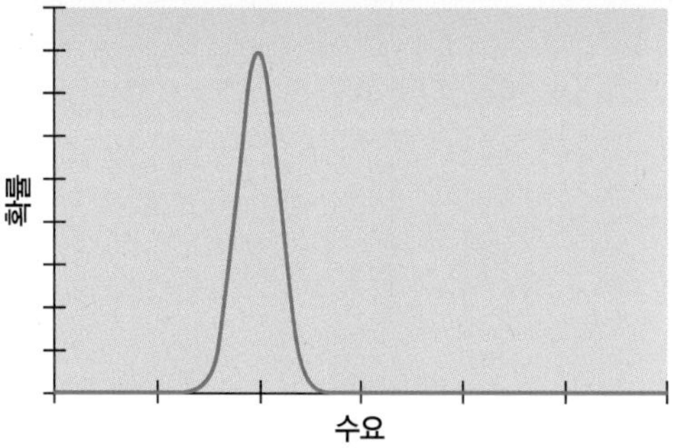 확률 / 수요
0.2~0.4	중간	예전에 판매하던 제품과 비슷하지만 약간의 디자인 혹은 기술 변화가 있는 신제품(예: 새로운 색깔의 웻슈트)	0.47~0.80	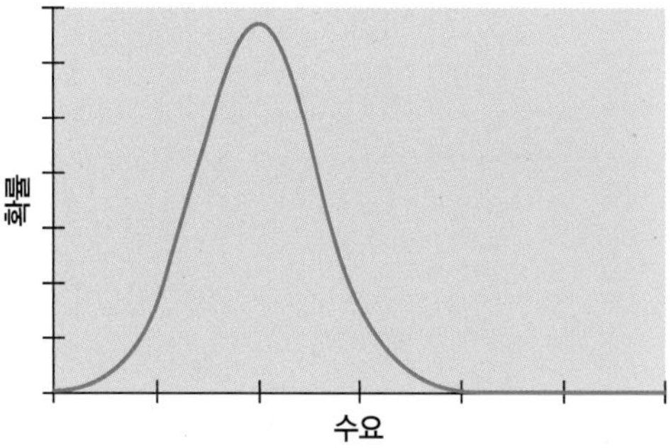 확률 / 수요
0.4~1.0	높음	디자인, 기술, 기능적인 면에서 완전히 새로운 종류의 제품(예: 다른 종류의 섬유로 만든 다른 수상스포츠용 웻슈트)	0.18~0.47	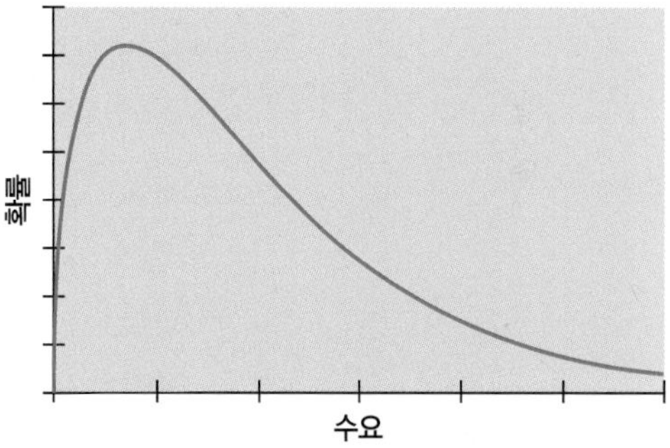 확률 / 수요
1.0~2.0	매우 높음	틈새시장을 노린 제품(예: 100m 깊이로 다이빙하는 사람들을 위한 웻슈트)	0.07~0.18	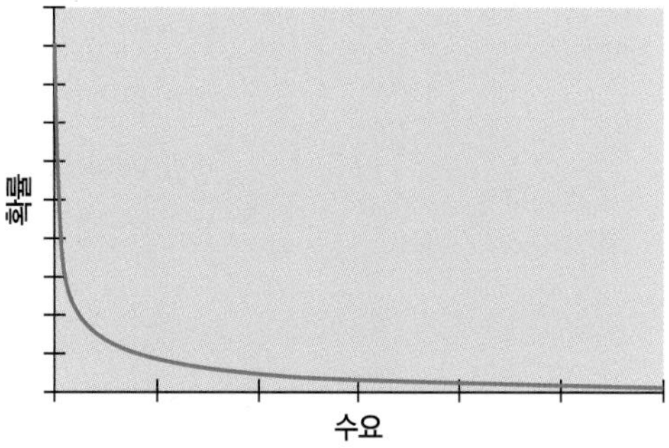 확률 / 수요

있을 것이다. 예를 들어, 임계비가 0.25일 때 최적 주문량이 2,400벌이라고 한다면, O'Neill의 최상의 시나리오는 이 2,400벌을 모두 다 파는 것인데 그렇다 해도 최대 이익보다 20% 낮은 $216,000만을 벌어들일 수 있다.

그림 13.11
임계비(0.25, 0.5, 0.75, 0.90, 0.98)와 변동계수의 변화에 따른 최대 이익 대비 예상 이익의 비율 변화

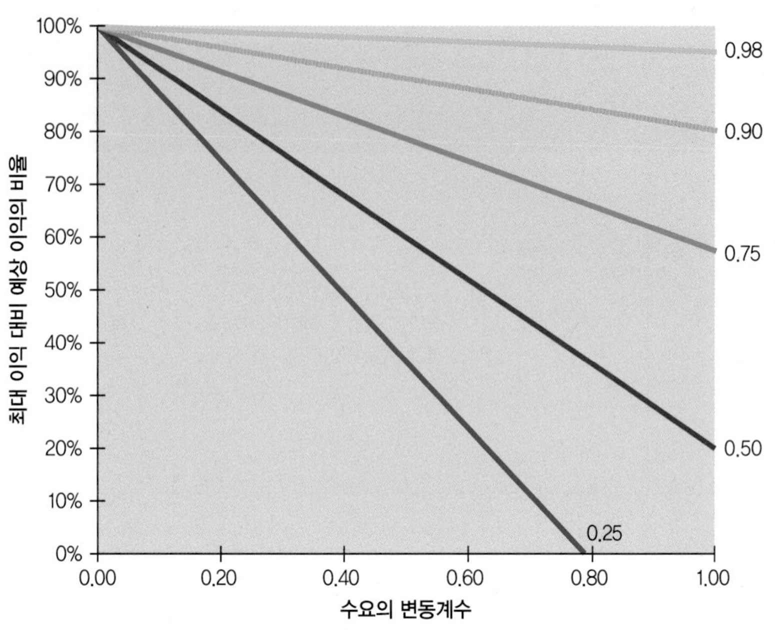

그림 13.11은 변동계수와 임계비가 상호작용하면서 신문판매원의 예상 이익에 어떻게 영향을 미치는지를 보여주고 있다. 그래프의 y축에는 최대 이익 대비 예상 이익의 비율이 표시되어 있으며 x축에는 다양한 수요의 변동계수들이 표시되어 있고, 그림 위에는 5개의 각기 다른 임계비 값을 갖는 직선들이 표시되어 있다. 수요의 불확실성이 전혀 없을 때에는(변동계수가 0) 다섯 개의 직선 모두 최대 이익의 100%를 달성한다. 수요의 불확실성이 전혀 없으면 임계비와 상관없이 신문판매원은 최대 이익의 100%를 얻을 수 있다. 하지만 수요의 불확실성이 존재할 경우에는 상황은 달라진다. 수요가 불확실한 경우, 임계비값과 상관없이 변동계수가 증가하면 예상 이익은 감소한다. 즉, 수요의 불확실성은 이익을 항상 감소시킨다. 그러나 불확실성이 초래하는 부정적인 영향은 임계비가 낮을 경우 더욱 커진다. 즉, 높은 불확실성과 낮은 임계비의 조합은 이익 창출에 치명적이다.

정리하자면, 신문판매원에게는 두 가지 종류의 불일치 비용이 발생한다. 남은 재고로 인한 비용(과다 공급)과 품절로 인한 기회비용(과소 공급). 만약 수요의 불확실성이 작거나 임계비가 높다면 불일치 비용은 상대적으로 적어진다. 하지만 0.75 이하의 크지 않은 임계비를 가진 제품의 경우, 변동계수(수요 불확실성의 측정지표)가 증가하면 이익이 크게 감소한다. 다시 말해, 수요가 매우 불확실하거나 남은 재고로 인한 비용이 판매를 통해 얻을 이익에 비해 상대적으로 클 경우 신문판매원은 사업을 계속하기 어려울 것이다.

이해도 확인하기 13.11

질문 표 13.6에 제시된 네 제품 중 최대 이익에 비해 가장 높은 불일치 비용을 갖는 제품은 어떤 것인가?

표 13.6 각기 다른 수요예측과 임계비를 갖는 네 가지 제품

제품	수요		임계비
	평균	표준편차	
A	100	40	0.5
B	100	20	0.6
C	200	50	0.7
D	200	60	0.8

답 제품 A의 변동계수(0.4)가 가장 높으며 동시에 임계비는 가장 낮다. 답은 A이다.

13.5 신문팔이 환경을 관리하기 위한 전략: 제품 통합관리, 신속 대응, 주문생산

당신이 수요–공급 간 불일치 비용이 상당히 큰 제품을 판다고 해보자. 이 제품은 수요의 불확실성이 크고(변동계수가 크고) 0.75 이하의 크지 않은 임계비를 갖고 있다. 이 상황을 관리하는데 어떤 방법이 있을까? 다음 다섯 가지 방법들 중 선택해볼 수 있다: (i) 제품을 팔지 않는다. (ii) 남은 재고로 인한 비용(C_o) 대비 이익 마진(C_u)을 증가시켜 임계비를 크게 만든다. (iii) 수요 불확실성을 줄인다. (iv) 시즌이 끝나기 전에 추가로 제품을 더 주문하거나 생산하여 추가 물량을 공급할 수 있도록 한다. (v) 고객의 주문을 받은 후에 생산에 들어간다. 이 절에서는 이들 각각에 대해 다루고 특히 마지막 세 가지 방법을 집중하여 탐구할 것이다.

학습목표 13-5
이익을 증가시키고 수요와 공급의 불일치가 초래하는 비용을 줄이는 전략을 이해한다.

첫 번째 선택지는 "기권하는 것"이다. 즉, 그 제품을 팔지 않는 것이다. 어떤 경우에는 이것이 합리적인 선택이 될 수 있다. 모든 제품이 수익성이 좋을 수는 없기 때문에 만약 수요의 불확실성이 너무 높거나 임계비가 너무 낮으면 아무리 조심스럽게 운영한다고 해도 예상 이익이 제품을 팔기 위한 시간과 수고를 보상해주지 못할 수 있다. 물론 제품을 팔지 않겠다는 결정이 신중한 선택이 될 수 있지만 그렇다고 모든 제품에 이 방법을 사용할 수는 없다. 어떤 것이든 간에 팔기는 해야 하기 때문이다!

불일치 비용으로 고민하는 신문판매원을 도울 수 있는 두 번째 방법은 남은 재고로 인한 비용 대비 이익 마진을 증가시키는 것이다. 둘 중 하나 혹은 둘 다를 바꿈으로써 13.4절에서 다뤘던 바와 같이 임계비가 증가하면서 불일치 비용 또한 작아질 수 있다. 이를 실행하는 방법으로 기업은 제품의 가격을 올릴 수 있다. 예를 들어 O'Neill이 Hammer 3/2 제품의 가격을 $190에서 $220로 올린다면 임계비가 0.75에서 0.8로 증가한다. 하지만 가격 인상의 문제점은 당연히 수요를 감소시켜 이익이 줄어들 수 있다는 것이다. 다른 방법으

로는 제품의 구매가를 낮출 수 있다. O'Neill이 현재 웻슈트를 $100에 사오고 있는데, 같은 제품을 $95에 팔 용의가 있는 다른 공급업자를 찾을 수 있다고 해보자. 미충족 비용은 $5 증가하여 $95이 되고, 과충족 비용은 $5 감소하여 $25이 된다. 그리고 임계비는 0.79로 증가한다. 하지만 이 또한 한계점이 존재한다. 공급업자 역시 이익을 남겨야 하기 때문에 값싼 공급업자로 바꾼다면 제품의 질이나 배송에 대한 신뢰도가 떨어질 수 있다.

13.5.1 제품 통합관리

신문판매원을 도울 수 있는 세 번째 방법은 수요의 불확실성을 감소시키는 것이다. 이를 위해 수요예측의 질을 개선시키는 것이다. 이는 15장에서 자세히 다룰 데이터 기반의 엄격한 예측 기법을 통해 가능하다. 더 정확한 수요예측을 하기 위해 노력할 수는 있지만 이 또한 한계점은 존재한다. 최고의 데이터와 예측기법을 가지고 있다고 하더라도 세상은 근본적으로 불확실성으로 가득 차있다. 따라서 기업은 완벽한 예측방법만 있다면 모든 불확실성을 제거할 수 있을 것이라고 가정해서는 안 된다. 어떤 불확실성은 불가피하고 피할 수 없다.

제품 통합관리 유사한 제품들의 결합과 통합관리를 통해 고객에게 제공되는 다양성의 영향을 줄이는 전략

수요의 불확실성을 감소시키기 위한 두 번째 접근방법은 수요 불확실성의 영향을 덜 받도록 판매하는 제품 라인을 바꾸는 것이다. 이는 **제품 통합관리(product pooling)**를 통해 실행할 수 있다. 제품 통합관리는 유사한 제품들을 결합하거나 묶어서 같이 관리함으로써 고객에게 제공되는 다양성을 줄이는 것을 말한다. 이 전략을 이해하기 위해서는 수요 불확실성이 어떻게 측정되는 가에 대해 정확히 알고 있어야 한다. 13.4절에서 변동계수를 이용하여 수요의 불확실성을 측정했다. 변동계수가 낮아지면 불일치 비용 역시 낮아진다. 그리고 이 변동계수를 낮추는 방법 중 하나가 바로 제품들에 걸친 수요를 결합하거나 묶어서 관리하는 것이다. 이것이 효과가 있는 이유는 제품들의 묶음, 즉 제품군에 대한 총 수요예측이 각 개별제품에 대한 수요예측보다 훨씬 정확하기 때문이다. O'Neill의 예시를 통해 이를 더 정확히 알아보자.

사진 13.1에 있는 Hammer 3/2 웻슈트는 서핑용 웻슈트로 서핑 가게에 판매된다. O'Neill은 Hammer 3/2의 한 종류를 스쿠버 다이빙용 웻슈트로 다이빙 가게에서도 팔고 있다. 서핑용 Hammer와 다이빙용 Hammer의 단 한 가지 차이는 가슴에 달려 있는 로고

그림 13.12
Hammer 3/2 다이빙용 웻슈트의 O'Neill 로고

출처: O'Neill

에 있다. 서핑용 Hammer에 있는 "wave" 로고와는 달리 다이빙용 Hammer 제품은 그림 13.12에 제시되어 있는 로고가 달려 있다. 로고가 유일한 차이점인 만큼 서핑용과 다이빙용 웻슈트 모두 동일한 스타일과 체온유지 기능을 갖고 있으며 가격구조 또한 동일하다. 두 제품 모두 (i) $190에 판매되며, (ii) $100에 구매하고, (iii) 재고가 남을 시 청산가치는 $70이다. 따라서, 서핑용과 다이빙용 웻슈트 모두 미충족 비용($90)과 과충족 비용($30), 임계비(0.75)가 동일하다. 설명의 편의를 위해 두 제품이 수요까지 동일하여 평균 3,000과 표준편차 1,000의 정규분포를 따른다고 가정해보자. 우리는 이미 서핑용 Hammer 제품의 최적 주문량(3,700벌)과 예상 이익($231,840)까지 구하였다. 다이빙용 Hammer가 서핑용 Hammer와 동일하기 때문에, 최적 주문량과 예상 이익은 같다. 따라서, 두 Hammer 제품들로부터의 총 이익은 $463,680(= 2 × $231,840)이 된다.

거의 동일한 두 제품을 파는 대신, 이제 O'Neill이 동일한 로고를 가진 단일 Hammer 3/2 제품을 판다고 해보자. 이제 "다이빙용 Hammer"와 "서핑용 Hammer"가 아닌 단일 제품 "Hammer 3/2"인 것이다. 서핑용과 다이빙용의 가격이 같기 때문에 단일 제품 Hammer 역시 가격구조는 같다고 자연스럽게 가정할 수 있다. 즉, $100에 구매해서 $190에 판매하고, 남은 재고의 청산가치는 $70이다. 하지만 이제 우리는 단일 제품 Hammer의 수요 모형을 결정해야 한다.

만약 서핑용과 다이빙용 Hammer를 사려던 모든 고객들이 이제 단일 제품 Hammer를 사려고 한다면, 단일 제품 Hammer의 예상 수요는 각 제품 예상 수요의 합과 같아서 6,000벌(= 2 × 3,000)이 된다. 반면, 단일 제품 Hammer에 대한 수요의 표준편차를 구해야 하는데 이를 위해 두 제품의 수요가 어떻게 상호작용하는지에 대한 가정이 필요하다. 통계학자들은 두 개의 불확실한 사건들의 상호작용을 측정할 때 **상관관계(correlation)**란 용어를 사용한다. 두 사건들 간의 상관관계는 최저 −1에서 최고 1의 값까지 이를 수 있다. 만약 두 사건이 **양의 상관관계(positively correlated)**라면 한 사건의 결과값이 높으면 다른 사건의 결과값도 높다는 점에서 두 사건이 비슷한 경향을 갖는다는 것을 의미한다. 만약 두 사건이 **음의 상관관계(negatively correlated)**를 갖는다면 한 사건의 결과값이 높을 때 다른 사건의 결과값은 낮다는 점에서 두 사건은 비슷한 경향을 갖지 않는다. 마지막으로, 만약 상관관계값이 0이라면 두 사건은 **독립적(independent)**이다. 이 경우, 한 사건의 결과값이 다른 사건의 결과값에 대해 아무런 정보도 줄 수 없다. 예를 들어, 한 동전을 던져서 앞면이 나왔다고 하자. 이것은 두 번째 동전을 던질 때 앞면이 나올지, 뒷면이 나올지에 대해 추가적인 정보를 줄 수 없다. 각각 다른 동전을 던졌을 때의 결과들은 서로 독립적이다.

상관관계 두 가지 불확실한 사건들의 상호작용에 대한 측정 수단. 상관관계는 −1에서 1 사이의 값을 갖는다.

양의 상관관계 두 가지 사건들의 결과값이 비슷할 때 두 사건은 양의 상관관계를 갖는다. 만약 한 사건의 결과값이 높으면, 다른 사건의 결과값 역시 높은 경향이 있다.

음의 상관관계 두 가지 사건의 결과값이 비슷하지 않을 때 두 사건은 음의 상관관계를 갖는다. 만약 한 사건의 결과값이 높으면, 다른 사건의 결과값은 낮은 경향이 있다.

독립적 한 사건의 결과값이 다른 사건의 결과값과 아무 관계가 없을 때 두 사건은 독립적이다.

만약 두 제품이 어떤 근본적인 불확실성에 대해 비슷한 경향을 보인다면 서핑용 Hammer의 수요와 다이빙용 Hammer의 수요는 양의 상관관계를 갖는다고 할 수 있다. 예를 들어, 두 제품 모두 경제가 성장할 때에는 판매량이 늘지만 경제가 위축될 때는 판매량이 감소할 수 있다. 또는 만약 수상스포츠를 즐기는 인구가 증가할 때 두 제품 모두 판매량이 늘고 수상스포츠를 기피할만한 이유가 있을 때(예: 해양 기름유출)는 두 제품 모두 판매량이 저조할 수 있다. 반대로, 두 제품의 수요가 서로 음의 상관관계를 가질 수도 있다. 예를 들어, 다이빙과 서핑을 즐기는 인구가 일정하고 이런 수상스포츠를 즐기는 시간은 한정되어 있다면, 서핑에 더 많은 시간을 할애할수록 다이빙을 적게 할 것이고, 서핑을 더 적은 시간을 할애할수록 다이빙을 하는 시간이 더 길 것이다. 이 경우, 한 스포츠의 인기가 다른 스포츠의 인기를 약화시킬 수 있다. 마지막으로, 두 종류의 웻슈트에 대한 수요가 서로 독립적일 수도 있다. 두 제품이 각각 다른 유통 채널에서 판매되고(서핑 가게에서는 다이빙 제품을 판매하지 않으며 다이빙 가게도 서핑 제품을 팔지 않는다) 각각 다른 지역에서 인기를 끌고 있다면(서핑은 주로 캘리포니아와 하와이에서, 다이빙은 더 따뜻한 캐리비안 해안에서 즐긴다) 두 제품은 각각 다른 고객층을 확보하고 있을 것이다(서핑은 비용이 적게 들고 신체적인 능력이 더 필요해서 서퍼들이 다이버들보다 젊은 편이다).

그림 13.13은 두 제품의 수요가 그들 간의 상관관계에 따라 어떻게 상호작용하는지를 보여준다. 그림은 무작위로 추출된 두 제품에 대한 가상의 100가지 수요 조합을 나타낸 것으로 각 제품의 수요는 평균 10과 표준편차 3인 정규분포를 따른다. 예를 들어, 만약 두 제품의 수요가 각각 5와 7이라 하면 점은 좌표{5,7}에 찍히게 된다. 위에서 왼쪽의 그래프는 두 제품이 −0.90의 상관관계를 가지므로 한 제품의 결과값이 낮아서 5라면 다른 제품의 결과값 15라는 높은 값을 갖는 경향을 보일 것이다. 결과적으로, 두 제품의 수요 조합들은 45도 음의 기울기를 가지는 직선 주위에 분포하며, 총 수요는 약 20벌로서 점선으로 표시되어 있다. 반면, 아래의 그래프는 0.90의 상관관계값을 갖는 상황을 보여준다. 여기서 두 제품의 수요는 비슷한 경향을 보이면서 수요 조합들은 45도 양의 기울기를 가지는 직선 주위에 분포하고 있다. 또한, 이 그림에서는 총 수요가 상당히 변화하는 모습을 볼 수 있는데 그래프에서 오른쪽 윗부분은 총 수요가 30벌 정도이지만 왼쪽 아랫부분은 10벌에 가깝다. 마지막으로, 위에서 오른쪽의 그래프는 두 제품들 간의 상관관계값이 0으로 독립

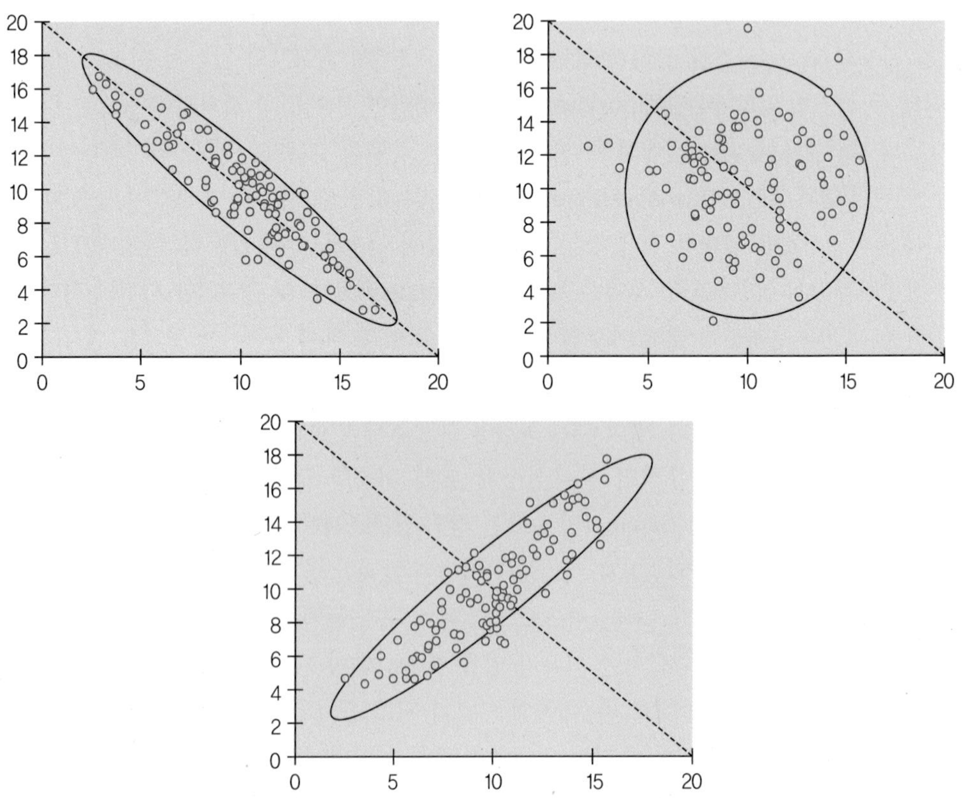

그림 13.13
무작위로 추출한 두 제품들의 수요 조합. 그래프에서 *x*축은 첫 번째 제품의 수요를 나타내며 *y*축은 두 번째 제품의 수요를 나타낸다. 100개의 점들은 수요가 평균 10과 표준편차 3인 정규분포를 따를 경우 나타날 수 있는 무작위의 가상 수요 조합을 의미한다. 위에서 왼쪽의 그래프는 두 제품들 간의 상관관계값이 −0.90, 위에서 오른쪽의 그래프는 상관관계값이 0으로 독립적, 그리고 아래의 그래프는 상관관계값이 0.90이다.

적일 때 어떤 결과가 나타나는지를 보여준다. 이제 수요 조합들은 큰 원형의 구름 모양으로 분포하는데 이는 한 제품의 결과값이 높든 낮든 다른 제품의 결과값에 대한 정보를 줄 수 없기 때문이다.

이제 단일 제품 Hammer의 수요를 규정해보자. 서핑용 Hammer나 다이빙용 Hammer의 수요에 대한 평균과 표준편차를 각각 μ와 σ라고 해보자; 즉, $\mu = 3,000$, $\sigma = 1,000$이 된다. 그러면, 단일 제품 Hammer에 대한 수요의 평균과 표준편차는

$$\text{통합 수요의 평균} = 2 \times \mu$$
$$\text{통합 수요의 표준편차} = \sqrt{(2 \times (1 + \text{상관관계}))} \times \sigma$$

이다. 만약 우리가 서핑용과 다이빙용 Hammer의 수요가 독립적(즉, 상관관계 = 0)이라고 가정한다면, 단일 제품 Hammer에 대해서

$$\text{단일 제품 Hammer 수요의 평균} = 2 \times 3,000 = 6,000$$
$$\text{단일 제품 Hammer 수요의 표준편차} = \sqrt{(2 \times (1 + 0))} \times 1,000 = 1,414$$

이다. 이제 우리는 단일 제품 Hammer의 성과를 구하기 위한 모든 정보를 가지고 있다. 단일 제품 Hammer의 과충족 비용 $C_o = \$30$이고 미충족 비용 $C_u = \$90$이다. 따라서 임계비는

$$\frac{C_u}{C_o + C_u} = \frac{\$90}{\$30 + \$90} = 0.75$$

이다. 표 13.4에 의하면 $F(0.6) = 0.7257$이고 $F(0.7) = 0.7580$이므로 $z = 0.70$ 이다. 이 z값을 주문량으로 변환시키면

$$Q = \mu + (z \times \sigma) = 6,000 + (0.7 \times 1,414) = 6,990$$

이다. 따라서 만약 O'Neill이 단일 제품 Hammer 3/2만을 판다고 한다면 예상 이익을 최대로 하기 위해 6,990벌을 주문해야 한다.

단일 제품 Hammer 3/2에 대한 분석을 완성하기 위하여 이제 성과지표들을 평가해보자. 표 13.4에 의하면 $I(z = 0.7) = 0.8429$이므로

$$\text{예상 재고} = \sigma \times I(z) = 1,414 \times 0.8429 = 1,192$$

이다. 따라서

$$\text{예상 판매량} = Q - \text{예상 재고} = 6,990 - 1,192 = 5,798$$
$$\text{예상 이익} = (\$190 \times 5,798) + (\$70 \times 1,192) - (\$100 \times 6,990) = \$486,060$$

이다. 두 종류의 Hammer 제품들의 이익을 합한 값은 $463,680이었으므로 단일 제품 Hammer는 예상 이익을 $22,380($486,060 − $463,680)만큼 증가시킬 수 있는데 이는 제품의 총 주문량이 적어졌음에도 불구하고 예상 이익이 증가한 것이다. 서핑용과 다이빙용 Hammer 제품들의 총 주문량은 7,400벌이며, 단일 제품은 6,990벌이다.

총 수요나 가격 구조(즉, 구매가, 판매가, 청산가치)는 동일한데, 두 제품을 각각 팔기보다 단일 제품으로 팔면서 이익이 증가한 것이다. 이것이 어떻게 가능한가? 13.4절에서 이익에 영향을 주는 두 가지 요소로 임계비와 변동계수가 있다고 했다. 하지만 단일 제품

Hammer는 서핑용과 다이빙용 Hammer와 동일한 임계비를 가지기 때문에, 두 웻슈트 제품을 단일 제품으로 합치면서 수요의 변동계수가 낮아져야 말이 된다. 서핑용과 다이빙용 Hammer의 경우 변동계수는 0.33(=1,000/3,000)이다. 하지만 단일 제품 Hammer는 변동계수가 0.24(=1,414/6,000)로서 통합 제품의 수요가 개별 제품의 수요보다 덜 불확실하다는 것을 알 수 있다.

통계적인 규모의 경제 개별 수요들을 통합하여 규모를 크게 만드는 것은 변동계수로 측정된 불확실성의 크기를 감소시킨다.

제품 통합관리는 **통계적인 규모의 경제(statistical economies of scale)**를 잘 보여주는 예시이다. 제품 통합을 통해 규모가 커지면 변동계수로 측정되는 불확실성이 완화되기 때문에 운영의 관점에서 보면 통합된 수요가 개별적인 수요보다 더 낫다.

지금까지의 분석은 서핑용과 다이빙용 Hammer 수요 간의 상관관계값이 0으로 독립적이라고 가정하였다. 그림 13.14는 단일 제품 Hammer의 예상 이익이 두 제품 간의 상관관계값에 따라 어떻게 변화하는지를 보여준다. 상관관계값이 적을수록 단일 제품 Hammer의 예상 이익이 증가하고 있다. 예를 들어, 우리는 서핑용과 다이빙용 제품의 수요가 독립적인 상황에서도 이익이 꽤 증가하는 것을 보았는데, 두 제품들의 수요가 음의 상관관계를 가질 때 제품 통합에 따른 예상 이익은 더욱 증가하는 것을 볼 수 있다. 상관관계는 통합 제품 수요의 변동계수에 직접적으로 영향을 주기 때문에 예상 이익에도 큰 영향을 준다. 그림 13.14와 같이 상관관계값이 작아지면 변동계수의 값도 따라서 감소한다.

변동계수의 감소는 그림 13.13에서도 확인할 수 있다. 위에서 왼쪽 그래프처럼 상관관계가 −0.90일 때 두 제품의 총 수요(이는 두 제품을 통합한 단일 제품의 수요가 된다)에 약간의 변화가 생긴다. 하지만 그래프상의 대부분의 점들은 총 수요 20벌을 나타내는 45도 기울기 직선 주위에 위치한다. 각 제품의 수요는 0과 20 사이에서 크게 변화하는데, 총 수요는 평균인 20 주위에서만 미미하게 변화한다. 반면, 아래쪽 그래프처럼 상관관계가 0.90인 경우 각 제품의 수요는 종전처럼 0과 20 사이에서 크게 변화하는데, 총 수요 또한 왼쪽 아랫부분의 10에서부터 오른쪽 윗부분의 30까지 크게 변화하고 있다.

그림 13.14
단일 제품 Hammer 3/2의 예상 이익과 변동계수

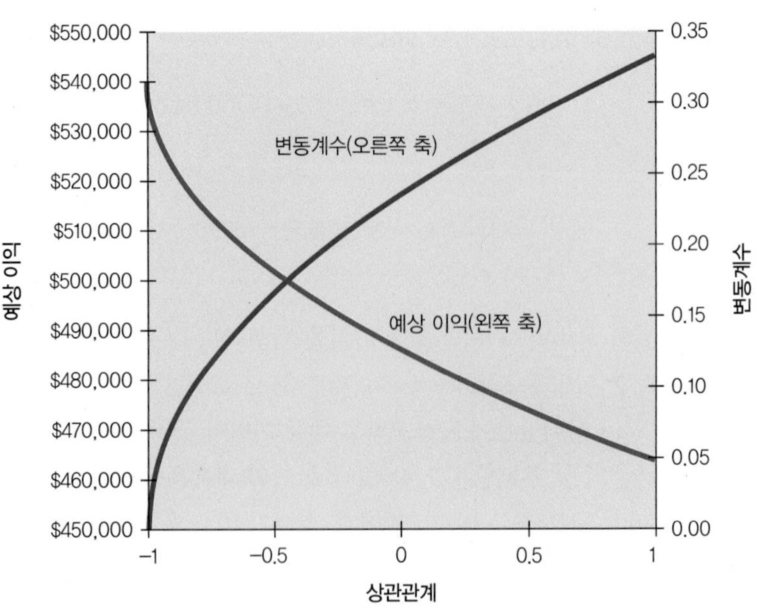

그림 13.13과 13.14를 통해 개별 수요들을 통합하면 통합된 수요의 불확실성이 개별 제품이 갖는 수요의 불확실성의 합보다 적어지기 때문에 예상 이익이 증가한다는 사실을 알 수 있다. 게다가, 제품 통합은 개별 제품 수요들 간의 상관관계가 낮을 때 효과적이다. 제품 통합은 양의 상관관계를 갖는 제품들에게도 도움이 되지만 음의 상관관계를 갖는 제품들에게는 더 큰 도움이 된다.

13.5.2 신속 대응

O'Neill의 판매 시즌은 6개월이지만 공급업자에게 단 한 번만 주문할 수 있다. 이러한 공급 프로세스의 경직성은 수요의 불확실성과 결합하여 수요-공급 불일치 비용을 발생시키는 원인이 된다. 만약, O'Neill이 공급 프로세스의 유연성을 증가시킬 수 있다면 불일치 비용의 상당 부분을 감소시킬 수 있을 것이다. O'Neill이 시즌이 시작된 뒤 한 달쯤 후에 몇 제품에 대해 두 번째 주문을 할 수 있고 1~2개월 안에 주문한 제품을 받을 수 있다고 상상해보자. 이러한 유연성은 얼마나 유용할까? 이 질문에 대한 짧은 답은 "꽤 많이, 당신이 상상하는 것 이상으로"이다. 설명하자면, 판매 시즌이 시작되고 첫 몇 주 동안에는 어떤 스타일의 제품이 잘 팔리거나 안 팔리는지에 대한 상당한 양의 정보를 얻을 수 있다(유사한 예로, 스포츠 시즌이 시작되기 전에 우승 후보를 예측하는 것과 시즌이 시작되고 몇 번의 경기를 마친 후에 우승 후보를 예측하는 것을 비교해 보면, 실제 경기를 해본 뒤에 이루어지는 팀 전력 평가가 더 정확할 것이다). 이처럼 시즌 초기의 판매량을 통해 얻은 정보를 이용하여 기대 이상으로 잘 팔리는 제품들에 대한 추가적인 재고를 확보하여 품절로 인한 기회비용을 방지할 수 있다.

2차 주문이 가능해지면 O'Neill의 품절로 인한 불일치 비용을 줄일 수 있을 뿐만 아니라 남은 재고로 인한 불일치 비용 역시 감소시킬 수 있다. 왜냐하면 2차 주문을 통해 잘 팔리는 제품의 재고량을 보충할 수 있기 때문에 O'Neill은 1차 주문 시점에서의 주문량을 보수적으로 책정할 수 있다. O'Neill은 1차 주문량을 낮춰 남은 재고로 인한 위험을 감소시킬 수 있으며 동시에 2차 주문을 통해 품절의 위험을 낮춘다. 따라서 한 번의 추가 주문 기회만으로도 O'Neill은 두 가지 종류의 불일치 비용을 모두 낮춰 예상 이익을 증가시킬 수 있다. 이처럼 새롭게 갱신된 수요 정보에 대응하는 능력을 **신속 대응(quick response)**이라 한다. 2차 주문에서 발생하는 주문량을 처리하는 능력을 **대응적 처리능력(reactive capacity)**이라고도 하는데 이는 기업이 수요예측의 변화에 반응할 수 있도록 하는 처리능력을 의미한다.

신속 대응 갱신된 수요 정보에 반응하여 공급 유연성을 증가시키는 전략. 예를 들어, 기업은 신속 대응을 통해 기대 이상의 판매량을 보이는 제품에 대해 추가로 공급을 늘릴 수 있으며, 이에 따라 품절로 인한 비용을 줄일 수 있다.

대응적 처리능력 수요예측의 변화에 대응하여 기업이 사용할 수 있는 처리능력

2차 주문 기회를 통한 신속한 대응에 따른 이점을 설명하기 위해 O'Neill의 공급업자도 이러한 유연성을 제공하는 것에 동의했다고 해보자. O'Neill은 기존의 1차 주문에 이어 시즌 초에 Hammer 3/2 제품에 대한 2차 주문을 할 수 있으며 2차 주문은 몇 주 안에 배달되어 시즌의 남은 기간 동안 수요를 충족하는 데 사용될 수 있다. 2차 주문의 이점은 O'Neill이 2차 주문 시점까지 수집한 판매 정보를 활용하여 기존의 수요예측을 갱신할 수 있다는 점이다. 이렇게 갱신된 수요가 완벽하게 정확하다고 가정해보자. 즉, 2차 주문 때에는 남은 시즌 동안의 수요가 얼마나 존재할지 확실히 알게 된다는 것인데, 이는 시즌 초기의 판매량이 전체 시즌의 총 수요와 양의 상관관계를 갖기 때문에 합리적인 추정이라 볼 수 있다. 다시 말해, 일반적으로 시즌 동안의 히트 제품은 처음부터 잘 팔리기 시작하며

별로인 제품은 시즌 초기부터 판매량이 저조하다. 반면, 이러한 추가적인 공급 유연성은 2차 주문에 따른 새로운 생산과 배송으로 인한 비용을 감당하기 위해 추가적인 비용이 들기 때문에 공급업자는 $120에 웻슈트를 공급한다고 가정하자. 2차 주문량의 결정은 간단하다. 만약 갱신된 수요예측이 1차 주문량보다 많다면 O'Neill은 품절을 막기 위해 그 차이만큼을 더 주문할 것이다. 그러나, 만약 그 반대라면 O'Neill은 더 이상 주문하지 않을 것이다.

최적의 1차 주문량을 결정하기 위해서 기존의 신문팔이 모형의 논리를 계속해서 사용할 수 있다. 만약 O'Neill이 1차 주문 시점에서 과도하게 많이 주문했다면 남는 제품은 그대로 재고가 될 것이며 $100에 구매한 제품을 $30의 손실을 감수하면서 청산가치 $70에 팔아야 할 것이다. 그러므로 기존의 신문팔이 모형에서처럼 과충족 비용 $C_o = \$30$이다. 반면, 1차 주문에 따른 미충족 비용을 고려해보자. 만약 O'Neill이 한 단위 적게 주문했다면 2차 주문을 통해 품절을 막을 수 있다. 따라서 한 단위를 추가 구매하기 위해 $120을 지불하고 $190에 판매하여 $70의 이익을 얻을 수 있다. 그런데 1차 주문 때 한 단위를 더 주문했더라면 $100만 지불하고 $90의 이익을 얻을 수 있었을 것이다. 따라서 1차 주문 때 한 단위 덜 주문했기 때문에 감소된 이익이 미충족 비용에 해당하며, $C_u = \$20 = \$90 - \$70$이다. 다르게 생각해보면, 언제 웻슈트를 주문하든지 수익은 $190로 동일한데 차이점은 1차 주문 시에는 제품을 $100에 구매하고 2차 주문 시에는 $120에 구매해야 한다는 것이다. 따라서 만약 O'Neill이 수요를 정확히 알았다면 1차 때 주문함으로써 구매 가격을 $20만큼 절감시킬 수 있었을 것이다.

이제 임계비를 계산해보자.

$$\frac{C_u}{C_o + C_u} = \frac{\$20}{\$30 + \$20} = 0.40$$

표 13.4에서, $F(-0.30) = 0.3821$이고 $F(-0.20) = 0.4207$이므로 $z = -0.20$이다. 이를 주문량으로 변환시키면,

$$Q = \mu + (z \times \sigma) = 3{,}000 - (0.2 \times 1{,}000) = 2{,}800$$

이다. 따라서, 만약 O'Neill이 단위당 $120에 제품을 구매할 수 있는 두 번째 기회가 있다면 1차 주문 시에는 2,800벌을 주문했을 것이다. 물론 1차 주문 시에 미리 구매하는 것이 더 저렴하기 때문에 1차 주문량은 여전히 상당한 수량이지만 2차 주문 기회가 없었을 때(주문량 3,700)보다는 보수적인 수량이다.

이제 O'Neill의 예상 이익을 계산해보자. 표 13.4에서, $I(z = -0.2) = 0.3069$이므로 1차 주문 때의 예상 재고는

$$\text{예상 재고} = \sigma \times I(z) = 1{,}000 \times 0.3069 = 307$$

1차 주문으로부터의 예상 판매량은

$$\text{1차 주문의 예상 판매량} = Q - \text{예상 재고} = 2{,}800 - 307 = 2{,}493$$

이다. 2차 주문의 기회가 존재하기 때문에 예상 이익을 구하는 과정은 조금 더 까다롭다.

특히, O'Neill은 2차 주문 시 제품을 얼마나 주문해야 하는 것일까? 모든 수요는 1차 주문 혹은 2차 주문을 통해 충족된다. 따라서

$$1\text{차 주문의 예상 판매량} + 2\text{차 주문의 예상 판매량} = \mu$$

이며, 이를 다르게 나타내면

$$\begin{aligned} 2\text{차 주문의 예상 판매량} &= \mu - 1\text{차 주문의 예상 판매량} \\ &= 3{,}000 - 2{,}493 = 507 \end{aligned}$$

이다. 따라서, 만일 O'Neill이 처음 주문에서 2,800벌을 구입했다면, 2,800벌 이상의 추가적인 수요를 충족시키기 위해 2차 주문에서 507벌을 더 주문할 것이다. 하지만 다른 모든 예측들이 그러하듯 이 또한 예측에 불과하다. 실제 2차 주문량은 0이 될 수도 있으며(총 수요가 2,800벌 이하일 경우) 더 높을 수도 있다(만약 총 수요가 5,000벌이라면 2차 주문량은 5,000 − 2,800 = 2,200벌이 된다). 이제 우리는 예상 이익을 구할 수 있다.

$$\begin{aligned} \text{예상 이익} = &(\text{판매 가격} \times 1\text{차 주문의 예상 판매량}) + (\text{청산가치} \times \text{예상 재고}) \\ &- (\text{단위당 구매가격} \times 1\text{차 주문량}) \\ &+ (2\text{차 주문의 단위당 이익} \times 2\text{차 주문의 예상 판매량}) \end{aligned}$$

처음 세 항들은 주문 기회가 단 한 번일 경우에 예상 이익을 구하는 방법과 동일하며 이는 신문팔이 모형에서의 예상 이익이다. 마지막 항은 두 번째 주문 기회로 인한 효과를 반영하는데, 2차 주문에서의 단위당 이익, 즉 \$70(= \$190 − \$120)을 2차 주문의 예상 판매량에 곱하면 2차 주문 기회를 통해 얻을 수 있는 예상 이익이 구해진다. 따라서,

$$\text{예상 이익} = (\$190 \times 2{,}493) + (\$70 \times 307) - (\$100 \times 2{,}800) + (\$70 \times 507) = \$250{,}650$$

이다.

정리하면, O'Neill은 주문기회가 단 한 번일 때에는 3,700벌을 주문하고 \$231,840의 예상 이익을 얻는다. 반면, 2차 주문 기회가 주어질 때에는 1차 주문량을 2,800벌로 줄였으며 예상 이익은 \$250,650로 증가한다. 따라서, 2차 주문 기회는 예상 이익을 8%(= (\$250,650/\$231,840) − 1)가량 증가시킴을 알 수 있다. 또한 불일치 비용 역시 매우 낮아진다. 주문 기회가 단 한 번일 때에는 불일치 비용이 \$38,160(= \$270,000 − \$231,840)이었지만 두 번째 주문기회가 주어졌을 때의 불일치 비용은 \$19,350(= \$270,000 − \$250,650)로 감소한다. 약 49%(1 − (\$19,350/\$38,160))의 불일치 비용이 줄어든 것이다. 우리는 이 예시를 통해 공급 유연성을 더할 수 있다면 비록 단 한 번의 시의적절한 추가 기회이고 2차 주문 때의 구매가격이 더 높음에도 불구하고 불일치 비용을 크게 감소시킬 수 있다는 결론을 내릴 수 있다.

13.5.3 주문생산

신문팔이 모형은 재고생산의 한 예이다. **재고생산(make-to-stock)** 체계에서 각 제품의 생산은 제품의 최종 구매자가 누구인지 모르는 상태에서 시작된다. 예를 들어 O'Neill은 각 Hammer 3/2 제품이 최종적으로 누구에게 팔릴지 모르는 상태에서 주문하고 생산을 시

재고생산 제품의 생산이 구매자가 확정되지 않은 시점에서 시작되는 생산 체계. 재고생산 체계에서는 생산된 제품들이 고객의 수요가 발생할 때까지 재고로서 존재한다.

작했다. 하지만 우리가 지금까지 논의한 것처럼 재고생산의 문제점은 불일치 비용을 발생시킨다는 점이다. 즉, 너무 많은 제품이 생산된 뒤 팔리지 않은 재고로 인한 비용이 발생하거나 혹은 너무 적은 생산으로 인해 품절로 인한 기회비용이 발생할 수 있다.

주문생산 제품의 생산이 구매자가 확정된 시점에서 시작되는 생산 체계. 주문생산 체계에서는 제품의 생산이 완료되는 즉시 고객에게 배송되며, 재고가 존재하지 않는다.

주문생산은 재고생산과는 반대되는 생산체계이다. **주문생산(make-to-order)** 체계에서는 고객이 구매의사를 보일 때 제품의 생산이 시작된다. 주문생산 체계에서는 남는 재고가 발생하지 않으며 품절을 막는 데도 도움이 된다. 신문팔이 모형에서는 주문량을 초과하는 모든 수요는 비록 그 고객들이 제품을 받기까지 기다릴 의향이 있다고 하더라도 수요는 충족되지 않는다. 하지만 주문생산 체계에서는 고객들이 제품을 받을 때까지 기다리며 결국 모든 고객들이 충분히 기다린다면 주문한 제품을 수령할 수 있다. 따라서 이상적인 주문생산 체계에서는 수요가 생긴 후에 제품이 생산되므로 이론적으로는 최대 이익을 창출할 수 있다. 이런 생산 체계는 특히 임계비가 낮고(단위당 이익에 비해 재고발생으로 인한 비용이 큼) 변동계수가 높은 상황에서 13.4절에서 다룬 재고생산 체계에 비해 더 유리하다.

하지만 주문생산 체계라고 해서 모든 것들이 완벽한 것만은 아니다. 주문생산은 서비스 시스템에 존재하는 대기행렬 시스템과 유사하다. 대기행렬 시스템에서는 제품을 기다리던 고객들이 더 이상 기다리지 못하고 구매를 포기하고 시스템을 떠나는 것을 막는 것이 중요하다. 어떤 고객은 회사의 느린 배송으로 인한 나쁜 평판 때문에 기다리기도 전에 구매를 포기하기도 한다. 고객이 서비스를 다 제공받기까지 소요되는 시간은 서비스 공급자의 활용률, 도착시간과 서비스 시간에서의 변동성, 처리시간 등에 달려 있다. 게다가 서비스 공급자의 활용률이 증가하면 대기행렬에서 기다리는 시간은 기하급수적으로 증가한다. 따라서, 주문생산 체계에서 고객이 너무 오래 기다려야 하는 상황을 막기 위해 활용률이 너무 높아지지 않도록 관리해야 한다. 하지만, 유휴 노동력 및 장비들은 생산이 이루어지지 않는 상황에서도 비용을 발생시키므로 "낮은" 활용률을 유지하는 것 역시 비용이 많이 든다는 한계가 있다.

따라서, 주문생산 체계에서 시간은 아킬레스 건과 같다. 고객에게 제품을 생산하여 전달해야 하는 주문생산 체계의 특성상 고객이 기다리기를 꺼리는 몇 가지 상황들이 있다. 예를 들어, 사람들은 일반적으로 식료품점에 재고가 항상 충분해서 즉시 구매할 수 있기를 원한다. 고가의 제품에 대해서도 그럴 수 있는데, 미국 내 대부분의(유럽은 해당하지 않음) 자동차 딜러들은 차고에 있는 재고를 고객에게 바로 판매한다. 이 경우에는 고객이 기다리려 하지 않기 때문에 소매업자들이 불일치 비용을 부담해야 한다.

비록 우리는 "나중"보다 "현재"를 더 선호하지만 어떤 제품에 대해서는 구매를 위해 기꺼이 기다리는 경우가 있다. 제품이 맞춤 제작되는 경우에 특히 그러하다. 예를 들어, 어떤 집들은 재고생산방식으로 팔리지만(구매자가 확정되지 않은 상태에서 집이 지어진다) 많은 집들은 고객만의 독특한 취향을 반영하여 주문생산방식으로 지어진다(예: 벽의 색깔, 바닥의 종류). 부동산과 관련하여 가구 역시 상당수가 주문생산방식으로 판매된다. 소비자가 어떤 특정 소재의 소파를 원한다면 이 소파가 제작되기까지 기다려야만 한다. 소파에 사용될 수 있는 소재 및 섬유의 종류는 너무나 다양하기 때문에 기업은 재고생산방식으로 그렇게 다양한 종류의 소파를 판매할 수 없다. 예를 들어, 기업이 일 년에 10,000개의 소파를 판매하는데(대략 하루에 30개) 이는 100,000개의 다양한 직물로 만들어질 수 있다고 하자. 이렇게 다양한 종류의 제품을 재고생산방식으로 판매하려면 각 직물별로 소파 하나씩 혹은 100,000개의 소파를 가지고 있어야 한다. 하지만 이렇게 많은 소파를 다 팔려면 일 년에 10,000개씩 10년간 팔아야 한다. 따라서 이 제품의 경우 재고생산방식이 경제적으로 적합하지 않다. 즉, 10년간 누적되는 재고유지비용이 고객이 지불 가능한 가격대에서 얻을 수 있는 이익보다 클 것이다.

요약하자면, 주문생산 체계는 다음과 같은 환경에서 가장 효과적이다.

- **고객들이 충분히 기다릴 용의가 있는 환경**: 고객들이 얼마나 오래 기다릴 용의가 있는지는 상황에 따라 다르다. 고객은 식료품점에서 우유를 사기 위해 기다리지는 않겠지만 맞춤 제작 소파를 사기 위해서는 기다릴 것이다.
- **고객들이 다양성을 매우 선호하는 환경**: 다양성은 변동성을 수반한다. 수백, 수천 개의 다양한 제품이 제공되어야 하는 상황(고객들은 다양성을 진정으로 원하기 때문에)에서 각 제품의 변동계수는 매우 높고 이에 따른 불일치 비용이 높기 때문에 재고생산방식으로는 도저히 수익을 낼 수 없다. 극단적인 형태의 주문생산방식을 통해 모든 고객을 위한 다양한 제품을 제공할 수 있는데 이러한 체계를 **대량 맞춤(mass customization) 생산체계**라 한다. 대량 맞춤 체계에서는 각 고객이 자신만의 제품을 제공받을 수 있다. 예를 들어, 몇몇 기업들은 고객의 몸을 스캔하여 정확한 사이즈의 옷을 제작하는 대량 맞춤 방식의 의류 제작을 실제로 실험해보기도 했다.
- **남는 재고로 인한 비용이 막대한 경우**: 재고로 인한 비용(즉, 유행하는 패션의 변화, 파손과 망실에 따른 염려, 기술의 진부화)이 크다면 임계비가 낮아지는데 이는 재고생산방식하에서는 불일치 비용이 높아서 주문생산방식만이 적절하다는 것을 의미한다. 그러나 만약 재고유지비용이 상대적으로 적게 든다면 고객의 대기시간을 줄이기 위해 재고생산방식을 선택하는 것이 더 좋을 수도 있다.
- **생산이 비교적 신속히 이루어지는 경우**: 주문생산 체계에서 고객이 기다리는 시간의 일부는 생산에 소요되는 시간이다. 만약 이 시간이 고객이 기다릴 수 있는 시간에 비해 훨씬 길다면 주문생산방식은 불가능하다. 빠른 생산을 위해 고객의 주문이 접수되었을 때 빠르게 조립될 수 있도록 모듈화된 부품들을 사용하는 것이 도움이 된다. 모듈 부품은 다른 부품에 대해 표준화된 인터페이스를 사용하기 때문에 특정 버전의 부품을 사용한다고 해서 다른 부품들의 사용에 제약을 주지는 않는다. 예를 들어, 비행기 내 복도식 주방은 비행기의 나머지 부분들이 어떻게 디자인되더라도 다양한 버전의 주방이 정확히 같은 방식으로 설치될 수 있도록 모듈 형태로 만들어진다. 이처럼 모듈 부품을 사용하는 주문생산 체계를 **조립생산(assemble-to-order)** 체계라고 부르는데 이는 주문을 받은 시점에서 모듈 부품 세트의 조립이 시작되면서 제품이 완성되기 때문이다.

대량 맞춤 생산체계 각 고객의 주문이 독특하고 고객 개개인의 취향에 맞춰져 있을 때의 주문생산 체계

조립생산 주문을 받은 이후 표준적인 모듈 부품들을 조립하여 제품을 생산하는 주문생산 체계

정리하자면, 어떤 상황에서는 재고생산이 더 낫고 또 다른 상황에서는 주문생산이 더 나은 방법이 될 수 있다. 하지만 잊지 말아야 할 것은 이 둘은 서로 매우 다른 극단적인 형태

이해도 확인하기 13.12

질문 다음 중 재고생산방식에 비해 주문생산방식이 갖는 운영 측면에서의 이점은 무엇인가?

a. 주문생산이 재고생산보다 고객에게 더 빠르게 제품을 전달한다.
b. 주문생산이 재고생산보다 항상 자원 활용률이 높다.
c. 주문생산이 재고생산보다 한정된 종류의 제품들을 생산하는 데 집중할 수 있다.
d. 주문생산이 재고생산보다 청산 처리할 재고를 보유할 가능성이 낮다.

답 주문생산은 일반적으로 배송까지의 시간이 길며, 배송시간이 더 늦어지지 않도록 자원 활용률을 낮게 유지해야 하고, 더 다양한 제품을 생산할 수 있다. 주문생산의 경우 재고가 거의 발생하지 않으므로 정답은 d이다.

의 생산전략들이라는 것이다. 때로는 이 둘을 융합한 방법이 더 나은 접근이 될 수 있다. 예를 들어, 신속 대응 시스템에서 어떤 제품들은 수요가 알려지지 않은 상황에서 미리 주문될 수도 있고 (재고생산방식) 또 다른 제품들은 수요가 확정된 이후에 주문될 수도 있다 (주문생산방식). 이러한 융합적인 접근은 각 생산방식의 단점은 피하면서 장점은 취하고자 하는 접근 방식이다.

연관 사례: 주문생산-Dell에서 Amazon까지

1980년대 초반부터 2000년대 중반까지 개인들이 가장 많이 사용하는 전자 장비는 개인용 컴퓨터(PC)였다. 그리고 PC의 시대에서 가장 지배적인 위치에 있던 회사는 소위 "창단 멤버"라고 불리는 IBM이나 Hewlett-Packard 같은 컴퓨터 회사였다. 하지만 Michael Dell이 그가 다니던 텍사스 대학 기숙사에서 창업한 Dell이라는 회사는 급속도로 성장하여 컴퓨터 산업에서 가장 크고 두려운 존재가 되었다. Dell의 성공비결은 그 운영전략에 있었다. 다른 회사들은 PC를 일반적인 제품 만들듯이 제조했다. 그들은 각기 다른 종류의 PC를 만들기 위해 각기 다른 생산라인을 만들었고, 그 후 각 PC 모델에 대해 수요를 예측하고 그 예측에 기반하여 생산한 뒤 그들의 생산 수량이 꽤 정확한 수준에 이르기를 희망할 뿐이었다. 불행히도 대부분의 경우 어떤 종류의 PC는 너무 많이 남은 반면 어떤 종류의 PC는 물량이 부족했다. 간략히 말해 이 기존의 회사들은 급성장, 수많은 다양성, 상당한 불확실성을 내포하고 있는 시장에서 재고생산방식을 적용하는 데 어려움을 겪은 것이었다.

수요예측의 어려움에 대한 Dell의 해법은 각 PC에 대한 수요예측 자체를 하지 않는 것이었다. 대신, 주문에 따라 PC를 조립했는데 이는 구매자가 있는 경우에만 각 PC 조립작업을 시작하면서 업계에 주문생산방식을 도입한 것이다. 소비자들은 주문을 낸 뒤 제품이 배송될 때까지 기다려야 하기는 했지만 그들이 정확히 원하는, 그리고 모듈화된 부품으로부터 빠르고 효율적으로 조립된 PC를 받을 수 있기 때문에 기다림을 문제삼지는 않았다.

비록 Dell이 그 시기에 정확히 들어맞는 전략을 실행했지만 산업이라는 것은 변하기 마련이다. 특히, 데스크톱 PC는 소비자의 선호가 노트북, 태블릿, 휴대폰, 그리고 패블릿 등의 모바일 기기로 전환됨에 따라 그 지배적인 위치를 서서히 잃어갔다. 그리고 소비자들은 그 새로운 장치들에 대해서는 다양성을 덜 요구했고 그로 인해 주문생산방식은 효율성을 잃어갔다. 하지만 이는 주문제작방식이 더 이상 통하지 않는다는 뜻은 아니며, 이 방식은 다른 곳에서 나타나게 되었다.

Dell이 우월적 위치에 있는 동안 Amazon.com이라고 불리는 새로운 방식의 소매점이 Seattle에서 시작되었다. Amazon의 혁신은 수천 개의 물리적인 "벽돌과 회벽으로 지어진" 전통적인 오프라인 상점들을 없앤 것이었다. 대신, Amazon은 주문을 받았을 때만 소비자에게 책을 배송했다. 전통적인 서점들이 재고생산방식을 사용하는 동안 Amazon은 주문생산방식을 도입한 것이다. 자세한

[계속]

ⓒ *Siri Stafford/Getty Images*

설명을 위해 책에는 두 가지 속성이 있다고 생각해보자. 첫 번째는 물리적인 책 자체이며 다른 하나는 그것의 위치이다. 전통적인 서점은 책의 위치를 주문자가 수요를 드러내기 전에 결정한다. Amazon은 구매자가 주문을 하기 전까지 책의 최종 위치를 결정하지 않는다. 따라서, Amazon은 위치에 관한 주문생산방식을 사용하는 것이다. 그 결과 전통적인 서점들이 각 매장별로 책들의 수요량을 결정해야 하는 반면 Amazon은 미국 시장 전체를 대상으로 책들의 총 수요량만 예측하면 되는 것이다. 따라서 Amazon의 예측 업무는 훨씬 더 쉬워졌다. 더불어 Amazon은 지역 매장에서는 팔리기 어려운 책들도 팔 수 있게 되었고 전통적인 재고생산방식을 사용하는 경쟁자들에 비해 더 많은 선택권을 제공할 수 있게 되었다. 다른 주문생산방식 시스템처럼, Amazon에서 구매하려면 배송을 기다려야 하지만 많은 소비자들은 기다릴만한 가치가 있다고 생각하는 것처럼 보인다.

결론

신문팔이 모형은 불확실한 수요와 경직된 공급체계 때문에 생산과정에서 발생하는 전형적인 어려움들을 잘 보여준다. 이러한 상황에서 신문판매원은 발생한 모든 수요를 충족시키지 못하거나 시즌 말에 팔리지 못한 재고가 발생하는 등의 문제에 직면할 수밖에 없다. 그럼에도 불구하고 신문판매원은 초과주문으로 인한 비용과 주문량 부족으로 인한 비용 사이에서 현명한 상쇄관계 결정을 내릴 수 있다. 이 두 비용이 균형을 맞추는 임계비는 예상 이익을 최대화할 수 있는 주문량을 결정할 수 있도록 도와준다. 이 주문량이 수요 분포 함수의 평균값과 일치하는 경우는 드물며, 미충족 비용이 과충족 비용보다 클 때 더 많이 주문하며 반대의 경우에는 더 적은 양을 주문하게 된다.

예상 이익을 최대화하는 주문량을 주문하는 것이 합리적이지만, 신문판매원은 고객에게 제공되는 서비스의 수준까지 고려할 수도 있다. 서비스의 수준은 수요충족확률로 측정할 수 있다. 수요충족확률은 시즌 동안 발생하는 수요를 충족할 수 있는 재고가 충분할 확률을 말한다. 예상 이익을 최대화하는 주문량일 때에는 임계비와 수요충족확률은 같다. 주문량이 증가함에 따라 수요충족확률은 높아지지만 예상 이익은 낮아진다.

신문팔이 모형에서는 기업의 운영을 개선시키기 위한 몇 가지 전략들이 있다. 여기에는 가격 구조를 바꾸거나(예: 임계비를 높인다) 신문판매원이 겪는 불확실성을 감소시키거나(예: 제품 통합관리 또는 주문생산) 또는 공급의 유연성을 증가시킨다(예: 신속한 대응)는 전략들이 있다.

학습목표의 요약

학습목표 13-1 **수요가 불확실하고 발생기간이 정해진 경우 신문팔이 모형을 사용하여 제품의 주문량을 결정할 줄 안다.**

신문팔이 모형은 수요가 불확실하고 재고를 주문할 기회가 단 한 번인 상황을 염두에 두고 있다. 주문량이 너무 많을 경우 남은 재고를 청산하는 데 따르는 비용이 발생하며 주문량이 너무 적을 경우에는 재고가 부족하여 판매하지 못한 제품에 대한 기회 비용이 발생한다. 임계비는 예상 이익을 최대화할 수 있는 주문량을 결정하기 위하여 이 두 비용들 간의 균형점을 보여준다. 일반적으로 예상 이익을 최대화하는 주문량은 수요의 평균과 일치하지 않는다.

학습목표 13-2 **신문팔이 모형을 사용하여 예상 이익이나 수요충족확률과 같은 성과지표를 평가할 줄 안다.**

운영관리의 측면에서 주문량에 따라 여러 유용한 성과지표를 측정할 수 있다. 주문량이 증가함에 따라 예상 판매량과 예상 재고 역시 증가한다. 하지만 예상 판매량이 예상 수요를 넘어설 수는 없다. 수요충족확률과 품절확률은 고객 서비스의 측정지표가 된다. 예상 이익을 최대화하는 주문량에서 수요충족확률은 임계비와 일치하게 된다. 만약 더 많은 양을 주문한다면 수요충족확률은 증가하지만 그만큼 예상 이익이 감소하게 된다.

학습목표 13-3 **목표 서비스수준을 달성하기 위해 필요한 주문량을 결정할 줄 안다.**

특정 수요충족확률을 달성하기 위한 주문량을 찾는 것이 가능하다.

학습목표 13-4 **수요와 공급 간의 불일치가 어떻게 비용을 발생시키는지를 이해한다.**

기업은 예상 최대 이익보다 더 많이 벌 수는 없다. 최대 이익과 신문팔이 모형의 예상 이익의 차이는 수요-공급 간 불일치 비용으로서 재고청산 비용과 품절비용이 반영된 수치이다. 불일치 비용의 크기는 임계비와 수요의 변동계수에 따라 달라진다. 예상 이익은 변동계수가 증가하거나 임계비가 줄어듦에 따라 감소하며 임계비가 낮고 변동계수가 높을 때 특히 더 낮아진다.

학습목표 13-5 이익을 증가시키고 수요와 공급의 불일치가 초래하는 비용을 줄이는 전략을 이해한다.

기업의 운영을 개선시키기 위해 신문판매원이 취할 수 있는 몇 가지 전략이 있다: (i) 제품을 팔지 않는다. (ii) 재고청산비용 대비 이익 마진을 증가시킨다. (iii) 더 나은 예측과 제품 통합관리를 통해 수요의 불확실성을 감소시킨다. (iv) 신속한 대응을 통해 공급의 유연성을 증가시킨다. (v) 주문생산 체계로 바꾼다. 제품 통합관리는 통계적인 규모의 경제를 활용하고자 하는 것으로 수요가 통합됨에 따라 변동계수는 감소하며 불일치 비용도 감소한다. 기업이 신속한 대응을 통해 최초 주문량을 보수적으로 결정할 수 있게 되면서 재고청산비용을 감소시키고 두 번째 주문 기회를 통해 품절에 따른 비용을 크게 감소시킬 수 있다. 주문생산 체계는 남은 재고로 인한 비용이 발생하지는 않지만 고객이 제품을 기다려야 한다.

핵심 용어

13.1 신문팔이 모형

청산가치 판매 시즌 막바지에 팔리지 않고 남은 재고 한 단위를 처리하여 얻을 수 있는 가치

밀도함수 주어진 확률분포하에서 특정 결과값이 발생할 확률 값을 나타내는 함수

분포함수 또는 누적 분포함수 어떤 사건의 결과가 특정 수준 이하일 확률을 나타내는 함수이다. 예를 들어 만약 $F(Q)$가 수요의 분포함수라면, $F(Q)$는 수요가 Q 이하일 확률을 의미한다.

미충족 비용 한 단위 적게 주문하는 것에 따르는 비용, 즉 과소 주문할 때의 단위당 비용. 변수 C_u로 나타낸다.

과충족 비용 한 단위 많이 주문하는 것에 대한 비용, 즉 과다 주문할 때의 단위당 비용. 변수 C_o로 나타낸다.

임계비 미충족 비용(C_u)과 미충족과 과충족 비용의 합($C_u + C_o$) 간의 비율

올림 규칙 통계표에서 특정 확률에 따른 값을 찾을 때 어떤 두 값 사이에 그 확률이 존재한다면 둘 중에서 더 큰 값을 택해야 한다.

표준 정규분포 평균이 0이고 표준편차가 1의 값을 갖는 정규분포

13.2 신문팔이 모형의 성과측정지표

예상 재고 시즌 말에 팔리지 않아 청산되어야 할 제품의 예상 수량

예상 판매량 시즌 동안에 정규 판매가로 팔릴 제품의 예상 수량

예상 이익 시즌 말에 청산 처리되는 수량까지 포함하여 한 시즌 동안 제품을 팔아 벌어들일 총 예상 이익

수요충족확률 모든 수요를 충족시킬만한 재고를 보유할 확률

품절확률 수요가 있음에도 재고가 없어 수요가 만족되지 않을 확률

품절 소비자의 수요가 있을 때 재고가 없는 상황을 품절이 발생했다고 한다.

13.4 신문팔이 모형에서의 수요-공급 불일치에 따른 비용

최대 이익 가능한 예상 이익들 중 가장 높은 값을 의미하며 이는 모든 수요가 충족될 때 가능하다.

불일치 비용 수요와 공급 간의 불일치와 관련된 비용으로서 재고청산에 따른 비용과 품절로 인한 기회비용을 포함한다.

변동계수 표준편차를 평균에 대한 비율로 나타낸 것

13.5 신문팔이 환경을 관리하기 위한 전략: 제품 통합관리, 신속 대응 그리고 주문생산

제품 통합관리 유사한 제품들의 결합과 통합관리를 통해 고객에게 제공되는 다양성의 영향을 줄이는 전략

상관관계 두 가지 불확실한 사건들의 상호작용에 대한 측정 수단. 상관관계는 −1에서 1 사이의 값을 갖는다.

양의 상관관계 두 가지 사건들의 결과값이 비슷할 때 두 사건은 양의 상관관계를 갖는다. 만약 한 사건의 결과값이 높으면, 다른 사건의 결과값 역시 높은 경향이 있다.

음의 상관관계 두 가지 사건의 결과값이 비슷하지 않을 때 두 사건은 음의 상관관계를 갖는다. 만약 한 사건의 결과값이 높으면, 다른 사건의 결과값은 낮은 경향이 있다.

독립적 한 사건의 결과값이 다른 사건의 결과값과 아무 관계가 없을 때 두 사건은 독립적이다.

통계적인 규모의 경제 개별 수요들을 통합하여 규모를 크게 만드는 것은 변동계수로 측정된 불확실성의 크기를 감소시킨다.

신속 대응 갱신된 수요 정보에 반응하여 공급 유연성을 증가시키는 전략. 예를 들어, 기업은 신속 대응을 통해 기대 이상의 판매량을 보이는 제품에 대해 추가로 공급을 늘릴 수 있으며, 이에 따라 품절로 인한 비용을 줄일 수 있다.

대응적 처리능력 수요예측의 변화에 대응하여 기업이 사용할 수 있는 처리능력

재고생산 제품의 생산이 구매자가 확정되지 않은 시점에서 시작되는 생산 체계. 재고생산 체계에서는 생산된 제품들이 고객의 수요가 발생할 때까지 재고로서 존재한다.

주문생산 제품의 생산이 구매자가 확정된 시점에서 시작되는 생산 체계. 주문생산 체계에서는 제품의 생산이 완료되는 즉시 고객에게 배송되며, 재고가 존재하지 않는다.

대량 맞춤 생산 체계 각 고객의 주문이 독특하고 고객 개개인의 취향에 맞춰져 있을 때의 주문생산 체계

조립생산 주문을 받은 이후 표준적인 모듈 부품들을 조립하여 제품을 생산하는 주문생산 체계

주요 공식

C_u = 미충족 비용

C_o = 과충족 비용

μ = 수요의 평균

σ = 수요의 표준편차

z = 정규분포상에서의 표준편차의 수

학습목표 13-1 수요가 불확실하고 발생하는 기간이 정해진 경우 신문팔이 모형을 사용하여 제품의 주문량을 결정할 줄 안다.

$$F(Q^*) = \frac{C_u}{C_o + C_u} \quad \text{[수식 13.1]}$$

$$Q = \mu + (z \times \sigma) \quad \text{[수식 13.2]}$$

z = NORM.S.INV(임계비)

학습목표 13-2 신문팔이 모형을 사용하여 예상 이익이나 수요충족확률과 같은 성과지표를 평가할 줄 안다.

$$z = \frac{Q - \mu}{\sigma}$$

예상 재고 = $\sigma \times I(z)$ [수식 13.3]

$I(z)$ = NORM.DIST(z, 0, 1, 0) + (z × NORM.S.DIST(z, 1))

예상 판매량 = Q − 예상 재고 [수식 13.4]

예상 이익 = (판매가격 × 예상 판매량) + (청산가치 × 예상 재고)
− (단위당 구매가격 × Q)

수요충족확률 = $F(Q)$ [수식 13.5]

품절확률 = 1 − 수요충족확률

학습목표 13-4 수요와 공급 간의 불일치가 어떻게 비용을 발생시키는지를 이해한다.

최대 이익 = 예상 수요 × 단위당 이익

학습목표 13-5 이익을 증가시키고 수요와 공급의 불일치가 초래하는 비용을 줄이는 전략을 이해한다.

2차 주문의 예상 판매량 = μ − 1차 주문의 예상 판매량

개념 문제

학습목표 13-1

1. 다음 중 정규분포의 분포함수에 대해 사실이 아닌 것은?

a. 0과 1 사이에 분포한다.

b. 수량이 증가함에 따라 증가한다.

c. 일반적으로 종 모양의 형태를 띤다.

d. 정규분포로부터의 값이 특정 값 또는 그 이하일 확률을 나타낸다.

2. 신문판매원이 두 제품 X와 Y의 예상 이익을 최대화시킬 주문량을 주문하였다. 두 제품의 임계비는 0.8이다. 두 제품의 예상 수요는 각각 9,000개이며 두 제품의 수요는 모두 정규분포를 따른다. 하지만 제품 X의 표준편차 값이 더 커서 수요의 불확실성이 더 높다. 두 제품들 중 신문판매원이 더 많은 수량을 주문할 제품은 무엇인가?

a. 수요가 덜 확실한 제품 X이다.

b. 수요가 더 확실한 제품 Y이다.

c. 두 제품은 동일한 임계비를 가지므로 주문량도 동일하다.

d. 주문량이 더 많은 제품을 찾기 위한 정보가 부족하다.

3. 동일한 원가, 소매가, 수요 분포를 갖고 짧은 판매 시즌(5~8월 사이의 여름 시즌) 동안 동시에 팔리는 두 제품 X와 Y가 있다. 두 제품의 재고를 관리하기 위해 신문팔이 모형을 사용한다. 제품 X는 올해 시즌 말에 생산이 중단되며 남은 재고들은 원가의 75%만 받고 처분될 예정이다. 제품 Y는 내년 여름에 다시 판매할 예정이며 따라서 올해 남은 재고들은 내년까지 보관해야 하기 때문에 제품 원가의 20%에 해당하는 재고관리비가 발생한다. 각 제품의 주문량은 예상 이익을 최대화할 수 있도록 결정한다. 다음 비교 중 적절한 것은 무엇인가?

a. 제품 X의 주문량이 더 많다.

b. 제품 Y의 주문량이 더 많다.

c. 주문량은 동일하다.

d. 주어진 데이터로는 답을 구할 수 없다.

학습목표 13-2

4. 신문팔이 모형이 기업의 의사결정을 반영한다고 가정하자. 품절확률이 양수이며 동시에 예상 재고량이 양수인 경우가 가능한가? 다음 중 가장 적절한 답은 무엇인가?

a. 아니다. 재고가 남아 있다면 품절은 발생하지 않는다.

b. 아니다. 품절확률이 양수이면 예상 재고는 음수여야 한다.

c. 아니다. 실제 수요는 판매량과 다르다.

d. 그렇다. 기업의 품절과 재고 발생은 동시에 일어나지 않지만 품절확률은 예상 재고량이 양수일 때에도 양수의 값을 가질 수 있다.

e. 그렇다. 미충족 비용이 과충족 비용보다 더 크다면 가능하다.

5. 신문판매원의 수요가 정규분포를 따르며 임계비가 0.8이다. 만약 이익을 최대화하는 주문량을 주문한다면, 다음 중 사실인 것을 고르시오.

a. 예상 판매량은 예상 수요보다 적다.

b. 예상 판매량은 예상 수요보다 많다.

c. 예상 판매량은 예상 수요와 정확히 일치한다.

d. 예상 판매량은 예상 수요보다 더 적을 수도, 많을 수도, 일치할 수도 있다.

6. 기업은 신문팔이 모형을 사용하여 재고를 관리하고 있으며 수요가 정규분포를 따르고 변동계수

는 0.75이다. 기업은 예측한 수요의 평균과 정확히 일치하는 주문량으로 결정하기로 하였다. 다음 중 기업의 성과지표에 대해 사실인 것을 고르시오.

a. 모든 수요를 충족시킬 수 있는 충분한 재고가 있을 확률은 0.5이다.

b. 예상 재고는 예측한 수요 평균의 50%이다.

c. 품절확률은 0.25이다.

d. 예상 재고는 0이다.

7. 소매업자에게는 각자 맡은 제품의 주문량을 책임지고 있는 Sue와 Bob이라는 상품기획자들이 있다. 그들의 제품은 임계비가 0.70이고 예측한 수요의 변동계수가 0.35이다. 시즌 말에 Sue는 자신이 구매한 제품이 전부 팔렸다고 자랑스럽게 보고했다. 하지만 Bob은 그가 구매한 제품의 1/3 정도밖에 판매하지 못했다. 예상 이익을 최대화하는 주문량을 선택한 사람은 누구일 가능성이 높은가?

a. Sue이다. Sue는 재고청산비용을 발생시키지 않았다.

b. Sue이다. Sue는 Bob보다 더 많은 제품을 판매했을 것이다.

c. Bob이다. 남은 재고를 통해 추가적인 수익을 창출하기 때문이다.

d. Bob이다. Bob은 수요예측의 평균값보다 더 많은 양을 주문했을 것이다.

8. 신문팔이 모형이 재고를 관리하는 데 사용된다고 하자. 주문량이 한 단위 증가할 때 일어날 상황은 무엇인가?

a. 예상 판매량이 한 단위 증가한다.

b. 예상 재고가 한 단위 증가한다.

c. 예상 판매량이 한 단위 감소한다.

d. 예상 재고가 한 단위 감소한다.

학습목표 13-3

9. 다음 수요충족확률의 변화들 중 주문량을 가장 많이 증가시키는 경우는 어떤 것인가?

a. 수요충족확률이 70%에서 80%로 증가

b. 수요충족확률이 70%에서 85%로 증가

c. 수요충족확률이 80%에서 90%로 증가

d. 수요충족확률이 80%에서 95%로 증가

학습목표 13-4

10. 다음의 변화들 중 신문팔이 모형에서 불일치 비용을 발생시키지 않는 것은?

a. 주문량

b. 재고청산에 따른 수익

c. 제품의 정상 판매가

d. 예상 수요의 변동계수

e. 제품의 품질

11. 다음의 변화들 중 신문팔이 모형에서 최대 이익을 변화시키는 것은 무엇인가?

a. 재고청산에 따른 수익

b. 제품의 정상 판매가
c. 예상 수요의 표준편차
d. 예상 수요의 변동계수

12. 다음 제품 중 실제 수요가 예상 수요 평균의 50% 이하일 확률이 가장 높은 제품은 무엇인가?
a. 평균이 1,000, 표준편차가 200인 제품
b. 평균이 1,000, 표준편차가 300인 제품
c. 평균이 2,000, 표준편차가 300인 제품
d. 평균이 2,000, 표준편차가 500인 제품
e. 평균이 4,000, 표준편차가 1,600인 제품
f. 평균이 4,000, 표준편차가 2,000인 제품

학습목표 13-5

13. 제품 X의 수요가 평균 150과 표준편차 50의 정규분포상에 있다. 제품 Y의 수요 역시 평균 150과 표준편차 50의 정규분포상에 있다. 이 두 제품의 수요의 합은 평균 300, 표준편차 50의 정규분포상에 있다. 다음 중 실제와 가장 부합할 것으로 생각되는 내용은 무엇인가?
a. 두 제품의 수요는 음의 상관관계이다.
b. 두 제품의 수요는 양의 상관관계이다.
c. 두 제품의 수요는 독립적이다.
d. 두 제품의 상관관계를 판단하기에는 정보가 부족하다.

14. 한 스타트업 회사 QBlitz는 웹사이트를 통하여 제품을 판매한다. 이 제품은 오직 하루 동안만 주문이 가능하며 그날 하루는 다른 제품의 주문은 불가능하다. 이러한 특이한 판매전략을 가진 QBlitz 사는 제품의 가격도 명시하지 않는다. 대신, 각 제품에는 최저 경매 가격이 제시되어 있다. 고객들은 제품의 구입이 가능한 날에 입찰을 한다. 최저 경매 가격 이상의 입찰을 한 고객은 하루가 끝날 때 그 제품을 낙찰받게 되며 고객은 자신이 입찰한 그 가격에 제품을 구매한다. QBlitz 사는 입찰에 성공한 고객들의 제품 구매수량을 합산하여 제품의 공급업자에게 주문을 한다. 만약 공급업자가 주문수량을 모두 배송한다면 QBlitz 사는 제품이 도착하자마자 고객들에게 보낼 것이다. 그러나 만약 공급업자가 주문량의 일부분만을 발송한다면, QBlitz 사는 가장 높은 입찰가를 제시한 고객부터 제품을 순차적으로 보내고 제품을 받지 못하는 고객들에게는 환불과 함께 따로 연락을 취하게 된다. 이러한 QBlitz 사의 시스템은 다음 중 무엇에 해당하는가?
a. 재고생산이다.
b. 주문생산이다.
c. 조립생산이다.
d. 대량맞춤이다.

예시 문제와 해답

1. 미식축구 연합(NFA)은 Tike 사에게 NFA의 기념티셔츠 제품을 판매할 독점적인 권리를 부여했다. Tike 사는 생산과정 중 옷감을 자르고 바느질하는 과정을 해외 제조사에게 외주생산을 맡기고 완성된 제품은 Tike 사의 물류센터로 배송된다. 외주생산과 배송에 따른 조달시간이 길기 때문에 Tike 사는 다가오는 시즌에 발생할 소매업자들의 주문을 예상하여 물류센터에 얼마나 많은 재고를 준비해두어야 하는지 미리 결정해야 한다. 표 13.7은 다가오는 시즌에 Philadelphia Talons 팀 소속 네 선수의 기념티셔츠 제품에 대한 Tike 사의 예상 수요를 나타내며, 각 제품의 수요는 독립적인 정규분포상에 있다고 가정하였다.

표 13.7 Philadelphia Talons 팀 소속 네 선수들의 기념 티셔츠 제품에 대한 예상 수요

제품	평균	표준편차
Nick Goles	35,000	10,000
LeSean McBoy	30,000	10,000
Jeremy Macman	25,000	10,000
Zach Hurts	20,000	10,000

Tike 사는 해외 제조사로부터 NFA 기념티셔츠를 단위당 $11에 구매한 뒤, 소매업자에게 도매가 $24에 판매한다. Tike 사가 시즌 중간에 재고 보충을 할 수 있는 기회는 없다. 시즌 말에 팔리지 않은 제품은 단위당 $7의 할인된 가격으로 처분된다.

(a) Nick Goles 티셔츠의 수요가 25,000단위 이하일 확률은 얼마인가? [학습목표 13-1]

답 0.1587이다. $Q=25{,}000$을 상응하는 z값으로 변환시키면,
$z=\dfrac{Q-\mu}{\sigma}=\dfrac{25{,}000-35{,}000}{10{,}000}=-1$이다. 표 13.4의 분포함수를 찾아보면, $F(z=-1)=0.1587$이다.

(b) Nick Goles 티셔츠의 수요가 25,000과 45,000단위 사이에 있을 확률은 얼마인가? [학습목표 13-1]

답 0.6826이다. $Q=45{,}000$을 상응하는 z값으로 변환시키면,
$z=\dfrac{Q-\mu}{\sigma}=\dfrac{45{,}000-35{,}000}{10{,}000}=1$이다. 표 13.4의 분포함수를 찾아보면, $F(z=1)=0.8413$이다. $Q=25{,}000$을 기준으로 하면 $F(z=-1)=0.1587$이다. 수요가 25,000와 45,000단위 사이에 있을 확률은 두 확률의 차를 말한다. 따라서 $0.8413-0.1587=0.6826$이다.

(c) Nick Goles 티셔츠의 과충족 비용은 얼마인가? [학습목표 13-1]

답 $4이다. 과충족 비용은 티셔츠를 한 단위 더 주문했을 때 발생하는 비용이다. 팔리지 않은 티셔츠는 $11에 구매하여 $7에 처분되기 때문에 티셔츠 한 단위가 안 팔렸을 때 얻는 손실은 $\$11-\$7=\$4$이다.

(d) Nick Goles 티셔츠의 미충족 비용은 얼마인가? [학습목표 13-1]

답 $13이다. 미충족 비용은 티셔츠를 한 단위 덜 주문했을 때 발생하는 비용이다. 티

셔츠는 $11에 구매하여 $24에 판매하기 때문에 티셔츠 한 단위를 덜 팔았을 때의 기회비용은 $24 − $11 = $13이다.

(e) **Nick Goles 티셔츠의 임계비는 얼마인가?** [학습목표 13-1]

답 0.7647이다. 임계비는 $\frac{C_u}{C_o + C_u} = \frac{\$13}{\$4 + \$13} = 0.7647$이다.

(f) **Tike 사는 예상 이익을 최대화하기 위해 Nick Goles 티셔츠를 얼마나 주문해야 하는가?** [학습목표 13-1]

답 43,000단위이다. 임계비는 0.7647이다. 표 13.4에 의하면 $F(z = 0.70) = 0.7580$이고 $F(z = 0.8) = 0.7781$이다. 올림 규칙에 의하여 더 높은 확률값을 고르면 $z = 0.8$이 선택된다. 이를 Q로 변환시키면 $Q = \mu + (z \times \sigma) = 35{,}000 + (0.8 \times 10{,}000) = 43{,}000$이다.

(g) **만약 Tike 사가 LeSean McBoy 티셔츠를 38,000단위 주문한다면, Tike 사가 시즌 말에 $7에 청산 처리해야 재고는 얼마가 될 것이라 예상할 수 있는가?** [학습목표 13-2]

답 9,202단위이다. $Q = 38{,}000$을 z값으로 변환시키면,

$z = \frac{Q - \mu}{\sigma} = \frac{38{,}000 - 30{,}000}{10{,}000} = 0.8$이다. 표 13.4의 예상 재고를 확인하면 $I(z = 0.8) = 0.9202$이다. 이를 실제 수요 분포의 예상 재고로 변환시키면 예상 재고 $= \sigma \times I(z) = 10{,}000 \times 0.9202 = 9{,}202$단위이다.

(h) **만약 Tike 사가 LeSean McBoy 티셔츠를 38,000단위 주문한다면, Tike 사는 몇 단위의 제품을 정상 판매가인 $24에 판매할 것이라고 예상할 수 있는가?** [학습목표 13-2]

답 28,798단위이다. 예상 판매량 = Q − 예상 재고 = 38,000 − 9,202 = 28,798단위이다.

(i) **만약 Tike 사가 LeSean McBoy 티셔츠를 38,000단위 주문한다면, Tike 사의 예상 이익은 얼마인가?** [학습목표 13-2]

답 $337,566이다. 예상 이익 = (판매가격 × 예상 판매량) + (청산가치 × 예상 재고) − (단위당 구매가격 × Q) = ($24 × 28,798) + ($7 × 9,202) − ($11 × 38,000) = $337,566이다.

(j) **만약 Tike 사가 Jeremy Macman 티셔츠를 30,000단위 주문한다면, 이 주문량이 시즌 동안에 발생하는 모든 수요를 만족시키기에 충분한 재고일 확률은 얼마인가?** [학습목표 13-3]

답 0.6915이다. $Q = 30{,}000$을 z 값으로 변환시키면

$z = \frac{Q - \mu}{\sigma} = \frac{30{,}000 - 25{,}000}{10{,}000} = 0.5$이다. 표 13.4의 분포함수를 찾아보면 $F(z = 0.5) = 0.6915$이다.

(k) **만약 Tike 사가 Jeremy Macman 티셔츠를 37,000단위를 주문한다면, Tike 사가 고객의 수요를 모두 충족시키지 못할 확률은 얼마인가?** [학습목표 13-3]

답 0.1151이다. $Q = 37{,}000$을 z 값으로 변환시키면

$z = \frac{Q - \mu}{\sigma} = \frac{37{,}000 - 25{,}000}{10{,}000} = 1.2$이다. 표 13.4에서 분포함수를 찾아보면 $F(z = 1.2) = 0.8849$이다. Tike 사가 모든 수요를 충족시키지 못할 확률은

$1-F(z=1.2)=0.1151$이다.

(l) 만약 Tike 사가 Jeremy Macman 티셔츠의 수요충족확률이 90%가 되길 원한다면, 몇 단위의 제품을 주문해야 하는가? [학습목표 13-3]

답 38,000단위이다. 표 13.4에서 목표 수요충족확률을 찾아보면 $F(z=1.2)=0.8849$이며 $F(z=1.3)=0.9032$이다. 따라서 $z=1.3$이다. 이를 실제 수요 분포의 Q로 변환시키면 $Q=\mu+(z\times\sigma)=25{,}000+(1.3\times10{,}000)=38{,}000$이다.

(m) Zach Hurts 티셔츠의 최대 이익은 얼마인가? [학습목표 13-2]

답 $260,000이다. 최대 이익 = 예상 수요 × (가격 − 비용) = 20,000 × ($24 − $11) = $260,000이다.

2. Pony Express Creations(PEC)는 할로윈 시즌용 파티 모자를 제조하는 기업이다. 연 판매량의 80%가 6주 동안에 발생한다. PEC 사의 인기 제품 중 하나는 엘비스 프레슬리 가발인데 구레나룻과 금속 재질의 안경까지를 포함한 세트 제품이다. 엘비스 가발은 중국에서 생산되므로, PEC 사는 다가오는 시즌에 대비하여 한 번의 주문을 제대로 해내야 한다. PEC 사의 소유주인 Ryan은 수요가 25,000단위 발생할 것으로 예상하고 표 13.8은 그의 총 수요예측을 보여주고 있다.

표 13.8 PEC 사의 수요예측에 대한 분포함수 $F(Q)$와 시즌이 끝나고 남을 예상 재고의 양 $I(Q)$

Q	$F(Q)$	$I(Q)$
5,000	0.0181	0
10,000	0.0914	91
15,000	0.2381	548
20,000	0.4335	1738
25,000	0.6289	3906
30,000	0.7852	7050
35,000	0.8894	10,976
40,000	0.9489	15,423

Q	$F(Q)$	$I(Q)$
45,000	0.9787	20,168
50,000	0.9919	25,061
55,000	0.9972	30,021
60,000	0.9991	35,007
65,000	0.9997	40,002
70,000	0.9999	45,001
75,000	1.0000	50,000

PEC 사는 엘비스 가발을 $25에 팔며 생산원가는 $6이다. 남는 재고는 할인점에 $2.50의 가격으로 처분된다.

(a) 수요가 40,000단위보다 클 확률은 얼마인가? [학습목표 13-1]

답 0.0511이다. 수요가 40,000단위 이하일 확률 $F(40{,}000)=0.9489$이다. 수요가 40,000단위보다 클 확률은 $1-F(40{,}000)=0.0511$이다.

(b) PEC 사가 40,000단위의 엘비스 가발을 주문한다고 가정하자. PEC 사가 10,000단위 이상을 할인점에 처분할 확률은 얼마인가? [학습목표 13-1]

답 0.7852이다. 40,000단위의 가발을 주문한다고 할 때, 만약 수요가 30,000단위 이하라면 10,000단위 이상을 처분해야만 한다. 수요가 30,000단위 이하일 확률 $F(30{,}000)=0.7852$이다.

(c) PEC 사의 예상 이익을 최대화하는 주문량은 얼마인가? [학습목표 13-1]

답 35,000단위이다. 과충족 비용 $C_o=\$6-\$2.50=\$3.50$이다.

미충족 비용 $C_u = \$25 - \$6 = \$19$이다. 임계비는 $\frac{C_u}{C_o + C_u} = \frac{\$19}{\$3.50 + \$19} = 0.8444$이다. 표 13.8에서 $F(30{,}000) = 0.7852$이고 $F(35{,}000) = 0.8894$이다. 올림 규칙에 의하여 더 큰 값을 선택하게 되므로 답은 35,000단위이다.

(d) 만약 PEC 사가 25,000단위를 주문한다면, 예상 재고는 얼마인가? [학습목표 13-2]

답 3,906단위이다. 표 13.8에서 $I(25{,}000) = 3{,}906$이다.

(e) 만약 PEC 사가 55,000단위를 주문한다면, 예상 판매량은 얼마인가? [학습목표 13-2]

답 24,979단위이다. 표 13.8에서 $I(55{,}000) = 30{,}021$이다. 예상 판매량 $= Q - I(Q) = 55{,}000 - 30{,}021 = 24{,}979$이다.

(f) 만약 PEC 사가 40,000단위를 주문한다면, 예상 이익은 얼마인가? [학습목표 13-2]

답 \$412,983이다. 표 13.8에서 $I(40{,}000) = 15{,}423$이다. 예상 판매량 $= Q - I(Q) = 40{,}000 - 15{,}423 = 24{,}577$이다. 이익 $= (\$25 \times 24{,}577) + (\$2.50 \times 15{,}423) - (\$6 \times 40{,}000) = \$412{,}983$이다.

(g) PEC 사의 최대 이익은 얼마인가? [학습목표 13-2]

답 \$475,000이다. 최대 이익 = (가격 − 비용) × 예상 수요 $= (\$25 - \$6) \times 25{,}000 = \$475{,}000$이다.

(h) 만약 PEC 사가 적어도 98%의 수요충족확률을 달성하려면 제품을 얼마나 주문해야 하는가? [학습목표 13-3]

답 50,000단위이다. 표 13.8에서 $F(45{,}000) = 0.9787$이고 $F(50{,}000) = 0.9919$이다. 적어도 98%를 확보할 수 있도록 더 큰 값을 골라 50,000단위이다.

(i) 만약 PEC 사가 30,000단위를 주문한다면, 총 불일치 비용은 얼마인가? [학습목표 13-4]

답 \$63,625이다. 먼저 예상 이익을 구해야 한다. 표 13.8에서 $I(30{,}000) = 7{,}050$이다. 예상 판매량 $= Q - I(Q)$이므로 $30{,}000 - 7{,}050 = 22{,}950$이다. 이익 $= (\$25 \times 22{,}950) + (\$2.50 \times 7{,}050) - (\$6 \times 30{,}000) = \$411{,}375$이다. 최대 이익은 (가격 − 비용) × 예상 수요이므로 $(\$25 - \$6) \times 25{,}000 = \$475{,}000$이다. 총 불일치 비용은 최대 이익과 예상 이익의 차이다: $\$475{,}000 - \$411{,}375 = \$63{,}625$이다.

응용 문제

1. Dan McClure는 Pennsylvania의 New Hope에서 서점을 운영하고 있다. 그는 유명 정치인의 불미스런 불륜을 다룬 『*Power and Self-Destruction*』이라는 신간의 주문량을 결정해야만 한다. 책에 대한 관심은 처음에는 뜨겁다가도 다른 유명인에게 관심이 집중되면 빠르게 식기 마련이다. 책의 소매가는 \$20이지만 도매가는 \$12이다. 출판사는 서점에 남은 재고를 전량 환불로 다시 사들이지만, 책 한 권을 출판사에 반납할 때마다 서점에서 \$4의 배송 및 취급 비용을 부담해야 한다. Dan은 그의 수요예측이 평균 200이고 표준편차 80의 정규분포상에 위치한다고 믿는다.

(a) 만약 책이 400권 이상 팔린다면 Dan은 이 책을 Blockbuster급으로 판단한다. 『*Power and Self-Destruction*』이라는 책이 Blockbuster가 될 확률은 얼마인가? [학습목표 13-1]

(b) 만약 이 책을 예측한 평균 수요의 50%밖에 팔지 못한다면 Dan은 이 책을 "dog"라고 판단한다. 이 책이 "dog"가 될 확률은 얼마인가? [학습목표 13-1]

(c) 이 책에 대한 수요가 예측된 평균의 20% 이내일 확률은 얼마인가? [학습목표 13-1]

(d) Dan의 예상 이익을 최대화하는 주문량은 얼마인가? [학습목표 13-1]

(e) 만약 Dan이 95%의 수요충족확률을 달성할 수 있는 양을 주문한다면, 몇몇 고객들이 재고부족으로 책을 구매하지 못할 확률은 얼마인가? [학습목표 13-2]

(f) Dan이 300권을 주문한다고 가정할 때 Dan의 예상 재고는 얼마인가? [학습목표 13-2]

(g) Dan이 300권을 주문한다고 가정할 때 Dan의 예상 판매량은 얼마인가? [학습목표 13-2]

(h) Dan이 300권을 주문한다고 가정할 때 Dan의 예상 이익은 얼마인가? [학습목표 13-2]

(i) Dan이 95%의 수요충족확률을 달성하고자 한다면 몇 권의 책을 주문해야 하는가? [학습목표 13-3]

2. Flextrola 사는 전자시스템 통합 구축 사업을 하고 있으며 Solectrics 사와 더불어 차세대 제품을 위한 핵심 부품을 설계하고자 한다. Flextrola는 Solectrics로부터 부품을 구매한 뒤 소프트웨어로 통합한 완제품을 소비자들에게 판매한다. 제품주기가 짧고 Solectrics의 조달시간이 길기 때문에, Flextrola 사는 판매 시즌이 시작되기 전에 단 한 번의 주문만 할 수 있다. 판매 시즌 동안에 완제품에 대한 수요는 평균 1,000, 표준편차 600의 정규분포상에 위치한다고 한다. Solectrics의 부품 생산원가는 단위당 $52이며 Flextrola 사에 단위당 $72에 판매할 계획이다. Flextrola 사는 소프트웨어의 통합과 취급에 대한 추가적인 비용이 들지 않으며, 완제품을 소비자들에게 $121에 판매할 계획이다. 시즌 말에 팔리지 않고 남은 재고는 2차 부품시장에 $50에 판매할 수 있다. 현재의 계약으로서는 일단 Flextrola 사가 주문을 하면 이를 다시 바꿀 수 없다. Solectrics 사는 Flextrola 사가 팔지 못한 재고를 다시 회수하지 않으며 따라서 Flextrola 사는 남는 재고를 2차 부품시장에서 처분해야 한다.

(a) Flextrola 사의 수요가 예측한 수요의 평균대비 ±25%의 범위에 속할 확률은 얼마인가? [학습목표 13-1]

(b) Flextrola 사의 수요가 예측한 수요의 평균에 비해 40% 이상일 확률은 얼마인가? [학습목표 13-1]

(c) 현재의 계약상 Flextrola 사는 예상 이익을 최대화하기 위하여 몇 단위를 주문해야 하는가? [학습목표 13-1]

(d) 만약 Flextrola 사가 1,200단위를 주문한다면, 팔리지 않은 재고를 2차 부품시장에서 얼마나 처분할 것으로 예상되는가? [학습목표 13-2]

(e) 만약 Flextrola 사가 1,200단위 주문한다면, 예상 판매량은 얼마인가? [학습목표 13-2]

(f) 만약 Flextrola 사가 1,200단위 주문한다면, 예상 이익은 얼마인가? [학습목표 13-2]

(g) Flextrola 사의 날카로운 매니저가 수요예측을 보고 수요가 정규 분포되어 있다는 가정에 대해 조심스러워했다. 그녀는 이전 시즌의 비슷한 제품에 대한 수요 자료로 히스토그램을 만들었는데 그 결과 수요가 로그 정규분포를 더 잘 따른다고 판단하였다. 그림 13.15는 일반 정규분포와 로그 정규분포의 밀도함수를 나타내며 각각 평균은 1,000이고 표준편차는 600이다. 그림 13.16은 이들에 상응하는 분포함수들을 나타낸다. 로그 정규분포라는 더 정확한 예측을 사용했을 때, 예상 이익을 최대화하는 주문량은 몇 단위가 되는가? [학습목표 13-1]

그림 13.15
평균 1,000, 표준편차 600의 정규분포와 로그 정규분포의 밀도함수

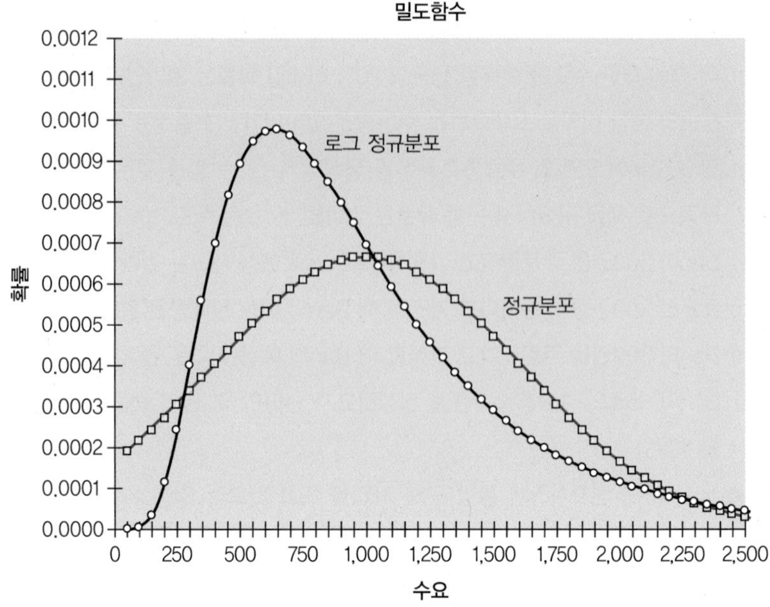

그림 13.16
평균 1,000, 표준편차 600의 정규분포와 로그 정규분포의 분포함수

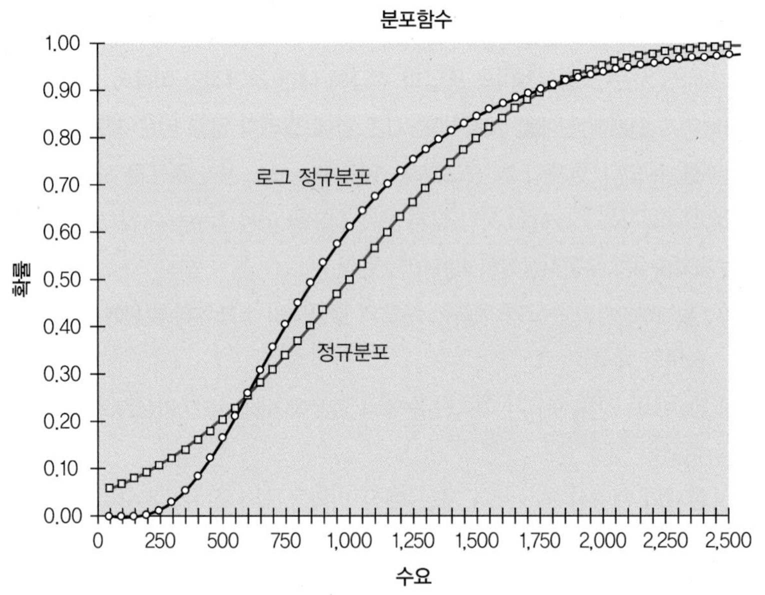

3. Monsanto 사는 농부들에게 유전자 변형된 씨앗을 판매하는데, 다음 재배 시즌을 위한 씨앗을 창고에 얼마나 저장할지 결정해야 한다. 회사가 1kg의 씨앗을 만드는 데 $8의 비용이 발생하며 kg당 $45에 판매한다. 만약 농부들의 수요에 비해 더 많은 씨앗을 보유하고 있다면 팔고 남은 씨앗들은 해외로 보내질 것이다. 불행하게도 해외시장에서는 kg당 $3만을 받을 수 있다(그렇다고 내년까지 창고에 보관할 수는 없기 때문에 모두 버리느니 이렇게라도 파는 것이 낫다). 만약 보유량이 농민들의 수요에 미치지 못한다면 농부들은 다른 공급업자를 찾을 것이기 때문에 부족분만큼 팔리지 못한 것은 기회비용이 된다. 수요예측을 위해 평균 300,000, 표준편차 100,000의 정규분포를 사용할 예정이다.

(a) 재배 시즌이 시작되기 전에 창고에 몇 kg의 씨앗을 보관해야 하는가? [학습목표 13-1]

(b) 만약 창고에 400,000kg의 씨앗을 저장한다면, 예상 수익은(국내와 해외 시장을 모두 고려) 얼마인가? [학습목표 13-2]

(c) 만약 품절확률을 10% 이하로 유지하면서 동시에 재고를 최소화하고자 한다면 창고에 몇 kg의 씨앗을 보관해야 하는가? [학습목표 13-3]

(d) 최대 이익은 얼마인가? [학습목표 13-2]

4. Fashionables는 유명한 패션의류 소매업체인 The UnLimited의 프랜차이즈 업체이다. The UnLimited는 Fashionables에 5가지 색상의 스웨터 디자인을 제공한다. 이 스웨터들은 해외에서 수작업으로 제작되는 니트 제품으로서 Fashionables는 해외 조달시간을 고려하여 판매 시즌 전에 미리 주문을 완료해야 한다. The UnLimited와의 계약에 의하면, Fashionables는 판매 시즌 동안 스웨터 주문의 취소, 수정 및 2차 주문이 불가능하다. 시즌 동안 각 색상에 대한 수요는 평균 500, 표준편차 200의 정규분포상에 있다. 또한 각 스웨터의 수요는 색깔별로 독립적이라고 가정할 수 있다. Fashionables은 The UnLimited로부터 스웨터를 도매가 $40에 구매하여 소매가 $70에 판매하고자 한다. The UnLimited는 팔리지 않은 재고에 대해 반납을 허용하지 않지만, Fashionables는 남은 재고를 시즌 말에 단위당 $20에 파격 세일하여 판매할 수 있다.

(a) Fashionables는 예상 이익을 최대화하기 위하여 각 색상별로 몇 단위를 주문해야 하는가? [학습목표 13-1]

(b) 만약 Fashionables가 97.5%의 수요충족확률을 달성하고자 한다면 각 색상별로 몇 단위를 주문해야 하는가? [학습목표 13-3]

(c) 만약 각 스웨터별로 725단위를 주문한다고 할 때 Fashionables의 총 예상 이익은 얼마인가? [학습목표 13-2]

(d) 만약 각 스웨터별로 725단위를 주문한다고 할 때 각 스웨터의 품절확률은 얼마인가? [학습목표 13-2]

5. Teddy Bower는 아시아 공급업자 TeddySports로부터 파카 제품을 $10에 구매하여 시장에 판매하는 아웃도어 의류 및 액세서리 판매 기업이다. 불행하게도 주문하는 시점에서 수요는 불확실하다. Teddy Bower는 수요가 평균 2,100이고 표준편차 1,200의 정규분포상에 놓여 있다고 예측한다. Teddy Bower는 이 파카를 단위당 $22에 판매하며 팔리지 않은 파카의 경우 청산가치가 매우 미미하기 때문에 그냥 자선단체에 기부하고 있다(기부로 인한 세금 혜택 역시 받고 있지 않다).

(a) 파카 제품이 수요예측의 절반도 팔리지 않아서 "dog"로 여겨질 확률은 얼마인가? [학습목표 13-1]

(b) Teddy Bower가 예상 이익을 최대화하려면 얼마나 주문해야 하는가? [학습목표 13-1]

(c) 만약 Teddy Bower가 3,000단위의 파카를 주문했다면, 수요충족확률은 얼마인가? [학습목표 13-2]

(d) 만약 Teddy Bower가 3,000단위의 파카를 주문한다면, 예상 재고량은 얼마인가? [학습목표 13-2]

(e) 만약 Teddy Bower가 3,000단위의 파카를 주문한다면, 예상 판매량은 얼마인가? [학습목표 13-2]

(f) 만약 Teddy Bower가 3,000단위의 파카를 주문한다면, 예상 이익은 얼마인가? [학습목표 13-2]

(g) 만약 Teddy Bower가 98.5%의 수요충족확률을 달성하려 한다면, 제품을 얼마나 주문해야 하는가? [학습목표 13-3]

6. Teddy Bower의 마케팅 부서는 아웃도어 의류 및 액세서리의 전체 라인업을 완성하기 위하여 방수 헌팅부츠를 팔자고 주장하였다. 하지만 Teddy Bower는 아직까지 그런 종류의 부츠를 제조할 전문성을 갖추지 않아서 몇몇 대만 생산업체들을 접촉하여 제안서를 받았다. Teddy Bower는 이 부츠를 $54 이상으로는 판매할 수 없음을 알고 있으며 공급업자의 제안서에 따르면 구매가격은 단위당 $40이 적절한 것으로 생각된다. 또한 Teddy Bower는 재고로 남은 부츠를 시즌 말에 50% 할인된 가격으로 판매할 것을 기대하고 있다. 가격이 $54일 경우 Teddy Bower의 예상 수요는 평균 400개이며 표준편차 300개이다.

(a) 만약 Teddy Bower가 이 부츠를 제품 라인업에 포함시키기로 결정한다면, 공급업체에 몇 개의 부츠를 주문해야 하는가? [학습목표 13-1]

(b) Teddy Bower가 380단위의 부츠를 주문한다면, 예상 이익은 얼마인가? [학습목표 13-2]

(c) 마케팅 부서는 수요충족확률이 적어도 98%에는 도달해야 한다고 주장한다. 이를 맞추려면 부츠를 얼마나 주문해야 하는가? [학습목표 13-3]

(d) 구매 부서의 담당 John Briggs는 점심시간에 부츠 문제에 대한 논의를 듣게 되었다. 그는 Teddy Bower가 제품 공급업자에게 수량 할인을 요청하도록 제안하였다. 그의 제안대로 요청한 결과, 제품 공급업체는 Teddy Bower가 800개 이상의 부츠를 주문할 경우 10% 할인을 해줄 수 있다고 응답하였다. 만약 회사의 목표가 예상 이익을 최대화하는 것이라면 Teddy Bower는 제품을 얼마나 주문해야 하는가? [학습목표 13-2]

7. 주식회사 Goop는 특수 폴리머를 제조하기 위해 원재료를 주문해야 한다. 폴리머에 대한 수요는 평균 250갤런과 표준편차 100갤런의 정규분포상에 있을 것으로 예측된다. Goop 사는 원재료를 갤런당 $10에 구매하며 생산된 폴리머를 갤런당 $25에 판매하고 정부 규제에 따라 사용하지 않은 원재료를 폐기처분하기 위해 갤런당 $5의 비용을 지불해야 한다(1갤런의 원재료로 1갤런의 폴리머 생산이 가능하다). 만약 수요가 Goop 사가 만들 수 있는 양보다 많다면, Goop 사는 이미 만든 폴리머만 팔 수 있으며 재고가 부족한 경우에는 충족되지 못한 나머지 수요는 잃게 된다.

(a) Goop 사는 예상 이익을 최대화하기 위하여 몇 갤런을 주문해야 하는가? [학습목표 13-1]

(b) Goop 사가 150갤런의 원재료를 구매한다고 가정했을 때, 원재료가 다 소진될 확률은 얼마인가? [학습목표 13-2]

(c) Goop 사가 300갤런의 원재료를 구매한다고 가정했을 때, 예상 판매량은 얼마인가?(단위: 갤런) [학습목표 13-2]

(d) Goop 사가 400갤런의 원재료를 구매한다고 가정했을 때, 원재료재고의 폐기 처분에 따른 예상 비용은 얼마인가? (단위: $) [학습목표 13-2]

(e) Goop 사가 고객의 전체 수요를 충족시킬 확률이 92%가 되도록 하려면 몇 갤런의 원재료를 주문해야 하는가? [학습목표 13-3]

8. Geoff Gullo는 "Gullo Sunglasses"를 생산하는 작은 기업인데 특정 시즌을 위한 제품을 카탈로

그 소매업체인 Land's Start에게 팔 기회가 생겼다. Geoff는 Land's Start사에게 두 가지 구매 옵션을 제안하였다.

- 옵션 1: Geoff는 제품 가격을 $65로 하고, 시즌 말에 Land's Start가 팔지 못한 제품은 단위당 $53만 돌려주고 회수한다. 선글라스의 스타일은 매년 변하기 때문에 회수한 제품들은 사실상 청산가치가 없다.
- 옵션 2: Geoff는 제품 가격을 $55로 하고, 대신 팔리지 않은 제품은 회수하지 않는다. 이 경우에 Land's Start가 시즌 말에 남은 재고들을 처분해야 한다.

제품에 대한 이번 시즌의 수요는 평균 200, 표준편차 125의 정규분포를 따른다. Land's Start는 선글라스를 $100에 판매할 예정이며, Geoff의 단위당 생산원가는 $25이다.

(a) Land's Start는 옵션 1을 선택할 경우 주문량을 얼마로 하겠는가? [학습목표 13-1]

(b) Land's Start는 옵션 2를 선택할 경우 주문량을 얼마로 하겠는가? [학습목표 13-2]

(c) Land's Start는 어떤 옵션을 선택하겠는가? [학습목표 13-2]

(d) Land's Start가 옵션 1을 선택하고 275단위를 주문한다고 가정하면, Geoff Gullo의 예상 이익은 얼마인가? [학습목표 13-2]

9. CPG 베이글 가게는 베이글을 큰 배치로 생산하면서 하루를 시작한다. 오전 영업시간 동안에는 베이글이 필요할 때마다 추가적으로 만든다. 마지막으로 베이글을 생산하는 시간은 오후 3시이며 가게는 오후 8시에 문을 닫는다. 베이글 하나를 만드는 데 원재료와 노동을 합쳐서 $0.20의 비용이 들며, 신선한 베이글의 가격은 $0.60이다. 전날 팔리지 않은 베이글은 다음 날 "하루 지난" 베이글로 판매되는데 한 바구니당 6개에 $0.99에 판매된다. 하루 지난 베이글 중 2/3 정도는 판매되며 나머지는 모두 버려진다. 베이글에도 여러 종류가 있지만, 편의상 플레인 베이글만 있다고 하자. 가게의 매니저는 오후 3시부터 마감시간까지 플레인 베이글의 수요는 평균 54개, 표준편차 21개로 정규분포를 이룬다고 예측하였다.

(a) 오후 3시부터 마감시간까지의 판매를 통해 가게의 예상 이익을 최대화하기 위해서는 오후 3시에 몇 개의 베이글을 확보하고 있어야 하는가?(힌트: 하루 지난 베이글은 1개당 $0.99/6= $0.165로 판매된다. 즉, 하루 지난 베이글이 6개 단위로 팔린다는 사실로 고민하지 않아도 된다.) [학습목표 13-1]

(b) 가게 매니저가 오후 3시에 101개의 베이글을 갖고 있다고 가정할 때, 마감시간에는 몇 개의 베이글이 남아 있을 것으로 예측하는가? [학습목표 13-2]

(c) 매니저가 오후 3시 이후에 발생하는 수요에 대하여 95%의 수요충족확률을 달성하고자 할 때, 오후 3시에 몇 개의 베이글을 확보하고 있어야 하는가? [학습목표 13-3]

10. 편의점에서 주중 점심시간에 매운 검은콩 브리또를 판매하고 있다. 브리또의 가격은 $4.00이며 모든 브리또 제품은 점심을 먹으려는 사람들이 편의점에 도착하기 전에 만들어진다. 브리또를 구매하는 모든 고객은 60센트짜리 음료수를 항상 함께 구매한다. 브리또의 원가는 $2.00이며 음료수의 원가는 50센트이다. 편의점은 음식의 신선도를 중시하여 "오래된 브리또 판매금지" 정책을 유지하고 있으며 일과 후 남은 브리또는 모두 버려진다. 표 13.9는 브리또 수요에 대한 분포함수이다.

표 13.9 브리또 수요에 대한 분포함수 $F(Q)$와 예상 재고 $I(Q)$

Q	$F(Q)$	$I(Q)$
0	0.0000	0.00
1	0.0000	0.00
2	0.0000	0.00
3	0.0000	0.00
4	0.0001	0.00
5	0.0003	0.00
6	0.0010	0.00
7	0.0029	0.00
8	0.0071	0.00
9	0.0154	0.01
10	0.0304	0.03
11	0.0549	0.06
12	0.0917	0.11
13	0.1426	0.20
14	0.2081	0.35
15	0.2867	0.55
16	0.3751	0.84
17	0.4686	1.22
18	0.5622	1.68
19	0.6509	2.25
20	0.7307	2.90
21	0.7991	3.63
22	0.8551	4.43
23	0.8989	5.28
24	0.9317	6.18
25	0.9554	7.11
26	0.9718	8.07
27	0.9827	9.04
28	0.9897	10.02
29	0.9941	11.01
30	0.9967	12.01
31	0.9982	13.00
32	0.9990	14.00
33	0.9995	15.00
34	0.9998	16.00
35	0.9999	17.00
36	0.9999	18.00
37	1.0000	19.00
38	1.0000	20.00
39	1.0000	21.00

(a) 편의점의 재고가 소진되면 고객들이 다른 곳에서 음식을 산다고 가정해보자. 점심 인파들을 위해 편의점은 몇 개의 브리또를 만들어야 하는가? [학습목표 13-1]

(b) 편의점에서 24개의 브리또를 만든다고 가정할 때, 일과 후 몇 개의 브리또가 버려지겠는가? [학습목표 13-2]

(c) 편의점에서 24개의 브리또를 만든다고 가정할 때, 하루 몇 개의 브리또가 팔릴 것으로 예상되는가? [학습목표 13-2]

(d) 편의점에서 24개의 브리또를 만든다고 가정할 때, 음료수 판매를 통한 이익을 포함한 전체 예상 이익은 얼마인가? [학습목표 13-2]

(e) 편의점에서 30개의 브리또를 만든다고 가정할 때, 일부 고객들이 재고가 부족하여 브리또를 살수 없게 될 확률은 얼마인가? [학습목표 13-2]

(f) 만약 편의점이 98.5%의 확률로 고객들을 위한 재고를 준비하려 한다면, 몇 개의 브리또를 만들어야 하는가? [학습목표 13-3]

(g) 브리또를 사지 못한 고객이 점심으로 Pop-Tarts와 음료수를 대신 먹는다고 가정하자. Pop-Tarts는 75센트이며 원가는 25센트이다(Pop-Tarts와 음료수는 저장이 간편하므로 이들의 대한 재고는 항상 충분하다). 편의점의 목표가 이익을 최대화하는 것이라면 몇 개의 브리또를 만들어야 하는가? [학습목표 13-1]

11. Share&Care는 차량을 대여해주는 비영리 차량 공유 회사이다. 고객은 예약할 때 차량 픽업 시간과 차량을 사용할 시간대의 수(한 시간대당 15분)를 구체적으로 밝혀야 한다. 예를 들어, 픽업 시간이 오후 1시이면 가능한 반납시간은 1:15(1개 시간대 이용), 1:30(2개 시간대 이용)과 같이 이어진다. Share&Care는 시간대 1개당 $1.50의 요금을 부과한다. Share&Care는 고객들이 예정 반납시간을 초과하는 경우를 방지하기 위하여 초과하는 시간대 1개당 $20의 요금을 부과하고 있다. 예를 들어, 고객의 예정 반납시간이 2:30인데 2:47에 차량을 반납했다면 그는 기존 예

표 13.10 Larry가 필요로 하는 시간대 개수에 따른 분포함수 $F(Q)$와 예상 재고 $I(Q)$

Q	$F(Q)$	$I(Q)$
0	0.0183	0.00
1	0.0916	0.02
2	0.2381	0.11
3	0.4335	0.35
4	0.6288	0.78
5	0.7851	1.41
6	0.8893	2.20
7	0.9489	3.08
8	0.9786	4.03
9	0.9919	5.01
10	0.9972	6.00
11	0.9991	7.00
12	0.9997	8.00
13	0.9999	9.00
14	1.0000	10.00

약된 시간대에 따른 요금과 더불어 2개 시간대 초과에 따른 $40을 더 지불해야 한다. Larry는 금요일마다 배달을 하는 작은 사업을 운영하고 있다. 이날 차량을 사용할 수 있도록 Larry는 항상 이틀 전에 예약을 해놓지만 사실 그는 차가 필요한 정확한 시간대를 미리 알 수는 없다. 표 13.10은 Larry의 차량 수요에 대한 정보(시간대의 수)를 나타낸다. 예를 들어, 만약 그가 5개 시간대가 필요한데 4개 시간대만을 예약했다면, 그는 (4×$1.50)+$20=$26의 요금을 내고 이용해야 한다. 만약 그가 필요한 시간보다 더 많이 예약했다면, 초과하여 예약한 시간은 그에게 아무런 가치가 없다.

(a) Larry가 2개 시간대를 예약했다고 가정할 때, 그가 초과 사용 요금으로 $40 이상 지불해야 할 확률은 얼마인가? [학습목표 13-1]

(b) 그의 대여 비용을 최소화하기 위해서는 몇 개 시간대를 예약해야 하는가? [학습목표 13-1]

(c) Larry가 5개 시간대를 예약했다고 가정할 때, 실제로는 사용하지 않아서 낭비되는 시간대는 얼마나 되리라 생각하는가? [학습목표 13-2]

(d) Larry는 초과 사용 요금을 내는 것을 매우 싫어한다. 그가 99.9%의 확률로 초과 사용 요금을 내지 않고자 할 때 몇 개의 시간대를 예약해야 하는가? [학습목표 13-3]

사례 Le Club Francais Du Vin

© lynx/iconotec.com/Glow Images

Le Club은 1973년 설립되어 프랑스, 스위스, 독일의 소비자들에게 다양한 프랑스 와인을 제공하는 대형 카탈로그 판매 업체이다. 프랑스 내 대부분의 고객들은 동네 슈퍼마켓이나 인근 주류가게에서 와인을 구매하기 때문에, Le Club은 다양한 와인을 집으로 직접 배달받고 싶어하는 고객들을 틈새 시장으로 보고 이들에게 흥미롭고 좋은 품질의 와인을 제공하고자 한다. 회사는 여러 와인 전문가들을 고용하여 Carrefour나 Champion과 같은 프랑스 대형 판매점이 아직 모르는 중소 와인 양조업체들을 신규 발굴하는 데 특별한 관심을 기울이고 있다.

Le Club의 관리자인 Zanella의 업무는 특정 시즌을 위한 신규 카탈로그에 소개할 와인들을 정하고 이 와인들의 주문 수량을 결정하는 것이다. 주문은 카탈로그를 고객들에게 발송하기 몇 달 전에 이루어지는데, 이 시점에는 와인 전문가의 개인적인 의견 외에는 별다른 정보가 존재하지 않는다. 따라서, 선택된 와인들을 소비자들이 어떻게 생각할지는 꽤 불확실하다. Le Club으로부터 주문을 받은 양조업체는 생산한 와인에 Le Club의 고유 상표를 부착한 뒤 파리 남단 300km 지점에 위치한 Le Club의 물류창고로 보낸다. Le Club은 자사의 고유 상표를 활용하여 소비자들의 충성도를 확보하고 약 50%에 가까운 매출 이익률을 누릴 수 있다(즉, Le Club은 와인 양조업체에게 지불한 구매가격의 두 배 가격으로 소비자에게 판매한다). 회사는 제품 구매원가 이외에 와인을 고객에게 보내는 데 병당 1.25유로의 배송비용이 발생한다. 예를 들어, 회사가 소매가 10유로인 와인 한 병을 팔 때 구매비용 5유로와 배송 비용 1.25유로가 발생한다.

Zanella가 특정 카탈로그 시즌에 대비하여 와인을 너무 많이 구매하면 남는 재고는 창고에 저장되어 다음 카탈로그 시즌 때 할인되어 판매된다. 이 재고들은 현재 소매가에서 대략 35% 할인된 가격(즉, 10유로짜리 한 병의 경우 6.5유로)에 판매된다. 시즌 이후 할인가에 팔리는 재고 와인도 병당 1.25유로의 배송비용이 발생하는데, 추가로 재고들이 창고에 저장되어야 하기 때문에 병당 1.1유로의 재고유지비용과 구매가격 15%에 해당하는 자본에 대한 기회비용이 추가로 발생하게 된다. 예를 들어, 회사가 5유로에 구매한 뒤 할인되어 판매되는 와인들은 재고유지비용 1.1유로와 자본에 대한 추가적인 기회비용인 0.75유로(5유로의 15%)가 발생한다.

한 시즌의 수요량 이상으로 구매할 경우에 재고유지비용과 자본의 기회비용이라는 추가 비용이 발생하지만, 반대로 너무 보수적으로 주문할 경우에도 비용이 발생한다. 와인 생산에 걸리는 긴 리드타임을 고려할 때 회사가 와인을 추가로 주문하는 것은 불가능하다. 따라서, Zanella는 와인의 재고가 모자라서 발생하는 기회비용에 대해서도 걱정하고 있다.

비록 각 카탈로그에는 프랑스 여러 지방에서 생산되는 화이트, 레드 등 30여종의 다양한 와인들이 있지만, Zanella는 표 13.11에 있는 여덟 종류의 레드 와인들을 대상으로 신중히 생각해보기로 했다. 각 와인은 각기 다른 가격대에서 판매되며 와인의 품질, 카탈로그 안에서의 위치(표지, 뒤표지, 본문 등), 차지하는 공간의 크기 등에 따라 수요가 상당히 달라진다. 또한 소비자의 입맛이 매우 천차만별이기 때문에 수요예측은 상당히 어렵다. Zanella는 Chateau Haut Nouchet 지방의 Pessac Leognan 와인을 마시면서 이렇게 맛있는 와인이 판매량은 형편 없다는 사실에 놀라고 있다.

1. Le Club의 예상 이익을 최대화하기 위해, 표 13.11의 각 와인을 얼마나 주문해야 하는가?
2. 만약 Zanella가 예상 이익을 최대화하는 주문량으로 주문했다면, 각 와인별로 재고가 남아서 할인 판매될 확률은 얼마인가?
3. 표 13.11의 와인들 중 가장 수익성 좋은 와인과 가장 수

[계속]

익성이 낮은 와인은 무엇이며 그 이유는 무엇인가?

4. 만약 Zanella가 각 제품마다 적어도 75%의 수요충족확률을 만족시키려고 한다면, 각 와인을 얼마나 주문해야 하는가? 그리고 그 주문량들이 적절하다고 생각하는가?

5. Zanella가 그의 사업을 개선시키기 위해서는 어떻게 해야 할까?

표 13.11 Le Club의 다음 카탈로그에 실릴 레드 와인들의 샘플

제품명	생산지명	판매가(병당, 유로)	수요예측(병)	
			평균	표준편차
VDP des Côteaux de L'Ardèche	La Réserve Rouge du Club	3.25	3,500	1,280
Bordeaux	Réserve du Club	4.50	2,900	1,080
Minervois	Domaine des Arcades-FID	5.21	4,000	1,430
Côtes du Ventoux	Gabriel Meffre (6)	5.60	1,200	480
Côtes de Bourg	Ch. Florimond	7.20	1,300	510
Madiran	Folie de Roi	9.00	12,000	3,000
Givry	La Buxynoise	12.90	900	360
Pessac Leognan	Ch. Haut Nouchet	18.90	1,300	510

부록 13A

표 13A.1 표준 정규분포함수의 분포함수 $F(Q)$와 예상 재고 $I(Q)$

z	$F(z)$	$I(z)$	z	$F(z)$	$I(z)$	z	$F(z)$	$I(z)$
−4.0	0.0000	0.0000	−1.3	0.0968	0.0455	1.4	0.9192	1.4367
−3.9	0.0000	0.0000	−1.2	0.1151	0.0561	1.5	0.9332	1.5293
−3.8	0.0001	0.0000	−1.1	0.1357	0.0686	1.6	0.9452	1.6232
−3.7	0.0001	0.0000	−1.0	0.1587	0.0833	1.7	0.9554	1.7183
−3.6	0.0002	0.0000	−0.9	0.1841	0.1004	1.8	0.9641	1.8143
−3.5	0.0002	0.0001	−0.8	0.2119	0.1202	1.9	0.9713	1.9111
−3.4	0.0003	0.0001	−0.7	0.2420	0.1429	2.0	0.9772	2.0085
−3.3	0.0005	0.0001	−0.6	0.2743	0.1687	2.1	0.9821	2.1065
−3.2	0.0007	0.0002	−0.5	0.3085	0.1978	2.2	0.9861	2.2049
−3.1	0.0010	0.0003	−0.4	0.3446	0.2304	2.3	0.9893	2.3037
−3.0	0.0013	0.0004	−0.3	0.3821	0.2668	2.4	0.9918	2.4027
−2.9	0.0019	0.0005	−0.2	0.4207	0.3069	2.5	0.9938	2.5020
−2.8	0.0026	0.0008	−0.1	0.4602	0.3509	2.6	0.9953	2.6015
−2.7	0.0035	0.0011	0.0	0.5000	0.3989	2.7	0.9965	2.7011
−2.6	0.0047	0.0015	0.1	0.5398	0.4509	2.8	0.9974	2.8008
−2.5	0.0062	0.0020	0.2	0.5793	0.5069	2.9	0.9981	2.9005
−2.4	0.0082	0.0027	0.3	0.6179	0.5668	3.0	0.9987	3.0004
−2.3	0.0107	0.0037	0.4	0.6554	0.6304	3.1	0.9990	3.1003
−2.2	0.0139	0.0049	0.5	0.6915	0.6978	3.2	0.9993	3.2002
−2.1	0.0179	0.0065	0.6	0.7257	0.7687	3.3	0.9995	3.3001
−2.0	0.0228	0.0085	0.7	0.7580	0.8429	3.4	0.9997	3.4001
−1.9	0.0287	0.0111	0.8	0.7881	0.9202	3.5	0.9998	3.5001
−1.8	0.0359	0.0143	0.9	0.8159	1.0004	3.6	0.9998	3.6000
−1.7	0.0446	0.0183	1.0	0.8413	1.0833	3.7	0.9999	3.7000
−1.6	0.0548	0.0232	1.1	0.8643	1.1686	3.8	0.9999	3.8000
−1.5	0.0668	0.0293	1.2	0.8849	1.2561	3.9	1.0000	3.9000
−1.4	0.0808	0.0367	1.3	0.9032	1.3455	4.0	1.0000	4.0000

14 빈번한 주문을 할 때의 재고관리

학습목표

14-1 목표재고모형이 어떻게 작동하는지 설명하고 주어진 상황에서 목표재고모형을 적용할 줄 안다.

14-2 목표재고모형의 성과지표를 평가할 줄 안다.

14-3 목표 서비스수준을 달성하기 위해 필요한 목표재고수준을 계산할 줄 알고 적절한 서비스수준을 결정하는 요소를 이해한다.

14-4 필요한 재고량을 결정하는 요소를 설명할 줄 안다.

14-5 공급체인을 재설계하여 이익을 증가시키고 수요와 공급의 불일치로 인한 손해를 최소화시킬 수 있는 전략을 설명할 줄 안다.

이 장의 개요

© Fancy Collection/SuperStock

소개

많은 제품들이 오랜 시간에 걸쳐 여러 번의 조달 기회를 가지면서 판매된다. 잘 알려진 Campbell Soup 회사의 대표 제품인 치킨 누들 수프를 생각해보자. 이 제품은 유통기한이 매우 길며 수요도 탄탄하다. 따라서 만약 Campbell Soup이 어떤 특정 시점에 필요 이상의 재고를 보유하고 있다면 재고를 폐기 처분하기보다는 재고가 합리적인 수준으로 줄어들기만을 기다리면 된다. 또한 회사가 필요한 것보다 적은 재고를 보유하고 있다면 공장에서 더 만들어내면 된다. 이 경우에는 제품의 노후화가 주요 관심 대상이 아니고 Campbell의 생산 기회가 단 한 번으로 제한되는 것도 아니기 때문에 신문팔이 재고관리 모형은 적절한 재고관리 수단이 아니다. 이 상황에는 목표재고모형이 적절한 재고관리 모형이다.

비록 여러 번의 주문이 가능하지만, 목표재고모형 또한 여전히 수요와 공급을 일치시키려면 "너무 적은/너무 많은"이라는 문제에 직면한다. 수프 생산에 시간이 걸리기 때문에, 재고가 0으로 떨어질 때까지 생산을 미룰 수는 없다. 마치 우리가 자동차의 연료통이 빌 때까지 주유소 가는 것을 미루지 않는 것처럼! 따라서 한 회분의 생산은 생산이 진행되는 동안의 불확실한 수요에 대비할 수 있을 만큼 충분한 완충재고가 있을 때 시작되어야 한다. 완충재고는 공짜가 아니기 때문에, 목표재고모형의 목적은 재고가 너무 적게 유지되는 것(재고가 바닥날 수 있다)과 재고가 너무 많은 채로 유지되는 것(재고유지비용이 든다) 사이의 균형을 맞추는 것이다.

이 장에서는 목표재고모형을 기술적으로 복잡한 제품인 Medtronic 사의 심장병 환자들을 위한 제품의 재고관리에 적용한다. 먼저 Medtronic 사의 공급체인을 살펴보고 그 후에 목표재고모형을 자세히 살펴볼 것이다. 그리고 모형을 어떻게 사용해야 바람직한 서비스 수준을 달성할 수 있는지를 살펴보고 어느 정도의 서비스 수준이 적절한지에 대해 토론할 것이다. 마지막으로 목표재고모형이 공급체인을 어떻게 더욱 효율적으로 만들 수 있는지에 대해 살펴보겠다.

14.1 Medtronic의 공급체인

Medtronic은 의학 기술의 디자이너이고 제작자이다. 이 회사는 심장박동을 돕는 제품으로 잘 알려져 있지만 심장병의 치료와 수술, 당뇨병, 신경 질환, 척추 수술, 그리고 이비인후과 질병 치료를 위한 제품과 같이 수많은 다른 분야들로도 제품라인이 확장되고 있다. Medtronic의 재고는 공급체인상의 제조공장, 물류센터, 그리고 판매현장의 세 단계에서 관리되고 있다. 제조공장은 세계 곳곳에 위치하며 매우 적은 양의 완제품 재고를 보유하고 있다. 미국 내 물류센터는 Minnesota 주의 Mounds View 단 한 곳에 있으며 심장박동 제품의 유통을 책임진다. 이 물류센터는 각자 자신의 판매영역이 있는 500여 명의 판매원들에게 물품을 배송한다. 모든 Medtronic의 물류센터는 현장의 판매원들에게 매우 높은 수준의 재고서비스를 제공해야 하는데 이는 현장에서의 수요충족확률로 측정된다.

사진 14.1 Medtronic의 InSync 삽입형 심장 제세동기

© Carolina K. Smith MD/Shutterstock

대부분의 완제품 재고는 판매원들이 보유하고 있다. 그들은 재고를 병원의 물품창고와 같은 고객의 시설에 주로 보관하고 있으며, 일부는 그들의 지인들에게 맡기거나 자동차 트렁크 안에 보유하고 있다. 이제 구체적으로 특정 물류센터, 특정 판매원, 특정 제품에 초점을 맞춰 보자. 물류센터는 Minnesota의 Mounds View에 위치하고 있으며, 판매원은 Susan Magnotto인데 Wisconsin 주의 Madison 시에 위치한 주요 의료기관들을 담당하고 있다. 마지막으로, 제품은 InSync 삽입형 심장 제세동기(implantable cardioverter-defibrillator; ICD) 모델 7272이다. 삽입형 심장 제세동기는 일종의 페이스메이커처럼 심장이 적절한 박자에 맞추어 뛰도록 도와주는 역할을 한다. 이 제품은 환자의 상태에 따라 역동적으로 반응하고 필요시 전기충격을 통해 심장을 다시 뛰게 만드는 등 적절한 개입과 조치를 취할 수 있기 때문에 페이스메이커 이상의 역할을 하기도 한다.

ICD는 수술을 통해 환자의 신체에 삽입되는데, 의사는 특정 환자가 ICD가 필요하다고 판단할 수는 있지만 실제 수술이 시작되기 전까지는 그 환자를 위한 적절한 제품 모델이 무엇인지 모를 수 있다. 이러한 이유로, 그리고 각 의사와 좋은 관계를 유지할 필요가 있기 때문에, Susan은 모든 수술에 참석하며 혹시 필요할지도 모르는 다양한 모델들을 항상 가지고 다닌다. 그녀는 삽입수술 후에 Medtronic의 고객 서비스 센터에 주문을 해서 그녀의

그림 14.1
Mounds View 물류센터에서 현장 판매원들에게 배송된 InSync 제품의 월별 배송량(막대 그래프)과 월말 재고량(선)

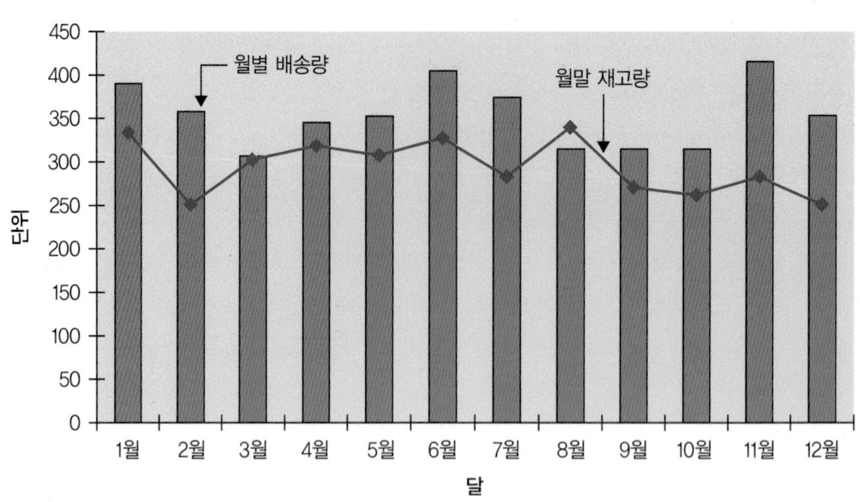

재고를 다시 채울 수 있는데, 고객 서비스 센터는 Mounds View에 있는 물류센터에 주문을 전달한다. 만약 그녀가 주문한 모델이 물류센터의 창고에 있으면 모델은 야간 비행기로 그녀에게 보내진다. Susan이 제품 한 개를 주문하고 받는 데까지 걸리는 시간은 보통 1일이고 2일 이상이 걸리는 경우는 매우 드물다.

Mounds View의 물류센터는 주 단위로 제조공장에게 보충재고를 주문하고 주문 후 3주 후에 주문한 제품을 받는다. 그림 14.1에 Mounds View 물류센터의 현장 판매원들에 대한 1년치 InSync 제품 배송 기록과 월말 재고량이 나타나 있다. 그림 14.2에는 Susan의 담당 영역에서 매달 환자에게 삽입되는 제품 수량에 대한 데이터(수요)와 동일 기간 동안 Susan이 보유한 InSync 제품의 재고량이 나타나 있다. 그림에서 보듯이 물류센터가 필요로 하는 제품의 수량과 Susan이 필요로 하는 제품의 수량 간에는 상당한 차이가 있다. 예를 들어, Susan의 담당 영역에서는 여름에 더 많은 수요가 있는 것처럼 보이는 반면 물류센터를 거쳐 간 제품들의 합계는 그러한 패턴을 보이지는 않는다. 따라서 Susan의 수요 데이터에 나타난 패턴은 큰 의미가 있는 것은 아니라고 보는 것이 합리적이다. 종이 위에 무심히 번져 있는 잉크 자국이 마치 어떤 형체처럼 보일 수 있는 것처럼 무작위의 사건들이 때론 패턴처럼 보이기도 한다.

그림 14.2
Susan의 담당 영역에서의 InSync 제품의 월별 수요량(막대 그래프)과 월말 재고량(선)

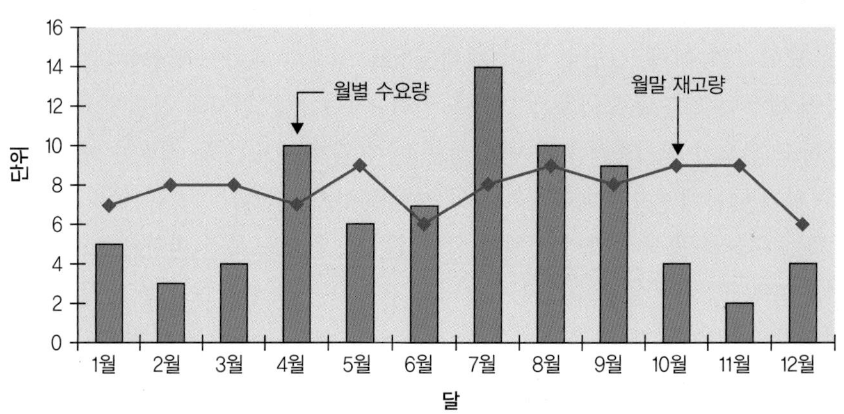

만약 Susan이 재고에 관한 의사결정을 한다면 재고를 충분히 보유하는 쪽으로 의사결정을 할 텐데 여기에는 몇 가지 이유가 있다.

- Susan은 판매 성과급 때문에 재고가 없어서 판매 기회를 놓치는 것을 절대 원하지 않는다. 반면, 의사와 환자들은 재고가 없어서 제품을 기다려야 하는 상황을 원치 않기 때문에 만약 Susan이 필요한 제품을 가지고 있지 않다면 판매는 거의 당연하게 경쟁자에게 넘어간다.
- Medtronic의 제품들은 보통 매우 작아서 비교적 적은 공간에 상당한 양의 재고를 보유하는 것이 가능하다(예: 자동차의 트렁크).
- Medtronic의 제품들은 유통기한이 비교적 길어서 부패와 같은 문제가 없다.
- 물류센터가 Susan의 주문을 비교적 빨리 처리해주고 있지만(물류센터에 재고가 있다면), 그녀가 제품이 필요할 때 항상 즉시 주문할 수 있는 것은 아니므로 일정한 완충재고를 보유하는 것이 그녀가 여유를 갖고 주문을 내는 데 도움이 된다.
- 비록 제조공장이 물류센터에 재고가 절대 모자라지 않게끔 가동된다고 해도, 가끔 어떤 제품은 몇 달은 아니더라도 몇 주간 재고가 없을 수도 있다. 예를 들어, 제품 생산량이 처음 계획했던 것보다 많지 않을 수도 있고 또는 주요 부품의 공급업자가 처리능력에 제약이 있을 수도 있다. 원인이 무엇이든, 약간의 추가 재고를 가지고 있는 것이 Susan을 이러한 상황들로부터 보호해 준다.

Medtronic의 주요 이슈 중 하나는 공급체인이 회사의 공격적인 성장 목표를 잘 뒷받침하고 있는지이다. 특히, 물류센터와 현장에 지나친 재고유지비용을 발생시키지 않으면서 소비자에게 높은 수준의 서비스를 제공할 수 있는 적절한 재고를 가지고 있는가? 이제 목표재고모형을 사용하여 이러한 질문에 답할 것이다.

14.2 목표재고모형

목표재고모형(Order-up-to Model)은 오랜 기간에 걸쳐 여러 번 보충될 수 있는 제품의 재고를 관리하기 위해 설계되었다. 이 절에서는 목표재고모형이 특정 환경에서 어떻게 설계되고 기능하는지 자세히 살펴볼 것이다.

학습목표 14-1
목표재고모형이 어떻게 작동하는지 설명하고 주어진 상황에서 목표재고모형을 적용할 줄 안다.

14.2.1 목표재고모형의 설계

목표재고모형에서 재고 보충을 위한 주문을 할 수 있는 기회는 정기적인 간격으로 존재한다. 주문 시점 간의 시간간격을 **주기(period)**라고 하고 모든 주기는 동일하다. 현장(Susan의 판매 영역)에서는 1일이 InSync 제품의 주기로 자연스러워 보이지만, Mounds View의 물류센터에서는 1주일이 더 자연스러운 길이의 주기이다. 다른 환경에서는 적절한 주기가 1시간, 1달 또는 다른 시간간격이 될 수 있다. 한 주기 동안, 세 가지 사건이 순차적으로 발생한다. 먼저, 공급업자에게 추가 재고 확보를 위한 주문이 제출된다. 여기서 물류센터의

주기 재고관리에서 주기는 주문과 주문 사이의 시간간격을 의미한다. 예를 들어, 주기가 하루라면, 주문이 매일 이루어진다.

그림 14.3
한 주기의 리드타임, $L=1$을 가진 목표재고모형에서 사건의 발생 순서 예시

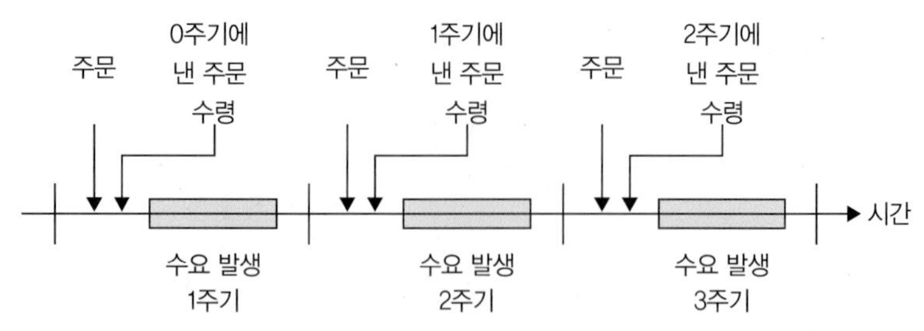

공급업자는 Medtronic의 공장이며 Susan의 공급업자는 물류센터다. 두 번째로, 공급업자가 주문을 접수한다. 세 번째로, 소비자로부터의 무작위적인 수요가 일어난다. 그림 14.3은 시간에 따른 사건들의 순서를 보여 준다.

리드타임 주문을 하고 그 주문을 수령하기까지의 시간간격이다. 조달시간이라고도 불리며 프로세스 리드타임은 흐름시간의 대체 용어로 종종 사용된다.

주문재고 공급업자가 배송했지만, 아직 수령하지 못한 재고

주문은 조달시간 또는 **리드타임(lead time)**이라고 불리는 고정된 시간 이후에 배달되는데, 리드타임은 L로 표시한다. 리드타임은 주기를 표시할 때 사용된 시간단위와 동일한 시간단위로 표시하는데 만약 주기가 1일이면 주문한 물건을 받기까지 걸리는 리드타임은 일 단위로 측정되어야 한다. 예를 들어, Susan의 리드타임은 하루이다(월요일 아침에 주문을 하고 화요일 아침에 받는다). 반면 물류센터의 리드타임은 3주이다(매월 첫 주 초에 주문이 제출되고 넷째 주 초에 받는다). 주기 내에 주문할 수 있는 양에는 제약이 없으며, 주문량이 얼마든지 간에 리드타임 이후에 수령된다. 따라서, 이 모형에서 공급은 제약되지 않지만 주문의 배송은 시간이 걸린다. 수요는 각 주기마다 일어나고 매 주기 수요 분포는 동일하다. 이는 실제 수요가 매 주기마다 똑같지는 않지만 동일한 수요 분포로부터 발생한다는 뜻이다.

각 주기별로, 수요는 그 주기에 가용한 재고보다 많을 수도 있고 적을 수도 있다. 만약 수요가 가용한 재고보다 적다면 모든 수요는 충족되고 주기 끝에 남은 재고는 그냥 다음 주기로 이월된다. 목표재고모형에서 재고는 시간이 지나도 상하거나 달라지지 않기 때문이다. 하지만, 수요가 가용한 재고를 초과하면 충족되지 못한 수요는 다음 주기로 이월되어 주문 처리된다. 이월된 주문은 재고가 가용할 때까지 기다렸다가 충족된다. 따라서, 목표재고모형에서 모든 수요는 결국 채워진다. 어떤 상황에서는 이처럼 채워지지 못한 수요는 이월된다고 가정하는 것이 합리적이다. 예를 들어 공급체인 내에 있는 두 기업 사이의 재고관리에서 주문이 이월되는 것은 흔한 일이다. 만약 물류센터가 Susan의 주문을 채울 재고가 없으면 주문은 이월되고 재고가 가용해지자마자 Susan에게 배송된다. 하지만, InSync와 같은 제품을 파는 판매 현장에서는 개별 소비자(회사가 아닌)의 수요가 이월된다는 가정은 맞지 않을 수 있다. 그럼에도 불구하고, 일반적으로 재고가 충분하고 주문의 이월이 자주 일어나는 것이 아니라 드물게 일어난다면 목표재고모형은 비교적 합리적이라고 생각할 수 있다. 따라서, 물류센터의 재고와 Susan의 현장 재고를 관리할 때 미충족된 주문 또는 수요는 이월된다는 가정을 쓸 것이다.

14.2.2 목표재고의 수준과 주문량 결정

목표재고모형에서 재고나 수요와 연관된 몇 가지 지표를 추적할 필요가 있다. **주문재고(on-order inventory)**는 지난 주기에 주문했지만 아직 받지 못한 주문량이다. 주문재고는

그 순간의 수요를 충족시키는 데는 이용할 수 없다. **보유재고(on-hand inventory)**는 현재 보유하고 있고 수요를 충족시키는데 사용할 수 있는 재고의 양이다. **이월 주문(backorder)**은 이월 주문된 제품의 수량으로서 이미 발생했지만 아직 충족되지 못한 수요의 양이다. 예를 들어, 수요가 발생하기 전에 창고에 6개의 재고가 있었고 그 기간에 수요가 8개라면, 6개의 수요는 충족되고 2개는 이월된다. 따라서, 주기의 끝에는 보유재고는 0개이고 이월 주문은 2개이다. 이월 주문은 양수로 기록된다는 것에 주의하라. 마지막으로, 이월 주문된 2개의 수요는 2개의 재고가 더 도착하면 충족될 것이다. 마지막으로, **재고상태(inventory position)**는 방금 언급한 세 지표들이 합쳐져 표시된다.

$$\text{재고상태} = \text{주문재고} + \text{보유재고} - \text{이월 주문}$$

재고상태는 각 주기에 주문량을 결정할 때 필요하다. 목표재고모형에서 중요한 결정은 목표재고 수량을 고르는 것인데 이는 S로 표시된다. **목표재고수준(order-up-to level)**은 주문을 내고 난 직후의 바람직한 재고상태인데, 이는 각 주문 시점에서 S와 현재 재고상태 사이의 차이만큼을 주문하는 것을 뜻한다.

$$\text{각 주기의 주문량} = S - \text{재고상태}$$

이것이 어떻게 기능하는지 보기 위해, Susan이 목표재고모형을 사용하고 목표재고수준을 4개로 하기로 했다고 해보자. 즉, $S = 4$이다. 각 주기가 시작될 때, 그녀는 목표재고수준과 그녀의 재고상태를 비교한다. 만약 그녀의 재고상태가 목표재고수준보다 낮다면 재고상태를 목표재고수준까지 끌어올리기 위한 수량을 주문한다. 예를 들어, 만약 그녀가 어느날 아침에 재고상태가 1인 것을 발견하면 목표재고수준 $S = 4$이기 때문에 3개의 제품을 주문한다. 이 주문은 재고상태의 일부인 주문재고를 증가시키기 때문에 그녀의 재고상태를 증가시킨다. 만약 그녀의 재고상태가 목표재고수준보다 높다면 그녀는 아무 것도 하지 않고 재고상태가 줄기를 기다린다. 고객의 수요는 보유재고를 줄이고 때론 이월 주문을 늘려서 재고상태를 줄인다.

재고상태는 수요가 발생해야만 S 이하로 떨어진다는 것에 주목하자. S가 4이고 주기의 시작시점에서 재고상태가 1인 경우를 다시 생각해보자. 만약 우리가 이전 주기에서도 목표재고모형을 사용했다면, 지난 주기의 주문 직후 재고상태는 4개였을 것이다. 그런데 이번 주기의 주문시점에서 재고상태가 1인 이유는 전 주기에 3개의 수요가 발생했기 때문일 것이다. 결과적으로, 우리는 이번 주기의 주문시점에서 재고상태를 다시 $S = 4$로 돌려놓기 위해 3개를 주문한다. 일반적으로,

> **목표재고모형(order-up-to inventory model)**에서는, 각 주기의 주문량과 전 주기의 수요량이 일치한다.

목표재고모형은 pull 방식으로 운영되는 생산/재고 통제시스템의 예이다. **Pull 시스템(pull system)**의 가장 중요한 특징은 제품의 수요가 있어야만 제품의 생산이나 보충이 시작된다는 것이다. 따라서 수요를 통해서만 시스템에서 재고를 끌어당길 수 있다. 반면, **push 시스템(push system)**은 수요를 예측한 뒤 생산 또는 주문을 시작한다. 신문팔이 모형은 push 시스템인 반면, 화재 현장에서 불을 끄기 위해 일렬로 서서 물 양동이들을 전

보유재고 소비자 수요를 바로 충족시킬 수 있는 재고

이월 주문 재고가 도착하기를 기다리는 이미 발생한 수요의 총량

재고상태 주문재고와 보유재고의 합에서 이월 주문량을 차감한 수량

목표재고수준 주문을 낸 직후의 바람직한 재고 수준

목표재고모형 재고가 주기적으로 주문되고, 주문을 받을 때까지의 리드타임이 있으며 재고가 상하지 않을 때의 적절한 재고 모형

Pull 시스템 프로세스의 가장 하단에 있는(시장과 가장 가까운) 자원의 운영속도가 시장 수요에 의해 정해지는 시스템. 시장수요의 속도에 의해 이 자원의 운영속도가 정해질 뿐만 아니라, 수요 정보를 프로세스의 상단에 위치한 다음 자원으로 전달하여, 상단의 자원 또한 수요의 속도에 맞춰 운영되도록 한다. 즉, 이는 수요에 의해서만 생산이나 보충이 시작되는 운영 시스템이다.

Push 시스템 제품의 생산 또는 보충이 수요의 예측으로 시작되는 운영 체제

달하는 사람들처럼 구성된 시스템은 pull 시스템의 예이다. 모든 JIT 시스템의 중요한 요소인 kanban 시스템 또한 pull 시스템이다. Pull 시스템은 지나친 재고의 축적을 막기 위해 주문 과정에 규칙을 부과하는 것이지만 미래 수요의 변화를 염두에 두지는 않는다. 따라서 pull 시스템은 목표재고모형에서의 가정처럼 그리고 InSync의 경우처럼 매 주기마다 수요가 동일한 분포함수를 따를 때 가장 효과적이다.

14.2.3 수요예측

목표재고모형에 필요한 마지막 부분은 다른 모든 재고관리 모형에서와 마찬가지로 수요예측이다. 사실, 목표재고모형은 다수의 주기 동안에 걸쳐 운영되기 때문에 적용되는 기간에 따라 몇 가지 다른 수요예측이 필요하다. 먼저 물류센터의 수요예측을 살펴보고 그 후에 Susan의 판매 영역에서의 수요예측을 살펴보자.

그림 14.1은 물류센터의 월별 수요를 나타내고 있는데, 물류센터에 적용되는 주기의 시간단위는 일주일이기 때문에 목표재고모형을 적용하기 위해서는 주별 수요 자료가 필요하다. 그림 14.1에 사용된 자료를 이용하여 주별 수요의 평균과 표준편차를 구할 수 있다. 물류센터에서 InSync의 주별 평균 수요가 81이고 표준편차가 20이라고 하자. 그러면 평균 81, 표준편차 20인 정규분포를 1주일 동안의 수요를 나타내는 분포함수로 사용할 수 있다. 나중에 다루겠지만, 목표재고모형에서는 서로 다른 시간간격들 동안의 수요예측이 필요하다. 모형에서 중요한 시간간격 중 하나는 리드타임에 한 주기를 더한 $(L+1)$주기이다. 예를 들어, 물류센터의 리드타임은 3주이다. 그러면, 우리는 $3+1=4$주 동안에 대한 수요예측이 필요하다.

우리가 1주기 동안의 수요예측 정보가 있는데, n개의 연속되는 주기에 걸친 수요예측이 필요하다고 해보자. n주기 동안의 수요예측의 평균을 구할 때는 각 개별 주기의 평균들을 단순히 더하기만 하면 된다. 따라서, n주기의 평균 수요는 한 주기의 평균 수요 곱하기 n이다.

$$n\text{주기 동안 예상 수요} = n \times \text{한 주기의 예상 수요}$$

예를 들어, 물류센터의 4주기 동안 평균 수요는 $4 \times 81 = 324$개이다. 반면, 여러 주기들의 표준편차를 합치는 것은 평균을 합치는 것처럼 간단하지는 않다. 만약 우리가 각 주기 동안의 수요가 독립적이라고 가정한다면, n주기 동안에 걸친 수요의 표준편차는

$$n\text{주기 동안에 걸친 수요의 표준편차} = \sqrt{n} \times \text{한 주기 동안 수요의 표준편차}$$

이다. 물류센터의 경우 4주기 동안의 수요의 표준편차는 $\sqrt{4} \times 20 = 40$개이다. 각 주기의

이해도 확인하기 14.1

질문 **한 주기가 시작될 때, 회사가 5개의 제품을 보유 중이고, 3개의 제품이 주문 중인데 한 주기 안에 받을 것이고, 또 다른 7개의 제품이 주문 중인데 3주기 안에 받을 것이라고 한다. 다른 주문 중인 제품은 없다. 목표재고수준은 22개이다. 이 시점에서 제품을 얼마나 주문해야 하는가?**

답 현재의 주문재고와 보유재고를 합한 재고상태는 15이다(이월 주문은 없다). 주문량은 목표재고수준인 22와 재고상태인 15 간의 차이이다. 따라서 $7 = 22-15$개가 주문되어야 한다.

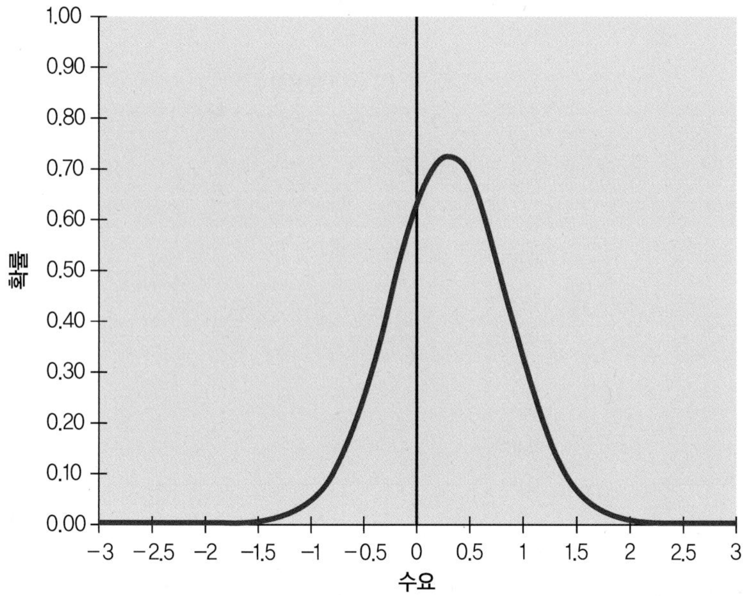

그림 14.4
평균이 0.30이고 표준편차가 0.55인 정규분포의 밀도함수

수요가 독립적이라는 가정은 많은 경우에 유효하다. 예를 들어, Susan이 월요일에 참가한 심장이식 수술의 숫자는 Susan이 화요일에 참가한 이식의 숫자에 아무런 영향을 미치지 않을 것이고 이 수치들은 서로 독립적이다.

이제 Susan의 판매영역에서 발생하는 수요예측으로 돌아가 보자. 그림 14.2의 자료에 따르면, Susan은 연간 78개의 InSync 장치 또는 하루에 0.30개의 장치를 팔고(1년에 52주, 1주일에 5일이라고 가정) 표준편차는 약 0.55개이다. 이 자료를 이용하여 Susan의 일일 수요는 평균이 0.30이고 표준편차가 0.55인 정규분포를 따른다고 할 수도 있지만 이는 좋은 방법은 아니다.

그림 14.4는 평균이 0.30이고 표준편차가 0.55인 정규분포의 밀도함수를 나타낸다. 모든 정규분포에서처럼, 밀도함수는 평균인 0.30에서 최고점에 이르는 좌우대칭적인 종 모양을 가지고 있다. 그림 14.4에 나타난 정규분포의 첫 번째 문제점은 평균이 0에 가깝기 때문에 음수의 결과값이 나타날 확률이 상당히 높다는 것이다. 그림 14.4의 곡선 아래쪽에 위치한 면적의 상당 부분이 음의 구간에 위치하는 것에 주목하자. 수요는 절대 마이너스가 될 수 없다. 정규분포의 두 번째 문제점은 정수가 아닌 결과값에도 양의 확률을 부여한다는 것이다. 예를 들어, 평균이 0.30이고 표준편차가 0.55인 정규분포에서 0.1 ~ 0.5 사이의 결과값이 나올 가능성은 28%이다. Susan은 절대로 0.1 ~ 0.5 사이의 InSync 장치를 팔지 않을 것이다. 어떤 환자도 오직 장치의 0.5만을 원하지 않는다!

이렇게 수요가 "낮은"(평균 수요가 0에 가까운) 환경에서는 정규분포가 실제 수요를 잘 나타내지 못한다. 이때 도움이 되는 통계적 분포가 **포아송분포(poisson distribution)**이다. 그림 14.5는 포아송분포의 밀도함수와 분포함수를 보여준다. 현재의 상황에서 포아송분포가 도움이 되는 두 가지 이유가 있다. 첫째, 포아송분포는 음의 값에 양의 확률을 부여하지 않는다. 포아송분포에서 수요는 0이 될 수는 있지만 음수는 가능하지 않다. 둘째, 포아송분포는 오직 정수의 결과값(0, 1, 2, …)에만 확률을 부여하기 때문에 수요가 절대로 0.5

포아송분포 낮은(예: 20 이하) 평균값을 갖는 수요 모형에 적절한 통계 분포

그림 14.5 평균이 0.30인 포아송분포의 밀도함수(왼쪽)와 분포함수(오른쪽). 다이아몬드는 함수의 값을 나타내며 함수값은 정수값으로만 정의된다(점선은 시각적 효과를 위한 것일 뿐이다).

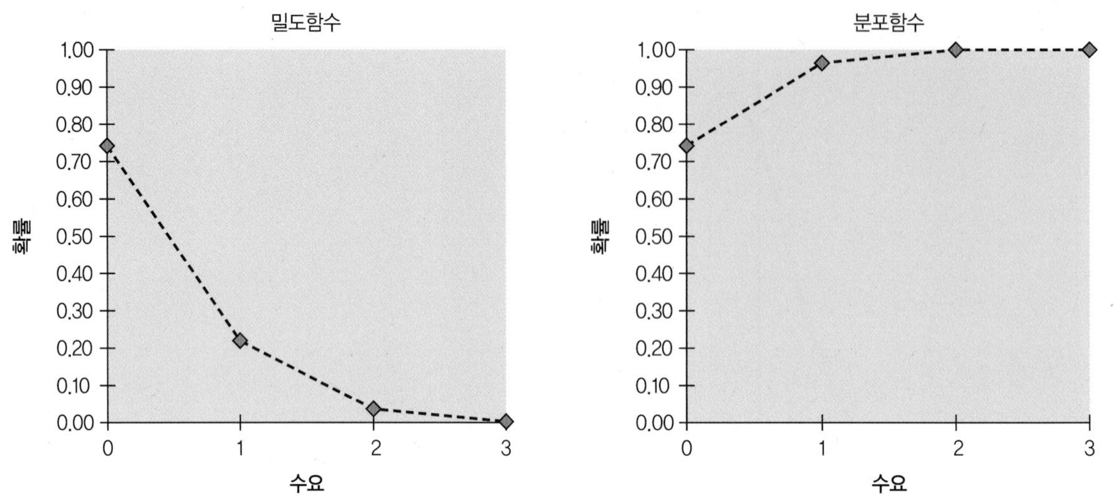

일 수 없다. 그림 14.5에서의 점선은 시각적 효과를 위한 것일 뿐, 밀도함수와 분포함수는 정수값을 갖는 수요를 의미하는 다이아몬드에서만 유효하다. 포아송분포와 정규분포의 또 다른 차이점은 포아송분포는 오직 한 가지 계수, 즉 평균에 의해서만 정의된다는 것이다. 포아송분포도 표준편차가 있지만 이 값은 선택해야 하는 것이 아니고 포아송분포의 표준편차는 평균의 제곱근과 같다고 정의된다. Susan의 판매영역에서, 1일 평균이 0.3개일 때 표준편차는 $\sqrt{0.3} = 0.55$이다.

수요가 "낮을" 때, 포아송분포가 정규분포보다 바람직하다면, 자연스러운 다음 질문은 "얼마나 낮은 것이 '낮은' 것인가?"이다. 그림 14.6이 몇 개의 지침을 제공한다. 그림에 나타난 것은 서로 다른 평균값을 가진 6개 포아송분포들의 밀도함수다. 그림 14.6에서 평균이 0.5인 경우를 보면 포아송분포의 평균값이 1보다 작을 때의 밀도함수는 전혀 종 모양을 닮지 않았다. 하지만, 평균값이 대략 2 이상이면 밀도함수는 종 모양을 닮기 시작한다. 평균값이 20일 때, 포아송분포의 밀도함수는 정규분포의 밀도함수처럼 명확히 좌우대칭인 종 모양을 닮는다. 즉, 포아송분포의 평균값이 증가할수록 분포는 점점 정규분포처럼 보이기 시작한다. 요약하자면, 만약 평균값이 20보다 적다면 포아송분포가 정규분포보다 수요를 더 잘 표현할 것이고 그렇지 않은 경우에는 정규분포가 더 나을 것이다. 그리고 만약 주기당 수요가 2보다 적다면 포아송분포가 더 나은 선택이라는 것은 의심의 여지가 없다.

이제 우리는 포아송분포로 Susan의 일일 수요를 표현할 것인데, 남은 일은 오랜 시간간격 동안의 Susan의 수요를 결정해야 한다. 한 주기 동안의 수요가 포아송분포를 따른다고 하면 n주기에 걸친 수요 또한 포아송분포를 따르며 이 분포의 평균은 한 주기 동안의 수요의 평균에 n을 곱한 값이다.

$$n\text{주기 동안의 포아송분포 평균} = n \times \text{한 주기 동안의 포아송분포 평균}$$

예를 들어, 4주기 동안의 Susan의 수요는 $4 \times 0.3 = 1.2$의 평균을 가진 포아송분포로 나타낼 수 있다.

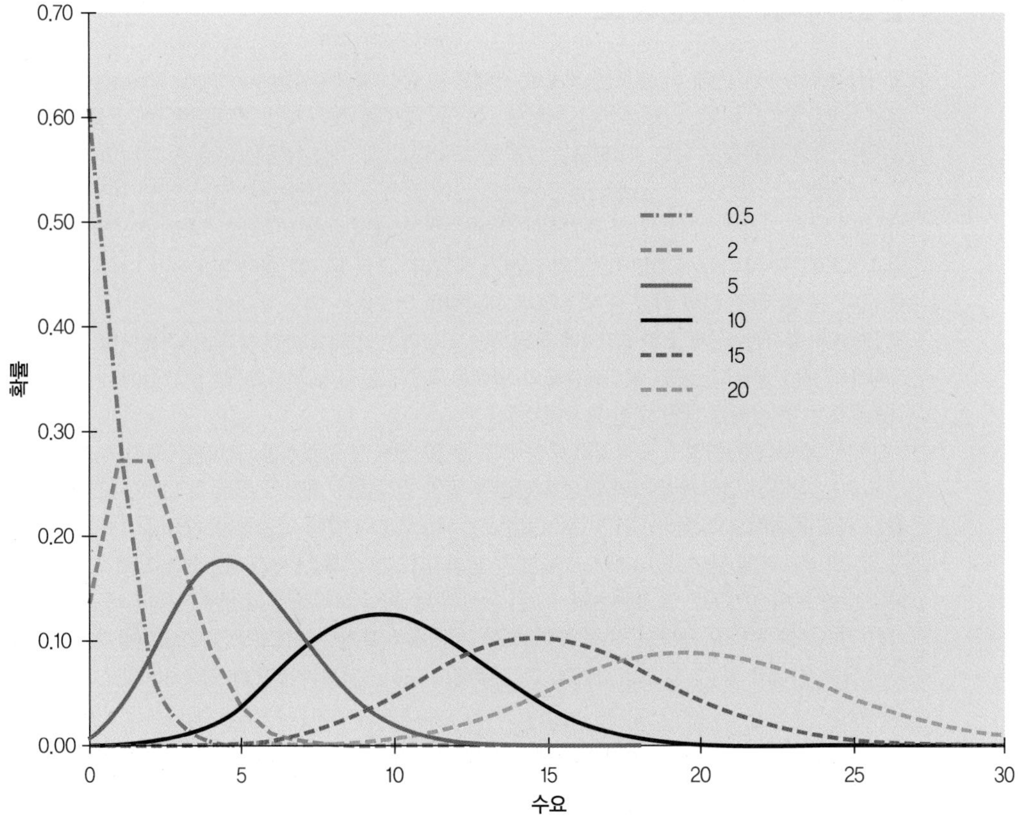

그림 14.6
평균이 0.5, 2, 5, 10, 15, 그리고 20인 포아송분포의 밀도함수

이해도 확인하기 14.2

질문 **각 주기의 수요는 평균이 100이고 표준편차가 50인 정규분포를 따른다. 4주기 동안의 수요를 나타내는 정규분포의 평균은 얼마인가?**

답 특정 시간간격 동안의 수요의 평균은 해당 시간간격을 구성하는 각 주기 수요의 평균들을 합한 값이다. 따라서, 답은 400이다.

질문 **각 주기의 수요는 평균이 100이고 표준편차 50인 정규분포를 따른다. 각 주기의 수요가 독립적이라고 가정할 때, 4주기 동안의 수요를 나타내는 정규분포의 표준편차는 얼마인가?**

답 특정 시간간격 동안의 수요의 표준편차는 해당 시간간격을 구성하는 주기의 개수에 제곱근을 취한 값 곱하기 한 주기 수요의 표준편차이다. 따라서, 4주기에 걸친 수요의 표준편차 $= \sqrt{4} \times 50 = 100$이다.

질문 **각 주기의 수요는 평균이 0.5인 포아송분포를 따른다. 3주기 동안의 수요를 나타내는 포아송분포의 평균값은 얼마인가?**

답 복수의 포아송분포들이 결합하여 만들어진 포아송분포의 평균은 결합된 각 포아송분포의 평균값들의 합이다. 이 경우, 3개의 포아송분포가 결합되었고 각 분포의 평균은 0.5이므로 결합되어 만들어진 포아송분포의 평균값은 $3 \times 0.5 = 1.5$이다.

연관 사례: 포아송분포

포아송분포는 1837년에 이 분포를 최초로 소개한 프랑스 수학자 Simeon Denis Poisson의 이름을 따서 명명되었다. 비록 "poisson"이 프랑스어로 "물고기"를 뜻하지만 포아송분포에서 물고기와 관련 있는 것은 아무것도 없고, 이 분포는 수요를 모델링할 때 가장 유용한 분포 중 하나이다.

포아송분포는 1898년에 Ladislaus Bortkiewicz에 의해 사용되었는데, 그는 20년 동안 Prussian Army의 14개 기갑부대에서 말의 뒷발질에 의해 죽은 병사의 수를 분석하는 데 이 분포를 사용했다. 평균적으로, 각 부대에서 매년 0.7명의 병사가 죽었다. 그림 14.7에 실제 빈도수가 나타나 있다. 예를 들어, 운 좋게도, 전체 기간 중 약 51%에 해당하는 연도에는 어느 부대에서도 사망사고가 발생하지 않았다. 하지만, 전체 기간 중 1%에 해당하는 기간에는 전체 부대에서 4건의 사망사고가 있었다. 그림 14.7에는 평균이 0.7인 포아송분포와 관련된 확률값들을 표시하고 있다. 그림에서 보듯이, 포아송분포는 이 상황을 대단히 잘 묘사하고 있다.

대부분의 사람들은 말의 뒷발질로 죽을 걱정을 할 필요가 없겠지만, 포아송분포가 적용될 수 있는 범위는 상당히 넓어서 우리가 특정 시간간격 동안 발생하는 사건의 수를 파악해야 하고, 그 사건들이 서로 독립적으로 일어난다면, 포아송분포는 각 사건의 발생 가능성을 가장 잘 나타내는 분포가 될 것이다. 예를 들어, 안내 데스크에 많은 전화가 오는데, 특정 시간 동안에 실제로 전화하는 사람의 수는 포아송분포로 잘 표현된다. 또는, 당신이 몇 개의 사이즈와 다양한 종류의 패턴과 무늬를 가진 침대보를 판다고 해보자. 특정 주에 특정 가게에서, 특정 사이즈, 모양, 스타일을 가진 침대보의 수요는 많아야 몇 개 정도일 것이다. 이 경우에도 포아송분포가 수요를 묘사하는 가장 적절한 분포이다.

포아송분포가 실제로 지수분포(exponential distribution)와 매우 가깝게 연결되어 있다는 점은 알아둘 가치가 있다. 지수분포는 종종 사건들 사이의 시간간격을 묘사하는 데 사용되는데 예를 들어, 특정 침대보의 판매가 일어나는 시간간격을 지수분포로 묘사할 수 있다. 만약 사건들 사이의 시간간격이 지수분포로 묘사된다면, 특정 시간간격 동안(예를 들어, 1주일 동안)에 일어나는 사건의 수는 포아송분포로 묘사될 수 있다.

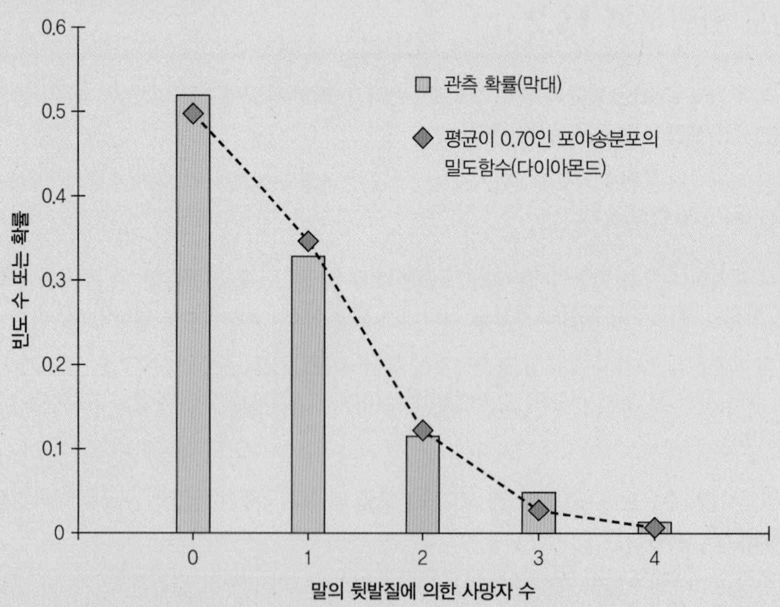

그림 14.7 1875~1894년 사이에 14개의 Prussian 부대를 대상으로 기갑부대 병사들의 연간 사망자 수를 관찰한 빈도(막대). 평균적인 사망 사건의 수는 부대별로 1년에 0.70명이다. 평균이 0.70인 포아송분포의 밀도함수도 같이 표시되어 있다(다이아몬드 표시).

출처: http://en.wikipedia.org/wiki/Poisson_distribution
http://www.math.uah.edu/stat/data/HorseKicks.html

14.3 성과지표의 측정

이 절에서 우리는 주어진 목표재고수준 S에 따른 성과측정 지표값들을 살펴보고자 한다.

학습목표 14-2
목표재고모형의 성과지표를 평가할 줄 안다.

14.3.1 예상 보유재고

목표재고모형의 중요한 성과지표는 **예상 보유재고(expected on-hand inventory)**로서 이는 각 주기의 끝 시점에서 보유하고 있는 평균적인 재고량을 의미한다. 모든 재고가 그렇듯이 더 많은 재고를 보유하면 더 많은 비용이 든다. 그림 14.8은 목표재고수준과 예상 보유재고 간의 관계를 보여준다. 예시에서, 목표재고수준 $S=5$이고 리드타임은 2주기이다. 이 경우에, 주기 1의 시작 시점에서, 보유재고는 2개이고 주문재고는 3개이다. 삼각형들이 이 5개의 제품을 나타내고 있다. 주기 1의 시작 지점에서 재고상태는 5개로 목표재고수준과 일치하는데, 이는 각 주기의 시작 지점에서 재고상태를 목표재고수준으로 끌어 올리기 위해 주문이 제출되기 때문이다.

예상 보유재고 각 주기의 마지막 시점에서 수요를 맞추기 위해 사용 가능한 재고량의 평균

그림 14.8에 묘사된 상황에서, 주기 3의 마지막 시점에서 보유재고는 얼마가 될까? 예상하듯이, 이는 주기 1, 2, 그리고 3의 수요량에 달려 있다. 그 기간 동안에 수요가 많을수록, 주기 3의 마지막 시점에서의 보유재고의 양은 적을 것이다. 명확하지는 않겠지만 중요한 점은 주기 3의 마지막 시점에서의 보유재고량은 주기 2와 3에서 각각 얼마나 주문했는지와는 관계가 없다. 그 주문들은 주기 3이후에 도착하므로 주기 3의 마지막 시점에서의 보유재고에는 아무런 영향도 끼치지 않는다. 따라서, 우리는 주기 1의 시작 시점의 재고(보유재고와 주문재고)와 3주기 동안의 총 수요에 집중하면 된다.

세 주기 동안의 총 수요가 목표재고수준보다 많다고 가정하자. 이 경우에, 주기 3이 끝나는 시점에 당연히 수중에 0개의 제품이 있을 것이다. 예를 들어, 3주기 동안의 수요가 각각 2개, 2개, 3개라고 하자. 세 주기 동안의 총 수요는 7개이지만 1주기의 시작 시점에 시스템에는 5개의 제품만이 이용 가능하다. 따라서, 수중에 재고가 없는 채로 2개의 이월 주문을 발생시키면서 세 주기가 끝나게 된다.

이제 세 주기 동안의 총 수요가 목표재고수준보다 적다고 가정하자. 예를 들어, 세 주기 동안의 수요가 각각 0개, 0개, 3개라고 가정해보자. 주기 3의 마지막 시점에는 얼마의 재고가 수중에 있을까? 이 경우에는, 주기 3이 시작할 때, 수중에는 5개의 제품이 있다. 주기 3이 끝날 때, 수중에는 오직 2개밖에 없는데 주기 3의 수요 때문이다. 이제 세 주기 동안의 수요가 각각 3개, 0개, 0개라고 해보자. 주기 3 마지막의 보유재고는 얼마인가? 이것은 여

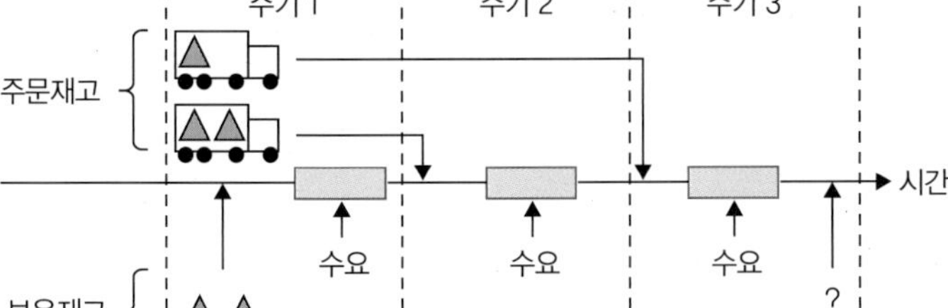

그림 14.8
3개의 주기로 구성된 목표재고모형. 리드타임은 2주기이고, 목표재고수준 $S=5$이며 주기 1의 시작 시점에 보유재고는 2개(삼각형), 그리고 주문재고는 3개이다(트럭 내 세모). 주기 1의 시작 시점의 주문 중인 3개의 제품 중, 2개는 주기 2에 도착하고 하나는 주기 3에 도착한다. 매 주기마다 불확실한 수요(직사각형)가 발생한다.

전히 2이다! 왜인지 보자. 첫 번째 주기 동안, 3개가 필요하지만 우리는 오직 2개밖에 가지고 있지 않다. 따라서 2개의 수요가 충족되고 1개는 이월된다. 주기 2에 추가로 2개의 제품이 도착해서, 하나는 이월된 수요를 충족시키고 남은 하나는 보유재고로 시스템에 남는다. 그리고 주기 3에 제품이 하나 더 도착해서 시스템에 2개의 재고가 남게 된다. 비록 이 예시들이 엄격한 증명을 하지는 않지만, 일반적으로 아래의 내용은 사실이다.

> 각 주기의 마지막 시점에서의 보유재고는 목표재고인 S에서 $(L+1)$주기 동안의 수요 또는 0 중에 큰 수를 뺀 것과 같다.

위 문장에서 중요한 점은 보유재고의 수량은 오직 목표재고수준에 달려 있을 뿐 시스템의 어느 곳(주문재고 또는 보유재고)에 재고가 위치하는지는 중요하지 않다는 점이다. 예를 들어, 그림 14.8의 예시에서, 주기 1의 시작 시점에서 5개가 주문 중이고 보유재고는 0이라고 해보자. 재고상태는 5개로 동일한데 이는 목표재고수준이 여전히 5이기 때문이다. 만약 세 주기 동안의 총 수요가 3이라면 이 경우에도 세 주기가 끝나는 시점의 보유재고는 2개이다.

목표재고모형에서 목표재고수준 S는 신문팔이 모형에서의 주문량과 유사한 역할을 하며 수요가 발생하기 전에 시스템 내에서 가용한 재고의 양을 결정한다. 가용한 재고량은 수요 발생에 따라 줄어들면서 주기 말에는 재고로 시스템에 남는다. 신문팔이 모형에서, 이 재고는 "남은 재고"라고 불리면서 청산의 대상이 되는 반면, 목표재고모형에서 이는 보유재고라 불리면서 다음 주기로 이월된다. 다행히도, 신문팔이 모형에서 예상재고를 계산할 때 사용한 방법은 목표재고모형에서 예상되는 보유재고를 계산하는 데에 사용되는 방법과 동일하다. 물류센터와 Susan의 판매영역 모두에 이 방법을 적용해보자.

물류센터에서 목표재고수준을 $S=404$로 설정했다고 가정해보자. $(L+1)$주기 동안의 수요가 평균이 324이고 표준편차가 40으로 정규분포되었다는 것을 상기하자. 이 경우, 목표재고모형에서 예상되는 보유재고의 양은 주문량이 404이고, 수요의 평균이 324이며, 표준편차가 40인 신문팔이 모형에서의 예상재고를 계산하는 과정과 동일하다. 신문팔이 모형에서는 예상재고를 찾기 위해 주문량 Q를 표준 정규분포상의 z값으로 변환한 뒤 그 z값에 대해 예상되는 재고량을 찾고 그 값을 실제 수요 분포를 바탕으로 예상되는 재고량으로 변환한다. 목표재고모형에서도 동일한 과정을 거친다. 특히, 선택된 목표재고수준에 해당하는 z값은

$$z=\frac{S-\mu}{\sigma}=\frac{404-324}{40}=2$$

이다. 이제 표 14.1 표준 정규분포표를 사용해서 예상재고를 찾아보면 $I(z=2)=2.0085$이다. 마지막으로, 이 예상재고를 물류센터의 예상되는 보유재고로 변환한다.

$$\text{예상되는 보유재고}=\sigma\times I(z)=40\times 2.0085=80$$

따라서, 물류센터가 목표재고수준을 $S=404$로 운영한다면, 그 물류센터는 각 주기가 끝나는 시점에서 보유재고가 평균적으로 80개일 것이다. 가끔 보유재고가 주기의 끝에서 80보다 더 많을 수도, 적을 수도 있지만 평균은 80개이다.

표 14.1 표준 정규분포함수에서 분포함수 $F(z)$와 예상재고 함수 $I(z)$

z	$F(z)$	$I(z)$	z	$F(z)$	$I(z)$
−4.0	0.0000	0.0000	0.1	0.5398	0.4509
−3.9	0.0000	0.0000	0.2	0.5793	0.5069
−3.8	0.0001	0.0000	0.3	0.6179	0.5668
−3.7	0.0001	0.0000	0.4	0.6554	0.6304
−3.6	0.0002	0.0000	0.5	0.6915	0.6978
−3.5	0.0002	0.0001	0.6	0.7257	0.7687
−3.4	0.0003	0.0001	0.7	0.7580	0.8429
−3.3	0.0005	0.0001	0.8	0.7881	0.9202
−3.2	0.0007	0.0002	0.9	0.8159	1.0004
−3.1	0.0010	0.0003	1.0	0.8413	1.0833
−3.0	0.0013	0.0004	1.1	0.8643	1.1686
−2.9	0.0019	0.0005	1.2	0.8849	1.2561
−2.8	0.0026	0.0008	1.3	0.9032	1.3455
−2.7	0.0035	0.0011	1.4	0.9192	1.4367
−2.6	0.0047	0.0015	1.5	0.9332	1.5293
−2.5	0.0062	0.0020	1.6	0.9452	1.6232
−2.4	0.0082	0.0027	1.7	0.9554	1.7183
−2.3	0.0107	0.0037	1.8	0.9641	1.8143
−2.2	0.0139	0.0049	1.9	0.9713	1.9111
−2.1	0.0179	0.0065	2.0	0.9772	2.0085
−2.0	0.0228	0.0085	2.1	0.9821	2.1065
−1.9	0.0287	0.0111	2.2	0.9861	2.2049
−1.8	0.0359	0.0143	2.3	0.9893	2.3037
−1.7	0.0446	0.0183	2.4	0.9918	2.4027
−1.6	0.0548	0.0232	2.5	0.9938	2.5020
−1.5	0.0668	0.0293	2.6	0.9953	2.6015
−1.4	0.0808	0.0367	2.7	0.9965	2.7011
−1.3	0.0968	0.0455	2.8	0.9974	2.8008
−1.2	0.1151	0.0561	2.9	0.9981	2.9005
−1.1	0.1357	0.0686	3.0	0.9987	3.0004
−1.0	0.1587	0.0833	3.1	0.9990	3.1003
−0.9	0.1841	0.1004	3.2	0.9993	3.2002
−0.8	0.2119	0.1202	3.3	0.9995	3.3001
−0.7	0.2420	0.1429	3.4	0.9997	3.4001
−0.6	0.2743	0.1687	3.5	0.9998	3.5001
−0.5	0.3085	0.1978	3.6	0.9998	3.6000
−0.4	0.3446	0.2304	3.7	0.9999	3.7000
−0.3	0.3821	0.2668	3.8	0.9999	3.8000
−0.2	0.4207	0.3069	3.9	1.0000	3.9000
−0.1	0.4602	0.3509	4.0	1.0000	4.0000
0.0	0.5000	0.3989			

표 14.2 평균이 0.60인 포아송분포의 분포함수 $F(S)$와 예상재고 함수 $I(S)$

S	$F(S)$	$I(S)$
0	0.5488	0.00
1	0.8781	0.55
2	0.9769	1.43
3	0.9966	2.40
4	0.9996	3.40
5	1.0000	4.40
6	1.0000	5.40
7	1.0000	6.40

이제 Susan의 판매영역으로 가서 그녀가 목표재고수준을 $S = 2$로 운영한다고 가정해보자. 한 주기의 수요는 평균 0.30개이고 리드타임 $L = 1$주기이다. 그녀의 판매 영역에서 $L + 1$주기에 걸친 수요는 평균이 0.60(0.30 × 2)인 포아송분포를 따른다. 표 14.2는 그 포아송분포에서의 분포함수 $F(S)$와 예상되는 재고 $I(S)$를 보여준다. 부록 14A에는 더 광범위한 범위를 담은 포아송 표가 제공되어 있다. 표 14.2에서 만약 Susan이 $S = 2$인 목표재고수준으로 운영한다면 그녀의 예상되는 보유재고는 $I(S) = 1.43$개이다. 일단 우리가 올바른 포아송 표를 사용한다면, 예상되는 보유재고를 결정하기 위해 표에서 특정 목표재고수준 S값을 찾아 $I(S)$를 읽기만 하면 된다. 포아송분포에서는, 정규분포에 표준 정규분포가 있는 것처럼, "표준 포아송분포"가 존재하지는 않는다. 따라서, 포아송분포를 사용할 때는 수요를 나타내는 특정 포아송분포를 위한 표 14.2와 같은 표가 필요하다. 각기 다른 포아송분포를 위한 표가 필요하다는 것은 번잡한 일이지만, 일단 표가 있으면, 이미 언급했듯이, 예상되는 보유재고의 양은 손쉽게 계산할 수 있다.

이해도 확인하기 14.3

질문 **(L+1)주기 동안의 제품의 수요는 평균이 1,000이고 표준편차가 400인 정규분포를 따른다. 목표재고수준은 1,600이다. 예상되는 보유재고의 양은 얼마인가?**

답 목표재고수준을 $z = \frac{1{,}600 - 1{,}000}{400} = 1.5$로 변환하고, 표 14.1에서 $I(1.5) = 1.5293$이므로, 이 수치를 실제 수요를 바탕으로 한 예상 보유재고의 양으로 변환하면 $400 \times 1.5293 = 612$

질문 **(L+1)주기 동안의 제품의 수요는 평균이 3인 포아송분포를 따른다. 목표재고수준은 5이다. 예상되는 보유재고의 양은 얼마인가? 포아송분포표는 부록 14A에 있다.**

답 평균이 3인 포아송분포표에서 $I(S = 5) = 2.13$

14.3.2 수요충족확률과 품절확률

수요충족확률은 신문팔이 모형에서처럼 모든 수요가 충족될 확률이다. 그림 14.8을 다시 보자. 만약 주기 3에서 이월주문이 발생하지 않는다면 이 주기에서의 수요는 충족된 것이다. 만약 주기 1, 2, 3에 걸친 총 수요가 5개 이하라면, 이 주기에서는 이월주문이 발생하지 않을 것이다. 즉,

$$\text{수요충족확률} = (L+1)\ \text{주기 동안의 수요가}\ S\ \text{또는 그 이하일 확률}$$

이며, 이는 신문팔이 모형에서의 수요충족확률과 동일한 것이다. 목표재고모형에서도 신문팔이 모형에서처럼 수요충족확률을 구하기 위해 분포함수를 사용한다. 다시 물류센터의 문제로 돌아가서, 목표재고수준 $S = 404$이고 $(L+1)$주기 동안의 수요가 평균 324와 표준편차 40의 정규분포를 따르는 상황을 생각해보자. 먼저 목표재고수준 S를 z값으로 변환한다.

$$z = \frac{S-\mu}{\sigma} = \frac{404-324}{40} = 2$$

표 14.1에서 분포함수를 찾아보면 $F(z=2) = 0.9772$이다. 따라서, 물류센터의 수요충족확률은 0.9772이다. Susan의 경우에는 목표재고수준 $S = 2$를 사용한다고 하자. $(L+1)$주기 동안의 제품의 수요는 평균이 0.6인 포아송분포를 따른다. 표 14.2에서 $F(S=2) = 0.9769$이므로 현재의 목표재고수준에서 Susan의 수요충족확률은 0.9769이다.

모든 수요는 (재고가 있어서) 충족되거나 (재고가 없어서) 충족되지 않거나이다. 즉, 신문팔이 모형에서처럼,

$$\text{품절확률} = 1 - \text{수요충족확률}$$

따라서, 물류센터에서의 품절확률은 $1-0.9772 = 0.0228$이고 Susan의 경우 품절확률은 $1-0.9769 = 0.0231$이다.

이해도 확인하기 14.4

질문 **$(L+1)$주기 동안의 제품의 수요는 평균이 1,000이고 표준편차가 400인 정규분포를 따른다. 목표재고수준은 1,600이다. 수요충족확률은 얼마인가?**

답 목표재고수준을 z값으로 변환하면, $z = \frac{1{,}600-1{,}000}{400} = 1.5$, 표 14.1에서 $F(1.5) = 0.9332$

질문 **$(L+1)$주기 동안의 제품의 수요는 평균이 3인 포아송분포를 따른다. 목표재고수준은 5이다. 수요충족확률은 얼마인가? 포아송분포표는 부록 14A에 있다.**

답 평균이 3인 포아송분포표에서, $F(S=5) = 0.9161$

14.3.3 예상 주문재고

예상되는 주문재고 또는 **예상 주문재고(expected on-order inventory)**는 특정 시점에서 발주 중인 재고의 평균 양이다. 이는 또한 수요를 충족시키기 위해 공급체인의 파이프라인을 타고 주문지로 이동하는 중의 재고이므로 **파이프라인 재고(pipeline inventory)**라고 불리기도 한다. Medtronic은 예상 주문재고를 신경 쓰고 있는데 공장과 Mounds View 물류센터 사이와 Mounds View 물류센터와 Susan의 판매영역 사이에 이 재고를 보유하고 있기

예상 주문재고 특정 시점에서 발주 중인 재고의 평균 양이다.

파이프라인 재고 예상 주문재고를 묘사하는 또 다른 용어이다.

때문이다. 따라서, 이 재고에 대해서도 자본의 기회비용, 보관비, 폐기에 따른 비용과 같은 유지비용이 발생한다.

예상되는 주문재고의 양을 계산하기 위해 리틀의 법칙을 다시 생각해보자.

$$재고 = 흐름률 \times 흐름시간$$

목표재고모형의 맥락에서, 흐름률은 각 단위가 시스템을 타고 흐르는 속도이기 때문에 수요의 속도(즉, 한 주기 동안의 평균 수요)로 볼 수 있다. 그리고 파이프라인에서의 흐름시간은 각 단위가 주문과정에서 소요하는 시간이기 때문에 그 정의상 리드타임이다. 따라서,

$$예상\ 주문재고 = 한\ 주기의\ 평균\ 수요 \times 리드타임$$

InSync 제품의 경우, Mounds View 물류센터와 Susan 사이의 예상 주문재고는 0.30개(일일 0.30개 × 1일)이며, 공장과 Mounds View 물류센터 사이에는 243개(주당 81개 × 3주)의 파이프라인 재고가 있다.

예상되는 주문재고는 리드타임 L동안만의 수요를 기준으로 계산되고, 예상되는 보유재고는 $(L+1)$주기 동안의 수요를 기준으로 계산된다. 이 둘 간의 차이를 보면, 발주된 주문은 리드타임 동안에만 주문 중인 것으로 인식된다. 특히, 주문은 주기의 시작 시점에 발주되고 리드타임 경과 후 주기의 시작 시점에 배송된다. 반면, 보유재고는 주기가 끝나는 시점에 측정되기 때문에 특정 주기의 시작 시점에 배달된 재고라도 그 해당 주기가 끝나는 시점에서야 보유재고로 인식된다. 따라서, 주문시점과 보유재고로 인식되는 시점 간에 $(L+1)$주기에 걸친 수요가 발생한다.

예상 주문재고와 예상 보유재고 사이에 또 다른 중요한 차이가 있다. 예상 주문재고는 리드타임 동안에 발생하는 수요의 평균값에만 의존하며 수요의 변동성과는 관련이 없다. 따라서, 수요의 변동성이 늘어나거나 줄어드는 것은 주문재고의 평균값에 영향을 주지 않는다. 그러나 예상 보유재고는 수요의 변동성에 따라 달라진다.

이해도 확인하기 14.5

질문 **각 주기 동안 제품의 수요는 평균이 400이고 표준편차가 100인 정규분포를 따른다. 목표재고수준은 1,200이고 리드타임은 2주기이다. 예상 주문재고량은 얼마인가?**

답 예상 주문재고는 주기당 평균 수요와 리드타임의 주기 숫자를 곱한 것과 같다.
따라서 400 × 2 = 800

질문 **각 주기 동안 제품의 수요는 평균이 0.25인 포아송분포를 따른다. 리드타임은 4주기이고 목표재고수준은 3이다. 예상 주문재고는 얼마인가? 포아송분포표는 부록 14A에 제시되어 있다.**

답 예상 주문재고는 주기당 수요의 평균과 리드타임의 주기 숫자를 곱한 것이므로 0.25 × 4 = 1

14.4 목표재고수준의 결정

지금까지 우리는 Medtronic가 특정 목표재고모형을 선택했을 때 이에 따른 성과를 평가하는 방법을 다루었다. 이 절에서는 역으로 특정 성과목표를 달성하기 위해 필요한 목표재고량을 찾는 방법을 다룬다.

학습목표 14-3
목표 서비스수준을 달성하기 위해 필요한 목표재고수준을 계산할 줄 알고 적절한 서비스수준을 결정하는 요소를 이해한다.

의사들에게 수술에 필요한 제품의 품절이란 있을 수 없는 일이다. 그리고 Medtronic도 판매 기회를 잃는 것은 매출에 따른 수익을 잃는 것이기 때문에 뼈 아픈 일이다. 따라서, Medtronic은 재고가 모자라는 일이 없도록 늘 준비하려 한다. 두 번째로 중요한 고려사항은 지나친 재고유지비용을 피하기 위해 재고를 가능한 한 최소화하는 것이다. Medtronic은 이러한 목표들을 감안하여 0.9999의 수요충족확률을 유지하려 하는데 이는 현실적으로 재고가 모자라는 일이 거의 없도록 하겠다는 것이다. 표 14.3은 0.9999의 수요충족확률이 현실적으로 어떤 의미인지를 보여주는데, 0.9999의 수요충족확률이 실제로 달성된다면 이는 평균적으로 10,000번째 주기에서 처음으로 품절이 발생하는 것과 같다. Susan이 1년에 260일(주 5회, 연 52주)을 일한다고 가정하더라도, 10,000번째 주기는 38.5(10,000/260)년에 해당한다. 이 InSync 제품은 차세대 더 나은 제품이 출시되기까지 아마도 약 3~5년 정도 생산될 것이므로, 판매인이 0.9999의 확률로 수요를 충족한다는 것은 거의 늘 수요를 충족할 수 있는 것으로 보아야 할 것이다.

물류센터에서의 수요충족확률은 높아야 한다. 그러나 판매 대리인의 경우만큼 높을 필요는 없다. 물류센터의 운영이 그리 공격적일 필요가 없는 이유는 물류센터에 재고가 없다고 해서 곧바로 판매인의 품절로 이어지지는 않기 때문이다. 물류센터에서 간헐적인 품절상황이 일어나더라도 판매인들은 Medtronic을 보호할 만큼의 완충재고를 가지고 있다. 따라서 물류센터의 수요충족확률을 0.999로 하자. 표14.3에 따르면, 0.999의 수요충족확률을 갖는 경우 처음으로 품절이 발생하는 날은 1,000일로 이는 3~4년 사이에 해당한다. 이 정도면 물류센터에게는 충분하다.

수요충족확률	최초의 품절이 발생하기까지의 예상 기간 수
0.80	5
0.90	10
0.95	20
0.96	25
0.98	50
0.99	100
0.9950	200
0.9990	1,000
0.9995	2,000
0.9999	10,000
0.99995	20,000
0.99999	100,000

표 14.3 다양한 수요충족확률에 따라 최초의 품절이 발생하기까지의 예상 기간 수. 만약 수요충족확률을 p라고 한다면 최초의 품절이 발생하기까지의 예상 기간 수는 $1/(1-p)$이다.

이제 Susan과 물류센터의 목표 수요충족확률이 각각 0.9999와 0.999일 때 이들을 달성할 수 있는 목표재고의 수준, 즉 S값을 찾아보자. 14.3.2절에서 논의한 대로, 이 과정에서 필요한 수요 분포는 $(L+1)$주기 동안의 수요 분포다. Susan의 경우에는 이것이 평균이 0.60인 포아송분포이며, 물류센터의 경우에는 평균이 324이고 표준편차가 40인 정규분포이다. 표 14.2에는 $(L+1)$주기 동안 Susan에게 발생하는 수요의 분포함수 $F(S)$가 제시되어 있으며 분포함수 그 자체가 수요충족확률이기도 하다. 예를 들어, 만약 Susan이 $S=3$을 선택한다면, 그녀의 수요충족확률 $F(S=3)=0.9966$이다. 이는 충분하지 않다. 그러나 $F(S=4)=0.9996$이므로 $S=4$도 충분하지 않다. Susan이 적어도 0.9999의 수요충족확률을 달성하려면 목표재고수준 $S=5$를 선택해야 한다.

Mounds View 물류센터의 경우에는 정규분포를 사용해야 한다. 먼저 표준 정규분포표를 이용하여 수요충족확률을 충족하는 목표재고수준을 찾은 뒤 이 수치를 실제 수요 분포상의 목표재고수준으로 변환해야 한다. 표 14.1에서, $F(z=3.0)=0.9987$인데 충분히 높지는 않다. 0.999의 수요충족확률을 달성하려면 $F(z=3.1)=0.9990$이므로 $z=3.1$을 선택해야 한다. 이는 만약 $(L+1)$기간 동안의 수요가 표준 정규분포를 따른다면, 우리가 목표로 하는 수요충족확률을 달성하기 위해서는 3.1개의 목표재고수준을 유지해야 한다는 것이다. 이제 이 z값을 실제수요 분포상의 목표재고수준으로 변환해야 한다.

$$S=\mu+(z\times\sigma)$$

이 변환과정에서 사용할 평균과 표준편차는 $(L+1)$주기 동안의 수요 분포를 기준으로 함을 상기하자. 따라서,

$$S=324+(3.1\times 40)=448$$

이다. 도표 14.1에 목표하는 수요충족확률을 달성하는 데 필요한 목표재고수준을 구하는 과정이 요약되어 있다.

도표 14.1

목표 수요충족확률을 달성하기 위한 목표 재고수준의 결정

만약 $(L+1)$주기 동안의 수요가 평균이 μ이고 표준편차가 σ인 정규분포를 따른다면, 단계 1과 2를 진행한다.

1단계: 표 14.1을 사용하여 목표하는 수요충족확률에 상응하는 확률을 찾은 뒤 이 확률에 상응하는 z값을 찾는다. 만약 목표 수요충족확률이 표의 두 값들 사이에 위치한다면 보다 큰 z값을 선택하라. 엑셀을 이용할 경우, 엑셀 함수 $z=$ NORM.S.INV(목표 수요충족확률)를 이용하여 적절한 z값을 찾을 수 있다.

2단계: 1단계에서 선택된 z를 목표 재고수준으로 전환한다.

$$S=\mu+(z\times\sigma)$$

만약 $(L+1)$주기 동안의 수요가 정규분포를 따르지 않는다면, 그 기간 동안의 수요에 상응하는 분포함수표가 필요하다. 그 표에서 $F(S)$값이 목표 수요충족확률과 같아지는 S값을 찾아야 한다. 만약 목표 수요충족확률이 표의 두 입력 값 사이에 위치한다면 더 큰 S값을 선택하라.

이해도 확인하기 14.6

질문 (L+1)주기 동안 제품의 수요는 평균이 1,000이고 표준편차가 400인 정규분포를 따른다. 적어도 0.98의 수요충족확률을 달성하면서 재고를 최소화하는 목표재고수준은 얼마인가?

답 표 14.1에서, $F(z=2.0)=0.9772$이고 $F(z=2.1)=0.9821$이다. $z=2.1$을 선택한다. 실제 분포상의 주문량으로 전환하면, $1{,}000+(2.1\times 400)=1{,}840$

질문 (L+1)주기 동안 제품의 수요는 평균이 3인 포아송분포를 따른다. 적어도 0.98의 수요충족확률을 달성하면서 재고를 최소화하는 목표재고수준은 얼마인가? 포아송분포표는 부록 14A에 제시되어 있다.

답 평균이 3인 포아송분포표에서 $F(S=6)=0.9665$이고 $F(S=7)=0.9881$이다. 0.98의 수요충족확률을 달성하려면, $S=7$을 선택해야 한다.

14.5 목표재고모형에서의 재고와 서비스

이 절에서는 목표재고모형에서 재고의 양에 영향을 미치는 요소들을 이해하고자 한다. 그림 14.9는 수요충족확률에 따라 예상 보유재고의 양이 변하는 모습을 6가지 경우를 통해 보여주고 있는데, 모든 경우에 ($L+1$)주기 동안의 수요는 평균이 100인 정규분포를 따르고 있지만 각 경우의 표준편차는 10, 20, 30, 40, 50, 60으로 차이가 난다. 따라서 이 6가지 각각의 경우에 변동계수(평균에 대한 표준편차의 비율)는 가장 낮은 0.1부터 가장 높은 0.6이 된다. 그림 14.9로부터 세 가지를 관찰할 수 있다.

학습목표 14-4
필요한 재고량을 결정하는 요소를 설명할 줄 안다.

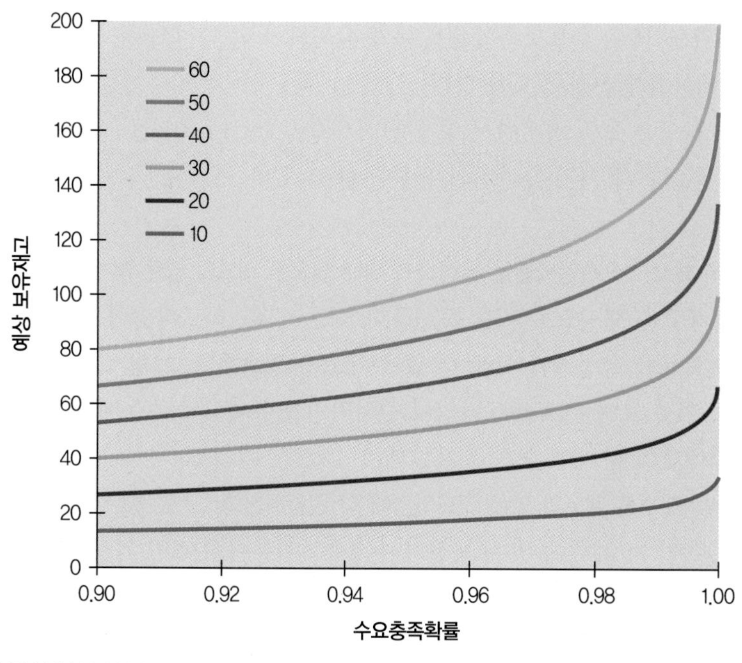

그림 14.9
예상 보유재고와 수요충족확률 간의 상쇄관계. 모든 곡선들은 (L+1)주기 동안의 수요가 평균이 100인 정규분포를 따르지만, 표준편차는 각각 10, 20, 30, 40, 50, 60으로 달라진다.

1. **수요충족확률이 증가하면 보유재고는 항상 증가한다.** 달리 말하면, 소비자에게 보다 나은 서비스를 제공하려면 예상 보유재고를 늘려야 한다. 재고를 보유하는 것은 비용이 들고 더 많은 재고를 보유하려면 더 많은 비용이 든다. 따라서, 더 나은 서비스를 제공하려면 추가적인 재고보유비용이 발생한다.
2. **수요의 변동계수가 높아질수록 특정 수요충족확률을 달성하기 위해 필요한 재고의 양은 더 많아진다.** 그림 14.9에서, 수요충족확률 하나를 고른 뒤 수요의 변동계수가 바뀜에 따라 필요 재고량이 어떻게 달라지는지 보자. 모든 경우에 표준편차(따라서 수요의 변동계수)가 증가하면 더 많은 재고가 요구된다. 이는 "변동성이 시스템의 저해요소"라는 운영관리의 핵심 명제가 다시 한 번 드러나는 상황이다. 만약 수요의 변동성이 증가하면 동일한 수준의 서비스를 달성하기 위해 더 많은 재고가 필요해진다.
3. **달성하고자 하는 수요충족확률이 1.0에 가까워질수록 필요한 보유재고의 양은 더 높은 비율로 증가한다.** 그림 14.9에서, 목표 수요충족확률이 커질수록 각 곡선은 점점 더 기울기가 증가한다. 이는 목표 수요충족확률을 0.90에서 0.91로 증가시킬 때보다 0.95에서 0.96으로 증가시킬 때 더 많은 재고가 필요하다는 것을 의미하며 이 현상은 목표 수요충족확률이 1.0에 가까워질수록 더욱 심해진다는 것을 의미한다.

그림 14.9의 곡선들은 대기행렬 모형에서 자원의 활용률과 예상 대기시간과의 관계를 나타내는 곡선들과 유사하다. 대기행렬 모형에서는 자원이 고객을 기다리거나 고객이 자원을 기다린다. 자원이 고객을 기다릴 때는 자원의 활용률은 낮지만 고객은 오래 기다리지 않아도 된다. 그러나 자원의 활용률이 높아지면 자원이 고객을 기다리기보다는 고객이 자원을 기다리는 시간이 점점 더 늘어난다. 자원의 활용률이 100%에 가까워지면 고객의 대기시간은 폭증한다. 목표재고모형에서도 본질적으로 같은 현상이 일어난다. 수요충족확률이 1.0에 가까워지면 시스템 내 재고의 양도 극적으로 증가한다. 고객이 재고를 기다리는 상황을 피하기 위해서(즉, 수요충족확률을 높게 유지하기 위해) 재고를 충분히 준비해서 재고가 고객을 기다리게 만들 필요가 있다.

그림 14.9에서 리드타임은 모든 경우에서 일정했다. 반면, 그림 14.10과 14.11은 리드타임 변화의 영향을 보여준다. 세 가지 추가적인 관찰을 할 수 있다.

1. **리드타임이 길수록 특정 수요충족확률을 달성하기 위해 필요한 재고의 양은 더 많아진다.** 그림 14.10은 보유재고를 대상으로 이를 보여준다. 모든 경우, 리드타임이 길어질수록 동일한 수요충족확률을 달성하기 위해 더 많은 재고가 필요하다. 그림 14.11은 주문재고를 대상으로 이를 보여준다. 리드타임이 길어지면 보유재고와 주문재고 둘 다 증가하면서 시스템에서의 총 재고 또한 증가한다.
2. **수요충족확률이 높아질수록 재고의 양은 리드타임에 더 민감해진다.** 그림 14.10에서, 수요충족확률이 0.9999인 가장 위에 있는 곡선과 수요충족확률이 0.95인 가장 아래 곡선을 보자. 그리고 리드타임이 1주기에서 20주기까지 증가하면서 이 두 곡선이 어떻게 변화하는지를 살펴보자. 두 곡선 모두 재고가 증가함을 보여주지만, 수요충족확률이 높은 경우 곡선이 더 많이 증가함을 볼 수 있다. 예를 들어, 수요충족확률이 0.95인 경

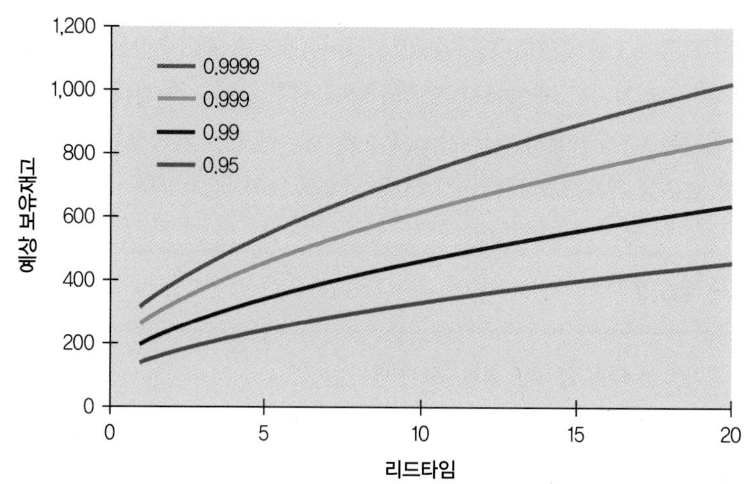

그림 14.10
리드타임의 변화에 따른 예상 보유재고량의 변화. 한 주기의 수요는 평균이 100이고 표준편차가 60인 정규분포를 따른다. 각 곡선의 목표 수요충족확률은 0.95, 0.99, 0.999, 0.9999이다.

그림 14.11 리드타임의 변화에 따른 예상 보유재고량과 시스템 총 재고량(보유재고와 주문재고의 합)의 변화. 한 주기의 수요는 평균이 100이고 표준편차가 60인 정규분포를 따르며 수요충족확률은 0.95(왼쪽) 또는 0.9999(오른쪽)이다.

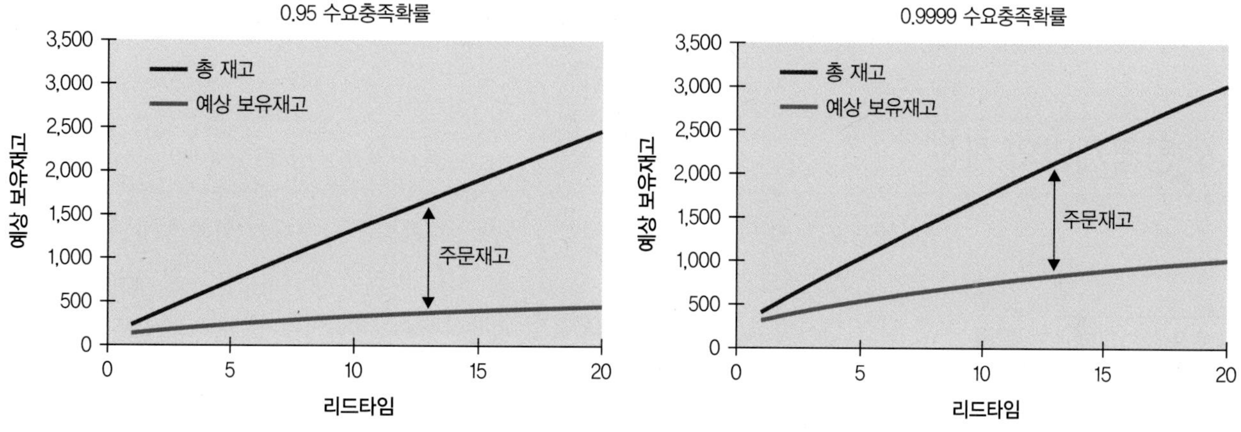

우에 곡선은 141단위에서 458단위로 317단위 증가한 반면, 수요충족확률이 0.9999인 경우에는 316에서 1,023으로 707단위 증가했다. 이 관찰의 중요한 함의는 만약 회사가 리드타임을 줄이려는 투자를 고려하고 있다면(예: 지상운송보다 비용이 더 들지만 빠른 항공배송을 고려한다면) 그 투자는 수요충족확률이 높은 경우에 더 의미(더 큰 재고감축이 가능하다는 의미)가 있다는 것이다.

3. **공급체인에서의 대부분의 재고는 보유재고이기보다는 주문재고이고 이는 리드타임이 길수록 더 그러하다.** 그림 14.11은 시스템에서의 총 재고량, 즉 보유재고와 주문재고의 합을 보여준다. 일반적으로 현장에서 가게나 물류센터를 채우고 있는 재고가 보다 가시적이기 때문에 보유재고에 초점을 맞추는 경향이 있다. 그러나 공급체인에서의 대부분의 재고는 실제 주문재고로 트럭, 비행기, 기차 또는 선박에 실려 있다. 수요충족확률이 별로 높지 않고(따라서 보유재고가 그렇게 많을 필요가 없고) 리드타임이 길 때 특히 그러하다. 그림 14.11의 두 그래프를 비교해 보면 수요충족확률이 낮고(0.9999대신 0.95) 리드타임이 길 때(1 대신 20) 총 재고에서 주문재고가 차지하는 비중이 더

높다는 것을 알 수 있다. 결론적으로, 우리가 리드타임 감축에 투자를 고려한다면 빨라진 리드타임이 보유재고를 줄이는 것 이상으로 주문재고를 줄여준다는 것을 알 필요가 있다. 덧붙여, 우리가 공급체인에서 재고의 양에 신경을 쓰고자 한다면 공급체인에서 대부분의 재고는 한 장소에서 다른 장소로 이동하는 중임을 기억해야 한다. 이는 운송수단이 느린 경우에 더욱 그러하다(예: 비행기 대신 트럭, 기차 대신 선박 등).

이해도 확인하기 14.7

질문 **수요의 변동성이 증가할 때 다음 중 어떤 성과지표가 변하는가?**

a. 보유재고와 주문재고
b. 보유재고 그러나 주문재고는 아님
c. 주문재고 그러나 보유재고는 아님
d. 보유재고도 아니고 주문재고도 아님

답 b. 수요의 변동성은 주문재고의 양을 변화시키지 않는데 그 이유는 주문재고는 오직 주기당 평균 수요와 리드타임의 길이에만 의존하기 때문이다.

14.6 공급체인의 개선

전술적 의사결정 단기 성과에 영향을 주는 의사결정

전략적 의사결정 장기 성과에 영향을 주는 의사결정

Medtronic은 최소의 비용으로 원하는 수요충족확률을 달성하기 위해 물류센터와 판매현장에서 목표재고모형을 사용할 수 있는데, 이는 비교적 단기적인(일, 월 또는 분기) 운영을 위한 의사결정으로 **전술적 의사결정(tactical decisions)**이라 볼 수 있다. 좋은 전술적 의사결정을 하는 것은 대단히 중요하다. 그러나 회사는 분기나 1년 같이 긴 기간에 걸쳐 장기적으로 어떻게 운영할 것인지에 대한 **전략적 의사결정(strategic decisions)**도 해야 한다. 예를 들어, 연중 3주라는 기간 동안 Susan에게 몇 개의 제품을 보낼 것인가는 전술적 의사결정이지만 Susan이 자신만의 재고를 보유하게 할 것인가는 전략적 의사결정이다.

이 절에서는 목표재고모형이 전략적 의사결정에 어떻게 도움이 되는지를 이해하기 위해 공급체인에 대한 다음의 세 가지 개선을 고려할 것이다. (1) 고객 수요에 대응하기 위해 재고 보관 장소를 변경해야 하는가, (2) 공급 프로세스에서 물류센터와 같은 중간 단계에 재고를 가지고 있어야 하는가, (3) 제품의 다양성이 만들어지는 지점에 변화를 줄 것인가?

학습목표 14-5
공급체인을 재설계하여 이익을 증가시키고 수요와 공급의 불일치로 인한 손해를 최소화시킬 수 있는 전략을 설명할 줄 안다.

14.6.1 지리적 통합

공급체인에서 중요한 전략적 의사결정은 고객의 수요를 맞추기 위해 재고를 어디에 가지고 있어야 하는 가이다. 예를 들어 각 판매인이 각자의 재고를 관리하는 Medtronic의 현재 시스템 대신 인접 영역에 있는 판매인들끼리 재고를 공유할 수 있을 것이다. 이를 위해 Medtronic은 비교적 쉽게 접근할 수 있는(예: 주요 고속도로의 교차로에 위치한 상가의 창고) 장소에 작은 공간을 대여해서 2~5명의 판매인들의 재고를 그곳에서 통합관리할 수 있다. 재고를 공유한다는 것은 각 판매인이 당장 필요한 재고만을 보관한다는 의미이

다. 통합관리되는 재고에 대한 발주 결정은 목표재고모형을 사용하는 컴퓨터 시스템과 통합된 지역의 수요예측을 통해 이루어질 수 있다. 이 새로운 전략이 재고관리에 어떠한 영향을 미치는가? 목표재고모형을 통해 알아보자.

Susan의 판매영역에서 Medtronic 제품의 수요는 평균이 하루 0.30개인 포아송분포를 따른다. 인접 지역에 하루 평균 수요가 0.30개인 몇몇 다른 영역들이 있다고 가정하고, 각 영역의 판매인이 각자의 재고를 갖는 대신 공동의 재고를 보유한다고 하자. 복수의 장소에 위치한 재고를 한 장소로 혼합하는 전략을 **지리적 통합(location pooling)** 전략이라고 부른다. 판매인이 각자의 재고를 가지고 있을 경우의 예상 재고는 이미 계산해보았으므로, 이제는 통합된 영역을 대상으로 한 시스템의 성과지표를 측정하여 지리적 통합의 영향을 알아보자.

지리적 통합 여러 지역에 걸친 재고들을 하나의 장소에 통합관리하는 전략

통합된 영역의 재고를 관리하기 위해 종전처럼 0.9999라는 공격적인 수요충족확률을 목표로 한다고 하자. 또한, 영역들이 지리적으로 통합되었다고 해서 리드타임이 굳이 달라질 이유는 없으니 리드타임도 종전처럼 하루이다. 각 영역의 일일 수요가 평균 0.3의 포아송분포를 따르므로 통합된 수요 또한 포아송분포를 따르고 이 분포의 평균은 각 영역에서의 수요 평균의 합이다. 예를 들어 Susan이 다른 두 명의 판매인들과 재고를 공유한다면, 세 영역에 걸친 총 일일 수요는 평균 0.9의 포아송분포를 따른다. 표 14.4는 판매인들의 영역 통합에 따른 영향을 보여준다. 한 영역에서 0.9999의 수요충족확률을 달성하기 위해 목표재고수준 $S = 5$이고 4.4개의 보유재고가 필요했던 것에 반해, 만약 두 영역이 통합된다면 일일 수요의 평균은 0.6개이며 $(L + 1)$주기 동안의 수요는 1.2개$(L = 1)$이므로 5.8개의 보유재고가 필요하다.

표 14.4에서 더 많은 영역들이 통합될수록 목표하는 수요충족확률을 달성하기 위해 필요한 보유재고와 주문재고의 양이 늘어남을 볼 수 있다. 그런데 영역들이 통합되면 총 수요가 늘기 때문에 더 많은 재고가 필요한 것은 당연하다. 즉, 표에서 보유재고량과 주문재고량을 읽어 내려가면서 늘어난 숫자들을 단순 비교하는 것은 의미가 없다. 각기 다른 수

표 14.4 지리적 통합의 수준별로 0.9999의 수요충족확률을 달성하기 위해 필요한 재고의 양(리드타임 = 1). 각 판매 영역에서의 일일 수요는 평균이 0.3인 포아송분포를 따르고 공급일수는 특정 영역에서의 평균수요 대비 재고를 나타낸다.

통합된 영역의 수	통합된 영역에서 $L+1$주기 동안의 평균 수요	재고(수량)			공급일수		일일 수요의 변동계수
		S	보유재고, $I(S)$	주문재고	보유재고	주문재고	
1	0.6	5	4.4	0.3	14.7	1.0	1.83
2	1.2	7	5.8	0.6	9.7	1.0	1.29
3	1.8	8	6.2	0.9	6.9	1.0	1.05
4	2.4	10	7.6	1.2	6.3	1.0	0.91
5	3.0	11	8.0	1.5	5.3	1.0	0.82
6	3.6	12	8.4	1.8	4.7	1.0	0.75
7	4.2	13	8.8	2.1	4.2	1.0	0.69
8	4.8	14	9.2	2.4	3.8	1.0	0.65

준의 통합을 비교할 방법 중 하나는 공급일수를 비교하는 것이다. 공급일수는 일일 평균 수요 대비 재고의 비율임을 상기하라. 예를 들어, 한 영역만을 볼 때 보유재고는 4.4, 일일 수요의 평균은 0.3, 공급일수는 14.7(=4.4/0.3)이다. 즉, 만약 Susan이 평균 4.4개의 재고를 가지고 있다면 그 재고는 14.7일어치의 일일 평균 수요와 같다는 의미이다.

표 14.4는 판매영역들을 통합하면 공급일수가 극적으로 줄어드는 것을 보여준다. 예를 들어, 만약 각 판매인이 각자 재고를 관리한다면 각자 14.7일 분량의 재고를 보유해야 하지만, 8개의 영역들이 통합된다면 더 넓은 지역임에도 불구하고 동일한 수준의 고객서비스를 위해 단 3.8일 분량의 재고만 있으면 된다! 표 14.4의 자료를 보는 다른 방법도 있다. 만약 8명의 판매인들이 독립적으로 운영한다면 각자 4.4개의 보유재고를 가져야 하고 이는 총 35.2개이다. 그러나 하나의 영역으로 통합하면 단 9.2개의 보유재고만 필요하다. 이는 무려 74%(=1−9.2/35.2) 감소에 해당한다! 표 14.4의 자료는 지리적 통합이 보유재고를 확실히 감소시킴을 보여준다. 그런데 동일한 수요충족확률을 달성하는 데 필요한 보유재고량이 어떻게 감소될까? 그 답은, 지금까지 보아왔던 것처럼, 지리적 통합이 수요의 변동성을 바꾸기 때문이다. 변동계수(평균에 대한 표준편차의 비율)가 수요 변동성의 주요 측정지표임을 기억하자. 포아송분포에서의 표준편차는 평균의 제곱근과 같다. 따라서, 포아송분포에서,

$$\text{변동계수} = \frac{1}{\sqrt{\text{평균}}}$$

표 14.4에는 통합 수준별로 변동계수가 평가되어 있는데, 수요의 변동계수와 더불어 공급일수가 줄고 있다. 지리적 통합이 변동성을 줄이는 이유는 간단히 말하면 통합된 영역들의 수요예측이 개별 영역의 수요예측보다 쉽기 때문이다. 수요 변동성(변동계수로 표시)의 감소는 특정 수요충족확률을 달성하기 위해 필요한 보유재고의 양을 감소시킨다.

비록 지리적 통합이 보유재고를 감소시키는 데에 매우 유용하지만, 표 14.4에 따르면, 주문재고에는 별다른 영향을 미치지 않는다. 통합의 수준별로 주문재고의 공급일수가 어떻게 변하는지 살펴보라. 모두 하루이다! 지리적 통합이 주문재고량에 아무런 영향도 미치지 않는 이유는 주문재고량은 오직 리드타임과 평균 수요에만 의존하기 때문이다. 리틀의 법칙에 따르면, 주문재고는 수요의 변동성과 상관이 없기 때문에 지리적 통합을 통해 수요의 변동성을 줄이는 것은 주문재고에 아무런 영향을 미치지 않는다.

지금까지 우리는 지리적 통합이 보유재고를 감소시킨다고 강조했는데, 지리적 통합의 효용은 여기에서 멈추지 않는다. 그림 14.9에서 보았듯이 수요충족확률과 보유재고 간에는 상쇄관계가 존재하는데, 지리적 통합은 그림 14.12에서처럼 이 상쇄관계 곡선을 우하향으로 이동시킨다. 그림 14.12에서 우리가 애초에 상위 곡선상의 동그라미에 위치해 있다고 가정해보자. 우리가 지리적 통합을 하면 변동성이 감소되어 상쇄곡선이 유리한 방향으로 이동한다. 이 움직임은 몇 가지 유리한 선택지들을 만들어낸다. 수요충족확률을 동일하게 유지한 채로 보유재고만을 감소시킬 수 있다(그림 14.12에서 아래쪽으로 향한 화살표). 이것이 표 14.4에서 취한 접근방식이다. 반면, 재고 투자를 동일하게 유지하면서 수요충족확률을 증가시키는 쪽으로 선택할 수 있다(그림 14.12에서 수평 화살표). Medtronic

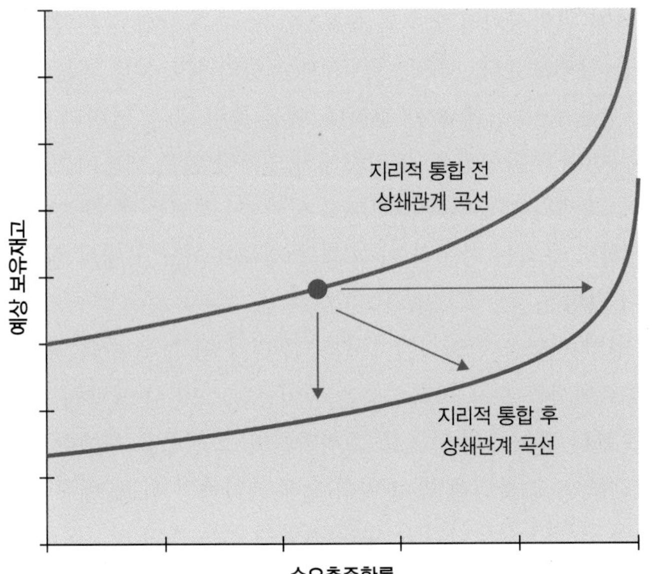

그림 14.12
지리적 통합으로 인한 수요충족확률과 보유재고 간 상쇄관계 곡선의 이동. 만약 기업이 위쪽의 곡선상의 동그라미에 위치해 있다면, 지리적 통합 이후에 (1) 동일한 수요충족확률을 유지하면서 재고를 감소시키거나(아래쪽 방향 화살표), (2) 보유재고를 동일하게 유지하면서 수요충족확률을 증가시키거나(수평 화살표), (3) 수요충족확률을 증가시키면서 동시에 보유재고를 감소시킬 수 있다(대각선 화살표).

의 경우 수요충족확률이 이미 매우 높은 0.9999라는 점을 감안하면 더 높은 확률은 그다지 매력적이지 않을 수 있다. 그러나 초기 수요충족확률이 낮은 경우에는 이 선택이 매력적일 수 있다. 마지막으로, 세 번째 선택은 수요충족확률을 향상시키면서 동시에 보유재고도 감소시키는 것이다(그림 14.12의 대각선 화살표). 이는 "도랑도 치우고 가재도 잡는" 것과 같다. 일반적으로, 서비스를 향상시키면서 동시에 재고도 감소시키는 것은 불가능하다. 그러나 지리적 통합을 통해 수요의 변동성을 감소시킨다면 가능하다.

지리적 통합에 따른 장점이 이러한데 Medtronic은 왜 판매인들에게 각자의 재고를 보유하도록 허용했는가? 답은 지리적 통합에 따른 단점도 존재하기 때문이다. 다수의 판매인들이 보유한 재고들의 물리적 위치를 통합하려면 통합된 재고가 지리적으로 중앙에 위치해야 하는데, 각 판매인들의 입장에서 보면 이 위치는 현재 각자의 재고위치(병원의 창고 또는 자동차 트렁크)에 비해 당연히 물리적으로 멀어진다. 이 때문에 지리적 통합이 재고를 줄일 수는 있지만 최종 소비자의 입장에서 보면 재고의 위치가 종전보다 더 멀어지기 때문에 불편할 수 있다.

지리적 통합에 따른 장단점은 전자 상거래의 효용과 한계를 이해하는 데 매우 중요하다. 인터넷 소매상인은 **전통적인 오프라인 소매점(brick-and-mortar retailer)**에 비해 더 적은 수의 장소에 재고를 보관한다. 더 적은 수의 장소는 적은 수요 변동성을 의미하며 이는 수요 충족을 위해 더 적은 재고가 필요함을 의미한다. 사실, 몇몇 제품은 판매 속도가 느리고 수요의 변동성이 커서 전통적 소매점에서는 수익성 있게 다루어지지 않는다. 그러나 이 제품들이 한정된 수의 장소에서 통합관리되어 수요의 변동성이 줄어들면 수익성이 생길 수 있다. 그러나 지리적 통합이 더 많이 이루어질수록 재고가 소비자로부터 더 멀어지면서 누군가가 물건의 운송비를 지불해야 하고 물건이 도착하기를 기다려야 한다는 것을 의미한다. 많은 경우에 소비자들이 추가 운반비용과 지연을 받아들일 수 있지만, 늘 그런 것은 아니다.

전통적인 오프라인 소매점 소비자들이 현장에서 바로 제품을 구매할 수 있는 오프라인 상점

14.6.2 리드타임 통합

우리는 재고를 소비자 가까이에 위치시키려 할수록 목표 서비스수준 달성을 위해 필요한 재고의 양이 상당히 늘어남을 살펴보았다. 재고는 두 가지 유형의 불확실성 때문에 필요하다. 첫 번째 유형의 불확실성은 총 수요에 관한 것이다. 예를 들어, 특정 날짜나 주에 총 몇 개의 제품이 필요한가? 두 번째 불확실성은 각 장소에서 얼마나 많은 제품이 필요한가이다. 예를 들어, 특정 날짜에 20개의 제품이 필요하다고 하자. 이 정보는 총 수요에 대한 불확실성은 줄여주지만 불행히도 우리는 여전히 이 20개의 제품이 어느 곳에서 필요한지에 대한 불확실성에 노출되어 있다.

지리적 통합은 두 번째 유형의 위험을 감소시킨다. 만약 우리가 더 적은 수의 장소에서 재고를 가지고 있다면, 각 장소에서의 수요 불확실성은 줄어든다. 그러나 불행히도, 지리적 통합은 재고를 소비자들로부터 멀어지게 만들고, 소비자들이 그 상품을 구매하기 전에 실제로 보기 어려우며, 소비자들이 그 물건을 받기 위해 오래 기다려야 하고, 배송 비용이 늘어난다. 지리적 통합에 따른 단점이 상당하다면, 다른 전략을 찾는 것이 바람직하다. 우리가 이 절에서 다룰 한 가지 대안은 리드타임의 통합이다.

리드타임 통합 전략 재고는 소비자로부터 가까운 곳에 유지하면서 공급체인의 수요 불확실성을 줄이고자 하는 전략이다. 이는 제품의 특정 속성을 결정하는 시점을 지연할 수 있도록 의사결정 단계를 추가함으로써 가능하다.

리드타임 통합 전략(lead-time pooling strategy)은 수요의 불확실성을 초래하는 제품의 특정 속성이 결정되는 시점을 지연할 수 있도록 의사결정 단계를 추가함으로써 재고를 비교적 소비자 가까이에 유지하는 한편 공급체인이 직면하는 수요의 불확실성을 감소시키는 전략이다. 이 정의는 매우 길고 복잡하기 때문에 예시가 도움이 될 것이다. 사실 Medtronic은 이미 리드타임 통합전략을 실행하고 있기 때문에 적절한 예시가 될 것이다.

그림 14.13은 Medtronic의 두 가지 공급체인 전략을 보여준다. 위쪽 그림은 회사가 현재 사용하고 있는 전략인데 제품이 공장에서 생산되어 물류센터로 운반되고 판매인은 물류센터로 제품을 주문한다. 아래쪽 그림은 물류센터를 사용하지 않는 대안 전략으로서, 판매인은 공장으로 직접 제품을 주문한다. 첫 번째 전략(위쪽 그림)은 판매인과 공장 사이에 물류센터라는 중간 의사결정 지점을 갖고 있기 때문에 리드타임에 수반되는 위험을 통합하는 전략이다. 두 번째 전략(아래쪽 그림)은 공급체인의 두 끝 지점들 사이에 중간 의사결정 지점이 없기 때문에 리드타임에 수반되는 위험을 통합하고 있지는 않다.

언뜻 보면 그림 14.13의 "공장으로부터 직송" 전략이 리드타임의 위험 통합을 하기 위해 물류센터를 사용하는 것보다 더 나아 보인다. 물류센터가 추가되면서 공장에서 판매인까지의 총 리드타임이 증가하고(3주에서 3주와 하루로), 공급체인 내 재고가 쌓이는 지점이 생겼다. 그러나 두 접근 사이에는 미묘하지만 아주 중요한 차이가 있다. 그림 14.13의 위쪽 그림에서는 물류센터만 3주라는 리드타임에 직면하는 반면 아래쪽 그림에서는 모든 판매인들이 3주라는 리드타임에 직면한다. 즉, 물류센터를 추가하면서 긴 리드타임에 대처해야 하는 장소의 수가 극적으로 감소했다. 바로 이 때문에 이 전략이 "리드타임 통합"이라고 불리는데, 중간 의사결정 지점을 추가함으로써 많은 장소들이 직면해야 했던 긴 리드타임이 단일 장소가 직면하는 단일 리드타임으로 통합되었다. 이것을 관찰하는 직관적인 방법은 그림 14.13의 아래쪽 그림에 있는 많은 수의 긴 화살표들을 위쪽 그림의 긴 화살표 하나와 비교하는 것이다.

그래서 그림 14.13에 제시된 전략 중 어떤 전략이 더 나을까? 목표재고모형을 통해 답

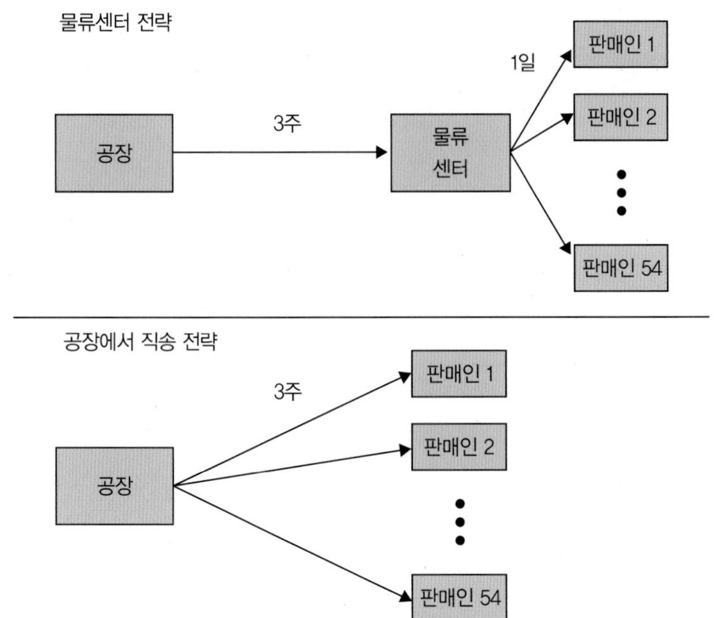

그림 14.13
Medtronic의 두 가지 공급체인 전략. 위의 그림에서 제품은 공장에서 3주의 리드타임을 거쳐 물류센터로 배송되고, 판매인이 물류센터에 발주한 주문은 하루의 리드타임을 거쳐 판매인에게 배송된다. 아래쪽의 그림에서는 판매인이 공장에 직접 발주한 주문은 3주의 리드타임을 거쳐 판매인에게 배송된다.

을 알아보자. 전국에서 InSync 제품을 판매하는 54명의 판매인들이 있다고 가정해보자. Medtronic은 수백 명의 판매인들이 있지만 그들 모두가 해당 제품을 다루는 것은 아니다. 예시를 단순하게 만들기 위해, 각 판매인은 일일 수요가 평균이 0.30개인 포아송분포를 따른다고 하자. 마지막으로, 공급체인에 물류센터가 있는 경우, 물류센터의 주간 수요는 평균이 81이고 표준편차가 20인 정규분포를 따른다(14.2.3절에서처럼).

"물류센터가 존재하는" 공급체인의 경우에는 대부분의 계산이 이미 이루어졌다. 각 판매인은 4.4개의 보유재고를 가지고 있고 전체적으로 237.6(= 54 × 4.4)개의 보유재고를 가지고 있다. 또한 각 판매인은 평균 0.3개의 주문재고를 가지고 있고 전체적으로 총 16.2(= 54 × 0.3)개의 주문재고를 가지고 있다. 물류센터는 0.999의 수요충족확률을 달성하기 위해 124(40 × I(3.1))개의 보유재고와 3주라는 리드타임으로 인해 243(= 81 × 3)개의 주문재고를 가지고 있다.

이제 공급체인에 물류센터가 없는 경우에 필요한 재고를 계산해보자. 각 판매인은 15일의 리드타임(= 3주 × 주당 5일)을 가지고 있고 매일 주문을 넣을 수 있다. 따라서, $L+1$주기는 16일이 된다. 만약 일일 평균 수요가 0.3개라면 16일 동안의 수요 평균은 4.8개(= 0.3/일 × 16일)이다. 표 14.5에서, 판매인은 목표 수요충족확률을 달성하기 위해($F(S = 14) = 0.9999$), 14개의 목표재고량이 필요하다. 같은 표에서, 각 판매인별 예상 보유재고량 $I(S = 14) = 9.2$개이고, 54명의 판매인들은 총 496.8(= 54 × 9.2)개를 보유하고 있어야 한다. 이들은 또한 3주 분량의 주문재고를 보유하고 있는데 이는 판매인당 4.5개에 해당되며(15일 × 0.3개/일) 판매인들의 총 수량은 243개에 해당된다(= 4.5 × 54).

표 14.6에 분석의 결과가 요약되어 있다. 간단히 말해, 공급체인에 물류센터를 더하면 최종수요가 발생하는 장소의 수나 소비자가 체감하는 수요충족확률을 변화시키지 않아도 공급체인 내 총 재고가 줄어든다. 따라서, 소비자는 어느 경우이든지 간에 자신의 요구가 신속하게 충족된다는 확신이 들만큼 가까운 곳에서 재고가 제공되기 때문에 두 전략 간의

표 14.5 평균이 4.8인 포아송분포의 분포함수와 예상 재고량

S	*F*(*S*)	*I*(*S*)
0	0.0082	0.00
1	0.0477	0.01
2	0.1425	0.06
3	0.2942	0.20
4	0.4763	0.49
5	0.6510	0.97
6	0.7908	1.62
7	0.8867	2.41
8	0.9442	3.30
9	0.9749	4.24
10	0.9896	5.22
11	0.9960	6.21
12	0.9986	7.20
13	0.9995	8.20
14	0.9999	9.20
15	1.0000	10.20
16	1.0000	11.20
17	1.0000	12.20

표 14.6 두 공급체인 전략들의 차이, 그림 14.13에서처럼 물류센터가 있는 경우와 없는 경우

	물류센터가 있는 경우	물류센터가 없는 경우
보유재고		
판매인	237.6	496.8
물류센터	124.0	0.0
합	361.6	496.8
주문재고		
판매인	16.2	243.0
물류센터	243.9	0.0
합	259.2	243.0
모든 재고들의 합	620.8	739.8

차이를 인지하지 못한다. 차이점이 있다면 물류센터가 추가되면서 Medtronic은 보유재고를 줄이면서 비용도 줄일 수 있다는 것이다.

리드타임의 통합은 지리적 통합에서처럼 공급체인 내의 불확실성을 줄여준다. 이미 언급했듯이, 공급체인에 물류센터를 추가하면 긴 리드타임이 발생하는 장소의 수를 줄일 수 있다. 물류센터가 없다면 54명의 판매인들은 3주라는 리드타임을 개별적으로 상대해야

하지만 물류센터가 생기면 리드타임이 긴 하나의 장소만 존재할 뿐이다. 긴 리드타임 동안 한곳으로 몰려드는 수요의 총합을 예측하는 것이 54개의 각기 다른 장소에서 발생하는 수요를 예측하는 것보다 쉽다. 이러한 수요 불확실성의 감소로 인해 전체 시스템은 더 적은 재고로 같은 수준의 서비스를 제공할 수 있게 된다.

14.6.3 차별화 지연

Medtronic은 리드타임을 통합하는 역할을 하는 공급체인의 중간 지점을 만들기 위해 물류센터를 이용하는데, 공급체인의 중간 지점을 만들기 위한 다른 방법도 있다. 철물점에서 페인트를 파는 것을 예시로 들어보겠다. 페인트 같은 제품은 한 가지 색깔만 판매할 수는 없다. 사람들은 다양한 색상의 페인트를 원하기 때문에 적어도 수백 가지의 색상을 판매해야 한다. 그러나 페인트는 저장에 상당한 공간이 필요하기 때문에 재고유지비용도 상당하고 공장으로부터 페인트를 받는 데에도 적어도 몇 주 이상의 긴 리드타임이 소요된다. 페인트를 판매할 때 두 가지 전략이 있다. 하나는 공장에 여러 가지 색상의 페인트를 주문하고 가게에 여러 가지 색상의 페인트 재고를 두는 것이다. 이 전략은 그림 14.14의 하단에 나타나 있다. 두 번째 전략은 공장에서 "범용 페인트"라 불리는 무색의 페인트를 보내는 것이다. 평상시 가게는 범용 페인트만 보유하지만 소비자가 특정 색을 요구하면 범용 페인트와 특정 색의 염료를 혼합하여 원하는 색의 페인트를 만든 뒤 소비자에게 판매할 수 있다.

어느 전략이 더 효율적일까? 이 질문에 답하기 위해 그림 14.14와 14.13을 비교해보자. 이름표만 다를 뿐 본질적으로 같은 그림이라는 것을 눈치챘는가? 범용 페인트 전략은 공장과 Medtronic의 판매인들 사이에 물류센터를 더하는 것과 같은 전략이다. 공장과 소비자 사이를 잇는 공급체인에 중간 지점을 만들어 페인트의 색상과 관련된 의사결정의 시점을 늦추는 것이다. 다른 전략인 그림 14.14의 하단에서는 공장에서 페인트를 출고하기 전

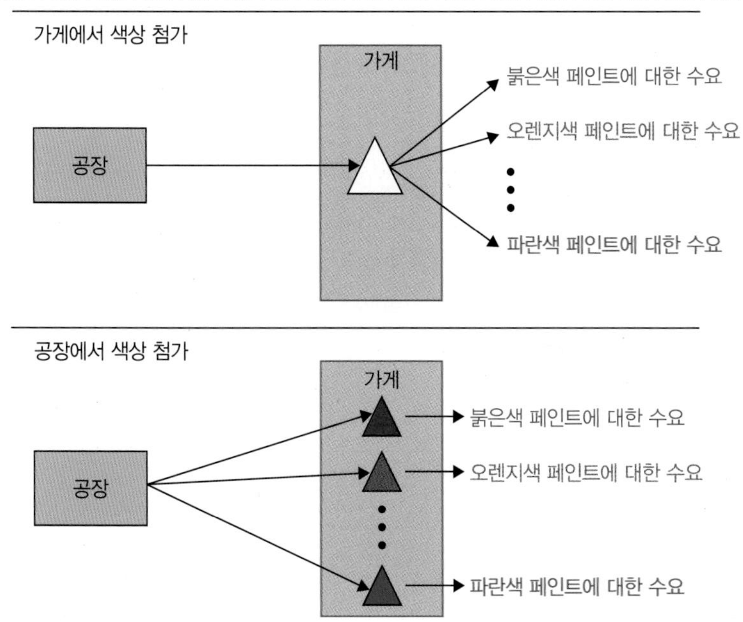

그림 14.14
페인트 판매를 위한 두 가지 전략. 상단 그림에서는 범용 페인트가 가게로 배송되고 가게에서 수요에 따라 색상이 첨가된다. 하단 그림에서는 색상은 공장에서 결정되어 가게로 배달되며 더 이상 아무런 작업도 일어나지 않는다.

에 색상을 정해야만 한다. 이 경우 공장에서 색상별로 페인트 출고량을 정하는 것이 범용 페인트의 출고량을 결정하는 것보다 더 까다로울 수밖에 없다. 따라서 범용 페인트 전략은 소비자에게 같은 제품을 제공하면서도 수요 불확실성을 덜 겪게 된다. Medtronic의 공급체인을 분석해보면 범용 페인트 전략이 소비자에게 동일한 수준의 서비스를 제공하면서도 재고가 덜 필요한 전략이라고 결론지을 수 있다.

차별화 지연 공급체인에서 제품 차별화의 시점을 가능한 한 나중으로 미루는 전략을 의미한다.

그림 14.14의 상단에 나타난 전략을 **차별화 지연(delayed differentiation)**전략이라고 부른다. 차별화 지연전략은 공급체인에서 제품 차별화의 시점을 가능한 한 나중으로 미루는 것을 의미한다. 예를 들어, 차별화 지연전략을 이용했을 경우 공장이 아닌 가게에서 색상을 결정한다. 다양성이 발생하는 시점을 지연시킬 경우 재고량을 줄일 수 있게 되는데, 이는 Medtronic의 공급체인에 물류센터를 더했을 때 재고량을 줄일 수 있는 것과 같은 방식으로 작동한다. 차별화 지연전략이 페인트를 판매하기에 좋은 전략임은 의심의 여지가 없다. 차별화 지연전략은 다음의 상황에서 효과적이다.

- 제품의 다양성에 대한 소비자의 선호가 강할 때
- 다양성이 공급체인의 하단에서 빠르고 저렴하게 만들어질 수 있을 때
- 다양성을 만들어내기 위해 사용되는 재료들이 범용 부품에 비해 상대적으로 저렴할 때

상기의 각 항목은 페인트에 잘 적용된다. (i) 소비자는 자신이 원하는 색에 대해 굉장히 민감하고, (ii) 페인트에 색상을 내는 염료를 더할 때 사용되는 재료들은 너무 비싸거나 가게에서 만들기 어렵지 않고 그리 오랜 시간이 걸리지 않으며, (iii) 몇 종류의 기본 색상 염료만으로 많은 종류의 색상을 만들어낼 수 있고 염료들은 가게의 많은 공간을 차지하지도 않는다. 차별화 지연전략이 효과적으로 사용될 수 있는 시장은 이외에도 많이 존재한다.

이해도 확인하기 14.8

질문 다음 중 지리적 통합, 리드타임 통합, 그리고 차별화 지연전략이 공급체인에서의 재고를 줄일 수 있는 이유를 가장 잘 설명하는 것은?

a. 세 가지 전략 모두 수요충족확률을 줄인다.
b. 세 가지 전략 모두 고객의 제품을 수령하는 데 드는 시간을 줄여준다
c. 세 가지 전략 모두 공급 지점(예: 공장)에서 최종 소비자까지의 총 리드타임을 줄인다.
d. 세 가지 전략 모두 공급체인에서의 수요 변동성을 줄인다.

답 d. 상기의 세 가지 전략들은 수요 변동성을 줄여주는 역할을 한다.

결론

목표재고모형은 단기적으로 쓸모 없어지거나 악화되지 않고 재고보충의 기회가 많은 제품의 재고를 관리하는 데 적합하다. Medtronic의 InSync 제품이 좋은 예로서 제품은 매일 혹은 매주 주문될 수 있으며 수 년간 사용될 수 있다. 목표재고모형의 중요한 성과지표는 보유재고, 주문재고, 그리고 수요충족확률이다. 진부화나 소멸성을 걱정할 필요가 없으므로 목표 수요충족확률은 일반적으로 높은 편이다(예: 95% 이상). 그럼에도 불구하고 목표 수요충족확률과 보유재고 사이에는 상쇄관계가 존재해서 수요충족확률이 증가할수록 보유재고량 역시 점점 더 많이 필요하게 된다.

목표재고모형은 운영관리 효율성을 저해하는 세 가지 요소들 중 변동성과 경직성이라는 두 가지 요소들의 영향을 보여주고 있다. 수요가 변동적일수록 목표 수요충족확률을 달성하기 위해 필요한 재고의 양은 늘어난다. 경직성은 리드타임이라는 형태로 나타나는데 경직적인 리드타임(즉, 긴 리드타임)은 보유재고량과 주문재고량을 모두 증가시킨다. 사실 주문재고량은 리드타임의 길이와만 관련이 있다.

공급체인의 변동성과 경직성을 줄이기 위한 몇 가지 전략이 존재한다. 지리적 통합은 여러 장소를 통합하여 재고가 보관되는 장소의 수를 줄임으로써 수요 변동성을 줄여준다. 공급체인에 물류센터나 차별화 지연과 같은 중간 의사결정 지점을 더하는 것 또한 변동성을 줄이는 데 도움이 되며 목표 서비스수준을 달성하기 위해 필요한 재고량도 줄여준다. 마지막으로, 빠른 배송이 더 비용이 많이 들기는 하지만(예를 들어, 육상운송보다 항공운송) 리드타임이 줄면 필요 재고량도 줄어든다.

학습목표의 요약

학습목표 14-1 목표재고모형이 어떻게 작동하는지 설명하고 주어진 상황에서 목표재고모형을 적용할 줄 안다.

목표재고모형은 주문의 배송에 시간이 걸리고 제품의 수명주기에 걸쳐 많은 주문이 발생하는 제품의 재고관리에 사용될 수 있다. 목표재고모형에서 각 주기의 주문량은 목표재고수준과 현재 재고상태 간의 차이와 동일하며 이 주문량은 일반적으로 지난 주기의 수요와 동일하다.

학습목표 14-2 목표재고모형의 성과지표를 평가할 줄 안다.

목표재고모형에는 보유재고량, 주문재고량, 수요충족확률이라는 세 가지 주요한 성과측정지표가 있다. 보유재고량은 주기가 끝나는 시점에 보유하고 있으면서 소비자 수요를 충족시킬 수 있는 평균 재고량이다. 주문재고량은 이미 주문되었지만 아직 배송되지는 않아 수요를 바로 충족시킬 수 없는 재고량이다. 수요충족확률은 소비자 서비스의 척도이다.

학습목표 14-3 목표 서비스수준을 달성하기 위해 필요한 목표재고수준을 계산할 줄 알고 적절한 서비스수준을 결정하는 요소를 이해한다.

목표 수요충족확률은 대체로 높은데(0.95 이상) 이는 재고가 어떤 형식으로든 쓸모없어지거나 악화되지 않기 때문이다. 어떤 수요충족확률하에서도 최소한의 재고량으로 수요충족확률을 달성하는 목표재고수준을 구할 수 있다.

학습목표 14-4 필요한 재고량을 결정하는 요소를 설명할 줄 안다.

보유재고량은 수요충족확률, 수요의 변동계수, 그리고 리드타임의 길이라는 세 가지 요소에 달려 있다. 모든 경우에, 이 요소들의 수치가 커지면 보유재고량은 증가한다. 특히, 수요충족확률이 증가할수록 보유재고량이 점점 더 많이 필요하게 된다.

학습목표 14-5 공급체인을 재설계하여 이익을 증가시키고 수요와 공급의 불일치로 인한 손해를 최소화시킬 수 있는 전략을 설명할 줄 안다.

재고비용을 감소시키기 위해 공급체인의 구조를 바꿀 수 있다. 지리적 통합은 재고 보관장소의 수가 줄어들도록 재고가 위치한 물리적 장소들을 통합하는 전략이다. 이는 변동계수를 줄이면서 수요의 변동성을 감소시키며 따라서 재고량도 줄여준다. 반면, 재고의 물리적 위치가 소비자로부터 멀어지는 단점도 있다. 또 다른 전략으로는 리드타임 통합이 있는데, 이는 공급체인의 중간 지점에 의사결정 지점을 추가 설치함으로써 이룰 수 있다. 예를 들어 물류센터의 설치나 공급체인의 하단에 최종조립 단계를 설치하는 것들이 가능하다. 이러한 전략을 통해 재고가 소비자들에게 판매되는 지점을 바꾸지 않으면서도 재고량을 줄일 수 있다.

핵심 용어

14.2 목표재고모형

주기 재고관리에서 주기는 주문과 주문 사이의 시간간격을 의미한다. 예를 들어, 주기가 하루라면, 주문이 매일 이루어진다.

리드타임 주문을 하고 그 주문을 수령하기까지의 시간간격이다. 조달시간이라고도 불리며 프로세스 리드타임은 흐름시간의 대체 용어로 종종 사용된다.

주문재고 공급업자가 배송했지만, 아직 수령하지 못한 재고

보유재고 소비자 수요를 바로 충족시킬 수 있는 재고

이월 주문 재고가 도착하기를 기다리는 이미 발생한 수요의 총량

재고상태 주문재고와 보유재고의 합에서 이월 주문량을 차감한 수량

목표재고수준 주문을 낸 직후의 바람직한 재고 수준

목표재고모형 재고가 주기적으로 주문되고, 주문을 받을 때까지의 리드타임이 있으며 재고가 상하지 않을 때의 적절한 재고 모형

Pull 시스템 프로세스의 가장 하단에 있는(시장과 가장 가까운) 자원의 운영속도가 시장 수요에 의해 정해지는 시스템. 시장수요의 속도에 의해 이 자원의 운영속도가 정해질 뿐만 아니라, 수요 정보를 프로세스의 상단에 위치한 다음 자원으로 전달하여, 상단의 자원 또한 수요의 속도에 맞춰 운영되도록 한다. 즉, 이는 수요에 의해서만 생

산이나 보충이 시작되는 운영 시스템이다.

Push 시스템 제품의 생산 또는 보충이 수요의 예측으로 시작되는 운영 체제

포아송분포 낮은(예: 20 이하) 평균값을 갖는 수요 모형에 적절한 통계 분포

14.3 성과지표의 측정

예상 보유재고 각 주기의 마지막 시점에서 수요를 맞추기 위해 사용 가능한 재고량의 평균

예상 주문재고 특정 시점에서 발주 중인 재고의 평균 양이다.

파이프라인 재고 예상 주문재고를 묘사하는 또 다른 용어이다.

14.6 공급체인의 개선

전술적 의사결정 단기 성과에 영향을 주는 의사결정

전략적 의사결정 장기 성과에 영향을 주는 의사결정

지리적 통합 여러 지역에 걸친 재고들을 하나의 장소에 통합관리하는 전략

전통적인 오프라인 소매점 소비자들이 현장에서 바로 제품을 구매할 수 있는 오프라인 상점

리드타임 통합 전략 재고는 소비자로부터 가까운 곳에 유지하면서 공급체인의 수요 불확실성을 줄이고자 하는 전략이다. 이는 제품의 특정 속성을 결정하는 시점을 지연할 수 있도록 의사결정 단계를 추가함으로써 가능하다.

차별화 지연 공급체인에서 제품 차별화의 시점을 가능한 한 나중으로 미루는 전략을 의미한다.

주요 공식

학습목표 14-1 목표재고모형이 어떻게 작동하는지 설명하고 주어진 상황에서 목표재고모형을 적용할 줄 안다.

재고상태 = 주문재고 + 보유재고= − 이월주문

각 주기의 주문량 = S − 재고상태

n주기 동안의 예상 수요 = $n \times$ 1기간 동안의 예상 수요

n기간 동안의 수요의 표준편차 = $\sqrt{n} \times$ 1기간 동안의 수요의 표준편차

n기간 동안의 포아송분포의 평균 = $n \times$ 1기간 동안의 포아송분포의 평균

학습목표 14-2 목표재고모형의 성과지표를 평가할 줄 안다.

수요가 정규분포를 따른다면,

예상되는 보유재고량 = $\sigma \times I(z)$

수요충족확률 = $(L + 1)$기간 동안의 수요가 S 또는 그 이하일 확률

품절확률 = 1 − 수요충족확률

예상 주문재고량 = 1주기 동안의 평균 수요 × 리드타임

개념 문제

학습목표 14-1

1. 각 주기의 수요는 동일한 정규분포를 따르고 수요가 주기별로 독립적이라고 할 때, 다음 중 다섯 주기 동안의 수요의 평균에 대해 옳은 설명은 무엇인가?

a. 한 주기 동안의 수요의 평균과 같다.

b. 한 주기 동안의 수요의 평균보다는 크지만, 한 주기 수요 평균을 다섯 배 한 것보다는 적다.

c. 한 주기 동안의 수요의 평균을 다섯 배 한 것과 같다.

d. 한 주기 동안의 수요의 평균을 다섯 배 한 것보다 크다.

2. 각 주기의 수요는 동일한 정규분포를 따르고 수요가 주기별로 독립적이라고 할 때, 다음 중 다섯 주기 동안의 수요의 표준편차에 대해 옳은 설명은 무엇인가?

a. 한 주기 동안의 수요의 표준편차와 같다.

b. 한 주기 동안의 수요의 표준편차보다 크지만 한 주기 동안의 수요의 표준편차를 다섯 배 한 것보다는 작다.

c. 한 주기 동안의 수요의 표준편차를 다섯 배 한 것과 같다.

d. 한 주기 동안의 수요의 표준편차를 다섯 배 한 것보다 크다.

3. 수요가 한 주에 한 단위 정도로 적게 발생하는 제품의 경우 포아송분포가 정규분포보다 수요를 묘사하는 데 더 적합한 분포이다. 그 이유로 가장 알맞은 것을 고르시오.

a. 포아송분포의 표준편차는 평균값의 제곱근과 같기 때문이다.

b. 정규분포는 주어진 평균들의 표준편차를 자유로이 선택할 수 없기 때문이다.

c. 포아송분포는 연속적인 분포이기 때문이다.

d. 오로지 표준 정규분포만이 이 상황에서 적용될 수 있기 때문이다.

e. 포아송분포는 음의 결과값에 확률을 부여하지 않기 때문이다.

4. 회사는 목표재고모형에 따라 재고를 관리한다. 각 주기는 하루이며, 리드타임은 이틀이고, 목표재고수준은 10개이며, 하루의 시작 시점(그날 주문을 제출하기 전)에 재고의 상태는 −4개이다. 다음 중 확실히 옳은 것은 무엇인가?

a. 어제 수요는 4개였다.

b. 어제 수요는 10개였다.

c. 적어도 네 개의 이월주문이 존재한다.

d. 오늘 주문하기 전, 14개의 주문재고가 존재한다.

e. 오늘 주문한 이후, 14개의 주문재고가 생길 것이다.

f. 오늘 더 많은 양의 재고를 받을 것이다.

5. 목표재고모형에서 주문량의 표준편차는 어떠한가?

a. 한 주기 동안의 수요의 표준편차보다 크다.

b. 한 주기 동안의 수요의 표준편차보다 적다.

c. 한 주기 동안의 수요의 표준편차와 같다.

d. 한 주기 동안의 수요의 표준편차와 비교될 수 없다.

학습목표 14-2

6. 목표재고모형이 사용되고 있다고 가정해보자. 특정 주기를 보유재고 없이 끝낼 확률은 다음 중 무엇과 같은가?

a. 수요충족확률

b. 임계비

c. 매출 총 이익

d. 공급일수 대비 재고의 비율

e. 품절확률

7. 한 소매상이 "수요 충족"에 관한 두 가지 정의를 고려하고 있다.

I. 하루를 마감할 때 적어도 한 단위를 보유하고 있다면 제품은 수요충족 상태이다.

II. 하루 동안에 발생한 수요를 모두 충족시켰다면 제품은 수요충족 상태이다.

목표재고수준이 고정되었을 때, 어떤 정의가 더 높은 수요충족확률을 달성할까?

a. 정의 I, 왜냐하면 한 단위를 보유하고 있다면 모든 수요가 충족되었을 것이므로

b. 정의 II, 왜냐하면 회사가 한 단위를 보유한 채로 하루를 마감할 때보다는 모든 수요를 만족시켰을 가능성이 높으므로

c. 정의 II, 왜냐하면 모든 수요가 충족되었다면 잔여 재고가 반드시 있을 것이므로

d. 목표재고 정책의 선택, 수요의 분포함수, 그리고 리드타임에 따라 다르기 때문에 둘 다 가능하다.

8. 목표재고모형에 의해 재고가 관리된다고 가정해보자. 재고상태는 200이며 지난 기간의 수요는 10이었다. 목표 수요충족확률은 얼마인가?

a. 95%

b. 96%

c. 97%

d. 98%

e. 99%

f. a∼e 모두 될 수 있다.

g. a∼e 모두 불가능하다.

학습목표 14-3

9. 목표 수요충족확률이 증가한다면 품절이 발생하기까지의 예상 시간은 어떻게 되는가?

a. 증가한다.

b. 그대로 유지한다.

c. 감소한다.

d. 증가할 수도 감소할 수도 있다.

10. 매 주기의 수요는 정규분포를 따르고 주문량을 결정하기 위해 목표재고모형이 사용된다. 다음 중 목표재고수준 결정에 영향을 미치는 것은 무엇인가?(즉, 다음 제시된 보기 중 목표재고수준을 변화시키는 요인은 무엇인가?)

Ⅰ. 한 주기 동안의 수요의 평균
Ⅱ. (L+1) 주기 동안의 수요의 표준편차
Ⅲ. 목표 수요충족확률

a. Ⅰ
b. Ⅱ
c. Ⅲ
d. Ⅰ과 Ⅱ
e. Ⅰ과 Ⅲ
f. Ⅱ와 Ⅲ
g. Ⅰ, Ⅱ, Ⅲ 전부 해당된다.

11. 목표재고모형의 목표 수요충족확률이 0.95이고 각 주기별 수요는 독립적이며 정규분포를 따른다고 가정해보자. 만약 리드타임이 두 배가 되었는데 목표 수요충족확률은 여전히 0.95라면, 목표재고수준은 어떻게 변하겠는가?

a. 두 배 이상으로 증가한다.
b. 정확히 두 배가 된다.
c. 증가하지만 두 배보단 적게 증가한다.
d. 감소한다.
e. 제시된 정보로는 답을 고를 수 없다.

학습목표 14-4

12. 어떤 회사가 재고를 관리하기 위해 목표재고모형을 사용하고 있다. 이 회사는 수요충족확률을 높이면서 평균 재고량은 줄여서 재고유지비용을 낮추고자 한다. 다음 중 이 목표를 달성하는 데 도움이 될 수 있는 조치를 모두 고르면?(각 조치는 독립적으로 실행된다.)

Ⅰ. 리드타임을 줄인다.
Ⅱ. 목표재고수준을 증가시킨다.
Ⅲ. 평균 주문량을 늘린다.

a. Ⅰ
b. Ⅱ
c. Ⅲ
d. Ⅰ과 Ⅱ
e. Ⅰ과 Ⅲ
f. Ⅱ와 Ⅲ
g. 모든 조치가 도움이 될 것이다(Ⅰ, Ⅱ, Ⅲ 전부).
h. 아무 조치도 도움이 되지 않을 것이다.

13. 목표재고모형에서 한 주기 동안의 수요의 평균이 일정하고 목표 수요충족확률도 일정하다고 가정하자. 만약 수요의 불확실성(매 주기의 수요의 표준편차)이 증가한다면 일어날 일은 무엇인가?
   a. 예상 보유재고량이 증가한다.
   b. 예상 보유재고량이 감소한다.
   c. 예상 보유재고량이 동일하게 유지된다.
   d. 예상 보유재고량은 수요 분포와 다른 변수들에 따라 증가할 수도 있고 감소할 수도 있다.

14. 목표재고모형이 재고관리를 위해 사용되고 있다. 회사는 수요의 평균이 같더라도 수요의 변동계수가 증가할 것이라 예측하기 때문에 주문 배송에 따른 리드타임을 줄일 것을 계획하고 있다. 회사의 주문재고량이 어떻게 변할 것이라고 예상할 수 있을까?
   a. 확실히 감소할 것이다.
   b. 똑같이 유지될 것이다.
   c. 확실히 증가할 것이다.
   d. 이 변화들이 미치는 영향을 알아보기 위해선 더 많은 정보가 필요하다.

15. 목표재고모형에 의해 재고가 관리된다고 가정해보자. 다음 중 목표재고수준을 확실히 올릴 조치는 무엇인가?(모든 경우에서 수요 프로세스의 특징은 바뀌지 않는다고 가정한다.)

   Ⅰ. 목표 수요충족확률을 증가시킨다(동일한 리드타임하에서).
   Ⅱ. 리드타임을 증가시킨다(동일한 수요충족확률하에서).

   a. Ⅰ
   b. Ⅱ
   c. Ⅰ과 Ⅱ
   d. 둘 중 아무것도 해당되지 않는다.

16. High Precision Inc.의 새 공급체인 관리자가 된 Anna Litic은 자신이 관리할 공급체인에 대한 데이터를 확인해 보기로 했다. Anna는 Tacoma, Washington 공장에서 아시아의 물류센터로 보내는 전자부품의 주문재고량이 반년 전부터 늘었다는 것을 발견했다. 하지만 아시아 물류센터의 수요 분포는 같은 기간 동안 변하지 않았다. Anna는 아시아 물류센터 관리자가 고정된 수요충족확률을 달성하기 위해 재고를 통제하고 있다는 사실을 알고 있기 때문에 아시아 물류센터의 수요충족확률이 실제로 목표에서 벗어나지 않았음을 확인하고 싶어했다. 또한 Anna는 아시아 물류센터의 평균 재고량이 어찌되는지 궁금했다. Anna가 아시아 물류센터의 보유재고량에 대해 발견하게 될 내용으로 알맞은 것은 무엇인가?
   a. 아시아 물류센터에서의 수요충족확률이 변하지 않았으므로 보유재고량은 변하지 않았다.
   b. Tacoma, Washington에서 아시아 물류센터로의 리드타임이 증가했을 것이므로 보유재고량은 증가했다.
   c. 아시아 물류센터에서의 평균 수요가 변하지 않았으므로 보유재고량은 변하지 않았다.

d. 수요 변동성이 감소했을 것이므로 보유재고량은 감소했다.

e. Anna가 보유재고량에 대하여 어떤 사실을 관측했을지는 예상할 수 없다. 감소했을 수도, 증가했을 수도, 변하지 않았을 수도 있다.

학습목표 14-5

17. 다음 중 식료품 소매상의 전략적 의사결정에 해당하는 사항은 무엇인가?

a. 매달 첫 주에 몇 박스의 시리얼을 주문할지에 대한 의사결정

b. 지금의 가게보다 두 배 큰 새로운 가게를 열지에 대한 의사결정

c. 가게 매니저로 Bob을 채용할지에 대한 의사결정

d. 이번 주 행사 때 어떤 제품을 통로 끝에 배치할지에 대한 의사결정

18. 지리적 통합은 다음 중 어떤 변화를 일으키는 데 가장 효과적인가?

a. 매출 총 이익을 증가시키는 것

b. 목표 수요충족확률을 증가시키는 것

c. 보유재고량을 감소시키는 것

d. 보유재고의 공급일수를 감소시키는 것

19. 회사는 앞으로 몇 년간 수요가 일정할 것으로 예상되는 제품을 판매한다(따라서 목표재고모형이 재고관리에 사용된다). 수요 불확실성이 적을 때(예를 들어, 주간 수요의 평균이 100이며 표준편차가 5일 때) 리드타임을 줄이는 것의 주요 장점은 무엇인가?

a. 더 많은 리드타임 통합을 할 수 있다.

b. 매 주기의 끝에 예상되는 보유재고량을 줄일 수 있다.

c. 품절확률을 높일 수 있다.

d. 주문재고량을 줄일 수 있다.

예시 문제와 해답

1. 목표재고모형이 재고를 관리하는 데 사용된다. 목표재고수준이 50이고 리드타임은 5주기이며 주문 중인 25단위가 있고 보유 중인 10단위가 있다. 이번 주기에 주문량은 얼마가 되어야 하는가? [학습목표 14-1]

답 15. 재고상태는 25+10=35. 재고상태를 50으로 높이기 위해서는 50 − 35=15 단위의 주문이 필요하다.

2. 한 주기 동안의 수요가 평균이 1.5인 포아송분포를 따른다면, 세 주기 동안의 수요는 평균이 얼마인 포아송분포로 나타낼 수 있을까? [학습목표 14-1]

답 4.5. 여러 주기 동안의 평균 수요는 각 주기의 평균 수요의 합이다.

3. Quick Print 사는 복사할 때 일반 종이를 사용한다. 그 종이의 주간 수요는 평균이 100이고 표준편차가 50인 정규분포를 따른다(500장들이 한 상자를 한 단위로 측정함). 매주 공급업자에게 보충 주문이 발주되고, 주문은 한 주 후에 배송된다. 종이의 부족으로 곧바로 수행되지 못한 모든

복사 주문은 이월주문 된다.

(a) Quick Print가 300단위의 목표재고수준을 설정하기로 결정했다고 가정해보자. 이번 주가 시작될 때, 보유재고는 200상자가 있고 60상자가 주문 중이다. Quick Print는 이번 주에 얼마나 주문을 해야 하는가? [학습목표 14-1]

답 40. 재고상태는 보유재고와 주문재고를 더한 값에서 이월주문을 뺀 값이다. 이월주문된 단위는 없으므로 재고상태는 60+200=260이다. 주문수량은 목표재고수준과 재고상태의 차이이며, 각각 300과 260이므로 답은 40상자다.

(b) 두 주 동안의 수요의 표준편차는 얼마인가? 주별 수요는 독립적인 것으로 가정하라. [학습목표 14-1]

답 70.7. 두 주 동안의 수요의 표준편차는 $\sqrt{2} \times 50 = 70.7$

(c) 목표재고수준으로 306상자를 사용한다고 가정해보자. 이때 예상되는 보유재고량은 얼마인가? [학습목표 14-2]

답 108. $(L+1)$기간 동안의 수요의 평균은 $200(=2 \times 100)$이며 표준편차는 70.7((b)에서 도출된 것)이다. $z=\dfrac{306-200}{70.7}=1.5$. 정규분포표에 의하면, $I(z=1.5)=1.53$. 이를 보유재고량으로 바꾸기 위해 $(L+1)$기간 동안의 수요의 표준편차를 곱하면, $70.7 \times 1.53 = 108$

(d) 목표재고수준으로 306상자를 사용한다고 가정해보자. 이때 예상되는 주문재고량은 얼마인가? [학습목표 14-2]

답 100. 주문재고량은 L기간 동안의 수요와 같고, 이 경우 1주기 동안의 수요이다.

(e) 목표재고수준으로 278상자를 사용한다고 가정해보자. 수요충족확률은 얼마인가? [학습목표 14-2]

답 0.8643. $(L+1)$기간 동안의 수요의 평균은 200이며 표준편차는 70.7이다((b)에서 도출된 것). $z=\dfrac{278-200}{70.7}=1.1$. 정규분포표에서, $F(z=1.1)=0.8643$

(f) 목표재고수준으로 334상자를 사용한다고 가정해보자. 품절확률은 얼마인가? [학습목표 14-2]

답 0.0287. $(L+1)$기간 동안의 수요의 평균은 200이며 표준편차는 70.7이다((b)에서 도출된 것). $z=\dfrac{334-200}{70.7}=1.9$. 정규분포표에서, $F(z=1.9)=0.9713$이며, 이 수치가 수요충족확률이다. 품절확률은 $1-0.9713=0.0287$

(g) 적어도 0.998 이상의 수요충족확률을 원한다고 가정해보자. 목표재고수준은 얼마가 되어야 하는가? [학습목표 14-3]

답 405. $(L+1)$기간 동안의 수요의 평균은 200이며 표준편차는 70.7이다(b에서 도출된 것). 정규분포표에서, $F(z=2.8)=0.9974$이며 $F(z=2.9)=0.9981$, 따라서 $z=2.9$일 때 필요한 수요충족확률이 달성된다. 주문량으로 변환하면, $S=200+(2.9 \times 70.7)=405$

4. Main Line Auto Distributor는 인근에 개인 창고를 보유한 고객들에게 자동차 부품을 공급한다.

고객은 필요할지도 모르는 모든 부품들을 진열해둘 공간이나 자본이 없기 때문에 하루에 여러 번 Main Line에 부품을 주문한다. Main Line은 신속한 서비스를 제공하기 위해 세 대의 픽업 트럭을 사용하여 배달한다. Main Line은 자신의 공급업자에게 매일 추가 재고를 주문하는데, 이는 3일 후에 도착한다. 부품 A를 보자. 이 부품의 일일 수요는 평균 0.5의 포아송분포를 따른다. 포아송분포의 분포함수와 재고 함수는 부록 14A에서 제시되어 있다.

(a) 하루의 시작 시점에서 주문을 하기 직전에, Main Line은 부품 A의 이월주문을 가지고 있다. 특히, 한 단위가 이월주문 되었는데 보유재고는 없으며 4개가 주문재고다. 이 부품의 목표재고수준이 6개라고 할 때, 오늘 이 부품을 얼마나 주문해야 하는가? [학습목표 14-1]

답 3. 재고상태는 $4+0-1=3$이며, 따라서 재고상태를 6으로 올리려면 3개를 주문해야 한다.

(b) 목표재고수준이 5개라고 하자. 평균 보유재고량은 얼마인가? [학습목표 14-2]

답 3.02. $(L+1)$기간 동안의 수요는 평균 $(3+1)\times 0.5=2$의 포아송분포를 따른다. 부록 14A의 포아송분포표에 의하면, 평균 2일 때 평균 보유재고량은 $I(5)=3.02$

(c) 목표재고수준이 5개라고 하자. 주문재고량의 평균은 얼마일까? [학습목표 14-2]

답 1.5. 주문재고량은 l주기 동안 예상되는 수요와 동일한데, 이 경우엔 $3\times 0.5=1.5$

(d) 목표재고수준이 6개라고 하자. 수요충족확률은 얼마인가? [학습목표 14-2]

답 0.9955. $(L+1)$기간 동안의 수요는 평균 $(3+1)\times 0.5=2$의 포아송분포를 따른다. 부록 14A의 포아송분포 표에 의하면, 평균이 2일 때 $F(S=6)=0.9955$

(e) 목표재고수준이 4개라고 하자. 품절확률은 얼마인가? [학습목표 14-2]

답 0.0527. $(L+1)$기간 동안의 수요는 평균 $(3+1)\times 0.5=2$의 포아송분포를 따른다. 부록 14A의 포아송분포 표에 의하면, 평균이 2일 때 $F(S=4)=0.9473$. 품절확률은 $1-0.9473=0.0527$

(f) Main Line은 재고를 최소화하면서 0.97의 수요충족확률을 달성하고자 한다. 이때 목표재고수준은 얼마이어야 하는가? [학습목표 14-3]

답 5. $(L+1)$기간 동안의 수요는 평균 $(3+1)\times 0.5=2$의 포아송분포를 따른다. 부록 14A의 포아송분포표에 의하면, 평균이 2일 때 $F(S=4)=0.9473$이며, $F(S=5)=0.9834$. 적어도 .97의 수요충족확률을 달성하고 싶다면, $S=5$를 선택해야 한다.

응용 문제

1. 매주 주문을 내면서 목표재고모형을 사용하는 한 회사는 11주차에 수요가 기대했던 것보다 현저히 낮음을 알게 됐다. 12주차를 시작할 때(주문을 시작하기 전), 회사는 주당 예상되는 소비량을 변경하기로 결정하고 이에 따라 목표재고수준도 낮추기로 결정한다. 12주차의 주문량은 어떻게 될까? [학습목표 14-1]

   a. 11주차에 관측된 수요량보다 낮을 것이다.

   b. 11주차에 관측된 수요량과 같을 것이다.

   c. 11주차에 관측된 수요량보다 많을 것이다

d. 11주와 12주의 목표재고수준의 차이와 같을 것이다.

2. 회사가 목표재고모형을 사용하면서 10이라는 목표재고수준을 정했다고 가정하자. 리드타임은 두 주기이며 수요는 정규분포를 따른다. 다음 중 사실과 무관한 것은? [학습목표 14-1]
   a. 지난번 주문량은 12단위였다.
   b. 지난 기간의 이월주문은 14단위였다.
   c. 보유재고가 11단위이다.
   d. 지난 기간의 수요는 13단위였다.
   e. 주문재고가 12단위 있으며 이월주문된 것이 2단위 있다.
   f. 주문재고가 2단위 있으며 보유재고가 8단위 있다.

3. 소매상은 가게의 재고를 관리하기 위해 목표재고모형을 사용한다. 재고 보충에 소요되는 리드타임은 4주이며 주문은 매주 할 수 있다. 주당 수요는 평균 0.10단위의 포아송분포를 따른다. 목표재고수준은 5단위이며 충족되지 못하는 수요는 이월주문 된다. 이 주문의 변동계수는 얼마인가? [학습목표 14-1]

4. 해군의 부품 창고는 레이더 유도 시스템에 사용되는 전기 조종 장치를 보유하고 있다. 이 장치의 목표재고수준은 4개이며, 리드타임은 5주이다. 창고는 주문을 내려고 하는데, 현재 3개의 장치가 주문 중이며 2개의 이월주문이 있다. 이번에 몇 개를 주문해야 하는가? [학습목표 14-1]

5. 당신은 이국적이며 흔치 않은 향신료를 취급하는 온라인 소매점인 Hotspices.com의 소유주이다. 무게당 가격이 대체로 금값보다 비싼 saffron 향신료의 재고를 생각해보자. 당신은 해외 공급업자에게 주 단위로 주문을 하는데 리드타임은 4주이다. 이 제품의 주간 수요는 평균이 40온스이고 표준편차는 30온스의 정규분포를 따른다.
   (a) 목표재고수준이 301온스라면, 예상 보유재고량은 얼마인가? [학습목표 14-2]
   (b) 목표재고수준이 250온스라면, 예상 주문재고량은 얼마인가? [학습목표 14-2]
   (c) 목표재고수준이 368온스라면, 수요충족확률은 얼마인가? [학습목표 14-2]
   (d) 수요충족확률이 0.96이기를 바란다면, 목표재고수준은 얼마가 되어야 하는가? [학습목표 14-3]

6. ACold Inc.는 전국에 10개의 창고를 보유하고 있는 냉동식품 보급자다. 창고의 매니저인 Ivan Tory는 재고를 최소화하면서도 고객에게 빠른 배송을 하려고 한다. 창고에는 수백 가지의 다양한 제품들을 취급하고 있기 때문에, Ivan은 그중 하나인 Caruso's Frozen Pizza(CFP)를 조사하기로 결정했다. CFP에 대한 수요는 하루 평균 400이며 표준편차는 152이다. ACold는 매일 공급업자에게 적어도 한 트럭분의 주문을 하기 때문에 실제 주문량은 자유롭게 정할 수 있으며, ACold의 컴퓨터 시스템은 각 제품에 대해 목표재고모형을 적용하고 있다. Ivan은 CFP의 모든 주문이 4일 만에 배송된다는 것을 알아냈다.
   (a) 2,410의 목표재고수준을 사용한다면, 예상 보유재고량은 얼마인가? [학습목표 14-2]
   (b) 2,500의 목표재고수준을 사용한다면, 예상 주문재고량은 얼마인가? [학습목표 14-2]
   (c) 2,000의 목표재고수준을 사용한다면, 수요충족확률은 얼마인가? [학습목표 14-2]
   (d) 수요충족확률이 0.90이기를 바란다면, 목표재고수준은 얼마가 되어야 하는가? [학습목표

14-3]

7. Cyber Chemicals는 정기적으로 액체 질소를 사용한다. 일일 수요는 평균 178갤런이고 표준편차가 45인 정규분포를 따른다. Cyber는 주 6일 운영하며 공급업자에게 매주 한 번 주문한다. 공급업자가 Cyber의 주문을 배달하는 데는 일주일이 걸린다.
   (a) 2,200의 목표재고수준을 사용한다면, 평균 주문수량은 얼마인가? [학습목표 14-1]
   (b) 2,480의 목표재고수준을 사용한다면, 예상 보유재고량은 얼마인가? [학습목표 14-2]
   (c) 2,600의 목표재고수준을 사용한다면, 예상 주문재고량은 얼마인가? [학습목표 14-2]
   (d) 2,697의 목표재고수준을 사용한다면, 수요충족확률은 얼마인가? [학습목표 14-2]
   (e) 2,400의 목표재고수준을 사용한다면, 품절확률은 얼마인가? [학습목표 14-2]
   (f) 수요충족확률이 0.945이기를 바란다면, 목표재고수준은 얼마가 되어야 하는가? [학습목표 14-3]

8. EShack은 가게에서 인체공학적 키보드를 판매한다. 이 키보드의 주당 수요는 평균이 0.8개인 포아송분포를 따른다. 회사는 공급업자에게 매주 주문을 접수하며 공급업자가 제품을 배달하는 데는 2주의 시간이 소요된다.
   (a) 5개의 목표재고수준을 사용한다면, 평균 주문수량은 얼마인가? [학습목표 14-1]
   (b) 9개의 목표재고수준을 사용한다면, 예상 보유재고량은 얼마인가? [학습목표 14-2]
   (c) 6개의 목표재고수준을 사용한다면, 예상 주문재고량은 얼마인가? [학습목표 14-2]
   (d) 7개의 목표재고수준을 사용한다면, 수요충족확률은 얼마인가? [학습목표 14-2]
   (e) 4개의 목표재고수준을 사용한다면, 품절확률은 얼마인가? [학습목표 14-2]
   (f) 수요충족확률이 0.970이기를 바란다면, 목표재고수준은 얼마가 되어야 하는가? [학습목표 14-3]

9. 식료 잡화점 사업에서 선반 위 진열공간은 귀중한 자산이다. 슈퍼마켓은 선반의 공간을 어떤 제품에 어떤 식으로 할당할 것인지에 대한 최상의 방법을 결정하는 데 많은 노력을 기울이는데, 이 결정을 하는 데는 제품의 수익성, 크기, 소비 특징 등 많은 요인들이 작용한다. Southern Fresh는 동네에서 인기 있는 Jalapeno Spicy Hot Bull 옥수수 칩을 판매한다. 한 지점에서 이 제품의 일일 수요는 평균 3.5봉지인 포아송분포로 표현될 수 있다. 재고 보충은 매일 이루어지며 주문 배송에는 하루가 소요된다.
   (a) 11봉지의 목표재고수준을 사용한다면, 예상 보유재고량은 얼마인가? [학습목표 14-2]
   (b) 12봉지의 목표재고수준을 사용한다면, 예상 주문재고량은 얼마인가? [학습목표 14-2]
   (c) 13봉지의 목표재고수준을 사용한다면, 수요충족확률은 얼마인가? [학습목표 14-2]
   (d) 14봉지의 목표재고수준을 사용한다면, 품절확률은 얼마인가? [학습목표 14-2]
   (e) Southern Fresh는 모든 제품의 수요충족확률을 0.98로 하려고 한다. 목표재고수준은 얼마가 되어야 하는가? [학습목표 14-3]

10. Soap and Towels는 가정용품 판매업자이다. 이 회사는 공급업자로부터 물건을 공급받아 판매하고 있는데, 주문의 리드타임은 2주이다. 회사는 목표재고수준을 사용하여 매주 주문을 내고 있다. 이 회사가 판매하는 페퍼민트 비누는 5주에 한 상자가 판매되고 있다.

(a) 이 회사는 매주 평균 몇 상자의 페퍼민트 비누를 주문하는가? [학습목표 14-1]

(b) 페퍼민트 비누의 목표재고를 1상자라고 하자. 이 제품은 평균 재고(상자)는 얼마인가? [학습목표 14-2]

(c) 페퍼민트 비누의 목표재고를 2상자라고 하자. 이 제품의 품절확률은 얼마인가? [학습목표 14-2]

(d) 페퍼민트 비누의 수요충족확률을 최소한 0.9875로 유지하면서 재고를 최소화하려고 한다면, 목표재고수준(상자)은 얼마가 되어야 하는가? [학습목표 14-3]

11. Soap and Towels는 가정용품 판매업자이다. 이 회사는 공급업자로부터 물건을 공급받아 판매하고 있는데, 주문의 리드타임은 2주이다. 회사가 목표재고수준을 사용하여 매주 주문을 내고 있다. 이 회사가 판매하는 merino 수건의 수요는 평균이 1.2인 포아송분포를 따른다.

(a) 이 제품의 목표재고수준이 6이라면, 예상 보유재고량은 얼마인가? [학습목표 14-2]

(b) 이 제품의 목표재고수준이 7이라면, 수요충족확률은 얼마인가? [학습목표 14-2]

(c) 이 제품의 목표재고수준이 8이라면, 평균 주문재고량은 얼마인가? [학습목표 14-2]

(d) 이 제품의 수요충족확률을 0.97로 유지하려면, 목표재고수준은 얼마가 되어야 하는가? [학습목표 14-3]

사례 WARKWORTH 가구점[1]

Warkworth 가구점은 환경친화적이고 지속가능한 가구에 특화되어 있다. 이 가구점이 다루는 제품 중 하나인 TePaki 책상은 표면에는 대나무를 사용하고 다리에는 재활용된 알루미늄을 사용한다. 책상은 베트남의 공장에서 생산되어 주로 미국 해안가의 도시들에 자리잡은 30개의 지점에 배송된다. Warkworth 가구점의 주인인 Karen Williamson은 공급체인을 어떻게 구성할 것인지에 대해 고민하고 있다.

현재 회사는 화물선을 이용해 책상을 베트남에서 미국까지 운반하고 있다. 책상이 미국에 도착하면 3자 물류회사를 통해 각 지점으로 배달된다. 공장에 주문을 해서 각 지점에 배달되기까지 10주가 걸린다. TePaki 책상은 환경친화적이기는 하지만 지갑친화적이지는 않다. 각 책상을 제작하는 데는 325달러의 비용이 들며 책상은 850달러에 판매된다. 하지만, Warkworth는 책상의 디자인과 그것이 표현하는 바를 중요시 여기는 시장을 찾아낼 수 있었다. 전체 지점에 걸쳐 한 주에 책상 6개, 즉 한 주에 지점당 0.2개의 책상을 판매한다.

고급스러운 물건으로 장사하는 것인 만큼 Warkworth의 지점들은 땅값이 비싼 좋은 동네에 위치하고 있다. 따라서, 자본의 기회비용과 물리적인 공간에 대한 임차비용을 반영했을 때, Karen은 지점에 TePaki 책상 하나를 일 년간 보유하면 개당 150달러가 든다고 예측했다. 책상이 실제로 일 년간 가게에 재고로 있지는 않겠지만 150달러는 그만큼의 기간 동안 책상을 재고로 두는 데 따른 비용을 잘 반영하고 있다. TePaki 책상을 베트남에서 지점으로 운반하는 데는 개당 80달러가 든다. 그중 40달러는 해상운송비에 해당되며 나머지 40달러는 미국 내 육상운송비에 해당된다.

Warkworth의 운영관리자인 Andy Philpot은 Warkworth가 캘리포니아 남부에 물류센터를 세워 아시아에서 온 제품들을 배송받은 뒤 그 곳에서 미국의 각 지점으로 다시 배송해야 한다고 주장하면서 이렇게 하면 지점보다는 저렴한 물류센터의 공간 비용으로 인해 TePaki 책상을 일 년간 창고에 비치하는 데 소요되는 금액이 개당 150달러에서 60달러로 떨어질 것이라고 주장하고 있다. 다만 Andy의 의견에 따르면 이 접근의 유일한 문제점은 모든 책상들이 물류센터를

[계속]

[1] 이 사례는 가상의 회사 및 제품을 사용하였습니다.

거치면서 운송거리가 늘고 추가적인 작업이 필요해지면서 책상당 8달러의 배송비가 추가로 들 것이라는 점이다.

Karen은 물류센터를 만들자는 생각이 합리적이라는 것을 이해하지만 생각하는 대로 잘 이루어질지가 걱정되었다. 대신, 그녀는 지금처럼 모든 책상을 지점으로 곧바로 배송시키되 필요에 따라 지점들 간에도 서로 제품을 배송할 수 있도록 하자고 제안했다. 이 접근의 유일한 문제점은 한 지점에서 또 다른 지점으로 책상을 배송시키는 데 책상 하나당 40달러가 들 것이라는 점이다.

논의를 듣고 있던 Warkworth의 마케팅 매니저인 Kathy White는 TePaki 책상의 수요충족확률이 0.99이어야 함을 모두에게 상기시키면서, 제안한 의견들이 이 수요충족확률에 어떠한 영향을 미칠지를 궁금해했다. 전형적인 운영관리자인 Andy는 만약 소비자가 책상이 물류센터에서 지점으로 배달되는 일주일간을 기다릴 수 있다면 많은 비용을 아낄 수 있다고 주장하고 있다.

© Thomas Barwick/Photographer's Choice/Getty Images

1. 공장에서 지점으로 직접 배송하는 현재 시스템하에서 Warkworth가 지불해야 하는 연간 총 재고유지비용은 얼마인가?
2. Warkworth가 남부 캘리포니아에 물류센터를 열었다고 가정해보자. 이 전략을 사용했을 때는 연간 총 재고유지비용은 얼마이겠는가? 이 물류센터에서 각 지점으로 배송하는 데는 한 주가 걸린다고 가정하자.
3. Warkworth가 남부 캘리포니아에 물류센터를 열었다고 가정해보자. 이 전략을 사용했을 때는 책상당 연간 재고유지비용은 얼마이겠는가?
4. 모든 지점들이 재고를 보유하면서 필요에 따라 지점 간에 배송을 시키자는 Karen의 의견에 대해 어떻게 생각하는가? 1년은 52주라고 가정하자.
5. Warkworth가 Andy의 의견에 따라 가게에 재고를 두지 않았다고 가정해보자. 대신 재고는 물류센터에 보관되어 있으며 필요에 따라 가게로 배송될 수 있다. 이 전략에 따른다면 재고유지비용을 얼마나 절감시킬 수 있겠는가?

부록 14A

표 14A.1 표준 정규분포함수에서 분포함수 $F(z)$와 재고 함수 $I(z)$

z	$F(z)$	$I(z)$
−4.0	0.0000	0.0000
−3.9	0.0000	0.0000
−3.8	0.0001	0.0000
−3.7	0.0001	0.0000
−3.6	0.0002	0.0000
−3.5	0.0002	0.0001
−3.4	0.0003	0.0001
−3.3	0.0005	0.0001
−3.2	0.0007	0.0002
−3.1	0.0010	0.0003
−3.0	0.0013	0.0004
−2.9	0.0019	0.0005
−2.8	0.0026	0.0008
−2.7	0.0035	0.0011
−2.6	0.0047	0.0015
−2.5	0.0062	0.0020
−2.4	0.0082	0.0027
−2.3	0.0107	0.0037
−2.2	0.0139	0.0049
−2.1	0.0179	0.0065
−2.0	0.0228	0.0085
−1.9	0.0287	0.0111
−1.8	0.0359	0.0143
−1.7	0.0446	0.0183
−1.6	0.0548	0.0232
−1.5	0.0668	0.0293
−1.4	0.0808	0.0367
−1.3	0.0968	0.0455
−1.2	0.1151	0.0561
−1.1	0.1357	0.0686
−1.0	0.1587	0.0833
−0.9	0.1841	0.1004
−0.8	0.2119	0.1202
−0.7	0.2420	0.1429
−0.6	0.2743	0.1687
−0.5	0.3085	0.1978
−0.4	0.3446	0.2304
−0.3	0.3821	0.2668
−0.2	0.4207	0.3069
−0.1	0.4602	0.3509
0.0	0.5000	0.3989

z	$F(z)$	$I(z)$
0.1	0.5398	0.4509
0.2	0.5793	0.5069
0.3	0.6179	0.5668
0.4	0.6554	0.6304
0.5	0.6915	0.6978
0.6	0.7257	0.7687
0.7	0.7580	0.8429
0.8	0.7881	0.9202
0.9	0.8159	1.0004
1.0	0.8413	1.0833
1.1	0.8643	1.1686
1.2	0.8849	1.2561
1.3	0.9032	1.3455
1.4	0.9192	1.4367
1.5	0.9332	1.5293
1.6	0.9452	1.6232
1.7	0.9554	1.7183
1.8	0.9641	1.8143
1.9	0.9713	1.9111
2.0	0.9772	2.0085
2.1	0.9821	2.1065
2.2	0.9861	2.2049
2.3	0.9893	2.3037
2.4	0.9918	2.4027
2.5	0.9938	2.5020
2.6	0.9953	2.6015
2.7	0.9965	2.7011
2.8	0.9974	2.8008
2.9	0.9981	2.9005
3.0	0.9987	3.0004
3.1	0.9990	3.1003
3.2	0.9993	3.2002
3.3	0.9995	3.3001
3.4	0.9997	3.4001
3.5	0.9998	3.5001
3.6	0.9998	3.6000
3.7	0.9999	3.7000
3.8	0.9999	3.8000
3.9	1.0000	3.9000
4.0	1.0000	4.0000

표 14A.2 포아송 표

$F(S)$는 분포함수로서 포아송분포의 결과값이 S 또는 그 이하일 확률을 의미한다. $I(S)$는 예상 재고 함수로서 S값이 주어졌을 때, 수요 충족 후 예상되는 재고의 양을 의미한다.

	평균									
	0.1		0.2		0.3		0.4		0.5	
S	F(S)	I(S)	F(S)	I(S)	F(S)	I(S)	F(S)	I(S)	F(S)	I(S)
0	0.9048	0.00	0.8187	0.00	0.7408	0.00	0.6703	0.00	0.6065	0.00
1	0.9953	0.90	0.9825	0.82	0.9631	0.74	0.9384	0.67	0.9098	0.61
2	0.9998	1.90	0.9989	1.80	0.9964	1.70	0.9921	1.61	0.9856	1.52
3	1.0000	2.90	0.9999	2.80	0.9997	2.70	0.9992	2.60	0.9982	2.50
4	1.0000	3.90	1.0000	3.80	1.0000	3.70	0.9999	3.60	0.9998	3.50
5	1.0000	4.90	1.0000	4.80	1.0000	4.70	1.0000	4.60	1.0000	4.50

	평균									
	0.6		0.7		0.8		0.9		1.0	
S	F(S)	I(S)	F(S)	I(S)	F(S)	I(S)	F(S)	I(S)	F(S)	I(S)
0	0.5488	0.00	0.4966	0.00	0.4493	0.00	0.4066	0.00	0.3679	0.00
1	0.8781	0.55	0.8442	0.50	0.8088	0.45	0.7725	0.41	0.7358	0.37
2	0.9769	1.43	0.9659	1.34	0.9526	1.26	0.9371	1.18	0.9197	1.10
3	0.9966	2.40	0.9942	2.31	0.9909	2.21	0.9865	2.12	0.9810	2.02
4	0.9996	3.40	0.9992	3.30	0.9986	3.20	0.9977	3.10	0.9963	3.00
5	1.0000	4.40	0.9999	4.30	0.9998	4.20	0.9997	4.10	0.9994	4.00
6	1.0000	5.40	1.0000	5.30	1.0000	5.20	1.0000	5.10	0.9999	5.00
7	1.0000	6.40	1.0000	6.30	1.0000	6.20	1.0000	6.10	1.0000	6.00

	평균									
	1.2		1.4		1.6		1.8		2.0	
S	F(S)	I(S)	F(S)	I(S)	F(S)	I(S)	F(S)	I(S)	F(S)	I(S)
0	0.3012	0.00	0.2466	0.00	0.2019	0.00	0.1653	0.00	0.1353	0.00
1	0.6626	0.30	0.5918	0.25	0.5249	0.20	0.4628	0.17	0.4060	0.14
2	0.8795	0.96	0.8335	0.84	0.7834	0.73	0.7306	0.63	0.6767	0.54
3	0.9662	1.84	0.9463	1.67	0.9212	1.51	0.8913	1.36	0.8571	1.22
4	0.9923	2.81	0.9857	2.62	0.9763	2.43	0.9636	2.25	0.9473	2.08
5	0.9985	3.80	0.9968	3.60	0.9940	3.41	0.9896	3.21	0.9834	3.02
6	0.9997	4.80	0.9994	4.60	0.9987	4.40	0.9974	4.20	0.9955	4.01
7	1.0000	5.80	0.9999	5.60	0.9997	5.40	0.9994	5.20	0.9989	5.00
8	1.0000	6.80	1.0000	6.60	1.0000	6.40	0.9999	6.20	0.9998	6.00
9	1.0000	7.80	1.0000	7.60	1.0000	7.40	1.0000	7.20	1.0000	7.00

	평균									
	2.2		2.4		2.6		2.8		3.0	
S	$F(S)$	$I(S)$	$F(S)$	$I(S)$	$F(S)$	$I(S)$	$F(S)$	$I(S)$	$F(S)$	$I(S)$
0	0.1108	0.00	0.0907	0.00	0.0743	0.00	0.0608	0.00	0.0498	0.00
1	0.3546	0.11	0.3084	0.09	0.2674	0.07	0.2311	0.06	0.1991	0.05
2	0.6227	0.47	0.5697	0.40	0.5184	0.34	0.4695	0.29	0.4232	0.25
3	0.8194	1.09	0.7787	0.97	0.7360	0.86	0.6919	0.76	0.6472	0.67
4	0.9275	1.91	0.9041	1.75	0.8774	1.60	0.8477	1.45	0.8153	1.32
5	0.9751	2.83	0.9643	2.65	0.9510	2.47	0.9349	2.30	0.9161	2.13
6	0.9925	3.81	0.9884	3.62	0.9828	3.42	0.9756	3.24	0.9665	3.05
7	0.9980	4.80	0.9967	4.60	0.9947	4.41	0.9919	4.21	0.9881	4.02
8	0.9995	5.80	0.9991	5.60	0.9985	5.40	0.9976	5.20	0.9962	5.01
9	0.9999	6.80	0.9998	6.60	0.9996	6.40	0.9993	6.20	0.9989	6.00
10	1.0000	7.80	1.0000	7.60	0.9999	7.40	0.9998	7.20	0.9997	7.00
11	1.0000	8.80	1.0000	8.60	1.0000	8.40	1.0000	8.20	0.9999	8.00
12	1.0000	9.80	1.0000	9.60	1.0000	9.40	1.0000	9.20	1.0000	9.00

	평균									
	3.2		3.4		3.6		3.8		4.0	
S	$F(S)$	$I(S)$	$F(S)$	$I(S)$	$F(S)$	$I(S)$	$F(S)$	$I(S)$	$F(S)$	$I(S)$
0	0.0408	0.00	0.0334	0.00	0.0273	0.00	0.0224	0.00	0.0183	0.00
1	0.1712	0.04	0.1468	0.03	0.1257	0.03	0.1074	0.02	0.0916	0.02
2	0.3799	0.21	0.3397	0.18	0.3027	0.15	0.2689	0.13	0.2381	0.11
3	0.6025	0.59	0.5584	0.52	0.5152	0.46	0.4735	0.40	0.4335	0.35
4	0.7806	1.19	0.7442	1.08	0.7064	0.97	0.6678	0.87	0.6288	0.78
5	0.8946	1.97	0.8705	1.82	0.8441	1.68	0.8156	1.54	0.7851	1.41
6	0.9554	2.87	0.9421	2.69	0.9267	2.52	0.9091	2.36	0.8893	2.20
7	0.9832	3.82	0.9769	3.64	0.9692	3.45	0.9599	3.26	0.9489	3.08
8	0.9943	4.81	0.9917	4.61	0.9883	4.42	0.9840	4.22	0.9786	4.03
9	0.9982	5.80	0.9973	5.60	0.9960	5.41	0.9942	5.21	0.9919	5.01
10	0.9995	6.80	0.9992	6.60	0.9987	6.40	0.9981	6.20	0.9972	6.00
11	0.9999	7.80	0.9998	7.60	0.9996	7.40	0.9994	7.20	0.9991	7.00
12	1.0000	8.80	0.9999	8.60	0.9999	8.40	0.9998	8.20	0.9997	8.00
13	1.0000	9.80	1.0000	9.60	1.0000	9.40	1.0000	9.20	0.9999	9.00
14	1.0000	10.80	1.0000	10.60	1.0000	10.40	1.0000	10.20	1.0000	10.00

15 예측

학습목표

15-1 수요예측의 유형과 여러 가지 예측 방법을 이해한다.

15-2 예측이 좋은 예측인지 다수의 지표를 활용하여 평가할 줄 안다.

15-3 단순예측, 이동평균법, 지수평활법을 활용하여 예측을 할 줄 안다.

15-4 시계열 자료에 나타난 장기적 추세를 측정하고 이를 이용한 예측을 할 줄 안다.

15-5 시계열 자료에 나타난 계절성을 측정하고 이를 이용하여 예측을 할 줄 안다.

15-6 전문가 집단을 활용하여 예측을 할 줄 알고 주관적 예측과 관련된 문제점을 이해한다.

이 장의 개요

© Adam Gault/AGE fotostock

소개

당신이 수정 구슬을 가지고 있다고 상상해보자. 미래를 보여주는 수정 구슬. 무엇을 알고 싶은가? 다음 주의 복권 당첨 번호? 내년 주식 시장 정보? 미래를 내다 보는 능력은 인류가 고대 시대부터 바래왔던 꿈이었고, 미래를 예측하고 미래에 어떤 일이 생길지 예견할 줄 아는 능력은 상당한 경제적 이득을 가져올 것이다.

이번 장은 미래 사건을 예측하는 것에 관한 내용이다. 특히, 우리가 공급하는 제품이나 서비스의 미래 수요를 예측하려고 한다. 그리고 시작부터 실망스러운 소식을 전해야 할 것 같다. 당신에게 수정 구슬을 제공해 줄 수 없다는 것이다. 우리가 아는 바로는 수정 구슬 같은 것은 존재하지 않는다. 그러나 수정 구슬이 없다고 해서 우리가 좋은 예측을 할 수 없다는 의미는 아니다. 완벽한 예측은 할 수 없겠지만 우리가 앞으로 보듯이 약간의 지식과 추론이 꽤 많은 도움이 된다.

고객이 우리의 제품이나 서비스를 얼마나 좋아할지를 예측하기는 어렵다. 사실, 다음 두 가지 역사적 예시에서 보듯이 매우 어렵다:

- IBM의 전설적인 CEO인 Thomas Watson은 전 세계 시장에서 컴퓨터의 수요를 다섯 대 정도라고 예상했다. 그렇다, 당신이 제대로 읽은 게 맞다. 5백만이 아니라 다섯 대이다. 그를 옹호하자면 그는 이 예측을 우리가 태어나지도 않았던 1950년대에 했다.
- 1960년대에, Decca Recording의 매니저들은 Liverpool 기타 밴드의 음악을 발간할 기회를 제안받았다. Decca가 예측한 이 밴드의 앨범 판매량은 비관적이었고 "그룹 기타는 유행이 지났다"는 게 경영진의 일치된 의견이었다. Decca에게는 불행하게도, 그들이 거절한 밴드는 역사상 가장 성공적인 음악 밴드가 된 Beatles였다.

Watson과 Decca Recording을 옹호하자면, 과거 기록이 없는 급진적이고 새로운 것을 예측하는 건 특히 어려운 일이다. 그러나 신제품의 매출이나 출시 전 서비스의 수요를 예측해야 하는 것은 비즈니스에서 흔히 있는 일이다. 이번 장의 초점은 과거 기록으로부터의 정보가 있는 경우의 수요예측에 맞출 것이다.

다음과 같은 상황을 고려해보자. 매년, 사람들은 독감에 걸린다. 당신 역시 이런 경험이 있었을 것이기에 이게 유쾌한 경험은 아니라는 걸 알 것이다. 특히 유아, 노인, 그리고 다른 취약 인구계층에게는 독감이 삶과 죽음의 문제가 될 수도 있다. 독감 유행 기간에는 독감 환자들이 병원 응급실에 넘쳐나고 의료서비스에 대한 수요도 넘쳐난다. 독감에 시달리는 환자들은 약국에도 찾아오고 TamiFlu 같은 약품도 찾는다. 따라서, 독감 환자의 수를 예측하는 것은 중요하다.

그림 15.1은 2009~2014년까지 독감으로 병원을 방문한 환자의 수를 보여주는 데이터이다. 당신이 병원 혹은 제약회사에 근무하면서 독감 환자의 수를 예측할 책임이 있다고 상상해보자. 2015년의 독감 환자 수를 정확하게 예측할 수 있겠는가? 완벽한 예측은 보통 불가능하다.

매해 상황이 다르고 수정 구슬도 없기 때문에 모든 예측은 틀릴 것이다. 그러나 데이터를 육안으로 살펴보는 것만으로도 미래에 대한 약간의 아이디어를 얻을 수 있다. 그리고 이것이 이번 장에 필요한 당신의 직관이다.

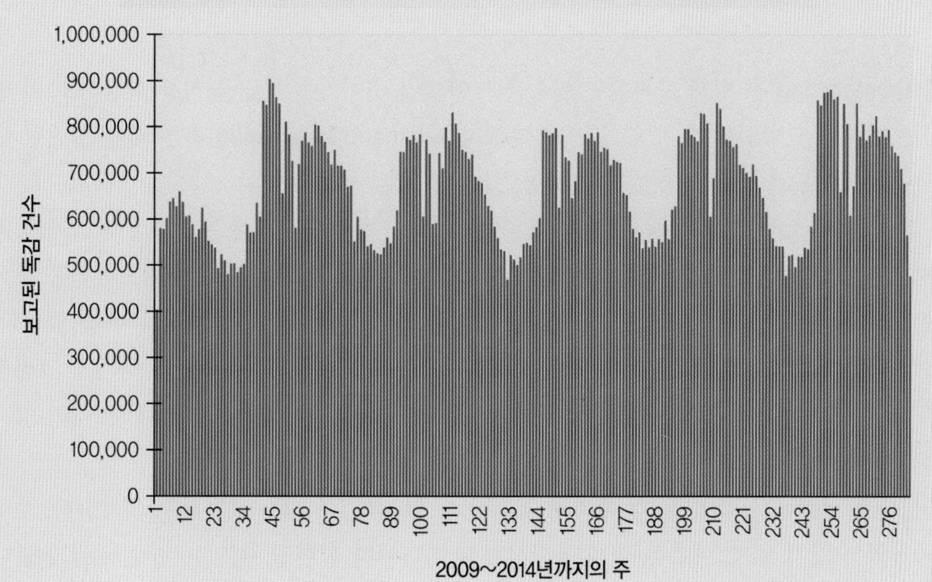

그림 15.1
2009~2014년까지의 독감 자료
출처: CDC

이번 장은 미래의 수요를 예측하는 데 초점을 두면서 다음의 순서로 전개된다.

- 먼저 예측을 위한 기본적인 틀을 소개한다. 기본 용어를 소개하고, 예측 방법을 설명하고, 경영에서의 예측 문제를 개략적으로 살펴볼 것이다.
- 다음으로 무엇이 예측을 좋은 예측으로 만드는지 논의하고, 예측과 현실을 비교할 때 사용될 수 있는 몇 가지 평가지표를 정의할 것이다.
- 그리고 단순예측법, 이동평균법, 그리고 지수평활법을 포함해 간단한 방법을 소개할 것이다.
- 그 다음 두 개의 절은 계절성과 추세를 다루는 고급 예측방법을 소개할 것이다.
- 마지막 절은 전문가 집단을 활용하는 문제 그리고 주관적 예측을 할 때의 구조적 어려움에 대해 논의할 것이다.

15.1 예측의 틀

© *Gérard Cachon*

학습목표 15-1
수요예측의 유형과 여러 가지 예측 방법을 이해한다.

예측 현재 불확실하고 미래에만 실현될 수 있는 변수들의 결과에 대해 판단을 하는 과정

수요예측 미래에 실현될 수요에 대한 판단을 하는 과정

예측(forecasting)은 현재 불확실한 변수들이 어찌될 것이라는 판단을 하는 과정이고 이 결과는 미래에만 확인될 수 있다. 따라서 **수요예측(demand forecasting)**은 미래에 실현될 수요에 대한 판단을 하는 과정이라고 할 수 있다.

2010년 FIFA 월드컵 중 독일 동물원의 사육사들이 준결승전에서 독일이 스페인에게 패배한 것을 포함해서 독일 팀의 모든 경기 결과를 예측해내면서 국제적인 헤드라인을 장식했다. 그들은 어떻게 한 것일까? 그 동물원에는 Paul이라는 이름을 가진 문어가 있었다. 독일 국가대표팀의 매 경기 전에 동물원 사육사들은 경기를 치르는 팀들의 국기가 그려진 두 개의 상자에 음식을 넣어 Paul에게 준 뒤 Paul이 어느 상자로 먼저 가는지에 따라 경기 결과를 예측했다.

문어가 점심 식사를 하는 걸 예측이라고 할 수 있을까? 우리는 그렇다고 생각한다. 우리의 정의를 다시 보자. 예측은 현재 불확실하고 미래에만 실현될 수 있는 변수의 결과에 대해 판단을 하는 과정이다:

- 사육사들은 먹이 상자에 표시를 했고 Paul의 행동을 어떻게 해석할지에 대한 동의를 미리 했기 때문에 분명 과정이 있었다고 할 수 있다.
- 경기 결과는 Paul의 먹이 선택 시점에 불확실했다.
- 경기 결과는 미래에 실현되었다.

따라서, 모든 걸 고려했을 때 Paul이 스페인 국기를 선택하는 걸 보고 스페인이 독일을 이길 것이라고 선언하는 건 분명 예측이라고 불릴 자격이 있다.

수요예측의 과정을 조금 더 공식화하는 것이 도움이 될 것이다. y_t를 t기간의 수요라고 하는데, 여기에서 기간은 일, 주, 월, 혹은 어떤 시간단위도 될 수 있다. 우리는 다음 기간 그리고 그 이후까지도 수요를 예측하려 한다. 따라서 우리는 y_{t+1}에 대해 실제로 수요를 관찰하기 전에 무언가를 말하고자 한다. 실제로 실현된 값과 구분하여 표기하기 위해 어떤 값이 예측값이라는 의미로 "^" 표시가 자주 쓰인다. 따라서, y_{t+1}은 $t+1$기간의 수요이고, $\hat{y}_{t+1}$(y_{t+1} 햇으로 발음함)은 y_{t+1} 값이 알려지기 전에 $t+1$기간에 대한 예측값이다. 따라서 우리가 예측을 한다는 것은 t시점 혹은 그 이전에 $\hat{y}_{t+1}$에 대해 무언가를 말하고자 하는 것이다. 정의상, t시점에는 지금까지의 실제 수요에 대한 데이터, 즉 t시점 그리고 그 이전의 변수값들만 알려져 있다. 예측 프로세스에 관한 개략적인 틀이 묘사된 그림 15.2를 보자. 이미 언급되었듯이, 이 프로세스의 결과물은 $t+1$기간의 수요예측인 $\hat{y}_{t+1}$이다.

이 프로세스에 대한 입력 정보는 세 그룹으로 나눌 수 있다. 지금까지의 실제 수요 데이터, 지금까지의 다른 변수들의 실제값, 그리고 미래에 대한 주관적인 의견들이다. 먼저 지금까지의 실제 수요 데이터를 보자. 우리가 $t+1$기간의 수요를 예측할 때는 이전 기간들의 수요는 이미 알고 있다. **시계열분석(time series analysis)**은 과거의 (수요) 데이터 $y_1, \cdots y_t$를 분석하는 프로세스로 정의한다. **시계열기반 예측(time-series based forecast)**은 과거 수요 데이터만을 분석해서 얻어진 예측이다. 시계열기반 예측을 **외삽법(extrapolation)**의 한 종류라고 생각할 수 있는데, 이는 지금까지 관찰된 데이터의 패턴이 미래에도 계속될 것이라는 가정하에 기존 관찰 결과의 범위를 넘어선 값을 추정하는 것이다. 시계열기반 예측이 적용된 몇 가지 예는 다음과 같다.

시계열분석 과거 수요 데이터의 분석

시계열기반 예측 과거 수요 데이터만을 사용하는 예측의 방식

외삽법 지금까지 관찰된 데이터의 패턴이 미래에도 계속될 것이라는 가정하에 기존 관찰 결과의 범위를 넘어선 값을 추정하는 것

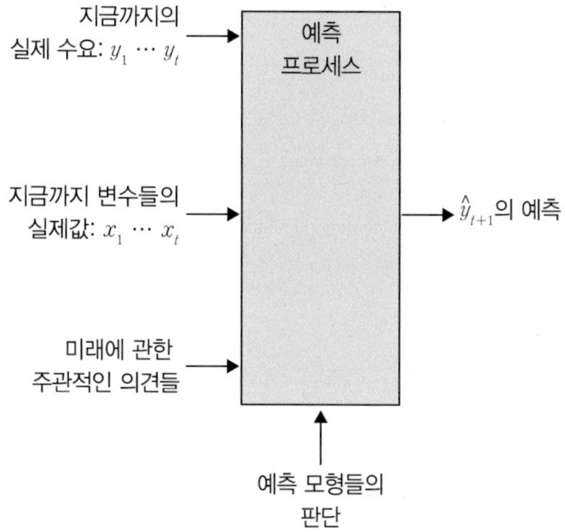

그림 15.2
예측의 틀

- **축구**: 만약 당신이 과거 경기 결과만 가지고 팀의 승리를 예측한다면("브라질은 지난 10경기를 이겼기 때문에 이번에도 승리할 것이다"), 당신은 시계열 자료를 기반으로 한 외삽을 통해 예측을 하는 것이다.
- **독감 시즌**: 그림 15.1의 데이터는 독감 환자가 7월보다 1월에 더 많았다는 걸 보여준다. 만약 당신이 2009, 2010, 2011, 2012, 2013, 2014년의 독감 환자 수를 평균 내서 2015년 1월의 독감 환자 수를 예측한다면, 당신은 시계열기반의 예측을 하고 있는 것이다.
- **주식 시장**: 많은 사람들은(저자들은 제외) 과거 주식 시장의 데이터에서 관찰되는 추세, 주기, 그리고 다른 흐름 등을 관찰하여 주식 시장의 움직임을 예측할 수 있다고 믿는다. 그들이 그렇게 믿는 게 어리석은 것인지 아닌지는 다음에 논의할 가치가 있겠지만, 지금 중요한 것은 이것이 시계열분석의 한 형태라는 것이다.
- **날씨**: 당신이 과거의 온도 데이터를 들여다본 뒤 8월에는 온도가 화씨 100도대일 확률이 높으므로 Philadelphia에 가기에 좋지 않은 때라고 예측을 한다면, 이 또한 시계열기반의 예측이다.

회귀분석 한 변수와 이에 영향을 주는 다수의 변수들 간의 관계를 평가하는 통계적 프로세스

종속변수 우리가 회귀분석에서 설명하려는 변수

독립변수 종속변수에 영향을 주는 변수

예측을 위해 단순히 과거 자료들을 들여다보는 것 이외에(우리의 경우에는 과거 y_t 데이터), $\hat{y}_{t+1}$을 예측하기 위해 다른 데이터를 들여다 볼 수도 있을 것이다. 예를 들어, **회귀분석(regression analysis)**은 한 변수와 그 변수에 영향을 주는 다수의 변수들 간의 관계를 평가하는 통계 프로세스이다. 회귀분석에서는 우리가 이해하려고 하는 변수를 **종속변수(dependent variable**, 결과변수라고도 불린다)라고 부르고 종속변수에 영향을 주는 다른 변수를 **독립변수(independent variables)**라고 한다. 따라서, 예측을 위해 종속변수에 영향을 주는 여러 가지 다른 독립변수들을 살펴볼 수도 있다. 다시 한 번, 예시들을 보자.

- **축구**: 우리가 가장 좋아하는 팀의 경기 결과를 예측할 때는 단지 그 팀의 최근 경기 결과만을 보지는 않을 것이며 상대방이 누구이고 그들이 최근에 얼마나 득점했는지도 볼 것이다. 또한 주전 선수가 부상을 당했는지, 다음 경기가 홈 경기인지도 고려할 것이다. 즉, 여러 가지 다른 변수들도 본다는 것이다. 그리고, 점심 식사를 하는 문어의 움직임을 보는 것 역시도 추가적인 변수를 고려하는 것에 해당된다.
- **독감 시즌**: 독감 환자들의 숫자를 예측할 때, 지난 달의 환자 수뿐만 아니라 다른 데이터도 고려하는 것이 도움이 된다. 여기에는 예방접종의 수와 다른 나라에서의 독감 데이터도 포함된다. 또한 독감 발발을 예측하는 연구자들은 Google 검색기능에 "독감"이라는 단어가 얼마나 빈번히 입력되었는지를 보면서 독감 관련 증상으로 의료서비스를 찾을 환자의 수를 예측하기도 한다(이것의 예측력에 대해서는 의견이 갈리고 있다).
- **주식 시장**: 경제학자들은 과거의 주식 가격뿐만 아니라 성장률, 최근 재정 정책 결정들, 기업의 이익 발표, 그리고 다른 것들까지 고려한다.
- **날씨**: 당신은 Philadelphia의 8월이 덥다고 생각할 수 있지만, 바람의 변화와 한랭전선의 움직임을 보면서 예측을 갱신할 수도 있다.

홈 경기가 경기결과에 미치는 영향, Google 검색 빈도수가 환자의 수에 미치는 영향, 실업률이 주가에 미치는 영향 혹은 한랭전선이 향후 기온에 미치는 영향 등 이 모든 것은 회귀분석의 영역이다.

시계열기반의 예측이든 회귀분석이든 과거 데이터를 이용한 예측에 내포된 위험은 이러한 기법들이 미래가 과거처럼 움직일 것이라고 가정한다는 것이다. 반면, 전문가라면 과거 데이터로는 설명할 수 없는 무언가가 일어날 거라는 "직감"을 느낄 수도 있다. 우리가 그러한 전문가들을 믿어야 하는가는 이번 장에서 더 논의될 주제 중 하나이다. 지금으로서 중요한 것은, 그러한 주관적 의견들 또한 예측을 결정하는 데에 고려될 수 있다는 것이다. 따라서, 그림 15.2를 살펴보면 세 번째 유형의 변수가 예측을 결정하는 데 주관적인 자료들이 된다.

이 장의 나머지 부분에서는 주로 시계열기반 예측에 초점을 두고 마지막 절에서는 주관적인 의견을 어떻게 다룰 것인지에 대해 논의할 것이다. 그러나, 이번 장에서 회귀분석은 다루지는 않는데 이는 회귀분석이 중요하지 않아서가 아니라 회귀분석이 운영관리 과목에서 스쳐가듯이 다뤄지기보다는 통계 과목에서 제대로 다뤄져야 한다고 생각하기 때문이다.

그림 15.2와 함께 논의된 세 유형의 입력변수들은 예측 과정이 다른 방법론과 다른 방식의 예측 프로세스에도 적용된다. 아래 내용들의 차이점을 이해하는 것이 도움이 될 것이다.

자동화된 예측 사람의 개입 없이 컴퓨터로 이루어지는 예측

- **자동화된 예측(automated forecasting)**: weather.com이 내일 오전 9시 Manhattan의 온도를 예측할 때 기상학자들로 구성된 전문가 집단을 소집할 수는 없다. 경영에서의 대부분의 예측은 수백만 번 이루어져야 하기 때문에 저렴하게 이루어져야 하는데 이러려면 사람의 개입이 없어야 한다. 특정 McDonald's 지점에서 1시간 동안 얼마나 많은 고객들이 치즈버거를 주문할 것인가? 특정 공항에서 특정 날짜에 얼마나 많은 렌터카들이 필요한가? 이런 종류의 예측은 사람이 개입하지 않고 컴퓨터로 이루어진다. 아마도 머신 러닝이나 빅데이터 같은 유행어를 들어봤을 것이다. 이 용어들

연관 사례: 미래의 예측?

미래를 정확히 예측하는 것이 가능한가? 라는 질문은 과학자와 철학자들의 오래된 논쟁거리였다. 이 주제에 대한 의견은 갈리지만 다음의 인용문들이 예측과 관련된 주된 어려움을 잘 정리해주고 있다.

"아는 사람들은 예측을 하지 않고, 예측하는 사람들은 아는 게 없다."(Lao Tzu, 기원전 6세기 중국 시인)

"예측을 위해 가장 필요한 조건은 좋은 기억력이다."(Marquis of Halifax)

"예측은 어렵다. 미래 예측은 특히 그렇다."(Niels Bohr, 노벨 물리학상 수상자)

"예측 대상에 대해 깊은 지식이 없는 사람이 통계를 사용하는 것은 술 취한 자가 조명등을 조명이 아닌 지팡이로 사용하는 것과 같다."(Andrew Lang)

"경제학자란 어제 한 자신의 예측이 왜 틀렸는지를 오늘 알아내는 전문가이다."(Evan Esar)

출처: http://www1.secam.ex.ac.uk/famous-forecasting-quotes.dhtml

은 모두 회귀분석의 세련된 표현인데, 쉽게 말하면 어떤 변수가 예측에 도움이 되는지 컴퓨터가 찾아내 주는 분석이다.

전문가 집단 예측 경영진의 주관적 의견을 이용하여 이루어지는 예측

단기 예측 보통 몇 시간에서 주간 단위의 전술적 결정을 지원하는 데에 사용되는 예측

중기 예측 보통 주간에서 연간 단위로 이루어지는 처리능력 계획과 재무 회계적 의사결정을 지원하는 데 사용되는 예측

장기 예측 보통 수 년간에 걸친 전략적 의사결정을 지원하는 데에 사용되는 예측

- **전문가 집단 예측(expert panel forecasting)**: McDonald's가 회사의 매출을 예측할 때 여기에는 큰 이해관계가 달려 있기에 예측에 드는 비용은 덜 중요하다. 따라서, 기업의 성패를 가르는 중요한 의사결정이 있을 때는 전문가 집단의 예측이 자동화된 예측을 보완하면서 같이 사용된다. 전문가 집단 예측에서는 관리자들이 주관적인 의견을 공유하면서 수요예측에 대한 합의에 이르기 위해 노력한다.

어떻게 예측을 할 것인가에 대한 논의가 끝나면 생성된 예측을 가지고 무엇을 할 것인가를 고민해야 한다. 예측은 다음의 세 가지 영역에서 활용될 수 있다. 다음의 세 가지 영역은 예측하고자 하는 미래의 시간대에 따라 분류된다.

- **단기 예측(short-term forecasting)**은 일 또는 월 단위의 단기간을 염두에 둔 의사결정을 지원하기 위해 이용된다. 극단적인 경우에는 1시간단위로 예측이 이루어질 수도 있다. 이러한 예측들은 직원근무 스케줄 설정(레스토랑에는 오후 시간대보다는 점심시간대에 종업원이 더 많다) 및 단기 가격책정과 관련한 의사결정에 사용된다. 또한 단기 예측은 고객 대기시간을 예측해서 스케줄을 짜는 데 도움을 줄 수도 있다. 독감의 예시에서 내일 혹은 다음 주에 대한 환자 수요예측을 해서 적절한 수의 간호사를 근무시키는 것이 여기에 해당될 것이다.
- **중기 예측(mid-term forecasts)**은 월 단위부터 연 단위로 이루어지는 예측으로서 처리능력과 관련된 의사결정(채용, 장비 구입)이나 자금흐름 계획 수립에 쓰인다. 독감의 예시에서는 전체 독감 유행 기간 동안의 환자 수요예측을 바탕으로 적절한 숫자의 간호사를 채용하거나 적절한 숫자의 독감 백신과 약물을 준비하는 것이 여기에 해당된다.
- **장기 예측(long-term forecasts)**은 여러 해에 걸친 예측이다. 이러한 예측은 신규 시장으로의 진입, 신제품 또는 신서비스의 출시, 신규 시설 투자를 통한 처리능력의 확충, 또는 시설 폐쇄와 같은 의사결정에 쓰인다. 독감의 예시에서, 미국의 대형 약국체인인 CVS가 향후 수 년간의 데이터를 예측한 후 MinuteClinic이라는 예약이 필요 없는 의료서비스를 출시하기로 한 결정이 여기에 해당된다.

상기의 시간대에 따른 구분이 항상 명료하게 이루어지는 것은 아니지만 이러한 구분 자체가 도움이 되는 한 가지 중요한 이유는 예측에 사용되는 방법론 때문이다. 단기 예측은 주로 과거 데이터의 외삽이나 회귀분석에 의존하는 자동화된 예측인 경향이 있는 반면, 장기 예측은 실제 수요 자료, 독립변수, 그리고 전문가 의견을 조합하여 전문가들의 집단에 의해 이루어지는 경향이 있다.

15.2 예측의 평가

학습목표 15-2
예측이 좋은 예측인지 다수의 지표를 활용하여 평가할 줄 안다.

독감 시즌을 준비하는 응급실에서 일한다고 가정해보자. 향후 4주간에 걸쳐서 응급실을 찾을 독감 환자들의 수를 예측하라는 지시가 있었다. 당신은 과거 데이터를 들여다보기 전에 몇몇 전문가에게 조언을 구하기로 결정하고 네 명의 의사를 찾아가서 그들로부터 향후 4주간의 예측을 받았다(표 15.1). 어떤 예측을 사용할 것인가? 어떤 예측이 가장 좋은가? 분명한 것은, 이는 실제 수요를, 즉 향후 4주 동안 실제로 응급실에 올 독감 환자의 수를 알기 전에는 답할 수 없다. 그러나, 지금부터 보듯이 가장 좋은 예측을 결정하는 것은 실제 수요를 안다고 해도 판단하기 어려운 일이다.

표 15.2에는 의사 4인의 예측과 실제 응급실 방문 환자의 수가 정리되어 있다. 어떤 예측이 가장 좋은 예측인지를 결정하려면 먼저 가장 좋다는 것이 어떤 의미인지 정의해야 한다. 전에도 언급했지만 네 개의 예측 중 매번 정확한 예측은 하나도 없으므로 모든 예측이 어느 정도는 틀린 예측이다. 따라서 우리는 예측이 틀린 정도를 정의해야 하는데 이는 여러 가지 방법으로 행해질 수 있다.

우리는 t기간의 **예측 오차(forecast error; FE)**를 t기간에 대한 예측값과 t기간의 실제값 간의 차이로 정의한다:

예측 오차 예측된 값과 실제값 간의 차이

$$t\text{기간의 예측 오차} = t\text{기간에 대한 예측값} - t\text{기간의 실제값}$$

의사 1의 예측에 대해 4기간 동안의 예측 오차(줄여서 FE라고 지칭함)는 다음과 같이 계산한다.

$$1\text{주차의 예측 오차} = 1\text{주차의 예측값} - 1\text{주차의 실제값} = 70 - 38 = 32$$
$$2\text{주차의 예측 오차} = 2\text{주차의 예측값} - 2\text{주차의 실제값} = 55 - 49 = 6$$
$$3\text{주차의 예측 오차} = 3\text{주차의 예측값} - 3\text{주차의 실제값} = 40 - 59 = -19$$

표 15.1 향후 4주간 응급실을 방문하는 독감 환자의 수에 대한 4명의 예측

	의사 1	의사 2	의사 3	의사 4
1주	70	50	29	43
2주	55	32	52	44
3주	40	48	62	54
4주	80	60	47	49

표 15.2 향후 4주간 응급실을 방문하는 독감 환자의 수에 대한 4명의 예측과 실제 수요

	의사 1	의사 2	의사 3	의사 4	실제 수요
1주	70	50	29	43	38
2주	55	32	52	44	49
3주	40	48	62	54	59
4주	80	60	47	49	44

$$4주차의\ 예측\ 오차 = 4주차의\ 예측값 - 4주차의\ 실제값 = 80 - 44 = 36$$

따라서, 의사 1의 예측 오차는 $FE_1 = 32$, $FE_2 = 16$, $FE_3 = -19$, $FE_4 = 36$이다. 그런데 이 예측 오차를 어떻게 해석해야 하는가? 표 15.3에 제시되어 있는 정보를 보자. 표는 의사 1과 의사 2의 4주간의 예측과 주별 실제 방문 환자의 수 그리고 주별 예측 오차를 보여주는데, 두 의사 중 누가 더 예측을 잘했는가?

편향되지 않은 예측 평균적으로 옳은 예측으로서 예측 오차의 평균이 0인 예측

편향된 예측 평균적으로 옳지 않은 예측으로서 예측 오차의 평균이 0이 아닌 예측

예측을 평가하는 첫 번째 방법은 평균적으로 잘 맞았는지를 보는 것이다. 예측이 평균적으로 옳다면 우리는 그 예측을 **편향되지 않은 예측(unbiased forecast)**이라고 정의한다. 이는 예측 오차의 평균이 0인 것과 같다. 의사 2는 가끔은 더 높게 예측했고 어느 때는 더 낮게 예측했으나, 예측 오차들의 평균값이 0으로서 평균적으로는 옳았기 때문에 의사 2의 예측은 편향되지 않았다. 의사 1은 대부분의 경우 실제보다 높은 수치를 예측했다. 의사 1의 예측 오차의 평균은 13.75인데 왜 0이 아닌 수치가 나왔는지 정확히는 모르지만 아마도 의사가 스트레스를 많이 받고 과로를 해서 응급실에 환자가 항상 많다고 생각했을 수도 있다. 그러나 예측을 실제보다 항상 높게 한다는 것은 좋지 않은 징후이다. 우리는 평균적으로 옳지 않은 예측을 **편향된 예측(biased forecast)**이라고 한다.

다음으로, 의사 2와 의사 3을 비교해보자. 표 15.4에서 볼 수 있듯이 둘 다 편향되지 않은 예측을 하고 있다. 둘 다 평균적으로 옳다. 그런데, 이는 그들이 동일하게 예측을 잘한다는 걸 의미할까?

비록 두 의사 모두 평균적으로 옳은 예측을 했지만 우리 대부분은 의사 3이 더 낫다는 데 동의할 것이다. 이는 예측에서 중요한 점을 지적해준다. 예측에서 예측의 질을 결정하

표 15.3 의사 1과 의사 2의 비교

	의사 1의 예측	의사 2의 예측	실제 수요	의사 1의 예측 오차	의사 2의 예측 오차
1주	70	50	38	32	12
2주	55	32	49	6	−17
3주	40	48	59	−19	−11
4주	80	60	44	36	16
평균	61.25	47.5	47.5	13.75	0

표 15.4 의사 2와 의사 3의 비교

	의사 2의 예측	의사 3의 예측	실제 수요	의사 2의 예측 오차	의사 3의 예측 오차
1주	50	29	38	12	−9
2주	32	52	49	−17	3
3주	48	62	59	−11	3
4주	60	47	44	16	3
평균	47.5	47.5	47.5	0	0

는 건 평균만이 아니다. 물론, 평균적으로 옳지 않은 것은 말할 것도 없지만, 오늘은 너무 높게 예측치를 잡고 내일은 너무 낮게 예측치를 잡는 것을 좋은 예측이라 할 수 없다. 실제로는 이틀 모두 온화한 날씨인데, 오늘은 꽁꽁 얼 정도의 기온이라며 눈보라를, 그리고 내일은 무더운 혹서를 예측하는 일기예보자가 있다고 상상해보라. 평균적으로는 맞는다 해도 여전히 나쁜 예측일 수도 있다. 이러한 통찰을 반영하기 위해 단순히 예측 오차를 평균 내는 것 이상의 평가 수단이 필요하다. 이때 많이 사용되는 지표는 예측 오차를 제곱해서 평균 내는 **평균제곱오차(mean squared error; MSE)**이다.

평균제곱오차(MSE) 각 예측 오차를 제곱한 뒤 모두 더해서 평균을 낸 값으로 예측의 질을 평가하는 수단

평균절대오차(MAE) 각 예측 오차의 절대값을 모두 더한 뒤 평균을 낸 값으로 예측의 질을 평가하는 수단

$$\text{MSE} = \frac{\sum_{t=1}^{N} \text{FE}_t^2}{N}$$

예측 오차 값인 FE를 다 더한 뒤 평균을 내는 대신에, 평균제곱오차 개념은 먼저 각 오류를 제곱한 뒤 이들의 평균을 내는 것이다. 왜 이렇게 할까? 숫자들을 제곱하면 음수값인 예측 오차가 양수로 변하기 때문이다. 따라서, 음수값의 예측 오차와 양수값의 예측 오차가 더 이상 서로 상쇄되지 않을 것이다. 이것이 표 15.5에 제시되어 있다. 의사 2가 의사 3보다 훨씬 높은 평균제곱오차를 보이는 건 의사 3이 더 나은 예측을 한다는 우리의 직관을 확인해준다.

이제, 음수를 양수로 바꾸려고 예측 오차를 제곱하는 것은 복잡한 방법이라고 생각할 수도 있다. 그냥 예측 오차에 절대값을 취하면 안 되는가? 맞는 생각이고 그렇게 할 수 있다. **평균절대오차(mean absolute error; MAE)**를 예측 오차의 절대값들을 평균 낸 것이라고 정의한다. 이를 평균절대편차(mean absolute deviation; MAD)라고 부르기도 한다. 이것이 표 15.5의 마지막 두 열에 나타나 있다.

$$\text{MAE} = \frac{\sum_{t=1}^{N} |\text{FE}_t|}{N}$$

이 새로운 측정지표 역시 우리의 직관을 확인해준다. MSE로 평가하든지 MAE로 평가하든지 간에 의사 3의 예측이 의사 2의 예측보다 낫다.

예측 오차를 전체적으로 평가할 수 있는 또 다른 방법은 평균절대백분율오차(mean absolute percentage error; MAPE)이다. 이 지표는 예측 오차를 절대적으로 평가하지 않고, 예측 오차 값을 실제 수요값인 y_t로 나누어 상대적인 비율로로 평가한다. 따라서,

표 15.5 의사 2와 의사 3의 비교

	의사 2의 예측	의사 3의 예측	실제 수요	FE 의사 2	FE 의사 3	FE_t^2 의사 2	FE_t^2 의사 3	$\|\text{FE}_t\|$ 의사 2	$\|\text{FE}_t\|$ 의사 3
1주	50	29	38	12	−9	144	81	12	9
2주	32	52	49	−17	3	289	9	17	3
3주	48	62	59	−11	3	121	9	11	3
4주	60	47	44	16	3	256	9	16	3
평균	47.5	47.5	47.5	0	0	202.5	27	14	4.5

표 15.6 의사3 와 의사 4의 비교

	의사 3의 예측	의사 4의 예측	실제 수요	FE 의사 3	FE 의사 4	FE_t^2 의사 3	FE_t^2 의사 4	$\|FE_t\|$ 의사 3	$\|FE_t\|$ 의사 4
1주	29	43	38	−9	5	81	25	9	5
2주	52	44	49	3	−5	9	25	3	5
3주	62	54	59	3	−5	9	25	3	5
4주	47	49	44	3	5	9	25	3	5
평균	47.5	47.5	47.5	0	0	27	25	4.5	5

$$\text{MAPE} = \frac{\Sigma_{t=1}^{N} \left| \frac{\text{FE}_t}{y_t} \right|}{N}$$

그래서 어떤 예측이 좋은 예측인가? 이 질문에 대한 답은 우리가 생각하는 것보다 더 복잡하다. 일반적으로, 예측은 다음과 같은 특성을 지니고 있어야 한다.

- 예측은 편향되지 않아야 한다. 즉, 평균적으로 맞아야 한다.
- 예측은 평균제곱오차(MSE)와 평균절대오차(MAE)로 평가했을 때 실제 결과에 가까워야 한다.

이 두 가지 특성은 가끔 서로 충돌하기도 하지만 일반적으로 MSE나 MAE 값이 상당히 적으면서 편향이 적은 예측을 선호할 것이다. 또한, 어느 예측이 더 나은가에 대해 MSE와 MAE가 항상 동일한 결론을 내리는 것은 아니라는 것을 염두에 둘 필요가 있다. 표 15.6에 제시되어 있는 데이터를 보자. 평균제곱오차를 기준으로 하면 의사 4가 더 나은 예측을 했지만, 평균절대오차를 기준으로 하면 의사 3이 더 나은 예측을 했다.

어떤 예측이 더 나은가 라는 질문의 답은 당신이 무엇을 찾는가에 달려 있다. 평균제곱오차의 개념은 단 하나의 큰 오차에도 매우 큰 영향을 받을 수 있다. 의사 3의 경우를 보자. 의사 3이 MSE를 기준으로 나쁜 점수를 받은 이유는 1주차 예측 오차가 −9였기 때문이다. (−9)를 제곱하면 큰 숫자(정확히는 81)가 되는데 이는 너무 큰 수치라 다음 세 개의 예측이 매우 좋더라도 이전의 실수를 만회하기 어렵다. 그래서, MSE는 예측자의 한번의 실수를 매우 크게 벌하는 반면 MAE는 각 오차를 동등하게 나쁜 것으로 다룬다.

어떤 예측 평가지표를 사용할지는 당신에게 달려 있다. 그러나, 중요한 것은 지표를 사용하여 예측의 질을 평가한다는 것이다. 이러려면 우선 가장 중요한 것은 과거 예측 자료를 잘 보존해야 하는데 많은 기업들이 이에 어려움을 겪고 있다. 왜냐하면 예측을 했던 사람들은 자신들이 얼마나 틀렸는지를 기억하고 싶지 않아 하기 때문이다. 그러나, 예측과 실제 간의 구조적인 편차를 포착하려면 과거 예측 자료를 보존하는 것이 매우 중요하다. 따라서, 우리가 어떤 지표를 이용하여 예측을 평가하든지 간에 과거 예측 자료를 보존하고 분석한다면 일의 90%를 마친 것과 다름없다.

이해도 확인하기 15.1

© Onoky/SuperStock

질문 두 학생이 세미나 참석자의 수를 예측한다. Joe는 1일차에 12, 2일차에 15, 3일차에 14, 그리고 4일차에 11명의 참석자를 예측했다. Mary는 4일 동안 각각 14, 11, 12, 16명을 예측했다. 실제 참석은 13, 12, 11, 14였다. 누가 더 큰 예측 편향을 가지고 있는가? Joe와 Mary의 MSE와 MAE는 각각 얼마인가?

답 표 15.7에서 보듯이 Joe의 평균 예측 오차는 0.5이고 Mary는 0.75이다. 따라서 두 예측 모두 편향되었다. Joe는 MSE가 7이고 MAE는 2.5인 반면, Mary는 MSE는 1.75이고 MAE는 1.25다.

표 15.7

일	Joe	Mary	실제	Joe: FE	Joe: FE_t^2	Joe: $\|FE_t\|$	Mary: FE	Mary: FE_t^2	Mary: $\|FE_t\|$
1	12	14	13	−1	1	1	1	1	1
2	15	11	12	3	9	3	−1	1	1
3	14	12	11	3	9	3	1	1	1
4	11	16	14	−3	9	3	2	4	2
			평균	0.5	7	2.5	0.75	1.75	1.25

15.3 과거 데이터의 활용

학습목표 15-3
단순예측, 이동평균법, 지수평활법을 활용하여 예측을 할 줄 안다.

전 절에서 예측값과 실제값을 비교하여 예측의 질을 평가하는 방법을 알았으므로, 이제 어떻게 예측을 하는가에 대한 질문으로 들어갈 수 있다. 이전에 언급했듯이, 이 절에서는 시계열기반 예측으로 논의를 한정한다. 즉, 과거 데이터 $y_1, \cdots y_t$를 이용하여 예측값 $\hat{y}_{t+1}$을 구하고자 한다. 이를 위해 다음의 세 가지 간단한 방법을 소개할 것이다: 단순예측 모형, 이동평균법, 지수평활법. 이 세 가지 방법을 그림 15.3에 제시된 독감 관련 데이터를

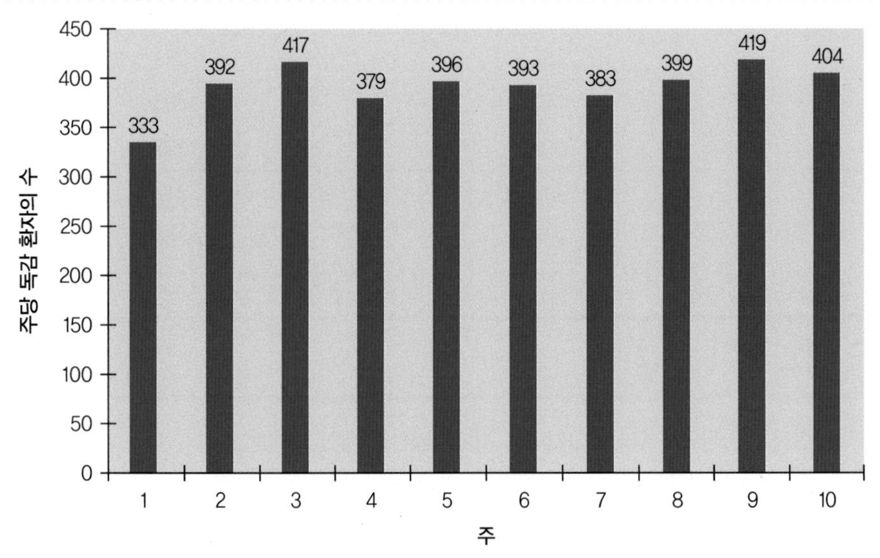

그림 15.3
2014년 초기 10주 동안 발생한 독감 환자의 수

이용해서 설명할 것이다. 그림에 나타난 수치는 한 병원에서의 2014년 첫 10주간의 독감 관련 환자 숫자이다. 이 정보를 이용해서 11주차의 독감 환자 수치를 예측하려는 것이다.

15.3.1 단순예측 모형

시계열기반 예측에서는 과거 데이터(과거 주차들에서의 독감 환자의 수)를 기반으로 새로운 데이터(다음 주의 독감 환자의 수)를 예측한다. 따라서, 다음 주의 수요를 가장 단순하게 예측하는 방법은 직전 기간의 수요와 같다고 가정하는 것이다. 공식적으로는 다음과 같이 정의한다.

$$\hat{y}_{t+1} = y_t$$

이 모형을 독감 예시에 적용하면,

$$\hat{y}_{11} = y_{10} = 404$$

단순예측법 다음 값이 가장 직전에 실현된 값과 비슷할 것이라고 예상하는 예측 방법

통계적 잡음 프로세스의 결과에 예측 불가한 방향으로 영향을 미치는 변수들

이므로 11주차의 수요가 404명일 것이라고 예측하는 것이다. 표 15.8에 제시되어 있는 것처럼 직전 기간의 실제 수요를 이용해 다음 기간의 예측을 하는 것을 **단순예측법(naïve forecasting method)**이라고 한다. 이 방법은 사용하기 매우 간단하지만, 주요 단점은 과거의 모든 다른 데이터들은 무시한다는 것이다. 따라서, 예측에 많은 **통계적 잡음(statistic al noise)**이 발생할 수 있다. 수요예측과정에서의 통계적 잡음은 순전히 임의 변동으로 인해 발생하는 수요라고 정의하며 이는 아무리 좋은 수요예측방법을 써도 예측할 수 없는 부분이다.

표 15.8 단순예측법

주	주당 환자 수	다음 주의 예측
1	333	333
2	392	392
3	417	417
4	379	379
5	396	396
6	393	393
7	383	383
8	399	399
9	419	419
10	404	404

이해도 확인하기 15.2

질문 피자 체인점에서 월요일부터 목요일까지 지난 4일간의 배달 판매량은 각각 피자 29, 25, 35, 30판이었다. 단순예측법을 사용하면 금요일의 배달 판매량에 대한 예측값은 얼마인가?

답 가장 마지막에 관찰된 목요일의 수요가 30판이기 때문에 금요일 예측값은 30판이다.

15.3.2 이동평균법

데이터에 존재하는 통계적 잡음을 가장 잘 다룰 수 있는 방법은 평균을 내는 것이다. 가장 최근 주의 수요는 특별한 경우일 수도 있으니 지난 3주간의 평균을 들여다보는 건 어떨까? 혹은 지난 6주간? **이동평균 예측(moving average forecast)**을 최근 T기간 동안의 평균에 기반한 예측으로 정의되는데, 여기서 T기간을 **예측 윈도우(forecast window)**라고 부른다. 이동평균 예측은 예측 윈도우 기간 동안의 모든 개별 관찰값들에 대해서는 동일한 비중을 부여하지만 그 기간 밖의 관찰값들에 대해서는 0의 비중을 부여한다.

이동평균예측법 다음 값이 최근에 실현된 값들의 평균이 될 것이라 예상하는 예측 방법

기간 11의 예측을 위한 4주간의 이동평균 예측을 보자. 기간 11에서, 최근 4개의 실제 수요는 404(이번 주), 419(지난 주), 399(2주 전), 그리고 383(3주 전)이다. 따라서,

$$\begin{aligned}\hat{y}_{t+1} &= \text{평균}(y_t, y_{t-1}, y_{t-2}, y_{t-3})\\ &= \text{평균}(404, 419, 399, 383)\\ &= 401.25\end{aligned}$$

표 15.9에 있는 계산 결과를 보자. 표는 기간 5부터 시작해서 다음 주의 환자 수요예측을 보여주고 있다. 각 주마다, 현재 수요와 과거 3주간의 수요를 이용해서 4주간의 윈도우를 만든다. 이 때문에 이 예측을 4주 이동평균법이라 부른다. 4주 윈도우는 한 주씩 앞으로 이동하면서, 새로운 기간의 수요 데이터가 윈도우에 들어오고 가장 오래된 수요 데이터는 윈도우에서 사라진다. 우리가 4주 이동평균을 계산할 수 있듯이 2주, 3주, 5주, 6주 등의 이동평균도 같은 방식으로 계산할 수 있다. 1주 이동평균 예측은 최근 한 주만을 평균 내는 것이기 때문에 단순예측과 동일하다.

이동평균을 사용하면 통계적 잡음으로 인한 영향을 줄일 수 있다. 이동평균을 계산하는 윈도우의 길이가 길수록 잡음 감소 효과는 더욱 클 것이다. 그렇다면 윈도우의 길이를 아주 길게 하면 어떨까 라는 질문을 제기할 수 있다. 30주 이동평균을 사용할 수 있을까? 이 질문에 대한 답변은 당연히 '할 수 있다'이다. 그러나 정말로 그러고 싶은가? 이동평균예측법의 정의에 따르면 예측 윈도우에 속한 각 수요값들에 동일한 가중치를 부여한다는 것

표 15.9 이동평균예측법

주	병원당 환자 수	1주 전	2주 전	3주 전	다음 주 예측
1	333				
2	392	333			
3	417	392	333		
4	379	417	392	333	380.25
5	396	379	417	392	396.00
6	393	396	379	417	396.25
7	383	393	396	379	387.75
8	399	383	393	396	392.75
9	419	399	383	393	398.50
10	404	419	399	383	401.25

을 상기하자. 우리가 생각해볼 점은 다음 주의 수요를 예측할 때, 30주 전의 수요가 지난 주의 수요만큼이나 동일하게 도움이 되는가이다. 만약 질문에 대한 답변이 그렇다 라면 30주 이동평균을 사용해야 한다. 그러나 과거 수요는 오래된 자료일수록 다음 주의 예측에 더 적은 영향력을 가져야 한다고 주장할 수 있다. 바로 이런 이유 때문에 다음에 소개하는 예측기법이 사용되고 있다.

이해도 확인하기 15.3

질문 **피자 체인점에서 월요일부터 목요일까지 지난 4일간의 배달 판매량은 각각 피자 29, 25, 35, 30판이었다. 3일 이동평균예측법을 사용하면 금요일의 배달 판매량에 대한 예측값은 얼마인가?**

답 3일 이동평균을 이용하면, 화요일, 수요일, 목요일 수요의 평균값으로 금요일의 수요를 예측할 것이므로, 금요일 예측값 = 평균(25, 35, 30) = 30

15.3.3 지수평활법

이동평균예측법은 윈도우 내 각 기간에 동일한 가중치를 부여하는 단순평균을 통해 예측값을 계산하고 윈도우 밖의 모든 기간은 예측과정에서 완전히 무시한다. 예를 들어, 우리가 4주 이동평균을 취한다면 현재기간과 각 과거기간들, 즉 기간 $t, t-1, t-2, t-3$기간은 예측에 있어서 모두 동일한 영향력을 갖는 반면 이 기간들보다 더 오래된 자료들은 예측에 전혀 영향을 미치지 못한다. 다르게 말하자면, 과거 수요값은 예측 윈도우 안에 있거나 없거나 이다.

지수평활예측법 다음 예측값이 가장 최근의 실제값과 가장 최근 예측의 가중 평균이 될 것이라고 예상하는 예측방법

평활상수 지수평활법으로 예측할 때 가장 최근의 실제값에 부여하는 가중치

지수평활법(exponential smoothing)이라는 개념은 최근 데이터에 더 높은 가중치를 부여하고 과거 데이터에 더 적은 가중치를 부여하자는 것이다. 따라서, 현재 수요와 과거 수요를 가중 평균하는 것이다. 이 방법은 다음과 같이 작동한다.

다음 기간 수요예측 = [$\alpha \times$ 현재 수요] + [$(1-\alpha) \times$ 직전 기간 수요예측]

또는, 수식으로 표현하면

$$\hat{y}_{t+1} = (\alpha \times y_t) + (1-\alpha) \times \hat{y}_t$$

여기서 α는 **평활상수**라고 불리며 0과 1 사이의 숫자다. 만약 α가 적다면(0.1 정도), 현재 수요에 적은 비중을 두고 과거 데이터에 많은 비중을 두는 것이다. 반면, α가 크다면(0.9 정도), 현재 수요에 많은 비중을 두고 과거 수요에는 적은 비중을 두는 것이다. $\alpha = 1$인 극단적인 경우에는 단순예측을 하는 것이 된다.

11주차의 독감 건수를 예측할 때 평활상수 $\alpha = 0.1$ 그리고 10주차의 수요예측이 370이었다고 가정하면, 11주차의 예측을 다음과 같이 계산할 수 있다.

$$\hat{y}_{t+1} = (\alpha \times y_t) + (1-\alpha) \times \hat{y}_t$$
$$\hat{y}_{t+1} = (0.1 \times 404) + (1-0.1) \times 370$$
$$= 373.4$$

지수평활법을 이용한 11주차에 대한 예측이 단순예측법과 4주 이동평균법으로 계산했

던 예측보다 훨씬 낮은데, 이는 $\alpha=0.1$로 가정하면서 과거 데이터에 많은 비중을 두었기 때문이다. 그리고 그림 15.3에서 보듯이, 첫 주의 수요는 환자 333명뿐이었다. 평활상수값이 이처럼 적으면 이 한 번의 기간이 예측에 매우 큰 영향을 미친다. 표 15.10에서 왼쪽 표는 $\alpha=0.1$로 지수평활법을 적용했을 때의 결과이고 오른쪽 표는 $\alpha=0.4$로 지수평활법을 적용했을 때의 결과이다.

우리가 11주차 수요를 예측하는 경우, 직전 기간에 이루어진 수요예측은 402.55이고 10주차의 실제 수요는 404이다. 따라서, $\alpha=0.4$라면 11주차에 대한 예측은 다음과 같이 계산된다.

$$\hat{y}_{t+1}=(\alpha\times y_t)+(1-\alpha)\times\hat{y}_t$$
$$\hat{y}_{t+1}=(0.4\times 404)+(1-0.4)\times 402.549$$
$$=403.129$$

지수평활법에서 사용할 최적의 평활상수값을 찾아내기 위한 일반적인 방법은 존재하지 않지만, α 값을 정할 때 다음의 사항들을 고려할 수 있다.

- **과거 데이터를 이용한 평가**: 이전 절에서 예측을 평가하는 방법들을 다루었는데, 그 방법들을 이용하여 α값을 예측한다고 생각할 수 있다. 이를 위해 과거 데이터를 이용하여 어떤 α을 사용했을 때 더 좋은 결과가 나오는지를 평균제곱오차 혹은 평균절대오차를 이용해 비교해볼 수 있다.
- **새로운 정보의 중요성**: 평활상수의 값이 클수록 최근 데이터에 더 큰 가중치가 부여된다는 점을 생각하면, 빠르게 변화하는 기업 환경에서는 $0.2<\alpha<0.4$에 해당하는 비교적 높은 α값을 사용하는 것이 적합하다. 만약 보수적으로 예측하기 위해 과거 데이터에 더 큰 가중치를 두고 싶다면, $0.05<\alpha<0.2$에 해당하는 비교적 낮은 α값을 선택해야 한다.

표 15.10 $\alpha=0.1$ 그리고 $\alpha=0.4$일 때의 지수평활법

$\alpha=0.1$			
주	주당 환자 수	직전 수요예측	새로운 수요예측
1	333	333	333
2	392	333	338.9
3	417	338.9	346.71
4	379	346.71	349.939
5	396	349.939	354.545
6	393	354.545	358.391
7	383	358.391	360.852
8	399	360.852	364.666
9	419	364.666	370.100
10	404	370.100	373.490

$\alpha=0.4$			
주	주당 환자 수	직전 수요예측	새로운 수요예측
1	333	333	333
2	392	333	356.6
3	417	356.6	380.76
4	379	380.76	380.056
5	396	380.056	386.434
6	393	386.434	389.060
7	383	389.060	386.636
8	399	386.636	391.582
9	419	391.582	402.549
10	404	402.549	403.129

그림 15.4
각기 다른 α값을 사용한 지수평활 예측 간의 비교

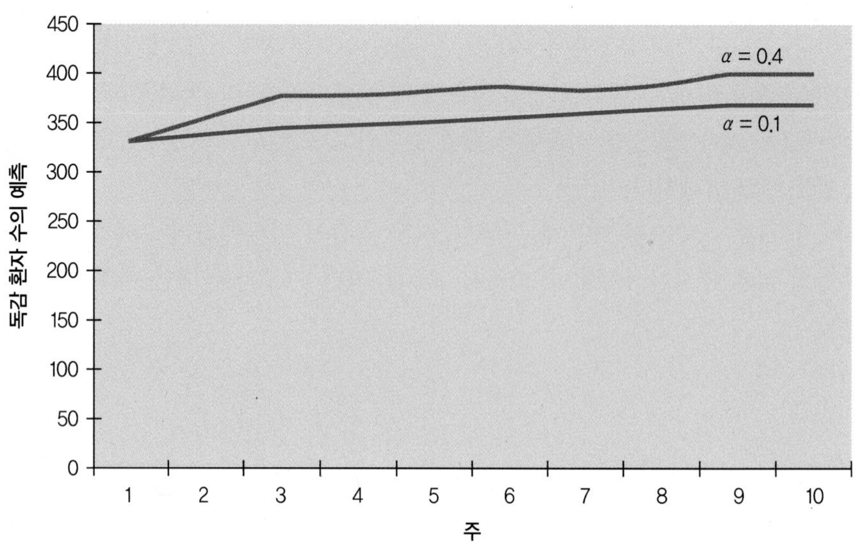

그림 15.4는 두 개의 다른 평활상수값을 사용할 때의 효과를 보여준다. 더 적은 α값($\alpha=0.1$)을 사용한 예측선이 훨씬 "부드럽다." 즉, 이는 기간이 흘러도 $\alpha=0.4$일 때만큼 예측들의 변화하는 정도가 심하지 않다는 의미이다.

또 다른 현실적인 질문은 맨 처음에 지수평활법을 어떻게 시작하느냐 하는 것이다. 지수평활법은 지난 기간에 지수평활법을 이용하여 예측을 했다는 것을 가정하기 때문에, 이 방법을 사용하려면 최초의 예측값이 있어야 한다. 적당한 최초의 예측값으로서 단순예측 방법을 사용할 수 있는데 이는 가장 최근의 수요값을 사용하는 것이다. 예측하는 기간이 많이 지나면 지날수록 최초 예측값이 새로운 수요예측에 미치는 영향력은 점점 더 낮아지기 때문에 최초 예측값의 중요도는 점점 떨어진다. 특히 α값이 크다면, 과거 데이터는 시

이해도 확인하기 15.4

질문 **피자 체인점에서 월요일부터 목요일까지 지난 4일간의 배달 판매량은 각각 피자 29, 25, 35, 30판이었다. 지수평활법을 사용하면 금요일의 배달 판매량에 대한 예측값은 얼마인가? $\alpha=0.2$를 사용하고, 월요일에 대한 예측은 28이었다고 하자.**

답 지수평활법을 사용할 때, 금요일 수요예측을 바로 시작할 수는 없고, 대신 시작점에서 출발하여 화요일 수요에 대한 예측을 먼저 해야 한다. 그리고 난 뒤 하루 하루 이동하면서 다음 기간의 예측을 진행해야 한다.

요일	실제 수요	내일 수요예측(α = 0.2)
		28
월요일	29	28.2
화요일	25	27.56
수요일	35	29.048
목요일	30	29.2384

따라서, 금요일에 대한 수요예측은 피자 29.2384판이다.

간이 흐를수록 점점 더 덜 중요해진다. 도표 15.1은 지금까지 논의한 지수평활법을 정리하고 있다.

도표 15.1

지수평활법을 이용한 예측의 요약

1단계: $t = 1$로 설정한다(혹은 첫 기간으로 정하고 싶은 기간 선정)

2단계: 첫 기간의 수요예측($\hat{y}_t$)을 구한다. 단순예측법을 사용할 수 있다.

3단계: 다음 기간의 예측($\hat{y}_{t+1} = (\alpha \times y_t) + (1 - \alpha) \times \hat{y}_t$)을 계산한다.

4단계: t를 $t + 1$로 증가시킨다.

5단계: 현재 기간에 다다를 때까지 3단계로 돌아간다.

15.3.4 예측방법들의 비교

지금까지 시계열분석에 기반한 세 가지 방법들을 살펴보았다: 단순예측법, 이동평균법, 그리고 지수평활법. 더 정교한 방법으로 들어가기 전에 잠시 멈추고 이 방법들의 강점과 약점에 대해 정리해보자.

- 단순예측법은 통계적 잡음에 대단히 취약하다. 예외적으로 높은(혹은 낮은) 한 기간의 수요 데이터가 다음 기간들의 예측을 매우 부정확하게 만들 가능성이 있다. 실무적으로 이 방법을 사용해야 할 이유가 없다.
- 이동평균법은 평균을 냄으로써 통계적 잡음을 없앤다. 평균을 구할 전체 기간, 즉 윈도우의 길이를 선택해야 한다. 새로운 예측을 계산할 때 예측 윈도우 내 모든 기간들은 가중치가 동일하게 부여된다.
- 지수평활법은 최근 수요 데이터에 더 많은 가중치를 줌으로써 수요예측이 최근의 변화에 더 즉각적으로 반응하도록 한다. 새로운 예측을 위해 필요한 데이터는 가장 최근의 수요 데이터와 직전에 수행한 수요예측값뿐이라서 계산이 간편하다. 그러나, 모든 계산에 엑셀을 사용할 수 있으므로 이 계산의 간편함이 특별한 장점이 될 수는 없다.
- 세 방법 모두 데이터를 기반으로 한다. 단순한 만큼(혹은 바로 전에 언급한 것처럼 지나치게 단순할 수도 있다) 데이터를 체계적으로 수집하고 보관하기 좋으며 과거 예측 오차의 통계 분석도 용이하다.

그러나 세 방법 모두 데이터 내에 존재하는 장기적 추세(예를 들어, 시간에 따른 수요 증가)나 계절적 변동(6월보다는 1월에 더 많은 독감환자 발생)과 같은 체계적 변동을 포착하여 이용하지는 못하고 있다. 다음 두 절에서 이를 해결하기 위한 더 발전된 방법들을 다룰 것이다.

15.4 시계열분석 – 추세

© Jacek Lasa/Alamy

학습목표 15-4
시계열 자료에 나타난 장기적 추세를 측정하고 이를 이용한 예측을 할 줄 안다.

앞에서 소개한 세 가지 예측 방법(단순예측법, 이동평균법, 지수평활법)을 보면 회고적 성격을 지니고 있다. 다음 기간의 수요예측은 과거 실제값들 사이의 "타협점"을 찾는 것이었다. 그러다 보니 이 방법들은 과거에 실현된 수요값보다 더 높거나 낮은 예측값을 낼 수 없었다. 그러나 현실의 많은 경우를 보면 수요에는 장기적 추세가 존재한다. 이 경우에는 다음 기간의 수요가 과거 실제 수요값들을 뛰어넘는(혹은 그보다 적은) 경우를 예상하는 것이 타당하다. 그림 15.5에서 포착된 다음의 세 가지 예시를 고려해보자.

- 소셜네트워크 사이트인 Facebook은 2006년에는 수백만 명의 사용자만 있었지만 2013년에는 사용자가 10억 명에 달했다.
- 2006～2013년까지 중국의 자동차 수요는 매년 10% 넘게 성장하면서 판매 신기록을 세우고 있다.
- 추세는 성장하는 것만 있는 것은 아니다. 영국의 신문 구독자 수는 매년 감소하고 있다.

추세 변수값이 장기간 동안 일관되게 증가 혹은 감소하는 것

Facebook 사용자들, 중국의 자동차 수요, 혹은 신문, 이 세 가지 예시들 모두 공통적으로 장기적인 추세가 존재하는 것처럼 보인다. **추세(trend)**는 장기간 동안 변수값이 일관되게 증가 혹은 감소하는 것으로 정의한다. 당신이 2010년에 2011년의 Facebook 사용자 수를 예측해야 한다면, 지난 3년간의 평균을 내고 싶겠는가? 아니면 지금까지 진행되어온 추세를 확장시키는 게 더 말이 되겠는가?

이제 지금까지 설명한 예측 기법들을 장기간에 걸친 추세가 존재하는 경영 환경으로 확장시키는 방법을 소개하고자 한다. 먼저 다음 두 가지 점을 이야기하고 싶다.

- 추세는 과거 데이터에서 통계적으로 관찰된 패턴으로서 지난 몇 년간 추세가 있어왔다면 이는 새로운 예측을 할 때 고려되어야 한다. 그러나 추세가 미래에도 계속될 것이라는 보장은 어디에도 없다. 1990년대 후반에, 많은 AOL(인터넷 서비스와 콘텐트 제공자) 사용자 수는 수년 후 우리가 Facebook에서 보았던 것과 유사한 패턴을 보여주었다. 그러나 2001년 당시 증가 추세는 감소 추세로 돌아섰고 구독자 수는

그림 15.5
추세가 존재하는 수요의 예

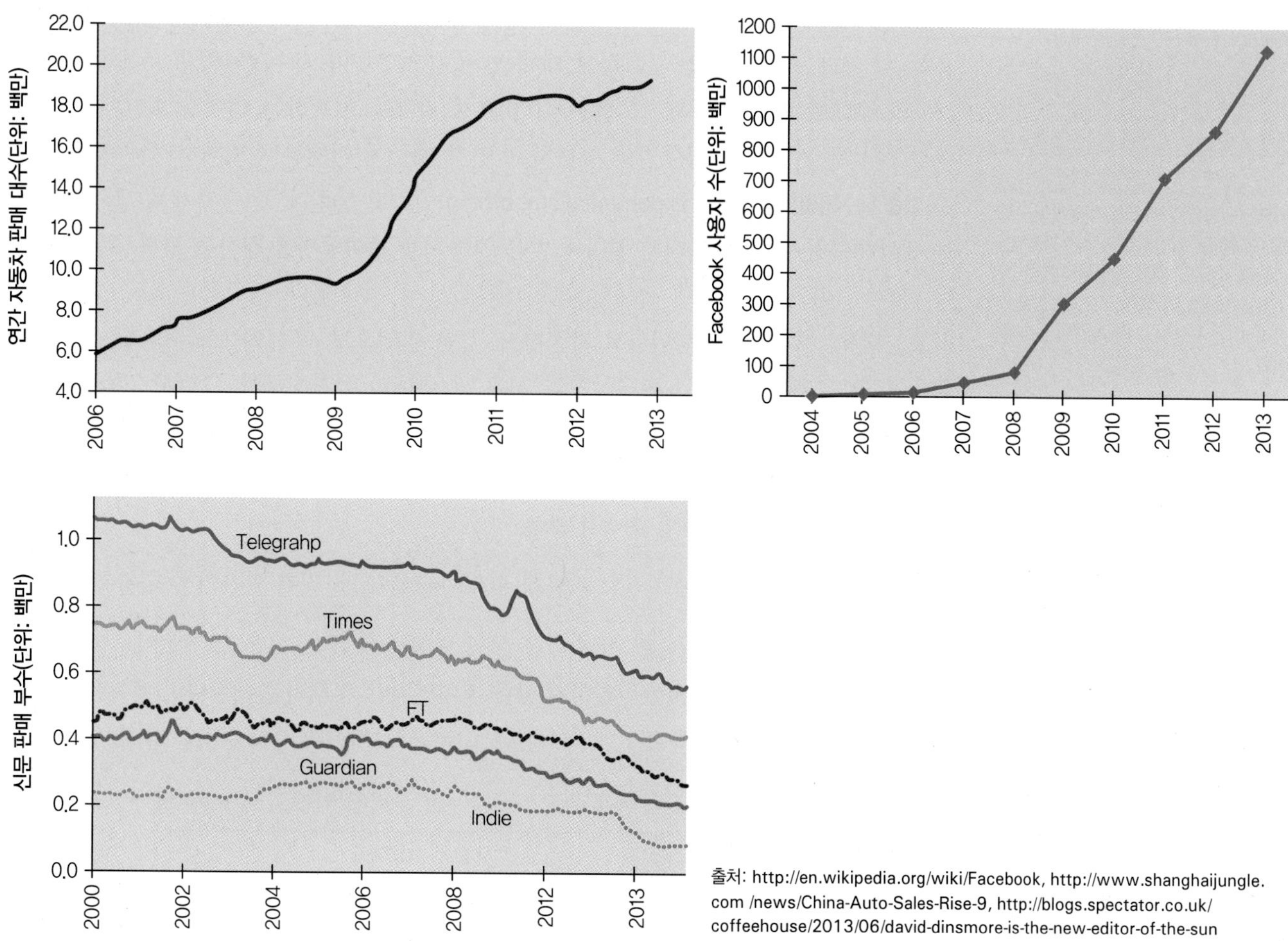

출처: http://en.wikipedia.org/wiki/Facebook, http://www.shanghaijungle.com /news/China-Auto-Sales-Rise-9, http://blogs.spectator.co.uk/coffeehouse/2013/06/david-dinsmore-is-the-new-editor-of-the-sun

2,500만 명에서 1,000만 명 이하로 곤두박질 쳤다.

- 과거에 존재했던 추세의 효과를 고려하는 것은 시계열기반 예측과 과거 데이터의 외삽이라는 지금까지의 틀에 여전히 잘 맞는다. 그러나 단순예측법, 이동평균법, 그리고 지수평활법과의 차이는 이제 우리가 단순히 과거 실제값들만을 보는 게 아니라 이 값들이 드러내는 추세도 함께 보는 것이다. 따라서 우리는 미래의 값들이 과거의 데이터와 비슷할 뿐만 아니라 그 기저에 있는 패턴도 계속될 것이라고 가정하는 것이다. 추세 기반의 예측은 데이터의 흐름을 주도하는 하나의 힘이 존재하고 이 힘이 미래에도 계속될 것이라고 생각한다는 점에서 종종 **모멘텀 기반 예측(momentum-based forecasts)**이라고 불린다.

모멘텀 기반 예측 과거에 존재했던 추세가 미래에도 비슷할 것이라고 가정하는 예측 방법론

모멘텀 기반의 예측을 만들기 위해서는 추세를 수요에 영향을 주는 다른 변수들로부터 구분해야 한다. 이것이 가능하다는 가정하에, 추세가 포함된 다음 기간의 수요 $\hat{y}_{t+1}$은 다음과 같이 예측할 수 있다.

$$\text{추세를 고려한 } t+1\text{의 예측} = (t+1)\text{의 예측} + (t+1)\text{의 추세예측}$$

그러므로, 추세를 바탕으로 $t+1$의 수요를 예측하기 위해서, 먼저 추세를 제외한 $t+1$의 수요를 예측한 뒤 여기에 추세에 대한 예측을 더한다. 어떻게 $t+1$을 예측하고, $t+1$의 추세를 예측할 수 있을까? 앞서 소개한 예측 기법들(단순예측, 이동평균, 지수평활법)을 사용할 수 있다. 지수평활법의 이점에 대해 앞서 논의했듯이 지수평활법을 추세를 제외한 $t+1$의 수요를 예측하는 데 쓸 뿐 아니라 추세 자체를 예측하는 데에도 쓸 수 있다. 이 과정에서 두 가지 지수평활법을 사용하고 있기 때문에 이제부터 소개하려는 방법은 종종 **이중지수평활법(double exponential smoothing)**이라고 불린다. 먼저 추세를 제외한 예측을 생각해보자. 과거 데이터에 얼마나 많은 가중치를 부여할지를 정하는 평활상수를 정해야 한다. 그리고 첫 기간에 사용할 최초 예측값도 있어야 한다. 평활상수 $\alpha = 0.2$ 그리고 최초 기간의 예측값은 360이라고 가정하자. 같은 방법으로, 추세예측에 사용할 상수값을 정해야 한다. 베타(β)를 그 평활상수라 하고, $\beta = 0.4$라고 가정하자. 그리고 T_t를 t기간의 추세예측값이라고 할 때, 첫 주의 추세예측값 $T_1 = 5$라고 가정하자. 이러한 가정들에 대해 나중에 좀 더 설명하겠지만 지금으로써는 일단 시작해보자.

이중지수평활법 추세를 이용하여 수요를 예측하는 방법으로서 지수평활법을 사용해 수요와 추세 각각을 계산한 뒤 이들을 합산하여 최종 수요예측값을 구한다. 이는 모멘텀 기반 예측의 한 유형이다.

이전에 소개한 지수평활법 수식을 보면,

$$\text{다음 기간의 수요예측} = (\alpha \times \text{현재 수요}) + [(1-\alpha) \times \text{직전 기간의 수요예측}]$$

데이터에 추세가 존재한다면 이 수식을 살짝 변형해야 한다. 지난 기간에 이루어졌던 현재 기간에 대한 예측은 추세를 반영하지 않은 것이었지만, 추세가 존재한다면 예측은 그야말로 예측과 추세에 대한 예측이 합해져야 한다. 그러므로, 다음과 같이 수식을 쓸 수 있다.

$$\text{다음 기간의 수요예측} = \underbrace{(\alpha \times \text{현재 수요}) + [(1-\alpha) \times \text{직전 기간의 수요예측}]}_{\text{평활된 수요예측}} + \underbrace{\text{추세예측}}_{\text{더해진 추세}}$$

그리고, 추세예측을 최신으로 업데이트하기 위해 추세 자체를 지수평활법을 사용해서 예측을 한다:

$$\text{추세예측} = (\beta \times \text{현재 추세값}) + [(1-\beta) \times \text{직전 기간의 추세예측값}]$$

현재의 추세값은 과거의 수요예측값과 새로운 수요예측값과의 차이로 볼 수 있다. 따라서, 이를 다음과 같이 쓸 수 있다.

$$\text{추세예측} = [\beta \times (\text{새로운 수요예측값} - \text{과거 수요예측값})] + [(1-\beta) \times \text{직전 기간의 추세예측값}]$$

따라서, 기간 t에 대한 새로운 데이터가 생기면 $t+1$기간에 대한 새로운 예측을 다음과 같이 만들어야 한다:

- 지수평활을 통해 수요예측을 하고, 그리고 난 뒤 그 지수평활된 수요와 추세에 대한 예측을 합해서 다음 기간의 수요예측을 구한다.
- 추세를 지수평활하고, 그리고 난 뒤 다음 기간을 위해 사용할 추세예측을 업데이트한다.

표 15.11 2013년 독감 시즌 시작시점에서의 환자 수

주	환자 수
1	377
2	402
3	409
4	413
5	428
6	409
7	446
8	458
9	462

이것이 우리가 이 방법을 이중지수평활법이라고 부르는 이유이다. 공식적으로 다음과 같이 정의한다.

y_t: 기간 t에 실현된 수요
$\hat{y}_{t+1}$: 평활상수 α를 이용한 지수평활법으로 얻은 기간$(t+1)$의 수요예측값
$\hat{T}_t$: 평활상수 β를 이용한 지수평활법으로 얻어진 기간$(t+1)$의 추세예측값

이 기호들을 이용하여 추세를 반영한 수요예측을 위한 지수평활법을 다음과 같이 쓴다.

$$\hat{y}_{t+1} = (\alpha \times y_t) + [(1-\alpha) \times \hat{y}_t] + \hat{T}_t$$

그리고 다음과 같이 추세를 지수평활하여 업데이트한다.

$$\hat{T}_{t+1} = [\beta \times (\hat{y}_{t+1} - \hat{y}_t)] + (1-\beta) \times \hat{T}_t$$

여기서 $(\hat{y}_{t+1} - \hat{y}_t)$는 가장 최근의 추세를 측정한 것으로 생각할 수 있다.

표 15.11에 나와 있는 데이터를 이 방법에 적용해보자. 현재 시점은 1주차이고 2주차를 위한 예측을 한다고 하자. 평활상수 $\alpha = 0.2$, 1주차의 예측치를 360, 추세 평활상수 $\beta = 0.4$, 그리고 초기 추세 예상값은 $\hat{T}_1 = 5$임을 상기하자. 이 정보를 토대로, 이중평활된 수요예측치를 다음과 같이 계산할 수 있다:

$$\begin{aligned}\hat{y}_{t+1} &= (\alpha \times y_t) + [(1-\alpha) \times \hat{y}_t] + \hat{T}_t \\ &= (0.2 \times 377) + [(1-0.2) \times 360] + 5 = 368.4\end{aligned}$$

그리고 추세를 지수평활하여 업데이트한 값은,

$$\begin{aligned}\hat{T}_{t+1} &= [\beta \times (\hat{y}_{t+1} - \hat{y}_t)] + (1-\beta) \times \hat{T}_t \\ &= [(0.4 \times (368.4 - 360)] + [(1-0.4) \times 5] = 6.36\end{aligned}$$

표 15.12는 다음 기간들을 위해 계산된 모든 값들을 보여준다.

그림 15.6은 실현된 수요값을 수요예측치와 비교한 내용을 담고 있다. 실현된 수요값과 다르게 예측값들에 많은 오르내림이 보이지는 않지만 대신 데이터는 시간의 흐름에 따라

표 15.12 이중지수평활법을 이용한 추세예측

주	환자 수	다음 기간 예측(α = 0.2)	추세예측(β = 0.4)
		360.000	5.000
1	377	368.400	6.360
2	402	381.480	9.048
3	409	396.032	11.250
4	413	410.675	12.607
5	428	426.747	13.993
6	409	437.191	12.573
7	446	451.526	13.278
8	458	466.099	13.796
9	462	479.075	13.468

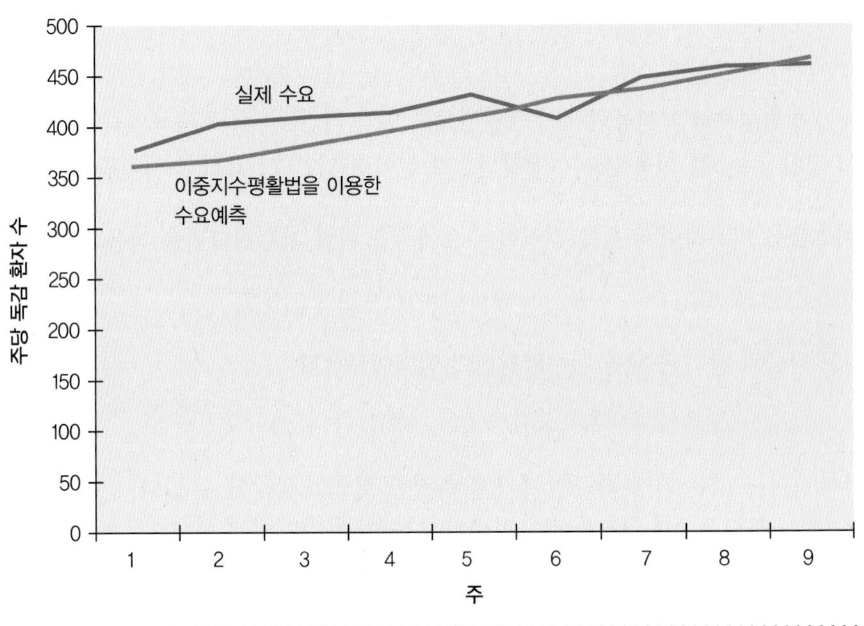

그림 15.6
이중지수평활법을 이용한 추세예측

꾸준히 증가하고 있다. 이는 평활화에 따른 결과이다. 첫 번째 평활화는 오르내림을 줄이고 두 번째 평활화는 추세를 상대적으로 안정적으로 만들면서 전 기간에 걸쳐 거의 일정한 증가분을 만들어 내고 있다. 도표 15.2는 지금까지 논의한 예측에서 추세를 다루는 방법을 정리하고 있다.

이중지수평활법에 관해 몇 가지 염두에 둘 점들은 다음과 같다.

- 이중지수평활법은 가산적인 방법이다. 각 기간, 수요예측치에 평활화된 추세예측치를 더하는 방식으로 예측을 하고 있다. 그러나, 어떤 경우에는 추세를 더하는 방식으로 예측하기보다는 이를 곱하는 방식으로 예측을 구해야 할 수도 있다. Facebook의 사용자 수가 매년 100만 명씩 일정하게 증가한 것은 아니다. 대신, 매년 사용자들이

도표 15.2

추세를 반영한 예측의 요약: 이중지수평활법

1단계: $t=1$로 설정한다(또는 사용하고자 하는 첫 번째 기간).

2단계: 첫 기간의 예측값 $\hat{y}_t$를 구하고, 첫 번째 추세인 $\hat{T}_t$값을 구한다. 첫 기간의 예측을 위해 단순예측법을 사용한다.

3단계: 다음 기간의 평활화된 예측을 다음과 같이 계산한다.

$$\hat{y}_{t+1} = (\alpha \times y_t) + [(1-\alpha) \times \hat{y}_t] + \hat{T}_t$$

4단계: 추세를 다음과 같이 지수평활하여 업데이트한다.

$$\hat{T}_{t+1} = [\beta \times (\hat{y}_{t+1} - \hat{y}_t)] + (1-\beta) \times \hat{T}_t$$

5단계: t를 $t+1$로 증가시킨다.

6단계: 현재 기간에 이를 때까지 3단계로 돌아가 과정을 반복한다.

기하급수적으로 증가했다. 그렇게 빠른 성장세하에서는 이중지수평활법은 다음 기간의 수요를 과소평가하게 될 것이다. 기하급수적으로 증가하는 성장세속에서 수요 예측을 하는 한 가지 방법은 수요 y_t를 예측하는 것이 아니라 수요의 로그 값인 $\log(y_t)$를 예측하는 것이다. 만약 수요가 기하급수적으로 증가한다면 수요의 로그값은 선형적으로 성장한다.

- 단순지수평활법에서처럼 평활상수의 값을 정해야 하는데, 한 가지 차이점은 두 개의 평활상수값들을 정해야 한다는 것이다. 평활상수는 0과 1 사이의 숫자이어야 하며 더 큰 값이 최근 관측값에 더 많은 가중치를 부여한다. 다시 한 번, 과거 자료들을 보면서 어떤 α와 β 값이 과거 자료들에 가장 잘 맞는지를 살펴보는 것이 좋은 시작점이 된다.
- 추세를 반영하는 예측에는 수학적으로 좀 더 복잡한 방법들이 존재하며 이전에 언급한 회귀분석방법이 그러한 예이다. 그러나, 그 방법을 사용하려면 종종 대가를 치러야 하는데 수학을 많이 쓰면 쓸수록 그 "이면"에 어떤 일이 벌어지고 있는지 점점 이해하기가 어려워진다는 것이다. 저자들의 견해는, 이중지수평활법은 수학을 적당히 사용하면서도 이해하기에도 좋은 나름대로의 타협점이 될 수 있다고 생각한다.
- 과거의 자료가 장기적인 추세를 중심으로 약간의 변동을 보이는 상황이라면 이중지수평활법을 이용한 예측에 큰 문제는 없다. 사실, 추세가 존재하지 않는 상황이라도 이중지수평활법은 문제없이 사용될 수 있다. 그러나, 어떤 종류의 계절적인 패턴이 존재한다면 이 방법은 그리 좋은 결과를 보이지는 않는다. 특히 β의 값이 작다면 더욱 그러하다. 그 경우에는 아주 높은 β값을 사용하거나 아니면 다음 절에서 소개할 방법을 사용하는 것이 좋다.

© andresr/Getty Images

이해도 확인하기 15.5

질문 MegaPizza는 수요가 빠르게 증가하는 성공적인 신생 피자회사이다. 지난 6개월간, 월간 수요는 342, 411, 501, 619, 702, 777판이었다. 첫 번째 달의 예측치를 300, 추세의 초기 예상값을 90, 그리고 수요 평활과 추세 평활을 위한 평활상수를 각각 0.3이라고 했을 때, 다음 달의 수요를 예측하시오.

답 다음 달의 수요예측은 다음과 같다.

t	y_t	다음 달의 예측	추세
		300	90
1	342	402.6	93.78
2	411	498.9	94.536
3	501	594.066	94.725
4	619	696.2712	96.96906
5	702	794.9589	97.48465
6	777	887.0559	95.86835

15.5 시계열분석 – 계절성

학습목표 15-5
시계열 자료에 나타난 계절성을 측정하고 이를 이용하여 예측을 할 줄 안다.

계절성 시간의 흐름에 따라 규칙적이고 반복적으로 발생하는 수요의 변화

추세는 과거의 데이터를 통해 관찰할 수 있는 패턴의 한 종류이다. 앞 절에서의 논리는 "과거에 일어났던 일이라면, 미래에도 일어날 것이다"로 요약될 수 있다. 수요 데이터와 관련하여 자주 관찰되는 또 다른 패턴은 **계절성(seasonality)**인데 이는 시간의 흐름에 따른 반복적이고 규칙적인 수요 변동이라고 정의할 수 있다. 이 변동은 시, 일, 주, 월 혹은 연 등 어떤 주기로도 나타날 수 있다. 계절성은 앞에서 소개했던 통계적 잡음이라는 개념과는 대비되는 것이다. 중요한 차이점은 계절성과 같은 과거 데이터에서의 반복성이 미래에도 지속될 것이라고 자신 있게 말할 수 있다는 점이다. 그러나 통계적 잡음의 경우에는 이를 바탕으로 데이터를 함부로 외삽시킬 수는 없을 것이다.

그림 15.7은 물 소비량에 존재하는 계절성을 보여주고 있다. 이 예시는 조금 이상하다고 생각할 수 있지만 오히려 그 때문에 계절성의 개념을 더 잘 기억하게 될 것이라 믿는다. 파란 점선은 2010년 2월 28일 하루 동안 캐나다 Edmonton 시의 물 소비량을 보여준다. 2010년 2월 28일은 캐나다인들에게 특별한 날이었는데 캐나다 하키팀이 올림픽 결승전을 치르는 날이었다. 캐나다인들의 절반가량이 TV 스크린 앞에 모여 생방송 경기 중계를 시청했는데 경기 중간 쉬는 시간이 되면 모든 시청자들이 약속이나 한 듯이 TV에서 떨어졌다가 경기가 시작되면 다시 TV에 붙어 눈을 떼지 못하는 식이었다. 우리는 캐나다인들이 경기 중간 쉬는 시간 동안 무엇을 마시고 무엇을 했는지는 추측만 할 수 있을 뿐이지만 그들은 분명 많은 양의 물이 필요했다(그리고 우리 생각에는 시청자들이 쉬는 시간에 샤워를 하지는 않았을 것이라 생각한다). 그림 15.7에 나타난 패턴은 계절성의 한 예이다. 물 소비량이 치솟는 시점들은 우연히 발생한 것이 아니고 중요한 수요변화에 따른 물 소비량

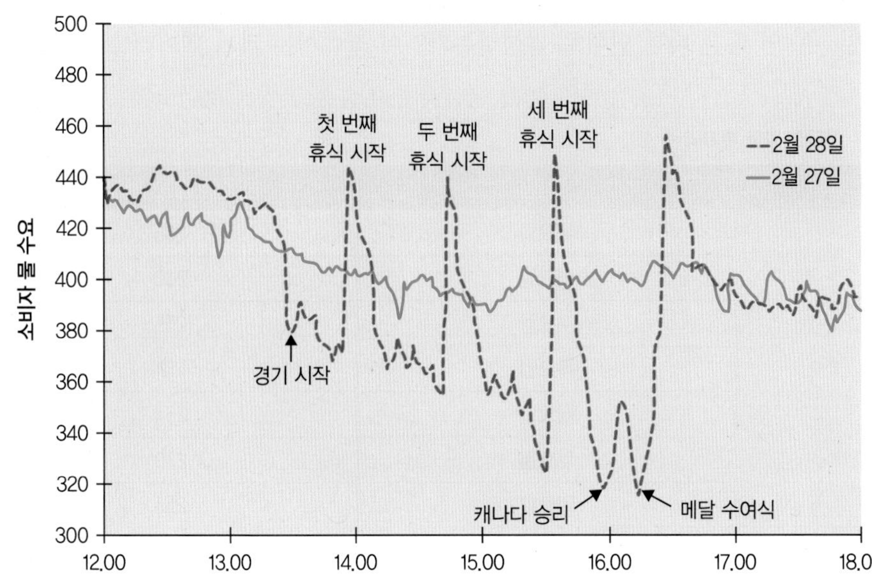

그림 15.7
올림픽 하키경기 중
캐나다 Edmond 시의 물 소비량

출처: http://www.smartplanet.com/blog/smart-takes/infographic-water-consumption-in-edmonton-canada-during-olympic-gold -medal-hockey-game/

의 반복적인 변동을 의미하고 있다.

계절성은 시청자들이 하키 경기 도중 쉬는 시간에 화장실로 몰려드는 것에만 한정된 현상이 아니다. 계절성은 다음의 예시들에서처럼 기업의 운영과정 전반에 걸쳐 빈번하게 나타나는 현상이다.

- **Amazon**: Amazon의 수요는 11월과 12월에 급격하게 증가하는데 이는 사람들이 연말연시에 필요한 선물을 주문하기 때문이다. 이 때문에 종종 처리능력의 2배 혹은 3배가 필요하게 될 수 있으므로, 사전에 이를 예측하는 것은 중요하다. 그리고 이러한 수요 증가는 분명히 일반적인 변동성이 아닌 계절성의 결과이므로 회사가 이에 대처하지 못할 이유가 없다.
- **독감 데이터**: 이번 장의 초반부(그림 15.1)에서 보았듯이 독감과 관련된 의료서비스와 약품들의 수요는 임의적으로 변동하는 것이 아니다. 물론 각 독감시즌은 그 강도와 정확한 시작 시점에 있어서 차이가 있을 수는 있지만 강력한 계절적 패턴이 존재한다고 볼 수 있다.
- **출퇴근길 교통**: 만약 당신이 출퇴근 시간대에 학교나 직장으로 통근한다면 이 현상을 느낄 것이다. 도로와 요금소에 대한 수요는 오전 7~9시와 오후 4~6시에 훨씬 높아진다. 계절성의 구체적인 패턴은 지역(제조업체 근무자들이 많은 도시는 교통체증이 더 일찍 시작되는 경향이 있고, 은행 근무자들의 많은 경우에는 교통체증이 좀 더 늦게 시작된다)에 따라 다르지만 분명히 예측 가능하다.

이제 계절성을 반영한 예측 방법을 살펴보자. 이를 위해 응급실 데이터를 다시 쓸 것인데, 지난 3주간의 응급실 방문 환자 수가 표 15.13에 그리고 일주일 동안 각 요일별 방문 환자의 분포가 그림 15.8에 나타나 있다. 따라서 그림 15.8의 각 요일은 표 15.13의 세 데이터값에 상응한다.

계절성을 이용한 예측의 첫 단계는 계절성의 패턴을 결정하는 것이다. 계절성이 어떤 주기, 즉 일, 주, 연 혹은 다른 단위로 발생하는가? 이 장에서는 과거 데이터를 "눈으로 관

표 15.13 응급실 방문 환자의 수

주	요일	응급실 방문 환자 수
1	월요일	265
	화요일	260
	수요일	255
	목요일	261
	금요일	264
	토요일	220
	일요일	255
2	월요일	290
	화요일	250
	수요일	222
	목요일	230
	금요일	282
	토요일	211
	일요일	215
3	월요일	280
	화요일	261
	수요일	230
	목요일	240
	금요일	271
	토요일	223
	일요일	228

그림 15.8
요일별 계절성

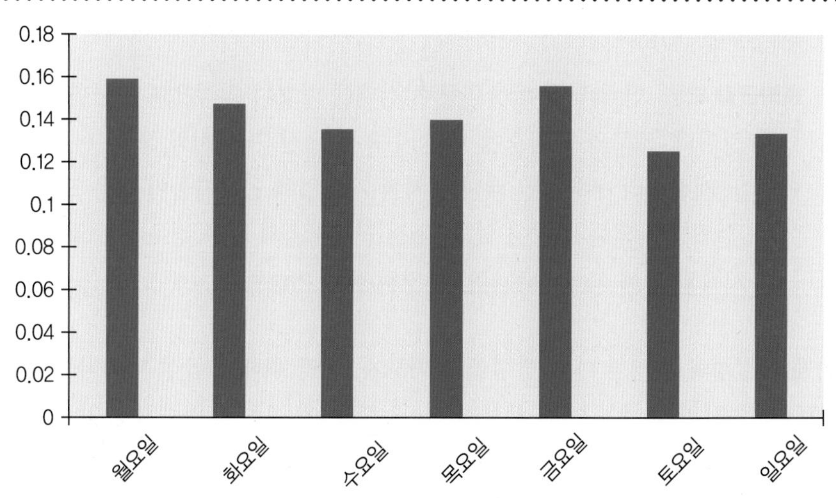

찰"한 뒤 관찰하고자 하는 상황에 대한 기본 지식을 바탕으로 계절성의 패턴을 판단할 수 있다고 가정한다. 환자들은 응급실을 월요일에 갈 가능성이 가장 높은 반면 주말에는 잠잠한 편이다(그림 15.8 참조). 이러한 계절성의 패턴을 확인하기 위해 좀 더 공식적인 통계 방법을 사용할 수도 있는데 일단 계절성이 일주일을 주기로 요일수준에서 발생한다고 하자. 두 번째 단계로, 계절성을 수치로 표현한다. 응급실의 예에서처럼 계절성이 일주일을 주기로 발생하는 경우를 이용하여 이 과정을 설명하겠지만, 기본적인 방식은 주기가 하루 24시간, 1년 12개월 혹은 그 외 다른 간격이라도 동일하게 적용될 수 있다.

주기당 평균 수요를 다음과 같이 계산한다.

$$\text{평균 수요} = \text{평균}(y_t, t = 1, \cdots, N)$$

그리고 월요일의 평균 수요를 다음과 같이 계산한다.

$$\text{월요일 평균 수요} = \text{평균}(y_t, t = 1, \cdots, N, t = \text{월요일})$$

같은 방식으로, 화요일, 수요일, 그리고 다른 모든 요일별 평균 수요를 정의할 수 있다. 만약 계절성이 주간 패턴이 아니고 월간 패턴이라면, 당연히 이 작업은 1년 중 월별로 진행해야 한다. 이 작업은 하루 중 시간대별로 진행될 수도 있고 1년 중 분기별로 진행될 수도 있다. 이는 순전히 계절성의 패턴이 어떤 주기로 발생하는가에 따라 달라지는 부분이다. 전체 기간에 걸친 평균 수요와 요일별 평균수요를 이용하여 이제 각 요일별로 **계절성 지수(seasonality index; SI)**를 계산할 수 있다.

계절성 지수(SI) 전체 수요 평균과 특정 시즌의 평균 수요를 비교할 수 있게 해주는 지수

$$\text{월요일 계절성 지수} = \text{SI}_{\text{월요일}} = \frac{\text{월요일 평균 수요}}{\text{전체 평균 수요}}$$

표 15.14는 응급실 예시를 이용하여 요일별로 계산된 계절성 지수를 보여주고 있다. 표를 보면, 월요일의 계절성 지수가 다른 요일보다 높다는 걸 알 수 있는데 이는 환자들이 월요일에 응급실에 더 많이 간다는 것을 의미한다. 1.12라는 계절성 지수는 월요일에 발생하는 수요가 평균적인 수요보다 12% 더 높다는 걸로 해석할 수 있다. 유사하게, 토요일의 계절성 지수는 0.88인데 이는 토요일에 발생하는 수요가 전체 평균 수요에 비해 12% 적다고 해석할 수 있다.

표 15.14 응급실 방문환자의 요일별 평균

주	요일별 평균	계절성 지수
월요일	278.33	1.12
화요일	257.00	1.04
수요일	235.67	0.95
목요일	243.67	0.98
금요일	272.33	1.10
토요일	218.00	0.88
일요일	232.67	0.94

비계절화 과거 데이터로부터 계절성 효과를 제거하는 것

이제 계산된 계절성 지수들을 가지고 표 15.3의 원 데이터로 돌아가 보자. 각 요일별로 기존 수요를 **비계절화(deseasonalize)**할 수 있는데, 비계절화(이 단어는 사전에 나오는 표준어는 아니다)란 기존 자료에서 계절성 효과를 제거하는 것을 의미한다. 예를 들어, 2주차 월요일에 290명의 환자가 방문했는데 이 숫자에는 전체 독감 시즌에 걸친 통상적인 효과도 들어 있고 계절성에 의한 월요일 효과도 들어 있다. 비계절화란 이 숫자에서 계절성에 따른 월요일 효과를 제거한다는 의미이다. 기간 t의 비계절화된 수요는 다음과 같이 정의된다.

$$\text{기간 } t\text{의 비계절화된 수요} = \frac{\text{기간 } t\text{의 수요}}{\text{계절성 지수}}$$

우리의 경우,

$$\text{기간 } t\text{의 비계절화된 수요} = \frac{290}{1.12} = 258.64$$

이 계산이 표 15.15에 정리되어 있다. 1주차 일요일(255명의 환자)과 2주차 월요일(290

표 15.15 계절성에 따른 효과를 제거하고 난 뒤의 응급실 방문환자 수

주	요일	응급실 방문환자 수	계절성 지수	비계절화된 방문환자 수 (응급실 방문환자 수/SI)
1	월요일	265	1.12	236.35
	화요일	260	1.04	251.14
	수요일	255	0.95	268.60
	목요일	261	0.98	265.90
	금요일	264	1.10	240.64
	토요일	220	0.88	250.52
	일요일	255	0.94	272.07
2	월요일	290	1.12	258.64
	화요일	250	1.04	241.48
	수요일	222	0.95	233.84
	목요일	230	0.98	234.32
	금요일	282	1.10	257.05
	토요일	211	0.88	240.27
	일요일	215	0.94	229.39
3	월요일	280	1.12	249.72
	화요일	261	1.04	252.10
	수요일	230	0.95	242.27
	목요일	240	0.98	244.50
	금요일	271	1.10	247.02
	토요일	223	0.88	253.93
	일요일	228	0.94	243.26

명의 환자)을 비교하면서 데이터를 비계절화한 뒤의 효과를 확인해보라. 숫자만 보면 290명의 환자가 훨씬 큰 수요로 보이지만, 일요일이 통상 6% 덜 바쁜 날($SI_{일요일} = 0.94$)이고 월요일이 통상 12% 더 바쁜 날이라는 것($SI_{월요일} = 1.12$)을 고려하여 숫자를 조정한다면, 실제로는 1주차 일요일에 응급실에 발생한 수요가 좀 더 놀라운 일이라는 것을 알게 된다.

과거 수요 데이터를 비계절화하여 계절성을 제거한 뒤에는, 우리가 앞에서 했던 것처럼 예측을 진행할 수 있다. 각 기간의 (비계절화된) 수요에는 여전히 상당한 잡음이 포함되어 있다(1주차 일요일과 2주차 월요일을 비교했던 것을 참조). 이제 계절성의 효과가 제거되었으니, 남아 있는 변동 요인은 통계적 잡음으로서 어떤 날은 환자가 많고 어떤 날엔 환자가 적다. 이러한 통계적 잡음은 이동평균법 또는 지수평활법으로 다룰 수 있다.

평활상수 $\alpha = 0.25$를 사용하고 첫 월요일의 최초 예측치를 240으로 하여 지수평활법을 통해 예측한 수치들이 표 15.16에 정리되어 있다. 각 요일을 기준으로 최근 실제값과 직전 수요예측값을 결합시켜서 평활화된 수치를 얻게 된다. 이 평활 과정의 마지막에 계산된 예측은 246.45이다.

표 15.16 계절성에 따른 효과를 제거하고난 뒤 평활화된 응급실 방문환자 수

주	요일	응급실 방문환자 수	계절성 지수	비계절화된 방문환자 수 (응급실 방문환자 수/SI)	평활화된 예측(α = 0.25, 1주차 월요일 예측 240)
1	월요일	265	1.12	236.35	239.09
	화요일	260	1.04	251.14	242.10
	수요일	255	0.95	268.60	248.72
	목요일	261	0.98	265.90	253.02
	금요일	264	1.10	240.64	249.92
	토요일	220	0.88	250.52	250.07
	일요일	255	0.94	272.07	255.57
2	월요일	290	1.12	258.64	256.34
	화요일	250	1.04	241.48	252.62
	수요일	222	0.95	233.84	247.93
	목요일	230	0.98	234.32	244.52
	금요일	282	1.10	257.05	247.66
	토요일	211	0.88	240.27	245.81
	일요일	215	0.94	229.39	241.70
3	월요일	280	1.12	249.72	243.71
	화요일	261	1.04	252.10	245.81
	수요일	230	0.95	242.27	244.92
	목요일	240	0.98	244.50	244.82
	금요일	271	1.10	247.02	245.37
	토요일	223	0.88	253.93	247.51
	일요일	228	0.94	243.26	246.45

표 15.17 데이터를 재계절화한 뒤 예측한 응급실 방문환자 수

주	요일	기준	SI	예측(기준 × SI)
4	월요일	246.45	1.12	276.33
	화요일	246.45	1.04	255.15
	수요일	246.45	0.95	233.97
	목요일	246.45	0.98	241.91
	금요일	246.45	1.10	270.37
	토요일	246.45	0.88	216.43
	일요일	246.45	0.94	230.99

246.45명의 환자라는 수치를 어떻게 해석해야 할까? 우리가 비계절화되고 평활화된 데이터를 보고 있다는 점을 상기하길 바란다. 따라서, 이 246.45라는 수치는 다음 주에 발생할 응급실 방문환자 수에 대한 평균적인 예측치가 된다. 그러나 우리가 예측해야 하는 월요일은 일주일 중 평균적인 날은 아니라는 걸 이미 알고 있다. 따라서, 이 계절성이 제거된 예측 방법의 마지막 단계에서, 데이터를 **재계절화(reseasonalize)**해야 한다. 다시 한 번, 재계절화라는 단어가 제대로 된 동사인지는 잘 모르겠지만, 우리가 의미하고자 하는 바를 잘 표현한다고 생각된다. 즉, 우리가 데이터에서 제거했던 계절성의 효과를 다시 가져온다는 의미이다. 재계절화된 예측값은 평균적인 값을 이용하여 평활화된 예측값에다 적절한 계절성 지수를 곱해서 간단히 얻어진다.

재계절화 예측된 데이터에 계절성 효과를 다시 도입하는 것

$$\text{다음 주 월요일에 대한 예측} = \text{평활화된 평균적인 날의 수요예측} \times SI_{\text{월요일}}$$

표 15.17은 재계절화된 예측을 보여주고 있다. 기본적으로 과거 수요 데이터에 지금까지 관찰된 계절성 패턴을 도입하여 추정을 하였다. 간단하고 우아하다! 계절성을 반영한 예측에 관해 몇 가지 염두에 둘 점들은 다음과 같다.

- 앞서 소개된 방법에서 중요한 부분은 계절성 지수 SI의 계산방법이다. 우리는 SI 값들을 단순히 과거 데이터를 평균하여 계산했다. 예를 들어, $SI_{\text{월요일}}$을 모든 월요일들에 걸쳐 평균을 내어 계산한 것이다. 이런 식으로 값들을 평균 내는 대신 지수평활법을 적용할 수도 있다. 그 경우에는 이중지수평활법에서 추세예측을 갱신할 때처럼 계절성 지수 예측을 갱신할 때 사용할 평활상수가 필요할 것이다.
- 계절성의 효과가 곱셈의 형태로 나타난다고 가정했다. 우리는 적절한 SI 값으로 나눔으로써 데이터를 비계절화시켰고 다시 이를 곱함으로써 재계절화했다. 이전 절에서 추세를 다룰 때에는, 새로운 수요를 예측한 뒤 여기에 조정된 추세값을 더하면서 최종 예측값을 구했기 때문에 그 과정이 덧셈의 형태를 띤다고 가정했었다. 우리가 예측에 추세나 계절성을 반영하기 위해 덧셈의 형태를 이용할지 아니면 곱셈의 형태를 이용할지의 여부는 과거 데이터를 이용하여 실험해보면서 파악할 수 있을 것이다.
- 여기 소개된 모형에 이런 저런 요소들을 더 추가하여 예측을 만들어 나갈 수도 있다. 그러나 우리는 이 모형만 해도 꽤 좋다고 생각하고 회귀분석을 사용하지 않으면서도

이해도 확인하기 15.6

질문 SummerPizza는 바닷가에 위치한 식당으로서 대부분의 수요가 연중 날씨가 따뜻한 기간 동안 발생한다. 지난 3년간의 수요가 표 15.18에 나타나 있다. 평활상수 0.3과 초기 예측값 9,500을 이용해서 2015년도 분기별 수요를 예측하라.

답 내년의 수요는 표 15.19와 같이 예측할 수 있다.

표 15.18 SummerPizza

연도	분기	수요
2012	1	7,122
	2	12,345
	3	11,022
	4	8,019
2013	1	7,507
	2	11,088
	3	10,733
	4	9,431
2014	1	8,456
	2	11,777
	3	12,111
	4	7,992

표 15.19 SummerPizza

분기	분기별 평균	계절성 지수	비계절화된 수요	평활화된 수요	2015 분기	예측
1	7,695	0.785	9,070.49	9,371.15	2015Q1	7,772.521
2	11,736.67	1.198	10,308.22	9,652.27	2015Q2	11,854.9
3	11,288.67	1.152	9,568.74	9,627.21	2015Q3	11,402.39
4	8,480.667	0.865	9,266.75	9,519.07	2015Q4	8,566.103
전체 평균	9,800.25		9,560.82	9,531.60		
			9,258.61	9,449.70		
α	0.3		9,317.85	9,410.14		
			10,898.45	9,856.64		
			10,769.45	10,130.48		
			9,833.93	10,041.51		
			10,514.16	10,183.31		
			9,235.55	9,898.98		

잘 작동한다고 생각한다. 더 정교한 회귀분석모형을 통해 추세, 계절성, 그리고 그 외의 다른 설명변수들까지 모두 통합한 하나의 모형을 만들 수도 있지만 이는 다른 곳에서 다룰 이야기다.

도표 15.3에 계절성을 반영한 예측 방법이 요약 제시되어 있다.

도표 15.3

계절성을 반영한 예측에 관한 요약

1단계: 계절성의 패턴을 결정한다.

2단계: 모든 계절을 위한 계절성 지수를 계산한다.

$$SI_{계절} = \frac{계절\ 평균\ 수요}{전체\ 평균\ 수요}$$

3단계: 모든 시기 t에 대해, 데이터를 비계절화한다:

$$기간\ t의\ 비계절화된\ 수요 = \frac{기간\ t의\ 수요}{SI(t)}$$

4단계: 모든 기간 t에 대하여, 비계절화된 데이터에 지수평활법을 적용한다.

5단계: 가장 마지막 기간의 평활화된 값을 이용하여 평균값에 대한 예측을 한다.

6단계: 데이터를 재계절화한다. 기간 $s>t$에 대한 예측 = 마지막 기간의 평활화된 예측 × SI_s

15.6 전문가 집단과 주관적 예측

학습목표 15-6
전문가 집단을 활용하여 예측을 할 줄 알고 주관적 예측과 관련된 문제점들을 이해한다.

지난 절들에서 논의했던 접근법들은 두 가지 장점이 있다. 첫째, 수학적 알고리즘을 사용하는 예측 방법들은 효율적이고 자동화될 수 있다. 이는 일단위 또는 심지어 시간단위로 여러 장소에서 예측을 해야 하는 환경에서 특히 중요하다. 둘째, 이러한 방법들은 실제 데이터에 기반하므로 여기에는 느낌, 의견 등 정성적인 요소들이 들어갈 틈이 없다. 그러나, 분석적 예측기법들이 얼마나 정교하든지 간에 이들 모두가 공통적으로 가정하는 것은 미래가 과거와 비슷할 거라는 것이다. 어떤 패턴들은 외삽을 통해 추론되기는 하지만 거기에도 인간 지능이 들어설 틈은 없다. 예측은 방법론에 의해서 생성되는 것이지 사람이 하는 것이 아니다.

가끔 예측 방법에 사람의 판단을 넣기 원할 수 있다. 이 경우는 **주관적 예측(subjective forecasts)**을 구축하는 것인데 한 사람이나 여러 사람의 의견을 예측과정의 투입물로 넣은 뒤 결과물로 예측을 생성하는 것이다. 과정에 누가 개입되는지 그리고 개인의 의견들이 어떻게 종합되는지에 따라 세 가지 유형의 주관적 예측 방법이 있다.

예측의 결합 서로 다른 예측자들이 낸 다양한 예측들을 하나의 값으로 결합하는 것

- **예측의 결합(forecast combination)**: 각 예측자가 서로 다른 사고 모델을 사용해서 예측을 하면, 각 예측자는 어느 정도의 예측 오차를 만들어내게 된다. 예측 결합의 개념은 여러 예측치들의 평균을 내면 예측 오차들이 서로 일정부분 상호 상쇄되면서

좀 더 나은 예측이 될 것이라는 것이다. 한 사람은 낙관주의자고 다른 사람은 비관주의자일 때 이들의 예측을 평균한다면 통계 법칙이 작동하여 예측 결과가 더 나아지리란 기대가 만들어질 수 있다. 이 주장을 지지하는 연구결과가 상당수 존재하며 예측을 결합하는 여러 방법들이 있지만 그중 가장 간단한 방법은 각 예측자가 낸 예측을 그냥 평균 내는 것이다.

- **합의 도출 예측(forecast with consensus building)**: 그냥 단순히 몇몇 예측들을 모아서 평균을 내는 대신에 각 전문가에게 어떻게 그러한 예측을 하게 되었는지 설명해 달라고 하면 정보의 공유를 촉진시킬 가능성이 있다. 한 사람은 중국 시장이 성장하고 있다는 걸 알고 있을 수 있는 반면 다른 사람은 미국 시장에 대한 통찰을 가지고 있을 수 있다. 그 두 사람이 예측을 하기 전에 서로 지식을 교환하면 각자의 예측을 더 잘할 수 있다. 그 과정에서의 문제는 **집단사고(group thinking)**라는 현상, 즉 모든 전문가들이 동의했지만 결과가 근본적으로 잘못되고 말이 되지 않는 경우, 즉 오류가 생길 수 있다. 집단사고는 모든 전문가들이 동일한 정보를 사용하는 데 따르는 결과(즉, 예측 오차를 평균 내는 것이 무의미해지는)일 수도 있다. 또한 집단 사고는 상급자와의 의견 불일치에 대한 두려움을 반영하는 것일 수도 있다. 이러한 문제를 해결하기 위해 다음의 방법을 제안한다: (a) 참가자에게 먼저 개인적이고 독립적인 자신만의 예측을 요구한다. 이 자료를 논의를 위한 출발점으로 삼는다. 논의 중에는, 예측값들 중 최고값 또는 최소값을 낸 참가자가 다른 참가자들에게 자신의 논리를 설명할 수 있도록 특별히 배려한다. (b) 모든 논의를 그룹 내에서 가장 직급이 낮은 참가자로부터 시작한다. 상급자는 자신의 의견을 더 내세울 가능성이 많아서 하급자는 그에 순응해야 한다는 압박을 더 크게 느낄 수 있다. 따라서 참가자들 중 상급자를 가장 마지막에 발언하게끔 함으로써 모든 참가자들의 솔직한 생각을 들을 수 있다.
- **예측 시장(prediction markets)**: 당신과 당신의 친구가 경마장에 갔는데 경기에 참여하는 말에 대한 지식이 하나도 없다고 상상해보자. 경마장에서 "누가 경주에서 이길 것인가?"라는 질문을 받을 것이다. 이때 당신은 친구들에게 말의 성적에 대해 각각 예상해보라고 하고 어떤 식으로든 평균을 낼 수도 있다. 이것이 전술한 예측 결합의 개념이다. 경마장에서 발행하는 배당 확률을 참고할 수도 있다. 만약 당신이 A경주마에 $1을 걸고 승리할 경우 $25을 받는데 B경주마에 $1을 걸고 승리할 경우 $3을 받는다고 한다면, B경주마가 더 빠르다고 생각하지 않겠는가? 그러니까, 당신처럼 지식도 없고 심지어 별 동기부여도 안 된 친구들에게 의존하는 대신 이 예측에 돈을 건 사람들에 의존하는 건 어떤가? 예측 시장이라는 개념은 가격이 정보를 통합하여 전달하는 기능이 있다는 믿음을 전제로 한다. 예를 들어, 만약 신제품이 최소 100만 개 팔리는 경우 $1을 받는 약속에 대해, 당신이 그 약속을 $0.10에 구매할 의사가 있다고 한다면 이는 당신이 신제품이 100만 개 이상 팔릴 가능성에 대해 낮게 보고 있다는 뜻이다(정확히 말하자면 10%다). 만약 누군가가 자신이 현재 시장가격보다 더 나은 정보가 있다고 생각한다면 그는 그 정보를 거래할 수 있고 이는 미래의 가격을 움직이게 된다. 만약 누군가가 자신이 더 나은 정보가 있지만 이 정보를 거래할 의사가 없다면 우리는 그 의견에 대해 지나치게 많은 비중을 두지 말아야 할 것이다.

합의 도출 예측 전문가들이 각자의 예측과 그 배경에 대해 반복적으로 토론하는 과정을 거치면서 예측을 하는 것

예측 시장 예측자들이 각자의 예측에 대해서 금전적인 돈을 걸 수 있는 예측 게임

주관적인 예측은 시계열 자료의 외삽을 통해 자동화된 방법과는 달리 미래를 고려하는 잠재력이 있다. 주관적 예측의 가장 큰 강점은 경영자의 직관과 인간 지능을 이용해서 수리적 모델을 대체하거나 확장시킬 수 있다는 점이다. 그러나 우리가 다음 절에서 논의하는 것처럼 이 자체가 주관적 예측의 가장 큰 약점이 될 수도 있다.

15.6.1 예측 편향의 원인

우리는 앞서 편향된 예측을 틀린 예측일 뿐만 아니라 평균적으로도 틀린 것이라고 정의했다. 다시 말해, 예측과 실제 결과 사이에 일관된 패턴이 존재하는 것을 의미한다. 편향은 모든 종류의 인간 의사결정에 존재하지만 예측의 세계에서는 특히 만연하고 있다. 편향이 발생하는 이유는 우리가 예측할 때 그 정의상 우리가 잘하는 건지 아닌지 모르는 상태에서 예측을 하지만 그 결과는 나중에나 알게 되기 때문이다. 그래서 "말은 쉽게 할 수 있지만" 결과는 먼 미래에 있는 것이다. 예측 과정에서 유의해야 할 점은,

과잉자신감 편향 의사결정자가 긍정적인 결과를 내는 데에 대한 자신감이 지나치다는 사실

기준점 편향 의사결정자가 새로운 정보를 습득하는 과정에서 기존의 믿음을 확인해주는 정보를 선별적으로 사용한다는 사실

예측 게이밍 예측에 기반하여 나오는 결과에 영향을 미치기 위해 의도적으로 예측을 조작하는 것

- **자신감 과잉(overconfidence)**: 인간의 의사결정에 대한 연구에서 가장 두드러지게 드러나는 결과는 우리 스스로가 얼마나 똑똑한지에 대해 과대평가한다는 것이다. 그 결과 우리는 성공에 대해 지나치게 자신감이 있고 미래에 대한 예측을 할 때도 지나치게 자신감이 있다. 반면 우리는 운(위험)의 역할과 다른 요소들에 대해 과소평가한다. 따라서 우리는 판매량을 더 높게 예측하고 신제품 출시의 성공에 대해서 더 낙관적이다.
- **기준점(anchoring)**: 우리는 의사결정자로서 종종 정보를 획득한 뒤 이 정보를 기준으로 새로운 다른 정보들을 평가하곤 한다. 그 초반의 정보가 기준점이 되는 것이다. 학생이 창업한 벤처회사가 미래수요를 예측한다고 하자. 만약 학생이 Facebook의 성장을 자신의 기준점으로 삼는다면 이는 비현실적인 수요 궤적을 향한 편향된 예측이 될 것이다.
- **인센티브 정합성**: 앞선 두 가지 편향에서는 의사결정자가 자기 자신만의 인지적 의사결정 과정에 사로잡혀 있었다. 의사결정자는 나름대로 최선을 다했지만 과도한 자신감에 빠지고 자신도 모르는 사이에 특정 기준을 가지고 판단을 하는 것이다. 예측과정에서 예측자 자신이 갖고 있는 인센티브와 개인적 목적은 또 다른 종류의 편향을 발생시킬 수 있다. 예측자가 예측을 수행할 때 예측값이 의사결정에 사용될 것이고 그 결정이 자신에게 영향을 줄 수 있음을 안다. 따라서, 예측자는 자신이 선호하는 결과를 염두에 두고 그 결과가 나올 가능성이 높은 예측을 하는 식으로 움직일 수 있다. 예를 들어, 판매량을 기준으로 보상을 받는 영업사원은 공급체인에 재고를 항상 보유해서 고객의 수요를 놓치는 일이 없기를 바랄 것이다. 그는 또한 수요를 높게 예측할수록 공장이 더 많은 양을 생산해서 공급체인에 제공할 것임을 알고 있다. 따라서 판매량에 따라 보상을 받는 영업사원은 자신이 진정으로 믿는 바보다 수요가 크다고 예측하는 것이 그에게는 합리적이다. 이렇게 특정 결과를 얻기 위해 자신의 견해를 솔직하게 공유하지 않는 것을 **예측 게이밍(forecast gaming)** 또는 실제보다 높은 예측을 하는 경우가 많아서 **예측 인플레이션**이라고도 한다.

이러한 편향들을 다루는 최고의 방법은 피드백이다. 예측을 하는 사람들은 언제나 자신이 과거에 했던 예측들과 대면해야 한다. 편향이 존재하는지를 확인하기 위해 예측 오차는 측정되고 분석되어야 한다. 이를 통해 예측 과정은 다른 것들과 마찬가지로 시간이 흐름에 따라서 발전할 수 있을 것이다.

결론

수요예측은 우리가 수행하는 많은 운영상의 의사결정에 상당한 영향을 미치므로 경영 전반에 영향을 미친다. 그러므로 예측을 잘하는 것은 중요하다. 수정 구슬이 없기 때문에 좋은 예측이란 예측 방법을 신중히 잘 선택하는 것이다. 우리가 보았듯이 각 정량적 분석법은 각자의 강점과 약점을 지니고 있다. 가장 좋은 예측 방법은 존재하지 않는다. 예측 프로세스는 수학적 모델링을 넘어서 조직의 맥락 속에 내재되어 있다. 이 맥락을 이해하는 것이 중요하다.

실무에서 예측 과정을 도입할 때 우리는 다음의 다섯 단계 접근을 제안한다:

- 과거 수요예측(주관적 데이터)과 실제 수요값 등을 포함하여 데이터를 수집한다.
- 예측 방법을 정한다. 주관적·객관적 데이터 간의 균형을 잡고 필요하다면 추세와 계절성을 반영한다.
- 예측 방법을 이용하여 미래 수요를 예측한다.
- 3단계까지를 기반으로 의사결정한다.
- 의사결정 오류를 측정하라. 편향이 존재하는지를 살펴보고 예측과정을 개선시켜라.

학습목표의 요약

학습목표 15-1 수요예측의 유형과 여러 가지 예측 방법을 이해한다.

예측은 현재에는 불확실하고 미래에만 실현될 변수의 결과에 대한 진술을 만드는 과정이고 과거 자료의 통계 분석에 기반하여 과거 패턴을 미래로 확장시키려는 시도이다. 또한 예측은 주관적인 의견들을 통합하여 이루어질 수도 있다. 통계적 기법들은 자동화될 수 있고 단기 예측에 사용되어 경영에서 수천 가지의 예측을 만들어낸다. 예측에 대해 장기적 영향력을 지닌 고위험 의사결정들의 경우에는 보통 통계적 방법과 주관적 의견을 결합하여 이루어진다.

학습목표 15-2 예측이 좋은 예측인지 다수의 지표를 활용하여 평가할 줄 안다.

예측의 정확성은 실제 결과가 관측되고 난 후에야 평가될 수 있다. 결과값들이 실현되었을 때, 예측은 (a) 편향되지 않아서 평균적으로 옳아야 하고, (b) 평균제곱오차(MSE) 혹은 평균절대오차(MAE)로 측정했을 때 실제 결과와 비슷해야 바람직한 예측이라 할 수 있다.

학습목표 15-3 단순예측, 이동평균법, 지수평활법을 활용하여 예측을 할 줄 안다.

단순예측은 예측값이 가장 최근에 실현된 값과 같을 거라고 예상한다. 이 방법은 통계적 잡음에 취약하다. 이동평균법은 예측값이 최근에 실현된 값들의 평균일 것이라고 예상한다. 이 방법은 예측 윈도우 내에 있는 모든 실제값들에 대해 동일한 가중치를 부여한다. 반면, 지수평활법은 최근 실현된 값과 직전 예측 간의 가중 평균을 통해 예측하는 것인데 이는 최근 데이터에 더 많은 비중을 둔다는 것을 의미한다.

학습목표 15-4 시계열 자료에 나타난 장기적 추세를 측정하고 이를 이용한 예측을 할 줄 안다.

수요 데이터가 장기적인 증가 혹은 감소 흐름을 보이는 것을 추세라고 부르는데 모멘텀 기반 예측의 개념은 그러한 추세가 미래에도 계속되리라 생각하는 것이다. 이러한 예측의 한 가지 방법은 이중지수평활법을 사용하는 것이다. 이 방법은 지수평활을 사용해 추세를 배제한 실제 수요를 추정하고, 추세를 추정하기 위해 다시 한 번 지수평활을 사용하는 것이다.

학습목표 15-5 시계열 자료에 나타난 계절성을 측정하고 이를 이용하여 예측을 할 줄 안다.

계절성은 시간의 흐름에서 의미있는 수요 변화가 규칙적이고 반복적으로 나타나는 것으로서 수요에서 많이 나타나는 패턴이다. 계절성이 존재할 때 수요를 예측하려면 계절성의 효과를 통계적 잡음으로부터 분리해야 한다. 이 과정에서 특정 계절의 평균 수요를 전체 평균 수요로 나누어 계절성 지수를 계산한다. 그리고 실제 수요 데이터를 적절한 계절성 지수로 나누어 비계절화된 수요값들을 구할 수 있으며 이를 통해 과거 데이터로부터 계절성 효과를 제거할 수 있다. 그런 다음 수요자료를 평활화하여 미래 예측으로 확장한다. 마지막으로, 미래의 특정 기간에 대해 예측할 때는 계절성 지수를 비계절화된 데이터들에 곱하여 예측치들을 재계절화하는데 이를 통해 예측된 데이터에 계절성 효과를 다시 도입하게 된다.

학습목표 15-6 전문가 집단을 활용하여 예측을 할 줄 알고 주관적 예측과 관련된 문제점을 이해한다.

주관적 예측방법에는 여러 가지가 존재한다. 간단한 공식(예를 들면 평균)을 사용하여 많은 예측자들의 의견을 종합하거나 혹은 정보 교환을 통해 궁극적으로 일치된 예측을 만들기 위해 예측자들 사이의 논의를 이끌어낼 수도 있다. 주관적 예측의 문제점은 사람이 결정을 내리는 과정에서 흔히 발생하는 편견이나 예측 게임 등에 취약하다는 점이다.

핵심 용어

15.1 예측의 틀

예측 현재 불확실하고 미래에만 실현될 수 있는 변수들의 결과에 대해 판단을 하는 과정

수요예측 미래에 실현될 수요에 대한 판단을 하는 과정

시계열분석 과거 수요 데이터의 분석

시계열기반 예측 과거 수요 데이터만을 사용하는 예측의 방식

외삽법 지금까지 관찰된 데이터의 패턴이 미래에도 계속될 것이라는 가정하에 기존 관찰 결과의 범위를 넘어선 값을 추정하는 것

회귀분석 한 변수와 이에 영향을 주는 다수의 변수들 간의 관계를 평가하는 통계적 프로세스

종속변수 우리가 회귀분석에서 설명하려는 변수

독립변수 종속변수에 영향을 주는 변수

자동화된 예측 사람의 개입 없이 컴퓨터로 이루어지는 예측

전문가 집단 예측 경영진의 주관적 의견을 이용하여 이루어지는 예측

단기 예측 보통 몇 시간에서 주간 단위의 전술적 결정을 지원하는 데에 사용되는 예측

중기 예측 보통 주간에서 연간 단위로 이루어지는 처리능력 계획과 재무 회계적 의사결정을 지원하는 데 사용되는 예측

장기 예측 보통 수년간에 걸친 전략적 의사결정을 지원하는 데에 사용되는 예측

15.2 예측의 평가

예측 오차 예측된 값과 실제값 간의 차이

편향되지 않은 예측 평균적으로 옳은 예측으로서 예측 오차의 평균이 0인 예측

편향된 예측 평균적으로 옳지 않은 예측으로서 예측 오차의 평균이 0이 아닌 예측

평균제곱오차(MSE) 각 예측 오차를 제곱한 뒤 모두 더해서 평균을 낸 값으로 예측의 질을 평가하는 수단

평균절대오차(MAE) 각 예측 오차의 절대값을 모두 더한 뒤 평균을 낸 값으로 예측의 질을 평가하는 수단

15.3 과거 데이터의 활용

단순예측법 다음 값이 가장 직전에 실현된 값과 비슷할 것이라고 예상하는 예측 방법

통계적 잡음 프로세스의 결과에 예측 불가한 방향으로 영향을 미치는 변수들

이동평균예측법 다음 값이 최근에 실현된 값들의 평균이 될 것이라 예상하는 예측 방법

지수평활예측법 다음 예측값이 가장 최근의 실제값과 가장 최근 예측의 가중 평균이 될 것이라고 예상하는 예측 방법

평활상수 지수평활법으로 예측할 때 가장 최근의 실제값에 부여하는 가중치

15.4 시계열분석-추세

추세 변수값이 장기간 동안 일관되게 증가 혹은 감소하는 것

모멘텀 기반 예측 과거에 존재했던 추세가 미래에도 비슷할 것이라고 가정하는 예측 방법론

이중지수평활법 추세를 이용하여 수요를 예측하는 방법으로서 지수평활법을 사용해 수요와 추세 각각을 계산한 뒤 이들을 합산하여 최종 수요예측값을 구한다. 이는 모

멘텀 기반 예측의 한 유형이다.

15.5 시계열분석-계절성

계절성 시간의 흐름에 따라 규칙적이고 반복적으로 발생하는 수요의 변화

계절성 지수(SI) 전체 수요 평균과 특정 시즌의 평균 수요를 비교할 수 있게 해주는 지수

비계절화 과거 데이터로부터 계절성 효과를 제거하는 것

재계절화 예측된 데이터에 계절성 효과를 다시 도입하는 것

15.6 전문가 집단과 주관적 예측

예측의 결합 서로 다른 예측자들이 낸 다양한 예측들을 하나의 값으로 결합하는 것

합의 도출 예측 전문가들이 각자의 예측과 그 배경에 대해 반복적으로 토론하는 과정을 거치면서 예측을 하는 것

예측 시장 예측자들이 각자의 예측에 대해서 금전적인 돈을 걸 수 있는 예측 게임

과잉자신감 편향 의사결정자가 긍정적인 결과를 내는 데에 대한 자신감이 지나치다는 사실

기준점 편향 의사결정자가 새로운 정보를 습득하는 과정에서 기존의 믿음을 확인해주는 정보를 선별적으로 사용한다는 사실

예측 게이밍 예측에 기반하여 나오는 결과에 영향을 미치기 위해 의도적으로 예측을 조작하는 것

주요 공식

학습목표 15-2 예측이 좋은 예측인지 다수의 지표를 활용하여 평가할 줄 안다.

t기간의 예측 오차 $= \mathrm{FE}_t =$ t기간에 대한 예측 $-$ t기간의 실제값

$$\mathrm{MSE} = \frac{\Sigma_{t=1}^{N} \mathrm{FE}_t^2}{N}$$

$$\mathrm{MSE} = \frac{\Sigma_{t=1}^{N} |\mathrm{FE}_t|}{N}$$

$$\mathrm{MAPE} = \frac{\Sigma_{t=1}^{N} \left| \frac{\mathrm{FE}_t}{y_t} \right|}{N}$$

학습목표 15-3 단순예측, 이동평균법, 지수평활법을 활용하여 예측을 할 줄 안다.

단순예측법: $\hat{y}_{t+1} = y_t$

이동평균법(이 경우, 네 기간) 예측: $\hat{y}_{t+1} =$ 평균$(y_t, y_{t-1}, y_{t-2}, y_{t-3})$

지수평활법: $\hat{y}_{t+1} = (\alpha \times y_t) + (1-\alpha) \times \hat{y}_t$

학습목표 15-4 시계열 자료에 나타난 장기적 추세를 측정하고 이를 이용한 예측을 할 줄 안다.

$\hat{y}_{t+1} = (\alpha \times y_t) + [(1-\alpha) \times \hat{y}_t] + \hat{T}_t$

$$\hat{T}_{t+1} = [\beta \times (\hat{y}_{t+1} - \hat{y}_t)] + (1 - \beta) \times \hat{T}_t$$

학습목표 15-5 시계열 자료에 나타난 계절성을 측정하고 이를 이용하여 예측을 할 줄 안다.

$$\text{계절 } x\text{의 계절성 지수} = \text{SI}_{\text{계절 } x} = \frac{\text{계절 } x\text{의 평균 수요}}{\text{전체 평균 수요}}$$

$$\text{기간 } t\text{의 비계절화된 수요} = \frac{\text{기간 } t\text{의 수요}}{\text{계절성 지수}}$$

다음 계절 x에 대한 예측 = 평활화된 평균적인 날의 수요예측(비계절화된 지수평활 예측치 중 가장 최근 값) × $\text{SI}_{\text{계절 } x}$

개념 문제

학습목표 15-1

1. **다음 주 학생식당에서의 음료수 판매량을 시계열기반으로 예측할 때, 예측 과정에 어떤 데이터를 사용할 수 있는가?**
   a. 교장의 의견
   b. 과거 수요 데이터
   c. 다가오는 스포츠 행사에 대한 데이터
   d. 식당 직원의 나이

2. **기업은 회귀분석을 통해 다음 분기의 수요를 예측하고자 한다. 이 회귀분석 모형에서 수요는 독립변수라고 한다. 이는 참인가 거짓인가?**
   a. 참
   b. 거짓

3. **피자 체인점은 개별 지점에서의 시간당 수요를 예측하고자 한다. 어떤 예측방법을 사용하는 것이 적절한가?**
   a. 자동화된 예측
   b. 전문가 집단 예측
   c. 기후 예측
   d. 거시 경제 예측

학습목표 15-2

4. **예측 오차의 정의는 무엇인가?**
   a. 예측과 실제 결과의 차이에 대한 평균
   b. 예측과 실제 결과 사이의 최대 차이
   c. 예측과 실제 결과 사이의 차이
   d. 예측과 실제 결과 사이의 퍼센트 차이

5. **기업은 수요에 대한 비편향적 예측을 한다. 이는 무엇을 의미하는가?**

a. 모든 예측 오차는 0에 가깝다.

b. 모든 예측 오차들은 1% 미만이다.

c. 모든 예측 오차들의 평균은 0이다.

d. 예측 오차들의 표준편차는 0이다.

6. MSE 지표로 과거 예측을 평가하는 방법은 무엇인가?

a. 예측 오차들을 모두 합하는 것이다.

b. 예측 오차의 제곱값들을 모두 합하는 것이다.

c. 예측 오차의 절대값들을 모두 합하는 것이다.

d. 예측 오차의 제곱값들의 평균을 내는 것이다.

e. 예측 오차의 절대값들의 평균을 내는 것이다.

7. MAE 지표로 과거 예측을 평가하는 방법은 무엇인가?

a. 예측 오차들을 모두 합하는 것이다.

b. 예측 오차의 제곱값들을 모두 합하는 것이다.

c. 예측 오차의 절대값들을 모두 합하는 것이다.

d. 예측 오차들의 제곱값들의 평균을 내는 것이다.

e. 예측 오차의 절대값들의 평균을 내는 것이다.

학습목표 15-3

8. 단순예측법에서 통계적 잡음의 영향은 얼마나 큰가?

a. 크다.

b. 적당하다.

c. 작다.

9. 이동평균법을 사용할 때, 과거에 관찰된 다른 모든 수요보다 더 큰 수요를 예측하는 것이 가능한가?

a. 예

b. 아니오

10. 지수평활법을 사용할 때, 과거에 관찰된 다른 모든 수요보다 더 큰 수요를 예측하는 것이 가능한가?

a. 예

b. 아니오

학습목표 15-4

11. 이중지수평활법을 사용할 때, 과거에 관찰된 다른 모든 수요보다 더 큰 수요를 예측하는 것이 가능한가?

a. 예

b. 아니오

12. 한 창업 회사의 수요가 매년 50%씩 증가할 때, 이 수요 증가는 합(additive)의 형태가 아닌 곱

(multiplicative)의 형태로 증가하고 있다. 참인가 거짓인가?

a. 참

b. 거짓

학습목표 15-5

13. 계절성 지수는 덧셈(additive) 형태의 수요 변동에 기초한다고 한다. 참인가 거짓인가?

a. 참

b. 거짓

14. 과거의 수요 데이터를 비계절화하는 것은 예측한 데이터에 계절적 영향을 다시 반영하는 것이다. 참인가 거짓인가?

a. 참

b. 거짓

학습목표 15-6

15. 한 판매조직은 각 판매 관리자가 개별적으로 만든 수요예측의 평균을 구해서 새로운 수요예측 데이터를 만들었다. 이는 어떤 주관적 예측방법을 묘사한 것인가?

a. 예측의 결합

b. 합의 형성을 통한 예측

c. 예측 시장

d. 시계열 예측

예시 문제와 해답

학습목표 15-2

1. Jim과 John은 미용실을 운영하고 있다. 매일 밤, 이 둘은 다음 날 몇 명의 고객이 올지 예상한다. 그들은 지난 4일 동안 예측한 데이터와 실제 결과 데이터를 수집하였다. Jim은 첫째 날은 고객의 수가 56명, 둘째 날은 50명, 셋째 날은 45명, 넷째 날은 59명이라 예측하였다. John은 각각 47, 49, 51, 51명이라고 예측하였다. 실제 고객의 수는 45, 51, 41, 61명이었다. 누가 더 큰 예측 편향을 갖고 있는가? Jim과 John의 예측에 대한 MSE와 MAE는 각각 얼마인가?

답 다음 표에 계산된 값들에 따르면 Jim의 평균 예측 오차가 3이며, John의 평균 예측 오차는 0이다. 따라서, Jim의 예측은 편향되었으나 John은 그렇지 않다. Jim은

일	Jim	John	실제	Jim: FE	Jim: FE × FE	Jim: Abs(FE)	John: FE	John: FE × FE	John: Abs(FE)
1	56	47	45	11	121	11	2	4	2
2	50	49	51	−1	1	1	−2	4	2
3	45	51	41	4	16	4	10	100	10
4	59	51	61	−2	4	2	−10	100	10
평균				3	35.5	4.5	0	52	6

MSE가 35.5이고 MAE는 4.5이다. John은 MSE는 52이고 MAE는 6이다.

학습목표 15-3

2. **Tom의 Towing LLC는 근처 고속도로에서 도움이 필요한 운전자를 돕기 위해 견인트럭 여러 대를 운영하고 있다. 월요일, 화요일, 수요일, 목요일에 견인트럭을 요청한 건수는 각각 27, 18, 21, 15건이었다. 단순예측법을 사용할 때 금요일은 몇 건이라고 예측할 수 있는가?**

답 단순예측법은 가장 최근 관찰된 값으로 예측하므로 15이다.

3. **Tom의 Towing LLC는 근처 고속도로에서 도움이 필요한 운전자를 돕기 위해 견인트럭 여러 대를 운영하고 있다. 월요일, 화요일, 수요일, 목요일에 견인트럭을 요청한 건수는 각각 27, 18, 21, 15건이었다. 4일간의 이동평균법을 사용할 때 금요일은 몇 건이라고 예측할 수 있는가?**

답 4일간의 이동평균법에 따라 월요일부터 목요일까지 수요의 평균으로 금요일의 수요를 예측할 수 있다. 금요일의 수요예측 = 평균(27, 18, 21, 15) = 20.25이다.

4. **Tom의 Towing LLC는 근처 고속도로에서 도움이 필요한 운전자를 돕기 위해 견인트럭 여러 대를 운영하고 있다. 월요일, 화요일, 수요일, 목요일에 견인트럭을 요청한 건수는 각각 27, 18, 21, 15건이었다. 지수평활법을 사용할 때 금요일은 몇 건이라고 예측할 수 있는가? α=0.4이고 월요일의 수요예측값은 18이다.**

답 지수평활법을 이용하여 바로 금요일의 수요를 예측할 수는 없다. 대신, 처음부터 즉 화요일의 수요부터 예측을 시작하여 다음 날의 수요를 하루씩 예측해 나간다면 금요일의 수요는 18.30이 된다.

일	수요	다음 날의 예측(α = 0.4)
		18
월요일	27	21.6
화요일	18	20.16
수요일	21	20.496
목요일	15	18.2976

학습목표 15-4

5. **온라인-MBA는 학생들이 6주간 캠퍼스에서 진행되는 집중 캠프에 참가하기만 하면 그 이후에는 다양한 온라인 강의를 수강하여 학점을 얻을 수 있도록 한 형태의 온라인 대학이다. 이 프로그램에 대한 수요는 빠르게 증가하고 있다. 지난 6개월 동안 매달 345, 412, 480, 577, 640, 711건의 신청이 들어왔다. 첫째 달의 예측값으로 250, 초기 추세예측값으로 50, 수요 평활상수 0.2와 추세 평활상수 0.5를 사용하여 이중지수평활법으로 다음 기간의 수요를 예측하라.**

답 다음 기간의 수요는 다음과 같이 예측할 수 있다. 따라서, 다음 기간의 예측값은 776.8이다.

t	실제 수요	다음 기간의 예측	추세
		250	50
1	345	319	59.5
2	412	397.1	68.8
3	480	482.48	77.09
4	577	578.474	86.542
5	640	677.3212	92.6946
6	711	776.75156	96.06248

학습목표 15-5

6. GoPro는 대학에 지원하는 운동선수들이 운동능력을 개선시킬 수 있도록 도와주는 트레이닝 회사이다. 대부분의 대학들이 12월말에 원서접수를 마감하기 때문에 3, 4분기가 이 기업이 가장 바쁜 때이다. 경영진은 지난 3년간의 데이터를 바탕으로 여러 분기의 과거 수요 데이터를 수집하였다. 평활상수 0.2와 비계절화된 수요에 대한 초기 예측값을 130이라 하고, 2015년 4분기 수요를 예측하라.

연도	분기	수요
2012	1	111
	2	120
	3	350
	4	333
2013	1	130
	2	109
	3	299
	4	305
2014	1	143
	2	122
	3	401
	4	307

답 내년의 분기별 수요는 다음과 같이 예측할 수 있다.

분기	계절 평균	SI
1	128	0.563
2	117	0.514
3	350	1.538
4	315	1.385
전체 평균	227.5	
(a)		

분기	비계절화한 수요	평활화된 수요
1	197.29	143.46
2	233.33	161.43
3	227.50	174.65
4	240.50	187.82
1	231.05	196.46
2	211.94	199.56
3	194.35	198.52
4	220.28	202.87
1	254.16	213.13
2	237.22	217.95
3	260.65	226.49
4	221.72	225.53
(b)		

2015 분기	예측
2015Q1	126.8941
2015Q2	115.9892
2015Q3	346.9762
2015Q4	312.2785
(c)	

학습목표 15-6

7. 대형 컨설팅 회사의 4명의 파트너들은 내년에 새롭게 필요한 직원의 수를 예측하려고 한다. 그들의 예측은 각각 32, 44, 21, 51명이다. 단순 예측 결합의 결과는 무엇인가?

답 예측 결합은 단순히 네 예측값들의 평균을 내는 것이다. 이 경우 예측 결과는 37명이다.

응용 문제

학습목표 15-2

1. 레스토랑의 두 종업원은 향후 4일 동안 몇 명의 고객이 올지 예측했다. 첫 번째 종업원은 첫째 날에 23명, 둘째 날에 35명, 셋째 날에 30명, 넷째 날에 28명이라 예측했다. 두 번째 종업원은 각각 26, 27, 28, 29명일 것이라 예측하였다. 실제 고객의 수는 30, 22, 31, 25명인 것으로 드러났다. 누구의 예측 편향이 더 큰가? 두 종업원의 예측값의 MSE와 MAE는 각각 얼마인가?

학습목표 15-3

2. 경찰서는 지난 4일간 저녁시간의 긴급상황에 대비하여 경찰관을 배치했다. 월요일부터 목요일까지 지난 4일간의 긴급상황은 각각 7, 4, 8, 11건이었다. 단순예측법을 통해 금요일의 긴급상황은 몇 건으로 예측할 수 있는가?

3. 경찰서는 지난 4일간 저녁시간의 긴급상황에 대비하여 경찰관들을 배치했다. 월요일부터 목요일까지 지난 4일간의 긴급상황은 각각 7, 4, 8, 11건이었다. 2일 이동평균법을 통해 금요일의 긴급상황은 몇 건으로 예측할 수 있는가?

4. 경찰서는 지난 4일간 저녁시간의 긴급상황에 대비하여 경찰관들을 배치했다. 월요일부터 목요일까지 지난 4일간의 긴급상황은 각각 7, 4, 8, 11건이었다. 지수평활법을 통해 금요일의 긴급상황은 몇 건으로 예측할 수 있는가? α=0.3이고 월요일의 예측값은 9이다.

학습목표 15-4

5. MyApp은 작지만 성장하는 신규 회사로 회사가 개발한 앱 제품의 수요가 빠르게 증가하고 있다. 지난 6개월 동안, 월별 다운로드 수는 235,000, 290,000, 336,000, 390,000, 435,000, 498,000건이었다. 첫째 달의 예측값은 220,000, 초기 추세예측값은 40,000, 수요와 추세 평활상수 둘 다 0.25를 사용하여 이중지수평활법으로 다음 달의 수요를 예측하라.

6. La Villa는 이탈리아 알프스에 위치한 스키리조트다. 많은 고객들이 마을을 방문하지만 대부분이 유명한 스키를 타기 위해 겨울 시즌에만 방문한다. 여러 호텔들은 지난 3년간의 수요를 분석하였다(아래 표 참조). 평활상수 0.25와 초기 예측값으로 17,000을 사용하여 2015년 4개 분기의 수요를 예측하라.

연도	분기	수요
2012	1	22,100
	2	14,900
	3	13,700
	4	19,000
2013	1	20,100
	2	17,000
	3	16,500
	4	18,700
2014	1	23,400
	2	12,100
	3	13,200
	4	19,700

학습목표 15-6

7. Mary, Susan, Sarah는 Ocean City의 해변가 보도에서 해변 부티크를 운영하고 있다. 그들이 가장 좋아하는 제품은 빨간색 잠수복 후드이다. Mary는 다음 시즌에 340개의 제품을 팔 수 있을 것이라 믿고 있다. Susan은 522개, Sarah는 200개를 예측한다. 단순 예측 결합을 통한 결과는 무엇인가?

사례 국제 공항 입국

© Rodrigo A Torres/Glow Images

미국 교통국은 미국 내 공항을 통해 입국하는 국제선 탑승객의 수를 발표했다. 국제선 탑승객들로 가장 붐비는 공항은 New York(JFK), Miami(MIA), Los Angeles(LAX), Newark(EWR), Chicago(ORD) 공항이었다. 가장 인기 있는 행선지는 London (LHR), Toronto(YYZ), Tokyo(NR), Frankfurt(FRA), Paris (CDG) 공항이었다.

다음 표의 데이터를 고려하여 질문에 답하여라.

1. 다음 연도의 입국 승객의 수를 어떻게 예측할 것인가?
2. 추세와 계절성의 역할은 무엇인가?
3. 국제선 탑승객의 수에 영향을 미치는 다른 변수는 무엇이 있는가?

미국에서 가장 국제선 탑승객이 많은 New York의 JFK 공항					
연도	월	승객 수	연도	월	승객 수
2012	1월	13,441,718	2013	1월	13,970,077
2012	2월	11,942,221	2013	2월	12,230,963
2012	3월	14,670,996	2013	3월	15,447,435
2012	4월	14,286,844	2013	4월	14,507,038
2012	5월	14,537,314	2013	5월	15,516,063
2012	6월	15,906,101	2013	6월	16,487,702
2012	7월	17,362,586	2013	7월	17,954,910
2012	8월	16,969,528	2013	8월	17,786,357
2012	9월	14,010,920	2013	9월	14,408,817
2012	10월	13,599,030	2013	10월	14,374,254
2012	11월	12,919,746	2013	11월	13,258,104
2012	12월	14,289,105	2013	12월	15,182,616

출처: http://www.dot.gov

참고 문헌

http://blogs.spectator.co.uk/coffeehouse/2013/06/david-dinsmore-is-the-new-editor-of-the-sun/

http://en.wikipedia.org/wiki/Facebook

http://www.shanghaijungle.com/news/China-Auto-Sales-Rise-9

찾아보기

ㄱ

ㄴ

찾아보기

찾아보기

찾아보기

2판

운영관리 수요와 공급의 일치

2020년 8월 20일 초판 인쇄
2020년 8월 27일 초판 발행

지은이 Gérard Cachon · Christian Terwiesch
옮긴이 김길선
펴낸이 류원식
펴낸곳 **교문사**
편집팀장 모은영
책임진행 성혜진
디자인 신나리
본문편집 벽호미디어

주소 (10881) 경기도 파주시 문발로 116
전화 031-955-6111
팩스 031-955-0955
홈페이지 www.gyomoon.com
E-mail genie@gyomoon.com
등록번호 1960.10.28. 제406-2006-000035호
ISBN 978-89-363-2083-6(93320)
값 38,500원